SERPENT RISING:
THE KUNDALINI COMPENDIUM

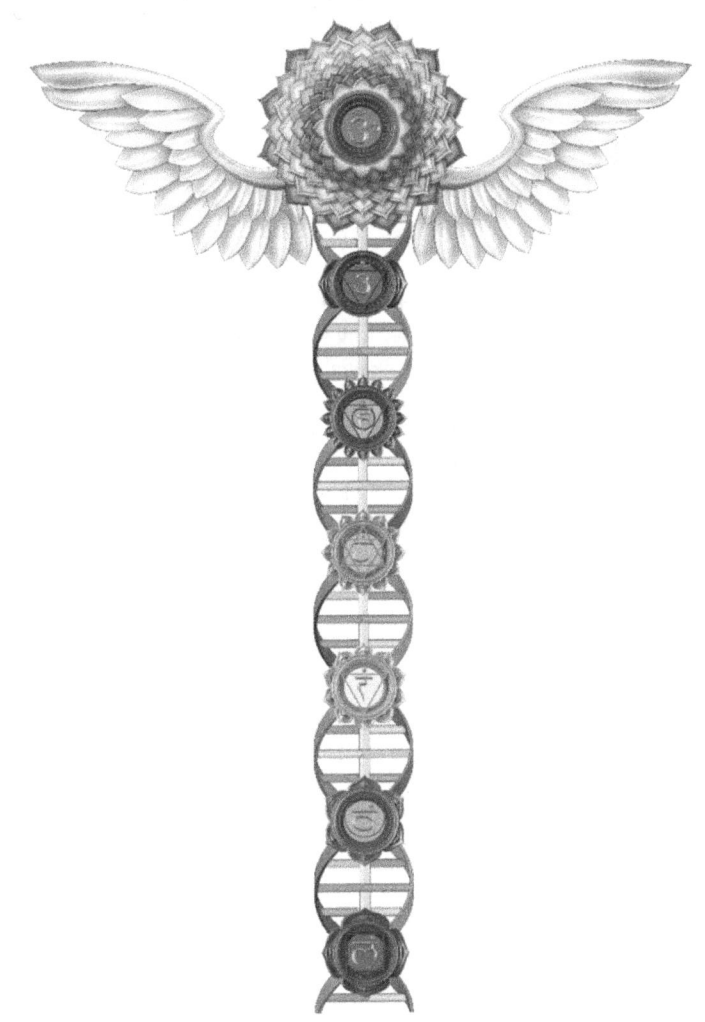

DAS WELTWEIT UMFANGREICHSTE WERK ÜBER DAS
MENSCHLICHE ENERGIEPOTENZIAL

NEVEN PAAR

ÜBERSETZT VON JOSHUA ALSEN

Serpent Rising: The Kundalini Compendium
Copyright © 2023 von Neven Paar. Alle Rechte vorbehalten.

Kein Teil dieses Buches darf ohne schriftliche Genehmigung des Autors in irgendeiner Form oder mit irgendwelchen elektronischen oder mechanischen Mitteln, einschließlich Informationsspeicher- und -abrufsystemen, vervielfältigt werden. Die einzige Ausnahme ist die eines Rezensenten, der kurze Auszüge in einer Rezension zitieren darf.

Umschlaggestaltung von Neven und Emily Paar
Illustrationen von Neven Paar
Übersetzt ins Deutsche von Joshua Alsen

Gedruckt in Kanada
Erste Auflage: März 2023
Von Winged Shoes Publishing

ISBN—978-1-7388170-5-4

Haftungsausschluss: Das gesamte Material in diesem Werk dient nur zu Ihrer Information und darf nicht als professioneller medizinischer Rat oder Anleitung verstanden werden. Es sollten keine Handlungen oder Unterlassungen unternommen werden, die allein auf dem Inhalt dieser Informationen beruhen; stattdessen sollten die Leserinnen und Leser in allen Angelegenheiten, die ihre Gesundheit und ihr Wohlbefinden betreffen, geeignete medizinische Fachleute konsultieren. Obwohl der Autor und der Herausgeber alle Anstrengungen unternommen haben, um sicherzustellen, dass die Informationen in diesem Buch zum Zeitpunkt der Drucklegung korrekt waren, übernehmen der Autor und der Herausgeber keine Haftung für Verluste, Schäden oder Störungen, die durch Fehler oder Auslassungen verursacht wurden, unabhängig davon, ob diese Fehler oder Auslassungen auf Fahrlässigkeit, Unfälle oder andere Ursachen zurückzuführen sind.

Ich widme dieses Werk dem Kundalini-Eingeweihten. Möge dieses Buch dich auf deinem Weg des Erwachens begleiten und ich hoffe, dass meine siebzehnjährige Reise der Selbstentdeckung mit der Kundalini-Energie dir, wie beabsichtigt, von Nutzen war.

—Neven Paar

Andere Bücher von Neven Paar

The Magus: Kundalini and the Golden Dawn

www.nevenpaar.com

Winged Shoes Publishing
Toronto, Ontario

Liste der Abbildungen:

Abbildung 1: Kundalini-Aufstieg und die Chakren 25
Abbildung 2: Die Drei Nadis nach der Erweckung der Kundalini 29
Abbildung 3: Das Universum im Kopf 31
Abbildung 4: Der Baum des Lebens/Sieben Chakren/Kundalini 35
Abbildung 5: Der Vollständige Kundalini-Kreislauf 47
Abbildung 6: Das mit Licht Gefüllte Gehirn 53
Abbildung 7: Die Zweiundsiebzigtausend Nadis 57
Abbildung 8: Das Kosmische Ei 63
Abbildung 9: Die Fünf Elemente und die Sieben Chakren 71
Abbildung 10: Das Pentagramm 73
Abbildung 11: Die Vier Welten und das Tetragrammaton (YHVH) 75
Abbildung 12: Das Pentagrammaton (YHShinVH) 76
Abbildung 13: Der Baum des Lebens Sephiroth und die Drei Nadis 79
Abbildung 14: Die Inneren Kosmischen Ebenen 89
Abbildung 15: Ida und Pingala Nadis und Ajna Chakra 98
Abbildung 16: Das Elektromagnetische Feld der Erde 105
Abbildung 17: Die Menschliche Aura 106
Abbildung 18: In die Aura Eintretende und aus ihr Austretende Stressige Energie . 110
Abbildung 19: Verlauf der Aurafarben vom Niedrigsten zum Höchsten Chakra ... 111
Abbildung 20: Anatomie der Aura 114
Abbildung 21: Energetische Probleme in der Aura 116
Abbildung 22: Das Toroidale Kundalini-Feld 121
Abbildung 23: Die Sieben Chakren und Nervengeflechte 130
Abbildung 24: Erweiterung des Gehirns und Chakrische Entsprechungen 134
Abbildung 25: Lichtkranz rund um den Kopf 137
Abbildung 26: Die Kleineren Kopfchakren (Krone) 138
Abbildung 27: Die Fußchakren 140
Abbildung 28: Die Handchakren 142
Abbildung 29: Erzeugung und Übertragung von Heilenergie (Handflächen) 144
Abbildung 30: Heilende Energie aus den Händen 145
Abbildung 31: Lage der Psychischen Augen 148
Abbildung 32: Die Transpersonalen Chakren 151
Abbildung 33: Das Hara (Nabel) Chakra 154
Abbildung 34: Das Kausal-/Bindu-Chakra 157
Abbildung 35: Die Transpersonalen Chakren Oberhalb der Krone 160
Abbildung 36: Metatrons Würfel und die Merkaba 165
Abbildung 37: Ausrichtung von Tetraedern bei Männern und Frauen 166
Abbildung 38: Die Merkaba: Fahrzeug des Lichts (bei Männern) 167
Abbildung 39: Kundalini-Erwachen und Merkaba-Optimierung 168
Abbildung 40: Die Endokrinen Drüsen im Körper 178
Abbildung 41: Die Wichtigsten Gehirnzentren 184

Abbildung 42: Das Limbische System 189
Abbildung 43: Die Retikuläre Formation 192
Abbildung 44: Die Teile des Gehirns... 195
Abbildung 45: Das Zentrale und das Periphere Nervensystem 199
Abbildung 46: Der Vagusnerv 205
Abbildung 47: Die Zwölf Paare von Hirnnerven.. 208
Abbildung 48: Das Rückenmark (Querschnitt) 212
Abbildung 49: Liquor und die Hirnventrikel (Seitliche Ansicht)............................. 213
Abbildung 50: Die Hirnventrikel (Vorderansicht) 214
Abbildung 51: Conus Medullaris und Filum Terminale 216
Abbildung 52: Das Kreuzbein und Steißbein 218
Abbildung 53: Die Entrollte Kundalini 220
Abbildung 54: Der Sakralplexus 221
Abbildung 55: Die Ischiasnerven und Energiekanäle in den Beinen 222
Abbildung 56: Kundalini/Caduceus des Hermes/Doppelhelix der DNA 225
Abbildung 57: Das Elektromagnetische Feld des Herzens 228
Abbildung 58: Das Menschliche Herz und das Kreislaufsystem 230
Abbildung 59: Das Herz-Chakra-Zentrum.. 238
Abbildung 60: Kundalini-Erwachen und das Herz-EMF 242
Abbildung 61: Die Sieben Männlichen und Weiblichen Chakren 247
Abbildung 62: Chakrische Positionen der Sieben Antiken Planeten 258
Abbildung 63: Spirituelle Entwicklung 266
Abbildung 64: Kristallformen und Formationen... 270
Abbildung 65: Platzierung der Edelsteine auf den Chakren 285
Abbildung 66: Verstärkung eines Kristalls mit Klaren Quarzsplittern 286
Abbildung 67: Senden von Heilenergie durch die Handflächen 287
Abbildung 68: Optimierung der Drehung der Chakren mit Kristallstäben............. 288
Abbildung 69: Sieben-Chakren-Stimmgabel-Set mit Seelenstern (Gewichtet)........ 293
Abbildung 70: Harmonisches Spektrum Stimmgabel-Set (Ungewichtet) 294
Abbildung 71: Platzierung der Stimmgabeln beim Chakrischen Heilen 296
Abbildung 72: Verwendung Gewichteter Stimmgabeln bei Sich Selbst 297
Abbildung 73: Gleichzeitiges Arbeiten mit Zwei Stimmgabeln 298
Abbildung 74: Heilige Solfeggio-Frequenzen und die Schichten der Aura 300
Abbildung 75: Heilige Solfeggio-Frequenzen und die Chakren 302
Abbildung 76: Heilige Solfeggio-Stimmgabeln (Ungewichtet) 304
Abbildung 77: Platzierung der Stimmgabeln an den Ohren 306
Abbildung 78: Ätherische Öle und ein Diffusor 310
Abbildung 79: Aromatherapie und das Limbische System...................................... 312
Abbildung 80: Die Fünf Großen Tattvas 316
Abbildung 81: Die Fünfundzwanzig Sub-Elementaren Tattvas............................... 318
Abbildung 82: Die Tattvas und die Chakras 322
Abbildung 83: Die Tattva-Karten des Autors 327

Abbildung 84: Die Acht Glieder des Yoga 340
Abbildung 85: Die Fünf Koshas 343
Abbildung 86: Die Drei Meditations-Asanas 350
Abbildung 87: Asanas für Anfänger (Teil I)..356
Abbildung 88: Asanas für Anfänger (Teil II)...357
Abbildung 89: Asanas für Anfänger (Teil III) 358
Abbildung 90: Einstieg in Fortgeschrittene Asanas (Teil I) 359
Abbildung 91: Einstieg in Fortgeschrittene Asanas (Teil II) 360
Abbildung 92: Fortgeschrittene Asanas (Teil I)...361
Abbildung 93: Fortgeschrittene Asanas (Teil II)..362
Abbildung 94: Shavasana 364
Abbildung 95: Bauch-/Zwerchfellatmung..366
Abbildung 96: Yogische Atmung (Dreiteilige Atmung)...368
Abbildung 97: Wechselndes Nasenlochatmen 371
Abbildung 98: Ujjayi Pranayama (Glottis-Position) 374
Abbildung 99: Summender Bienenatem..376
Abbildung 100: Sheetali Pranayama 377
Abbildung 101: Sheetkari Pranayama..379
Abbildung 102: Moorcha Pranayama (Methode Nr. 1) 381
Abbildung 103: Moorcha Pranayama (Methode Nr. 2) 382
Abbildung 104: Die Drei Granthis...384
Abbildung 105: Die Finger und die Fünf Elemente 389
Abbildung 106: Jnana Mudra..391
Abbildung 107: Chin Mudra 393
Abbildung 108: Hridaya Mudra 394
Abbildung 109: Shunya Mudra 395
Abbildung 110: Anjali Mudra...396
Abbildung 111: Yoni Mudra...397
Abbildung 112: Bhairava Mudra 398
Abbildung 113: Lotus Mudra...399
Abbildung 114: Shiva Linga Mudra 400
Abbildung 115: Kundalini Mudra 401
Abbildung 116: Shambhavi Mudra...403
Abbildung 117: Nasikagra Drishti 405
Abbildung 118: Shanmukhi Mudra...407
Abbildung 119: Viparita Karani...408
Abbildung 120: Pashinee Mudra 410
Abbildung 121: Tadagi Mudra 411
Abbildung 122: Manduki Mudra 412
Abbildung 123: Mula-Bandha-Kontraktionspunkt 415
Abbildung 124: Stehendes Uddiyana Bandha..417
Abbildung 125: Uddiyana Bandha im Sitzen (mit Jalandhara Bandha)...................418

Abbildung 126: Jiva Bandha 420
Abbildung 127: Maha Mudra 422
Abbildung 128: Vajroli, Sahajoli und Ashwini Mudras – Kontraktionspunkte 424
Abbildung 129: Die Fünf Prana Vayus 428
Abbildung 130: Hand-Mudras für die Fünf Prana-Vayus 432
Abbildung 131: Umlenkung des Flusses von Prana, Apana und Samana 434
Abbildung 132: Maha Bandha: Die Anwendung der Drei Bandhas 436
Abbildung 133: Der Brahmarandhra 438
Abbildung 134: Sushumna Nadi-Schichten und das Kosmische Ei 440
Abbildung 135: Lalana (Talu) Chakra und die Bindu Visarga 443
Abbildung 136: Grundlegendes Khechari Mudra 445
Abbildung 137: Fortgeschrittenes Khechari Mudra 446
Abbildung 138: Zählen der Mala-Perlen 451
Abbildung 139: Die Göttin Saraswati 458
Abbildung 140: Bija-Mantras der Chakrischen Blütenblätter 461
Abbildung 141: Die Sieben Chakras Mudras/Mantras 464
Abbildung 142: Visualisierung Meditation 470
Abbildung 143: Meditation mit der Kerzenflamme (Trataka) 474
Abbildung 144: Platzierung der Kerzenflamme 475
Abbildung 145: Hand-Mudras für die Fünf Elemente 481
Abbildung 146: Die Fünf Elemente und die Drei Doshas 483
Abbildung 147: Die Drei Doshas und Körperzonen 486
Abbildung 148: Das Vedisch-Astrologische Geburtshoroskop des Autors 492
Abbildung 149: Lord Ganesha und die Ashta Siddhis 507
Abbildung 150: Heiliger Schutzengel (Das Höhere Selbst) 524
Abbildung 151: Projektion des Luziden Traums 531
Abbildung 152: Die Antenne des Menschlichen Gehirns 536
Abbildung 153: Der Lotus des Sahasrara Chakra 568
Abbildung 154: Kundalini-Fluss durch Sushumna 569
Abbildung 155: Das Herzchakra und das Einssein 586
Abbildung 156: Fliegen wie Superman in einem Luziden Traum 593
Abbildung 157: Unheimliche Begegnungen der Fünften Art 601
Abbildung 158: Shiva und Shakti in einer Liebevollen Umarmung 607
Abbildung 159: Sexuelle Erregung bei Männern 617
Abbildung 160: Ein Spiritueller Krieger werden 633
Abbildung 161: Cannabisblatt und seine Magischen Korrespondenzen 658
Abbildung 162: Die Wichtigsten Energiezentren des Kopfes 673
Abbildung 163: Die Kundalini-Meditationen 676
Abbildung 164: Optimierung des Menschlichen Energiepotenzials 700

Liste der Tabellen:

TABELLE 1: Die Zwölf Chakren und ihre Entsprechungen 307
TABELLE 2: Ätherische Öle für die Sieben Chakren 314
TABELLE 3: Tattva-Korrespondenzen 330
TABELLE 4: Ayurvedische Konstitutionstabelle (Drei Doshas) 489
TABELLE 5: Ernährungsrichtlinien für die Drei Doshas 497
TABELLE 6: Die Sieben Antiken Planeten und ihre Korrespondenzen 704
TABELLE 7: Die Zwölf Tierkreiszeichen und ihre Korrespondenzen 705

SERPENT RISING: THE KUNDALINI COMPENDIUM
Von Neven Paar

Inhalt

DIE REISE DES AUTORS ZUM SCHREIBEN DIESES BUCHES 1
    Die Göttliche Stimme 1
    Spirituelle Entwicklung und Persönliche Macht 4
    Kundalini-Erwachen 7
    Die Magie des Golden Dawn 9
    Zweite Kundalini-Erhebung 11
    Kreative Ausdrucksformen 13
    Meine Bestimmung Finden 15
    Ein Mann mit Einer Mission 17

TEIL I: KUNDALINI-ERWECKUNG 21
EINFÜHRUNG IN DIE KUNDALINI 22
    Kundalini-Erweckungsprozess 25
    Den Körper des Lichts Aktivieren 28
    Geistige Gaben und Sinnesverbesserungen 30

DER BAUM DES LEBENS UND DIE CHAKREN 33
    Reinigung der Chakren 36

SPIRITUELLE HEILPRAKTIKEN 39
DIE KUNDALINI-TRANSFORMATION 45
    Bindu-Aktivierung 46
    Auslöschung der Erinnerung 49
    Vollständige Metamorphose 51
    Licht und Vibration im Kopf 52

ARTEN VON KUNDALINI-AUFSTIEGEN 55
    Partielle und Permanente Kundalini-Erweckungen 56
    Das Licht in Allen Dingen Sehen 58

FAKTOREN DER KUNDALINI-ERWECKUNG 61
    Vollendung des Kundalini-Erweckungsprozesses 62
    Mit dem Spirituellen Körper in Einklang Kommen 65
    Ihr Neuer Lamborghini Veneno 67

TEIL II: DER MIKROKOSMOS UND DER MAKROKOSMOS 69
DIE FÜNF ELEMENTE 70
    Das Pentagramm 72
    Die Vier Welten und das Pentagrammaton 74
    Die Elemente in der Natur 77
    Das Element Geist 80
    Das Element Feuer 82
    Das Element Wasser 84
    Das Element Luft 85

Das Element Erde 86
DIE KOSMISCHEN EBENEN 88
　Die Fünf Kosmischen Ebenen 91
　Die Göttlichen Ebenen 94
　Variation in der Sequenz Aurischer Schichten 95
IDA, PINGALA, UND DIE ELEMENTE 97
　Linke und Rechte Gehirnhälfte 99
　Nadi-Kurzschlüsse 100
TEIL III: DAS FEINSTOFFLICHE ENERGIESYSTEM 103
DAS AURA-TOROIDALE ENERGIEFELD 104
　Die Menschliche Aura 105
　Aura-Eigenschaften 107
　Aura-Anatomie (Farbbereiche) 112
　Energetische Probleme in der Aura 115
　Die Aura und die Schwingungen 118
　Kundalini und die Aura 120
DIE SIEBEN HAUPTCHAKREN 122
　Die Sieben Chakren und das Nervensystem 129
　Reinigung der Chakren 132
　Erweiterung des Gehirns 133
　Phänomene der Bewusstseinsausweitung 135
DIE KLEINEN CHAKREN 137
　Die Kopfchakren 137
　Die Fußchakren 140
　Die Handchakren 141
　Heilen mit den Händen 145
　Infusion von Geistenergie 146
　Die Übersinnlichen Augen 147
DIE TRANSPERSONALEN CHAKREN 150
　Erdstern-Chakra 152
　Hara Chakra (Nabel) 154
　Kausal-Chakra (Bindu) 156
　Seelenstern-Chakra 158
　Stellares Tor 161
　Die Hara-Linie 162
　Die Fünfte Dimension 163
　Die Merkaba - Vehikel des Lichts 164
　Die Rückkehr in den Garten Eden 169
　Das Sonnenblitz-Ereignis 170
TEIL IV: ANATOMIE UND PHYSIOLOGIE DER KUNDALINI 173
ERWECKUNG DES GEISTIGEN AUGES 174
DIE SIEBEN CHAKREN UND DIE ENDOKRINEN DRÜSEN 177
　Chakra-Heilung und die Endokrinen Drüsen 182

SPIRITUELLES ERWACHEN UND GEHIRNANATOMIE 183

    Die Hirnanhangsdrüse 183
    Die Zirbeldrüse 185
    Die Zirbeldrüse und die Spiritualität 186
    Der Thalamus 188
    Die Formatio Reticularis 191
    Teile des Gehirns 195

DAS NERVENSYSTEM 198

    Starke/Schwache Nervensysteme 200
    Yoga und das Nervensystem 202
    Kundalini-Erwachen und das Nervensystem 203
    Funktion des Vagusnervs 204
    Der Vagusnerv und die Kundalini 207
    Die Zwölf Paare von Hirnnerven 208

ZEREBROSPINALE FLÜSSIGKEIT (CSF) 211

    Hirnventrikel 213
    CSF und Kundalini-Erwachen 215

MULADHARA UND KUNDALINI 218

    Das Kreuzbein und Steißbein 218
    Sakralplexus und Ischiasnerv 221
    Den Gesamten Prozess zusammenbringen 223

DIE KRAFT DES HERZENS 227

    Herz-Hirn-Verbindung 229
    Körperliche Kohärenz 230
    Das Herz und die Schwingungen 232
    Das Herz und die Beziehungen 233
    Menschliches Verhalten und Ursache und Wirkung 234
    Öffnung des Herzchakras 236
    Kundalini und Herzausdehnung 240

TEIL V: SIEBEN CHAKREN HEILUNGS-MODALITÄTEN 245
MÄNNLICHE UND WEIBLICHE CHAKREN 246

    Geschlechtsspezifische Merkmale der Chakren 249
    Das Gleichgewicht der Chakren 250

ASTROLOGIE UND DIE SIEBEN CHAKREN 252

    Westliche Astrologie vs. Vedische Astrologie 253
    Die Sieben Antiken Planeten 255

GEISTIGES HEILEN UND EVOLUTION 265
EDELSTEINE (KRISTALLE) 267

    Kristallformationen und -formen 269
    Vierundzwanzig Bedeutsame Edelsteinarten 272
    Reinigen der Edelsteine 281
    Programmierung von Edelsteinen 282
    Chakra-Heilung mit Edelsteinen 284

Stimmgabeln 290
    Stimmgabeltypen und Verwendung 291
    Chakra-Stimmgabel-Sets 292
    Stimmgabel-Chakra-Heilung 294
    Heilige Solfeggio-Stimmgabeln 299

AROMATHERAPIE 308
    Ätherische Öle Verwenden 309
    Wie Ätherische Öle Wirken 311
    Ätherische Öle für die Sieben Chakren 313

DIE TATTVAS 315
    Der Prozess der Schöpfung 316
    Das System der Dreißig Tattvas 317
    Die Fünf Großen Tattvas 320
    Tattva-Spähen 326

TEIL VI: DIE WISSENSCHAFT DES YOGA (MIT AYURVEDA) 335
DER ZWECK DES YOGA 336

    Arten von Yoga 337

DIE FÜNF KOSHAS 342

    Die Subtilen Körper in Ost und West 345

ASANA 348
    Die Drei Meditations-Asanas 349
    Hatha Yoga vs. Vinyasa Yoga 352
    Vorbereitung auf die Asana-Praxis 353
    Tipps für Ihre Asana-Praxis 354
    Asanas für Anfänger 356
    Einstieg in Fortgeschrittene Asanas 359
    Fortgeschrittene Asanas 361

PRANAYAMA 363
    Pranayama-Übungen 364

DIE DREI GRANTHIS 383
MUDRA 387
    Hasta (Hand-Mudras) 388
    Mana (Kopf-Mudras) 401
    Kaya (Haltungs-Mudras) 407
    Bandha (Verrieglungs Mudras) 413
    Adhara (Perineale Mudras) 423

DIE FÜNF PRANA-VAYUS 427
    Prana und Apana 433
    Erweckung der Kundalini 435

SUSHUMNA UND BRAHMARANDHRA 437
LALANA CHAKRA UND AMRITA NEKTAR 442

    Khechari Mudra und seine Variationen 444

MANTRA 448
    Die Heilige Zahl 108 449
    Japa-Meditation 450
    Meditation Mantras 452
BIJA MANTRAS UND MUDRAS DER SIEBEN CHAKRAS 460
MEDITATION (DHYANA) 466
    Yogische Praxis und Meditation 467
    Drei Meditationsmethoden 468
    Schritte der Meditation 471
    Kerzenflammen-Meditation (Trataka) 473
YOGA UND DIE FÜNF ELEMENTE 477
    Aktivierung und Ausgleich der Elemente 478
AYURVEDA 482
    Die Drei Doshas 484
    Wie Sie Ihr Dosha-Verhältnis Bestimmen 490
    Ayurvedische Ernährung 494
    Yogische Praktiken zum Ausgleich der Doshas 500
SIDDHIS - PSYCHISCHE KRÄFTE 505
    Die Acht Großen Siddhis 507

TEIL VII: POST-KUNDALINI ERWECKUNG 519
SYMPTOME UND PHÄNOMENE NACH ERWECKUNG DER KUNDALINI ... 520
    Heiliger Schutzengel (Das Höhere Selbst) 523
    Zustand des Seins nach dem Erwachen 526
    Chakren, Feinstoffliche Körper und Träume 529
    Luzides Träumen 530
    Astrales Licht, das sich Aufbaut und Ausbreitet 532
    Das Holografische Universum 533
    Die Enthüllung Weiterer Fähigkeiten 535
    Kriyas und Synchronistische Ereignisse 537
DIE NOTWENDIGKEIT DER SPIRITUELLEN ALCHEMIE 539
    Herausforderungen in Ihrem Persönlichen Leben 541
    Ausrichten auf den Lichtkörper 543
KÖRPERLICHE VERÄNDERUNGEN UND ERNÄHRUNG 547
    Entwicklung von Allergien 549
    Die Wesentlichen Nährstoffe für die Transformation 550
    Körperliche Betätigung und Krankheit 551
DAS ERFORDERNIS DER DISKRETION 552
    Der Wahnsinn der Verschreibungspflichtigen Medikamente 555
KREATIVITÄT UND GEISTIGE GESUNDHEIT 558
    Kundalini und Psychische Gesundheit 560
    Stärkung der Willenskraft 563
    Kundalini und Kreativität 564

SAHASRARA UND DIE DUALITÄT DES GEISTES 567

    Introvertiert vs. Extrovertiert 570
    Emotionen vs. Vernunft 572

KUNDALINI UND NAHRUNGSUMWANDLUNG 574

    Sublimation/Transformation von Lebensmitteln 577
    Gedanken in "Real-Time" 579

EINFÜHLUNGSVERMÖGEN UND TELEPATHIE 582
ETHIK UND MORAL 585
TEIL VIII: KUNDALINI UND LUZIDE TRÄUME 589
DIE WELT DER LUZIDEN TRÄUME 590

    Aufwachen in Einem Traum 592
    Die Entwicklung von Fähigkeiten in Ihren Träumen 593
    Karmische Energie in Traumzuständen 595
    Binah und die Astrale Blaupause 595
    Schlaflähmung 597
    Wie man einen Luziden Traum Auslöst 598
    Außerweltliche Erlebnisse in Luziden Träumen 599

TEIL IX: KUNDALINI-LIEBE, SEXUALITÄT UND WILLENSKRAFT 603
LIEBE UND BEZIEHUNGEN 604

    Die Vier Formen der Liebe 605
    Romantische Liebe 606
    Liebe zu Freunden 609
    Familiäre Liebe 611

KUNDALINI UND SEXUELLE ENERGIE 614

    Sexuelle Erregung und "Geilheit" 616
    Sexuelle Beziehungen 618
    Behalten Sie Ihre Sexuelle Energie 620
    Sexuelles Verlangen 622

SEXUELLE ANZIEHUNG 625

    Die Ersten Zwei Minuten EINES TREFFENS 626
    Die Psychologie der Anziehung 627
    Die Bedeutung der Inneren Überzeugungen 628

EIN SPIRITUELLER KÄMPFER WERDEN 631

    Umgang mit Positiven und Negativen Energien 632
    Aufbau von Willenskraft 634
    Ändern Sie Ihre Stimmung, Ändern Sie Ihren Zustand 635

DIE MACHT DER LIEBE 637

    Liebe und das Prinzip der Polarität 638
    Das Ego und das Höhere Selbst 639

MITGESTALTER IHRER REALITÄT SEIN 642

    Manifestieren Sie Ihr Schicksal 644
    Arbeit und Schulleben 646
    Inspiration und Musik 648

TEIL X: KUNDALINI SCHADEN-KONTROLLE 651
KUNDALINI UND KURZSCHLÜSSE 652
KUNDALINI UND FREIZEITDROGEN 656
    Cannabis und seine Eigenschaften.. 657
    Kundalini und Cannabiskonsum... 659
    Arten und Sorten von Cannabis 662
    Methoden der Verwendung von Cannabis.. 665
    Cannabiskonzentrate und Esswaren 665
    Kontrollierte Substanzen und Kurzschlüsse 667
TEIL XI: KUNDALINI MEDITATIONEN 671
FEHLERSUCHE IM SYSTEM 672
TEIL XII: KUNDALINI BERATUNG 683
ALLGEMEINE TIPPS 684
ALLGEMEINE FRAGEN 688
EPILOG 698
APPENDIX 703
ERGÄNZENDE TABELLEN 704
GLOSSAR AUSGEWÄHLTER BEGRIFFE 706
BIBLIOGRAPHIE.. 715

DIE REISE DES AUTORS ZUM SCHREIBEN DIESES BUCHES

DIE GÖTTLICHE STIMME

Mein ganzes Leben lang wurde ich von einer Stimme heimgesucht, die ich nie gehört habe. Aber meine Mutter hat sie gehört. Und irgendwie habe ich ihr mein Leben zu verdanken. Sie hat sie nur einmal gehört. Und weil sie zugehört hat, bin ich noch da. Aber schon bevor diese Stimme sich ihr zu erkennen gab, wurde ich von verschiedenen Dämonen geplagt.

Von dem Moment an, als ich geboren wurde, war ich todkrank. Ich hatte ständig hohes Fieber, konnte keine Nahrung bei mir behalten und konnte nicht schlafen. Es war, als ob eine unsichtbare, äußere Macht nicht wollte, dass ich überlebe. Jedes Mal, wenn es mir besser ging, landete ich wieder dort, wo ich angefangen hatte: im Krankenhaus.

Was auch immer versucht hatte, mich zu töten, fand bald heraus, dass ich ein stures Baby war, das nicht aufgeben wollte. Niemand wusste, was mit mir los war, und nichts, was die Ärzte taten, half. Schließlich waren sie von meiner mysteriösen Krankheit so verwirrt, dass sie Medizinstudenten einluden, mich zu untersuchen und hoffentlich Antworten zu finden.

Meine Mutter, Gordana, stand mir zur Seite und betete täglich für meine Genesung. Sie war keine religiöse Frau, aber sie glaubte, dass ihr Schmerz ihr erlaubte, mit einer höheren göttlichen Kraft in Kontakt zu treten und sie um Hilfe zu bitten. Schließlich war sie meine Hüterin, meine Beschützerin. Dann, nach drei Jahren, in denen ich fast täglich im Krankenhaus war und meine Familie durch die Hölle gehen musste, wurde ich auf wundersame Weise gesund. Zu was auch immer meine Mutter gebetet hatte, es muss sie erhört haben.

Wenn es eine jenseitige Macht war, die wollte, dass ich diese Welt verlasse, hat sie versagt. Stattdessen gab es eine entgegengesetzte Macht, die wollte, dass ich überlebe. Und so wuchs ich mit einem Segen auf, der mich vor schweren Zeiten schützte. Ich hatte das Gefühl, dass ich vielleicht eine Aufgabe in dieser Welt hatte, auch wenn ich viele Jahre brauchte, um sie wirklich zu finden. Doch bevor ich sie fand, musste ich eine weitere

Prüfung bestehen.

Es war im Frühjahr 1992 in einem Land am Rande des Krieges, Jugoslawien. Wir waren gerade erschöpft aus dem Luftschutzkeller des Gebäudes gekomen, nachdem wir eine Nacht lang Schüsse im Hintergrund gehört hatten. Obwohl die Spannungen zwischen den verfeindeten Parteien zunahmen, glaubten die meisten Menschen, dass die Dinge bald vorbei sein würden und das Leben wieder zur Normalität zurückkehren würde. Es gab nicht viele Menschen, die bereit waren, alles hinter sich zu lassen, ohne die Gewissheit, dass ein ausgewachsener Krieg ausbrechen würde.

Es war fünf Uhr morgens, und meine Schwester Nikol und ich gingen sofort ins Bett, ebenso wie mein Vater Zoran. Meine Mutter legte sich neben ihn und legte ihren Kopf auf das Kissen, emotional und geistig erschöpft. Sie schaute auf die Uhr neben sich, beobachtete, wie sich der Zeiger in der Mitte bewegte, und dachte über die missliche Lage nach, in der wir uns befanden, und darüber, was die Zukunft für unsere Familie bringen würde.

Was dann geschah, sollte alles verändern und einen neuen Zweig in der Zeitlinie unseres Lebens schaffen. Dieses einmalige Ereignis würde uns nicht nur von einem Kontinent zum Nächsten bringen, sondern es war auch der Vorläufer einer monumentalen spirituellen Reise für mich - einer Reise, die mich zu einem Boten Gottes, des Schöpfers, machen würde.

Plötzlich begann eine autoritative Männerstimme in ihr rechtes Ohr zu sprechen. Es war nicht mein Vater, denn er schlief tief und fest auf ihrer linken Seite und schnarchte leicht, wie er es normalerweise tut. Die Stimme sprach in einem ruhigen, aber befehlenden Ton und kündigte an, was auf die Menschen in Bosnien und Herzegowina zukommen würde. Sie sagte, dass in meiner Heimatstadt tatsächlich ein Krieg ausbrechen würde. Müll würde die Straßen füllen, Lebensmittel und Wasser würden knapp, und es gäbe keine Heizung und keinen Strom. Diese göttliche Stimme sagte, dass sie mit meiner Schwester und mir die Stadt sofort verlassen müsse. Das war ihr Auftrag.

Sie kam wieder zu sich, aber etwas hatte sich in ihr verändert. Ihre Gedanken rasten, als ob sie immer noch in Trance wäre. Was war gerade passiert? Die Erfahrung ließ sie schockiert und verwirrt zurück. Vor allem aber war sie verängstigt. Und sie wusste, dass dieses Gefühl der Angst nicht verschwinden würde, bis sie etwas dagegen unternahm.

Sie hat meinen Vater noch nicht geweckt. Stattdessen versuchte sie, ihre Gedanken zu sammeln. Währenddessen begann sie, unsere Pässe und andere Reisedokumente vorzubereiten. Dann verließ sie gegen jede Logik das Schlafzimmer und begann, einen Koffer für uns alle zu packen. Sie wusste in ihrem Herzen, was sie zu tun hatte, und nichts, was jemand sagen würde, konnte sie davon abhalten.

Nachdem ein Koffer locker gepackt war, machte sie sich einen Kaffee und trank ihn zitternd am Wohnzimmerfenster. Dann blickte sie, schwer von Emotionen, auf den Spielplatz neben unserem Gebäude und dachte über die Kraft nach, die sie in den nächsten Tagen aufbringen musste, um ihre Mission zu erfüllen und ihre Kinder zu retten.

Plötzlich lagen zwei Hände auf ihren Schultern und schüttelten sie. "Gordana, Gordana, kannst du mich hören? Sag doch etwas!". Meine Mutter muss wie eine besessene

Frau ausgesehen haben. Dann drehte sie sich endlich zu meinem Vater um und kehrte in die Realität zurück. "Wir müssen die Stadt verlassen", schrie sie. "Jetzt!".

Der Rest des Tages war für meine Mutter nicht einfach, da niemand ihre Geschichte glaubte. Da mein Vater ein sehr logischer Mensch ist, versuchte er, ihr Erlebnis zu rationalisieren und hielt es für einen Trick der Einbildung. Schließlich war es eine so außergewöhnliche Geschichte, dass man glauben konnte, dass sie einer gewöhnlichen Familie wie der unseren passiert war. Sie wusste jedoch, was sie gehört hatte, und so standhaft sie auch war, es gab kein Halten mehr für sie. Sie musste für die Sicherheit ihrer Kinder sorgen und uns sofort aus der Stadt bringen.

Und so packte sie unsere Koffer und kaufte uns Flugtickets, damit wir am nächsten Tag abreisen konnten. Leider verspürte mein Vater nicht die gleiche Dringlichkeit wie meine Mutter, und außerdem wartete er noch auf einige wichtige Dokumente für eine größere Reise, so dass er vorhatte, zu Hause zu bleiben und uns in ein paar Wochen zu treffen.

Am nächsten Tag kamen wir gegen Mittag am Flughafen an. Kurz bevor das Boarding begann, geschah das Undenkbare. Auf dem Flughafen begannen die Schüsse von allen Seiten. Wenn sich das Land am Rande eines Krieges befand, war dies der Abgrund. Normalerweise fielen die Schüsse in der Nacht, aber diesmal war es anders. Die Menschen auf dem Flughafen begannen, sich in Panik zu verkriechen, sie knieten jedes Mal, wenn sie einen Schuss hörten, während andere auf dem Bauch lagen. Es herrschte Chaos. Das ging die nächsten vier Stunden so weiter. Es schien, als könnten wir die Stadt nicht mehr verlassen.

Schließlich wurde die Schießerei kurz unterbrochen, so dass wir das Flugzeug besteigen konnten. Unser mittelgroßes Passagierflugzeug war so vollgestopft, dass es nicht genug Sitze für alle gab, so dass viele stehen blieben, auch wir. Es schien, als hätten alle Leute am Flughafen ihre Tickets umgebucht, um in unser Flugzeug zu kommen.

Als das Flugzeug abhob, schaute ich durch das Fenster auf meine Heimatstadt, die immer kleiner wurde, nicht wissend, dass dies das letzte Mal sein würde, dass ich sie für viele Jahre sehen würde. Ich erinnere mich, dass meine Mutter während des Fluges meine Schwester und mich mit Tränen in den Augen im Arm hielt. Sie hatte ihre Aufgabe erfüllt, aber das war erst der Anfang unserer beschwerlichen Reise, und das wusste sie. Nachdem wir im Nachbarland Serbien gelandet waren, erfuhren wir, dass unser Flugzeug das letzte war, das die Stadt verließ. Nachdem wir in letzter Sekunde entkommen waren, wurde der Flughafen offiziell geschlossen.

An diesem Tag begann der Krieg in Bosnien, der drei lange Jahre andauerte. Sarajevo, meine Heimatstadt, wurde belagert. Als wir uns am Flughafen von meinem Vater verabschiedeten, ahnten wir nicht, dass es das letzte Mal sein würde, dass wir uns für eine lange Zeit sehen würden. Oh, wie sehr wünschte ich mir, dass er mit uns käme, aber das Schicksal spielte an diesem Tag für uns alle seine Hand.

Der Krieg war ein religiöser Krieg mit politischen Konnotationen, auf deren Gründe ich jetzt nicht eingehen werde. Was die Geschichte betrifft, die ich Ihnen gleich erzählen werde, so geschah alles, was die göttliche Stimme sagte, tatsächlich. Ein göttliches

Eingreifen rettete unser Leben - der Grund dafür war mir damals unbekannt.

Als die Tage vergingen, wünschte sich meine Mutter, dass die göttliche Stimme zurückkehren und sie leiten würde. Es gelang ihr, ihre Kinder vor der unmittelbaren Gefahr in Sicherheit zu bringen, aber als sich der Krieg ausweitete, war es schwer zu wissen, wohin wir als Nächstes gehen sollten, um dem Chaos zu entgehen, das sich in meinem Land ausbreitete. Und so hüpften wir von einer Stadt und einem Land zum nächsten, umkreisten Bosnien und Herzegowina und warteten geduldig darauf, dass mein Vater die Chance bekam, zu uns zu stoßen.

Die Frontlinien des Krieges verliefen in meiner Nachbarschaft. Viele Menschen starben in meiner Heimatstadt, vor allem in der Gegend, in der ich lebte. Es war entsetzlich, von den Gräueltaten zu hören, die den Menschen in Sarajevo widerfuhren. Nachbarn kämpften gegen Nachbarn; man konnte sein Haus nicht verlassen, aus Angst, von Scharfschützen erschossen zu werden. Wenn den Menschen die Lebensmittel und das Wasser ausgingen und sie ihre Häuser verlassen mussten, um neue Vorräte zu besorgen, verabschiedeten sie sich von ihren Angehörigen, ohne zu wissen, ob sie zurückkehren würden. Wir haben diese Informationen aus erster Hand von meinem Vater erhalten, der das alles leider miterleben musste.

Am Ende des Krieges hatte meine Mutter ihre beiden Eltern und ihren Bruder verloren. Doch sie tat, was die göttliche Stimme sagte, warum wurde ihr Volk nicht verschont? Als ich erfuhr, dass meine Familie und meine Freunde im Krieg umgekommen waren, war ich traurig und verwirrt. Warum wurden wir gerettet, andere aber nicht? Ich begann meine Mutter zu befragen, als sie mir von der Göttlichen Stimme erzählte. Aus irgendeinem Grund war ich die Einzige, die ihr glaubte. Die meisten Leute dachten, wir hätten Glück gehabt, dass wir in letzter Sekunde wegkamen, aber ich wusste, dass da mehr dahinter steckte. Es war, als ob die Informationen, die sie mir gab, etwas in mir auslösten, aber es würde noch viele Jahre dauern, bis sich das nächste Teil des Puzzles enträtselte.

Erst als ich 2004 ein Kundalini-Erwachen hatte, dachte ich, dass es vielleicht etwas mit dieser göttlichen Intervention zu tun hat, da es eine so seltene und monumentale spirituelle Erfahrung war. Vielleicht wurden wir gerettet, damit ich all das erleben würde, was ich nach dem Kundalini-Erwachen erlebte, und siebzehn Jahre später genau diese Worte an Sie, den Leser, schreiben würde. Vielleicht ist meine Botschaft lebenswichtig für die Menschen in der Welt von heute.

SPIRITUELLE ENTWICKLUNG UND PERSÖNLICHE MACHT

Nach zwei langen Jahren in der Hölle kam mein Vater zu uns nach Kroatien. Bald darauf kamen wir vier als Kriegsflüchtlinge nach Toronto, Kanada, und begannen unser Leben hier in Nordamerika. Meine Eltern versprachen mir, dass Kanada ein Neuanfang sein würde und dass ich alles sein könnte, was ich wollte, und dass ich die Freiheit hätte, alle Träume zu verwirklichen, die ich hatte. Mir wurde bald klar, dass die höchste

Berufung oder das wichtigste Ziel für mich darin bestand, glücklich zu sein. Die beste Art, all die Menschen zu ehren, die es in meinem Land nicht geschafft haben, war, glücklich zu sein und ein gutes Leben zu führen, weil sie es nicht konnten.

Als meine Teenagerjahre vergingen, bemerkte ich, dass ich anders war. Zum einen empfand keiner meiner Freunde Gefühle so stark wie ich. Wo sie verknallt waren, hatte ich erdrückende Besessenheit. Ich war von Natur aus ein Extremist. Es genügte mir nicht, mich vom Leben überraschen zu lassen; ich jagte aktiv den Dingen nach, die mich glücklich machten, und brachte sie zu mir nach Hause.

Andere Leute waren auf der Suche nach einem schnellen Rausch, aber ich wollte für immer dort bleiben. Es gab keinen Sinn, auf die Erde zurückzukehren, nachdem man einen Vorgeschmack auf das bekommen hatte, was da draußen war. Wenn ich einmal die Transzendenz der wahren Liebe erlebt hatte, wie konnte ich dann jemals zurückkehren?

Ein Teil von mir wusste, dass es nicht so einfach sein konnte, dass ich eine Pille nehmen, ein Kraut rauchen und plötzlich im Himmel sein konnte. Und doch war es so; in der einen Sekunde fühlen Sie sich normal, und in der nächsten sind Sie in einem völlig anderen Zustand. Aber es genügte mir nicht, an den Wochenenden high zu werden; ich wollte für immer in diesem Zustand leben. Ich wollte einen dauerhaften Zustand des Glücks erreichen.

Meine erste Suche danach war die Liebe. Das Problem dabei ist, dass man keine vollständige Kontrolle darüber hat, da es sich um eine Partnerschaft handelt. Selbst wenn ich also reine Liebesenergie und Hingabe für diese Person empfand, war es nicht echt, wenn sie es nicht genauso empfand. Es war wie ein Zaubertrick ohne Publikum. Ich wusste also, dass es da draußen mehr für mich gab, aber ich verstand nicht ganz, was das sein könnte.

Erst in meiner Highschool-Zeit begann ich, mich mit dem Geist zu verbinden und während meiner ersten Langzeitbeziehung etwas über Gott, den Schöpfer, zu erfahren. Dieses Gefühl des Verliebtseins öffnete mich zum ersten Mal spirituell, und ich wurde ein Sucher des Lichts. Das Lernen über die unsichtbare Realität des Geistes ist etwas, wofür ich von klein auf prädisponiert war, da viele meiner Lebensphilosophien ganz natürlich entstanden sind.

Ich habe mich immer auf das Vergnügen und das Streben nach Glück konzentriert, also habe ich mich mit meiner ersten Liebe verlobt, weil ich dachte, dass ich damit alle Prüfungen und Schwierigkeiten im Leben umgehen könnte. Doch das Universum hatte andere Pläne für mich. Als meine Beziehung katastrophal endete, stand ich an einem Scheideweg in meinem Leben. Anstatt mich mit meinem Verlust zu beschäftigen und deprimiert zu sein, beschloss ich, den Schwung zu nutzen, den ich durch das Lernen über den Geist gewonnen hatte, und meine Reise fortzusetzen.

Ich sammelte alles, was mich an sie erinnerte, und steckte es in einen schwarzen Müllsack. Dann verbrannte ich in einem nahe gelegenen Wald alles in einem lodernden Feuer, um einen Neuanfang in meinem Leben zu symbolisieren. Als ich sah, wie der Rauch aufstieg und die Gegenstände zu Asche wurden, spürte ich, wie die Götter auf mich herabblickten und schließlich sagten: "Der Junge ist jetzt bereit".

Ich hatte tagsüber Architektur studiert, wie es meine Eltern von mir verlangten. Als der Unterricht endete und die Nacht hereinbrach, setzte ich meine Studien auf andere Weise fort. Durch die Bücher, die ich las, und die Umsetzung dieser Lektionen in die Praxis begann ich, mich selbst wieder aufzubauen und zu verfeinern. Ich erkannte, dass ich immer noch Frauen in meinem Leben haben und diese Liebe erwidern konnte, aber ohne die gleiche Art von Bindung wie früher. Auf die gleiche Weise löste ich mich von der Person, zu der ich wurde, um mich ständig zu verbessern. Und so habe ich mich täglich wie eine Schlange gehäutet. Wie ein Phönix, der erneuert aus der Asche aufsteigt. Je mehr Wissen und Weisheit ich verinnerlichte, desto weniger war ich ein Sklave meiner überwältigenden Gefühle.

Nachdem ich die Liebe erfahren hatte, war der nächste Schritt, meine persönliche Macht zu entwickeln, also lernte ich über die Anziehung zwischen Männern und Frauen. Ich begann zu lernen, wie ich jede gewünschte Realität manifestieren kann, und erkannte, dass es möglich ist, wenn das richtige Wissen integriert wird. Ich war ein Wissenschaftler des Geistes und testete die Grenzen des menschlichen Potenzials in vielen Bereichen. Ich versuchte, meinen Verstand zu meistern, als ich erfuhr, dass er die Macht hat, das zu formen, was wir "Realität" nennen. Ich erkannte, dass ich das volle Potenzial des Geistes ausschöpfen kann, wenn ich Zugang zum "Jetzt", dem gegenwärtigen Moment, habe. Ich war wie besessen davon, diese Fähigkeit zu meistern, denn sie brachte mir die wahre Aufregung und Freude am Leben.

Bestimmte Bereiche meines Lebens wurden zum Chaos. Es ist nicht so, dass ich alles wollte, aber ich verfolgte alles. Mit der gleichen Intensität, mit der ich nach Liebe suchte, strebte ich nach spirituellem Wissen. Ich durchtränkte jedes Buch mit der gleichen Leidenschaft und Hingabe wie meiner Ex-Verlobten und füllte mich täglich mit Wissen und Weisheit. Es schien keine Grenzen zu geben, wie viel ich lernen konnte. Und ich erkannte, dass ein Mensch ein ganzes Leben damit verbringen könnte, jedes Buch zu lesen, ohne das Gelernte in die Praxis umzusetzen.

Zu diesem Zeitpunkt fiel mir *das Kybalion* in die Hände. Das Handbuch zum Leben selbst. Es war das erste Mal, dass ich mich wieder richtig verliebte. Ich wusste, dass ich mich diesem Buch widmen und jeden Satz in meinen Verstand und mein Herz aufnehmen musste, um seine ewige Weisheit zu gewinnen. Dies war die zweite göttliche Intervention in meinem Leben und der Vorläufer und Katalysator für ein Kundalini-Erwachen, das ich noch im selben Jahr erleben sollte.

Das Kybalion ist ein hermetisches, okkultes Buch, in dem die universellen Gesetze, die so genannten Prinzipien der Schöpfung, erörtert werden (Beachten Sie, dass kursiv gedruckte Begriffe im Glossar am Ende des Buches näher definiert werden). *Das Kybalion* konzentriert sich in den meisten seiner Lehren auf die Macht des Geistes und erklärt, dass "alles Geist ist, das Universum ist geistig". Es sagt, dass wir im "Traum Gottes" leben und dass alles "Gedankenenergie" ist, einschließlich der physischen Welt. Diese Gedankenenergie ist genau der Geist, von dem religiöse und spirituelle Texte sprechen. Der Unterschied zwischen dem Gedanken Gottes und dem des Menschen ist nur eine Frage des Grades oder der Frequenz der Schwingung. Unsere Macht des Geistes und unsere Fähigkeit zu denken ist das, was unsere Realität formt.

Ich arbeitete täglich mit den Gesetzen und Prinzipien des *Kybalion*, und es veränderte mich auf zwingende Weise von innen heraus. Ich hatte größtes Vertrauen in die Kybalion-Prinzipien und war so fasziniert von diesem Buch, dass ich es überallhin mitnahm. Alles, was ich lernte und erlebte, formte mich täglich neu. Neben dem Zuwachs an Weisheit konzentrierte ich mich darauf, mich in einen attraktiven und starken Mann zu verwandeln. Ich verbesserte mein Liebesleben in einem unvorstellbaren Ausmaß, indem ich die Prinzipien des *Kybalion* nutzte.

Der Sommer 2004 war der Höhepunkt all dessen, was ich erlebte und lernte, und ich erlangte ein Maß an persönlicher Macht in meinem Leben, von dem ich zuvor nur geträumt hatte. Mein Leben war ein Film, und ich war der Hauptdarsteller. Ich hatte mich zu einem Mystiker entwickelt, einem "Zauberer des Geistes". Meine spirituelle Reise ging aufwärts, und ich spürte, dass es nur eine Frage der Zeit war, bis etwas Außergewöhnliches geschehen würde.

KUNDALINI-ERWACHEN

Im Oktober 2004, nachdem ich das *Kybalion* über zwanzig Mal gelesen hatte, hatte ich einige neue Erkenntnisse über die Prinzipien der Schöpfung. Erstens haben wir einen geistigen Doppelgänger, ein Abbild in uns, das aus reinem Geist besteht und denselben Raum und dieselbe Zeit einnimmt, aber unser Bewusstsein ist nicht darauf eingestellt. Zweitens ist unser Vorstellungsvermögen und unsere Fähigkeit, Dinge in die Existenz zu denken, weitaus stärker, als wir ihr zugestehen. So wie Gott, der Schöpfer, sich uns vorgestellt hat, können wir uns unsere Bilder vorstellen und sie als real erleben, wenn wir uns nur dafür entscheiden, zu glauben, was wir sehen. Das Testen dieser beiden neuen Erkenntnisse an diesem Abend während einer Meditation, die unwissentlich eine Form von tantrischer Sexualpraxis war, führte zu einem sehr intensiven Kundalini-Erwachen.

Ein kraftvoller Energiestrom stieg meine Wirbelsäule hinauf und öffnete auf dem Weg nach oben gleichzeitig die Chakren. Er drang in meinen Kopf und mein Gehirn ein und umhüllte mein ganzes Wesen mit Licht. Sie durchdrang mein geistiges Auge und dehnte es exponentiell aus, bevor sie zur Krone aufstieg und ein flüssiges Feuer über meinen Körper strömte, das, wie ich später erfuhr, die zweiundsiebzigtausend Nadis oder energetischen Kanäle erweckte. Diese Erfahrung wurde von einem kraftvollen Schwingungsgeräusch begleitet, das ich im Inneren hörte und das sich in seiner Spitze wie ein Düsentriebwerk beim Start anhörte.

Der Höhepunkt war, dass ich meine Augen öffnete, als ich von dieser Energie von innen "unter Strom gesetzt" wurde, und den Raum, in dem ich mich befand, als Hologramm sah und meine Hände aus reinem goldenen Licht bestanden. Dieser Anblick veränderte meine Sicht der Realität für immer. Darauf folgte meine erste außerkörperliche Erfahrung (OBE), bei der ich den Beginn des weißen Lichts sah, als mein Bewusstsein aus meinem Körper gesaugt wurde.

Die ganze Erfahrung hat mich verblüfft und verwirrt. Was war gerade mit mir passiert? Ich habe zwei Monate lang wie besessen geforscht, um herauszufinden, was das war, und seitdem ist mein Leben nicht mehr dasselbe. Nach meinem Kundalini-Erwachen wurde ich zu einer Realität erweckt, von der ich nie wusste, dass sie existiert - die vierte Dimension der Schwingung oder Energie. Es war der Stoff für einen Hollywood-Film über Mystik und Spiritualität. Ich fühlte mich, als hätte ich gerade in der Lotterie gewonnen - eine Lotterie, von der die Menschen nicht einmal wussten, dass sie existiert.

Transzendentale Erfahrungen wurden zu einer normalen Lebensweise, da ich täglich in Geist, Körper und Seele transformiert wurde. Es wurde bald offensichtlich, dass sich mein Bewusstsein erweitert hatte, da ich begann, die Realität um mich herum von einer viel höheren Quelle aus wahrzunehmen. Ich begann, die Welt um mich herum aus der Perspektive Gottes zu betrachten, so als ob ich in den Wolken stünde und auf alles herabblicke, als ob ich ein architektonisches Modell betrachten würde. Ich nahm nun das Licht in allen Dingen wahr, was allem, was ich betrachtete, ein digitales Makeover verlieh. Mit der Zeit entwickelte ich die Fähigkeit, die Energiefelder (Auras) der Menschen zu sehen und ihre Energie intuitiv in mir zu spüren. Diese Erfahrung verlieh mir telepathische und empathische Fähigkeiten, die gleichzeitig ein Geschenk und ein Fluch waren.

Auch meine Traumwelt öffnete sich zu einer ganz neuen Realität. Ich fing an, jede Nacht außerkörperliche Erfahrungen zu machen, bei denen ich durch seltsame, aber wunderschöne Länder flog und Kräfte besaß, die an Superhelden in Filmen erinnerten. Ich hatte das Gefühl, selbst ein Superheld geworden zu sein, denn niemand, den ich kannte oder von dem ich gehört hatte, außer Gopi Krishna (über den ich damals las), beschrieb diese neue Welt, in die ich projiziert wurde. Es war dieselbe Welt, in der ich zuvor gelebt hatte, aber sie wurde in mir durch die von der Kundalini hervorgerufene Lichtenergie verstärkt. Dieses Licht formte mein altes Selbst um und verwandelte mich in etwas Neues, Besseres, Fortschrittlicheres.

Ich nahm den Ruf des Göttlichen an, alles über Spiritualität, Religion, Philosophie, Psychologie und andere Themen über Gott, den Schöpfer, und die Bestimmung der Menschheit zu lernen. Ich war besessen davon, mich zu einer messianischen Präsenz zu entwickeln, da ich dies als meine Berufung empfand. Wie einige andere Menschen in meiner Position habe ich nie versucht, der "Eine" zu sein, da ich von Anfang an wusste, dass wir alle der "Eine" sind. Wir alle sind Wesen des Lichts und haben das Potenzial, die Kundalini zu erwecken und diese materielle Welt zu transzendieren.

Ich wusste, dass meine Berufung darin bestand, ein Bote Gottes - des Schöpfers - zu sein, und meine Botschaft war die Kundalini. Ich wurde zu der Überzeugung, dass der Zweck der göttlichen Intervention, die meine Schwester und mich 1992 rettete, genau aus diesem Grund erfolgte. Ich schloss mich *Hermes Trismegistus* voll und ganz an, da ein Großteil meiner spirituellen Reise mit seinen Lehren zusammenhing.

Hermes ist auch der Botengott im griechischen und römischen Pantheon, der Vermittler zwischen den Göttern und den Menschen. Der einzigartige Stab, den er in allen seinen bildlichen Darstellungen trägt, der Caduceus, symbolisiert die Kundalini-Energie selbst.

Obwohl ich begann, ein jenseitiges Leben zu führen, erlebte ich sehr oft intensive Episoden von Angst und Furcht, wenn man bedenkt, dass alle meine Chakren nach dem Kundalini-Erwachen vollständig aktiviert waren. Ich fühlte mich gesegnet, das Erwachen gehabt zu haben, aber da ich oft mit unglaublichen Ängsten und Beklemmungen zu kämpfen hatte, fühlte es sich auch wie ein Fluch an. Außerdem erfuhr ich, dass andere Menschen, die ebenfalls ein vollständiges Kundalini-Erwachen erlebt hatten, wie ich selbst, dies ebenfalls erlebten. Traurigerweise war dieses zweischneidige Schwert etwas, mit dem wir alle lernen mussten, zu leben und es zu ertragen. Ich wollte das jedoch nicht akzeptieren. Wenn es einen Willen gibt, gibt es auch einen Weg, dachte ich. Für jedes Problem gibt es eine Lösung. Das lehrte mich *das Kybalion*. Also war ich entschlossen, mir selbst um jeden Preis zu helfen, und begann, nach verschiedenen Möglichkeiten zu suchen, dies zu tun.

Innerhalb eines Jahres nach der Erweckung der Kundalini habe ich viele verschiedene spirituelle Praktiken ausprobiert, von Yoga über transzendentale Meditation bis hin zu Edelsteinen (Kristallen) und mehr. Um Ihnen zu zeigen, wie verzweifelt ich war, trat ich sogar einen Monat lang Scientology bei und praktizierte deren Methode, ein "Clear" zu werden. Aber leider schien nichts für mich zu funktionieren. Ich hatte immer noch Angst und Furcht in meinem Herzen, die mich täglich lähmten, und eine laute Vibration in meinen Ohren, die sehr unangenehm war und mich die ganze Nacht wach hielt. Ich hatte die Hoffnung schon fast aufgegeben, bis mich mein Höheres Selbst an die Türschwelle einer alten Mysterienschule führte - dem *Golden Dawn*. Die von ihnen praktizierte *zeremonielle Magie* klang wie eine mögliche Lösung für mein Problem.

DIE MAGIE DES GOLDEN DAWN

Im Sommer 2005 trat ich dem Esoterischen Orden des Golden Dawn bei, um die emotionalen und mentalen Probleme zu bewältigen, die mich plagten. Zeremonielle Magie beinhaltet rituelle Übungen, um Energie in die Aura zu rufen. Ich tauchte von Anfang an tief in das hermetische System des Golden Dawn ein. Als ich die verschiedenen Grade oder Stufen durchlief, arbeitete ich mit den Elementarenergien, die mit den Chakren korrespondieren.

Es gibt die fünf Elemente Erde, Wasser, Luft, Feuer und Geist, die mit den sieben Chakren verbunden sind. Die ersten vier Chakren entsprechen den Elementen Erde, Wasser, Feuer und Luft, während die letzten drei höheren Chakren dem Element Geist angehören. Die Elementarenergien korrespondieren mit verschiedenen Teilen der Psyche, wie Emotionen, Gedanken, Vernunft, Willenskraft, Vorstellungskraft, Gedächtnis, Intuition, usw. Die Arbeit mit den Elementen ermöglichte mir die Feinabstimmung dieser Teile meiner selbst, die notwendig war, um das neu erweiterte Bewusstsein zu integrieren.

Die Energien, die ich durch zeremonielle Magie herbeirief, wurden zu genau dem

"Werkzeug", das ich nach der Erweckung der Kundalini suchte. Sie erlaubten mir, meine Aura und Chakren von der Negativität zu reinigen, die mich plagte. Darüber hinaus erlaubte mir die Anrufung der Elemente durch zeremonielle Magie, meine karmische Energie schneller loszuwerden, da sie alle Ängste und Befürchtungen aus meinem Inneren entfernte. Nicht nur das, sondern es ermöglichte mir auch, verschiedene Teile meines Selbst zu entwickeln und mein volles Potenzial zu verwirklichen.

Zeremonielle Magie ist ein mächtiges Werkzeug, um die eigene karmische Energie zu bekämpfen und das alte Selbst, das Ego, zu reinigen, dessen Einsatz es dem höheren Willen des Geistes erlaubt, die Oberhand über das Bewusstsein zu gewinnen. Was mich daran hinderte, die neu erwachte spirituelle Energie zu erfahren, war meine Erinnerung daran, wer ich war, deren Grundlage meine Wahrnehmung vergangener Ereignisse ist. Das Ego verarbeitet die Realität in dualistischen Begriffen, wobei einige Ereignisse als gut und andere als schlecht akzeptiert werden, so dass wir an ein ewiges karmisches Rad gekettet sind, das ständig in Bewegung ist.

Die schlechten Erinnerungen sind im Selbst eingeschlossen und erzeugen durch emotionalen Schmerz und Angst eine Bindung an das Ego. Wir können auf die emotionale Ladung der Erinnerungen zugreifen, indem wir die Elemente durch zeremonielle Magie anrufen und sie aus dem Unterbewusstsein an die Oberfläche bringen, um sie durch Integration und Evolution "loszuwerden". Als Ergebnis wird die potentielle Energie, die in den Chakren in Form von Karma gespeichert ist, in das Universum zurückgeführt und der ursprüngliche Zustand der Reinheit wiederhergestellt.

Nachdem ich die positiven Auswirkungen gesehen hatte, die es in kurzer Zeit auf mich hatte, verliebte ich mich in das System des Golden Dawn. Ich hatte sogar einen persönlichen Tempel in meinem Haus gebaut, in dem ich täglich Magie praktizierte. Neben dem *spirituellen* Alchemieprozess, den ich mit den Elementen durchlief, lernte ich im Golden Dawn auch viele esoterische Themen kennen, darunter die Qabalah, den Baum des Lebens, *Tarot*, Astrologie, *Hermetik und* vieles mehr.

Ich entwickelte mich zu einem Ritualmeister, da ich die Kunst der zeremoniellen Magie gut fünf Jahre lang täglich praktizierte. Während dieser Zeit wurde ich in alle Grade des Äußeren Ordens des Golden Dawn eingeweiht, die den vier Elementen entsprechen. Danach setzte ich meine magische Reise auf eigene Faust fort und arbeitete mit Ritualübungen der Adeptenstufe, die dem Geistelement und darüber hinaus entsprechen.

Als ich in meinem Haus umzog, wurde mein erster Tempel in einen gemeinschaftlichen Wohnraum umgewandelt, was es mir ermöglichte, einen zweiten, aufwändigeren Tempel zu bauen, der an meinen einsamen Weg als Magi erinnern sollte. Diese Veränderung trat ein, als der gemeinsame Tempel in Toronto auseinanderfiel und viele Golden Dawn-Mitglieder kein Zuhause mehr hatten. Das Göttliche bat mich, mein Haus für sie zu öffnen und mein fortgeschrittenes Wissen und meine rituelle Erfahrung zu nutzen, um sie zu betreuen. Und so wurde zum ersten Mal der Schüler zum Lehrer.

Ich betreue eine Gruppe von bis zu einem Dutzend ehemaliger Golden-Dawn-Mitglieder, die mich wöchentlich für Belehrungen und Gruppenrituale besuchten, die ich anleitete. Ich traf auch neue Freunde auf der Straße, die Lichtsucher waren und meine

Golden Dawn Lehren suchten. Einige von ihnen waren Kundalini-Erweckte, die Hilfe brauchten, so wie ich vor einigen Jahren, als ich im Dunkeln nach Antworten tastete.

Als meine Golden-Dawn-Reise ihren Höhepunkt erreichte, praktizierte ich andere spirituelle Disziplinen, die die Anrufung/Beschwörung von Göttern und Göttinnen beinhalteten, insbesondere aus dem Hindu- und Voodoo-Pantheon. Ich wollte ihre Energien durch die Ausführung ihrer rituellen Übungen erfahren und sie mit dem vergleichen, was ich durch die Zeremoniale Magie gelernt hatte.

Wegen ihrer hermetischen Wurzeln schloss ich mich auch der *Freimaurerei* an und erreichte innerhalb von zwei Jahren den höchsten Grad eines Meistermaurers in der Blauen Loge. Ich war ein Wissenschaftler in der Kunst der rituellen Magie, dessen Labor die unsichtbare Welt der Energie ist, und suchte nach Gemeinsamkeiten in den verschiedenen spirituellen Traditionen und Religionen.

Durch meine Arbeit und die Ähnlichkeiten in unseren Wegen brachte ich meine Schwingung in Einklang mit einem früheren Mitglied des Golden Dawn Ordens, dem berüchtigten *Aleister Crowley*. Er kontaktierte mich oft in Träumen, um mir kryptische Lehren in seinem Shakespeare'schen Sprachstil zu vermitteln.

Ich habe über ein Jahr lang unter Crowleys Anleitung *Sexualmagie* praktiziert und die *henochische Magie* und die *dreißig Aethyrs* benutzt, um "den Abgrund zu überqueren". Das Überqueren des Abgrunds ist ein Prozess, der bedeutet, dass man sein Bewusstsein über die mentale Ebene der Dualität, in der sich Angst und Schmerz manifestieren, hinaus auf die spirituelle Ebene der Einheit hebt. Sobald ich dies getan hatte, integrierte ich mich vollständig mit der Energie der bedingungslosen Liebe in der spirituellen Ebene und mein Bewusstsein richtete sich dauerhaft mit meinem spirituellen Körper aus.

Diese spirituelle Errungenschaft ermöglichte es mir, Furcht und Angst, die mich seit der Erweckung der Kundalini plagten, vollständig zu überwinden. Meine Gedanken hatten keine emotionale Macht mehr über mich, und ich überwand mein negatives Karma. Und so kam meine Reise mit ritueller Magie zu einem Ende und erlaubte mir, mich von diesem Moment an nur noch auf meine Kundalini-Energie zu konzentrieren.

ZWEITE KUNDALINI-ERHEBUNG

Anfang 2010, sechs Jahre nach meinem ersten Kundalini-Erwachen, hatte ich einen weiteren intensiven Kundalini-Aufstieg. Er war bei weitem nicht so kraftvoll wie der erste Aufstieg, da es sich um eine einmalige Aktivierung handelte. Zu meiner Überraschung stieg die Kundalini-Energie jedoch durch meine Wirbelsäule in meine Krone auf und erweiterte mein Bewusstsein weiter.

Ich glaube, dass die harte Arbeit, die ich in die Magie gesteckt hatte, und die Tatsache, dass ich keine Energie von außen mehr in meine Aura rief, meine Kundalini stimulierte, sich zu reaktivieren und alle Blockaden zu entfernen, die ich nach dem ersten Erwachen hatte. Vielleicht habe ich während der ersten Kundalini-Erweckung nicht alle

Blütenblätter des Sahasrara Chakra erweckt, und diese zweite Erweckung diente dazu, den Kronenlotus vollständig zu öffnen. Dadurch schloss sich der Kreislauf der Kundalini-Energie und öffnete ein neues, essentielles Chakra am oberen Hinterkopf, das Bindu.

Zuerst war das Feuer in mir sehr intensiv und unerträglicher denn je. Die Nahrungsaufnahme wurde zu einem Problem, da sie das Feuer verstärkte, und so verlor ich im ersten Monat nach dem zweiten Aufstieg zwanzig Pfund. Allerdings nahm ich ein noch höheres Bewusstsein wahr, und meine übersinnlichen Fähigkeiten wurden verstärkt. Das Wichtigste ist, dass ich nun allein auf der Grundlage meiner Intuition funktionierte und mich in einem ständigen Zustand der Inspiration befand, der unmöglich zu beschreiben ist. Das Wort "episch", mit dem man heutzutage wahllos um sich wirft, beschreibt am besten, wie ich mich fühlte und bis heute fühle.

Neben dieser ständigen Inspiration begann ich, mich im Wachleben außerhalb meines Körpers zu fühlen, und seltsame Dinge begannen zu geschehen. Ich spürte eine Taubheit in meinem gesamten physischen Körper, die zu einem festen Bestandteil meines Lebens geworden ist. Wenn ich einen Eisbeutel auf meine Haut lege, kann ich die Kälte nicht spüren, aber sie fühlt sich völlig taub an. Das Gleiche gilt für jeden anderen Teil meines physischen Körpers. Es ist, als ob die Kundalini meinem Körper eine permanente Spritze mit Novocain, einem Betäubungsmittel, gegeben hätte.

Ein transzendentes Gefühl durchdrang mein Herz, und das Feuer, das anfangs wütete, kühlte ab und wurde zu einer beruhigenden Liebesenergie. Jedes Mal, wenn ich einen Song auflegte, den ich mochte, begann ich mystische Erfahrungen zu machen, da sich mein Bewusstsein in wenigen Sekunden, in denen ich dem Song meine Aufmerksamkeit schenkte, verlor. Ich verliebte mich in epische Filmmusik und hatte das Gefühl, dass sie nur für mich gespielt wurde, denn jede Handlung, die ich ausführte, fühlte sich jetzt glorreich an.

Ich erreichte den Höhepunkt dieser Kundalini-Erweckungserfahrung, und während ich durch die Nahrung Prana in mein System brachte, erweiterte sich mein Bewusstsein weiter. Je mehr ich aß, desto besser fühlte ich mich. Ich bekam etwas Hilfe von der Naturheilkunde, vor allem Vitamin B-Komplex, Zink, Selen, Gabba, 5-HTP und sogar Sägepalme, die gut funktionierte, um die Feuerenergie zu transformieren. Die Angst und Beklemmung, die unmittelbar nach dem zweiten Erwachen auftraten, als meine Nerven auf Hochtouren liefen, waren verschwunden. Sie wurden durch das Prana, das ich durch die Nahrung und die Nahrungsergänzungsmittel aufbaute, weggespült. Das Gewicht, das ich verloren hatte, nahm ich wieder zu, da ich nun rund um die Uhr in diesem Zustand ständiger Inspiration lebte, der unmöglich so beschrieben werden kann, dass er die ihm gebührende Anerkennung findet.

Mein neuer Zustand des Seins wurde innerhalb kurzer Zeit zu einer permanenten außerkörperlichen Erfahrung. Ich begann, mich selbst von außerhalb meiner selbst als "Stiller Zeuge" wahrzunehmen, was auch immer mein physischer Körper gerade tat. Mein Geist wurde klar und ruhig, und wenn ich den Gedanken in meinem Kopf zuhöre, gehe ich nach innen und kann mich nicht mehr von außen sehen. Andernfalls kann ich meine Mimik sehen, als ob meine Essenz direkt über und vor mir schwebt, was es mir ermöglicht, die vollständige Kontrolle darüber zu haben, welche Energie ich durch die Belebung meines physischen Körpers in die Außenwelt aussende.

Wenn ich mich außerhalb meiner selbst befinde, fühle ich völlige Verzückung und Einheit mit allen Dingen der Existenz. Ich nehme die ganze Welt jetzt als eine makellose, digitale Simulation wahr; ein Hologramm, eine Maya-Illusion. Ich höre eine konstante Vibration in meinem Kopf, als ob ich an eine Steckdose angeschlossen wäre, und mein Energiesystem erzeugt eine beträchtliche Menge an Bio-Elektrizität.

Dieser neue Zustand, in dem ich mich befand, löste einen Prozess des Ablegens von Erinnerungen aus, bei dem ich den Kontakt zum Ego völlig verlor und alte Erinnerungen vor meinem geistigen Auge wahrnahm, die mir im Laufe des Tages zufällig erschienen. Dieser Prozess schien endlos zu sein, und er fand ständig statt. Ich befand mich in einem inspirierten Zustand des Seins, funktionierte vollständig auf der Grundlage der Intuition und war im "Jetzt" präsent. Ich konnte meine Gedanken als Wellenmuster vor meinem geistigen Auge wahrnehmen, da ich sehr auf den Klang eingestimmt war. Ich erkannte bald, dass der Klang der metaphysischste der fünf Sinne ist. Bei den meisten Dingen, die ich hörte, konnte ich die Gedankenbilder hinter dem Klang sehen, was sehr transzendental war und immer noch ist.

Obwohl ich mich keiner Religion zuordne, glaube ich, dass jede Heilige Schrift einen Kern von Wahrheit enthält. So habe ich viele Bezüge zwischen dem Kundalini-Erweckungsprozess und den Lehren von Jesus Christus gefunden. Daher glaube ich, dass mein neuer Seinszustand das *Himmelreich* ist und die "Herrlichkeit der ganzen Welt", von der er sprach. Ich erkannte, dass Jesus, wie viele andere Weisen und Adepten der Geschichte, ein Kundalini-Erwachen hatte, das ihn befähigte, diesen erhabenen Zustand höheren Bewusstseins zu erreichen und dann seine Erfahrungen und Lehren mit anderen zu teilen, damit auch sie erwachen.

KREATIVE AUSDRUCKSFORMEN

Mit diesem neu gefundenen Zustand des Seins hat sich meine Kreativität um ein Tausendfaches erweitert, und ich fühlte mich berufen, mich durch verschiedene Künste kreativ auszudrücken. So begann ich zu malen, da die Malerei seit meiner Kindheit ein großer Teil meines Lebens war. Zum ersten Mal fühlte ich mich dazu berufen, in abstrakter Form zu malen und mich von meiner neu entdeckten Kreativität leiten zu lassen.

In den nächsten zwei Jahren malte ich viele Werke. Ich machte mir nie die Mühe, das Thema meiner Malerei zu planen, sondern ließ es einfach auf natürliche Weise entstehen. Mein Ziel war es immer, mich in einem Zustand des Ausdrucks zu befinden, und mein Prozess bestand darin, automatisch verschiedene Farben aufzutragen, bis ich schwache Bilder auf der Leinwand sah. Dann habe ich mich darauf konzentriert und sie weiter hervorgehoben.

Ich ertappte mich oft dabei, dass ich verschiedene Landschaften malte, die meiner

Meinung nach reale Orte auf der Erde waren. Mein Bewusstsein projizierte sich in diese Landschaften und erlebte sie als real, während ich in den Malprozess eintauchte. Nachdem ich meine Sitzung beendet hatte, setzte sich dieser Malprozess vor meinem geistigen Auge fort, wenn ich meine Augen schloss. Er dauerte automatisch etwa eine Stunde lang an und ließ mich glauben, dass ich Bilder und Formen von außerhalb meiner selbst kanalisierte.

Ich fühlte mich zur Musik hingezogen, und so begann ich etwa ein Jahr nach dem zweiten Aufstieg in einer Band zu singen. Ich begann auch, von der Kundalini inspirierte Texte und Gedichte zu schreiben, die mühelos aus mir herausflossen. Ich stellte fest, dass es mir ganz natürlich vorkam, mich durch Musik und Worte auszudrücken, und da ich jetzt so auf den Klang eingestimmt war, verging die Zeit wie im Flug, wenn ich mit Freunden "jammte".

Ich versuchte mich auch als Komiker und Synchronsprecher, da ich in der Lage war, kulturelle Akzente zu imitieren, indem ich ihre Bewusstseinsschwingung nachahmte. Es wurde jedoch bald klar, dass diese kreativen Ausdrucksformen der Versuch meiner Seele waren, den ultimativen Weg zu finden, meinen neuen Seinszustand zu kommunizieren. So legte ich die bildende Kunst, die Musik und die Comedy beiseite, um mich dem Schreiben zu widmen. Ich wusste, dass es meine Bestimmung war, nicht nur eine Verkörperung des Lichts zu werden, sondern auch sein Abgesandter.

Ich begann, Artikel für spirituelle Newsletter und Online-Blogs über Kundalini und das menschliche Energiepotenzial zu schreiben. Außerdem hielt ich Vorträge in Online-Radioshows über die Kraft der Zeremonialmagie als Schlüssel zur täglichen Reinigung der Chakren und zur Anhebung des Bewusstseins über die Furcht und Angst hinaus, die Kundalini-Erweckte erleben. Ich habe mich nun als Adept in den westlichen Mysterien und der Kundalini geoutet. Meine Rolle als Lehrer zu diesen Themen verfestigte sich im Laufe der Zeit immer mehr.

Bevor ich jedoch die Zügel meiner spirituellen Ausrichtung vollständig in die Hand nehmen konnte, musste ich eine weitere Prüfung bestehen, die sich als verlockende einmalige Gelegenheit darstellte. Nachdem ich zu diesem Zeitpunkt die tägliche Praxis der Magie für einige Jahre verlassen hatte, zog mich der Chef-Adept des Golden Dawn zurück, indem er mir anbot, meinen eigenen offiziellen Tempel hier in Toronto zu leiten. Er war sich der harten Arbeit bewusst, die ich innerhalb des Ordens geleistet hatte, vor allem durch die Organisation und Betreuung einer Gruppe von Golden Dawn-Schülern ohne spirituelle Heimat, nachdem der Tempel in Toronto auseinander gefallen war. Das Zuckerbrot, das vor mir baumelte, war der Titel des Großimperators von Kanada innerhalb des Ordens, was bedeutete, dass ich alle bestehenden Esoterischen Golden Dawn-Tempel oder Heiligtümer in Kanada beaufsichtigen sollte.

Zuerst war ich begeistert von der Idee und begrüßte die Gelegenheit mit offenen Armen. Können Sie mir das verdenken? Jeder angehende Zeremonienmeister träumt davon, eines Tages seinen eigenen Tempel zu leiten und die Angelegenheiten aller Tempel im ganzen Land zu überwachen. Denken Sie nur an die Macht und den Ruhm, die diese Position mit sich bringt. Tausende von Menschen würden mich verehren. Die Männer würden so sein wollen wie ich, und die Frauen würden mit mir zusammen sein wollen. Also dachte mein Ego an die Möglichkeiten und erfreute sich an ihnen. Das ist alles, was ich immer wollte, nicht wahr?

Und so verfolgte ich dieses Vorhaben eine Zeit lang. Ich organisierte die wenigen Leute in Toronto und begann, sie zu betreuen. Neue potenzielle Mitglieder begannen mich anzurufen, und ich traf mich mit einigen, um sie zu bitten, der Gruppe beizutreten. Ich tat dies etwa sechs Monate lang und baute langsam das Heiligtum auf, das schließlich zu einem vollwertigen Tempel werden sollte. Doch je mehr ich mich auf dieses Projekt einließ, desto mehr merkte ich, dass mein Herz nicht dabei war. Und von Tag zu Tag wurde dies mehr und mehr zu einem Problem für mich.

Wenn es um die spirituelle Reise geht, ging es für mich nie um Macht, Ruhm, Frauen oder irgendetwas in dieser Richtung. Es ging darum, meine Bestimmung zu finden und sie bis zum Ende zu verfolgen. Schließlich habe ich mir das Kundalini-Erwachen nicht ausgesucht; es wurde mir von einer höheren Macht bestimmt. Von Beginn meiner Reise durch die Zeremoniale Magie an wusste ich, dass das Golden Dawn immer ein Mittel zum Zweck war und nicht das Ziel an sich.

Mein endgültiges Ziel, mein Zweck und meine ultimative Berufung war es, eine führende Persönlichkeit auf dem Gebiet der Kundalini-Wissenschaft zu sein, nicht der Orden des Golden Dawn. Und in meinem Herzen wusste ich das. Jetzt, da ich den zweiten Aufstieg hatte und den Höhepunkt des Transformationsprozesses erreicht hatte, wusste ich, dass ich ungehindert von äußeren Einflüssen weitermachen musste. Ich musste mich einzig und allein auf die Kundalini-Energie konzentrieren und sie zu mir sprechen und mich zu meinem endgültigen Ziel führen lassen. Also beschloss ich, weiterzumachen. Weiter zu entdecken. In meiner Freizeit weiter zu schreiben und meine wahre Bestimmung mit der Zeit zu festigen.

MEINE BESTIMMUNG FINDEN

Es vergingen drei Jahre, in denen ich viele Veränderungen und Entwicklungen in meinem persönlichen Leben durchlebte. Ich verlobte mich zum zweiten Mal, was vielleicht meine bisher größte Herausforderung war, da ich gezwungen war, alle meine zeitlichen Wünsche herauszuholen und sie auf dem Altar der Rechtschaffenheit zu opfern, um diese höhere Bewusstseinsebene zu integrieren. Meine ethische und moralische Natur wurde gestärkt, und mit der Zeit lernte ich, nach höheren Tugenden statt nach persönlichen Wünschen zu handeln. Meine Beharrlichkeit, diese Herausforderungen zu überwinden und die Herrschaft über mein Ego zu übernehmen, brachte mich auf eine höhere Ebene, auf der ich nicht nur reden, sondern auch gehen konnte.

Nach dem Ende meiner zweiten Verlobung war ich ein Jahr lang auf Seelensuche, bis ich in ein Haus in der Exbury St. zog. Ein passender Name, denn dort sollte ich mein altes Ich für immer begraben und endlich meine Bestimmung finden. Während dieser Zeit hörte ich auf, Marihuana zu rauchen - meine langjährige Geliebte, die mich jedoch stark ablenkte. Nach dem Marihuana kamen auch das Trinken und die Zigaretten völlig zum Stillstand, ebenso wie meine Lust am Feiern. Diese Opfer bereiteten den Boden für etwas Außergewöhnliches, aber alles, was ich brauchte, war ein Katalysator, der mich durch die Tür schob - mein Vater.

Es war im Oktober 2016, genau zwölf Jahre nach der Erweckung der Kundalini. Eine passende Zahl, zwölf, die für den Abschluss eines großen Zyklus in meinem Leben steht. Zu diesem Zeitpunkt hatte ich etwa ein Dutzend Artikel für spirituelle Newsletter und Online-Blogs geschrieben, aber das war nur ein Hobby, etwas, das ich in meiner Freizeit tat. Ich druckte jedoch meinen letzten Artikel zum ersten Mal aus und brachte ihn meinem Vater, um seine Meinung einzuholen, nicht wissend, dass seine Reaktion darauf mein Leben verändern würde. Wissen Sie, mein Vater ist sehr schwer zu beeindrucken, wenn man nur ein durchschnittlicher Mensch ist, aber wenn man sein Unruhestifter von Sohn ist, ist das fast unmöglich. Bis zu diesem Moment.

Er sah es sich an, legte es kichernd weg und sagte, ich solle nicht mit ihm spielen. Zuerst war ich verwirrt über seine Reaktion, aber dann wurde mir klar, dass er dachte, ich hätte den Artikel von irgendwoher kopiert und meinen Namen darauf geschrieben. Ich musste ihn fünf Minuten lang davon überzeugen, dass ich den Artikel geschrieben hatte. Als ich ihn endlich überzeugt hatte, änderte sich seine Haltung; er wurde ernst und sagte mir, ich hätte eine besondere Gabe. Er erkundigte sich, warum ich meine Zeit mit Freunden und romantischen Beziehungen vergeude, die nie zu funktionieren scheinen, und warum ich mich nicht ganz dem Schreiben widme. Seine Worte haben mich tief berührt. Es war, als ob etwas in mir klickte; ein Rad drehte sich und aktivierte eine Kraft in mir, die sich nie wieder abstellen ließ.

Aufgeregt, dass ich ihn endlich beeindruckt hatte, wachte ich am nächsten Tag um sechs Uhr morgens auf und begann zu schreiben. Wie bei meinem kreativen Prozess in der Malerei und Poesie plante ich nicht, was ich schreiben wollte; ich schrieb einfach. Ich ließ mich vom Geist leiten, während ich stundenlang am Computer tippte. Und am nächsten Tag tat ich dasselbe. Und am nächsten, und am nächsten. Es vergingen Monate, in denen ich fast jeden Tag schrieb. An manchen Tagen nahm ich mir frei, weil ich meinen Tagesjob hatte, der um zehn Uhr begann, aber dann schrieb ich das ganze Wochenende, um das nachzuholen, was ich in der Woche verloren hatte. War es das? Hatte ich endlich meine Bestimmung gefunden? Ist das der Grund, warum meine Familie vor dreißig Jahren davor bewahrt wurde, in einem sinnlosen Krieg festzusitzen? Ist das der Grund für mein Kundalini-Erwachen, um das ich nie gebeten hatte, dass ich aber all die Jahre umarmt habe?

Seit 2004 arbeite ich mit meinen Eltern in ihrem Architekturbüro; im selben Jahr hatte ich also mein Erwachen. Nach dem ersten Jahr meiner Schreibbesessenheit erkannten meine Eltern jedoch meine Leidenschaft und erlaubten mir, nachmittags mit der Arbeit zu beginnen, so dass ich nie wieder einen Vormittag zum Schreiben verpasste. Ursprünglich hatte ich vor, ein Buch zu schreiben. Doch als die Informationen im Laufe der nächsten drei Jahre zunahmen, wurden aus dem einen Buch vier Werke, jedes mit prägnanten, aber miteinander verbundenen Themen, die sich alle um das Thema Kundalini drehten.

Die Grundlage für das Buch, das Sie gerade lesen, wurde mir während dieser ersten drei Jahre des Schreibens von meinem Höheren Selbst gechannelt, ebenso wie der Großteil von *The Magus: Kundalini and the Golden Dawn* und *Man of Light*, meine Autobiographie. Das vierte Werk handelt von meinen Weltreisen, die zeitgleich mit dem Beginn dieses Schreibprozesses begannen. Dieses Buch mit dem Titel *Cosmic Star-Child* handelt von alten Zivilisationen und ihrer Verbindung nicht nur zur Kundalini-Energie, sondern zu Außerirdischen.

Das Schreiben von Büchern wurde zum optimalen Weg, um einschlägige Informationen aus den göttlichen Welten zu kanalisieren und eine dauerhafte Aufzeichnung zu hinterlassen. Und so akzeptierte ich meine Rolle als Schreiber der Götter. Folglich ist dies der Titel des ägyptischen Gottes Thoth, der das Äquivalent von Hermes ist. Jetzt ergab alles einen perfekten Sinn. Als ich meine Bestimmung entdeckte und ihr jeden Tag nachging, fand ich auch einen Weg, meine Leidenschaft für die Kunst in meine Bücher zu integrieren. Und so teilte ich meine Freizeit so ein, dass ich morgens schrieb und abends Bilder malte. Auf diese Weise fand ich einen Weg, die spirituellen Botschaften in meinen Büchern mit Hilfe der Kunst zu vermitteln und sie zu bereichern, was zu einem festen Bestandteil meiner täglichen Arbeit wurde.

EIN MANN MIT EINER MISSION

Obwohl es viele Jahre der spirituellen Reinigung und der Zügelung meiner niederen Begierden brauchte, habe ich mein altes Selbst abgelegt. Meine neu entdeckte Bestimmung, die ich jeden Tag verfolge, gab mir ein Fundament, auf dem ich ein neues Leben aufbauen konnte. Nachdem ich viele Jahre der Prüfungen und Drangsale erlebt hatte, sah Gott, der Schöpfer, dass ich ein veränderter Mensch war, ein neuer Mensch, dem man zutrauen kann, diese heiligste aller Aufgaben zu erfüllen und die Welt über die Existenz und das Potenzial der Kundalini-Energie zu informieren.

Dann, Anfang 2019, schickte mir das Universum eine Lebenspartnerin, Emily. Nach einer epischen Verlobung in Teotihuacan, Mexiko, der "Stadt der Götter", heirateten wir im folgenden Jahr. Aller guten Dinge sind drei, sagt man, aber in meinem Fall musste ich erst mich selbst und meine Bestimmung finden, bevor ich mich endgültig niederlassen konnte. Und Emily ergänzt meinen spirituellen Weg auf eine Weise, wie es keine andere Frau in meinem Leben zuvor getan hat. Sie in meinem Leben zu haben, inspiriert mich und gibt mir den nötigen Antrieb, meine Mission, meine Bücher, um jeden Preis zu beenden, aufrechtzuerhalten.

Ich hätte das Leben eines Playboys, eines Rockstars oder sogar eines okkulten Ordens weiterleben können. Aber all diese Möglichkeiten waren begrenzt, und ich wollte grenzenlos sein. Also wählte ich stattdessen den unsicheren, unverdächtigen, bescheidenen Weg eines Autors. Ich beschloss, den ungepflasterten Weg zu gehen und ihn selbst zu pflastern. In Wahrheit habe ich das für Sie getan. Damit ich Ihnen helfen kann, so aufzuwachen, wie ich aufgeweckt wurde, und Ihnen die Schlüssel zu Leben und Tod geben kann. Das Himmelreich ist für uns alle da, nicht nur für einige wenige Auserwählte.

Da ich als religiöse Promenadenmischung geboren wurde, weiß ich, warum ich aus diesem Krieg gerettet wurde. Ich wurde nicht geboren, um in der Spaltung, der Welt der Dualität, in der wir leben, zu gedeihen; ich wurde geboren, um andere über die Einheit zu lehren. Das Konzept der Versöhnung von Gegensätzen wurde mir von Geburt an in die Wiege gelegt, und mein Name, Neven Paar, ist ein Zeugnis dafür. Während mein Vorname für die fünf Elemente steht, die beiden männlichen, aktiven Elemente, die durch den Geist (das symbolische V) mit den beiden weiblichen, passiven Elementen versöhnt werden, bedeutet mein Nachname auf Deutsch "Paar" und bezieht sich auf die Dualität.

Sie sehen, ich bin ein Nachkomme der Familie von Paar, die vor Hunderten von Jahren Grafen im österreichisch-ungarischen Reich waren. Allerdings ist mein Königreich jetzt spiritueller Natur, das Himmelreich, und eines, in das jeder Mensch eingeweiht ist, nicht nur einige wenige Auserwählte. Nachdem ich ein Kundalini-Erwachen erlebt habe und weiß, dass jeder Mensch diesen Mechanismus in sich trägt, sehe ich uns alle als Kinder des Lichts, als Könige und Königinnen des spirituellen Bereichs. Einige, wie ich, sind verwirklicht, während andere sich noch in einem Zustand des Potenzials befinden. Ungeachtet dessen können alle diese Macht in sich selbst entfesseln und ihr Wesen mit dem inneren Licht entflammen und dadurch ihr spirituelles Königreich auf der Erde errichten.

Das ist, glaube ich, meine Aufgabe auf diesem Planeten. Die Menschen durch meine Erfahrungen und Lehren zu vereinen und sie dazu zu bringen, über ihre Religion und Rasse hinaus zu sehen; anderen zu ermöglichen zu wissen, dass wir alle gleich sind. Wir sind alle gleich gebaut, mit dem gleichen Gerüst und den gleichen Merkmalen, und unsere physischen Unterschiede ändern unsere Konstitution in keiner Weise. Wir haben denselben Vater und dieselbe Mutter und sind durch die Energie der Liebe als Brüder und Schwestern miteinander verbunden.

Aus diesem Grund arbeite ich jeden Tag mit unerbittlicher Intensität so hart, wie ich es tue. Ich weiß nicht, warum ich mich gezwungen fühle, diese Mission zu erfüllen, noch sehe ich das Endziel, aber ich weiß, dass ich meine Bestimmung lebe. Ich ehre die göttliche Stimme, die meiner Familie vor fast dreißig Jahren das Leben gerettet hat, und all die Menschen, die in meinem Land durch die Unwissenheit und die Dunkelheit, die die Herzen und den Verstand der Menschen überwältigen kann, gestorben sind.

Obwohl ich die Grundlagen für dieses Buch schon früher gelegt habe, habe ich die Arbeit daran während der Covid-Pandemie fortgesetzt, die im Dezember 2019 begann, also genau dann, als mein erstes Buch herauskam. Etwa 30 % dieses Buches sind Wissen, das ich auf meiner siebzehnjährigen Reise mit der Kundalini erworben habe, während die anderen 70 % auf strenger, täglicher Forschung und Kontemplation beruhen. Daher sind einige Teile der unsichtbaren Wissenschaft des menschlichen Energiesystems, die ich hier vorstelle, ein unfertiges Werk, das ich sicherlich noch viele Jahre lang aktualisieren werde.

Während dieses zweijährigen Projekts fügte ich meiner ohnehin schon umfangreichen

Bibliothek zu Hause mindestens 100 neue Bücher hinzu, um eine möglichst umfassende Darstellung jedes Themas zu gewährleisten, ohne dabei Abkürzungen zu nehmen. Zu sagen, dass ich mein Herz und meine Seele in dieses Buch gesteckt habe, ist also eine Untertreibung. Und so sehr es auch für Sie, den Leser, eine Reise des Lernens sein wird, so sehr war es auch für mich eine Reise.

Ich möchte der Liebe meines Lebens, meiner Frau und Muse Emily, dafür danken, dass sie nicht nur das Titelbild für *Serpent Rising* gestaltet hat, sondern auch dafür, dass sie mir Modell gestanden hat und meine unermüdlichen Anfragen für spontane Fotoshootings ertragen hat. Ich möchte auch Daniel Bakov danken, meinem kreativen Berater und Herausgeber von *Man of Light,* der mir geholfen hat, die richtigen Worte zu finden, um mich auf würdige und epische Weise vorzustellen. Ein Dankeschön auch an meine Kundalions-Kollegen Michael "Omdevaji" Perring und Joel Chico. Michael gab mir viele Einblicke in das weite und komplizierte Thema Tantra und Yoga, während Joel und ich uns über die Rolle von Cannabis im Kundalini-Erweckungsprozess austauschten. Und schließlich möchte ich meiner Schwester und meinen Eltern dafür danken, dass sie mir das größte Geschenk überhaupt gemacht haben, nämlich eine liebevolle und unterstützende Familie, die mich nie im Stich gelassen hat, wenn ich mehr wollte oder brauchte.

Abschließend möchte ich Ihnen, lieber Leser, dafür danken, dass Sie sich entschlossen haben, mich auf dieser Reise zu begleiten, auf der ich die Kundalini-Energie, ihre sich entwickelnde Wissenschaft und den philosophischen Rahmen ihrer Funktionsweise untersuche. Ich bin zuversichtlich, dass Sie sehr von meinem Wissen und meiner Erfahrung profitieren werden und dass dieses Buch viele Fragen beantworten wird, die Sie vielleicht haben. Auf diese Weise wird Ihre spirituelle Entwicklung gefördert, was das Ziel meiner gesamten Arbeit ist. Um Zugang zu den Farbbildern aus *Serpent Rising: The Kundalini Compendium*, besuchen Sie www.nevenpaar.com und folgen Sie dem Link des Buches in der Hauptnavigation. Das Passwort für den Zugang zu dieser Seite lautet: Awakentheserpent

Fiat Lux,
Neven Paar

"Ein Mann wird angeklagt werden, den Tempel und von der Phantasie veränderte Religionen zerstört zu haben. Er wird eher den Felsen schaden als dem Lebenden. Die Ohren voll von kunstvollen Reden".

*"...Er wird durch den Himmel fliegen, durch Regen und Schnee, und jeden mit seiner Rute schlagen.
Er wird in Asien auftreten, sein zu Hause in Europa.
Einer, der vom großen Hermes ausgeht..."*

*"...Am Vorabend einer weiteren Verwüstung, wenn die pervertierte Kirche am Punkt ihrer höchsten und erhabensten Würde steht...
wird aus einem lange unfruchtbaren Zweig einer geboren werden, der die Menschen auf der Welt von einer sanften und freiwilligen Sklaverei unter den Schutz des Mars führen wird."*
"...Die Flamme einer Sekte wird sich in der ganzen Welt ausbreiten..."

–Nostradamus

TEIL I: KUNDALINI-ERWECKUNG

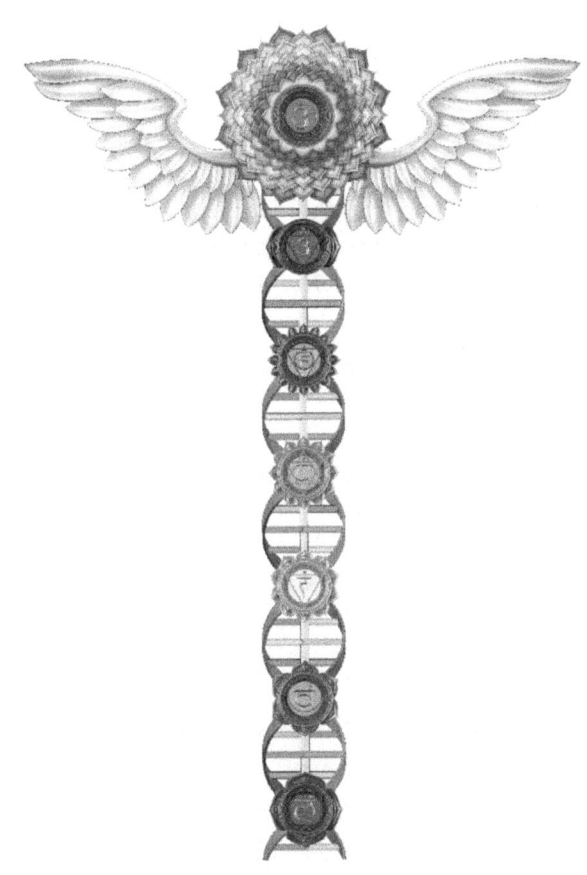

EINFÜHRUNG IN DIE KUNDALINI

Kundalini ist das größte Geheimnis, das der Menschheit bekannt ist, doch nur wenige Menschen verstehen, was es wirklich ist. Die meisten Menschen denken, es sei eine Art von Yoga und nicht das Ziel allen Yogas. Manche wagen sogar zu behaupten, es sei eine Art von Pasta. Unabhängig davon weiß ich aus meiner Erfahrung, wenn ich mit zufälligen Leuten über dieses Thema spreche, mit Fremden, selbst mit solchen, die behaupten, sie hätten viele Bücher über die Kundalini gelesen und wüssten, worum es geht, dass sie nur etwa 30% der Geschichte kennen. Und ich bin großzügig mit dieser Zahl. Dieses Buch jedoch wird das alles ändern.

Auf der Innenseite der Titelseite habe ich erklärt, dass *Serpent Rising* "das weltweit umfassendste Werk über das menschliche Energiepotenzial" ist, und das habe ich auch so gemeint. Es war nicht das Ego, das gesprochen hat. Ich glaube, diese Aussage ist eine Tatsache. Und ich denke, wenn Sie dieses Buch zu Ende gelesen haben, werden Sie mir zustimmen. Vergessen Sie nicht, dass *Serpent Rising: The Kundalini Compendium* Teil I der Serie ist. Ich bin bereits mit Teil II beschäftigt, der die alten Zivilisationen und Traditionen und die Rolle, die die Kundalini in ihren Systemen der spirituellen Evolution spielte, untersucht. Auch mein vorheriges Buch, *The Magus: Kundalini and the Golden Dawn*, obwohl es nicht direkt zu dieser Serie gehört, enthält eine Fülle von Informationen über die Kundalini aus der Perspektive der westlichen Mysterien, einschließlich der Qabalah und des Baums des Lebens, deren Kenntnis für das Verständnis der Weisheitslehren wesentlich ist.

Das Wissen um die Kundalini gibt es seit Menschengedenken. Ich spreche über das tiefe Verständnis des ultimativen Potenzials der Kundalini von Menschen, die den ganzen Weg auf ihrer Reise des spirituellen Erwachens gegangen sind. Die Alten verbargen die Geheimnisse der Kundalini in der Symbolik ihrer Mysterientraditionen, die gewöhnlich durch Kunst und Skulpturen vermittelt wurden. Dieses Wissen wurde hauptsächlich im Verborgenen gehalten, es war wenigen Auserwählten vorbehalten und wurde vor dem Profanen verborgen, so wie es auch die antike Methode der Weitergabe der esoterischen Mysterien war. Der Lehrer lehrte den Schüler von Mund zu Ohr. Diese Informationen wurden bis vor kurzem nicht aufgeschrieben, und selbst dann musste man in eine Mysterienschule eingeweiht worden sein, um die wahren Geheimnisse zu erfahren.

Im Laufe der Zeit tauchten immer mehr Menschen auf, die behaupteten, dass ihnen etwas Außergewöhnliches widerfahren sei – Gott habe sie berührt, sagten sie. Diese einzigartigen Menschen erweckten die Kundalini, in der Regel aus Versehen, so dass sie die vertrauteste Sprache verwendeten, um dieses metaphysische Ereignis zu erklären. Sie galten oft als Mystiker oder sogar als Propheten, die übernatürliche Kräfte an den Tag legten, die die Massen in Erstaunen versetzten. In ihren Versuchen, ihre Erfahrung zu beschreiben, nannten sie die Kundalini mit vielen Namen - die "Drachenkraft", die "Schlangenkraft", das "Heilige Feuer" und andere Variationen dieser *Archetypen*.

Aber als die Zeit voranschritt und immer mehr Menschen erwachten, entstand mehr Verwirrung als Klarheit über dieses Thema. Und die Antwort darauf ist einfach. Es gab nie ein Referenzwerk, das stark genug war, um alle antiken Traditionen, Philosophien und Religionen bezüglich der Kundalini zu vereinen. Die Schulen des Yoga und des Tantra, die die umfassendsten Informationen über die Kundalini und den Prozess ihrer Erweckung enthalten, sind nur ein Teil des Puzzles, wenn auch das größte, da die Kundalini-Wissenschaft aus ihnen hervorgegangen ist.

Das bringt mich zu dem, warum ich dieses Buch geschrieben habe. Ich habe es zum Teil aus der Not heraus geschrieben und zum Teil aus einem persönlichen Wunsch heraus. Ich wollte der Menschheit den Schlüssel zum Verständnis dieses höchst kryptischen und schwer fassbaren Themas geben. *Serpent Rising: The Kundalini Compendium* bietet einen wissenschaftlichen Ansatz für die Kundalini, der das Studium ihres energetischen Rahmens und vieles mehr einschließt, wobei eine vereinfachte Sprache verwendet wird, die für den normalen Menschen verständlich ist - eine Sprache, die die östlichen und westlichen Denkschulen in Bezug auf Spiritualität vereint.

Während ich dieses Buch schrieb, führte mich mein Höheres Selbst dazu, ein Thema nach dem anderen zu recherchieren und alle Abkürzungen zu vermeiden, während ich die Punkte miteinander verband und das Werk schuf, das Sie in Ihren Händen halten. Obwohl mein Name auf *Serpent Rising* steht, geht dieses Werk letztlich über mich als Person hinaus. Ich war lediglich ein Kanal für mein spirituelles Selbst, dass mir dieses Wissen vermittelte. Wenn Sie es zu Ende gelesen haben, werden Sie alles verstehen, was Sie zum Thema Kundalini brauchen. Und das war der Punkt - deshalb habe ich so lange gebraucht, um dies zu tun. Um Sie mit dem notwendigen Wissen auszustatten, um andere über die Kundalini zu informieren, damit die ganze Welt ihre Kraft und ihr ultimatives Potenzial kennenlernt und wir uns gemeinsam spirituell weiterentwickeln können.

Sie sehen, die Kundalini ist das wichtigste esoterische Thema der Welt. Wenn es um die spirituelle Evolution geht, ist ihre Erforschung von größter Bedeutung. Ein Kundalini-Erwachen ermöglicht es einem, sein volles spirituelles Potenzial zu verwirklichen. Das Energiesystem eines Menschen besteht aus vielen Komponenten, auf die ich in diesem Buch sehr ausführlich eingehen werde, einschließlich der Frage, wie die Kundalini jeden Teil beeinflusst. Der Kundalini-Erweckungsprozess entfaltet sich systematisch im Laufe der Zeit und beinhaltet eine notwendige und oft herausfordernde Periode intensiver Reinigung, die ziemlich akribisch sein kann. Über den Erweckungs- und Reinigungsprozess selbst hinaus besteht eine größere Herausforderung darin, zu lernen, mit der Kundalini-Energie zu leben und täglich mit ihr zu arbeiten und sie zu kontrollieren, anstatt von ihr kontrolliert zu werden, da sie sehr flüchtig sein kann.

Ich werde die vielen verschiedenen Aspekte erörtern, wie sich die Kundalini-Transformation entfaltet und wie sie sich auf das Leben danach auswirkt, und viele der gängigen Missverständnisse über die Kundalini und den Erweckungsprozess selbst ausräumen. Meine siebzehnjährige Erfahrung im Leben mit einer erweckten Kundalini ist von unschätzbarem Wert für jemanden, der sich inmitten seiner Reise befindet und Führung sucht.

Als Nächstes werde ich wertvolle Informationen über die verschiedenen Arten von Kundalini-Erweckungen und den Verklärungsprozess sowie seinen allgemeinen Zeitrahmen geben. Es gibt häufige Herausforderungen auf dem Weg, die ich besprechen werde, sowie Tipps und Einblicke in die Fehlersuche im Kundalini-Kreislauf, wenn die Dinge "zusammenzubrechen" scheinen. Dieser letzte Abschnitt beinhaltet effektive Praktiken und Meditationen im oder um den Kopfbereich herum, um Ida- und Pingala-Kanäle "anzustoßen" oder neu auszurichten, damit der Motor reibungslos läuft. Diese entscheidenden Informationen werden Sie nirgendwo anders finden. Seit meinem Erwachen bin ich Wissenschaftler und Laborator in einem. Als solche haben mich meine Kreativität, meinen Mut und meine Beharrlichkeit dazu gebracht, unkonventionelle Lösungen für die vielen Herausforderungen zu finden, mit denen ich auf meinem Weg konfrontiert wurde. Und davon gab es viele.

Es gibt eine Unzahl weiterer Themen zur Kundalini, die ich behandeln werde, um Ihr Wissen über dieses Thema zu erweitern und die vielen unterschiedlichen Standpunkte, die Sie vielleicht haben, zu erhellen und zu versöhnen. Von der Frage, wie die menschliche Anatomie in den Kundalini-Erweckungsprozess involviert ist, bis hin zu verschiedenen spirituellen Heilpraktiken und einem eingehenden Studium der Wissenschaft und Praxis des Yoga mit Komponenten des Ayurveda. Ich habe versucht, jedes Thema abzudecken, von dem ich glaubte, dass es für Sie relevant sei, um einen Einblick in die Kundalini zu bekommen und zu erfahren, wie Sie ihre Chakren heilen können, nachdem Sie das Erwachen erlebt haben. Mein Wunsch, der Beste in dem zu sein, was ich tue, der Michael Jordan der Kundalini-Wissenschaft, wenn Sie so wollen, treibt mich jeden Tag dazu an, mein Wissen zu erweitern und mich zur führenden Autorität auf diesem Gebiet weiterzuentwickeln. Betrachten Sie es als meine Lebensaufgabe, der ich meine ganze Zeit widme.

Abschließend möchte ich darauf hinweisen, dass dieses Buch recht umfangreich ist und Sie sich nicht von seinem Umfang einschüchtern lassen sollten, weil Sie denken, Sie müssten alles der Reihe nach durchlesen. Die Abschnitte über Yoga und spirituelle Heilpraktiken können Sie sich zum Beispiel für den Schluss aufheben, wenn Sie speziell über die Kundalini und den Prozess des Erwachens und der Transformation lesen möchten. Wenn Sie dann bereit sind, sich in die Arbeit mit den Übungen zur Heilung Ihrer Chakren und zum Ausgleich Ihrer inneren Energien zu vertiefen, haben Sie alle Werkzeuge dafür.

Der Weg des Kundalini-Eingeweihten ist der Weg des spirituellen Kriegers. Ein Krieger braucht die richtige Ausrüstung, Ausbildung und Einsicht, um erfolgreich zu sein. Mit diesen Lehren beabsichtige ich, Sie, den Eingeweihten, mit dem notwendigen Verständnis des menschlichen Energiepotentials auszustatten, damit Sie auf ihrer Evolutionsreise der Seele Erfolg haben können. Obwohl der Weg der Kundalini-Erweckung und -Transformation schwierig ist, ist er auch über alle Maßen lohnend. Lasst uns beginnen.

KUNDALINI-ERWECKUNGSPROZESS

Die Kundalini ist eine evolutionäre Energie an der Basis der Wirbelsäule (in der Steißbeinregion), von der es heißt, dass sie sich im unerweckten Zustand dreieinhalb Mal gewunden ist. Das Wort "Kundalini" ist östlichen Ursprungs, nämlich Yoga und Tantra. Im Sanskrit bedeutet Kundalini "gewundene Schlange".

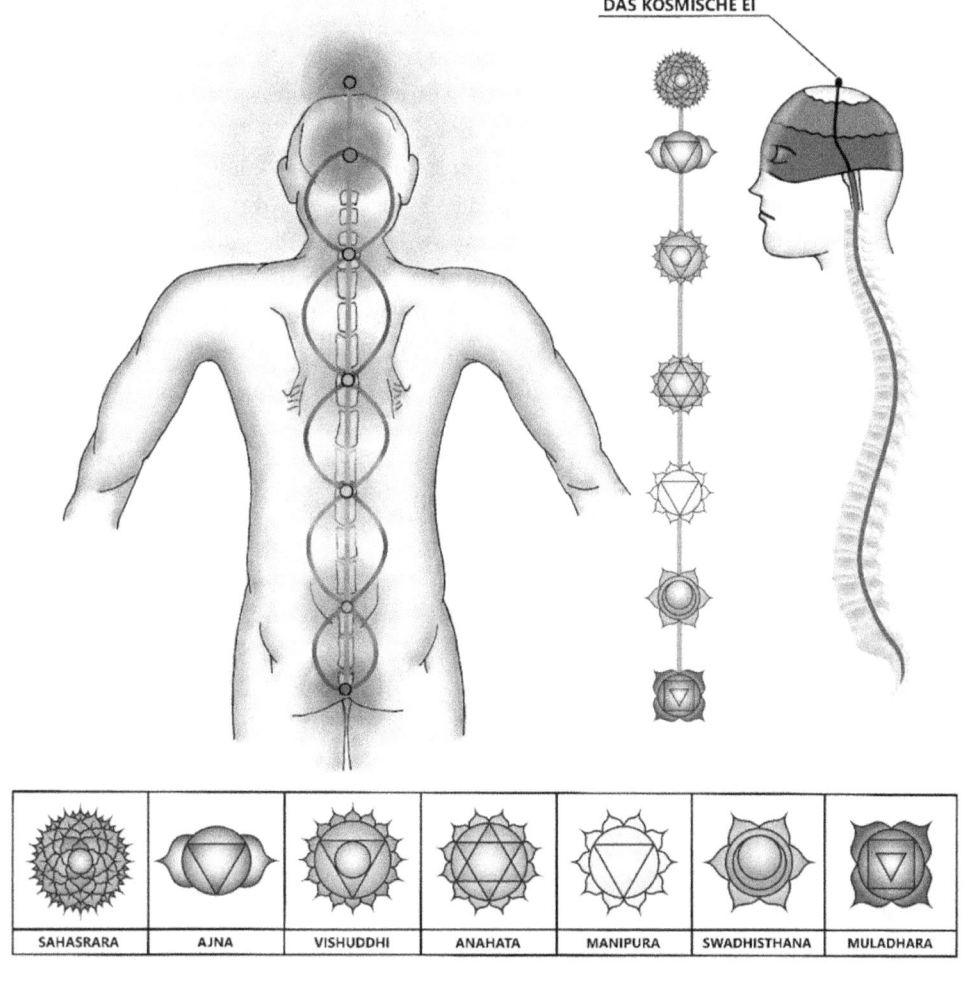

Abbildung 1: Kundalini-Aufstieg und die Chakren

Sobald sie erweckt ist, steigt die Kundalini durch die drei Haupt-Nadis die Wirbelsäule hinauf bis zum Scheitel des Kopfes. Der Begriff "Nadi" ist ein Sanskrit-Wort, das mit "Röhre", "Kanal" oder "Fluss" übersetzt werden kann. Einfach ausgedrückt, sind Nadis Kanäle, die Energie im Körper transportieren.

In der chinesischen Medizin sind die Nadis als Meridiane bekannt. Der Hauptunterschied zwischen den beiden Systemen besteht darin, dass die Nadis im Gegensatz zu den Meridianen nicht in den Gliedmaßen, sondern nur im Kopf und im zentralen Rumpf definiert sind. In *Serpent Rising* werden wir uns an die yogische Wissenschaft und Philosophie der Nadis und Chakren halten, verbunden mit dem Modell der Transpersonalen Chakren und vielen meiner Entdeckungen bezüglich der Energiezentren und des Energieflusses des Körpers des Lichts.

Der zentrale Nadi wird Sushumna genannt. Sie ist im Wesentlichen die hohle Röhre der Wirbelsäule. Um die Sushumna herum verschlingen sich zwei ergänzende Nadis, Ida und Pingala. Ida ist die weibliche, Mond-Nadi, die die Kälte im Körper reguliert, während Pingala der männliche, Sonnen-Nadi ist, der die Wärme im Körper kontrolliert. Diese beiden Nadis repräsentieren die männlichen und weiblichen Prinzipien, die in allen Dingen des Universums enthalten sind. In Sanskrit werden die Ida- und Pingala-Kanäle oft als Chandra- (Mond) und Surya- (Sonne) Nadis bezeichnet.

Während einer Kundalini-Erweckung steigt die Energie gleichzeitig durch die drei Haupt-Nadis auf und öffnet systematisch die Chakras von der Wurzel der Wirbelsäule aufwärts bis zum Gehirnzentrum (Abbildung 1). Ida und Pingala treffen sich an diesen Chakrenpunkten und enden im Ajna Chakra. Die Kundalini steigt weiter nach oben zum Zentrum, dem Scheitelpunkt des Kopfes, und durchbricht das "kosmische Ei", das den Lichtkörper - den holografischen Körper - vollständig aktiviert. In der tantrischen Philosophie bezieht sich das kosmische Ei auf das Brahmarandhra (Mehr zu diesem Thema in einem späteren Kapitel).

Das Kosmische Ei ist ein Behälter, der den Ambrosia-Nektar enthält. Sobald die Kundalini-Energie es auf ihrem Aufstieg durchdringt, wird dieses Ambrosia freigesetzt und infundiert die zweiundsiebzigtausend Nadis, was sich auf die Aktivierung des Lichtkörpers bezieht. Dieser Teil des Prozesses fühlt sich an, als hätte jemand ein Ei über Ihrem Kopf aufgeschlagen und das Eigelb (Ambrosia) ergießt sich bis hinunter zu Ihren Füßen und bedeckt und umhüllt Ihren gesamten Körper.

Obwohl sich die Aktivierung des Lichtkörpers anfühlt, als würde der physische Körper elektrisch aufgeladen, wirkt das freigesetzte Ambrosia nur auf einer subtilen Ebene. Die Person, die dieses Ereignis erlebt, fühlt sich jedoch wie eine menschliche Batterie, die durch einen Strom von Bioelektrizität aufgeladen und unendlich erweitert wird. Alle Kundalini-Erweckten, mit denen ich gesprochen habe und die diese Erfahrung gemacht haben, beschreiben zum Beispiel, dass sie sich von der Kundalini-Energie intensiv "unter Strom gesetzt" fühlen.

Durch die Aktivierung des Lichtkörpers werden alle feinstofflichen Körper aktiviert, einschließlich des Geistigen Körpers und des Göttlichen Körpers. Es gibt in der Tat zahlreiche feinstoffliche Körper innerhalb des Lichtkörpers. Nach einem vollständigen

Kundalini-Erwachen ist es jedoch wesentlich, das individuelle Bewusstsein ausschließlich auf den Geistigen Körper auszurichten, da er die Dualität des Verstandes transzendiert.

In meiner Kundalini-Erweckungserfahrung, als die zweiundsiebzigtausend Nadis aufgeladen und aktiviert waren, schreckte ich aus dem Bett auf und öffnete meine Augen. Was ich dann sah, veränderte mein Leben für immer. Erstens erlebte ich aus erster Hand, dass der Körper des Lichts keine Idee oder ein Konzept ist, sondern eine reale, greifbare Sache. Als ich meine Hände betrachtete, sah ich, dass sie aus reinem goldenen Licht bestanden, wunderschön anzusehen und in jeder Hinsicht perfekt. Als ich mich dann in meinem Zimmer umsah, sah ich die holographische Blaupause der Welt, in der wir leben. Der Raum hatte etwas, das ich als digitales Makeover beschreibe, mit transparenten, dampfähnlichen Wänden und Objekten, die in der Luft zu schweben schienen. Die Farben waren schärfer, tiefer und reflektierender. Um das klarzustellen: Was ich sah, war keine Vision vor meinem geistigen Auge, sondern ich sah es mit meinen eigenen Augen.

Sie sehen, es gibt eine Komponente der Welt, die transparent ist und aus reiner Energie besteht, die dieselbe Zeit und denselben Raum einnimmt wie die physische Welt, nur auf einem anderen Schwingungsniveau - einem, das dem Geist näher ist. Die Erweckung der Kundalini und die Aktivierung des Lichtkörpers ist ein Prozess, durch den das Bewusstsein in die Lage versetzt wird, diese Realität wahrzunehmen und zu erfahren. Ein anderer Name für diese Realität ist die vierte Dimension - die Dimension der Schwingung oder Energie. Da alle Dinge in der Existenz in einer Schwingungsbewegung gehalten werden, ist diese Dimension der Bereich, in dem jedes Objekt, jeder Gedanke oder jedes Gefühl eine quantifizierbare Essenz hat. Sie kann mit dem geistigen Auge und der intuitiven Fähigkeit des Menschen wahrgenommen werden.

Sobald die Aktivierung des Lichtkörpers abgeschlossen ist, endet die Erfahrung nicht dort. Stattdessen steigt die Kundalini-Energie weiter nach oben. Der nächste Schritt im Erweckungsprozess besteht darin, dass die Energie den Körper durch die Krone ganz verlässt und das individuelle Bewusstsein mitnimmt. Diese Erfahrung führt zu einer momentanen Vereinigung des individuellen Bewusstseins mit dem kosmischen Bewusstsein, dem fünfdimensionalen Prinzip des weißen Lichts - der Quelle der Göttlichkeit. Sobald diese transzendentale Erfahrung stattfindet, tritt das individuelle Bewusstsein wieder in den physischen Körper ein, nachdem es die Vision der wahren Natur der Realität gesehen hat. Auf diese Weise wird der Mensch für einen kurzen Moment eins mit Gott, nur um dann wieder herunterzukommen und seine Geschichte zu erzählen.

Wenn die erwachte Person jedoch Angst davor hat, ihr Wesen mit dem Weißen Licht zu vereinen, lässt die Kundalini-Energie nach und fällt zurück ins Wurzelchakra, Muladhara. Schließlich ist es üblich, dass Menschen, die eine spontane Kundalini-Erweckung erleben, während des Aktivierungsprozesses ängstlich werden. Aufgrund der Intensität der Energie, die im Körper und im Bewusstsein zu spüren ist, fühlen sie sich, als ob sie einen physischen Tod durchleben würden.

DEN KÖRPER DES LICHTS AKTIVIEREN

Das Ziel der Kundalini-Energie ist es, den Lichtkörper und die entsprechenden subtilen Körper zu aktivieren. Sobald dies geschieht, wird der gesamte Lebensbaum im Individuum erweckt, und alle kosmischen Ebenen werden als Bewusstseinszustände verfügbar. Da der Lichtkörper das Vehikel der Seele ist, wird die Seele, sobald er vollständig aktiviert ist, dauerhaft vom physischen Körper befreit. Daher muss sich die Seele im Laufe der Zeit mit dem spirituellen Körper der spirituellen Ebene verbinden, wo Seele und Geist eins werden.

Von allen feinstofflichen Körpern ist der spirituelle Körper am wichtigsten, denn sobald sich ihr Bewusstsein auf ihn ausrichtet, erhebt sich ihre Seele über Schmerz und Leid hinweg. Eine Person, die eine solche Leistung vollbringen kann, erhebt sich dauerhaft über ihr Karmarad. Das Karma ist immer noch wirksam, denn man kann seinen Auswirkungen nie entkommen. Dennoch werden sie emotional nicht mehr von der Energie der Angst beeinflusst, die der Verstand erfährt, weil er in einer Welt der Dualität lebt.

Der Lichtkörper ist das nächste Bewusstseinsvehikel im Prozess der menschlichen Evolution, da er uns erlaubt, die inneren kosmischen Ebenen wahrzunehmen und vollständig zu erfahren. Der spirituelle Körper ist jedoch die transzendentale Hülle oder Schicht, auf die wir uns auszurichten versuchen, um unser Bewusstseinsträger zu sein, während wir in der wachen Realität der materiellen Welt leben. Er ist der Kausalkörper des östlichen Systems, der Anandamaya Kosha. Er ist untrennbar mit dem Lichtkörper als höchstem Ausdruck, den unser Bewusstsein verkörpern kann, verbunden, während wir im Fleisch leben. Es gibt jedoch noch eine höhere Hülle, den Göttlichen Körper, obwohl wir seine Erfahrung während unseres Wachlebens nicht über einen längeren Zeitraum aufrechterhalten können, es sei denn, wir befinden uns in tiefer Meditation.

Der Lichtkörper ist das Bewusstseinsvehikel für die Seele, wenn sie während der Meditation und des Schlafes in die Inneren Ebenen eintritt. Die inneren Ebenen werden durch das geistige Auge (Ajna Chakra) erfahren, eines der drei spirituellen Chakren, die sich mit Intuition und Hellsichtigkeit befassen. Die auffälligsten Erfahrungen der inneren Ebene treten während luzider Träume auf, die es Ihnen ermöglichen, beim Träumen bewusst zu sein und den Inhalt Ihrer Träume zu kontrollieren. Außerdem können Sie während des Träumens die inneren kosmischen Ebenen erforschen und unglaubliche Seelenerfahrungen machen, die Sie im wirklichen Leben nicht wiederholen können. Luzides Träumen lässt Sie im Grunde alles erleben, was Sie sich jemals gewünscht haben, ohne die Konsequenzen. Es ist eines der bedeutenderen spirituellen Geschenke, die man auf der Reise des Kundalini-Erwachens erhält, und eines, auf das ich später in diesem Buch noch näher eingehen werde.

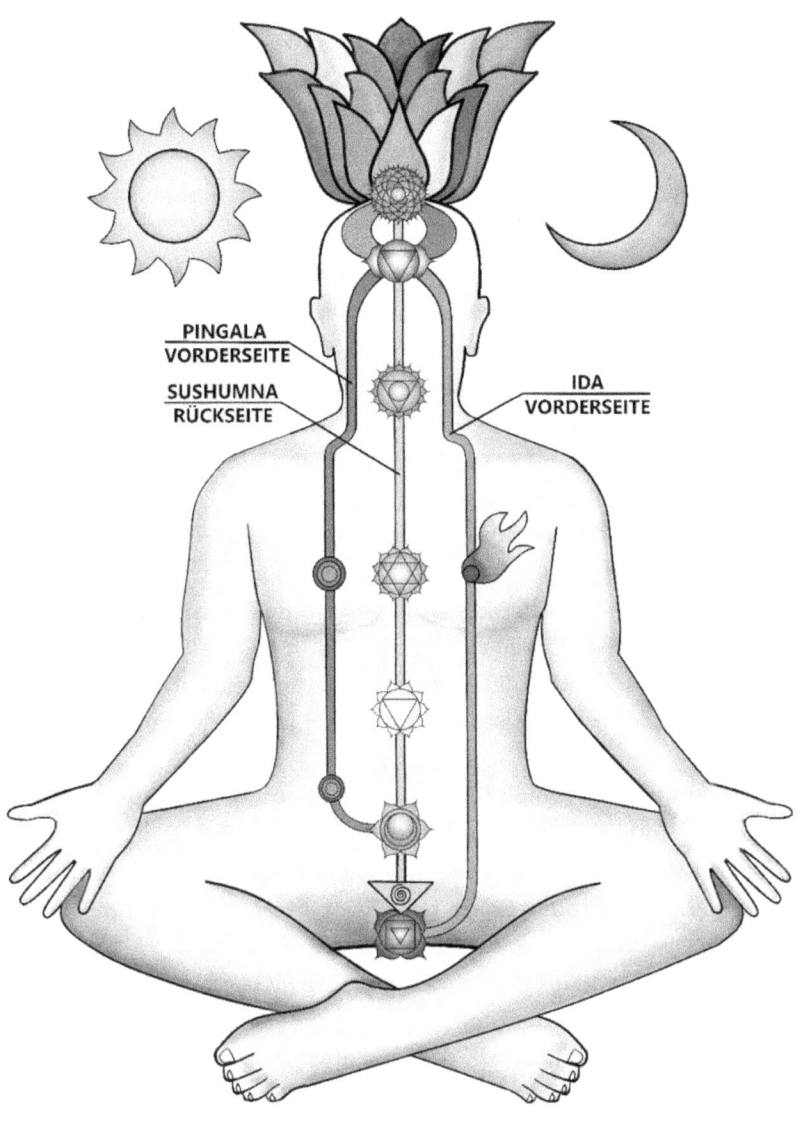

Abbildung 2: Die Drei Nadis nach der Erweckung der Kundalini

Sobald die Aktivierung abgeschlossen ist, wird die Kundalini-Energie zu einem dauerhaften Bestandteil der Existenz des erwachten Individuums und signalisiert eine neue Art zu funktionieren und die Welt zu erleben. Die Kundalini wird mit der Zeit zu einem sich selbst erhaltenden Energiekreislauf (Abbildung 2), der durch Nahrung und Wasser gespeist wird, der wächst und stärker wird und das individuelle Bewusstsein täglich erweitert. Und während sich das normale Wachbewusstsein langsam auf den spirituellen Körper ausrichtet, was ein Prozess ist, der viele Jahre dauern kann, wird das erwachte Individuum in der gleichen Realität leben wie alle anderen, sie aber völlig anders erleben. Diese Erfahrung des Lebens ist ein wahres Geschenk des Göttlichen.

GEISTIGE GABEN UND SINNESVERBESSERUNGEN

Nach dem Erwachen verwandelt sich jeder Bissen Nahrung in Prana-Energie (Lebenskraft), die den Kundalini-Kreislauf antreibt und das Bewusstsein erweitert, was zu vielen Arten von transzendentalen Erfahrungen und dem Auftauchen neuer psychischer Fähigkeiten führt. So beginnt das erwachte Individuum nun, auf einer neuen Ebene der Lebenserfahrung zu funktionieren, innerhalb der Dimension der Schwingung oder Energie. In dieser neuen Dimension entwickelt er die Fähigkeit, die Welt um sich herum als eine quantifizierbare Essenz zu empfinden.

Mit der Zeit wird diese neu entwickelte Fähigkeit, die Welt durch Energie zu spüren, zur vorherrschenden Art und Weise, sich im Leben zurechtzufinden, was zu einer Missachtung des rationalen, denkenden Verstandes führt. Schließlich beginnt das erwachte Individuum, die Welt vollständig durch Intuition als primäre Funktionsweise zu erfahren, da es in direktem Kontakt mit dem inneren Licht und der Wahrheit steht. Die Illusion verschwindet, wenn sich das Bewusstsein mit der Zeit auf den spirituellen Körper ausrichtet.

Wenn die Illusion (Maya) verschwindet, löst sich auch das Ego auf, da es zum Bereich des rationalen, denkenden Geistes gehört. Sein Impuls wird immer weniger aktiv, bis das erwachte Individuum vollständig auf der Grundlage der Intuition durch die vierte Dimension der Schwingung oder Energie funktionieren kann. Auf diese Weise werden sie auf das kostbarste Geschenk eingestimmt, das das Göttliche der Menschheit gemacht hat, nämlich den gegenwärtigen Moment, das "Jetzt", ein "Geschenk" von Gott. Im "Jetzt" wird ein Feld aller Möglichkeiten angezapft, dass es ihnen ermöglicht, ihr eigenes Leben so umzugestalten, dass sie ihr höchstes Potenzial ausschöpfen können. Wirklich erfolgreiche und glückliche Menschen haben alle eines gemeinsam - sie leben im "Jetzt".

Die Wahrnehmungsfähigkeiten des erwachten Menschen, die fünf Sinne Sehen, Riechen, Hören, Schmecken und Tasten, werden durch die Kundalini-Energie aufgewertet. Dinge aus der Ferne zu riechen und zu hören, wird zu einem alltäglichen Bestandteil ihres Lebens. Sie können etwas schmecken und fühlen, indem sie es einfach mit ihren Augen betrachten. Durch die Kraft ihres Geistes können sie die Energie von Objekten vor ihnen spüren und alle ihre inneren Sinne nutzen. Das liegt daran, dass das Ajna Chakra nun permanent geöffnet ist, wodurch diese transzendentalen Erfahrungen stattfinden. Die Realität wird jetzt auf einer viel höheren Ebene wahrgenommen als jemals zuvor.

Den Sehsinn habe ich mir für den Schluss aufgespart, denn die Verbesserung, die er erfährt, ist meiner Erfahrung nach die erstaunlichste. Sobald das innere Licht durch die Kundalini-Energie erweckt ist, formt es alles, was man sieht und visuell wahrnimmt, um und gibt ihm ein komplettes Makeover. Darüber hinaus erscheint die Außenwelt so, als wäre sie in Ihrem Kopf und würde vor Ihren Augen auf eine Filmleinwand projiziert (Abbildung 3). Zur Erklärung dieses visuellen Phänomens verwende ich gerne die Analogie der Entwicklung der Videospieltechnologie, da dies der einzige Bezugspunkt ist, der mir einfällt und mit dem die Menschen etwas anfangen können.

Wenn Sie jemals die erste Generation von Videospielen gespielt haben (so wie ich, da ich in den 90er Jahren aufgewachsen bin), erinnern Sie sich daran, wie die Spielwelt drastisch verbessert wurde, als wir von der PlayStation 2 auf die PlayStation 3-Konsole wechselten? Die Grafik wurde schärfer, knackiger, raffinierter. Jetzt stellen Sie sich vor, was passiert, wenn Sie von der Playstation 2 direkt auf die Playstation 5 wechseln und dabei dasselbe Spiel spielen. Die Charaktere und Umgebungen Ihres Spiels sind dieselben, aber die radikale digitale Überarbeitung erweckt das Spiel auf eine ganz neue Art zum Leben.

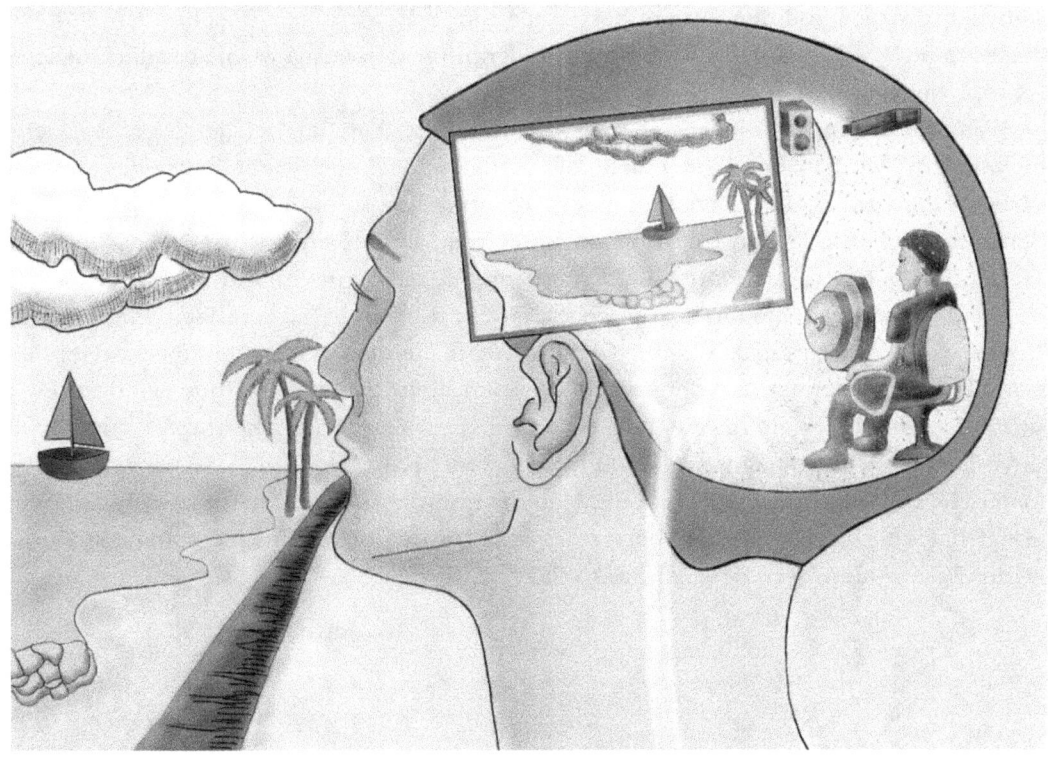

Abbildung 3: Das Universum im Kopf

Genauer gesagt ist diese Verbesserung der visuellen Wahrnehmung bei Kundalini-Erweckten am wenigsten verbreitet, aber sie ist der bedeutendste "Wow"-Faktor, den ich in meinem Erweckungsprozess erlebt habe. Als solches dient mein Bericht als Beweis für seine Realität. Tatsächlich ist es so selten, dass von Dutzenden von Kundalini-Erweckten, mit denen ich über ihre "Upgrades" gesprochen habe, nur ein oder zwei dieses spezielle Erlebnis hatten.

Andererseits ist mir auch noch niemand begegnet, der die holografische Natur der Realität mit eigenen Augen gesehen hat. Ich glaube, dass mein erweiterter Sehsinn eine nachhaltige Version derselben Realität ist. Interessanterweise ist die Theorie des holografischen Universums kein neues Konzept, sondern wird von prominenten Astrophysikern der Neuzeit unterstützt. Einige gehen sogar noch weiter und behaupten, dass wir vielleicht sogar in einer Computersimulation leben. Elon Musk, der echte Tony Stark (Iron Man) des 21. Jahrhunderts, ein Genie unserer Zeit, sagte einmal, dass die Wahrscheinlichkeit, dass wir gerade NICHT in einer Computersimulation leben, angesichts des technischen Fortschritts eins zu einer Milliarde beträgt.

Ich kann zwar nicht mit Sicherheit sagen, ob wir in einer Computersimulation leben, aber die Welt hat einen holografischen Bauplan, der für die meisten Menschen nicht wahrnehmbar ist und den ich am besten als reines Bewusstsein beschreiben würde. Ob dieses reine Bewusstsein ein projiziertes Hologramm ist, ist ungewiss, aber die Möglichkeit ist sehr wohl gegeben.

Was ich jedoch mit Sicherheit weiß, ist, dass die Welt, die ich jetzt erlebe, wie eine digitalisierte Version der Welt erscheint, in der ich früher gelebt habe, allerdings mit verbesserter Grafik. Die Innenstadt einer Großstadt wie Toronto bei Nacht mit ihren LED-Schildern, hellen Lichtern und blinkenden Farben ist wie ein futuristisches Videospiel-Wunderland - eine atemberaubende Erfahrung, die bis heute anhält.

Die beiden Worte, die am besten beschreiben, wie ich die äußere Welt jetzt sehe, sind "interstellar" und "intergalaktisch", da diese Worte die Idee inspirieren, dass unser Planet nur einer von vielen ist, auf denen Leben in den Weiten des Weltraums existiert. Es gibt unzählige andere Welten, die wir zu gegebener Zeit erforschen und mit für uns unvorstellbaren Lebewesen in Kontakt treten werden. Allerdings müssen wir zuerst unsere materielle Hülle durch den Kundalini-Mechanismus abstreifen, den unser Schöpfer in uns gelegt hat, um die verborgene, holographische Natur der Realität zu sehen und unsere wahre Essenz als Wesen des Lichts zu erfahren.

DER BAUM DES LEBENS UND DIE CHAKREN

In meinem ersten Buch, *The Magus: Kundalini and the Golden Dawn*, diskutiere ich ausführlich die westliche Mysterientradition und ihre Beziehung zum östlichen spirituellen System. In diesem Buch jedoch, da unser Hauptthema die Kundalini ist (ein östlicher Begriff), werde ich den umgekehrten Ansatz wählen und mich hauptsächlich an die yogischen und tantrischen Systeme halten, während ich in einigen Fällen auf die Qabalah und den Baum des Lebens verweise.

Der Baum des Lebens, der Hauptbestandteil der Qabalah, ist die Blaupause der Existenz. Er ist die Landkarte unseres Sonnensystems und der menschlichen Psyche. Der Baum des Lebens besteht aus zehn Sephiroth (Sphären), die Bewusstseinszustände repräsentieren, an denen der Mensch täglich teilhat und die innere Fähigkeiten wie Intuition, Gedächtnis, Willenskraft, Vorstellungskraft, Emotion, Verlangen, Logik und Vernunft sowie Denken hervorbringen. Qabalisten sagen, dass alles in der Natur in den Baum des Lebens eingeordnet werden kann, da alle Dinge in irgendeiner Weise mit unserem Sonnensystem und seinen Energien zusammenhängen.

Das qabalistische System stützt sich auf die Energie der Zahlen, Symbole und Buchstaben (hebräisch). Die zehn Sephiroth sind durch zweiundzwanzig Pfade verbunden, die den zweiundzwanzig *Großen Arkana* des Tarot und den zweiundzwanzig *hebräischen Buchstaben entsprechen*. Diese korrespondieren wiederum mit den fünf Elementen, den zwölf Tierkreiszeichen und den sieben alten Planeten. Der Baum des Lebens umfasst somit die Gesamtheit der universellen Energien, einschließlich der Konstellationen, die das Leben auf der Erde beeinflussen.

Die Qabalah, mit der ich umfangreiche Erfahrungen habe, ist hermetisch, weshalb sie mit einem "Q" geschrieben wird. Die Hermetik ist das Studium unseres Sonnensystems und der universellen Energien, die das, was wir sind, ausmachen. Außerdem gibt es eine jüdische Kabbala (mit "K") und eine christliche Kabbala (mit "C") - alle drei Systeme haben jedoch die gleiche Grundlage, da sie den Baum des Lebens als zentrale Glyphe verwenden. Im "Glossar ausgewählter Begriffe" im Anhang finden Sie eine detaillierte Beschreibung der einzelnen Sephiroth des Lebensbaums und anderer relevanter Begriffe der westlichen Mysterien, die im Hauptteil des Textes nicht definiert sind.

Die Chakren haben ihren Ursprung im alten Indien. Sie wurden erstmals in den hinduistischen Veden (1500-1200 v. Chr.) erwähnt, einem großen Korpus heiliger Texte, die spirituelles Wissen enthalten. Die Chakren sind Teil eines komplexen Energiesystems, das verschiedene Aspekte oder Teile der menschlichen Aura (Energiefeld) beschreibt. Das Wissen um die Chakren ist erst in jüngster Zeit in die westliche Welt gelangt, und zwar durch die wachsende Popularität des Yoga und als Teil der New-Age-Philosophien im Allgemeinen.

Der Mensch hat sowohl Hauptchakren als auch Nebenchakren. Die sieben Hauptchakren sind jedoch die primären Chakren, die im Wesentlichen die Aura versorgen. Die Nebenchakren sind mit den Hauptchakren verbunden und funktionieren nicht unabhängig, sondern dienen dazu, deren Aufgaben weiter auszuführen. In diesem Buch werde ich sowohl die Haupt- und Nebenchakren als auch die transpersonalen Chakren behandeln.

Chakra ist ein Sanskrit-Wort für "Spinnrad" oder "Wirbel". Der Begriff "Chakra" wird verwendet, um die unsichtbaren Energiezentren entlang der Wirbelsäule und im Kopf zu beschreiben. Diese Energiezentren bestehen aus vielfarbig fließender Energie, die wir in der Aura finden. Die Chakren versorgen die Aura und regulieren das Nervensystem, die endokrinen Drüsen und die wichtigsten Organe. Sie sind zentrale Energiestationen, die das gesamte menschliche Wesen steuern: Geist, Körper und Seele.

Die Chakren verwalten und verteilen die Lebensenergie in unseren verschiedenen feinstofflichen Körpern, die die Träger des Bewusstseins für die verschiedenen kosmischen Ebenen der Existenz sind, an denen wir teilhaben. Chakren sind Energieleiter, und jedes Chakra hat unterschiedliche Eigenschaften, die unser inneres Selbst stärken und zum Ausdruck bringen. Sie sind für die Arbeit unserer Gedanken, Emotionen, Willenskraft, Intuition, Gedächtnis und anderer Komponenten verantwortlich, die ausmachen, wer wir sind.

Es ist wichtig zu verstehen, dass die Chakren nicht physisch sind, sondern sich im Lichtkörper befinden. Sie repräsentieren Kräfte, die aus den subtilen Körpern kommen und sich in einem zirkulierenden Muster in sieben Hauptbereichen des Lichtkörpers manifestieren. Die Chakren werden oft beschrieben als seien sie geformt wie Blumen in voller Blüte. Jede chakrische Blume hat eine bestimmte Anzahl von Blütenblättern, die radartige Energiewirbel bilden, die im rechten horizontalen Winkel nach außen strahlen, während das obere und das untere Chakra (Sahasrara und Muladhara) vertikal verlaufen. Um ihr blumenartiges Aussehen noch zu verstärken, hat jedes Chakra auch einen stielartigen Kanal, der in das Rückenmark und den Hirnstamm hineinragt und mit diesen verbunden ist.

Die Chakren können sich im oder gegen den Uhrzeigersinn drehen, je nach Geschlecht des Chakras und je nachdem, ob es Energie abgibt oder empfängt. Die Geschwindigkeit, mit der sich ein Chakra dreht, bestimmt die Qualität seiner Funktion. Wenn es sich schnell dreht, ist es gut abgestimmt und kanalisiert mehr Lichtenergie. Ist die Drehung langsam und stagniert, sind sie verstimmt, d.h. sie kanalisieren weniger Lichtenergie. Im Allgemeinen sind Menschen, deren Chakren verstimmt sind, mehr auf ihr Ego als auf ihre Seele ausgerichtet. Um sich auf die Seele auszurichten und ihre Eigenschaften zum Ausdruck zu bringen, muss man gut gestimmte Chakren haben, denn der Ausdruck der Seele hängt ganz davon ab, wie viel Licht durch die Chakren kanalisiert wird.

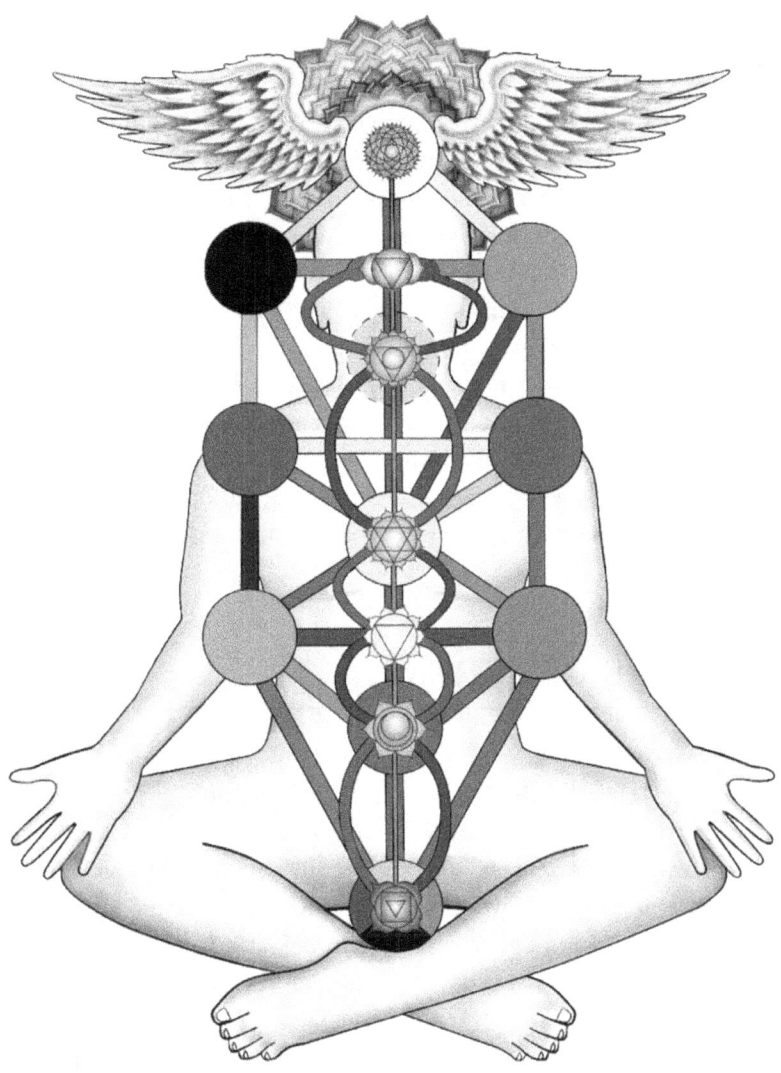

Abbildung 4: Der Baum des Lebens/Sieben Chakren/Kundalini

Sobald die Kundalini zum Scheitelpunkt des Kopfes aufgestiegen ist, um dauerhaft im Gehirn lokalisiert zu werden, wird der gesamte Lebensbaum vollständig aktiviert. Die höchste Sephira wird *Kether* genannt, die Krone, an der Spitze des Lebensbaums. Kether entspricht dem siebten Chakra, Sahasrara. Beide werden "Krone" genannt, was sich auf ihre Platzierung auf dem Kopf bezieht. Kether bezieht sich auf das spirituelle weiße Licht, das der gesamten physischen Existenz zugrunde liegt.

Umgekehrt wird die unterste Sephira *Malkuth* genannt, der Planet Erde, als zehnte Sephira auf dem Baum des Lebens - direkt gegenüber von Kether. Im chakrischen System bezieht sich Malkuth auf das erste Chakra, Muladhara, und das Erdelement. Diese beiden Gruppen von Sephiroth und Chakren stehen in direkter Korrespondenz und Beziehung zueinander, obwohl Malkuth an den Füßen platziert ist, während Muladhara in der Leistengegend platziert ist. Auch die übrigen Sephiroth und Chakren des Lebensbaums entsprechen einander, obwohl man direkte Erfahrung mit beiden Systemen haben muss, um zu erkennen, wie sie zusammenhängen. So ist es also nicht damit getan, die gegenüberliegenden Sphären im Lebensbaum zu vereinen, um die sieben Chakras zu erhalten, obwohl diese Methode mathematisch funktioniert.

Nach einem vollständigen Kundalini-Erwachen werden die Chakras (und die Sephiroth des Lebensbaums) permanent mit Lichtenergie durchdrungen und aktivieren ihre Bewusstseinszustände im Individuum (Abbildung 4). Die Chakras werden wie Glühbirnen, die Licht ausstrahlen, je nachdem, wie sauber, rein und im Einklang sie sind. Wenn zum Beispiel ein bestimmtes Chakra mit viel Karma belastet ist, strahlt es eher ein schwaches als ein helles Licht aus. Es ist die feierliche Pflicht, die Sie Ihrem Schöpfer schulden, Ihre Chakren zu reinigen und Negativität aus ihnen zu entfernen, damit sie hell leuchten können und Sie Ihr Bewusstsein mit Ihrer Seele in Einklang bringen können.

REINIGUNG DER CHAKREN

Karma ist ein Sanskrit-Wort für "Handlung", "Werk" oder "Tat", das Teil des universellen Gesetzes ist. Es bedeutet, dass jede Handlung die Wirkung einer oder mehrerer früherer Handlungen ist und eine oder mehrere zukünftige Handlungen verursacht. Karma ist also zyklisch, und es betrifft uns alle. Da sich die Realität wie ein sich drehendes Rad in Zyklen bewegt, steht das Rad des Karma für gute oder schlechte karmische Energie in unserem Leben, die sich in der Zukunft entweder als Segen oder als Probleme, die gelöst werden müssen, manifestieren wird. Unser Verhalten im Leben bestimmt, ob wir gutes oder schlechtes Karma haben, und dieses Verhalten wird durch die Chakren ausgedrückt.

Jedes Chakra ist eine Kraftquelle dafür, wie sich Ihr Charakter und Ihre Persönlichkeit in der inneren und äußeren Welt ausdrücken. Der Charakter ist Ihnen angeboren, denn er ist die Essenz dessen, was Sie sind, während sich die Persönlichkeit im Laufe der Zeit verändert. Der Charakter ist Ihre höheren, ethischen Überzeugungen und Ausdruck Ihrer Seele, während die Persönlichkeit mehr mit dem Ausdruck Ihres Egos und dessen Vorlieben und Abneigungen zu tun hat. Jedes Chakra ist ein Kraftreservoir für verschiedene Teile Ihres Charakters und Ihrer Persönlichkeit, von Ihrer Denkweise über Ihre Gefühle bis hin zu dem, was Sie antreibt und darüber hinaus.

Wenn sich in einem Chakra karmische Energie befindet, trägt ein Teil des Selbst negative Energie in sich, die aufgearbeitet werden muss. Deshalb müssen alle Chakren gereinigt und optimiert werden, damit Ihre Gedanken, Gefühle und Handlungen aus einem Ort der Liebe kommen können. Wenn sie von Liebesenergie durchdrungen sind, erleuchten Sie das Chakra dieses Ausdrucks Ihres Selbst. Wenn Sie also selbstsüchtig, ängstlich, lüstern, wütend, arrogant, gierig, selbstgerecht usw. sind, dann bedeutet das, dass Sie an diesen Teilen Ihres Selbst arbeiten und sie in ihr liebevolles, positives Gegenteil verwandeln müssen. Es bedeutet, dass Sie das Karma jener Chakras überwinden müssen, die dieses Verhalten zum Ausdruck bringen.

Karmische Energie, die in einem Chakra vorhanden ist, kann eine sehr herausfordernde Erfahrung sein. Sie macht das Leben sehr unangenehm und hindert Sie daran, so gut zu funktionieren, wie Sie es sollten oder wollen. Für die Kundalini-Erweckten, die wie ich nicht auf diese Erfahrung vorbereitet waren, kann die karmische Energie in den Chakren lähmende Angst und Beklemmung hervorrufen.

Eine vollständige Erweckung lokalisiert die Kundalini-Energie dauerhaft im Gehirn und vereint den bewussten und den unterbewussten Geist. Wenn in den Chakren schlummernde negative Energie vorhanden ist, wird sie das Bewusstsein in Form von unangenehmen Gedanken und Emotionen überfluten. Nachdem die Kundalini in das Gehirn eingedrungen ist, kann man sich nicht mehr vor seinen Dämonen (den Verursachern negativer Gedanken) verstecken, was dazu führt, dass schädliche Ansichten, Überzeugungen und Lebenseinstellungen wieder auftauchen, die es zu überwinden gilt. Daher müssen Sie die Angstenergie aus Ihrem System entfernen, was mit der Reinigung der Chakren beginnt.

Durch die chakrische Reinigung ändern Sie ihre Überzeugungen über sich selbst und die Welt. Denn wenn Sie das göttliche Licht in ihnen erfahren sollen, ist eine vollständige Transformation Ihres Charakters und Ihrer Persönlichkeit notwendig. Sie müssen ein spirituelles Wesen werden, dessen Bewusstsein eine höhere Schwingung hat als zuvor. Daran führt kein Weg vorbei. Und um dies zu erreichen, muss Ihr Ego sterben und wiedergeboren werden. Dies ist das ultimative Konzept der Wiedergeburt, auf das viele Religionen, neue und alte, anspielen. Für die Kundalini-Erweckten ist es jedoch mehr als eine Idee - es ist die einzige Realität, mit der sie sich beschäftigen müssen, bis der Prozess abgeschlossen ist.

Kundalini-Erweckte müssen lernen, wer sie tief im Inneren sind, das Gute und das Schlechte, und sich selbst akzeptieren und lieben. Und sobald sie nach innen gehen, können sie das Ego umgehen und mit ihrem wahren Selbst, dem höheren Selbst des Geistes, in Kontakt treten. Doch dazu müssen sie Tugenden aufbauen, Laster beseitigen und moralische und ethische Verhaltensweisen in ihr Leben integrieren, wenn sie die Angst und Furcht überwinden wollen, die ihre Existenz behindern.

Sie sehen also, das Geschenk der Kundalini kann zunächst als Fluch angesehen werden, wenn Sie ein spontanes Erwachen hatten und karmisch unvorbereitet waren. Es gibt jedoch keine Abkürzung zur Erleuchtung, und wenn der Geist einmal aus der Flasche ist, kann man ihn nicht mehr zurückholen. Die Kundalini beschleunigt Ihre spirituelle Evolutionsreise rapide, aber um die Schwingung Ihres Bewusstseins zu erhöhen, müssen Sie die in jedem Chakra gespeicherte negative Energie überwinden. Es ist ein systematischer Prozess, der mit dem untersten Chakra, Muladhara, beginnt und mit Sahasrara an der Krone endet. Da sich das Ego im physischen Körper befindet, der der dichteste Teil von Ihnen ist, müssen Sie dort beginnen und anfangen, Schichten Ihres Bewusstseins abzuschälen, von denen jede weniger dicht ist als die vorhergehende. Wenn Sie die letzte Schicht erreicht haben, haben Sie Ihren *Stein der Weisen*, die Quintessenz, gefunden und das Höhere Selbst der spirituellen Ebene erreicht.

Der Prozess der Erleuchtung wird durch die Geschichte der Kreuzigung von Jesus Christus angedeutet. Nachdem er am Kreuz gestorben war, musste er, anstatt sofort wieder aufzuerstehen (erleuchtet zu werden), drei Tage in der Unterwelt, dem dämonischen Reich, verbringen, um der König der Hölle zu werden, bevor er der König des Himmels wurde. Dies ist also eine Metapher dafür, dass Jesus seine Dämonen beherrschen musste, da sie ihm den Weg zur Erleuchtung versperrten. Und er tat dies, indem er ihnen ohne Furcht in seinem Herzen gegenübertrat, was es ihm ermöglichte, die Herrschaft über sie zu erlangen.

Sie sehen also, wenn Sie Ihren inneren Dämonen mit Mut statt mit Angst begegnen, nehmen Sie ihnen automatisch den Treibstoff, denn sie ernähren sich von der Energie der Angst; sie ist ihre Nahrung. Dann können Sie sie beherrschen und ihnen, bildlich gesprochen, ihre Flügel zurückgeben. So sind alle Dämonen im Grunde unbeherrschte *Engel*. Sie können alle für das Gute eingesetzt werden, wenn der Geist stark ist und der Einzelne lernt, mit ihren Kräften umzugehen. Denn um unsere Willenskraft zu maximieren, müssen wir unsere dunkle Seite beherrschen. In der Tat ist dies eine Voraussetzung, um den Himmel, das spirituelle Reich, zu erreichen. Diejenigen, die Ohren des Verständnisses haben, sollen dieses große Geheimnis von Leben, Tod und Auferstehung hören. Es wurde bereits in vielen alten spirituellen Traditionen vor dem Aufkommen des Christentums angedeutet.

SPIRITUELLE HEILPRAKTIKEN

Die Reise zur spirituellen Wiedergeburt ist mit mentalen und emotionalen Prüfungen und Drangsalen verbunden, die oft zermürbend sein können. Um im Bewusstsein aufzusteigen, muss man die in den Chakren gespeicherten negativen Energien überwinden und sie "erleuchten", bevor man die unbeschreibliche Schönheit des Kronenchakras, Sahasrara, erfahren kann. Die Reinigung der Chakren ist unvermeidlich, und es liegt ganz bei Ihnen, ob Sie sich entschieden haben, mit ihnen durch eine spirituelle Heilpraxis zu arbeiten oder der Kundalini zu erlauben, jedes Chakra im Laufe der Zeit systematisch zu reinigen.

Zu den spirituellen Heilpraktiken gehören unter anderem Zeremonialmagie, Edelsteine (Kristalle), Stimmgabeln, Aromatherapie, Tattvas sowie yogische und tantrische Praktiken wie Asana, Pranayama, Mudra, Mantra und Meditation (Dhyana). Als jemand, der die meisten spirituellen Heilpraktiken ausprobiert hat, habe ich festgestellt, dass zeremonielle Magie jedes Chakra am besten isoliert und es Ihnen ermöglicht, die karmische Energie in jedem Chakra zu überwinden und das Chakra zu stimmen. Mein erstes Buch, *The Magus: Kundalini and the Golden Dawn*, ist ein ganzer Studiengang für angehende Magier und gibt Ihnen alle rituellen Übungen, die Sie für die Arbeit mit Ihren Chakren benötigen.

Während zeremonielle Magie eine westliche spirituelle Praxis ist, sind Yoga und Tantra östliche Praktiken. Allerdings praktizieren die Menschen sowohl im Osten als auch im Westen Kristallheilung, Klangheilung mit Stimmgabeln und Aromatherapie. Obwohl es sich ursprünglich um eine östliche spirituelle Technik handelte, die im yogischen System verwendet wurde, haben Tattvas ihren Weg in die westlichen Mysterienschulen gefunden, weil sie eine Verbindung zu den fünf Elementen herstellen können, dem verbindenden Faktor zwischen dem östlichen chakrischen System und dem westlichen kabbalistischen System.

Da der Zweck dieses Buches nicht nur darin besteht, Antworten in Bezug auf die Kundalini zu geben, sondern auch alternative Methoden zur Heilung der Aura und der Chakren mit dem Ziel der spirituellen Evolution anzubieten, habe ich die Gesamtheit von Teil V und Teil VI den oben genannten Praktiken gewidmet. Ich werde kurz auf einige von ihnen eingehen, um Ihnen einen Gesamteindruck zu vermitteln. Natürlich gibt es noch andere Methoden, mit den Chakren zu arbeiten, und ich erwähne hier nur die wichtigsten, mit denen ich umfangreiche Erfahrungen habe. Letztendlich ist es Ihre Entscheidung, womit Sie arbeiten möchten.

Edelsteine (Kristalle)

Die Verwendung von Edelsteinen, auch Natursteine oder Kristalle genannt, ist eine kraftvolle spirituelle Praxis, die es seit Tausenden von Jahren gibt und die heute von Energieheilern weit verbreitet ist. In praktisch allen antiken Kulturen und Traditionen finden wir Hinweise auf die Verwendung von Edelsteinen für spirituelle Heilung, Energiemanipulation und Schutz. So haben die Alten beispielsweise Edelsteine in Schmuck, Kosmetika, dekorative Statuen und Talismane eingearbeitet, als Beweis für ihre mächtige Fähigkeit, geistige, emotionale und körperliche Probleme zu heilen und sie gleichzeitig vor widrigen Kräften zu schützen.

Jeder der Hunderten von Edelsteinen, die es gibt, hat ein breites Spektrum an Heileigenschaften. Wir können Edelsteine verwenden, um die entsprechenden Energiezentren im Lichtkörper anzusteuern, um Blockaden zu beseitigen und den Energiefluss in diesen Zonen zu erhöhen. Durch die Abstimmung und Optimierung der Chakren durch Kristallheilung werden die entsprechenden feinstofflichen Körper, einschließlich des physischen Körpers, ebenfalls verjüngt - wie oben, so unten.

Um zu verstehen, wie ein Edelstein auf körperlicher, emotionaler, mentaler und spiritueller Ebene wirkt, ist es notwendig, einige persönliche Erfahrungen mit jedem Stein zu machen. Schließlich steht jeder Edelstein in Beziehung zu einem oder mehreren Chakren, aber auch zu verschiedenen Elementen, Planeten und Tierkreisen. Daher ist die Verwendung von Edelsteinen eine praktikable Methode, um an Ihrem Mikrokosmos, Ihrer Aura, zu arbeiten, und eine, die Ihre Energien ausgleichen und Sie auf allen Ebenen heilen kann, wenn Sie sich ihr widmen. Ich habe eine Liste der Edelsteinkorrespondenzen in dieses Werk aufgenommen, einschließlich der Techniken, die Sie verwenden können, um mit ihnen zu arbeiten.

Stimmgabeln

Die Verwendung von Stimmgabeln in der Klangheilung ist ein relativ neues Feld, das sich jedoch aufgrund seiner therapeutischen Wirksamkeit zunehmender Beliebtheit erfreut. Sie basiert auf dem Prinzip, dass sich alles im Universum in einem Schwingungszustand befindet, einschließlich unserer Gedanken, Gefühle und unseres physischen Körpers.

Wenn der Therapeut in einer Heilsitzung eine Stimmgabel anschlägt, erzeugt er eine Klangwelle, deren Schwingung tief in die Aura des Patienten eindringt, auf die Energiebahnen (Nadis) des Lichtkörpers zugreift und das Bewusstsein beeinflusst. Es gibt viele Anwendungsmöglichkeiten für Stimmgabeln, einschließlich der Heilung des subtilen Energiesystems, der Regulierung der natürlichen Zyklen des Körpers, des Ausgleichs des Nervensystems, der Entspannung der Muskeln und der Förderung von gutem Schlaf.

Die beliebtesten Stimmgabeln auf dem Markt sind die, die den Hauptchakren entsprechen. Da jedes Chakra im gesunden Zustand auf einer bestimmten Frequenz schwingt, kann eine Stimmgabel so kalibriert werden, dass sie auf dieser Frequenz schwingt. Wenn sie auf oder in der Nähe des Chakras platziert wird, sendet die Schwingung der Stimmgabel eine Klangwelle aus, die das entsprechende Chakra stimmt und es in seinen optimalen Schwingungszustand zurückführt. Der Prozess, bei dem sich zwei schwingende Körper miteinander synchronisieren, wenn sie sich nahe beieinander befinden, wird "Entrainment" genannt.

Aromatherapie

Die Aromatherapie ist eine ganzheitliche Medizin, die ebenfalls schon seit Tausenden von Jahren existiert und bis in die Zeit des alten Sumer zurückreicht. Sie verwendet aus Pflanzen extrahierte Verbindungen, die den Duft oder das Aroma der Pflanze - ihre Essenz - einfangen. Die in der Aromatherapie am häufigsten verwendeten Pflanzenextrakte, die "ätherischen" Öle, werden in der Regel mit verschiedenen Mitteln und Methoden eingeatmet, obwohl wir sie auch äußerlich anwenden können.

Wenn ätherische Öle durch die Nase eingeatmet werden, wirken sie auf das limbische System, den Teil des Gehirns, der für Emotionen, Verhalten und Erinnerungen verantwortlich ist. Darüber hinaus produziert das Limbische System Hormone, die zur Regulierung von Atmung, Herzfrequenz, Atmung und Blutdruck beitragen. Aus diesem Grund haben viele ätherische Öle eine beruhigende Wirkung auf das Nervensystem, was sie zu einer nützlichen Vorstufe für Meditation, Stimmgabeltherapie, tantrische und yogische Praktiken und andere spirituelle Heilmethoden macht, die Entspannung erfordern. Umgekehrt haben einige ätherische Öle eine energetisierende, erhebende Wirkung und sind großartige Energielieferanten, wenn man sich träge und ausgelaugt fühlt.

Jeder Duft eines ätherischen Öls hat spezifische Schwingungen mit heilenden Eigenschaften, die sich positiv auf unser Bewusstsein auswirken. Ihre Verwendung kann Energieblockaden in der Aura beseitigen und gleichzeitig die feinstofflichen Körper neu ausrichten und die Chakren neu kalibrieren. Darüber hinaus eignen sich ätherische Öle hervorragend als Ergänzung zu Edelsteinen und anderen Energieanregungsmitteln. Sie sind im Allgemeinen sicher und einfach anzuwenden und bieten eine andere, aber wirkungsvolle Methode zur Heilung von Geist, Körper und Seele.

Tattvas

Die Arbeit mit Tattvas ist eine östliche Praxis, die es seit über zweieinhalbtausend Jahren gibt. Das Wort "Tattva" selbst ist ein Sanskrit-Wort und bedeutet "Essenz", "Prinzip" oder "Element". Tattvas repräsentieren die vier Elemente Erde, Wasser, Luft, Feuer und das fünfte Element des Geistes. Es gibt fünf primäre Tattvas, von denen jedes fünf Sub-Tattvas hat, insgesamt also dreißig.

Tattvas lassen sich am besten als "Fenster" in die kosmischen Ebenen betrachten, die den chakrischen Energien entsprechen. Als solche können sie uns bei der Arbeit mit den Chakren und der darin enthaltenen karmischen Energie helfen. Sie erzeugen keine Energie an sich, wie Edelsteine und Stimmgabeln, aber sie sind hilfreich, um sich auf die inneren kosmischen Ebenen zu konzentrieren und an den entsprechenden Chakren zu arbeiten. Meiner Erfahrung nach geht die Arbeit mit den Tattvas Hand in Hand mit den Ritualen der zeremoniellen Magie der Elemente, da die Art der Energie, mit der beide arbeiten, praktisch dieselbe ist.

Die Tattva-Arbeit ist der Zeremonialmagie ähnlich, da sie jedes Chakra isoliert, aber die beschworene Energie ist weniger stark. Manche mögen jedoch die Tattvas-Methode bevorzugen, da sie eine sichere und effiziente Arbeit mit den Unterelementen ermöglicht. Außerdem können Tattvas in Verbindung mit anderen spirituellen Praktiken verwendet werden, die in diesem Werk vorgestellt werden, insbesondere mit der Aromatherapie.

Yoga und Tantra

Die östlichen spirituellen Systeme von Yoga und Tantra enthalten viele Übungen, die einzeln oder in Verbindung mit anderen Komponenten der beiden Systeme praktiziert werden können. Obwohl Yoga und Tantra die gleichen Praktiken haben, unterscheiden sich ihre Philosophien. Während Yoga spirituelle Techniken anwendet, um bestimmte Ziele und Errungenschaften anzustreben (wie Selbstverwirklichung oder Erleuchtung), konzentriert sich Tantra darauf, dieselben Methoden anzuwenden, um sich von allen Wünschen zu befreien, was unweigerlich zum gleichen Ergebnis wie Yoga führt. Somit kann Tantra als eine Annäherung an Yoga gesehen werden. Ursprünglich war es eine Tradition der Haushälter (Laien des buddhistischen Glaubens), die sich darauf konzentrierte, die materielle, weltliche Welt zu umarmen, anstatt sie zu transzendieren, wie es das Ziel des Yoga ist.

Asana ist die Praxis der stehenden oder sitzenden Yogastellungen. Asanas bringen viele Vorteile mit sich: Sie straffen den Körper, entwickeln Flexibilität und Kraft, bringen unsere inneren Energien ins Gleichgewicht und harmonisieren sie, öffnen die Chakren, lösen Blockaden in den Nadis und erden uns mit der Erde. Die Asana-Praxis hat auch eine beruhigende Wirkung auf den Geist, was sie zu einem ausgezeichneten Mittel zur Bekämpfung von Angstzuständen und Depressionen macht und gleichzeitig die "Glücks"-Chemikalien des Gehirns anregt. Asanas werden in Verbindung mit Atemübungen (Pranayama) und Meditation (Dhyana) praktiziert. Meditations-Asanas sind jedoch eine Voraussetzung für fast alle yogischen Praktiken, einschließlich Mudras und Mantras.

Pranayama ist die yogische Praxis der kontrollierten Atmung, durch die Prana-Energie in den Körper gebracht wird. Wir können es unabhängig oder als Vorstufe zur Meditation und zu allen Energieanrufungsübungen praktizieren. Die Übung "Vierfacher Atem" aus *"The Magus"* ist zum Beispiel eine angepasste Pranayama-Technik, die gut mit den rituellen Übungen der westlichen Mysterientradition zusammenarbeitet. In ähnlicher Weise spielt Pranayama eine entscheidende Rolle bei der Ausführung von Asanas, Mudras und Mantras, da die Atmung der Schlüssel zur Kontrolle von Geist und Körper ist. Die Pranayama-Übungen in diesem Buch werden zu verschiedenen Zwecken eingesetzt, u.a. zum Ausgleich der weiblichen und männlichen Energien, zur Beruhigung des Nervensystems, zur Neutralisierung negativer Energie und zur Vorbereitung des Geistes auf die Erhöhung und Manipulation von Energie.

Mudras sind symbolische, rituelle Gesten oder Posen, die in der Regel nur die Hände und Finger, aber auch den ganzen Körper einbeziehen können. Sie ermöglichen es uns, Energien in unserem Körper (Mikrokosmos) zu manipulieren und höhere Kräfte im Universum (Makrokosmos) anzurufen. Mudras verbinden uns mit archetypischen Kräften und erhöhen die Schwingung unseres Bewusstseins. In diesem Buch werden Mudras zur Erweckung und Feinabstimmung der Chakras, zum Ausgleich der Elemente, zur Anrufung des Seelenfriedens und sogar zur Nutzung der Prana-Energie zur Erweckung der Kundalini (Bandhas-Verriegelungs Mudras) vorgestellt. Sie können Mudras mit Meditationsübungen, Mantras, Pranayamas und Asanas verwenden, insbesondere mit Meditations-Asanas.

Sanskrit-Mantras rufen Energie herbei, indem sie uns auf bestimmte Kräfte in uns selbst und in unserem Sonnensystem einstimmen. Sie beinhalten oft die Anrufung von hinduistischen oder buddhistischen Göttern und Göttinnen in irgendeiner Form oder einem Aspekt ihrer Kräfte. Diese kraftvolle Methode, Energie in die Aura zu induzieren, wird seit Tausenden von Jahren von Anhängern der östlichen spirituellen Systeme verwendet. Mantras tragen im Allgemeinen die karmische Energie der Systeme, die zu den jeweiligen Traditionen oder Religionen gehören, aus denen sie hervorgegangen sind. Sie gehen Hand in Hand mit Pranayama-Techniken, Meditationsübungen und anderen yogischen Praktiken. Da die durch Mantras heraufbeschworene Energie in der Regel mehr als ein Chakra umfasst, können wir zum Beispiel ihre Anwendung (insbesondere Bija-Mantras) mit Hand-Mudras kombinieren, um einzelne Chakras effizient zu isolieren und zu heilen.

Und schließlich ist die Meditation oder Dhyana eine der am häufigsten praktizierten Disziplinen zur Fokussierung des Geistes, die wir sowohl in den östlichen als auch in den westlichen spirituellen Systemen finden. In *The Magus* beispielsweise ist die "Mind's Eye Meditation" eine Vorstufe zu Energiebeschwörungen, weil sie uns effektiv beruhigt, einen *Alpha-Zustand* der Gehirnwellenaktivität ermöglicht und den Geist auf rituelle Anrufungen/Beschwörungen vorbereitet. Meditationstechniken beinhalten die Visualisierung eines inneren Objekts, die Konzentration auf ein äußeres Objekt oder die Verwendung von Mantras, um den Geist zu fokussieren. Die Meditation soll das Ego zum Schweigen bringen und den Geist leeren, wodurch alle Chakren geheilt werden. Sie erhöht unsere Bewusstseinskraft, macht uns im Hier und Jetzt präsent und erlaubt uns, das Feld des reinen Potenzials anzuzapfen. Meditation wird Seite an Seite mit Atemkontrolle (Pranayama) eingesetzt.

***

Ich habe festgestellt, dass Kundalini-Erweckte, die sich dafür entscheiden, der Kundalini zu erlauben, auf natürliche Weise mit den einzelnen Chakren zu arbeiten, oft dieser Energie ausgeliefert sind, die manchmal sehr hart sein kann. Der Schmerz und die Angst können so groß sein, dass manche die vollständige Kontrolle über ihr Leben verloren haben und über Selbstmord nachgedacht haben. Die Suche nach einer spirituellen Praxis zur Heilung der Chakren gibt Ihnen ein erhebliches Maß an Kontrolle über diesen Prozess, was sehr erhebend sein kann und Ihnen das Vertrauen und die Kraft gibt, auf Ihrer Reise weiterzugehen. Der Prozess der Kundalini-Erweckung ist ein lebenslanges Unterfangen. Deshalb ist es wichtig, während des Prozesses inspiriert zu bleiben, um das Beste daraus zu machen und eine möglichst angenehme Zeit zu haben, während Sie sich spirituell entwickeln.

DIE KUNDALINI-TRANSFORMATION

Es ist zwingend notwendig, zu erörtern, wie die Funktionsweise der Chakren mit dem Gehirn zusammenhängt, wenn man bedenkt, dass die Erweiterung des Bewusstseins, die der Hauptzweck der Kundalini-Erweckung ist, im Inneren des Kopfes stattfindet. Durch die Erweckung der sieben Chakren und die Erhöhung der Kundalini zur Krone öffnen sich neue Energiebahnen im Gehirn, was sich anfühlt, als ob der Kopf innen hohl wird. Das Gehirn durchläuft einen Umgestaltungsprozess, der seine Kapazität von 10 %, die der durchschnittliche Mensch nutzt, auf die vollen 100 % erweitert. Schlummernde Bereiche des Gehirns werden freigeschaltet und ermöglichen es uns, eine enorme Menge an Informationen von außen auf einmal aufzunehmen und zu verarbeiten. Stellen Sie sich dies als einen Prozess der Erweiterung der Gehirnleistung vor.

Sobald das kosmische Ei aufgeplatzt ist und der Lichtkörper aktiviert wurde, dauert es einige Zeit, bis die Prana-/Lichtenergie die Nadis durchdringt und das neue Energiesystem mit Energie versorgt. Dieser Prozess wird durch den Prozess der Umwandlung von Nahrung in Lichtenergie über das Verdauungssystem erreicht. Da es kein definiertes Wort für diesen Prozess gibt, werde ich "sublimieren" verwenden, da es impliziert, dass ein Ding seine Form, aber nicht sein Wesen verändert. Und da alle Dinge aus Geist und Licht bestehen, einschließlich der Nahrung, die wir zu uns nehmen, bezieht sich Sublimation auf ihre Umwandlung von einem festen Zustand in einen subtilen, der die Energiebahnen im Lichtkörper durchdringt und mit Energie versorgt. Dieses Phänomen ist nicht nur für die Erweiterung des Bewusstseins verantwortlich, sondern auch für die Herbeiführung transzendentaler Zustände.

Sie werden jedoch nicht in der Lage sein, sich vollständig auf den spirituellen Körper (einen der subtilen Körper des Lichtkörpers) einzustimmen, bevor Sie nicht die unteren vier Chakren vollständig durchgearbeitet und die Elemente Erde, Wasser, Feuer und Luft in Ihre Psyche integriert und gemeistert haben. Denn dazu müssen Sie über den Abgrund hinausgehen, in das Reich der Nicht-Dualität. Während des langwierigen Kundalini-Transformationsprozesses beginnt Ihr Bewusstsein also, sich langsam auf *Chokmah* und

Binah einzustimmen, die zweit- und dritthöchsten Sphären (Sephiroth) auf dem Lebensbaum, die den inneren Funktionen von Weisheit und Verständnis entsprechen.

In diesem Buch werde ich Sie in bestimmte qabalistische Archetypen einführen und sie mit dem Lebensbaum in Verbindung bringen. Obwohl dieses Werk für sich alleine steht, führen viele der hier vorgestellten Ideen das in *The Magus* präsentierte Wissen fort und erweitern es. Schließlich bezieht sich dessen Beschreibung der Kundalini-Energie auf die westliche Mysterientradition, während *Serpent Rising* sich an das östliche System hält. Indem ich Ihnen immer wieder neue Ideen und Konzepte vorstelle, möchte ich Ihr Gedächtnis und Ihre Lernfähigkeit aufbauen, damit Ihr Höheres Selbst die Führung übernehmen und Sie durch Gnosis - die direkte Kommunikation mit höheren Energien - weiter unterrichten kann. Bevor dies geschieht, müssen Sie jedoch ein gründliches Verständnis des Kundalini-Prozesses haben und alle abweichenden Standpunkte zu diesem Thema in Einklang bringen.

BINDU-AKTIVIERUNG

Sobald das Licht im Körper durch Nahrungsaufnahme aufgebaut wurde, was nach einem vollständigen Kundalini-Erweckungsereignis drei bis vier Monate dauern kann, spüren Sie, wie sich am oberen Hinterkopf ein Entlassungsventil bildet, das Bindu Chakra (Abbildung 5). Es befindet sich genau dort, wo Brahmanen ihr Haarbüschel wachsen lassen. Bindu ist ein Sanskrit-Begriff, der "Punkt" oder "Pünktchen" bedeutet, und es ist der Befreiungszugangspunkt für das individuelle Bewusstsein - das Tor zu "Shoonya", dem Zustand der Leere oder des Nichts. Damit Bindu sich jedoch öffnen kann, muss der Tausendblättrige Lotus von Sahasrara vollständig erweckt worden sein, und die Kundalini muss sich nun dauerhaft im Gehirn befinden. Außerdem muss ein ausreichendes Maß an chakrischer Reinigung abgeschlossen sein, wenn das Erwachen spontan und Sie karmisch unvorbereitet waren.

Der gebräuchlichere Name der Bindu ist Bindu Visarga, was auf Sanskrit "das Fallen des Tropfens" bedeutet, in Anlehnung an den Amrita-Nektar, der laut Tantra-Yoga aus der Bindu austritt. Der Amrita-Nektar, der oft als "Nektar der Unsterblichkeit" bezeichnet wird, sondert sich von Sahasrara ab, aber er gelangt durch die Bindu in den Körper. Amrita und Ambrosia sind ein und dasselbe und beziehen sich auf die "Speise der Götter", das "Lebenselixier", von dem man in verschiedenen spirituellen Traditionen oft hört. Dieser Nektar nährt den Körper des Lichts und soll das Leben verlängern, Nahrung bieten und eine Schlüsselrolle bei der Erfahrung der Transzendenz nach einer vollständigen und anhaltenden Kundalini-Erweckung spielen.

Im Tantra symbolisiert das Bindu Lord Shiva, die Quelle der Schöpfung. Wegen seiner Eigenschaft, Gedanken des kosmischen Bewusstseins zu reflektieren, wird dieses Chakra oft als Mond-Chakra bezeichnet. Das Bindu wird als eines der transpersonalen Chakras betrachtet, weshalb es in den meisten Büchern über Yoga nicht erwähnt wird. Im transpersonalen Chakra-Modell wird das Bindu als Kausalchakra bezeichnet. Als ich verschiedene spirituelle Denkschulen untersuchte, stellte ich fest, dass die Lage beider Chakren und ihre Eigenschaften und Merkmale identisch sind.

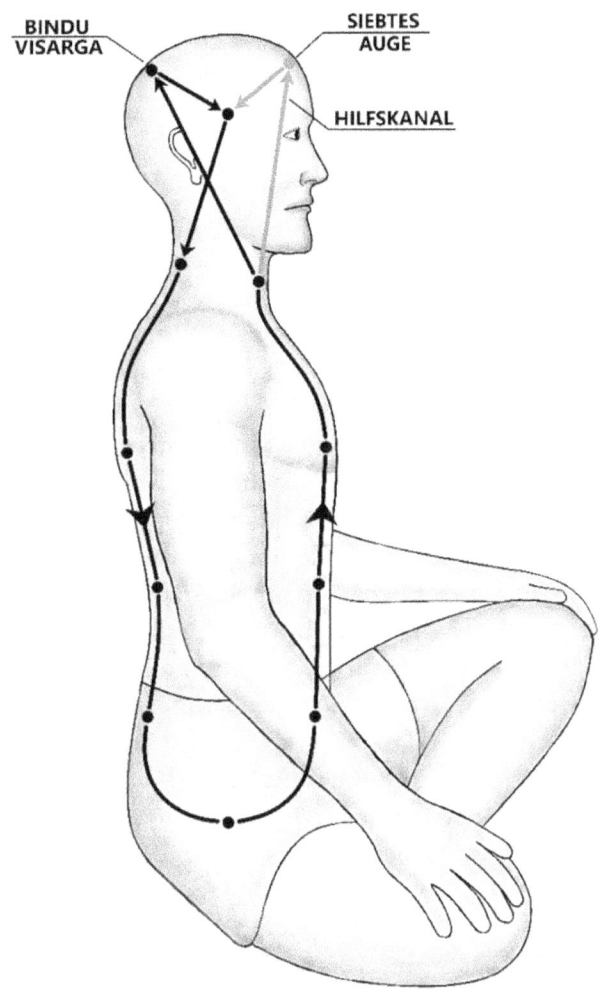

Abbildung 5: Der Vollständige Kundalini-Kreislauf

Das Bindu Chakra spielt eine entscheidende Rolle im Kundalini-Transformationsprozess. Dieses Chakra wird als nächstes nach Sahasrara erweckt. Es dient als Tor oder Energiekanal für die beiden höheren transpersonalen Chakren, den Seelenstern und das Stellare Tor. Nach einer vollständigen Kundalini-Erweckung beginnt Prana/Licht durch den neu aktivierten Lichtkörper zu fließen. Mit der Zeit wird das Bewusstsein auf natürliche Weise zum Bindu Chakra gezogen und öffnet es dabei. Gleichzeitig öffnet sich das Siebte Auge, dessen Hilfskanal für die Aufrechterhaltung des Kundalini-Kreislaufs und die Schaffung eines transzendentalen Geisteszustands entscheidend ist (Mehr über das Siebte Auge später). Eine der Funktionen von Bindu ist es, die Lichtenergie zu regulieren und sie im gesamten Lichtkörper zu verteilen. Es fungiert als Energietransformator und -leiter. Wenn diese Lichtenergie zunimmt, erweitert sich Ihr Bewusstsein.

Sobald Bindu vollständig geöffnet ist, hat Ihr Bewusstsein direkten Zugang zum Reich der Nicht-Dualität, dem spirituellen Reich. Diese Erfahrung wird von einem Gefühl völliger spiritueller Verzückung in Ihrem Herz-Chakra begleitet. Sie beginnen intuitiv zu fühlen, was Jesus Christus meinte, als er von der Herrlichkeit Gottes oder dem Himmelreich sprach und von der Schönheit dieses magischen Reiches, das das Geburtsrecht aller Menschen ist. Die Bindu ist unser Eingangstor zum kosmischen Bewusstsein. Sobald sie geöffnet ist, tritt ein ständiges Gefühl der Inspiration in Ihr Leben. Sie beginnen sich zu fühlen, als würdest Sie auf dem Planeten Erde leben, aber gefühlsmäßig sind Sie im Himmel.

Sobald Bindu im Lichtkörper freigeschaltet wird, ermutigt es die Nadis Sushumna, Ida und Pingala, ihre Fähigkeit, Energie zu kanalisieren, zu maximieren. Das Kundalini-Licht fließt nun ungehindert durch diese Kanäle, mit mehr Geschwindigkeit als je zuvor, angetrieben durch das Bindu. Die Lichtenergie versorgt die Chakren in der Aura mit Energie und ermöglicht es Ihnen, sich auf jede der inneren kosmischen Ebenen oder Reiche der Existenz einzustimmen. Dazu gehören die physische, die niedere und höhere astrale, die niedere und höhere mentale, die spirituelle und die göttliche Ebene. Die Ebenen unterhalb der göttlichen Ebenen entsprechen den sieben Chakren.

Die Bindu ist das Auslassventil für die sublimierte Lichtenergie, in das sie kanalisiert wird und das, wenn es erweckt wird, den Kundalini-Kreislauf vervollständigt. Sie vereinheitlicht die Gedanken und Emotionen und ermöglicht es uns, vollständige Transzendenz im Bewusstsein zu erfahren. Seine Aktivierung hebt die Schwingung unseres Bewusstseins an und bringt uns in Einklang mit dem spirituellen Körper. Das Bindu dient als schwarzes Loch für das individuelle Bewusstsein. Wenn wir es betreten, vereinen wir uns mit dem kosmischen Bewusstsein und werden eins mit dem Universum.

Durch das Bindu kann Ihr Bewusstsein leicht Ihren Körper verlassen, wenn Sie sich in irgendeine Form der Meditation vertiefen. Sobald dies geschieht, beginnen Sie, Gedanken aus dem kosmischen Bewusstsein zu kanalisieren. Es ist der Bereich der spirituellen Ebene, da alle Gedanken und Gefühle im "Feuersee", der in ihm liegt, versöhnt werden. Dieses Feuer aktiviert das Konzept der "Herrlichkeit Gottes" als eine greifbare Emotion, die im Herzchakra und im physischen Herzen zu spüren ist. Abbildung 5 veranschaulicht die Bewegung des Lichts, das die Kundalini-Energie in ihrem sublimierteren Zustand ist.

In der hinduistischen Religion und im Jainismus ist es üblich, ein Bindi zu tragen, einen farbigen Punkt in der Mitte der Stirn. Er impliziert die Verbindung zwischen dem Geistigen Auge (Ajna Chakra) und dem Bindu Chakra. Im Wesentlichen erreichen wir das Bindu Chakra durch Ajna, wie es auch beim Sahasrara Chakra der Fall ist. Wie bereits erwähnt, können wir jedoch nicht auf das Bindu Chakra zugreifen, solange Sahasrara nicht vollständig geöffnet ist, da eine Ausrichtung in einem Chakra eine Ausrichtung im anderen impliziert. Die Hindus nennen das Bindu einen "Punkt der Schöpfung", an dem alle Dinge durch die Einheit zusammengehalten werden. Sie beschreiben das Bindi als "das heilige Symbol des Kosmos in seinem unmanifestierten Zustand".

AUSLÖSCHUNG DER ERINNERUNG

Nachdem die erweckte Bindu Ihr Bewusstsein mit der spirituellen Ebene in Einklang gebracht hat, ist das nächste Phänomen im Kundalini-Transformationsprozess das Auftauchen von zufälligen Erinnerungen vor Ihrem geistigen Auge. Diese Erscheinung resultiert aus der engen Beziehung der Bindu zum Ajna Chakra und der Zirbeldrüse. Da der Verstand auf der spirituellen Ebene zum Schweigen gebracht wird, tauchen alte Erinnerungen für einen kurzen Moment auf, eine nach der anderen, wie Wellen in einem unendlichen Ozean des Bewusstseins. Diese Erinnerungen können jüngeren Datums sein, obwohl sie gewöhnlich aus einer älteren Zeit stammen und bis in die Kindheit zurückreichen.

Das Selbst benutzt das geistige Auge, um diese vergangenen Erinnerungen zu erfahren, die das Bindu produziert. Um genau zu sein, "fischt" das Bindu sie aus dem Kausalchakra heraus, einem der drei transpersonalen Chakren über dem Kopf, das eine enge Verbindung zum Bindu hat. Die fünftdimensionale Energie der Liebe beeinflusst das Bindu, um alte Erinnerungen freizugeben und dadurch die emotionale Ladung zu entfernen, die sie an Ihre Chakren bindet.

Und während diese Erinnerungen durch Ihr Bewusstsein strömen, wird die Psyche befreit, eine Erinnerung nach der anderen.

Die visuelle Komponente, wenn Sie diese zufälligen Erinnerungen eine nach der anderen vor sich aufblitzen sehen, wird von einem intuitiven Gefühl begleitet, wie sich die Erinnerungen anfühlten, als diese Ereignisse stattfanden. In gewissem Sinne durchleben Sie diese Erfahrungen also noch einmal. Diesmal befindet sich Ihr Selbst jedoch in einem neutralen Zustand, was bedeutet, dass Sie nicht mehr psychologisch betroffen oder in irgendeiner Weise emotional mit diesen Ereignissen verbunden sind. Sie agieren jetzt aus dem Bereich der Nicht-Dualität, was bedeutet, dass das Ego und der Verstand umgangen werden.

Während Sie alte Gedanken und Emotionen durch die Bindu loswerden, haben Sie vielleicht oft das Gefühl, den Verstand zu verlieren, weil Ihr Ego merkt, dass seine Macht über Ihr Bewusstsein schwächer wird. Dieser Prozess des Auslöschens von Erinnerungen ist jedoch normal und kann oft sehr lange andauern. Schließlich hat das Ego viele Jahre gebraucht, um sich zu entwickeln, und mit jeder Erinnerung wurde es stärker. Jetzt kehrt sich der Prozess um, denn Sie kehren zu Ihrem ursprünglichen, unschuldigen Zustand zurück, bevor sich das Ego zu entwickeln begann.

Nun kann man das Ego nicht ganz abschaffen, während man im physischen Körper lebt, denn es dient dem Zweck, den Körper vor unmittelbarem Schaden zu schützen. Jesus Christus, einer der außergewöhnlichsten heiligen Menschen, die je auf diesem Planeten gelebt haben, lebte sein ganzes Leben lang mit einem Ego und leitete und befehligte es. Sein vorletzter Satz am Kreuz lautete: "Mein Gott, mein Gott, warum hast du mich verlassen? "(Matthäus 27:46) Diese Äußerung kam von seinem Ego, das in den letzten Momenten von Jesu Leben ins Bewusstsein trat, um Gott um Hilfe zu bitten, da es wusste, dass der physische Körper im Begriff war, unterzugehen. Auf diese Aussage folgte: "Es ist vollbracht". Dies ist das letzte, was sein Höheres Selbst vor seinem Tod sagte. Dies ist ein perfektes Beispiel für die Dichotomie von Ego und Höherem Selbst und dafür, wie beide zu jedem Zeitpunkt das Bewusstsein übernehmen können, je nach den Umständen und unabhängig davon, wie spirituell entwickelt wir sind.

Sie sehen also, dass Sie das Ego in diesem Leben nicht zerstören können. Sie können sich jedoch aus seinen Fängen befreien, so dass die Seele das Steuer übernehmen und Sie im Leben leiten kann, einschließlich der täglichen Entscheidungsfindung. Und da Sie durch die Einstimmung auf die spirituelle Ebene nicht mehr von Angst geplagt werden, hat das Ego nichts mehr, womit es Sie bestechen könnte. Ein großer Teil der Funktionsweise des Egos besteht darin, wie es auf die Angstenergie und die fiktiven, aber beängstigenden Szenarien reagiert, die der Verstand erschafft und die das Ego zu verhindern sucht. Ein weiterer wichtiger Teil des Modus Operandi des Egos besteht darin, Sie mit Gedanken und Wünschen zu verführen, sich nur um die Freuden des Körpers und Ihre eigenen Bedürfnisse und Wünsche zu kümmern. Da Sie jedoch nicht mehr an Ihren Körper gebunden sind und die Einheit der gesamten Existenz erkennen, hat das Ego auch in dieser Hinsicht wenig Macht über Sie.

Die Erfahrung des Kundalini-Erwachens wird Sie in den meisten Fällen innerhalb eines einzigen Jahrzehnts von der Erde in den Himmel bringen. Während diese subtilen Prozesse ablaufen, ist der Versuch, das, was mit Ihnen geschieht, rational zu erklären, sinnlos. Eben diese Fähigkeit, mit der Sie die Dinge rationalisieren, löscht das Kundalini-Feuer aus und versetzt Sie so in die Lage, ganz auf der Grundlage Ihrer Intuition zu handeln. Das Gedächtnis scheint sich durch diesen Prozess aufzulösen, ebenso wie der Impuls, alles, was Ihnen passiert, durch Logik und Vernunft zu rationalisieren und zu erklären. Daher sind die Begriffe "Loslassen" und "mit dem Strom schwimmen" Teil des Kundalini-Transformationsprozesses. Wenn Sie den Prozess zu sehr mit Ihrem Ego in Frage stellen, behindern Sie den Fluss der Kundalini, was auf lange Sicht dazu führt, dass Ihre Transformation länger dauert als sie sollte.

Denken Sie an die Analogie zu dem, was passiert, wenn Sie Feuer auf Wasser in der physischen Realität anwenden - Sie erhalten Dampf oder Wasserdampf. Das Feuerelement ist die erweckte Kundalini-Energie, während Ihr Gedächtnis zum Wasserelement gehört, dessen Essenz reines Bewusstsein ist. Das Wasserelement drückt sich physisch als der Wassergehalt Ihres Körpers aus und macht über 60% Ihres physischen Selbst aus. Der Dampf oder die Ausdünstungen sind die schädlichen Bestandteile Ihres Wasserelements, die Erinnerungen daran, wer Sie waren oder für wen Sie sich hielten, als diese vergangenen Ereignisse stattfanden. Diese Erinnerungen sind jedoch nichts weiter als Illusionen, die an Ihr Karma gebunden sind, Ihre Essenz trüben und das innere Licht daran hindern, in die Welt zu strahlen. Im Laufe der Zeit, wenn das Kundalini-Feuer weiterhin auf die verschiedenen Chakren einwirkt und sie dabei reinigt, werden diese alten Erinnerungen aus Ihnen herausgelöst. Diese Auslöschung des Egos ist auch ein Reinigungsprozess der Seele. Nach einiger Zeit werden Sie beginnen, vor Ihrem geistigen Auge Wellen und Energiemuster als visuelle Bilder zu sehen, die sich aus den Eindrücken ergeben, die Ihre Umgebung auf Sie macht. Um dorthin zu gelangen, müssen jedoch viele persönliche Erinnerungen gereinigt werden. Vielleicht sehen Sie sogar Erinnerungen an frühere Leben, denn dieser Reinigungsprozess ist nicht nur an dieses Leben gebunden. Denken Sie daran, dass die Seele, die wir hier zu reinigen und zu erhöhen versuchen, schon viele Leben lang existiert hat.

Wenn sich das Bewusstsein mehr und mehr in die Bindu zurückzieht, verlieren Sie das Bewusstsein für Ihren physischen Körper bis zu dem Punkt, an dem Sie gefühllos gegenüber den Empfindungen der Außenwelt werden. Auf einer höheren Stufe der Spirituellen Evolution verlässt Ihr Bewusstsein Ihren Körper vollständig, begleitet von einem Gefühl, als würde dem physischen Körper Novocain injiziert, ein starkes Schmerzmittel und Betäubungsmittel. Es wird ein Punkt erreicht, an dem Sie, wenn Sie einen Eisbeutel auf die Haut legen würden, nicht die Kälte, sondern nur ein betäubendes Gefühl spüren würden. Um dieses Phänomen zu erreichen, werden hohe Mengen an Histamin freigesetzt. Sobald die wichtigsten Gehirnzentren geöffnet sind, werden höhere Dopamin- und Serotoninspiegel freigesetzt, die zu einem beschwingten, glückseligen Gefühlszustand und übermenschlicher Willenskraft beitragen.

Dieser Prozess der Bewusstseinserweiterung ist unendlich. Sie beginnen, kontinuierlich in dieser Realität zu leben, da die Bindu zunehmend mit Lichtenergie gespeist wird, die durch die Nahrungsaufnahme zugeführt wird. Während die Nährstoffe vom Körper aufgenommen werden, nimmt das Kundalini-Licht, das in Ihren Nadis zirkuliert, an Größe und Bewegungsgeschwindigkeit zu und dehnt Ihr Bewusstsein unaufhörlich aus.

VOLLSTÄNDIGE METAMORPHOSE

Durch den Kundalini-Transformationsprozess beginnen Sie verschiedene körperliche Empfindungen zu erleben. Die erste körperliche Manifestation dieser energetischen Veränderungen ist das Gefühl, dass Ameisen auf der Haut krabbeln. Manche Menschen spüren, wie ihre Körperteile gezappt werden, wenn die zweiundsiebzigtausend Nadis oder energetischen Kanäle von der Prana-Energie durchdrungen werden. Es kann sich eine Empfindlichkeit gegenüber der Luft um Sie herum entwickeln, die Sie anfällig für Erkältungen oder Grippe macht. Ich habe festgestellt, dass dieses Phänomen davon abhängt, ob das Element Luft in Ihrem Geburtshoroskop dominiert. Denken Sie daran, sich warm zu halten, um nicht krank zu werden, wenn Sie anfangen, die kühle Luft auf Ihrer Haut auf eine neue Weise zu spüren. Sie könnten auch Allergien entwickeln, da Ihr Geruchssinn geschärft ist. Sie werden beginnen, bestimmte Gerüche zu riechen, als ob der Gegenstand oder die Person direkt vor Ihnen stünde, obwohl sie in Wirklichkeit meilenweit entfernt sein könnte.

Alle Prozesse, die ich bisher skizziert habe, sind miteinander verknüpft. Gemeinsam aktivieren und entwickeln sie die Kräfte des Lichtkörpers, so dass sich das Bewusstsein allmählich auf seine Schwingung ausrichten und das kosmische Bewusstsein erfahren kann. Der Lichtkörper ist wie ein Baum, dessen Äste (Nadis) von innen nach außen an die Hautoberfläche ragen. Sein Zentrum befindet sich im Herz-Chakra, Anahata, dem zentralen Bereich des Körpers, wo sich mehrere Nadis kreuzen. Diese Verzweigungen dienen als Rezeptoren, die die sie umgebende Luft als Medium oder Leitung für die Kommunikation nutzen. Sie sind Antennen, die eine Verbindung zu den unsichtbaren Welten herstellen, den kosmischen Ebenen, die ich bereits erwähnt habe.

Das weitere Wachstum dieses Energiebaums erfolgt durch die Versorgung des physischen Körpers mit den richtigen Nährstoffen, Vitaminen und Mineralien. Eiweiß ist wichtig, da es den Aufbau des Lichtkörpers unterstützt. Vitamin C ist ebenfalls wichtig, denn es hilft bei der Regulierung der Nebennieren, die durch den Kundalini-Erweckungsprozess erschöpft werden. Angst belastet die Nebennieren, und wenn man einen katatonischen Absturz erlebt, die *dunkle Nacht der Seele*, wird die Angst stark verstärkt. Deshalb ist es wichtig, Orangensaft oder andere Fruchtsäfte zu trinken, die Vitamin C enthalten, um eine dauerhafte Schädigung der Nebennieren zu vermeiden.

Der Kundalini-Transformationsprozess ist ein solcher Schock für das Ego, da es absterben wird. Infolgedessen kann es zu einer enormen Menge an Negativität kommen, die aus dem Unterbewusstsein auftaucht. Wenn Sie ein vollständiges und dauerhaftes Kundalini-Erwachen hatten, beginnt dieser Prozess sofort, denn es ist die vollständige Aktivierung des Lichtkörpers durch das Zerbrechen des kosmischen Eies, die den Beginn eines völlig neuen Lebens erzeugt. Zu Beginn wird Ihr neues Leben mit vielen einzigartigen Herausforderungen konfrontiert, während Sie versuchen, dem Prozess einen Sinn zu geben. Die richtige Anleitung ist hilfreich, denn sie ermöglicht es Ihnen, den Prozess nicht mehr zu kontrollieren, sondern loszulassen und die Dinge auf natürliche Weise geschehen zu lassen.

LICHT UND VIBRATION IM KOPF

Nach einer vollständigen Kundalini-Erweckung ist die Lichtenergie nicht nur ständig in Ihrem Gehirn präsent (Abbildung 6), sondern Sie werden auch ein summendes, vibrierendes Geräusch wahrnehmen. Dieses Geräusch ist zu hören, weil die Kundalini-Energie dauerhaft in Ihrem Kopf lokalisiert ist, d.h. sie bewegt sich nicht mehr Ihre Wirbelsäule hinauf und hinunter, noch fällt sie nach Muladhara hinunter. Was also oft wie das Summen eines Bienenschwarms klingt, kann auch als das Geräusch eines elektrischen Stroms oder einer Strahlung beschrieben werden.

Der Schwingungston ist im Inneren am besten zu hören, wenn der Lärm der Außenwelt zur Ruhe gekommen ist. Sie werden auch feststellen, dass die Tonhöhe höher wird, wenn Sie Nahrung in den Körper bringen, da sich Ihr Energiestrom erhöht. Der Klang variiert von einem neutralen Zustand, der wie das Summen eines Bienenschwarms klingt, bis zu einem aggressiveren Klang, der an ein Düsentriebwerk erinnert, wenn auch nicht so ausgeprägt. Wenn er dynamischer wird oder eine höhere Tonlage hat, deutet dies auf eine stärkere Kundalini-Aktivität im Lichtkörper hin.

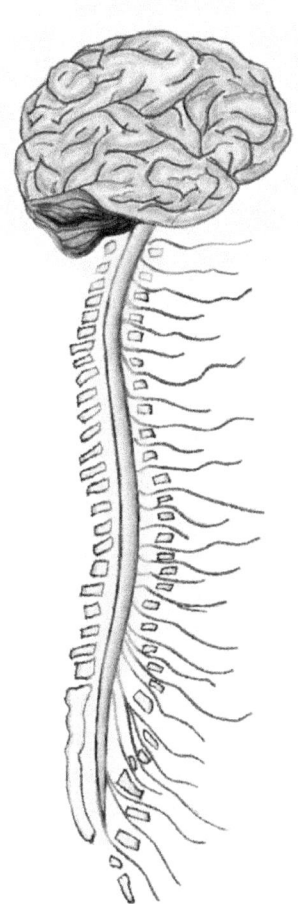

Abbildung 6: Das mit Licht Gefüllte Gehirn

Einige erwachte Menschen haben ihre Besorgnis über dieses permanente Vibrationsgeräusch in ihrem Kopf zum Ausdruck gebracht und gesagt, dass es ihr Leben ziemlich unangenehm gemacht hat. Mein Rat ist, zu lernen, damit zu leben, anstatt es zu bekämpfen oder zu hoffen, dass es verschwindet, denn das tut es nicht. Es ist jetzt ein ständiger Teil eures Lebens, denn es ist der Klang der Kundalini-Energie in euch. Sobald

Sie sich jedoch vom Ego distanzieren und sich mehr auf Ihre Seele ausrichten, werden Sie den schwingenden Klang als Teil des Prozesses akzeptieren und vielleicht sogar lernen, seine Präsenz zu genießen.

Ich habe festgestellt, dass ich mit Ohrstöpseln beim Einschlafen den Klang nutzen kann, um meinen Geist zu beruhigen und schneller einschlafen zu können. Es hat allerdings viele Jahre gedauert, bis ich gelernt habe, loszulassen und dieses Geräusch zu schätzen, aber zu wissen, dass es ein natürlicher Teil des Prozesses ist und nicht ein bösartiges fremdes Wesen in der Aura, ist die halbe Miete.

Diese beiden Manifestationen, das Licht im Kopf und das ständige Summen in den Ohren, markieren ein dauerhaftes Erwachen. Erinnern Sie sich daran, dass das kosmische Ei durch den anfänglichen Kundalini-Aufstieg aufgesprengt und die zweiundsiebzigtausend Nadis des Lichtkörpers durch seinen Ambrosia-Nektar aktiviert worden sein müssen. Wenn dieses Ereignis nicht stattgefunden hat, dann hat die volle Kundalini-Aktivierung nicht stattgefunden. Es kann sein, dass es sich um einen teilweisen Aufstieg in einzelne Chakren handelt, wobei der häufigste Fall ein Aufstieg in das Herz-Chakra Anahata ist.

ARTEN VON KUNDALINI-AUFSTIEGEN

Eine Kundalini-Erweckung kann auf viele verschiedene Arten und aus unterschiedlichen Gründen erfolgen. Der häufigste Grund ist ein spontanes Erwachen durch den Konsum von Freizeitdrogen oder nach einem schweren Trauma in Ihrem Leben. Bei einem Trauma tritt ein Kundalini-Erwachen als Verteidigungsmechanismus auf, wenn die Seele genug von den Schmerzen hat, die im Körper verursacht werden. Die Seele entführt das Bewusstsein lange genug, um eine Entspannung im Körper herbeizuführen. Diese totale Hingabe, begleitet von einem Ansturm positiver Emotionen, kann die Kundalini-Energie erwecken, und bei vielen Menschen hat sie das auch getan.

Eine weniger verbreitete Methode zur Erweckung der Kundalini ist eine Übertragung, die als Shaktipat bekannt ist und von einer Person kommt, die diese Erfahrung selbst gemacht hat. Die Kundalini kann auch durch das Studium religiöser und spiritueller Bücher und das Verstehen einiger tiefer Wahrheiten über die Natur des Universums und Gott, den Schöpfer, stimuliert werden. Einfach ausgedrückt: Damit die Kundalini erweckt werden kann, muss sie durch etwas ausgelöst werden. Ein Auslöser kann entweder ein Gedanke oder ein Gefühl sein, Ihr eigenes oder das eines anderen. Shaktipat entsteht durch die Kraft der Gedanken eines erwachten Meisters und seine Fähigkeit, diese Gedanken in Ihr Unterbewusstsein zu übertragen.

Dann gibt es Kundalini-Erweckungen, die als Ergebnis einer direkten spirituellen Praxis auftreten, die darauf abzielt, diese Energie zu erwecken. Dies kann durch yogische Praktiken, Meditation, rituelle Übungen aus verschiedenen Traditionen, tantrischen Sex und andere spirituelle Methoden geschehen, die ausschließlich dazu dienen, die Kundalini zu erwecken. Diese Fälle sind in der heutigen Welt weniger verbreitet, und die meisten Menschen, denen ich begegnet bin, haben die Kundalini spontan erweckt und nicht durch direkte Praktiken mit bewusster Absicht. Die Durchführung spiritueller Heilpraktiken, wie die, die ich später in diesem Buch vorstellen werde, kann die Schwingung Ihres Bewusstseins lange genug anheben, damit die Kundalini erwachen kann. Dies gilt jedoch wiederum als ungeplante, spontane Erweckung.

Manche Menschen verlassen ihre moderne, schnelllebige Gesellschaft und gehen in Tempel und Ashrams und leben viele Jahre lang in Abgeschiedenheit, um zu versuchen, die Kundalini zu erwecken. Viele verbringen ein Dutzend Jahre oder mehr mit Meditation und spirituellen Praktiken, um diese Kraft zu erwecken - ohne Erfolg. Es ist meine persönliche Überzeugung, dass, wenn Sie dazu bestimmt sind, die Kundalini in diesem Leben zu erwecken, es Ihnen passieren wird, egal wie sehr Sie es versuchen oder nicht versuchen. Im Grunde genommen erfordert dieser Prozess nicht Ihre Anstrengung, sondern die Lebensereignisse werden sich Ihnen in einer Weise präsentieren, die diese Kraft erwecken wird. Das Wissen um die Kraft und das Potenzial der Kundalini-Energie kann jedoch, insbesondere bei Menschen, die zum ersten Mal über dieses Thema lesen, das seelische Verlangen entwickeln, das der Katalysator sein kann, um dieses Ereignis in Gang zu setzen.

PARTIELLE UND PERMANENTE KUNDALINI-ERWECKUNGEN

Es gibt zwei Arten von Kundalini-Erweckungen - permanente und partielle Erweckungen. Der Unterschied zwischen beiden muss richtig verstanden werden, um zu wissen, wo Sie in Ihrem Prozess der spirituellen Evolution stehen, damit Sie wissen, was Sie tun müssen, um weiter voranzukommen.

Bei einem dauerhaften Erwachen steigt die Kundalini-Energie von der Basis der Wirbelsäule (Muladhara Chakra) auf, bewegt sich durch Sushumna und in das Gehirn, bis sie den Scheitel des Kopfes (Sahasrara) erreicht. Entlang ihres Weges liegen die Drei Granthis, die psychischen "Knoten", die den Fluss der Kundalini behindern. Jeder von ihnen muss systematisch durchstochen werden, damit eine vollständige Erweckung stattfinden kann. Da sie Teil der Wissenschaft und Philosophie von Yoga und Tantra sind, werde ich die Drei Granthis in dem Abschnitt, der ihren Praktiken gewidmet ist, ausführlich behandeln.

Wenn sich die erweckte Kundalini mit genügend Kraft erhebt, wird sie das Kosmische Ei an der Spitze des Kopfes zerbrechen. Sobald das Kosmische Ei zerbricht, ergießt sich eine nektarähnliche flüssige Substanz, Ambrosia, von der Spitze des Kopfes über den Körper nach unten und belebt die zweiundsiebzigtausend Nadis des Lichtkörpers (Abbildung 7). Dies stellt eine "permanente" Erweckung dar, da die Kundalini nie wieder nach Muladhara zurückfällt. Stattdessen bleibt sie für den Rest Ihres Lebens im Zentrum des Gehirns.

Bei einer teilweisen Erweckung steigt die Kundalini jedoch nie zum Gehirnzentrum auf oder erzeugt zumindest nicht genug Kraft, um die Drei Granthis zu lösen und zum Scheitel aufzusteigen, um das Kosmische Ei aufzusprengen. Stattdessen fällt die Kundalini-Energie zurück nach Muladhara, nur um den Prozess des Aufstiegs in der Zukunft zu wiederholen. Die Kundalini will zum Scheitel des Kopfes aufsteigen, und sie wird dies so lange versuchen, bis sie alle Drei Granthis gelöst und dieses Ziel erreicht hat.

Daher steigt die Kundalini bei einem allmählichen oder "teilweisen" Erwachen auf ihrer systematischen Aufwärtsbewegung gewöhnlich zu einem bestimmten Chakra auf. Sie tut dies, um dieses spezifische Chakra zu öffnen, so dass Sie allmählich daran arbeiten können, die darin gespeicherte karmische Energie zu reinigen. In diesem Fall wird es keine Flut von Negativität geben, da nicht der gesamte Lebensbaum geöffnet wird, sondern nur bestimmte Sphären oder Sephiroth des Lebensbaums. Daher ist dieses allmähliche oder partielle Erwachen ein angenehmerer Weg, sich spirituell weiterzuentwickeln. Es gibt jedoch keine Garantie dafür, dass die Kundalini in diesem Leben jemals die Spitze des Kopfes erreichen wird.

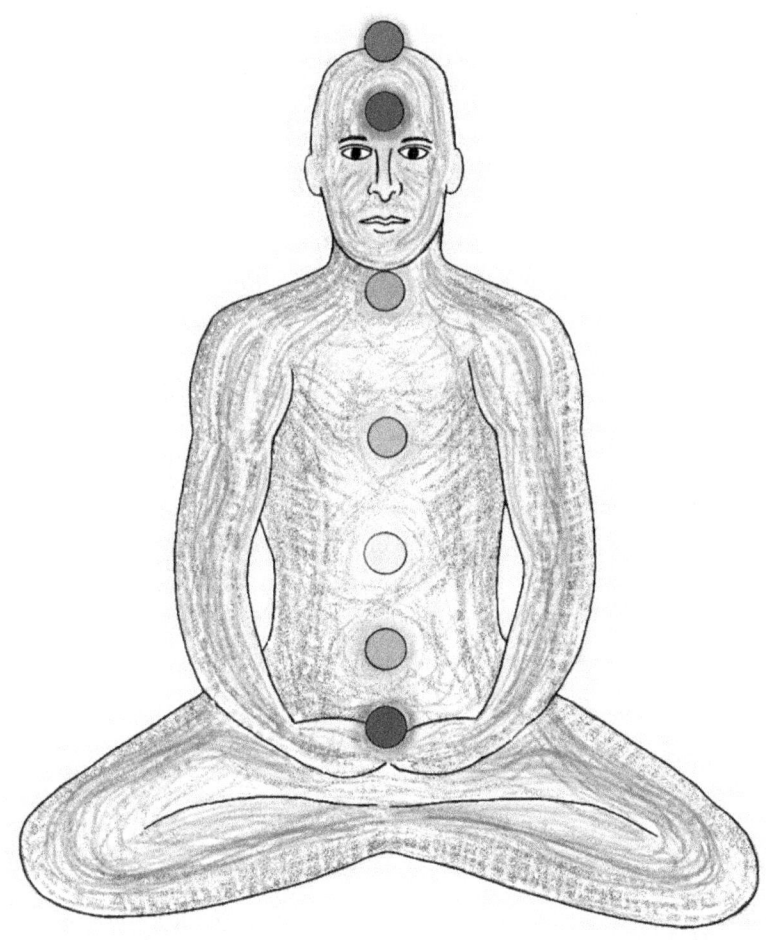

Abbildung 7: Die Zweiundsiebzigtausend Nadis

Denken Sie immer daran, dass wir nicht wählen können, wie wir die Kundalini erwecken. Ich wünschte, ich könnte Ihnen sagen, dass eine Methode in 100 % der Fälle oder sogar in 10 % der Fälle funktioniert, aber ich würde lügen. Wer Ihnen also erzählt, dass er eine Technik entdeckt hat, die immer funktioniert, täuscht sich selbst und andere, ob absichtlich oder nicht. Meine persönliche Überzeugung ist, dass man nicht mit seinem Ego wählen kann, diese Erfahrung in diesem Leben zu machen, sondern dass es eine Entscheidung der Seele sein muss.

Es ist sogar möglich, dass wir uns dafür entscheiden, diese Erfahrung zu machen, bevor wir in diesem Leben auf diesem Planeten inkarnieren, da es sich um eine so radikale Veränderung gegenüber der durchschnittlichen, alltäglichen Realität handelt, in der nicht erweckte Menschen leben. Daher müssen höhere Mächte in den Prozess der Kundalini-Erweckung involviert sein. Das dauerhafte Kundalini-Erwachen ist jedoch für jeden gedacht, ob in diesem Leben oder in anderen Leben. Wie ich schon sagte, ist es der erste Schritt, zu wissen, wonach man Ausschau halten muss, und sich auf diese Erfahrung vorzubereiten - auch, indem man sich über die eingeschränkten sozialen Strukturen hinausbewegt, die unser Bewusstsein an die materielle Realität gebunden halten.

Wenn Sie es nach der Lektüre dieses Buches immer noch vorziehen, Ihre Zeit und Energie darauf zu verwenden, reich zu werden, anstatt daran zu arbeiten, sich spirituell weiterzuentwickeln, dann ist ein Kundalini-Erwachen vielleicht nicht für Sie in diesem Leben bestimmt. Es gibt vielleicht noch notwendige Lektionen zu lernen, um zu erkennen, dass nichts so wichtig ist wie diese Erfahrung zu machen.

Die Hindus nennen dies den Prozess, bei dem sich Shakti (die Kundalini) nach oben erhebt, um Shiva (das kosmische Bewusstsein) zu treffen, wo sie ihre göttliche Ehe vollziehen und eins werden. Sobald sie sich in Ekstase vereinen, kommt Shiva in das Herz-Chakra hinunter, um den kontinuierlichen Akt der Erneuerung im Bewusstsein des Kundalini-Initiierten zu bewirken. Während Sie sich in diesem fortwährenden, regenerativen Zustand befinden, werden Sie frei von der Last der Sünde, da Sie sich in sich selbst verlieren. Sie werden wieder wie ein unschuldiges Kind, das die Welt von einem Moment zum anderen mit frischen, neuen Augen betrachtet. Diese Erfahrung ist es, was es wirklich bedeutet, im "Jetzt", im gegenwärtigen Moment, zu sein. Das Jetzt ist das Feld des reinen, unbegrenzten Bewusstseinspotenzials, das man erfahren kann, wenn man sich von den Fesseln der materiellen Welt befreit hat.

DAS LICHT IN ALLEN DINGEN SEHEN

Wenn die Energie schließlich den Scheitel erreicht und das kosmische Ei aufbricht, werden Sie eine außergewöhnliche Welterfahrung machen. Während sich das Licht in Ihnen aufbaut, überträgt es sich auf alles, was Sie mit ihren physischen Augen sehen, und verleiht allem, was Sie in der materiellen Welt wahrnehmen, einen schimmernden, silbrigen Glanz oder Schimmer. Wenn ich meinen Blick unscharf stelle und etwa zehn Sekunden lang auf ein Objekt starre, wird genau dieses Licht das Objekt vor meinen Augen entmaterialisieren.

So wie jemand die Welt auf LSD oder Magic Mushrooms sieht, sehe ich sie ohne Drogen. Sie wurde zu einem festen Bestandteil meines Lebens, nachdem ich auf natürliche Weise die Fähigkeit entwickelt hatte, diese holographische Realität wahrzunehmen, die Blaupause oder das "Double" der materiellen Welt aus reiner Energie. Sie existiert genau hier und jetzt, aber weil unsere Körper und Gehirne aus Materie bestehen, können wir nicht darüber hinaus wahrnehmen, ohne unser Bewusstsein vollständig zu transformieren.

Der Planet Erde ist dazu bestimmt, mit einer erweckten Kundalini erlebt zu werden, denn Tatsache ist, dass die materielle Welt lebendig ist und aus reiner Energie besteht. Ich erinnere mich daran, wie ich die Dinge vor dieser Transformation gesehen habe, und ich kann mit Sicherheit sagen, dass dies der Planet Erde 2.0 ist. Es ist fast so, als hätte man mir ein permanentes Virtual-Reality-Headset gegeben, das ich rund um die Uhr tragen muss. Das ist es, was ich meinte, als ich sagte, dass die äußere Realität "digital" wird.

Bei einem vollständigen Kundalini-Erwachen beginnen Sie auch, die Essenz von allem, was Sie wahrnehmen, in Ihrem Herz-Chakra, Anahata, zu spüren. Einmal erlangt, ist diese neue Erfahrung der Realität eine permanente transzendentale Veränderung in der Art und Weise, wie Sie die Welt um sich herum erleben. Wenn es einmal geschehen ist, können Sie es nie wieder abstellen.

Wie ich bereits erwähnt habe, sieht jedoch nicht jeder nach einem vollständigen Kundalini-Erwachen das Licht in allen Dingen. Die meisten tun das nicht. Die erste Person, die mir diese Erfahrung bestätigte, war nicht jemand, mit dem ich persönlich sprach, sondern ein bekannter Autor zum Thema Kundalini, Gopi Krishna. Gopi sprach über dieses Phänomen in seinen Büchern, nämlich *Living with Kundalini*, das die Essenz dieser Gabe einfing. Das Buch zeichnete ein solides Porträt des Kundalini-Erweckungsprozesses und seiner Manifestationen und Geschenke, einschließlich dieser neuen visuellen Linse, die sich entwickelt.

Dieses Phänomen trat bei mir fünf Monate nach der ersten Kundalini-Erweckung im Jahr 2004 auf und begleitet mich noch heute. Diese visuelle Verbesserung ist jedoch nicht das einzige vielfältige Geschenk, das Kundalini-Erweckte erhalten. Meiner Meinung nach ist sie jedoch die wichtigste, da sie die Wahrnehmung der Realität drastisch verändert und es einem ermöglicht, die holografische Natur der Welt, ihren digitalen Bauplan, mit eigenen Augen zu sehen.

Ich hatte sogar Momente in tiefer Meditation, in denen die äußere Welt wie eine 2D-Filmprojektion erschien, deren Oberfläche aus goldenem Licht bestand. Die Seltsamkeit endet jedoch nicht dort. Ich war in der Lage, innerhalb dieser Vision zu "pendeln" und parallele Universen zu sehen, die hier und jetzt existieren, aber für das normale menschliche Auge nicht wahrnehmbar sind (Hellsehen ist ein Prozess, bei dem man mit dem geistigen Auge in physische Objekte schaut).

Ich erlebte diese Vision als eine völlige Entrückung, die mein Bewusstsein überrollte. Sie kam über mich wie eine Welle, und ich wurde zu reinem Bewusstsein, das sie umarmte. Diese Parallelwelt-Visionen versetzten mich aus irgendeinem Grund oft ins

Mittelalter, nur in einem viel kleineren Maßstab als unsere heutige Welt. Es machte mir klar, dass parallele Welten hier und jetzt innerhalb des 2D-Lichtstrahls, der von der Sonne kommt, existieren. Sobald ich meine innere Schwingung ändern konnte, konnte ich sie mit meinen eigenen Augen sehen.

Stellen Sie sich vor, Sie haben diese Fähigkeit und werden jeden wachen Moment daran erinnert, dass die Welt, in der Sie leben, aus reiner Energie besteht. Es macht es sehr einfach, sich vom Ego zu trennen und dem spirituellen Leben Priorität einzuräumen, was ich auch tat und nie zurückblickte.

Aufgrund der Intensität und Kraft der Kundalini-Energie, die während des Erweckungsprozesses durch meine Wirbelsäule strömte, sprengte sie mein Geistiges Auge exponentiell auf, bevor sie zum Scheitel aufstieg. Dies ereignete sich, weil ich während des Erweckungsprozesses eine mentale Visualisierungsübung durchführte, die das Geistige Auge nutzte. Gopi tat dasselbe, wie in seinen Büchern beschrieben wird. Wenn wir unsere Aufmerksamkeit auf den Tunnel des Geistigen Auges, unseren Zugang zu den inneren kosmischen Ebenen, richten, tritt die Kundalini beim Aufsteigen in diesen Tunnel ein und dehnt ihren Umfang aus, bevor sie in Sahasrara aufsteigt. Der Tunnel des Geistigen Auges hat die Form eines Doughnuts und dient als mentaler Bildschirm, auf dem sich visuelle Bilder abspielen, wenn wir Visionen erleben.

Wenn Sie keine Visualisierungsübung durchführen, die die Aufmerksamkeit auf den Blütenkopf des Ajna Chakra (zwischen den Augenbrauen) lenkt, ist es möglich, dass die Kundalini ihre Kraft nicht vollständig aktiviert. In diesem Fall erreicht die Kundalini zwar Sahasrara und kann sogar das Kosmische Ei aufsprengen, aber das volle Potential des Ajna Chakra wird nicht erweckt. Das ist die eine Möglichkeit. Die andere Möglichkeit ist, dass sich Ajna zwar öffnet, aber nicht mit einer solchen Intensität, dass es diese radikale Veränderung der visuellen Wahrnehmung bewirkt.

Natürlich sind dies meine Theorien, aber solche, die auf Logik und Vernunft beruhen, da viele Menschen, die berichten, dass das kosmische Ei aufgeplatzt ist und sie das Gefühl hatten, einen "Stromschlag" zu bekommen, danach nicht in allen Dingen das Licht sehen. Wie dem auch sei, es gibt verschiedene Kundalini-Erweckungen und Erfahrungen, und nicht alle sind gleich.

FAKTOREN DER KUNDALINI-ERWECKUNG

Wenn Sie versuchen, die Kundalini-Energie direkt zu erwecken, müssen viele Faktoren gleichzeitig zusammenwirken, um erfolgreich zu sein. Wenn Sie versuchen, die Kundalini durch Achtsamkeitsmeditation zu erwecken, muss die Schwingung Ihrer Willenskraft wesentlich höher sein als das Geplapper Ihres Verstandes, damit Sie die Stille herbeiführen können. Daher ist es unwahrscheinlich, dass Sie die Kundalini mit dieser Methode erwecken können, es sei denn, Sie üben sie schon seit langem aus und sind darin geübt.

Einfacher ist es, stattdessen eine Visualisierungsmeditation durchzuführen. Dabei halten Sie das Bild eines symbolischen Objekts (z. B. eine Lotusblume oder eine Gott- oder Göttinnenstatue) über einen längeren Zeitraum vor Ihrem geistigen Auge. Indem Sie ein konstantes und beständiges Bild in Ihrem Geist halten, beginnt Ihre Willenskraft mit einer starken Intensität zu vibrieren und zieht Ihr Bewusstsein nach innen. Wenn Sie dieses Bild halten können und dabei die zufälligen Gedanken, die Ihnen in den Kopf kommen, vernachlässigen, werden Sie eine gewisse spirituelle Erfahrung machen und vielleicht sogar die Kundalini-Energie an der Basis Ihrer Wirbelsäule erwecken. Zumindest werden Sie das Portal des geistigen Auges betreten, um die Astralwelt zu erleben, was eine berauschende Erfahrung sein kann, wenn Sie dies noch nie zuvor getan haben.

Wenn nun das Bild, das Sie im Kopf haben, eine sexuelle Komponente hat, ist es möglich, die Kundalini an der Basis der Wirbelsäule in Aktivität zu versetzen. Sexuelle Energie ist in dieser Hinsicht wesentlich, da jede Art von sexueller Erregung, wenn sie nach innen projiziert wird, die Kundalini aktivieren kann. Ich habe von vielen Fällen spontaner Erweckungen gehört, die eintraten, nachdem die Person ein höheres als das normale Maß an sexueller Erregung erlebt hatte, während sie einen reinen und stillen Geist bewahrte.

Eine Kundalini-Aktivierung kann auftreten, wenn die sexuelle Energie beim Höhepunkt sublimiert und in das Gehirn geleitet wird, anstatt durch eine Ejakulation nach außen abgegeben zu werden. Eine Visualisierungsmeditation während der sexuellen Aktivität fokussiert die Energie nach innen, in Richtung des geistigen Auges im Gehirn. Sie kann bewirken, dass die Kundalini erwacht und die Wirbelsäule hinaufsteigt, wobei sie systematisch alle unteren Chakras aufsprengt, bis sie ins Gehirn gelangt. Um jedoch sicherzustellen, dass sie mit genügend Kraft aufsteigt, ist es entscheidend, eine Art Visualisierungsübung durchzuführen, um die Kundalini ins Gehirn zu ziehen, wo sie zum Scheitel aufsteigen und den Prozess vollenden kann.

Der Schlüssel zu diesem Prozess ist es, mit reinem Geist und Herz rohe sexuelle Energie zu erzeugen und so Muladhara und Swadsthihana Chakras zur Aktivität anzuregen. Wenn Sie es richtig machen, werden Sie euphorische und ekstatische Empfindungen in Ihrem Unterleib spüren. Ihr ganzer Körper wird anfangen zu zittern und zu beben, und Sie bekommen vielleicht sogar eine Gänsehaut, weil sich diese Empfindungen so angenehm anfühlen.

Die sexuelle Energie muss auf sich selbst aufbauen und allein durch die Kraft der Gedanken stärker werden. Die meisten Menschen sind sich nicht bewusst, dass die sexuelle Erregung exponentiell wachsen kann und nicht immer zu einem äußeren Orgasmus führen muss. Wenn Sie versuchen, die Kundalini zu erwecken, liegt der Schlüssel darin, die sexuelle Energie mit Hilfe Ihrer Willenskraft und Vorstellungskraft nach innen zu lenken, anstatt sie durch Ihre Genitalien auszustoßen.

Während meines Kundalini-Erwachens hatte ich das Bild einer schönen und erotischen Frau im Kopf, auf das ich mich so intensiv konzentrierte, dass ich sie in das Portal des geistigen Auges projizierte und als real erleben konnte. Was jedoch die intensive Kraft erzeugte, mit der die Kundalini erwachte, war der Aufbau von sexueller Energie, als ich in meinem Geist mit ihr Liebe machte. Diese sexuelle Energie verstärkte sich und nahm an Kraft zu, bis ich meinen ersten inneren Orgasmus erlebte. Doch damit war die Erfahrung noch nicht zu Ende. Es folgte ein weiterer innerer Orgasmus, und mehrere weitere, alle nacheinander mit zunehmender Intensität und Geschwindigkeit. Mein Genitalbereich fühlte sich an wie eine Lokomotive, die mit jeder Umdrehung ihrer Räder schneller wurde und an Fahrt gewann.

Ein Gefühl der sexuellen Erregung in meinem Unterleib wuchs exponentiell synchron mit den inneren Orgasmen. Sie kamen in kontinuierlichen, rauschenden Wellen für etwa fünfzehn bis zwanzig Sekunden. Dann, auf dem Höhepunkt, als es sich anfühlte, als könnten mein Gehirn und mein Körper keine Ekstase mehr aushalten, erwachte die Kundalini an der Basis der Wirbelsäule. Es fühlte sich an wie eine golfballgroße Energiekugel, die einfach aus dem Nichts auftauchte.

VOLLENDUNG DES KUNDALINI-ERWECKUNGSPROZESSES

Sobald die Kundalini erwacht ist, wandert sie auf natürliche Weise durch die Wirbelsäule nach oben. Wenn Sie die Kundalini jedoch spontan und ohne meditative

Praxis erwecken, wird sie das Ajna Chakra wahrscheinlich nicht erreichen. Wie ich bereits erwähnt habe, ist es für einen kraftvollen Aufstieg, der notwendig ist, um das Ajna Chakra im Gehirn zu erreichen, unerlässlich, ein Bild mit Willenskraft und Vorstellungskraft bewusst in Ihrem Geist zu halten. Beachten Sie, dass spontane Kundalini-Erweckungen, die durch den Konsum halluzinogener Drogen ausgelöst werden, sehr kraftvoll sein können, da sie eine Veränderung der Wahrnehmung beinhalten, die das geistige Auge stimuliert.

Ein vollständiges Erwachen erfordert, dass die Kundalini durch Sushumna, den mittleren Kanal, in das Gehirn aufsteigt, begleitet von Ida und Pingala, die im Ajna Chakra zu einem Energiestrom verschmelzen. Sobald Sie ihre männlichen und weiblichen Energien vereint haben, vereinigen sie sich mit Sushumna als Eins, um zu Sahasrara aufzusteigen und das kosmische Ei (Abbildung 8) aufzublasen, das das Potenzial Ihres Lichtkörpers, Ihres kosmischen Selbst, enthält.

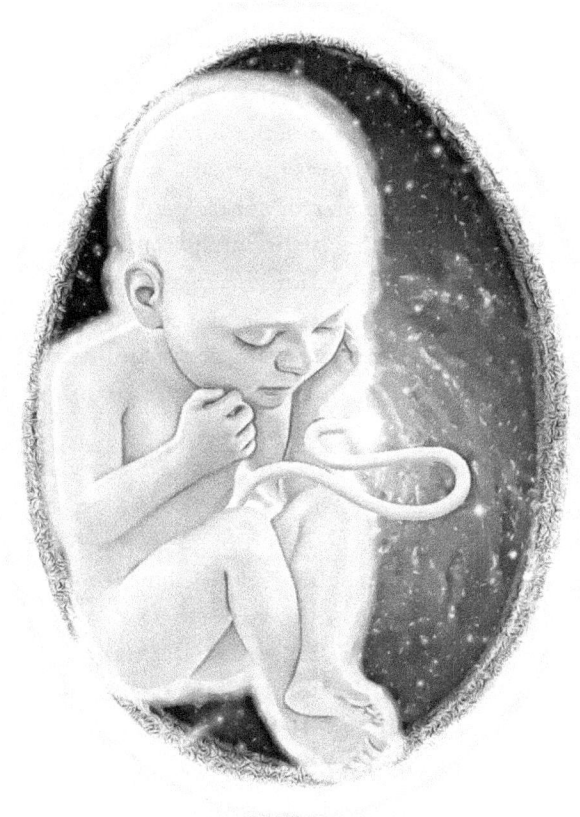

Abbildung 8: Das Kosmische Ei

Sahasrara kann möglicherweise mit Sushumna allein geöffnet werden. Wenn jedoch Ida und Pingala ihre Kräfte nicht am Ajna vereinen, kann es zu lähmenden Problemen im Energiesystem kommen, die sich verheerend auf Ihre Gedanken und Emotionen auswirken können. Das ist das Beispiel von Gopi Krishnas erstem Aufstieg, bei dem er Pingala und Sushumna erweckte, aber nicht Ida. Sein Nervensystem war nach der Erweckung völlig durcheinander, da er die kühlende Energie von Ida nicht zur Verfügung hatte, was eine ständige Angst ohne Ende verursachte. Nachdem er fast alle Hoffnung verloren hatte, versuchte er eine Visualisierungsmeditation in einem verzweifelten Versuch, Ida zu erwecken. Da Ida das weibliche Prinzip repräsentiert, die Essenz des Wasserelements, das die Quellenenergie aller visuellen Bilder ist, gelang es Gopi schließlich, Ida zu erwecken, die sich zu Ajna erhob, um den Kundalini-Erweckungsprozess abzuschließen.

Es ist wichtig zu verstehen, dass Sushumna Nadi immer Ida oder Pingala oder beide gleichzeitig begleitet, wobei letzteres die gewünschte Option ist. Ida, Pingala oder beide können nicht in ein Chakra aufsteigen, ohne dass Sushumna anwesend ist, da die Sushumna Nadi die Kundalini-Energie trägt. Ida und Pingala kanalisieren die weiblichen und männlichen Energien, aber die Kundalini steigt in der Wirbelsäule auf, die die Sushumna Nadi ist.

Bevor die Kundalini in das Gehirn eindringen kann, muss sie Vishuddhi, das Kehlchakra, durchdringen. Vishuddhi ist weiter fortgeschritten als die unteren Chakren, da es das erste Chakra des Geistigen Elements ist. Um es zu durchdringen, muss man sich über die große karmische Energie der unteren Elemente hinaus entwickelt haben, die den unteren vier Chakren entsprechen (Mehr über die Verbindung zwischen den Elementen und den Chakren und Nadis in einem späteren Kapitel).

Wenn Sie die Kundalini durch Meditation erweckt haben, rate ich Ihnen, Ihre Meditation fortzusetzen, anstatt einfach loszulassen, sobald Sie spüren, dass die Kundalini aufsteigt. Dies ist der Schlüssel, um genügend Kraft zu sammeln, damit die Kundalini bei ihrem Aufstieg das Vishuddhi Chakra durchstoßen und dann in das Gehirn eindringen kann, um den Prozess zu vollenden.

Um den Tausendblättrigen Lotus von Sahasrara zu erwecken, müssen sich die drei Nadis von Sushumna, Ida und Pingala in der Mitte des Gehirns im dritten Ventrikel zu einem Energiestrom vereinigen, bevor sie nach oben, in die Mitte des Kopfes aufsteigen. Sobald der Lotus beginnt, sich wie eine blühende Blume zu öffnen, wird das kosmische Ei oben auf dem Kopf von der Kundalini durchstoßen. Der Lotus muss sich jedoch nicht vollständig öffnen, damit das kosmische Ei zerbricht. Wenn die Kundalini mit genügend Kraft aufsteigt, wird das kosmische Ei zerbrechen, gleich nachdem Sahasrara sich zu öffnen beginnt. Dann wird der Ambrosia-Nektar aus dem kosmischen Ei freigesetzt, der sich von oben nach unten über den Körper ergießt und die zweiundsiebzigtausend Nadis des Lichtkörpers aktiviert.

Sie sehen also, dass ein vollständiges Kundalini-Erwachen eine gewisse bewusste Anstrengung Ihrerseits erfordert, um den Prozess abzuschließen. Die meisten spontanen Erweckungen sind partielle Kundalini-Erweckungen. In meinem Fall handelt es sich um eine der seltenen Situationen, in denen die Kundalini mit unglaublicher Kraft erwacht ist, aber nur, weil ich unwissentlich eine tantrische Sexmeditation mit einer sexuellen Visualisierungskomponente durchgeführt habe. Da ich scheinbar zufällig ein so intensives

Kundalini-Erwachen hatte, habe ich mich immer als gesegnet und verpflichtet betrachtet, alles, was ich gelernt und erfahren habe, mit der Welt zu teilen.

Es ist wichtig, den Prozess der Kundalini-Erweckung zu verstehen und sich seine Mechanismen einzuprägen. Es gibt viele unterschiedliche Standpunkte zu diesem Thema von Menschen, die dieses Ereignis erlebt haben. Ich habe jedoch festgestellt, dass nur ein kleiner Prozentsatz dieser Menschen den Prozess abgeschlossen und die Kundalini nach Sahasrara erhoben hat. Und noch weniger haben das Kosmische Ei aufgebrochen und den Lichtkörper aktiviert. Dann gibt es diejenigen, die den Lichtkörper aktiviert haben, aber nicht berichten, dass sie mit ihren physischen Augen Licht in allen Dingen sehen, was mir sagt, dass sie keine vollständige Aktivierung des Ajna Chakras hatten. Sie sehen also, es gibt viele verschiedene Erfahrungen mit demselben universellen Prozess.

Ich kann im Allgemeinen feststellen, welche Art von Kundalini-Erweckung jemand hatte, wenn ich mir ihre Erfahrungen anhöre und ihre Berichte vergleiche. Im Allgemeinen fehlt denjenigen, die die Kundalini-Erweckung nicht abgeschlossen haben, das Wissen über den letzten Teil des Prozesses. Die meisten Menschen wissen zum Beispiel, dass die Kundalini die Chakren erweckt und versucht, das Bewusstsein zu erweitern. Meiner Erfahrung nach wissen die meisten Menschen jedoch nichts von der Existenz des kosmischen Eies, der Aktivierung des Lichtkörpers (was zu dem Gefühl führt, einen Stromschlag zu bekommen) und vor allem der Umgestaltung des Gehirns, um eine höhere Ebene der Realität durch ein erweitertes Ajna Chakra wahrzunehmen.

Indem Sie den gesamten Prozess der Kundalini-Erweckung auswendig lernen, geben Sie Ihrem Geist einen Fahrplan, wie dieses Ereignis für Sie ablaufen kann. Die Weitergabe dieser Informationen ist eine Methode, die Ihnen hilft, die Kundalini selbst zu erwecken und den Prozess zu vollenden.

MIT DEM SPIRITUELLEN KÖRPER IN EINKLANG KOMMEN

Obwohl es sich anfühlt, als ob die Kundalini-Aktivierung im physischen Körper stattfindet, findet sie im Lichtkörper statt. Wie ich in *The Magus* erörtert habe, werden wir alle mit dem Lichtkörper geboren, der untrennbar mit unserem physischen Körper verbunden ist. Wir müssen jedoch seine Kräfte in diesem Leben vollständig aktivieren, um unser Energiesystem zu optimieren, was nur erreicht werden kann, indem wir die Kundalini erwecken und sie zur Krone erheben.

Wenn die Kundalini beginnt, sich nach oben zu erheben und die Chakren zu erwecken, erkennt Ihr Bewusstsein die Existenz des Lichtkörpers und erlaubt ihm, die verschiedenen subtilen Körper zu verkörpern, die den erweckten Chakren entsprechen. Die vollständige Aktivierung des Lichtkörpers ist eines der Hauptziele der Kundalini-Erweckung. Die zweiundsiebzigtausend Nadis dienen dazu, den Lichtkörper zu einer Antenne für die Schwingungen der Außenwelt zu machen. Diese Schwingungen werden durch den höchsten der subtilen Körper, den spirituellen Körper, empfangen. Ihr Bewusstsein stimmt sich allmählich darauf ein, nachdem es die karmische Energie der unteren vier Chakren geklärt hat. Um dies zu erreichen, muss es systematisch die feinstofflichen Körper verkörpern, die mit diesen Chakren korrespondieren.

Wenn sich Ihr Bewusstsein auf die spirituellen Chakren, die höchsten drei, einstimmt, wird es sich vollständig auf den spirituellen Körper ausrichten, der sein neues Fahrzeug wird. Wenn dies geschieht, werden Sie alte Funktionsweisen ablegen und allein durch Intuition funktionieren. In diesem Zustand zu sein bedeutet nicht, dass Sie nichts mehr emotional empfinden oder keine Logik mehr anwenden können. Es bedeutet nur, dass die Intuition Ihre primäre Funktionsweise wird.

Sie werden die Welt um sich herum durch direkte Energieerfahrung wahrnehmen, da Ihr Wesen in die Erste Welt von Atziluth erhoben wird, die in der Qabalah die spirituelle Ebene darstellt (Mehr dazu im nächsten Kapitel). Atziluth ist der Ort, an dem die Gedanken Gottes existieren, die Archetypen, die der Menschheit eine Vorlage geben, mit der sie arbeiten kann und die unsere Realität vereint. Da die Schöpfung ein systematischer Prozess ist, filtert Ihre bewusste Erfahrung der Lebensereignisse nach unten in die unteren drei Welten (es gibt insgesamt vier Qabalistische Welten), die sich aus der ersten Welt entwickeln.

Durch die Ausrichtung Ihres Bewusstseins auf den spirituellen Körper haben Gedanken und Emotionen nicht mehr denselben Einfluss auf Ihren Geist und Körper, da sie Ausdruck der unteren Ebenen sind. Und da Sie nun auf eine Ebene über ihnen erhoben sind, können Sie ihre schädlichen Auswirkungen überwinden. Natürlich werden Sie immer noch negative Gedanken und Emotionen haben, da Ihr Ego für immer an den physischen Körper gebunden ist, aber Sie umgehen ihre energetischen Auswirkungen. Stattdessen wird Ihre Seele negative Emotionen als Lernlektionen interpretieren, anstatt zuzulassen, dass sie Ihr Bewusstsein übernehmen und es belasten. Infolgedessen wird das, was Sie erleben, flüchtig und im Augenblick sein. Außerdem werden Sie in der Lage sein, Logik und Vernunft zu nutzen und intellektuell zu denken, ohne sich wie bisher an das Ego zu binden und mit ihm zu assoziieren.

Das Zerbrechen des kosmischen Eies, nachdem die Kundalini die Krone erreicht hat, bedeutet das vollständige, dauerhafte Erwachen. Dauerhaft bedeutet in diesem Zusammenhang, dass die Energie nicht nach Muladhara, dem Wurzelchakra, zurückfällt. Stattdessen verbleibt sie im Gehirn. Symbolisch gesehen haben sich Kundalini Shakti und ihre Gefährtin Shiva, das kosmische Bewusstsein, in einer spirituellen Ehe vereint. Dies ist die östliche Sichtweise der Vollendung des Kundalini-Erwachens.

Aus der Sicht der westlichen Mysterientradition werden Sie die Flügel des Hermesstabes erhalten haben, wenn Sie den Kundalini-Erweckungsprozess abgeschlossen haben. Sie werden zu einem Prototyp des Gottes Hermes, der von den Römern Merkur genannt wird. Das bedeutet, dass Sie seinen geflügelten Helm und seine geflügelten Schuhe geerbt haben werden. Symbolisch bedeutet dies, dass Sie Ihren Kopf im Himmel (Himmel) und Ihre Füße auf dem Boden (Erde) haben werden. Ihr Bewusstsein wird immer im "Flugmodus" sein, und Sie werden ein natürliches Hochgefühl haben, fast so, als ob Sie durch Raum und Zeit gleiten würden. Diese Empfindungen sind es, wie es sich anfühlt, ein erweitertes Bewusstsein zu haben.

Wenn Sie den Kundalini-Erweckungsprozess abgeschlossen haben, werden Sie mit der Zeit eine Verbindung zu Ihrem Heiligen Schutzengel (HGA) entwickeln, der Ihr Führer und Lehrer im Leben wird. Auf diese Weise werden Sie zu einem Gott-Menschen, dessen transzendentes Bewusstsein über dieses Leben hinaus und in das nächste weiterleben wird.

IHR NEUER LAMBORGHINI VENENO

Die Aktivierung von Ajna ist unerlässlich, um die vollständige Kundalini-Erfahrung zu machen. Ich habe bereits einige der Gaben beschrieben, die mit diesem Phänomen verbunden sind. Zu den anderen Gaben gehört die Fähigkeit, sich selbst von außen zu sehen und in einer permanenten außerkörperlichen Erfahrung zu leben. Letzteres ist jedoch eher eine Manifestation des erweckten Sahasrara Chakras. Wenn Sie sich selbst und die Welt um sich herum aus einer höheren Perspektive sehen, werden Sie erkennen, dass das kosmische Bewusstsein nicht nur ein Konzept oder eine Idee ist, sondern eine reale Sache.

Ich hoffe, ich habe gute Arbeit geleistet, indem ich die Kundalini, den Erweckungsprozess und einige der unglaublichen spirituellen Gaben, die sich entfalten, vorgestellt habe. Allerdings habe ich das Gefühl, dass ich mit Worten nur unzureichend beschreiben kann, wie außergewöhnlich die transzendentale Erfahrung der Realität nach einem vollständigen Kundalini-Erwachen wirklich ist. Wie Morpheus in The Matrix sagt: "Niemandem kann gesagt werden, was die Matrix ist. Sie müssen es selbst sehen". Genauso müssen Sie dies selbst erleben, um das große Ganze zu verstehen. Aber für den Moment müssen meine Worte genügen.

Ein Kundalini-Erwachen verwandelt den einfachen Menschen in einen Halbgott, einen modernen Superhelden, in einem einzigen Leben. Nur sind Ihre neu erhaltenen Kräfte im Allgemeinen nichts, was Sie anderen beweisen können, sondern Sie leben und verkörpern die Wahrheit dessen, was Sie geworden sind. Mit der Zeit können Sie durch Ihr erweitertes Wissen und Ihre guten Taten für die Menschheit als Wesen des Lichts und dessen Abgesandter anerkannt werden. Doch bis dahin werden viele Jahre vergehen und viele Herausforderungen überwunden werden müssen.

Die wichtigste Erkenntnis aus dieser Einführung in die Kundalini ist, dass es zwar verschiedene Wege gibt, diese Energie zu erwecken, der Prozess aber immer derselbe ist. Ohne ein richtiges Verständnis des Prozesses ist es jedoch so, als würde man einen Lamborghini Veneno, einen 4,5 Millionen Dollar teuren Sportwagen, geschenkt bekommen, aber weder die Bedienungsanleitung erhalten noch über Fahrpraxis verfügen. Mein Versuch in *Serpent Rising: The Kundalini Compendium* ist es, das Handbuch für diese unsichtbare Kundalini-Energiewissenschaft nach bestem Wissen und Gewissen zu schreiben. Und sobald Sie die Anleitungen und Baupläne haben, möchte ich Ihnen einen Einblick geben, wie Sie Ihren neuen Lamborghini fahren können. Um genau zu sein, wenn Ihr derzeitiges Fahrzeug des Bewusstseins mit einem alten Ford Focus verglichen werden kann, dann ist dieses verbesserte Fahrzeug ein intergalaktisches Raumschiff. Also sage ich wieder Lamborghini, damit die Leute es nachvollziehen können.

Ich bin dem Universum dankbar, dass ich das Kundalini-Erwachen hatte, so wie es jeder in meiner Lage sein würde. Ich glaube auch, dass das Glück nichts damit zu tun hatte, und dass meine Seele dies für mich ausgewählt hat, bevor ich überhaupt geboren wurde. Es ist kein Zufall, dass mir in diesem Leben bestimmte Fähigkeiten und Fertigkeiten gegeben wurden, die mir auf dieser spirituellen Reise dienen sollten. Aufgrund meiner obsessiven Natur und dem Bedürfnis, schon früh die spirituellen Werkzeuge zu finden, um mir selbst zu helfen, habe ich im Laufe der Jahre ein außergewöhnliches Verständnis der Kundalini entwickelt. Meine Erfahrungen und Forschungen zu diesem Thema sind beispiellos. Meine Reise hat mich dazu geführt, die Rolle des Botschafters für die Menschen über die Existenz der Kundalini-Energie und das Potenzial der Zeremonialmagie zur Unterstützung des spirituellen Transformationsprozesses zu übernehmen.

Meine Arbeit zielt darauf ab, meinem Schöpfer zu dienen und meine Mission zu erfüllen, Wissen an andere weiterzugeben, die in denselben Schuhen laufen wie ich vor vielen Jahren, als ich im Dunkeln nach Antworten tastete. Wir alle sind Krieger in der Ausbildung auf diesem Pfad der spirituellen Evolution, und unser Ziel ist es, uns zu entwickeln und das Bewusstsein der Erde kollektiv anzuheben. Indem ich mein Wissen mit Ihnen teile, möchte ich Ihnen die Werkzeuge an die Hand geben, die Sie brauchen, wenn Ihr neuer Lamborghini kaputt geht und Sie Führung brauchen.

Und wenn andere sich an Sie wenden, werden Sie wissen, wie Sie ihnen helfen können, weil Ihnen geholfen wurde. Und diejenigen unter Ihnen, die ihren neuen Lamborghini noch nicht erhalten haben, werden jetzt erfahren, wie er funktioniert und fährt, und sie werden wissen, wonach sie bewusst suchen müssen. Wie das alte Sprichwort sagt: "Wer suchet, der findet. Klopft an, und die Tür wird euch geöffnet werden. Aber wenn Sie nicht wissen, was Sie suchen oder an welche Tür Sie klopfen sollen, wird das Universum nicht wissen, wie es Ihnen helfen kann. Wissen ist die wichtigste Kraft im Universum.

***

Damit ist die Einführung in die Kundalini und den Erweckungsprozess im Allgemeinen abgeschlossen. Nun möchte ich zu anderen relevanten Themen übergehen, um Ihnen einen Einblick in die Funktionsweise Ihres Energiesystems zu geben: seine Komponenten, seine Mechanik und seine Wechselwirkung mit dem physischen Körper. Dieser nächste Teil des Buches ist der Kundalini-Wissenschaft der Energie gewidmet. Er enthält das entscheidende Kapitel über die menschliche Anatomie, in dem die Veränderungen beschrieben werden, die im physischen Körper während und nach einer Kundalini-Erweckung auftreten.

TEIL II:
DER MIKROKOSMOS UND DER MAKROKOSMOS

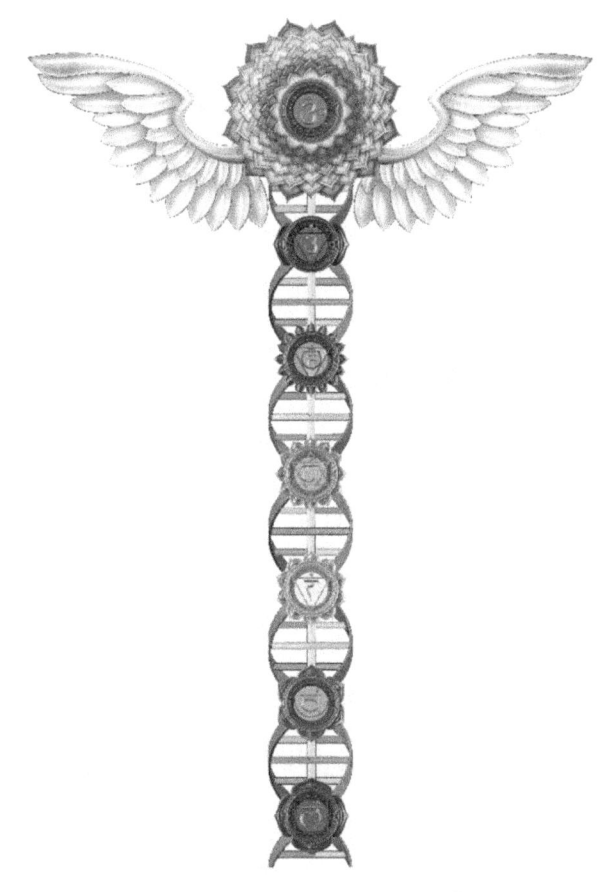

DIE FÜNF ELEMENTE

Die klassischen Elemente bezeichnen Erde, Wasser, Luft, Feuer und Geist. Antike Kulturen wie Griechenland, Ägypten, Persien, Tibet, Indien und Japan betrachteten die klassischen Elemente als die Bausteine des Universums. Sie benutzten das Konzept der Elemente, um die Komplexität und die Natur der Schöpfung in einfacheren Begriffen zu erklären. Ihre Listen der Elemente und die Reihenfolge ihrer Manifestation variierten leicht, hatten aber dieselbe Bedeutung. Das Geistelement war je nach Tradition austauschbar mit Aethyr, Äther, Void, Akasha und Raum (Beachten Sie, dass Aethyr oder Aether nur die lateinische Schreibweise für Äther ist).

Das chinesische Wu Xing-System ist etwas anders, da es verschiedene Arten von Energie in einem Zustand des ständigen Flusses und der Interaktion miteinander beschreibt, die als die "Fünf Phasen" der natürlichen Phänomene bezeichnet werden. Die fünf Phasen des Wu Xing sind Holz, Feuer, Wasser, Metall und Erde. Die chinesischen Elemente werden als sich ständig verändernd und bewegend angesehen, während die klassischen Elemente voneinander getrennt sind, obwohl sie Teile eines Ganzen sind.

Die Alten postulierten, dass das äußere Universum (Makrokosmos), einschließlich der energetischen Zusammensetzung eines jeden Menschen (Mikrokosmos), aus den Fünf Elementen besteht. Die fünf Elemente entsprechen den sieben Chakren (Abbildung 9). Sie bilden unsere Aura und die kosmischen Ebenen und feinstofflichen Körper, an denen unser Bewusstsein teilhat.

Die ersten vier Chakras entsprechen der Erde, dem Wasser, dem Feuer und der Luft, während die drei höheren Chakras dem Geist entsprechen. Die Chakras wiederum sind vergleichbar mit den Sephiroth auf dem Baum des Lebens in der westlichen Mysterientradition. Ihre Entsprechung ist komplex und nicht so offensichtlich, wie viele spirituelle Lehrer glauben, aber die Beziehung ist vorhanden. Eine ausführliche Darstellung der Sephiroth und der Fünf Elemente finden Sie in *The Magus: Kundalini and the Golden Dawn*.

Zu verstehen, wie die Elemente funktionieren, ist eine wesentliche Voraussetzung für fortgeschrittene yogische Praktiken, von denen viele in diesem Buch vorgestellt werden. Im östlichen spirituellen System entsprechen die fünf Elemente den Tattvas, die auch in *Serpent Rising* erforscht werden.

Die Fünf Elemente sind die Grundlage von Yoga und Ayurveda (Sanskrit für "Wissen vom Leben"), der traditionellen indischen ganzheitlichen Medizin, die etwa zur gleichen

Zeit wie Yoga entwickelt wurde (etwa 3000 v. Chr.). Ayurveda basiert auf den drei Konstitutionen oder Doshas - Vata, Pitta und Kapha. Vata ist die Energie der Bewegung (Luft und Geist), Pitta ist die Energie der Verdauung und des Stoffwechsels (Feuer und Wasser), und Kapha ist die Energie, die die Struktur des Körpers bildet (Erde und Wasser). Jeder Mensch hat ein einzigartiges Gleichgewicht der Elemente in sich und damit auch ein einzigartiges Dosha. Die Dominanz der Elemente, die im Geburtshoroskop der westlichen Astrologie zu finden ist, insbesondere in Bezug auf die Zeichen Sonne, Mond und Aszendent, bestimmt oft das Dosha eines Menschen. Um eine korrekte Diagnose zu erhalten, sollte man jedoch das Geburtshoroskop der Vedischen Astrologie analysieren, wie es im Ayurveda traditionell gemacht wird (Mehr über Ayurveda und die drei Doshas im Abschnitt Yoga).

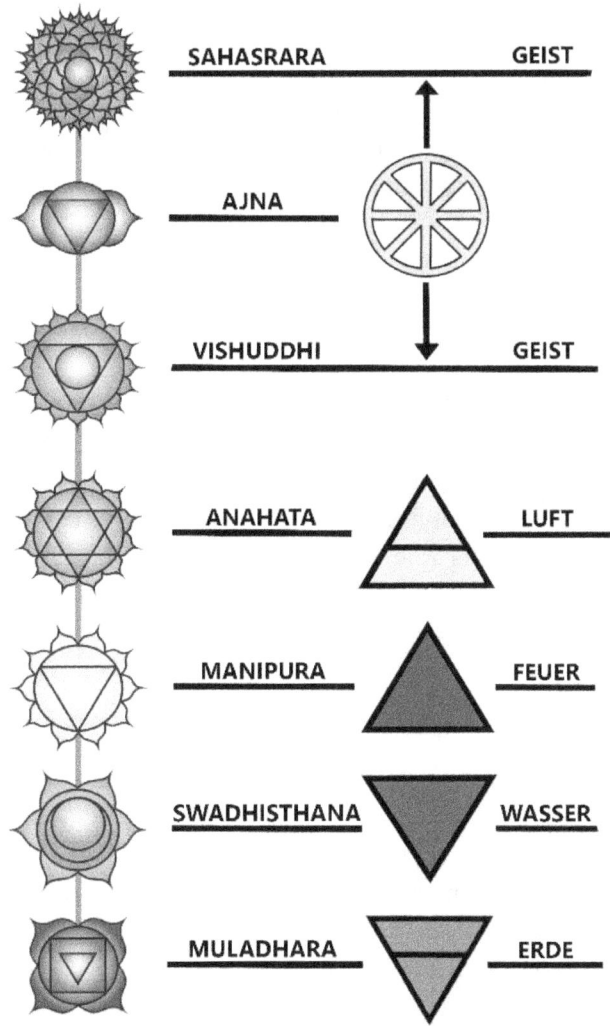

Abbildung 9: Die Fünf Elemente und die Sieben Chakren

Die fünf Elemente stehen auch in Beziehung zu den fünf Sinnen: Geist oder Aethyr ist das Medium, durch das der Klang übertragen wird; daher entspricht das Element Geist den Ohren und dem Gehör. Das Feuerelement steht mit den Augen und dem Sehsinn in Verbindung, da das Feuer Licht, Wärme und Farbe manifestiert. Das Luft-Element steht in Verbindung mit der Nase und dem Geruchssinn, während das Wasser-Element mit der Zunge, dem Organ des Geschmacks, verbunden ist. Das Erdelement schließlich wird mit der Haut und dem Tastsinn in Verbindung gebracht. Diese Informationen sind von wesentlicher Bedeutung, wenn man spirituelle Heilpraktiken erforscht, da die Anwendung jeder dieser Praktiken den Einsatz eines oder mehrerer der Sinne erfordert, um das Bewusstsein zu beeinflussen.

Indem wir die Elemente in uns selbst reinigen und ausgleichen, erlangen und erhalten wir eine gute Gesundheit und erhöhen die Schwingung unseres Bewusstseins. Alle spirituellen Praktiken zielen im Wesentlichen auf dieses Ziel ab. Ob wir ein Programm der spirituellen Alchemie der zeremoniellen Magie durchführen (wie in *The Magus* vorgestellt) oder regelmäßig yogische Praktiken anwenden, das Ziel ist immer die spirituelle Evolution.

Die hermetische Qabalah und die Wissenschaft und Philosophie des Yoga besagen, dass der Mikrokosmos das direkte Spiegelbild des Makrokosmos ist und umgekehrt - wie oben, so unten. Im *Kybalion wird* dieses Konzept als das Prinzip der Entsprechung bezeichnet, ein universelles Gesetz oder eine Wahrheit, die aller Existenz zugrunde liegt. Alle spirituellen Traditionen basieren auf diesem Gesetz, und sie alle enthalten ein solares oder lunares Element, das das männliche und weibliche Prinzip der Schöpfung repräsentiert.

Auf einer grundlegenden Ebene impliziert das Prinzip der Korrespondenz, dass der Mikrokosmos, die menschliche Aura (unsere energetische Zusammensetzung), ihr Spiegelbild im Makrokosmos - dem Universum und insbesondere unserem Sonnensystem - findet (Dieses Konzept funktioniert auch andersherum). Wir alle tragen planetarische und zodiakale Energien in uns. Sie ins Gleichgewicht zu bringen und im Bewusstsein aufzusteigen ist das "Große Werk" des Alchemisten, das sich auf unser unermüdliches Streben bezieht, unser Bewusstsein mit dem kosmischen Bewusstsein des Schöpfers zu vereinen - es ist unser Streben nach Erleuchtung.

DAS PENTAGRAMM

Das Symbol des Pentagramms oder "fünfzackigen Sterns" gibt es seit der Zeit des alten Babyloniens und Griechenlands. In der westlichen Esoterik wird das aufrechte Pentagramm (Abbildung 10) als "Stern des Mikrokosmos" bezeichnet. Wenn das Pentagramm in einen Kreis eingeschrieben ist, wird es als Pentagramm bezeichnet, das vor allem von Wiccas verwendet wird. Nach Pythagoras ist die Zahl fünf die Zahl des Menschen. Jeder der fünf Punkte des Pentagramms steht für eines der fünf Elemente Erde,

Luft, Wasser, Feuer und Geist, die durch die Beine, Arme und den Kopf symbolisiert werden.

Die magischen Assoziationen des Pentagramms machen es zu einem mächtigen rituellen Symbol, das verwendet wird, um die Macht der fünf Elemente zu beschwören, vor allem in der zeremoniellen Magie und der Hexerei. Es wird auch von modernen neuheidnischen Religionen und den Freimaurern als religiöses Symbol verwendet. Wenn das Pentagramm aufrecht ausgerichtet ist, steht es für den Geist, der den Vorsitz über die vier Elemente innehat, und ist daher ein Symbol für Licht, Liebe und das höhere Selbst. Das aufrechte Pentagramm zieht engelhafte Kräfte an und schützt gleichzeitig vor dämonischen Kräften. Als solches wird es in der Weißen (Licht-)Magie verwendet.

Abbildung 10: Das Pentagramm

Interessanterweise war das aufrechte Pentagramm ein christliches Symbol, lange bevor das moderne Neuheidentum es übernahm. Es stellte die fünf Wunden Jesu Christi am Kreuz der vier Elemente und die tägliche Selbstaufopferung dar, die notwendig ist, um symbolisch das aufrechte Pentagramm zu erreichen, das bewirkt, dass das Geistelement in die vier Elemente hinabsteigt und das Bewusstsein vollständig umwandelt.

Wenn das Pentagramm umgedreht ist, hat es entgegengesetzte magische Assoziationen. Ein umgekehrtes Pentagramm stellt die vier Elemente dar, die den Geist beherrschen, und symbolisiert Dunkelheit und Ego-Dominanz. Dieses Symbol lädt dämonische Energien ein und stößt die engelhaften ab, was es zu einem passenden Symbol für die Praktiken der Schwarzen Magie (die dunklen Künste) macht, die übernatürliche Kräfte für böse und egoistische Zwecke einsetzt.

Satanisten verwenden das umgekehrte Pentagramm als Symbol für ihren Glauben. Sie bezeichnen dieses Symbol als das "Siegel des Baphomet" - des ziegenköpfigen Gottes, der mit Dualität, Materialismus und dem fleischlichen Selbst assoziiert wird. Viele Satanisten sind Atheisten, die nicht an ein Leben nach dem Tod glauben und nur dieses Leben schätzen. Daher argumentieren sie, dass das umgekehrte Pentagramm kein Symbol des Bösen ist, sondern eines, das sie mit den Energien in Einklang bringt, die ihnen helfen, ihre Lebensziele zu erreichen. Wenn Sie jedoch glauben, dass dieses Leben nur eines in einer kontinuierlichen Kette von Leben ist, die Ihre unsterbliche Seele durchlebt, ist es für Ihre spirituelle Entwicklung katastrophal, wenn Sie sich mit dunklen Kräften verbinden, um die Wünsche Ihres Egos zu befriedigen.

DIE VIER WELTEN UND DAS PENTAGRAMMATON

Obwohl es sich hierbei um eine komprimierte Version von zwei wichtigen Lektionen aus *The Magus: Kundalini and the Golden Dawn*, ist es wert, noch einmal erwähnt zu werden, da es den gesamten Kundalini-Erweckungsprozess und seinen Zweck aus einer okkulten Perspektive zusammenfasst. In der *Thora (dem Alten Testament)* ist der Name Gottes Jehova, dessen esoterischer Name das Tetragrammaton (YHVH) ist, was auf Hebräisch "vier Buchstaben" bedeutet (Denken Sie daran, dass die Hebräer von rechts nach links lesen und schreiben). Die vier hebräischen Buchstaben stehen für die vier Elemente - Yod (Feuer), Heh (Wasser), Vav (Luft), Final Heh (Erde). Die vier Elemente befinden sich in den vier untersten Chakren, während das fünfte Element, der Geist, die höheren drei Chakren repräsentiert. Wie Sie sehen können, fehlt im Tetragrammaton das Element Geist. Dafür gibt es einen Grund.

Die vier Buchstaben des Tetragrammatons stellen auch die vier Welten der Qabalah dar - das qabalistische Modell der Schöpfung und Manifestation des Universums (Abbildung 11). Die Qabalistischen Vier Welten bilden die Gesamtheit des Lebensbaums: Yod (Feuer) repräsentiert Atziluth, die archetypische Welt, Heh (Wasser) steht für Briah, die schöpferische Welt, Vav (Luft) ist Yetzirah, die Welt der Formation, und das letzte Heh (Erde) ist Assiah, die physische Welt. Die vier Welten stehen in direkter Beziehung zu den kosmischen Ebenen. Im qabalistischen Rahmen repräsentiert die Welt des Urfeuers (Atziluth) jedoch die spirituelle Ebene, während sich die anderen drei Elemente auf die mentale, astrale bzw. physische Ebene beziehen.

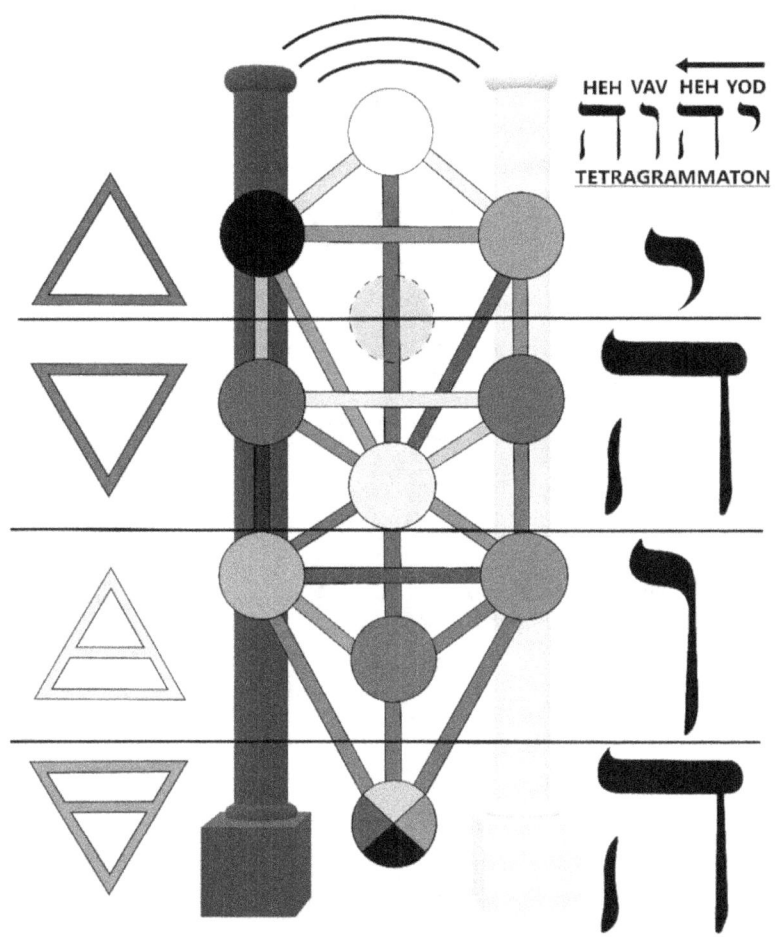

Abbildung 11: Die Vier Welten und das Tetragrammaton (YHVH)

Sie werden feststellen, dass die Entsprechungen der kosmischen Ebenen das geistige Element im Modell der vier Welten auslassen; die Qabalisten glauben, dass wir die Verbindung mit dem geistigen Element nach dem Sündenfall im Garten Eden verloren haben. Als solches ist es etwas, das wir in diesem Leben wiedererlangen müssen. Die Methode, um dieses Kunststück zu vollbringen, ist jedoch im Geheimnis des Pentagrammatons enthalten.

Das Pentagrammaton (YHShinVH), das "fünf Buchstaben" bedeutet, impliziert die Integration des symbolischen hebräischen Buchstabens Shin (Abbildung 12), der als die "dreifache Flamme der Seele" bezeichnet wird. Shin enthält drei Striche, die visuell den drei Haupt-Nadis von Ida, Pingala und Sushumna ähneln, die während einer Kundalini-Erweckung entlang der Wirbelsäule aufsteigen. Die Nadis wiederum entsprechen den beiden ineinander verschlungenen Schlangen, die sich um den zentralen Stab des Caduceus von Hermes winden.

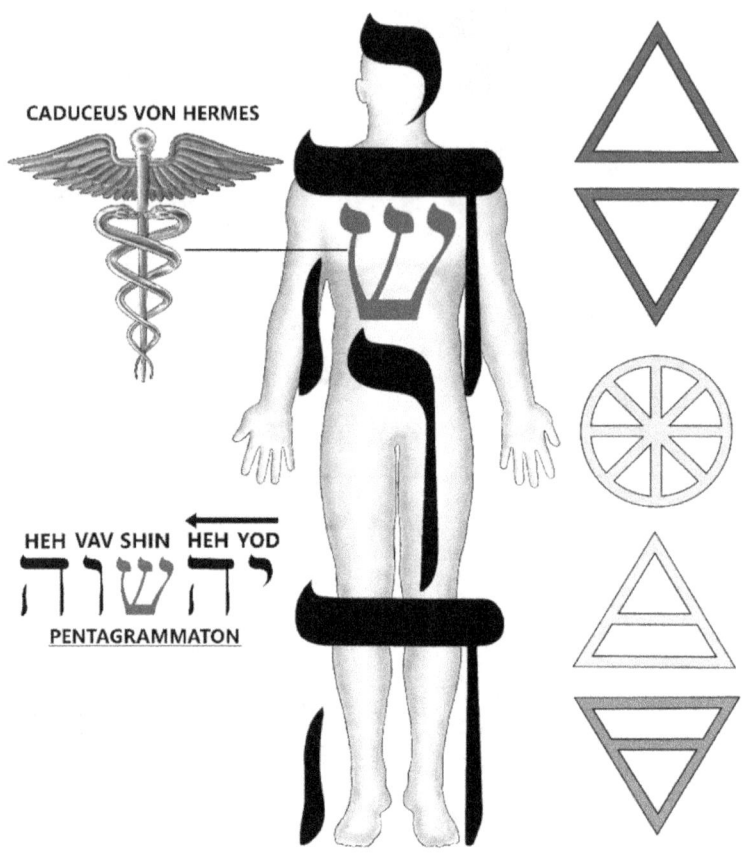

Abbildung 12: Das Pentagrammaton (YHShinVH)

Inmitten des Tetragrammatons platziert, versöhnt Shin die gegensätzlichen männlichen (Feuer und Luft) und weiblichen (Wasser und Erde) Energien in unserem Selbst. Er repräsentiert die Tarotkarte des Gerichts, deren Lebensbaumpfad "Geist des Urfeuers" genannt wird. Diese Karte spielt auf die Erweckung des Heiligen Geistes und seine Integration in das eigene Selbst an. Shins Feuer der Weihe verbrennt Unreinheiten im Laufe der Zeit, eine Anspielung auf den langwierigen Reinigungsprozess des Kundalini-Feuers, sobald es erwacht ist.

Das Pentagrammaton ist auch der okkulte Schlüssel zu den christlichen Mysterien, da es nach Ansicht der Okkultisten der Renaissance den Namen von Jesus Christus darstellt. Der englische Name Jesu leitet sich vom klassischen lateinischen "Iesus" ab, das auf der griechischen Form des hebräischen Namens Yahshuah (Yeshua) basiert, der gewöhnlich mit Josua übersetzt wird. Yahshuah wird jedoch YHShinVH geschrieben, was das Pentagrammaton ist. Das Pentagrammaton verbindet uns auch mit den fünf Wunden Jesu und dem Himmelreich, das wir im Bewusstsein erreichen, wenn wir uns selbst, unser Ego, geopfert und das Geisteselement integriert haben.

Sie sehen also, Jesus Christus war der Prototyp des Kundalini-Erweckungsprozesses; er repräsentiert die göttliche Liebe Gottes, des Schöpfers, und das erweiterte Bewusstsein, das uns befähigt, an den spirituellen und göttlichen Reichen teilzuhaben. Während sich die Menschheit im *Alten Testament* spirituell in einem gefallenen Zustand befand, brachte Jesus in der *Heiligen Bibel (dem Neuen Testament)* den Heiligen Geist in die Welt, damit alle, die an ihn glauben und seinem Beispiel folgen, spirituell auferstehen oder wiedergeboren werden und ewiges Leben erlangen können.

Spirituelle Wiedergeburt kann nur dann wirklich erlangt werden, wenn wir die Lehren Jesu verkörpern, deren Grundlage die bedingungslose Liebe ist, die unser Leben leitet. Man muss kein Christ sein, um den spirituellen Wert einer solchen Denkweise zu schätzen. Wir finden kulturübergreifend historische Beispiele von Yogis, Heiligen, Adepten, Weisen und anderen, die durch Demut, Frömmigkeit und ethisches Verhalten gegenüber ihren Mitmenschen erleuchtet wurden. Dazu gehören Menschen wie Mahatma Gandhi, Mutter Teresa, Martin Luther King Jr., der Dalai Lama, Swami Vivekananda und andere.

Es ist eine Tatsache, dass, wenn Sie sich darauf konzentrieren, nur liebevolle Gedanken und Handlungen zu kultivieren, die Angst Sie völlig verlassen wird und es dem Impuls Ihres Egos erlaubt, abzufallen, was Sie auf ein Kundalini-Erwachen vorbereiten wird. Hassvolle, selbstsüchtige, unehrliche Menschen können die Kundalini-Energie niemals erwecken, ganz gleich, welche Methode sie anwenden und wie sehr sie sich bemühen. Die Seele muss auf eine solche Erfahrung vorbereitet werden, was wir nur erreichen können, wenn wir liebevoll, ehrlich und gerecht werden.

Ob Sie Christ, Muslim, Jude oder Buddhist sind, spielt keine Rolle; der Erlösungsprozess ist universell. Anstatt auf eine *Gottheit* zu warten, die Sie gemäß den religiösen Schriften, an die Sie glauben, errettet, müssen Sie daher ihr eigener Messias (Erlöser) sein, indem Sie, metaphorisch gesprochen, die Rolle von Jesus übernehmen. Ihr seid alle von Geburt an Götter und Göttinnen, aber ihr müsst die Kundalini erwecken und zur Krone erheben und dadurch das göttliche Licht in eure Chakren einfließen lassen, um euer energetisches Potenzial zu optimieren.

DIE ELEMENTE IN DER NATUR

Alles, was Sie vor Ihren Augen sehen, besteht aus geistiger Energie. Daher wird das geistige Element in der östlichen yogischen und tantrischen Tradition als "Raum" bezeichnet - die Vorstellung, dass der physische Raum überall um uns herum ist und sich unendlich in alle Richtungen ausdehnt. Geist schwingt mit der höchsten Schwingungsfrequenz und ist daher für die Sinne unsichtbar. Er durchdringt die gesamte physische Materie als die Grundenergie, die alles umfasst.

Während der Erschaffung des Universums begann sich die hohe Schwingung des Geist-Elements zu verlangsamen und manifestierte sich nacheinander als die vier primären Elemente Feuer, Wasser, Luft und Erde. Alle erschaffenen Dinge behielten die Energie des Geistes in ihrem potenziellen Zustand bei - was bedeutet, dass der Geist in allen Dingen der Existenz zu finden ist, ebenso wie die anderen vier Elemente. Mit Ausnahme der physischen Ebene der Materie, die für die Sinne sichtbar ist und einen Aspekt des Erdelements darstellt, sind die anderen Elemente unsichtbar, können aber durch das Bewusstsein erreicht werden.

Die vier primären Elemente sind Unterteilungen der Natur und die grundlegende Energie von Allem im Universum. Allerdings sind die vier Elemente technisch gesehen nicht vier, sondern drei; denn das vierte Element, die Erde, ist die Zusammensetzung der drei grundlegenden Elemente in ihrer dichtesten Form. Daher sind sich Erde und Geist in vielerlei Hinsicht ähnlich, existieren aber an entgegengesetzten Enden der Schwingungsskala. Die drei grundlegenden Elemente sind Wasser, Luft und Feuer.

Der Planet Erde repräsentiert den groben Aspekt des Erdelements. In der Qabalah bezeichnen wir unsere physische Existenz auf dem Planeten Erde als Malkuth (das Königreich), was auch das Land einschließt, auf dem wir gehen. Durch Malkuth und unsere körperlichen Sinne können wir die physische Manifestation der anderen drei Elemente erfahren: die Ozeane, Meere, Flüsse und Seen (Wasser), die sauerstoffhaltige Luft (Luft) und schließlich die Sonne (Feuer) als unsere primäre Quelle von Licht und Wärme.

Jedes der fünf Elemente steht für einen Zustand der Materie. Die Erde beispielsweise steht für alle festen Stoffe (einschließlich Lebensmittel), das Wasser für alle Flüssigkeiten, die Luft für alle gasförmigen Stoffe und das Feuer für die Verbrennung oder die Flamme, die die Kraft hat, den Zustand der Materie zu verändern. Beispielsweise kann sich Wasser durch die Anwendung von Feuer in ein Gas (Dampf) verwandeln, dass sich wieder in Wasser und dann in Eis (fest) verwandelt, wenn das Feuer/die Hitze lange genug zurückgehalten wird.

Wir benötigen alle Elemente zum Überleben. Die Sonne ist unsere Wärmequelle; ohne sie würden wir erfrieren. Wasser und Nahrung versorgen unseren Körper mit Nährstoffen; ohne sie würden wir innerhalb weniger Tage (Wasser) oder Wochen (Nahrung) sterben. Der Atem (Luft) ist der Beweis für das Leben, und ohne Sauerstoff könnten wir nicht länger als ein paar Minuten überleben. Schließlich gibt es noch den Geist oder den Raum, die Leere, die für Dunkelheit, Leere und Weite steht und als Grundlage für alle spirituellen Erfahrungen dient.

Viele alte Systeme betrachten die vier Elemente als innere Reiche und Königreiche, zu denen wir durch spirituelle Praktiken Zugang haben, von denen einige in diesem Buch erforscht werden. Verstehen Sie, dass sie mit den fünf Elementen arbeiten, wenn Sie mit den sieben Hauptchakren arbeiten. Das Spirituelle Element ist das einzige, das mit mehr als einem Chakra korrespondiert, da sein Umfang größer ist als der der anderen vier Elemente. Daher können wir das Geistige Element nur durch mehrere Chakren erforschen.

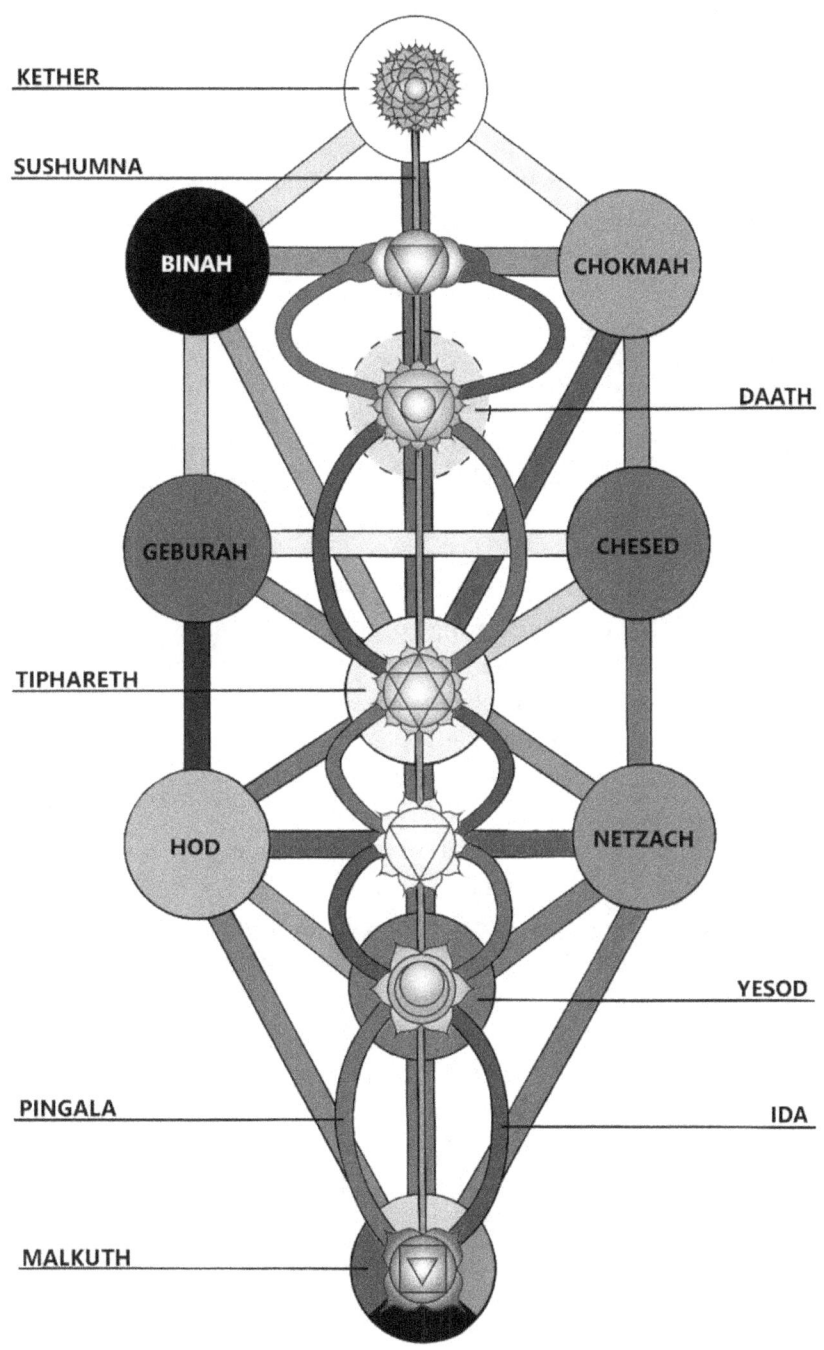

Abbildung 13: Der Baum des Lebens Sephiroth und die Drei Nadis

DAS ELEMENT GEIST

Der Geist ist die *Prima Materia*, die erste Substanz und die Quelle aller Dinge, die existieren. Er ist technisch gesehen kein Element an sich, sondern setzt sich aus der Summe der vier Elemente zusammen - er ist der Baustein, das Medium, der Klebstoff, der sie alle zusammenhält. Da, wie bereits erwähnt, alle Dinge im Universum aus dem Geist entstanden sind, werden alle Dinge schließlich zu gegebener Zeit wieder in den Geist zurückkehren. Aus diesem Grund streben wir danach, uns spirituell weiterzuentwickeln und uns wieder mit dem Geist unseres Schöpfers zu vereinen - es ist ein angeborener Wunsch von uns, dies zu tun.

Das englische Wort für Geist, "Spirit", stammt vom lateinischen Wort "spiritus" ab, dass "Atem" bedeutet. Diese Korrelation zwischen den beiden Wörtern sagt uns, dass es eine Entsprechung zwischen der Energie des Geistes und dem Akt des Atmens der sauerstoffhaltigen Luft um uns herum gibt, einer physischen Manifestation des Luftelements.

Alle Lebewesen, die atmen, um ihr Leben zu erhalten, benötigen diesen kontinuierlichen Prozess der Einbringung von Geist in ihren Körper. Somit ist der Atem ein Beweis für das Leben. Aus diesem Grund sind Atemtechniken (im Yoga Pranayama genannt) in allen spirituellen Disziplinen wesentlich. Darüber hinaus erleichtert eine kontrollierte Atmung die Meditation, die die Schwingung unseres Bewusstseins anhebt, um höhere kosmische Ebenen zu erfahren.

Aethyr ist ein anderer Name für Spirit in den alten Traditionen und der modernen Physik. Aethyr steht für das formlose und unsichtbare Medium oder die Substanz, die den Kosmos durchdringt. In *The Magus* sind die Aethyrs eine Folge von dreißig inneren Welten, durch die wir die Elemente in uns selbst erforschen können.

Das Geist/Aethyr/Raum-Element wird dem Kehlchakra (Vishuddhi), dem geistigen Augenchakra (Ajna) und dem Kronenchakra (Sahasrara) zugeschrieben. Alle drei Geist-Chakras sind Ausdruck der spirituellen Ebene. In der Qabalah repräsentiert das Geistige Element die Überirdischen - die Sphären von Kether, Chokmah und Binah, die oben auf dem Baum des Lebens sitzen. Das Geistige Element umfasst auch den oberen Teil der Sphäre von *Daath*, der unsichtbaren elften Sphäre, die direkt mit dem Kehlkopfchakra korrespondiert (Siehe Abbildung 13 als Referenz für die Sephiroth des Lebensbaums und ihre Beziehung zu den Chakras und drei Kundalini Nadis).

Daath wird in der Qabalah der "Abgrund" genannt, der Trennungspunkt zwischen der Dualität der unteren sieben Sephiroth und der Nicht-Dualität der Überirdischen. Die einzige Dualität, die auf der Ebene der Überirdischen existiert, ist Chokmah - der Vater und Binah - die Mutter. Chokmah und Binah sind die Quellen aller Dualität im Universum, als die Komponenten Kraft und Form, Seele (Feuer) und Bewusstsein (Wasser). Diese beiden Sephiroth sind die Quelle der Urelemente Feuer und Wasser, allerdings auf der Ebene des Geistes (Feuer des Geistes und Wasser des Geistes). Kether ist das Weiße Licht, das diese beiden dualen Aspekte enthält und das auch die Quelle des Luftelements ist (Luft des Geistes).

Die drei Sphären von Kether, Chokmah und Binah wirken als Ganzes. Chokmah erhält seine archetypische Energie von Kether, und Binah verwandelt diese archetypischen Ideen in Form. Die christliche Entsprechung des Überirdischen ist die Dreifaltigkeit - der Vater, der Sohn und der Heilige Geist (oder Spiritus). Das Konzept der Dreifaltigkeit ist die Wurzel aller spirituellen Traditionen, wenn auch unter verschiedenen Namen. Im Hinduismus zum Beispiel repräsentiert die Trimurti (Sanskrit für "drei Formen der Dreifaltigkeit") die dreifache Gottheit der Höchsten Göttlichkeit - der kosmische Ausdruck von Schöpfung (Luft), Erhaltung (Wasser) und Zerstörung (Feuer). Auch hier sehen wir die drei grundlegenden Elemente in Aktion, wenn auch in einer anderen Reihenfolge. Luft steht immer an der Spitze der Pyramide, obwohl Wasser und Feuer austauschbar sein könnten.

Daath entspricht dem Kehlkopfchakra, Vishuddhi. Da Daath für Wissen steht und der Zweck unseres Kehlkopfes (Larynx) darin besteht, die Schwingung (Tonhöhe und Lautstärke) in unseren Stimmstäben zu erzeugen, verbindet uns die verbale Kommunikation durch Sprache mit dem Schöpfer.

Im *Buch Genesis* heißt es: "Am Anfang war das Wort, und das Wort war Gott, und das Wort war bei Gott" (Johannes 1,1). Daher ist das Wort unsere Verbindung zu Gott. Daher ist die Praxis von Mantras, die die Verwendung von Machtwörtern und das Vibrieren unseres Stimmapparats in einem tiefen Ton beinhalten, eine Möglichkeit, uns mit unseren gottgegebenen Kräften zu verbinden und unser Bewusstsein auf die höheren Reiche einzustimmen. Da Spirit der verbindende Faktor der anderen vier Elemente ist, stellt das Kehlchakra, Vishuddhi, die Synthese der vier Elemente zu Spirit dar, die sich durch Kommunikation ausdrückt.

Das sechste Chakra, Ajna, befasst sich mit dem übersinnlichen Sehen (Hellsehen) - der Fähigkeit, visuelle Bilder astral, auf einer inneren Ebene zu sehen. Diese Botschaften werden oft von göttlichen und spirituellen Welten projiziert und geben uns die Gabe der Präkognition, die Fähigkeit, Ereignisse vorherzusagen, bevor sie geschehen. Da die übersinnliche Gabe von Ajna die inneren Visionen sind, wird es auch das Dritte Auge oder das Auge des Geistes genannt (Mehr über die Bedeutung von Ajna Chakra und seinem Visionstor später). Ajna ist direkt mit Chokmah und Binah verbunden, da wir durch dieses Chakra Zugang zu diesen beiden Sphären haben.

Das Ajna Chakra ist der Sitz der Intuition, unseres höchsten inneren Wahrnehmungsvermögens. Die Intuition ermöglicht es uns, die Energie um uns herum direkt zu lesen, anstatt unseren Intellekt oder unsere Gefühle zu benutzen. Sie gibt uns ein Gefühl von Wissen, auch wenn sie uns nicht genau verrät, woher wir wissen, was wir wissen. Intuition ermöglicht uns auch den Zugang zu innerer Führung aus den göttlichen Welten, da sie uns mit unserem Heiligen Schutzengel verbindet, der in der Chokmah-Sphäre wohnt. Ajna ermöglicht es uns, Illusionen zu durchbrechen, Zugang zu tieferen Wahrheiten zu erhalten und über den Verstand und die Worte hinaus zu sehen. Es erlaubt uns, die archetypische Energie hinter den Bildern zu erfahren.

Das siebte Chakra ist das Kronenchakra, Sahasrara, am oberen Ende des Kopfes. Es ist das höchste der Hauptchakren und ihr Höhepunkt. Sahasrara ist die Quelle der spirituellen Energie und des Großen Weißen Lichts, das sich in die unteren Chakren ergießt und sie dadurch mit Energie versorgt. Der Anfangspunkt unseres transpersonalen Selbst drückt sich durch unsere transpersonalen Chakren oberhalb des Kopfes und unterhalb der Füße aus. Sahasrara ist unsere Verbindung zur göttlichen Quelle der gesamten Schöpfung und der höchste Ausdruck des spirituellen Elements - es repräsentiert die Einheit und die Versöhnung von Gegensätzen, da es das Chakra der Einheit ist.

Qabalistisch gesehen entspricht das Sahasrara Chakra dem Kether - der Krone - als Beginn der drei Schleier der negativen Existenz, auch *Ain Soph Aur* genannt. Sahasrara ist der Treffpunkt zwischen dem Endlichen und dem Unendlichen - es ist jenseits von Zeit und Raum, da es ewig ist, d.h. es hat immer existiert und wird bis zum Ende der Zeit weiter existieren.

Obwohl die obersten drei Chakras dem spirituellen Element angehören, ist nur Sahasrara nicht-dual. Ajna ist das Vehikel unseres Geistes, um die Krone zu erreichen, während Vishuddhi sich durch das gesprochene Wort mit der spirituellen Energie verbindet. Das Ego-Bewusstsein reicht so hoch wie Vishuddhi, obwohl es sich aufgrund der Verbindung von Ajna mit Sahasrara völlig in Ajna verliert. Unterhalb von Ajna erleben wir Angst und Leid, während wir darüber das Ego transzendieren. Durch die Transzendenz erhalten wir Zugang zu Zuständen der Glückseligkeit, die mit der spirituellen Erfahrung einhergehen und die für den gewöhnlichen Menschen, der seinen Geist hauptsächlich mit den Wünschen des Egos beschäftigt, unverständlich sind.

DAS ELEMENT FEUER

Das Feuerelement reinigt und transformiert alle Dinge, die für unseren Körper, unseren Geist und unsere Seele nicht mehr nützlich sind. Alle neuen Dinge entstehen aus dem Feuer, da alte Dinge von ihm verzehrt werden - Feuer ist ein kraftvolles Reinigungsmittel, da es Unreinheiten verbrennt.

Das Feuerelement ist das männliche Prinzip und die Energie des Vaters (Chokmah) - die Seele. In der Alchemie beziehen sich die Seele und das Feuerelement auf *Schwefel*, eines der drei Prinzipien in der Natur. Feuer steht für Kraft und Willensstärke und ist das Element, das dem Geist von den drei Grundelementen am nächsten steht. Der aktive Teil des Selbst stützt sich auf das Feuerelement - es repräsentiert den bewussten Verstand und die Vitalität, das Vertrauen, die Kreativität und den Mut.

Das Feuerelement ist das dritte Chakra, Manipura, das sich im Solarplexus befindet. Aufgrund seiner Lage und der Art der Energie ist es mit den Verdauungs- und Stoffwechselprozessen im Körper verbunden. Das Feuerelement repräsentiert die Verbrennung in der Welt der Materie und manifestiert sowohl Wärme als auch Licht.

Durch die Anwendung von Wärme bewirkt es Transmutation, Regeneration und Wachstum.

Die qabalistische Entsprechung des Feuerelements ist die *Geburah* Sephira, deren planetarische Zuordnung der Mars ist. Das Feuer der Geburah ist das Feuer der Willenskraft und des Antriebs. Das Feuerelement wird auch durch *Netzach* als Verlangen und Leidenschaft ausgedrückt, die vom Feuerelement angetrieben werden. Verlangen ist oft instinktiv und unwillkürlich, wie z. B. sexuelles oder sinnliches Verlangen. Leidenschaft hingegen hat in der Regel mit Kreativität zu tun und ist etwas, über das wir Kontrolle haben.

Das Feuerelement stimuliert und stärkt auch die Intelligenz; daher drückt es sich auch durch die *Hod* Sephira aus - als die Stärke des Geistes (Standhaftigkeit) angesichts schwankender Emotionen. Intellekt und Vernunft sind die treibende Kraft der Willenskraft auf den unteren Ebenen, während die Seele die treibende Kraft auf den höheren Ebenen ist.

Manipura ist Ausdruck der höheren Mentalebene, direkt unterhalb der spirituellen Ebene. Es steht in direktem Kontakt mit dem Geistigen Element und den Überirdischen. Wenn die spirituelle Energie in Manipura hinabsteigt, wird die Willenskraft erhöht, da sie durch bedingungslose Liebe motiviert wird.

Feuer ist Dynamik und Motivation, die Ursache für die Wirkung. Feuer ist die fokussierte Willenskraft, die den Gedanken hinter jeder bewusst herbeigeführten Handlung antreibt - sie benötigt ihr Gegenteil (Wasser) als Barometer und Impuls für die Handlung. Eine Person setzt ihre Willenskraft entweder aus Selbstliebe oder aus bedingungsloser Liebe für die gesamte Menschheit ein. Daher existieren die Elemente Feuer und Wasser in einer Dualität zueinander, sei es im Körper oder im Geist.

Menschen, deren Feuerelement inaktiv ist, haben wenig persönliche Kraft und keine wirkliche Kontrolle über ihr Leben. Andere Menschen übernehmen das Denken für sie, und es fehlt ihnen an der nötigen Energie, um ihre Lebenswünsche zu verwirklichen. Im Gegensatz dazu haben Menschen mit einem Überfluss an Feuerelement die nötige Kraft, um ihre Träume zu verwirklichen. Sie sind selbstbewusst und ziehen die Wünsche ihrer Seele an, einschließlich der Wahl ihrer Liebespartner, und geben sich nicht einfach mit dem zufrieden, was ihnen in den Weg kommt.

Die Manifestation erfordert die Anwendung des Feuerelements, das durch das Erdelement gefiltert wird. Es gibt eine Hin- und Her-Aktion und eine Reaktion, die ständig zwischen dem Feuer- und dem Erdelement stattfindet, wenn Ihre Seele Ihre leitende Kraft ist. Umgekehrt, wenn Ihr Ego die leitende Kraft ist, wird die Willenskraft gekapert, und Ihr Erdelement bezieht seine Hauptenergie stattdessen aus den unwillkürlichen Emotionen des Wasserelements.

Das Element Luft wird benötigt, um sowohl Feuer als auch Wasser anzutreiben, und Ihre Gedanken können Ihrer Seele oder Ihrem Ego dienen. Ihr freier Wille bestimmt, wem Sie dienen wollen, denn Sie können sich nicht gleichzeitig um Ihre Seele und Ihr Ego kümmern.

Das Feuerelement drückt sich, ähnlich wie das Geistelement, durch die anderen drei Elemente aus. Es ist vom Umfang her das höchste der vier Elemente und erfordert unsere größte Aufmerksamkeit.

DAS ELEMENT WASSER

Das Wasserelement ist das weibliche, mütterliche Prinzip; das Yin zum Yang des Feuerelements. So steht das Wasserelement in Beziehung zu Form und Bewusstsein, während das Feuerelement in Beziehung zu Kraft und Seele steht. Diese beiden stehen in einer symbiotischen Beziehung zueinander. In der Alchemie bezieht sich das Wasserelement auf das Quecksilberprinzip.

Als die flüssige Energie des Bewusstseins steht das Wasserelement auch in Beziehung zur Sephira Binah, dem astralen oder unsichtbaren Bauplan aller festen Körper im Universum. Auf einer inneren, menschlichen Ebene umfasst das Wasserelement unsere Gefühle und Emotionen. Es ist der passive, rezeptive Teil des Selbst - das Unterbewusstsein. Wasser (H_2O) besteht aus den Wasserstoff- und Sauerstoffmolekülen, die das materielle Leben physisch erhalten. Alles Leben im Wasser ist auch auf den Sauerstoff im Wasser angewiesen, um zu atmen.

Das Wasserelement ist das zweite Chakra, Swadhisthana (Sakral), dass sich zwischen dem Nabel und dem Unterbauch befindet. Swadhisthana ist Ausdruck der höheren Astralebene (Emotionale Ebene). Bei den Emotionen geht es in erster Linie um den Ausdruck der Liebe im Leben, einschließlich der Liebe zum Selbst und der Liebe zu anderen. Die qabalistische Entsprechung des Wasserelements ist *Chesed*, dessen planetarische Zuschreibung Jupiter ist. Chesed ist der Ausdruck von bedingungsloser Liebe, Barmherzigkeit und Altruismus, die alle die höchsten Ausdrucksformen des Wasserelements sind.

Da es mit Emotionen verbunden ist, umfasst das Wasserelement andere Sephiroth auf dem Lebensbaum, genau wie das Luftelement (Gedanken). Da die Sphäre von Netzach die Form der niederen, eher instinktiven Emotionen ist, wie Lust und romantische Liebe, drückt sich das Wasserelement auch durch diese Sphäre aus. Netzach entspricht dem Planeten Venus und dem Begehren, das als eine durch das Feuerelement gemilderte Emotion empfunden wird.

Das Wasserelement stärkt auch den logischen, denkenden Verstand von Hod, da Hod und Netzach einander ergänzen. Hod entspricht Merkur und arbeitet daher in diesem Aspekt des Wasserelements in Kombination mit dem Luftelement und den Gedanken.

Das Wasserelement ist auch mit der sexuellen Energie und den Instinkten verbunden, die im Mond zu finden sind und mit der Sphäre von *Yesod* korrespondieren. Wie Sie sehen können, umfasst das Wasserelement mehrere mittlere und untere Sephiroth des Lebensbaums, ebenso wie die Elemente Luft und Feuer.

Die allgemeine menschliche Lektion des Wasser-Chakras besteht darin, durch die Seele zu lernen, ohne Anhaftung zu lieben. Sie müssen Ihre niederen Liebesgefühle in höhere umwandeln, indem Sie Ihrer Seele erlauben, das Bewusstsein anstelle des Egos zu führen.

DAS ELEMENT LUFT

Das Luftelement ist der Nachkomme des Feuer- und des Wasserelements und stellt die nächste Stufe der Manifestation dar. Als Nachkomme repräsentiert das Luftelement die Energie des Sohnes. Für die Menschheit wird die Luft mit dem Intellekt und dem logischen Verstand in Verbindung gebracht. Das Denken und die Gedanken sind, genau wie die Luft um uns herum, schnell, veränderlich und ohne Form.

Während das Feuerelement mit Aktion verbunden ist, wird Luft mit Kommunikation assoziiert. Wie das Feuerelement ist auch die Luft von männlicher Qualität und steht für Aktivität und Energie, allerdings auf einer inneren, geistigen Ebene. Luft unterstützt alles Leben durch den Akt des Atmens der sauerstoffhaltigen Luft um uns herum. In der physischen Realität bildet das Luftelement die Erdatmosphäre als eine Mischung von Gasen.

Das Luftelement entspricht dem vierten Chakra, Anahata (Herz), das sich zwischen den beiden Brüsten in der Mitte des Brustkorbs befindet. Anahata ist auch das zentrale Chakra im Modell der sieben Hauptchakren, dass die drei Geist-Element-Chakren oben und die drei unteren Element-Chakren unten voneinander trennt. Im Modell der kosmischen Ebenen ist Anahata Ausdruck der unteren Mentalebene, die das Wasserelement unten und das Feuerelement oben trennt. Als solches interagiert das Luftelement psychisch am meisten mit diesen beiden Elementen.

Qabalistisch gesehen entspricht das Luftelement der Sphäre von *Tiphareth* (deren planetarische Zuschreibung die Sonne ist) und der Sphäre von Yesod (die dem Mond zugeschrieben wird). Als Teil des Supernals wird das Luftelement Kether als schöpferische Energie zugeschrieben.

Tiphareth ist unsere Quelle der Vorstellungskraft, die einen ständigen Akt der Schöpfung erfordert, ein Ausdruck des Luftelements. Tiphareth ist das Zentrum des Lebensbaums, da es alle anderen Sephiroth-Energien empfängt, mit Ausnahme von Malkuth - der Erde. Malkuth wird durch Yesod, den Mond, erreicht. Das Luftelement hat eine duale Natur. Es kann trügerisch sein, wie der Mond, oder die Wahrheit ausdrücken, wie die Sonne. Die Wahrheit wird durch Intuition empfangen und wahrgenommen.

Während es beim Erd-Element-Chakra (Muladhara) um Stabilität geht, geht es beim Luft-Element-Chakra (Anahata) um das Gegenteil - Gedanken. Da die Gedanken aus einer ätherischen Substanz bestehen, gehören sie zum Geist. Alle Lebewesen nutzen Gedanken, um ihre Realität zu steuern, denn das Denken haucht den Elementen Feuer und Wasser in der Psyche Leben ein. Feuer steht für Willenskraft, während Wasser für Emotionen und Liebe steht. Keines der beiden Elemente kann jedoch ohne Luft existieren, da Gedanken beide Elemente antreiben. Bevor man irgendetwas in dieser Welt erreichen kann, muss man zuerst daran denken, diese Sache zu tun. Der Gedanke ist also die Wurzel der gesamten Schöpfung, ob bei Menschen oder anderen Tieren.

Luft steht auch in direktem Zusammenhang mit dem Element Spirit/Aethyr und dem Überirdischen. Das Luftelement ist der Ausgleicher aller mentalen, emotionalen und spirituellen Dinge. Als solches ist es direkt mit Kether, der Quelle der spirituellen Energie, verbunden.

Die Hermetiker argumentierten, dass Tiere zwar Gefühle und Vorstellungskraft haben, aber nur der Mensch Logik und Vernunft besitzt, die sie als "Nous" bezeichneten. Nous ist eine Fähigkeit des Geistes, die der Baustein der Intelligenz ist und vom Luftelement angetrieben wird. In der Qabalah ist die Sphäre von Hod direkt mit dem Intellekt verbunden. Im Fall von Hod wird die Luft jedoch durch das Wasserelement gemildert.

Luft ist auch mit dem Element Feuer und emotionalen Gedanken oder Impulsen verbunden. Somit steht Luft in direkter Beziehung zu Netzach-Emotionen und Wünschen. Ein gut funktionierender Geist bedeutet, dass das Individuum im Element Luft gut ausgeglichen ist.

DAS ELEMENT ERDE

Das Erdelement repräsentiert die dreidimensionale Welt, den materiellen Ausdruck der universellen Energie. Während des Schöpfungsprozesses wurde das Erdelement manifestiert, als der Geist den niedrigsten Punkt der Dichte und Schwingungsfrequenz erreicht hatte. Als solches repräsentiert es alle festen Stoffe, die Masse haben und Raum einnehmen, ein Begriff, den wir "Materie" nennen. Die Erde ist die Synthese der Elemente Feuer, Wasser und Luft in ihrer dichtesten Form und das Behältnis dieser Elemente auf der physischen Ebene. In der Alchemie bezieht sich das Erdelement auf das Salzprinzip in der Natur.

Erde steht für Bewegung und Aktion; wir benötigen die Energie der Erde, um körperliche Aktivitäten durchzuführen. Auf energetischer Ebene steht das Element Erde für Erdung und Stabilität. Eine angemessene Dosis an Erdenergie ist notwendig, um das zu manifestieren, was in unseren Köpfen und Herzen ist; andernfalls bleibt unsere mentale und emotionale Energie in den inneren kosmischen Ebenen.

In der physischen Realität ist die Erde die organische und anorganische Verbindung unseres Planeten. Sie steht für Wachstum, Fruchtbarkeit und Regeneration in Bezug auf Gaia, den Planeten Erde, die Mutter, die unsere Körper nährt. Die Begriffe "Mutter" und "Materie" klingen gleich und haben ähnliche Bedeutungen. In ähnlicher Weise stehen die Elemente Wasser und Erde in enger Beziehung zueinander, da sie die einzigen passiven, aufnahmefähigen Elemente sind. Die Erde ist der materielle Ausdruck der Astralwelt, die durch das Wasserelement repräsentiert wird.

Das Erdelement ist Muladhara, das Wurzelchakra, das qabalistisch der Sphäre von Malkuth entspricht. Muladhara ist Ausdruck der unteren Astralebene, die als Bindeglied untrennbar mit der physischen Ebene verbunden ist. Daher ist Muladhara das erste Chakra, dessen Lage (zwischen Steißbein und Damm) der physischen Erde am nächsten ist.

Der Ausdruck des Erdelements in unserer Psyche hat immer mit unserer Verbindung zur materiellen Welt zu tun. Zu den alltäglicheren Aspekten des Erdelements gehört es, einen Job zu haben, ein Haus und ein Auto zu besitzen. Alles, was mit Geld und dem Besitz von materiellen Gütern zu tun hat, ist ein Ausdruck des Erdelements. Ein Zuviel des Erdelements führt dazu, dass man übermäßig materialistisch und gierig ist, was der eigenen spirituellen Energie abträglich ist.

Die Erde ist das Gegenteil des Geistes - während der Geist die Energie von Feuer, Wasser und Luft auf einer höheren Ebene nutzt, verwendet die Erde diese drei Elemente auf einer niedrigeren, dichteren Ebene. Die Erdenergie versucht, uns mit den Dingen zu versorgen, die wir brauchen, um unsere materielle, physische Existenz glücklich und zufrieden zu machen.

Doch wie das hermetische Axiom besagt: "Wie oben, so unten" - Kether ist in Malkuth, und Malkuth ist in Kether. Gott ist in allem, was wir vor uns und in uns sehen - die Energie des Geistes durchdringt die gesamte Existenz. Daher ist das Erdelement direkt mit Spirit verbunden, da Spirit die Erde verkörpert. Der Geist benötigt das Erdelement, um die Realität in der Welt der Materie manifestieren zu können. Wenn sich der Geist durch die Seele manifestiert, ist das Ergebnis fruchtbar, während er, wenn er durch das Ego wirkt, negatives Karma hervorbringt.

Das Erdelement konzentriert sich auf die Befriedigung unserer grundlegenden physiologischen Bedürfnisse, die für unser Überleben unerlässlich sind, wie z. B. Unterkunft und das Bedürfnis nach Luft, Wasser, Nahrung und Schlaf. Körperliche Bewegung ist ebenfalls wichtig, ebenso wie die Qualität der Nahrung und des Wassers, die wir unserem Körper zuführen. Das Erdelement befasst sich auch mit der Fortpflanzung und unserem Verlangen nach sexuellen Beziehungen. Die Energie des Erdelements beruhigt unseren Geist und gibt uns den Treibstoff für unsere täglichen körperlichen Aktivitäten, deren Zweck es ist, uns in unserer irdischen Existenz voranzubringen.

DIE KOSMISCHEN EBENEN

Der Kundalini-Transformationsprozess beginnt wie ein loderndes, vulkanisches Feuer, das die Schlacken und Unreinheiten in den verschiedenen feinstofflichen Körpern des Selbst wegbrennt. Jedes Chakra hat einen entsprechenden Feinstofflichen Körper, den der neu aktivierte Lichtkörper formt, denn Licht ist eine elastische Substanz. Ihr Bewusstsein verkörpert dann diese verschiedenen feinstofflichen Körper, um die entsprechenden kosmischen Ebenen der Existenz oder Manifestation zu erfahren. Ihre Seele erfährt die kosmischen Ebenen durch den Verstand, denn er ist der Vermittler zwischen Geist und Materie. Sie wirkt wie ein Empfänger, der sich auf diese verschiedenen kosmischen Ebenen einstimmen kann.

Es ist wichtig, das Konzept der Seele zu verstehen, was sie ist und wie sie sich vom Geist unterscheidet. Die Seele ist der individuelle Funke des Lichts, den wir alle in uns tragen. Die Alten sagen, dass die Seele von der Sonne kommt. Aus diesem Grund nannten sie die Sonne "Sol", was der Ursprung des Wortes "Seele" ist. Ein Kundalini-Erwachen befreit die Seele aus dem physischen Körper, um in diesen inneren kosmischen Ebenen der Existenz zu reisen. Die Seele ist der höchste Teil des Ausdrucks dessen, was Sie als göttlicher Funke von der Sonne sind. Ob die Seele nur in diesem Sonnensystem vorkommt, darüber lässt sich streiten. Theoretisch könnte die Seele, da alle Sterne Lichtenergie kanalisieren, diejenige sein, die von einem Sonnensystem zum anderen reisen und sich in einem organischen Körper auf einem anderen Planeten manifestieren kann.

Der Geist ist die höchste Essenz der göttlichen Energie und die Blaupause aller existierenden Dinge. Der Geist ist der "Gedankenstoff" des göttlichen oder kosmischen Geistes, der das bekannte Universum projiziert. Daher ist der Geist die belebende Substanz aller Dinge, und er ist universell, während die Seele individuell und für jedes menschliche Wesen besonders ist. Die Seele ist ein Feuer, während der Geist über den vier Elementen Feuer, Wasser, Luft und Erde als deren Synthese-Bewusstsein steht. Das Medium des Bewusstseins ist der Verstand und das Gehirn, während das Medium der Seele das Herz ist. Der Geist ist das, in dem sowohl die Seele als auch der Verstand ihre Existenz haben.

Es mag etwas kompliziert sein, diese Unterscheidungen wirklich zu verstehen, vor allem, weil die Worte Geist und Seele in unserer Gesellschaft wahllos umhergeworfen werden, ohne eine klare Definition, was sie jeweils bedeuten und wie sie sich unterscheiden. Die meisten Menschen scheinen zu glauben, dass sie ein und dasselbe sind. Die Alten haben ihr Bestes getan, um sowohl Seele als auch Geist zu definieren, aber da der Durchschnittsmensch der heutigen Zeit auf einer niedrigeren Stufe der spirituellen Entwicklung steht, ist das kollektive Verständnis noch nicht so weit. Daher hoffe ich, dass diese sehr grundlegende Definition der beiden Begriffe Ihnen helfen wird, den Unterschied besser zu verstehen.

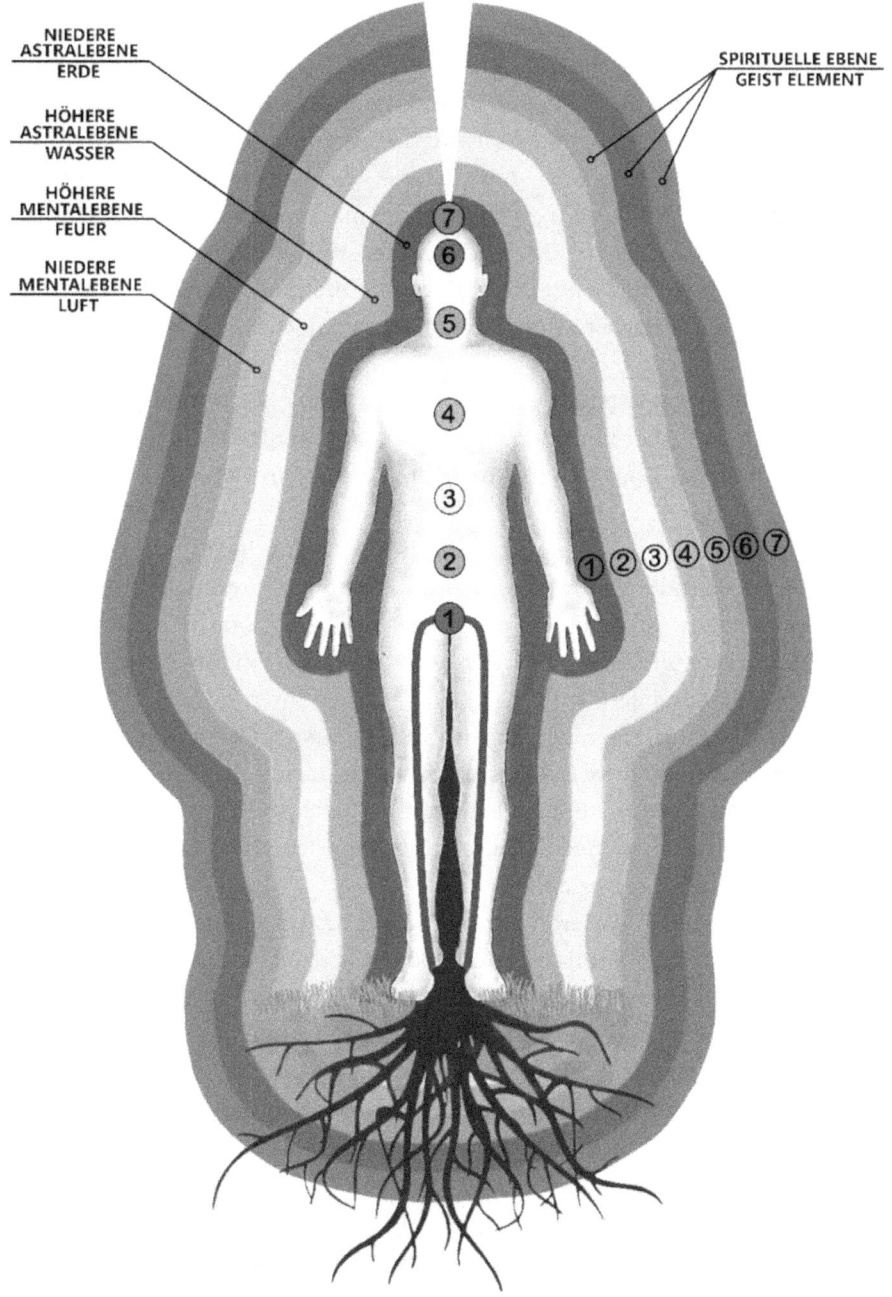

Abbildung 14: Die Inneren Kosmischen Ebenen

Während Sie durch den Kundalini-Transformationsprozess fortschreiten, wird Ihre Seele allmählich systematisch die verschiedenen kosmischen Ebenen der Existenz betreten und diese Erfahrungen in Ihre Psyche integrieren. Bestimmte mentale Zustände lassen sich auch durch rituelle Techniken der zeremoniellen Magie herbeiführen, die eines der fünf Elemente Erde, Luft, Wasser, Feuer und Geist sowie die Unterelemente jedes Elements anrufen. Diese rituellen Übungen ermöglichen Ihnen einen direkten Zugang zu den kosmischen Ebenen, da die fünf Elemente den Chakren entsprechen. Lesen Sie *The Magus: Kundalini and the Golden Dawn* für eine Beschreibung dieser Ritualtechniken.

Die kosmischen Ebenen der Existenz nehmen denselben Raum und dieselbe Zeit ein, existieren aber in unterschiedlichen Schwingungsgraden. Die niedrigste und dichteste Schwingung ist die physische Welt der Materie, die wir in unserem täglichen Leben erleben. Sobald man die Schwingung erhöht, tritt man in die verschiedenen Ebenen der Existenz ein, astral, durch den Geist. Je höher das Tempo oder die Frequenz der Schwingung, desto höher die Ebene. Die Materie hat die niedrigste Frequenz, während der Geist mit einer so hohen Frequenz schwingt, dass er praktisch in Ruhe und für die Sinne unsichtbar ist.

Die kosmischen Ebenen existieren in der Aura in Schichten (Abbildung 14), so wie die Schichten einer Zwiebel übereinander liegen. Die höheren Schichten durchdringen und beeinflussen die unteren. Das Bild in Abbildung 14 ist ein Schema, das die Abfolge der Schichten bezüglich der Chakras zeigt. Es handelt sich jedoch nicht um eine exakte Darstellung der Aura selbst. In der menschlichen Aura liegt jede der Hauptchakra-Schichten näher beieinander und wird von vier umfangreicheren Schichten überlagert, die mit den transpersonalen Chakras in Verbindung stehen. Somit besteht die Aura aus elf primären Schichten (weitere Informationen über die Aura finden Sie in der Abhandlung "Das Aura-Toroidale Energiefeld").

Denken Sie auch daran, dass die Aura in ihrem Ausdruck dynamisch ist und sich in einem ständigen Zustand des Flusses und Rückflusses befindet, während sie das individuelle Bewusstsein zum Ausdruck bringt. In jedem Moment wirbeln verschiedene Farben in der Aura herum, je nachdem, auf welchen Inhalt sich der Verstand und das Herz konzentrieren und diesen erleben.

Die kosmischen Ebenen existieren alle nacheinander und gehen vom weißen Licht aus, das sich im Sahasrara, dem Kronenchakra, befindet. Der Prozess der Manifestation des Göttlichen filtert nach unten in diese verschiedenen Ebenen, und eine Ebene beeinflusst die andere - es besteht eine symbiotische Beziehung zwischen ihnen. Während der Prozess der Manifestation nach unten filtert, steigt er, sobald er die physische Ebene erreicht hat, wieder zum Weißen Licht auf und wirkt sich systematisch auf jede Ebene aus. Der Manifestationsprozess ist dann das kontinuierliche Hin- und Herfließen dieses gesamten Prozesses, unendlich oft in einem endlichen Moment, veranschaulicht durch das hermetische Axiom "Wie oben, so unten".

Wenn Sie in der physischen Welt Handlungen ausführen, wirken Sie auf diese inneren Ebenen ein und bilden dadurch Karma. Karmische Energie ist die Gesamtsumme Ihrer Handlungen und der Ausdruck ihrer Qualität. Wenn Ihre Handlungen nicht im Namen

Gottes - des Göttlichen - ausgeführt werden, der durch die Energie der bedingungslosen Liebe wirkt, dann werden sie karmische Konsequenzen haben. So wird negatives Karma in einer der Manifestationsebenen gespeichert, damit Sie die Lektionen dieser Ebene lernen und Ihre Handlungen richtig ausrichten und dabei Ihre Chakren optimieren.

Indem Sie diese kosmischen Ebenen erleben, können Sie Teile Ihres Selbst kennenlernen, an denen Sie arbeiten müssen. Und Sie können an diesen Teilen Ihres Selbst arbeiten, indem Sie diese kosmischen Ebenen erleben. Zum Beispiel werden sich manchmal dämonische Wesenheiten in einer oder mehreren der kosmischen Ebenen einnisten, und Sie müssen diesen Dämonen begegnen und sie "erschlagen". Oft wird diese Aktion in einer Vision oder einem Traum visuell wahrgenommen, wenn Sie einen Dämon mit weißem Licht durchfluten und ihn dadurch entwaffnen. Im Allgemeinen reicht es jedoch aus, ihnen mutig gegenüberzutreten, um sie zu transformieren und die Angstenergie aus der kosmischen Ebene zu entfernen, in der sie wohnen. Im Gegenzug wird das entsprechende Chakra feiner abgestimmt, so dass mehr Lichtenergie durch es hindurch scheinen kann.

Wenn Sie mit karmischer Energie arbeiten, arbeiten Sie in erster Linie mit Angst, denn Angst ist der Treibstoff für alle dämonischen Energien. Der Zweck und das Ziel aller Dämonen ist es, Ihnen irgendwie Angst zu machen. Da Angst quantifizierbar ist, entfernen Sie durch die Arbeit mit karmischer Energie die Angst aus Ihrer Aura, Stück für Stück, bis sie ganz verschwunden ist. Dieser Prozess dauert jedoch viele Jahre und erfordert, dass Sie einen starken Geist und ein starkes Herz haben. Sie müssen widerstandsfähig und hartnäckig werden, um erfolgreich zu sein, wenn Sie Ihre Dämonen überwinden wollen. Sobald alle Angst aus Ihnen herausgezogen ist, können die Dämonen Sie nicht mehr erschrecken, und Sie werden schließlich die endgültige Kontrolle über sie haben. Dieser Prozess ist die Essenz der Erlangung wahrer persönlicher Macht.

DIE FÜNF KOSMISCHEN EBENEN

Physische Ebene & Untere Astralebene (Erdelement)

Ihre Reise zur Transzendenz beginnt in der physischen Ebene, die mit Muladhara, dem Basis-Chakra und dem Erdelement korrespondiert. Muladhara ist das unterste der Chakren und repräsentiert die dichteste Ebene der Existenz, die Welt der Materie. Dieses Chakra beeinflusst auch die untere Astralebene, die energetische Blaupause aller Dinge der Existenz. Es gibt eine Korrespondenz zwischen der physischen Ebene und der unteren Astralebene, denn beide haben Anteil am Erdelement und am Muladhara Chakra. Der Subtilkörper, der dieser inneren Ebene entspricht, ist der untere Astralkörper. Der physische Körper ist der Körper, den wir benutzen, um die Welt der Materie zu erfahren. Dieser Zusammenhang ist offensichtlich.

Der Mensch ist durch die Schwerkraft untrennbar mit der Erde verbunden. Auf energetischer Ebene sind wir über die Fußchakren und die Energiekanäle in den Beinen, die mit dem Muladhara Chakra verbunden sind, mit der Erde verbunden. Diese Verbindung ermöglicht es uns, unser chakrisches System zu erden, während der Ischiasnerv unser Nervensystem und unseren physischen Körper mit der Erde verbindet. Das energetische System des Menschen ist wie ein Baum, dessen Wurzeln tief in der Erde liegen. Die Erde nährt uns durch diese wechselseitige Kommunikation, die unser Bewusstsein unterstützt und aufrechterhält.

Höhere Astralebene (Element Wasser)

Während Sie in den Ebenen aufsteigen, ist die höhere Astralebene die nächste in der Reihe. Sie wird oft als die emotionale Ebene bezeichnet, die mit den niederen, eher instinktiven Emotionen zusammenhängt - unsere Handlungen in der physischen Welt lösen unwillkürlich eine emotionale Reaktion aus. Die höhere Astralebene wird mit Sexualität, Angst und dem Ego in Verbindung gebracht, da sie direkt mit dem Unterbewusstsein in Verbindung steht. Sie entspricht dem Wasserelement und Swadhisthana, dem Sakralchakra. Der Subtilkörper, der dieser Ebene eigen ist, ist der Höhere Astralkörper.

Nach einem vollständigen Kundalini-Erwachen, wenn der bewusste und der unterbewusste Verstand überbrückt sind, beherrscht emotionales Chaos die Psyche für einige Zeit. Sich seinem Schattenselbst zu stellen, kann eine beängstigende Sache sein, besonders wenn man auf eine solche Erfahrung nicht vorbereitet ist. Wie herausfordernd es auch sein mag, die karmische Energie des Wasserelements muss überwunden werden, damit Sie auf Ihrer Reise des spirituellen Aufstiegs vorankommen können. Die Angst-Energie kann je nach der Stufe Ihrer spirituellen Entwicklung eine längere Zeit zur Beseitigung benötigen. Mit Mut und Entschlossenheit kann dies jedoch erreicht werden, was dazu führt, dass das Swadhisthana Chakra gestimmt wird, was es dem Bewusstsein ermöglicht, sich über seine Ebene zu erheben und die darüber liegende Ebene zu betreten.

Untere Mentalebene (Element Luft)

Sobald Sie die Lektionen des Wasserelements integriert haben, ist die nächste innere Ebene, mit der Sie sich befassen müssen, die untere Mentalebene, die dem Luftelement und Anahata, dem Herzchakra, entspricht. Diese Ebene bezieht sich auf Ihre Gedanken und Ihr rationales Denken sowie auf Ihre Vorstellungskraft. Emotionen beeinflussen die Gedanken und andersrum genauso. Aufgrund seiner Verbindung mit dem Geistelement befasst sich Anahata mit höheren Emotionen, wie Mitgefühl und bedingungsloser Liebe. Daher kann es vorkommen, dass Sie auf Prüfungen der Seele stoßen, die mit diesen Energien zu tun haben. Der feinstoffliche Körper, der dieser inneren Ebene eigen ist, ist der untere Mentalkörper.

Sobald Sie die Mentalebene betreten haben und Ihr Bewusstsein auf ihrer Ebene schwingt, werden Sie beginnen, luzide zu träumen. Da Anahata direkt mit dem Spirituellen Element in Vishuddhi (dem Chakra darüber) verbunden ist, kann Ihr Bewusstsein durch das Sahasrara Chakra aus Ihrem physischen Körper springen und Ihren Lichtkörper verkörpern, wenn Sie eine vollständige Aktivierung durch das Kundalini-Erwachen erhalten haben. Die Mentalebene ist aufgrund ihrer höheren Dichte der Kontaktpunkt für den Lichtkörper, um in einen luziden Traum einzutreten. Sobald Sie ihn verkörpert haben, werden Sie sich in eine der höheren kosmischen Ebenen projizieren. Je nachdem, welche luzide Traumerfahrung Sie haben, ist es entweder die spirituelle oder die göttliche Ebene. Luzide Träume treten auf, sobald sich Ihr Bewusstsein in Anahata befindet, da das Einströmen des Luftelements es Ihnen ermöglicht, aus Sahasrara heraus zu projizieren.

In einem luziden Traum sind Sie sich Ihrer selbst voll bewusst. Sie werden den Traum als real erleben, da der Lichtkörper ein Vehikel des Bewusstseins ist, ähnlich wie der physische Körper, nur auf einer niedrigeren Dichteebene. Luzide Träume zeichnen sich im Allgemeinen durch die absolute Freiheit aus, alles zu erleben, was Sie im Traumzustand wünschen. Sobald Ihr Bewusstsein aus dem Sahasrara Chakra projiziert wird, wird ein solcher Klarer Traum zu einer vollständigen außerkörperlichen Erfahrung (Ich werde in der zweiten Hälfte des Buches ausführlicher auf das luzide Träumen eingehen, da es eines der bedeutenderen Geschenke ist, die man nach der Erweckung der Kundalini erhält).

Höhere Mentalebene (Element Feuer)

Die nächste Ebene, die Sie durcharbeiten müssen, ist die höhere Mentalebene, die dem Feuerelement und dem dritten Chakra, Manipura (Solarplexus-Chakra), entspricht. Manipura hat mit Ihrer Willenskraft, Ihren Überzeugungen, Ihrer Motivation und Ihrem Antrieb im Leben zu tun. Es ist der Sitz Ihrer Seele, die durch den bewussten Verstand gefiltert wird. Ihre Überzeugungen werden durch gewohnheitsmäßiges Handeln und Denken geformt. Diese Verbindung mit der Seele auf der Mentalebene führt zu luzidem Träumen, da der Lichtkörper das Vehikel der Seele ist. Denken Sie daran, dass sowohl das Feuer- als auch das Luftelement mit dem Geistelement verbunden sind, so dass die Mentalebene der Kontaktpunkt ist, um die höheren kosmischen Reiche zu erreichen.

Viele unserer tief verwurzelten Glaubenssätze hindern uns daran, unser höchstes Potenzial als spirituelle Menschen auszuschöpfen. Die Überwindung negativer, einschränkender Glaubenssätze ist von entscheidender Bedeutung, um das Leben zu führen, das Sie leben wollen. Glaubenssätze wirken sich wiederum auch auf Ihre Träume und Ziele aus. Der Zweck der Erfahrung dieser Ebenen ist es, das negative Karma zu reinigen, das in jedem Chakra gespeichert ist. Sobald Ihr Bewusstsein gereinigt ist, erhebt es sich auf natürliche Weise über ein Chakra, um weitere Seelenlektionen in einem darüber liegenden Chakra zu lernen. Der feinstoffliche Körper, der dieser Ebene entspricht, ist der höhere Mentalkörper.

Geistige Ebene (Element Geist)

Sobald Sie die unteren Ebenen der Existenz, die mit den vier Elementen verbunden sind, hinter sich gelassen haben, wird sich die Kundalini-Energie sublimieren und in ein beruhigendes, flüssiges Feuer verwandeln, das viel angenehmer ist. Ihre Qualität ist die des Spirituellen Elements, und sobald diese Transformation stattfindet, wird sie für den Rest Ihres Lebens zu Ihrem "modus operandi". Diese spirituelle Energie erhebt Ihr Bewusstsein in die drei höchsten Chakren Vishuddhi (Kehlchakra), Ajna (Augenchakra) und Sahasrara (Kronenchakra). Es entspricht der spirituellen Ebene der Existenz, die durch das Sahasrara Chakra und das Bindu Chakra erfahren wird. Es wurde als das philosophische Quecksilber der Alchemisten und der Stein der Weisen bezeichnet.

Der feinstoffliche Körper, der der geistigen Ebene entspricht, ist der geistige Körper. Dieser Geistige Körper ist das nächste Vehikel des Bewusstseins, an dem der neu aktivierte Lichtkörper arbeitet, um sich dauerhaft auszurichten. In Traumzuständen formt sich der Lichtkörper in den Geistigen Körper, um in der Geistigen Ebene zu reisen.

Die spirituelle Ebene wird oft als "Aethyr" bezeichnet, und es wird oft auf die ätherische oder ätherische Blaupause aller Formen von Materie verwiesen. Sie ist gleichbedeutend mit der bereits erwähnten astralen Blaupause. Den Menschen fehlt oft die Sprache, um diese sehr spezielle unsichtbare Wissenschaft zu erklären, daher impliziert die Bezugnahme auf diese Begriffe den grundlegenden Energie-Bauplan, den wir alle haben. Seien Sie nicht verwirrt, wenn Sie nicht ohne weiteres begreifen können, wie alles funktioniert, sondern seien Sie offen dafür, zu lernen, und mit der Zeit, wenn Sie sich dieser unsichtbaren Realität mehr aussetzen, wird Ihr Verständnis zunehmen.

Es ist wichtig zu verstehen, dass die Kundalini-Energie niemals statisch ist; sie verändert sich ständig in ihrem Ausdruck, ihrer Funktion und ihrem Zustand. Diese ständige Transformation der Kundalini-Energie ermöglicht es Ihnen, diese verschiedenen Ebenen auf natürliche Weise zu betreten, es sei denn, Sie entscheiden sich dafür, dies absichtlich durch rituelle Anrufungstechniken zu tun.

Denken Sie daran, dass ich bis jetzt den Prozess des Aufstiegs auf den inneren Ebenen durch das Bewusstsein beschrieben habe. Wenn die Schwingung Ihres Bewusstseins erhöht wird, erleben Sie immer höhere Ebenen, bis Sie die spirituelle Ebene erreichen. Ihr Bewusstsein kann bis zu den göttlichen Ebenen vordringen, obwohl diese Erfahrung gewöhnlich während luzider Träume gemacht wird. Der eigentliche Manifestationsprozess ist ein kontinuierlicher Zyklus, bei dem Geist in die Materie eindringt und wieder aufsteigt. Dieser Prozess ist augenblicklich, unaufhörlich und konstant, und alle Ebenen, die dazwischen liegen, sind davon betroffen.

DIE GÖTTLICHEN EBENEN

Die göttlichen Ebenen der Existenz beziehen sich auf die transpersonalen Chakren oberhalb von Sahasrara; die unteren beziehen sich im Allgemeinen auf das Seelenstern-Chakra, während die höheren sich auf das Stellare Tor beziehen. Theoretisch gibt es unendlich viele göttliche Bewusstseinsebenen. Jeder Versuch, ihre tatsächliche Anzahl zu erklären, ist sinnlos, da das menschliche Bewusstsein so hoch wie der Geist Gottes reichen kann, der mehrdimensional ist. Diejenigen, die versuchen, die göttlichen Ebenen zu definieren, irren sich in ihrem Urteil über sie, da ihre Erfahrungen mit keinem Grad an Kontinuität kategorisiert werden können.

Ich werde nicht zu sehr auf die Göttlichen Ebenen eingehen, da der Zweck dieser Arbeit darin besteht, sich in erster Linie auf die Sieben Chakren zu konzentrieren, da die ersten Herausforderungen nach der Erweckung der Kundalini darin bestehen, diese zu meistern und zu reinigen. Die hochschwingende Energie der göttlichen Ebenen in Traumzuständen oder Wachvisionen zu erleben, ist eine transzendentale Erfahrung, die nicht in Worte gefasst werden kann, da dies die Erfahrung einschränken und sie auf diesen Bereich der Dualität reduzieren würde.

Die göttlichen Ebenen sind nicht dual und unaussprechlich, da sie der Kontaktpunkt zwischen dem Unbekannten und dem Bekannten sind. Informationen aus den göttlichen Ebenen werden über das Kausal-/Bindu-Chakra in das Sahasrara, die Krone, gefiltert und ermöglichen es jenseitigen Wesen, Kontakt mit Ihrem Bewusstsein aufzunehmen. Wann immer Sie in Ihren Träumen eine "außerweltliche" Erfahrung machen, und Reiche besuchen, die Sie noch nie zuvor gesehen oder erlebt haben, arbeiten Sie mit den Chakren oberhalb von Sahasrara und "surfen" auf einer der göttlichen Ebenen.

Die Erfahrung der göttlichen Ebenen ist für jeden anders. In *The Magus* habe ich versucht, einige meiner Erfahrungen mit diesen Energiequellen zu erklären, aber ich glaube, dass ich diese unglaublichen Erfahrungen dadurch eingeschränkt habe. Wenn Sie die Kundalini erweckt haben und unglaubliche Träume erleben, manchmal luzide Träume, werden Sie unweigerlich mit den göttlichen Ebenen der Existenz in Kontakt treten.

Sie werden Landschaften sehen, die Sie noch nie zuvor gesehen haben und die wunderschön anzusehen sind. Sie werden das Gefühl haben, auf einem anderen Planeten in einem anderen Sonnensystem zu sein, und in Wirklichkeit könnten Sie das auch sein. Sobald Ihr Bewusstsein vom physischen Körper befreit ist, können Sie es durch eine inspirierende Idee oder einen Gedanken anheben. Es ist ungewöhnlich, die göttlichen Ebenen tagsüber zu erleben, es sei denn, Sie sind in Meditation, aber sobald Sie diese Tür geöffnet haben, können Sie sie nachts besuchen.

Wenn Sie einmal in Ihrem Bewusstsein Kontakt mit den göttlichen Ebenen aufgenommen haben, können Sie ihre Präsenz vielleicht intuitiv spüren, aber nachts können Sie Ihren Lichtkörper benutzen, um sie zu betreten und zu erfahren. In Ihrem Bewusstsein findet ein Sog nach oben statt, und wenn Sie während des Schlafs in den Alpha-Zustand eintreten, können Sie sich mit Ihrem Lichtkörper offiziell in die göttlichen Ebenen begeben. Wenn Sie das Gefühl haben, dass Sie sich physisch in dieser Welt befinden, aber Ihr Geist auf einem anderen Planeten oder einer anderen höheren Dimension ist, dann besteht die Möglichkeit, dass Sie die Göttlichen Ebenen erleben.

VARIATION IN DER SEQUENZ AURISCHER SCHICHTEN

Sie werden bemerken, dass die Abfolge der spirituellen Entwicklung durch die Elemente der Abfolge der aurischen Schichten in Bezug auf die Chakren folgt, außer dass man nach der Überwindung des Wasserelements nicht ins Feuer, sondern ins Luftelement gelangt, wie ich erfahren habe. Es gibt also einen graduellen Sprung in eine höhere Schicht, bevor man in eine niedrigere zurückkehrt. Das, oder die Reihenfolge der Schichten in der Aura folgt nicht der Reihenfolge der Chakras.

Nehmen wir an, wir folgen dem qabalistischen Lebensbaumsystem der spirituellen Evolution zur Gottheit (Weißes Licht von Kether). Sobald wir uns über die physische Ebene der Erde erheben, erlebt das Bewusstsein die anderen drei Elemente in zwei getrennten Sequenzen, bevor es die spirituelle Ebene erreicht. Nach dem Verlassen von Malkuth, der Erde, erreicht das Individuum Yesod (niedere Luft), gefolgt von Hod (niederes Wasser) und dann Netzach (niederes Feuer). Dann steigt es in Tiphareth (höhere Luft) auf, gefolgt von Geburah (höheres Feuer) und schließlich Chesed (höheres Wasser). Dann befindet sich das Individuum an der Schwelle des Geistes und der spirituellen Ebene, die durch Daath auf dem Baum des Lebens dargestellt wird. Und selbst innerhalb der spirituellen Ebene wird die erste Sephira, Binah, dem Wasserelement zugeschrieben, während die zweite Sephira, Chokmah, mit dem Feuer in Verbindung steht. Binah und Chokmah werden als die primären Quellen des Wasser- und des Feuerelementes angesehen, wie es im Qabalismus heißt. Kether, die höchste Sephira, entspricht dem Luftelement und wird auch als dessen höchste Quelle angesehen.

Das Luftelement im Lebensbaum gilt als Versöhner zwischen den Elementen Feuer und Wasser. Aus diesem Grund befindet es sich ausschließlich auf der *mittleren Säule* des Lebensbaums, auch Säule des Gleichgewichts genannt. Andererseits tauschen sich die beiden Elemente Wasser und Feuer auf den gegenüberliegenden Säulen des Lebensbaums aus, der *Säule der Strenge* und der *Säule der Barmherzigkeit*. In meiner Erfahrung des Bewusstseinsanstiegs und der spirituellen Entwicklung habe ich die Chakren also nicht nacheinander erlebt. Ich glaube, dass dieser Prozess universell ist. Daher ist entweder das qabalistische System richtig oder das chakrische System, aber nicht beides, da sie unterschiedlich sind. Ich werde später mehr auf dieses Thema eingehen, wenn ich das östliche Konzept der Koshas beschreibe und diskutiere.

IDA, PINGALA, UND DIE ELEMENTE

Der korrekte Energiefluss durch Ida und Pingala ist von größter Bedeutung für das ordnungsgemäße Funktionieren des Kundalini-Kreislaufs. Blockaden in einer dieser Nadis verhindern, dass die Energie so funktioniert, wie sie sollte. Wenn es Blockaden gibt, werden Sie schwere mentale und emotionale Probleme bekommen, da Ida und Pingala die Chakras und das Bewusstsein regulieren. Ida und Pingala werden von Gedanken und Emotionen angetrieben, die von den vier Chakren unterhalb von Vishuddhi (Kehlchakra) und den Elementen Erde, Wasser, Luft und Feuer beeinflusst werden.

In diesem Kapitel werde ich erörtern, wie die Fünf Elemente den Fluss von Ida und Pingala beeinflussen. Durch die spirituellen Praktiken, die in diesem Buch vorgestellt werden, oder die rituellen Übungen der Zeremonialen Magie, die in *Der Magus* vorgestellt werden, können Sie Ihre Chakren einstimmen. Dadurch können die Energieströme in Ida und Pingala richtig fließen, wodurch sich mentale und emotionale Schwierigkeiten, die Sie möglicherweise erleben, verringern. Wie in *The Magus* beschrieben, beeinflussen die Dreißig henochischen Aethyrs Ida und Pingala direkt, da sie die sexuelle Energie in Kombination mit der elementaren Energie nutzen, um auf einen oder beide Kanäle gleichzeitig zu wirken. Ich habe festgestellt, dass dieser rituelle Vorgang am besten geeignet ist, beide Kundalini-Kanäle einzustimmen und ihnen zu helfen, ihren optimalen Zustand zu erreichen.

Das Erdelement steht für Stabilität und wird durch das Wurzelchakra repräsentiert, das sich zwischen dem Anus und den Genitalien befindet. Dieses Chakra ist lebenswichtig, denn es muss von der richtigen Energie durchströmt werden, um das Kundalini-System anzutreiben. Das Erdelement gibt Ihnen die Möglichkeit, dieses Chakra zu korrigieren und es richtig einzustimmen. Wie bereits erwähnt, verlaufen Energielinien von den Fußchakren durch die Beine bis zum Erdchakra, Muladhara. Diese Linien müssen nach der Erweckung der Kundalini vollständig aktiviert und optimiert werden. Ihr richtiger Fluss ermöglicht es dem Erd-Chakra, mit seiner maximalen Kapazität zu arbeiten. Ihr Fluss versorgt auch die Ida und Pingala Nadis, die im Muladhara beginnen, aber ihre männlichen und weiblichen Energien von den primären Energiekanälen in den Beinen erhalten.

Die Arbeit mit dem Erdelement ermöglicht es, geerdet zu werden und den Energiefluss in den Beinen zu maximieren. Das Wasser-Element und die Emotionen beeinflussen den Fluss von Ida (weiblich), während das Feuer-Element den Fluss von Pingala (männlich) beeinflusst. Das Luftelement belebt sowohl den Ida- als auch den Pingala-Kanal, da es dem Wasser- und dem Feuerelement Leben verleiht. Es befindet sich im Herz-Chakra, Anahata, das den größten Zusammenfluss der kleineren Nadis im Körper enthält.

Anahata reguliert alle Chakren sowie die Elemente im Körper. Außerdem ist das Herzchakra mit den Handchakren verbunden, die heilende Liebesenergie kanalisieren und als Rezeptoren dienen, um die Energie um Sie herum zu lesen. Sobald der korrekte Fluss zwischen den Handchakren und dem Herzchakra bei vollständig Kundalini-Erweckten hergestellt ist, führt dies zu einem weiteren schwerelosen Gefühl im physischen Körper und zur mentalen Loslösung von ihm. Die spirituelle Energie muss das gesamte Gegenstück des physischen Körpers, den Lichtkörper, durchdringen, um das Bewusstsein vollständig aus dem physischen Bereich zu befreien.

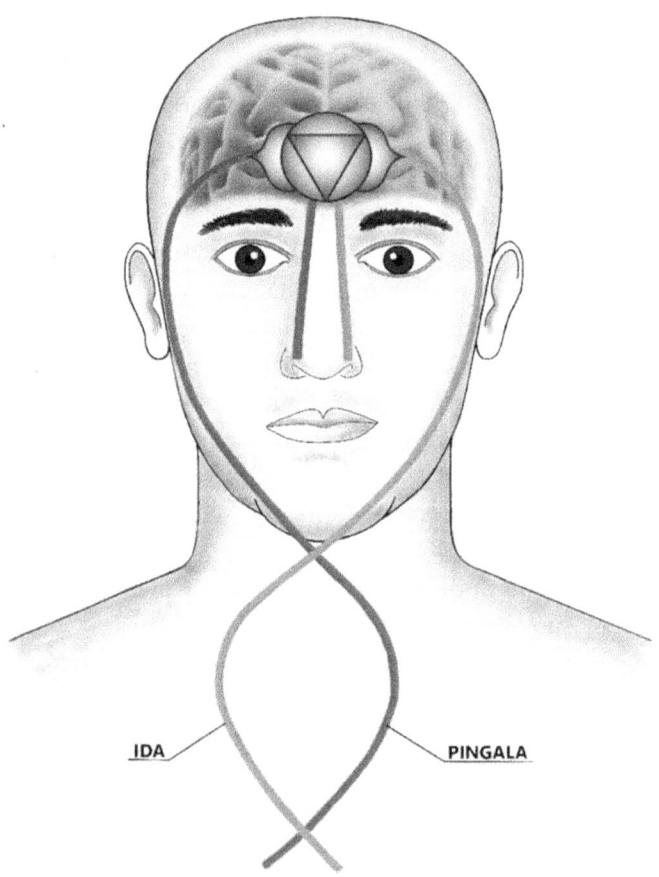

Abbildung 15: Ida und Pingala Nadis und Ajna Chakra

Wenn Sie mit dem Luftelement arbeiten, stimulieren Sie sowohl die Ida- als auch die Pingala-Nadis. Da sich die beiden Nadis während einer Kundalini-Erweckung an jedem der chakrischen Punkte kreuzen, enden sie im Ajna Chakra (Abbildung 15) in der Mitte des Gehirns im Thalamus-Zentrum. Das Portal des Ajna Chakra ist das Dritte Auge - zwischen und über den Augenbrauen und einen Zentimeter im Inneren des Kopfes. Wenn sich die beiden Kanäle nicht richtig kreuzen oder wenn die Bewegung eines der beiden Kanäle im Zentrum des Geistigen Auges blockiert ist, wird das gesamte Kundalini-System aus dem Gleichgewicht gebracht und seine Funktion beeinträchtigt. Dies führt oft zu zwanghaften Gedanken oder mentalen Problemen, ähnlich denen von schizophrenen oder bipolaren Patienten.

Psychische Probleme bei Menschen sind auf einen unzureichenden Fluss von Ida und Pingala und Ungleichgewichte in den Chakren zurückzuführen. Mit modernen wissenschaftlichen Messinstrumenten können wir dies jedoch nicht nachweisen. Nachdem ich siebzehn Jahre lang meine mentalen Prozesse und die Höhen und Tiefen meiner Gedanken und Emotionen beobachtet habe, bin ich zu diesem Schluss gekommen. Ich glaube, dass diese Themen universell sind, da Ida und Pingala in allen Menschen aktiv sind, da sie das Bewusstsein regulieren. Bei Menschen, die die Kundalini vollständig erweckt haben, ist ihr Fluss jedoch optimiert, da die Drei Granthis entriegelt sind und es der sublimierten Prana-Energie erlauben, das System kontinuierlich zu speisen und den transzendentalen Zustand herbeizuführen.

LINKE UND RECHTE GEHIRNHÄLFTE

In der Qabalah sind die beiden höchsten inneren Fähigkeiten eines Menschen Weisheit und Verstehen; beide werden durch Intuition empfangen. Diese beiden Aspekte des Selbst existieren in Dualität zueinander, da man den einen nicht ohne den anderen haben kann. Sie sind beide mit dem Geistigen Element verbunden, da sie den himmlischen Teil des Selbst repräsentieren, der nie geboren wurde und nie sterben wird. Auf dem Baum des Lebens sind sie die Sphären Chokmah (Weisheit) und Binah (Verständnis). Sie beziehen sich auch auf den endgültigen Ausdruck der männlichen und weiblichen Komponenten des Selbst, die im Gehirn als linke und rechte Gehirnhälfte zu finden sind.

Die linke Gehirnhälfte wird vom Chiah beeinflusst (das sich in der Sphäre von Chokmah befindet). Qabalistisch gesehen ist das Chiah unser Wahrer Wille. Es ist der männliche, projektive Teil des Selbst, der zum Feuerelement gehört. Es ist unser heiliger Schutzengel und der Teil von uns, der uns ständig antreibt, uns der Göttlichkeit zu nähern. Das Chiah wird von der Pingala Nadi angetrieben, die im Tantra Yoga auch mit der linken Gehirnhälfte in Verbindung gebracht wird. Sie steht in Verbindung mit analytischem Denken, Logik, Vernunft, Wissenschaft und Mathematik, Argumentation und Schreibfähigkeiten. Das Chiah ist grundsätzlich archetypisch, d.h. es liegt bis zu einem gewissen Grad außerhalb unserer Fähigkeit, es vollständig zu verstehen. Wir können die linke Seite unseres Gehirns nutzen, aber wir können weder verstehen, warum wir wissen, was wir wissen, noch die Quelle dieses Wissens.

Die Mindere Neschamah befindet sich in der Sphäre von Binah. Sie ist weiblich und rezeptiv und gehört zum Wasserelement. Die Mindere Neschamah dient als unsere psychische Intuition. Sie ist das höchste Bestreben des Selbst und unsere tiefste Sehnsucht oder unser höchster Bewusstseinszustand. Schließlich verbindet uns unsere intuitive Kraft direkt mit dem Göttlichen. Die Ida Nadi versorgt die Mindere Neschamah. Sie beeinflusst die Funktionen der rechten Gehirnhälfte, wie Verständnis, Emotionen, Kreativität, Vorstellungskraft, Einsicht, ganzheitliches Denken und das Bewusstsein für Musik und Kunstformen im Allgemeinen.

NADI-KURZSCHLÜSSE

Im Laufe Ihrer Kundalini-Transformationsreise kann es vorkommen, dass Ida oder Pingala kurzgeschlossen sind, d.h. dass sie ihre Funktion vorübergehend einstellen. Es ist wichtig zu verstehen, dass, wenn Sie Ihren Kundalini-Kreislauf einmal geöffnet haben, er für den Rest Ihres Lebens aktiv bleiben wird, und Kurzschlüsse und Blockaden sind vorübergehende Hindernisse auf dem Weg. Bei Kurzschlüssen müssen Sie die Ida- oder Pingala-Kanäle (je nachdem, was zusammengebrochen ist) durch Nahrungsaufnahme wieder aufbauen, was mit der Zeit auf natürliche Weise geschieht. In dieser Zeit kann es sein, dass Sie von Ihrer Seele aufgefordert werden, mehr als sonst zu essen, um dies zu erreichen, denn Ihre Seele wird erkennen, was Sie tun müssen, um das Problem zu beheben.

Kurzschlüsse sind ein universelles Problem, und viele Kundalini-Erweckte haben berichtet, dass ihnen das passiert ist. Wenn Ida einen Kurzschluss hat, ist das normalerweise das Ergebnis eines ängstlichen Ereignisses in Ihrem Leben, das eine so negative emotionale Ladung verursacht, dass es den Kanal überlädt und ihn mit negativer Bio-Elektrizität durchzuckt. Pingala-Kurzschlüsse kommen seltener vor und sind in der Regel die Folge davon, dass jemand oder etwas Ihr Leben übernommen hat und über einen längeren Zeitraum Ihr Denken für Sie erledigt hat. Wenn dies geschieht, wird der Pingala-Kanal, dessen Aufgabe es ist, die Willenskraft zu kanalisieren, seine Funktion einstellen.

Beide Kanäle können im Laufe der Zeit durch die Nahrungsaufnahme und durch Veränderungen in Ihrem Leben, die sich negativ auf ihre Funktion auswirken könnten, wieder aufgebaut werden. Die Art und Weise, wie Sie Ihr Leben führen, wirkt sich unweigerlich auf das gesamte Kundalini-System aus und darauf, wie gut die Chakras funktionieren, einschließlich der Kanäle Ida, Pingala und Sushumna.

Sushumna erfordert, dass die Gehirnzentren offen sind und die Bindu richtig funktionieren, aber sie erfordert auch, dass die Verbindung zur Krone gut hergestellt ist. Wenn Ida oder Pingala oder beide ihre Funktion einstellen und kurzgeschlossen sind, kann dies dazu führen, dass auch Sushumna nicht richtig funktioniert, besonders auf der höheren Ebene des Gehirns. Es ist unmöglich, den Fluss der Sushumna ganz zu stoppen, da sie unser Medium für die Erfahrung des erweiterten Bewusstseins ist, das, wenn es erwacht ist, niemals ausgelöscht werden kann. Die Hilfskanäle Ida und Pingala, die das Bewusstsein regulieren, können gemildert werden, nicht aber das eigentliche höhere Bewusstsein selbst.

Ich werde Kundalini-Kurzschlüsse in "Teil X: Kundalini-Schadenskontrolle" ausführlicher besprechen und im folgenden Abschnitt Meditationen vorstellen, mit denen Sie die Kanäle im Kopf wieder aufbauen und neu ausrichten können, anstatt darauf zu warten, dass es von selbst geschieht.

TEIL III: DAS FEINSTOFFLICHE ENERGIESYSTEM

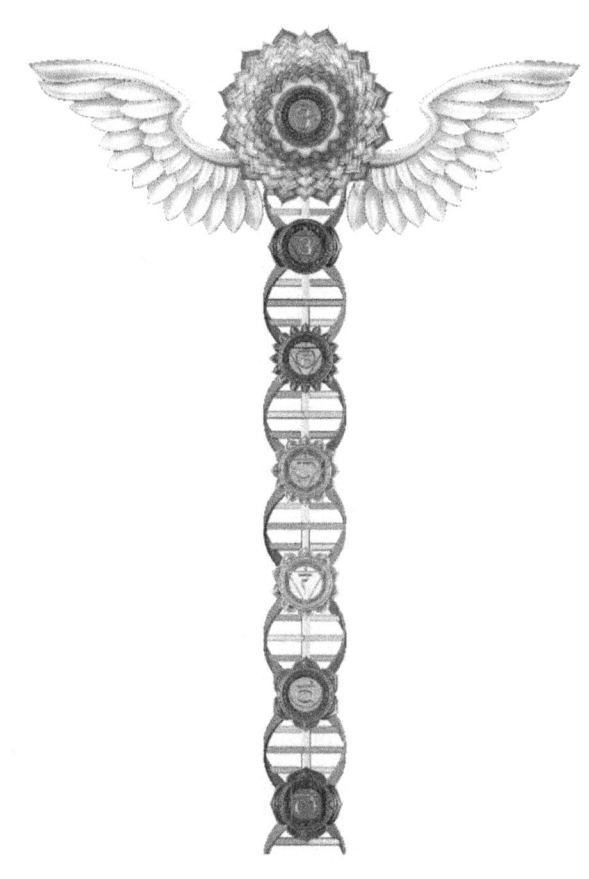

DAS AURA-TOROIDALE ENERGIEFELD

Ein elektromagnetisches Feld ist eine Kombination aus elektrischen und magnetischen Energien. Elektromagnetische Felder sind die primären Felder, die Leben erzeugen und erhalten. Die Aura ist ein elektromagnetisches Energiefeld, das um jedes lebende und nicht lebende Wesen im Universum existiert. Es ist torusförmig, da der Torus die bevorzugte Form ist, die das Universum verwendet, um Materie aus Energie zu erzeugen.

Der Torus besteht aus einer zentralen Achse und Wirbeln an jedem Ende, die Energie zirkulieren lassen. Im Querschnitt ähnelt der Torus einem dynamischen Donut mit einem Loch in der Mitte, das unendlich klein ist. Die meisten Torusdynamiken enthalten einen männlichen und einen weiblichen Aspekt, wobei die Energie in dem einen nach oben und in dem anderen nach unten zirkuliert.

Das toroidale Energiefeld ist ein selbsterhaltendes System, das kontinuierlich Energie zirkulieren lässt. Das Unendlichkeitssymbol ist eine uralte 2D-Darstellung des toroidalen Feldes, da es ähnliche Eigenschaften wie Kontinuität und Selbstregulierung besitzt. Es repräsentiert auch die Quelle der gesamten Schöpfung. Die Quelle hat alle existierenden Tori erschaffen und ist untrennbar mit ihnen verbunden.

Jeder Mensch und jedes Tier, das auf dem Planeten Erde lebt, einschließlich des Planeten selbst (Abbildung 16), hat seine eigene Aura. Das Gleiche gilt für andere Planeten und sogar für Galaxien. Alle Auren im Universum werden voneinander beeinflusst und nähren sich gegenseitig. Schließlich sind wir alle miteinander verbunden. Die vielen verschiedenen Ökosysteme in der Erdatmosphäre, wie Pflanzen und Tiere, Ozeane und sogar Amöben und Einzeller, sind energetisch miteinander verbunden. Durch einen dynamischen Energieaustausch verbindet das universelle toroidale System jede Zelle und jedes Atom durch unseren physischen Körper und unser Bewusstsein.

Der Torus wird von der ständigen Bewegung der universellen Energie oder des Prana beeinflusst. Seine Aktivität ist vergleichbar mit der einer Welle, die mit der Bewegung des Wassers schwankt. Prana-Energie ist überall um uns herum - sie fließt ständig in und aus unseren Auren. Solange unsere Sonne existiert, gibt es auch Licht und Prana, die allen Lebewesen in unserem Sonnensystem Leben geben.

Eine der Hauptaufgaben der Aura ist der Austausch und die Verarbeitung von Kommunikationssignalen. Die Aura lebender biologischer Organismen schwankt ständig, je nachdem, welchen Input sie vom Selbst, von der Umwelt oder von anderen Lebewesen erhält. Obwohl nicht lebende, unbelebte Objekte eine Aura haben, ändert sich diese durch die Interaktion mit anderen lebenden oder nicht lebenden Dingen nicht wesentlich. Die Aura von nicht lebenden Dingen wird häufig als Äther- oder Energiekörper bezeichnet. Im Wesentlichen ist der Energiekörper von allem seine Aura, die das Produkt der kontinuierlichen Bewegung eines Torus ist.

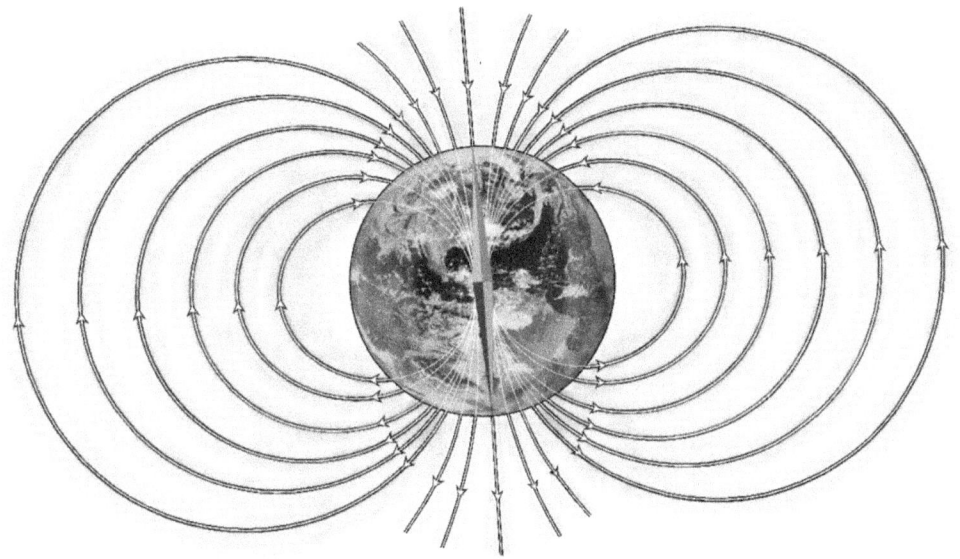

Abbildung 16: Das Elektromagnetische Feld der Erde

DIE MENSCHLICHE AURA

Die Aura hilft uns, mit der Welt um uns herum zu interagieren und Informationen in unseren physischen Körper zu übertragen. Sie erstreckt sich um den physischen Körper herum, fließt aber auch durch ihn hindurch. Der physische Körper ist die holographische Projektion des individuellen Bewusstseins, das von der Aura angetrieben wird.

Ich habe bereits die Auraschichten im Menschen beschrieben, die mit den sieben Hauptchakren und den kosmischen Ebenen der Existenz korrespondieren. Jede der Auraschichten hat ihre eigene Schwingungsfrequenz und enthält verschiedene Formen von Informationen. Die folgenden vier Auraschichten beziehen sich auf die Transpersonalen Chakren des Erdsterns, des Kausalchakras, des Seelensterns und des Stellaren Tores. Sie strahlen der Reihe nach nach den ersten sieben Auraschichten aus.

Die aurische Schicht des Erdstern-Chakras ragt zuerst nach der Sahasrara-Chakra-Schicht heraus, die dazu dient, das gesamte chakrische System zu erden, da es sich mit dem Ätherkörper der unteren Astralebene verbindet. Als nächstes folgt die aurische Schicht des Kausalchakras, die die spirituelle und die göttliche Ebene miteinander verbindet. Dann haben wir die aurische Schicht des Seelensterns, die uns den Zugang zu den unteren göttlichen Ebenen ermöglicht, gefolgt von der stellaren Torschicht, die die höheren Ebenen repräsentiert. Das Hara Chakra schließlich, das zum Modell der Transpersonalen Chakren gehört, hat keine eigene aurische Schicht, sondern durchdringt verschiedene Aspekte der Aura, da es unser primäres Pranazentrum ist. Jede der elf Auraschichten hat einen torusförmigen Fluss, der ineinander verschachtelt ist und die Form eines riesigen Energie-Eis bildet (Abbildung 17).

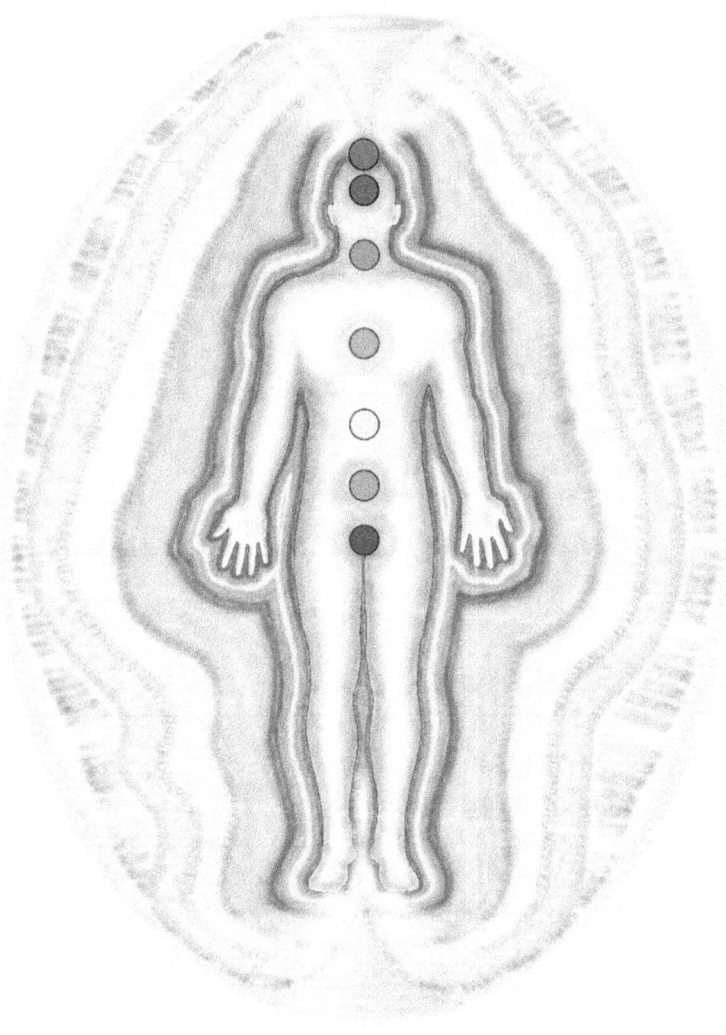

Abbildung 17: Die Menschliche Aura

Durch die Einbeziehung der oben genannten Schichten entsteht der Hauptkörper der Aura. Darüber hinaus wirken weitere feinstoffliche Felder auf unsere Bioenergie und verbinden uns untereinander, mit anderen Lebewesen, mit der Erde und mit dem Universum als Ganzem. Dazu gehören elektrische und magnetische Felder, die im elektromagnetischen Spektrum nicht zu erkennen sind und die uns physisch und psychisch beeinflussen. Dann gibt es Schall und andere elektromagnetische Kräfte, die auf uns einwirken, wie Infrarotlicht, Mikrowellen, Radiowellen, ultraviolettes Licht, Röntgen- und Gammastrahlen, um nur einige zu nennen.

Jede Zelle des Körpers, jeder Gedanke und jedes Gefühl erzeugt ein Energiefeld. Es gibt also Hunderte, wenn nicht Tausende von subtilen Energiefeldern, von denen einige noch nicht entdeckt wurden. Die Wissenschaftler entdecken regelmäßig neue Energiefelder, was unser Verständnis für die Vernetzung der gesamten Existenz weiter verbessert.

Beim Menschen verläuft die Achse des Torus vom Scheitel bis zur Leistengegend, umfasst das Große und das Transpersonale Chakra und reicht bis zu den Füßen. Die Energie fließt durch einen Wirbel entlang der Achse und aus dem zweiten Wirbel heraus, wo sie sich um seinen Umfang wickelt und wieder durch den ursprünglichen Wirbel zurückfließt. Während sich der Torus um seine vertikale Achse dreht, rotiert auch der Ring selbst um seine Kreisachse. Eingehende Energieteilchen, die in unseren Torus eintreten, folgen einer spiralförmigen Bahn.

Das Zentrum des Torus ist das Herz, das sein eigenes elektromagnetisches Feld hat, das sich weiter vom Körper weg erstreckt als das aurische Feld. Wenn Menschen einander nahe sind, wird vom Herzen ein Austausch elektromagnetischer Energie erzeugt, der von den Gehirnwellen registriert wird (siehe Kapitel "Die Kraft des Herzens" für weitere Informationen zu diesem Thema).

Das Herz beherbergt die Seele. Der Torus ist im Wesentlichen die Struktur der Seele, um sich in der Welt der Materie auszudrücken. Er ermöglicht es der Seele, mit anderen Seelen in der Existenz Kontakt aufzunehmen. Da sich die Seele philosophisch gesehen durch den Verstand ausdrückt, wählte der Verstand den Torus als die optimalste Form in der Natur, um den physischen Körper zu manifestieren. Durch den Verstand werden die Wünsche der Seele in den physischen Körper übertragen. Der Körper kann ohne den Verstand nicht existieren. Wenn der physische Körper untergeht, geht auch der Verstand unter, wodurch der Torus ausgelöscht wird. Die Seele hingegen kann niemals ausgelöscht werden, und sie setzt ihre Lebensreise nach dem physischen Tod fort.

AURA-EIGENSCHAFTEN

Die Aurafotografie ist eine relativ neue Technologie (seit den 1970er Jahren), die ein bildgebendes Biofeedback-System verwendet, um die elektromagnetische Energie einer Person aufzuzeichnen und darzustellen. Aura-Lesegeräte nehmen in der Regel Messungen an der Hand über einen Sensor vor, der die inneren Energien einer Person aufzeichnet und ein farbiges Bild des aktuellen Zustands der Aura liefert.

Das Biofeedback-Gerät, mit dem ich arbeite, heißt AuraFit und wurde von Bettina Bernoth entwickelt. Es integriert modernste Technologie, um die Aura in "Echtzeit" mit Hilfe eines "intelligenten" Armbands anstelle eines Handsensors anzuzeigen. Die Schnappschüsse meiner Aura, wie sie in diesem Buch dargestellt werden, habe ich mit dem AuraFit-System aufgenommen (um die gesamte Farbpalette dieser Aurabilder zu sehen, die für ein besseres Verständnis des Themas optimal ist, besuchen Sie meine Website). Mit Hilfe von Aura-Lesetechnologien wie AuraFit und anderen können wir die Größe der Aura, ihre vorherrschenden Farben und die Gesundheit der Chakren zu jedem beliebigen Zeitpunkt bestimmen.

Wenn wir das Energiefeld eines Menschen betrachten, sehen wir die farbige Energie, die in der Aura herumfließt. Die Art und Qualität der Energie in Ihnen hängt davon ab, worauf Ihr Bewusstsein seine Aufmerksamkeit richtet. Sie kann sich von einem Moment zum anderen ändern, da die Aura in Bezug auf die Bewusstseinsäußerungen ständig fluktuiert. Die Gedanken und Emotionen, an die wir denken und die wir erleben, nutzen in diesen Momenten die entsprechenden Chakren. Wenn ein einzelnes Chakra in der Aura zum Ausdruck kommt, ist die entsprechende Schicht dominant, einschließlich der entsprechenden Farbe.

Die Aurafarben verändern und verschieben sich ständig, je nachdem, worauf sich das Bewusstsein konzentriert und welche Schichten beteiligt sind. Jeder Mensch hat jedoch eine Grundfarbe in seiner Aura, die seine Persönlichkeit und Veranlagung widerspiegelt. Die Grundfarbe der Person gibt uns eine Vorstellung von ihrer allgemeinen Veranlagung und ihrem emotionalen Zustand, der von ihren Überzeugungen, Werten und Verhaltensweisen beeinflusst wird. Die Ebene des spirituellen Fortschritts einer Person wirkt sich auch auf den Farbbereich aus, in dem eine Person schwingt.

Aura Größe

Mit Hilfe der Aura-Lesetechnik, die von Hellsehern bestätigt wurde, haben wir festgestellt, dass der Umfang einer gesunden Aura mit gut funktionierenden Chakren im Durchschnitt bis zu sechs Fuß um eine Person herum reicht. Wenn es Blockaden oder Stagnation der Lichtenergie in den Chakren gibt, wird die Aura geschwächt, was ihren Umfang verringert. Ungesunde Auren können auf bis zu drei Fuß schrumpfen und sogar bis knapp außerhalb der Haut der Person.

Die Größe der Aura variiert und schwankt auf die gleiche Weise wie ihre Farben. Wenn eine Person beispielsweise kontemplativ ist oder sich nach Einsamkeit und Ruhe sehnt, wird sie nach innen gerichtet sein und ihre Energien für sich behalten, was die Aura schrumpfen lässt. Wenn sich die Person dagegen nach Kontakt mit anderen und nach Abenteuern sehnt, ist sie extrovertiert, was die Aura ausdehnt. Im Allgemeinen wächst die Aura, wenn man sich nach außen richtet und seine Liebesenergie mit anderen teilt, während die Aura schrumpft, wenn man introvertiert ist und sich auf die Selbstliebe konzentriert.

Die Aura ist wie ein lebender, atmender Organismus in dem Sinne, dass sie sich ausdehnt oder zusammenzieht, je nachdem, ob wir introvertiert oder extrovertiert sind und welche Art von Energien wir zum Ausdruck bringen. Wenn eine Person zum Beispiel müde und erschöpft ist, wird ihre Aura schrumpfen, während sie, wenn sie voller Energie und Vitalität ist, eine größere Aura haben wird. Auch Stress wirkt sich auf die Größe der Aura aus, da sie sich zusammenzieht, wenn das Bewusstsein unter Spannung steht.

Die Atmung wirkt sich auch auf die Größe unserer Aura aus. Menschen, die durch den Bauch atmen, nähren ihre sieben Chakren kontinuierlich mit Prana-Energie, halten das Energiesystem im Gleichgewicht und erweitern so ihre Aura. Diejenigen, die nur durch die Brust atmen, halten ihre mittleren bis höheren Chakras aktiviert, während ihre unteren Chakras relativ ungenutzt bleiben. Diese Menschen haben eine kleinere Aura und müssen ihre Atemmuster ändern, um ihre Chakren auszubalancieren und die Größe ihrer Aura zu optimieren.

Die allgemeine Größe des aurischen Feldes eines Menschen hängt auch davon ab, wo er sich im Prozess der spirituellen Entwicklung befindet und wie viel Lichtenergie er in seine Aura integriert hat. Menschen mit höheren Schwingungen haben im Allgemeinen größere Auren, während Menschen mit niedrigeren Schwingungen kleinere Auren haben. Menschen mit größeren Auren haben stärkere Fähigkeiten, ihre Ziele und Träume zu verwirklichen, während es für Menschen mit kleineren Auren schwieriger ist, das Leben, das sie sich wünschen, zu manifestieren.

Kundalini-Erweckte, die die Lichtenergie in die Chakren integriert haben, haben Auren, deren Umfang weit über sechs Fuß hinausgeht. Es wurde berichtet, dass vollständig erleuchtete Personen, Adepten, Weise und verwirklichte Yogis strahlende Auren haben, deren Licht einen ganzen Raum ausfüllen und einen Eindruck auf jeden in ihrer Nähe machen kann.

Wenn jemand extrovertiert und optimistisch ist und sich damit beschäftigt, Liebesenergie zu teilen, sein Aura-Umfang aber immer noch weit unter sechs Fuß liegt, ist das ein Hinweis darauf, dass es im physischen Körper eine Krankheit geben könnte. Nach dem hermetischen Prinzip der Korrespondenz wird sich die Qualität der Energie in der Aura als dieselbe Qualität im physischen Körper manifestieren, und umgekehrt.

Wenn jemand bedeutende psychologische und sogar physische Veränderungen durchmacht, wird sich das in seiner Aura zeigen. Zum Beispiel werden Menschen, die zu sehr abgehoben sind und eine Erdung brauchen, eine Fülle von Energie in ihrem Kopfbereich und wenig Energie um ihre Füße herum manifestieren. Für eine ausgeglichene Verbindung zwischen Geist, Körper und Seele sollten die Energien gleichmäßig im Kopfbereich (Geist), in den Füßen (Körper) und im Herzbereich (Seele) verteilt sein.

Form und Farbintensität der Aura

Wenn man die Aura einer Person in Echtzeit betrachtet, spielen verschiedene Faktoren eine Rolle, die das Aussehen der Aura widerspiegeln, von ihrer Größe und Form bis hin zur Farbintensität. Erstens sollte die Aura eiförmig und symmetrisch sein und den torusförmigen Energiefluss der Person widerspiegeln. Die Eiform der Aura sollte im neutralen Zustand eine glatte Oberfläche auf der Außenhülle haben. Eine unscharfe äußere Hülle deutet auf einen Mangel an persönlichen Grenzen hin. Wenn die Aura Löcher, Risse oder Sprünge hat, sieht sie stachelig aus, was auf leichte bis schwere energetische Probleme hinweist. Stagnierende Energie zeigt sich durch Trümmer oder dunkle Farbflecken in der äußeren Hülle.

Helle und strahlende Farben in der Aura spiegeln positive und harmonische Aspekte der entsprechenden Chakren wider, während dunkle Farben negative, disharmonische Aspekte reflektieren. Aus diesem Grund kann jede Farbe in der Aura heller oder dunkler sein.

Alle Bereiche der Aura sollten die gleiche Intensität und Helligkeit ausstrahlen. Farbbereiche, die in ihrer Farbintensität nicht gleichmäßig auf beiden Seiten der Aura verteilt sind, weisen auf ein chakrisches Ungleichgewicht hin.

Ausgeglichene Energie zeigt sich in ruhigen, helleren Farben, während sich unausgewogene Energien in dunkleren Farben manifestieren. Rot steht zum Beispiel für die rohe Energie der Aktion, die eine positive Eigenschaft des Muladhara Chakras ist, während Dunkelrot für Angst und Stress steht.

Wenn die Person körperlichen, geistigen oder emotionalen Stress erlebt, erscheint eine dunkelrote Farbe auf der linken Seite des Körpers. Wenn der Stress anhält, wird das Dunkelrot in den Herz-, Hals- und Kopfbereich eindringen und die ersten Schichten der Aura, die dem Körper am nächsten sind, einhüllen.

Wenn die Person ihren Fokus von dem, was sie beunruhigt hat, wegbewegt, sei es aus eigenem Antrieb oder durch einen äußeren Einfluss, wird die Anspannung die Psyche und den Körper verlassen, gefolgt von der dunkelroten Farbe, die aus der Aura austritt. Hält der Stress jedoch weiter an, füllt er weiterhin die übrigen Auraschichten und durchdringt die gesamte Aura, bis er aufgelöst ist (Abbildung 18).

Abbildung 18: In die Aura Eintretende und aus ihr Austretende Stressige Energie

Welche Farbe auch immer das dunkle Rot in der Aura ersetzt, wird oft in der linken Seite des Körpers gesehen (rechte Seite des Aurabildes), bevor sie die Bereiche Herz, Hals und Kopf durchdringt. Sie fließt dann in die ersten paar Auraschichten, gefolgt von den restlichen Schichten, wenn das, worauf sich das Bewusstsein konzentriert, stark genug ist. Die neue Energie wird sich dann in der Aura stabilisieren, bis ein Bewusstseinswandel eintritt.

Nehmen wir an, wir betrachten diese Erfahrung in Echtzeit mit einem Aura-Lesegerät. In diesem Fall erscheint es wie eine Welle neuer Energie, die in die Herzgegend schwappt und sich nach außen ausbreitet, bis sie alle dunkelroten Flecken in der Aura vollständig ersetzt. Die letzten Reste des tiefen Rots sind manchmal auf der rechten Seite zu sehen, bevor sie ganz verschwinden.

Wenn ein Gedanke oder eine Emotion das eigene Energiefeld dominiert, sieht es so aus, als ob die Aura einatmet, während bei einer inneren Veränderung die Aura ausatmet und damit die entsprechende Farbe aus dem System ausstößt.

Die Farben, die in die Aura kommen, sind immer ein Ergebnis der Absicht und der Aufmerksamkeit in Bezug auf Gedanken und Gefühle, auf die sich das Bewusstsein konzentriert. Wir können sie jederzeit durch den Einsatz von Willenskraft ändern. Woran wir denken oder worauf wir unsere Aufmerksamkeit richten, bestimmt unsere Realität, und wir können ihre Manifestation in der Aura sehen.

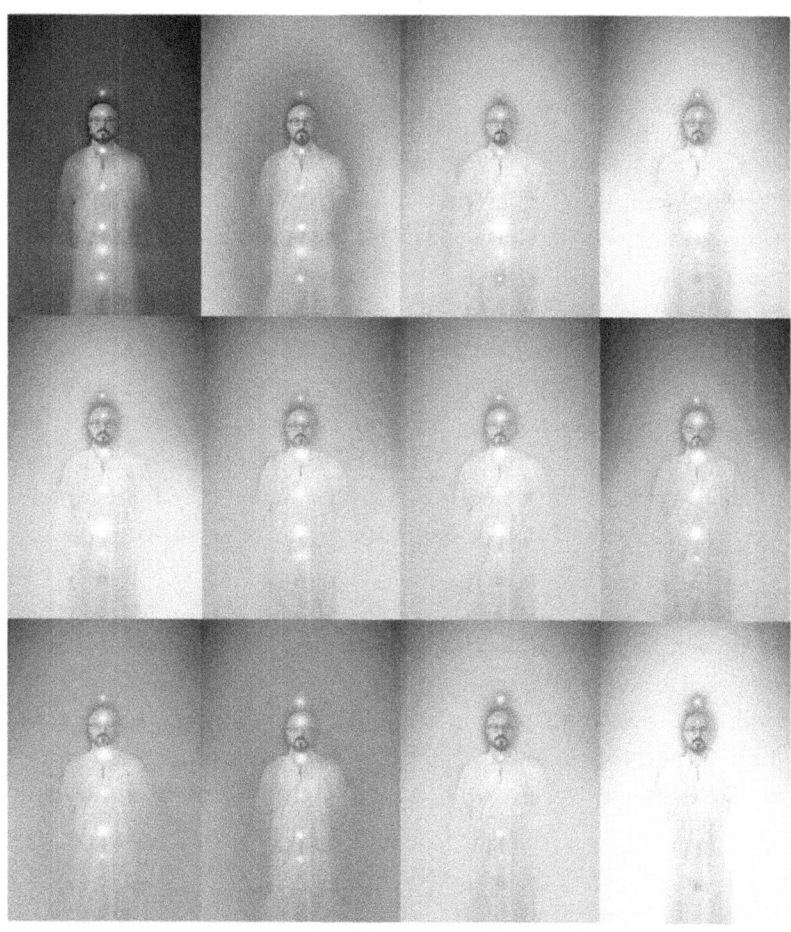

Abbildung 19: Verlauf der Aurafarben vom Niedrigsten zum Höchsten Chakra

Abbildung 19 zeigt einen Verlauf der Aurafarben von einem stressigen Zustand zu einem friedlichen und ausgeglichenen meditativen Zustand. Das erste Bild zeigt ein tiefes Rot, das die gesamte Aura ausfüllt, das im nächsten Bild von einem ruhigeren Rot abgelöst wird, gefolgt von einer vollständigen Klärung im dritten Bild durch eine angewandte Achtsamkeitsübung.

Der ruhige Geist erhöht die Schwingung des Bewusstseins schrittweise durch die Chakren. Nach Orange manifestiert sich die gelbe Farbe in der Aura, gefolgt von Grün, Blau, Indigo, Violett und Lavendel, der Reihe nach.

Die letzte weiße Farbe repräsentiert den Zustand des Geistes, wenn er frei von allen Gedanken ist, egal ob positiv oder negativ, und stellt die substantiellste Verbindung mit Sahasrara dar - dem göttlichen weißen Licht. Eine weiße Aura bringt göttliche Glückseligkeit, die wir im Herz-Chakra spüren können.

AURA-ANATOMIE (FARBBEREICHE)

Über dem Kopf

Die Farbe über dem Sahasrara Chakra steht für das Bewusstsein und den gegenwärtigen Moment. Daher bezieht sie sich auf die Gedanken und das, was einer Person gerade durch den Kopf geht. Die Gedanken werden von der Mentalebene projiziert und sind veränderlicher als die Emotionen. Daher verändert sich die Farbe über dem Kopf am schnellsten.

Wenn sich ein farbiges Band wie ein Bogen über den oberen Teil der Aura zieht, deutet dies auf die Hoffnungen, Ziele und Bestrebungen einer Person hin (Abbildung 20). Die Farbe des Bandes sagt uns, welche Art von Bestrebungen oder Zielen die Person im Kopf hat. Ist das Band zum Beispiel indigoblau oder violett, bedeutet dies, dass die Person derzeit spirituelle Ambitionen hat. Ein blaues Band zeigt an, dass die Person nach kreativem Ausdruck strebt. Ein rotes Band hingegen weist auf eher monetäre Ziele hin, die mit der Verbesserung der Qualität des irdischen Lebens zu tun haben.

Rund um das Herz

Die Farbe in der Herzgegend ist Ausdruck Ihrer Stimmung und Ihres allgemeinen Gemütszustandes. Diese Farbe bezieht sich auf die Astralebene, zu der die ersten beiden Schichten gehören, die dem Körper am nächsten sind. Diese beiden Schichten umgeben den physischen Körper, erstrecken sich um den Kopf und umschließen die Füße.

Da das, was wir fühlen, wesentlicher und weniger veränderlich ist als das, woran wir denken, ist der Herzbereich Ausdruck unserer zentralen Persönlichkeit. Es stellt das Chakra dar, das wir den ganzen Tag über am meisten nutzen. Es ist üblich, die gleiche Farbe über dem Kopf und um das Herz und den Körper herum zu sehen, da wir oft an Dinge denken, die mit unseren Gefühlen übereinstimmen.

Die Farbe des Herzbereichs ist Ihr Fundament; sie ist die vorherrschende Farbe in Ihrer Aura und repräsentiert das Selbst zu diesem Zeitpunkt. In dem Maße, in dem sich Ihre allgemeinen Überzeugungen und Ansichten über das Leben ändern, ändert sich auch Ihre Kernfarbe. Wenn der Einzelne ein lebensveränderndes Ereignis erlebt, kommt es oft zu einer radikalen Veränderung seiner Kernfarbe.

Ihre Kernfarbe ändert sich im Laufe des Tages, um die Veränderungen Ihrer Emotionen widerzuspiegeln, aber sie kehrt im Allgemeinen sofort in ihren neutralen Zustand zurück. Der beste Weg, Ihre Kernfarbe zu ermitteln, ist daher, die Aura über einen kürzeren Zeitraum zu beobachten. Ein einziger Schnappschuss der Aura mit einem Aura-Lesegerät reicht nicht aus, um die Kernfarbe zu ermitteln.

Ein weiterer Faktor, der sich auf unsere Kernfarbe auswirkt, ist, wie gut wir unser Kehlkopfchakra, unser Kommunikationszentrum, nutzen. Wenn wir uns verbal oder körpersprachlich intensiv ausdrücken, wird das Kehlchakra tendenziell erleuchtet, was den Halsbereich erhellt und unsere Kernfarbe aufhellt. Die eigene Wahrheit auszusprechen und sich auszudrücken ist also entscheidend für eine gesunde, nicht verstopfte Aura mit frei fließender Energie und leuchtenden Farben.

Linke Seite des Körpers

Die linke Seite des Körpers repräsentiert die weibliche, passive, rezeptive Yin-Energie, die der Vorstellungskraft aufgeprägt wird. Die Farbe auf der linken Seite zeigt uns Energie, die entweder selbst kultiviert oder durch eine andere Person oder sogar durch Umweltreize in uns projiziert wird. Diese Farbenergie steht für die Zukunft, wenn wir sie aufnehmen und akzeptieren und ihr erlauben, sich in unserem Bewusstsein festzusetzen.

Wenn unsere derzeitige Veranlagung stärker ist als die Energie, die uns aufgeprägt wird, wird sie kurz auf der linken Seite verweilen und die Aura ganz verlassen. Wenn wir diese Energie jedoch annehmen, wird sie sich in die Herzgegend ergießen und sich nach außen ausbreiten, um die dominierende Farbe in unserer Aura zu werden, die unsere Gedanken und Gefühle übernommen hat. Aber wie gesagt, wenn die neue Energie, die in unser Zentrum gekommen ist, nicht mit unserer allgemeinen Veranlagung übereinstimmt, wird sie bald darauf aus der Aura verschwinden und durch unsere Kernfarbe ersetzt werden.

Wenn die Energie auf der linken Seite von einer Person in uns projiziert wird, mit der wir in Kontakt sind, sei es in einer Heilsitzung oder durch verbale Kommunikation, ist es üblich, dieselbe Farbe als die dominante in ihrer Aura zu sehen. Erinnern Sie sich daran, dass unsere Vorstellungskraft immer durch Willenskraft angeheizt werden muss, entweder durch unsere eigene (da sie optimal ist) oder durch die eines anderen.

Bei vielen Aura-Lesungen kommt eine dunkelrote Farbe in die linke Seite, wenn eine Person emotional oder geistig getriggert wird. Sie verbleibt dort für ein paar Augenblicke, während das Bewusstsein sie verarbeitet. Wenn das Nervensystem der Person stark genug ist, wird sie es überwinden und das Dunkelrot wird aus der Aura austreten. Wenn die Person es zulässt, dass es mental oder emotional oder beides überhand nimmt, wird das

Dunkelrot die Aura durchdringen und die vorherrschende Farbe sein, was bedeutet, dass der Stress das Bewusstsein vollständig in Beschlag genommen hat.

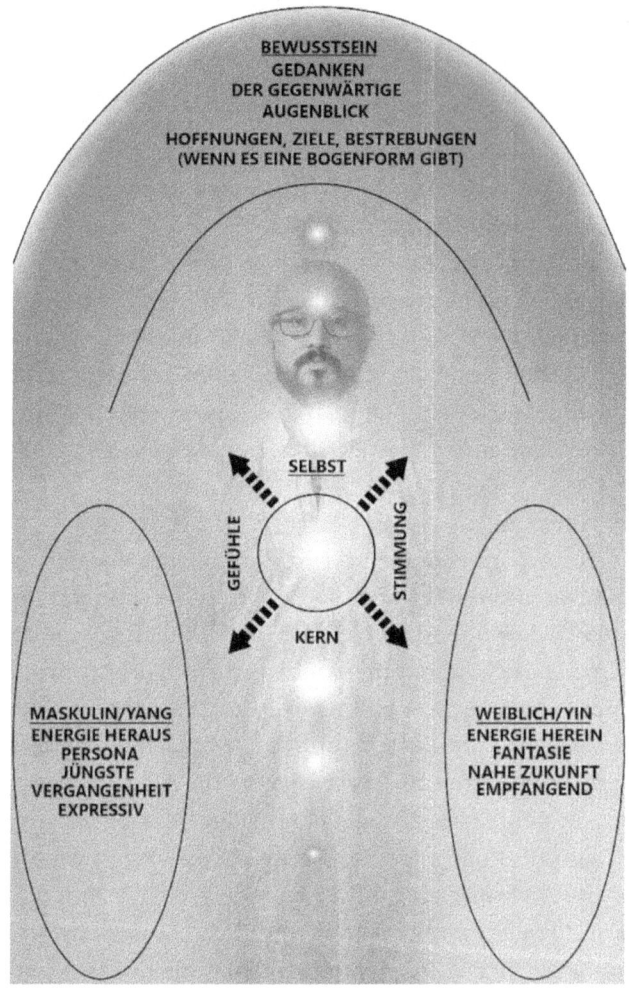

Abbildung 20: Anatomie der Aura

Wenn die Farbe auf der linken Seite in der gesamten Aura gleich ist, wird die Energie sehr stark empfunden, da die Person mit ihren Gedanken, Gefühlen und Handlungen übereinstimmt. Wenn die Farbe auf der linken Seite die gleiche ist wie die auf der rechten Seite, führt die Person aus, was sie denkt, auch wenn sie es nicht fühlt. Damit wir eine Energie spüren können, muss sie die Grundfarbe sein und den Herzbereich und die ersten Schichten der Aura durchdringen.

Rechte Seite des Körpers

Die rechte Seite des Körpers repräsentiert die männliche, aktive, projektive Yang-Energie. Sie stellt die jüngste Energie dar, die durch uns hindurchgegangen ist und nun freigesetzt und ausgedrückt wird. Es ist die Energie des Handelns, die ein Nebenprodukt dessen ist, was wir denken und fühlen. Da es sich um die Energie handelt, die wir in die Welt hinaustragen, stellt sie dar, wie andere Menschen uns wahrnehmen - unsere Persona.

Wenn wir etwas ausdrücken, hinterlassen wir einen Eindruck auf der physischen Ebene und bauen Erinnerungen auf. Jede Handlung, die wir ausführen, hat eine Bedeutung, da sie uns entweder befreit oder uns weiter an unser Karmarad bindet. Wir müssen darauf achten, dass die Energien, die wir in die materielle Welt projizieren, nicht dunkel und trübe sind, da sie die negativen Qualitäten der Chakren zum Ausdruck bringen.

Während die Farbe auf der rechten Seite das bewusste Selbst im Akt des Ausdrucks darstellt, repräsentiert die Farbe auf der linken Seite das Unterbewusstsein. So zeigen die linke und rechte Seite der Aura unser introvertiertes und extrovertiertes Selbst. Wenn wir von Natur aus sehr sozial und extrovertiert sind, dann wird sich die Farbe auf der rechten Seite oft verändern, wenn wir uns in der Welt ausdrücken. Wenn wir jedoch eher introvertiert sind und viel Zeit damit verbringen, über unsere Gefühle nachzudenken und zu kontemplieren, dann werden wir mehr Energieverschiebungen auf der linken Seite erleben und sehr wenig bis gar keine Bewegung auf der rechten Seite.

Ein Schriftsteller zum Beispiel, der viel Zeit mit dem Nachdenken über Ideen verbringt, wird auf seiner linken Seite beständige Farb- und Energieverschiebungen haben. Umgekehrt wird ein Sänger, der in einem Konzert auftritt, in einem ständigen Akt des Ausdrucks sein, und so werden sich die Farben auf seiner rechten Seite ändern und verschieben in Bezug auf die Emotionen, die er durch seine Lieder ausdrückt. Sie werden wenig bis gar keine Zeit haben, nach innen zu gehen und in sich zu gehen, um bewusst einen Eindruck in ihrer Vorstellung zu hinterlassen. Die Farben, die in ihre linke Seite eindringen, werden jedoch mit den Energien korrespondieren, die von den anwesenden Fans auf sie projiziert werden.

ENERGETISCHE PROBLEME IN DER AURA

Energetische Probleme innerhalb der Aura manifestieren sich als Löcher, Risse oder stagnierende Energie (Abbildung 21). Löcher in der Aura sind auf der äußeren Hülle zu finden und sehen aus wie ein Vakuum auslaufender Energie; sie stellen einen schweren Energieverlust und eine Anfälligkeit für negative Einflüsse dar. Auralöcher können schnell ein Ungleichgewicht im energetischen System erzeugen, indem sie Energie nach außen entweichen und unerwünschte Energien von außen eindringen lassen.

Aura-Löcher entstehen, wenn Menschen zu viel Zeit mit Tagträumen verbringen und nicht in ihrem Körper präsent sind. Jede Aktivität, die Geistesabwesenheit fördert und bei der man sich nicht mit seinen Emotionen auseinandersetzt, kann potenziell Löcher in der Aura verursachen. Drogen- und Alkoholmissbrauch sind berüchtigt für die Entstehung von Auralöchern, ebenso wie das tägliche Rauchen von Zigaretten.

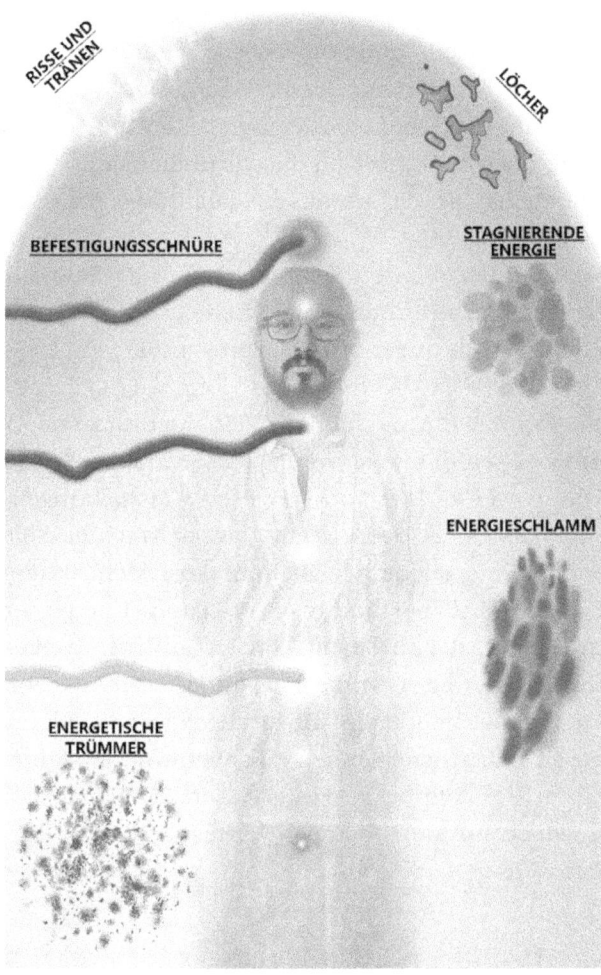

Abbildung 21: Energetische Probleme in der Aura

Eine hochporöse Aura ist wie ein Energieschwamm. Wenn man übermäßig empfindlich auf Umweltreize reagiert, entsteht mit der Zeit Verwirrung über die eigene Identität. Einfach ausgedrückt: Es wird schwierig festzustellen, welche Gedanken und Gefühle die eigenen sind und welche die anderer Menschen. Menschen mit Löchern in ihrer Aura wenden sich oft dem "People Pleasing" zu, um sich in einer Umgebung sicher zu fühlen. Wenn sie gereizt werden oder Konfrontation begegnen, neigen diese ängstlichen Menschen dazu, ihren Körper bewusst zu verlassen, um die negativen Emotionen nicht zu erleben, anstatt sich mit der Situation auseinanderzusetzen.

Wir alle müssen der Realität ins Auge sehen, um geistig, emotional und spirituell zu wachsen. Wenn wir es vermeiden, uns mit der Realität auseinanderzusetzen, werden Selbstvertrauen und Selbstwertgefühl mit der Zeit erheblich beeinträchtigt, was zu weiteren energetischen Problemen führt.

Risse in der äußeren Hülle der Aura sind Anzeichen für vergangene physische und psychische Traumata, die wie Risse in einem glatten Stück Stoff aussehen. Risse ermöglichen psychische Verwundbarkeit und Energieverlust, ähnlich wie Löcher in der Aura, aber weniger intensiv. Risse in der Aura deuten auf eine Geschichte des Missbrauchs hin, sei es körperlich, sexuell, mental oder emotional. Andererseits erzeugt das schädliche Gewohnheitsverhalten einer Person Aura-Löcher, obwohl die Vermeidung der Auseinandersetzung mit der Realität auf tiefsitzende unterbewusste Probleme hinweist.

Ein Mensch, der tief verletzt ist, fühlt sich ständig von anderen bedroht. Sie sind reaktiv und jederzeit zum Konflikt bereit. Oft verletzen sie versehentlich andere Menschen, selbst wenn sie nur versuchen, ihnen zu helfen. Diese Menschen müssen die Quelle ihres Schmerzes diagnostizieren und ihn durch Therapie oder spirituelle Heilpraktiken behandeln. Dies wird ihnen helfen, ihr Identitätsgefühl wiederzuerlangen und die Risse und Löcher in ihrer Aura zu reparieren.

Stagnierende Energie in der Aura manifestiert sich auf vielfältige Weise. Trümmerpartikel stellen stagnierende, ungeerdete Energie dar, die sich in der Aura oder entlang des Lichtkörpers manifestiert. Energetische Trümmer bestehen aus schmutzigen, statischen Partikeln, die normalerweise in einem Bereich verstreut sind und zu verstreuten Gedanken und Emotionen führen.

Ein weiteres Beispiel für stagnierende Energie sind dunkle Farbflecken entlang der äußeren Hülle der Aura, die wie dicke, schlammige Wasserpfützen aussehen. Wenn sich stagnierende Energie über einen längeren Zeitraum ansammelt, wird sie dichter und verwandelt sich in energetischen Schlamm - dicke ölartige Flecken, die dunkel aussehen.

Stagnierende Energie entsteht, wenn der Mensch zu lange an Gedanken oder Gefühlen festhält, ohne sie auszudrücken. Mit der Zeit kann es zu dichten oder schweren Energieansammlungen kommen, die sich in Teilen der Aura stauen und den Geist träge machen. Farbkleckse finden sich in der Regel in demselben Bereich und betreffen ein oder mehrere der entsprechenden Chakren (je nach Farbe). Energiewolken auf der Innenseite der Aura werden oft als Stress empfunden, der tief im Unterbewusstsein verborgen ist.

Dunkle Flecken in der Aura sind wie ein psychischer Rückstand, der uns vom gegenwärtigen Moment trennt. Wenn wir uns nicht erlauben auszudrücken, was wir denken und fühlen, nehmen wir uns die Fähigkeit, starke Verbindungen zu anderen Menschen aufzubauen. Anstatt uns auf Wahrheit und Fakten zu verlassen, um unsere Realität zu steuern, neigen wir dazu, das Leben durch Assoziationen und Annahmen zu leben, da uns der Mut fehlt, ausdrucksstärker zu sein. Sich selbst nicht genug zu lieben, schwächt das Kehlchakra, das gewöhnlich mit stagnierender Energie in der Aura verbunden ist. Menschen mit vielen dunklen Flecken in der Aura neigen dazu, in Abgeschiedenheit zu leben, da sie sich in der Isolation von anderen sicherer fühlen.

Schließlich manifestieren sich ungesunde Bindungen als Energiestränge, die zwei Menschen über eines oder mehrere ihrer sieben Chakren miteinander verbinden. Interaktionen, die ständig von intensiver Angst, Wut oder anderen negativen Emotionen geprägt sind, deuten auf das Vorhandensein eines Bindungsstrangs (oder von Bindungssträngen) hin. Bindungsschnüre finden sich häufig in ungesunden Beziehungen zwischen Familienmitgliedern. Sie sind oft das Ergebnis von Schuldgefühlen oder anderen ungelösten Emotionen, die zwei Menschen psychisch binden.

Bindungsstränge können auch durch eine gemeinsame traumatische Erinnerung zwischen Freunden oder Fremden entstehen. Zwei häufige Beispiele für energetische Bindungen sind co-abhängige und sadomasochistische Beziehungen.

Spirituelle Bindungen sind das Gegenstück zu negativen Bindungsschnüren. Sie stellen positive Bindungen zwischen zwei Menschen dar, die liebevolle, heilende Energie von einem zum anderen leiten. Spirituelle Bindungen werden oft zwischen einem Menschen und seinem Haustier geteilt, besonders bei Hunden, die hohe Schwingungsenergie zu ihren Besitzern kanalisieren und in diesem Leben an sie gebunden sind.

DIE AURA UND DIE SCHWINGUNGEN

Das hermetische Prinzip der Schwingung besagt, dass alle Dinge im Universum in einer bestimmten Frequenz schwingen. Da unser Körper größtenteils aus Wasser besteht, werden die Klangschwingungen der Umwelt ständig in uns hineingetragen und beeinflussen direkt, was wir denken und wie wir uns fühlen. Diese Schwingungszustände wirken sich wiederum auf unser aurisches Torusfeld aus und verstärken oder schwächen es. Denken Sie daran, dass das elektromagnetische Feld des Herzens eines Menschen mit seinem aurischen Feld zusammenarbeitet und es mit emotionaler Energie anregt.

Klang ist der transzendentalste aller Sinne und derjenige, der uns am meisten auf die höheren kosmischen Ebenen einstimmt. Angenehm klingende Musik mit harmonischem Rhythmus wirkt auf unsere Aura und ruft einen positiven emotionalen Zustand hervor. Sie bringt uns mit unseren Seelen in Kontakt und heilt uns. Andererseits erzeugt Musik mit disharmonischen Tönen Schallwellen, die genau das Gegenteil bewirken. Sie kann uns ängstlich und aufgewühlt machen und dadurch Angstenergie hervorrufen. Im ersten Fall dehnt sich unsere Aura aus, da angenehm klingende Musik einen liebevollen emotionalen Zustand erzeugt, der unser Herz vor Freude vibrieren lässt. Im zweiten Fall zieht sich unsere Aura zusammen, um uns vor schädlichen Schwingungen abzuschirmen und zu schützen. In der modernen Hip-Hop-Musik wird zum Beispiel die 808-Drum-Maschine verwendet, deren niederfrequente Beats uns auf das Wurzelchakra Muladhara einstimmen. Ihre dichte Schwingung hält unser Bewusstsein an die materielle Ebene gebunden und führt oft zu Irritationen und Aggressivität.

Wir werden stark von der elektromagnetischen Energie beeinflusst, die von technischen Geräten in unseren Wohnungen freigesetzt wird, auch wenn sich die meisten von uns dieser Tatsache nicht bewusst sind. Computer, Handys, Tablets und insbesondere WiFi-Router stören den natürlichen Fluss unseres toroidalen Feldes und können Störungen verursachen. Aus diesem Grund ist es nicht ungewöhnlich, dass Menschen, die energetisch empfindlich sind, ihr Handy ausschalten oder ihren WiFi-Router ausstecken, wenn sie schlafen gehen. Manche gehen sogar so weit, alle technischen Geräte aus den Steckdosen zu ziehen, um die elektromagnetische Energie in ihrer Umgebung zu neutralisieren.

Die Grundlage aller höher schwingenden Energien ist die Liebe. Im Gegensatz dazu basieren alle niedriger schwingenden Energien auf Angst. Als allgemeine Regel gilt, dass positive, liebevolle Energien die Aura ausdehnen, während negative, auf Angst basierende Energien sie zusammenziehen lassen. Die Kontraktion der Aura erfolgt, um die Energien der Person zu schützen, während die Ausdehnung erfolgt, um mehr positive Energien von außen eindringen zu lassen.

Wir fühlen uns von Natur aus zu liebevollen, friedlichen und ruhigen Menschen hingezogen, da sie unsere Aura positiv beeinflussen. Wie oft haben Sie schon den Satz gehört: "Diese Person hat eine schöne Aura". Damit ist gemeint, dass die betreffende Person über eine Fülle von Lichtenergie verfügt, die sie bereitwillig mit anderen teilt. Umgekehrt sind pessimistische, feindselige, wütende und allgemein chaotische Menschen eine Herausforderung für uns, da sie unsere Aura negativ beeinflussen. Daher versuchen wir natürlich, uns von diesen Menschen fernzuhalten, es sei denn, sie bringen etwas in uns zum Vorschein, dass wir in uns selbst heilen möchten.

Für die Gesundheit unseres aurischen Feldes ist es förderlich, sich oft draußen aufzuhalten und sich mit der Erde zu verbinden. Ob Sie nun elektromagnetischen Frequenzen ausgesetzt waren oder nach einer Begegnung mit einer negativen Person den Kopf frei bekommen müssen, es hilft, spazieren zu gehen, vor allem in der Natur. Die meisten Menschen, die sich dazu hingezogen fühlen, spazieren zu gehen, nachdem sie negativer Energie ausgesetzt waren, sind sich nicht bewusst, dass die Energien der Erde dabei helfen, Negativität aus der Aura zu lösen, indem sie die Erdung erleichtern. Die Seele nimmt das Bewusstsein lange genug in Beschlag, um Sie zu einem Spaziergang zu bewegen, bei dem Sie sich den Elementen der Natur aussetzen und so Ihre Energien zurücksetzen und neutralisieren können.

An einem sonnigen Tag barfuß in der Natur zu laufen ist der beste und schnellste Weg, sich mit der Erde zu verbinden. Die Sonne nährt unsere aurischen Energien, während der Torus sich mit der Erde ausrichtet. Die unmittelbare Behandlung des physischen Körpers wirkt sich auf unsere chakrischen Energien aus und umgekehrt - wie oben, so unten. Durch Erdung und körperliche Bewegung entlasten wir den Körper von negativer Energie und entgiften, während wir körperliche Verspannungen abbauen und den Fluss unserer Nadis optimieren. Im Gegenzug steigt unsere Vitalität und unsere Aura wird gestärkt.

Zwischen *The Magus* und *Serpent Rising* habe ich mächtige spirituelle Praktiken wie zeremonielle Magie, Kristallheilung, Stimmgabel-Klangheilung, Aromatherapie und andere behandelt. Alle diese Praktiken zielen darauf ab, die Chakren zu heilen und ins Gleichgewicht zu bringen, die Aura zu optimieren und sich spirituell weiterzuentwickeln. Natürlich ist es hilfreich, diese Praktiken mit Yoga, Körperübungen oder anderen Methoden zu kombinieren, die direkt auf den physischen Körper wirken und ihn erden. Wenn der Körper gesund ist, ist es auch der Geist, und umgekehrt.

KUNDALINI UND DIE AURA

Dein toroidales Feld ist eine autonome Batterie, die von Prana angetrieben wird, dass Nahrung und Wasser als Treibstoff benötigt. Sobald die Kundalini das Sahasrara Chakra durchdringt und den Tausendblättrigen Lotus öffnet, vereint sich das Bewusstsein mit dem kosmischen Bewusstsein und erweitert und optimiert Ihr toroidales Energiefeld.

Wenn die Chakras im Laufe der Zeit durch das Kundalini-Feuer gereinigt und geläutert werden, dringt die Lichtenergie weiter in die Aura ein und stärkt und optimiert die Chakras. Dadurch wird das aurische Feld gestärkt, denn die Menge an Lichtenergie, die eine Person kanalisiert, hat einen direkten Einfluss darauf, wie stark die Aura magnetisiert wird. Im Gegenzug erreicht der physische Körper seinen optimalen, gesunden Zustand, und die allgemeine Vitalität nimmt zu.

Während der Kundalini-Transformation öffnen sich die Hand- und Fußchakren und ermöglichen es dem Geist, herabzusteigen und die tiefsten Winkel des Selbst zu durchdringen. Darüber hinaus stärkt der Energiefluss aus den Fingern und Zehen den Torus und verstärkt die Geschwindigkeit der darin zirkulierenden Energie (Abbildung 22).

Es öffnen sich auch andere Energiekanäle, die die Optimierung des Torus erleichtern. Der gesamte Kundalini-Erweckungsprozess und die anschließende Transformation sind darauf ausgerichtet, dass der Einzelne sein höchstes Potenzial als spiritueller Mensch erreicht, was sich in der Ausdehnung seiner Bioenergie widerspiegelt, die das aurische Feld umfasst.

Es ist kein Zufall, dass eine Kundalini erwachte Person anderen gegenüber einzigartig erscheint. Da wir alle miteinander verbunden sind, können wir, wenn unsere Energiefelder interagieren, intuitiv erkennen, wenn das Energiefeld einer Person stärker ausgeprägt ist als gewöhnlich. Daher ist eine Person mit einem verstärkten Energiefeld von Natur aus für jeden, der mit ihr in Kontakt kommt, attraktiv.

Da das Zentrum des Torus das Herz ist, haben Menschen, die aus dem Herzen und nicht aus dem Kopf leben, von Natur aus stärkere toroidale Energiefelder. Sie sind stärker magnetisiert und elektrisch, was bedeutet, dass sie von Natur aus mehr Lichtenergie kanalisieren als jemand, der nur durch den Intellekt lebt.

Menschen, die aus dem Herzen leben, lieben sich selbst und andere, weil sie mit ihrer Seele in Kontakt sind. Denken Sie daran, dass die Seele durch das Herz lebt, während das

Ego durch den Verstand lebt. Ein Mensch, der aus dem Herzen lebt, ist in Kontakt mit seiner intuitiven Fähigkeit. Sie spüren die Energien um sich herum, anstatt mit dem Intellekt mit ihrer Umwelt in Kontakt zu treten.

Indem Sie den Verstand und das Ego umgehen, kommen Sie in Kontakt mit dem gegenwärtigen Moment, dem Jetzt, dass das Feld der unendlichen Möglichkeiten ist. Im Jetzt zu sein und mit dem Herzen und der Seele zu leben, erweitert Ihr Energiefeld und maximiert Ihr spirituelles Potenzial.

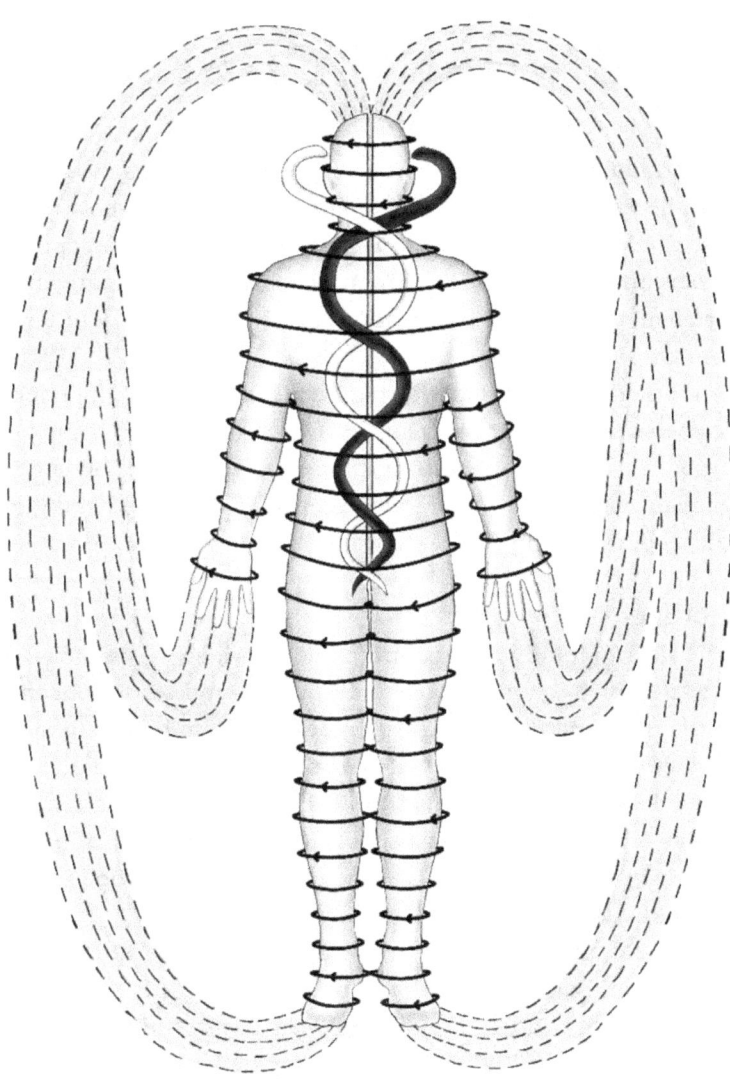

Abbildung 22: Das Toroidale Kundalini-Feld

DIE SIEBEN HAUPTCHAKREN

Wenn Sie die Kundalini erweckt haben und sie zu Sahasrara aufgestiegen ist, sind die sieben Chakren, die dem gesamten Lebensbaum entsprechen, nun vollständig in Ihnen aktiviert. Jedes Chakra drückt sich durch verschiedene Teile der Psyche aus und beeinflusst die Körperfunktionen. Wir können die chakrischen Energien weiter in die fünf Elemente unterteilen, da jedes entweder der Erde, dem Wasser, dem Feuer, der Luft oder dem Geist entspricht.

Die Chakren innerhalb des Lichtkörpers und die entsprechenden Elemente und kosmischen Ebenen der Existenz nehmen denselben Raum und dieselbe Zeit ein wie Ihr physischer Körper. Sie alle existieren innerhalb Ihrer Aura und bilden Schichten davon, die im Wesentlichen miteinander verbunden sind und sich gegenseitig durchdringen. Je höher das Chakra oder Element ist, desto weiter ragt es nach außen.

Muladhara Chakra

Das erste Chakra, Muladhara, befindet sich zwischen dem Steißbein und dem Perineum. Es ist das niedrigste der sieben Hauptchakren und steht in Verbindung mit dem Element Erde und dem Planeten Saturn, dem sich am langsamsten bewegenden der sieben alten Planeten, der mit Karma und Zeitzyklen zu tun hat. Muladhara ist das Zentrum unserer körperlichen Energie und Erdung. Sein Modus Operandi ist die Sicherheit und das Überleben des physischen Körpers. Da Muladhara mit der Welt der Materie in Verbindung steht, ist seine Energie mit dem physischen Ausdruck verbunden - alle physischen Aktivitäten erfordern Erdenergie.

Die Kundalini liegt aufgerollt an der Basis der Wirbelsäule und ist durch die Energielinien in unseren Beinen, die sich mit unseren Fußchakren verbinden, untrennbar mit dem Planeten Erde verbunden. Muladhara wird auch Wurzel-, Basis- oder Erdchakra genannt, weil es die Grundlage und das unterste der sieben Hauptchakren ist. Die Energie dieses Chakras ist am dichtesten und schwingt mit der niedrigsten Frequenz aller Chakras. Nach dem hermetischen Axiom "Wie oben, so unten" befasst sich Muladhara mit dem Aspekt der Manifestation - dem Unten.

Muladhara hat vier Blütenblätter oder Wirbel und hat die Farbe Rot. Nahrungsmittel, die dem Muladhara Chakra entsprechen, sind Wurzelgemüse, rotes Fleisch, rote Früchte,

Pfeffer, Cayennepfeffer und Paprika. Herausforderungen in diesem Chakra beziehen sich auf die Dinge, die wir in unserem materiellen Leben erwerben, und deren Qualität. Haben wir zum Beispiel den richtigen Job, die richtige Wohnung, das richtige Fahrzeug, den richtigen Lebenspartner, die richtigen Freunde oder fehlt es uns an Stabilität und Sicherheit in diesen Bereichen?

Ein offenes und aktives Wurzelchakra macht den Menschen zuversichtlich, stabil und geerdet. Es fällt ihnen leicht, das Leben zu manifestieren, das sie sich wünschen, und sie sind emotional und geistig ausgeglichen. Ein überaktives Wurzelchakra macht den Menschen materialistisch und gierig. Andererseits macht ein unteraktives Wurzelchakra den Menschen übermäßig furchtsam und ängstlich. Wenn es an emotionaler und mentaler Stabilität mangelt, ist es scheinbar unmöglich, irgendetwas Wertvolles in Ihrem Leben zu manifestieren.

Swadhisthana Chakra

Das zweite Chakra, Swadhisthana, befindet sich im Unterbauch und ist mit dem Element Wasser und dem Planeten Jupiter, dem wohlwollenden Planeten der Barmherzigkeit und Gerechtigkeit, verbunden. Swadhisthana beschäftigt sich mit Emotionen, Gefühlen und Instinkten, die durch das Unterbewusstsein projiziert werden. Da Swadhisthana mit dem Unterbewusstsein in Verbindung steht, ist es die Quelle der Angstenergie, die einen großen Einfluss darauf hat, was wir im Leben werden.

Swadhisthana wird das Sakral- oder Milz-Chakra genannt. Auf einer grundlegenden menschlichen Ebene beeinflusst das Sakralchakra unseren sexuellen Ausdruck, soziale Interaktionen und wie wohl wir uns mit uns selbst und anderen fühlen. Das Sakralchakra ist der Persönlichkeitsaspekt des Ich-Bewusstseins, der sich im Laufe der Zeit herausbildet. Das Ego wird von Angst beherrscht, da es alle Aktivitäten vermeidet, die Körper und Geist ein schlechtes Gefühl geben, während es alles umarmt, was ihm ein gutes Gefühl gibt. Dem Ego geht es in erster Linie um das Streben nach Vergnügen, ohne Rücksicht darauf, wie sich seine Handlungen auf andere Menschen auswirken.

Swadhisthana hat sechs Blütenblätter und ist die Farbe Orange. Lebensmittel, die dem Swadhisthana Chakra entsprechen, sind orangefarbenes Obst und Gemüse, Eier, Tofu, Sojaprodukte, Erdnussbutter, Nüsse, Samen, Honig und Vanille. Die Herausforderungen im Swadhisthana Chakra liegen in der Art der Emotionen, die wir in uns tragen. Fühlen wir viel Angst, und hindert uns die Angst daran, die Wünsche unserer Seele zu manifestieren? Haben wir Freude in unserem Leben, oder ist das Leben fade und langweilig? Haben wir Probleme mit Intimität, und sind wir sexuell ausdrucksstark? Fühlen wir uns wohl mit dem, was wir sind, oder verstecken wir uns vor der Welt?

Wenn Swadhisthana offen und aktiv ist, ist man in Kontakt mit seinen Emotionen und geht offen mit anderen um, so dass man gesunde Beziehungen eingehen kann. Sie fühlen sich wohl in der Intimität und können ihre inneren Wünsche ausdrücken. Ein ausgeglichenes Sakralchakra fördert die Kreativität und erlaubt es, mit dem Strom des Lebens zu schwimmen, ohne sich zu sehr festzulegen. Es ermöglicht Ihnen, Glück und Freude bei kleinen, alltäglichen Aktivitäten zu empfinden.

Wenn das Sakralchakra blockiert oder unteraktiv ist, verschließt man sich emotional gegenüber anderen, zieht sich zurück und geht nach innen. In diesem Zustand wird eine Person introvertiert und ist zu sehr mit ihrem Ego und ihren Unsicherheiten verbunden. Im Gegensatz dazu macht ein überaktives Sakralchakra den Menschen übermäßig emotional, anhänglich an andere Menschen und zu sexuell, was zu Promiskuität führt.

Manipura Chakra

Das dritte Chakra, Manipura, befindet sich am Solarplexus, oberhalb des Nabels. Sein anderer Name ist Solarplexus-Chakra. Manipura korrespondiert mit dem Feuerelement und dem Planeten Mars, weshalb es die Quelle unserer Willenskraft ist. Unsere Motivation, unser Antrieb, unsere Vitalität und unser Maß an Kreativität werden von Manipura gesteuert. Darüber hinaus ist dieses Chakra für unser Selbstvertrauen, unser Selbstwertgefühl und unsere Durchsetzungsfähigkeit im Leben zuständig.

Manipura regelt die Verdauung, die es uns ermöglicht, die Nahrung in wertvolle Energie für Körper und Geist umzuwandeln. Manipura arbeitet mit den Chakren über und unter ihm zusammen, da es der "Sitz der Seele" ist. Die Seele steuert unseren Charakter, während das Ego unsere Persönlichkeit steuert. Die Seele erfordert Intelligenz, geistige Klarheit und die Harmonisierung des Willens mit Logik, Vernunft und Vorstellungskraft. Als solches bezieht Manipura Energie aus dem Luft-Chakra über ihm, Anahata. Das Feuer von Manipura aktiviert auch den kreativen Impuls, der die Emotionen von Swadhisthana für seinen Ausdruck benötigt.

Manipura hat zehn Blütenblätter und ist die Farbe Gelb. Nahrungsmittel, die dem Manipura Chakra entsprechen, sind gelbe und goldene Früchte und Gemüse, Milchprodukte, komplexe Kohlenhydrate und Getreide, Senf, Kurkuma, Kreuzkümmel und Ingwer. Die Herausforderungen, die in diesem Chakra zu finden sind, beziehen sich darauf, wie wir unsere Willenskraft einsetzen. Sind wir für unser eigenes Leben verantwortlich oder sind es andere Menschen? Sind wir motiviert und angetrieben, unsere Ziele zu erreichen, oder mangelt es uns in diesem Bereich? Bringen wir unsere innersten Wünsche zum Ausdruck, oder sind wir zu sehr in unseren Gefühlen gefangen? Wissen wir, wie man hart durchgreift, wenn andere uns Unrecht tun, oder sind wir ein Fußabtreter, den andere benutzen?

Wenn Manipura offen und aktiv ist, üben wir Dominanz in unserem Leben aus und fühlen, dass wir die Kontrolle haben. Wir haben mehr persönliche Macht und manifestieren unsere Lebensziele. Manipura arbeitet mit dem Erd-Chakra, Muladhara, zusammen, um diese Aufgaben zu erfüllen.

Wenn Manipura unteraktiv ist, neigen wir dazu, passiv, unentschlossen und schüchtern zu sein. Wenn es überaktiv ist, werden wir herrschsüchtig und übermäßig streng. Zu viel Feuerenergie kann zu Tyrannei und Unterdrückung anderer Menschen führen. Willenskraft braucht Emotionen zum Ausgleich, die von Swadhisthana geliefert werden. Wenn das Wasser-Chakra unser Feuer-Chakra nicht ausgleicht, können wir übermäßig aggressiv und feindselig werden, um zu bekommen, was wir wollen. Die

Willenskraft braucht Liebe, um sie zu lenken, sonst hat das eigene Handeln karmische Konsequenzen. Daher ist Manipura auf die Führung von Anahata angewiesen.

Anahata-Chakra

Das vierte Chakra, Anahata, befindet sich zwischen den beiden Brüsten in der Mitte der Brust. Anahata ist auch als Herz-Chakra bekannt und entspricht dem Luft-Element und dem Planeten Venus. Anahata ist unser Liebeszentrum, dass sich mit Mitgefühl, Zuneigung, Altruismus, Freundlichkeit und Inspiration befasst. Es regt unsere Vorstellungskraft, unsere Gedanken und unsere Fantasie an. Die Herausforderung von Anahata besteht darin, die Karmas aus den unteren drei Chakren zu überwinden, damit wir uns auf die Energie der bedingungslosen Liebe einstimmen können.

Anahata ist unser spirituelles Zentrum, denn es empfängt die Energie der drei höheren Chakren. Es ist das Zentrum, in dem wir durch die verbindende Kraft der Liebe die Einheit mit allen Dingen spüren. Als solches ist Anahata das Zentrum des Gruppenbewusstseins.

Anahata ist mit unseren Handflächenchakren verbunden, die es uns ermöglichen, die Energie um uns herum als quantifizierbare Essenz zu spüren und andere zu heilen. Praktisches Heilen erfordert, dass wir die Liebesenergie von Anahata über unsere Handflächenchakren kanalisieren und in Bereiche projizieren, die Heilung benötigen. Liebesenergie ist der ultimative Heiler für Geist, Körper und Seele.

In Anahata verstehen wir unsere Lebensaufgabe und unseren Lebenszweck. Da die Essenz des Luftelements das Denken ist, nährt Anahata sowohl das Feuer- als auch das Wasserelement und gibt ihnen Leben. Wenn dieses Chakra inaktiv ist, wenden wir uns dem Egoismus und der Befriedigung des Egos zu.

Anahata hat zwölf Blütenblätter, und seine Farbe ist grün. Nahrungsmittel, die mit dem Anahata Chakra korrespondieren, sind eine Vielzahl von grün gefärbten Früchten, Gemüsen und Kräutern sowie grünes Blattgemüse. Die Herausforderungen in diesem Chakra beziehen sich auf die Klarheit der Gedanken. Verstricken wir uns zu sehr in Fantasie und illusionärem Denken, oder basieren unsere Gedanken auf der Wahrheit? Nutzen wir unsere Vorstellungskraft, um unsere Ziele zu erreichen? Sind unsere Gedanken von höherer Natur, die darauf abzielen, anderen zu helfen, oder von geringerer Qualität, bei der wir uns nur auf uns selbst konzentrieren?

Wenn Anahata offen und aktiv ist, sind wir mitfühlend und freundlich zu anderen, was uns zu harmonischen Beziehungen verhilft. Wir haben ein Verständnis für unsere spirituelle Natur, das uns tugendhaft und ethisch in unseren Worten und Handlungen macht. Als solche werden wir vergebend, freundlich und wohltätig. Im Wesentlichen wird unser Verhalten durch bedingungslose Liebe motiviert, im Gegensatz zur Eigenliebe.

Wenn Anahata unteraktiv ist, neigen wir dazu, gefühlskalt und distanziert zu sein. Wir sind zu sehr in den unteren Chakren verwurzelt, was uns egoistisch macht, anstatt unsere spirituelle Natur zu erheben. Wir kümmern uns um uns selbst und unsere Bedürfnisse und Wünsche, ohne Rücksicht auf andere Menschen. Wenn dieses Chakra hingegen überaktiv ist, ersticken wir andere mit Liebe, oft aus egoistischen Gründen.

Vishuddhi Chakra

Das fünfte Chakra, Vishuddhi, befindet sich in der Mitte des Halses; daher wird es auch Kehlchakra genannt. Vishuddhi gehört zum Element des Geistes (Aethyr); es arbeitet mit den beiden darüber liegenden Chakren und den Chakren darunter zusammen. Vishuddhi steht im Zusammenhang mit dem verbalen, subtilen und schriftlichen Ausdruck der eigenen Gedanken. Es korrespondiert mit dem Planeten Merkur, der die Kommunikation und die Geschwindigkeit der Gedanken regiert. Vishuddhi erzeugt die Schwingung des gesprochenen Wortes auf einer energetischen und physischen Ebene.

Vishuddhi kontrolliert auch Unterscheidungsvermögen und Intellekt. Es hat sechzehn Blütenblätter, und seine Farbe ist blau. Vishuddhi Chakra regiert alle Flüssigkeiten, die wir in den Körper bringen. Zu den Nahrungsmitteln, die mit diesem Chakra korrespondieren, gehören blau gefärbtes Obst und Gemüse, Salz, Salbei und Pfefferminz. Herausforderungen im Vishuddhi Chakra beziehen sich darauf, ob wir ausdrücken, was uns auf dem Herzen liegt und wie gut wir mit anderen kommunizieren. Reden wir zu viel, oder hat das, was wir sagen, Substanz? Projizieren wir beim Sprechen Kraft mit unseren Stimmbändern oder wirken wir sanftmütig und schüchtern?

Wenn Vishuddhi offen und aktiv ist, sprechen wir anderen gegenüber kreativ unsere Wahrheit aus. Wir sind selbst-ausdrucksstark und benutzen Worte als Anker, um anderen unsere Realität zu vermitteln. Wir sind nicht nur gute Redner, sondern auch gute Zuhörer, denn Kommunikation funktioniert in beide Richtungen.

Wenn Vishuddhi unteraktiv ist, neigen wir im Allgemeinen dazu, ruhig und introvertiert zu sein. Es mangelt uns an Selbstvertrauen, unsere Wahrheit auszusprechen, was von Problemen im Solarplexus-Chakra herrühren kann. Wenn wir unsere Wahrheit nicht sagen, weil wir uns unwürdig fühlen, könnten wir Probleme in Anahata haben. Das Aussprechen unserer inneren Wahrheit bringt uns mit dem Göttlichen in Einklang, während Lügen uns mit niederen, dämonischen Wesenheiten in Einklang bringen.

Wenn Vishuddhi überaktiv ist, neigen wir dazu, zu viel zu reden, was unsere Fähigkeit, anderen Menschen zuzuhören, beeinträchtigt. Diese Situation entsteht in der Regel aufgrund des Wunsches des Egos, andere zu beherrschen, was auf ein unausgewogenes Manipura Chakra zurückzuführen ist. Wenn wir zu Plappermäulern werden und es unserer Rede an Substanz fehlt, distanzieren sich andere Menschen im Allgemeinen von uns. Deshalb ist ein ausgeglichenes Kehlchakra unerlässlich, wenn wir im Leben erfolgreich sein und sinnvolle Beziehungen führen wollen.

Ajna Chakra

Das sechste Chakra, Ajna, befindet sich in der Mitte des Gehirns, im dritten Ventrikel (mehr über das dritte Ventrikel in einem späteren Kapitel). Sein unmittelbarer Zugangspunkt liegt etwas oberhalb der Mitte der Augenbrauen. Ajna wird oft auch als das Chakra des geistigen Auges, das Dritte Auge oder das Stirnchakra bezeichnet. Es steht in Verbindung mit dem Element des Geistes oder Aethyr.

Ajna korrespondiert mit dem Mond. Obwohl der Mond als Satellit eingestuft wird, während die Sonne unser Zentralgestirn ist, zählten die alten Menschen beide zu ihren sieben alten Planeten und bezeichneten sie als Planeten. Der Mond ist unser Zentrum der Hellsichtigkeit und Intuition. Er gibt uns Einblick in das Unbekannte, weil er Informationen aus den höheren Reichen über Sahasrara, dem Kronenchakra, empfängt. Ajna ist unser psychisches Zentrum. Es gibt uns Weisheit und Verständnis für die Mysterien des Universums. Wir erlangen dieses Wissen durch Gnosis, unsere Fähigkeit, Informationen von göttlichen Energien direkt zu kanalisieren. Dieses sechste Chakra gibt uns den sechsten Sinn des Wissens jenseits des Selbst.

Ajna ist das wesentliche Chakra, das die spirituelle und astrale Welt betrifft. Als solches ist es das Zentrum des Träumens. Durch dieses Chakra erreichen wir die Krone/Sahasrara und verlassen unseren physischen Körper, um in verschiedene Dimensionen von Zeit und Raum zu reisen. Diese Reisen in luziden Träumen finden in den inneren Welten oder Ebenen statt - wir benutzen unseren Lichtkörper als Vehikel.

Ajna hat zwei Blütenblätter und ist die Farbe Indigo. Nahrungsmittel, die mit dem Ajna Chakra korrespondieren, sind indigofarbene oder dunkelblaue Früchte und Gemüse, Rotwein, Koffein, Schokolade, Wacholder und Lavendel. Herausforderungen in diesem Chakra beziehen sich darauf, ob wir höhere Informationen von Sahasrara erhalten oder ob unser geistiges Auge verschlossen ist. Verbringen wir zu viel Zeit in unserem Kopf und lassen uns von unserem Intellekt leiten oder sind wir in Kontakt mit unserer Intuition? Sind unsere Träume lebendig und mit Leben gefüllt oder fade und ereignislos?

Wenn das Ajna Chakra offen und aktiv ist, verfügen wir über eine gute Intuition, die uns im Leben als leitende Kraft dient. Wenn unsere Intuition stark ist, ist auch unser Glaube stark, da wir die Realität jenseits der dritten Dimension wahrnehmen können. Eine starke Intuition ist normalerweise damit verbunden, dass wir ein bewusstes, spirituelles menschliches Wesen sind.

Wenn Ajna unteraktiv ist, neigen wir dazu, den Kontakt mit der spirituellen Realität zu verlieren. So beginnen wir, uns zu sehr auf unseren Intellekt und unser Ego zu verlassen, um uns im Leben zurechtzufinden. Verwirrung über unser wahres Wesen stellt sich ein und lässt uns nach existenziellen Antworten von Autoritätspersonen suchen.

Wenn Ajna überaktiv ist, neigen wir dazu, in einer Fantasiewelt zu leben. Wir verlieren den Kontakt mit der Realität, die wir sind, und können sogar eine Psychose erleben. Jemand, der zu oft halluzinogene Drogen konsumiert, wird unweigerlich sein Ajna Chakra überstimulieren.

Sahasrara Chakra

Das siebte Chakra, Sahasrara, befindet sich oben in der Mitte des Kopfes. Als solches ist es auch als das Kronenchakra bekannt. Sahasrara ist unsere Quelle der Erleuchtung, des Einsseins, der Wahrheit, der spirituellen Weisheit und des Verständnisses. Es entspricht der Sonne, dem Stern unseres Sonnensystems. Das Kronenchakra ist das höchste Chakra des Geist/Aethyr-Elements und dient als Tor zu den göttlichen Ebenen, die durch die transpersonalen Chakren über dem Kopf repräsentiert werden.

Sahasrara ist der höchste Punkt des menschlichen Bewusstseins und das ultimative Verständnis und Wissen über das Universum. Traditionell wird dieses Zentrum als ein

Rad mit tausend (unzähligen) Blütenblättern oder Wirbeln beschrieben. Wenn alle Blütenblätter geöffnet sind, erlangt das Individuum eine permanente Verbindung zum kosmischen Bewusstsein und erreicht Transzendenz.

Da Sahasrara die Quelle von allem ist, ist es auch die Quelle aller Kräfte und ihrer Gesamtheit. Die Farbe von Sahasrara ist weiß, da Weiß die Quelle aller Farben ist. Seine andere Farbe ist Violett, die erste Farbe im Spektrum des Weißen Lichts, und eine weitere Farbe ist Indigo. Lebensmittel, die mit Sahasrara korrespondieren, sind weiße, violette und lavendelfarbene Lebensmittel. Auch gereinigtes Wasser, frische Luft und Sonnenlicht bringen uns mit der Energie von Sahasrara in Einklang, ebenso wie Fasten, Entgiftung, Atem- und Meditationstechniken.

Weißes Licht kommt durch Sahasrara in den Lichtkörper, und je nachdem, wie viel Karma sich in den unteren Chakren befindet, wird dieses Licht schwächer. Je schwächer also die Chakren unterhalb von Sahasrara sind, desto mehr ist das Ego präsent und desto geringer ist das Höhere Selbst.

Die Quelle des Höheren Selbst ist Sahasrara. Wenn Sie die Kundalini erwecken und sie zu Sahasrara aufsteigen lassen, können Sie eine direkte Verbindung zu Ihrem Höheren Selbst herstellen. Einmal erreicht, wird das Höhere Selbst für den Rest Ihres Lebens Ihr eigener Meister und Lehrer. Sie werden nie wieder einen Lehrer von außen brauchen, da Sie Lehrer und Schüler in einem sein werden. Die Herausforderung besteht jedoch darin, die Chakren zu reinigen, so dass Sie leicht von Ihrem Höheren Selbst geführt und gelehrt werden können.

Ein offenes und aktives Sahasrara-Zentrum vermittelt uns das Verständnis, dass wir spirituelle Wesen sind, die in einer menschlichen Existenz leben, und nicht andersherum. Wenn wir unsere Spiritualität annehmen, können wir erkennen, dass die physische Realität lediglich eine Illusion ist. Unsere Essenz ist die Seele und das Bewusstsein, die ewig sind und nicht ausgelöscht werden können. Spirituelle Menschen betrachten den physischen Tod nicht als das Ende, sondern lediglich als den Beginn von etwas Neuem und anderem. Eine spirituelle Weltanschauung schafft eine Art Losgelöstheit davon, diese Realität zu ernst zu nehmen, was Freude und Glück mit sich bringt, die Menschen begleiten, die die spirituelle Energie in sich angenommen haben.

Wenn Sie der spirituellen Realität der Dinge gegenüber verschlossen sind, ist Ihr Sahasrara-Zentrum höchstwahrscheinlich inaktiv. Sie kümmern sich nur um den physischen Körper, was dazu führt, dass Sie sich auf das Ego und seine Bedürfnisse und Wünsche ausrichten. Das Ego zu umarmen und gleichzeitig die Seele zu negieren, zieht niedere, dämonische Wesenheiten an, die sich von unserer Energie ernähren. Das Bewusstsein wird gekapert und bleibt so, bis wir erkennen, dass wir nicht von der Welt getrennt sind und dass es eine spirituelle Realität gibt, die allem zugrunde liegt.

Andererseits kann ein überaktives Sahasrara dazu führen, dass körperliche Bedürfnisse ignoriert werden und der Mensch zu intellektuell wird. Wenn das Licht nur in die höheren Chakren strömt, fehlt die Erdung, und der Mensch wird sehr verkopft. Erinnern Sie sich daran, dass diese Welt eine Illusion ist, die wir aber respektieren müssen, da unser physischer Körper unser Vehikel ist, um die von uns gewünschte

Realität zu manifestieren. Das Gleichgewicht von Geist, Körper und Seele ist der Schlüssel zur Erleuchtung, nicht das Wegwerfen eines Aspekts für einen anderen.

DIE SIEBEN CHAKREN UND DAS NERVENSYSTEM

Der Sushumna-Kanal führt die Kundalini-Energie durch das Rückenmark ins Gehirn. Das Rückenmark und das Gehirn bilden das Zentrale Nervensystem (ZNS). Vom Rückenmark gehen Nerven aus, die wie die Äste eines Baumes nach außen reichen, wobei Sushumna als zentraler Stamm fungiert. Diese Nervenfasern bilden das sympathische Nervensystem (SNS) und das parasympathische Nervensystem (PNS), die Teil des Autonomen Nervensystems (ANS) sind.

Das autonome Nervensystem arbeitet hauptsächlich unbewusst und regelt wesentliche Prozesse wie Atmung, Verdauung und Herzschlag. Bei einem spirituellen Erwachen zum Beispiel beginnt das Herz zu rasen, wodurch das autonome Nervensystem involviert wird, das von den emotionalen Netzwerken im Gehirn reguliert wird.

Der Sympathikus und der Parasympathikus haben in den meisten Fällen entgegengesetzte Funktionen: Der Sympathikus bereitet den Körper auf Aktivität vor, während der Parasympathikus den Körper entspannen lässt. Das autonome Nervensystem ist für die Schaffung eines gesunden Gleichgewichts zwischen den beiden verantwortlich und fördert einen ruhigen und friedlichen Geist.

Die Bereiche, in denen der Sympathikus und der Parasympathikus aufeinandertreffen, befinden sich in der Nähe der wichtigsten Körperorgane und endokrinen Drüsen. Diese Konvergenzbereiche in den Körperhöhlen werden als "Plexus" bezeichnet und bilden die wichtigsten Gruppierungen von Nervenzellen. Die Plexusgeflechte verbinden die wichtigsten Körperorgane mit dem Rückenmark. Dies sind auch die Bereiche, in denen sich die Hauptchakren an der Vorderseite des Körpers befinden.

Die Hauptchakren interagieren mit dem physischen Körper über das Nervensystem und die endokrinen Drüsen und Organe. Jedes Chakra ist mit bestimmten Körperfunktionen verbunden, die von seinem Plexus und den mit ihm verbundenen endokrinen Drüsen und Organen kontrolliert werden.

In der Mitte jedes Hauptchakras befindet sich ein stammartiger Kanal (Abbildung 23). Jeder Kanal erstreckt sich in Richtung Rückenmark und verschmilzt mit diesem - Sushumna versorgt jedes der Hauptchakras mit ihrer Lebensenergie. Die chakrischen Stämme biegen in der Nähe des Rachengeflechts (Kehle), des Herz- und Lungengeflechts (Herz), des Milz- und Zöliakalgeflechts (Solar), des Beckengeflechts (Sakral) und des Steißbein- und Sakralgeflechts (Wurzel) nach unten. Oberhalb des Karotisplexus (geistiges Auge) biegt sich der chakrische Stamm nach oben, während er beim Sahasrara Chakra durch die Großhirnrinde zum oberen Teil des Kopfes aufsteigt.

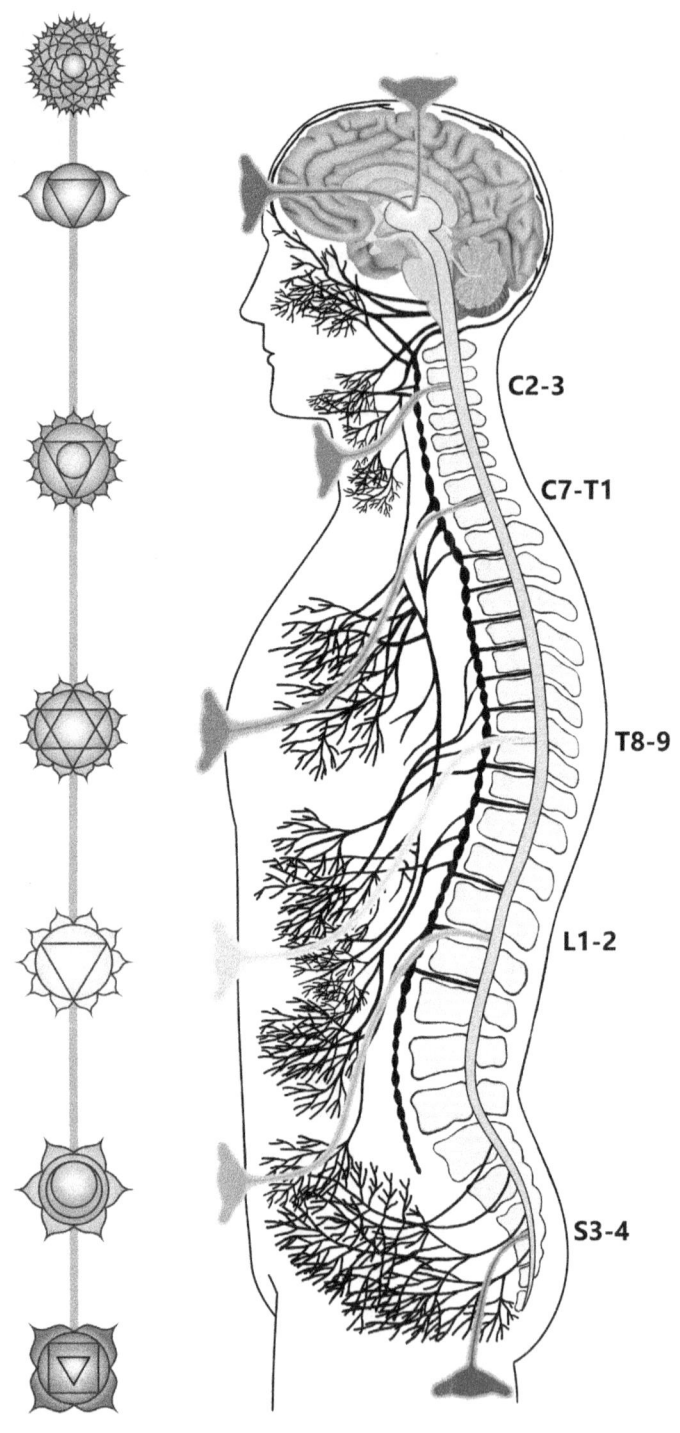

Abbildung 23: Die Sieben Chakren und Nervengeflechte

Der Plexus Pharyngeus "innerviert" (versorgt Organe oder andere Körperteile mit Nerven) unseren Gaumen und unsere Stimmbänder. Da das Vishuddhi (Hals) Chakra die Kommunikation und den Ausdruck steuert, ist es kein Wunder, dass die Kehle und das Innere des Mundes von ihm versorgt werden. Sein chakrischer Kanal erstreckt sich vom Rückenmark zwischen dem zweiten und dritten Halswirbel (C2-3) bis in die Mitte des Halses.

Das Lungengeflecht steht in Kontinuität mit dem Herzgeflecht - es befindet sich über der Aorta des Herzens, etwa in der Mitte des Brustkorbs. Das Herzgeflecht innerviert das Herz, das Organ, das mit unserer Fähigkeit zu Liebe und Mitgefühl und unserer Verbindung mit allen lebenden und nicht lebenden Dingen verbunden ist. Dies sind alles Attribute des Anahata (Herz-)Chakras, das es versorgt. Der stammähnliche Kanal des Anahata-Chakras erstreckt sich vom Rückenmark zwischen dem siebten Halswirbel und dem ersten Brustwirbel (C7-T1) bis zur Mitte des Brustkorbs.

Zweige des Plexus coeliacus und des Vagusnervs bilden den Plexus coeliacus in seiner Gesamtheit (Mehr über die Bedeutung des Vagusnervs in einem späteren Kapitel). Der Zöliakalplexus, in wissenschaftlichen und spirituellen Kreisen als Solarplexus bekannt, befindet sich an der Basis der Rippen in der Nähe des Magens. Seine Nerven versorgen die Bauchspeicheldrüse, die Gallenblase, die oberen Därme, die Leber und den Magen. Das Chakra Manipura (Solarplexus) steuert unsere Willenskraft, Vitalität und Verdauung, die von den oben genannten Organen angetrieben werden. Sein chakrischer Kanal erstreckt sich vom Rückenmark zwischen dem achten und neunten Brustwirbel (T8-9) bis zur Mitte des Oberbauchs.

Der Plexus pelvicus steuert die Ausscheidungs- und Fortpflanzungsfunktionen und besteht aus dem Plexus hypograstricus superior und inferior. Der obere hypogastrische Plexus innerviert die Eierstöcke bei Frauen und die Hoden bei Männern. Es befindet sich im Unterbauch und korreliert mit dem Swadhisthana (Sakral) Chakra, das mit Fortpflanzung und Fruchtbarkeit in Verbindung gebracht wird.

Der Plexus hypogastricus inferior ist eine Fortsetzung des Plexus superior und liegt direkt unter diesem im unteren Beckenbereich. Er innerviert die Gebärmutter und den Gebärmutterhals bei Frauen und die Prostata bei Männern. Er ist auch mit dem Rektum und der Blase verbunden. Der chakrisch-stammartige Kanal von Swadhisthana erstreckt sich vom Rückenmark zwischen dem ersten und zweiten Lendenwirbel (L1-2) bis zum Unterbauchzentrum.

Der Plexus coccygeus besteht aus dem Nervus coccygeus und dem fünften Sakralnerv, die die Haut in der Steißbeinregion innervieren. Der Plexus sacralis ist ein Netzwerk von Nerven, die aus den unteren Lenden- und Kreuzbeinwirbeln entspringen und den größten Teil des Beckens und der Beine motorisch steuern und sensorische Informationen von dort empfangen. Der größte Nerv des Sakralgeflechts ist der Ischiasnerv, der den Oberschenkel, den Unterschenkel und den Fuß innerviert.

Der stammähnliche Kanal des Muladhara Chakra erstreckt sich vom Kreuzbein zwischen dem dritten und vierten Kreuzbeinwirbel (S3-4) und fällt hinunter in den Bereich zwischen Damm und Steißbein. Das Wurzelchakra zeigt nach unten zur Erde, da es die

Aufgabe hat, unser chakrisches System zu erden. Die Energiekanäle in den Beinen sind unsere energetische Verbindung mit dem Erdstern-Chakra unter unseren Füßen. Sie versorgen auch die Ida und Pingala Nadis, die im Muladhara beginnen, aber ihre weiblichen und männlichen Ströme durch jeden der Bein-Energiekanäle erhalten.

REINIGUNG DER CHAKREN

Nach einem vollständigen und dauerhaften Kundalini-Erwachen, wenn der Lichtkörper durch Nahrungsaufnahme aufgebaut wurde, besteht der nächste Schritt darin, Ihr Bewusstsein auf seinen höchsten Aspekt, den spirituellen Körper, einzustimmen. Dieser Teil ist eine Herausforderung, weil Sie zuerst Ihre unteren Chakren reinigen müssen, damit Ihr Bewusstsein auf natürliche Weise aufsteigen kann. Bis dahin wird Ihr Bewusstsein durch die karmische Energie in den unteren Chakren belastet sein. Dieser Prozess des spirituellen Aufstiegs ist in dieser Hinsicht systematisch.

Die niedrigsten und dichtesten Energien müssen überwunden werden, bevor die höher schwingenden Energien das Selbst durchdringen können. Die negative karmische Energie der Angst ist der Teil, der die meisten von uns auf einer niedrigeren Frequenz schwingen lässt. Da die Angstenergie das Ego an die niederen vier Elemente bindet, müssen diese Elemente gereinigt und geweiht werden, damit sich das Bewusstsein erhebt und von den höheren drei spirituellen Chakren - Vishuddhi, Ajna und Sahasrara - aus wirken kann.

Sobald Ihr Lichtkörper aufgebaut ist, werden Sie in bestimmten Momenten, in denen Sie Ihr Ego aus den Augen verlieren, gelegentlich diese entrückten Zustände erleben. Da Sie sich jedoch aus den Fängen des Egos befreien müssen, um den spirituellen Körper vollständig zu integrieren und Ihr Bewusstsein darin aufzunehmen, müssen die vier elementaren Chakren unterhalb der spirituellen Chakren durchgearbeitet werden. Es gibt keinen anderen Weg, und Sie können bei diesem Prozess keine Abkürzungen nehmen. Es kann viele Jahre dauern, und das tut es in den meisten Fällen, aber es muss vollbracht werden.

In *The Magus: Kundalini and the Golden Dawn* biete ich rituelle Übungen der Zeremonialen Magie zur Arbeit an den untersten vier Chakren Muladhara, Swadisthana, Manipura und Anahata an. Wer auch immer an seinen Chakren arbeiten muss, wird diese Arbeit von unschätzbarem Wert auf seiner Reise zum spirituellen Aufstieg finden. *The Magus* konzentriert sich darauf, mit allen Chakren zu arbeiten und sie durch besondere rituelle Übungen zu reinigen, die die elementaren Energien von Erde, Wasser, Feuer, Luft und Geist anrufen.

Sobald Sie die Teile des niederen Selbst durch die Arbeit mit den vier Elementen aufgeschlüsselt haben, haben Sie die entsprechenden Aspekte Ihrer Psyche feinabgestimmt. Der nächste Schritt besteht darin, diese Teile des Selbst durch das spirituelle Element zu re-integrieren. Diese rituellen Anrufungstechniken dienen als mächtige Werkzeuge zur Einstimmung der sieben Chakren und zur Anhebung des Bewusstseins, so dass Sie ein Maximum an Lichtenergie in Ihre Aura kanalisieren können.

Der Zweck der rituellen Arbeit mit zeremonieller Magie ist es, eine immerwährende Verbindung mit Ihrem Heiligen Schutzengel zu erlangen, was ein anderer Begriff für das Höhere Selbst ist. Es ist der Teil von dir, der von Gott - dem Göttlichen - ist. Indem Sie Ihre Chakren reinigen, richten Sie sich auf Ihr Höheres Selbst aus und entfernen sich von Ihrem Niederen Selbst, dem Ego.

Das vollständige Kundalini-Erwachen (ob es nun auf einmal oder allmählich geschieht) und die dauerhafte Lokalisierung der Kundalini-Energie im Gehirn wird als der höchste erreichbare Zustand des spirituellen Erwachens angesehen. Es gibt keine andere Form des spirituellen Erwachens oder der Einweihung, die höher oder weitreichender ist. Aber die Erweckung der Kundalini ist nur der Anfang Ihrer Reise zur Erleuchtung. Der nächste Schritt ist die Reinigung Ihrer Chakren und die Erhöhung der Schwingung Ihres Bewusstseins. Und um dies in kürzerer Zeit erfolgreich zu tun, brauchen Sie eine Form der spirituellen Praxis, die Sie auf Ihrer Reise unterstützt.

ERWEITERUNG DES GEHIRNS

Die sechs Chakras, Muladhara, Swadisthana, Manipura, Anahata, Vishuddhi und Ajna, haben unterschiedliche Entsprechungen in den jeweiligen Bereichen des Gehirns (Abbildung 24). Das bedeutet, dass, sobald ein Chakra durch eine Kundalini-Erweckung vollständig geöffnet ist, der Teil des Gehirns, der mit diesem Chakra verbunden ist, dauerhaft aktiviert wird. Die Aktivierung des Gehirns ist notwendig, um die Bewusstseinserweiterung zu erleichtern. Wenn sich verschiedene Bereiche des Gehirns öffnen, wird es sich transparent und schwerelos anfühlen, als ob man den Kontakt zur Materie verliert, aus der es besteht. Wenn die Wirkung der Materie in Ihrem Bewusstsein nachlassen, wird Ihr Gehirn zu einer Antenne für den Empfang von Schwingungen aus dem äußeren Universum durch das Kronenchakra, Sahasrara, direkt darüber.

Während diese betäubende Wirkung im Gehirn auftritt, beginnt man eine Verbindung zum kosmischen Bewusstsein zu spüren. Das Licht in Ihrem Kopf wird als eine quantifizierbare Essenz empfunden. Ihr inneres Licht ist mit dem großen weißen Licht verbunden, das die Grundlage aller Existenz und die Essenz des kosmischen Bewusstseins ist. Durch diese Verbindung entwickeln sich Ihre übersinnlichen Kräfte.

Wenn sich Ihr Lichtkörper mit der Zeit optimiert, öffnen sich kleine Energietaschen in verschiedenen Bereichen des Gehirns, die sich wie eine flüssige Substanz anfühlen, die sich durch das Gehirn bewegt. Diese Substanz ist flüssige spirituelle Energie, die verschiedene Bereiche Ihres Gehirns aktiviert und erleuchtet. Wenn Sie Nahrung in Ihr System einbringen, verwandelt sie sich in Lichtenergie, die in Ihrem Gehirnbereich zu einer flüssigen Substanz wird. Auf diese Weise werden Sie spüren, wie sich Ihr Bewusstsein und Ihr Gehirn täglich erweitern. Dieser Prozess ist vergleichbar mit einer

Pflanze, die ihre Nährstoffe aus dem Boden erhält und sich mit der Zeit entwickelt und wächst. Ihr Wachstum und ihre Entwicklung hängen vollständig von den Nährstoffen ab, die sie aus dem Boden erhält. Manchmal kommt es bei diesem Entwicklungsprozess zu einem starken Druck in verschiedenen Teilen des Gehirns und des Kopfes, was zu Kopfschmerzen führt. Wenn dies geschieht, ist es ein Zeichen dafür, dass Sie nicht genügend nahrhafte Nahrung in Ihr System einbringen oder nicht häufig genug essen.

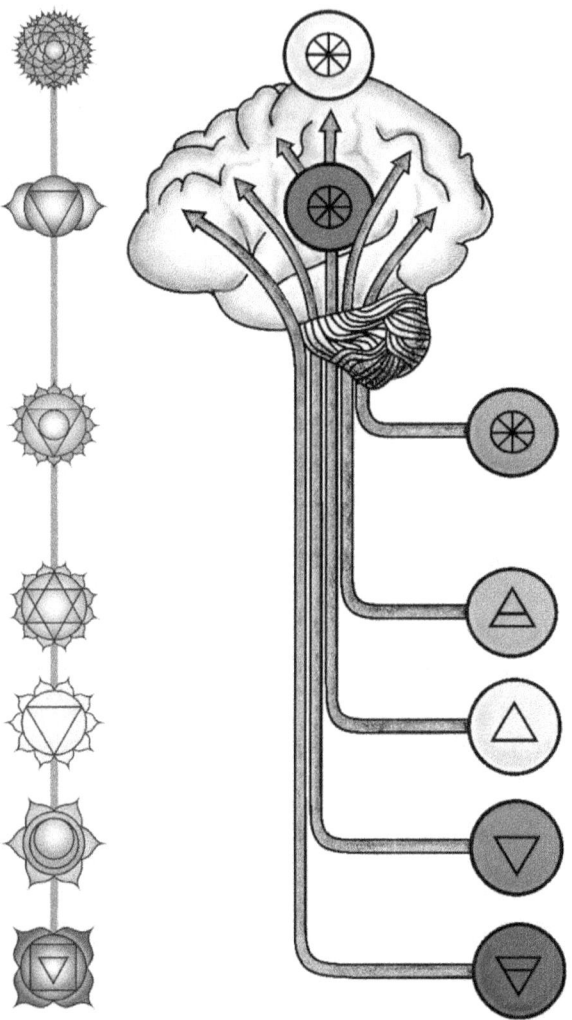

Abbildung 24: Erweiterung des Gehirns und Chakrische Entsprechungen

Denken Sie daran, dass das, was ich hier beschreibe, nur dann geschieht, wenn Sie ein dauerhaftes Kundalini-Erwachen hatten, was bedeutet, dass diese Energie in Ihr Gehirn aufgestiegen ist und sich dort nun dauerhaft aufhält. Sobald dies der Fall ist, wird das Gehirn durch dieses neu entdeckte Licht, das es durchdringt, umgestaltet. Und wie bereits erwähnt, wird dies auch von einem schwingenden Ton begleitet, der in Ihrem Kopf zu hören ist und dessen Tonhöhe von der Nahrung abhängt, die Sie in Ihren Körper bringen. Das liegt daran, dass Sie jetzt wie eine Batterie göttlicher Lichtenergie sind, die bioelektrisch ist.

PHÄNOMENE DER BEWUSSTSEINSAUSWEITUNG

Während sich das Gehirn ausdehnt, entwickelt sich ein weiterer Sinn - das Bewusstsein des Stillen Zeugen, der von Augenblick zu Augenblick die Realität aufzeichnet. Der Stille Zeuge ist der Teil des Selbst, der im Bewusstsein abseits steht und die Handlungen des physischen Körpers als unparteiischer Zeuge beobachtet. Er kann die durch die Körpersprache erzeugte Energie als quantifizierbare Essenz lesen und Sie wie ein Supercomputer darüber informieren, was Sie mit Ihren Handlungen in die Welt setzen.

Der Stille Zeuge entwickelt sich, wenn die Kundalini-Energie das Gehirn ausdehnt. Diese neue Fähigkeit, die Realität wahrzunehmen, führt zu einer vollständigen Loslösung vom Ego, da man sich selbst radikal anders erlebt als vor der Kundalini-Erweckung. Ich glaube, dass einer der Hauptzwecke der Kundalini-Transformation darin besteht, den stillen Wächter im Innern, das Wahre Selbst, zu erheben und ihm zu erlauben, sich über den aktivierten Kundalini-Kreislauf aus dem physischen Körper zu erheben und über Ihnen zu schweben und Ihre Bewegungen aufzuzeichnen.

Der stille Beobachter oder Stille Zeuge ist der Teil von Ihnen, der Geist ist, der Gott ist. Es ist der Teil von Ihnen, der reines, undifferenziertes Bewusstsein ist, das einen Teil des kosmischen Bewusstseins bildet. In Wirklichkeit sind wir alle Eins, und der Teil von uns, der beiseite steht und unsere Handlungen still beobachtet, ist für alle gleich; er ist Gott. Aber bei einem Kundalini-Erwachen gibt es eine unglaubliche Unterscheidung zwischen diesem Teil von Ihnen und Ihrem Ego. Sie werden mehr auf den Aspekt des stillen Beobachters Ihres Wesens eingestimmt als auf das Ego, denn er ermöglicht es Ihnen, Ihre Realität zu kontrollieren und Ihre Wünsche zu manifestieren.

Der Stille Zeuge beobachtet Sie und fordert Sie auf, Ihrem Tag nachzugehen und Ihre täglichen Aufgaben zu erledigen, fast wie ein Regisseur, der den Film der Hauptfigur - Sie - inszeniert. Ihre Vorstellung oder Ihr Konzept des Selbst benutzt den physischen Körper, um den gewünschten Zweck des Stillen Zeugen zu erfüllen.

Als ich diesen Sinn entwickelte, begann ich, über mich hinaus zu sehen, und die Welt um mich herum erschien mir wie ein Videospiel, in dem ich die Hauptrolle spiele. Dieses Phänomen hält an und wird mir für den Rest meines Lebens erhalten bleiben. Es ermöglicht mir, meine Gesichtsausdrücke und die Energie, die sie in anderen hervorrufen, zu sehen, und auf der Grundlage dieser Wahrnehmung kann ich die Art der Schwingungen, die ich in das Universum aussende, vollständig kontrollieren. So habe ich ein hohes Maß an Kontrolle über das, was andere in meiner Gegenwart fühlen, da ich ihre Emotionen mit meiner Körpersprache und der Energie, die ich ausstrahle, steuere. Wenn ich mich in diesem Zustand befinde, bin ich im Allgemeinen neutral gegenüber meinen Gefühlen, wobei mich nichts übermäßig aufregt oder bedrückt, sondern ich befinde mich in einem ruhigen und ausgeglichenen Geisteszustand.

Wenn ich mich in diesem erhöhten Geisteszustand befinde, spüre ich eine starke Verbindung zum Klang, und alles, was ich höre, hinterlässt einen Eindruck in meinem Bewusstsein. Ich brauchte einige Zeit, um mich daran zu gewöhnen, und ich musste wieder lernen, mich zu konzentrieren, wenn ich etwas Wichtiges zu erledigen habe, damit ich nicht von den Geräuschen aus meiner Umgebung beeinflusst werde. Ich musste auch schon früh in meinem Kundalini-Transformationsprozess Ohrstöpsel einsetzen, da es aufgrund dieser starken Verbindung zum Klang schwierig war, Schlaf zu induzieren. Ich habe gelernt, mich nach innen zu wenden, wenn es nötig ist, anstatt zuzulassen, dass sich mein Bewusstsein nach außen projiziert, wie es jetzt mein natürlicher Zustand ist.

Im Laufe der Jahre dehnte sich mein Bewusstsein weiter aus, ebenso wie meine Fähigkeit, mehr von außerhalb meiner selbst zu sehen. Es kam zu einem Punkt, an dem ich mich hoch in die Wolken projizieren und die Welt unter mir aus der Vogelperspektive betrachten konnte. Um das klarzustellen: Ich verlasse meinen physischen Körper nur im Geist. Da sich mein Bewusstsein ausgedehnt hat und nun keine Grenzen oder Barrieren in Bezug auf die Größe mehr kennt, kann ich meine Aufmerksamkeit auf alles richten, was ich vor mir sehe, egal wie weit entfernt, und mich mit ihm durch meinen Geist verbinden. In diesem Moment springt mein Bewusstsein aus meinem physischen Körper heraus und projiziert sich an diesen Ort oder diese Stelle. Dabei werden hohe Mengen an Histamin in meinen Körper freigesetzt, die ihn vorübergehend betäuben und meinem Bewusstsein erlauben, meinen Körper zu verlassen.

Auch wenn sich mein Bewusstsein außerhalb meines physischen Körpers befindet, habe ich immer noch vollständige Kontrolle darüber, und ich kann den transzendentalen Zustand, in dem ich mich befinde, jederzeit verlassen. Es ist eine mystische Erfahrung, mein Bewusstsein auf diese Weise zu projizieren, da ich ein Gefühl der Einheit mit allem habe, was ich vor mir sehe. Zusammen mit dem Sehen von Licht in allem, was ich anschaue, ist dies das liebste Geschenk, das ich nach der Erweckung der Kundalini-Energie vom Göttlichen erhalten habe.

DIE KLEINEN CHAKREN

DIE KOPFCHAKREN

Der Kopf enthält Nebenchakren, die von den sieben Hauptchakren getrennt sind. Aufgrund der Lage dieser Nebenchakren bilden sie ein kronenartiges Muster auf dem Kopf. Es ist kein Zufall, dass Darstellungen spiritueller Figuren in vielen Traditionen oft Kronen auf dem Kopf tragen. Im Christentum zum Beispiel wird Jesus Christus oft mit einer Krone dargestellt, die darauf anspielt, dass er ein König des Himmels ist. Wie er sagte, können wir alle Könige und Königinnen des Himmels sein; das bedeutet, dass wir alle diese metaphorische Krone tragen können, sobald wir sie durch unsere spirituelle Entwicklung erlangt haben. Die Krone steht auch für das Erreichen des Kronenchakras, Sahasrara, des höchsten Hauptchakras und unsere Verbindung zum göttlichen Licht.

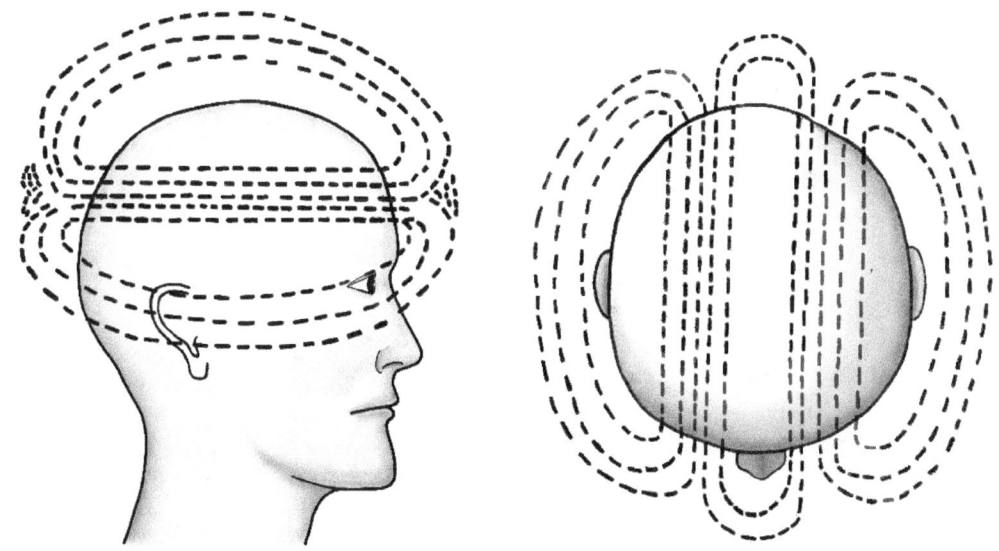

Abbildung 25: Lichtkranz rund um den Kopf

Die symbolische Krone steht für die erweckten Chakren im Kopf und damit für die Erweiterung des Bewusstseins. Der Heiligenschein um den Kopf von Jesus, den Heiligen und anderen bedeutenden spirituellen Persönlichkeiten bedeutet, dass die spirituelle Krone aktiviert wurde - das Sahasrara Chakra ist vollständig geöffnet und das individuelle Bewusstsein wurde erweitert. Licht in, über und um den Kopf herum steht für jemanden, der erleuchtet ist (Abbildung 25). Der Begriff "erleuchtet" stammt von diesem Prozess, bei dem sich Licht manifestiert und den Bereich um den Kopf herum durchdringt.

Im untenstehenden Diagramm (Abbildung 26) wird Chakra 1 als das siebte Auge bezeichnet. Es ist ein wichtiges Nebenchakra am Kopf, das zusammen mit dem Bindu (Chakra 6) den Kundalini-Kreislauf im Lichtkörper antreibt. Diese beiden Chakren tragen die Energie, die das Selbst mit der Ewigkeit und der Nicht-Dualität verbindet und es dem erwachten Individuum ermöglicht, die Verzückung des spirituellen Reiches und die Verbindung mit dem Göttlichen zu spüren. Da das spirituelle Reich der Kontaktpunkt für das darüber liegende göttliche Reich ist, ist es auch nicht ungewöhnlich, jenseitige Erfahrungen zu machen, wenn die Chakren 1 und 6 aktiv sind und mit maximaler Kapazität funktionieren.

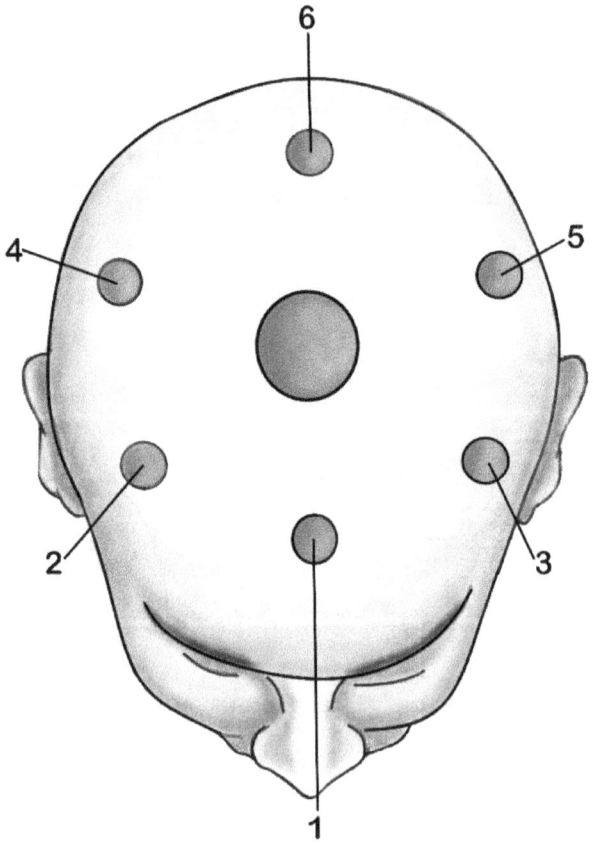

Abbildung 26: Die Kleineren Kopfchakren (Krone)

Die Bindu wird mit der "Leere" oder dem Abgrund verglichen. In der Qabalah ist der Abgrund die elfte Sphäre des Daath auf dem Baum des Lebens und repräsentiert den Tod - den Tod des Egos. Durch den Eintritt in die Leere findet das Selbst sein wahres oder spirituelles Selbst, und die Dualität des Geistes hört auf zu existieren. Die Leere von Bindu ist unser Eintritt in die spirituelle Ebene der Einheit. Die Bindu ist wie ein "Feuersee", der alle Gegensätze vereinigt und alle Unreinheiten reinigt. Der Verstand erfährt die Dualität von Gedanken und Ideen, und durch diese Dualität wird der Schmerz der Trennung erzeugt. Im Bindu Chakra werden alle dualen Gedanken oder Ideen durch ihre Gegensätze versöhnt. Dieser Prozess ermöglicht es uns, den Verstand zu umgehen und die Reinheit und das Einssein des spirituellen Bereichs zu erfahren. Dieser energetische Mechanismus wurde von unserem Schöpfer in uns hinterlassen. Er kennzeichnet die nächste Stufe unserer spirituellen Evolution und unsere Rückkehr in den Garten Eden.

Chakra 3 im Diagramm ist direkt mit Ida, dem weiblichen Kanal im Körper, verbunden, während Chakra 2 mit Pingala, dem männlichen Kanal, verbunden ist. Sobald Chakra 2 vollständig geöffnet ist, beginnt man, eine Verbindung mit der rechten Körperseite zu spüren, durch die der Pingala-Kanal fließt. Mit der Zeit erwacht das spirituelle Herz, das sich wie eine kugelförmige Energietasche anfühlt, die von Pingala durchquert wird. Es befindet sich rechts vom physischen Herzen. Es enthält eine beruhigende Flamme, da die Pingala Nadi mit dem Feuerelement der Seele verbunden ist. So wie das physische Herz den Blutkreislauf im physischen Körper reguliert, regelt das spirituelle Herz den Fluss der Prana-Energie im Lichtkörper. Das spirituelle Herz ist transzendental und reguliert die Gedanken und Emotionen, die eine nicht-duale Qualität haben.

Chakra 3 stellt, wenn es vollständig geöffnet ist, die Verbindung zur linken Körperseite und das Gefühl von Offenheit und Ausdehnung im physischen Herzen her. Ein Gefühl der Ruhe in Ihren Emotionen kennzeichnet es, die zum Wasserelement gehören. Ein offenes Herz macht Sie zu einem besseren Fühler und Empfänger der Schwingungen der Außenwelt. Außerdem erhöht es Ihre Fähigkeit zur Empathie.

Chakra 4 und 5 sind die nächsten, die sich während der Sublimation/Transformation von Licht- oder Prana-Energie im Körper öffnen. Sie stellen eine stärkere Verbindung zum Bindu (Chakra 6) her und ermöglichen es dem Bewusstsein des Einzelnen, den physischen Körper zu verlassen, wenn er meditiert. Wenn diese beiden Chakren vollständig geöffnet sind, kann der vollständig Kundalini-Erweckte in alles eintauchen, was er mit seinen physischen Augen sieht, wenn er ihm seine Aufmerksamkeit schenkt. Diese beiden Chakras helfen dem individuellen Bewusstsein, die Einheit zu erreichen.

Sie können wissen, dass sich die sechs Nebenchakren im Kopf öffnen und ausrichten, wenn Sie eine flüssige Substanz spüren, die sich in schlangenartigen Mustern durch Ihr Gehirn bewegt. Sie durchdringt die Kanäle, die mit jedem der sechs Kleinen Chakren im Kopf verbunden sind. Dieses Phänomen ist durch ein angenehmes, ruhiges Gefühl im Gehirn gekennzeichnet, während es auftritt.

Sie können wissen, dass Bindu sich mehr ausrichtet und öffnet, wenn sich die Chakren 4 und 5 öffnen. Wenn sich Chakra 2 und 3 öffnen, kommt es folglich zu einer Ausrichtung im Siebten Auge (Chakra 1). Eine Trinität von Chakras arbeitet zusammen, während die andere Trinität ebenfalls zusammenarbeitet. Aus diesem Grund tragen Adepten in den westlichen Mysterien oft eine Kippa auf dem Kopf, die ein Bild des Hexagramms oder des Davidsterns, wie die Hebräer es nennen, enthält. Die nach oben und nach unten gerichteten Dreiecke des Hexagramms stehen für die beiden Trinitäten der kleinen Chakren im Kopf.

DIE FUßCHAKREN

Neben den sieben Hauptchakren, die vertikal durch den Körper verlaufen, haben wir ein Netz von Hilfsenergiezentren oder Nebenchakren in den Füßen und Händen, die ein breites Spektrum von Energiezuflüssen in unser System liefern. Leider werden die Nebenchakren in den Füßen und Händen von spirituellen Lehrern oft ignoriert und vernachlässigt, obwohl sie eine entscheidende Rolle im Energierahmen unseres Körpers spielen.

Jeder Zeh, einschließlich der Mitte des Fußes und des Fersenbereichs, wird von einem der Hauptchakren beherrscht (Abbildung 27). Der große Zeh korrespondiert mit Manipura, der Zeigezeh mit Anahata, der mittlere Zeh mit Vishuddhi, der vierte Zeh mit Ajna, der kleine Zeh mit Swadhisthana, die Mitte der Fußsohle mit Sahasrara und die Rückseite der Ferse mit Muladhara.

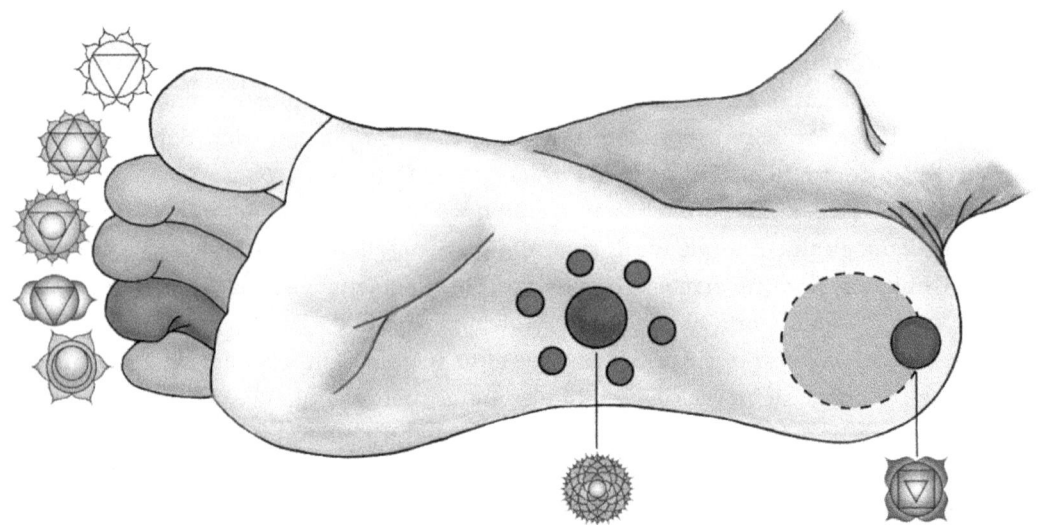

Abbildung 27: Die Fußchakren

Eine der Funktionen der Zehen ist die Entladung überschüssiger Energie, die sich in den Hauptchakren durch unsere regelmäßigen, täglichen Aktivitäten und

Körperfunktionen angesammelt hat. Diese überschüssige Energie wird freigesetzt und in die Erde übertragen, was die Erdung unseres Bewusstseins erleichtert. Wenn die Nebenchakren in den Füßen gut funktionieren und in Harmonie mit den Hauptchakren sind, besteht eine ständige Verbindung und ein ständiger Kommunikationsfluss zwischen den Energiegittern der Erde und unseren Energien.

Aufgrund ihrer Lage und Verbindung mit der Erde dienen die Fußchakren auch dazu, Energie vom Transpersonalen Erdsternchakra (unter den Füßen) zu kanalisieren und sie über die Energiekanäle in den Beinen in die Hauptchakren zu übertragen. In diesem Fall dienen die Fußchakren als Energieleitungen oder Verbindungen, die es dem Erdstern ermöglichen, nicht nur mit dem Muladhara Chakra, sondern auch mit den anderen Hauptchakren in direkter Kommunikation zu stehen.

Die Fußchakren tragen auch dazu bei, den Ausgleich und die Aufnahme der Kundalini-Energie zu erleichtern, die von der Erde durch ihre magnetischen Ströme kommt. Sie wirken als Energietransformatoren und regulieren die Menge und Intensität der Energie, die von der Erde in den Lichtkörper gelangt.

Das "Sohlen"-Chakra befindet sich in der Mitte des Fußes und ist mit Sahasrara, der Krone, verbunden. Das Sohlenchakra ist das wichtigste der Fußchakren. Wenn wir seine Struktur untersuchen, können wir sehen, dass seine sechs sekundären Punkte direkt die kleineren Chakras im Kopf widerspiegeln, die mit Sahasrara in Verbindung stehen.

Die Beziehung zwischen dem Sohlenchakra und Sahasrara lässt sich am besten mit dem Axiom "Wie oben, so unten" beschreiben. Diese beiden Chakren erlauben es dem Eingeweihten, gleichzeitig mit den Füßen auf der Erde und mit dem Kopf im Himmel zu sein. Interessanterweise symbolisieren die Füße die Dualität der Welt der Materie, während der Kopf die Einzigartigkeit des spirituellen Reiches darstellt.

Ein weiteres wichtiges Fußchakra ist das Fersenchakra, das mit Muladhara verbunden ist. Dieses kleinere Chakra hilft uns, uns geerdet zu fühlen, da unsere Fersen die ersten sind, die die Erde berühren, wenn wir einen Schritt machen. Das Fersenchakra ist über die Energiekanäle in den Beinen direkt mit Muladhara verbunden. Die primären Energiekanäle in den Beinen versorgen die weiblichen und männlichen Ida und Pingala Nadis, die im Muladhara beginnen. Bei Männern werden Ida und Pingala von den Hoden, bei Frauen von den Eierstöcken mit Energie versorgt. Zahlreiche weitere Nadis verlaufen entlang der primären Energiekanäle in den Beinen und verbinden die Zehen mit anderen Hauptchakren.

DIE HANDCHAKREN

Die sieben Hauptchakren finden ihre Entsprechung in den Füßen, aber auch in den Händen (Abbildung 28). Der Daumen korrespondiert mit Manipura, der Zeigefinger mit Anahata, der Mittelfinger mit Vishuddhi, der Ringfinger mit Muladhara, der kleine Finger mit Swadhisthana, die Mitte der Handfläche mit Sahasrara und die Handgelenkspitze mit Ajna Chakra.

Die Chakren sind an der Hand perfekt ausbalanciert, da der Ringfinger und der kleine Finger weibliche Eigenschaften haben, während Daumen und Zeigefinger männlich sind. Darüber hinaus verläuft eine zentrale Linie vom Handgelenkspunkt durch die Mitte der Handfläche bis hinauf zum Mittelfinger, die dem Geistigen Element entspricht und die gegensätzlichen Geschlechterprinzipien miteinander versöhnt.

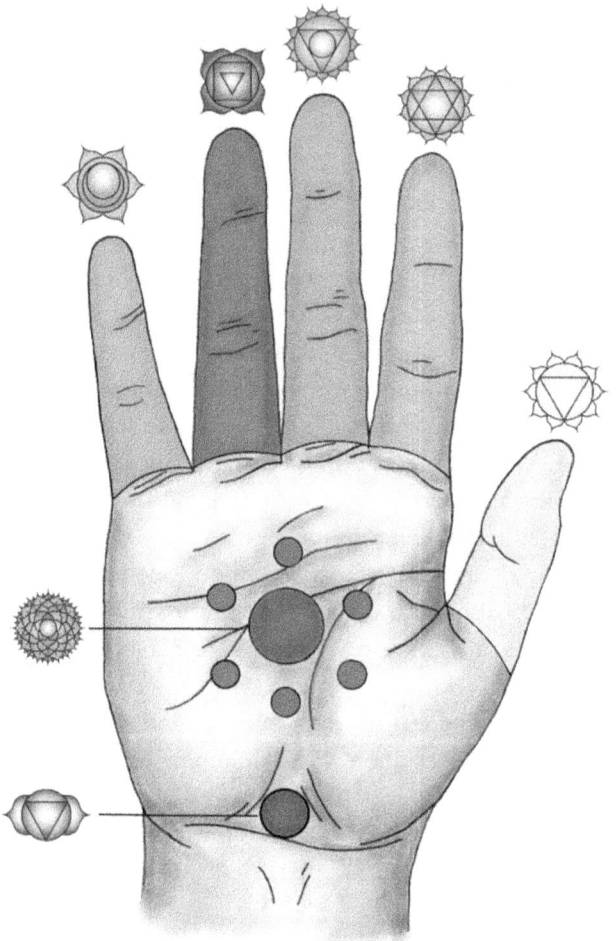

Abbildung 28: Die Handchakren

Die Handchakren sind wichtig für die Heilung und den Empfang von energetischen Informationen aus dem Universum. Unsere Hände ermöglichen es uns, mit der Welt sowohl auf physischer als auch auf energetischer Ebene zu interagieren. Die Finger dienen als Sensoren, während die Handflächen dazu dienen, Heilenergie zu kanalisieren. Die dominante Hand sendet Energie aus, während die nicht-dominante Hand sie empfängt.

Während sich die Füße auf das Erdelement und den physischen Körper beziehen, entsprechen die Hände dem Luftelement und dem Geist, da sie buchstäblich in der Luft vor uns schweben. Daher beeinflussen die Handchakren sehr stark die Informationen, die in unseren Geist gelangen.

Aus diesem Grund hat die Gesellschaft den Händedruck als erste Begrüßung zwischen Menschen übernommen. Wenn Sie jemandem die Hand schütteln, berühren sich Ihre Handflächen, was Ihnen erlaubt, zu erahnen, wer die Person ist, da Sie direkten Kontakt mit ihrer Energie haben.

In der Mitte der Handfläche befindet sich ein wesentliches kleines Chakra, das mit Sahasrara, der Krone, verbunden ist. Es wird auch "Handflächenchakra" genannt und ist das wichtigste unserer Handchakren, da es zu Heilzwecken eingesetzt wird. Sie werden feststellen, dass das Handflächenchakra das Sohlenchakra widerspiegelt, das die kleinen Chakren im oberen Teil des Kopfes widerspiegelt. Alle drei Gruppen von Chakras entsprechen Sahasrara und dem Geistigen Element. Ihre Funktion ist entscheidend für den Kundalini-Transformationsprozess, da sie die spirituelle Energie in den Körper einfließen lassen.

Die Handchakren sind über die Energiekanäle in den Armen mit dem Kehlkopfchakra, Vishuddhi, verbunden. Um die Handchakren vollständig zu öffnen und ihre funktionellen Fähigkeiten zu maximieren, muss man daher das Kehlchakra erwecken, da es das erste Chakra des Geistigen Elements ist. Zum Geistigen Element gehören auch die beiden Chakren über Vishuddhi, Ajna und Sahasrara.

In Anahata wird Heilenergie erzeugt, die durch die Handflächenchakren über Vishuddhi nach außen geleitet wird (Abbildung 29). Das Kehlchakra wird aufgrund seiner Verbindung mit dem Ajna Chakra, dem psychischen Zentrum, welches einen entsprechenden Energiepunkt im Bereich des Handgelenks hat, dazu benutzt, die energetischen Eindrücke um uns herum zu spüren. Diese Eindrücke werden oft über die Handchakren empfangen, die wir allein durch unsere Absicht wie Energiesensoren nutzen können.

Die Bewusstmachung und Aktivierung der Handchakren kann die Qualität Ihres Lebens erheblich verbessern. Bei einem durchschnittlichen Menschen sind die kleinen Chakren in den Händen bis zu einem gewissen Grad geöffnet, was bedeutet, dass ständig Heilenergie in sie hinein und aus ihnen herausfließt. Nur Menschen, die sich ganz dem Bösen zugewandt haben, werden von der Heilenergie völlig abgeschnitten sein, bis sie ihr Herz wieder für die Liebe und das Gute öffnen können. Dann gibt es die Menschen, die in der spirituellen Entwicklung die Masse überholt haben. Diese Menschen haben ihr Herz- und Kehlchakra vollständig geöffnet. Ihr Bewusstsein ist viel höher in der Schwingung, was bedeutet, dass ihre Handchakren optimal funktionieren und Heilenergie aussenden und empfangen.

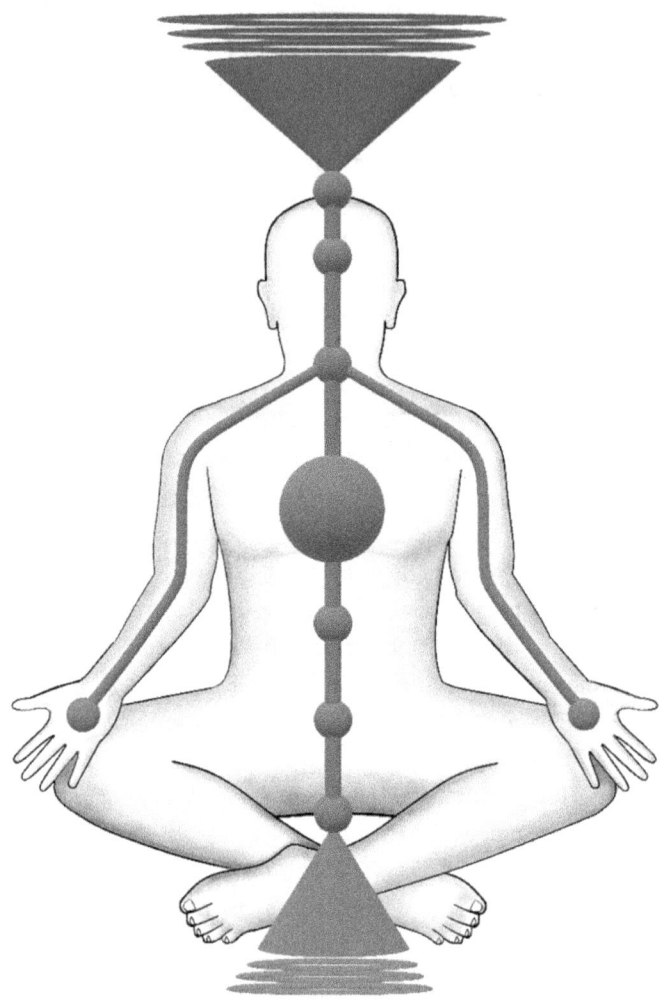

Abbildung 29: Erzeugung und Übertragung von Heilenergie (Handflächen)

Bei einer vollständig Kundalini erweckten Person sind alle Chakren geöffnet, einschließlich des Hand- und Fußchakras. Sie werden natürliche Heiler, Empathen und Telepathen sein. Ein Großteil der äußeren Informationen kommt durch die Hände herein. Allein die Berührung eines Objekts führt dazu, dass energetisches Wissen über dieses Objekt empfangen wird. Wenn die Handchakren vollständig geöffnet sind, werden die Fingerspitzen besonders sensibel, um Informationen zu empfangen und sie zur Auswertung in den Körper zu senden.

HEILEN MIT DEN HÄNDEN

Die Handchakren können zum Empfangen, aber auch zum Aussenden von Energie verwendet werden; es hängt alles von der Absicht ab. Wenn Sie Energie empfangen, sind die Fingerspitzen beteiligt, während das Aussenden hauptsächlich über die Handflächenchakren geschieht (Abbildung 30).

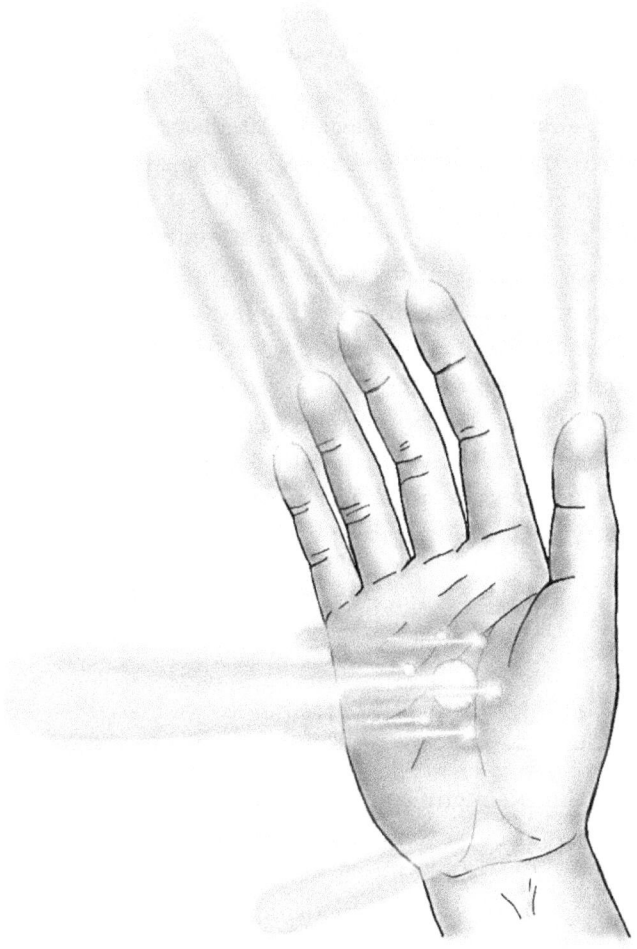

Abbildung 30: Heilende Energie aus den Händen

Die häufigste Verwendung für die Empfangsfunktion der Handchakren ist das Scannen der Aura einer Person und die Suche nach "Hot Spots" und anderen Informationen, die Ihnen helfen können, den Zustand ihrer Gesamtenergie zu erkennen. Die Handchakren können gerne als Sensoren verwendet werden, die Sie über die Energie in Ihrer Umgebung informieren.

Sie können die Sendefunktion der Handchakren nutzen, um jemandem Heilenergie zuzuführen, einen Raum von stagnierender Energie zu befreien, einen Kristall oder ein anderes Objekt aufzuladen oder sogar eine Person oder eine Gruppe von Menschen zu segnen oder zu schützen. Sie können Ihre Energie auch nutzen, um sich selbst und Ihre Chakren zu heilen, obwohl dies sehr anstrengend sein kann. Es ist hilfreich, sich stattdessen zum Beispiel mit einem Edelstein zu heilen.

Obwohl es von entscheidender Bedeutung ist, zu wissen, wie man sein Chi im Hara Chakra aufbaut (mehr dazu im folgenden Kapitel über die transpersonalen Chakren), ist es für die Heilarbeit weitaus wirksamer zu lernen, wie man die spirituelle Energie herbeiruft und sie durch sich fließen lässt. Solange Sie von einem geistigen Ort der bedingungslosen Liebe ausgehen (eine Eigenschaft des Anahata Chakras), sollte Ihre Absicht allein ausreichen, um die spirituelle Energie herbeizurufen und sie zu Heilzwecken durch Ihre Handchakren zu kanalisieren.

Es ist wichtig, dass Sie neutral bleiben, was bestimmte Ergebnisse Ihrer Heilsitzung angeht, und nicht Ihren Willen durchsetzen. Für den größten Teil der Heilsitzung machen Sie sich lediglich zu einem Kanal, zu einer Leitung für spirituelle Energie. Daher sollten Sie Ihren Höheren Willen nur dann einbeziehen, wenn Sie Energieblockaden bewegen und beseitigen. Dazu können Sie entweder den Bereich in der Aura durchkämmen, der negative Energie enthält, oder diese negative Energie mit Heilenergie aus Ihren Handflächenchakren ausstoßen. In letzterem Fall können Sie das Ausmaß der Heilenergie, die durch Ihre Handflächenchakren kanalisiert wird, durch den Einsatz Ihrer Willenskraft und konzentrierten Aufmerksamkeit verstärken.

INFUSION VON GEISTENERGIE

Der Zweck des Kundalini-Reinigungsprozesses ist es, Ihren Körper zu einem Gefäß für den Geist zu machen. Natürlich geschieht während dieses Prozesses nichts mit Ihrem physischen Körper, obwohl es sich für Ihr Bewusstsein so anfühlt. Die Kundalini ermöglicht es Ihrem Bewusstsein, so hoch wie der spirituelle Körper aufzusteigen und sich mit seiner Schwingung durch die Reinigung der Chakren in Einklang zu bringen.

Der Körper muss von der spirituellen Energie durchdrungen sein, die von den Sohlen- und Handflächenchakren ausgeht. Diese Nebenchakren werden vollständig aktiviert, wenn die Kundalini im Prozess des Erwachens Sahasrara erreicht. Normalerweise braucht das Bewusstsein einige Zeit, um sich auf die Infusion von Spirit vorzubereiten, da die Chakren gereinigt werden müssen. Sobald es jedoch bereit ist, steigt die spirituelle Energie über das Sohlen- und Handflächenchakra in den Körper auf. Diese Erfahrung fühlt sich an, als wäre ein Windstoß in die Gliedmaßen eingedrungen und hätte sie transparent werden lassen. Dieser göttliche Atem kann dann den gesamten Rumpf durchdringen und dem individuellen Bewusstsein das Gefühl der Schwerelosigkeit im Körper, insbesondere in den Armen und Beinen, geben. Für den Erfahrenden fühlt es sich an, als ob der physische Körper von innen hohl geworden ist.

Wenn der Geist in den Körper kommt, beginnt das Individuum, die allgemeine Taubheit des ganzen Körpers zu erfahren. Auch dieser Teil der Kundalini-Transformation braucht einige Zeit, bis er sich manifestiert. Wie ich bereits erwähnt habe, war dies bei mir im siebten Jahr des Erwachens der Fall. Es fühlte sich an, als hätte der physische Körper eine permanente Spritze mit Novocain, einem Betäubungsmittel, erhalten.

Das Gefühl der Taubheit tritt auf, damit das Bewusstsein seine Verbindung mit dem physischen Körper verlieren kann, was es ihm erleichtert, sich vollständig im Lichtkörper zu lokalisieren. Durch den Verlust des Bewusstseins für den physischen Körper wird die Seele schließlich von ihren Fesseln befreit. Das individuelle Bewusstsein vereinigt sich mit dem kosmischen Bewusstsein und beendet den Schmerz der Trennung zwischen den beiden.

DIE ÜBERSINNLICHEN AUGEN

Neben den beiden physischen Augen gibt es fünf zusätzliche spirituelle Augen in unserem Kopf (Abbildung 31), die uns ein erweitertes Bewusstsein geben, wenn unser Bewusstsein erhöht ist. Auch die beiden physischen Augen haben Funktionen, die über die normalen Sehfähigkeiten hinausgehen und erwähnenswert sind. Das rechte Auge dient in erster Linie dazu, die Formen von Objekten zu sehen; es hilft bei der Wahrnehmung von Details. Das linke Auge hat mit unserem emotionalen Selbst zu tun. Es gibt uns ein Gefühl für die Beziehung zwischen Objekten durch ihre Farbe und Beschaffenheit.

Das Dritte Auge, auch geistiges Auge genannt, befindet sich etwas oberhalb und zwischen den Augenbrauen. Es dient als Energieportal, das uns erlaubt, die energetische Form der Objekte in unserer dritten Dimension zu erahnen. Das Dritte Auge gibt uns Einblick in das Unbekannte als unser Fenster in die Astralwelt. Der eigentliche Sitz des Ajna Chakra befindet sich jedoch in der Mitte des Gehirns, im Bereich des dritten Ventrikels, wie in einem späteren Kapitel erläutert wird. Die weiter unten beschriebenen psychischen Augen haben Hilfsfunktionen für das Geistige Auge. Sie dienen als Energieportale, jedes mit spezifischen Kräften, die, wenn sie erweckt werden, uns ein erweitertes Bewusstsein und Verständnis geben, da sie unterschiedliche Komponenten des Ajna Chakra als Ganzes sind.

Das Vierte Auge befindet sich direkt über dem Dritten Auge und ermöglicht es uns, die Beziehungen zwischen den Menschen zu verstehen und den Glauben an den Schöpfer zu fördern. Es ist der höhere Sinn dessen, was das linke physische Auge wahrnimmt, denn es ermöglicht uns, die Quelle der Schöpfung zu verstehen. Das Vierte Auge ist der Baumeister des Glaubens.

Das Fünfte Auge befindet sich genau in der Mitte der Stirn und hilft uns, universelle Wahrheiten und Ideale zu verstehen. Durch es erhalten wir Konzepte über die

Funktionsweise der universellen Gesetze, die die Realität bestimmen. Es erlaubt uns, das größere Bild des Lebens und unseren Platz darin zu sehen. Das Fünfte Auge aktiviert den höheren Verstand und unser kreatives Denken. Es erlaubt uns auch, unsere vergangenen Leben zu sehen.

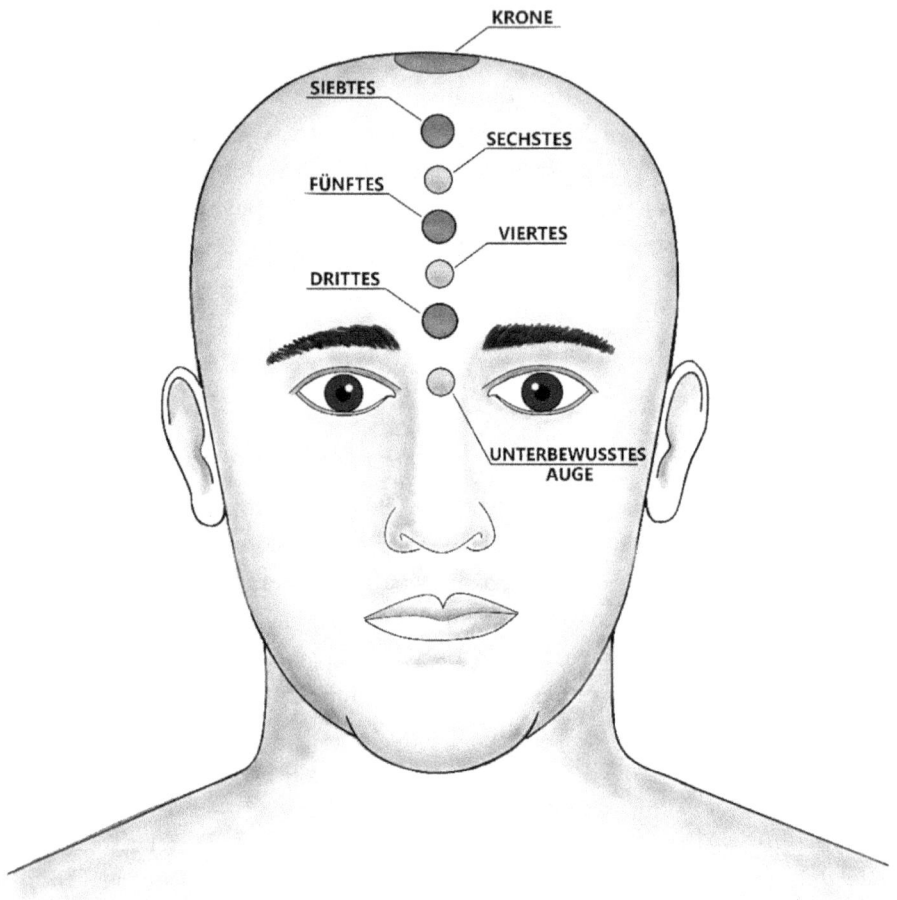

Abbildung 31: Lage der Psychischen Augen

Das Sechste Auge befindet sich direkt über dem Fünften Auge, und seine Funktion ist es, uns die wahre innere Sicht und das Verständnis für den Zweck unserer Seele zu geben. Das siebte Auge befindet sich genau am Haaransatz, auf der gegenüberliegenden Seite des Bindu. Es hilft dabei, die Gesamtheit und den Zweck des Universums als Ganzes zu verstehen. Durch es können wir mit Engelswesen aus der göttlichen Ebene der Existenz kommunizieren.

Das siebte Auge ist für den Kundalini-Transformationsprozess von größter Bedeutung, da es als Austrittspunkt der Kundalini fungiert, genau wie die Bindu. Das siebte Auge und das Bindu wirken wie Trichter für den Kundalini-Kreislauf, wenn sie vollständig aktiv und integriert sind. Wenn es eine Blockade im Siebten Auge gibt, wird der Kundalini-Kreislauf inaktiv und man verliert den Kontakt mit dem Bindu und den spirituellen und göttlichen Ebenen der Existenz.

Es ist wichtig zu verstehen, dass sich alle psychischen Augen im Laufe der Zeit entwickeln, wenn sie eine Kundalini-Transformation nach einem vollständigen Erwachen durchlaufen. Sobald sie alle erschaffen sind und das Bewusstsein die Fähigkeit erlangt, ihre Funktionen zu nutzen, wird das Fünfte Auge zur "Kommandozentrale" des Bewusstseins, anstelle des Dritten Auges, da es das mittlere der fünf psychischen Augen ist und Eindrücke von jedem von ihnen empfangen kann.

Es gibt ein weiteres psychisches Zentrum, das "Unterbewusste Auge", das genau zwischen den beiden physischen Augen am Nasenrücken liegt. Das Unterbewusstsein ist das Zentrum unseres primitiven und grundlegenden Lebens und unserer Bauchgefühle. Seine Funktion ist das Überleben; daher bezieht es sich auf die lebensnotwendigen Dinge, wie Nahrung, Wasser und Unterkunft. Auch Angst spielt eine entscheidende Rolle beim Überleben, da wir lernen, Dinge zu vermeiden, die uns verletzen können, sei es körperlich oder seelisch. Das Unterbewusstsein wird zu einem Speicher für all die Dinge, die uns im Laufe der Zeit Schmerzen bereitet haben, und enthält die Angstenergie, die uns im Leben einschränkt.

Sobald die Kundalini in das Gehirn eingedrungen ist und das Ajna Chakra durchstoßen hat, ist das unterbewusste Auge vollständig erweckt. Da ein vollständiges Kundalini-Erwachen eine Brücke zwischen dem bewussten und dem unterbewussten Geist schlägt, wird die gesamte negative Energie, die im Unterbewusstsein gespeichert ist, freigesetzt, damit sie bearbeitet und transformiert werden kann. Das Unterbewusste Auge ermöglicht es uns, alles zu sehen, was uns früher psychisch verborgen war.

Das Unterbewusste Auge ermöglicht es uns, die Funktionsweise des Unterbewusstseins zu erkennen, um effizientere Mitschöpfer mit unserem Schöpfer zu werden. Sobald wir die im Unterbewusstsein gespeicherte negative Energie überwunden haben, können wir dieses psychische Zentrum nutzen, um unsere Gedanken zu formen und uns zu Meistern unserer Realität zu machen. Das Unterbewusste Auge ist jedoch lediglich ein Fenster oder ein Portal zum Unterbewusstsein, das sich am Hinterkopf befindet. Im Gegensatz dazu befindet sich der bewusste Teil des Geistes an der Vorderseite des Kopfes.

DIE TRANSPERSONALEN CHAKREN

Nach Ansicht vieler spiritueller Denkschulen gibt es neben den Haupt- und Nebenchakren auch die transpersonalen Chakren. Das sind Chakren außerhalb des Lichtkörpers, mit denen der Mensch energetisch verbunden ist. Transpersonal bedeutet, dass sie über die Bereiche der inkarnierten Persönlichkeit hinausgehen. In der chakrischen Wissenschaft sind sie neben den Haupt- und Nebenchakren das zweite, entscheidende Puzzlestück zum Verständnis unseres energetischen Aufbaus.

Der Hauptzweck der transpersonalen Chakren besteht darin, den physischen Körper und die Haupt- und Nebenchakren mit anderen Menschen, feinstofflichen Wesen und anderen Quellen göttlicher und höherer Energien zu verbinden. Die meisten spirituellen Denkschulen sagen, dass es fünf transpersonale Chakren gibt, obwohl diese Zahl variieren kann. Es ist auch üblich, dass viele chakrische Systeme nur die beiden entgegengesetzten transpersonalen Chakren, den Seelenstern und den Erdstern, verwenden.

Die transpersonalen Chakras existieren entlang der Hara-Linie, einer energetischen Säule, die die sieben primären Chakras enthält. Wenn wir diese energetische Säule über die sieben primären Chakras hinaus nach oben und unten ausdehnen, stoßen wir auf verschiedene Transpersonale Chakras oberhalb von Sahasrara und eines unterhalb von Muladhara, das Erdstern-Chakra (Abbildung 32).

Die transpersonalen Chakren sind der Schlüssel zur spirituellen Entwicklung und zum Verständnis der Dynamik der Schöpfung. Durch die Chakras oberhalb von Sahasrara können wir uns mit den subtileren Schwingungen im Kosmos verbinden. In *The Magus* habe ich diese höheren Schwingungszustände des Bewusstseins als die göttlichen Ebenen der Existenz bezeichnet.

Im Sinne des Qabalistischen Lebensbaums sind die Transpersonalen Chakren um und über dem Kopfbereich Teil der Kether-Sphira und nicht innerhalb der Drei Schleier der negativen Existenz (Ain Soph Aur). Und da Kether das Weiße Licht ist, befassen sich diese Transpersonalen Chakren damit, wie dieses Licht in den Körper des Lichts und die Sieben Hauptchakrazentren eindringt.

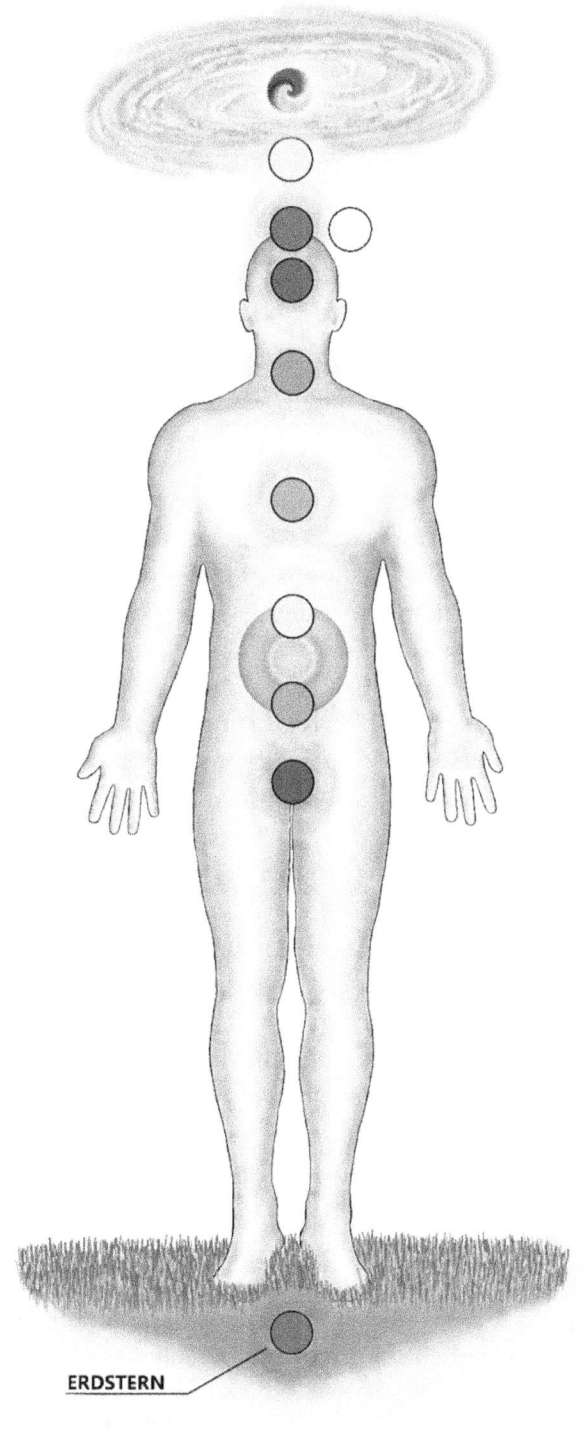

Abbildung 32: Die Transpersonalen Chakren

Solange Ihre sieben Hauptchakren nicht angemessen ausgeglichen sind und Ihre Schwingung nicht erhöht ist, rate ich Ihnen dringend davon ab, mit den drei höchsten transpersonalen Chakren zu arbeiten. Der Versuch, diese mächtigen Kraftquellen zu nutzen, bevor Sie sich selbst zu einem geeigneten Kanal gemacht haben, wird vergeblich sein, da Sie nicht in der Lage sein werden, auf ihre Kraft zuzugreifen. Sparen Sie sich also die Arbeit mit diesen höheren Chakren auf, bis Sie sich spirituell ausreichend entwickelt haben. Das einzige transpersonale Chakra, mit dem Sie gefahrlos arbeiten können, ist der Erdstern, da dieses Chakra mit der Erdung zu tun hat.

ERDSTERN-CHAKRA

Das Erdstern-Chakra, Vasundhara (Sanskrit für "Tochter der Erde"), befindet sich etwa zehn Zentimeter unter den Füßen. Dieses auch als "Superwurzel" bezeichnete Chakra hilft bei der Erdung und verbindet uns mit dem Planeten Erde, da es in direktem Kontakt mit dem Boden steht. Der Erdstern fungiert als Brücke zwischen unserem Bewusstsein und dem kollektiven Bewusstsein des Planeten Erde. Daher befasst sich dieses Chakra mit dem Naturbewusstsein. Die Fußchakren sind das Medium der Kommunikation zwischen den Hauptchakren und dem Erdstern.

Der Erdstern ermöglicht es uns auch, uns mit den dichteren terrestrischen Energien unseres Planeten zu verbinden. Die terrestrische/tellurische Energie steigt durch die energetischen Kanäle der Beine über die Fußchakren auf, bis sie das Wurzelchakra, Muladhara, erreicht. Das Muladhara Chakra ist die Grundlage unseres chakrischen Systems, seine Wurzel - daher hat dieses Chakra seinen Namen. Muladhara und der Erdstern stehen in direkter Beziehung zueinander - sie sind beide mit dem Element Erde verbunden und dienen dazu, dessen Energie zu kanalisieren. Qabalistisch gesehen entspricht ihre Funktion der Sephira Malkuth, die sich direkt an den Füßen befindet. Der Erdstern repräsentiert jedoch den spirituellen Aspekt der Erde und schwingt in der vierten Dimension der Schwingung oder Energie.

Der Erdstern ist wichtig, um uns auf der physischen Ebene der Existenz zu verankern. Eine der Funktionen des Erdsterns ist die Verwurzelung der persönlichen und transpersonalen Seelenanteile mit dem magnetischen Kern des Planeten Erde durch sein elektromagnetisches Feld. Da das Energiesystem des Menschen mit einem Baum verglichen werden kann, dient der Erdstern als dessen Wurzel.

Der Erdstern ermöglicht es uns, trotz aller alltäglichen Aktivitäten, die uns aus dem Gleichgewicht bringen, geerdet zu bleiben. Eine solide Verbindung mit diesem Chakra ermöglicht es uns, fest in unserem Lebensziel zu bleiben und uns nicht von den Gedanken und Gefühlen anderer Menschen um uns herum beeinflussen zu lassen. Diese externen Energien werden aus unserer Aura entfernt, wenn unsere Verbindung mit unserem Erdstern stark ist. So gibt unsere Beziehung zu unserem Erdstern unserer Seele Sicherheit, damit sie sich und ihre Bestimmung zum Ausdruck bringen kann.

Der Erdstern hat seine eigene aurische Schicht, die sich über die Sahasrara-Chakra-Schicht hinaus erstreckt. Es dient als ätherische Blaupause, die die dazwischen liegenden aurischen Schichten mit unserem unteren Astralkörper (Ätherkörper) verbindet, dem ersten feinstofflichen Körper jenseits der physischen Ebene. Aufgrund seiner Platzierung unter den Füßen erdet dieses Chakra die feinstofflichen Körper und das gesamte chakrische System, einschließlich der transpersonalen Chakren oberhalb des Sahasrara.

Der Erdstern ist aufgrund seiner Beziehung zu Muladhara auch direkt daran beteiligt, die Kundalini zur Aktivität anzuregen. Ohne seine Hilfe wäre der Erweckungsprozess unmöglich, da das menschliche Bewusstsein untrennbar mit dem Erdbewusstsein verbunden ist. Veränderungen im Erdbewusstsein wirken sich auf das menschliche Bewusstsein auf einer kollektiven und persönlichen Ebene aus.

Damit eine Kundalini-Erweckung stattfinden kann, müssen wir einen starken Energiestrom im Muladhara Chakra erzeugen. Die Erzeugung dieser Energie beginnt im Erdstern, da diese beiden Erd-Element-Chakren zusammenarbeiten. Mit anderen Worten: Die Energie im Muladhara wird vom Erdstern-Chakra erzeugt. Der Erdstern wirkt wie eine Batterie für Muladhara; er sendet planetarische Energien über die positiven und negativen Ströme, die durch die beiden Energiekanäle in den Beinen repräsentiert werden, in das Muladhara.

Unsere Lebensgeschichte ist in der Matrix unseres Erdsterns aufgezeichnet. Dieses Chakra ist verantwortlich für unsere persönliche Entwicklung auf der materiellen Ebene und die Wege, die wir einschlagen, um im Leben voranzukommen. Es umfasst unsere gesamte Ahnengeschichte und unsere DNA-Muster. Dieses Chakra ist auch der Aufzeichnungsspeicher für alle vergangenen Lebensinkarnationen und gelernten karmischen Lektionen.

Der Erdstern verbindet uns mit der gesamten Menschheit auf einer irdischen Ebene. Wenn es ausgeglichen ist, erlaubt uns dieses Chakra, eine tiefe Verbindung mit unseren inneren Kräften zu spüren und für eine größere Sache zu arbeiten. Das ultimative Ziel des Erdsterns ist es, das kollektive Bewusstsein unseres Planeten und des Universums, von dem wir ein Teil sind, zu fördern. Ein ausgeglichener Erdstern erlaubt uns auch, uns geerdet, geschützt und sicher zu fühlen, da unsere göttliche Verbindung mit Mutter Erde (Gaia) gestärkt wird.

Ein unausgeglichener Erdstern führt zu geistiger und emotionaler Instabilität im Leben. Wenn wir nicht mit Mutter Erde geerdet sind, verlieren wir den Kontakt zu unserer Spiritualität, was dazu führt, dass wir im Laufe der Zeit unseren Sinn für unser Ziel verlieren. Auf körperlicher Ebene kann ein unausgeglichener Erdstern Probleme mit den Beinen, Knien, Knöcheln und Hüften verursachen, da diese Teile unseres Körpers uns mit Mutter Erde verbinden.

Die Farbe des Erdsterns ist schwarz, braun oder magenta (wenn er aktiviert ist). Edelsteine, die diesem Chakra zugeordnet sind, sind Rauchquarz, Onyx, schwarzer Obsidian und Magnetit (Magneteisenstein).

HARA CHAKRA (NABEL)

Hara ist ein japanisches Wort und bedeutet "Meer der Energie". Sein Name ist passend, da das Hara Chakra als Tor zur Astralebene fungiert. Über diese Ebene kann man Zugang zu allen inneren kosmischen Ebenen erhalten. Somit ist das Hara Chakra unser Zugang zum unendlichen Ozean der Energie im Universum. Es ist nicht unbedingt ein Chakra, sondern spielt aufgrund seiner Größe und seines Umfangs in einer eigenen Liga. Allerdings ist Hara Teil des Modells der Transpersonalen Chakren in vielen New Age Chakrensystemen. Es befindet sich zwischen Swadhisthana und Manipura, am Bauchnabel (Abbildung 33), etwa zwei Zentimeter nach innen.

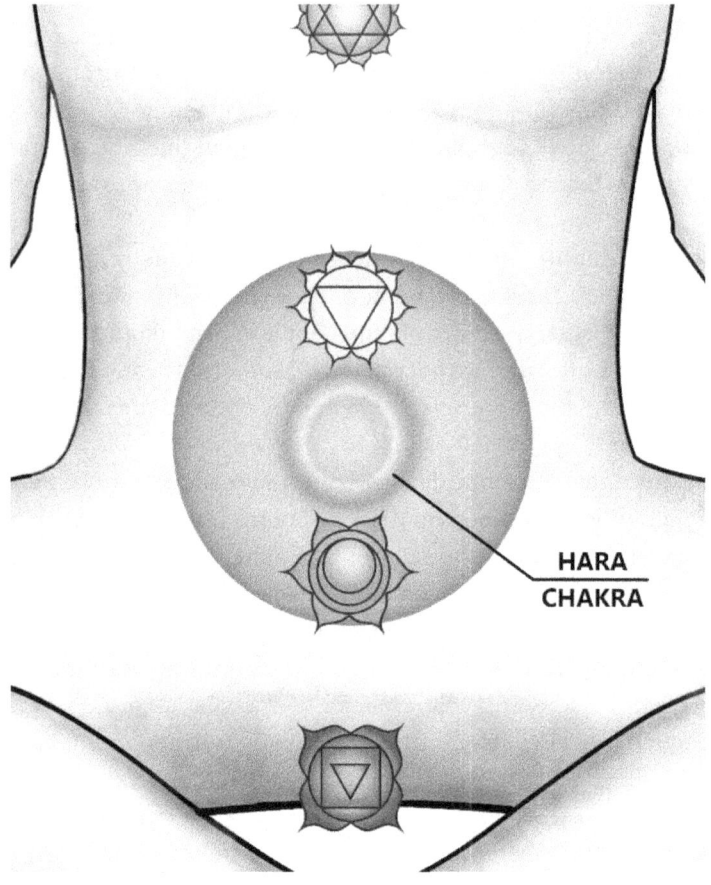

Abbildung 33: Das Hara (Nabel) Chakra

Um das Hara herum befindet sich ein ätherischer Energieball, etwa so groß wie ein Fußball, genannt "Dantian" oder "Tan Tien". Die Energie des Dantian ist Chi, Qi, Mana, Prana, d.h. Lebensenergie. Dieser Energieball interagiert mit den nahegelegenen Organen, die an der Nahrungsverarbeitung beteiligt sind, da sich die aufgenommene Nahrung in

Lebensenergie verwandelt, deren Essenz Lichtenergie ist. Diese Energie wird aus dem Hara gespeist, da dies ihr Zentrum ist. Sobald die Lichtenergie im Dantian durch das Hara Chakra erzeugt wurde, wird sie im ganzen Körper verteilt.

Das Hara Chakra steht in direkter Beziehung zu Swadhisthana, da es als Portal in die Astralebene und als Generator von Lebensenergie fungiert. Der Unterschied zwischen den beiden ist, dass die Funktion von Swadhisthana darin besteht, sexuelle Energie zu erzeugen (zusammen mit Muladhara), während Hara Lebensenergie erzeugt. In Wirklichkeit arbeiten die beiden jedoch wie eine Batterie zusammen, so wie Muladhara mit dem Erdstern-Chakra zusammenarbeitet. Auf dem Lebensbaum entspricht die Funktion der Chakren Hara und Swadhisthana der Sephira Yesod.

Das Hara Chakra gibt uns Nahrung und Kraft, was davon abhängig ist, dass Muladhara und der Erdstern ausreichend geerdet sind. Unsere Kraftquelle liegt im Hara und in unserer Regenerationsfähigkeit. Während das Erdstern- und das Muladhara-Chakra die Erdenergien anziehen, nutzt das Hara die sexuelle Energie von Swadhisthana, um den Willen zu stärken. Um dies zu erreichen, nutzt es die rohe Feuer-Energie von Manipura, die direkt über ihm liegt. Manipura ist direkt an dem Prozess der Umwandlung von aufgenommener Nahrung in Lichtenergie beteiligt. Viele spirituelle Traditionen erkennen die Existenz des Hara Chakra an, können aber nicht unterscheiden, ob es mit Swadhisthana oder Manipura oder mit beiden zusammenhängt - was der Fall ist.

Die Effizienz des Hara Chakra hängt auch davon ab, wie gut der Erdstern und das Wurzelchakra geerdet sind. Diese beiden Chakren ziehen die Energien der Erde an, während das Hara Chakra diese Energie zusammen mit der Energie von Swadhisthana und Manipura Chakra nutzt, um das gesamte Energiesystem zu versorgen. Das Hara Chakra ist im Wesentlichen unser Kern und unsere Grundlage. Seine Farbe ist bernsteinfarben, da es eine Mischung aus dem Gelb von Manipura und dem Orange von Swadhisthana ist.

Obwohl Swadhisthana in spirituellen Traditionen oft als Nabelchakra bezeichnet wird, ist Hara aufgrund seiner Platzierung und Funktion das eigentliche Nabelchakra. Als Fötus wurden wir alle durch den Nabel ernährt, während sich unsere subtilen Körper bildeten. Sobald wir geboren waren und die Nabelschnur durchtrennt wurde, waren wir von der ätherischen Energiequelle abgeschnitten. Als solche hörten wir auf, Energie durch das Hara zu beziehen. Durch die Konditionierung und die Bildung des Egos verloren wir dieses Portal aus den Augen und begannen, die Energie durch übermäßiges Denken in unseren Kopf zu leiten. Um dies zu beheben, sollten wir uns auf unseren Kern konzentrieren und Energie durch unser Hara-Chakra einziehen, was unser Dantian erweitern wird.

Auf das Hara und das Dantian (Tan Tien) wird in Qigong, Tai Chi und anderen Kampfkünsten häufig Bezug genommen. Alle Kampfkunstdisziplinen, die versuchen, mit Energie zu arbeiten, erkennen die Kraft des Hara-Zentrums und den Aufbau des Dantian, das sie als Zentrum der Schwerkraft betrachten. Doch dazu muss man eine feste Verbindung zu seinem Ätherkörper haben, sonst kann man seine inneren Energien nicht kanalisieren. In vielen dieser Kampfkunstsysteme ist das Hara nur eines der Dantian, das als Unteres Dantian bezeichnet wird. Das mittlere Dantian befindet sich in der Herzgegend

(Anahata), während das obere Dantian in der Kopfgegend, auf der Ebene des Ajna Chakras, liegt. Diese Aufteilung der drei Hauptenergiezentren im menschlichen Körper ermöglicht es dem Kampfsportler, den natürlichen Energiefluss optimal zu nutzen, um seine Kampfkraft zu optimieren.

Das Hara Chakra muss offen und das Dantian (Unteres) voller Energie sein, wenn man eine gute Gesundheit und eine Fülle von Vitalität haben will. Wenn das Hara Chakra geschlossen oder inaktiv ist, kann es viele Süchte verursachen, besonders nach Nahrung. Übermäßiges Essen ist ein Versuch, sich satt zu fühlen, obwohl das Hara blockiert und das Dantian leer ist. Tantrische Sexpraxis ist eine Möglichkeit das Hara zu öffnen und sich des Dantian bewusst zu werden. Tantrischer Sex fokussiert die Energie in den Unterleib und bezieht sowohl unsere sexuelle Energie als auch unsere Willenskraft mit ein, wodurch sowohl das Swadhisthana- als auch das Manipura-Chakra einbezogen werden.

KAUSAL-CHAKRA (BINDU)

Das Bindu dient als Tor zum Kausalchakra, das etwa zwei bis drei Zentimeter vom oberen Hinterkopf entfernt ist, wenn man eine gerade Linie vom Thalamus projiziert (Abbildung 34). Dann steht es in einer Linie mit dem Sahasrara Chakra, das direkt davor liegt. Das Kausalchakra ist eines der drei transpersonalen himmlischen Chakren im Kopfbereich, zu denen auch der Seelenstern und das Stellare Tor gehören.

Das Bindu an der oberen Rückseite des Schädels (von innen) fungiert als Tor zum Kausalchakra. Das Bindu ist die Tür, während das Kausalchakra das Haus ist. Man kann jedoch weder die Tür ohne das Haus haben, noch das Haus ohne die Tür - beide gehören zusammen. Aus diesem Grund spiegeln die Eigenschaften des Bindu-Chakras die des Kausal-Chakras im Modell der Transpersonalen Chakren wider.

Das Kausalchakra befasst sich mit der Auslöschung des Egos und der Umwandlung der Persönlichkeit. Es gibt uns die Vorstellung von der Kontinuität des Lebens über den physischen Tod hinaus. Wir sind ewige Wesen des Lichts, die über diese momentane physische Existenz hinaus weiterleben werden. Dieses Chakra dient dazu, das Ego zum Schweigen zu bringen und den Geist zu beruhigen, so dass der Einzelne die spirituelle Ebene und die göttlichen Ebenen erforschen kann.

Das Kausalchakra ist ein Eintrittspunkt in die göttlichen Ebenen, die durch den Seelenstern und die Stellar Gateway Chakras, die über dem Kronenchakra liegen, erfahren werden können. Das Kausalchakra hilft auch bei den höheren Aktivierungen der spirituellen Chakren (Krone, geistiges Auge und Kehle), die die Erforschung der spirituellen Ebene erleichtern.

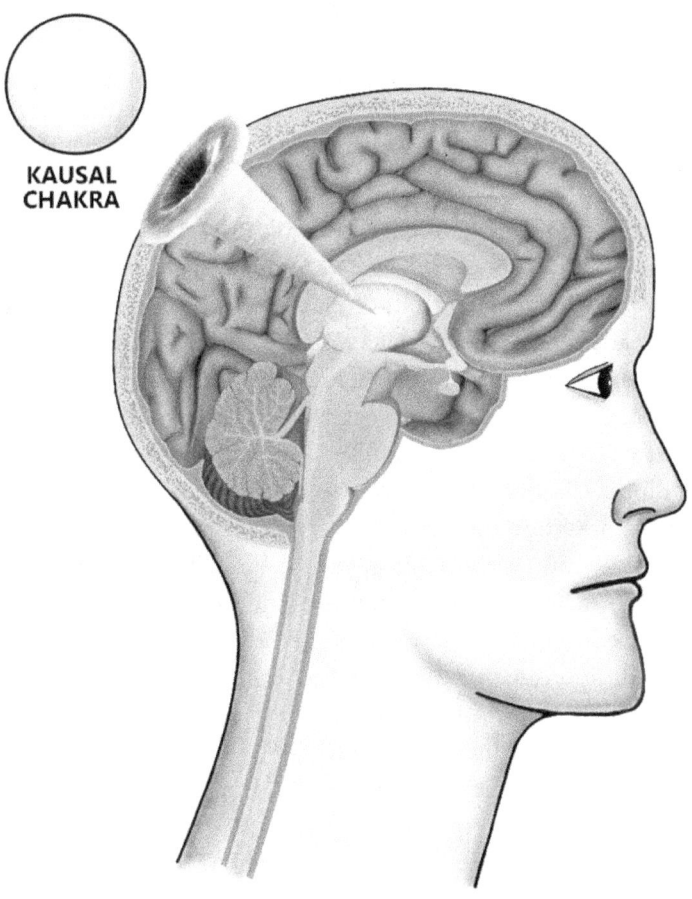

Abbildung 34: Das Kausal-/Bindu-Chakra

Da das Kausal-/Bindu-Chakra auch als Mond-Chakra bezeichnet wird, ist es von weiblicher Qualität. Wenn es erweckt ist, werden die weiblichen Qualitäten der Liebe, des Mitgefühls, der Kreativität und der Intuition im Menschen verstärkt. Dieses Chakra absorbiert und strahlt das Mondlicht aus und erhellt so die Gedanken, die wir direkt vom kosmischen Bewusstsein erhalten.

Durch das Kausalchakra erhalten wir Informationen aus den göttlichen Ebenen und der höheren spirituellen Ebene; Informationen, zu denen wir nur Zugang haben, wenn wir uns von unserem Ego und unserer Persönlichkeit gelöst haben. Daher ist eine der Haupteigenschaften dieses Chakras, dass es uns erlaubt, höhere Weisheit und Mysterien des Kosmos zu erforschen.

Das Kausalchakra schwingt in der vierten Dimension, der Dimension der Schwingung oder Energie. Es empfängt die Energien aus den beiden fünfdimensionalen Chakren über dem Kopf (Seelenstern und Stellares Tor) und filtert sie in die Aura. Das Kausal-/Bindu-Chakra ist unsere Verbindung zu diesen beiden höherfrequenten Chakren, da es uns erlaubt, die abgestuften Mengen von weißem Licht zu akzeptieren, die die göttlichen Ebenen aussenden.

Höhere spirituelle Wesen aus den göttlichen Reichen können durch das Kausalchakra mit uns kommunizieren. Wenn Informationen durch dieses Chakra eintreffen, werden sie in die unteren Chakren gebracht, wo wir durch die subtilen Körper der jeweiligen Ebenen Zugang zu ihnen haben.

Das Kausalchakra spielt die wichtigste Rolle im Prozess der Kundalini-Erweckung, da seine Öffnung zu einer größeren Klarheit der psychischen und telepathischen Kommunikation führt. Es ermöglicht dem Individuum, die Energie um sich herum durch seine intuitiven Fähigkeiten zu "lesen". Das Kausal-/Bindu-Chakra arbeitet mit dem Ajna-Chakra zusammen, um dieses Kunststück zu vollbringen. Der Mensch benutzt die verschiedenen Portale des geistigen Auges, um die Informationen zu "sehen", die vom kosmischen Bewusstsein in das Kausalchakra geleitet werden.

Das Kausal-/Bindu-Chakra öffnet sich auf natürliche Weise und bleibt offen als Teil des Kundalini-Transformationsprozesses. Wenn dieses Chakra entriegelt ist und der Verstand und das Ego zum Schweigen gebracht sind, kann unser höheres Gott-Selbst direkt mit uns kommunizieren. Diese Kommunikation ist ein unmittelbarer Prozess, der keine bewusste Anstrengung erfordert. Der Einzelne geht von einem wachen Moment zum nächsten in der Meditation auf und wird zu einer lebendigen Verkörperung der Einheit der gesamten Existenz. Diese Erfahrung geschieht jedoch nur, wenn die Kundalini erweckt und zum Sahasrara Chakra erhoben wurde.

Obwohl man durch verschiedene spirituelle Praktiken (wie die Verwendung von Edelsteinen) Zugang zu den Energien des Kausal-/Bindu-Chakras haben kann, ist die einzige Möglichkeit, es zu öffnen und dauerhaft offen zu halten, ein Kundalini-Erwachen. Wie bereits erwähnt, sind die beiden Austrittspunkte der Kundalini das Bindu und das Siebte Auge. Sobald das Kundalini-System nach dem Erwachen im Lichtkörper aktiv ist, reguliert das Bindu die Lichtenergie, die in ihm zirkuliert und die zweiundsiebzigtausend Nadis oder Energiekanäle nährt. Wenn diese Kanäle mit Lichtenergie durchdrungen werden, erweitert sich das Bewusstsein. Die Bindu öffnet sich weiter und erlaubt es dem Individuum, mehr Informationen von der spirituellen Ebene und den göttlichen Ebenen darüber zu erhalten.

Das Kausal-/Bindu-Chakra ist weiß und deutet auf eine tiefe und innige Verbindung mit dem Geistelement und dem Mond hin. Edelsteine, die diesem Chakra zugeordnet sind, sind Mondstein, Engels-Aura-Quarz, Celestit, Kyanit und Herderit.

SEELENSTERN-CHAKRA

Das Seelensternchakra, Vyapini (Sanskrit für "alles durchdringend"), befindet sich etwa zehn Zentimeter über dem Scheitel und schließt direkt an das Kronenchakra darunter an (Abbildung 35). Die Farbe dieses Chakras ist gold-weiß. Der Seelenstern dient als unsere

Verbindung zu den kosmischen Energien unseres Sonnensystems, während das Stellare Tor als unsere Verbindung zur Milchstraßengalaxie als Ganzes dient. Der Seelenstern mäßigt auch die sehr hoch schwingende Energie des Stellaren Tores und strahlt sie (über das Kausalchakra) in die sieben Hauptchakren des Lichtkörpers ab. Auf diese Weise sind wir in der Lage, diese galaktischen Energien in unsere physische Existenz zu integrieren.

Das Seelenstern-Chakra gehört zur fünften dimensionalen Frequenz und repräsentiert die Energie der Liebe, der Wahrheit, des Mitgefühls, des Friedens und der spirituellen Weisheit und des Bewusstseins. Es entspricht der untersten göttlichen Ebene der Existenz. Nach den Lehren des Aufstiegs befinden sich die Erde und die Menschheit im Prozess des Übergangs in eine ganz neue Ebene der Realität, die fünfte Dimension.

Wir können die kosmischen Energien der fünften Dimension nur durch die Einheit des individuellen Bewusstseins mit dem kosmischen Bewusstsein erfahren. Wenn man diese Verbindung erreicht, erhält man Zugang zu den Akasha-Aufzeichnungen, einer Gedächtnisspeicherbank im kosmischen Bewusstsein, die alle menschlichen Ereignisse, Gedanken, Gefühle und Absichten der Vergangenheit, Gegenwart und Zukunft enthält. Als solcher wird man zum Hellseher, Hellfühligen oder Seher. Daher besteht ein Teil des Kundalini-Transformationsprozesses darin, das Bindu/Causal Chakra vollständig zu aktivieren, dass uns mit dem Seelenstern und dem Stellaren Tor verbindet und uns erlaubt, mit dem Kosmischen Bewusstsein eins zu werden.

Das Seelenstern-Chakra ist der Ort, an dem wir uns mit unserem höheren Gott-Selbst verbinden. Diese Verbindung wird jedoch durch das Kausal-/Bindu-Chakra und die Geist-Chakren (Vishuddhi, Ajna und Sahasrara) integriert. Diese Chakren dienen dazu, die Erfahrung der Verbindung mit unserem höheren Selbst zu erden. Da der Seelenstern die Göttlichkeit in all ihren Formen repräsentiert, ist er Teil der bedingungslosen Liebe, der spirituellen Selbstlosigkeit und des Mitgefühls sowie der Einheit in allen Dingen. Er ist der Ursprung unseres Strebens nach Aufstieg und Erleuchtung.

Da das Kausal-/Bindu-Chakra als Mond-Chakra bezeichnet wird, wäre der Seelenstern unser Sonnen-Chakra, da es der Ursprung unserer Seelen ist. Es hat eine enge Verbindung mit dem Stern unseres Sonnensystems (der Sonne) und dem Manipura Chakra, dem Sitz der Seele und der Sonne des Lichtkörpers. Daher erhält der Seelenstern den goldenen Aspekt seiner Farbe, der eine höhere Schwingung der gelben Farbe von Manipura ist.

Da der Seelenstern mit der göttlichen Ebene korrespondiert, steht er über der karmischen Energie, denn das Karma gehört zu den unteren Ebenen der Existenz. Der Seelenstern reguliert jedoch das Karma der Seele, indem er die notwendigen Lebenslektionen durch das Manipura Chakra und das Feuerelement vermittelt. Diese karmischen Energien haben sich über viele Lebenszeiten hinweg angesammelt und blockieren uns bei der Manifestation unserer Wünsche. Indem wir unsere Willenskraft entwickeln, erleuchten wir das Manipura Chakra und gewinnen eine stärkere Verbindung zu unserem Seelenstern.

Der Seelenstern arbeitet mit dem Stellaren Tor zusammen und ermöglicht es uns, die kosmische Verbundenheit zwischen uns und dem Universum, in dem wir leben, zu erkennen. Wenn der Seelenstern mit den darunter liegenden Chakren im Einklang ist, fühlen wir ein starkes Gefühl der Zielstrebigkeit und Lebensfreude. Der Seelenstern ist unser wahrer Wille im Leben und die Brücke zwischen unserer unpersönlichen Essenz und der persönlichen, physischen Realität.

Um zu vermeiden, dass man abgehoben und ungeerdet ist, muss man den Erdstern aktivieren, bevor man mit dem Seelenstern arbeitet. Diejenigen, die zu viel Zeit damit verbringen, an ihren höheren transpersonalen Chakren zu arbeiten und dabei den Erdstern ignorieren, werden zu raumgreifend und ätherisch sein. Der Seelenstern und der Erdstern arbeiten zusammen, um die Arbeit des zentralen Sterns unseres Sonnensystems - der Sonne - zu vollenden. Edelsteine, die dem Seelenstern zugeordnet sind, sind Selenit, Kyanit, Nirvana-Quarz und Danburit.

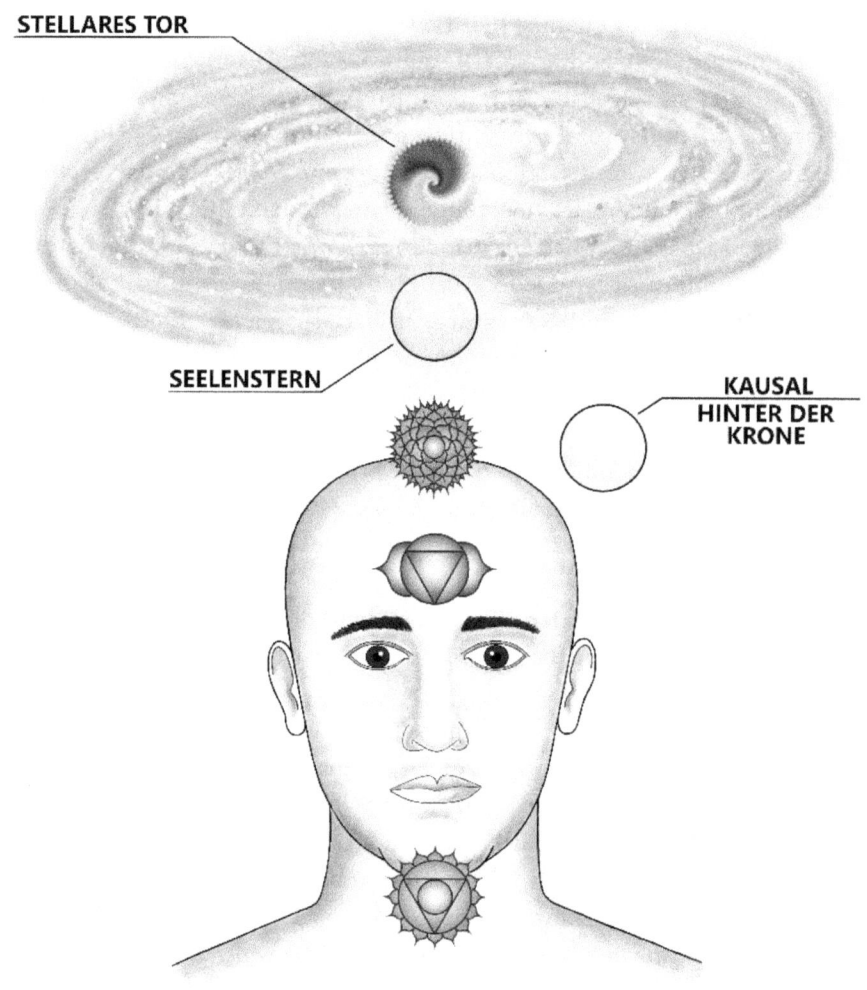

Abbildung 35: Die Transpersonalen Chakren Oberhalb der Krone

STELLARES TOR

Das Stellare Tor Chakra, Vyomanga (Sanskrit für "himmlisches Wesen"), befindet sich etwa zwölf Zentimeter über dem Scheitel, direkt über dem Seelenstern und dem Kronenchakra (Abbildung 35). Die Farbe dieses Chakras ist reines Gold oder Regenbogen (wenn es aktiviert ist). Das Stellare Tor ist, wie der Name schon sagt, ein Tor oder eine Pforte zu den Sternen der Milchstraßengalaxie. Einfach ausgedrückt, ist es das Chakra des kosmischen Bewusstseins.

Das Stellare Tor ist das Chakra mit der höchsten Schwingung aller transpersonalen Chakren. Es ist das höchste der fünfdimensionalen Chakren und unsere ultimative Verbindung mit der Quelle der gesamten Schöpfung. Das Stellare Tor korrespondiert mit den höheren göttlichen Ebenen der Existenz.

Die Fünfte Dimension steht für das bewusste Einssein mit dem Schöpfer (Gottheit). Der Seelenstern vermittelt uns das Verständnis, dass wir ewige Seelen haben, die vom Zentralstern (der Sonne) in unserem Sonnensystem stammen. Das Stellare Tor vermittelt uns jedoch das Verständnis, dass unsere Ewigen Seelen aus der gleichen Quelle stammen wie andere Seelen aus anderen Sonnensystemen in unserer Milchstraßengalaxie. Somit stellt das Stellare Tor die höchste Ebene der Fünften Dimension dar, die das Einssein mit allen Lichtfunken in der Galaxis ist.

Die Fünfte Dimension ist die eigentliche Quelle des Weißen Lichts, an dem wir alle teilhaben. Es verbindet uns nicht nur mit irdischen Wesen, sondern auch mit außerirdischen Wesen. Ganz gleich, aus welchem Sonnensystem ihr kommt, wir sind alle eins, denn unser Schöpfer ist derselbe, und das gilt auch für das kosmische Hologramm, an dem wir alle teilhaben. Die fünfte Dimension bezieht sich also auf den ultimativen Frieden und die Harmonie zwischen allen Dingen und die göttliche Liebesenergie, die alles miteinander verbindet.

Das Stellare Tor ist ein spirituelles Barometer, das die Intensität des weißen Lichts, das in unsere Aura strömt, mildert. Der Seelenstern ist der Filter, durch den das Licht gemessen wird, während der Erdstern dieses Licht und unser Bewusstsein mit dem Bewusstsein des Planeten Erde verbindet.

Das Stellare Tor ist die interstellare Verbindung der Menschheit, die zeitlos ist. Da es zeitlos ist, enthält es alle unsere Erfahrungen aus all unseren vergangenen Leben. Wann immer Sie sich also an ein vergangenes Leben erinnern, verbinden Sie sich mit dem Stellaren Tor Chakra.

Das Stellare Tor ist der Höhepunkt der Kundalini-Transformationserfahrung und der höchste Bewusstseinszustand, den der Mensch erreichen kann. Dieses Chakra strahlt die höchsten Schwingungsenergien aus, auf denen die menschlichen Tugenden aufgebaut sind. Erleuchtung kann nur erreicht werden, wenn sich der Mensch vollständig mit dem Stellarem Tor Chakra verbindet. Edelsteine, die dem Stellaren Tor zugeordnet werden, sind Moldavit, Stellar Calcit, Azeztulit und Selenit.

DIE HARA-LINIE

Die Hara-Linie ist eine wichtige Energieleitung, die die Säule der transpersonalen Chakren verbindet. Es ist ein Kanal, der es der Lichtenergie ermöglicht, vom Stellaren Tor zum Seelenstern, in das Kausalchakra, hinunter zum Hara Chakra zu gelangen und sich mit dem Erdstern unter den Füßen zu verbinden. Diese Energie fließt durch den zentralen Teil des menschlichen Körpers, entlang des Sushumna-Kanals, wo sich die sieben Hauptchakren befinden.

Die Hara-Linie zielt darauf ab, Licht in die sieben Hauptchakren durch das Kausalchakra und in Sahasrara zu bringen. Dieses Licht wird dann über die unteren sechs Hauptchakren verteilt. Schließlich sammelt das Hara Chakra dieses Licht und sendet es durch das Perineum (Muladhara Chakra) hinunter zum Erdstern und verbindet so die Hauptchakren und die transpersonalen Chakren.

Die Hara-Linie lenkt auch den Energiefluss in den Hauptchakren. Da jedes unserer sieben Hauptchakren Energie aufnimmt und an die darüber und darunter liegenden Chakren abgibt, dient die Hara-Linie als unsichtbare Achse, die den Fluss dieser Energie auf subtile Weise lenkt und verteilt.

Das Hara Chakra dient als Zentrum der Energieleitung der Hara-Linie, da es der Behälter der Lebensenergie (Prana, Chi, Qi, Mana) ist. Die Hara-Linie wird vollständig aktiviert und gestärkt, wenn die Kundalini erweckt wird und zum Kronenchakra aufsteigt. Die Kundalini dient als die Kraft, die die transpersonalen Chakren mit den Hauptchakren verbindet. Diese Verbindung wird dann durch den Erdstern mit Mutter Erde (Gaia) verankert.

Da die Hara-Linie sich damit beschäftigt, Lichtenergie in die Hauptchakren zu kanalisieren und sie dann zu verteilen, ist sie die Essenz unserer Göttlichkeit. Diese Lichtenergie wird durch das Seelensternchakra, unsere göttliche Essenz, geleitet. Die Seele benutzt die Achse der Hara-Linie als Autobahn, um die Lichtenergie von einem Chakra zum nächsten auf- und absteigen zu lassen. Der Seelenstern dient als Kommandozentrale (Kontrollzentrum), um diese Aufgabe zu erfüllen.

Wenn die transpersonalen Chakren und die sieben Hauptchakren angemessen ausbalanciert sind, tritt ein alchemistisches Phänomen auf, bei dem alle Chakren vereint und zu einer Einheit verschmolzen sind. Dieses Ereignis stellt auf energetischer Ebene den höchsten Punkt der Erleuchtung dar. Damit diese Erfahrung eintreten kann, müssen sowohl der Seelenstern als auch der Erdstern aktiviert sein und zusammenarbeiten. Diese beiden transpersonalen Chakren funktionieren wie der negative und der positive Pol einer Batterie, zwischen denen die Lichtenergie hin- und hergeschoben wird.

DIE FÜNFTE DIMENSION

Die meisten Religionen und spirituellen Traditionen stimmen darin überein, dass die Fünfte Dimension der höchste Bereich ist, den eine Seele erreichen kann, und die letzte Grenze des menschlichen Bewusstseins. Die Fünfte Dimension ist die Dimension des Weißen Lichts, die der gesamten manifestierten Schöpfung zugrunde liegt. Sie ist der "Geist Gottes", auch kosmisches Bewusstsein genannt. Unser manifestiertes Universum existiert in diesem Weißen Licht, das grenzenlos, zeitlos und ewig ist.

Das Weiße Licht ist der Erste Geist, während das manifestierte Universum der Zweite Geist ist. In Wirklichkeit sind die beiden eins, da die Formen im Zweiten Geist von der Kraft abhängen, die vom Ersten Geist projiziert wird, um ihnen Leben zu geben. Das Weiße Licht ist die Kether-Sephira auf dem Baum des Lebens, die von Chokmah (Kraft) und Binah (Form) abhängt, damit sich die Schöpfung manifestieren kann. Diese beiden Sephiroth manifestieren Seele und Bewusstsein im Universum.

Das Weiße Licht ist die Quelle der Liebe, der Wahrheit und der Weisheit. Wir inkarnieren auf diesem Planeten als leuchtende Wesen des Lichts, aber mit der Zeit, wenn sich unser Ego entwickelt, verlieren wir den Kontakt zu unserer Seele und unseren spirituellen Kräften. Wenn sich unser Bewusstsein entwickelt, müssen wir unbedingt wieder mit unserer Seele in Kontakt treten, damit wir spirituell wieder aufsteigen und unser volles Potenzial verwirklichen können. Die Erweckung der Kundalini ist unsere Methode, um spirituelle Verwirklichung zu erreichen. Unser Schöpfer hat den Kundalini-Auslöser absichtlich in uns gelassen. Die meisten Menschen sind sich dieser Tatsache nicht bewusst, weshalb Menschen wie ich als Boten der Existenz und des Potenzials der Kundalini-Energie dienen.

Eine vollständige Kundalini-Erweckung aktiviert die sieben Hauptchakren, von denen jedes mit der Schwingung einer der Regenbogenfarben in Resonanz steht. Wir finden diese Regenbogenfarben, wenn wir weißes Licht durch ein Prisma leuchten lassen. Wir haben rot, orange, gelb, grün, blau, indigo und violett, in dieser Reihenfolge.

Wenn die Kundalini durch die Wirbelsäule in das Gehirn aufsteigt, versucht sie, das Kronenchakra zu erreichen und das kosmische Ei aufzubrechen. Wenn sie das tut, aktiviert sie die zweiundsiebzigtausend Nadis des Lichtkörpers und erweckt dadurch sein gesamtes latentes Potenzial. Wenn sich alle Blütenblätter des Sahasrara mit dem Aufstieg der Kundalini öffnen, wird das individuelle Bewusstsein auf die kosmische Ebene erweitert. Da Sahasrara das Tor zu den höheren transpersonalen Chakren ist, erhält das erwachte Individuum mit der Zeit auch Zugang zu deren Kräften.

Mit einem vollständigen Kundalini-Erwachen beginnt der spirituelle Transformationsprozess, der unser Bewusstsein auf die beiden fünfdimensionalen Chakren über dem Kopf, den Seelenstern und das Stellare Tor, ausrichten soll. Wenn wir Zugang zu diesen Chakren haben, erheben wir uns über körperlichen Schmerz, Angst und Dualität im Allgemeinen. Wir fangen an, ganz nach unserer Intuition zu funktionieren und im gegenwärtigen Moment, dem Jetzt, zu leben. Sobald der Verstand umgangen ist, ist das Ego besiegt, da es nur im Verstand existiert.

Durch eine Kundalini-Transformation wird der Schmerz der Trennung überwunden, da wir die Einheit der gesamten Schöpfung erfahren, indem wir an der fünften Dimension teilnehmen. Alle unsere Handlungen basieren auf Liebe und Wahrheit, wodurch wir mit der Zeit Weisheit erlangen. Wir gewinnen Zugang zu unbegrenztem Wissen über die Mysterien der Schöpfung, welches wir durch Gnosis erhalten.

Mit der vollständigen Aktivierung unseres Lichtkörpers erlangen wir Unsterblichkeit. Wir sind uns bewusst, dass wir physisch sterben werden, da wir dies nicht vermeiden können, aber wir wissen innerlich, dass dieses Leben eines von vielen ist, da unsere Seelen niemals ausgelöscht werden können.

DIE MERKABA - VEHIKEL DES LICHTS

Das Wort "Merkaba" stammt aus dem Altägyptischen. Es bezieht sich auf das individuelle Fahrzeug des Lichts, das interdimensionale und interplanetarische Reisen ermöglicht. "Mer" bezieht sich auf zwei gegenläufige Lichtfelder, die sich im selben Raum drehen, während sich "Ka" auf den individuellen Geist und "Ba" auf den physischen Körper bezieht. Die beiden gegensätzlichen Tetraeder ineinander stellen die beiden Pole oder Aspekte der Schöpfung, Geist und Materie, in völligem Gleichgewicht dar.

Die Merkaba nimmt auch in der jüdischen Mystik einen wichtigen Platz ein. Im Hebräischen bedeutet das Wort "Merkabah" (Merkavah oder Merkava) "Wagen" und bezieht sich auf den göttlichen Wagen Gottes, den der Prophet Hesekiel in einer seiner Visionen (*Altes Testament*) beschrieb. Hesekiels Visionen erinnern an Besuche von andersdimensionalen oder jenseitigen Wesen, die durch Metaphern beschrieben werden, die symbolische Bilder enthalten.

In seiner Vision beschreibt Hesekiel ein göttliches Fahrzeug, das "Räder in Rädern" hatte, die wie "Diamanten in der Sonne" funkelten und sich wie ein Kreisel umeinander drehten. Jüdische Mystiker und spirituelle Menschen interpretieren Hesekiels Vision als einen Hinweis auf das eigene interdimensionale Fahrzeug des Lichts - die Merkaba. In spirituellen Kreisen ist bekannt, dass Aufgestiegene Meister und Wesenheiten jenseits unserer Reiche und Dimensionen sich über ihre Merkaba in unserer Realität manifestieren.

Die Merkaba ist eine geometrische Darstellung des optimierten Torus, des "dynamischen Donuts" des Menschen, der das aurische Feld und das elektromagnetische Feld des Herzens umfasst. Wie bereits erwähnt, hat der Torus eine zentrale Achse mit einem Nord- und einem Südpol, die die Energie spiralförmig zirkulieren lassen. Nach einem vollständigen Kundalini-Erwachen beginnt die Energie innerhalb des Torus mit einer höheren Geschwindigkeit zu zirkulieren, was die Drehgeschwindigkeit der Merkaba beeinflusst.

Die Merkaba wird vollständig aktiviert, wenn der Torus optimiert wird und Reisen durch das Bewusstsein ermöglicht. Metatrons Würfel ist ein Symbol, das jede bekannte heilige geometrische Form im Universum enthält. Metatrons Würfel wird dem Erzengel Metatron zugeschrieben, dem Vertreter des geistigen Elements, und dient als Metapher für das manifestierte Universum und die Harmonie und Verbundenheit aller Dinge. Zu den unzähligen geometrischen Formen, die wir in Metatrons Würfel finden können, gehört die Merkaba, die in der vertikalen Ebene von oben oder unten betrachtet wird (Abbildung 36).

Abbildung 36: Metatrons Würfel und die Merkaba

Von der Seite betrachtet, entlang der horizontalen Ebene, schneiden sich die beiden Tetraeder der Merkaba in der Mitte und zeigen in entgegengesetzte Richtungen - eines zeigt nach oben und das andere nach unten. Das nach oben weisende Tetraeder in der Merkaba ist das männliche Sonnenprinzip, das mit den Elementen Feuer und Luft und der elektrischen Energie in Verbindung steht. Das nach unten weisende Tetraeder ist das weibliche Erdprinzip, das mit den Elementen Wasser und Erde und der magnetischen Energie korrespondiert. Zusammen bilden die beiden gegensätzlichen, ineinander verschlungenen Tetraeder das "Stern-Tetraeder", ein achtzackiges Objekt, das eine dreidimensionale Erweiterung des Hexagramms, des Davidsterns, ist.

Das Sonnen-Tetraeder dreht sich im Uhrzeigersinn, während sich das Erd-Tetraeder gegen den Uhrzeigersinn dreht. Da bei Männern die männliche Energie dominiert, ist das Sonnentetraeder zur Körpervorderseite hin ausgerichtet, während das Erdtetraeder nach hinten gerichtet ist. Bei Frauen ist die Ausrichtung vertauscht, und das Erdtetraeder zeigt nach vorne (Abbildung 37).

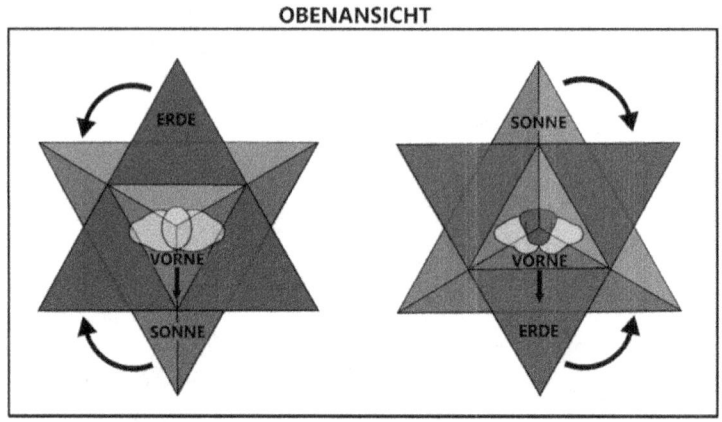

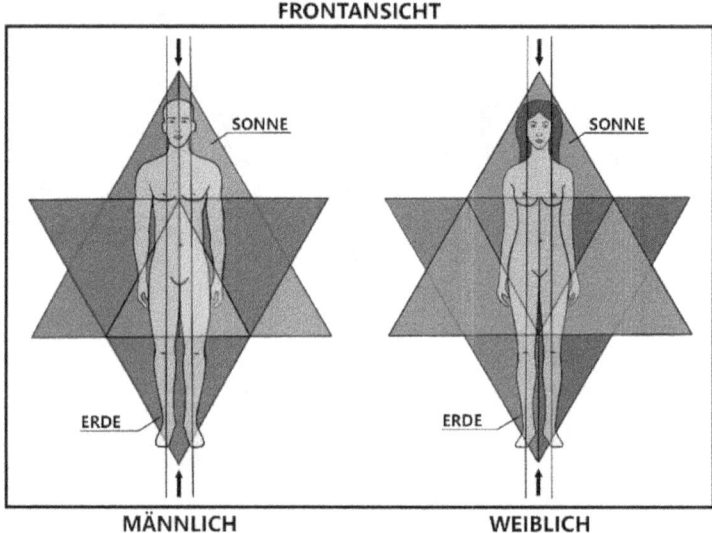

Abbildung 37: Ausrichtung von Tetraedern bei Männern und Frauen

Das Sonnen-Tetraeder wird vom Seelenstern-Chakra gespeist, das sich sechs Zentimeter oberhalb des Kopfes an seiner Spitze befindet. Umgekehrt wird das umgekehrte Erdtetraeder vom Erdstern-Chakra gespeist, das sich sechs Zentimeter unterhalb der Füße befindet. Das Erdstern-Chakra ist der Scheitelpunkt des umgekehrten Erdtetraeders. Die Lichtenergie springt zwischen dem Seelenstern und dem Erdstern entlang der Hara-Linie hin und her und treibt die beiden Tetraeder der Merkaba an, so dass sie sich in entgegengesetzte Richtungen drehen.

Wenn die Merkaba optimiert ist, kann sich das Lichtfeld, das um die sich drehende Kugelform erzeugt wird, im Verhältnis zur Körpergröße einer Person 50-60 Fuß im Durchmesser ausdehnen. Wenn man eine sich schnell drehende Merkaba mit geeigneten Instrumenten betrachten würde, würde man eine untertassenartige Form um die Person herum sehen, die sich horizontal ausdehnt. Es ist nicht die Merkaba selbst, die so groß ist, sondern das Licht, das sie ausstrahlt, das ihre ausgestreckte Form erzeugt und sich entlang der horizontalen Ebene ausbreitet.

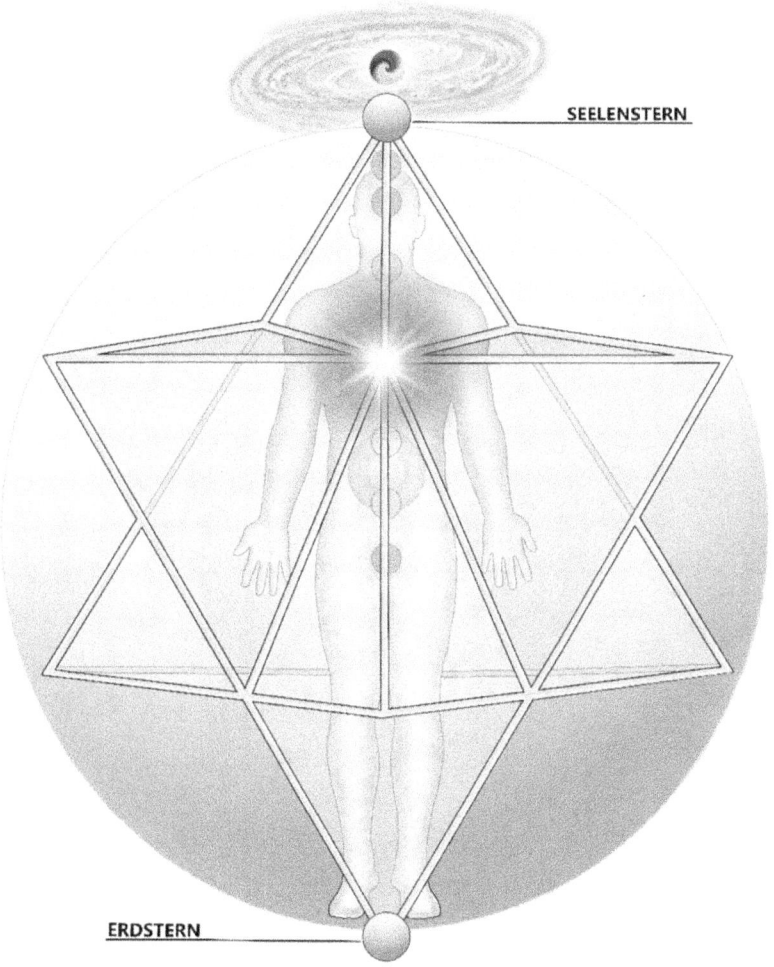

Abbildung 38: Die Merkaba: Fahrzeug des Lichts (bei Männern)

Das Zentrum des chakrischen Systems befindet sich im Herz-Chakra, Anahata; die beiden gegenläufigen Tetraeder der Merkaba sind auf seiner Ebene aufgehängt (Abbildung 38). Das Licht, das vom Herzchakra ausgeht, bringt die Tetraeder der Merkaba zum Drehen. Aus diesem Grund gibt es eine Korrelation zwischen der Aktivierung der Merkaba und der Resonanz des eigenen Wesens mit der Energie der bedingungslosen Liebe. Mit anderen Worten: Je mehr Liebe Sie in Ihrem Herzen tragen, desto schneller dreht sich Ihre Merkaba.

Menschen, die bedingungslos lieben, haben verstärkte kreative Fähigkeiten, einschließlich übersinnlicher Fähigkeiten, wie z.B. die Übertragung ihres Geistes in Objekte und andere Menschen. Ihre sich schnell drehende Merkaba erlaubt es ihnen, die Grenzen ihres physischen Körpers durch ihre Vorstellungskraft zu überwinden.

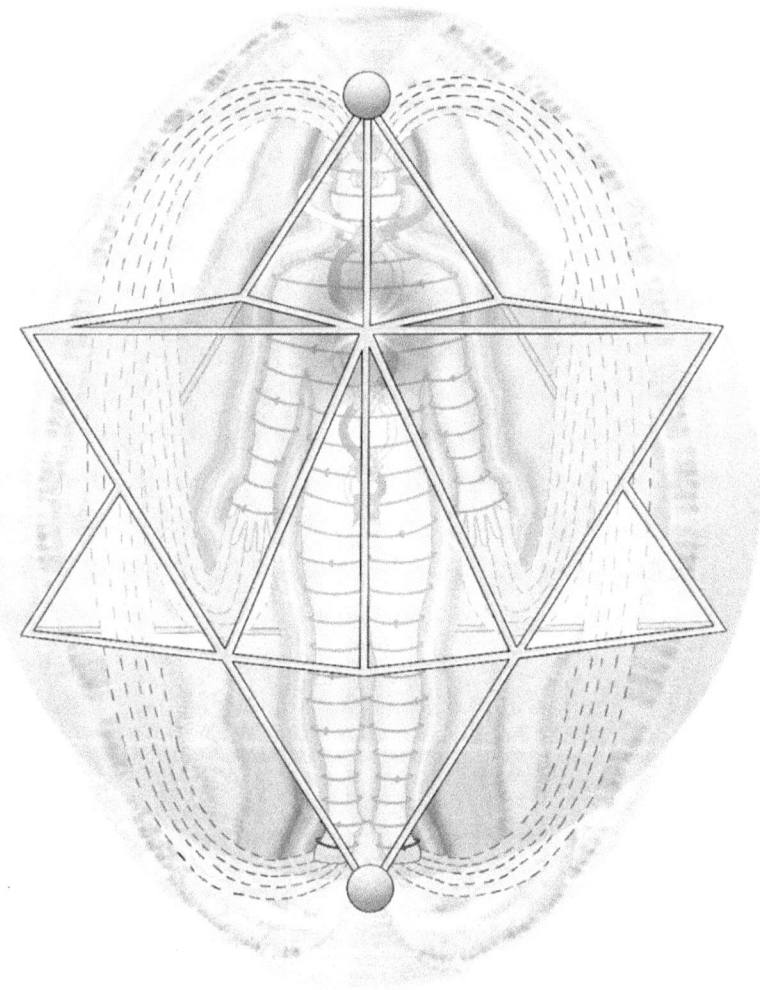

Abbildung 39: Kundalini-Erwachen und Merkaba-Optimierung

Das Herzchakra ist das Zentrum unseres Seins, das die Lichtenergie vom Seelenstern empfängt und sie an die unteren Chakren verteilt, bevor sie im Erdstern geerdet wird. Unsere physischen und ätherischen Herzen stehen als Empfänger von Energien mit der

Welt um uns herum in Verbindung. Wie ich im nächsten Abschnitt über Kundalini und Anatomie beschreiben werde, arbeitet das Herz im Tandem mit dem Gehirn, um unsere Realität zu steuern.

Wenn die Kundalini erweckt wird, wandert sie durch den Sushumna-Kanal nach oben. Im Gegensatz dazu bewegen sich Ida und Pingala entlang der Wirbelsäule spiralförmig, einander gegenüberliegend, ähnlich der Doppelhelix des DNA-Moleküls. Wenn die Kundalini den Scheitelpunkt des Kopfes in Sahasrara erreicht, dehnt sie dieses Zentrum exponentiell aus und ermöglicht es der Lichtenergie aus dem Seelenstern, sich in unser Chakrensystem darunter zu ergießen. In dem Maße, in dem jedes Chakra vom Licht durchdrungen wird, wird das toroidale Energiefeld optimiert und das latente Potenzial der Merkaba aktiviert.

Ein vollständiges Kundalini-Erwachen energetisiert den Lichtkörper und maximiert die Kapazität der Merkaba (Abbildung 39). Wenn Licht in die Aura eingeflossen ist, beginnen sich die gegenläufigen Tetraeder der Merkaba schneller zu drehen und bilden eine Lichtkugel um den physischen Körper. Die Seele, die ebenfalls kugelförmig ist, hat nun ein Vehikel, das ihre Form unterstützt, mit dem sie den physischen Körper verlassen kann, um in andere Dimensionen von Raum und Zeit zu reisen. Das Sehen von Lichtkugeln ist ein häufiges spirituelles Phänomen, wenn man die sich drehenden Merkabas von Wesen jenseits der dritten Dimension betrachtet, die sich durch ihr Bewusstsein mit den Menschen verbinden wollen.

Eine der Hauptfunktionen der Merkaba ist es, dem Individuum zu ermöglichen, die tieferen Bedeutungen und Schichten des Lebens im Universum zu erforschen. Indem Sie Ihre Merkaba-Funktion optimieren, werden Sie zu einem fünfdimensionalen Wesen des Lichts, das die höheren transpersonalen Chakren zu seinem Vorteil nutzen kann.

DIE RÜCKKEHR IN DEN GARTEN EDEN

Die Torusform ähnelt verblüffend einem Apfel, was eine interessante Verbindung zur Geschichte des Gartens Eden im *Alten Testament* und dem Erwerb von Wissen durch die Menschheit herstellt. Die boshafte Schlange ist diejenige, die sich gegen Gott, den Schöpfer, wandte, indem sie Eva dazu verleitete, das zu tun, was sie und Adam nicht tun sollten - vom Baum der Erkenntnis von Gut und Böse zu essen.

Die Schlange sagte, dass Adam und Eva, wenn sie Gott nicht gehorchen, "wie die Götter werden und die Dualität erkennen" (Genesis 3:4-5). Wissen wird durch Lebenserfahrung in der Welt der Materie erlangt, die auf der Dualität von Licht und Dunkelheit, Gut und Böse aufgebaut ist.

Dass Adam und Eva den verbotenen Apfel vom Baum der Erkenntnis von Gut und Böse aßen, kann als Hinweis darauf gesehen werden, dass die Menschheit ein toroidales Energiefeld erlangt hat, das es unserem Bewusstsein ermöglicht, die Welt der Materie zu erfahren. Durch die Materialisierung in der dritten Dimension wurde unser Bewusstsein in der Materie verankert, wodurch wir den Kontakt mit der spirituellen Ebene, unserem angeborenen Geburtsrecht, verloren.

Der Garten Eden ist eine metaphorische Darstellung der spirituellen Ebene, der Quelle unserer ursprünglichen Unschuld. Wie bereits erwähnt, ist alles, was in der Welt der Materie eine Form hat, von einem torusförmigen Energiefeld umgeben. Das torusförmige Energiefeld unterstützt die Existenz der Materie in der dritten Dimension von Raum/Zeit.

Der Torus besteht aus den Hauptchakren und den transpersonalen Chakren, die unsere innere Welt bilden und uns die kognitiven Funktionen geben, um aus Erfahrungen zu lernen und im Intellekt zu wachsen. Er erlaubt uns auch, Gottes Schöpfung und die Mysterien des Universums durch die inneren kosmischen Ebenen und Dimensionen, die den Chakren entsprechen, zu betrachten.

Nachdem sie wegen ihres Ungehorsams aus dem Garten Eden vertrieben worden waren, sagte Gott, der Schöpfer, dass Adam und Eva nur dann in den Garten zurückkehren könnten, wenn sie "die Frucht vom Baum des Lebens essen", die ihnen ewiges Leben geben würde. Wie in meinem vorherigen Buch erläutert, bezieht sich das Essen der Frucht vom Baum des Lebens auf die Erweckung der Kundalini-Energie und den Aufstieg durch die Chakren, um spirituelle Erleuchtung zu erlangen. Folglich ist die Schlange, ein Symbol für die Kundalini-Energie, auch am Prozess des "Nach-Hause-Kommens" beteiligt. Sie ist in der Ursache, aber auch in der Wirkung zu finden.

Indem Sie den gesamten Baum des Lebens in Ihnen durch die Schlangenkraft, die Kundalini, erwecken, integrieren Sie das Licht in Ihr Wesen. Auf diese Weise optimieren Sie die Drehgeschwindigkeit der gegenläufigen Tetraeder Ihrer Merkaba, die Ihrer Seele als Vehikel für die Reise in andere Dimensionen von Raum und Zeit dienen. Noch wichtiger ist jedoch, dass Sie, indem Sie die positiven und negativen Energien in sich vereinen, wieder in den Garten Eden eintreten und unsterblich und ewig werden, wie die Götter.

DAS SONNENBLITZ-EREIGNIS

Viele Aufstiegsgeschichten aus alten Traditionen und religiösen Schriften besagen, dass eine Zeit kommen wird, in der sich die Erde mit all ihren Bewohnern in einen fünfdimensionalen Lichtkörper verwandeln wird. Sie sagen, dass unser Planet eine physische Veränderung erfahren wird, die seinen dichten materiellen Körper in einen Lichtkörper verwandeln wird. Manche Menschen glauben, dass die Erde ein Stern werden wird, aber ich glaube das nicht. Ich glaube vielmehr, dass die Erde ihre Eigenschaften beibehalten wird, die sich nur verstärken werden, wenn sich die Schwingung ihres Bewusstseins erhöht. Und natürlich wird sich diese Verschiebung des Erdbewusstseins auch auf das menschliche Bewusstsein auswirken.

Nach vielen Jahren der Forschung und einem kraftvollen prophetischen Traum Anfang 2019 bin ich zu dem Schluss gekommen, dass ein Aufstiegsereignis in unserer nahen Zukunft stattfinden wird. Es wird ein tatsächlicher Moment in der Zeit sein, in dem etwas

Bedeutendes auf kosmischer Ebene geschieht. Nach der Maya-Tradition und -Prophezeiung sollte dies im Jahr 2012 geschehen. Viele kosmische Insider, die behaupten, Kontakt zu Außerirdischen zu haben, die in unsere spirituelle Entwicklung investiert haben, glauben jedoch, dass die Menschheit zu diesem Zeitpunkt noch nicht bereit war und das Ereignis verschoben wurde. Wenn ich also ein konkretes Jahr vorhersagen müsste, würde ich sagen, zwischen 2022 und 2025, aber es hängt wirklich davon ab, wie bereit die Menschheit sein wird.

Die Sonne wird die aktivierende Kraft hinter diesem großen Ereignis sein, das die Menschheit in das lang erwartete Goldene Zeitalter führen wird. Die Sonne wird eine Art Aktivierung von innen heraus vornehmen, die die Frequenz ihres Lichts verändern wird. In einem Moment, in dem die Aktivierung stattfindet, wird die Sonne einen Blitz abgeben, der für die Erdoberfläche katastrophal sein kann, da er unser elektromagnetisches Netz ausschalten und massive Waldbrände verursachen wird. Unabhängig von den physischen Auswirkungen wird dieses Ereignis einen bedeutenden Bewusstseinswandel auf der Erde bewirken, der zu einem massiven Kundalini-Erwachen der gesamten Menschheit führen wird.

Sobald sich unsere Gesellschaft nach diesem Ereignis stabilisiert hat, wird für uns alle eine neue Lebensweise beginnen. Das Böse wird massenhaft ausgerottet werden, denn das Gute wird sich durchsetzen. Da ich selbst ein Kundalini-Erwachen durchgemacht habe, kann ich mit Sicherheit sagen, dass man, wenn man es einmal erlebt hat, keine andere Wahl mehr hat, als sich dem Licht zuzuwenden. Und wenn Sie das tun, brennt die Dunkelheit in Ihnen durch das transformierende Feuer der Kundalini weg.

Ich glaube, dass einige Menschen, die ihr ganzes Leben lang so böse waren, zum Beispiel die wiederholten Mörder und Vergewaltiger, von diesem Feuer völlig verzehrt werden und physisch nicht überleben werden. Der plötzliche Bewusstseinswandel wird zu viel für sie sein, und wenn sie versuchen, an ihrem bösen Verhalten festzuhalten, wird das Feuer ihre Herzen verzehren. Auf der anderen Seite werden die meisten Menschen, die nur in die Dunkelheit eingetaucht sind, ihr aber nicht erlaubt haben, die vollständige Kontrolle über ihre Seelen zu erlangen, durch das Heilige Feuer der Kundalini gereinigt werden.

Obwohl mein Glaube christlich klingen mag, sollten Sie verstehen, dass Jesus Christus ein Kundalini-Erweckter war, ein Prototyp der Erfahrung, die andere nachahmen sollten. Andere zentrale religiöse Figuren wie Moses im Judentum und Buddha im Buddhismus waren ebenfalls Kundalini-Erweckte. Aufgrund meiner Abstammung und Erziehung habe ich mich jedoch auf Jesus Christus und seine Lehren ausgerichtet, aber ich habe beide aus einer esoterischen und nicht aus einer religiösen Perspektive studiert. Aus diesem Grund erwähne ich die Lehren von Jesus oft.

Verwechseln Sie jedoch nicht mein Anliegen und denken Sie nicht, dass ich für das Christentum oder den Katholizismus werbe. Im Gegenteil, ich glaube, dass alle zentralen Figuren der Religionen eine esoterische Natur haben, die die Essenz ihrer eigentlichen Lehren offenbart, bevor sie durch dogmatische Ansichten ihrer jeweiligen Religionen verunreinigt werden. Das sind die Lehren, die mich schon immer interessiert haben, denn jede von ihnen enthält einen Kern der Wahrheit über unsere Existenz.

Die Prophezeiung der Wiederkunft Jesu ist eine Metapher für eine Zeit in der Zukunft, in der die Menschheit sein Christus-Bewusstsein als ihr eigenes integrieren und so werden wird, wie er war, ein Wesen des Lichts. Die Wiederkunft Jesu steht im Einklang mit den Prophezeiungen der Alten, die vom kollektiven Aufstieg der Menschheit sprechen. Das bedeutet nicht, dass Jesus in physischer Form wiedererscheinen wird, ob er überhaupt existierte oder nicht, ist eine Diskussion, die für ein anderes Mal vorgesehen ist.

Das Wort "Christus" geht auf die griechische Übersetzung von "Messias" zurück. So wurde Jesus von Nazareth der Titel "Christus" gegeben, um seine Gottheit zu bezeichnen. Das Christus-Bewusstsein stellt einen Zustand des Bewusstseins unserer wahren Natur als Söhne und Töchter Gottes, des Schöpfers, dar. In diesem Zustand ist die Integration des Geistes in die Materie und das Gleichgewicht zwischen beiden impliziert, was durch einen Zustrom von Liebesenergie über das erweiterte Herzchakra erfahren wird.

Das Christus-Bewusstsein ist mit dem kosmischen Bewusstsein, der fünften Dimension, verwandt, die die endgültige Bestimmung der menschlichen Rasse ist. Und wenn die Menschheit lernt, auf der Ebene der fünften Dimension zu funktionieren, werden Liebe, Wahrheit und Weisheit unsere führende Kraft sein. Wir werden keine Regierungen und andere Kontrollstrukturen benötigen, sondern uns von dem neu erwachten Licht in uns leiten lassen. Anstatt dass sich Länder gegenseitig bekämpfen, werden wir uns vereinigen und unsere Energien auf die Erforschung des Weltraums konzentrieren, während wir zu wahren intergalaktischen Wesen werden.

TEIL IV: ANATOMIE UND PHYSIOLOGIE DER KUNDALINI

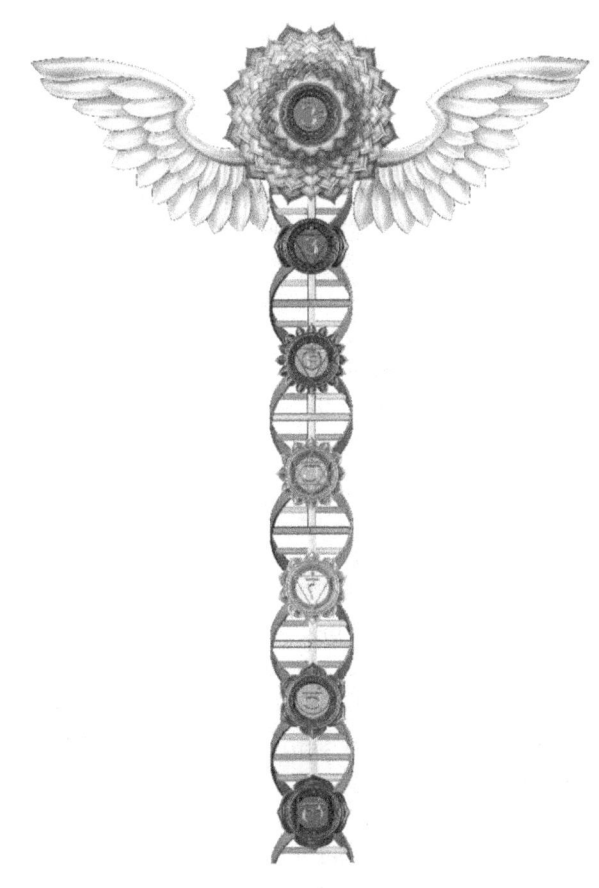

ERWECKUNG DES GEISTIGEN AUGES

Das geistige Auge oder Dritte Auge ist ein Energieportal oder ein "Tor" im Gehirn, das eine Wahrnehmung jenseits des gewöhnlichen Sehens ermöglicht. Es ist ein unsichtbares Auge oder Fenster zu den inneren kosmischen Ebenen und höheren Bewusstseinszuständen. Das geistige Auge wird oft mit Hellsichtigkeit, der Fähigkeit, Visionen zu sehen, Auren zu beobachten, Präkognition und sogar mit außerkörperlichen Erfahrungen in Verbindung gebracht. Menschen, die von sich behaupten, ihr geistiges Auge nutzen zu können, werden als "Seher" bezeichnet. Das Erwecken oder Aktivieren des geistigen Auges geht Hand in Hand mit der spirituellen Entwicklung und dem Weg zur Erleuchtung.

Wie in *"The Magus"* beschrieben, befindet sich das geistige Auge zwischen den Augenbrauen, knapp über der Augenhöhe, etwa 1/5 des Weges zum Haaransatz. Es verfügt über ein kleines, kreisförmiges Portal, das sich einen Zentimeter im Inneren des Kopfes befindet, wenn man mit geschlossenen Augen zu diesem Punkt aufschaut. Wenn wir uns darauf konzentrieren, entsteht eine magnetische Anziehungskraft, die uns in einen ruhigen, meditativen Zustand versetzt. Wenn wir unsere Aufmerksamkeit auf das Portal des geistigen Auges richten, wird das Ego still, und wir beginnen, Visionen und Bilder zu empfangen, die wie auf einer Kinoleinwand über diesen Bereich fließen.

Obwohl sich das Portal des Geistigen Auges etwas oberhalb der Mitte der Augenbrauen befindet, liegt der eigentliche Sitz des Ajna Chakras im dritten Ventrikel des Gehirns. Ajna ist kein einzelnes Chakra, sondern eine Anordnung von Energiezentren im Gehirn und entlang der Stirn. Das Ajna Chakra wird oft als Auge des Geistes oder Drittes Auge bezeichnet, obwohl letztere Begriffe das Portal von Ajna andeuten, während der tatsächliche Sitz des Chakras in der Mitte des Gehirns liegt.

Ajna lässt sich am besten als der Filmprojektor beschreiben, während die Filmleinwand das Auge des Geistes ist. Daher hat der Name "Drittes Auge" eine Assoziation mit dem dritten Ventrikel von Ajna, aber auch mit seiner Lage zwischen den beiden physischen Augen, im Zentrum des Gehirns. Außerdem gibt uns das Dritte Auge die Fähigkeit, unsere Realität psychisch wahrzunehmen, und zwar mit unserem Geist, wodurch es das gewöhnliche physische Sehen umgeht; daher wird es auch das Auge des Geistes genannt.

Obwohl einige alte Traditionen behaupten, dass das Ajna Chakra der Thalamus ist, habe ich durch meine Forschungen herausgefunden, dass der Thalamus, der Hypothalamus, die Zirbeldrüse und die Hypophyse alle zum Funktionieren von Ajna beitragen. Diese vier primären endokrinen und neurologischen Schaltzentralen des Gehirns arbeiten synchron zueinander.

Der dritte Ventrikel ist mit Liquor gefüllt, der als Medium für den Transport von Informationen von einem Teil des Gehirns zum nächsten dient. Das Kreuzbein pumpt den Liquor das Rückenmark hinauf und in das Gehirn. Das Kreuzbein ist auch für die Erweckung der Kundalini verantwortlich, die im Steißbein zusammengerollt liegt. Der bioelektrische Kundalini-Strom lädt sich über den Liquor als Medium die Wirbelsäule hinauf und in das Gehirn. Ich werde die Rolle des Liquors und des Kreuzbeins später in diesem Abschnitt ausführlicher beschreiben.

In der hinduistischen Tradition wird viel über die Verbindung zwischen dem Geistigen Auge und Sahasrara, der Krone, auch Tausendblättriger Lotus genannt, gesprochen. Ersteres ist der Empfänger für die Energien, die von Letzterem erfahren und projiziert werden. Qabalistisch gesprochen kann Kether (das Weiße Licht) nur erfahren werden, wenn Chokmah (Kraft) seine allmächtige Macht in Binah (Form) projiziert. Binah dient als der weibliche Empfänger, die "Ich"-Komponente des Selbst, die ihren Anstoß vom männlichen Projektor, dem "Ich", erhält. Da Binah mit Intuition und Verständnis zu tun hat, ist Chokmah die allwissende Kraft, die in sie hineinragt, um uns Weisheit zu geben. Das Wirken von Chokmah und Binah bildet die Funktion des Ajna Chakra, während Kether mit Sahasrara korrespondiert. Die drei himmlischen Sephiroth wirken zusammen und können nicht voneinander abgezogen werden.

Im Tantra Yoga System wird das Geistige Auge mit dem Klang "Om" assoziiert. Der Klang Om ist der ursprüngliche Klang des Universums, der sich auf den Atman (Seele) und Brahman (Geist) als Eins bezieht. Richtig ausgesprochen klingt er jedoch eher wie "Aum", dessen drei Buchstaben die göttliche Energie der Shakti und ihre drei Haupteigenschaften Schöpfung, Erhaltung und Befreiung verkörpern. Schließlich ist das Ajna Chakra von Natur aus weiblich, weshalb es mit dem Mond in Verbindung gebracht wird.

Der Taoismus lehrt, dass man sich durch Übungen für das Geistige Auge auf die richtige Schwingung des Universums einstimmen kann und eine solide Grundlage erhält, auf der man fortgeschrittenere Meditationsstufen erreichen kann. Sie lehren, dass sich das Portal des Geistigen Auges bis zur Mitte der Stirn ausdehnt, wenn sich das Zentrum des Fünften Auges öffnet. Es ist eines der primären Energiezentren des Körpers und bildet einen Teil des Hauptmeridians, der die linke und rechte Körper- und Gehirnhälfte trennt.

Ajna Chakra ist das lunare Lagerhaus des Prana, während Manipura der solare Prana-Speicher ist. Ajna Chakra ist weiblich und nährend, und seine primäre Funktionsweise besteht darin, als Rezeptor für höher schwingende Energien zu dienen, die von Sahasrara projiziert werden. Ajna ist, genau wie Vishuddhi, sattvisch, das heißt, es enthält die Qualitäten von Positivität, Wahrheit, Güte, Gelassenheit, Friedfertigkeit, Tugend, Intelligenz und Ausgeglichenheit. Sattvische Qualitäten ziehen das Individuum in

Richtung Dharma (was im Buddhismus "Kosmisches Gesetz und Ordnung" bedeutet) und Jnana (Wissen).

Da Ajna zwei Blütenblätter hat, zeigt es die Anzahl der Haupt-Nadis an, die in diesem Chakra enden. Ajna hat die geringste Anzahl von Nadis, aber die beiden wichtigsten, Ida und Pingala. Sushumna ist davon ausgenommen, da es der mittlere Energiekanal ist, der das zentrale Nervensystem versorgt und alle Chakras aufrechterhält.

Ida ist der lunare Kanal, der die rechte Gehirnhälfte und das parasympathische Nervensystem (PNS) versorgt. Pingala ist der Sonnenkanal, der die linke Gehirnhälfte und das sympathische Nervensystem (SNS) versorgt. Das PNS verhindert, dass der Körper überarbeitet wird, und bringt ihn in einen ruhigen und gelassenen Zustand - alles Eigenschaften des Wasserelements, die durch die kühlende Ida Nadi hervorgerufen werden. Das SNS bereitet den Körper auf Aktivität vor und leitet eine "Kampf- oder Flucht"-Reaktion ein, wenn eine potenzielle Gefahr erkannt wird. Das SNS ist charakteristisch für das Feuerelement und die Hitze, ausgelöst durch die Pingala Nadi.

DIE SIEBEN CHAKREN UND DIE ENDOKRINEN DRÜSEN

Jedes der Hauptchakren ist mit einer oder mehreren endokrinen Drüsen verbunden, deren Funktionen sie steuern (Abbildung 40). In vielen Fällen beeinflussen die einzelnen Chakren auch die Organe, die diese Drüsen umgeben. Das endokrine System ist ein Teil des primären Kontrollmechanismus des Körpers. Es umfasst mehrere Drüsen ohne Ausführungsgänge, die Hormone produzieren, die als chemische Botenstoffe des Körpers dienen und auf verschiedene körperliche Vorgänge und Prozesse einwirken. Dazu gehören kognitive Funktionen und Stimmungen, Entwicklung und Wachstum, die Aufrechterhaltung der Körpertemperatur, der Stoffwechsel der Nahrung, die Sexualfunktion usw.

Das endokrine System ist für die Regulierung des Hormonspiegels im Körper zuständig. Hormone werden direkt in den Blutkreislauf ausgeschüttet und zu den Organen und Geweben transportiert, um deren Prozesse zu stimulieren oder zu hemmen. Das hormonelle Gleichgewicht ist ein heikler Prozess, und ein leichter Mangel oder Überschuss an Hormonen kann zu Krankheitszuständen im Körper führen. Wenn man körperliche Beschwerden hat, bedeutet das, dass entweder Probleme mit den endokrinen Drüsen, den Chakras die sie steuern, oder mit beiden bestehen. Vergessen Sie nie, dass alle physischen Manifestationen aus energetischen Veränderungen in den inneren Ebenen resultieren - wie oben, so unten. Dieses hermetische Prinzip oder Gesetz ist universell und immer in Betrieb.

Muladhara/Nebennieren

Das Wurzelchakra, Muladhara, steuert die Nebennieren, die sich über den Nieren befinden und die Funktion dieses Chakras zur Selbsterhaltung unterstützen. Die Nebennieren produzieren die Hormone Adrenalin und Cortisol, die unseren Überlebensmechanismus unterstützen, indem sie die "Kampf- oder Flucht"-Reaktion anregen, wenn wir mit einer stressigen Situation konfrontiert sind. Darüber hinaus produzieren die Nebennieren auch andere Hormone, die unseren Stoffwechsel, das Immunsystem, den Blutdruck und andere wichtige Lebensfunktionen regulieren.

Da das Wurzelchakra mit der Erdung zu tun hat, regelt es den Halt des physischen Körpers, einschließlich Rücken, Hüften, Füße, Wirbelsäule und Beine. Es reguliert auch das Rektum und die Prostata (bei Männern). Ein unausgeglichenes Muladhara Chakra kann zu Problemen wie Ischias, Knieschmerzen, Arthritis, Verstopfung und Prostataproblemen bei Männern führen.

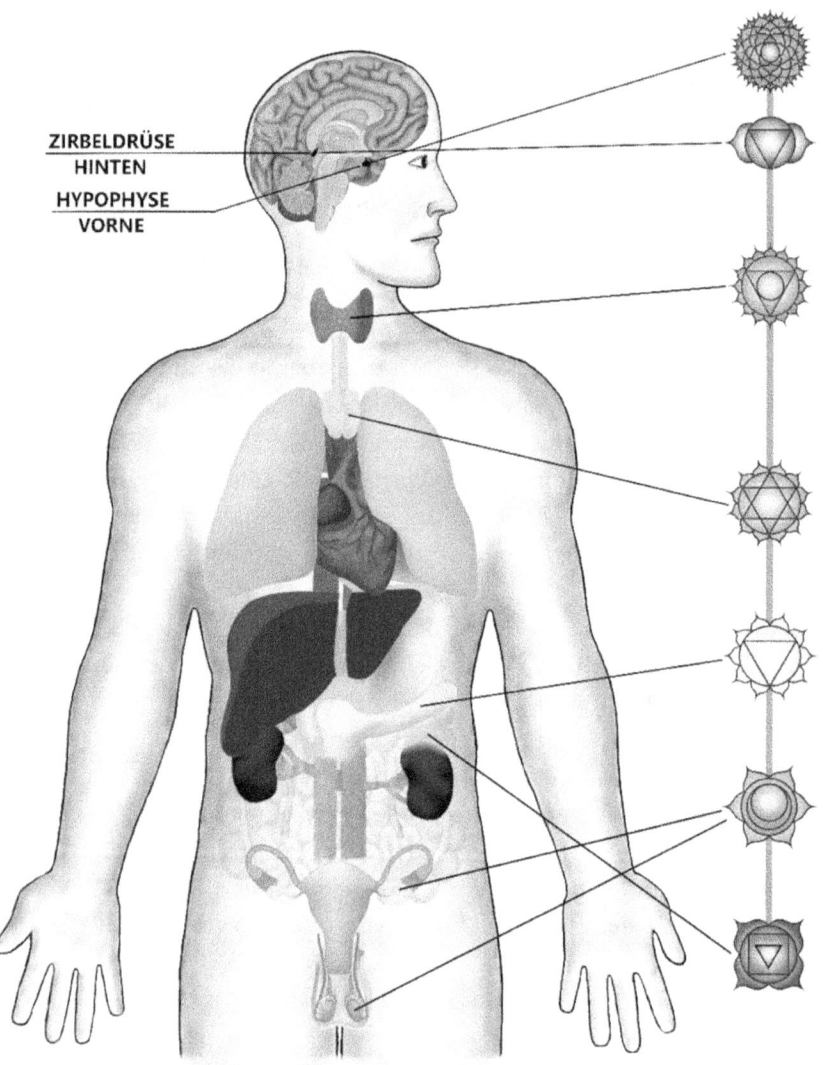

Abbildung 40: Die Endokrinen Drüsen im Körper

Swadhisthana/Reproduktionsdrüsen

Das Sakralchakra, Swadhisthana, regiert die Fortpflanzungsdrüsen, einschließlich der Hoden bei Männern und der Eierstöcke bei Frauen. Die Fortpflanzungsdrüsen regulieren unseren Sexualtrieb und unterstützen unsere sexuelle Entwicklung. Die Eierstöcke produzieren Eizellen, während die Hoden Spermien produzieren, die beide für die Fortpflanzung unerlässlich sind. Darüber hinaus produzieren die Eierstöcke die weiblichen Hormone Östrogen und Progesteron, die für die Entwicklung der Brüste in der Pubertät, die Regulierung des Menstruationszyklus und die Unterstützung einer Schwangerschaft verantwortlich sind. Die Hoden produzieren das männliche Hormon Testosteron, welches dafür verantwortlich ist, dass Männern in der Pubertät Gesichts- und Körperhaare wachsen, sowie für das Wachstum des Penis bei sexueller Erregung.

Das Swadhisthana Chakra regiert auch die anderen Sexualorgane, den Darm, die Blase, die Prostata, den unteren Darm und die Nieren. Daher werden Probleme mit diesen Organen und ihrer Leistung mit einem unausgeglichenen oder inaktiven Sakralchakra in Verbindung gebracht. Beachten Sie, dass in vielen spirituellen Systemen die Entsprechungen umgekehrt sind - das Muladhara Chakra regiert die Fortpflanzungsdrüsen, während das Swadhisthana Chakra die Nebennieren regiert. Für beide Fälle können glaubwürdige Argumente angeführt werden. Bei Frauen sind die Eierstöcke und die Nebennieren miteinander verbunden. Wenn der Menstruationszyklus einer Frau beeinträchtigt ist, könnte dies ein Zeichen für eine Nebennierenmüdigkeit sein.

Manipura/Bauchspeicheldrüse

Das Solarplexus-Chakra, Manipura, regiert die Bauchspeicheldrüse, die das Verdauungssystem reguliert. Zu den Organen und Körperteilen, die von Manipura beherrscht werden, gehören die Leber, die Gallenblase, die obere Wirbelsäule, der obere Rücken, die oberen Eingeweide und der Magen. Die Bauchspeicheldrüse befindet sich hinter dem Magen im Oberbauch. Sie produziert Enzyme, die Zucker, Fette und Stärke aufspalten und so die Verdauung unterstützen. Außerdem produziert sie Hormone, die den Glukosespiegel (Zucker) im Blut regulieren helfen. Diabetes ist ein Anzeichen für eine Fehlfunktion der Bauchspeicheldrüse als Folge eines unausgeglichenen Manipura Chakras. Wenn Manipura überstimuliert ist, kann es zu einem Überschuss an Glukose im Blut kommen, was Diabetes verursacht. Wenn Manipura unterstimuliert ist, kann es zu Hypoglykämie (Unterzuckerung) und Magengeschwüren kommen. Ein unausgewogenes Manipura Chakra kann auch zu Verdauungs- und Gallenblasenproblemen führen.

Anahata/Thymusdrüse

Das Anahata Chakra steuert die Thymusdrüse und reguliert das Immunsystem. Die Thymusdrüse befindet sich im oberen Teil der Brust - hinter dem Brustbein und vor dem Herzen. Die Thymusdrüse ist entscheidend dafür, dass unser Immunsystem richtig funktioniert. Ihre Aufgabe ist es, weiße Blutkörperchen (T-Lymphozyten) zu produzieren, die als Abwehrsystem des Körpers gegen Viren, Bakterien und Krebszellen dienen. Darüber hinaus bekämpfen die weißen Blutkörperchen Infektionen und zerstören abnorme Zellen.

Das Anahata Chakra reguliert auch die Funktion des Herzens, der Lunge und des Blutkreislaufs. Anahata wird auch als "Herz"-Chakra bezeichnet und ist mit spiritueller und körperlicher Heilung verbunden. Es wird als das Zentrum unseres Seins betrachtet, da es Liebesenergie produziert, die uns auf allen Ebenen heilt - Geist, Körper und Seele. Gefühle des Mitgefühls und der bedingungslosen Liebe werden durch das Herz-Chakra ausgedrückt. Andererseits wird unser Herz-Chakra geschwächt, wenn wir negative Emotionen wie Wut, Hass, Eifersucht und Traurigkeit empfinden, was sich auf die Thymusdrüse auswirkt und die Fähigkeit des Immunsystems, Krankheiten zu bekämpfen, verringert. Ein unausgeglichenes Herz-Chakra kann zu Bluthochdruck, schlechter Blutzirkulation, Atembeschwerden, Herzproblemen und einem geschwächten Immunsystem führen.

Vishuddhi/Schilddrüse

Das Kehlchakra, Vishuddhi, steuert die Schilddrüse, die sich an der Basis des Halses befindet. Die Schilddrüse setzt Hormone frei, die den Stoffwechsel steuern, d. h. die Geschwindigkeit, mit der der Körper die Nahrung in nutzbare Energie umwandelt. Diese Hormone regulieren auch die Körpertemperatur, die Atmung, die Herzfrequenz, den Cholesterinspiegel, die Verdauung, den Muskeltonus und den Menstruationszyklus bei Frauen. Somit ist die Schilddrüse eine der wichtigsten Drüsen des Körpers.

Eine Funktionsstörung der Schilddrüse verursacht erhebliche Probleme wie lähmende Müdigkeit, Muskelschwäche, Gewichtszunahme oder -verlust, Gedächtnisstörungen und unregelmäßige Menstruationszyklen (bei Frauen). Die Funktion des Hals-Chakras kontrolliert auch die Stimmbänder, die Bronchien und alle Bereiche des Mundes, einschließlich der Zunge und der Speiseröhre. Ein unausgewogenes Kehlkopf-Chakra kann zu Halsschmerzen oder Kehlkopfentzündung, Kieferschmerzen, Lungenproblemen, Schmerzen oder Steifheit im Nacken und Stimmbandproblemen führen.

Ajna/Zirbeldrüse

Das Chakra des geistigen Auges, Ajna, steuert die Zirbeldrüse, die die biologischen Zyklen reguliert. Die Zirbeldrüse schüttet nicht nur das Hormon Melatonin aus, das uns schläfrig macht, sondern auch Serotonin, den "Glücksstoff" des Körpers.

Die Zirbeldrüse befindet sich im hinteren Teil des Gehirns, direkt hinter dem Thalamus und etwas oberhalb der Augenhöhe. Die Zirbeldrüse ist beim Menschen so groß wie ein Reiskorn (5-8 mm) und hat die Form eines Kiefernzapfens (daher ihr Name). Sie steuert und hemmt die Funktion der Hirnanhangsdrüse. Diese beiden Drüsen arbeiten zusammen, um das allgemeine Gleichgewicht im Körper herzustellen. Die Herstellung eines gesunden Gleichgewichts zwischen Zirbeldrüse und Hypophyse trägt dazu bei, die Öffnung des Ajna Chakras - des Dritten Auges - zu erleichtern.

Ajna ist unser psychisches Zentrum, da es uns die innere Sicht ermöglicht. Geistige und emotionale Störungen wie Schlaflosigkeit, bipolare Störungen, Schizophrenie, Persönlichkeitsstörungen und Depressionen sind die Folge eines unausgewogenen Ajna-Chakras und einer Über- oder Unterstimulation der Zirbeldrüse. Ajna kontrolliert auch die Funktion des Rückenmarks, des Hirnstamms, der Schmerzzentren und der Nerven. Daher kann ein unausgewogenes Ajna Chakra auch für epileptische Anfälle und andere neurologische Störungen verantwortlich sein.

Sahasrara/Hypophyse

Das Kronenchakra, Sahasrara, regiert die Hypophyse und produziert Hormone, die den Rest des endokrinen Systems steuern. Daher wird die Hypophyse auch als die "Hauptdrüse" des Körpers bezeichnet. Sie ist etwas größer als eine Erbse und befindet sich in einer knöchernen Aushöhlung, direkt hinter dem Nasenrücken. Sie befindet sich anterior (vorne) des Gehirns und ist über einen dünnen Stiel mit dem Hypothalamus verbunden. Die Hypophyse ist über den Hypothalamus mit dem Zentralnervensystem verbunden. Zu den Organen, die von Sahasrara reguliert werden, gehören die Augen und das Gehirn.

Probleme wie Kopfschmerzen, Sehstörungen und einige neurologische Probleme werden mit einem unausgeglichenen Sahasrara Chakra in Verbindung gebracht. Beachten Sie, dass in einigen spirituellen Systemen die Zirbeldrüse mit Sahasrara in Verbindung gebracht wird, während die Hypophyse mit Ajna in Verbindung steht. Da sich die Zirbeldrüse im hinteren Teil des Gehirns befindet, steht sie in Verbindung mit dem Unterbewusstsein, dem Mond und dem Wasserelement (weiblich), die mit dem Ajna Chakra assoziiert werden. Die Hypophyse befindet sich an der Vorderseite des Gehirns, die mit dem bewussten Selbst, der Sonne und dem Feuerelement (männlich) in Verbindung steht. Daher glaube ich, dass dies die korrekten Entsprechungen von Hypophyse und Zirbeldrüse sind (Mehr über die Zirbeldrüse und die Hypophyse und ihre verschiedenen Funktionen in einem späteren Kapitel).

✳✳✳

Da jedes Chakra mit einer der feinstofflichen Ebenen in Verbindung steht, manifestieren sich negative Energien in diesen Ebenen als Störungen in den entsprechenden Drüsen und Organen. Alle körperlichen Symptome sind Manifestationen der Qualität der chakrischen Energien. Da es sich bei den Chakren um Energiezentren handelt, die unser Sein auf vielen Ebenen beeinflussen, müssen wir sie im Gleichgewicht halten, wenn wir geistig, körperlich und seelisch gesund sein wollen.

Körperliche Beschwerden können immer dann auftreten, wenn eines unserer Energiezentren mit negativer Energie gefüllt oder blockiert ist. Die Chakra-Einstimmung ist also von entscheidender Bedeutung für unser körperliches Wohlbefinden. Mein erstes Buch, *The Magus,* konzentriert sich auf die Energiearbeit durch Zeremonielle Magick, die westliche Methode zur Heilung der Chakren. In *Serpent Rising* konzentriere ich mich auf östliche Techniken wie Yoga, Tattvas und Mantras, während ich New-Age-Praktiken wie Edelsteine (Kristalle), Aromatherapie und Stimmgabeln einführe.

Es ist wichtig zu verstehen, dass negative Energie in einem Chakra auf der Ebene dieses spezifischen Chakras und anderer Chakras, die mit seiner Funktion verbunden sind, spürbar wird. Schließlich beeinflussen unsere Gedanken unsere Emotionen und vice versa. Und diese wiederum beeinflussen unsere Willenskraft, unsere Vorstellungskraft, unsere Inspirationsfähigkeit usw.

CHAKRA-HEILUNG UND DIE ENDOKRINEN DRÜSEN

Endokrine Drüsen sind hilfreiche Bezugspunkte für die Chakra-Heilung, da sie die Verbindung zwischen der Energie der Chakras und den physischen und physiologischen Funktionen des Körpers darstellen. Das Nervensystem und seine vielfältigen Verflechtungen sind ebenfalls mit Drüsen und Organen verbunden. Daher ist die Kenntnis des Nervensystems und seiner Teile von entscheidender Bedeutung, da sie die Heilungssitzungen unterstützen kann. Aus diesem Grund habe ich ein Kapitel darüber in dieses Buch aufgenommen. Das Entspannen und Ausbalancieren des Nervensystems ermöglicht eine effektivere Heilung einer Drüse oder einer bestimmten Körperregion.

Es gibt verschiedene Methoden, um die Funktion der Chakren zu optimieren. Eine dieser Methoden, der ein ganzes Kapitel in diesem Werk gewidmet ist, ist die östliche Praxis des Yoga. Yoga besteht aus Körperhaltungen (Asana), Atemtechniken (Pranayama), Singen (Mantra), Meditation (Dhyana) sowie der Ausführung bestimmter körperlicher Gesten zur Energiemanipulation (Mudras). Bei einigen dieser Gesten wird der gesamte Körper eingesetzt, während bei anderen nur die Hände beteiligt sind. Neben dem Ausgleich des Energiesystems ist Yoga eine hervorragende Form der körperlichen Ertüchtigung, bei der Sie sich gut fühlen und gut aussehen.

Auch die Ernährung ist ein wesentlicher Bestandteil der yogischen Praxis. Schließlich ist man, was man isst. Der physische Körper benötigt den ganzen Tag über bestimmte Nährstoffe, um optimal zu funktionieren und Leistung zu erbringen. Wenn wir unsere Gesundheit durch Ernährung und Bewegung unterstützen, werden die Chakras auf einer subtilen Ebene geheilt. Dies wiederum wirkt sich positiv auf unsere Gedanken, Gefühle und unser allgemeines spirituelles Wohlbefinden aus. Durch die Arbeit an einem Chakra werden auch andere Chakren beeinflusst, da das gesamte System von seinen verschiedenen Komponenten abhängig ist.

SPIRITUELLES ERWACHEN UND GEHIRNANATOMIE

DIE HIRNANHANGSDRÜSE

Die beiden Drüsen, die die gesamte Drüsen- und biologische Funktion des Körpers regulieren, sind die Hirnanhangdrüse (Hypophyse) und die Zirbeldrüse. Dies sind die beiden wichtigsten Drüsen im menschlichen Körper. Sie orchestrieren und kontrollieren das gesamte endokrine System.

Die Hauptfunktion der Hypophyse ist die Regulierung der Körperchemie. So wie die Zirbeldrüse ihre duale Natur zum Ausdruck bringt, indem sie den Tag-Nacht-Zyklus steuert, drückt sich die duale Natur der Hypophyse in den beiden Lappen aus, aus denen sie besteht (Abbildung 41). Der vordere Lappen (anterior) macht 80 % des Gewichts der Hypophyse aus und ist der dominierende Lappen.

In verschiedenen antiken Traditionen wird behauptet, dass der vordere Lappen mit dem intellektuellen Verstand, der Logik und der Vernunft verbunden ist. Im Gegensatz dazu steht der hintere (posteriore) Lappen für den emotionalen Verstand und die Vorstellungskraft.

Wie bereits erwähnt, steuert die Hypophyse die Aktivität der meisten anderen hormonproduzierenden Drüsen, einschließlich Schilddrüse, Nebennieren, Eierstöcke und Hoden. Sie sondert Hormone aus dem vorderen und hinteren Lappen ab, deren Aufgabe es ist, Nachrichten von einer Zelle zur anderen durch unseren Blutkreislauf zu transportieren. Aufgrund ihrer immensen Rolle in unserem Leben wird heißt es, dass die Entfernung der Hypophyse aus dem Gehirn innerhalb von drei Tagen den physischen Tod herbeiführe.

Der Hypothalamus befindet sich unmittelbar über der Hypophyse und ist mit ihr verbunden. Direkt davor befindet sich das Chiasma opticum, dass die visuellen

Informationen von den Sehnerven an den Occipitallappen im hinteren Teil des Gehirns weiterleitet.

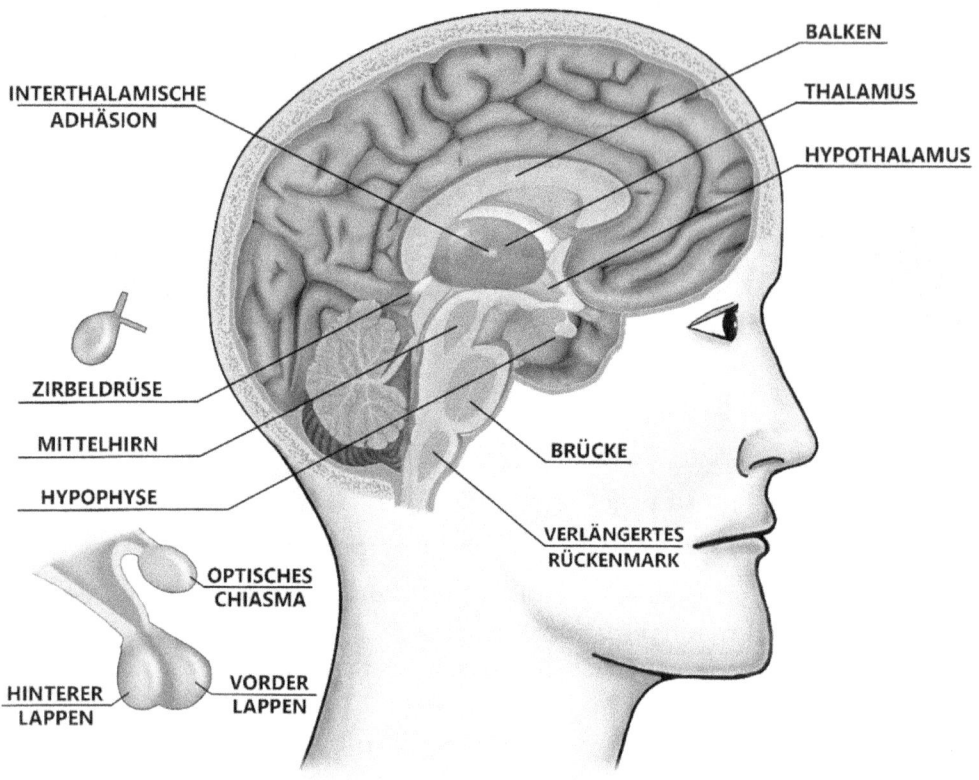

Abbildung 41: Die Wichtigsten Gehirnzentren

Der Hypothalamus steuert die Hirnanhangdrüse, indem er Nachrichten oder Signale sendet. Diese Signale regeln die Produktion und Freisetzung weiterer Hormone aus der Hypophyse, die wiederum Nachrichten an andere Drüsen oder Organe im Körper senden. Der Hypothalamus ist eine Art Kommunikationszentrum für die Hypophyse.

Der Hypothalamus arbeitet mit der Medulla Oblongata zusammen. Medulla und Hypothalamus steuern die unwillkürlichen, autonomen Vorgänge im Körper, wie z. B. die Regulierung des Herzschlags, der Atmung und der Körpertemperatur. Darüber hinaus ist das Rückenmark für die Übertragung von Nervenimpulsen zwischen dem Rückenmark und den höheren Gehirnzentren unerlässlich. Sie ist im Wesentlichen das Tor zwischen Rückenmark und Gehirn.

DIE ZIRBELDRÜSE

Die Zirbeldrüse befindet sich im geometrischen Zentrum, tief im Inneren des Gehirns. Sie produziert das Hormon Serotonin und sein Derivat Melatonin, die für unsere Funktion und unser Wohlbefinden unerlässlich sind. Serotonin ist ein chemischer Stoff und Neurotransmitter, der unsere Stimmungen, unser Sozialverhalten, unseren Appetit und unsere Verdauung, unser Gedächtnis sowie unser sexuelles Verlangen und unsere Funktion steuert. Serotonin trägt zu unserem Glücksgefühl und unserem geistigen und emotionalen Wohlbefinden bei - ein niedriger Serotoninspiegel wird mit Depressionen, Angstzuständen und anderen geistigen und emotionalen Störungen in Verbindung gebracht. Bei einigen dieser Probleme verschreiben Ärzte in der Regel Antidepressiva (SSRI), die den Serotoninspiegel im Gehirn erhöhen sollen.

Während des Tages sondert die Zirbeldrüse als Reaktion auf das Sonnenlicht, das von den Augen aufgenommen wird, eine große Menge Serotonin ab und speichert es. Wenn die Nacht hereinbricht und die Dunkelheit einsetzt, beginnt die Zirbeldrüse, das gespeicherte Serotonin in das Hormon Melatonin umzuwandeln, das in das Gehirn und das Blut freigesetzt wird und die ganze Nacht hindurch für Schläfrigkeit sorgt. Melatonin ist das einzige Hormon, das von der Zirbeldrüse synthetisiert wird, und es beeinflusst unseren Wach- und Schlafrhythmus sowie die Funktionen der Jahreszeiten. Daher wird es auch oft als "Hormon der Dunkelheit" bezeichnet.

Um die Sommersonnenwende (der längste Tag des Jahres) erleben die Menschen das meiste Sonnenlicht und sind am glücklichsten und fröhlichsten, da ihre Zirbeldrüse das meiste Serotonin ausschüttet. Um die Zeit der Wintersonnenwende (dunkelster Tag des Jahres) hingegen gibt es am wenigsten Sonnenlicht, was bedeutet, dass die Zirbeldrüse am wenigsten Serotonin erhält, was zum "Winterblues" führt, der Zeit, in der die Menschen am niedergeschlagensten und deprimiertesten sind.

Der "hypnagoge Zustand", auch "Trance-Zustand" oder "Alpha-Zustand" genannt, tritt ein, wenn sich das Bewusstsein an einem Punkt zwischen Wachsein und Schlafen befindet. Man ist gleichzeitig bewusst und unbewusst, aber wach. Die Gehirnaktivität verlangsamt sich, aber nicht so sehr, dass man einschläft. Der ultimative Zweck des Meditierens ist es, diesen Zustand zu erreichen, da das geistige Auge währenddessen genutzt wird, was zu der Fähigkeit führt, Visionen zu sehen und mystische Erfahrungen zu machen. Der Alpha-Zustand ist auch dafür bekannt, dass er luzide Träume hervorruft, wenn man ihn während eines Schlafzyklus erreicht.

Die Alten nutzten den hypnagogischen Zustand, um mit der Geisterwelt in Kontakt zu treten und Botschaften des Göttlichen zu empfangen. Wir können sie mit spirituellen Praktiken und Methoden erreichen, aber auch durch die Einnahme bestimmter Drogen.

DMT (Dimethyltryptamin) wird ebenfalls von der Zirbeldrüse über ähnliche Wege wie Melatonin produziert. DMT, dass oft als "Geistermolekül" bezeichnet wird, ist im Pflanzenreich weit verbreitet, aber auch in Säugetieren sind Spuren davon zu finden.

DMT-haltige Pflanzen wie Ayahuasca werden häufig in schamanischen Ritualen verwendet. Ihre Verwendung kann zu kraftvollen, mystischen, psychedelischen und todesnahen Erfahrungen führen. Es wird vermutet, dass DMT bei der Geburt, beim Tod und bei lebhaften Träumen freigesetzt wird. DMT wird im Blut, im Urin, in den Fäkalien, in der Lunge und in den Nieren des Menschen gefunden. Die höchsten Spuren finden sich jedoch in der Zerebrospinalflüssigkeit.

DIE ZIRBELDRÜSE UND DIE SPIRITUALITÄT

Das Wort "Zirbeldrüse" (Anm. d. Übers.: englisch „Pineal Gland") leitet sich vom lateinischen Wort "pinealis" ab, dass sich auf einen Kiefernzapfen, die Form der Drüse, bezieht. In den alten Traditionen wurde die Zirbeldrüse in Kunst und Bildhauerei häufig dargestellt. Ihre Bedeutung und Rolle wurde jedoch, wie das meiste esoterische Wissen, das über die Jahrhunderte weitergegeben wurde, durch die Symbolik vor dem Profanen verborgen. Wenn wir die Symbole der Alten, die mit der Zirbeldrüse assoziiert werden (vor allem den Kiefernzapfen), untersuchen, können wir uns eine bessere Vorstellung von ihrer spirituellen Rolle in unserem Leben machen.

Das Interesse an der Zirbeldrüse lässt sich bis ins alte China zurückverfolgen, zur Zeit des Gelben Kaisers Huangdi, des ältesten der fünf legendären chinesischen Kaiser. In den alten Hindu-Schriften, *den Veden*, war die Zirbeldrüse einer der sieben Chakrenpunkte, die angeblich mit Sahasrara, der Krone, verbunden sind. Dieser Standpunkt änderte sich im Laufe der Zeit, als andere Yogis und Weise begannen, die Zirbeldrüse stattdessen mit dem Ajna Chakra zu verbinden. Wie bereits erwähnt, werden die Entsprechungen von Ajna und Sahasrara mit der Zirbeldrüse und der Hypophyse je nach Denkschule vertauscht. Behalten Sie dies also im Hinterkopf, wenn Sie über die Anatomie des Gehirns und die Chakras lesen.

Die griechischen Philosophen und Wissenschaftler der Antike hatten vielleicht den größten Einfluss auf unser Verständnis der spirituellen Funktion der Zirbeldrüse. Ihre Entdeckungsreise begann mit philosophischen und theologischen Debatten über den Sitz der Seele, d. h. den Bereich des Körpers, von dem aus die Seele wirkt. Sie bezeichneten dieses Konzept als "Phren", das altgriechische Wort für den Ort des Denkens oder der Kontemplation.

Vor mehr als 2000 Jahren schrieben Platon und Aristoteles über die Seele und waren sich einig, dass die Seele vom Herzen ausgeht, aber nicht im Körper wohnt. Sie hoben die drei Seelentypen hervor, die nahrhafte, die vernünftige und die rationale Seele, und kamen zu dem Schluss, dass das Herz ihr Kontrollzentrum sei. Hippokrates widersprach dieser Behauptung und vertrat die Ansicht, dass die Seele im Körper wohne und vom Gehirn und nicht vom Herzen aus wirke, da das Gehirn für Logik, Vernunft und Gefühle zuständig sei.

Dann kam der griechische Arzt Herophilus, der von vielen als der Vater der Anatomie angesehen wird. Er war der erste Wissenschaftler, der die Zirbeldrüse im Gehirn entdeckte, denn er war der erste, der systematisch wissenschaftliche Sektionen von menschlichen Leichen durchführte. Er war auch der erste, der die Hirnventrikel beschrieb und glaubte, dass sie der "Sitz des Geistes" seien. Außerdem kam er zu dem Schluss, dass die Zirbeldrüse den Fluss des psychischen "Pneuma", ein altgriechisches Wort für "Atem", durch diese Hirnventrikel reguliert.

Aus theologischer und religiöser Sicht bezieht sich Pneuma auch auf den Geist und die Seele. Es ist eine ätherische Substanz in Form von Luft, die aus den Lungen und dem Herzen in das Gehirn fließt. Pneuma ist für das Funktionieren der lebenswichtigen Organe notwendig. Darüber hinaus ist es der Stoff, der das Bewusstsein des Körpers aufrechterhält - es wird als das "erste Instrument der Seele" bezeichnet. Herophilus glaubte, dass die Zirbeldrüse die Gedanken und Erinnerungen des Menschen in Form von psychischem Pneuma reguliert.

Galen, der griechische Philosoph und Arzt, widersprach Herophilus und sagte, dass die Zirbeldrüse lediglich eine Drüse sei, die den Blutfluss reguliere und nichts weiter. Stattdessen vertrat er die Ansicht, dass das Kleinhirn das psychische Pneuma in den Hirnventrikeln kontrolliert. Da Galen bis zum 17. Jahrhundert die oberste medizinische Autorität war, blieben seine Ansichten und Überzeugungen über die Natur der Zirbeldrüse relativ unangefochten, bis Rene Descartes, der französische Mathematiker und Philosoph, begann, sich mit diesen Themen zu beschäftigen.

Descartes kam zu dem Schluss, dass die Zirbeldrüse das Medium zwischen der Seele und dem Körper und die Quelle aller Gedanken sei. Er widersprach Galen und sagte, dass die Zirbeldrüse die einzige Struktur im Gehirn sei, die nicht dupliziert wurde, und dass sie der Sitz der Seele sei. Er vertrat den Standpunkt, dass das Kleinhirn, da es aus zwei Hälften besteht, für diese Aufgabe nicht in Frage kommt. Descartes glaubte, dass die Seele jenseits der Dualität liegt und ein einziges Gegenstück haben muss, das ihre Funktion symbolisiert.

Descartes war der Meinung, dass der Geist vom Körper getrennt sein könnte, aber über die Zirbeldrüse die tierischen Instinkte übernehmen kann. Die Seele kontrolliert den Verstand, der wiederum über die Zirbeldrüse das System der vom Körper ausgeführten Handlungen steuert. Descartes glaubte, dass die Zirbeldrüse die Seele in physischer Form sei. Da die wissenschaftliche Gemeinschaft Descartes weitgehend respektierte, wagten die meisten nicht, seine Ansichten in Frage zu stellen, und so blieb die Vorstellung, dass die Zirbeldrüse der Sitz der Seele sei, die nächsten drei Jahrhunderte erhalten.

In den letzten Jahren haben Wissenschaftler festgestellt, dass die Zirbeldrüse ein endokrines Organ ist, das eng mit der Wahrnehmung des Lichts durch den Körper verbunden ist. Die spirituelle Funktion der Zirbeldrüse ist jedoch immer noch umstritten, obwohl sich die meisten Gelehrten einig sind, dass sie eine wichtige Rolle spielt.

In *The Magus* habe ich Manipura, das Solarplexus-Chakra, als die Quellenenergie der Seele bezeichnet. Manipura ist die Quelle unserer Willenskraft - der höchste Ausdruck der Seele. Darüber hinaus braucht die Seele Prana-Energie für ihre Existenz, die sie durch die

Verdauung von Nahrung (mit Manipura verbunden) und die Atmung/Sauerstoffaufnahme (mit Anahata verbunden) erhält. Daher befindet sich die Seele in unserem Sonnenzentrum, der Tiphareth-Sphäre, die zwischen Manipura- und Anahata-Chakra liegt (sitzt).

Andererseits könnte die Zirbeldrüse sehr wohl die physische Verbindung der Seele mit dem Körper sein. Meine Forschungen und intuitiven Einsichten haben mich jedoch zu dem Schluss geführt, dass die Dynamik zwischen Zirbeldrüse und Hypophyse sowie Thalamus und Hypothalamus das Bewusstsein und die Spiritualität reguliert und nicht eine bestimmte Drüse oder ein bestimmtes Gehirnzentrum.

DER THALAMUS

Der Thalamus befindet sich im Zentrum des Gehirns, oben auf dem Hirnstamm, zwischen der Großhirnrinde und dem Mittelhirn, mit ausgedehnten Nervenverbindungen zu beiden, die einen nabenartigen Informationsaustausch ermöglichen. Der Thalamus ist unser zentrales Kontrollsystem, die Kommandozentrale des Bewusstseins, die Schlaf, Wachsamkeit und Kognition steuert. Sein Name leitet sich aus dem Griechischen ab und bedeutet "innere Kammer".

Der Thalamus fungiert als Relaisstation, die Informationen zwischen dem Gehirn und dem Körper filtert. Er empfängt Schwingungen (Daten) aus der Außenwelt über alle Sinnesrezeptoren (außer dem Geruchssinn) und leitet sie an verschiedene Teile des Gehirns weiter. Der Thalamus beeinflusst die willkürliche Bewegung, indem er motorische Signale an die Großhirnrinde weiterleitet. Er leitet auch Informationen über Erregung und körperliche Schmerzen weiter.

Zusammen mit dem Hypothalamus, der Amygdala und dem Hippocampus ist der Thalamus Teil des limbischen Systems (Abbildung 42), dass Emotionen und Gedächtnis reguliert. Das Limbische System steuert die autonomen und endokrinen Funktionen, die sich mit den Reaktionen auf emotionale Reize befassen, z. B. "Kampf oder Flucht". Das limbische System wird oft als "Reptiliengehirn" bezeichnet, da es unsere Verhaltensreaktionen und Überlebensmotivationen steuert. Unser Geruchssinn wirkt sich direkt auf das Limbische System aus; Gerüche werden über die Riechkolben aufgenommen, die den neuronalen Input registrieren, der von Zellen in den Nasenhöhlen erfasst wird.

Interessanterweise scheint der Thalamus nicht zwischen dem zu unterscheiden, was außerhalb und was innerhalb von uns ist. Er gibt allem, was wir über die Sinne aufnehmen, eine emotionale Bedeutung, einschließlich unserer Vorstellungen von Spiritualität und Gott, dem Schöpfer. Im Wesentlichen ist der Thalamus unsere Schnittstelle mit der Realität um uns herum. Er vermittelt uns unseren Eindruck von dem, was wir als real akzeptieren.

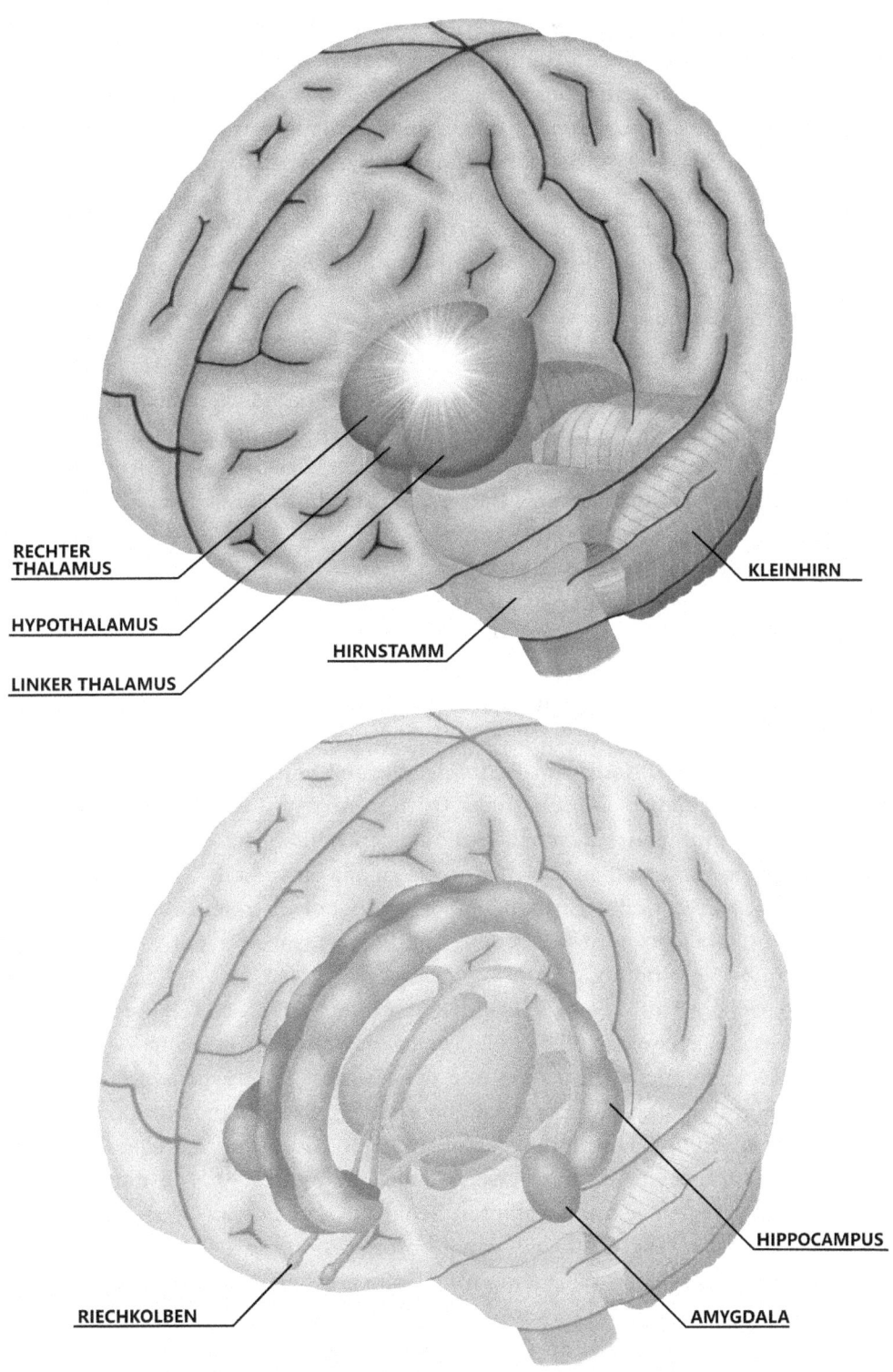

Abbildung 42: Das Limbische System

Der Thalamus besteht aus zwei Lappen, den so genannten "Thalamuskörpern", die wie eine kleinere Version der beiden Gehirnhälften aussehen. Sie sind auch vergleichbar mit zwei kleinen Eiern, die miteinander verbunden sind. Nach dem hermetischen Prinzip der Entsprechung (wie oben, so unten) spiegeln sich die Thalamuskörper in den Hoden des Mannes und den Eierstöcken der Frau wider, die ebenfalls doppelt und eiförmig sind. Während der Thalamus dazu beiträgt, unsere mentale Realität (das Oben) zu erschaffen, sind die Hoden und Eierstöcke mit der Erzeugung unserer Nachkommen auf der Erdebene (unten) betraut. Die Eiform bezieht sich also auf die Schöpfung auf allen Ebenen der Realität.

In 70-80 % der menschlichen Gehirne sind die beiden Thalamus-Lappen durch ein abgeflachtes Gewebeband verbunden, das Massa Intermedia oder Interthalamus-Adhäsion genannt wird (Abbildung 41). Dieses Gewebe enthält Nervenzellen und -fasern. Um die Massa Intermedia herum sind die beiden Thalamuskörper durch den dritten Ventrikel getrennt, der kontinuierlich Liquor in diesen Bereich des Gehirns pumpt.

Der Thalamus ist der Kern unseres Gehirns, das Medium der Kommunikation zwischen den verschiedenen Teilen des Neokortex. Forscher und Neurologen glauben, dass der Thalamus das Zentrum unseres Bewusstseins ist. Wissenschaftlichen Studien zufolge führt eine Schädigung des Thalamus zu einer Ausschaltung des Bewusstseins und damit zu einem dauerhaften Koma.

Viele alte Traditionen, darunter auch die Ägypter, betrachteten den Thalamus als das Zentrum des Dritten Auges. Wenn die Kundalini die Wirbelsäule (Sushumna) hinaufsteigt, erreicht sie den Thalamus an der Spitze des Hirnstamms. Laut Yoga und Tantra treffen sich die Ida und Pingala Nadis am Dritten Auge und vereinigen sich. Ihre Vereinigung steht für die vollständige Öffnung des Dritten Auges. Der Caduceus des Hermes repräsentiert dasselbe Konzept, nämlich die beiden Schlangenköpfe, die sich im oberen Teil des Stabes gegenüberstehen. Der Caduceus ist das universelle Symbol der Menschheit und steht für den Prozess des Erwachens der Kundalini-Energie. Die meisten Menschen kennen jedoch die tiefe esoterische Bedeutung dieses Symbols nicht und bringen es nur mit der Medizin in Verbindung.

In den yogischen Traditionen spielt der zentrale Bereich des Gehirns, in dem der Thalamus liegt, eine wesentliche Rolle beim spirituellen Erwachen. Die massiven Nervenbündel, die von der Wirbelsäule und dem Hirnstamm ausgehen, durchlaufen den Thalamus, bevor sie durch das Corpus Callosum verteilt werden. Das Corpus Callosum (Abbildung 41) ist ein großes, C-förmiges Nervenfaserbündel unterhalb der Großhirnrinde, dass die linke und rechte Gehirnhälfte miteinander verbindet. Die darin enthaltenen Nervenfasern verzweigen sich im gesamten Neokortex nach oben, bis sie den oberen Teil des Kopfes erreichen. Die Millionen von Neuronen entlang des Scheitels des Kopfes korrelieren mit dem Sahasrara Chakra und seiner Bezeichnung als Tausendblättriger Lotus.

Neben dem Thalamus befinden sich die Hypophyse, die Zirbeldrüse und der Hypothalamus, die eine zentrale Rolle bei Meditationspraktiken und spirituellem Erwachen spielen. Während der Meditation wird das Licht aus Sahasrara in das Zentrum des Gehirns gezogen, was zu einer wesentlichen und dauerhaften Veränderung der Wahrnehmung des Selbst und der Welt führt. Der Thalamus ist im Wesentlichen unser Zentrum der spirituellen Transformation und der Bewusstseinserweiterung.

Da der Thalamus unsere Aufmerksamkeit bündelt, ist er an der Filterung der zahlreichen Impulse beteiligt, die zu einem bestimmten Zeitpunkt in unser Gehirn strömen. Er wirkt wie ein Ventil, das den Schwingungsbotschaften, die unser Gehirn von der Außenwelt empfängt, Priorität einräumt. Aus diesem Grund wird bei einem Kundalini-Erwachen der Thalamus optimiert, so dass mehr Informationen auf einmal empfangen und verarbeitet werden können.

Die Transfiguration des Thalamus führt dazu, dass der Mensch durch verstärkte Sinne eine erhöhte Version der Realität empfängt und erlebt. So werden übersinnliche Kräfte wie Hellsehen, Hellhören und Hellfühlen zu einem Teil des täglichen Lebens. Wenn der Thalamus optimiert wird, wird die latente DNA im Selbst aktiviert, was zu einer dauerhaften Transformation des Bewusstseins auf zellulärer Ebene führt.

Der Thalamus ist auch das Tor zwischen dem bewussten und dem unterbewussten Teil des Selbst, ein Filter, der unsere karmischen Energien in Schach hält. Wenn eine Person ein vollständiges Kundalini-Erwachen erlebt und das Licht dauerhaft in das Gehirn eintritt, wird eine Brücke zwischen dem bewussten und dem unterbewussten Geist gebildet, die es unseren negativen, verdrängten Energien ermöglicht, ins Bewusstsein zu strömen. Anstatt als Filter zu dienen, funktioniert der Thalamus nicht mehr als solcher. Stattdessen schaltet seine Funktion auf Hyperdrive, so dass unser Bewusstsein alle Energien in uns auf einmal erfahren kann. Ein Teil des Grundes für dieses Phänomen ist die vollständige Öffnung unseres Bewusstseins, damit wir unsere karmischen Energien durch das Kundalini-Feuer reinigen und uns spirituell weiterentwickeln können.

DIE FORMATIO RETICULARIS

Die Retikularformation (Abbildung 43) ist ein kompliziertes Netz von Neuronen und Nervenfasern, dass sich vom Rückenmark über das Mittelhirn und den Thalamus bis zum unteren Hirnstamm erstreckt und sich in mehrere Strahlen zu verschiedenen Teilen der Großhirnrinde aufteilt. Die Retikularformation ist ein Kanal für die Übertragung von Informationen aus den verschiedenen sensorischen Bahnen und leitet sie über den Thalamus an Teile des Gehirns weiter. Ihr anderer Name ist Retikuläres Aktivierungssystem, kurz RAS.

Die Retikuläre Formation ist für die Existenz des Bewusstseins von entscheidender Bedeutung, da sie all unsere bewussten Aktivitäten vermittelt. Da der Thalamus unsere zentrale Schaltzentrale ist, ist das netzartige System die Verdrahtung, die diese Schaltzentrale mit dem Hirnstamm darunter und der Großhirnrinde darüber verbindet. Es ist an vielen Bewusstseinszuständen beteiligt, die den Thalamus beschäftigen.

Die Retikularformation ermöglicht es dem Thalamus, dem Hypothalamus und der Großhirnrinde zu steuern, welche sensorischen Signale das Großhirn (den obersten Teil des Gehirns) erreichen und unsere bewusste Aufmerksamkeit erregen. Als solche ist sie der Fokussierungsmechanismus unseres Verstandes.

Die Retikularformation ist auch an den meisten Aktivitäten des Zentralnervensystems beteiligt. Schmerzempfindungen zum Beispiel müssen die Retikularformation passieren, bevor sie das Gehirn erreichen. Darüber hinaus wird auch das autonome Nervensystem, dass für automatisiertes Verhalten wie Atmung, Herzschlag und Erregung zuständig ist, von der Retikularformation reguliert.

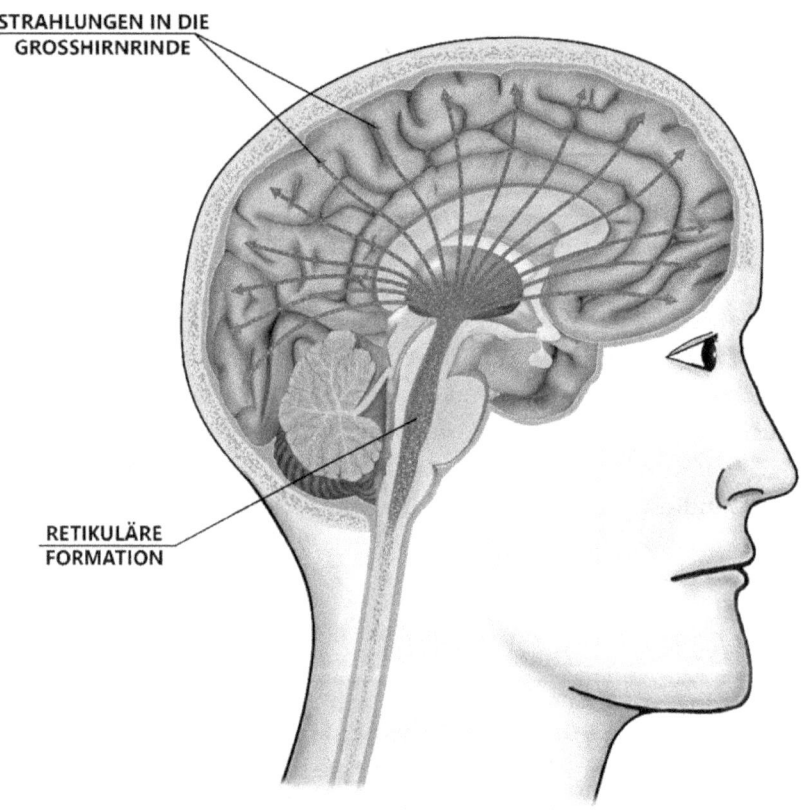

Abbildung 43: Die Retikuläre Formation

Meditation verändert unser Bewusstsein, so dass höhere Hirnregionen Sinnesreize und Umweltreize kontrollieren können. Während der Meditation werden der Hypothalamus und die Retikularformation teilweise gehemmt, was einige der physiologischen Auswirkungen der Meditation erklärt, wie z. B. die Senkung des Blutdrucks und der Atemfrequenz.

Wenn wir die Funktion der Retikularformation unterbrechen und den Fluss ablenkender und irrelevanter sensorischer Informationen stoppen können, beginnt das Gehirn, Alphawellen auszusenden, was zu einem ruhigen und entspannten Geisteszustand führt. Die Überwindung der Auswirkungen der Retikularen Formation ist also mit bewusster Wahrnehmung und Achtsamkeit verbunden.

Die Retikularformation lenkt unsere Eindrücke vom Leben und seinen Aktivitäten, was zur Selbstidentifikation mit diesen Eindrücken führt. Das Selbst verankert sich in den Empfindungen des physischen Körpers, ob gut oder schlecht, und unser Bewusstsein sinkt auf die Ebene des Egos. Mit der Zeit wird das Bewusstsein vom Ego vereinnahmt. Indem wir uns auf das Ego ausrichten, verlieren wir den Kontakt mit der Seele am anderen Ende des Spektrums.

Nach einem vollständigen Kundalini-Erwachen, wenn die Spannung der Bioelektrizität ansteigt, wird der Thalamus optimiert, und die Retikularformation wird dauerhaft deaktiviert. Diese Erfahrung führt dazu, dass man die Ausstrahlung des Lichtkörpers durch alle Körperzellen auf einmal spürt, anstatt einzelne spirituelle Momente oder Begegnungen zu haben. Durch die Umgehung des Verstandes und des Egos beginnt der Einzelne, durch das Herz zu wirken, was es ihm ermöglicht, das Energiefeld um ihn herum in größerem Umfang zu erfahren.

Der Schädel sitzt auf dem Atlas, dem ersten Halswirbel (C1). Atlas ist auch der Name eines Titanen aus der griechischen Mythologie, der den Himmel hochhält. Visuelle Darstellungen von Atlas zeigen, dass er den Planeten Erde auf seinen Schultern trägt. Wir sehen hier eine Verbindung zwischen dem Schädel und dem Gehirn, der Welt und dem Himmel. Der zervikale Atlas hält den Kopf hoch, in dem sich das Gehirn befindet, das unser Realitätskonzept regelt. Unser Gehirn ist auch das Bindeglied zum Himmel oder zu Gott, dem Schöpfer, der von dem Künstler Michelangelo in dem Fresko "Die Erschaffung Adams" dargestellt wird, das Teil der Decke der Sixtinischen Kapelle ist.

Die erste Gruppierung von Neuronen in der retikulären Formation beginnt in dem Bereich zwischen der Medulla Oblongata und dem oberen Teil des Rückenmarks, der durch den Atlas dargestellt wird. Dieser Bereich ist der primäre Eintrittspunkt der Prana-Energie in den Körper für die Kundalini erweckten Individuen. Die höchste Konzentration der Lebenskraft ist in Sahasrara, unserem Zentrum des Weißen Lichts, gespeichert, dem Hauptreservoir von Prana bei Menschen, deren Bewusstsein erweitert ist. Die Prana-Energie fließt vom Sahasrara abwärts in die wichtigen Gehirnzentren und versorgt sie mit Energie. Danach wandert sie die Wirbelsäule hinunter und in das Nervensystem, gefolgt von den Organen und Muskeln. Auf diese Weise wird der Körper von der Lichtenergie genährt. Aus diesem Grund benötigen spirituell erwachte Menschen nicht so viel Prana-Energie aus der Nahrung und der Sonne wie Unerwachte - sie bekommen alles, was sie brauchen, aus dem Sahasrara Chakra.

Folglich befindet sich in demselben Bereich, in dem die Retikularformation beginnt, ein entscheidendes und geheimnisvolles verborgenes Chakra, das Lalana oder Talu Chakra genannt wird. Die Kundalini muss das Lalana Chakra auf ihrem Weg nach oben durchdringen, bevor sie in das Gehirn eintritt. Wenn das Lalana Chakra dann vollständig aktiviert ist, kann die Kundalini Ajna im Zentrum des Gehirns erreichen, gefolgt von Sahasrara am Scheitelpunkt des Kopfes.

Lalana ist die Hauptschalttafel, die den Eingang, die Speicherung und die Verteilung der Prana-Energie kontrolliert. Die Lebenskraft muss Lalana durchqueren, bevor sie die fünf darunter liegenden Chakren erreicht, die die Prana-Kraft über das periphere Nervensystem (PNS) an die wichtigsten Organe und endokrinen Drüsen weiterleiten. Im Vergleich zu Lalana sind die unteren Chakras nur kleine Verteilungszentren der Lebenskraft. Lalana ist mit dem Hara Chakra im Nabel verbunden und repräsentiert den Ort, an dem das Selbst bei der Empfängnis erstmals im physischen Körper verankert wurde.

Lalana wird in der Esoterik als "Mund Gottes" oder als "Goldener Kelch" bezeichnet, da unser Aufstiegschakra mit der "Dreifachen Flamme der Seele" (hebräischer Buchstabe Shin) in Verbindung steht. Sobald Lalana durchstoßen ist, steigt die Kundalini weiter zum Zentrum des Gehirns auf, wo sich die drei Kanäle Ida, Pingala und Sushumna zu einer Energiequelle vereinigen. Ihre Vereinigung führt zur energetischen Verschmelzung von Zirbeldrüse und Hypophyse sowie von Thalamus und Hypothalamus. Die Wirkung der Retikularformation auf das Bewusstsein löst sich, sobald das Individuum beginnt, von der Quellenenergie im Zentrum seines Gehirns aus zu arbeiten.

Wenn Ajna und Sahasrara Chakra vollständig geöffnet sind, erweitert sich das Bewusstsein auf die kosmische Ebene, was zu einer dauerhaften Erfahrung der spirituellen Realität führt. Nachdem der Lichtkörper vollständig aktiviert ist, kommt es im Laufe der Zeit zu einer Neuverdrahtung des Gehirns, wodurch sein latentes Potenzial geweckt wird. Der transformierte Mensch wird zum Empfänger kosmischer Weisheit, da seine Intelligenz erweitert wird. Sobald er sich auf diese höheren Schwingungen eingestellt hat, trennt er sich allmählich vom physischen Körper, wodurch der Einfluss des Egos auf sein Bewusstsein abnimmt.

Sobald die Retikularformation gelöst ist, kann das Selbst das Ego viel leichter überwinden, da das Bewusstsein auf natürliche Weise auf eine höhere Ebene gehoben wird. Physischer Schmerz ist einer der entscheidenden Faktoren, die das Selbst mit dem physischen Körper in Einklang bringen. Nach einem vollständigen Kundalini-Erwachen ist die bewusste Verbindung mit dem physischen Schmerz dauerhaft unterbrochen. Wie ich dieses Phänomen bereits beschrieben habe, kann man den Schmerz immer noch fühlen, da es unmöglich ist, ihn vollständig zu überwinden, solange man im physischen Körper lebt. Stattdessen entwickelt man die Fähigkeit, sich bewusst vom Erleben der negativen Energie des Schmerzes zu distanzieren, indem man sich auf eine wesentlich höhere kosmische Ebene erhebt als die physische Ebene, auf der der Schmerz auftritt.

TEILE DES GEHIRNS

Das Gehirn ist in drei Hauptteile unterteilt: das Großhirn, das Kleinhirn und den Hirnstamm. Über den Hirnstamm, der das Mittelhirn, die Pons und die Medulla Oblongata umfasst, habe ich bereits gesprochen. Das Mittelhirn schließt sich an das Zwischenhirn an, das aus Thalamus, Hypothalamus, Hypophyse (hinterer Teil) und Zirbeldrüse besteht. Das Zwischenhirn umschließt den dritten Ventrikel.

Das Großhirn ist der größte Teil des Gehirns und besteht aus der rechten und der linken Gehirnhälfte, die durch den Corpus Callosum miteinander verbunden sind. Die rechte Gehirnhälfte steuert die linke Seite des Körpers, während die linke Hälfte die rechte Seite steuert. Jede Hemisphäre enthält an ihrer Außenfläche vier Lappen: Frontal-, Parietal-, Temporal- und Okzipitallappen (Abbildung 44). Die äußere Schicht des Gehirns wird als Großhirnrinde bezeichnet, die die graue Substanz des Gehirns bildet, während die innere Schicht die weiße Substanz ist.

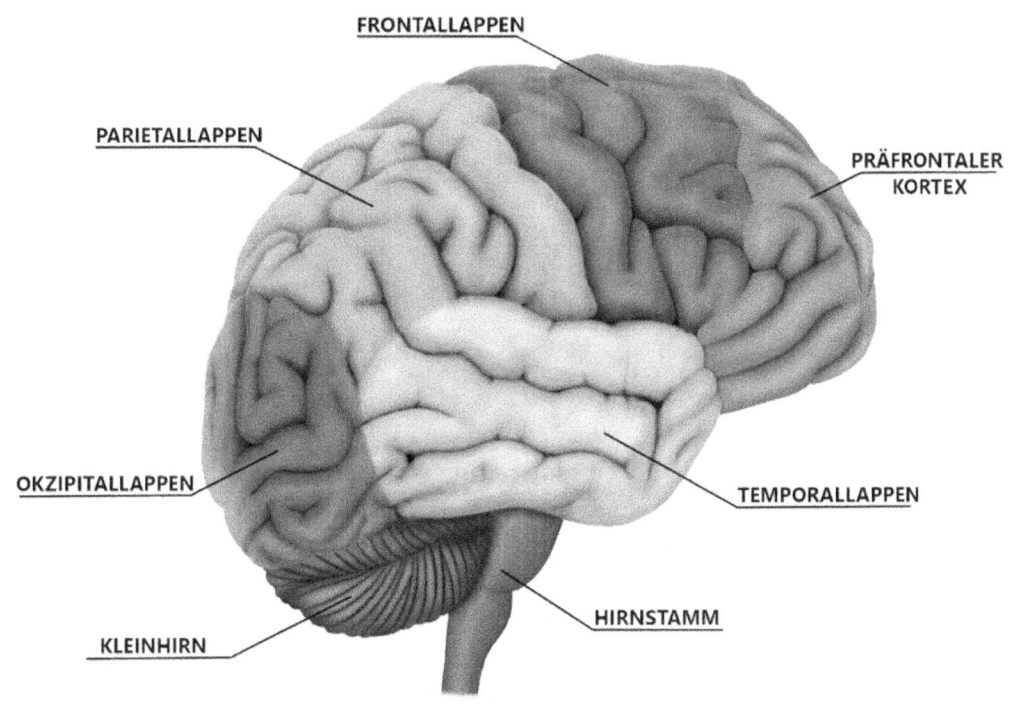

Abbildung 44: Die Teile des Gehirns

Jeder der vier Lappen ist mit einer Reihe von Funktionen verbunden. Der Frontallappen zum Beispiel befindet sich im vorderen Teil des Gehirns. Der präfrontale Kortex ist die Großhirnrinde, die den vorderen Teil des Frontallappens bedeckt. Der Frontallappen befasst sich mit höheren kognitiven Funktionen wie Gedächtnisabruf, emotionalem Ausdruck, Stimmungsschwankungen, Sprache und Sprechen, Kreativität,

Vorstellungskraft, Impulskontrolle, sozialer Interaktion und Verhalten, logischem Denken und Problemlösung, Aufmerksamkeit und Konzentration, Organisation und Planung, Motivation und sexuellem Ausdruck.

Der Frontallappen ist auch für die primären motorischen Funktionen und die Bewegungskoordination zuständig. Er ist der auffälligste Lappen des Gehirns und wird täglich am häufigsten von uns selbst benutzt. Da er sich an der Vorderseite des Kopfes, direkt hinter der Stirn, befindet, ist der Frontallappen die häufigste Region für traumatische Hirnverletzungen mit den potenziell schlimmsten Nebenwirkungen, da er die kognitiven Fähigkeiten und die motorischen Funktionen beeinträchtigt. Darüber hinaus kann eine Schädigung des Frontallappens eine Kettenreaktion auslösen, die sich auch auf andere Hirnregionen negativ auswirken kann.

Der Parietallappen befindet sich in der Nähe des Gehirnzentrums, hinter dem Frontallappen. Dieser Hirnbereich ist der primäre sensorische Bereich, in dem Impulse von der Haut in Bezug auf Temperatur, Schmerz und Berührung verarbeitet und interpretiert werden. Der linke Parietallappen befasst sich mit der Verarbeitung von Symbolen, Buchstaben und Zahlen und der Interpretation von archetypischen Informationen. Der rechte Parietallappen hat die Aufgabe, räumliche Entfernungen in Bildern zu interpretieren.

Der Parietallappen ist für alle räumlichen Informationen zuständig und ermöglicht es uns, Größe, Entfernung und Formen zu beurteilen. Er vermittelt uns ein Bewusstsein für das Selbst und andere Menschen im Raum vor uns. Interessanterweise haben Neurowissenschaftler festgestellt, dass eine Person während einer spirituellen Erfahrung eine erhöhte Aktivität im parietalen Kortex erfährt. Die Grenze zwischen dem Selbst und den Objekten und Menschen um uns herum wird durchbrochen, da die meisten spirituellen Erfahrungen ein "außerkörperliches" Element beinhalten. Da der Einzelne ein Gefühl der Einheit mit seiner Umgebung erfährt, transzendiert er seine physische Umgebung.

Der Temporallappen befindet sich hinter den Ohren und an den Schläfen des Kopfes. Er beherbergt den primären auditorischen Kortex, der für die Verarbeitung von Geräuschen und die Kodierung von Erinnerungen zuständig ist. Er spielt auch eine wichtige Rolle bei der Verarbeitung von Emotionen, Sprache und einigen Aspekten der visuellen Wahrnehmung. Der Temporallappen besteht aus Strukturen, die für die bewusste Erinnerung an Fakten und Ereignisse wichtig sind. Er kommuniziert mit dem Hippocampus und wird von der Amygdala moduliert.

Der Okzipitallappen befindet sich im hinteren Teil des Oberhirns. Er enthält den primären visuellen Kortex, eine Hirnregion, die Eingaben von den Augen empfängt. Der Okzipitallappen befasst sich im Allgemeinen mit der Interpretation von Entfernungen, Farben, Tiefenwahrnehmung, Objekt- und Gesichtserkennung, Bewegungen und Gedächtnisinformationen.

Das Kleinhirn befindet sich am Hinterkopf und steuert die Koordination der Muskeltätigkeit. Es hilft uns bei der Aufrechterhaltung von Haltung, Gleichgewicht und Balance, indem es das Timing und die Kraft der verschiedenen Muskelgruppen koordiniert, um flüssige Körperbewegungen zu erzeugen. Das Kleinhirn koordiniert auch die Augenbewegungen und die Sprache.

Der Begründer der Psychoanalyse, Sigmund Freud, assoziierte das Kleinhirn mit dem persönlichen Unbewussten, dem verdrängten Teil des Selbst, der dem bewussten Verstand verborgen ist. Obwohl Freud den Begriff "Unbewusstes" prägte, verwechselte er ihn oft mit dem "Unterbewusstsein", wobei ersteres eine tiefere Schicht des letzteren darstellt. Dies steht im Einklang mit den alten Weisheitslehren, die das Unterbewusstsein mit dem Hinterkopf und dem Mond in Verbindung bringen. Der Bereich des Unterbewusstseins umfasst jedoch die meisten Teile des Gehirns, einschließlich des limbischen Systems. Ausgenommen ist der präfrontale Kortex, der den bewussten Verstand und die Sonne repräsentiert.

Bei einer vollständigen Kundalini-Erweckung, wenn die Energie durch das Rückenmark aufsteigt, erreichen große Mengen hochoktaniger Energie das Gehirn. Diese Energie fließt von der Retikularformation zum Thalamus und in die Großhirnrinde und erweckt schlafende, inaktive Teile des Gehirns, insbesondere im Frontallappen. Danach beginnt das gesamte Gehirn als eine zusammenhängende Einheit zu pulsieren und erzeugt kohärente Gehirnwellen mit hoher Amplitude in allen Frequenzbändern. Dieser Prozess der Vergrößerung der Gehirnleistung ist mit einer Bewusstseinserweiterung verbunden, sobald die Kundalini das Sahasrara Chakra durchdringt.

Das Alpha-Frequenzband erreicht seine maximale Amplitude im Occipitallappen, wodurch sich die Wahrnehmung der Welt um uns herum verändert. Dinge, die früher auf eine bestimmte Art und Weise erschienen, verwandeln sich vor unseren Augen, wenn das Potenzial des Okzipitallappens in Verbindung mit dem Einströmen von Astrallicht im Kopf maximiert wird.

Erhöhte Gehirnaktivität vereinigt den bewussten und den unterbewussten Verstand, alchemistisch dargestellt als Sonne und Mond, die sich in der heiligen Ehe vereinen. Auch das Kleinhirn ist von der erhöhten Gehirnaktivität betroffen, da der Mensch Zugang zu verdrängten Gefühlen, Gedanken, Wünschen und verborgenen Erinnerungen erhält, die integriert und transformiert werden können.

Große Mengen an elektrischer Aktivität treten in den Beta- und Gamma-Frequenzbändern im Frontallappen auf, wodurch das Potenzial des präfrontalen Kortex und anderer wichtiger Teile maximiert wird. Infolgedessen entwickelt der Kundalini-Erwachte die Fähigkeit, seine Gedanken, Emotionen und sein Verhalten zu kontrollieren, was ihm erlaubt, seine Realität zu meistern. Darüber hinaus werden ihre kognitiven Fähigkeiten, einschließlich Vorstellungskraft, Kreativität, Intelligenz, Kommunikation, kritisches Denken und Konzentrationsfähigkeit, erheblich verbessert, was sie in die Lage versetzt, zu den mächtigen und effizienten Mitschöpfern des Schöpfers zu werden, zu denen sie bestimmt sind.

DAS NERVENSYSTEM

Das Nervensystem besteht aus allen Nervenzellen, die der Mensch in seinem Körper hat. Wir nutzen unser Nervensystem, um mit der Außenwelt zu kommunizieren und die verschiedenen Mechanismen unseres Körpers zu steuern. Das Nervensystem nimmt Informationen über die Sinne auf und verarbeitet sie, wodurch es Reaktionen im Körper auslöst. Es arbeitet mit dem endokrinen System zusammen, um auf die Ereignisse des Lebens zu reagieren.

Das Nervensystem verbindet das Gehirn mit allen anderen Organen, Geweben und Körperteilen. Es enthält Milliarden von Nervenzellen, die Neuronen genannt werden. Das Gehirn selbst hat 100 Milliarden Neuronen, die wie Informationsboten wirken. Diese Neuronen verwenden chemische Signale und elektrische Impulse, um Informationen zwischen verschiedenen Teilen des Gehirns sowie zwischen dem Gehirn und dem restlichen Nervensystem zu übertragen.

Das Nervensystem besteht aus zwei Teilen mit drei verschiedenen Abteilungen. Der erste und wichtigste Teil ist das zentrale Nervensystem (ZNS), das Empfindungen und motorische Funktionen steuert. Das zentrale Nervensystem umfasst das Gehirn, zwölf Paar Hirnnerven, das Rückenmark und einunddreißig Paare von Spinalnerven. Alle Nerven des zentralen Nervensystems sind sicher im Schädel und im Wirbelsäulenkanal untergebracht.

Zwei Arten von Nerven versorgen das Gehirn: motorische (efferente) Nerven, die Reaktionen auf Reize ausführen, und sensorische (afferente) Nerven, die sensorische Informationen und Daten aus dem Körper an das zentrale Nervensystem weiterleiten. Die Spinalnerven erfüllen beide Funktionen und werden daher auch als "gemischte" Nerven bezeichnet. Die Spinalnerven sind über Ganglien mit dem Rückenmark verbunden, die wie Relaisstationen für das Zentralnervensystem fungieren.

Der Kopf und das Gehirn dienen als Organe der Seele und des höheren Selbst. Da er sich an der Spitze des Körpers befindet, ist der Kopf dem Himmel darüber am nächsten. Das Gehirn ermöglicht es uns, die Welt um uns herum mit den fünf Sinnen Sehen, Tasten, Schmecken, Riechen und Hören zu erfahren. Es ermöglicht uns auch, die Realität durch den sechsten Sinn des Psychismus zu erfahren, der durch das geistige Auge empfangen wird.

Das periphere Nervensystem (PNS) verbindet die vom zentralen Nervensystem ausgehenden Nerven mit den Gliedmaßen und Organen. Alle Nerven außerhalb des

Gehirns und der Wirbelsäule sind Teil des peripheren Nervensystems (Abbildung 45). Das periphere Nervensystem wird weiter in drei separate Teilsysteme unterteilt: Somatisches Nervensystem (SNS), Enterisches Nervensystem (ENS) und Autonomes Nervensystem (ANS).

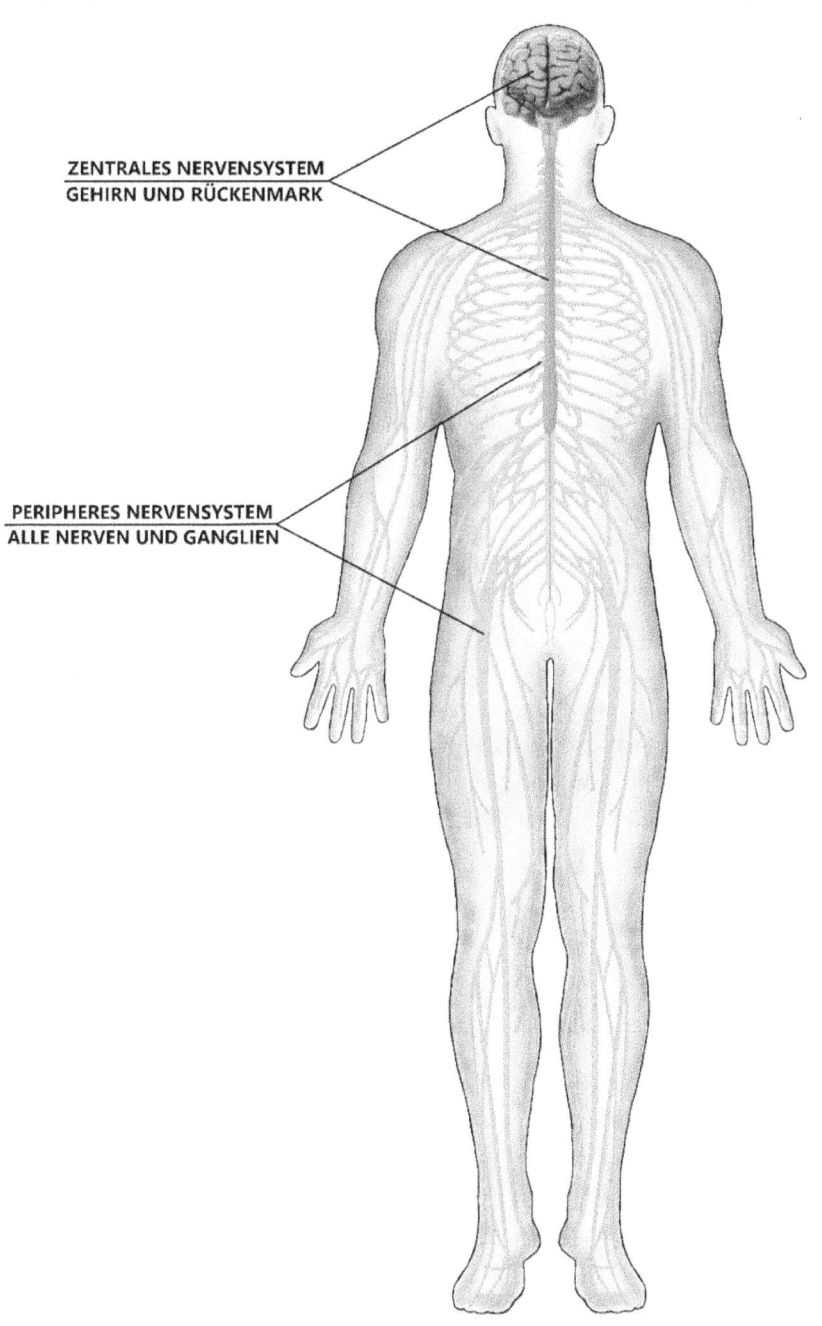

Abbildung 45: Das Zentrale und das Periphere Nervensystem

Das somatische Nervensystem ist das willkürliche Nervensystem, dessen sensorische und motorische Nerven als Medium für die Übertragung von Impulsen zwischen dem zentralen Nervensystem und dem Muskelsystem dienen. Das somatische Nervensystem steuert alles an unserem physischen Körper, was wir bewusst beeinflussen können. Das enterische Nervensystem wirkt unwillkürlich und steuert das Magen-Darm-System. Es ist ein autonomes Nervensystem, das die Darmmotilität im Verdauungsprozess reguliert.

Das autonome Nervensystem ist ebenfalls ein unwillkürliches System, das meist unbewusst agiert. Es regelt unseren Herzschlag, die Atmung, den Stoffwechsel, die Verdauung, die sexuelle Erregung, das Wasserlassen und die Pupillenerweiterung/-verengung. Sowohl das autonome Nervensystem als auch das enterische Nervensystem sind immer aktiv, egal ob wir wach sind oder schlafen. Das unwillkürliche Nervensystem reagiert schnell auf Veränderungen im Körper und ermöglicht es ihm, sich anzupassen, indem es seine Regulationsprozesse verändert.

Das autonome Nervensystem wird vom Hypothalamus gesteuert und kann in den Sympathikus (SNS) und den Parasympathikus (PNS) unterteilt werden. Der Sympathikus und der Parasympathikus haben in der Regel gegensätzliche Aufgaben im Körper. Das sympathische Nervensystem wird von der männlichen (Yang) Energie des Körpers angetrieben, während das parasympathische Nervensystem von der weiblichen (Yin) Energie angetrieben wird.

Das sympathische Nervensystem bereitet den Körper auf geistige und (oder) körperliche Aktivität vor. Er wird in Notfällen (Kampf oder Flucht) aktiviert, um verwertbare Energie zu erzeugen. Er erhöht die Herzfrequenz, erweitert die Pupillen, öffnet die Atemwege, um die Atmung zu erleichtern, erhöht die Blutzufuhr zu den Muskeln und hemmt die Verdauung und die sexuelle Erregung. Das parasympathische Nervensystem hingegen ist passiv. Er wird aktiviert, wenn sich Körper und Geist in einem entspannten Zustand befinden. Der Parasympathikus senkt die Herzfrequenz, verengt die Pupillen, regt die Verdauung und das Wasserlassen an, setzt verschiedene Stoffwechselprozesse in Gang und fördert die sexuelle Erregung.

STARKE/SCHWACHE NERVENSYSTEME

Stress und Ängste sind in der heutigen schnelllebigen Gesellschaft weit verbreitete Probleme. Deshalb wird oft darüber gesprochen, wie wichtig ein starkes Nervensystem ist, wenn man sich den Widrigkeiten des Lebens stellen muss. Ein Mensch mit einem robusten und widerstandsfähigen Nervensystem stellt sich der Realität - im Guten wie im Schlechten. Im Gegensatz dazu lässt sich jemand mit einem schwachen Nervensystem leicht einschüchtern und schottet sich vor der Realität ab, um Negativität zu vermeiden.

Als Mitschöpfer mit dem Schöpfer können Sie nicht zu 100 % kontrollieren, was auf Sie zukommt, denn es gibt immer äußere Faktoren, an die selbst der schärfste Verstand nicht denken kann, aber Sie können durch Ihren freien Willen wählen, ob Sie sich erlauben, sich allem zu stellen, was auf Sie zukommt. Diese Wahl hängt oft davon ab, wie Sie mit der Angst-Energie umgehen, die Ihr Nervensystem mit der Zeit entweder stärkt oder schwächt.

Stellen Sie sich das Nervensystem wie einen Behälter vor. Menschen mit einem schwachen Nervensystem haben ein kleines Gefäß, denn sie können nur eine begrenzte Menge an Angst, Stress oder körperlichen Schmerzen aushalten. Menschen mit einem starken Nervensystem haben ein wesentlich größeres Gefäß und können mit allem umgehen, was auf sie zukommt. Sie erleben und verarbeiten widrige Ereignisse viel schneller und lassen sich nicht aus der Ruhe bringen. Menschen mit einem starken Nervensystem haben die Einstellung, sich Ängsten und Widrigkeiten zu stellen, ganz gleich, wie beängstigend die Dinge auf den ersten Blick erscheinen mögen. Das Ergebnis ist, dass sie ihre Realität meisterhaft gestalten und ihr persönliches Potenzial maximieren können. Menschen mit einem starken Nervensystem leben ihre Träume und holen das Beste aus ihrem Leben heraus.

Die Stärke Ihres Nervensystems hängt davon ab, wie gut Sie Ihre Willenskraft einsetzen und wie sehr Sie Ihre Gefühle überwinden können. Emotionen sind fließend; sie schwanken ständig zwischen positiv und negativ. Manchmal dauert es eine Weile, bis sich die Dinge ins Negative wenden, aber sie tun es unweigerlich, und schließlich kehren sie wieder ins Positive zurück.

Das Prinzip des Rhythmus (aus dem *Kybalion*) besagt, dass das Pendel des Rhythmus zwischen allen in der Natur vorkommenden Gegensätzen, einschließlich der Gefühle und Gedanken, schwingt. Daher bleibt nichts jemals statisch, und alle Dinge befinden sich in einem ständigen Prozess der Veränderung und Transformation von einem Zustand in einen anderen. Dieses Prinzip ist also immer im Spiel. Sie können es nicht überwinden, es sei denn, Sie lernen, Ihre Willenskraft so stark in Schwingung zu versetzen, dass Sie sich über die Astralebene, in der die emotionale Schwingung stattfindet, in die Mentalebene erheben.

Ein weiterer Schlüssel zu einem robusten Nervensystem besteht darin, zu lernen, Körper und Geist zu entspannen, wenn man sich in einer stressigen Situation befindet. Stress und Angst aktivieren sofort den Sympathikus, der Sie in den Überlebensmodus versetzt. Wenn Sie unter Druck Achtsamkeits- und Atemtechniken anwenden und sich nicht von Ihren Emotionen beherrschen lassen, schalten Sie das SNS aus und den Parasympathikus ein. Auf diese Weise können Sie selbst in widrigen Situationen kühl, ruhig und gelassen bleiben, was Ihre Problemlösungsfähigkeiten verbessert und in jeder Situation das beste Ergebnis bringt.

Wenn Sie sich von Ihren Emotionen leiten lassen, wird das immer zu Chaos und Verzweiflung führen, während Sie, wenn Sie sich auf Ihre Willenskraft einstellen und sich von ihr leiten lassen, im Leben triumphieren werden. Emotionen sind dual und frei von Logik und Vernunft. Auf dem Baum des Lebens gehören sie zur Netzach-Sphäre, während Logik und Vernunft ihrem Gegenteil, dem Hod, entsprechen. Emotionen sind von Natur aus gegen Logik und Vernunft gerichtet, bis man lernt, ihre höheren Sephiroth zu nutzen. Durch den Einsatz von Willenskraft (Geburah) und Vorstellungskraft (Tiphareth), gemildert durch Erinnerung (Chesed), kann man im Bewusstsein aufsteigen und seine Realität viel effizienter kontrollieren, als wenn man ein Sklave seiner Emotionen ist.

Um auf dem Lebensbaum noch höher aufzusteigen, müssen Sie die Dualität ganz umgehen, was bedeutet, dass Ihr Bewusstsein auf Intuition eingestimmt werden muss. Intuition gehört zum Ajna Chakra, das von Binah (Verstehen) und Chokmah (Weisheit) angetrieben wird. Um durch Intuition vollständig zu funktionieren, müssen Sie entweder ein dauerhaftes Kundalini-Erwachen erlebt oder die Meditation gemeistert und die Fähigkeit erlangt haben, nach Belieben mit der spirituellen Ebene in Resonanz zu treten. Wie bereits erwähnt, wird eine Kundalini-Erweckung Sie mit der Zeit auf natürliche Weise auf die spirituelle Ebene einstimmen. Daher ist es die gewünschte Erfahrung für alle, die um die transformative Kraft der Kundalini wissen.

YOGA UND DAS NERVENSYSTEM

Das sympathische und das parasympathische Nervensystem schalten im Laufe des Tages immer wieder um, vor allem bei Menschen, deren Leben von Emotionen beherrscht wird. Damit jemand in Geist, Körper und Seele im Gleichgewicht ist, braucht er ein ausgeglichenes autonomes Nervensystem. Wenn eine Hälfte des autonomen Nervensystems übermäßig dominant ist, verursacht sie Probleme für die andere Hälfte.

Menschen, die zum Beispiel zu Stress neigen, beanspruchen den Sympathikus stärker, als es für Geist und Körper gesund ist, was mit der Zeit zu einer Beeinträchtigung des Parasympathikus führt. Dadurch ist die Person ständig angespannt und steht unter mentalem Druck, unfähig, sich zu entspannen und zur Ruhe zu kommen.

Psychischer Stress wirkt sich auch auf das Immunsystem aus, so dass die Qualität unseres autonomen Nervensystems den Unterschied in der Anfälligkeit für Krankheiten ausmacht. Chronische degenerative Krankheiten wie Herzkrankheiten, Bluthochdruck, Geschwüre, Gastritis, Schlaflosigkeit und Nebennierenerschöpfung sind die Folge eines unausgewogenen autonomen Nervensystems.

Wie wir mit den beiden komplementären Hälften des autonomen Nervensystems umgehen, hängt von der Ernährung, aber auch vom Lebensstil und den Lebensgewohnheiten ab. Wir müssen lernen, ein Gleichgewicht zwischen Aktivität und Ruhe, Schlaf und Wachsein, Gedanken und Gefühlen herzustellen.

Yoga hilft bei der Regulierung und Stärkung des autonomen Nervensystems durch seine Wirkung auf den Hypothalamus. Durch Atemübungen (Pranayama) und Meditation hilft Yoga sehr effizient, Körper und Geist zu entspannen. Die Atmung ist eine Schnittstelle zwischen dem zentralen Nervensystem und dem autonomen Nervensystem. Durch die Praxis von Pranayama kann man lernen, seine autonomen Funktionen zu kontrollieren. Durch die Kontrolle der Lunge erlangen wir die Kontrolle über das Herz. Yogische Körperhaltungen (Asanas) zielen darauf ab, die männlichen und weiblichen Energien in sich selbst auszugleichen, was ein gesundes und robustes Nervensystem fördert.

Anulom Vrilom (Wechselatmung) beispielsweise wirkt direkt auf den Sympathikus oder den Parasympathikus, je nachdem, durch welches Nasenloch Sie atmen. Wenn Sie durch das rechte Nasenloch atmen, erhöht sich der Stoffwechsel, und der Geist wird nach außen gerichtet. Wenn Sie durch das linke Nasenloch atmen, verlangsamt sich der Stoffwechsel, und der Geist wendet sich nach innen, was die Konzentration fördert.

KUNDALINI-ERWACHEN UND DAS NERVENSYSTEM

Ein Nervenimpuls ist ein elektrisches Phänomen, genau wie ein Blitzschlag. Wenn also nach einer vollständigen Kundalini-Erweckung eine Fülle von Bioelektrizität im Körper vorhanden ist, versetzt dies das gesamte Nervensystem in einen Overdrive. Im Laufe der Zeit kommt es zu einer vollständigen Transformation, da das Nervensystem sich selbst verstärkt und täglich neue Schaltkreise aufbaut, um sich an die inneren Veränderungen anzupassen.

Erstens, wenn das Kundalini-Licht alle latenten Nerven aktiviert und belebt, beginnt das zentrale Nervensystem mit maximaler Kapazität zu arbeiten. Das Gehirn zeigt ein höheres Aktivitätsniveau, da es besonders hart arbeitet, um die Schwingungsimpulse zu registrieren, die vom hyperaktiven peripheren und autonomen Nervensystem kommen. Neben der Anpassung an das erweiterte Bewusstsein muss das Gehirn auch daran arbeiten, neue neuronale Bahnen aufzubauen, um diese Bioenergieerweiterung aufzunehmen und sich mit dem restlichen Nervensystem zu synchronisieren.

Die ersten Phasen des Wiederaufbaus des Nervensystems sind für Körper und Geist sehr anstrengend. Da der gesamte Prozess für das Bewusstsein neu ist, geht der Körper in den "Kampf- oder Flucht"-Modus über, um sich vor möglichem Schaden zu schützen. Daher dominiert das sympathische Nervensystem vorerst, solange die Angstenergie vorhanden ist. Wie viele Kundalini-Erwachte aus erster Hand wissen, ist eine Erschöpfung der Nebennieren aufgrund von Stress in diesen Anfangsphasen häufig.

In den späteren Phasen des Wiederaufbauprozesses, wenn die neuen Nervenbahnen aufgebaut sind, nimmt der Geist den Prozess jedoch besser an und kann sich entspannen. Infolgedessen schaltet sich der Sympathikus ab, und der Parasympathikus übernimmt die Kontrolle. Der Vagusnerv spielt während dieses Prozesses ebenfalls eine Rolle, da er dazu beiträgt, den Körper in einen kohärenten Zustand zu versetzen. Auch wenn es viele Jahre dauern kann, bis die Transformation insgesamt abgeschlossen ist, wird das Ergebnis ein wesentlich stärkeres Nervensystem sein, das es einem ermöglicht, potenziell stressige Situationen auf eine noch nie dagewesene Weise zu bewältigen.

FUNKTION DES VAGUSNERVS

Die zwölf Hirnnerven treten paarweise auf und verbinden das Gehirn mit anderen Körperbereichen wie Kopf, Hals und Rumpf. Der Vagusnerv (Abbildung 46) ist der längste der Hirnnerven (zehnter Nerv), da er vom Hirnstamm zu einem Teil des Dickdarms verläuft. Er hat sowohl motorische als auch sensorische Funktionen.

Das Wort "Vagus" bedeutet im Lateinischen "wandernd", was durchaus angemessen ist, da es sich um ein gewundenes, schlangenartiges Bündel motorischer und sensorischer Fasern handelt, das in erster Linie den Hirnstamm mit Herz, Lunge und Darm verbindet. Der Darm ist das Verdauungssystem (Magen-Darm-Trakt), das aus dem Mund, der Speiseröhre, dem Magen, der Leber, dem Dünndarm, dem Dickdarm und dem Enddarm (Anus) besteht.

Der Vagusnerv verzweigt sich auch, um mit der Leber, der Milz, der Gallenblase, dem Harnleiter, der Gebärmutter, dem Hals, den Ohren, der Zunge und den Nieren zu kommunizieren - seine Nervenfasern versorgen alle inneren Organe. Obwohl das Gehirn über den Vagusnerv mit den Organen des Körpers kommuniziert, werden 80 % der Informationen von den Organen an das Gehirn weitergeleitet. Von allen Organen des Körpers kommuniziert der Magen am meisten über den Vagusnerv mit dem Gehirn - er sendet Signale in Bezug auf Appetit (Hunger), Sättigung und Energiestoffwechsel an ihn.

Die Verarbeitung und Steuerung von Emotionen erfolgt über den Vagusnerv zwischen Herz, Gehirn und Darm. Das enterische Nervensystem besteht aus einem netzartigen System von Neuronen, die die Funktion des Darms steuern und über den Vagusnerv mit dem Gehirn kommunizieren. Wenn Sie jemanden sagen hören, er habe ein "Bauchgefühl" bei einer Sache, dann ist dieses Gefühl der Gewissheit ein echtes Nervensignal im Darm. Aus diesem Grund reagieren wir auf intensive mentale und emotionale Zustände mit einem starken Bauchgefühl. Das enterische Nervensystem wird oft als unser "zweites Gehirn" bezeichnet, das sich im Bereich des Solarplexus befindet, und der Vagusnerv wird oft als "Darm-Hirn-Achse" bezeichnet.

Der Vagusnerv aktiviert das parasympathische Nervensystem, dass die unbewussten "Ruhe- und Verdauungsfunktionen" des Körpers steuert. Der Vagusnerv dient dazu, den Körper nach dem Essen zu beruhigen, damit wir die Nahrung leichter verarbeiten können. Eine seiner wichtigsten Aufgaben ist es jedoch, als "Reset"-Knopf zu fungieren, der unserem automatischen, inneren Alarmsystem, der "Kampf- oder Flucht"-Reaktion des Sympathikus, entgegenwirkt.

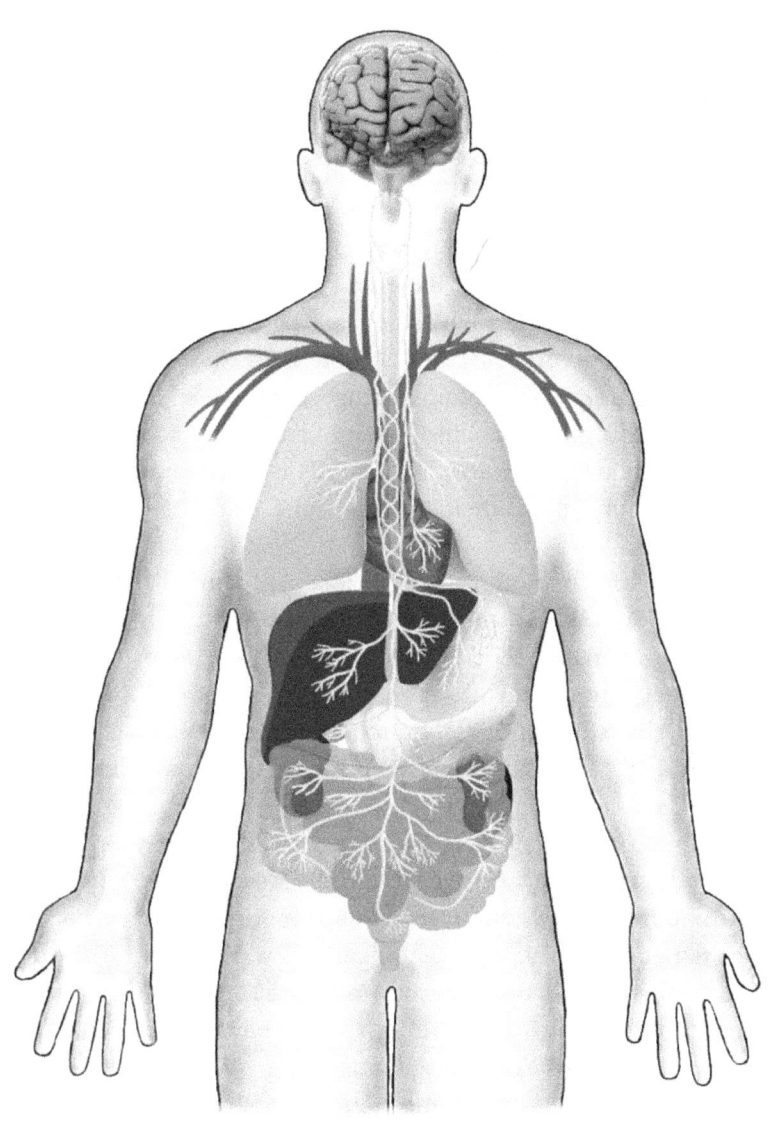

Abbildung 46: Der Vagusnerv

Der Neurotransmitter, mit dem der Vagusnerv mit dem Körper kommuniziert, Acetylcholin, ist für Gefühle der Ruhe, des Friedens und der Entspannung sowie für Lern- und Gedächtnisfunktionen verantwortlich. Menschen, deren Vagusnerv unteraktiv ist, werden von chronischen Ängsten geplagt und haben schlechte Lernfähigkeiten und Gedächtnisleistungen. Für diese Menschen ist es wichtig, den Vagusnerv zu stimulieren, entweder auf natürliche Weise oder mit einem künstlichen elektrischen Gerät. Dies kann sich positiv auf die Gesundheit auswirken, u. a. durch die Überwindung von Stress und

Depressionen und die Verringerung von Entzündungen, die durch emotionale Schmerzen verursacht werden.

Der Vagustonus wird gemessen, indem die Herzfrequenz parallel zur Atemfrequenz verfolgt wird. Wenn wir einatmen, beschleunigt sich unser Herzschlag, während er sich beim Ausatmen verlangsamt. Menschen mit einem hohen Vagustonus haben eine längere Zeitspanne zwischen ihrer Einatmungs- und Ausatmungsherzfrequenz, was bedeutet, dass sich ihr Körper nach einem stressigen Ereignis schneller entspannen kann.

Ein hoher Vagustonus verbessert die Funktion vieler Körpersysteme: Er senkt das Schlaganfallrisiko, indem er den Blutdruck senkt, hilft bei der Verdauung und der Blutzuckerregulierung und verbessert die allgemeine Stimmung und die Stressresistenz des Menschen. Ein niedriger Vagustonus hingegen bewirkt das Gegenteil: Er wird mit Herz-Kreislauf-Erkrankungen, Diabetes, kognitiven Störungen, chronischer Angst und Depressionen in Verbindung gebracht. Ein niedriger Vagustonus macht den Körper auch anfälliger für Autoimmunkrankheiten, die auf einen hohen Entzündungsgrad zurückzuführen sind.

Der Vagusnerv ist dafür bekannt, dass er Liebe, Mitgefühl, Vertrauen, Altruismus und Dankbarkeit fördert, die alle zu unserem allgemeinen Lebensglück beitragen. Eine der wirksamsten, natürlichen Methoden zur Stimulierung des Vagusnervs und zur Verbesserung des Vagustonus ist die Pranayama-Technik der Zwerchfellatmung. Wenn Sie langsam und rhythmisch durch den Bauch atmen, öffnet sich das Zwerchfell und lässt mehr Sauerstoff in den Körper. Infolgedessen wird das parasympathische Nervensystem aktiviert, was den Geist beruhigt.

Die Zwerchfellatmung umfasst das gesamte Nervensystem und die sieben Hauptchakren und ermöglicht es uns, unsere Energien zu erden, anstatt sie im Brustbereich krampfhaft fließen zu lassen, was unnötigen Stress und Ängste verursacht (eine vollständige Beschreibung der Technik der Zwerchfellatmung und ihrer Vorteile finden Sie unter "Pranayama-Übungen" im Abschnitt Yoga).

Da der Vagusnerv mit den Stimmbändern verbunden ist, wird Singen, Summen und Singen auch mit der Verbesserung des Vagustons in Verbindung gebracht. Mündliche Kommunikation ist förderlich, und Menschen, die viel reden, sind im Allgemeinen gut gelaunt. Die Kommunikation mit anderen fördert positive Emotionen und bringt soziale Nähe, was den Vagustonus verbessert.

Die Forschung hat gezeigt, dass Yoga den Vagustonus erhöht, Stress reduziert und die Erholung von emotionalen und mentalen Traumata verbessert. Pranayama und Meditation aktivieren das parasympathische Nervensystem, beruhigen den Geist und stimulieren den Vagusnerv. Asanas (yogische Körperhaltungen) bringen die männlichen und weiblichen Anteile des Selbst ins Gleichgewicht, schaffen Harmonie im Körper und fördern die Achtsamkeit. Auch andere yogische Techniken haben einen enormen Nutzen für die körperliche und geistige Gesundheit. Aus diesem Grund habe ich der Wissenschaft, Philosophie und Praxis des Yoga einen ganzen Abschnitt gewidmet.

DER VAGUSNERV UND DIE KUNDALINI

Es gibt interessante Ähnlichkeiten zwischen dem Vagusnerv und der Kundalini, die es wert sind, untersucht zu werden. Nachdem wir die Entsprechungen gesehen haben, wird es offensichtlich sein, dass der Vagusnerv den Kundalini-Erweckungsprozess ergänzt und sogar eine physische Darstellung der Kundalini selbst sein kann.

Erstens: Der Vagusnerv verläuft vom Dickdarmbereich (Muladhara) zum Gehirn (Sahasrara). Im Gegensatz dazu liegt die Kundalini gewunden an der Basis der Wirbelsäule im Muladhara, direkt neben dem Anus. Sobald sie erweckt ist, steigt sie nach oben zum Zentrum des Gehirns und schließlich zum Scheitel des Kopfes, um den Prozess zu vollenden.

Die Menschen bezeichnen den Vagusnerv als einen, aber in Wirklichkeit sind es zwei Nerven, die als einer funktionieren. Hier sehen wir einen Zusammenhang mit den Ida und Pingala Nadis, den beiden Schlangen, die, wenn sie im Gleichgewicht sind, als ein Kanal (Sushumna) funktionieren.

Der Vagusnerv steht in direkter Verbindung mit allen Organen und Drüsen des Körpers. Seine Aufgabe ist es, Informationen von den Organen und Drüsen zu sammeln und sie zur Überprüfung an das Gehirn weiterzuleiten. In ähnlicher Weise steht die Kundalini mit den Organen und Drüsen des Körpers in Verbindung und übermittelt deren Zustand über das Nervensystem an das Gehirn.

Die Kundalini bewegt sich durch das Rückenmark, während der Vagusnerv eher zentral durch den Körper verläuft. Wenn wir die Kundalini aktivieren, beginnen alle Organe und Drüsen synchron miteinander zu arbeiten, was dem Körper Kohärenz verleiht. Wenn der Vagusnerv stimuliert wird, hat dies auch eine vereinheitlichende Wirkung auf die Organe und Drüsen, die nun in Harmonie miteinander funktionieren.

Da der Vagusnerv mit dem Verdauungssystem verbunden ist, führt eine Beeinträchtigung des Vagusnervs zu Magenproblemen. Im Gegensatz dazu befindet sich das Kraftzentrum der Kundalini in Manipura, und wenn es nicht aktiviert wird oder seine Energie blockiert ist, kommt es zu Verdauungs- und Magenproblemen.

Herz und Gehirn sind eng miteinander verbunden, und sie kommunizieren viel über den Vagusnerv. Das Herzchakra steht auch in direkter Kommunikation mit den beiden höchsten Chakren im Gehirn, Ajna und Sahasrara. Im Kundalini-System ist das Herz-Chakra das Zentrum des Selbst, der Teil von uns, der die Energien der anderen Chakras aufnimmt und harmonisiert. Auf der physischen Ebene ist das Herz der mächtigste Generator elektromagnetischer Energie im Körper und unsere primäre Schnittstelle zu unserer Umwelt (siehe Kapitel "Die Kraft des Herzens" für weitere Details zu diesem Thema).

Das Thema Kundalini hat seinen Ursprung im Osten und ist Teil der yogischen und tantrischen Praktiken. Sowohl Yoga als auch Tantra beinhalten Pranayama, Asanas, Meditation und andere Techniken, die die Reaktion des Vagusnervs einbeziehen, um den Körper zu entspannen und den Geist zu beruhigen. Viele Yogis erkennen die Rolle und die

Kraft des Vagusnervs in Körper und Geist an und betrachten ihn als das anatomische Gegenstück zum Sushumna Nadi. Als solcher verlangt der Vagusnerv unsere größte Aufmerksamkeit.

DIE ZWÖLF PAARE VON HIRNNERVEN

Die zwölf Schädelnervenpaare (Abbildung 47) verbinden Ihr Gehirn mit verschiedenen Teilen Ihres Kopfes, Halses und Rumpfes. Sie leiten Informationen zwischen dem Gehirn und den Körperteilen weiter, insbesondere zu und von den Kopf- und Halsregionen. Diese Hirnnerven steuern das Sehen, den Geruchssinn, das Gehör, die Augenbewegung, das Gefühl im Gesicht, das Gleichgewicht und das Schlucken. Die Funktionen der zwölf Hirnnervenpaare sind sensorisch, motorisch oder beides. Die sensorischen Nerven sind für das Sehen, Hören, Riechen, Schmecken und Berühren zuständig. Die motorischen Nerven hingegen dienen der Steuerung von Bewegungen im Kopf- und Halsbereich.

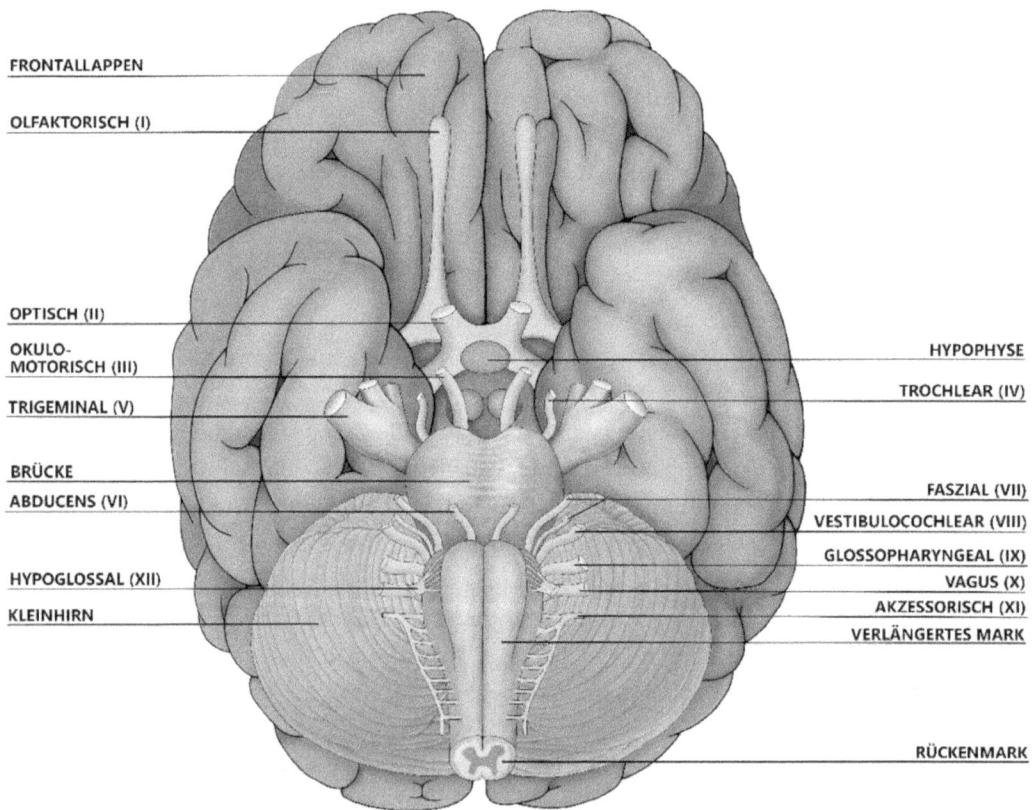

Abbildung 47: Die Zwölf Paare von Hirnnerven

Jedem der zwölf Hirnnervenpaare sind römische Ziffern zwischen I und XII zugeordnet, die sich nach ihrer Lage von vorne nach hinten richten. Dazu gehören der Nervus olfactorius (I), der Nervus opticus (II), der Nervus oculomotorius (III), der Nervus trochlearis (IV), der Nervus trigeminus (V), der Nervus abducens (VI), der Nervus facialis (VII), der Nervus vestibulocochlearis (VIII), der Nervus glossopharyngeus (IX), der Nervus vagus (X), der Nervus accessorius spinalis (XI) und der Nervus hypoglossus (XII). Der Riechnerv und der Sehnerv entspringen aus dem Großhirn, während die übrigen zehn Nervenpaare aus dem Hirnstamm entspringen.

Der Riechnerv überträgt Informationen über den Geruchssinn an das Gehirn, während der Sehnerv Informationen über das Sehen weiterleitet. Der Okulomotorische Nerv, der Trochlearisnerv und der Abducensnerv sind für die Augenbewegungen zuständig. Der Trigeminusnerv steuert die Empfindungen und die motorischen Funktionen im Gesicht und im Mund. Der Gesichtsnerv steuert die Muskeln des Gesichtsausdrucks und leitet die Geschmacksempfindungen der Zunge weiter. Der Nervus vestibulocochlearis überträgt den Schall und das Gleichgewicht vom Innenohr zum Gehirn. Der Nervus glossopharyngeus ist für den Geschmackssinn zuständig, der von den Teilen der Zunge und des Rachenraums empfangen wird. Der Vagusnerv hat viele Funktionen, die ich bereits beschrieben habe. Der Nervus accesorius der Wirbelsäule steuert die Muskeln der Schulter und des Nackens. Der Nervus hypoglossus schließlich steuert die Zungenbewegungen beim Sprechen und Schlucken von Nahrung.

Die zwölf Schädelnervenpaare entsprechen den zwölf Sternbildern des Tierkreises. Als solche veranschaulichen sie das hermetische Prinzip des "Wie oben, so unten". Es gibt zwölf "Paare", da wir in einer Welt der Dualität leben, in der es von allem zwei gibt. Die Welt der Dualität, die materielle Welt, spiegelt die Einheit der spirituellen Welt wider, die die zwölf Tierkreiskonstellationen (Gruppierungen von Sternen) mit Energie versorgt, indem sie ihr weißes Licht durch sie ausstrahlt.

Bedenken Sie, dass die Sonne unseres Sonnensystems nur ein solcher Stern ist, und dass es allein in der Milchstraße Millionen von Sternen mit eigenen Sonnensystemen gibt. Die Alten benannten die Sterne, die wir an unserem Nachthimmel sehen, nach den Formen und Bildern, die ihre Gruppierungen ergeben, und gaben uns so das Band der Zwölf Tierkreiszeichen. Folglich spiegeln sich die zwölf Tierkreiskonstellationen in den zwölf Schädelnervenpaaren wider, was entweder ein großer Zufall oder Teil eines größeren Geheimnisses ist. Dieser Masterplan hat viel mit unserer spirituellen Entwicklung und der Optimierung unserer persönlichen Kraft zu tun.

Die Schädelnerven informieren den menschlichen Verstand (unten) über alles, was in dem manifestierten Universum geschieht, von dem sie ein Teil sind (oben). Sie sind dafür verantwortlich, wie wir mit der materiellen Realität interagieren und sie interpretieren. Als unsere Schnittstelle zur Außenwelt tragen die Zwölf Schädelnervenpaare dazu bei, unsere Realität zu definieren. Sie ermöglichen es uns, externe Informationen zu empfangen und unsere Reaktionen auf diese Informationen durch Körpersprache, einschließlich Gesichtsausdruck und Augenbewegungen, auszudrücken.

Die Schädelnerven beeinflussen, wie andere uns wahrnehmen, indem sie unsere körperlichen Reaktionen auf äußere Reize beeinflussen. Da 93% unserer Kommunikation nonverbal ist, sind die Schädelnerven damit beauftragt, unsere inneren Energien auszudrücken, obwohl der Großteil dieser Kommunikation auf einer unbewussten Ebene stattfindet.

Wenn eine Person ein vollständiges Kundalini-Erwachen erfährt und ihre Chakren optimiert, gewinnt sie die vollständige Kontrolle über ihre Schwingungen und die Signale, die sie durch ihre Körpersprache in das Universum aussendet. Wenn der Stille Zeuge des eigenen Selbst erwacht, ermöglicht es dem erwachten Individuum, sich selbst in der dritten Person zu sehen. Ich glaube, dass diese Gabe des Erwachens mit der Erweiterung des Radius des inneren Portals des Geistigen Auges verbunden ist, was dem Individuum erlaubt, seinen Körper nach Belieben zu verlassen und die Prozesse seines Körpers zu beobachten, einschließlich der Gesichtsgesten und Augenbewegungen, die seinen inneren Zustand offenbaren. Indem der Einzelne die bewusste Kontrolle über die ansonsten unwillkürlichen Funktionen der Zwölf Schädelnervenpaare erlangt, ist er auf dem besten Weg zur Selbstbeherrschung.

ZEREBROSPINALE FLÜSSIGKEIT (CSF)

Zerebrospinalflüssigkeit (kurz Liquor) ist eine klare, flüssige Substanz, die die Räume im und um das Rückenmark sowie den Hirnstamm und das Gehirn umspült. Sie spielt eine entscheidende Rolle bei der Aufrechterhaltung des Bewusstseins, der Koordinierung aller körperlichen Aktivitäten und der Erleichterung des Kundalini-Erweckungsprozesses.

Ein normaler Erwachsener hat im Durchschnitt etwa 100-150 ml Liquor, das sind etwa zwei Drittel einer Tasse. Der Körper selbst produziert etwa 450-600 ml Liquor pro Tag. Der Liquor wird kontinuierlich produziert und alle sechs bis acht Stunden vollständig ersetzt.

Die Hohlräume im Gehirn sind Flüssigkeitsspeicher, die "Ventrikel", die den Liquor bilden. Die Hirnventrikel dienen als Durchgänge oder Kanäle für das Bewusstsein. Wenn diese Kanäle verstopft oder blockiert sind, kommt es zum Bewusstseinsverlust. Der wichtigste Hirnventrikel ist der dritte Ventrikel, der den zentralen Bereich des Gehirns umfasst und die Zirbeldrüse und die Hypophyse sowie den Thalamus und den Hypothalamus enthält. Der Liquor umspült auch die Außenseite des Gehirns und sorgt für Auftrieb und Schockabsorption.

Nach der Versorgung des Gehirns und des Hirnstamms fließt der Liquor durch den Zentralkanal des Rückenmarks abwärts und auch außerhalb des Rückenmarks (Abbildung 48). Der Zentralkanal ist ein mit Liquor gefüllter Hohlraum, der sich durch die gesamte Wirbelsäule zieht. Obwohl das Rückenmark zwischen dem ersten und zweiten Lendenwirbel (L1-2), direkt über dem Hüftbereich, endet, fließt der Liquor durch das Kreuzbein nach unten. Sobald er das untere Ende der Wirbelsäule erreicht, wird der Liquor in den Blutkreislauf absorbiert.

Das zentrale Nervensystem befindet sich im Gehirn und im Rückenmark. Es ist ständig in den Liquor eingetaucht. Es dient als Medium, über das das Gehirn mit dem Zentralnervensystem kommuniziert. Der eigentliche Schaltkreis ist die weiße und graue Substanz (Schmetterlingsform), aus denen das Rückenmark besteht. Sobald das zentrale Nervensystem die Informationen des Gehirns verarbeitet hat, sendet es sie an die verschiedenen Teile des Körpers weiter.

Der Liquor befindet sich in den Subarachnoidalräumen von Gehirn und Rückenmark. Gehirn und Rückenmark sind durch drei Membranen (Hirnhäute) geschützt: Pia mater, Arachnoidalraum und Dura mater. Der Subarachnoidalraum ist das Bindegewebe zwischen Pia mater und Arachnoidalraum. Er hat ein spinnennetzartiges Aussehen und dient als Polsterung für das zentrale Nervensystem, das Rückenmark und das Gehirn. Vor allem aber dient er als Kanal für den Liquor.

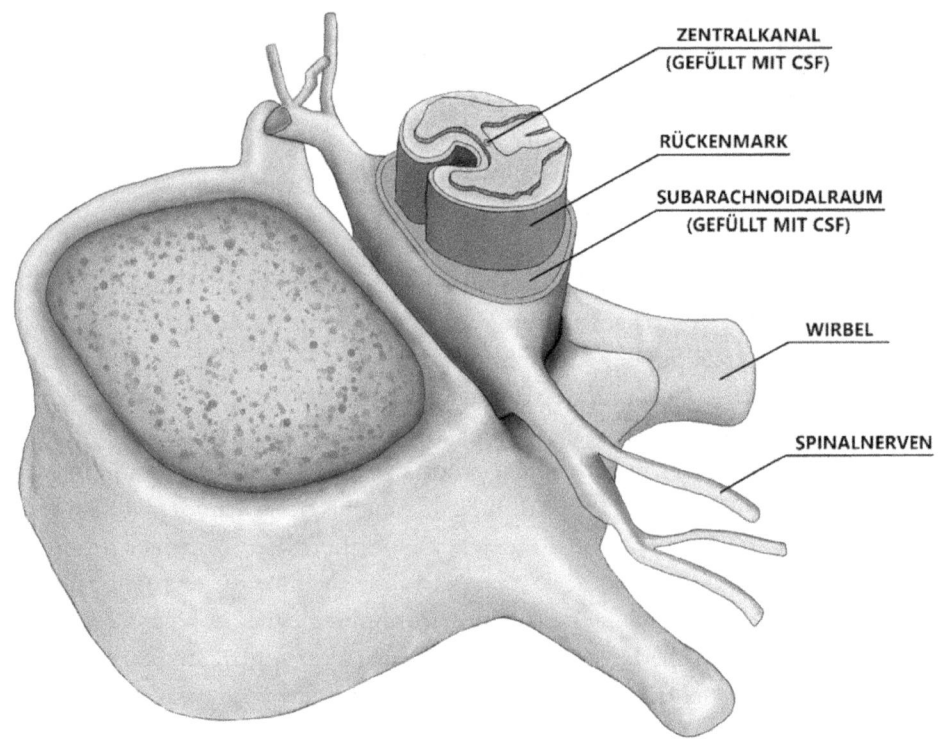

Abbildung 48: Das Rückenmark (Querschnitt)

Der Liquor kann Licht, Schwingungen, Bewegungen und Moleküle übertragen. Er transportiert Nährstoffe und Hormone zum gesamten Nervensystem und zum Gehirn. Der Liquor dient dem Schutz dieser beiden Organe und des Rückenmarks. Außerdem beseitigt er alle Abfallstoffe aus diesen drei Teilen des Körpers. Auf einer grundlegenderen Ebene reguliert der Liquor den zirkadianen Rhythmus und den Appetit.

Die Liquorflüssigkeit ist wichtig, um den physischen Körper lebendig, gesund und ausgeglichen zu halten. Darüber hinaus erleichtert er die freie Bewegung der Wirbelsäule und des Kopfes, indem er für Mobilität sorgt.

Der Liquor versorgt das Gehirn vom Embryonalstadium bis zum Erwachsenenalter mit wichtigen Wachstums- und Überlebensfaktoren. Er ist entscheidend für die Vermehrung, das Wachstum, die Migration, die Differenzierung und das allgemeine Überleben der Stammzellen.

HIRNVENTRIKEL

Der dritte Ventrikel (Abbildung 49) ist eine perfekt zentrierte Struktur, die am vorderen Ende die Hypophyse und am hinteren Ende die Zirbeldrüse enthält. In der Mitte befinden sich der Thalamus und der Hypothalamus. Es ist der Verbindungspunkt zwischen den rationalen oberen Teilen des Gehirns und den überlebenswichtigen Funktionen des unteren Gehirns.

Die Alten haben den Raum zwischen dem dritten Ventrikel seit jeher wegen seiner spirituellen Qualitäten verehrt. Die Daoisten nannten ihn den "Kristallpalast", während die Hindus ihn als "Höhle des Brahma" bezeichneten. Der dritte Ventrikel ist im Wesentlichen die Grundlage für die Verbindung zwischen Geist, Körper und Seele. Tiefe Gefühle der Glückseligkeit, des Friedens und des Einsseins mit der Quelle haben ihren Ursprung im dritten Ventrikel, der uns als Portal zum universellen Wissen dient.

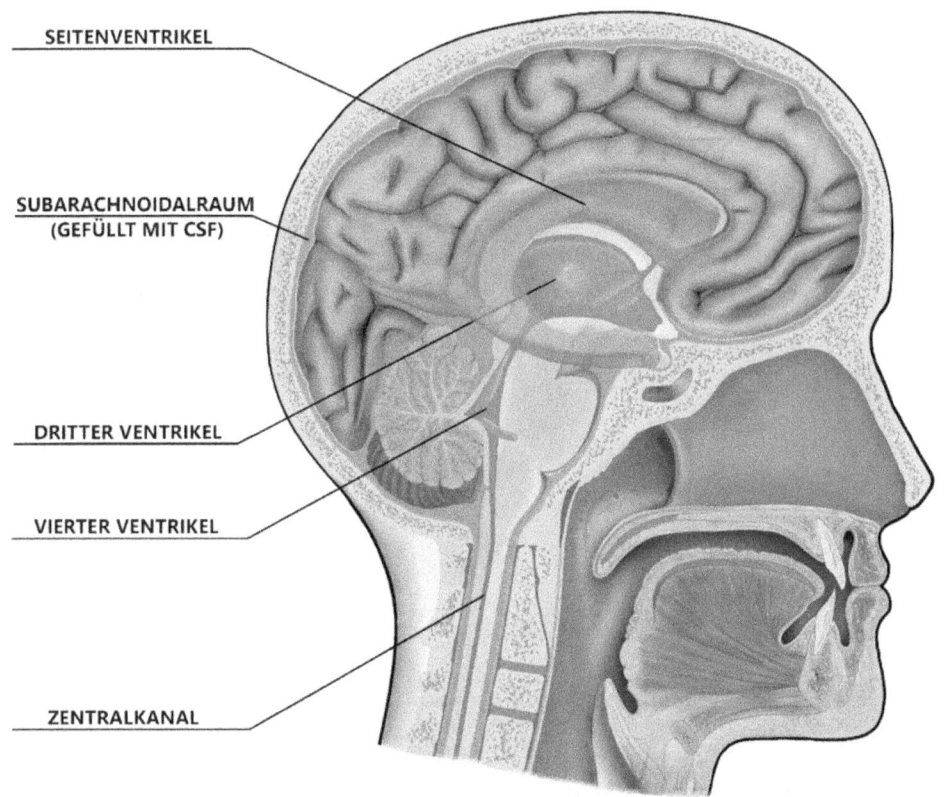

Abbildung 49: Liquor und die Hirnventrikel (Seitliche Ansicht)

Die dritte Ventrikel-Gehirnkaverne ist der Raum, der uns ein einheitliches Bewusstsein von unserer wahren Essenz gibt. Viele Menschen glauben, dass die Liquorflüssigkeit im Gehirn die spirituelle Energie überträgt, sobald die Zirbeldrüse, die Hypophyse und der Thalamus aktiviert sind. So ermöglicht der dritte Ventrikel die Transformation des Bewusstseins.

Der laterale Ventrikel enthält zwei Hörner (Abbildung 50), die mit dem Frontallappen, dem Parietallappen, dem Occipitallappen und dem Temporallappen in Kontakt stehen. Das hintere Horn steht in Kontakt mit den visuellen Bereichen des Gehirns.

Der vierte Ventrikel steht in Kontakt mit dem Kleinhirn, der Pons und dem Rückenmark. Er befindet sich zwischen dem dritten Ventrikel und dem Zentralkanal im Hirnstamm und Rückenmark. Der Liquor, der in den vierten Ventrikel fließt, befindet sich im Subarachnoidalraum an der Unterseite des Schädels, wo der Zentralkanal in den Hirnstamm mündet.

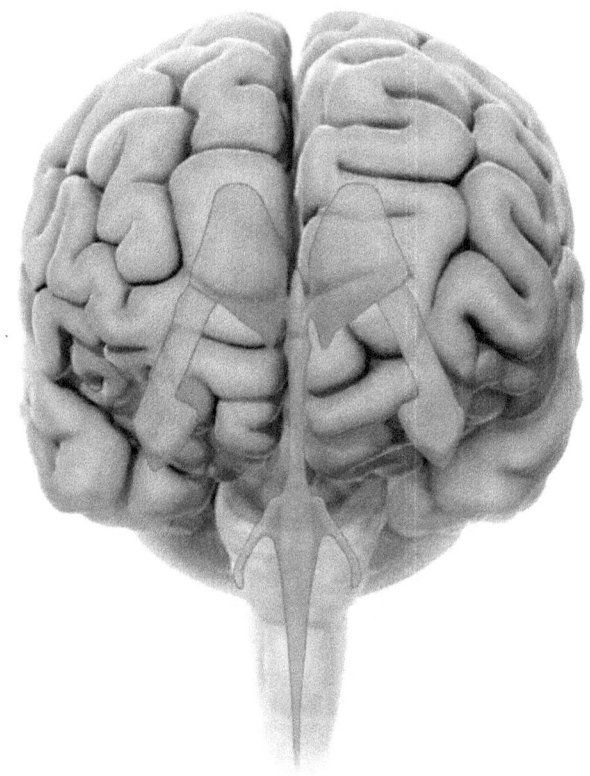

Abbildung 50: Die Hirnventrikel (Vorderansicht)

Der Liquor dient als Vehikel für die Übermittlung von Informationen an das Gehirn. Er nimmt Schwingungen aus der Außenwelt auf, speichert sie und leitet sie an die verschiedenen Rezeptoren im Gehirn weiter. Aus diesem Grund sind alle

Steuerungsbereiche des Gehirns, einschließlich des Rückenmarks (zentrales Nervensystem), ständig in den Liquor eingetaucht.

CSF UND KUNDALINI-ERWACHEN

Die drei Nadis von Ida, Pingala und Sushumna treffen sich im dritten Ventrikel, diesem mit Liquor gefüllten strahlenden Raum in der Mitte unseres Kopfes. Sobald die Kundalini und die aktivierten Nadis in den Bereich des dritten Ventrikels eintreten, werden die Zirbeldrüse und die Hypophyse durch den Liquor als Medium elektrisiert. Die Erweckung der Kundalini und die Aktivierung der Chakren finden auf einer subtilen, ätherischen Ebene statt, während der elektrifizierte Liquor das Nervensystem stärkt und das latente Potenzial in den großen Gehirnzentren aktiviert.

Da die Zirbeldrüse und die Hypophyse die weiblichen und männlichen Komponenten des Selbst, die Emotionen und den Verstand, repräsentieren, stellt ihre gleichzeitige Aktivierung die Vereinigung der rechten und linken Gehirnhälfte dar. So beginnt der Thalamus auf einer höheren Ebene zu funktionieren, was die Öffnung und Optimierung des Ajna Chakras erleichtert.

Die Sushumna wirkt durch den Liquor im Rückenmark. An der Stelle, an der das Rückenmark zwischen dem ersten und zweiten Lendenwirbel (L1-2) endet, dem so genannten Conus Medullaris, beginnt ein feiner Faden, das Filum Terminale, das am Steißbein endet (Abbildung 51). Es ist etwa 20 cm lang und enthält kein Nervengewebe. Eine der Aufgaben des Filum Terminale ist der Transport des Liquors zum unteren Ende der Wirbelsäule.

Wissenschaftler glauben, dass eine weitere winzige Faser durch den zentralen Kanal im Rückenmark verläuft, die aus kondensiertem Liquorprotein besteht. Diese Faser dient als Faden, der aufleuchtet, wenn er elektrisch aufgeladen wird. Da eine der Aufgaben des Liquors darin besteht, Lichtenergien zu transportieren, dient er als Leitung, durch die die erweckte Kundalini die Wirbelsäule hinauf und ins Gehirn wandert.

Die Sushumna beginnt im Steißbein und verläuft das Filum terminale hinauf, bis sie den Conus medullaris erreicht. Sie setzt sich durch die Faser im Zentralkanal fort, passiert den vierten Ventrikel und endet im Bereich des dritten Ventrikels, nämlich im Thalamus und Hypothalamus, der mit ihm verbunden ist. Der Liquor wird durch die erweckte Kundalini-Energie elektrisch aufgeladen, die das Rückenmark hinaufsteigt und systematisch die Hauptchakren aktiviert, bis sie die höheren Gehirnzentren erreicht. Der Liquor ist der Schlüssel zu den anatomischen Veränderungen, die bei einer Kundalini-Erweckung im Gehirn auftreten. Auch das Nervensystem wandelt sich durch die Kräftigung der Spinalnerven. Die Organe werden durch diese Infusion von Lichtenergie beeinflusst, was erklärt, warum so viele Kundalini-Erweckte von anatomischen Veränderungen in ihrem Inneren berichten.

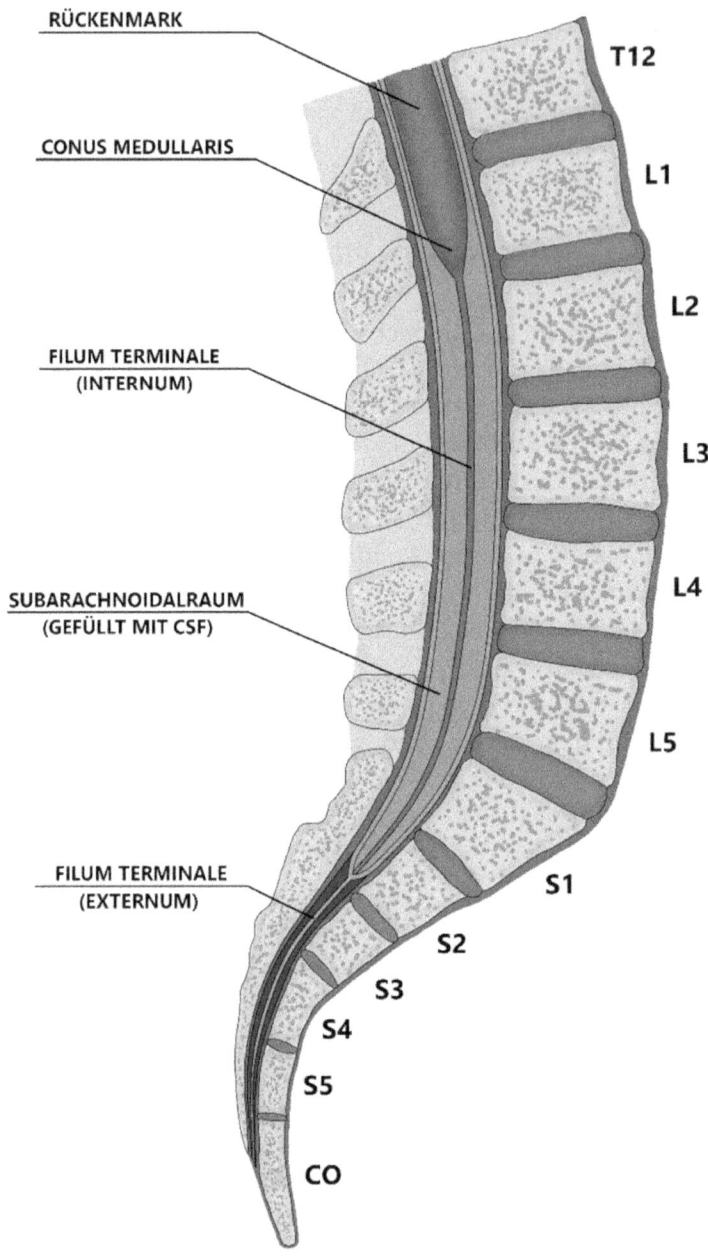

Abbildung 51: Conus Medullaris und Filum Terminale

Wenn die Kundalini durch den Sushumna-Kanal in das Gehirn eintritt, endet sie im Thalamus und energetisiert ihn. Gleichzeitig erregen die Nadis Ida und Pingala die Zirbeldrüse und die Hypophyse. Da Ida und Pingala in der Zirbeldrüse und der

Hirnanhangdrüse enden, erzeugt ihre Aktivierung eine magnetische Wirkung, die einen schwingenden Energiestrom in Richtung Thalamus projiziert. Die Vereinigung dieser männlichen (Yang) und weiblichen (Yin) Kräfte im Thalamus ermöglicht eine vollständige Öffnung des Ajna Chakras, gefolgt von Sahasrara im Scheitelbereich des Kopfes.

Sobald die Kundalini die Krone erreicht, erwacht die "Ich bin"-Komponente des Selbst, das höhere Selbst, in unserem Bewusstsein. Das Potenzial des Thalamus wird maximiert und macht dieses Gehirnzentrum zu einer perfekten Antenne für äußere Schwingungen. Das Bewusstsein erweitert sich auf die kosmische Ebene, und statt nur 10 % der Reize aus der Umwelt aufzunehmen, kann es nun die vollen 100 % erfahren.

MULADHARA UND KUNDALINI

DAS KREUZBEIN UND STEIßBEIN

Das Kreuzbein und das Steißbein (Abbildung 52) spielen eine wichtige Rolle im Prozess der Kundalini-Erweckung. Das Kreuzbein oder die Kreuzbeinwirbelsäule besteht aus fünf miteinander verschmolzenen Wirbeln. Es ist ein großer dreieckiger Knochen zwischen den Hüftknochen und dem letzten Lendenwirbel (L5). Im Lateinischen bedeutet das Wort "Sacrum" "heilig". Die Römer nannten diesen Knochen "os sacrum", während die Griechen ihn als "hieron osteon" bezeichneten, was so viel wie "heiliger Knochen" bedeutet.

Interessanterweise bedeutet das Wort "hieron" im Griechischen auch "Tempel". Das Kreuzbein galt als heilig, weil sich in seiner knöchernen Aushöhlung bei Frauen die Eierstöcke und die Gebärmutter befinden. Die Alten glaubten, dass die weiblichen Fortpflanzungsorgane göttlich seien, da die Gebärmutter der Ursprung der Schöpfung sei.

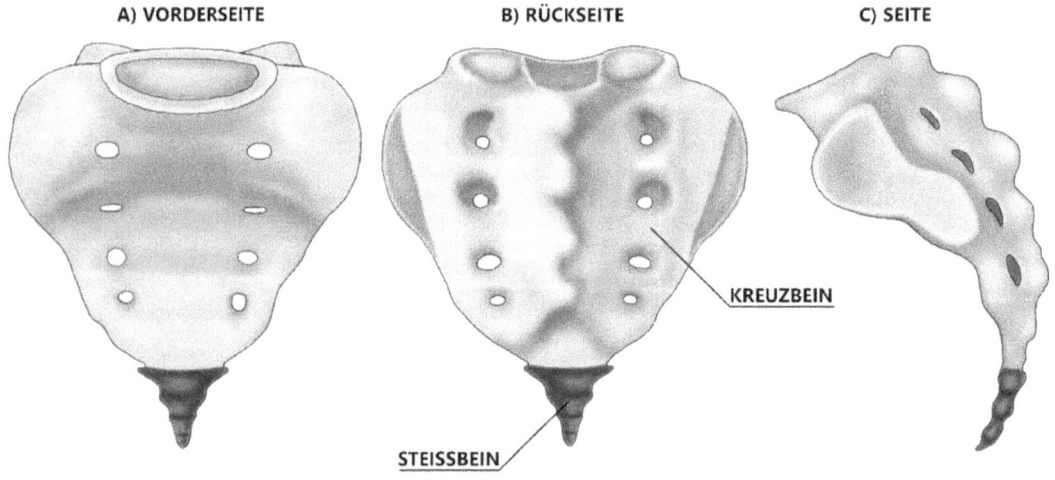

Abbildung 52: Das Kreuzbein und Steißbein

Das Kreuzbein ist unser Heiliger Tempel, denn es beherbergt und schützt die Geschlechtsorgane, die Knotengeflechte und die unteren feinstofflichen Energiezentren, die alle an der Aktivierung des Kundalini-Erweckungsprozesses beteiligt sind. Das Kreuzbein ist auch dafür verantwortlich, dass der Liquor nach oben ins Gehirn gepumpt wird. Diese Flüssigkeit erhält das Bewusstsein aufrecht und spielt eine entscheidende Rolle bei der Aktivierung der höheren Gehirnzentren beim spirituellen Erwachen.

In der ägyptischen Tradition war das Kreuzbein dem Gott Osiris, dem Gott der Unterwelt, heilig. Die Ägypter glaubten, dass das Rückgrat von Osiris, die so genannte Djed-Säule, die Kundalini-Energie repräsentierte, deren Erweckungsprozess im Kreuzbein begann. Das Steißbein (Coccyx) ist ein weiterer kleiner dreieckiger Knochen, der an der Unterseite des Kreuzbeins befestigt ist.

Wie bereits erwähnt, ist die Kundalini in ihrem potenziellen Zustand dreieinhalb Mal im Steißbein aufgerollt. Das Muladhara Chakra, das Quellchakra der Kundalini-Energie, befindet sich zwischen Steißbein und Damm. Wenn die Kundalini-Energie freigesetzt wird, wandert sie wie eine Schlange durch die hohle Röhre des Rückenmarks (Abbildung 53), begleitet von einem zischenden Geräusch, das eine Schlange macht, wenn sie sich bewegt oder zuschlagen will.

Das Steißbein setzt sich aus drei bis fünf miteinander verschmolzenen Steißbeinwirbeln oder Wirbelknochen zusammen. Auf physischer Ebene ist das Steißbein das Überbleibsel eines rudimentären Schwanzes. Im Zusammenhang mit der menschlichen Evolution geht man davon aus, dass alle Menschen irgendwann einmal einen Schwanz hatten, wie die meisten Säugetiere heute auch.

Das Wort "Steißbein" stammt vom griechischen "cuckoo" (Anm. d. Übers.: deutsch „Kuckkuck") ab, da der Knochen selbst die Form eines Kuckucksschnabels hat. Interessanterweise ist der Kuckuck ein Vogel, der für seinen Ruf bekannt ist, der Veränderungen im Leben hervorruft. Sein Ruf steht symbolisch für ein neues Schicksal oder ein Ereignis, das sich im Leben eines Menschen entfaltet. Erinnern Sie sich daran, dass der Caduceus des Hermes, der den Kundalini-Erweckungsprozess symbolisiert, seinen Ursprung in Griechenland hat - die Griechen waren sich des spirituellen Potenzials des Steißbeins sehr bewusst, da sie wussten, dass es die transformative Kundalini-Energie beherbergt.

In der ägyptischen Tradition hat der Gott der Weisheit, Thoth (Tehuti), einen Ibis-Vogelkopf mit einem langen Schnabel, dessen Form dem Steißbein ähnelt. Thoth ist das ägyptische Gegenstück zum griechischen Hermes und zum römischen Merkur. Diese drei Götter haben fast identische Eigenschaften und Entsprechungen, und alle drei werden mit der Kundalini-Energie und dem Erweckungsprozess in Verbindung gebracht.

Im *Koran* erklärte der Prophet Mohammed, dass das Steißbein unzerstörbar ist und der Knochen ist, aus dem der Mensch am Tag des Jüngsten Gerichts wieder auferstehen wird. Die Hebräer vertraten dieselbe Auffassung, glaubten aber, dass nicht das Steißbein, sondern das Kreuzbein unzerstörbar sei und den Kern der Auferstehung des menschlichen Körpers darstelle. Sie bezeichneten das Kreuzbein als "Luz"-Knochen (aramäisch für "Nuss"). Das Kreuzbein hat ein Muster von Grübchen, das zusammen mit seiner

Gesamtform der Mandelschale ähnelt. Im *Zohar,* dem Buch der jüdischen esoterischen und mystischen Lehren, ist das Luz der Knochen in der Wirbelsäule, der wie ein Schlangenkopf aussieht. Da sowohl das Steißbein als auch das Kreuzbein dreieckig geformt sind, glauben einige Rabbiner, dass das Kreuzbein heilig ist, während andere glauben, dass es das Steißbein ist.

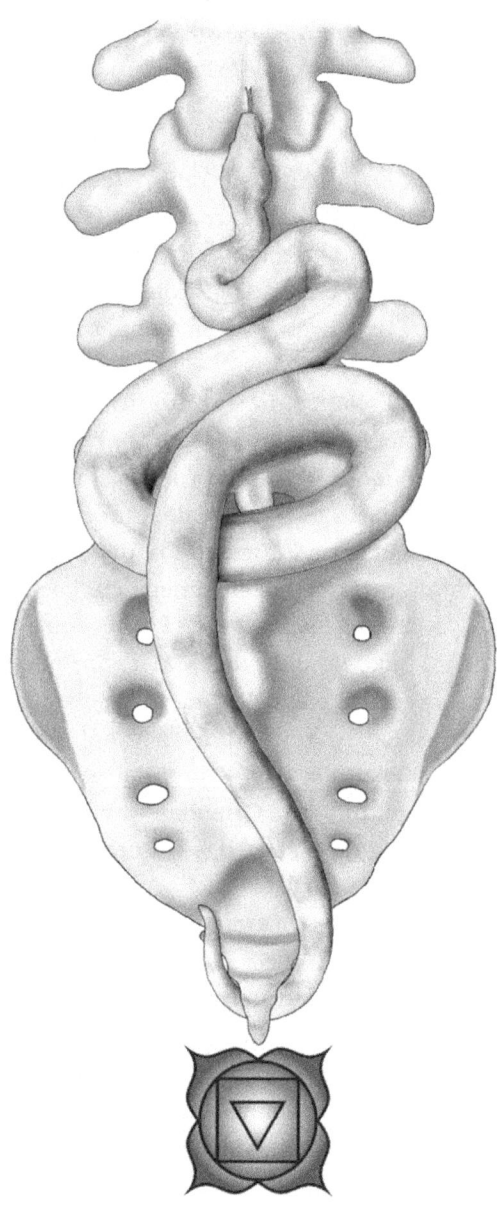

Abbildung 53: Die Entrollte Kundalini

SAKRALPLEXUS UND ISCHIASNERV

Zwei weitere wesentliche Faktoren im Prozess der Kundalini-Erweckung sind der Sakralplexus und der Ischiasnerv (Abbildung 54). Der Sakralplexus ist ein Nervengeflecht, das aus den unteren Lendenwirbeln und den Sakralwirbeln (L4-S4) austritt. Er versorgt den hinteren Oberschenkel, das Becken und den größten Teil des Unterschenkels und Fußes mit motorischen und sensorischen Nerven.

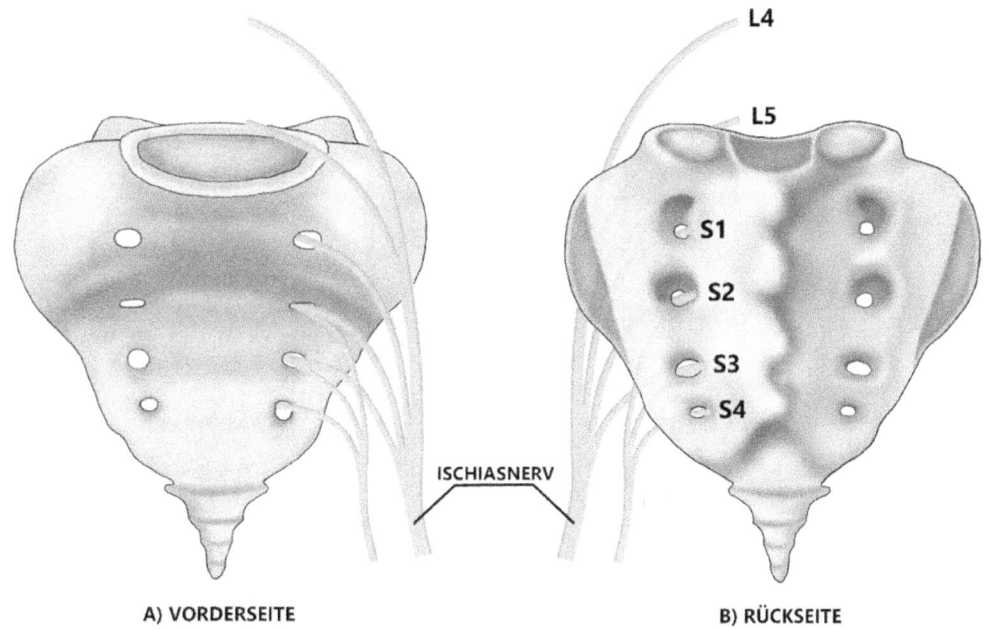

Abbildung 54: Der Sakralplexus

Unterhalb des Sakralgeflechts befindet sich das Muladhara Chakra, das zwischen Steißbein und Perineum liegt. Der Blütenkopf von Muladhara ragt nach unten in Richtung Erde und befindet sich in der Nähe des Steißbeingeflechts (Plexus coccygeus). Der chakrische Stamm von Muladhara entspringt jedoch zwischen dem dritten und vierten Sakralwirbel (S3-4), einem Teil des Sakralgeflechts.

Der Beckenplexus befindet sich in der Bauchregion, direkt vor dem Sakralplexus. Der Beckenplexus innerviert die Organe, die mit den Chakren Swadhisthana und Muladhara verbunden sind, nämlich unsere Sexualorgane.

Es gibt eine Verbindung zwischen den Elementen Erde und Wasser und dem Planeten Erde unter unseren Füßen. Es ist kein Zufall, dass unsere beiden untersten Hauptchakren, Muladhara und Swadhisthana, mit den beiden einzigen passiven Elementen zu tun haben, die mit der Aufnahme von Energie zu tun haben. Während Muladhara ein Auffangbecken für die vom Erdstern unter unseren Füßen erzeugte

Erdenergie ist, ist Swadhisthana unser emotionaler Behälter, das Chakra des Unterbewusstseins und der Instinkte.

Swadhisthana steht für die Emotionen, einschließlich unserer sexuellen Energie, die die Kreativität antreibt. Sexuelle Energie, wenn sie nach innen gerichtet ist, hat nachweislich eine transformierende Wirkung auf das Bewusstsein. In meiner persönlichen Erfahrung erzeugte ich durch eine unbeabsichtigte tantrische Sexualpraxis, die ich durchführte, eine enorme Menge sexueller Energie, die zu kontinuierlichen inneren Orgasmen führte, die in einem vollständigen Kundalini-Erwachen gipfelten.

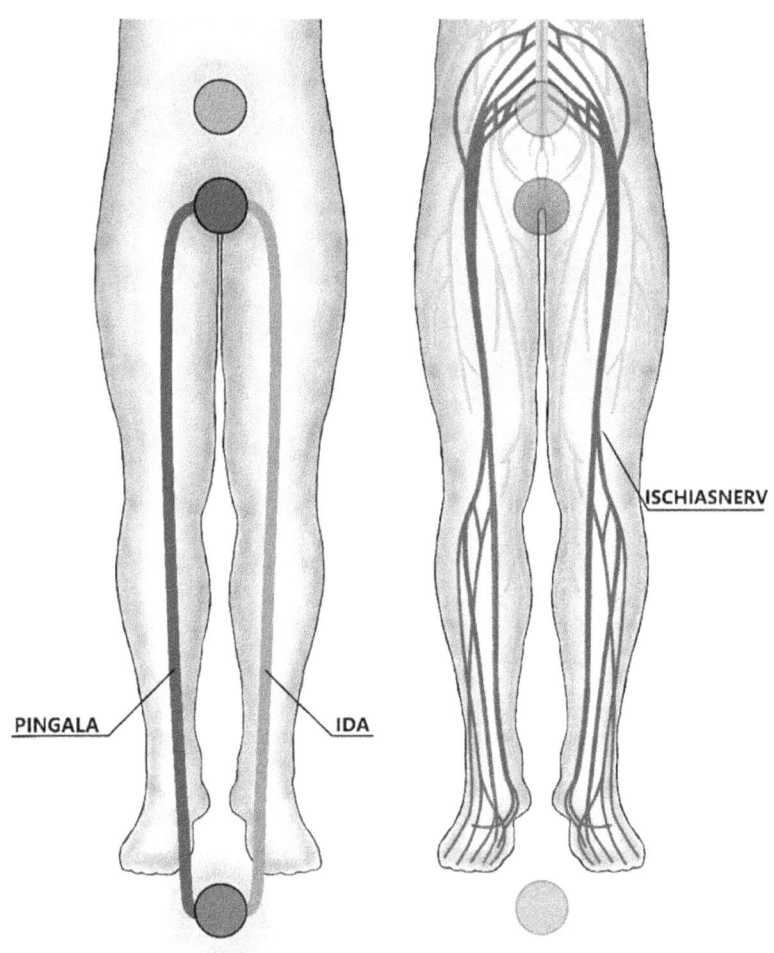

Abbildung 55: Die Ischiasnerven und Energiekanäle in den Beinen

Der Ischiasnerv ist der größte periphere Nerv im menschlichen Körper, der durch die Vereinigung von fünf Nervenwurzeln aus dem Sakralplexus gebildet wird. Er hat einen Durchmesser von 2 cm und verläuft durch den Oberschenkel und das Bein bis hinunter zur Fußsohle. Der Ischiasnerv fungiert als Wurzel für das Nervensystem, indem er uns mit dem Planeten Erde verbindet. Da wir zwei Beine haben, verlaufen zwei Ischiasnerven durch sie. Der Ischiasnerv teilt sich im Bereich des Knies in zwei Hauptäste (Nervus tibialis und Nervus peroneus communis).

So wie der Vagusnerv eine physische Repräsentation der Kundalini-Energie ist, sind die Ischiasnerven das biologische Äquivalent der Energiekanäle in den Beinen, die uns über die Fußchakren mit dem Erdstern verbinden (Abbildung 55). Obwohl die Ida und Pingala Nadis im Muladhara beginnen, kommt ihre Energiequelle von den beiden Energieströmen in den Beinen, dem negativen und dem positiven.

Ida ist der linken Körperseite zugeordnet und bezieht ihren negativen Energiestrom aus dem linken Bein, während Pingala durch die rechte Körperseite läuft und seinen positiven Energiestrom aus dem rechten Bein bezieht. Die beiden Beine tragen die weiblichen und männlichen Energien vom Erdstern ins Muladhara und versorgen so das gesamte chakrische System mit diesen dualen Kräften. Wie bereits erwähnt, fungiert der Erdstern als Batterie für Muladhara - die Energiekanäle in den Beinen dienen als negative und positive Ströme, die die Erdenergien von unserem Planeten übertragen.

DEN GESAMTEN PROZESS ZUSAMMENBRINGEN

Um die Kundalini zur Aktivität anzuregen und sie aus ihrem Schlummer zu erwecken, müssen wir im Muladhara einen starken Energiestrom erzeugen, bei dem viele Faktoren zusammenwirken. Die Stimulierung der Ida und Pingala Nadis beginnt im Erdstern, der Wurzel unseres gesamten Energiesystems, das durch die Hara-Linie repräsentiert wird. Wenn der Erdstern durch Meditation oder andere Praktiken energetisiert wird, projiziert er einen Energiestrom durch die Energiekanäle in den Beinen über die Fersenchakren. Gleichzeitig wird der Ischiasnerv stimuliert, der den Bereich des Sakralplexus energetisiert, wo der chakrische Stamm des Muladhara beginnt.

Wie ich im Abschnitt über die yogische Wissenschaft genauer beschreiben werde, müssen wir sowohl Muladhara als auch Swadhisthana Chakras stimulieren, um die Kundalini zu erwecken. Der Stamm des Swadhisthana Chakras beginnt zwischen dem ersten und zweiten Lendenwirbel (L1-2), also dort, wo das Rückenmark endet und das Filum Terminale beginnt. Der Kundalini-Erweckungsprozess hat viel mit der Energetisierung des Liquors zu tun, der im Filum Terminale beginnt und durch das Rückenmark läuft, bis er den dritten Ventrikel und den zentralen Thalamus und Hypothalamus erreicht. Durch die Energetisierung des dritten Ventrikels werden auch die umliegenden Hirnlappen stimuliert. Der gesamte Prozess der Leistungssteigerung des Gehirns umfasst den dritten Ventrikel und den elektrifizierten Liquor.

Die Erweckung der Kundalini im Muladhara beinhaltet die fünf Prana Vayus, die fünf Bewegungen oder Funktionen von Prana, der Lebenskraft. Wenn drei dieser Prana Vayus ihre Richtungskraft ändern, um sich im Hara Chakra zu treffen, kommt es zu einer Aktivierung, die die Erzeugung von Hitze im Nabelzentrum mit sich bringt. Diese immense

Hitze wird von einem Gefühl der Ekstase im Unterleib begleitet, das mit verstärkter sexueller Erregung verglichen werden kann, die dann die Sushumna Nadi elektrisiert und sie wie eine Glühbirne zum Leuchten bringt. Sobald Sushumna aufleuchtet, wird die Kundalini an der Basis der Wirbelsäule erweckt (ich werde diesen Teil des Prozesses im Kapitel "Die fünf Prana Vayus" genauer erklären).

In meiner Erfahrung manifestierte sich die erweckte Kundalini als ein Ball aus Lichtenergie, der ein elektrisches Feld von der Größe eines Golfballs ausstrahlte. Als sie erwachte, erzeugte sie einen Druck im unteren Teil der Wirbelsäule, der nicht physisch, aber dennoch auf einer subtilen Ebene zu spüren war. Die Kundalini-Lichtkugel wandert durch die Rückenmarksflüssigkeit im Rückenmark nach oben. Gleichzeitig erzeugt der Erdstern eine enorme Energie, die über die Energiekanäle der Beine zum Muladhara Chakra geleitet wird und so die Ida und Pingala Nadis energetisiert.

Auf körperlicher Ebene sind die Hoden (Männer), die Eierstöcke (Frauen) und die Nebennieren in den Kundalini-Erweckungsprozess involviert, da sie die sexuelle Energie erzeugen, die benötigt wird, um Ida und Pingala mit Energie zu versorgen und sie aufsteigen zu lassen. Ida korrespondiert mit dem linken Hoden und dem Eierstock, während Pingala sich auf den rechten bezieht. Sobald die Kundalini beginnt, durch Sushumna aufzusteigen, steigen Ida und Pingala, angetrieben durch die sexuelle Energie, in einer wellenförmigen Bewegung neben dem Rückenmark auf und kreuzen sich an jedem der chakrischen Punkte entlang der Wirbelsäule.

Wenn der Kundalini-Ball aus Lichtenergie systematisch jeden der chakrischen Stämme erreicht, verbindet er sich mit den ausgewogenen weiblichen und männlichen Strömen von Ida und Pingala, elektrisiert und sendet einen Strahl aus Lichtenergie durch jeden der chakrischen Blütenstiele. Sobald jeder chakrische Stiel mit Lichtenergie durchdrungen ist, beginnt die chakrische Blüte an der Vorderseite des Körpers, sich schneller zu drehen, wodurch jedes Chakra vollständig erweckt und sein Fluss optimiert wird.

Nachdem die Kundalini-Energie die Brahma- und Vishnu-Granthis durchstoßen und die ersten fünf Chakras erweckt hat, dringt sie in das Zentrum des Gehirns ein und endet im Thalamus, der von innen heraus leuchtet. Umgekehrt enden die elektrifizierten Ida und Pingala Nadis in der Zirbeldrüse und der Hypophyse. Sobald sie vollständig aktiviert sind, werden die Zirbeldrüse und die Hirnanhangdrüse magnetisiert und projizieren einen elektrischen Strom, der sich im zentralen Thalamus als eine einzige Lichtquelle vereinigt. Wenn der Thalamus die Energien von Ida und Pingala empfängt, leuchtet er über die Zirbeldrüse und die Hirnanhangdrüse mehr denn je, da die drei Haupt-Nadis integriert werden.

Die Vereinigung der Nadis Sushumna, Ida und Pingala im Thalamus sendet einen Strom von Lichtenergie durch den chakrischen Stamm von Ajna, bis er seinen Blütenkopf erreicht, der in der Mitte der Augenbrauen (etwas darüber) liegt. Wenn der Strom der Lichtenergie, der vom Thalamus projiziert wird, stark genug ist, wird er das Portal des Geistigen Auges von Ajna erweitern. Ich habe diesen Teil des Prozesses mit dem kreisförmigen Portal von Ajna verglichen, das von der Größe eines Doughnuts auf die eines Autoreifens anwächst. Wie ich bereits erwähnte, war dieser Teil des Prozesses jedoch nicht universell, was bedeutet, dass er nur bei denjenigen Individuen auftritt, die eine außergewöhnliche Menge an Lichtenergie im Zentrum ihres Gehirns erzeugen, wie es bei mir der Fall war.

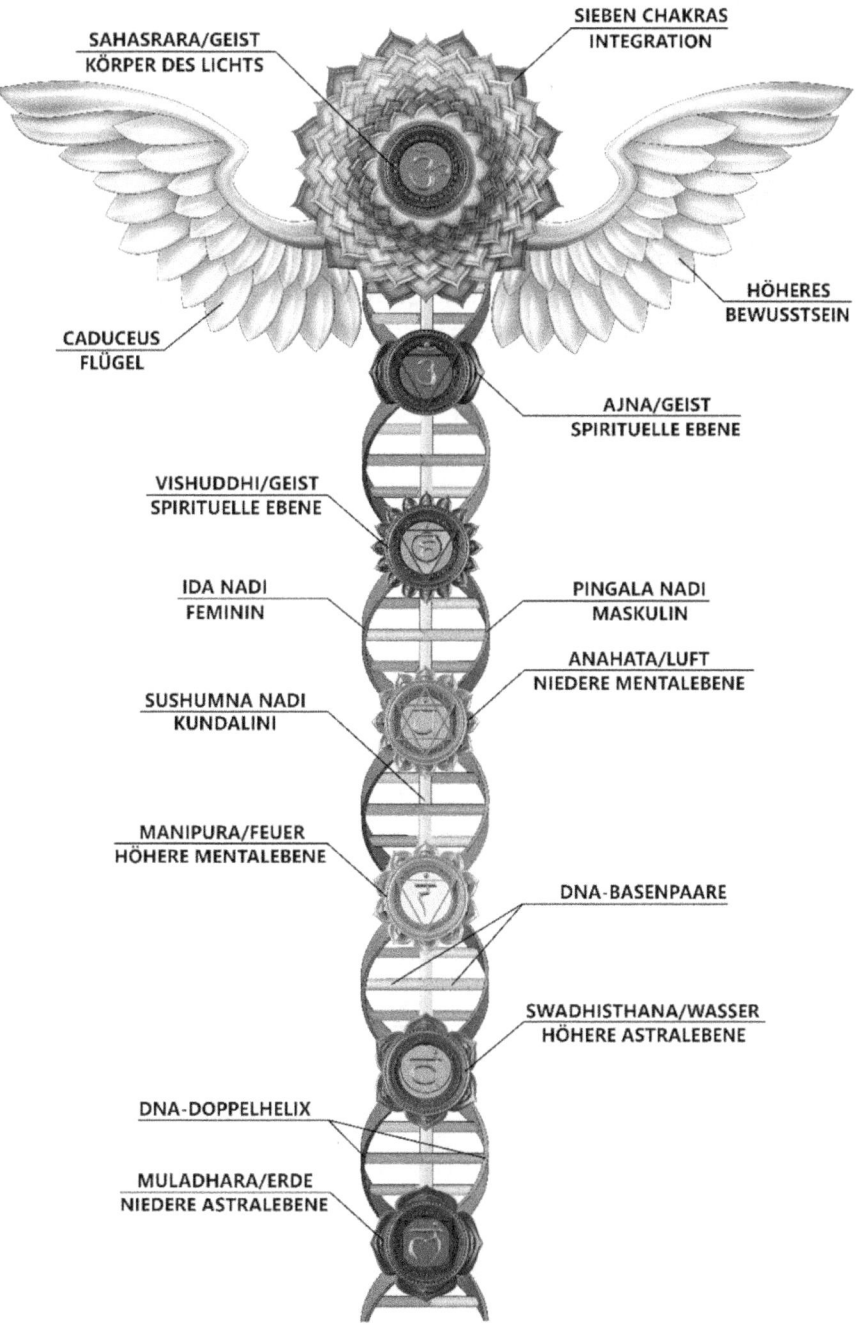

Abbildung 56: Kundalini/Caduceus des Hermes/Doppelhelix der DNA

In der nächsten Phase des Kundalini-Erweckungsprozesses steigt der vereinigte Lichtstrom von Ida, Pingala und Sushumna Nadis durch die Großhirnrinde zum oberen Zentrum des Kopfes auf. Auf dem Weg dorthin wird Rudra Granthi durchstochen, was für die Erweckung von Sahasrara notwendig ist, da dies der letzte Knoten ist, der das Bewusstsein an die Dualität bindet (Mehr über die Granthis und ihre Rolle im Kundalini-Erweckungsprozess im Kapitel "Die drei Granthis").

Wenn der Kundalini-Strom stark genug ist, sobald er den Scheitel des Kopfes erreicht, öffnet sich das kosmische Ei, was zu dem Phänomen der "Elektrokution" führt, bei dem Lichtenergie in die zweiundsiebzigtausend Nadis einfließt. Diese Erfahrung stellt die vollständige Aktivierung des Lichtkörpers dar. Der nächste und letzte Schritt des Kundalini-Erweckungsprozesses besteht darin, den Tausendblättrigen Lotus von Sahasrara vollständig zu öffnen, das eigene toroidale Energiefeld zu optimieren und das Bewusstsein mit dem kosmischen Bewusstsein zu vereinen (Abbildung 56 ist eine symbolische Darstellung des Kundalini-Erweckungsprozesses und seiner Verbindung mit dem Caduceus des Hermes und der Doppelhelix der DNA).

DIE KRAFT DES HERZENS

Das HeartMath Institute hat in den letzten zwei Jahrzehnten die Kraft des menschlichen Herzens erforscht. Sie haben festgestellt, dass das Herz der stärkste elektromagnetische Energieerzeuger im menschlichen Körper ist. Sein elektrisches Feld hat eine etwa 60-mal größere Amplitude als das des Gehirns. Das magnetische Feld des Herzens hingegen ist 5000-mal stärker als das vom Gehirn erzeugte Feld.

Das elektromagnetische Feld (EMF) des Herzens hat die Form eines Torus (Abbildung 57) und umhüllt jede Zelle des menschlichen Körpers. Unser Herz-EMF breitet sich in alle Richtungen aus und wirkt sich direkt auf die Gehirnströme anderer Menschen aus, die sich im Durchschnitt in einem Umkreis von drei bis vier Metern von uns befinden. Menschen, die weiter entfernt sind (bis zu 15 Fuß), werden ebenfalls beeinflusst, allerdings auf subtilere Weise. Das Herz-EMF schwankt, genau wie das aurische Feld, in seiner Größe entlang der horizontalen Ebene und dehnt sich aus und zieht sich zusammen wie ein lebender, atmender Organismus.

Da die Entdeckungen von HearthMath über die Kraft des Herzens relativ neu sind, haben viele Forscher vorgeschlagen, dass das Herz-EMF und das aurische Feld ein und dasselbe sind, da beide eine torische Form haben und beide unsere elektromagnetischen Energien ausdrücken. Meine Überzeugung, die sich durch umfangreiche Forschung und göttliche Führung herausgebildet hat, ist, dass es sich um zwei getrennte, aber miteinander verbundene elektromagnetische Felder handelt.

Das aurische Feld ist eine Zusammensetzung der verschiedenen subtilen Energien, die die Haupt- und transpersonalen Chakren ausdrücken, die in verschiedenen elektromagnetischen Frequenzen schwingen. Das aurische Feld enthält auch andere feinstoffliche Felder, die uns mit anderen Lebewesen, dem Planeten Erde und dem Universum verbinden. Da sich das aurische Feld auf etwa fünf bis sechs Fuß erstreckt und das Herz-EMF wesentlich größer ist, sprechen wir eindeutig von zwei verschiedenen Dingen.

Ich glaube, dass das aurische Feld innerhalb des Herz-EMF sitzt, und sie sind zwei Teile eines Ganzen. Der Zweck des Herz-EMF ist es, Schwingungen aus der Umgebung zu registrieren und sie an das Gehirn und den Rest des Körpers zu senden. Infolgedessen werden die inneren kosmischen Ebenen beeinflusst, was sich auf die chakrischen Energien auswirkt. Die Chakren wiederum rufen bestimmte Reaktionen im Bewusstsein hervor, die auf ihren entsprechenden inneren Fähigkeiten beruhen. Aus diesem Grund wirkt das Herz-EMF auf allen Ebenen auf uns ein, auf der geistigen, mentalen, emotionalen und physischen. Es fungiert als unsere Schnittstelle zur Umwelt und sendet Informationen in das aurische Feld, das das Bewusstsein antreibt.

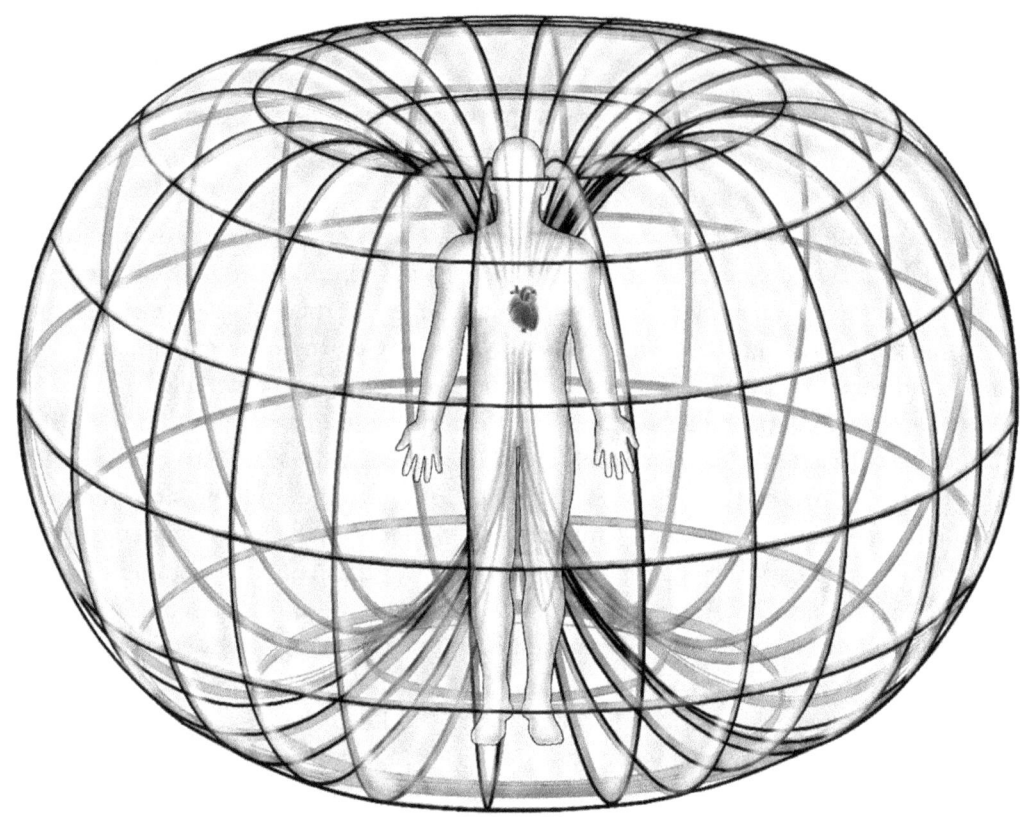

Abbildung 57: Das Elektromagnetische Feld des Herzens

Das Herz-EMF ist mit dem Herz-Chakra verbunden, das dem Luftelement und der unteren Mentalebene entspricht. Aufgrund seiner Platzierung fungiert das Herz-EMF als Vermittler zwischen den höheren und niedrigeren kosmischen Ebenen. Feinstoffliche Schwingungen aus der Umgebung werden aufgenommen und in die höheren mentalen und spirituellen Ebenen oben und die astralen und physischen Ebenen unten übertragen.

Das Herzchakra ist das vierte Hauptchakra, das zwischen den drei höheren Chakren des Geistigen Elements und den drei unteren Chakren (Feuer, Wasser und Erde) liegt. Das Luftelement ist in der Esoterik als Vermittler zwischen Geist und Materie bekannt, vergleichbar mit der luftenthaltenden Atmosphäre, die den Himmel oben und die Erde unten trennt. Luft hat mit Atem und Sauerstoff zu tun und erhält alles Leben. Wir können nicht länger als ein paar Minuten ohne den Akt des Atmens überleben, da er für unser

Überleben unerlässlich ist. Auf diese Weise dient das Herz-EMF der Seele und dem Verstand, den Vermittlern zwischen Geist und Materie.

HERZ-HIRN-VERBINDUNG

In der fötalen Entwicklung ist das Herz das erste Organ, das sich bildet - es beginnt zu schlagen, noch bevor sich das Gehirn entwickelt. Das Herz ist der zentrale Teil des Selbst, das Fundament, auf dem der Rest des Körpers im Mutterleib entsteht. Neurokardiologen haben festgestellt, dass das Herz viele ähnliche Komponenten wie das Gehirn enthält, die einen dynamischen, ständigen, zweiseitigen Dialog ermöglichen.

Etwa 60-65 % der Herzzellen sind Nervenzellen, ähnlich wie die des Gehirns. Diese 40000 Neuronen sind in Gruppen zusammengefasst wie die neuronalen Gruppen des Gehirns und enthalten die gleichen Ganglien, Neurotransmitter, Proteine und Stützzellen. Das "Herz-Gehirn", wie es gemeinhin genannt wird, ermöglicht es dem Herzen, unabhängig vom Schädelhirn zu handeln. Während es Lebensereignisse emotional verarbeitet, entwickelt das Herz Entscheidungsfähigkeit und Gedächtnis. Mit der Zeit entwickelt das Herz seine eigene emotionale Intelligenz, die uns im Leben hilft.

Das Herz und das Gehirn kommunizieren neurologisch (über das Nervensystem) und energetisch (über ihre EMFs). Sie kommunizieren auch hormonell und durch Pulswellen (biophysikalisch). Die Schwingungsenergien, die kontinuierlich zwischen Herz und Gehirn fließen, helfen bei der Verarbeitung von Ereignissen und emotionalen Reaktionen, sensorischen Erfahrungen, logischem Denken und Gedächtnis.

Das Herz ist unsere primäre Schnittstelle mit der Welt um uns herum, die im Einklang mit dem Thalamus und dem Gehirn arbeitet. Gehirn und Herz stehen in Beziehung zu Geist und Seele, die Partner bei der Aufrechterhaltung und Steuerung des Bewusstseins sind. So wie das Gehirn die Ventrikel enthält, die die spirituelle Energie und das Bewusstsein kanalisieren, verfügt auch das Herz über subtile Durchgänge, die dasselbe bewirken. Wenn der harmonische Fluss der Kommunikation von Geist und Bewusstsein zwischen Gehirn und Herz gestört ist, kann dies zum Verlust des Bewusstseins führen.

Unser Herz-EMF empfängt ständig Signale aus der Umwelt, aber die meisten dieser Informationen erreichen nie das Bewusstsein. Stattdessen werden die Daten im Unterbewusstsein gespeichert. Das Unterbewusstsein ist mit 90 % der neuronalen Aktivität des Gehirns verbunden und hat einen wesentlich größeren Einfluss auf unser Verhalten als der bewusste Verstand. Aus diesem Grund erfolgen die meisten unserer instinktiven Reaktionen, wie z. B. körpersprachliche Äußerungen, automatisch, ohne dass wir uns bewusst sind, dass wir sie ausgelöst haben.

Der bewusste Verstand nutzt den präfrontalen Kortex des Gehirns, um Informationen zu verarbeiten. Dieser kann nur 40 Nervenimpulse pro Sekunde verarbeiten und verwalten. Im Vergleich dazu kann das Unterbewusstsein, das im hinteren Teil des

Gehirns arbeitet, 40 Millionen Nervenimpulse pro Sekunde verarbeiten - der Prozessor des Unterbewusstseins ist eine Million Mal leistungsfähiger als der des bewussten Verstandes.

Nach einem vollständigen Kundalini-Erwachen, wenn das innere Licht in das Zentrum des Gehirns eindringt und sich dort dauerhaft niederlässt, werden der bewusste und der unterbewusste Verstand eins, was zu einem permanenten Upgrade der CPU des Menschen führt. Dadurch erhält der Einzelne vollen Zugang zu allen Informationen, die von seinem Herz-EMF gelesen werden, was sein Bewusstsein erhöht und seine Entscheidungsfähigkeit optimiert.

KÖRPERLICHE KOHÄRENZ

Das menschliche Herz ist ein faustgroßer Hohlmuskel, der mit 72 Schlägen pro Minute schlägt und das Zentrum des Kreislaufsystems darstellt (Abbildung 58). Das Herz befindet sich in der Mitte des Kopfes und des Rumpfes, in der Mitte des Brustkorbs (leicht nach links versetzt), was eine optimale Verbindung zu allen Organen, die den Körper versorgen, ermöglicht.

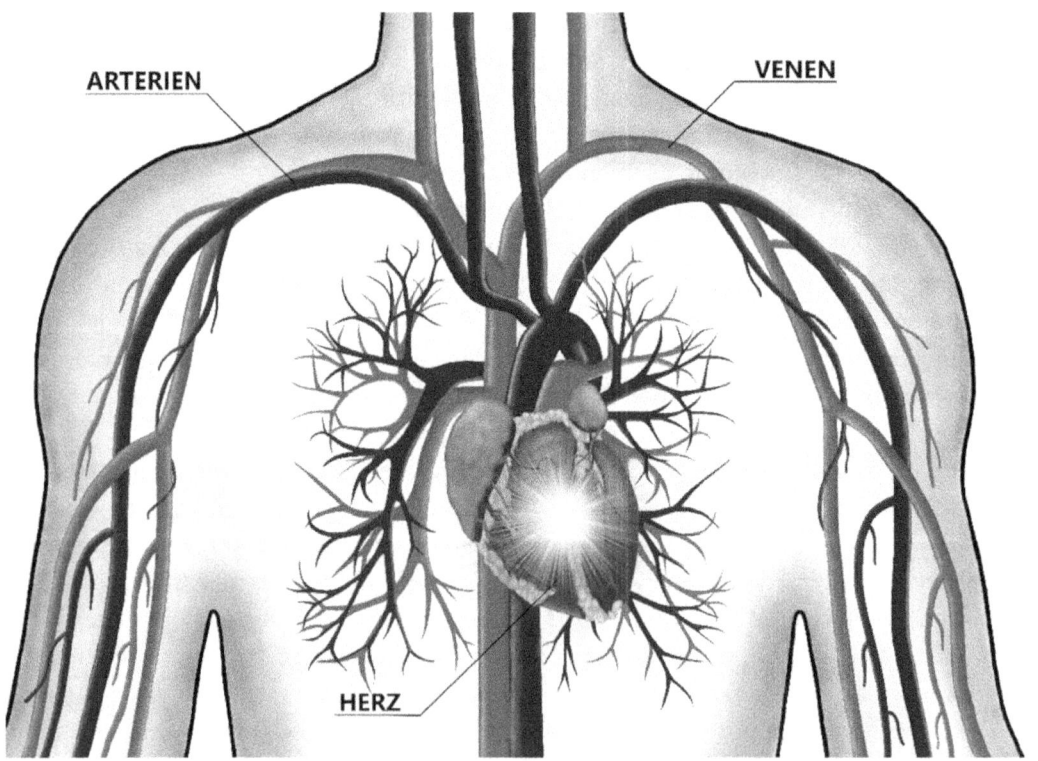

Abbildung 58: Das Menschliche Herz und das Kreislaufsystem

Das Kreislaufsystem besteht aus Blutgefäßen (Arterien), die das Blut vom Herzen weg und zum Herzen hin transportieren. Die rechte Seite des Herzens nimmt das sauerstoffarme Blut aus den Venen auf und pumpt es in die Lunge, wo es Sauerstoff aufnimmt und Kohlendioxid abgibt. Die linke Seite des Herzens nimmt das sauerstoffreiche Blut auf und pumpt es durch die Arterien zum Rest des Körpers, einschließlich des Gehirns. Von allen Organen ist das Gehirn eines der wichtigsten Verbraucher von sauerstoffreichem Blut, und eine unzureichende Versorgung des Schädels kann zu einer erheblichen Ermüdung des Gehirns führen.

Das Herz hat auf zellulärer Ebene einen erheblichen Einfluss auf den physischen Körper. Das Herz pumpt nicht nur Sauerstoff und Nährstoffe durch das Kreislaufsystem zu jeder Zelle im Körper, sondern produziert auch Hormone, die die physiologische Funktion des Körpers und des Gehirns beeinflussen. Wie bereits erwähnt, kommunizieren Herz und Gehirn unter anderem auf hormonellem Wege, da das Herz als endokrine Drüse fungiert.

Durch elektromagnetische Frequenzen und chemische Freisetzungen steuert unser Herz die Rhythmen des Gehirns und der verschiedenen Körpersysteme (Atmungs-, Immun-, Verdauungs-, Kreislauf- und Hormonsystem usw.). Die Kohärenz des Körpers ist erreicht, wenn ein harmonisches und ausgewogenes Zusammenspiel aller Körpersysteme entsteht.

Wenn wir positive, liebevolle Emotionen erleben, entsteht eine Körperkohärenz, die die Gehirnströme verlangsamt und das parasympathische und das sympathische Nervensystem ausgleicht. Unser Herzschlag verlangsamt sich und wird ruhig und ausgeglichen. Unser Geist wird klar und erlaubt uns, uns auf das innere Licht unserer Seele einzustimmen. Dadurch werden unsere Kreativität, Vorstellungskraft, Intuition und Inspiration gestärkt, so dass wir unser innerstes Potenzial als spirituelle Menschen ausschöpfen können.

Wenn wir dagegen negative, ängstliche Emotionen erleben, gerät unser Körper aus dem Gleichgewicht, und Stress und Angst machen sich breit. Unsere Gehirnströme beschleunigen sich und machen uns wachsamer. Auch der Herzschlag beschleunigt sich, und wir erleben oft rhythmische Kontraktionen, die darauf zurückzuführen sind, dass unser Verstand Negatives verarbeitet. Unser Sympathikus überlagert den Parasympathikus, und wir verlieren den Kontakt zu unserer Seele, was unsere Verbindung zu Inspiration und Kreativität unterbricht. Unsere Fähigkeit zu denken wird durch den negativen Zustand, in dem wir uns befinden, getrübt, und wir verlassen uns auf unser Ego, um unsere Existenz zu rationalisieren.

Die Bauchatmung durch Ausdehnung des Zwerchfells (Zwerchfellatmung) ist vielleicht die nützlichste Methode, um negative Energie zu neutralisieren und das Innere zu beruhigen. Diese yogische Atemtechnik (Pranayama) ermöglicht es, die Kontrolle über den eigenen Körperrhythmus wiederzuerlangen und die Kohärenz des Körpers wieder herzustellen. Die Zwerchfellatmung ist eine Voraussetzung für die Meditation, die eine weitere Methode zur Anhebung der Bewusstseinsschwingung ist und die Gesundheit des Körpers optimiert.

DAS HERZ UND DIE SCHWINGUNGEN

Nach dem hermetischen Prinzip der Schwingung befinden sich alle Dinge im Universum (einschließlich lebender Organismen, Gedanken, Emotionen usw.) in einem Zustand der Schwingungsbewegung auf subatomarer Ebene. Die Quantenphysik bestätigt nun auch, was die Alten schon seit Tausenden von Jahren gesagt haben. Die Materie besteht nicht nur aus Schwingungsenergien, sondern Schwingung ist auch die Grundlage aller Kommunikation im Universum, sei es mündlich oder auf subtileren Ebenen - wir alle bringen uns gegenseitig ständig durch unsere Schwingungen in Bewegung.

Die magnetischen Resonanzen der Erde schwingen in der gleichen Frequenz wie unsere Herzrhythmen und Gehirnströme - wie oben, so unten. Alle lebenden Organismen senden einzigartige Schwingungsenergien aus, und das Herz ist der Empfänger, der die Energiefelder um uns herum "liest". Unsere Herz-EMFs empfangen ständig Schwingungssignale aus der Umgebung, die es unseren Zellen ermöglichen, mit der Außenwelt zu interagieren. Wissenschaftliche Analysen zeigen, dass das Herz, nicht das Gehirn, die erste Reaktion auf eingehende Informationen von außen auslöst. Aus diesem Grund hört man Menschen oft sagen: "Ich mag die Schwingungen dieser Person", was sich auf den Eindruck bezieht, den sie über ihr Herz erhalten haben.

Interessanterweise nimmt das Herz bei der Fülle von Reizen, die es zu jeder Zeit gibt, in erster Linie Informationen auf, die mit den eigenen inneren Schwingungen in Resonanz stehen. Dieses Phänomen ist eine Manifestation des Gesetzes der Anziehung, das besagt, dass positive oder negative Gedanken und Gefühle positive oder negative Erfahrungen im Leben eines Menschen hervorrufen. Mit anderen Worten: Wir erleben das, worauf sich unser Verstand und unser Herz konzentrieren.

Zum Beispiel wird eine Person, die ihren Geist und ihr Herz mit Gedanken und Gefühlen der Liebe beschäftigt, sich auf Informationen aus der Umwelt einstellen, die sich auf die Liebesenergie beziehen. Ihr Herz-EMF wird sich auf alle Signale aus der Umwelt, die mit Liebe zu tun haben, konzentrieren und diese verstärken. Jemand, der nur an Angst denkt und ängstliche Emotionen erlebt, wird auf Umweltdaten zugreifen, die mit Angst zu tun haben. Und selbst wenn wir daran denken, etwas nicht zu denken, konzentrieren wir uns trotzdem auf diese Sache, was sich in unserem Verstand und unserem Herzen manifestiert. So registrieren und hören wir ständig, worauf wir programmiert sind.

Das Herz eines jeden Menschen hat ein elektromagnetisches Wellenmuster, das so einzigartig ist wie sein Fingerabdruck. Es enthält nicht nur Daten über den aktuellen Zustand des Körpers, sondern auch verschlüsselte Erinnerungen, die in den beiden unterschiedlichen Nervennetzen des Herzens gespeichert sind. Das Phänomen des Herzgedächtnisses lässt sich bei Empfängern von Herztransplantaten nachweisen. Es ist üblich, dass jemand, der das Herz eines anderen Menschen erhalten hat, Veränderungen in seiner Persönlichkeit, seinen Vorlieben und Abneigungen entwickelt, die durch alte, im Herzen gespeicherte Erinnerungen hervorgerufen werden.

DAS HERZ UND DIE BEZIEHUNGEN

Wenn wir jemanden treffen, findet eine Herz-Hirn-Synchronisation mit dieser Person statt. Unser geistiger und emotionaler Zustand wirkt sich sofort auf die andere Person aus, da sie unsere Absichten auf einer energetischen Ebene lesen kann. Wenn wir zum Beispiel von einem Ort der Liebe, der Wahrheit und des Respekts kommen, dann wird sich das Herz der anderen Person ganz natürlich für uns öffnen und sie wird unsere guten Absichten erwidern. Wenn wir aus einem Ort des Egos kommen und unsere Absichten nicht rein sind, wenn wir zum Beispiel versuchen, jemanden aus egoistischen Gründen zu manipulieren, dann wird die andere Person natürlich in die Defensive gehen. Ihr Herz wird uns gegenüber verschlossen bleiben, und stattdessen wird ihr Verstand die Kontrolle übernehmen und versuchen, die Situation zu rationalisieren.

Wenn wir gestresst und aufgeregt sind, stoßen wir andere Menschen um uns herum natürlich ab, während wir sie anziehen, wenn wir ruhig und friedlich sind. Menschen werden von Positivität angezogen, weil wir intuitiv wissen, dass wir ständig telepathisch kommunizieren und uns gegenseitig mit unseren Gedanken und Gefühlen beeinflussen. Dieses Wissen ist uns in die Wiege gelegt, auch wenn wir es mit unserem Ego vielleicht nicht erkennen.

In Anbetracht der elektromagnetischen Kraft des Herzens und der Wirkung, die liebevolle, positive Energie auf die Menschen hat, denen wir begegnen, ist es kein Wunder, dass wir uns von Natur aus danach sehnen, sozial zu sein und Bindungen mit anderen einzugehen. Wir nähren und heilen uns gegenseitig, wenn unsere Herzen offen sind und unsere Absichten gut sind. Allein mit guten Absichten können wir die Ego-Barriere und die Persönlichkeit durchdringen und die Seele eines anderen Menschen erreichen. Umgekehrt, wenn unsere Absichten egoistisch sind, reizen wir einander auf emotionale Weise und können auf einer tiefen Ebene Schaden anrichten. Im letzteren Fall übernimmt das Ego die Führung, und es findet kein Austausch von Seelenheilungsenergien statt.

Wenn Sie sich mit jemandem gestritten haben, ist der beste Weg, Ihre Differenzen zu lösen, aus dem Herzen zu dieser Person zu sprechen, die diese Handlung meistens erwidern wird. Die Wahrheit kann alle Hindernisse aus dem Weg räumen, da sie alle negative Energie neutralisiert, so dass man zum "Kern der Sache" vordringen kann, wie man sagt. Wenn das Herz zwischen zwei Menschen offen ist, werden nicht nur Differenzen gelöst, sondern auch die liebevolle Bindung zwischen ihnen wird stärker. Aus diesem Grund kann man, wenn man aus dem Herzen heraus lebt und jederzeit ehrlich ist, niemals Reue empfinden und mit einem reinen Gewissen leben.

Sich von anderen zu isolieren und keinen menschlichen Kontakt auf körperlicher und emotionaler Ebene zu haben, ist schmerzhaft und betäubt oft, wenn zu viel Zeit vergeht. Wir brauchen menschliche Verbindungen, einschließlich Freundschaften und Intimität, um uns auf unserem spirituellen Entwicklungsweg zu helfen. Romantische Beziehungen sind am heilsamsten, vor allem, wenn sie Sex beinhalten, denn Sex ist der physische Akt der Vereinigung, der die stärkste Bindung schafft, wenn ein offenes Herz und liebevolle Absichten angewendet werden.

MENSCHLICHES VERHALTEN UND URSACHE UND WIRKUNG

Wie ich in *"The Magus"* beschrieben habe, müssen Sie, wenn Sie wahre persönliche Macht entwickeln wollen, mit Ihren Dämonen vertraut sein, damit Sie ihre Energien produktiv nutzen können, wenn die Situation es erfordert. Wenn zum Beispiel jemand versucht, Sie zu manipulieren, werden Sie seine Absicht erkennen, anstatt blind dafür zu sein, und können eine gleichwertige und entgegengesetzte Reaktion hervorrufen, um das Gesetz des Karmas zu neutralisieren.

Wenn ich von Dämonen spreche, beziehe ich mich auf die negative, furchterregende Energie, die nicht per se vom LICHT ist, aber die Agenda des LICHTS fördern kann. Obwohl das, was ich sage, kontra-intuitiv klingen mag (da viele von euch gelehrt wurden, dass dämonische Energien schlecht sind), ist es das nicht. Negative Energie ist nicht etwas, vor dem ihr weglaufen solltet, sondern ihr solltet versuchen, sie in euch zu zähmen. Durch die Anwendung des freien Willens könnt ihr negative Energie leicht nutzen, um ein positives Ergebnis zu erzielen. Auf diese Weise verleihen Sie Ihren Dämonen, bildlich gesprochen, Flügel.

Wenn Sie mit Ihren dämonischen Energien vertraut sind, können Sie erkennen, wann Sie von anderen energetisch angegriffen werden, die Art des Angriffs abwägen und Ihre inneren Kräfte mobilisieren, um in die Offensive zu gehen. Denken Sie daran, dass wir alles Böse bestrafen müssen, sonst werden wir zu Komplizen des Bösen. Das Gesetz des Karmas verlangt von uns, dass wir wachsam und stark sind, wenn wir mit feindseliger Energie konfrontiert werden, und dass wir Härte zeigen, wenn es von uns verlangt wird. Indem wir dies tun, lehren wir andere auf subtile Weise, sich gemäß den Universellen Gesetzen korrekt zu verhalten. Wir alle haben die heilige Pflicht, die wir unserem Schöpfer schulden, einander mit Liebe und Respekt zu behandeln und uns gegenseitig vor allem Bösen zu schützen.

Wenn wir vor negativen Energien davonlaufen, gelingt es uns nicht, unsere persönliche Macht aufzubauen, was uns mit der Zeit unsere gottgegebenen Fähigkeiten nimmt. Jedes Mal, wenn wir aus Angst vor Konfrontation das Böse nicht bestrafen, wird diese Angst in uns verstärkt und trennt uns mehr und mehr vom Licht in unserer Seele. Und da das Gesetz des Karmas zyklisch ist, stehen wir immer wieder vor denselben Herausforderungen, bis wir es richtig machen.

Das "Auge um Auge"-Gesetz des Moses aus der *Thora (Altes Testament)* enthält den Grundsatz, dass die Strafe dem Verbrechen entsprechen muss. Es steht im Einklang mit Newtons drittem Gesetz von Ursache und Wirkung, das auf dem viel früheren hermetischen Gesetz von Ursache und Wirkung beruht: "Für jede Aktion (Kraft) in der Natur gibt es eine gleiche und entgegengesetzte Reaktion". Ursache und Wirkung ist die Grundlage des Karmagesetzes, und es besagt im Wesentlichen, dass das, was man in das Universum aussendet, auch zurückkommt.

"Man erntet, was man sät", sagt ein Sprichwort - wenn man Schlechtes tut, wird einem Schlechtes widerfahren, und wenn man Gutes tut, wird einem Gutes widerfahren. Aus der Sicht der zwischenmenschlichen Beziehungen bedeutet das: Wenn Sie positiv und liebevoll zu anderen Menschen sind, werden Sie das von ihnen zurückbekommen, und wenn Sie selbstsüchtig und böse sind, werden sich die anderen revanchieren. Wir alle sind von Natur aus dazu bestimmt, das Gesetz von Ursache und Wirkung zum Ausdruck zu bringen und die Wirkung der Ursachen anderer Menschen zu sein.

Ein ähnlicher Spruch mit der gleichen zugrunde liegenden Energie stammt von Jesus, der sagte: "Du lebst durch das Schwert, du stirbst durch das Schwert", was bedeutet, dass die Qualität Ihres Lebens und die Entscheidungen, die Sie treffen, Ihren Lebensweg bestimmen. Auf einer noch tieferen Ebene impliziert der Ausspruch Jesu, dass Sie die Art von Leben anziehen, die der Qualität Ihres Herzens entspricht. Wenn Sie Mut, Stärke und Tapferkeit zeigen, können Sie Ihr Potenzial als spiritueller Mensch voll ausschöpfen. Wenn Sie hingegen in Angst leben, werden Sie nie mit der Qualität Ihres Lebens zufrieden sein und werden ständig Ausreden suchen und sich als Opfer fühlen. Und der beste Weg, die Angst-Energie einzudämmen, ist, sich ihr zu stellen, anstatt vor ihr wegzulaufen. Deshalb müssen wir verantwortungsvolle Mitschöpfer mit unserem Schöpfer werden und sowohl die engelhaften als auch die dämonischen Kräfte in uns integrieren und meistern.

Jesu Spruch "Die andere Wange hinhalten" aus der Bergpredigt (Neues Testament) bezieht sich darauf, auf eine Verletzung zu reagieren, ohne sich zu rächen oder weiteren Schaden zuzulassen. Auf einer subtileren Ebene geht es darum, die Übertretungen anderer zu vergeben und nicht für sich selbst einzutreten, da "Gott sich darum kümmern wird". Dieser Satz wurde zum Rückgrat des Verhaltens, das die christliche Kirche ihren Anhängern beibrachte. Im Nachhinein betrachtet, hat die Kirche ihn jedoch aus politischen Gründen eingeführt.

Es wurde deutlich, dass die christliche Kirche ihre Anhänger indoktrinierte, um Macht und Kontrolle über sie auszuüben, während sie für ihre bösen Taten während eines Großteils des dunklen Mittelalters und darüber hinaus keine Konsequenzen zog. Die Kirche bestrafte ihr Volk mit unmoralischen Steuern und unterdrückte es auf andere Weise, während sie diejenigen auf dem Scheiterhaufen verbrannte, die sich ihren Gesetzen widersetzten. Sie verdummte die Menschen, führte Religionskriege und zerstörte heidnische Gebiete, um sie gewaltsam zum Christentum zu bekehren.

Der Satz "Die andere Wange hinhalten", der von der christlichen Kirche fälschlicherweise als universelles Gesetz verwendet wird, schafft schwache und ängstliche Menschen, die "Fußabtreter" für andere sind, da ihnen beigebracht wird, niemals ihre Ehre zu verteidigen und Böses, das ihnen angetan wird, zu bestrafen. Sie überlässt alle Handlungen Gott, dem Schöpfer, in der Hoffnung, dass sich die Gerechtigkeit von selbst einstellt und dass wir uns nicht an der Durchsetzung der Gerechtigkeit beteiligen müssen.

Die christliche Kirche lehrte ihre Anhänger, dass Jesus der Erlöser ist, während die ursprüngliche Lehre Jesu lautete, dass jeder von uns sein eigener Erlöser ist. Mit anderen Worten, wir sind bewusste Mitschöpfer mit dem Schöpfer und tragen Verantwortung für die Manifestation der Schöpfung, indem wir unsere gottgegebenen Kräfte einsetzen und das Gesetz von Ursache und Wirkung respektieren. Die Fehlinterpretation der Kirche erfolgte wiederum aus politischen Gründen, um dem Volk die persönliche Macht zu nehmen und sich selbst zur alleinigen Regierungsgewalt zu machen.

Nach den Lehren der Qabalisten muss man stets ein angemessenes Gleichgewicht zwischen Barmherzigkeit und Strenge wahren. Unausgewogene Barmherzigkeit führt zu Geistesschwäche, während unausgewogene Strenge Tyrannei und Unterdrückung erzeugt. Obwohl er fälschlicherweise nur als Säule der Barmherzigkeit dargestellt wurde, hat Jesus, wenn nötig, Strenge gezeigt. Vergessen wir nie, dass er, als er den Tempel in Jerusalem betrat und sah, wie Händler und Geldwechsler ihn für finanziellen Profit missbrauchten, in einem Anfall von Wut ihre Tische umdrehte, um deutlich zu machen, dass der Tempel ein heiliger Ort ist.

Jesu Gesetz "Die andere Wange hinhalten" kann wirksam eingesetzt werden, wie uns Mahatma Gandhi gezeigt hat, der die feindlichen Briten mit Gewaltlosigkeit aus Indien vertrieben hat. Die Idee hinter Jesu Gesetz ist, dass negative Energie, wenn sie projiziert wird, direkt zu einem zurückfließt, wenn die andere Person neutral wird, indem sie Liebesenergie anwendet und die Übertretung vergibt, während sie geschieht. Man soll ein Produkt seiner eigenen Negativität werden, wenn andere Menschen ihre unmoralische Behandlung energetisch neutralisieren.

Das Gesetz Jesu kann die gewünschte Wirkung erzielen, wenn die Person, die es anwendet, ein hoch spirituell entwickeltes Wesen ist, wie es Jesus und Gandhi waren, die nicht emotional ausgelöst werden, wenn jemand sie nicht respektiert. Für den Normalbürger ist dies jedoch ein Ding der Unmöglichkeit, da seine Emotionen instinktiv sind und sein Bewusstsein die Dualität erlebt. Deshalb muss der gewöhnliche Mensch immer ein Gleichgewicht zwischen Barmherzigkeit und Strenge finden und jede Kraft anwenden, wenn es nötig ist. Indem wir das Böse bestrafen, erhalten wir die Integrität des Lichts in der Welt aufrecht, was die spirituelle Entwicklung der gesamten Menschheit vorantreibt. Wir alle sind füreinander Richter, Heiler und Lehrer, und zwar deshalb, weil wir alle auf der tiefsten Ebene durch die elektromagnetische Kraft unserer Herzen miteinander verbunden sind.

ÖFFNUNG DES HERZCHAKRAS

Im Laufe der antiken Geschichte betrachteten Mystiker, Weise, Yogis, Adepten und spirituell fortgeschrittene Menschen das physische Herz als das Zentrum der Seele. Unsere Seele ist unser inneres Führungslicht, das mit dem feurigen Stern unseres Sonnensystems, der Sonne, verbunden ist. Obwohl das Feuerelement mit dem

Solarplexus-Chakra korrespondiert, initiiert das Zusammenspiel von Manipura- und Anahata-Chakra das solare Bewusstsein. In der Qabalah wird das Sonnenbewusstsein durch die Tiphareth Sephira repräsentiert, die sich zwischen dem Herz- und dem Solarplexus-Chakra befindet, da sie mit beiden korrespondiert.

Das physische Herz entspricht dem Herz-Chakra, Anahata, das sich in der Mitte der Brust befindet. Das Herzchakra ist unser Zentrum des inneren Friedens, der bedingungslosen Liebe, des Mitgefühls, der Wahrheit, der Harmonie und der Weisheit. Es ist unser Zentrum der Heilenergie, die durch praktische Heilpraktiken wie Reiki und Ruach-Heilung nach außen getragen werden kann. Die Heilenergie wird im Herzchakra gespeichert, aber über das Kehlchakra nach außen geleitet, das mit den Energiekanälen in den Armen verbunden ist, die zu den Handflächenchakren ausstrahlen.

Das Herzchakra ist unser spirituelles Zentrum, durch das wir Zugang zu höher schwingenden Energien haben. Da das Herz-Chakra zwischen den höheren Geist-Chakren und den niederen, elementaren Chakren liegt, steht uns das breite Spektrum dieser höher schwingenden Energien erst dann voll zur Verfügung, wenn unsere niederen und höheren chakrischen Zentren vollständig aktiviert, gereinigt und ausgeglichen sind. Wenn zum Beispiel die höheren Zentren noch relativ geschlossen sind, strömt weniger Licht aus Sahasrara in die unteren Chakren und verhindert, dass diese auf ihrem optimalen Niveau funktionieren. Infolgedessen haben Sie zum Beispiel Zugang zu bedingungsloser Liebe, können sie aber nicht auf den tiefsten Ebenen Ihres Seins spüren.

Das Herzchakra ist das Zentrum der sieben Hauptchakren, dass unsere männlichen und weiblichen Energien harmonisiert. Es ist unser erstes Chakra der Nicht-Dualität, durch das wir den Stillen Zeugen in uns erfahren können, der unser Höheres Selbst oder unser Heiliger Schutzengel ist. Der Heilige Schutzengel wohnt in Sahasrara, kann aber durch das Herz-Chakra erfahren werden, wenn Vishuddhi und Ajna geöffnet sind.

Obwohl Manipura (Feuerelement) der Sitz der Seele ist, kann die Seele, wenn Anahata (Luftelement) nicht erweckt wird, nur die niedriger schwingenden Energien von Swadhisthana (Wasserelement) und Muladhara (Erdelement) erfahren. So wird die Seele zu sehr in der Materie verwurzelt, was ihr Licht verdunkelt und es dem Ego ermöglicht, die Oberhand zu gewinnen. Wenn Anahata erweckt wird, erhält die Seele Zugang zum Geistelement und kann eine spirituelle Transformation durchlaufen, wenn die höheren chakrischen Zentren geöffnet sind.

Wenn wir das Modell der transpersonalen Chakren und die sieben Hauptchakren übertragen, können wir sehen, dass das Herzchakra das Zentrum des gesamten chakrischen Systems ist. Unsere kosmische Energiequelle ist das Stellare Tor, das sich auf die Milchstraßengalaxie bezieht, in der sich unser Sonnensystem neben zig Milliarden anderer Sonnensysteme befindet. Die Milchstraße ist eine Spiralgalaxie, wie mehr als zwei Drittel aller beobachteten Galaxien im Universum.

Die kosmische Energie strömt spiralförmig vom Stellaren Tor aus (Abbildung 59) und umschließt den Erdstern und den Seelenstern, bevor sie die Hauptchakren erreicht. Unser gesamtes chakrisches System spiegelt unsere Quellenenergie wider, die das Stellare Tor und die Milchstraßengalaxie ist. Wir zapfen diese fünftdimensionale Quellenenergie durch das Herzchakra im Zentrum der Spirale an.

Abbildung 59: Das Herz-Chakra-Zentrum

Wenn unser Herzchakra geöffnet ist, erinnern wir uns an unsere Göttlichkeit, die uns tief innewohnt. Wir erkennen auch die Göttlichkeit in allen Lebewesen um uns herum, einschließlich anderer Menschen, Tiere und Pflanzen, und entwickeln ein Einheitsbewusstsein. Jedes Lebewesen hat eine Seele, eine individuelle Zelle im Körper eines gewaltigen kosmischen Wesens, das sich durch unser Sonnensystem mit der Sonne als Zentrum ausdrückt. In der Qabalah bezeichnen wir dieses große Wesen als *Adam Kadmon*, gleichbedeutend mit dem kosmischen Bewußtsein. Adam Kadmon ist die Summe aller Seelen, die sich auf der Erde als das höhere Bewusstsein, das uns vereint, manifestiert haben.

Mit einem offenen Herzchakra erkennen wir, dass unsere gegenwärtige Existenz Teil einer nie endenden Kette von Leben ist, da unsere Seelen ewig sind und über den physischen Tod hinaus weiterleben werden. Wir haben schon viele verschiedene Leben gelebt und werden dies auch weiterhin tun, wenn unser physischer Körper vergeht. Wir wurden mit diesem Wissen geboren, das es uns ermöglicht, den Glauben als Teil unserer Existenz wieder zu integrieren, wenn er reaktiviert wird. Und wenn man Glaube und Liebe hat, überwinden sie sofort die Angst, denn Angst ist die Abwesenheit von Glaube und Liebe.

Gesunde, ausgewogene Beziehungen erfordern, dass wir offen miteinander umgehen. Ein offenes Herz-Chakra macht uns großzügig und freundlich in Wort und Tat, da wir in unserem Kern spirituelle Menschen sind. Indem wir die spirituelle Energie durch das Herz-Chakra erfahren, entwickeln wir ein echtes Verständnis für die Nöte anderer Menschen, was uns erlaubt, barmherzig und vergebend zu werden. Umgekehrt gibt uns ein offenes Herzchakra den Mut, Strenge walten zu lassen, wenn es die Situation erfordert, was wir als "harte Liebe" bezeichnen. Wenn wir sehen, dass jemand unmoralische Handlungen begeht, die ihn vom spirituellen Weg abbringen, wollen wir ihm natürlich helfen, und das erfordert, dass wir je nach Situation Barmherzigkeit oder Strenge anwenden.

Indem wir spirituell werden, bringen wir Freude und Glückseligkeit in unser Leben. Wir lernen auch, uns selbst zu lieben und zu akzeptieren, im Guten wie im Schlechten, was der erste Schritt zur persönlichen Transformation ist. Wenn wir uns vor dem verstecken, was wir sind, verlieren wir unseren Sinn für Identität und damit auch den Kontakt zu unserer Seele. So identifizieren wir uns mit dem Ego und agieren ausschließlich durch sein niederes Bewusstsein.

Das Ego repräsentiert den Teil von uns, der von der Welt getrennt ist. Ihm fehlt es an Empathie und er verstrickt sich in Laster, während die Seele tugendhaft ist, da sie Teil der Einheit der gesamten Existenz ist. Indem wir das Herzchakra öffnen, stellen wir unsere Verbindung mit dem Zustand des Einsseins wieder her und aktivieren die innere Heilung. Auf diese Weise werden alle persönlichen Traumata, einschließlich Verlassenheit, Zurückweisung, Verrat, körperlicher und emotionaler Missbrauch, gereinigt, um das spirituelle Bewusstsein in unsere Herzen zu integrieren.

Indem wir unsere inneren Energien heilen, heilen wir auch Probleme mit dem physischen Körper, denn Krankheiten sind eine Manifestation von Energieblockaden im Chakra. Wir können bewusst Heilenergie vom Herz-Chakra zu jedem Teil des Körpers schicken, um Ungleichgewichte zu heilen. Wenn wir körperliche Probleme haben, ist das ein Zeichen dafür, dass unser Herz nicht offen genug ist; entweder lieben wir uns selbst nicht genug oder wir sind anderen Menschen gegenüber nicht liebevoll genug. Anstatt uns auf die Krankheit oder das Leiden zu konzentrieren, müssen wir uns darauf konzentrieren, Liebesenergie zu kanalisieren und ein Leuchtfeuer des Lichts in der Welt zu werden.

Die Öffnung des Herzchakras ermöglicht es uns, Geduld zu zeigen und keine sofortige Belohnung für unsere Handlungen zu erwarten. Geduld ist ein Zeichen dafür, dass der Glaube in unser Leben getreten ist und wir einem höheren Weg folgen. Integrität, Ethik und ein moralischer Kompass werden zu unserer führenden Kraft, anstatt uns vom Ego und seinen Wünschen leiten zu lassen. Wenn unser Herz uns führt, gehen wir den Weg des Lichts mit unserer inneren Wahrheit als unserem größten Verbündeten. Innere Weisheit wird erweckt und führt uns weg von bloßer Logik und Vernunft, um unsere Existenz zu rationalisieren. Stattdessen sehen wir das große Ganze: Unser ultimativer Zweck auf der Erde ist es, uns spirituell zu entwickeln und unsere Schwingungen mit dem kosmischen Bewusstsein Gottes, des Schöpfers, in Einklang zu bringen.

KUNDALINI UND HERZAUSDEHNUNG

Wenn die Kundalini auf ihrem Aufstieg das Herz-Chakra öffnet, maximiert sie das Herz-EMF, das sich anfühlt, als ob sich das Selbst in alle Richtungen ausgedehnt hätte. Der unmittelbare Effekt ist eine gesteigerte Wahrnehmung und ein Erwachen des unangeschlagenen Klangs der Stille.

Der innere Klang der Stille ist eine unterschwellige Stille im Vergleich zum weißen Rauschen, einem gleichmäßigen Brummen. Es ist der Klang des Nichts, der Leere des Raumes, der beruhigend und entspannend ist, wenn wir uns darauf einstimmen. Wir stimmen uns auf den Klang der Stille ein, wenn wir tief in der Meditation sind, obwohl er mit der Erweckung des Herzchakras leichter zugänglich wird.

Wie bereits erwähnt, ist das Herzchakra das erste Chakra der Nicht-Dualität - wenn die Kundalini in dieses Chakra eintritt, werden wir zum gegenwärtigen Moment, zum Jetzt, erweckt. Diese Erfahrung bringt uns sofort aus unserem Kopf heraus und in unser Herz hinein. Wir entwickeln ein höheres Bewusstsein, das anfangs ziemlich transzendental ist, an das wir uns aber mit der Zeit gewöhnen.

Wenn die Kundalini in das Herz-Chakra aufsteigt, aber nicht höher, fällt sie zurück nach Muladhara, um in Zukunft wieder aufzusteigen, bis sie die höheren Chakren durchdringt und den Erweckungsprozess vollendet. Sobald ein vollständiges Kundalini-Erwachen stattgefunden hat und die Energie Sahasrara durchdrungen hat, wird das toroidale Feld des Menschen maximiert, was zu einer Erweiterung des Bewusstseins und einer vollständigen Neugestaltung von Geist, Körper und Seele führt. Da das Herz und das Gehirn Partner bei der Steuerung und Aufrechterhaltung des Bewusstseins sind, folgt eine Transformation in beiden.

Ich habe bereits über den Prozess der Aktivierung der Gehirnkraft gesprochen, wenn die Kundalini dauerhaft in ihren zentralen Bereich aufsteigt. Das Gehirn fühlt sich an, als ob es sich von innen her öffnet und latente Teile des Gehirns erweckt. In unserer CPU findet ein vollständiger Modernisierungsprozess statt, da die wichtigsten Gehirnzentren auf einer höheren Ebene zu funktionieren beginnen. Das Gefühl von Transparenz und Schwerelosigkeit begleitet diesen Prozess, der sich anfühlt, als ob sich der Kopf in alle Richtungen ausgedehnt hätte.

Herzerweiterungen treten auf, wenn intensive Glückseligkeit und Liebe in das Herz eintreten. Es ist normalerweise kein sofortiger Prozess, da die unteren Chakren zuerst gereinigt werden müssen. Wenn man ein spontanes Kundalini-Erwachen erlebt, wird das innere Feuer die unteren Chakren mit der Zeit auf natürliche Weise reinigen und der spirituellen Energie erlauben, in das Herz hinabzusteigen.

Herzerweiterungen entspannen die Muskeln und das Nervensystem, was ein Gefühl der Übelkeit in der Magengrube und Schwäche in Armen und Beinen verursachen kann. Das Herz-EMF kann sich so groß anfühlen, weil das Konzept des kosmischen Bewusstseins nicht länger eine Idee ist, sondern ein permanenter Teil der eigenen Realität. Die Seele hat das Gefühl, nicht mehr im Körper zu sein, sondern überall präsent. Man entwickelt ein erhöhtes Bewusstsein und eine erhöhte Präsenz für die Umgebung, in der man sich befindet. In dem Moment, in dem man seine Aufmerksamkeit auf ein äußeres Objekt richtet, wird man von ihm absorbiert und kann seine Energie psychisch lesen. Dieses Phänomen resultiert daraus, dass sich das EMF des Herzens exponentiell ausdehnt und es dadurch in die Lage versetzt wird, ein wesentlich größeres Maß an Informationen aus der Umgebung zu empfangen.

Das erhöhte Herz-EMF bewirkt eine Verklärung im Körper und aktiviert die latente DNS des Menschen. Mit der Zeit, wenn sich der Körper an die inneren Veränderungen im Bewusstsein angepasst hat, stabilisiert sich das Herz-EMF, funktioniert aber nun permanent auf einem höheren Niveau (Abbildung 60).

Der Herzschlag wird stärker, wenn der Körper und das Gehirn mehr Informationen verarbeiten und Überstunden machen, um das neu erweiterte Bewusstsein zu unterstützen. Während Herz- und Gehirnerweiterungen und Upgrades ist es hilfreich, das eigene elektromagnetische Feld mit dem Energiefeld der Erde zu erden. Der Aufenthalt im Haus kann schädlich sein, da er uns von der Natur und den Sonnenstrahlen abschneidet, die unsere Vitalität und die Heilungsfähigkeit des Körpers fördern. Barfuß in der Natur unter freiem Himmel zu laufen, im Gras zu liegen und sich an einem Gewässer aufzuhalten, beugt körperlicher Ermüdung vor und unterstützt einen reibungslosen Transformationsprozess.

Die richtige Ernährung ist von entscheidender Bedeutung, da man Obst und Gemüse in seine Ernährung einbeziehen sollte, um sie mit den Energien des Planeten in Einklang zu bringen. Außerdem sollte man alles, was natürlich und biologisch ist, annehmen und alles, was es nicht ist, vermeiden.

Stimulanzien wie Alkohol und Drogen verursachen ein Ungleichgewicht im Nervensystem und sollten vermieden werden. Auch Kaffee sollte nur in Maßen getrunken werden, auch wenn eine Tasse pro Tag zur Erdung beitragen kann.

Die Thymusdrüse spielt eine wichtige Rolle bei der Erweckung des Herz-Chakras und der Herzausdehnung. Wie bereits erwähnt, ist die Thymusdrüse Teil unseres Lymphsystems und sitzt zwischen dem Herzen und dem Brustbein. Wenn sich das Herzchakra öffnet, wird unser Immunsystem gestärkt und die Fähigkeit unseres Körpers, Krankheiten zu bekämpfen, optimiert. Der Körper muss keine zusätzlichen Energiereserven mehr für die Selbstheilung aufwenden, sondern kann diese Energie zur Reinigung des spirituellen Systems nutzen.

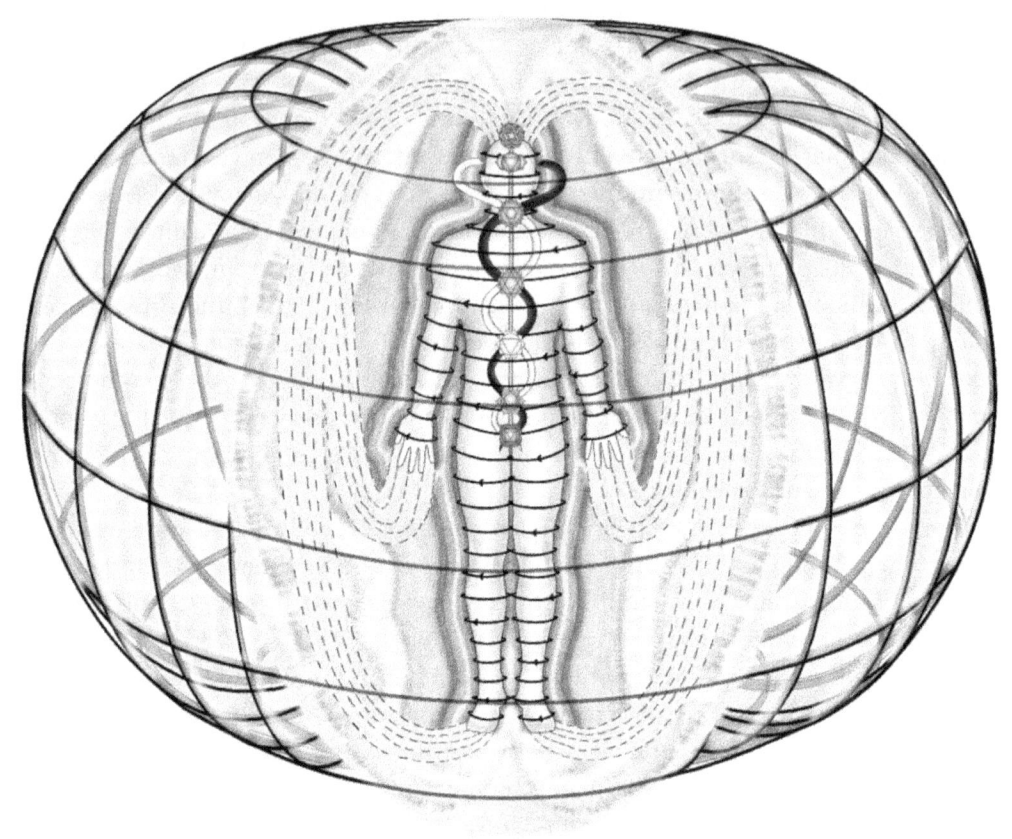

Abbildung 60: Kundalini-Erwachen und das Herz-EMF

Die Thymusdrüse erwacht während der Herzerweiterung stark, was oft einen immensen Druck in der Brust verursacht. Wir können diesen Druck lindern, indem wir einfach die Thymusdrüse rhythmisch klopfen. Wenn das Herz einen Zustrom von spiritueller Energie erfährt, überschwemmen Entspannung und Euphorie den Körper, oft in wellenförmigen Bewegungen. Der Blutdruck sinkt in diesen Fällen tendenziell, während der Histamin- und Serotoninspiegel ansteigt. Diese Situation signalisiert uns, dass wir eine Pause vom Alltag einlegen und uns um uns selbst und unsere Bedürfnisse kümmern sollten. Von uns selbst 100 % Leistung zu erwarten, wird unmöglich sein. Anstatt den Prozess zu bekämpfen, ist es daher am besten, ihn zu akzeptieren und sich entsprechend anzupassen.

Herzausdehnungen treten gewöhnlich in Phasen auf und können Wochen, manchmal Monate dauern. Sie können einmal während des Kundalini-Transformationsprozesses auftreten, obwohl es häufiger vorkommt, dass sie mehrmals auftreten. Auf die Herzerweiterung folgt die Gleichgewichtsphase des Körpers. Das Nervensystem gleicht sich selbst aus, indem es den Adrenalin-, Dopamin- und Serotoninspiegel erhöht und die Herzfrequenz, den Blutdruck und den Blutzuckerspiegel ansteigen lässt.

Was auch immer mit Ihrem Körper geschieht und wo immer Sie sich im spirituellen Transformationsprozess befinden, denken Sie immer daran, dass es am besten ist, sich dem Prozess hinzugeben. Es ist ein Muss, während dieses Prozesses in Geist, Körper und Seele entspannt zu sein, denn es ist sinnlos, ihn zu rationalisieren oder zu kontrollieren. Vollständige und absolute Hingabe wird uns helfen, die Ziellinie in der kurzmöglichsten Zeit zu erreichen und die reibungsloseste Fahrt zu ermöglichen.

TEIL V:
SIEBEN CHAKREN HEILUNGS-MODALITÄTEN

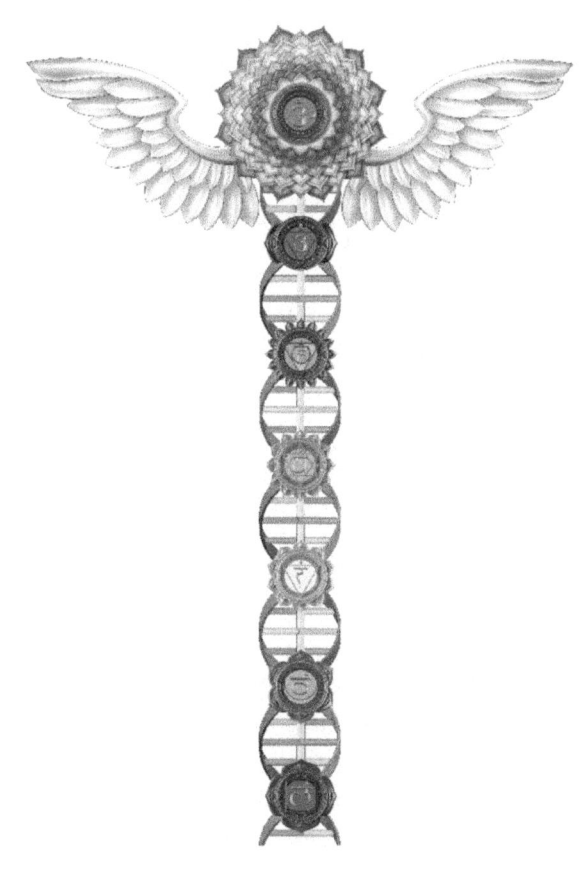

MÄNNLICHE UND WEIBLICHE CHAKREN

Das Prinzip des Geschlechts aus dem *Kybalion* besagt: "Das Geschlecht ist in allem; alles hat seine männlichen und weiblichen Prinzipien, das Geschlecht manifestiert sich auf allen Ebenen". Dieses Prinzip besagt, dass jeder Mensch eine duale Energiedynamik hat, eine männliche und eine weibliche Komponente - ausgedrückt durch seine sieben Hauptchakren.

Jedes der Hauptchakren wird mit männlicher oder weiblicher Energie assoziiert, die die Qualität ihrer Essenz repräsentiert. Männliche (Yang) Energien stehen für aktive, projektive Energie, während weibliche (Yin) Energien für passive und rezeptive Energie stehen. Diese binären Energien sind eine Manifestation von Shiva und Shakti, der göttlichen Quelle des männlichen und weiblichen Prinzips. Wissenschaftlich ausgedrückt besteht die männliche Energie aus Protonen, während die weibliche Energie aus Elektronen besteht.

So wie alle Wesen im Universum eine männliche und eine weibliche Komponente haben (unabhängig vom Geschlecht ihrer Seele), haben auch die Chakren eine solche. Mit anderen Worten, ein Chakra ist nie ganz männlich oder ganz weiblich, sondern enthält Aspekte von beiden. Jedes der sieben Chakren ist jedoch bei einem Geschlecht dominant, da es entweder einen positiven oder negativen Pol ausdrückt. Die beiden geschlechtsspezifischen Pole definieren das Wesen und die Funktion des Chakras, die im chakrischen System der männlichen und weiblichen Seelen umgekehrt sind. Ich unterscheide zwischen den Geschlechtern Seelen und Körper, da es in unserer modernen Gesellschaft nicht ungewöhnlich ist, dass eine weibliche Seele in einem männlichen Körper geboren wird und umgekehrt.

Abbildung 61 ist eine schematische Darstellung, die das System der sieben Chakren und seine verschiedenen Teile und Funktionen beschreibt. Eine zentrale Energiesäule im Inneren des Körpers kanalisiert das Licht und strahlt es zwischen Sahasrara und Muladhara hin und her. Sahasrara projiziert nach oben in Richtung des Seelensterns, während Muladhara nach unten in Richtung des Erdsterns projiziert.

Jedes Chakra zwischen Sahasrara und Muladhara hat einen vorderen und einen hinteren Teil, der nach außen ragt. Wenn das Chakra gut funktioniert, strahlt es weiter aus, während seine Projektion bei stagnierender Energie eine kürzere Distanz erreicht. Das Chakra hört auf sich zu drehen, wenn es blockiert ist, und seine Projektion ist näher am Körper. Verwenden Sie das Schema in Abbildung 61 als Referenz für die Methoden der Geistigen Heilung in diesem Abschnitt, nämlich die Energiearbeit mit Kristallstäben und Stimmgabeln.

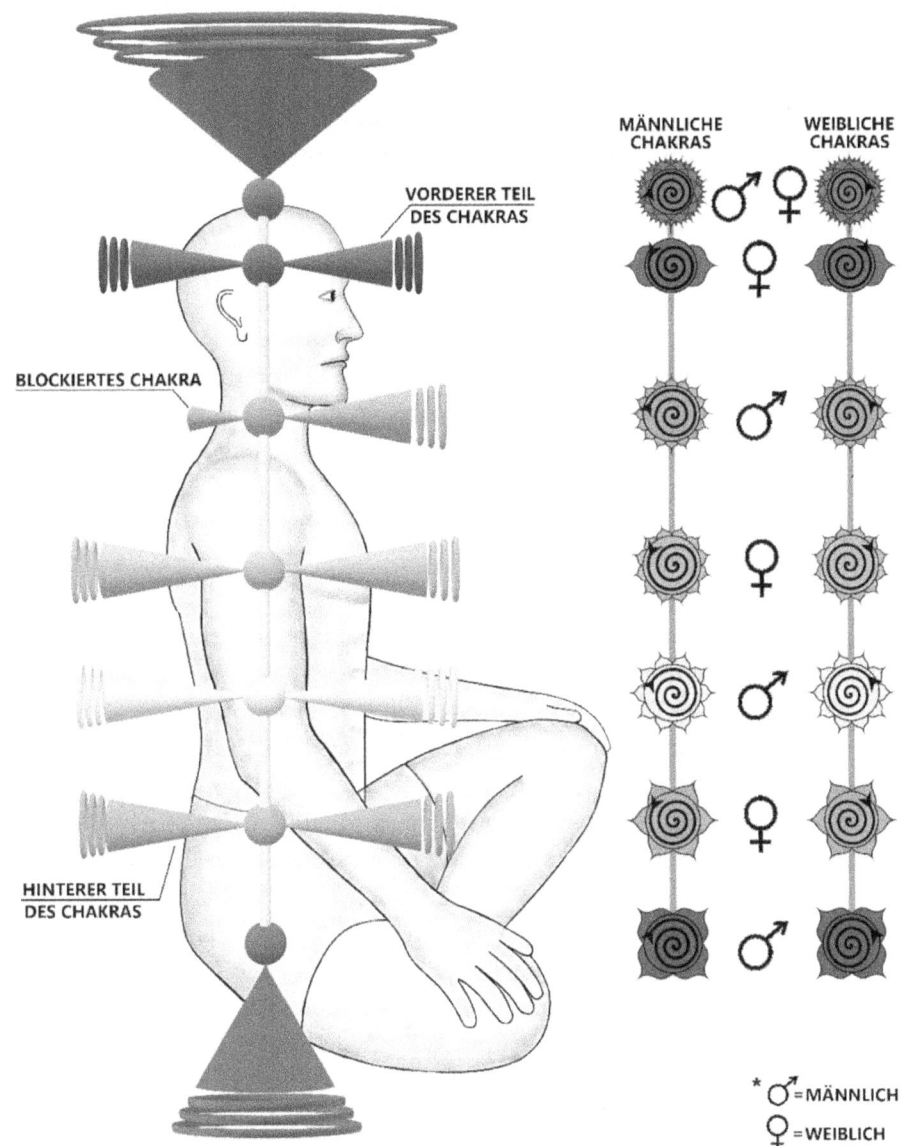

Abbildung 61: Die Sieben Männlichen und Weiblichen Chakren

Da jedes Chakra ein Rad aus sich drehender Energie ist, kann es sich entweder mit dem oder gegen den Uhrzeigersinn drehen, wobei es sich in einem Winkel von neunzig

Grad zum Körper nach außen dreht. Die Richtung, in der sich ein Chakra dreht, ist etwas, das uns von Geburt an innewohnt. Der Ursprung der gegensätzlichen Drehung von männlichen und weiblichen Chakras beginnt im Sahasrara und wechselt, während wir die Chakras nach unten durchlaufen. So ist jeder von uns entweder positiv oder negativ, von männlicher oder weiblicher Energie dominiert. Die Männer halten sich eher in ihrem ersten, dritten und fünften Chakra auf, in denen sie dominant sind, während die Frauen von ihrem zweiten, vierten und sechsten Chakra aus agieren.

Bedenke Sie jedoch, dass die Drehrichtung unserer männlichen und weiblichen Chakren nicht festgelegt ist. Jedes Chakra kann entweder projizieren oder empfangen, was seine Drehrichtung beeinflusst. Chakren sind wie Zahnräder in einer Maschine, bei der jedes Rad mit jedem anderen Rad in Beziehung steht. Sie arbeiten zusammen wie Teile eines Motors oder einer Uhr, wo jedes Teil der Maschine jedes andere Teil beeinflusst, und alles muss synchron sein, damit das Gerät funktioniert. In ähnlicher Weise muss sich jedes Chakra gleichmäßig und mit einer ähnlichen Geschwindigkeit wie jedes andere Chakra drehen, um dem gesamten Energiesystem Kohärenz zu verleihen.

Die Herausforderung für Männer und Frauen besteht darin, ihre Chakren ins Gleichgewicht zu bringen, indem sie mit ihren nicht-dominanten Chakren arbeiten. Wir können das chakrische Gleichgewicht durch spirituelle Heilmethoden, aber auch durch Verlieben erreichen. Wenn sich zwei Menschen mit entgegengesetzten Seelenpolaritäten ineinander verlieben, ermöglichen ihnen ihre sich ergänzenden Energien die Vereinigung ihrer männlichen und weiblichen Polaritäten, was zu einem höheren Bewusstseinszustand führt. Sich zu verlieben ist für die eigene spirituelle Entwicklung sehr förderlich, was erklärt, warum es in unserer Gesellschaft so begehrt ist.

Unabhängig davon, ob ein Chakra eine männliche oder weibliche Qualität hat, wird seine Kraft optimiert, wenn es sich mehr im Uhrzeigersinn dreht. Wie Sie in Abbildung 61 sehen, ist das Chakra dominant, wenn es sich im Uhrzeigersinn dreht. Bei einer Drehung im Uhrzeigersinn wird die Energie nach außen projiziert, wodurch das innere Licht effizienter durch das chakrische System fließen kann. Das innere Licht ist im Wesentlichen das, was das Chakra mit Energie versorgt - je mehr Licht jemand in sich trägt, desto stärker sind seine Chakren. Umgekehrt, wenn ein Chakra Energie empfängt, dreht es sich gegen den Uhrzeigersinn. In diesem Fall wird seine Kraft nicht voll ausgeschöpft, da es Energie aus der Umgebung bezieht, anstatt seine eigene Energiequelle zu nutzen.

Um die Chakren gesund und ausgeglichen zu halten, sollte man nie zu viel Zeit damit verbringen, Energie von außen anzusaugen, da unbekannte, fremde Energien leicht ein Chakra blockieren können, vor allem wenn sie eine niedrige Schwingungsfrequenz haben. Ein blockiertes Chakra verursacht eine Stagnation des Energieflusses in der Aura und kann mit der Zeit sogar körperliche Krankheiten verursachen. Umgekehrt kann die ständige Projektion von Energie nach außen, ohne die nötige Zeit für Erdung und Selbstreflexion zu verwenden, der eigenen Aura lebenswichtige Prana-Energie entziehen und den Geist, den Körper und die Seele erschöpfen.

Im Falle einer vollständigen Kundalini-Erweckung jedoch, wenn die Person eine dauerhafte Verbindung mit Sahasrara hergestellt hat, kanalisiert sie ein größeres Maß an

Lichtenergie in ihre optimierten sechs Chakren darunter, was sie befähigt, ein natürlicher Heiler für andere zu sein. Menschen werden auf natürliche Weise von Kundalini-Erweckten angezogen - man wird geheilt, einfach indem man in ihrer Gegenwart ist.

Nebenbei bemerkt: Um gesunde Beziehungen aufrechtzuerhalten, sollte es energetisch immer ein gleiches Geben und Nehmen geben. Wir sollten uns verjüngt fühlen, wenn wir Zeit mit anderen verbringen, anstatt uns ausgelaugt zu fühlen. Menschen, die zu viel Energie aufnehmen, ohne etwas zurückzugeben (ob sie es bewusst tun oder nicht), werden als "Energievampire" bezeichnet. Das Konzept des Vampirismus stammt von dieser Art des egoistischen Energieaustauschs zwischen Menschen; wenn wir bereit sind, von anderen Liebesenergie zu nehmen, sollten wir auch bereit sein, ihnen unsere Liebesenergie zurückzugeben.

GESCHLECHTSSPEZIFISCHE MERKMALE DER CHAKREN

Als Quelle der rohen Energie von Körperlichkeit und Aktion ist Muladhara, das Wurzelchakra, von männlicher (positiver) Natur und dreht sich bei Männern im Uhrzeigersinn und bei Frauen gegen den Uhrzeigersinn. Bei Frauen ist Muladhara im empfangenden Modus, bei Männern dagegen im abgebenden. Aus diesem Grund sind Männer im Allgemeinen das dominantere Geschlecht, wenn es um körperliche Aktivitäten wie manuelle Arbeit und Leistungssport geht.

Swadhisthana, das Sakralchakra, die Quelle der Emotionen, ist von Natur aus weiblich (negativ); es dreht sich bei Männern gegen den Uhrzeigersinn und bei Frauen im Uhrzeigersinn. Swadhisthana befindet sich im rezeptiven Modus für Männer und im projektiven Modus für Frauen. Da Swadhisthana bei Frauen dominanter ist, ist es kein Wunder, dass sie im Allgemeinen die emotionaleren der beiden Geschlechter sind.

Manipura, das Solarplexus-Chakra, ist die Quelle der Willenskraft und gehört zur männlichen (positiven) Energie, die sich bei Männern im Uhrzeigersinn und bei Frauen gegen den Uhrzeigersinn dreht. Manipura befindet sich bei Frauen im empfangenden Modus, während es bei Männern Energie abgibt. Die Dominanz von Manipura in Männern hat zu einer Besessenheit von Macht und Kontrolle geführt, wie die Geschichte der Kriege zeigt, die Männer gegeneinander geführt haben. Positiv zu vermerken ist, dass die männliche Kriegerenergie sie seit jeher zum Beschützer und Versorger im Familienhaushalt gemacht hat.

Die Quelle des Mitgefühls und der Liebe, Anahata, das Herz-Chakra, ist von Natur aus weiblich (negativ) und dreht sich bei Männern gegen den Uhrzeigersinn und bei Frauen im Uhrzeigersinn. Anahata befindet sich bei Männern im Akt des Empfangens und bei Frauen im Modus der Projektion. Frauen werden mit Pflege und Fürsorge in Verbindung gebracht. Sie können mit dem Fluss des Lebens gehen, anstatt jede Facette ihrer Existenz zu kontrollieren. Da Frauen das Herz- und Sakralchakra beherrschen, ist Intimität für sie viel zugänglicher als für Männer. Die meisten Frauen sind im Allgemeinen das Herz ihrer romantischen Beziehungen, während Männer mit ihren Gefühlen kämpfen.

Vishuddhi, das Kehlchakra, das Zentrum des eigenen Ausdrucks, gehört zur männlichen (positiven) Energie; es dreht sich bei Männern im Uhrzeigersinn und bei Frauen gegen den Uhrzeigersinn. Da das Kehlchakra bei Männern dominiert, ist es nicht ungewöhnlich, dass sie zielgerichteter und ausdrucksstärker sind als Frauen, die eher introvertiert sind.

Als Zentrum der Intuition ist Ajna, das Auge des Geistes, von Natur aus weiblich (negativ) und dreht sich bei Männern gegen den Uhrzeigersinn und bei Frauen im Uhrzeigersinn. Bei Männern ist Ajna im Akt des Empfangens, während es bei Frauen im Modus des Abgebens ist. Es ist bekannt, dass Frauen eine höhere psychische Wahrnehmung haben als Männer. Im Laufe der Geschichte ist es kein Wunder, dass Frauen die Seher und Orakel waren, da sie ein besserer Kanal für Energien aus den höheren Ebenen waren.

Sahasrara ist geschlechtsneutral, da es die Quelle des göttlichen Lichts ist. Die positiven und negativen Pole verschmelzen zu einer vereinten Energie, was Sahasrara zum einzigen Hauptchakra macht, das nicht dual ist. Bei Männern dreht sich dieses Chakra im Uhrzeigersinn, während es sich bei Frauen gegen den Uhrzeigersinn dreht. Sahasrara ist die Quelle der göttlich-maskulinen und göttlich-femininen Energien. Bei beiden Geschlechtern gibt Sahasrara die göttliche Lichtenergie ab und projiziert sie in die darunter liegenden Chakren.

Die oben erwähnten Rollen und Bezeichnungen zwischen den Geschlechtern sind in keiner Weise festgelegt, noch bestimmen sie die Stärken und Schwächen eines Menschen. Viele männliche und weibliche Individuen haben die Chakren optimiert, in denen sie nicht von Natur aus dominant sind, und blühen in Bereichen auf, die für Menschen ihres Geschlechts weniger üblich sind. Der freie Wille steht über allen energetischen Veranlagungen und gesellschaftlichen Konditionierungen; mit Fokus und Entschlossenheit kann sich der Mensch zu allem entwickeln, was er sein möchte.

DAS GLEICHGEWICHT DER CHAKREN

Wenn es um Geistiges Heilen geht, ist es hilfreich zu wissen, in welchen Chakren wir von Natur aus dominant sind. Mit diesem Wissen können wir unsere nicht-dominanten Chakren entwickeln und ein größeres Gleichgewicht in unserem gesamten Energiesystem erreichen. Schließlich liegt der Schlüssel zur Maximierung des eigenen Potenzials darin, die männlichen und weiblichen Energien im Körper auszugleichen. In diesem Sinne sollten sich Frauen bei der Arbeit mit den Chakras durch Praktiken der Geistigen Heilung auf die männlichen, ungeraden Chakren (Erstes, Drittes, Fünftes) konzentrieren, während Männer sich auf die weiblichen, geraden Chakras (Zweites, Viertes, Sechstes) konzentrieren sollten.

Wenn ein Chakra überaktiv ist (ein Überschuss an Energie) oder wenn ein Chakra unteraktiv ist und einen Energiemangel aufweist, können wir die männlichen und weiblichen Prinzipien anwenden, um dieses Chakra ins Gleichgewicht zu bringen. Da zum Beispiel das Swadhisthana Chakra weibliche Energie hat, bedeutet ein Ungleichgewicht in diesem Chakra, dass man entweder ein Übermaß an weiblicher Energie hat oder einen Mangel an männlicher Energie. Wenn die Person sich übermäßig emotional fühlt, muss sie männliche Energie in ihr Sakralchakra einbringen, um ein Gleichgewicht herzustellen. Wenn sie kalt und unnahbar sind und keinen Kontakt zu ihren Gefühlen haben, sollten sie weibliche Energie verwenden.

Da das Manipura Chakra eine männliche Qualität hat, ist es ein Zeichen dafür, dass das Chakra überaktiv ist und weibliche Energie benötigt, um es ins Gleichgewicht zu bringen, wenn der Mensch ein Übermaß an Energie spürt, dass ihn aufregt und wütend macht. Umgekehrt, wenn die Person keinen Kontakt zu ihrer Willenskraft hat, muss sie die männliche Energie nutzen, um ihr Gleichgewicht wiederherzustellen.

Ob männlich oder weiblich, jedes Chakra dreht sich im Uhrzeigersinn, wenn es überaktiv ist, und gegen den Uhrzeigersinn, wenn es unteraktiv ist. Um ein Chakra zu optimieren, müssen wir daher das richtige Gleichgewicht zwischen seinen projektiven und rezeptiven Funktionen finden. Wie bereits erwähnt, sollten die Chakren jedoch mehr Energie projizieren als empfangen, damit der Einzelne sein inneres Licht kanalisieren kann. Dadurch wird die Verbindung mit der Seele gestärkt.

ASTROLOGIE UND DIE SIEBEN CHAKREN

Die Astrologie ist eine uralte Wissenschaft, die die Bewegungen und relativen Positionen der Himmelskörper (Planeten) in unserem Sonnensystem untersucht. Für unsere frühen Vorfahren stand die Astrologie im Mittelpunkt aller Wissenschaften, der Philosophie, der Medizin und der Magie. Ihnen zufolge spiegelte sich das äußere Universum (Makrokosmos) in der menschlichen Erfahrung (Mikrokosmos) wider - wie oben, so unten. Sie glaubten, dass sie durch das Studium der Sternenkonstellationen und der Planeten die menschlichen Angelegenheiten erahnen, den Körper heilen und sogar Ereignisse hier auf der Erde vorhersagen könnten.

Astrologen glauben, dass jeder Mensch von den Planeten und den Tierkreiszeichen beeinflusst wird, in denen er bei seiner Geburt stand. Sie nennen die Blaupause dieser energetischen Einflüsse unser Horoskop oder Geburtshoroskop. Unser Horoskop gibt uns eine Karte der Energien, die unser gesamtes Selbst ausmachen. Bei der Geburt werden die Energien des Tierkreises in unsere Aura eingeschlossen, versorgen die Chakren und beeinflussen unsere Wünsche, Bestrebungen, Motivationen, Vorlieben und Abneigungen sowie unsere Verhaltenstendenzen. Die Sterne versorgen uns mit den karmischen Lektionen, die wir brauchen, um uns in diesem Leben spirituell weiterzuentwickeln.

Das Wesen der Astrologie besteht darin, die Bedeutung der Planeten zu verstehen, denn sie beherrschen die Tierkreiszeichen und die zwölf Häuser. Mit anderen Worten, die Kräfte der Sternenkonstellationen manifestieren sich durch die Planeten. Jeder Mensch setzt sich aus verschiedenen Kombinationen und Graden der Planetenenergien zusammen. Die sieben alten Planeten fungieren als Relaisstationen für den Empfang und die Weiterleitung der Stellarenergien. Sie entsprechen den sieben Chakren, während die zwölf Tierkreiszeichen die männlichen und weiblichen, die Tag- (Solar) und Nacht- (Lunar) Aspekte der sieben alten Planeten darstellen (Abbildung 62). Daher können wir anhand unseres Geburtshoroskops die Eigenschaften unserer Chakren bestimmen, die unseren Charakter und unsere Persönlichkeit prägen.

Das Geburtshoroskop ist eine Momentaufnahme in der Zeit, eine Blaupause dessen, was wir sind und was wir werden können. Bei der Untersuchung des Geburtshoroskops muss man besonders auf die Zeichen für Sonne, Mond und Aufgang (Aszendent) achten. Diese drei Zeichen geben uns einen außergewöhnlichen Einblick in unseren chakrischen Lebensschwerpunkt, in die Stärken, auf denen wir aufbauen können, und in die Schwächen und Begrenzungen, die wir verbessern und überwinden können, um uns spirituell weiterzuentwickeln.

Die elementare Aufteilung eines Menschen in seinem Geburtshoroskop bestimmt auch, wie viel männliche oder weibliche Energie er verkörpert, was sich auf seine Psyche auswirkt. Die körperliche Erscheinung wird jedoch durch den Aszendenten und die Planeten, die im ersten Haus stehen, beeinflusst. Wenn jemand zum Beispiel Jupiter in seinem ersten Haus hat, kann er mit Gewichtszunahme zu kämpfen haben, während er mit Mars einen straffen und muskulösen Körper hat. Diese Assoziationen haben viel mit den herrschenden Chakren der Planeten zu tun, auf die wir in diesem Kapitel näher eingehen werden.

WESTLICHE ASTROLOGIE VS. VEDISCHE ASTROLOGIE

Seit dem Aufkommen der Astrologie, die so alt ist wie die Menschheit selbst, sind viele astrologische Systeme erfunden worden, um die Sterne zu studieren und zu deuten. Die beiden bemerkenswertesten, die den Test der Zeit bestanden haben, sind jedoch die westliche Astrologie und die vedische Astrologie.

Die vedische, hinduistische oder indische Astrologie, auch "Jyotish Shastra" ("Wissenschaft des Lichts" in Sanskrit) genannt, ist anders und komplexer als die westliche Astrologie. Die vedische Astrologie hat ihre Wurzeln in den Veden und ist mindestens 5000 Jahre alt. Sie verwendet den siderischen Tierkreis, der auf der Position der Sternenkonstellationen am Nachthimmel basiert, die als Hintergrund für die sich bewegenden Planeten dienen. Alte Kulturen wie die Ägypter, Perser und Mayas nutzten das siderische System, um zukünftige Ereignisse genau vorherzusagen.

Im Gegensatz dazu basiert die westliche Astrologie auf dem tropischen Tierkreis, der geozentrisch ist; er folgt der Ausrichtung der Erde zur Sonne, wo die Tierkreiszeichen auf der Ekliptik stehen. Die westliche Astrologie ist auf den Wechsel der Jahreszeiten ausgerichtet; Widder ist das erste Tierkreiszeichen, da es mit dem ersten Frühlingstag am Frühlingsäquinoktium zusammenfällt, wenn die Sonne den Himmelsäquator in Richtung Norden überquert. Mit dem Widder beginnt also das Sonnenjahr, während die Fische es Jahr für Jahr abschließen. Der größte Teil der modernen Welt hat den tropischen oder solaren Kalender für die Zeitzählung übernommen, weil er mit den Veränderungen der Jahreszeiten übereinstimmt.

Daher bewertet die westliche Astrologie die Geburt eines Menschen anhand der Ausrichtung der Sterne und Planeten aus der Perspektive der Erde und nicht aus dem Weltraum wie in der vedischen Astrologie. Die westliche Astrologie hat ihren Ursprung im antiken Griechenland mit Ptolemäus vor etwa 2000 Jahren. Sie war jedoch eine Fortsetzung der hellenistischen und babylonischen Traditionen.

Da sich die Erde um 23,5 Grad vom Äquator dreht und neigt, kommt es alle 72 Jahre zu einer Verschiebung um 1 Grad, die wir als "Präzession der Äquinoktien" bezeichnen. Das bedeutet, dass das Frühlingsäquinoktium jedes Jahr 20 Minuten und alle 72 Jahre einen Tag zu früh kommt. In der vedischen Astrologie wird diese Abweichung berücksichtigt, in der westlichen Astrologie nicht. Während die vedische Astrologie also beweglich ist und im Grunde in "Echtzeit" Ergebnisse über die Konfiguration der Sternkonstellationen liefert, ist die westliche Astrologie starr und berücksichtigt diese Veränderungen am Nachthimmel nicht.

An dieser Stelle wird es allerdings knifflig. Obwohl die beiden Systeme bei der Einführung des tropischen Tierkreises vor etwa 2000 Jahren angeglichen wurden, haben sich die Daten für die Sonnenzeichen in der vedischen Astrologie im Laufe der Jahre geändert, während sie in der westlichen Astrologie gleich geblieben sind. So beginnt zum Beispiel der Widder im siderischen Tierkreis am 13. April (diese Zahl variiert), während er im tropischen Tierkreis am 21. März ankommt.

Obwohl die zwölf Tierkreiszeichen dieselben Eigenschaften und Merkmale aufweisen, kann Ihr Geburtshoroskop aufgrund der unterschiedlichen Datumsangaben eine völlig andere Darstellung enthalten. Ophiuchus, der "Schlangenträger", wird manchmal als dreizehntes Tierkreiszeichen in der siderischen Astrologie vorgeschlagen, obwohl er offiziell zu keinem der beiden Systeme gehört, da seine Konstellation die Ekliptik berührt. Es fällt zwischen Skorpion und Schütze vom 29. November bis zum 18. Dezember.

Ein weiterer wesentlicher Unterschied zwischen den beiden Systemen besteht darin, dass die westliche Astrologie die drei äußeren Planeten in unserem Sonnensystem, Uranus, Neptun und Pluto, als Teil des planetarischen Rahmens verwendet. Im Gegensatz dazu konzentriert sich die vedische Astrologie (die die alte Alchemie und die hermetische Qabalah widerspiegelt) nur auf die sieben alten Planeten. Sie schließt jedoch den Nord- und Südknoten des Mondes (Rahu und Ketu) mit ein, was insgesamt neun Himmelskörper (Gottheiten) ergibt, die "Navagrahas" genannt werden (Sanskrit für "Neun Planeten"). Nach hinduistischem Glauben beeinflussen die Navagrahas die Menschheit kollektiv und individuell. Daher ist es nicht ungewöhnlich, dass Hindus die Navagrahas in ihren Häusern verehren, um Widrigkeiten oder Unglück zu überwinden, die aus vergangenem Karma resultieren.

Die westliche Astrologie legt den Schwerpunkt auf die Stellung der Sonne in einem bestimmten Sonnenzeichen. Gleichzeitig legt die vedische Astrologie den Schwerpunkt auf die Stellung des Mondes und des Aszendenten (Lagna in Sanskrit). Darüber hinaus enthält sie die "Nakshatras" (Mondhäuser), die einzigartig in diesem System sind. Außerdem sind die Zwölf Häuser Teil des Geburtshoroskops der vedischen Astrologie, während sie in der westlichen Astrologie zweitrangig sind. Das auf dem Sonnensystem basierende System der westlichen Astrologie ist wohl besser in der Lage, die Persönlichkeit und die Eigenschaften einer Person sowie die planetarischen Einflüsse auf das Verhalten und die Wahrnehmungen zu beurteilen. Im Gegensatz dazu ist das auf dem Mond basierende

System der vedischen Astrologie aufgrund seiner Genauigkeit bei der Vorhersage der Zukunft besser in der Lage, Einblick in das Schicksal einer Person zu geben. Mit anderen Worten: Der westliche Astrologe ist eher ein Psychologe, während der vedische Astrologe eher ein Seher oder Wahrsager ist.

Als abschließende Bemerkung zu diesem Thema möchte ich anmerken, dass ich mein ganzes Leben lang die westliche Astrologie studiert habe und ihre Gültigkeit und Genauigkeit in Bezug auf meine eigenen Persönlichkeitsmerkmale und -eigenschaften und andere Menschen, denen ich begegnet bin, bestätigen kann. Da die Hermetik den Haupteinfluss auf meine Arbeit ausübt, erkenne ich auch die Bedeutung des Sonnenlichts und seine Auswirkungen auf das Leben auf der Erde und unsere innere spirituelle Natur an und gebe ihm Vorrang vor allen anderen Dingen. Aus diesem Grund machte die jahreszeitliche Zuordnung der Tierkreiszeichen für mich immer Sinn, da ihre Platzierung das metaphorische Leben, den Tod und die Wiedergeburt der Sonne aus der Sicht der Erde widerspiegelt.

Mein Interesse an der Astrologie war immer eine Form der transpersonalen Psychologie und nicht die Vorhersage zukünftiger Ereignisse in meinem Leben. In diesem Sinne war die westliche Astrologie für mich von großem Nutzen. Wenn Ihr Interesse an der Astrologie jedoch in erster Linie eine Form der Weissagung ist, werden Sie die vedische Astrologie als nützlicher empfinden. Abgesehen davon glaube ich, dass keines der beiden Systeme die endgültigen Antworten hat. Um die Astrologie vollständig zu verstehen, sollten Sie sich daher mit beiden Systemen vertraut machen, was viele ernsthafte Astrologen auch tun.

DIE SIEBEN ANTIKEN PLANETEN

Die sieben Hauptchakren korrespondieren auf folgende Weise mit den sieben antiken Planeten: Muladhara bezieht sich auf Saturn, Swadhisthana auf Jupiter, Manipura auf Mars, Anahata auf Venus, Vishuddhi auf Merkur, Ajna auf den Mond und Sahasrara auf die Sonne (Abbildung 62).

Indem wir die Planeten in ihre chakrischen Positionen bringen, erhalten wir eine fast exakte Abfolge ihrer Reihenfolge in unserem Sonnensystem. Die einzige Abweichung ist der Mond, der an zweiter Stelle nach der Sonne steht, anstatt zwischen Venus und Mars, neben der Erde.

Im Qabalistischen Lebensbaum ist der Mond die erste Sephira (Yesod), der wir begegnen, wenn wir nach innen gehen. Da er das Licht der Sonne reflektiert, entspricht er den visuellen Gedanken, die durch das Auge des Geistes projiziert werden - unsere Tür oder unser Portal in die inneren kosmischen Ebenen oder Reiche. Der Mond repräsentiert die Astralebene und spiegelt die spirituelle Realität wider, die die Sonne am anderen Ende des Spektrums erzeugt.

In der alchemistischen Symbolik wurden Mond und Sonne immer gemeinsam als Vertreter der universellen weiblichen und männlichen Energien dargestellt. Das

Zusammenspiel der Sonnen- und Mondenergien liegt der gesamten Schöpfung als Seele und Bewusstsein zugrunde - die Elemente Feuer und Wasser.

Folglich spiegelt die Anordnung der sieben alten Planeten auf dem chakrischen Baum fast ihre Anordnung auf dem qabalistischen Lebensbaum wider, allerdings in umgekehrter Reihenfolge. Wenn wir den Planeten Erde anstelle der Sonne einsetzen, haben wir als nächstes den Mond, gefolgt von Merkur, Venus, Mars, Jupiter und Saturn.

Wie bereits erwähnt, ist das Licht der Sonne der Ursprung unserer Seelen. Die Assoziation zwischen der Erde und der Sonne bedeutet, dass sich die spirituelle Realität in der materiellen Realität widerspiegelt und umgekehrt. Die beiden sind lediglich entgegengesetzte Aspekte des Einen.

Wenn die Sonne die Seele darstellt, dann sind die Planeten die höheren Kräfte der Seele, die sich durch die ihnen zugeordneten Chakren manifestieren. Sie sind die verschiedenen Komponenten des inneren Selbst und die Quelle aller Tugenden, Moral und Ethik, die unseren Charakter ausmachen. Wie es in *The Magus* heißt, sind wir durch unsere Verbindung mit den Planeten und ihren Zyklen um die Sonne ein "perfekter Mikrokosmos des Makrokosmos - ein Mini-Sonnensystem, das das große Sonnensystem widerspiegelt, in dem wir unsere physische Existenz haben".

Da jeder der sieben alten Planeten mit einem der sieben Chakren korrespondiert, zeigt jedes Chakra die Natur seines herrschenden Planeten. Diese Assoziation ist hilfreich zu wissen, wenn wir unser Horoskop oder Geburtshoroskop untersuchen. Da das Leben fortlaufend ist, spiegelt die Positionierung der Planeten die erforderlichen Kräfte wider, die wir benötigen, um unsere karmische Energie aus früheren Leben zu überwinden.

Je nachdem, in welchem Tierkreiszeichen ein Planet zum Zeitpunkt der Geburt einer Person stand, sind einige Planeten bösartig, während andere im Geburtshoroskop einer Person gutartig sind. Das liegt an der Beziehung zwischen den Planeten und den Herrschern der Tierkreiszeichen, in denen sie sich befinden. Die Planeten sind in den Zeichen ihrer Freunde stark, während sie in den neutralen Zeichen neutral in ihrer Stärke sind. Umgekehrt sind sie in den Zeichen ihrer Feinde schwach. So können sich die planetarischen, kosmischen Ausstrahlungen entweder positiv oder negativ auf die ihnen zugeordneten Chakren im Lichtkörper auswirken. Wenn einer unserer Planeten in unserem Geburtshoroskop schwach ist, wird auch das entsprechende Chakra schwach sein. Wenn Chakren schwach und (oder) blockiert sind, werden gesundheitliche Probleme im Zusammenhang mit diesem Chakra verursacht.

Abschließend sei gesagt, dass die meisten westlichen Astrologen die äußeren Planeten in ihre Horoskopmodelle einbeziehen. Sie setzen Pluto mit der femininen Seite des Mars-Chakras (Skorpion), Neptun mit der femininen Seite des Jupiter-Chakras (Fische) und Uranus mit der maskulinen Seite des Saturn-Chakras (Wassermann) gleich.

Auch der Nord- und der Südknoten des Mondes werden oft mit einbezogen. Im Lateinischen werden sie Caput und Cauda Draconis genannt - Kopf und Schwanz des Drachens. Im Allgemeinen bezieht sich der Nordknoten auf unser Schicksal und unsere Bestimmung in diesem Leben, während sich der Südknoten auf das Karma bezieht, das wir aus früheren Leben in diese Inkarnation mitbringen.

Es folgt eine Beschreibung der planetarischen Kräfte in Bezug auf die ihnen zugeordneten Chakren. Für eine gründlichere Darstellung der planetarischen und zodiakalen Korrespondenzen der westlichen Astrologie lesen Sie bitte *The Magus*. Das hier präsentierte astrologische Wissen ergänzt die Informationen zum selben Thema in meinem vorherigen Buch.

Saturn / Muladhara

Saturn (Shani in Sanskrit) ist der sich am langsamsten bewegende Planet in unserem Sonnensystem, weshalb er mit Lektionen im Leben assoziiert wird, die sich auf den Lauf der Zeit beziehen. Er ist der Planet der Selbstbeherrschung, der Verantwortung, des Fleißes und der Disziplin, die unserem Leben Struktur verleihen. Seine Energie ist erdend, wie das Element Erde, das er repräsentiert. Saturn repräsentiert das männliche Muladhara Chakra.

Saturn ermöglicht es uns, die Wahrheit zu erkennen und uns an ihr auszurichten. Als solcher ist er sehr stark mit Integrität verbunden. Die Saturn-Energie wirkt sich auf unsere Fähigkeit aus, unsere Lebensträume und -ziele zu verwirklichen, und inspiriert uns dazu, die Welt frontal zu erobern. Sie wirkt sich auch auf unsere Grenzen und Einschränkungen aus und ermöglicht es uns, innerhalb der gesellschaftlichen Zwänge auf gesunde und dennoch produktive Weise zu leben.

Saturn hat eine luftige Qualität; er fördert die Intuition und ein tiefes Wissen um eine höhere Realität, die das Universum beherrscht. Schließlich ist er der Planet des Glaubens und des Karmas. Ein starker Einfluss der Saturn-Energie ermöglicht es uns, unserer spirituellen Entwicklung Vorrang vor materiellen Errungenschaften einzuräumen.

In Bezug auf den Körper regiert Saturn alles, was mit unserer physischen Struktur zu tun hat, einschließlich Skelettsystem, Zähne, Knorpel, Drüsen, Haare und Haut. Zu wenig Saturn-Energie im Muladhara führt dazu, dass wir nicht geerdet sind und uns nicht selbst tragen können. Ein Mangel an Disziplin und Ehrgeiz kann uns träge und innerlich zerrissen machen und uns daran hindern, die Ziele zu erreichen, die wir uns gesetzt haben. Andererseits kann ein Mensch mit zu viel Saturn übermäßig ehrgeizig, egoistisch, unflexibel und pessimistisch werden.

Saturn hat eine freundliche Beziehung zu Merkur und Venus in einem Geburtshoroskop, während er mit Mars verfeindet und mit Jupiter neutral ist. Darüber hinaus regiert er die beiden standfesten und vertrauenswürdigen Tierkreiszeichen Wassermann (Kumbha in Sanskrit) und Steinbock (Makara in Sanskrit). Der Wassermann repräsentiert die männliche Energie des Saturn, während der Steinbock seine weibliche Energie repräsentiert. Während sich der Wassermann mit dem Ausdruck der konservativen Kraft im Leben befasst, ist der Steinbock an ihrer Stabilisierung beteiligt.

Wenn eines dieser beiden Zeichen in Ihrem Geburtshoroskop prominent ist, vor allem, wenn sie als Ihr Sonnenzeichen, Mondzeichen oder aufsteigendes Zeichen (Aszendent) vorkommen, sollten Sie dem Muladhara Chakra Aufmerksamkeit schenken. Wassermänner und Steinböcke erhalten oft entweder zu viel oder zu wenig Saturn-Energie und benötigen spirituelle Arbeit am Muladhara, um sie auszugleichen.

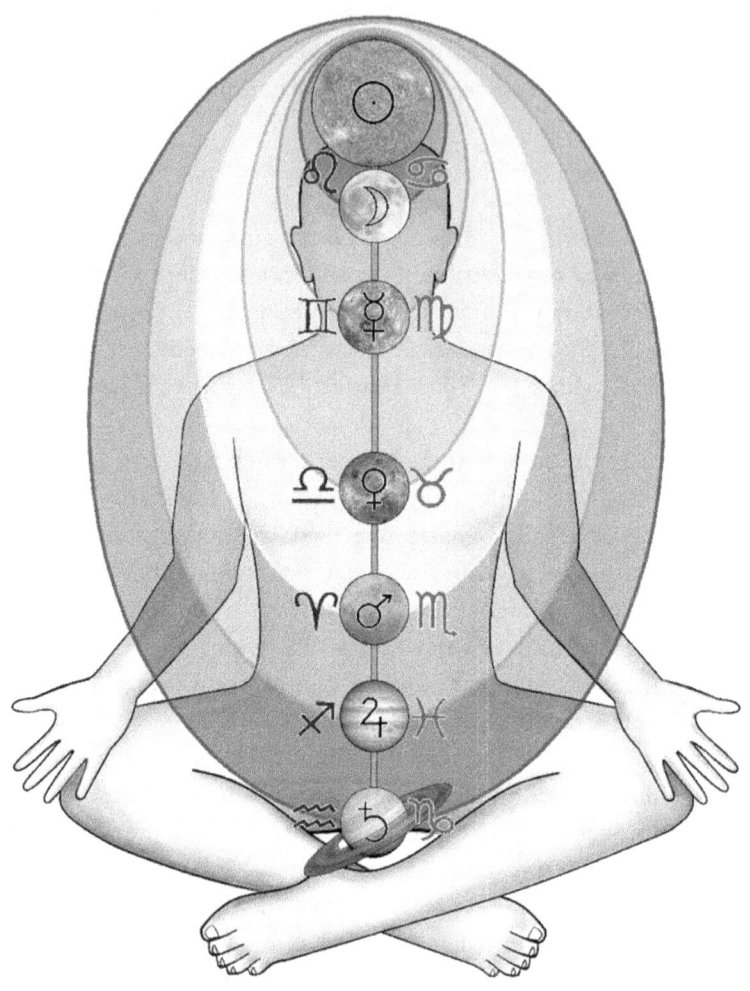

Abbildung 62: Chakrische Positionen der Sieben Antiken Planeten

Jupiter/Swadhisthana

Der Planet Jupiter (Brihaspati oder Guru in Sanskrit) ist ein expansiver und großzügiger Planet, der Glück, Überfluss und Erfolg bringt. Er ist mit dem Wasserelement verbunden und repräsentiert die höheren Qualitäten des Bewusstseins, dessen Grundenergie bedingungslose Liebe ist. Jupiter korrespondiert mit dem weiblichen Swadhisthana Chakra.

Die wohlwollende Energie des Jupiters inspiriert Selbstvertrauen, Optimismus, Zusammenarbeit mit anderen und den Schutzimpuls. Die Jupiter-Energie baut Tugenden auf, die unseren Charakter formen und uns mit unserem höheren Selbst verbinden. Sie verleiht uns einen starken Sinn für Moral und Ethik und ermöglicht es uns, in der Gesellschaft zu wachsen und eine Bereicherung für andere zu sein. Jupiter flößt uns ein

Gefühl des Mitgefühls, der Barmherzigkeit und der Großzügigkeit ein und macht uns in unseren Worten und Taten gerecht und ehrenhaft. Glück, Zufriedenheit und gute Gesundheit sind alles Aspekte von Jupiter. Er regelt das Wachstum des physischen Körpers, einschließlich der zellulären Entwicklung und der Erhaltung des Weichteilgewebes.

Jupiter ist der Lehrer, der uns innere Weisheit vermittelt und uns inspiriert, eine philosophische Lebenseinstellung zu entwickeln. Seine positive Energie macht uns freundlich, fröhlich und allgemein beliebt bei anderen. Er ermöglicht es uns, in allen Situationen das Positive zu sehen, was zu Erfolg bei geschäftlichen Unternehmungen führt.

Wenn Swadhisthana einen Mangel an Jupiter-Energie aufweist, kommt es zu einer Unterdrückung von Emotionen und Sexualität, was sich negativ auf Kreativität, Selbstvertrauen und das Gefühl der persönlichen Identität auswirkt. Zu wenig Jupiter-Energie kann uns pessimistisch, unehrlich, ängstlich, schüchtern und allgemein unglücklich im Leben machen. Umgekehrt kann ein Zuviel an Jupiter uns zu blindem Optimismus, Extravaganz und Faulheit verleiten. Der Nachteil, wenn uns die Dinge im Leben zu leicht fallen, ist, dass wir keine Charakterstärke entwickeln können.

In einem Geburtshoroskop ist Jupiter mit Sonne, Mond und Mars befreundet, während er mit Merkur und Venus verfeindet und mit Saturn neutral ist. Außerdem herrscht Jupiter über Schütze (Dhanus in Sanskrit) und Fische (Mina in Sanskrit), beides sehr moralische Zeichen. Schütze repräsentiert die männliche Energie von Jupiter, während Fische seine weibliche Energie repräsentiert. Während der Schütze die schöpferische Energie im Leben verkörpert, drücken die Fische sie aus. Menschen, die eines dieser beiden Zeichen in ihrem Geburtshoroskop haben, sollten auf das Swadhisthana Chakra und seine Funktion achten. Wenn sie die Jupiter-Energie unausgewogen aufnehmen, benötigen sie möglicherweise spirituelle Arbeit, um dieses Chakra zu optimieren.

Mars/Manipura

Der Planet Mars (Mangals, Angaraka oder Kuja in Sanskrit) ist der Treibstoff der Willenskraft, die Handlungen und Veränderungen initiiert. Er repräsentiert das Feuerelement, das mit dem männlichen Manipura Chakra korrespondiert. Mars ist der Planet der physischen Energie, der den Sexualtrieb regiert. Er ist die Quelle unserer persönlichen Kraft, die dem Geist, dem Körper und der Seele Stärke und Mut verleiht.

Mars ist aufregend und dynamisch; er verleiht uns mentale Stärke und macht uns wettbewerbsfähig gegenüber anderen Menschen. Da er das Feuerelement ist, erlaubt er uns außerdem, starke Überzeugungen zu entwickeln, die uns helfen, unser Lebensziel zu finden und den Antrieb, es zu verwirklichen.

Mars verleiht uns auch Enthusiasmus, Leidenschaft und die Fähigkeit, Herausforderungen im Leben anzunehmen und sie durch Entschlossenheit und Ausdauer zu überwinden. Er erleichtert das innere Wachstum und die Veränderung, die notwendig ist, um sich weiterzuentwickeln. Die Marsenergie ist stark auf die innere Transformation ausgerichtet, denn das Feuerelement verzehrt das Alte, um Platz für das Neue zu schaffen.

Als roter Planet regiert der Mars die roten Blutkörperchen und die Oxidation im Körper. Wenn Manipura zu viel Marsenergie erhält, können Menschen sich selbst und anderen gegenüber destruktiv werden. So können sie zu Ärger, Wut, Tyrannei, Unterdrückung und sogar Gewalt neigen. Daher sollte Jupiter immer ein Gleichgewicht zu Mars herstellen - das Ego muss von der Seele und ihren höheren Bestrebungen in Schach gehalten werden. Umgekehrt führt zu wenig kriegerische Energie dazu, dass man eingeschüchtert, ängstlich, feige, zweifelnd, in seinen persönlichen Überzeugungen zu wankelmütig ist, es einem an Leidenschaft und Tatendrang mangelt und man den Ergebnissen des Lebens im Allgemeinen gleichgültig gegenübersteht.

In einem Geburtshoroskop hat Mars eine freundschaftliche Beziehung zu Sonne, Mond und Jupiter, während er mit Merkur verfeindet und mit Venus und Saturn neutral ist. Darüber hinaus werden die beiden sehr ehrgeizigen und handlungsorientierten Zeichen Widder (Mesha in Sanskrit) und Skorpion (Vrishchika in Sanskrit) von Mars regiert. Der Widder steht für die männliche Energie des Mars, während der Skorpion seine weibliche Energie repräsentiert. Während Widder unsere Projektion von Vitalität regelt, wirkt sich Skorpion auf deren Erhaltung aus. Wenn eines dieser beiden Zeichen in Ihrem Geburtshoroskop vorkommt, sollten Sie dem Manipura Chakra Aufmerksamkeit schenken und sein Funktionsniveau feststellen. Um Manipura zu optimieren, benötigen Sie einen ausgewogenen Strahl der Marsenergie.

Venus/Anahata

Der Planet Venus (Shukra in Sanskrit) ist der Planet der Liebe, des Verlangens und der Freude. Venus ist ein fröhlicher und gütiger Planet, der Glück in Freundschaften und romantischen Beziehungen bringt. Er regiert über unsere Fähigkeit, Zuneigung anzunehmen und auszudrücken und Schönheit zu genießen. Ihre Energie verleiht uns Sex-Appeal, denn sie beherrscht die Verführungskünste. Da die Liebe unser Maß an Inspiration und Vorstellungskraft beeinflusst, fördert Venus das rechtshirnige, abstrakte Denken. Sie regiert künstlerische Ausdrucksformen wie Musik, bildende Kunst, Tanz, Drama und Poesie.

Venus steht in Verbindung mit dem weiblichen Anahata-Chakra und dem Luftelement, das unsere Gedanken beherrscht. Wünsche sind entweder das Nebenprodukt von niederschwingenden Gedanken des Egos oder von höherschwingenden Gedanken der Seele. Venus hat eine Affinität zum Feuerelement; Verlangen kann sich leicht in Leidenschaft verwandeln, die die Kreativität antreibt. Sie hat auch eine Affinität zum Wasser-Element, denn Liebe ist eine starke Emotion. Denken Sie daran, dass die Luft sowohl das Feuer- als auch das Wasserelement antreibt und ihnen Leben verleiht.

Da Anahata die Brücke zwischen den unteren drei Elementarchakren und den höheren drei Geistchakren ist, lehrt uns die Venus, ohne Anhaftung zu lieben, unsere Individualität zu transzendieren und mit dem Geist zu verschmelzen, dessen Essenz die göttliche Liebe ist. Die venezianische Energie ermöglicht es uns, die emotionalen Anhaftungen an Geld, Sex und Macht zu klären, die von den unteren drei Chakren erzeugt werden. Dies erleichtert das Erforschen der expansiven Qualitäten des Spirituellen Elements, die wir durch die höheren drei Chakren erfahren können, was uns tiefere Ebenen des Verständnisses ermöglicht.

Venus ist ein taktiler Planet, er regiert also die Sinnesorgane des Körpers. Eine geringe Dosis venezianischer Energie im Anahata Chakra führt zu ungesunden Beziehungen, extremer Anhaftung an weltliche Dinge, Selbstverliebtheit und kreativen Blockaden. Ein Mangel an venusischer Energie erzeugt die Angst, nicht geliebt zu werden, was uns unsicher macht.

Wenn die höheren Chakren genutzt werden, kann der Mensch bedingungslos lieben. Wenn jedoch die niederen Chakren dominieren, verwandelt sich die Liebe in Begierde, die für die Seele zerstörerisch sein kann, wenn sie nicht durch Merkur und seine logischen Kräfte ausgeglichen wird.

In einem Geburtshoroskop ist die Venus mit Merkur und Saturn befreundet, mit Sonne und Mond verfeindet und mit Mars und Jupiter neutral. Außerdem werden die beiden geselligen und genussorientierten Zeichen Waage (Tula in Sanskrit) und Stier (Vrishabha in Sanskrit) von der Venus regiert. Die Waage steht für die männliche Energie der Venus, während der Stier ihre weibliche Energie repräsentiert. Während die Waage für unsere Fähigkeit steht, Gefühle auszudrücken, regiert der Stier unsere emotionale Empfänglichkeit. Wenn eines dieser beiden Zeichen in Ihrem Geburtshoroskop einflussreich ist, achten Sie auf das Anahata Chakra, um sicherzustellen, dass es einen ausgeglichenen Strahl venusischer Energie erhält.

Merkur/Vishuddhi

Merkur (Budha in Sanskrit) ist der Planet der Logik, der Vernunft und der Kommunikation und entspricht dem männlichen Vishuddhi Chakra und dem Element Geist. Da er sich auf Denkprozesse bezieht, hat Merkur eine Affinität zum Element Luft; seine korrekte Bezeichnung wäre Luft des Geistes. Merkur regiert auch das Reisen und den Wunsch, neue Umgebungen zu erleben.

Da Merkur die Intelligenz regiert, beeinflusst er die Art und Weise, wie ein Mensch denkt, und die Eigenschaften seines Geistes. Merkur mildert die Venus und gibt kreativen Gedanken und Ideen Struktur. Beide Gehirnhälften werden von Merkur beeinflusst, obwohl er in der linken Hemisphäre dominiert, die sich mit linearem Denken durch Logik und Vernunft beschäftigt.

Merkur regiert das Gehirn, die Nerven und das Atmungssystem. Da Merkur die verbale und nonverbale Kommunikation, wie zum Beispiel die Körpersprache, regelt, beeinflusst er unsere Fähigkeit, unsere Gedanken auszudrücken. Ein starker Merkureinfluss verleiht uns ein gutes Gedächtnis und ausgezeichnete Fähigkeiten beim Sprechen und Schreiben. Er macht uns zu fesselnden Geschichtenerzählern und klugen und gewieften Verhandlungsführern. Da er die Stimme beherrscht, verleiht er uns die Kraft, in der Öffentlichkeit zu sprechen und aufzutreten.

Merkur spiegelt wider, wie wir sehen, hören, verstehen und Informationen aufnehmen. Zu wenig Merkur-Energie macht Vishuddhi inaktiv und verschließt uns den Zugang zu den subtilen intuitiven Informationen, die uns von den höheren Chakren vermittelt werden. Menschen, die wenig Merkur-Energie haben, verlieren die Fähigkeit, ihre innere Wahrheit auszudrücken, wodurch sie den Kontakt zur Realität verlieren und in einer Illusion leben.

Ein Mangel an Merkur-Energie führt oft zu falschen Entscheidungen, da wir intelligent denken müssen, bevor wir handeln. Wenn wir unsere Emotionen nicht mit Logik und Vernunft in Einklang bringen, kann neurotisches Verhalten die Folge sein. Unsere Fähigkeit, Dinge im Kopf zu planen, beeinflusst, wie gut wir unsere Ziele und Träume verwirklichen können und ob unsere Ergebnisse fruchtbar sein werden.

Umgekehrt kann zu viel Merkur den Menschen sarkastisch, streitsüchtig, manipulativ und übermäßig kritisch gegenüber sich selbst und anderen machen. Lügen und Betrug deuten auf einen unausgeglichenen Merkur hin, der das Vishuddhi Chakra blockiert, während das Aussprechen der Wahrheit es optimiert.

Merkur hat in der Astrologie eine freundliche Beziehung zu Sonne und Venus, während er mit dem Mond verfeindet und mit Mars, Jupiter und Saturn neutral ist. Darüber hinaus regiert Merkur die beiden sehr kommunikativen Zeichen Zwillinge (Mithuna in Sanskrit) und Jungfrau (Kanya in Sanskrit). Zwillinge repräsentiert die männliche Energie des Merkurs, während Jungfrau seine weibliche Energie repräsentiert. Während Zwillinge für den Ausdruck von Ideen zuständig ist, regelt Jungfrau die Aufnahme von Eindrücken. Achten Sie auf das Vishuddhi Chakra, wenn Sie eines dieser beiden Zeichen in Ihrem Geburtshoroskop haben. Es weist auf die Nutzung der Merkur-Energie und das Bedürfnis dieses Chakras nach Ausgeglichenheit hin.

Der Mond/Ajna

Der Mondplanet (Chandra in Sanskrit) ist der Planet der Instinkte, Illusionen und unwillkürlichen Emotionen, die vom Unterbewusstsein projiziert werden. Er hat großen Einfluss auf höhere geistige Fähigkeiten wie Introspektion, Kontemplation, Selbstuntersuchung und Intuition, da er tiefe Gedanken und Emotionen widerspiegelt. Der Mond beeinflusst unsere Wahrnehmung der Realität, da alles, was wir aufnehmen, durch das Unterbewusstsein gehen muss. Sein Einfluss wirkt sich auf die fünf Sinne Sehen, Hören, Schmecken, Riechen und Tasten aus.

Der Mond entspricht dem weiblichen Ajna Chakra und dem Geistigen Element. Er ist jedoch mit dem Wasser-Element verbunden - seine korrekte Bezeichnung wäre Wasser des Geistes. Ajna hat eine enge Verbindung mit Swadhisthana, da beide die Funktionen des Unterbewusstseins ausführen, die die freiwilligen und unfreiwilligen Emotionen kontrollieren.

Der Mond regiert die Nacht, so wie die Sonne den Tag regiert. Er regiert die Träume und verleiht den visuellen Bildern Klarheit. Als solcher beeinflusst er auch unsere Vorstellungskraft und unser kreatives Denken. Der Mond ist nährend und hat einen starken Einfluss auf Wachstum, Fruchtbarkeit und Empfängnis. Er ist sehr wandelbar; in einem Moment können wir kalt und unnahbar sein, während wir unter der Kontrolle des Mondes stehen, und im nächsten Moment werden wir sehr leidenschaftlich.

Im Horoskop spiegelt das Mondzeichen unser inneres, emotionales Selbst wider und ist nach dem Sonnenzeichen das zweitwichtigste. So wie die Sonne unseren Charakter zum Ausdruck bringt, so drückt der Mond unsere Persönlichkeit aus. Da er die Ebbe und Flut aller Gewässer reguliert, regiert der Mond alle Körperflüssigkeiten und beeinflusst die Schwankungen der Gefühle.

Der Mond ist unser innerer Kern, der emotionale Reaktionen auf Umweltreize erlebt. Da er das Unterbewusstsein repräsentiert, ist der Mond der Teil unserer Persönlichkeit, den wir an uns selbst als störend empfinden können. Er gibt Anlass zu seltsamen, oft unmoralischen Fantasien und Tagträumen und ruft instinktive Reaktionen wie Hass und Eifersucht hervor. Andererseits beeinflusst der Mond auch unseren Ruf nach Spontaneität und unser Verlangen nach sinnlichen Genüssen. Als zwei weibliche Planeten haben Mond und Venus eine Affinität.

Wenn das Ajna Chakra eines Menschen einen Mangel an lunarer Energie aufweist, werden seine visuellen Gedanken trübe und unklar, was sich negativ auf die Vorstellungskraft, die Kreativität und den Grad der Inspiration auswirkt. Ein schwaches Ajna Chakra unterbricht die Verbindung zur Intuition und zu tiefen Emotionen, so dass Furcht und Angst die Oberhand gewinnen. Die Person hat keine innere Führung mehr, was sie unfähig macht, aus den Erfahrungen des Lebens zu lernen, was zu einem allgemeinen Gefühl der Hoffnungslosigkeit und Depression führt. Niedrige Mond-Energie im Ajna Chakra wirkt sich auch negativ auf die Träume aus, da sie dumpf, verschwommen und anderweitig undeutlich werden. Eine wirksame Methode zur Aufnahme von Mondenergie ist es, bei Vollmond Zeit im Freien zu verbringen.

In der Astrologie ist der Mond mit Sonne und Merkur befreundet, während er mit Venus, Mars, Jupiter und Saturn neutral ist. Er hat keine Feinde. Der Mond regiert das intuitive und sensible Zeichen Krebs (Kataka in Sanskrit), das eine weibliche Energiequalität besitzt. Wenn Krebs in Ihrem Geburtshoroskop eine wichtige Rolle spielt, sollten Sie auf das Ajna Chakra und seine Funktion achten. Es kann erforderlich sein, den Strahl der Mondenergie durch spirituelle Heilpraktiken auszugleichen.

Die Sonne / Sahasrara

Der Sonnenplanet (Surya in Sanskrit) ist der Planet der Phantasie, der Inspiration, der Spiritualität und der Transzendenz. Die Sonne ist die Quelle der Prana-Energie, die allen Lebewesen in unserem Sonnensystem Leben, Licht und Wärme gibt. Alle Seelen in unserem Sonnensystem gehen von der Sonne aus und sind auf sie angewiesen, um sich zu ernähren.

Die Sonne korrespondiert mit dem nicht-dualen Sahasrara Chakra und dem spirituellen Element. So wie die Sonne die Lichtquelle für unser Sonnensystem ist, ist Sahasrara unsere chakrische Lichtquelle. Das weiße Licht ist unsere Quelle des Einsseins, der Wahrheit und der universellen Weisheit. Es repräsentiert den bewussten Verstand, so wie der Mond das Unterbewusstsein repräsentiert.

Die Sonne erzeugt nicht nur Licht, sondern auch Wärme. Daher ist sie mit dem Feuerelement verbunden; ihre korrekte Bezeichnung ist Feuer des Geistes, was bedeutet, dass sie, obwohl sie jenseits der Dualität ist, eine Neigung zum projektiven, männlichen Prinzip hat.

Die Liebesenergie erzeugt eine ruhige und beständige Wärme, deren Essenz weißes Licht ist. Wenn wir also den Begriff "Kosmisches Bewusstsein" verwenden, beziehen wir uns auf das Sonnenbewusstsein als die Quelle der Liebe, des Lichts, des Lebens und der göttlichen Glückseligkeit in unserem Sonnensystem.

Die Sonne ist der fundamentale Ausdruck der individuellen Identität - das Ich. Als solcher ist sie der wichtigste Einfluss in unserem Horoskop. Sie repräsentiert, wer wir sind und die Essenz unserer Seele. Daher ist das Sonnenzeichen unsere Grundenergie, die unseren Charakter und unsere höchsten Bestrebungen beeinflusst.

Die Sonne verleiht einem ausgezeichnete Führungsqualitäten. Sie regiert das Herz und reguliert unser Kreislaufsystem. Die Sonne verleiht uns auch Vitalität, Harmonie und Ausgeglichenheit, da sie alle entgegengesetzten Energien im Körper ausgleicht. Wenn wir einen Mangel an Sonnenenergie haben, kommt es zu Blockaden im Sahasrara, was sich negativ auf unser gesamtes chakrisches System auswirkt. Niedrige Lichtenergieniveaus im chakrischen System verlangsamen die Drehung der Chakren, was sich in mentalen, emotionalen und körperlichen Problemen manifestiert.

Die ideale Art und Weise, Sonnenenergie zu erhalten, ist, an einem sonnigen Tag draußen zu sein und den Sonnenstrahlen zu erlauben, Ihre Chakren zu nähren und Ihre Aura mit Prana-Energie aufzuladen. Die Sonne ist die Batteriequelle unseres Energiesystems; ohne sie würden wir zugrunde gehen. Ein vollständiges Kundalini-Erwachen optimiert das Sahasrara Chakra, maximiert unsere Verbindung mit der Sonne und ermöglicht uns den Zugang zum vollen Potenzial unseres Sonnenzeichens.

Im Tierkreis hat die Sonne eine freundliche Beziehung zu Mond, Mars und Jupiter, während sie mit Venus und Saturn verfeindet und mit Merkur neutral ist. Die Sonne regiert das autoritative Zeichen Löwe (Simha in Sanskrit), dessen Grundenergie von männlicher Qualität ist. Krebs und Löwe, die Zeichen des Mondes und der Sonne, repräsentieren die grundlegende Polarität des Geistes in Bezug auf Emotionen und Vernunft, das unterbewusste und bewusste Selbst. Achten Sie darauf, ob Sie Löwe in Ihrem Geburtshoroskop haben und wie sich die Sonnenenergie auf das Sahasrara Chakra auswirkt. Vielleicht brauchen Sie eine spirituelle Heilung, um Ihren Sonnenstrom auszugleichen und dieses wichtige Chakra zu optimieren.

GEISTIGES HEILEN UND EVOLUTION

Mit dem Eintritt in das Wassermannzeitalter ist die spirituelle Evolution (Abbildung 63) für die Menschheit von größter Bedeutung. Seit dem Aufkommen des Internets und des freien Informationsaustauschs hat sich unser kollektives Bewusstsein dahingehend entwickelt, dass wir verstehen, dass Gott nicht außerhalb von uns ist, sondern in uns. Infolgedessen haben existenzielle Fragen, die sich auf unseren Lebenszweck beziehen, und die Frage, wie wir wirkliches und dauerhaftes Glück erreichen können, Vorrang vor unserem Streben nach materiellem Reichtum.

Die großen Weltreligionen sind veraltet, wie alle Religionen nach einiger Zeit. Sie enthalten nicht mehr die Antworten für die neue Generation von Menschen, und viele suchen nach alternativen spirituellen Methoden und Techniken, um sich mit Gott, dem Schöpfer, zu verbinden. Unabhängig davon, in welche Religion sie hineingeboren wurden, sind die Menschen offen dafür, neue und alte spirituelle Heilpraktiken auszuprobieren, solange diese Praktiken die gewünschten Ergebnisse liefern.

Diese alternativen therapeutischen Techniken, die unter die Rubrik "Heilungsmodalitäten" fallen, zielen darauf ab, Geist, Körper und Seele auf integrative Weise ins Gleichgewicht zu bringen und gleichzeitig die spirituelle Entwicklung zu fördern. Daher sind sie sehr attraktiv für spirituelle Menschen und diejenigen, die nach alternativen Methoden zur Behandlung von Problemen sowohl auf energetischer als auch auf körperlicher Ebene suchen.

Auch wenn wir alle die gleiche energetische Grundlage haben, haben wir unterschiedliche Neigungen. Einige von uns fühlen sich zu bestimmten spirituellen Heilpraktiken hingezogen, während sie von anderen abgestoßen werden. Unsere Ahnenenergie hat viel mit dieser Neigung zu tun, ebenso wie unsere Umweltbedingungen. Aus diesem Grund war es in den letzten vier Jahren mein Ziel, die optimalsten westlichen und östlichen spirituellen Heilmethoden in *Serpent Rising* und *The Magus* zu präsentieren. Ich wollte den Menschen Optionen bieten und ihnen die praktischsten Anleitungen für die Anwendung dieser spirituellen Praktiken in ihrem täglichen Leben geben.

Bevor ich auf die Wissenschaft und Philosophie des Yoga eingehe, möchte ich mich auf andere spirituelle Praktiken konzentrieren, die die Hauptchakren neu kalibrieren. Indem man die Chakren auf einer tiefen Ebene heilt, optimiert man ihren Energiefluss und maximiert, wie viel Lichtenergie die Aura aufnehmen kann. Je mehr Licht vorhanden ist, desto höher ist die Bewusstseinsschwingung, was die Qualität von Geist, Körper und Seele verbessert und die spirituelle Entwicklung fördert.

Die vier Heilungsmodalitäten, auf die ich mich in diesem Abschnitt konzentrieren werde, sind Edelsteine (Kristalle), Stimmgabeln, Aromatherapie und Tattvas. Dies sind die Heilmethoden, die ich auf meiner spirituellen Reise am attraktivsten fand, um mit ihnen zu arbeiten und sie kennenzulernen, und die mich am meisten beeinflusst haben. Andere Heilmethoden sind unter anderem Reiki, Akupunktur, Qigong, Tai Chi, Reflexologie, Biofeedback, Ruach-Heilung, Rückführung in vergangene Leben, Hypnose, Transzendentale Meditation und Neuro-Linguistisches Programmieren.

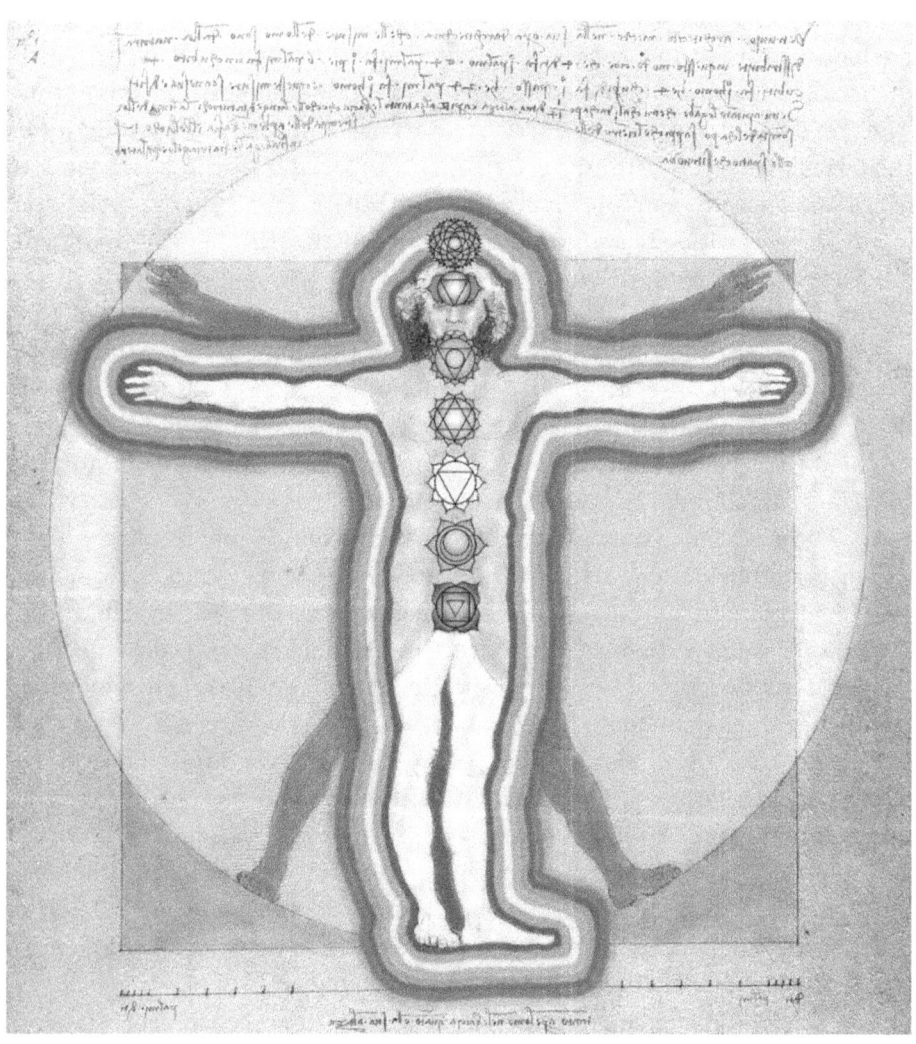

Abbildung 63: Spirituelle Entwicklung

EDELSTEINE (KRISTALLE)

Edelsteine (Kristalle), die im Herzen der Erde über Äonen hinweg entstanden sind, verkörpern intensive Energiekonzentrationen. Ihre therapeutische Verwendung geht auf die Zeit vor etwa 5000 Jahren zurück; in alten chinesischen Texten über traditionelle Medizin werden Edelsteine erwähnt, ebenso in ayurvedischen Texten aus Indien. Es gibt Belege für die Verwendung von Edelsteinen, die bis in die Zeit vor der Niederschrift der Geschichte zurückreichen - selbst *in der Heiligen Bibel finden* sich über 200 Hinweise auf Edelsteine und ihre heilenden und schützenden Eigenschaften.

Viele alte Zivilisationen und Traditionen, darunter die Olmeken in Mesoamerika und die Ägypter, verwendeten Edelsteine an ihren heiligen Stätten, wo wir Beweise für Energieerzeugung und -manipulation fanden. Die Praxis der Verwendung von Edelsteinen zur Heilung von Geist, Körper und Seele und zum Schutz der Aura vor negativen Energieeinflüssen wird bis heute fortgesetzt, da sie immer noch als eine Form der alternativen Heilung von spirituellen Praktizierenden gleichermaßen verwendet werden.

Ein Edelstein ist ein von der Natur geschaffener Edel- oder Halbedelstein, der in Gesteinsformationen zu finden ist. Sie sind die DNA der Erde und enthalten Aufzeichnungen über die Entwicklung der Erde über Millionen von Jahren. Die meisten Edelsteine sind Mineralkristalle - Halbedelsteine, die in der Natur weiter verbreitet sind als Edelsteine. Zur Verdeutlichung: Edelsteine (Rubin, Saphir, Diamant und Smaragd) gelten als Edelsteine, aber nicht als Kristalle, während alle Kristalle, die es gibt, als Edelsteine bezeichnet werden können. Außerdem gibt es gelegentlich bestimmte organische Materialien, die keine Mineralien sind (Bernstein, Jet, Koralle und Perle), aber ebenfalls als Edelsteine gelten. Aufgrund ihrer Seltenheit, Farbe und Zusammensetzung sind Edelsteine auf dem Markt viel teurer als Halbedelsteine.

"Kristallheilung" ist der Begriff, der in der spirituellen Gemeinschaft für die therapeutische Verwendung von Kristallen - den Halbedelsteinen verwendet wird. Bei vielen Kristallen sind die Moleküle so angeordnet, dass sie in gewisser Weise ein geometrisches Muster bilden, was sie zu großartigen Energieerzeugern und -leitern für die Verwendung in Heilsitzungen macht. Eine Heilsitzung kann positive Auswirkungen haben, die tagelang anhalten, wie z. B. ein erhöhtes Bewusstsein, inneren Frieden und Ruhe, gesteigerte Intuition, Einfühlungsvermögen, intellektuelle Fähigkeiten und ein Gefühl der Liebe und Akzeptanz für sich selbst und andere.

Edelsteine sind im Allgemeinen einfach zu verwenden, was sie für Anfänger auf dem Gebiet des geistigen Heilens sehr attraktiv macht. Allerdings braucht man ein korrektes Verständnis der Entsprechungen der einzelnen Steine, um das Beste aus ihnen herauszuholen, da viele Edelsteine mit mehreren Chakren in Verbindung stehen. Aus diesem Grund ist es nicht ungewöhnlich, dass Autoren zu diesem Thema widersprüchliche Beziehungen zwischen den Edelsteinen und den Chakren darstellen.

Wie bereits erwähnt, gibt es Hunderte von Edelsteinen, und jeder von ihnen hat eine einzigartige Schwingung und spezifische energetische Eigenschaften, die durch seine Farbe und andere Faktoren bestimmt werden. Wenn Sie sich über die verschiedenen Edelsteine und ihre Anwendung informieren, können Sie ihr volles Heilungspotenzial ausschöpfen. Die Edelstein-Energiemedizin nutzt die dem Körper innewohnende Heilkraft, um die Energien in der Aura zu nähren und zu heilen. Wenn der Kristall auf den Körper gelegt wird, regt seine Schwingung die Hülle des unteren Astralkörpers (Ätherkörper) an - den untersten und dichtesten subtilen Körper nach dem physischen Körper, der uns mit den höheren subtilen Körpern der Elemente Wasser, Feuer, Luft und Geist verbindet.

Der physische Körper und der untere Astralkörper beziehen sich auf das Erdelement - der Kontaktpunkt für Kristallenergien, die in unsere Aura eindringen. Alle Kristalle, die aus den Tiefen unseres Planeten gewonnen werden, haben eine erdige Komponente, auch wenn ihre Eigenschaften mit anderen Elementen in Verbindung stehen. Aus diesem Grund ist die Arbeit mit Kristallen sehr wirksam bei der Behandlung von Beschwerden, die mit dem physischen Körper zusammenhängen. Auch wenn wir Kristalle und andere Steine verwenden können, um mentale Probleme, emotionale Störungen oder akute Krankheiten zu heilen, besteht ihr eigentlicher Zweck darin, uns zu helfen, unser höchstes Potenzial als spirituelle Menschen zu erreichen.

Da unsere Chakren in einer bestimmten Frequenz schwingen, sind wir von Natur aus empfänglich für die Schwingungen der Edelsteine, da wir unsere Schwingungen auf die der Chakren abstimmen können. Edelsteine haben die stärkste Schwingungswirkung, wenn sie direkt auf dem Körper in den Bereichen platziert werden, die den Hauptchakren entsprechen. Die vom Edelstein ausgestrahlte Energie wirkt sich direkt auf das Chakra aus und beseitigt so eventuelle Blockaden oder Stagnationen in ihm. Auf diese Weise erhalten die Chakras ihre optimale Funktion zurück, was wiederum den freien Energiefluss in den Nadis erleichtert. So funktioniert im Wesentlichen die Praxis der Kristallheilung.

Die Verwendung von Edelsteinen beginnt und endet jedoch nicht mit spiritueller Heilung. Wir können Edelsteine auch einsetzen, um die Kraft anderer Energieheilmethoden zu verstärken und uns sogar dabei helfen, einen Wunsch oder ein Ziel zu manifestieren. Wenn Sie zum Beispiel einen Energieschub beim Meditieren wünschen, halten Sie einfach einen Edelstein in der Hand, der die entsprechenden Eigenschaften hat, die Sie in Ihre Aura einbringen möchten. Oder wenn Sie eine romantische Liebe anziehen wollen oder einen neuen Job oder eine neue Karriere anstreben, können Sie ein Ritual entwickeln, bei dem Sie Ihre Absicht in einen Edelstein mit Eigenschaften einfließen lassen, die diese Dinge zu Ihnen anziehen. Da sie mit dem Element Erde in Verbindung stehen, sind Kristalle mächtige Werkzeuge, die bei der Manifestation helfen.

Edelsteine sind im Grunde wie Batterien mit unterschiedlichen Eigenschaften, die wir auf verschiedene Weise nutzen können. Ein weiteres Beispiel für die Verwendung von Edelsteinen ist es, einem Raum Schutz zu verleihen oder ihn mit positiver Energie zu versorgen, um ihn zu einem heiligen Raum zu machen. Um die Schwingung eines Raumes zu erhöhen, platziert man Edelsteine mit bestimmten Eigenschaften an bestimmten Stellen des Raumes, insbesondere in den Ecken oder vor einem Fenster, durch das Licht einfällt. Seien Sie jedoch vorsichtig mit klarem Quarz vor einem Fenster, da er die Sonnenstrahlen bündelt und ein Feuer entfachen kann.

Wenn man verschiedene Edelsteine in einem Raum platziert, entsteht ein gitterartiges Energiemuster, das sie miteinander verbindet und Energie hin- und herstrahlt, um die gewünschte Wirkung zu erzielen und jeden zu beeinflussen, der in diesen Raum kommt. Diese Verwendung von Edelsteinen gibt es seit Menschengedenken, weshalb wir sie in vielen antiken Stätten verschiedener Kulturen und Traditionen strategisch platziert finden.

Obwohl Edelsteine viele Verwendungsmöglichkeiten haben, werden wir uns in diesem Abschnitt hauptsächlich auf die chakrische Heilung und die Verwendung von Kristallen zur Unterstützung des spirituellen Entwicklungsprozesses konzentrieren. Denken Sie daran, dass sich durch die Heilung der eigenen Energie auf einer tiefen Ebene der mentale, emotionale und physische Zustand verbessert und die Fähigkeit, das Leben zu manifestieren, das man sich wünscht.

KRISTALLFORMATIONEN UND -FORMEN

Kristalle gibt es in vielen Formen und mit vielen natürlichen Formationen wie Geoden, Clustern, Freiformkristallen und anderen, die von Menschen abgebaut und in bestimmte Formen geschnitten wurden (Abbildung 64). Geoden sind abgerundete Gesteinsformationen, die ein schönes kristallines Inneres freigeben, wenn sie in der Mitte gebrochen werden. Cluster hingegen sind Gruppen von Kristallen, die aus Geoden gewonnen werden. Jeder Cluster ist etwas Besonderes und einzigartig, so dass kein Cluster dem anderen gleicht.

Sowohl Geoden als auch Cluster haben starke Schwingungsenergien, da sie viele Kristallpunkte enthalten. Im Gegensatz zu den Clustern befinden sich bei den Geoden jedoch alle Endpunkte im Inneren. Beide Sorten gibt es auch in verschiedenen Formen und Größen und werden wegen ihrer optischen Attraktivität oft zur Dekoration verwendet. Cluster werden häufiger bei Heilungssitzungen verwendet, um ihre natürlichen Energien zu verstärken und zu bündeln.

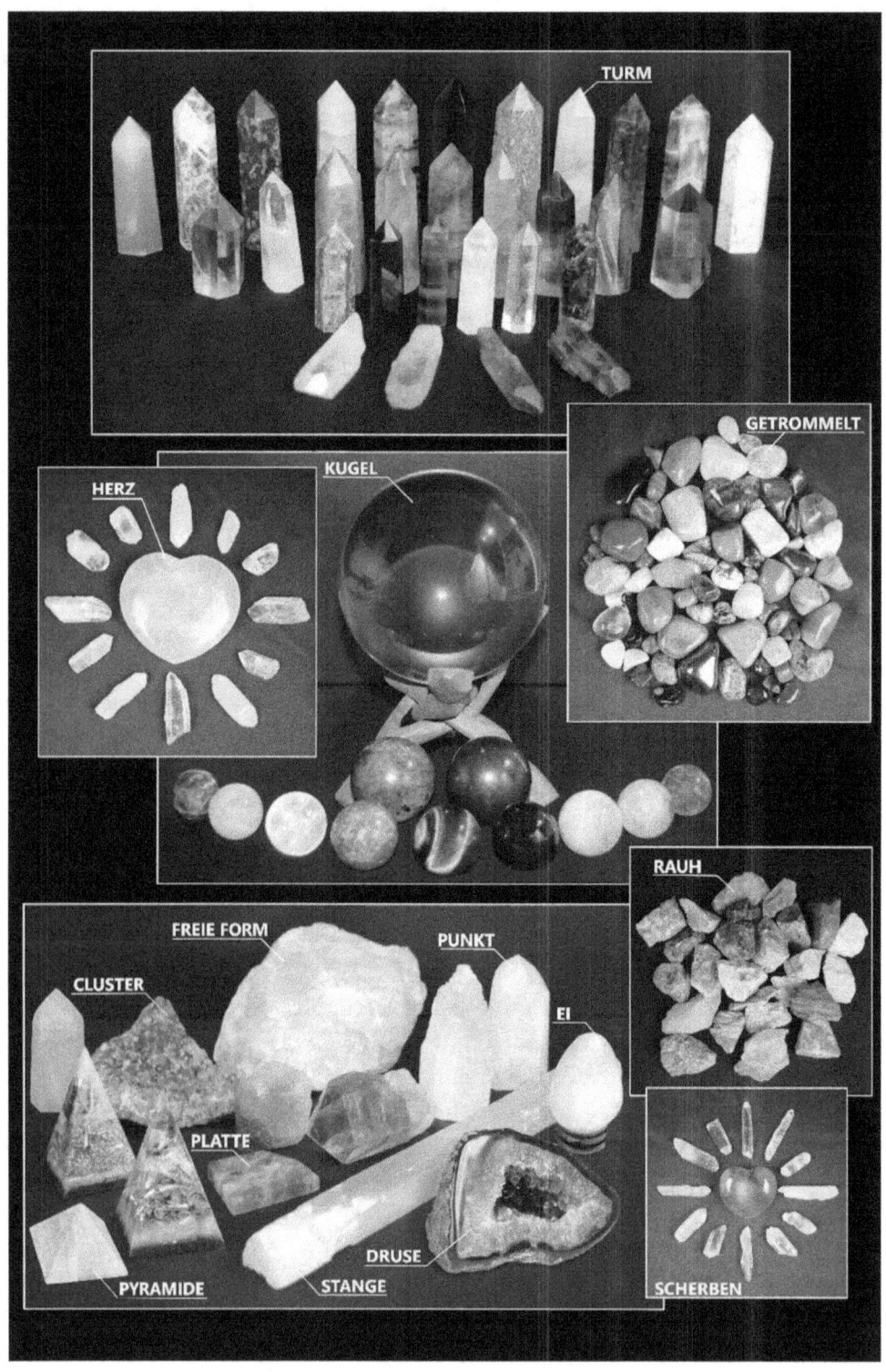

Abbildung 64: Kristallformen und Formationen

Freeform-Kristalle oder "Rough"-Kristalle, wie sie genannt werden, sind unregelmäßig geformte, ungeschliffene Brocken aus Halbedelsteinen. Sie wurden geschnitten und geschnitzt, anstatt poliert, um die natürliche Schönheit des einzelnen Kristalls zur Geltung zu bringen. Die kleineren geschliffenen Freeform-Kristalle können in Heilsitzungen verwendet werden. Im Gegensatz dazu werden die größeren Kristalle häufiger verwendet, um einem Raum positive, schützende Energie zu verleihen oder einfach als dekorative Elemente.

Trommelsteine sind die Standardform des geschliffenen und polierten Kristalls auf dem Markt, mit Formen, die in Größe und Form variieren. Im Allgemeinen sind sie jedoch kleiner, bis zu einem Zoll im Durchmesser, was sie für die Kristallheilung nützlich macht, da sie direkt auf den Körper gelegt werden können, um Energie zu erzeugen und zu manipulieren.

Als nächstes haben wir Kristalle, die in verschiedene geometrische und symbolische Formen geschnitzt und poliert sind. Diesen Brauch gibt es seit Tausenden von Jahren in verschiedenen antiken Traditionen und Kulturen. Da alle geometrischen Formen die Energie auf unterschiedliche Weise leiten, verändern wir durch das Einritzen eines Kristalls in eine bestimmte Form seine Energieabgabe und verstärken bestimmte Eigenschaften, so dass wir mit dem Stein auf mehr Arten arbeiten können. Einige der am häufigsten hergestellten Kristallformen sind die Kristallspitzen, Stäbe, Herzen, Kugeln, Eier, Pyramiden und Scherben. Andere, weniger verbreitete Kristallformen sind Stäbe und Platten, um nur einige zu nennen.

Kristallspitzen (Türme) sind in der Regel größere Steine, die in einem Punkt enden und mehr gerichtete Energie erzeugen. Sie sind oft sechs- oder achtseitig und haben die Form von Kristallstäben, sind aber größer. Kristallspitzen kommen in der Natur in vielen Clustertypen vor, darunter Amethyst, Klarquarz und Citrin. Sie sind in der Regel an der Basis geschliffen, damit sie aufrecht stehen, und werden von Energieheilern gesucht, da sie mehr natürliche Energie tragen. Größere Stücke von Rohkristallen können auch auf eine Spitze geschliffen werden, um die Energie zu lenken. Sie sind weniger teuer als Türme, was sie für Energieheiler begehrter macht.

Kristallstäbe gibt es in einer Vielzahl von Formen, Größen und Arten. Wie Kristallspitzen sind auch Stäbe spitz zulaufend, um die Energie eines Kristalls zu verstärken und zu lenken. Einige Stäbe sind doppelt spitz, mit einer Spitze an jedem Ende des Kristalls. Im Gegensatz dazu sind Massagestäbe vollständig abgerundet und an beiden Enden glatt. Kristallstäbe werden in der Regel verwendet, um verschiedene Teile der Aura zu heilen. Wir können sie auch verwenden, um die Drehung eines Chakras zu optimieren, wie es in einer Chakra-Heiltechnik am Ende dieses Kapitels beschrieben wird.

Kristallherzen sind herzförmige Steine, die es in verschiedenen Größen gibt. Im Allgemeinen haben sie Eigenschaften, die sich auf das Herzchakra beziehen, wie zum Beispiel Rosenquarz, Malachit und grüner Aventurin. Sie strahlen eine liebevolle und sanfte Energie aus, die uns ein Gefühl von Frieden und Harmonie vermittelt. Kristallherzen erinnern uns symbolisch daran, uns auszubalancieren und zu zentrieren, indem wir uns auf das Anahata-Chakra einstimmen und unserer Seele erlauben, uns im

Leben zu führen. Bei einer Heilsitzung steht das Kristallherz im Mittelpunkt, da es dazu dient, den Geist in die niederen Elemente einzubringen und eine vollständige Transformation von Geist, Körper und Seele zu bewirken.

Eine Kristallkugel ist ein dreidimensionales Objekt, bei dem jeder Punkt auf der Oberfläche den gleichen Abstand zum Zentrum hat. Kugeln sind reflektierend und strahlen Energie in gleiche Richtungen aus, was sie zu perfekten Werkzeugen für das Hellsehen macht, auch "Crystal Gazing" genannt. Der Zweck des Hellsehens ist es, göttliche Downloads oder Visionen von Dingen zu empfangen, die in der Zukunft geschehen werden, oder Informationen über etwas zu erhalten, das gerade jetzt geschieht und dessen wir uns nicht bewusst sind.

Kristalleier sind den Kristallkugeln ähnlich, da sie Energie von allen Seiten ausstrahlen, jedoch mit einem Brennpunkt an der Spitze. Kristalleier enthalten eine symbolische Komponente, die mit persönlicher Transformation und Erneuerung zu tun hat. Sie helfen uns, uns auf unsere weibliche Energie einzustimmen, unsere empfängliche, passive Seite des Seins, die mit dem Wasserelement verbunden ist. Kristalleier sind dafür bekannt, dass sie uns auf unser Unterbewusstsein einstimmen, in dem die spirituelle Verwandlung zuerst zu geschehen beginnt.

Kristallpyramiden sind dreidimensionale Figuren mit einer flachen Basis und vier Seiten, die sich in einem Punkt treffen. Sie ziehen Energie aus der Erde und projizieren sie durch den Endpunkt nach oben. Sie können aus einer einzelnen Kristallsorte oder aus einer Kombination verschiedener Kristalle bestehen, wie z. B. bei Orgonitpyramiden, die oft zur Absorption und Abschirmung elektromagnetischer Strahlung verwendet werden.

Kristallsplitter sind stäbchenförmige kleinere Stücke eines Rohkristalls, die am häufigsten verwendet werden, um anderen Steinen bei Heilungssitzungen Energie zu verleihen. Die drei häufigsten Arten von Kristallsplittern sind klarer Quarz, Amethyst und Rosenquarz. Kristallstäbe sind ungeschliffene und rohe Kristallstücke, die in eine stabähnliche Form geschnitten sind und in ihrer Größe variieren. Da Selenit recht spröde ist und sich nur schwer maschinell bearbeiten lässt, wird er meist in dieser Form verkauft. Kristallplatten schließlich sind geschliffene und polierte Kristallscheiben mit rauen Seiten, die das natürliche Aussehen des Steins bewahren. Die größeren Formate werden in der Regel zu Dekorationszwecken verwendet, während wir die kleineren (bis zu einem Durchmesser von etwa fünf cm) für Heilzwecke nutzen können.

VIERUNDZWANZIG BEDEUTSAME EDELSTEINARTEN

Bernstein
Dieser Stein wird durch versteinertes Harz von uralten Bäumen gewonnen und ist in verschiedenen Gelb-, Gold- und Brauntönen erhältlich. Bernstein hat die Eigenschaften des Feuerelements, was ihn zu einem kraftvollen Heiler und Reiniger von Körper, Geist und Seele macht. Er erneuert das Nervensystem und gleicht unsere inneren Energien aus.

Er absorbiert auch negative Energie, während er uns erdet und mit der Weisheit der Antike verbindet. Bernstein wird mit dem Manipura Chakra und dem Sonnenplaneten in Verbindung gebracht. Er steht in Verbindung mit den Tierkreiszeichen Stier und Löwe. Bernstein hilft uns, Depressionen zu überwinden, während er den Intellekt anregt und Selbstvertrauen, Altruismus, Selbstvertrauen, Entscheidungsfindung und inneren Frieden fördert. Dieser Stein gibt uns auch den Mut, gesunde Grenzen in unseren Beziehungen zu ziehen, und schützt uns vor Menschen, die uns unsere Energie rauben.

Amethyst

Ein transparenter violetter Stein, der das spirituelle Bewusstsein fördert, indem er eine höhere Bewusstseinsebene freisetzt. Der Amethyst schwingt mit einer hohen Frequenz und hat die Eigenschaften eines spirituellen Elements, das einen Schutzring um die eigene Aura bildet und niedrigere Frequenzen und Energien blockiert. Amethyst hilft auch bei der Meditation, indem er die Intuition, innere Führung und Weisheit stärkt. Er stärkt unsere psychischen Fähigkeiten, indem er das Dritte Auge und das Kronenchakra stimuliert. Darüber hinaus fördert der Amethyst das emotionale und geistige Gleichgewicht, indem er Negativität und Verwirrung ausräumt. Er ist dafür bekannt, dass er Albträume abwehrt und positive Träume fördert. Der Amethyst steht in Beziehung zu den Sternzeichen Wassermann und Fische mit einer Affinität zu den Planeten Uranus und Neptun sowie zu den Elementen Luft und Wasser.

Aquamarin

Dieser grün-blaue, transparente bis undurchsichtige Stein hat beruhigende Energien, die Stress abbauen, den Geist beruhigen und spirituelles Bewusstsein schaffen. Er verbindet uns mit den Kräften des Wassers und der Luft, da er mit dem Planeten Jupiter assoziiert ist und eine Affinität zu Uranus und Neptun hat. Der Aquamarin ist dafür bekannt, dass er die Denkkraft und den Intellekt stärkt. Da er direkt mit dem Vishuddhi Chakra in Verbindung steht, verbessert dieser Stein unsere Kommunikationsfähigkeiten und gibt uns den Mut, unsere innere Wahrheit auszudrücken. Er besänftigt unsere Ängste und erhöht unsere Sensibilität für die Energien in unserer Umgebung. Der Aquamarin schärft unsere Intuition und löst kreative Blockaden. Er hilft uns, Toleranz und Verantwortungsbewusstsein zu entwickeln und verbessert gleichzeitig unsere Problemlösungsfähigkeiten. Dieser Stein bringt die Chakren in Einklang und schirmt die Aura vor negativen Energien ab. Er klärt das Bewusstsein von emotional aufgeladenen Gedanken und fördert Harmonie und Gleichgewicht, was ihn zu einem ausgezeichneten Werkzeug für die Meditation macht. Der Aquamarin steht in Beziehung zu den Tierkreiszeichen Zwillinge, Skorpion und Fische.

Schwarzer Obsidian

Dieser dunkelschwarze, reflektierende Stein stammt von geschmolzener Lava, die so schnell abgekühlt ist, dass sie keine Zeit hatte, zu kristallisieren. Dieser Stein, der dem Element Erde zugeordnet ist, hat eine erdende und beruhigende Wirkung auf den Geist und die Emotionen und hilft uns, zentriert und auf die anstehende Aufgabe konzentriert zu bleiben. Seine schwarze Farbe zieht den Benutzer nach innen in die Leere des Raums, wo unsere innere Wahrheit liegt. Als solcher hat dieser wahrheitsfördernde Stein reflektierende Qualitäten, die die eigenen Blockaden, Schwächen und Fehler aufdecken. Er wirkt wie ein Spiegel für die Seele, der uns Vitalität verleiht, um unsere Lebensaufgabe zu finden. Die energetischen Eigenschaften des Schwarzen Obsidians halten negative Gedanken in Schach und fördern eine positive Lebenseinstellung. Wir können ihn auch verwenden, um die negativen Energien anderer abzulenken und unerwünschte spirituelle Einflüsse zu entfernen. Dieser Stein steht in Verbindung mit dem Erdstern-Chakra und dem Planeten Erde, mit einer Affinität zu Pluto und dem Element Feuer. Seine Energie ist auch charakteristisch für das Tierkreiszeichen Skorpion.

Blutstein

Dieser dunkelgrüne bis schwarze Stein mit roten, blutähnlichen Flecken hilft, Energieblockaden in der Aura zu beseitigen und fördert gleichzeitig Vitalität, Motivation, Mut, Kreativität, Ausdauer und allgemeine Energie. Der Blutstein wird dem Planeten Mars und dem Feuerelement zugeordnet und reinigt die unteren drei Elementarchakren, während er das Herzchakra ins Gleichgewicht bringt. Er hat erdende Eigenschaften, reduziert Stress, Reizbarkeit, Ungeduld und Aggression und ermöglicht es uns, im gegenwärtigen Moment zu leben. Er schützt uns auch vor schädlichen Umweltenergien, wie z. B. störenden elektromagnetischen Frequenzen. Darüber hinaus eignet sich dieser Stein hervorragend zur Verbesserung der Blutzirkulation und zum Ausgleich des Hormonhaushalts, wodurch der physische Körper kohärent wird. Alte Soldaten benutzten den Blutstein, um das Böse abzuwehren und die Energie des Kriegers zu beschwören. Der Blutstein wird mit Widder und Skorpion assoziiert, den beiden von Mars beherrschten Tierkreiszeichen. Er hat eine Affinität mit dem Element Erde.

Karneol

Dieser durchscheinende orangefarbene bis bräunlich-rote Stein regt die Kreativität und Fantasie an und hilft uns, neue Projekte zu verwirklichen. Der Karneol hat eine starke Wirkung auf die Emotionen und ist daher direkt mit dem Swadhisthana Chakra verbunden. Der Karneol ist als Stein der Tat und des Vorwärtskommens im Leben bekannt und hilft uns, Lösungen zu finden, wenn wir emotionale Blockaden erleben. Er hat die Eigenschaften des Feuerelements und motiviert uns, im Geschäft und in anderen Bereichen erfolgreich zu sein. Er hilft uns auch bei der Verarbeitung negativer Emotionen wie Wut, Eifersucht, Angst, Traurigkeit, Verwirrung und Einsamkeit und schützt uns gleichzeitig vor den projizierten negativen Energien anderer Menschen. Der Karneol kann auch als Werkzeug verwendet werden, um uns in kreative Ausdrucksformen wie bildende Kunst, Musik, Tanz oder Schreiben einzubringen. Dieser Stein wird mit den Tierkreiszeichen Widder, Löwe und Jungfrau in Verbindung gebracht. Darüber hinaus hat er eine Affinität zu Mars und Sonne.

Citrin

Dieser transparente, gelblich-orangefarbene Stein bringt Vitalität, Selbstvertrauen, Mut, Glück und Freude in das Leben eines Menschen. Da er mit dem Hara und dem Solarplexus-Chakra in Verbindung steht, ist der Citrin ein sehr energetisierender Stein, der die Prana-Energie, die Kreativität, die Motivation und die Problemlösungsfähigkeiten stärkt. Der Citrin wirkt sich positiv auf die Selbstachtung aus und fördert den Ausdruck unserer inneren Wahrheit. Er hat Eigenschaften, die sich auf die Elemente Luft und Feuer beziehen. Seine goldenen Lichtstrahlen vertreiben Unsicherheiten, die aus einer negativen Denkweise herrühren, und ersetzen sie durch Positivität. Dieser Stein steht auch im Zusammenhang mit dem Sternzeichen Zwillinge und dem Planeten Merkur. Er hat eine Affinität zur Sonne, weshalb wir ihn verwenden können, um alle Chakren zu energetisieren.

Klarer Quarz

Dieser transparente Stein trägt das gesamte Spektrum des Lichts in sich, was ihn zu einem Meisterheiler auf allen Ebenen macht. Da er direkt mit dem spirituellen Element verbunden ist, kann der klare Quarz für Meditation, Channeling, Traumarbeit und Energieheilung verwendet werden und uns mit unserem höheren Selbst verbinden. Aufgrund seiner tief reinigenden Eigenschaften befreit der klare Quarz die Aura von stagnierender und negativer Energie. Er fördert Positivität, geistige und emotionale Klarheit und Konzentration. Der klare Quarz verbessert die metaphysischen Fähigkeiten und stimmt uns auf unsere spirituelle Bestimmung und unseren wahren Willen ein. Da seine Heilwirkung breit gefächert ist, wirkt dieser Stein auf alle Chakren. Da er jedoch eine sehr hohe Schwingung hat, wirkt der klare Quarz am besten auf das Sahasrara Chakra und die transpersonalen Chakren über dem Kopf. Seine Energie verstärkt auch die positiven Aspekte aller astrologischen Zeichen. Wir können den klaren Quarz verwenden, um die Energie anderer Kristalle zu reinigen, zu säubern und zu verstärken. Da er sich leicht mit Absicht und Gedanken programmieren lässt, kann er auch als Talisman verwendet werden, um das anzuziehen, was man sich wünscht.

Fluorit

Dieser transparente Stein ist eine Mischung aus violetten, blauen, grünen und transparenten Farben. Er eignet sich hervorragend, um negative Energie zu neutralisieren, den Geist zu entgiften und Geist, Körper und Seele in Einklang zu bringen. Der Fluorit bringt das innere Genie zum Vorschein, indem er die Aura stabilisiert und die Konzentration steigert. In Verbindung mit dem Ajna Chakra erdet und integriert dieser Stein spirituelle Energien und steigert die psychischen Kräfte und die Intuition. Da er das Bewusstsein auf die spirituelle Ebene hebt, ist der Fluorit ein guter Stein für Meditation und Tiefschlaf. Seine Eigenschaften beziehen sich auf die Elemente Luft, Wasser und Geist, die durch seine Farben hervorgerufen werden: Seine grüne Energie durchdringt das Luftelement und reinigt das Herz, die blaue bringt das Wasserelement ein und beruhigt den Geist, während die violette Farbe die metaphysischen Eigenschaften des

Geistelements integriert. Die klare, transparente Energie, die leitende Kraft des Steins, richtet alle Chakren und Elemente zu einem integrierten Ganzen aus und ermöglicht es dem Menschen, geistig, emotional und körperlich optimal zu funktionieren. Neben seinen tiefgreifenden Heileigenschaften ist der Fluorit einer der schönsten Kristalle auf dem Markt, was ihn zu einem beliebten Stein im Haushalt macht.

Granat
Dieser transparente bis durchscheinende rubinrote Stein fördert Vitalität, Mut, Kreativität, Entschlossenheit, Veränderung und die Fähigkeit, seine Ziele zu verwirklichen. Der Granat, der mit dem Mars und dem Feuerelement assoziiert wird, reinigt alle Chakren und gibt ihnen neue Energie. Er aktiviert und stärkt den Überlebensinstinkt und ruft bedingungslose Liebe, Leidenschaft und spirituelle Hingabe hervor. Er erdet die chaotische Energie des Menschen, gleicht die Emotionen aus und schafft ein erweitertes Bewusstsein für sich selbst und seine Umgebung. Er ist der Stein des spirituellen Erwachens, dessen Energie dafür bekannt ist, die Kundalini in Aktivität zu versetzen, wenn er zusammen mit yogischen Praktiken verwendet wird, die darauf abzielen, diese Energie zu erwecken. Der Granat steht auch in enger Verbindung mit der Hypophyse, da er die Regeneration des Körpers fördert und gleichzeitig den Stoffwechsel, das Immunsystem und den Sexualtrieb anregt. Dieser Stein wird mit den Tierkreiszeichen Widder, Skorpion und Steinbock in Verbindung gebracht.

Grüner Aventurin
Dieser durchscheinende grüne Stein ist dafür bekannt, Wohlstand und Reichtum zu manifestieren. Er verstärkt die eigenen Absichten, mehr Fülle im Leben zu schaffen. In Verbindung mit dem Herzchakra und dem Planeten Venus bringt der Grüne Aventurin Harmonie in alle Aspekte des Seins. Er gleicht die männliche und weibliche Energie aus und fördert das Wohlbefinden. Außerdem stärkt er Führungsqualitäten und Entschlusskraft und fördert gleichzeitig Mitgefühl und Empathie. Grüner Aventurin fördert die Kreativität und ermöglicht es, verschiedene Alternativen und Möglichkeiten zu sehen. Er stabilisiert den Geist, beruhigt die Emotionen und besänftigt Irritationen und Ärger. Dieser Stein schützt vor psychischen Vampiren. Da er bei der Manifestation hilft, hat der Grüne Aventurin starke Eigenschaften des Erdelements.

Hämatit
Dieser metallisch schwarze bis stahlgraue Stein bietet eine erdende und ausgleichende Energie, die hilft, geistige Begrenzungen aufzulösen. Hämatit nutzt die magnetischen Qualitäten unserer Yin-Yang-Energien, um die Nadis auszugleichen und dem Nervensystem Stabilität zu verleihen. Er entfernt chaotische Energien aus der Aura und wehrt negative Gedanken anderer Menschen ab. Er gibt uns auch ein Gefühl der Sicherheit und stärkt gleichzeitig unser Selbstwertgefühl, unseren Mut und unsere Willenskraft. Die beruhigenden Schwingungen des Hämatits machen ihn zum perfekten Stein für Menschen, die unter Ängsten, Stress und Nervosität leiden. Dieser Stein ist dafür

bekannt, dass er bei der Überwindung von Zwängen und Abhängigkeiten hilft. Seine entspannende Wirkung auf den physischen Körper stärkt unsere Verbindung zum Planeten Erde. Hämatit steht in Beziehung zum Muladhara-Chakra und zum Element Erde mit einer Affinität zu Mars und dem Element Feuer. Da er die Konzentration, den Fokus und originelle Gedanken fördert, hat Hämatit spezifische Eigenschaften, die mit den Tierkreiszeichen Widder und Wassermann verwandt sind.

Kyanit

Dieser tiefblaue Stein bringt alle Chakren und feinstofflichen Körper sofort in Einklang. Der Kyanit ist mit dem Kausal- und dem Seelenstern-Chakra assoziiert und gleicht unsere Yin-Yang-Energien aus, während er Blockaden beseitigt und das Prana im Körper wiederherstellt. Kyanit bringt Frieden und Gelassenheit; er beseitigt alle Verwirrung und Stress und verbessert die Kommunikation und den Intellekt. Kyanit gleicht auch das Kehlchakra aus, da er den Selbstausdruck fördert und uns mit unserer inneren Wahrheit in Einklang bringt. Er erweckt unsere übersinnlichen Fähigkeiten und aktiviert unsere angeborene Fähigkeit, telepathisch zu kommunizieren. Die beruhigende blaue Farbe des Kyanits öffnet uns für die spirituellen und göttlichen Reiche und ermöglicht es uns, mit unseren Geistführern in Kontakt zu treten, sei es durch Meditation oder Träume. Seine Energie ist fünfdimensional und hat bestimmte Eigenschaften, die mit dem Element Luft verwandt sind. Kyanit ist ein kraftvoller Übermittler und Verstärker von Hochfrequenzenergien, die uns zu unserem Wahren Selbst und unserer Lebensaufgabe erwecken. Dieser Stein muss nie energetisch gereinigt werden, da er keine negativen Schwingungen zurückhalten kann.

Lapislazuli

Dieser undurchsichtige tiefdunkelblaue Stein mit metallischen Goldflecken öffnet das Dritte Auge und verbessert Intuition, spirituelle Einsicht, innere Führung und übersinnliche Fähigkeiten. Mediums verwenden Lapislazuli oft, um mit höheren kosmischen Ebenen in Kontakt zu treten und ihre Channeling-Fähigkeit zu verbessern. Dieser Stein eignet sich zur Verbesserung des Gedächtnisses und wird oft in der Traumarbeit verwendet. Lapis Lazuli besitzt die Eigenschaften des Wasserelements, die eine beruhigende Wirkung auf das Nervensystem haben und die Konzentration und den Fokus verbessern. Seine Verwendung ist vorteilhaft beim Studieren und Lernen, da er die Fähigkeit, Wissen zu verdauen und Dinge tiefgründig zu verstehen, verbessert. Man kann ihn auch zur Überwindung von Süchten und Traumata einsetzen, da er die emotionale Heilung fördert. Da er alle Aspekte des Selbst harmonisiert, hilft Lapis Lazuli bei der Überwindung von Stress und Ängsten, fördert den inneren Frieden und einen tiefen Schlaf. Lapis Lazuli steht in Verbindung mit dem Ajna Chakra und dem Planeten Jupiter.

Malachit

Dieser undurchsichtige, dunkelgrüne Stein mit hell- und dunkelgrünen sowie blaugrünen Bändern schützt uns vor negativen Energien und befreit uns von ungesunden emotionalen Mustern, die unsere Seele an einer weiteren Entwicklung hindern. Der Malachit, der mit dem Herzchakra und dem Planeten Venus assoziiert wird, bringt den Verstand mit dem Herzen in Einklang und hilft uns, spirituell zu wachsen. Er ruft Liebe, Mitgefühl und Freundlichkeit in unser Leben, heilt vergangene Traumata und steigert unsere empathischen Fähigkeiten. Malachit lehrt uns, Verantwortung für unsere Handlungen, Gedanken und Gefühle zu übernehmen, und ermutigt uns zu Risikobereitschaft und Veränderung. Er ist dafür bekannt, vor Strahlung zu schützen und elektromagnetische Verschmutzung zu beseitigen. Malachit hat eine erdige, erdende Komponente; er steht in Verbindung mit dem Sternzeichen Steinbock.

Moldavit
Dieser olivgrüne oder stumpfgrüne Stein führt uns über unsere Grenzen hinaus in eine andere Welt. Technisch gesehen handelt es sich um einen Tektit, eine Gruppe von natürlichen Gläsern, die durch Meteoriteneinschläge entstanden sind. Als solcher ist der Moldavit im wahrsten Sinne des Wortes nicht von dieser Welt. Seine energetischen Eigenschaften sind fünfdimensional; sie beziehen sich auf die höheren göttlichen Bewusstseinsebenen, mit denen wir durch vollständige Transzendenz in Kontakt treten können. Der Moldavit ermöglicht es uns, mit unserem Höheren Selbst, den Aufgestiegenen Meistern und anderen hochschwingenden Wesen zu kommunizieren. Es wird auch berichtet, dass dieser Stein uns durch sein Bewusstsein für außerirdische Kontakte öffnet. Die metaphysischen Eigenschaften des Moldavit, der mit dem höchsten transpersonalen Chakra, dem Stellaren Tor, assoziiert ist, ermöglichen es uns, Zeit und Raum zu transzendieren. So kann er verwendet werden, um Wissen über unsere vergangenen Leben zu erlangen und um unerwünschtes Gepäck, das wir in diese Inkarnation mitgenommen haben, zu beseitigen. Auf einer eher weltlichen Ebene hilft uns Moldavit, Emotionen aufzudecken, die uns in unglücklichen Lebenssituationen festhalten. Er ermöglicht es uns, vorwärts zu gehen und die Bestimmung unserer Seele zu finden.

Mondstein
Dieser milchig-weiße Stein mit einem leuchtenden Schimmer eignet sich hervorragend zur Stärkung der weiblichen Energie, zur Verbesserung der Intuition, der übersinnlichen Fähigkeiten und zum Ausgleich unserer Gefühle. Er steht in Beziehung zu den beiden weiblichen Hauptchakren Swadhisthana und Ajna und ist gleichzeitig direkt mit dem Kausal-/Bindu-Chakra verbunden. Mit seinen Eigenschaften als Wasserelement hält uns der Mondstein im emotionalen Gleichgewicht und ermöglicht es uns, mit dem Fluss des Lebens zu gehen, ohne zu sehr daran zu hängen. Er ruft zu Passivität, Empfänglichkeit und Reflexion auf und ermöglicht es uns, die Welt um uns herum ohne Wertung wahrzunehmen. Der Mondstein ist auch dafür bekannt, negative Glaubensmuster zu verbessern und unsere empathischen Fähigkeiten zu steigern. Seine Verwendung fördert ein höheres Bewusstsein und spirituelles Wachstum. Der Mondstein ist mit dem Tierkreiszeichen Krebs und dem Planeten Mond verbunden; seine Energie ist bei zunehmendem Mond stärker als bei abnehmendem Mond. Bei Vollmond ist der Mondstein

dafür bekannt, dass er luzide Träume hervorruft. In der Antike wurde der Mondstein bei Problemen mit dem weiblichen Fortpflanzungssystem eingesetzt.

Roter Jaspis

Dieser rote Stein eignet sich hervorragend, um die Aura zu schützen und zu stabilisieren und gleichzeitig negative Energie zu absorbieren. Er kann auch Strahlung und andere Formen von elektromagnetischer und Umweltverschmutzung neutralisieren. Seine rotglühende Schwingung erhöht unser Energieniveau, inspiriert eine positive Einstellung und erdet alle unerwünschten Energien. Roter Jaspis verleiht Mut zur Selbstbehauptung und geistige Ausdauer, um alle Aufgaben zu bewältigen. Er hat Eigenschaften des Feuerelements; der Rote Jaspis wird mit dem Muladhara-Chakra und dem Tierkreiszeichen Widder in Verbindung gebracht, mit einer Affinität zu Saturn. Dieser Stein stärkt und unterstützt uns in stressigen Zeiten und sorgt für emotionale Stabilität und Seelenfrieden. Er regt unsere Phantasie an und motiviert uns, unsere Ideen in die Tat umzusetzen. Da er unser Energiesystem anregt, regeneriert und verjüngt der Rote Jaspis auch unsere Leidenschaften und unseren Sexualtrieb.

Rosenquarz

Ein transparenter bis durchscheinender rosafarbener Stein, der mit seiner liebevollen und friedlichen Energie das Herzchakra ausgleicht. Er ruft göttliche Liebe, Barmherzigkeit, Mitgefühl, Toleranz und Freundlichkeit in die Aura. Die rosa Farbschwingung des Steins aktiviert eine Brücke zwischen den oberen drei geistigen Chakren und den unteren drei elementaren Chakren. Die Schaffung dieser Brücke ist entscheidend für die Synthese des spirituellen Selbst mit dem menschlichen physischen Selbst. Mit seinen Eigenschaften des Wasserelements macht der Rosenquarz uns empfänglich und lehrt uns, uns selbst und andere durch Vertrauen, Vergebung und Akzeptanz zu lieben. Seine Verwendung ist in traumatischen Zeiten von Vorteil, da er die Emotionen auf einer tiefen Ebene beruhigt. Er wirkt beruhigend auf das gesamte Nervensystem und baut Stress und Ängste ab. Der Rosenquarz ist der ideale Stein, um einen romantischen Partner in sein Leben zu ziehen, da er das Niveau der bedingungslosen Liebe im Herzchakra erhöht. Er steht in Verbindung mit den Sternzeichen Waage und Stier und dem Planeten Venus. Der Rosenquarz kann auch als Schlafmittel verwendet werden und heilt alle Probleme, die mit dem physischen Herzen zusammenhängen.

Selenit

Dieser reflektierende, milchig-weiße Stein ist ein mächtiges Werkzeug, um uns auf die spirituellen und göttlichen Bewusstseinsebenen einzustimmen. Seine Verwendung liefert ätherische Energie, die uns mit unserem Lichtkörper verbindet, den wir nutzen können, um mit hoch schwingenden Wesen wie Engeln, Erzengeln und aufgestiegenen Meistern in diesen himmlischen Reichen in Kontakt zu treten. Dieser beruhigende Stein, der mit der griechischen Mondgöttin Selene in Verbindung gebracht wird, hat die Eigenschaft, uns auf allen Ebenen zu heilen: körperlich, emotional und mental. Dem Sahasrara Chakra und dem Seelenstern-Chakra zugeordnet, kann man Selenit verwenden, um sich mit seiner göttlichen Bestimmung zu verbinden und diese in seinem unteren Bewusstsein zu verankern. Darüber hinaus können wir diesen Stein verwenden, um uns auf unsere angeborene Weisheit einzustimmen und unser Bewusstsein mit Liebe und Licht neu auszurichten. Selenit verbindet uns mit dem Mondzyklus und unseren Schutzengeln und Geistführern.

Rauchquarz
Dieser durchscheinende hell- bis dunkelbraune Stein hält die Schutzenergien aufrecht und lenkt negative Schwingungen ab. Rauchquarz ist dafür bekannt, bei spirituellen Zeremonien und Ritualen einen Schutzkreis um sich selbst zu bilden. Wir können ihn auch verwenden, um elektromagnetische Frequenzen abzulenken, die von elektronischen Geräten ausgehen. Mit seinen Eigenschaften als Erd- und Luftelement erdet der Rauchquarz alle Gedanken und erhöht die Konzentration, was ihn zu einem perfekten Begleiter bei der Meditation macht. Dieser Stein hilft, Furcht, Nervosität und Ängste zu beseitigen, während er uns ein Gefühl der Sicherheit vermittelt. Er ist dafür bekannt, männliche Energie und Überlebensinstinkte zu verstärken. Der Rauchquarz wird häufig zur Behandlung von Depressionen und emotionalem Stress empfohlen, da er die Dunkelheit vertreibt und gleichzeitig positive Energie einbringt. Der Rauchquarz wird mit dem Erdsternchakra und dem Planeten Saturn in Verbindung gebracht. Er steht auch im Zusammenhang mit dem Tierkreiszeichen Steinbock.

Sodalith
Dieser undurchsichtige dunkelblaue Stein mit weißen und schwarzen Streifen eignet sich hervorragend zur Verbesserung von Intuition, Hellsichtigkeit, kreativem Ausdruck und Kommunikation. Durch seine Verbindung zu den Vishuddhi- und Ajna-Chakren hebt der Sodalith das Bewusstsein auf die spirituelle Ebene, was den höheren Geist auf die physische Ebene bringt. Indem er die spirituelle Wahrnehmung anhebt, werden Wahrsagerei und meditative Praktiken intensiviert. Mit seinen Eigenschaften, die mit den Elementen Luft und Wasser zusammenhängen, ist der Sodalith eine gute Lernhilfe, da er geistige Verwirrung beseitigt und gleichzeitig die Konzentration, den Fokus und die Fähigkeit, sich an Informationen zu erinnern, verbessert. Darüber hinaus steigert er das logische Denkvermögen, die Objektivität und das Unterscheidungsvermögen. Sodalith stabilisiert auch die Emotionen und sorgt für inneren Frieden, was ihn zu einem guten Mittel zur Überwindung von Panikattacken macht. Darüber hinaus stärkt er das Selbstwertgefühl, die Selbstakzeptanz und das Vertrauen in sich selbst. Er hat eine Affinität zum Planeten Jupiter und zum Tierkreiszeichen Schütze.

Tigerauge
Dieser undurchsichtige braun-goldene Stein mit helleren Bändern dieser beiden Farben vereint Sonnen- und Erdenergien und ruft Zuversicht, Mut, Motivation, Schutz und emotionales Gleichgewicht hervor. Tigerauge unterstützt Integrität, Stolz, Sicherheit

und hilft uns bei der Verwirklichung unserer Ziele und Träume. Es wird mit dem Swadhisthana Chakra assoziiert und hat eine Affinität zu den Chakren Muladhara (Erde) und Manipura (Feuer) und den Elementen, die sie beherrschen. Da seine Energie direkt mit der Sonne in Verbindung steht, regt das Tigerauge die Vorstellungskraft an und hält uns gleichzeitig in unseren spirituellen und materiellen Bestrebungen und Zielen geerdet. Es verbindet uns mit unserer Seele, was uns stärkt und uns für unser volles Potenzial öffnet. Seine Verwendung erhellt unsere Lebenseinstellung, bringt geistige Klarheit und Positivität, selbst wenn wir mit Widrigkeiten konfrontiert sind. Das Tigerauge hilft uns, unsere Emotionen zu beherrschen und negative Gefühle gegenüber anderen, wie zum Beispiel Eifersucht, loszulassen. Es hat eine Affinität zu den Tierkreiszeichen Steinbock und Löwe.

Türkis

Dieser undurchsichtige bläulich-grüne bis grünlich-blaue Stein eignet sich hervorragend für die Kommunikation, da er hilft, innere Gefühle zu artikulieren und gleichzeitig Blockaden im Selbstausdruck zu beseitigen. Er steht in Verbindung mit Vishuddhi, dem Kehlchakra, wo die männlichen und weiblichen Energien durch das Geistelement ausgeglichen werden. Türkis ist nützlich, um uns mit unserer inneren Wahrheit zu verbinden und uns gleichzeitig vor den negativen Emotionen der Menschen zu schützen. Mit den Eigenschaften der Elemente Luft, Wasser und Feuer gleicht Türkis Stimmungsschwankungen aus und fördert gleichzeitig die Inspiration, die uns bei kreativen Blockaden mental hilft. Außerdem hilft er dabei, höhere Weisheit zu kanalisieren und sie verbal oder durch das geschriebene Wort auszudrücken. Der Türkis steht in Beziehung zu den Planeten Jupiter und Merkur sowie zu den Tierkreiszeichen Zwillinge, Jungfrau und Schütze. Aufgrund seiner auffälligen Farbe und seiner energetischen Eigenschaften wird er seit jeher häufig für Schmuck verwendet. Vor allem die amerikanischen Ureinwohner tragen ihn schon seit Tausenden von Jahren, um sich mit den kosmischen Energien zu verbinden.

REINIGEN DER EDELSTEINE

Edelsteine werden im Laufe der Zeit mit Energie programmiert. Es liegt in ihrer Natur, dies zu tun, vor allem, wenn sie von anderen Menschen oder sogar von Ihnen selbst in einem unausgeglichenen Geisteszustand angefasst worden sind. Bevor Sie Edelsteine zu Heilzwecken verwenden, ist es daher wichtig, sie von jeglicher Restenergie zu "reinigen". Durch die Reinigung eines Edelsteins wird er in seinen optimalen, neutralen Zustand zurückversetzt, was vor allem dann wichtig ist, wenn Sie eine Heilsitzung an einer neuen Person durchführen. Aber auch wenn Sie sich selbst heilen, ist es hilfreich, die Edelsteine oft zu reinigen, da sie am stärksten sind, wenn ihre Energien zurückgesetzt sind.

Ich werde ein paar Methoden besprechen, die meiner Meinung nach am besten zur Klärung von Edelsteinen geeignet sind. Denken Sie daran, dass Sie, wenn Sie mit der Klärung der Energie von Tarotkarten vertraut sind, wie in *The Magus* beschrieben, dieselben Methoden auch zur Reinigung von Edelsteinen anwenden können. Die Vollmond-Reinigung ist besonders nützlich, da die Strahlen des Mondes sehr effizient sind, um alte Energien von den Edelsteinen zu vertreiben und sie in ihre optimale Schwingung zurückzuführen.

Die schnellste, beliebteste und vielleicht effizienteste Art, einen Edelstein zu reinigen, ist, ihn in Salzwasser zu legen. Wasser an sich, vor allem aus einem natürlichen Bach, eignet sich gut zur Reinigung eines Edelsteins, aber wenn Sie es in ein Glas (nicht aus Metall oder Plastik) gießen und Meersalz hinzufügen, ist die Reinigung noch wirkungsvoller. Achten Sie darauf, dass Sie nur Meersalz verwenden, da Kochsalz Aluminium und andere Chemikalien enthält.

Vergewissern Sie sich, dass der Edelstein vollständig in das Wasser getaucht ist, und lassen Sie ihn 24 Stunden lang darin liegen, damit er Zeit hat, sich vollständig zu regenerieren. Ein Edelstein, der eine viel tiefere und gründlichere Reinigung benötigt, kann bis zu einer Woche im Wasser bleiben. Spülen Sie Ihre Edelsteine anschließend unter fließendem kalten Wasser ab, um alle Salzreste zu entfernen. Es wird empfohlen, das Salzwasser danach zu entsorgen, da es die negativen, unerwünschten Energien absorbiert hat.

Denken Sie daran, dass Salzwasser zwar die beste Methode zur Reinigung eines Edelsteins ist, dass es aber bei einigen Edelsteinen schädliche Auswirkungen haben und sogar ihr Aussehen und ihre Eigenschaften verändern kann. So sollten zum Beispiel poröse Steine, die Metall enthalten oder Wasser in sich tragen, nicht in Salzwasser aufbewahrt werden. Zu den Edelsteinen, die von Salz ferngehalten werden sollten, gehören Opal, Lapislazuli, Pyrit und Hämatit, um nur einige zu nennen.

PROGRAMMIERUNG VON EDELSTEINEN

Edelsteine können nicht nur zur Energieheilung verwendet werden, sondern auch mit einer bestimmten Absicht programmiert werden, um ein Ziel zu manifestieren. Es ist bekannt, dass Edelsteine in der Geschichte als Hilfsmittel verwendet werden, um bewusste Gedanken mit dem Körper zu verbinden. Gedanken sind mächtig, weil sie Energie lenken. Wenn man einen programmierten Edelstein verwendet, trägt seine Frequenz dazu bei, die Gedanken und Absichten zu verstärken und so den Manifestationsprozess zu unterstützen.

Obwohl viele Menschen Edelsteine benutzen, um materielle Dinge für sich zu manifestieren, wie z.B. eine neue Freundin oder ein Auto, habe ich immer geglaubt, dass es auf lange Sicht günstiger wäre, sich stattdessen auf die spirituelle Transformation zu konzentrieren. Denn wenn Sie etwas an sich ziehen, das Ihr Ego will, das aber den

Fortschritt Ihrer Seele nicht fördert, stagniert Ihr spiritueller Entwicklungsfortschritt, da Sie dieses Ding schließlich ablegen müssen, um weiterzukommen. Wenn Sie sich also stattdessen auf die Erleuchtung konzentrieren und Edelsteine programmieren, um dieses Ziel zu erreichen, wird sich Ihr materielles Leben zu gegebener Zeit einfügen.

Sie können einen Edelstein so programmieren, dass er seine Energie auf etwas konzentriert, das Sie erreichen oder in sich selbst verändern wollen, und so Ihre Absicht verstärkt. Auf diese Weise wird der Edelstein zu einem Talisman, einer sich selbst erzeugenden Energiequelle (Batterie), die Ihrer Willenskraft den nötigen Treibstoff gibt, um Ihr Ziel zu erreichen.

Suchen Sie sich einen Ort, an dem Sie für diese Übung allein sein können. Bevor Sie mit der Programmierung eines Edelsteins beginnen, müssen Sie sich über Ihre Absicht oder Ihr Ziel im Klaren sein, das Sie mit seiner Hilfe zu erreichen versuchen. Formulieren Sie einen einfachen Satz, in dem Ihr Wunsch enthalten ist, und formulieren Sie ihn vom positiven Standpunkt aus. Wenn Sie z. B. ein besseres Gedächtnis haben möchten oder Ihre Kreativität oder Inspiration steigern wollen, machen Sie Ihre Absicht in Ihrem Satz deutlich. In der Tabelle 1 am Ende dieses Kapitels finden Sie die Entsprechungen zwischen den Edelsteinen und den menschlichen Ausdrucksformen/Kräften.

Anschließend müssen Sie den Edelstein reinigen und alle vorprogrammierten Energien aus ihm entfernen. Führen Sie dazu eine der bereits erwähnten Reinigungstechniken durch. Danach halten Sie den Edelstein in der Hand und verbinden sich mit ihm, indem Sie in einen meditativen Zustand gehen. Spüren Sie, wie seine Energie durch Ihre Handflächen in Ihr Herzchakra strömt und werden Sie eins mit ihm. Sobald Sie eine Verbindung hergestellt haben, können Sie damit beginnen, ihn zu programmieren.

Sprechen Sie laut mit dem Stein, als ob Sie mit einem Freund sprechen würden. Machen Sie ihm klar, wozu Sie Hilfe brauchen. Wenn Sie das Gefühl haben, dass die Energie des Steins sich negativ auf das auswirkt, was Sie von ihm verlangen, müssen Sie einen anderen Stein finden. Die Verbindung zwischen Ihnen und dem Stein muss positiv sein, damit dies funktioniert.

Beginnen Sie nun, Ihren Satz zu wiederholen, den Sie wie ein Mantra verwenden werden. Ihr Satz ist magisch, denn Sie werden ihn benutzen, um die Realität zu manifestieren, die Sie sich wünschen. Wiederholen Sie das Mantra einige Minuten lang und spüren Sie, wie sich der Stein in Ihrer Hand erwärmt, während Sie ihn aufladen. Wenn Sie das Gefühl haben, dass Sie den Stein ausreichend mit Ihrer Willenskraft aufgeladen haben, beenden Sie die Übung.

Sie haben jetzt ein mächtiges Gerät, das Ihnen helfen wird, das zu erreichen, wofür Sie Hilfe brauchen. Bewahre den Stein in weißem Leinen auf und trage ihn bei dir, bis sich das manifestiert, worum Sie ihn gebeten haben. Wenn Sie das Gefühl haben, dass Sie den Stein neu programmieren oder ihn aufladen müssen, können Sie ihn jederzeit in der Hand halten, eine Verbindung herstellen und Ihr Mantra wiederholen, um ihn weiter zu programmieren.

CHAKRA-HEILUNG MIT EDELSTEINEN

Die folgende Kristallheilungstechnik kann an Ihnen selbst oder an anderen Menschen durchgeführt werden. Wenn Sie sie an Ihnen selbst durchführen, schaffen Sie sich einen Raum, in dem Sie sich entspannen und meditieren können, ohne gestört zu werden. Wenn Sie etwas Weihrauch anzünden möchten, um sich in den richtigen Geisteszustand zu versetzen, dann tun Sie das. Für diese Übung müssen Sie sich bequem hinlegen, also benutzen Sie ein Kissen, wenn Sie möchten. Sie sollten sich in einem entspannten und meditativen Geisteszustand befinden und Achtsamkeit praktizieren.

Die Atemkontrolle ist eine der wesentlichen Komponenten, um in einen meditativen Geisteszustand zu gelangen, der eine Voraussetzung für die Arbeit mit allen spirituellen Heilmethoden ist. Um optimale Ergebnisse zu erzielen, verwenden Sie die Technik des Vierfachen Atems (Sama Vritti), die Sie im Kapitel "Pranayama-Übungen" im Yoga-Teil dieses Buches finden. Diese Atemübung wird Ihre inneren Energien beruhigen und die Schwingung Ihres Bewusstseins anheben, wodurch Sie sich für die Heilung öffnen. Sie können sie isoliert für einige Minuten vor der Heilsitzung und während der Heilsitzung anwenden, um sich im Gleichgewicht zu halten.

Wenn Sie Kristallheilung bei einer anderen Person durchführen, können Sie für optimale Ergebnisse eine praktische Heilungskomponente in diese Übung einbauen. Es wäre jedoch hilfreich, wenn Sie vor Beginn der Chakra-Heilungsübung feststellen, welche Chakren besondere Aufmerksamkeit benötigen. Diese Informationen können dann auch angewandt werden, wenn Sie die Verwendung von Kristallstäben hinzufügen möchten, um die Drehung der Chakren zu optimieren.

Scannen Sie jedes Chakra mit der Handfläche Ihrer nicht dominanten Hand, um zu spüren, ob es gut funktioniert oder seine Energie stagniert. Gut funktionierende Chakren haben einen Energieball mit gleichmäßiger Wärme, die von ihnen ausgeht und die Sie an Ihrer Abtasthand spüren können, da der Druck stärker wird, je bewusster Sie mit ihnen in Kontakt treten. Chakren, die stagnieren, erzeugen dagegen nur sehr wenig oder gar keinen Druck auf Ihre tastende Hand.

Chakra-Heilungsmethode mit Edelsteinen (mit optionalen zusätzlichen Elementen)

Um die Übung zu beginnen, legen Sie einen entsprechenden Edelstein auf jeden der sieben Hauptchakrapunkte (auf der Vorderseite des Körpers), während Sie liegen (Verwenden Sie Tabelle 1, um diese Informationen zu erhalten). Für Sahasrara legen Sie einen Edelstein über den Kopf. Für Muladhara können Sie einen Edelstein auf Ihre Genitalien oder direkt darunter, in den Bereich zwischen Damm und Steißbein legen. Wenn Sie mit den transpersonalen Chakren arbeiten, platzieren SIe den Seelen-Stern-Kristall 15 cm über dem Kopf und den Hara-Kristall direkt über dem Nabel (Abbildung 65). Der Erdsternkristall sollte fünf Zentimeter unterhalb der Füße platziert werden. Wenn

Sie diese Übung alleine machen und es Ihnen schwer fällt, die Kristalle auf Ihrem Körper zu platzieren, können Sie sich von einer anderen Person helfen lassen.

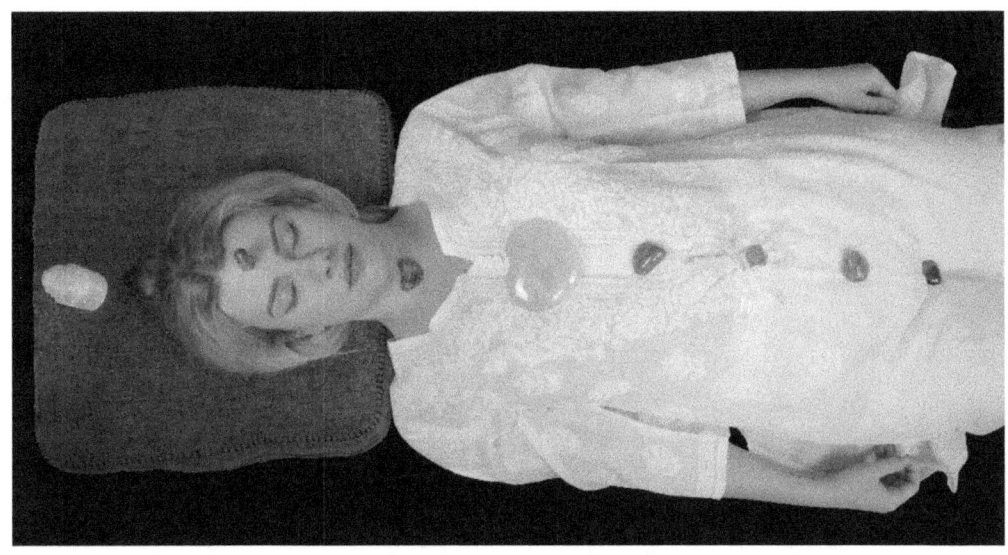

Abbildung 65: Platzierung der Edelsteine auf den Chakren

Sobald die Edelsteine platziert sind, schließen Sie die Augen und entspannen Sie sich und bringen Sie Ihren Geist für 10-30 Minuten zur Ruhe. Je länger Sie diese Übung durchführen, desto mehr Heilenergie wird Ihnen zuteil. Es ist wichtig, die Übung mindestens 10 Minuten lang durchzuführen, damit die Energie der Edelsteine die Chakren effizient durchdringen kann. Diese Übung hat eine messbare Wirkung, das heißt, je länger Sie sie durchführen, desto mehr Heilung erhalten Sie. Beginnen Sie am besten mit weniger Zeit und steigern Sie dann die Zeit, während Sie die Übung wiederholen. Am besten wäre es, wenn Sie diese Übung täglich wiederholen würden. Lassen Sie sich bei diesem Prozess von Ihrem Höheren Selbst leiten.

Üben Sie während der Heilsitzung, sich der Reaktionen Ihres Körpers auf die Heilbehandlung bewusst zu werden. Ihre Aufmerksamkeit kann auf einen oder mehrere der Edelsteine gelenkt werden, die sich heiß oder kalt, schwer oder leicht anfühlen können. Es kann sein, dass Sie ein Kribbeln oder ein elektrisches Kribbeln verspüren, normalerweise in den Bereichen, in denen der Edelstein platziert ist, aber auch in anderen Bereichen des Körpers. Nehmen Sie sie einfach wahr und lassen Sie sie los. Verweilen Sie nicht bei dem, was Sie gerade erleben. Bei dieser Übung sollten Sie sich ruhig und entspannt, aber auch geerdet fühlen. Die Edelsteinenergie wird Ihre Gedanken und Gefühle anregen. Richten Sie Ihre Aufmerksamkeit trotzdem darauf, Ihren Geist ruhig zu halten.

Option# 1-Kristallsplitter

Eine kraftvolle Technik zur Verstärkung der Heilung in einem bestimmten Chakra (oder mehreren Chakren) besteht darin, vier, acht oder zwölf klare Quarzkristall-Splitter um einen Chakra-Edelstein zu legen, um seine heilenden Eigenschaften zu verstärken. Je mehr Quarzkristall-Splitter Sie hinzufügen, desto größer wird die Wirkung sein. Sie können diesen Teil der Übung bei sich selbst oder bei anderen Menschen anwenden. Jeder Quarzkristall-Splitter sollte auf den zentralen Edelstein gerichtet sein, der die Energie in das gewählte Chakra effizienter bündelt und die Heilkraft stark verstärkt und intensiviert.

Abbildung 66: Verstärkung eines Kristalls mit Klaren Quarzsplittern

Zum Beispiel können Sie die Kraft des Kristalls, der auf dem Herz-Chakra platziert wird, wie ein Rosenquarz oder Malachit, verstärken, da dies das Chakra des Luftelements ist, dass die unteren drei Chakren von Feuer, Wasser und Erde harmonisiert, während es das Geistelement infundiert. Die Verwendung eines Herzkristalls für diesen Zweck kann vorteilhaft sein, besonders wenn es sich um einen größeren Kristall handelt, der im Mittelpunkt der Kristallheilungssitzung steht. Es kann auch von Vorteil sein, die Kraft eines Hara-Chakra-Kristalls (Abbildung 66), wie z.B. eines Zitrins oder eines Sonnensteins, zu verstärken. Dadurch wird die Menge an Prana in Ihrem Körper erhöht, dass für verschiedene Zwecke verwendet werden kann, z.B. um den Geist zu stärken oder den Körper zu heilen.

Option#2-Hands-on Healing

Wenn Sie Kristallheilung an einer anderen Person durchführen, können Sie die Zeit, während sie in der Stille liegt, nutzen, um praktische Heilung an ihren Chakren zu praktizieren (Abbildung 67). Mit Hilfe Ihrer Handchakren können Sie absichtlich Heilenergie in jedes Chakra schicken, das Arbeit braucht, oder in alle Chakren, indem Sie ein paar Minuten auf jedes Chakra verbringen, wenn Sie sie ausgleichen wollen.

Beim Heilen mit den Händen ist es notwendig, die Prana-Energie in der Brust zu erzeugen, was erfordert, dass Sie Ihre Aufmerksamkeit auf ihr Zentrum lenken und aus den Lungen atmen. Leiten Sie diese Energie nun durch Ihre Hände, indem Sie sich vorstellen, dass die Heilenergie aus Ihren Handflächenchakren ausstrahlt und das gewünschte Chakra durchdringt. Wenn Sie es richtig machen, sollten Sie die Wärme Ihrer Hände und ein gelegentliches Kribbeln auf der Oberfläche Ihrer Handfläche spüren.

Abbildung 67: Senden von Heilenergie durch die Handflächen

Option#3-Kristallstäbe

Eine kraftvolle Methode zur Optimierung der Drehung der Chakren ist die Verwendung von Kristallstäben. Diese Technik kann bei sich selbst oder bei anderen Menschen angewendet werden. Wenn Sie eine Kristallheilung bei einer anderen Person durchführen, können Sie diese Technik auf Chakren anwenden, die besondere Aufmerksamkeit benötigen. Es ist hilfreich, jedes der Chakren bereits gescannt zu haben, bevor Sie mit der Übung beginnen. Da Sie den Kristallstab kreisförmig bewegen müssen, um die Drehung eines Chakras zu optimieren, müssen Sie auch bestimmen, ob das Chakra, an dem Sie arbeiten wollen, sich im oder gegen den Uhrzeigersinn dreht (Benutzen Sie das Diagramm in Abbildung 61, um diese Information zu erhalten).

Legen Sie den Kristallstab vor den Kristall, der auf dem Körper über dem gewünschten Chakra sitzt. Vergewissern Sie sich, dass die Eigenschaften des Kristallstabs mit dem Chakra übereinstimmen oder verwenden Sie einen Stab, der für alle Chakren verwendet werden kann, wie z.B. einen Stab aus klarem Quarz. Beginnen Sie nun, ihn entweder im oder gegen den Uhrzeigersinn zu bewegen. Wenn Sie näher am Körper arbeiten, sollten Ihre Kreise einen kleineren Durchmesser haben als wenn Sie weiter weg arbeiten, da jedes Chakra kegelförmig nach außen ragt. Sie können auch spiralförmig nach außen ziehen, indem Sie die Außenseite des vorstehenden Chakras nachzeichnen.

Indem Sie den Blütenkopf des Chakras berühren, erzeugen Sie einen Energiewirbel in der Aura, dessen Bewegung den Spin des jeweiligen Chakras optimiert. Die besten Ergebnisse erzielen Sie, wenn Sie jedem Chakra, das bearbeitet werden muss, fünf bis zehn Minuten widmen. Sofern Sie diese Technik nicht an sich selbst anwenden, können Sie an zwei Chakren gleichzeitig arbeiten (Abbildung 68).

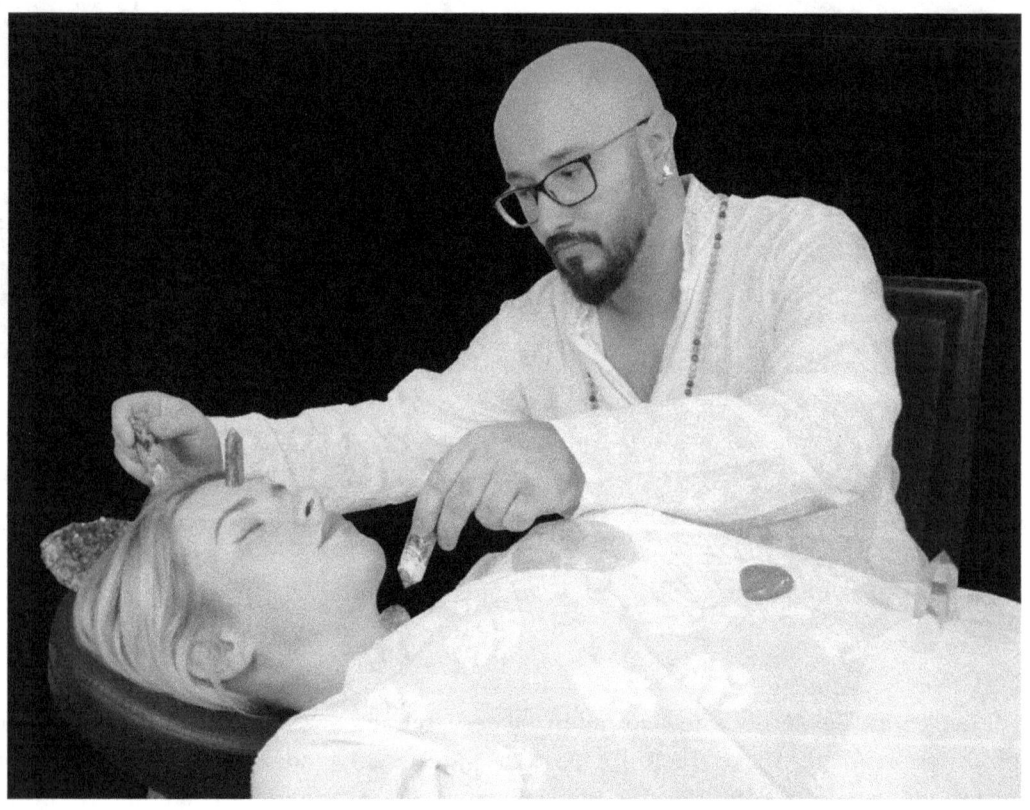

Abbildung 68: Optimierung der Drehung der Chakren mit Kristallstäben

Sobald die Kristallheilungsübung abgeschlossen ist, entfernen Sie die Edelsteine aus Ihrem Körper. Ihre Chakren werden mit neuer Energie durchflutet, die Sie für den Rest des Tages stark spüren können. Überschüssige Energie wird sich während des Schlafs auflösen, während Ihre Chakren einen Teil der Energie bis in die nächsten ein bis zwei Tage behalten. Je nachdem, wie sensibel Sie psychisch sind, kann Ihr Bewusstsein sofort eine Energieverschiebung wahrnehmen. Da Sie bei dieser Übung die sieben Hauptchakren stimmen, werden Sie in Geist, Körper und Seele ausgeglichen sein. Dieser Effekt ist jedoch nur vorübergehend, weshalb ich Ihnen rate, diese Übung häufig durchzuführen.

STIMMGABELN

Seit Tausenden von Jahren sprechen alle Kulturen und Traditionen von einem universellen Energiefeld, das alles Existierende miteinander verbindet. *Das Kybalion* bezeichnet es als "Das Alles" und fügt hinzu, dass sich alles in diesem allumfassenden Feld in ständiger Schwingung und Bewegung befindet. *In der Heiligen Bibel* wird die Schwingung des Universums als "das Wort" bezeichnet, während sie im Hinduismus als das heilige Mantra "Om" erklingt.

In unserem Sonnensystem und darüber hinaus besteht alles im Wesentlichen aus Licht und Klang. Pythagoras lehrte, dass alle Planeten in ihrer Rotationsbewegung eine Klangmelodie erzeugen, eine Schwingung, die er als "Musik der Sphären" bezeichnete. Während das Licht aus elektromagnetischen Wellen besteht, besteht der Klang aus mechanischen Wellen. Eine mechanische Welle ist eine Schwingung in der Materie, die Energie über ein Material wie eine Stimmgabel überträgt, die perfekte Sinuswellen-Klangmuster ausstrahlt.

Die Stimmgabel wurde in den frühen 1700er Jahren erfunden, wurde aber in ihren Anfängen zum Stimmen von Musikinstrumenten verwendet. Doch erst in den 1960er Jahren wurde die Wissenschaft der Stimmgabeln auf den menschlichen Körper und seine Energien angewandt. So wurde die Stimmgabel zu einer kraftvollen Modalität, die in der Klangheilung eingesetzt wird.

Die Klangtherapie basiert auf dem Prinzip der sympathischen Resonanz - ein schwingender Gegenstand sendet Impulse durch die Luft aus und bringt dadurch andere Gegenstände in seiner Nähe in harmonische Schwingungen. Stimmgabeln werden hauptsächlich am oder um den Körper herum eingesetzt und senden Schallwellen in bestimmte Bereiche. Bei der chakrischen Heilung liegt der Schwerpunkt auf der Vorderseite des Körpers, wo sich die chakrischen Energiezentren befinden, oder auf der Rückseite entlang der Wirbelsäule, wobei wiederum die chakrischen Punkte anvisiert werden. Die chakrischen Energiezentren befinden sich zufällig an den Nervenzentren entlang der Wirbelsäule, die Impulse an die verschiedenen Körperorgane senden. Wenn wir also die chakrischen Zentren energetisieren, stimulieren wir auch die Organe und optimieren ihre Gesundheit.

Unser Gehör, das den Klang wahrnimmt, ist mit dem Element des Geistes oder Aethyr verbunden. Aus diesem Grund hat die Verwendung von Stimmgabeln in der Klangheilung eine unmittelbare Auswirkung auf unser Bewusstsein, im Gegensatz zur Verwendung anderer in diesem Abschnitt erwähnter Heilungsmodalitäten, die einen längeren Anwendungszeitraum benötigen, um ihre energetischen Auswirkungen zu spüren.

Die Zeitspanne, die eine Heilmethode benötigt, um auf das Bewusstsein einzuwirken, hängt davon ab, durch welchen der fünf Sinne sie gefiltert wird, und von der Ebene der kosmischen Ebene des entsprechenden Elements. Kristalle zum Beispiel, die mit dem Erdelement verbunden sind, benötigen eine längere Anwendungszeit während einer Heilsitzung, um das Bewusstsein zu beeinflussen, als die Aromatherapie, die mit den Elementen Wasser und Luft verbunden ist, die auf der Skala höher liegen. Umgekehrt hat die Anwendung von Tattvas einen noch unmittelbareren Einfluss auf das Bewusstsein als Kristalle und Aromatherapie, da sie mit den Elementen Feuer und Luft verbunden sind.

Es gibt viele Stimmgabeln und Sets auf dem Markt, die für spirituelles Heilen verwendet werden. Jede Stimmgabel ist so kalibriert, dass sie eine bestimmte Klangfrequenz aussendet, die sich auf unser körperliches, geistiges, emotionales und spirituelles Wohlbefinden bezieht. Zu den am häufigsten verwendeten Stimmgabelsets gehören das heilige Solfeggio, die DNA-Aktivierung, die Sephiroth des Lebensbaums und die planetaren Energien. In allen Fällen sind die Stimmgabelsets so kalibriert, dass sie den speziellen Energien entsprechen, die sie erzeugen sollen. Die Verwendung dieser spezifischen Klänge verändert unsere innere Schwingung und ermöglicht eine tiefe zelluläre Heilung.

STIMMGABELTYPEN UND VERWENDUNG

Es gibt gewichtete und ungewichtete Versionen aller Stimmgabelsätze. Gewogene Stimmgabeln haben ein rundes Gewicht am Ende jedes Zinken. Je schwerer die Stimmgabel ist, desto stärker bzw. heftiger ist ihre Schwingung. Gewichtete Stimmgabeln haben eine stärkere Vibration und können um den Körper herum und direkt auf ihm verwendet werden, wobei das Ende der Gabel, der Stiel, aufrecht sitzt. Unbeschwerte Stimmgabeln haben nicht die gleiche Frequenz wie die beschwerten und werden am besten um den Körper und die Ohren herum verwendet.

Die Stimmgabelsätze, mit denen wir uns in diesem Buch beschäftigen, beziehen sich direkt auf die Haupt- und transpersonalen Chakren. Der Prozess der chakrischen Heilung mit Stimmgabeln ist einfach. Alles, was man tun muss, ist, eine Stimmgabel anzuschlagen und sie auf den entsprechenden Bereich zu legen. Wenn man dann der Schwingung der Stimmgabel lauscht, bis sie abklingt, wird das betreffende Chakra mit dem Klang mitgerissen und kehrt so in seinen optimalen, gesunden Zustand zurück.

Da Stimmgabeln eine Form der Klangheilung sind, ist es unerlässlich, ihre Schwingungen ungestört zu hören, besonders wenn Sie ungewichtete Gabeln verwenden. Aber ich habe festgestellt, dass selbst wenn man Ohrstöpsel trägt, wenn man sich in der

Nähe von vibrierenden Stimmgabeln befindet, die Schallwelle die Aura anregt und eine innere Veränderung bewirkt. Die Intensität ist jedoch geringer, als wenn Sie die Schwingung auch hören würden.

Nach meiner Erfahrung gibt es keine andere Methode, die so kraftvoll und effizient die Chakren ausgleicht wie die Arbeit mit Stimmgabeln. Und das liegt daran, dass Klangheilung direkt auf die spirituelle Ebene wirkt, die wiederum die darunter liegenden Ebenen beeinflusst. Die rituellen Übungen der zeremoniellen Magie von *The Magus* sind die effizienteste Methode, um jedes Chakra zu isolieren und daran zu arbeiten. Gleichzeitig sind Stimmgabeln optimal, um alle Chakren auf einmal auszugleichen.

Chakra-Stimmgabeln sorgen auch für eine neue Vitalität und ein Gefühl des Wohlbefindens, während sie das Nervensystem beruhigen und entspannen. Durch das Ausbalancieren der Chakren wird das Ego zum Schweigen gebracht, da Impulse aus niedrigeren Teilen des Selbst neutralisiert werden. Mit ausgeglichenen Chakren wird ein ruhiger Geist erreicht. Dieser ausgeglichene Geisteszustand wiederum ermöglicht es dem Bewusstsein, sich mit dem Höheren Selbst zu verbinden und so Inspiration, Kreativität und ein zielgerichtetes Leben in das eigene Leben zu bringen.

Die Verbindung mit dem Höheren Selbst ermöglicht es, im Augenblick zu leben, die kognitiven Fähigkeiten zu verbessern und das Bewusstsein für die eigene Umgebung zu schärfen. Im Jetzt zu leben ist ein entrückter Prozess, der es uns ermöglicht, unser höchstes Potenzial als spirituelle Menschen auszuschöpfen.

CHAKRA-STIMMGABEL-SETS

Es gibt zwei Sets von Stimmgabeln für die Chakren auf dem Markt, die ich besprechen werde. Beide Sets wirken ausgleichend und stimmend auf die Hauptchakren, obwohl die Wirkungen leicht unterschiedlich sind. Das erste ist das Sieben-Chakra-Set (Abbildung 69), das oft die Seelenstern- und die Erdsterngabel enthält. Dieses Stimmgabelset wurde entwickelt, um die höheren kosmischen Ebenen zu kontaktieren, einschließlich der eigenen inneren spirituellen Energie. Durch das hermetische Prinzip der Korrespondenz (wie oben, so unten) werden auch die niederen Ebenen beeinflusst, einschließlich der Emotionen und Gedanken. Das Sieben-Chakra-Stimmgabel-Set basiert auf der Rotation der Planeten um die Sonne.

Das Sieben-Chakra-Set verwendet präzise mathematische Formeln der planetarischen Zyklen unseres Sonnensystems und verbindet sich mit unserem kosmischen, mehrdimensionalen Selbst. Es erlaubt uns im Wesentlichen, uns mit unserem Höheren Selbst zu verbinden und seine Kräfte zu nutzen. Die Arbeit mit diesen Stimmgabeln gleicht die Chakren aus und neutralisiert das Ego. Das unmittelbare Ergebnis ist ein inspirierter Zustand des Geistes und Klarheit der Gedanken. Wenn man in der Lage ist, die transpersonalen Chakren Seelenstern und Erdstern zu stimmen, kann man das gesamte

Chakrensystem erden, was das Bewusstsein mit dem Höheren Willen in Einklang bringt. Dies ermöglicht es, in Harmonie mit dem Planeten Erde zu sein.

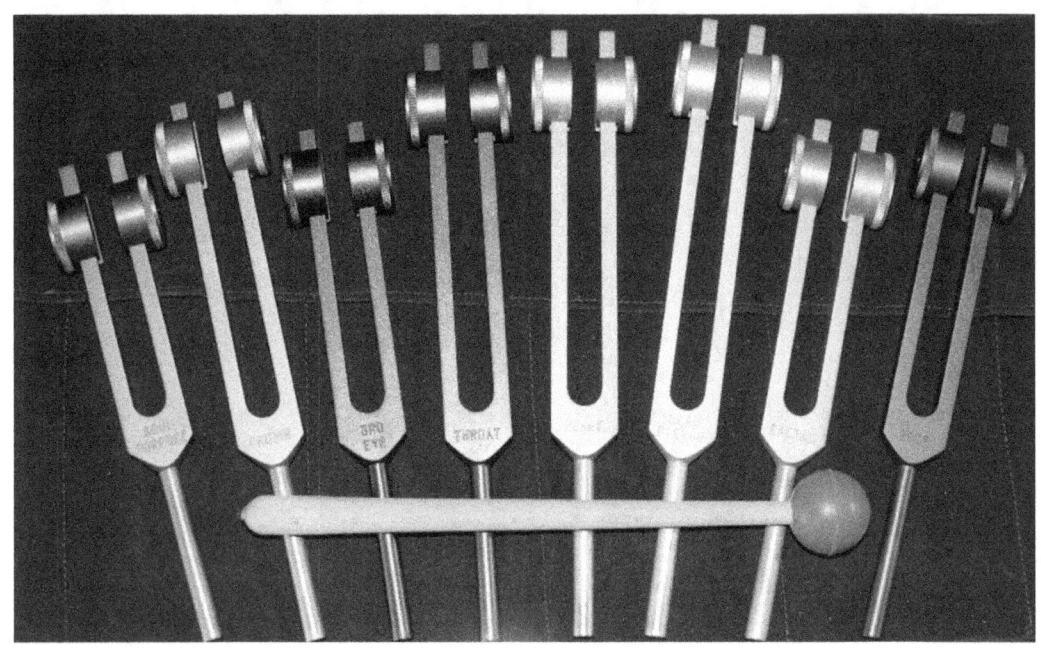

Abbildung 69: Sieben-Chakren-Stimmgabel-Set mit Seelenstern (Gewichtet)

Der zweite Satz von Chakra-Stimmgabeln wird Harmonic Spectrum Set genannt (Abbildung 70). Es handelt sich um eine komplette Oktave von acht Stimmgabeln (C, D, E, F, G, A, B, C), die von der pythagoreischen Mathematik abgeleitet ist, die im Wesentlichen die aufsteigende Tonleiter darstellt. Im Vergleich zum Sieben-Chakra-Set wirkt das Harmonic Spectrum Set mehr auf der physischen Ebene und beeinflusst direkt die kognitiven Funktionen. Da die physische Ebene dichter ist und eine niedrigere Schwingung hat als die spirituelle Ebene, wird zuerst der physische Körper beeinflusst, der dann durch das Prinzip der Korrespondenz die inneren kosmischen Ebenen beeinflusst.

Das Harmonic Spectrum Set ist mehr auf die fünf menschlichen Sinne ausgerichtet; die Gewebe, Flüssigkeiten, Organe, Knochen usw. des physischen Körpers sind betroffen. des physischen Körpers sind betroffen. Es sind die traditionellen Chakra-Frequenzen aus der hinduistischen Tradition mit zwei C-Tönen, die dem Wurzelchakra entsprechen, D dem Sakralchakra, E dem Solarplexus, F dem Herzchakra, G dem Kehlkopfchakra, A dem Ajna Chakra und B der Krone.

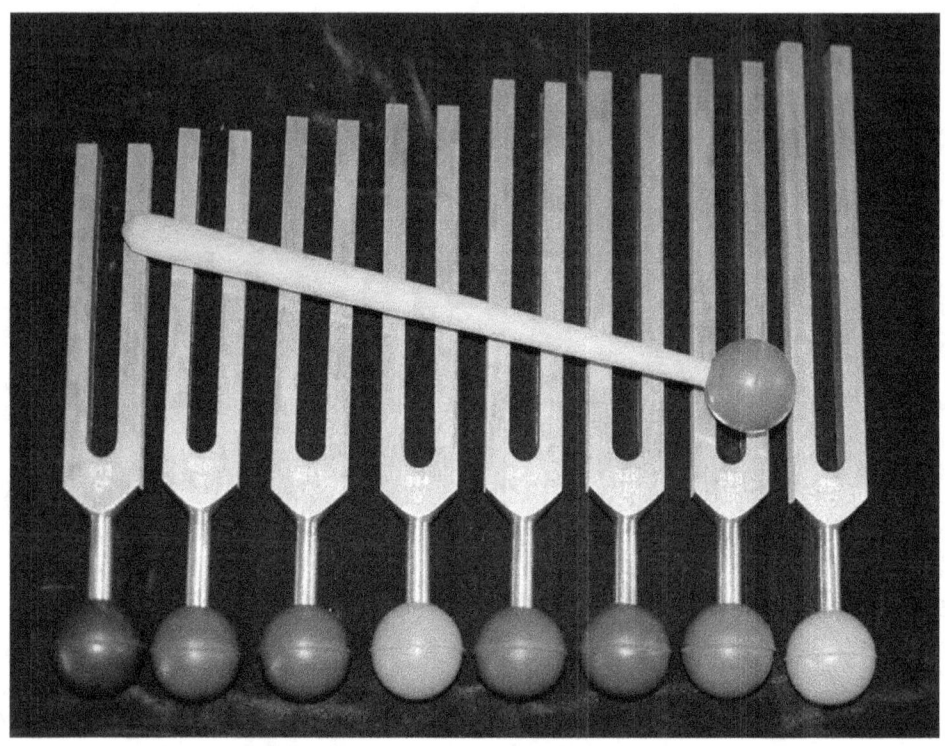

Abbildung 70: Harmonisches Spektrum Stimmgabel-Set (Ungewichtet)

STIMMGABEL-CHAKRA-HEILUNG

Sie können die Stimmgabel-Heilung an sich selbst durchführen, wenn Sie die chakrischen Punkte auf der Vorderseite des Körpers ansprechen wollen (Abbildung 72). Für die chakrischen Punkte entlang der Wirbelsäule werden Sie die Hilfe einer anderen Person benötigen. Denken Sie daran, dass die Person, die Ihnen hilft, auch die Heilung empfängt, da Stimmgabeln durch Schallwellen wirken - man muss nur dem Klang einer Stimmgabel zuhören oder sich in der gleichen Umgebung aufhalten, und die Schwingung wird ihre Aura beeinflussen.

Wenn Sie Stimmgabel-Heilung an sich selbst durchführen, sollten Sie bequem in einer Lotus-Position oder auf einem Stuhl sitzen. Achten Sie darauf, dass Sie etwas Privatsphäre haben, wenn Sie Stimmgabel-Chakra-Heilung durchführen. Wie bei allen spirituellen Praktiken und Übungen sind Entspannung, Konzentration und Seelenfrieden von größter Bedeutung. Daher sollten Sie jede Sitzung damit beginnen, den Vierfachen Atem einige Minuten lang mit geschlossenen Augen zu praktizieren, um Ihr Inneres zu beruhigen und in einen meditativen Zustand zu gelangen. Denken Sie daran, diese Atemtechnik auch während der Heilsitzung beizubehalten, um optimale Ergebnisse zu erzielen.

Die Stimmgabelheilung wird am besten auf nüchternen Magen durchgeführt, da dann das Ego am wenigsten aktiv und der Geist am konzentriertesten ist. Außerdem bringe ich meinen Schülern bei, niemals direkt vor dem Schlafengehen mit Energieanrufungs- oder Ausgleichsübungen zu arbeiten, da es in vielen Fällen schwierig ist, danach Schlaf zu finden. Im Falle der Stimmgabel-Chakra-Heilung werden Sie feststellen, dass Ihre Vitalität und Ihre Gesamtenergie nach der Übung ansteigt, was dazu führt, dass Sie zumindest für ein paar Stunden nicht einschlafen können. Es ist am besten, diese Übung gleich am Morgen vor einer Mahlzeit durchzuführen, um den Tag energetisch auszugleichen.

Stimmgabel-Chakra-Heilung - Grundlegende Methode

Beginnen Sie die Übung mit dem untersten Chakra, dem Erdstern, wenn Sie die entsprechende Stimmgabel haben. Wenn nicht, beginnen Sie mit dem Wurzelchakra, Muladhara, und schlagen Sie dessen Stimmgabel mit dem Gummihammer an, der dem Set beilag. Wenn Sie keinen Gummihammer erhalten haben, können Sie stattdessen einen Hockey-Puck verwenden. Viele Praktizierende bevorzugen den Hockey-Puck, da er vielseitiger ist.

In dieser Basis-Heilmethode werden Sie zwei Techniken auf jedes Chakra anwenden. Die erste Technik besteht darin, den vibrierenden Teil der Stimmgabel, den Zinken, bei ungewichteten Gabeln und das runde Gewicht bei gewichteten Gabeln zu verwenden und sie etwa einen halben Zentimeter vom Körper entfernt über dem Chakra zu platzieren. Eine andere Methode, die Sie nur bei Stimmgabeln mit Gewicht anwenden können, besteht darin, die Gabel auf den Stiel (Endstück) zu stellen und sie aufrecht direkt auf das Chakra zu legen, so dass die Schwingung den Körper anregt (Achten Sie darauf, die Zinken der Stimmgabel nicht zu berühren, um ihre Schwingung nicht zu stören).

Die Stimmgabel sollte zwanzig Sekunden lang in Position gehalten und abgehört werden. Sie müssen die Gabel zwei-, vielleicht dreimal anschlagen, da der Klang nach etwa zehn Sekunden abklingt. Abbildung 71 zeigt die Positionierung der Stimmgabeln in der chakrischen Heilung, ob mit oder ohne Gewichtung.

Die Erdstern-Stimmgabel wird fünfzehn Zentimeter unter den Füßen oder bei den Füßen platziert, wenn Sie stehen, während der Seelenstern fünfzehn Zentimeter über der oberen Mitte des Kopfes platziert werden sollte. Für das Wurzelchakra sollten Sie die Stimmgabel auf oder direkt unter dem Damm platzieren, während Sie sie für das Kronenchakra auf oder direkt über der oberen Mitte des Kopfes platzieren. Die Idee hinter dieser ersten Heiltechnik ist, dass die vibrierende Stimmgabel das Chakra induziert und es in Resonanz mit ihm schwingen lässt, unabhängig davon, ob Sie die Stimmgabel auf dem Körper oder einen Zentimeter davon entfernt verwenden.

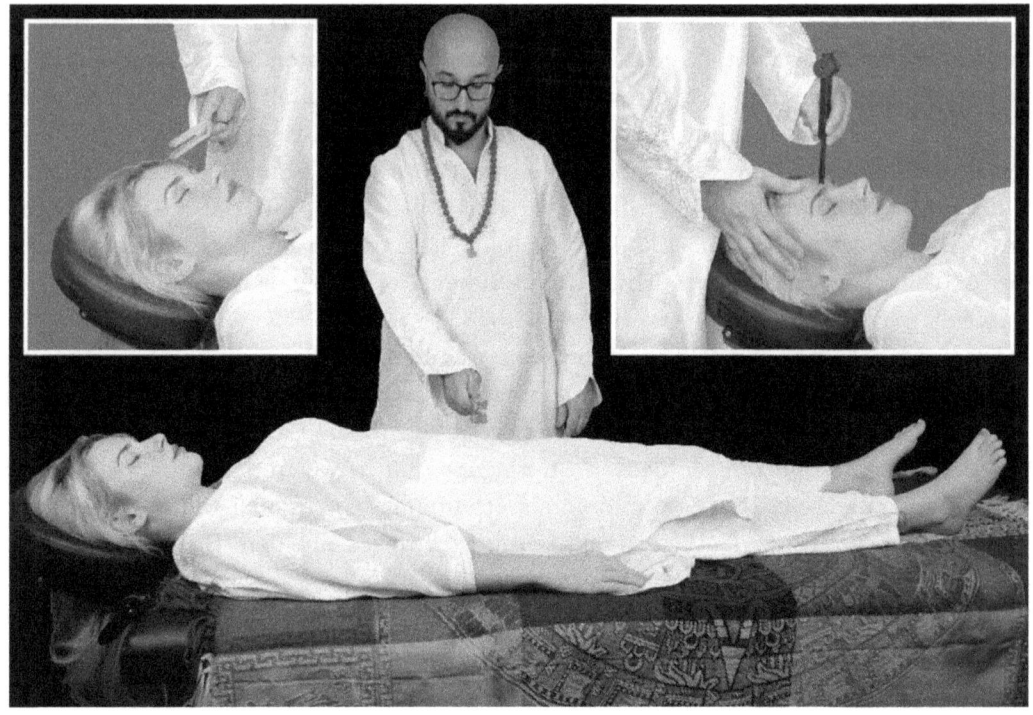

Abbildung 71: Platzierung der Stimmgabeln beim Chakrischen Heilen

Die zweite Technik ähnelt der Methode der Kristallstäbe zur Optimierung der Drehung eines Chakras. Bei dieser Methode konzentrieren Sie sich nur auf die sieben Hauptchakren. Je nach dem Geschlecht Ihrer Seele bestimmen Sie die Bewegungsrichtung des Blütenkopfes Ihres Wurzelchakras (Benutzen Sie wiederum Abbildung 61 im vorherigen Kapitel, um herauszufinden, welche Ihrer Chakras sich im Uhrzeigersinn und welche sich gegen den Uhrzeigersinn drehen). Benutzen Sie dann die Wurzelchakra-Stimmgabel und bewegen Sie sie allmählich kreisförmig in die gleiche Richtung wie die Drehung des entsprechenden Chakras. Sie können die Stimmgabel dabei parallel zum Körper halten oder sie in einem 45-Grad-Winkel halten. Während Sie die Stimmgabeln kreisen lassen, bewegen Sie sie bei den Chakras, die senkrecht zum Körper stehen, in einer ziehenden Bewegung nach außen. Für das Kronen- und das Wurzelchakra, die parallel zum Körper verlaufen, kreisen Sie dagegen die entsprechenden Gabeln spiralförmig nach oben und unten. Achten Sie darauf, sich immer auf das Zentrum zu konzentrieren, von dem die chakrische Energie ausgeht.

Wenden Sie beide Heiltechniken mit den Stimmgabeln an und tauschen Sie sie aus, wobei Sie etwa zwei bis drei Minuten auf jedes Chakra einwirken. Denken Sie daran, dass diese Übung eine kumulative Wirkung hat. Je länger Sie sich mit jedem Chakra beschäftigen, desto mehr werden Sie es stimmen. Wenn Sie mehr als drei Minuten mit jedem Chakra verbringen möchten, liegt die Entscheidung bei Ihnen. Achten Sie darauf, dass Sie alle Chakras gleichmäßig behandeln - Wenn Sie eine bestimmte Zeit auf ein

Chakra verwenden, dann verwenden Sie die gleiche Zeit auf alle anderen Chakras, denn der Zweck dieser Übung ist es, die Chakras zu stimmen, aber auch, sie auszugleichen.

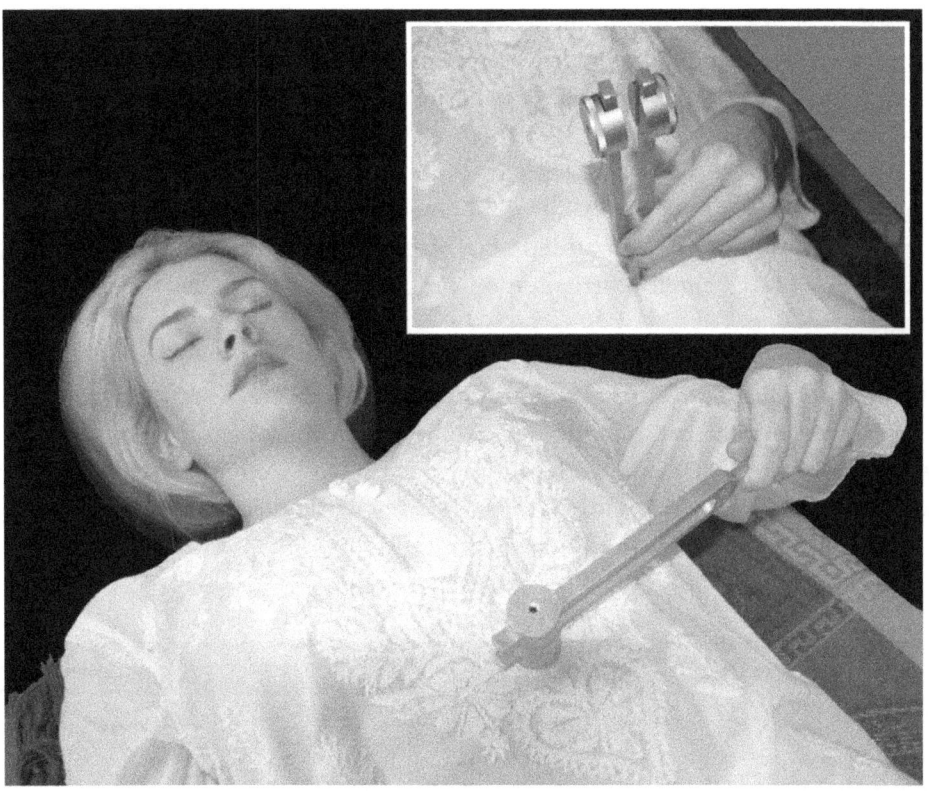

Abbildung 72: Verwendung Gewichteter Stimmgabeln bei Sich Selbst

Als Nächstes nehmen Sie die Stimmgabel für das Sakralchakra, Swadhisthana, und befolgen das gleiche Verfahren. Denken Sie daran, dass, wenn sich Ihr Wurzelchakra im Uhrzeigersinn dreht, sich Ihr Sakralchakra gegen den Uhrzeigersinn dreht und umgekehrt. Sobald Sie also die Drehrichtung Ihres Wurzelchakras herausgefunden haben, wird sich das darüber liegende Chakra in die entgegengesetzte Richtung drehen, und zwar abwechselnd, während Sie nach oben gehen, bis Sie Sahasrara erreichen.

Seien Sie konsequent bei der Variation Ihrer Technik, während Sie klar denken und sich auf die bevorstehende Aufgabe konzentrieren. Erlauben Sie allen äußeren Gedanken, sich aufzulösen und Ihre Aura zu verlassen, ohne sich an sie zu binden. Der Schlüssel liegt darin, den Geist ruhig zu halten und sich nur auf die Energie in Ihnen zu konzentrieren, während Sie Ihre Chakren stimmen. Auf diese Weise kann die Heilung optimal verlaufen.

Als nächstes nehmen Sie die Stimmgabel für das Solarplexus-Chakra, Manipura, und wiederholen den gleichen Vorgang mit den beiden oben genannten Techniken. Dann machen Sie das Gleiche für die anderen Chakras. Beachten Sie, dass Sie bei der Arbeit mit dem Erdstern- und dem Seelenstern-Chakra mit dem Erdstern beginnen und mit dem Seelenstern enden sollten, da dies die beiden niedrigsten und höchsten Chakras sind, mit denen Sie arbeiten. Auch bei der Arbeit mit den Transpersonalen Chakren sollten Sie nur die erste Heiltechnik anwenden, da diese Chakren von ihrem Zentrum aus nach außen strahlen, anstatt horizontal oder vertikal zu projizieren.

Wenn Sie mit der Übung fertig sind, meditieren Sie ein paar Minuten über Ihre Energie und lassen Sie die Heilung alle Ebenen Ihres Bewusstseins durchdringen. Sie werden feststellen, dass die Stimmgabel-Chakra-Heilung nicht nur die Chakren stimmt und ausgleicht, sondern Sie auch mit Ihrem höheren Selbst verbindet. Infolgedessen werden Ihre Inspiration und Kreativität zunehmen, ebenso wie die Neutralität Ihres emotionalen Zustands. Es gibt keinen effizienteren Weg, Ihre Chakren auszugleichen als mit Stimmgabeln.

Stimmgabel Chakra-Heilung-Fortgeschrittene Methode

Eine fortgeschrittenere Methode der Stimmgabel-Chakraheilung ist die gleichzeitige Verwendung mehrerer Gabeln (Abbildung 73). Die Idee hinter dieser Technik ist, zwei Chakras nacheinander zu verbinden. Diese Technik wird am besten an den Hauptchakren ausgeführt, obwohl man sie auch anwenden kann, um den Erdstern mit Muladhara und den Seelenstern mit Sahasrara zu verbinden.

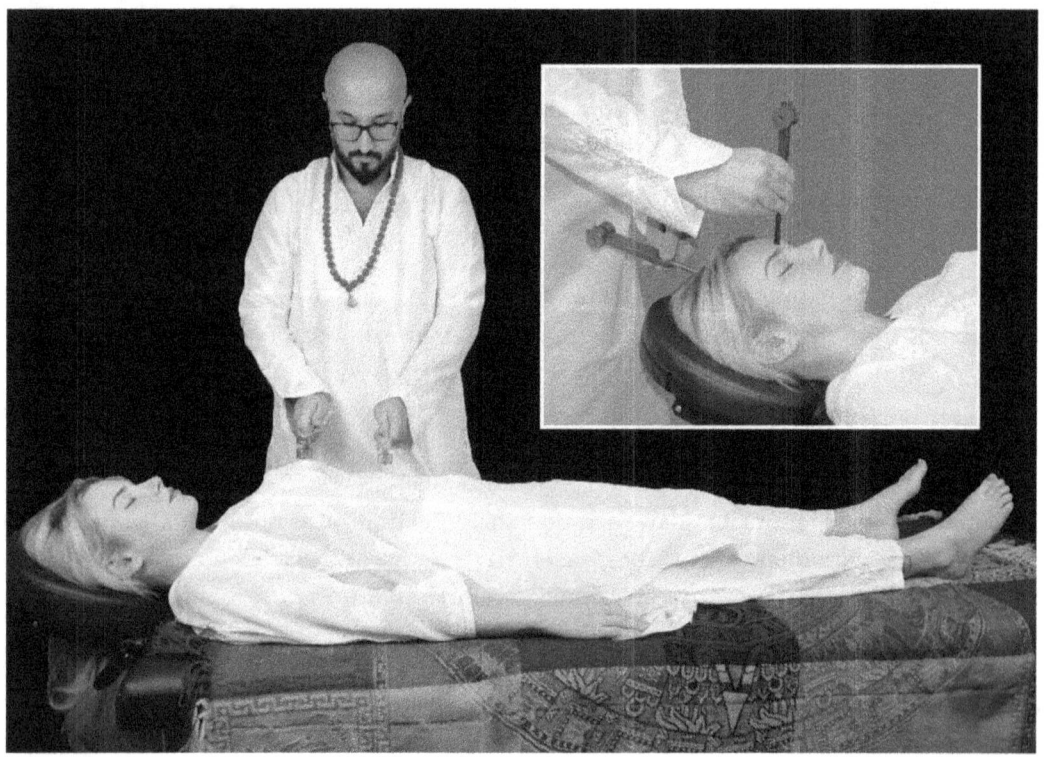

Abbildung 73: Gleichzeitiges Arbeiten mit Zwei Stimmgabeln

Wenn Sie nur an den Hauptchakren arbeiten, nehmen Sie die Stimmgabeln für das Wurzel- und das Sakralchakra in eine Hand und schlagen sie jeweils an. Während sie vibrieren, nehmen Sie eine der Stimmgabeln in die andere Hand und positionieren sie über dem jeweiligen Chakra. Nach etwa fünf Sekunden nehmen Sie die Sakralchakra-Stimmgabel und bewegen sie in einer streichenden Bewegung zum Wurzelchakra hinüber. Bewegen Sie sich nun wieder hinauf zum Sakralchakra, wiederum in einer bürstenden Bewegung. Wiederholen Sie diesen Vorgang ein paar Mal mit der Sakralchakra-Stimmgabel, indem Sie auf und ab gehen, während Sie die Wurzelchakra-Stimmgabel an ihrem Platz halten.

Nehmen Sie dann beide Stimmgabeln in eine Hand und schlagen Sie auf jede mit dem Gummihammer oder Hockey-Puck. Wiederholen Sie den gleichen Vorgang, nur dass Sie diesmal die Stimmgabel des Sakralchakras festhalten und die Stimmgabel des Wurzelchakras in einer streichenden Bewegung auf und ab bewegen. Wiederholen Sie diesen Vorgang einige Male, wobei Sie für jedes Chakra etwa drei bis fünf Minuten benötigen.

Legen Sie nun die Wurzelchakra-Stimmgabel ab und nehmen Sie die Solarplexus-Gabel auf. Wiederholen Sie diese Prozedur für das Sakral- und das Solarplexus-Chakra und verbringen Sie die gleiche Zeit mit diesem Chakra-Set wie mit dem ersten. Legen Sie dann die Stimmgabel für das Sakralchakra ab und nehmen Sie die für das Herzchakra. Wiederholen Sie den gleichen Vorgang. Tun Sie dies für die übrigen Chakras und achten Sie darauf, dass Sie mit jedem Paar gleichmäßig arbeiten. Wenn Sie fertig sind, meditieren Sie ein paar Minuten in Stille über die angerufenen Energien, bevor Sie die Übung ganz beenden.

HEILIGE SOLFEGGIO-STIMMGABELN

Die heiligen Solfeggio-Frequenzen haben eine jahrhundertealte Tradition. Es wird angenommen, dass sie ihren Ursprung bei gregorianischen Mönchen haben, die diese Frequenzen während religiöser Messen in Harmonie sangen, um ein spirituelles Erwachen herbeizuführen. Diese Klangfrequenzen bilden eine Sechs-Ton-Skala, bei der jede Frequenz verschiedene Teile des Selbst auf körperlicher, emotionaler und spiritueller Ebene einstimmt.

Da es sich um sechs ursprüngliche Frequenzen handelt, wurden in jüngster Zeit drei weitere fehlende Töne hinzugefügt, um die gesamte Skala zu vervollständigen. Zusammen heilen und balancieren die heiligen Solfeggio-Frequenzen das gesamte chakrische System. Sieben der neun Frequenzen sind einem der sieben Hauptchakren zugeordnet, während die beiden anderen Stimmgabeln mit dem Erdstern- und dem Seelenstern-Chakra korrespondieren (Abbildung 75).

Bei der Anwendung in der Klangheilung werden die Sacred Solfeggio Tuning Forks am besten 0,5-1 Zoll von den Ohren entfernt eingesetzt, wodurch ein direkter Kontakt mit der ätherischen Ebene hergestellt wird, der ersten aurischen Schicht des Körpers, die mit dem Erdstern und den Muladhara Chakras verbunden ist. Der Erdstern hat auch eine transpersonale Schicht, die wie eine ätherische Blaupause ist, die das gesamte chakrische System enthält und sich mit den Energien der drei höchsten transpersonalen Chakren verbindet. Indem wir also auf die unterste aurische Schicht, die ätherische Ebene, abzielen, können wir jede der darüber liegenden Schichten, die in dieser ätherischen Blaupause enthalten sind, induzieren. Denken Sie daran, dass die höheren Schichten die niedrigeren durchdringen - wie oben, so unten.

Jede aurische Schicht der Hauptchakras ist etwa einen Zentimeter breit von der davor oder danach liegenden entfernt (Abbildung 74 / Diese Zahl variiert je nach Denkschule). Die vier aurischen Schichten der transpersonalen Chakras sind umfassender als die sieben Hauptchakras. Jedes von ihnen ist mindestens 3 bis 4 Zentimeter breit, vielleicht auch mehr.

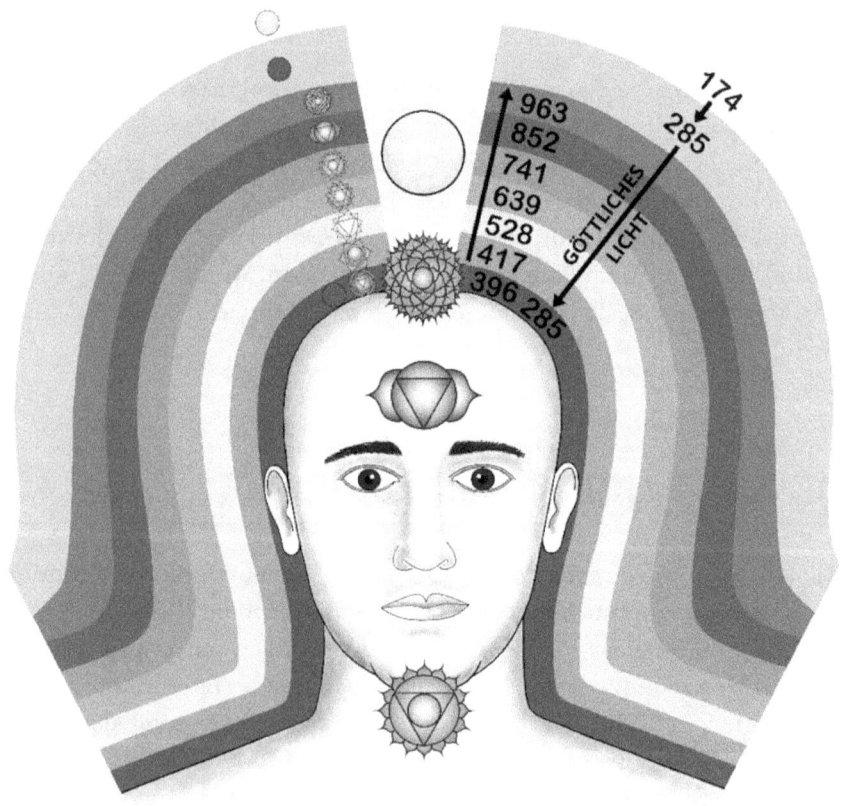

Abbildung 74: Heilige Solfeggio-Frequenzen und die Schichten der Aura

Obwohl das Kausal-/Bindu-Chakra seine eigene aurische Schicht hat, die zwischen der ätherischen Blaupause des Erdsterns und dem Seelenstern liegt, dient es im Allgemeinen als unser Kontaktpunkt zwischen der spirituellen und der göttlichen Ebene.

Dann haben wir die Auraschicht des Stellaren Tors und andere feinstoffliche Felder, die sie überlagern. Bei der Verwendung der heiligen Solfeggio-Stimmgabeln werden wir jedoch nur mit den ersten sieben Auraschichten arbeiten, die mit der physischen, astralen, mentalen und spirituellen Ebene verbunden sind, während wir die Seelensterngabel verwenden, um unser Bewusstsein für die hohe Schwingung der göttlichen Ebene zu öffnen.

Wenn Sie die heiligen Solfeggio-Stimmgabeln (Abbildung 76) verwenden, beginnen Sie mit der niedrigsten Frequenz, 174 Hz (Seelenstern), gefolgt von der Frequenz 285 Hz (Erdstern). Die niedrige Frequenz der Seelenstern-Stimmgabel verbindet Sie nicht mit der göttlichen Ebene, indem sie die Schwingung Ihres Bewusstseins auf sie anhebt. Stattdessen beruhigt sie Ihr Bewusstsein, so dass Sie offen werden für die liebevolle Energie der fünften Dimension, die vom Seelenstern aus nach unten strahlt. Dann nimmt die Erdsterngabel diese hohe Schwingung auf und erdet und verankert sie tief in der Aura. Danach beginnen Sie allmählich, sich nacheinander durch die sieben Auraschichten nach außen zu bewegen, indem Sie die entsprechenden Frequenzen nutzen, die mit den sieben Hauptchakren verbunden sind. Sie beenden die Progression mit der letzten Frequenz, 963 Hz, die dem Sahasrara Chakra zugeordnet ist.

Im Vergleich zu den beiden zuvor beschriebenen Sets haben die Heiligen Solfeggio Stimmgabeln eine wesentlich höhere und ätherischere Schwingung. Sie öffnen den Geist für die göttliche Ebene und erlauben ihrem Licht, in das Bewusstsein zu strömen. Sie geben uns einen Einblick in die spirituelle oder religiöse Erfahrung Gottes. Im Folgenden werde ich jede der neun heiligen Solfeggio-Frequenzen und ihre Eigenschaften und Kräfte beschreiben.

174 Hz/Soul Star

Als niedrigste Schwingung der heiligen Solfeggio-Skala wirkt die 174-Hz-Schwingung wie ein energetisches Anästhetikum - jeder Schmerz im physischen Körper oder in der Aura wird durch sie vertrieben. Die niedrige, beruhigende Schwingung gibt unseren Organen ein Gefühl von Sicherheit, Geborgenheit und Liebe und bringt sie in ihren optimalen Zustand zurück. Es gibt uns das Gefühl, getröstet und genährt zu werden, indem es unsere Verbindung mit dem Seelenstern-Chakra verstärkt.

285 Hz/Erdstern

Die 285-Hz-Frequenz erdet das Bewusstsein bei Mutter Erde, da sie eine enge Beziehung zum Erdstern-Chakra hat. Diese besondere Frequenz spricht alle Löcher in der Aura und Ungleichgewichte in den Chakren an. Sie hilft, geschädigtes Gewebe zu reparieren, indem sie Botschaften an die entsprechenden Energiefelder sendet, die sie anweisen, das Gewebe neu zu strukturieren und in seine ursprüngliche Form zurückzuführen. 285 Hz ist die Frequenz der Wahl für viele Energieheiler.

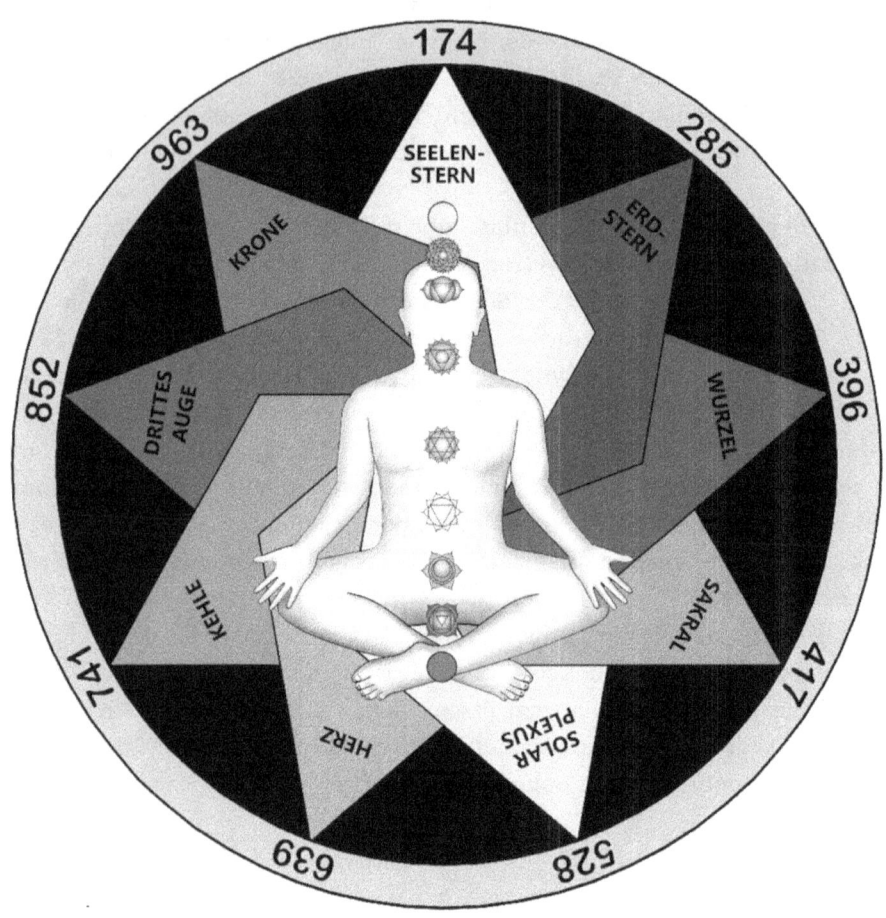

Abbildung 75: Heilige Solfeggio-Frequenzen und die Chakren

396 Hz/Muladhara

Da es mit Muladhara, dem Wurzelchakra, verbunden ist, wird die Frequenz 396 Hz verwendet, um unsere Lebensziele zu verwirklichen. Seine Energie stimmt uns auf das Erdelement ein, das das Bewusstsein nutzt, um unsere Wünsche in die Realität umzusetzen. Da es die Gefühle und Gedanken erdet, erdet das Erdelement auch unsere Schuldgefühle, Ängste und Traumata. 396 Hz ist eine befreiende Frequenz, die ein starkes Magnetfeld erzeugt, das alle Hindernisse auf dem Weg zur Verwirklichung aus dem Weg räumt.

417 Hz/Swadhisthana

Diese besondere Frequenz baut Spannungen und Stress ab und erleichtert positive Veränderungen und Kreativität. Sie wird mit Swadhisthana, dem Sakralchakra, assoziiert, dass dem Wasserelement entspricht. Sie hat eine reinigende Wirkung auf die Emotionen, da sie zerstörerische Einflüsse aus vergangenen Ereignissen, die im Unterbewusstsein gespeichert sind, ausräumt. 417 Hz restrukturiert die DNS, damit sie optimal funktioniert, indem sie einschränkende Glaubenssätze auflöst, die uns davon abhalten, die beste Version von uns selbst zu sein. Auf körperlicher Ebene erhöht diese Frequenz die physische Mobilität, indem sie Verspannungen in den Gelenken und Muskeln lindert, da wir einen Zustrom von Energie aus dem Wasserelement erhalten. 417 Hz ist ein Seelenreiniger, der den Prozess der Einstimmung auf das Licht einleitet.

528 Hz/Manipura

Da sie mit dem Solarplexus-Chakra (Manipura) und dem Feuerelement in Verbindung steht, hat die Frequenz 528 Hz mit Transformation auf allen Ebenen zu tun. Indem sie unsere Lebensenergie und Vitalität optimiert, bewirkt diese Frequenz ein erhöhtes Bewusstsein, Klarheit des Geistes, Inspiration und Vorstellungskraft. Sie gibt uns die nötige Energie für kreative Ausdrucksformen und macht uns neugierig auf die Möglichkeiten des Lebens. Die 528-Hz-Frequenz wird mit der DNS-Reparatur und der Neuverdrahtung von Nervenbahnen im Gehirn in Verbindung gebracht. Sie öffnet unsere Herzen weiter für die Kraft des Lichts und bringt tiefe spirituelle Erfahrungen und Wunder in unser Leben. Diese Frequenz hilft, Ängste und körperliche Schmerzen zu neutralisieren und erleichtert gleichzeitig die Gewichtsabnahme.

639 Hz/Anahata

Diese Frequenz ist mit Anahata, dem Herzchakra und dem Luftelement verbunden. Am besten bekannt als die Frequenz der Liebe und der Heilung, hilft uns 639 Hz, harmonische zwischenmenschliche Beziehungen in unserem Leben zu schaffen, sei es mit der Familie, Freunden oder romantischen Partnern. Die Frequenz regt das Mitgefühl an und schafft tiefe und tiefgreifende Verbindungen mit anderen. Sie stärkt Toleranz, Geduld, Verständnis und Kommunikation. In romantischen Beziehungen ermöglicht uns die Frequenz 639 Hz, verletzlich zu werden, was die Intimität verbessert. Auf mentaler und emotionaler Ebene ist diese Frequenz sehr heilsam, da sie es uns ermöglicht, uns auf unsere Seele einzustimmen und uns von unserem Ego und dessen Hemmungen zu lösen.

741 Hz/Vishuddhi

Diese Frequenz hat mit Ermächtigung und dem Aussprechen der eigenen Wahrheit zu tun. Da sie mit Vishuddhi, dem Kehlchakra, in Verbindung steht, verbessert die Frequenz 741 Hz die Kommunikation, indem sie klares Denken und Sprechen erleichtert, was das Selbstvertrauen stärkt. Außerdem bewirkt diese Frequenz ein Einströmen des geistigen Elements, das es uns ermöglicht, uns auf unsere Intuition und unser höheres Selbst einzustimmen. Dies führt zu einem einfacheren und gesünderen Leben, das mit neuen Möglichkeiten gefüllt ist. Auf körperlicher Ebene bewirkt die 741-Hz-Frequenz eine Umstellung der Ernährung auf Lebensmittel mit schädlichen Giftstoffen. Außerdem ist bekannt, dass diese Frequenz alle bakteriellen, viralen und Pilzinfektionen im Körper beseitigt.

852 Hz/Ajna

Da sie mit dem Ajna Chakra, dem geistigen Auge, in Verbindung steht, hat diese Frequenz mit innerer Sicht, Intuition, tiefen Träumen (oft luziden), Bewusstsein und dem Durchbrechen von Illusionen zu tun. Durch das Einströmen des geistigen Elements ermöglicht uns die Frequenz 852 Hz, uns wieder mit spirituellem Denken und mystischen Erfahrungen zu verbinden. Sie bringt Ordnung in unser Leben, indem sie eine Verbindung mit dem Höheren Selbst herstellt, so dass es leicht mit unserem Bewusstsein kommunizieren kann. Die 852-Hz-Frequenz gibt uns ein tieferes Verständnis für die Geheimnisse der Schöpfung. Sie transformiert die DNS und hebt ihre Schwingung an, wodurch wir uns vollständig auf das Licht und unsere Seelen einstimmen.

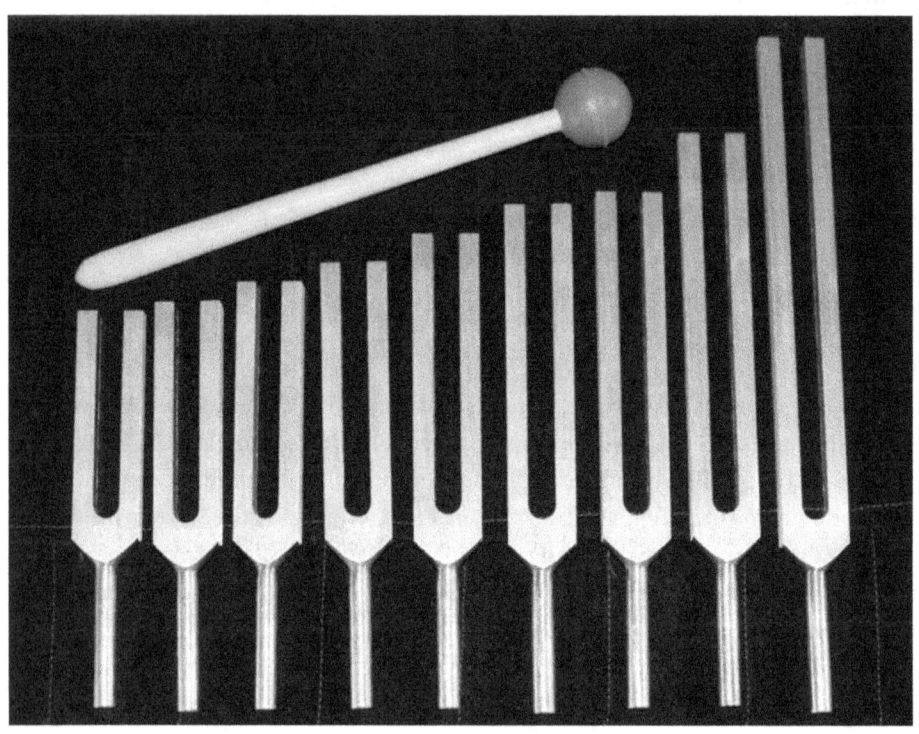

Abbildung 76: Heilige Solfeggio-Stimmgabeln (Ungewichtet)

963 Hz/Sahasrara

Diese besondere Frequenz korrespondiert mit Sahasrara, dem Kronenchakra, und sie hat mit dem Einssein zu tun. Sie verbindet uns mit dem kosmischen Bewusstsein und der fünften Dimension, was zu direkten Erfahrungen der spirituellen und göttlichen Ebenen führt. So wie die 852-Hz-Frequenz uns ein Verständnis für die inneren Wahrheiten unserer Realität vermittelte, vermittelt uns die 963-Hz-Frequenz universelle Weisheit und Wissen. Durch diese Frequenz können Aufgestiegene Meister Kontakt mit unserem Bewusstsein aufnehmen und uns durch Gnosis lehren. Es ist auch nicht ungewöhnlich, dass wir Informationen, die wir von höheren Ebenen erhalten, kanalisieren. Die Frequenz 963 Hz gibt uns die substantiellste Verbindung mit unserem Höheren Selbst, indem sie uns dem Geist des Schöpfers am nächsten bringt.

Heilige Solfeggio-Stimmgabeln Heilungsmethode
Die folgende Übung wird mit den ungewichteten Heiligen Solfeggio-Stimmgabeln durchgeführt, obwohl Sie jedes ungewichtete Stimmgabelset mit einer absteigenden Skala verwenden können, wie das von mir beschriebene Harmonic Spectrum Set. Die Idee ist, mit der niedrigsten Frequenz zu beginnen und sich in der Skala nach oben zu bewegen, bis man bei der höchsten Frequenz endet. Sie werden feststellen, dass diese Heilmethode sehr einfach durchzuführen ist, da Sie nur auf die Schwingungen der Stimmgabeln hören müssen (Abbildung 77).

Sie können diese Übung an sich selbst oder an einer anderen Person durchführen. Die Person, die die Heilung annimmt, sollte entweder sitzen oder liegen. Beginnen Sie damit, Ihre inneren Energien zu beruhigen und sich in einen meditativen Zustand zu versetzen. Diese Heilmethode hat zwei verschiedene Sequenzen, die mehrmals am Tag durchgeführt werden können, allerdings nicht gleichzeitig.

In der ersten Sequenz hören Sie jede Heilige Solfeggio-Frequenz einzeln an, von der niedrigsten (174 Hz) bis zur höchsten (963 Hz). Legen Sie die vibrierende Stimmgabel zuerst an das linke Ohr (0,5-1 Zoll entfernt) und hören Sie ihrem Klang zwanzig Sekunden lang ungestört zu. Sie müssen die Gabel mindestens zweimal anschlagen, da der Klang nach zehn Sekunden abklingt. Legen Sie dann die vibrierende Stimmgabel neben das rechte Ohr und hören Sie zwanzig Sekunden lang zu, bevor Sie zur nächsten Stimmgabel in der Reihe übergehen. Arbeiten Sie sich durch die aufsteigende Tonleiter, indem Sie den gleichen Vorgang wiederholen, bis Sie mit der Frequenz 963 Hz abschließen und damit die Tonleiter vervollständigen.

In der zweiten Sequenz hören Sie zwei Stimmgabeln gleichzeitig, eine an jedem Ohr, und folgen dabei ihrer Reihenfolge in der Tonleiter. Beginnen Sie mit 174 Hz und 285 Hz, indem Sie eine am linken Ohr und die andere am rechten Ohr platzieren. Wechseln Sie dann die Ohren. Als nächstes nehmen Sie die 285Hz und 396Hz und wiederholen den Vorgang. Und so weiter, bis Sie mit den Frequenzen 963 Hz und 174 Hz fertig sind und der Zyklus damit abgeschlossen ist. Verbringen Sie nach jeder Sequenz einige Minuten in Stille und meditieren Sie über die Energien, die Sie angerufen haben, bevor Sie die Übung ganz beenden.

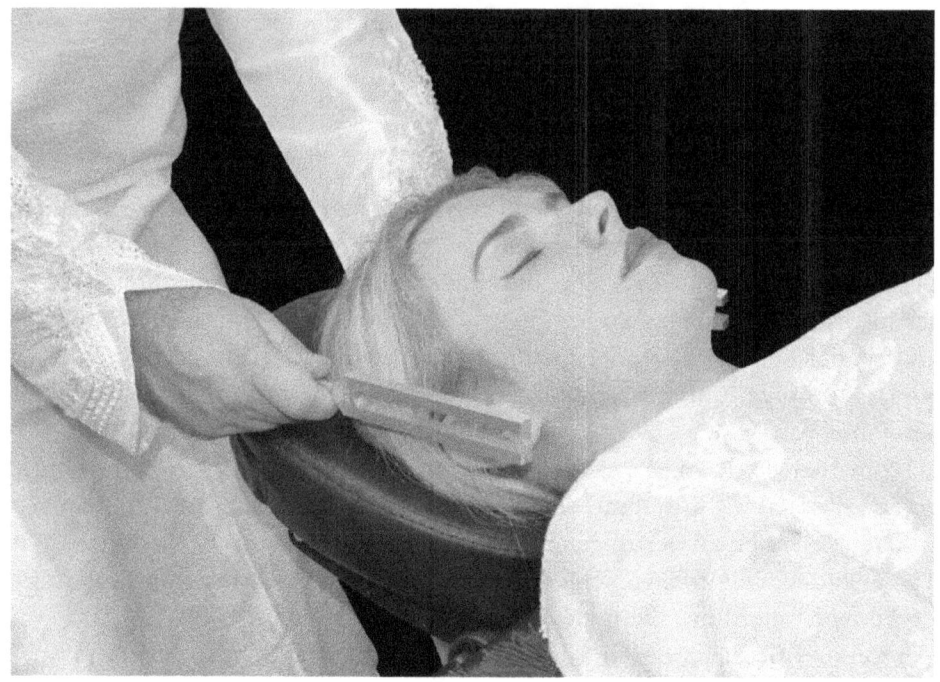

Abbildung 77: Platzierung der Stimmgabeln an den Ohren

***

Es ist nicht ungewöhnlich, dass ungelöste Themen an die Oberfläche kommen, um bearbeitet zu werden, wie es bei jeder Energieheilung der Fall ist. Denken Sie daran, dass Sie Ihre Chakren stimmen, was bedeutet, dass Sie die karmische Energie, die sie tragen, heilen müssen. Dieser Prozess kann für einige unangenehm sein, für andere, die entschlossen sind, ihn durchzustehen, ist er willkommen. Konzentrieren Sie sich darauf, sich Ihren Problemen zu stellen, anstatt vor ihnen wegzulaufen. Dauerhafte und nachhaltige Heilung geschieht nur, wenn Sie etwas an sich selbst akzeptiert haben und bereit sind, etwas zu verändern.

Am besten wäre es, wenn Sie Ihre Überzeugungen über sich selbst und die Welt, in der Sie leben, flexibel ändern würden. Andernfalls wird jede Heilungssitzung nur vorübergehend für Sie sein, bis Sie wieder in Ihre alte Programmierung zurückfallen. Ihr Bewusstsein muss sich mit Ihrem Höheren Selbst, das aus dem Licht ist, in Einklang bringen, wenn Sie Ihr wahres spirituelles Potenzial in diesem Leben erkennen und leben wollen.

TABELLE 1: Die Zwölf Chakren und ihre Entsprechungen

Chakra Name (Sanskrit & Englisch)	Standort und Farbe	Element, Kosmische Ebene	Ausdrücke/ Befugnisse	Stimmgabel Hz- Kosmisch/ Musikalisch	Edelsteine
Erdstern, Super-Wurzel	6 Zoll unter den Füßen, Schwarz, Braun, Magenta	Alle Elemente, Ätherische Blaupause/Niederer Astral (Ätherisch)	Energetische Grundlage, Vergangene Leben, Naturbewusstsein, Karmische Aufzeichnungen	68.05, -	Rauchquarz, Onyx, Schwarzer Obsidian, Magnetit
Muladhara, Wurzel oder Basis	Zwischen Perineum und Steißbein, Rot	Erdelement, untere Astralebene (Äther)	Überleben, Erdung, Sicherheit, Körperlichkeit, Kundalini (Ursprung)	194.18, 256.0 & 512.0	Hämatit, Schwarzer Turmalin, Roter Jaspis, Schneeflockenobsidian
Swadhisthana, Sakral oder Milz	Unterbauch, Orange	Wasserelement, höhere Astralebene (Emotionale Ebene)	Emotionen, Angst-Energie, Unterbewusstes Denken, Sexualität, Persönlichkeit (Ego)	210.42, 288.0	Karneol, Orangencalcit, Tigerauge, Septarium
Hara, Nabel	Nabel, Bernstein	Alle Elemente, Astralebene	Astrales Tor, Prana-Quelle, Nahrung, Regeneration	-	Feuerachat, Citrin, Sonnenstein
Manipura, Solarplexus	Solarplexus, Gelb	Feuerelement, höhere Mentalebene	Willenskraft, Kreativität, Vitalität, Motivation, Selbstwertgefühl, bewusster Geist, Charakter (Seele)	126.22, 320.0	Bernstein, gelber Citrin, Goldtopas, Gelber Jaspis und Opal
Anahata, Herz	Zwischen den Brüsten (Mitte), Grün	Luftelement, untere Mentalebene	Gedanken, Vorstellungskraft, Liebe, Mitgefühl, Zuneigung, Freundlichkeit, Heilung, Harmonie, Gruppenbewußtsein	136.10, 341.3	Grüner Aventurin, Grüne Jade, Malachit, Rosenquarz
Vishuddhi, Kehle	Kehle, Blau	Geistiges Element, spirituelle Ebene	Kommunikation, Intelligenz, Selbstdarstellung, Wahrheit, Unterscheidungsvermögen	141.27, 384.0	Amazonit, Aquamarin, Blauer Spitzenachat, Blauer Topas, Türkis, Sodalith, Angelit
Ajna, Augenbraue, Auge des Geistes, Drittes Auge	Zwischen den Augenbrauen (leicht darüber), Indigo	Geistiges Element, spirituelle Ebene	Hellsichtigkeit, Intuition, übersinnliche Sinne, Träume, Gnosis	221.23, 426.7	Lapislazuli, Saphir, Azurit, Sodalith, Fluorit, Labradorit
Sahasrara, Krone	Oberer Teil des Kopfes (Mitte), Violett oder Weiß	Geistiges Element, spirituelle Ebene	Einssein, Gott-Selbst & Kosmisches Bewusstsein (Link), Transzendenz, Verstehen, Weisheit	172.06, 480.0	Amethyst, Diamant, Klarer Quarz, Rutilquarz, Selenit, Azeztulit
Kausal/Bindu	Oben und am Hinterkopf (2-3 Zoll), Weiß	Alle Elemente, Spirituelle/Göttliche Ebene	Vereinigung, Ego-Tod, Lebenskontinuität, kosmische Erforschung, 4. Dimension	-	Mondstein, Engel Aura Quarz, Celestit, Kyanit, Herderit
Seelenstern	6 Zoll über dem Scheitel, Gold-Weiß	Alle Elemente, göttliche Ebene	Solares Selbst, spirituelles Bewusstsein, Lebenszweck, wahrer Wille	272.2,-	Selenit, Kyanit, Nirvana-Quarz, Danburit
Stellares Tor	12 Zoll über dem Kopf, Gold oder Regenbogen	Alle Elemente, göttliche Ebene	Galaktisches Selbst, Kosmisches Bewusstsein & Gott-Selbst (Quelle), Göttlichkeit, Ewigkeit, 5. Dimension	-	Moldavit, Stellarer Strahlenkalzit, Azeztulit, Selenit

AROMATHERAPIE

In der Aromatherapie werden natürliche Pflanzenextrakte zur Herstellung von ätherischen Ölen, Räucherstäbchen, Sprays und Nebeln verwendet, die wir spirituell, therapeutisch, rituell und für hygienische Zwecke nutzen können. Diese Praxis gibt es seit Tausenden von Jahren in verschiedenen antiken Kulturen und Traditionen - schriftliche Aufzeichnungen, die bis vor etwa 6000 Jahren zurückreichen, erwähnen die Verwendung von ätherischen Ölen.

Im antiken Mesopotamien, der Wiege der Zivilisation, verwendeten die Sumerer ätherische Öle in Zeremonien und Ritualen. Unmittelbar nach ihnen entwickelten die alten Ägypter die ersten Destillationsmaschinen zur Extraktion von Ölen aus Pflanzen und verwendeten sie bei der Einbalsamierung und Mumifizierung. Die Ägypter waren auch die ersten, die aus ätherischen Ölen Parfüms herstellten, was wir heute noch in der Kosmetikindustrie tun.

Die große Auswahl an ätherischen Ölen hat nicht nur einen angenehmen Duft, sondern gibt auch spezifische Schwingungen mit heilenden Eigenschaften ab, die unser Bewusstsein beeinflussen, wenn sie über den Geruchskanal eingeatmet oder direkt auf die Haut aufgetragen werden. Die alte chinesische Medizin war die erste, die ätherische Öle ganzheitlich einsetzte, während die alten Griechen ätherische Öle äußerlich zur Bekämpfung von Krankheiten und zur Heilung des Körpers verwendeten. Sogar die alten Römer verwendeten ätherische Öle für ihren Duft als Teil der Körperpflege.

Die Aromatherapie ist eine hervorragende Methode, um die Elemente der natürlichen Welt zur Heilung von Körper, Geist und Seele zu nutzen. Zu ihren gesundheitlichen Vorteilen gehören die Linderung von Stress, Angst und körperlichen Schmerzen, die Verbesserung des Schlafs, die Steigerung der Vitalität und die Förderung von Gefühlen der Entspannung, des Friedens und des Glücks.

Ätherische Öle sind die in der Aromatherapie am häufigsten verwendeten Pflanzenextrakte, konzentrierte Tinkturen, die aus Blüten-, Kräuter- und Baumteilen wie Rinde, Wurzeln, Schalen und Blütenblättern hergestellt werden. Die Zellen, die einer Pflanze ihren Duft verleihen, werden als ihre "Essenz" bezeichnet, die bei der Extraktion aus einer Pflanze zu einem ätherischen Öl wird. Die drei wichtigsten Extraktionsmethoden zur Gewinnung ätherischer Öle aus Pflanzenextrakten sind Destillation, Kaltpressung und überkritische CO2-Extraktion.

Auf einer subtilen Ebene haben ätherische Öle eine heilende Wirkung auf die Aura und die sieben Chakren. Sie können unabhängig voneinander oder in Kombination mit Kristallen, Stimmgabeln, Mudras, Mantras und anderen in diesem Abschnitt beschriebenen Werkzeugen zur Energieanrufung/-manipulation verwendet werden.

ÄTHERISCHE ÖLE VERWENDEN

Die Aromatherapie ist eine Schwingungsheilung, die auf metaphysischen Prinzipien und den physiologischen und physischen Vorteilen der chemischen Komponenten jedes Duftes beruht. Während Kristalle unser Bewusstsein durch physischen Kontakt (Berührung) beeinflussen und Stimmgabeln durch Klang wirken, wirken ätherische Öle durch unseren Geruchssinn auf unsere inneren Energien.

Die drei beliebtesten Methoden der Anwendung ätherischer Öle sind die topische Anwendung, die Diffusion und die Inhalation. Bei der äußerlichen Anwendung werden ätherische Öle mit Trägerlotionen oder -ölen gemischt und direkt auf die Haut aufgetragen. Ätherische Öle haben starke chemische Komponenten mit antiseptischen, antibakteriellen und antiviralen Eigenschaften, die seit Jahrhunderten zur Vorbeugung und Behandlung von Krankheiten eingesetzt werden, wenn sie direkt auf die Haut aufgetragen werden.

Bei der Diffusion und Inhalation müssen Sie den Duft des ätherischen Öls mit der Nase einatmen, um eine heilende Wirkung zu erzielen. Wenn Sie ätherische Öle wegen ihrer subtilen Eigenschaften verwenden, brauchen Sie viel weniger als bei der äußerlichen Anwendung. Im Allgemeinen gilt: Je geringer die Menge des verwendeten Öls, desto stärker ist seine subtile Wirkung.

Bei der Diffusion werden Tropfen ätherischer Öle mit kaltem Wasser in einem Diffusorgerät (Abbildung 78) vermischt, wodurch nach und nach Nebel in die Umgebung abgegeben wird. Beim Diffundieren wirken sich die vielfältigen Düfte nicht nur auf unseren geistigen und emotionalen Zustand aus, sondern helfen auch, unerwünschte Gerüche aus der umgebenden Atmosphäre zu entfernen und sie von schädlichen Verunreinigungen zu befreien.

Die Verwendung ätherischer Öle ist im Allgemeinen unbedenklich, auch wenn einige Nebenwirkungen wie Augen-, Haut- und Nasenreizungen auftreten können. Es handelt sich um "konzentrierte" Extrakte, bei denen eine enorme Menge an Pflanzenmaterial benötigt wird, um nur einen Tropfen ätherisches Öl herzustellen, und jeder Tropfen enthält die kondensierten chemischen Bestandteile aller Pflanzen, die in ihm verarbeitet wurden. Daher kann die Verwendung von zu viel ätherischem Öl schädliche Auswirkungen haben, genau wie die Verwendung von zu viel Medizin.

Abbildung 78: Ätherische Öle und ein Diffusor

Darüber hinaus können einige Duftstoffe bei Menschen, die empfindlich auf Pflanzen reagieren, leichte allergische Reaktionen hervorrufen. Daher ist die Inhalation die von Heilpraktikern am häufigsten verwendete Methode, bei der man das ätherische Öl direkt aus der Flasche riechen muss, um die gewünschte Wirkung zu erzielen. Bei dieser Methode hat man die vollständige Kontrolle darüber, wie viel des Duftes man einatmen möchte, was sie zur risikoärmsten Methode der Anwendung von ätherischen Ölen während einer Heilsitzung macht. Wenn jemand beispielsweise auf einen Diffusor allergisch reagiert, muss er den Raum möglicherweise ganz verlassen und die Heilsitzung unterbrechen oder sogar beenden.

Ätherische Öle können auch zur Zubereitung eines Aromabades im Rahmen eines rituellen Reinigungsprozesses verwendet werden. Verwenden Sie für rituelle Bäder nur sechs bis acht Tropfen eines ätherischen Öls und kombinieren Sie es mit brennenden Kerzen in den Farben, die der gewünschten Wirkung entsprechen. Denken Sie daran, dass die Absicht von grundlegender Bedeutung ist, wählen Sie also Ihr ätherisches Öl sorgfältig aus und üben Sie sich während des Bades in Achtsamkeit. Rituelle Bäder sind ein hervorragendes Mittel, um Ihre Energien zu reinigen, und sollten häufig durchgeführt werden, insbesondere als Vorstufe zu Meditation, zeremonieller Magie, Yoga und anderen spirituellen Heilpraktiken.

Bei der Verwendung von ätherischen Ölen gibt es einige Vorsichtsmaßnahmen zu beachten. Zum einen sollten ätherische Öle niemals verschluckt werden. Bestimmte Öle gelten als giftig, wenn sie verschluckt werden, was zu Schäden am Körper und an den Organen führen kann. Aus diesem Grund sollten Sie alle ätherischen Öle außerhalb der Reichweite von Kindern aufbewahren. Zweitens sollten schwangere Frauen ätherische Öle nicht verwenden, vor allem nicht im ersten Schwangerschaftsdrittel. Das Gleiche gilt für Kinder unter sechs Jahren. Und schließlich ist es nicht empfehlenswert, ätherische Öle bei Tieren anzuwenden, da diese auf die Stärke einiger Duftstoffe reagieren und sogar sterben könnten. So kann die Anwendung ätherischer Öle bei Vögeln in vielen Fällen tödlich sein.

WIE ÄTHERISCHE ÖLE WIRKEN

Die Düfte ätherischer Öle nutzen die Luft um uns herum als Übertragungsmedium, um Moleküle in den Nasengang zu transportieren (Abbildung 79) und so eine emotionale Reaktion auszulösen. Gleichzeitig gelangen die Partikel des ätherischen Öls mit jedem Atemzug in die Lunge, wo sie in den Blutkreislauf gelangen und sich direkt auf das Nervensystem und andere Organe auswirken. Daher wird die Aromatherapie direkt mit dem Element Luft in Verbindung gebracht. Da unser Geruchssinn jedoch mit unserem limbischen System verbunden ist, das Emotionen, Verhalten, Erinnerungen und Gedächtnis steuert, hat die Aromatherapie auch einen Bezug zum Element Wasser.

Es besteht eine symbiotische Beziehung zwischen den Elementen Wasser und Luft, die sich in den Prozessen der Natur zeigt. Zum Beispiel enthält das Wassermolekül ($H2O$) einen Teil Sauerstoff. Diese enge Beziehung findet sich auch in unseren mentalen Prozessen wieder, denn jedes Mal, wenn wir ein Gefühl (Wasserelement) erleben, geht ihm ein Gedanke (Luftelement) voraus.

In der Samkhya-Schule (auch Sankhya genannt) der indischen Philosophie wird der Geruchssinn mit dem Element Erde in Verbindung gebracht, was in diesem Fall passt, da Pflanzen organische Feststoffe sind, die aus der Erde stammen. Wir können jedoch den festen Zustand von Pflanzen durch die Anwendung von Wärme verändern und sie in eine flüssige Form bringen, um ätherische Öltinkturen herzustellen. Den festen Zustand von Kristallen können wir jedoch nicht verändern, weshalb ihre Energien dichter sind als die Energien von Aromatherapie-Düften.

Aromatherapie-Düfte sind dafür bekannt, dass sie alte Erinnerungen aktivieren und unsere Gefühle wieder in einen friedlichen Zustand versetzen. Viele Düfte sind auch dafür bekannt, dass sie unsere allgemeine Stimmung verbessern, da sie den Hypothalamus dazu anregen, Botschaften an die Hypophyse zu senden, damit diese wohltuende Gehirnchemikalien wie Serotonin produziert. Wenn wir ruhig und glücklich sind, kommt unser Geist zur Ruhe und die Schwingung unseres Bewusstseins wird erhöht. Aus diesem Grund ist das Verbrennen von Räucherstäbchen oder das Verteilen von Ölen vor Beginn der Meditation von Vorteil, da es den Raum reinigt und uns beruhigt, so dass wir tiefer in uns gehen können.

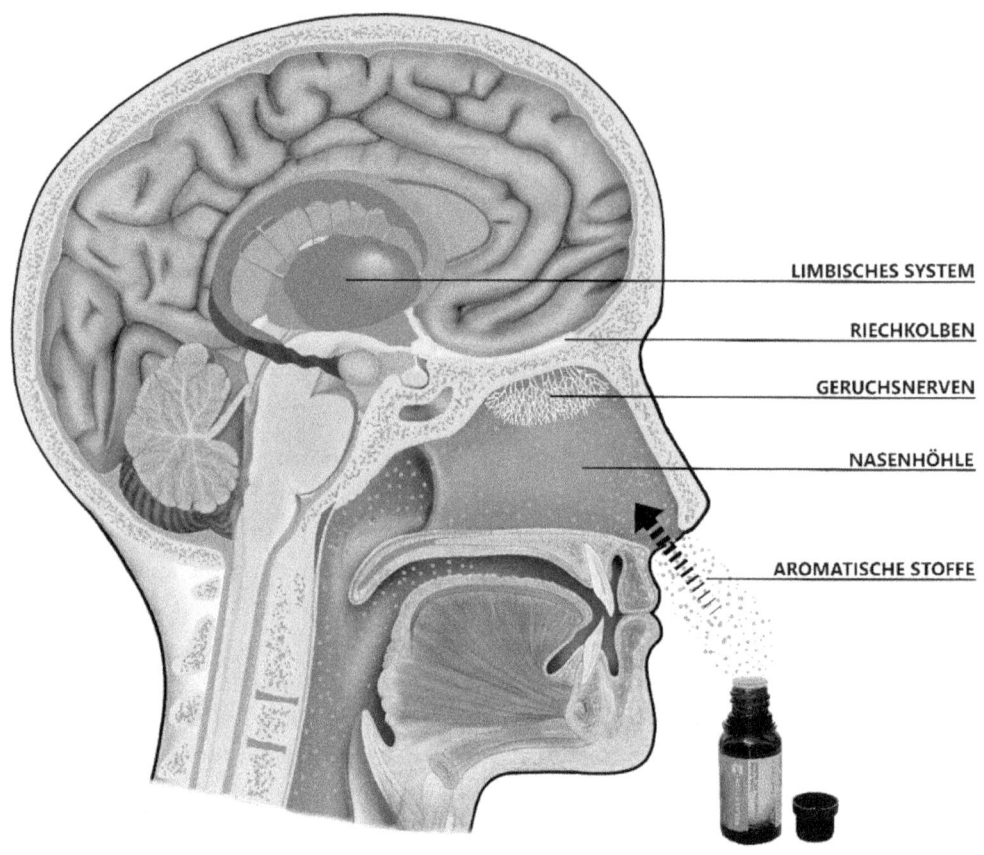

Abbildung 79: Aromatherapie und das Limbische System

Wenn wir ätherische Öle äußerlich anwenden, dringt der Duft zwar in die Lungen und Nasenlöcher ein, aber noch mehr Moleküle werden direkt von der Haut aufgenommen, was unmittelbare körperliche Vorteile mit sich bringt. Darüber hinaus können wir die topische Anwendung ätherischer Öle nutzen, um Hautprobleme zu heilen, z. B. einen Ausschlag oder eine kleine Wunde zu heilen, eine Infektion zu stoppen, Schmerzen bei einem Sonnenbrand zu lindern oder den Juckreiz bei Insektenstichen zu lindern. Massagetherapeuten verwenden ätherische Öle gerne direkt auf der Haut, um die Muskeln zu entspannen und Schmerzen zu lindern.

ÄTHERISCHE ÖLE FÜR DIE SIEBEN CHAKREN

Jedes Chakra hat einzigartige Eigenschaften, die mit bestimmten ätherischen Ölen korrespondieren. Daher können wir ätherische Öle auf den Körper auftragen, um ein ausgeglichenes Funktionieren der Chakren zu fördern. Die unten beschriebene Methode kann jeweils auf ein Chakra angewendet werden, um seinen Energiefluss zu optimieren, oder auf mehrere Chakren, die Heilung benötigen. Sie können diese Methode auch auf alle sieben Chakren gleichzeitig anwenden, um das gesamte chakrische System in Einklang zu bringen. Da ätherische Öle jedoch auf den Körper aufgetragen werden müssen, wo sich die Chakren befinden, können wir die transpersonalen Chakren mit dieser speziellen Anwendungsmethode nicht ansprechen.

Wenn Sie ätherische Öle zur Heilung und zum Ausgleich der Chakren verwenden, tragen Sie sie niemals direkt auf die Haut auf, ohne sie vorher mit einem Trägeröl zu verdünnen. Ätherische Ölmischungen verstärken und maximieren die therapeutische und medizinische Wirkung. Es gibt eine Vielzahl von Trägerölen, die Sie zur Herstellung von ätherischen Mischungen für die Chakren verwenden können, darunter Jojobaöl oder fraktioniertes Kokosnussöl. Beachten Sie das Verhältnis von zwei bis drei Tropfen eines ätherischen Öls auf einen Teelöffel Trägeröl. Die ätherischen Ölmischungen lassen sich am besten mit einer handelsüblichen 10-ml-Roll-on-Flasche auftragen. Wenn Sie einen anderen Flakon verwenden, können Sie das Öl auch mit dem Finger auftragen.

Um eine ätherische Ölmischung anzuwenden, reiben Sie etwas davon auf die Vorder- oder Rückseite des Körpers, wo sich das Chakra befindet. Verwenden Sie gerade so viel, dass ein Bereich von etwa 1,5 bis 2 Zoll Durchmesser bedeckt ist. Einmal aufgetragen, können Sie es den ganzen Tag auf dem Körper lassen, um eine maximale therapeutische Wirkung zu erzielen. Die einzige Möglichkeit, den anhaltenden heilenden Einfluss der ätherischen Mischung(en) zu stoppen, besteht darin, sie mit einer starken Seife vom Körper abzuwaschen, obwohl ein Teil der Mischung normalerweise auf der Hautoberfläche verbleibt.

Denken Sie daran, dass, wenn Sie die ätherische Ölmischung mehr als eine Stunde lang angewendet haben, bereits Veränderungen in Ihrer Energie stattgefunden haben, auch wenn Ihr Bewusstsein mehr Zeit braucht, um sie zu integrieren. Daher ist es hilfreich, unmittelbar nach der Anwendung zu meditieren, um den Integrationsprozess zu beschleunigen.

Verwenden Sie Tabelle 2, um das/die am besten geeignete(n) ätherische(n) Öl(e) für jedes Chakra zu finden. Bestimmte ätherische Öle haben eine energetisierende Wirkung auf ein Chakra, während andere eine beruhigende Wirkung haben. Ausgleichende Öle sind gut geeignet, um die Chakras ins Gleichgewicht zu bringen, egal ob sie unter- oder überaktiv sind. Wenn das Chakra unteraktiv ist, beschleunigt die vom gewählten ätherischen Öl ausgehende Schwingung die Drehung des Chakras und bringt es auf seine optimale Geschwindigkeit zurück. Ist das Chakra überaktiv, verlangsamt die Vibration die Drehung des Chakras und bringt es ins Gleichgewicht.

Verwenden Sie ein Trägeröl, um eine Mischung aus ätherischen Ölen für jedes Chakra herzustellen, an dem Sie arbeiten möchten. Ihre Intention dabei ist von größter Bedeutung, da sie konsequent sein und den in Tabelle 2 angegebenen Entsprechungen folgen sollte. Auf diese Weise können Sie eine Sammlung von ätherischen Ölmischungen für die Chakrenheilung erstellen, die Sie in Ihren zukünftigen Heilsitzungen verwenden können.

Sie können auch einzelne Mischungen aus mehreren Ölen herstellen, solange sie dem Chakra entsprechen, auf das Sie abzielen und ob Sie versuchen, es zu energetisieren, zu beruhigen oder auszugleichen. Wenn Sie zum Beispiel eine 10ml-Ölmischung (zwei Teelöffel) herstellen, um ein überaktives Muladhara Chakra auszugleichen, sollten Sie vier bis sechs Tropfen einer Kombination von beruhigenden Ölen verwenden, die nur für dieses Chakra geeignet sind. Experimentieren Sie mit dem Mischen der ätherischen Ölmischungen, indem Sie die untenstehende Tabelle als Referenz verwenden.

TABELLE 2: Ätherische Öle für die Sieben Chakren

Chakra Name (Sanskrit & Englisch)	Energisierende Öle	Beruhigende Öle	Ausgleichende Öle	Anwendung am Körper (Vorder-/Rückseite)
Muladhara, Wurzel oder Basis	Zimt, Kardamom, Schwarzer Pfeffer, Ingwer, Zypresse	Vetiver, Patchouli, Zedernholz, Myrrhe, Basilikum	Sandelholz, Weihrauch, Geranie	Zwischen Damm und Steißbein, Fußsohle oder beides
Swadhisthana, Sakral oder Milz	Orange, Mandarine, Zitrone, Bergamotte	Rosenholz, Ylang-Ylang, Muskatellersalbei, Neroli	Neroli, Jasmin, Helichrysum, Sandelholz, Elemi	Unterbauch (unterhalb des Nabels), unterer Rücken oder beides
Manipura, Solarplexus	Grapefruit, Zitrone, Zitronengras, Ingwer, Limette, Wacholder	Vetiver, Bergamotte, Fenchel, Rosmarin	Schwarzer Pfeffer, Spikenard, Helichrysum	Solarplexus, mittlerer Rücken oder beides
Anahata, Herz	Palmarosa, Kiefer, Rosenholz, Bergamotte	Rose, Majoran, Zedernholz, Eukalyptus	Jasmin, Melisse, Sandelholz, Geranie	Zwischen Brüsten (Mitte), oberem Rücken oder beidem
Vishuddhi, Kehle	Pfefferminze, Zypresse, Zitrone, Spearmint, Salbei	Römische Kamille, Basilikum, Rosmarin, Bergamotte	Koriander, Geranie, Eukalyptus	Mitte des Halses, Rückseite des Halses oder beides
Ajna, Augenbraue, Auge des Geistes, Drittes Auge	Muskatellersalbei, Kiefer, Lavendel, Myrrhe, Sandelholz, Wacholder	Deutsche Kamille, Basilikum, Patchouli, Zedernholz, Thymian	Weihrauch, Helichrysum, Jasmin	Zwischen den Augenbrauen, am Hinterkopf oder beides. Auch Mitte der Stirn (fünftes Auge)
Sahasrara, Krone	Lavendel, Safran, Palo Santo	Rosenholz, Thymian, Zedernholz, Neroli, Lotus	Weihrauch, Myrrhe, Helichrysum, Sandelholz	Oberer Teil des Kopfes (Mitte)

DIE TATTVAS

Tattva oder Tattwa ist ein Wort aus dem Sanskrit und bedeutet "Prinzip", "Wahrheit" oder "Realität". Es bedeutet "das Sein", was weiter verstanden werden kann als die "Essenz, die das Gefühl der Existenz erzeugt". In den *Veden* sind Tattvas heilige Formeln oder Realitätsprinzipien, die die Identität zwischen dem individuellen Selbst und Gott, dem Schöpfer, bezeichnen. Sie repräsentieren den Körper Gottes, der das Universum selbst ist, und unseren eigenen Körper, der die Natur durch Bewusstsein erfährt.

Es gibt fünf primäre Tattvas (Abbildung 80), die die Essenz der Natur darstellen, die sich als die fünf Elemente manifestiert. Die fünf Tattvas sind bekannt als Akasha (Geist), Vayu (Luft), Tejas (Feuer), Apas (Wasser) und Prithivi (Erde). Die ersten vier Tattvas (Prithivi, Apas, Tejas, Vayu) stellen Modi oder Qualitäten der Sonnenenergie Prana in unterschiedlichen Schwingungsgraden dar. Sie sind eine Folge von Licht- und Klangemanationen, die im letzten Tattva oder Prinzip - Akasha, dem Geist/Etherelement - aufgehen.

Die Tattvas sind ursprünglich und einfach in ihrer Form; sie nehmen die fünf Hauptformen an, die der menschlichen Wahrnehmung zugänglich sind - Quadrat, Mondsichel, Dreieck, Kreis und Ei. Die Tattvas werden auf Karten mit weißem Hintergrund dargestellt, der ihre Form und Farbe hervorhebt. Sie werden als "Yantras" eingestuft - Werkzeuge für geistige Konzentration und Meditation. Yantras sind mystische Diagramme aus der tantrischen Tradition und der indischen Religion, die es in vielen geometrischen Formen und Konfigurationen gibt, oft sehr komplex. Abgesehen von ihrer Verwendung als Meditationsmittel benutzen Hindus Yantras häufig, um Gottheiten in Tempeln oder zu Hause zu verehren. Sie verwenden sie auch als Talismane zum Schutz oder als Glücksbringer.

Tattvas sind vielleicht die einfachsten Yantras, die es gibt. In der Einfachheit ihrer Formen und Farben liegt jedoch das Potenzial, eine kraftvolle Verbindung mit den ursprünglichen fünf Elementen herzustellen, die auf der mikrokosmischen Ebene existieren. Auf diese Weise können wir eine Verbindung zur makrokosmischen Ebene herstellen - wie oben, so unten. Indem wir die Elemente in uns selbst meistern, entwickeln wir die Fähigkeit, die Realität mit unseren Gedanken zu verändern und werden so zu meisterhaften Gestaltern.

Kundalini Shakti ist die subtilste Form von Energie (weiblich) und ein untrennbarer Teil des reinen Bewusstseins (männlich) - verkörpert durch Lord Shiva, Shaktis Gefährten.

Obwohl sich Energie und Bewusstsein getrennt und diversifiziert haben, um die Schöpfung hervorzubringen, streben sie immer danach, sich wieder zu vereinigen. Dieser Prozess wird durch die Kundalini-Energie veranschaulicht, die vom unteren Ende der Wirbelsäule zum oberen Ende (Krone) des Kopfes aufsteigt.

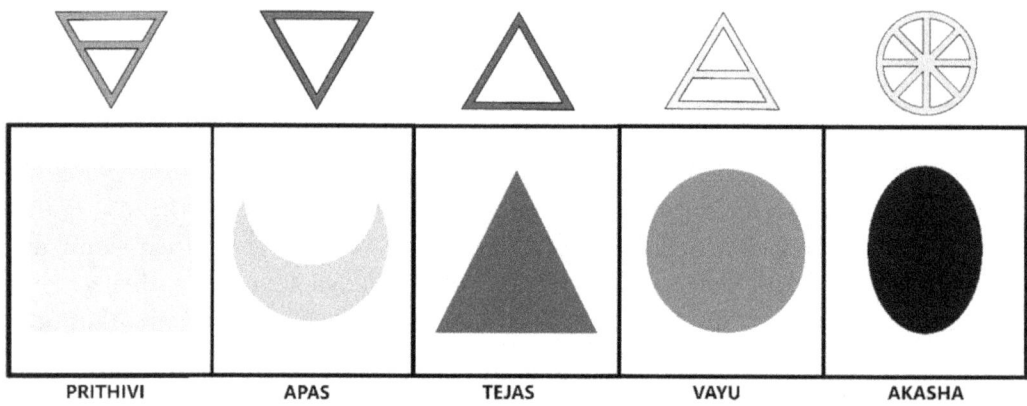

Abbildung 80: Die Fünf Großen Tattvas

Der Zweck eines Kundalini-Erwachens ist nicht nur die Erleuchtung des Individuums, in dessen Körper dieser Prozess stattfindet, sondern auch, dass Shakti und Shiva die kosmische Einheit, aus der sie entstanden sind, wieder erfahren. Wenn sich die Kundalini jedoch erhebt, erfährt das Individuum das vollständige Erwachen und die Infusion von Licht in die sieben Chakren, deren Energien in die fünf Elemente unterteilt werden können, die durch die fünf primären Tattvas repräsentiert werden. Indem Sie mit den Tattvas arbeiten, arbeiten Sie an der Abstimmung Ihrer Chakren und der Heilung der darin enthaltenen karmischen Energie.

DER PROZESS DER SCHÖPFUNG

Während des Schöpfungsprozesses senkte das unendliche weiße Licht allmählich seine Schwingung und manifestierte die fünf Elemente in aufeinanderfolgenden Stufen. Jedes der fünf primären Tattvas repräsentiert einen der schöpferischen Prozesse, beginnend mit dem Geist, gefolgt von Luft, Feuer, Wasser und dann der Erde als endgültige Materialisierung der Schöpfung. Gemäß den östlichen und westlichen esoterischen Mysterien zu diesem Thema ist jedes Element (Tattva) Teil einer zusammenhängenden Reihe, in der jedes nachfolgende Element (Tattva) von seinem Vorgänger abgeleitet ist. Außerdem sollten alle Tattvas als eine Erweiterung des reinen Bewusstseins betrachtet werden und nicht als individuelle Prinzipien, die separat existieren.

Das erste Tattva, Akasha (Geist), ist eine Verschmelzung von Energie und Materie, die eine unendliche Menge an potenzieller Energie im Meer des Bewusstseins enthält. Als die Energie von Akasha im Evolutionsprozess zu vibrieren begann, erzeugte sie eine Bewegung, die das Tattva Vayu (Luft) manifestierte. Die Partikel von Vayu haben die größte Bewegungsfreiheit, da Luft das am wenigsten zarte der unteren vier Elemente ist. Als der schöpferische Prozess weiterging, erzeugte die fortwährende Bewegung von Vayu Hitze, die das Entstehen des nächsten Tattva, Tejas (Feuer), bewirkte.

Da die Bewegung der Energie von Tejas geringer war als die von Vayu, konnte sie einen Teil ihrer Strahlungswärme abgeben, die sich abkühlte und das Apas Tattva (Wasser) schuf. Mit Apas wurden die Partikel von Geist, Luft und Feuer in einem begrenzten Raum mit begrenzter, aber fließender Bewegung eingeschlossen. Als sich jedoch die Schwingung der Schöpfungsmanifestation weiter senkte, verfestigte sich Apas zum Tattva Prithivi (Erde), der nächsten und letzten Stufe im Schöpfungsprozess. Prithivi ist das Äquivalent der Malkuth Sephira auf dem Baum des Lebens und repräsentiert die Welt der Materie, die physische Realität.

Es sollte beachtet werden, dass während des schöpferischen Prozesses subtile Zustände zu gröberen, dichteren Zuständen führten, die eine niedrigere Schwingung haben als der vorhergehende Zustand. Je höher die Schwingung, desto höher der Bewusstseinszustand und das Element, dem er entspricht. Denken Sie auch daran, dass die Ursache ein wesentlicher Teil der Wirkung ist. Die Erde enthält die Elemente Wasser, Feuer, Luft und Geist, da sie sich aus ihnen entwickelt hat, während der Geist dies nicht tut, da er allen Elementen vorausgeht.

Ich habe in *The Magus* beschrieben, dass, wenn man mit der Energie eines Elements arbeitet, sich das nächste Element in der Reihenfolge vor einem enthüllt, wenn man den spirituellen Alchemieprozess abgeschlossen hat. Daher gibt es keine feine Linie, wo ein Element endet und das andere beginnt, sondern alle fünf sind als Teil einer Sequenz miteinander verbunden.

Sie werden feststellen, dass die östliche Reihenfolge der Emanation der Elemente leicht von der westlichen abweicht - das Luftelement kommt unmittelbar nach dem Geist und nicht nach dem Feuerelement. Nach dem östlichen spirituellen System ist das Luftelement weniger dicht und ätherischer als das Feuer, weshalb die alten Rishis die Luft in der Reihenfolge der Manifestation der Schöpfung vor das Feuer stellten. Ich werde diese Abweichung zwischen dem östlichen und dem westlichen System im folgenden Abschnitt über Yoga, insbesondere im Kapitel "Die fünf Koshas", ausführlich erörtern.

DAS SYSTEM DER DREIßIG TATTVAS

Jedes der fünf Tattvas hat fünf Sub-Tattvas, die sich auf verschiedene Ebenen des Haupt-Tattva beziehen, zu dem sie gehören. Zum Beispiel hat ein Feuer-Tattva fünf Unterelemente: Feuer des Feuers, Geist des Feuers, Wasser des Feuers, Luft des Feuers und Erde des Feuers. Indem wir mit den Unterelementen der Tattvas arbeiten, haben wir eine präzisere Möglichkeit, uns genau auf die Energie einzustimmen, die wir wünschen.

Die Hauptenergien, die unser Sonnensystem beeinflussen, die planetarischen und die zodiakalen, können alle in Unterelemente unterteilt werden, die den verschiedenen Teilen des Selbst entsprechen. Sie beziehen sich auf die Verbindungswege des Lebensbaums (Tarotkarten) und auf Energien, die einen Bewusstseinszustand in einen anderen überführen. Diese Bewusstseinszustände sind zehn an der Zahl und werden durch die zehn Sphären des Lebensbaums in der Qabalah dargestellt.

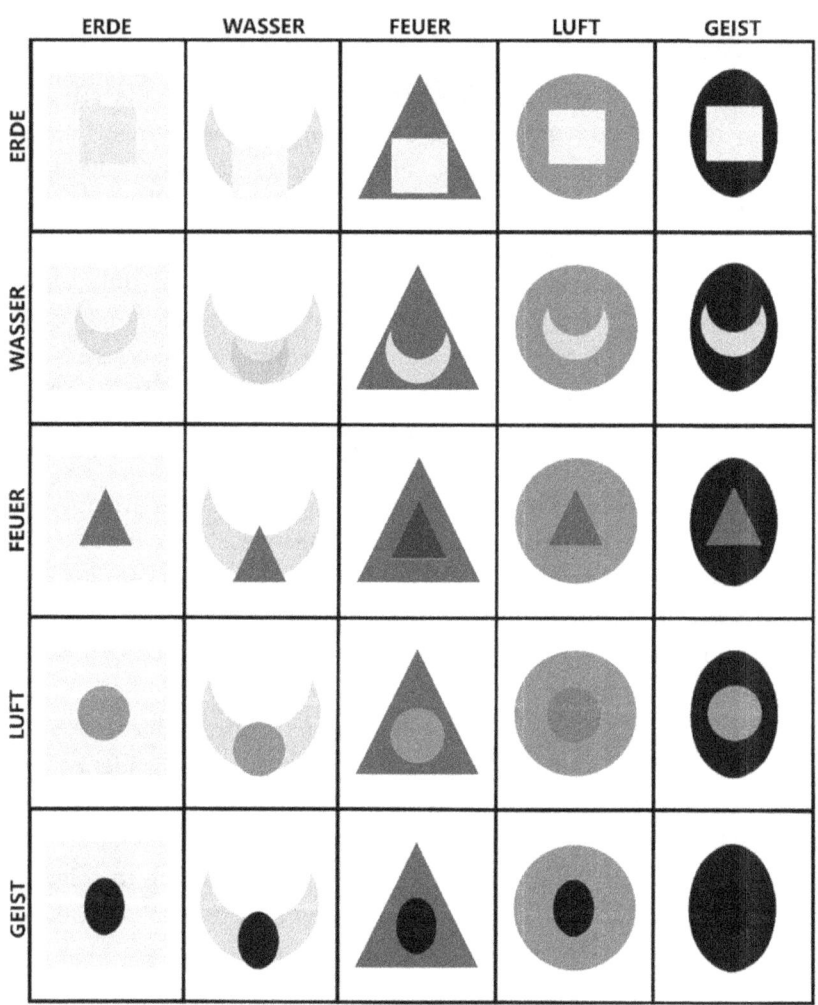

Abbildung 81: Die Fünfundzwanzig Sub-Elementaren Tattvas

In Indien gibt es sechs Hauptrichtungen der Tattvic-Philosophie. Das ursprüngliche Tattva-System wurde von dem vedischen Weisen Kapila im sechsten Jahrhundert v. Chr. als Teil seiner Samkhya-Philosophie entwickelt, die die Wissenschaft des Yoga stark beeinflusst hat. Die Samkhya-Philosophie verwendet ein System von fünfundzwanzig Tattvas, während der Shaivismus sechsunddreißig Tattvas kennt. Der hermetische Orden des Golden Dawn verwendet das System der dreißig Tattvas, da diese besondere Aufteilung mit den Elementen und Unterelementen des kabbalistischen Lebensbaums übereinstimmt. Dieses System umfasst die fünf primären Tattvas und die fünfundzwanzig Sub-Elementar-Tattvas (Abbildung 81). In Anbetracht der Tatsache, dass ich mit diesem System die umfassendste Erfahrung habe, werde ich mich in diesem Buch an dieses System halten.

Da die Arbeit mit Tattvas unseren Sehsinn erfordert, der Farben und Formen in der Umgebung wahrnimmt, ist diese Schwingungsheilungsmodalität mit dem Element Feuer und der höheren Mentalebene verbunden. Daher ermöglicht sie uns, tiefer in uns selbst zu gehen als andere in diesem Buch vorgestellte Heilmethoden. Und da das Feuer auf die Luft angewiesen ist, um sich zu ernähren, gibt es auch eine Komponente des Luftelements in der Arbeit mit den Tattvas, die der unteren Mentalebene entsprechen.

Daher ist die Mentalebene, die unsere Willenskraft und Gedanken nutzt, unser Kontaktpunkt, um die höheren und niedrigeren kosmischen Ebenen zu erreichen, die durch die Tattvas repräsentiert werden. Diese symbiotische Beziehung zwischen den Elementen Feuer und Luft zeigt sich auch in den Prozessen der Natur. Das physische Feuer oder die Flamme zum Beispiel braucht Sauerstoff, um sich zu erhalten; ohne ihn stirbt es. Genauso können Absicht und Willenskraft ohne Gedanken und Vorstellungskraft bei keinem Vorhaben erfolgreich sein.

Wie bereits erwähnt, ähnelt die Arbeit mit den Tattvas der Arbeit mit den Elementen durch die rituellen Übungen der Zeremonialen Magie, die in *The Magus* vorgestellt werden. Die Zeremonialmagie befasst sich jedoch hauptsächlich mit Anrufungen oder dem Herbeirufen bestimmter Energien aus dem äußeren Universum in die eigene Aura, während die Arbeit mit den Tattvas eine Evokation darstellt, was bedeutet, dass man auf eine bestimmte Art von Energie in sich selbst zugreift oder sie für die Introspektion "herauszieht".

Daher rufen die rituellen Übungen der Zeremonialen Magie eine größere Menge an elementarer Energie in die Aura, während Tattvas nur mit unseren inneren, natürlichen Energien arbeiten.

Der Vorteil der Tattvas gegenüber den rituellen Übungen der Zeremonialen Magie ist jedoch, dass man die Unterelemente mühelos mit Hilfe ihrer jeweiligen Tattva-Karten (Yantras) ansteuern kann. Im Gegensatz dazu sind die einzigen rituellen Übungen in der Zeremonialen Magie, die es einem ermöglichen, das gleiche Ziel zu erreichen, die henochischen Schlüssel, die sehr fortgeschritten sind und eine Menge karmischer Energie enthalten, die spezifisch für dieses Egregor ist. Ich habe auf mehreren Seiten des Buches *The Magus* warnende Hinweise zur Arbeit mit henochischer Magie gegeben, weil sie mehr als ein Dutzend Monate der Vorbereitung mit anderen, grundlegenderen Elementarbeschwörungen erfordert. Mit Sub-Elementar-Tattvas kann man jedoch sofort loslegen.

DIE FÜNF GROßEN TATTVAS

Akasha Tattva (Geistiges Element)

Das erste Tattva, Akasha, entspricht dem Geistigen Element. Akasha repräsentiert die Leere des Raumes, den Aethyr, der durch ein schwarzes oder indigoblaues Eiförmiges oder Ei symbolisiert wird. Geist und Aethyr sind austauschbare Begriffe, die für dieselbe Sache stehen - Akasha. Die schwarze Farbe von Akasha spiegelt die Dunkelheit der Leere wider, die wir in dem riesigen Raum zwischen den Himmelskörpern (Sternen und Planeten) im Universum sehen können. Wenn wir unsere Augen schließen, sehen wir mental dieselbe Dunkelheit des Raums vor uns, was bedeutet, dass Akasha auch in uns ist. Obwohl die Dunkelheit die Abwesenheit von Licht ist, enthält sie alle Farben des Spektrums in sich. Als solche ist sie unendlich in Potenzial und Umfang. Ein schwarzes Loch im Universum enthält zum Beispiel mehr Masse als Millionen von Sternen zusammen.

Akasha wird mit dem Prinzip des weißen Lichts gleichgesetzt, das sich unendlich in alle Richtungen ausdehnt. Hermetiker bezeichnen es als den Ersten Geist Gottes, des Schöpfers (des Alls). Ein anderer Name ist die "Monade", was auf Griechisch "Singularität" bedeutet. Die Dunkelheit des Raums ist lediglich eine Reflexion des Weißen Lichts auf physischer Ebene, manifestiert durch das Zweite Gemüt, das vom Ersten Gemüt durch den Prozess der Differenzierung erzeugt (geboren) wurde. Obwohl wir das Erste Bewusstsein nicht betreten können, während wir leben, können wir sein Potenzial erfahren, indem wir das kosmische Bewusstsein in uns erwecken (über die Kundalini), das eine Brücke zwischen dem Ersten und dem Zweiten Bewusstsein bildet.

Das manifestierte Universum, einschließlich aller existierenden Galaxien und Sterne, ist im Zweiten Geist enthalten. Die Materie ist ein Nebenprodukt der spirituellen Energie, die für die Sinne unsichtbar ist, aber alle Dinge durchdringt. Als die Essenz von allem ist die Schwingung von Akasha so hoch, dass sie unbewegt erscheint, im Gegensatz zu den anderen vier Elementen, die ständig in Bewegung sind und mit den physischen Sinnen erfahren werden können. Akasha ist undifferenzierte Materie, die eine unendliche Menge an potentieller Energie enthält. Mit anderen Worten: Materie und Energie existieren in ihrem schlafenden potenziellen Zustand innerhalb des Geistelements im Herzen der Schöpfung. Akasha wurde nie geboren und wird auch nie sterben. Es kann weder subtrahiert noch hinzugefügt werden.

Die geistige Energie des Ersten Verstandes manifestiert sich im Zweiten Verstand durch die Sterne als sichtbares Licht. Es heißt jedoch, dass sich der Geist schneller als das Licht bewegt und die höchste Geschwindigkeit hat, die der Menschheit bekannt ist. Dies würde erklären, warum Informationen, die über das kosmische Bewusstsein gechannelt werden, augenblicklich überall im Universum übertragen werden. Und es würde erklären, warum spirituell entwickelte Menschen nur an ein Objekt oder einen Ort zu denken brauchen, um sofort zu erfahren, wie es ist, dieses Objekt zu sein oder sich durch Gedanken an diesem Ort aufzuhalten.

Da sie sich schneller als das Licht bewegt, übersteigt die spirituelle Energie nach Einsteins Relativitätstheorie Raum und Zeit. Daher ist es nicht ungewöhnlich, dass spirituell erwachte Menschen einen Sinn für Präkognition oder Vorwissen entwickeln, der es ihnen ermöglicht, über den sechsten Sinn (Psychismus) in die Zukunft zu sehen. Spirituelles Bewusstsein ermöglicht den Zugang zu den Akasha-Aufzeichnungen.

In der hermetischen Alchemie ist Akasha die Quintessenz. Sie ist alles durchdringend, denn alles, was existiert, hat sich aus Akasha entwickelt, und in Akasha wird schließlich alles zurückkehren. Akasha bezieht sich auf das Prinzip der Klangschwingung. Es ist das Medium, durch das sich der Klang im Raum ausbreiten kann. Akasha ist die Quelle der anderen vier Elemente, die sich im Laufe des Manifestationsprozesses der Schöpfung entwickelt haben.

Die planetare Energie von Saturn beeinflusst Akasha, was durch die Farben Indigo und Schwarz veranschaulicht wird, die mit beiden korrespondieren. In der Qabalah bezieht sich Saturn auf die Sephira Binah, eine der Supernalen, die das geistige Element repräsentieren. Binah ist der astrale Bauplan von allem, was existiert, die subtilen, ätherischen Formen aller Dinge, die für die physischen Sinne unsichtbar sind, die wir aber mit dem geistigen Auge wahrnehmen können. Die Schwingung von Akasha kann nur erreicht werden, wenn der Verstand zum Schweigen gebracht wird und das Ego transzendiert wird. In der yogischen und hinduistischen Philosophie ist ihr Erfahrungsbereich die Bewusstseinsebene, die als "Jana Loka" bezeichnet wird, der Aufenthaltsort der befreiten Sterblichen, die im himmlischen Reich verweilen.

Akasha wird den drei Chakren Vishuddhi, Ajna und Sahasrara zugeordnet (Abbildung 82). Auf der Ebene von Sahasrara wird Akasha am besten durch das Unendlichkeitssymbol ausgedrückt, eine auf der Seite liegende Acht, die das Konzept der Ewigkeit und Grenzenlosigkeit darstellt. Auf der Ebene von Ajna wird Akasha am besten durch das taoistische Yin/Yang-Symbol symbolisiert, das die Dualität darstellt, die weiblichen und männlichen Kräfte, Ida und Pingala, die sich im Ajna Chakra vereinen. Vishuddhi ist die traditionelle Repräsentantin des Akasha Tattva im Tantra und Yoga, auf seiner zugänglichsten Ebene, die es mit den unteren Elementen und Chakras verbindet.

Das Bija-Mantra von Akasha ist "Ham" (Mehr zu den Bija Mantras im folgenden Abschnitt über Yoga). Die Erfahrung der Energie von Akasha Tattva ähnelt der Wirkung von rituellen Anrufungen des Spirituellen Elements und der saturnalen Energie, obwohl letztere am besten als der erdige Aspekt von Akasha beschrieben werden kann. Die Unter-Elemente von Akasha sind Geist des Geistes, Feuer des Geistes, Wasser des Geistes, Luft des Geistes und Erde des Geistes.

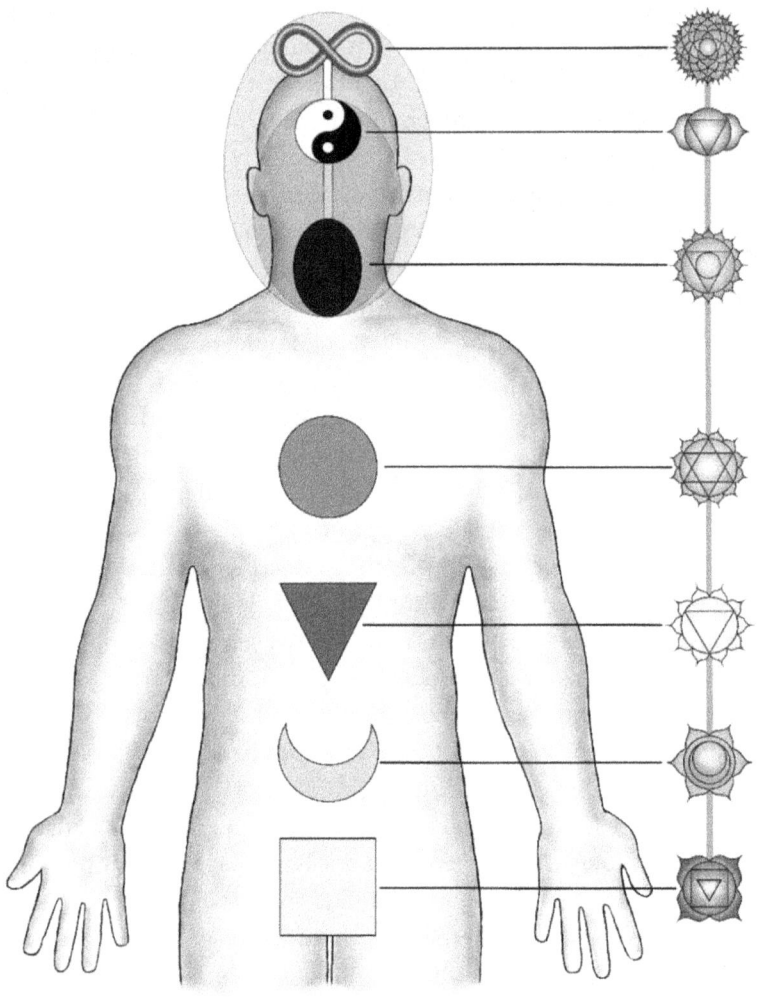

Abbildung 82: Die Tattvas und die Chakras

Vayu Tattva (Luftelement)

Die religiösen Texte der Hindus, die *Upanishaden*, lehren, dass das erste Prinzip oder Tattva, das sich aus Akasha entwickelt, Vayu ist, symbolisiert durch einen blauen Kreis. "Vayu" kommt vom gleichen Sanskrit-Wurzelwort für "Bewegung" und wird folglich dem Element Luft zugeschrieben. Vayu hat die Natur des Windes und nimmt die blaue Farbe des klaren Himmels an.

Als die Leere von Akasha während des schöpferischen Prozesses durch Bewegung beeinflusst wurde, entstand Lichtenergie, die das Vayu Tattva manifestierte. Vayu ist jedoch kein physisches Licht, sondern kinetische Energie in ihren verschiedenen Formen: elektrische, chemische und vitale Energie (Prana). So wie Akasha unbeweglich war, ist Vayu die alles durchdringende Bewegung.

Alle Gase in der Erdatmosphäre, einschließlich Sauerstoff, umfassen das Vayu Tattva. Obwohl für das bloße Auge unsichtbar, ist Vayu das erste Tattva, das auf der Haut spürbar ist. Als solches bezieht es sich auf den Tastsinn. Die Essenz von Vayu wird durch Kontraktion und Expansion ausgedrückt. Im physischen Körper kontrolliert Vayu die fünf vitalen "Lüfte", die Prana Vayus: Prana, Apana, Samana, Udana, Vyana.

Vayu wird Anahata, dem Herz-Chakra, zugeschrieben. Es bezieht sich auf den Geist, die Gedanken und die Vorstellungskraft und wird durch den Atmungsprozess angetrieben, der die Prana-Energie in den Körper bringt. Die ständige Bewegung von Vayu Tattva schafft Veränderung und verursacht Instabilität, Unbeständigkeit, Unbeständigkeit und Wankelmut im Individuum und in der Umgebung. Dies ist die Natur des Luftelements. Sein Erfahrungsbereich ist die Bewusstseinsebene, die als "Maha Loka" bezeichnet wird, die Heimat der großen Weisen und Rishis.

Das Bija Mantra von Vayu Tatva ist "Yam". Seine Energie ist vergleichbar mit rituellen Anrufungen des Luftelements und des Planeten Merkur mit Aspekten der Sonnenenergie. Schließlich ist Vayu eine Erweiterung der Prana-Energie, deren Quelle die Sonne ist. Die Sub-Elemente von Vayu sind Luft der Luft, Geist der Luft, Feuer der Luft, Wasser der Luft und Erde der Luft. Das Unterelement Luft der Luft ist mit der Energie des Tierkreises Wassermann verwandt, während das Feuer der Luft der Waage und das Wasser der Luft den Zwillingen ähnlich ist.

Tejas Tattva (Element Feuer)

Tejas oder Agni (Feuer) ist das Feuer-Element Tattva. Tejas bedeutet in Sanskrit "scharf"; seine Bedeutung lässt sich mit "Hitze" oder "Erleuchtung" übersetzen. Tejas Tattva wird durch ein nach oben gerichtetes rotes Dreieck symbolisiert, dessen Farbe mit seiner archetypischen Energie in Verbindung gebracht wird. Wird das Dreieck jedoch auf dem Körper platziert, zeigt es nach unten in Richtung des Elements Apas (Wasser) (Abbildung 82). Das Konzept "Wasser nach oben, Feuer nach unten" erklärt den natürlichen Energiefluss in unserem Körper.

Da Feuer die Quelle von Wärme und Licht ist, ist es das erste Prinzip, dessen Form mit dem bloßen Auge sichtbar ist. Schließlich nehmen wir Formen in unserer Umgebung durch die Erscheinung von Licht wahr. Tejas ist also die Qualität, die den verschiedenen Ausdrucksformen der kinetischen Energie, die durch Vayu Tatva repräsentiert werden, eine Definition oder Struktur verleiht.

Die Geburt der Form steht in engem Zusammenhang mit der Entstehung des Ichs - dem Gegenpol der Seele. Das Ego wurde geboren, als wir zum ersten Mal etwas außerhalb von uns selbst erkannten. Als wir uns in unseren frühen Jahren an die materielle Welt gewöhnten, wurden wir an Formen gebunden, die wir in unserer Umgebung sahen, was dem Ego erlaubte, zu wachsen und einen festen Griff über das Bewusstsein zu erlangen. So entwickelten sich im Laufe der Zeit Samskaras, ein Begriff aus dem Sanskrit, der geistige Eindrücke, Erinnerungen und psychologische Prägungen bezeichnet. Samskaras sind die Wurzel der karmischen Energie, die uns an der spirituellen Entwicklung hindert, bis wir sie überwinden.

Die Entwicklung des Egos setzt sich bis ins Teenageralter fort und formt mit der Zeit unsere Persönlichkeit. Das Ego hört nicht auf zu wachsen und sich für den Rest unseres Lebens hier auf der Erde auszudehnen, da es an den physischen Körper und sein Überleben gebunden ist. Die einzige Möglichkeit, das Wachstum des Egos zu stoppen, besteht darin, die tiefere spirituelle Realität zu erkennen und anzunehmen, die der physischen Realität zugrunde liegt - eine Realität, die leer und daher formlos ist. Wenn wir unsere Aufmerksamkeit auf die spirituelle Entwicklung richten, anstatt das Ego zu füttern, übernimmt schließlich die Seele die Führung, und wir beginnen, einen Charakter zu entwickeln, der über unsere materielle Existenz hinausgeht.

Wie bereits erwähnt, können das Ego und die Seele nicht als Fahrer des Bewusstseins koexistieren; einer muss immer den Beifahrersitz übernehmen. Diese Wahl wird von uns selbst bestimmt und davon, welchem Aspekt des Selbst wir in einem bestimmten Moment unsere Aufmerksamkeit widmen, da wir einen freien Willen haben. Daher bezieht sich Tejas sowohl auf die Seele als auch auf das Ego. Das Feuerelement ist die Willenskraft, die wir nutzen, um unser Prinzip des Freien Willens in die eine oder andere Richtung auszudrücken, angetrieben von Manipura, dem Solarplexus-Chakra. Sein Erfahrungsbereich ist die Bewusstseinsebene, die als "Swar Loka" bezeichnet wird, die Region zwischen der Sonne und dem Polarstern, der Himmel des Hindu-Gottes Indra.

Tejas Tattva wird oft als eine verschlingende Kraft beschrieben, die alles auf ihrem Weg verzehrt. Die Zerstörung ist jedoch ein Katalysator für die Transformation, da nichts jemals stirbt, sondern nur seinen Zustand ändert. Daher ist das Feuerelement für die spirituelle Entwicklung von entscheidender Bedeutung, da es uns ermöglicht, unsere Überzeugungen über uns selbst und die Welt neu zu gestalten und so unser höchstes Potenzial zu erschließen. Die Zerstörung von Tejas führt daher zu neuen Schöpfungen, die dem Wachstum der Seele förderlich sind.

Tejas' Bija Mantra ist "Ram". Die Energie dieses Tattva ist vergleichbar mit einer rituellen Anrufung des Feuerelements und der Energie des Planeten Mars mit Aspekten der Sonnenenergie. Tejas ist männlich und aktiv, da es den Antrieb und die Willenskraft des Einzelnen stimuliert. Die Unterelemente von Tejas sind Feuer von Feuer, Geist von Feuer, Luft von Feuer, Wasser von Feuer und Erde von Feuer. Das Unterelement Feuer des Feuers ist mit der Energie des Widders verwandt, während die Luft des Feuers dem Löwen und das Wasser des Feuers dem Schützen ähnlich ist.

Apas Tattva (Element Wasser)

Das nächste Tattva in der Reihenfolge der Manifestation ist Apas, symbolisiert durch die silberne Mondsichel. Apas ist intensiv aktive Materie, die aus dem Feuerelement hervorgegangen ist, weil sie sich weniger bewegt und verdichtet. Sie ist in einem endgültigen Raum eingeschlossen, während sie sich in einem Zustand der Fluidität befindet.

Apas ist das physische Universum, das sich noch ordnet, bevor es sich als das nächste Tattva materialisiert. Es repräsentiert die aus dem Chaos entstehende Ordnung. Die Anordnung der Atome und Moleküle in Apas nimmt im Gegensatz zu den Elementen

Feuer, Luft und Geist nur sehr wenig Raum mit begrenzter Bewegungsfreiheit ein. Zum Beispiel verhalten sich Wasserstoff und Sauerstoff anders als dieselben Moleküle in Dampf.

Apas ist weiblich und passiv; es wird Swadhisthana, dem Sakralchakra, zugeschrieben. Apas bezieht sich auf die Wirkung des Mondes auf die Gezeiten des Meeres und das Element Wasser in uns. Wenn man bedenkt, dass unser eigener physischer Körper zu 60% aus Wasser besteht, ist die Bedeutung des Wasserelements für unser biologisches System offensichtlich.

Da es sich bei Apas um Materie handelt, die noch im Entstehen begriffen ist, repräsentiert es den kreativen Impuls in unserer Psyche. Es bezieht sich auf die Emotionen, die fließend und veränderlich sind, wie das Element Wasser, das sie repräsentiert. Unsere Sexualität drückt sich auch emotional in Form von Verlangen aus und dient als starker Motivator in unserem Leben. Die Mondzyklen haben nicht nur einen starken Einfluss auf unsere Gefühle, sondern auch auf unsere Sexualität.

Apas hat die Qualität der Kontraktion und das Prinzip des Geschmacks. Sein Bija Mantra ist "Vam". Erfahrungen mit Apas ähneln rituellen Beschwörungen des Wasserelements. Seine planetarische Korrespondenz ist mit dem Mond und Jupiter und Aspekten der Venus, da alle drei Planeten mit Emotionen und Gefühlen verbunden sind.

Die Unterelemente von Apas sind Wasser des Wassers, Geist des Wassers, Feuer des Wassers, Luft des Wassers und Erde des Wassers. Das Unterelement Wasser des Wassers ist mit der Energie des Tierkreises Fische verwandt, während das Feuer des Wassers dem Krebs und die Luft des Wassers dem Skorpion ähnlich ist. Apas Erfahrungsbereich ist die als "Bhuvar Loka" bezeichnete Bewusstseinsebene, der Bereich zwischen der Erde und der Sonne und die Heimat der als Siddhas bekannten himmlischen Wesen.

Prithivi Tattva (Erdelement)

Das fünfte und letzte Tattva ist Prithivi, das durch ein gelbes Quadrat symbolisiert wird und mit dem Element Erde verbunden ist. Das letzte Element, das sich im Schöpfungsprozess entwickelt, resultiert aus einer weiteren Verringerung der Schwingung, die das Wasserelement dazu bringt, sich zu verfestigen und unbeweglich zu werden. Prithivi ist das dichteste aller Tattvas, da es die konkrete Welt der Materie repräsentiert, deren Moleküle an ihrem Platz fixiert sind. Es repräsentiert die Qualitäten von Festigkeit, Gewicht und Zusammenhalt und bringt Stabilität und Beständigkeit auf allen Ebenen.

Obwohl die gelbe Farbe in den westlichen Mysterien normalerweise das Luftelement repräsentiert, wird sie im Tattvic-System mit der Erde assoziiert. Gelb bezieht sich auf das gelbe Licht der Sonne, das uns erlaubt, die Welt der Materie wahrzunehmen. Prithivi korrespondiert mit dem Wurzel- oder Muladhara-Chakra und dem Geruchssinn. Sein Bija Mantra ist "Lam".

Die Energie von Prithivi ähnelt den rituellen Beschwörungen des Erdelements. Die Sub-Elemente von Prithivi sind Erde der Erde, Geist der Erde, Feuer der Erde, Wasser der Erde und Luft der Erde. Die Energie des Unterelements Feuer der Erde ist mit dem

Tierkreiszeichen Steinbock verwandt, während das Wasser der Erde der Jungfrau ähnelt und die Luft der Erde mit dem Stier verglichen werden kann. Prithivis Erfahrungsbereich ist die als "Bhu Loka" bezeichnete Bewusstseinsebene, die physische Welt der groben Materie.

TATTVA-SPÄHEN

Tattvas sind einfach zu benutzen und sehr effektiv bei der Einstimmung auf die gewünschten Elementarenergien. Es genügt, ein Tattva in der Hand zu halten und es zu "spähen", indem man es anschaut oder tief hineinschaut, um seine Kraft zu entfalten. Das Hellsehen von Tattvas ist eine wichtige Methode, um übersinnliche Kräfte wie Hellsichtigkeit zu entwickeln. Es ist eine der einfachsten, schnellsten und effektivsten Methoden, um die eigenen hellseherischen Fähigkeiten zu trainieren und zu verbessern.

Die Tattva-Spähen-Methode kann auch eine vollständige außerkörperliche Erfahrung ermöglichen, da sie eine Komponente der Astralprojektion enthält, deren Technik dem schamanischen Reisen und der Pfadarbeit ähnlich ist. Sie müssen jedoch vorsichtig sein, wenn Sie eine Astralprojektion versuchen, besonders wenn Sie unter Angst oder Nervosität leiden. Es kann ein ziemlicher Schock für den Geist sein, Dinge jenseits des Physischen zu erleben, besonders beim ersten Mal. Daher sollten Sie energetisch ausreichend ausgeglichen sein, bevor Sie eine Astralprojektion versuchen, was Sie durch die Anwendung der in diesem Buch vorgestellten spirituellen Heilungsmodalitäten erreichen können.

Bevor Sie mit dieser Übung beginnen, müssen Sie die Tattva-Karten in Farbe von meiner Website www.nevenpaar.com ausdrucken, indem Sie dem Link "Tattva-Karten" in der Hauptnavigation folgen. Die Karten im PDF-Dokument sind fünf mal sechs Zentimeter groß, was ihre ideale Größe für das Hellsehen ist, wobei die Symbole etwa drei bis vier Zentimeter hoch sind. Wenn Sie bereits Tattva-Karten besitzen, können Sie mit ihnen arbeiten, solange sie innerhalb der angegebenen Parameter liegen.

Die optimalsten Tattva-Karten sollten jedoch aus Pappe selbst gebastelt werden. Man sollte die Symbole einzeln ausschneiden, von Hand anmalen und auf die Karten kleben, um eine dreidimensionale Perspektive zu erhalten. Abbildung 83 zeigt die Tattva-Karten, die ich vor vielen Jahren gebaut habe, als ich im Golden Dawn Orden war.

Es gibt zwei Teile der Tattva-Spähen-Methode, wie sie vom Hermetischen Orden des Golden Dawn vorgestellt wurde. Der erste Teil heißt "Spähen in der geistigen Vision" und beinhaltet die Einstimmung auf die elementare und sub-elementare Energie in Ihrer Aura, die Ihre Chakren isoliert, damit Sie mit ihnen arbeiten können. Der zweite Teil ist fakultativ und ist eine Fortsetzung des ersten Teils, genannt "Reisen in der geistigen Vision". Nachdem Sie die elementare oder sub-elementare Energie heraufbeschworen und sie in Ihrer Aura verstärkt haben, taucht Ihr Bewusstsein in sie ein. Dies ist eine ausgezeichnete

Gelegenheit, eine Astralprojektion in die kosmische Ebene durchzuführen, indem Sie eine Visualisierungstechnik anwenden, die Ihre Vorstellungskraft und Willenskraft einbezieht.

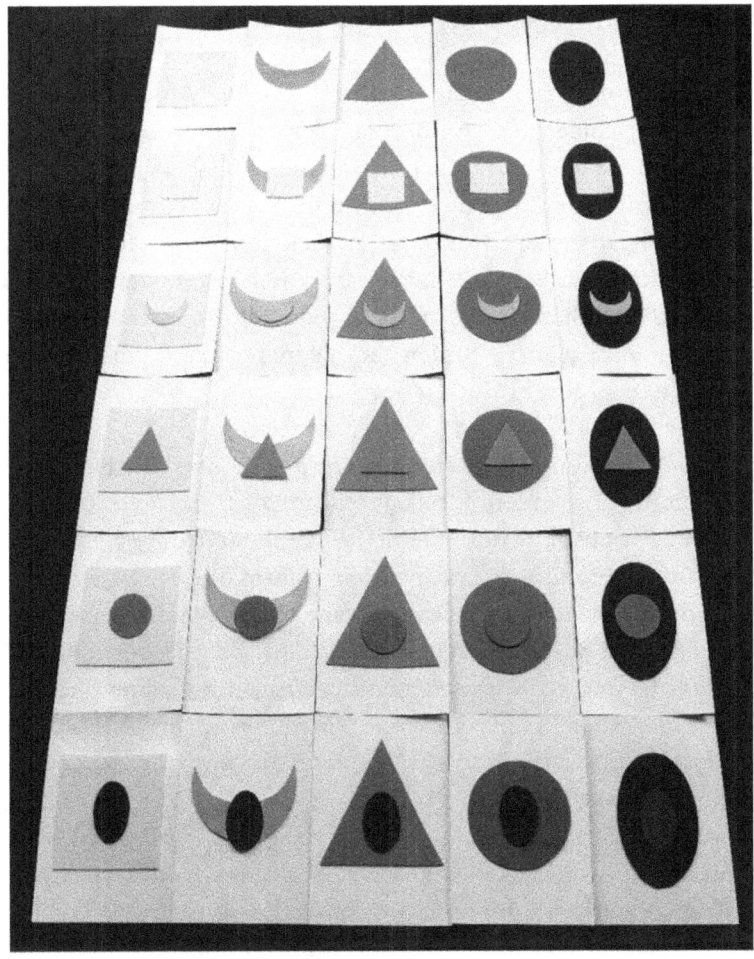

Abbildung 83: Die Tattva-Karten des Autors

Bevor Sie mit der Tattva-Spähen-Übung beginnen, suchen Sie sich einen ruhigen Ort, an dem Sie während der Durchführung ungestört sind. Da es bei dieser Übung darum geht, nach innen zu gehen, ist es ratsam, etwas Weihrauch zu verbrennen, um den Raum von negativen Energien zu befreien und ihn heilig zu machen. Wenn Sie mit den Ritualübungen der Zeremoniellen Magie aus meinem ersten Buch vertraut sind, führen Sie das Kleine Verbannungsritual des Pentagramms und das Verbannungsritual des Hexagramms durch, um negative Energieeinflüsse zu verbannen und sich zu zentrieren.

Diese beiden rituellen Übungen sind hilfreich zum Schutz bei der Astralarbeit, einschließlich der Astralprojektion, die das Bewusstsein für den direkten Kontakt mit spirituellen Intelligenzen in den inneren kosmischen Ebenen öffnet. Anders als die

Elementare können dies engelhafte oder dämonische Wesenheiten oder Geister sein, die sich irgendwann in der Vergangenheit in den Schichten Ihrer Aura und ihren jeweiligen Chakren eingenistet haben. Sie sind für viele unserer Stimmungen und Gefühle verantwortlich, seien sie nun positiv und konstruktiv, wie im Falle der Engel, oder negativ und destruktiv, wie bei den Dämonen.

Dämonen sind schwerer zu fassen als Engel, da die Menschen im Allgemeinen den Umgang mit ihnen vermeiden. Oft werden sie tief im Unterbewusstsein eingeschlossen, aus Angst, sich ihnen stellen zu müssen. Dämonen bleiben jedoch so lange an Ihnen haften, bis Sie ihnen mutig entgegentreten und ihre wahre Natur erkennen, wodurch Sie ihre Kräfte vollständig integrieren und sie zurück ins Universum entlassen. Auf diese Weise heilen und optimieren Sie die Chakren und meistern die entsprechenden Elemente in Ihrer Psyche. Erinnern Sie sich daran, dass jede spirituelle Intelligenz, der Sie in Ihrer Hellsichtigkeitssitzung begegnen, Ihnen zu Diensten sein wird, wenn Sie ihr mit Gelassenheit und Liebe in Ihrem Herzen begegnen.

Tattva-Spähen-Methode - Teil 1 (Spähen in der geistigen Vision)

Beginnen Sie die Übung, indem Sie bequem im Lotussitz oder auf einem Stuhl sitzen und in die Himmelsrichtung des Elements schauen, das Sie beschwören wollen (Verwenden Sie Tabelle 3, um alle relevanten Informationen zu erhalten, die Sie zum Hellsehen der Tattvas benötigen). Sie sollten eine weiße Fläche vor sich haben, z.B. eine Wand, einen Bildschirm oder eine Art Hintergrund, da Sie den astralen Abdruck des Tattvas als Teil der Übung auf diese Fläche übertragen müssen. Die weiße Fläche sorgt auch dafür, dass der Geist nicht abgelenkt wird, wenn er sich auf die Tattva-Karte konzentriert. Wenn Sie Bilder oder Möbel in der Nähe Ihres Arbeitsbereichs aufgehängt haben, entfernen Sie diese.

Führen Sie den Vierfachen Atem einige Minuten lang mit geschlossenen Augen aus, um sich in einen meditativen Geisteszustand zu versetzen, der für den Erfolg dieser Arbeit unerlässlich ist. Als nächstes öffnen Sie Ihre Augen und nehmen das Tattva auf. Halten Sie es in Ihrer Hand, so dass sich das Bild auf Augenhöhe befindet. Beginnen Sie, es gemütlich anzuschauen, und blinzeln Sie so wenig wie möglich. Achten Sie darauf, dass Sie die Tattva-Karte und den weißen Hintergrund vor sich sehen und nichts anderes. Lassen Sie Ihre Augen nicht abschweifen. Versenken Sie sich stattdessen in das Tattva und halten Ihren Geist leer von allen Gedanken. Erlauben Sie seinem Bild, Ihr Bewusstsein zu füllen, während Sie sich vorstellen, von der Energie des zugehörigen Elements oder Unterelements durchdrungen zu sein.

Sie sollten das Tattva anfangs zwanzig Sekunden bis eine Minute lang anstarren und dann die Dauer verlängern, wenn Sie diese Übung besser beherrschen. Achten Sie darauf, dass Sie Ihre Augen zu keinem Zeitpunkt überanstrengen. Nach einiger Zeit wird das Tattva aus dem Symbol, auf das Sie starren, "aufblitzen", so als würden Sie seinen Energieabdruck oder seine Aura sehen. Die Erfahrung wird Sie lehren, wie lange es dauert, bis Sie diesen Punkt erreichen.

Der nächste Schritt besteht darin, die Tattva-Karte abzulegen und den Blick sanft auf die schlichte weiße Fläche vor Ihnen zu richten. Sie werden bemerken, wie das Symbol in seine "blinkende" oder komplementäre Farbe zum Tattva übergeht. Wenn Sie zum Beispiel Prithivi wahrsagen, ist die Komplementärfarbe violett. Wenn Sie ein Sub-Elementar-Tattva beschwören, werden Sie zwei Komplementärfarben vor sich aufblitzen sehen.

Blicken Sie nun auf das blinkende Symbol vor Ihnen. Wenn es abzuschweifen beginnt, bringen Sie es wieder vor Ihren Augen in den Fokus. Sobald es aus Ihrem physischen Blickfeld verschwindet, schließen Sie die Augen und konzentrieren sich auf das, was von seinem mentalen Abdruck übrig geblieben ist. Lassen Sie Ihr physisches Sehen in das astrale Sehen übergehen, als ob die Rückseite Ihrer Augenlider eine Filmleinwand wäre, die Ihnen das Bild wiedergibt.

Es ist ratsam, das visuelle Übertragen der Tattva-Karte auf den weißen Hintergrund drei- bis viermal zu üben, da dieser Teil der Übung für den nächsten Schritt der Astralprojektion am wichtigsten ist. Aber allein durch das Betrachten des Tattva wird die damit verbundene Energie in Ihrer Aura freigesetzt, die Sie sofort (wenn Sie für Energien sensibel sind) als quantifizierbare Essenz spüren sollten. Beachten Sie, dass je länger Sie das Tattva anstarren, desto mehr von der entsprechenden Energie die Aura durchdringt.

Tattva-Spähen-Methode - Teil 2 (Reisen in der geistigen Vision)

Nachdem das Astralbild verschwunden ist, benutzen Sie Ihre Vorstellungskraft, um es vor Ihrem geistigen Auge in der Komplementärfarbe des Tattva, mit dem Sie arbeiten, wieder erscheinen zu lassen. Stellen Sie sich vor, dass das Bild auf die Größe einer Tür vergrößert wird. Als nächstes visualisieren Sie Ihre Astralform und sehen sie direkt vor dieser Tür stehen. Nehmen Sie sich einen Moment Zeit, um alle Details Ihres astralen Selbst zu notieren, einschließlich Ihrer Garderobe, Ihres Gesichtsausdrucks, usw. Wenn es Ihnen bei der Visualisierung hilft, stellen Sie sich vor, dass Sie dieselbe Kleidung tragen, die Sie auch bei der Übung tragen. Beachten Sie, dass Sie sich in diesem Teil der Übung in der dritten Person sehen sollten, so als ob Sie sowohl der Regisseur als auch der Star des Films wären.

Als Nächstes müssen Sie Ihren Bewusstseinskeim in Ihr astrales Selbst übertragen. Dieser Teil ist knifflig und die meisten Schüler brauchen Übung. Um dies erfolgreich zu tun, müssen Sie aufhören, sich selbst in der dritten Person zu sehen und Ihre Perspektive auf die erste Person umstellen. Stellen Sie sich vor, dass Ihr gesamtes Wesen in Ihr Astralselbst eintritt, während Sie Ihren physischen Körper verlassen, der ruhig mit geschlossenen Augen sitzen bleibt. Nehmen Sie sich jetzt einen Moment Zeit, indem Sie Ihre Augen als Ihr Astralselbst öffnen und Ihre Hände und Füße beobachten, als ob Sie gerade in einem luziden Traum aufgewacht wären. Als nächstes schauen Sie auf das Tor vor Ihnen, Ihr Portal in eine andere Dimension. Wenn Sie bereit sind, gehen Sie durch das Tor. Wenn Sie mit den rituellen Übungen aus *The Magus* vertraut sind, können Sie Ihr astrales Selbst mit dem Zeichen des Eingetretenen durch die Tür projizieren, während Sie sich mit dem Zeichen der Stille in der entsprechenden kosmischen Ebene versiegeln. Wenn Sie mit diesen Gesten nicht vertraut sind, treten Sie einfach durch die Tür.

In dem Moment, in dem Sie die projizierte kosmische Ebene betreten, lassen Sie Ihre Vorstellungskraft auf Autopilot gehen. Dieser Teil ist entscheidend für den Erfolg der Astralprojektion, denn bis zu diesem Punkt war alles eine geführte Visualisierung, bei der Sie Ihre Willenskraft und Vorstellungskraft einsetzten. Jetzt müssen Sie aufhören, die Erfahrung zu kontrollieren, damit Ihre Vorstellungskraft ihren Eindruck von der elementaren oder sub-elementaren Energie erhält, die Sie in Ihrer Aura mit der Technik des Tattva-Blickes verstärkt haben. Wenn Sie es richtig machst, sollten Sie eine Vision der kosmischen Ebene erhalten.

Beobachten Sie die Landschaft um sich herum und notieren Sie jedes kleine Detail, das Sie sehen können. Benutzen Sie Ihre astralen Sinne, um die Sehenswürdigkeiten, Klänge, Geschmäcker, Gerüche und taktilen Empfindungen der kosmischen Ebene aufzunehmen. Wenn Ihnen alles stumpf und eintönig erscheint, können Sie die göttlichen Namen des entsprechenden Elements jeweils drei- oder viermal gemäß Tabelle 3 vibrieren. Die Reihenfolge ist Gottesname, Erzengel und Engel. Auf diese Weise sollten die Dinge zu lebendiger Farbe und Bewegung kommen. Wenn dies nicht der Fall ist, brauchen Sie vielleicht mehr Übung darin, Ihr Bewusstsein in Ihr Astralselbst zu verlagern und sich selbst zu erlauben, lange genug "loszulassen", um eine Vision auf der Astralebene zu erleben. Verzweifeln Sie nicht, wenn es bei den ersten Malen nicht klappt; die meisten Menschen brauchen mehr Übung mit Teil 1 der Tattva-Spähen-Methode, bevor sie sich auf Teil 2 einlassen.

TABELLE 3: Tattva-Korrespondenzen

Element (Englisch & Sanskrit)	Richtung	Elementarwesen	Gottes Name (hebräisch)	Erzengel	Engel
Erde, Prithivi	Norden	Zwerge	Adonai ha-Aretz	Auriel	Phorlakh
Wasser, Apas	West	Undinen	Elohim Tzabaoth	Gabriel	Taliahad
Feuer, Tejas	Süd	Salamander	YHVH Tzabaoth	Michael	Aral
Luft, Vayu	Ost	Sylphen	Schaddai El Chai	Raphael	Chassan
Geist, Akasha	Auf/Ab, Ost (Standard)	-	Eheieh	Metatron	Chayoth ha-Qadesh

Nachdem Sie die entsprechenden göttlichen Namen geschwungen haben, ist es nicht ungewöhnlich, dass ein *geistiger Führer* vor Ihnen erscheint. Diese Wesenheit ist oft ein Elementarwesen, dessen Eigenschaften die Qualitäten des Elements repräsentieren, das Sie besuchen. Sie können auch einen Führer herbeirufen, der Ihnen bei der Erkundung des Ortes hilft, was besonders dann zu empfehlen ist, wenn Sie neu in dieser Praxis sind.

Beobachten Sie die Erscheinung des Wesens und prüfen Sie es, indem Sie es fragen, zu welchem Zweck es Ihnen helfen soll. Dies wird Ihnen helfen festzustellen, ob es wohlwollend oder bösartig ist. Manchmal kann es sein, dass Sie eine Wesenheit nicht sehen, aber ihre Anwesenheit spüren, was oft vertrauenswürdiger ist als der Gebrauch der astralen Sicht oder anderer Sinne.

Wenn die Wesenheit bösartig erscheint, können Sie die göttlichen Namen des Elements, mit dem Sie arbeiten, verwenden, um sie zu bannen. Sie können auch ein bannendes Pentagramm der Erde zeichnen (wie in *The Magus* angewiesen), um die Entität zu vertreiben, es sei denn, Sie arbeiten mit Prithivi Tattva, was eine Verbannung sowohl der positiven als auch der negativen Aspekte der Erde bewirkt. Wenn Sie aus irgendeinem Grund die Unterstützung eines Führers nicht wollen, können Sie das bannende Pentagramm des Elements, mit dem Sie arbeiten, benutzen, um sie wegzuschicken, was in den meisten Fällen funktioniert.

In der Annahme, dass Ihr Führer ein positiver Geist ist, der Ihnen helfen möchte, erlauben Sie ihm, Sie herumzuführen, damit Sie die Landschaft erkunden können. Stellen Sie Ihrem Führer Fragen über das, was Sie auf Ihrer Reise sehen, oder über die Natur des Elements, das zu der kosmischen Ebene gehört, die Sie erforschen. Schließlich zielt diese Arbeit darauf ab, Wissen und Beherrschung über die Elemente zu entwickeln, die Teile Ihrer Psyche sind.

Bei der Erkundung der subelementaren kosmischen Ebenen ist es nicht ungewöhnlich, dass man an einen zweiten Führer weitergegeben wird, der einen durch eine ganz andere Landschaft führt. In diesem Fall müssen Sie sie erneut testen, um die Qualität ihres Wesens zu bestimmen, einschließlich des Schwingens der göttlichen Namen des sekundären Tattva, das Sie besuchen. Wenn Sie den ersten Führer zurücklassen, gönnen Sie ihm die Höflichkeit eines Abschieds, besonders wenn er Sie mit Respekt behandelt hat.

Wenn Sie das Gefühl haben, dass die Umgebung durch Ihre Anwesenheit chaotisch geworden ist, können Sie die göttlichen Namen verwenden, um der kosmischen Ebene, die Sie besuchen, Harmonie und Frieden zu bringen und ihre ursprüngliche Verfassung wiederherzustellen. Denken Sie immer daran, respektvoll, aber bestimmt mit Ihren Führern umzugehen und sie nicht aus der Reihe tanzen zu lassen, denn sie sind da, um Ihnen zu helfen. Sie müssen immer die Ruhe bewahren und die Kontrolle über die Situation behalten.

Die Methode, die kosmische Ebene zu verlassen und ins normale Wachbewusstsein zurückzukehren, ist die genaue Umkehrung des anfänglichen Prozesses. Zunächst bedanken Sie sich bei dem Führer und verabschieden sich von ihm. Dann müssen Sie Ihre Schritte bis zu dem Tor zurückverfolgen, aus dem Sie gekommen sind. Sobald Sie durch die Tür treten, ist Ihre Reise beendet. Wenn Sie das Zeichen des Eingetretenen und das Zeichen der Stille benutzt haben, um das Tor zu betreten, dann benutzen Sie es erneut, um es zu verlassen.

Als nächstes müssen Sie Ihren Bewusstseinskeim von Ihrem astralen Selbst auf Ihr physisches Selbst übertragen. Spüren Sie dabei, wie Ihr Sein von einer inneren zu einer äußeren Perspektive wechselt, während Sie Ihre Aufmerksamkeit von Ihren astralen

Sinnen auf Ihre physischen Sinne lenken. Atmen Sie jetzt ein paar Mal tief durch, während Sie sich darauf konzentrieren, auf alle Geräusche in Ihrer Umgebung zu hören. Wenn Sie bereit sind, Ihre Tattva-Spähen-Erfahrung zu beenden, öffnen Sie langsam Ihre Augen. Wenn Sie diese Übung mit dem Kleinen Verbannungsritual des Pentagramms und dem Verbannungsritual des Hexagramms begonnen haben, wiederholen Sie diese, um sich zu zentrieren und alle unerwünschten Einflüsse zu verbannen.

Es ist von entscheidender Bedeutung, die Erfahrung niemals einfach dadurch zu beenden, dass man die physischen Augen öffnet, während sich das astrale Selbst noch in der kosmischen Ebene befindet, die man besucht. Es sollte niemals zu einer Verschmelzung einer Elementarebene mit der physischen Bewusstseinsebene kommen, da dies für die Psyche schädlich sein kann. Die unmittelbaren Nebenwirkungen sind Verwirrung, Desorientierung und Abgeschlagenheit. Zu den dauerhafteren Nebenwirkungen gehören chaotische und destruktive Manifestationen in Ihrem Leben, die sich über Wochen, Monate und sogar Jahre hinziehen können, bis sie aufgelöst werden. Nehmen Sie sich daher Zeit für diesen "Heimkehr"-Prozess und befolgen Sie alle Schritte, auch wenn Sie sie im Eiltempo durchführen.

***

Als Anfänger beginnen Sie mit den primären Tattvas von Prithivi, Apas, Tejas, Vayu und Akasha, in dieser Reihenfolge. Konzentriere Sie sich auf die ersten vier, bis sie etwas Erfahrung gesammelt haben, bevor Sie zum Akasha Tattva übergehen. Führen Sie jede Hellsichtigkeitssitzung mit einer einzelnen Tattva-Karte einmal am Tag durch, nicht öfter. Sie können diese Übung jederzeit durchführen, am besten morgens und nachmittags, am besten auf nüchternen Magen. Wenn Sie die Tattvas direkt vor dem Schlafengehen spähen, stellen Sie sich darauf ein, dass die Operation Ihren Trauminhalt beeinflussen wird.

Nach ein paar Wochen des Experimentierens mit den primären Tattvas und wenn Sie zufriedenstellende Ergebnisse mit der Astralprojektion erzielt haben, können Sie zum Programm der spirituellen Alchemie übergehen, das ich für die ehrgeizigeren Aspiranten dieser Arbeit entwickelt habe. Diese fortgeschrittene Tattva-Operation wird optimale Ergebnisse bei der Erforschung der Elemente, Unterelemente und ihrer entsprechenden Chakren liefern. Sie folgt der Abfolge des Eintritts in die Schichten der Aura vom Unteren Astral (Erde) zum Höheren Astral (Wasser), gefolgt vom Unteren Mentalen (Luft), zum Höheren Mentalen (Feuer) und schließlich zur Spirituellen Ebene (Geist).

Ich stelle die westliche Abfolge der emanierenden Elemente vor, bei der das Feuerelement nach dem Luftelement kommt und nicht wie im östlichen System davor. Meiner Erfahrung nach ist diese Abfolge der progressiven Arbeit mit den kosmischen Ebenen von der niedrigsten bis zur höchsten am effektivsten für die spirituelle Heilung und die Erhöhung der Bewusstseinsschwingung.

Das gesamte Programm der spirituellen Alchemie mit den Tattvas wird einen Monat dauern, um es abzuschließen. Danach können Sie entweder den Zyklus wiederholen oder mit einzelnen Elementen und Unterelementen arbeiten, um diese Teile Ihres Selbst zu meistern. Sie können auch bestimmte kosmische Ebenen wieder besuchen, die Sie am aufregendsten und aufschlussreichsten fanden, die Sie entweder ansprachen oder von denen Sie das Gefühl hatten, dass sie weiter erforscht werden müssten.

Die Arbeit mit den Tattvas ist eine ausgezeichnete Gelegenheit, ein Magickal Journal, ein Notizbuch oder ein Tagebuch zu benutzen, um Ihre Erfahrungen festzuhalten. Dies ist wichtig, um Ihre Wahrsagefähigkeiten und Ihr Erinnerungsvermögen zu verbessern und um Ihnen einen Einblick in bestimmte Symbole, Zahlen und Ereignisse zu geben, die Sie während einer Sitzung erlebt haben. Wenn Sie Ihre Erfahrungen im Laufe der Zeit dokumentieren, werden Sie anfangen, Muster zu erkennen und metaphorische Bedeutungen aus Ihren Sitzungen abzuleiten, die Teil eines größeren Bildes davon sind, wer Sie sind und woran Sie arbeiten müssen, um Ihre spirituelle Entwicklung voranzutreiben.

Zum Schluss: Denken Sie daran, geduldig, entschlossen und ausdauernd zu sein, vor allem am Anfang der Arbeit. Es ist leicht, sich von der Astralprojektion abschrecken zu lassen, wenn man nicht die erwarteten Ergebnisse erhält. Denken Sie jedoch daran, dass es keine leichte Aufgabe ist, innere Hellsichtigkeit zu entwickeln. Tattva Spähen ist harte, anstrengende Arbeit, die oft Monate oder sogar Jahre dauert, bis man sie beherrscht. Aber mit Beharrlichkeit werden sich Ihre Visionen von vagen, kaum unterscheidbaren Bildern zu lebendigen, dynamischen und kraftvollen magischen Erfahrungen entwickeln.

Spirituelles Alchemie-Programm mit den Tattvas

Untere Astralebene - Erde/Muladhara:
Tag 1-Erde/Primäre Erde
Tag 2-Erde/Erde der Erde
Tag 3-Erde/Wasser der Erde
Tag 4-Erde/Luft der Erde
Tag 5-Erde/Feuer der Erde
Tag 6-Erde/Geist der Erde

Höhere Astralebene-Wasser/Swadhisthana:
Tag 7-Wasser/Primärwasser
Tag 8-Wasser/Erde des Wassers
Tag 9-Wasser/Wasser des Wassers
Tag 10-Wasser/Luft des Wassers
Tag 11-Wasser/Feuer des Wassers
Tag 12-Wasser/Geist des Wassers

Untere Mentalebene - Luft/Anahata:
Tag 13-Luft/Primärluft
Tag 14-Luft/Erde der Luft

Tag 15-Luft/Wasser der Luft
Tag 16-Luft/Luft der Luft
Tag 17-Luft/Feuer der Luft
Tag 18-Luft/Geist der Luft

Höhere Mentalebene - Feuer/Manipura:
Tag 19-Feuer/Primärfeuer
Tag 20-Feuer/Erde des Feuers
Tag 21-Feuer/Wasser des Feuers
Tag 22-Feuer/Luft des Feuers
Tag 23-Feuer/Feuer des Feuers
Tag 24-Feuer/Geist des Feuers

Spirituelle Ebene - Geist/Vishuddhi, Ajna, Sahasrara:
Tag 25-Geist/Primärgeist
Tag 26-Geist/Erde des Geistes
Tag 27-Geist/Wasser des Geistes
Tag 28-Geist/Luft des Geistes
Tag 29-Geist/Feuer des Geistes
Tag 30-Geist/Geist des Geistes

TEIL VI:
DIE WISSENSCHAFT DES YOGA (MIT AYURVEDA)

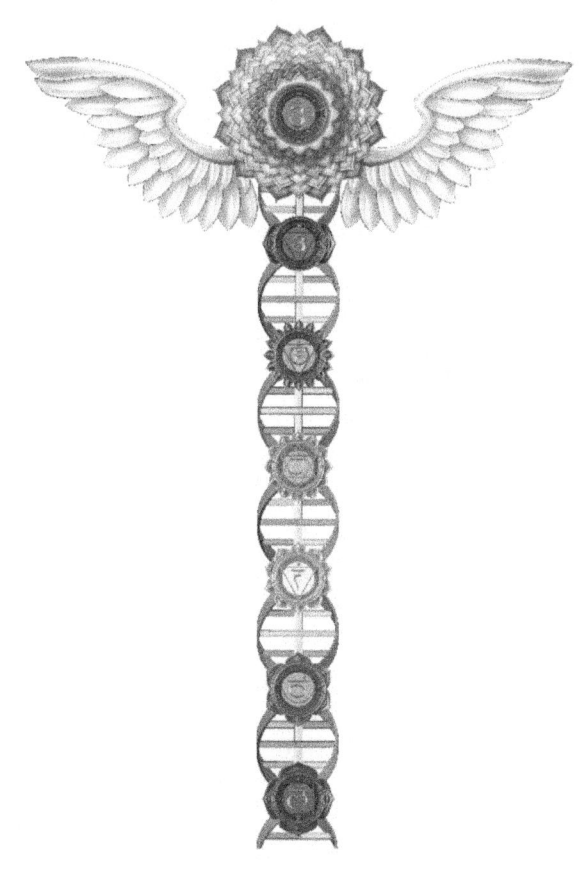

DER ZWECK DES YOGA

Yoga ist eine Gruppe von körperlichen, geistigen und spirituellen Praktiken, Disziplinen und Techniken, die ihren Ursprung im alten Indien vor etwa 5000 Jahren haben. Yoga wurde in den alten hinduistischen Texten, *dem Rig Veda* und *den Upanishaden,* erwähnt, obwohl seine tatsächliche Entwicklung erst im fünften und sechsten Jahrhundert vor Christus stattfand. *Die Yoga Sutras von Patanjali,* der einflussreichste hinduistische Text über Yoga, wird auf das zweite Jahrhundert vor Christus datiert. Im 20. Jahrhundert wurde dieser Text ins Englische übersetzt, was in der westlichen Welt ein starkes Interesse an Yoga auslöste.

Obwohl die meisten Menschen im Westen glauben, dass Yoga eine rein körperliche Übung ist, die aus Körperhaltungen (Asanas) besteht, könnte dies nicht weiter von der Wahrheit entfernt sein. Asanas sind die körperlichen Aspekte einer tiefgründigen Wissenschaft zur Entfaltung des spirituellen Potenzials des Menschen. In den alten Tagen gab es nur sehr wenig Asana-Praxis als Teil des Yoga. Seine ursprünglichen Formen waren meist transzendentaler und meditativer Natur. Im Yoga ging es früher darum, Zustände reinen Bewusstseins und reiner Glückseligkeit (Samadhi) zu erreichen und die Lasten der materiellen Realität zu überwinden. Die Asana-Praxis, die den Kern des Hatha-Yoga bildet, ist vor etwa 1000 Jahren aus dem Tantra hervorgegangen.

Das Wort "Yoga" bedeutet im Sanskrit "Vereinigung", und es bezieht sich auf die Vereinigung des individuellen Bewusstseins mit dem kosmischen Bewusstsein. Damit es eine Vereinigung zwischen den beiden geben kann, muss es jedoch zunächst eine Trennung gegeben haben. In Wirklichkeit hat es sie nie gegeben. Die Trennung ist eine Illusion, die durch den Verstand mit der Geburt und dem Wachstum des Egos entsteht. Yoga zielt darauf ab, das Ego zu transzendieren und ein selbstverwirklichter Mensch zu werden. Durch das Praktizieren eines bewährten Systems der Arbeit mit dem eigenen Energiefeld kann der Einzelne die Begrenzungen seines Verstandes überwinden und sein höchstes spirituelles Potenzial erreichen.

Nach Patanjali erfordert Yoga die Beendigung der Schwankungen des Geistes, was zur Einheit von Beobachter, Beobachtendem und Beobachtetem führt. Das ultimative Ziel des Yoga ist die Erleuchtung und die Integration des Geistes in den Körper. Um seine Praktizierenden dorthin zu bringen, zielt Yoga darauf ab, das energetische System auszugleichen und die Kundalini an der Basis der Wirbelsäule allmählich zu erwecken.

Sobald Kundalini Shakti die Wirbelsäule hinaufsteigt, um Shiva am Scheitelpunkt zu treffen, findet eine göttliche Hochzeit statt, die das individuelle Bewusstsein erweitert. Wenn die beiden gegensätzlichen männlichen und weiblichen Kräfte eins werden, wird die Seele vom Körper befreit und über das Ego erhoben. Der Mensch wird zu einem Yogi oder einer befreiten Seele, einem Gottmenschen. Er transzendiert die Dualität und die Elemente in sich selbst, die durch die unteren kosmischen Ebenen repräsentiert werden, und stimmt sein Bewusstsein auf die spirituelle Ebene ein, die nicht dual ist.

Da Yoga unsere älteste Methode ist, das energetische System auszugleichen und die Kundalini-Energie zu erwecken, habe ich beschlossen, seiner Wissenschaft ein ganzes Kapitel zu widmen. Obwohl dieser Abschnitt nur eine Einführung in Yoga ist, kann man aus den hier vorgestellten Praktiken viel gewinnen, und sie sind Teil des östlichen spirituellen Systems.

ARTEN VON YOGA

Die Praxis des Yoga ist sehr vielfältig, da es viele verschiedene Zweige gibt. Sie alle sollen letztlich zu der Erfahrung der Vereinigung mit der Gottheit führen. Nachfolgend sind die Hauptzweige des Yoga aufgeführt, obwohl es noch viele weitere gibt, die hier nicht aufgeführt sind. Einige von ihnen werden als Teil der Hauptzweige betrachtet, obwohl sie für sich genommen einzigartig sind.

Hatha-Yoga

Das Tantra entstand etwa im sechsten bis achten Jahrhundert nach Christus, und aus seiner historischen Entwicklung in der Praxis ging später der Hatha-Yoga (14. Jahrhundert) hervor. Hatha-Yoga ist die Art, die im Allgemeinen in der westlichen Gesellschaft praktiziert wird. Es gibt leichte Variationen in den Philosophien, Praktiken und der Terminologie, die es den verschiedenen Yoga-Schulen im Westen ermöglichen, sich an die einzelnen Praktizierenden anzupassen, aber alle beinhalten die Praxis von Asanas (Körperhaltungen) und Pranayama (bekannt als Atemtechniken, aber genauer gesagt für die Expansion von Prana).

Das Wort "Hatha" wird aus dem Sanskrit übersetzt und bedeutet "Sonne und Mond", wobei "ha" für die Sonnenenergie und "tha" für die Mondenergie steht. Hatha Yoga bedeutet die Harmonie oder das Gleichgewicht zwischen Sonne und Mond, Pingala und Ida Nadis, zwei entgegengesetzte und sich ergänzende Aspekte unseres Seins. Das höhere Ziel des Hatha Yoga ist die Optimierung der Gesundheit durch die Reinigung der Energiekanäle im Körper und die Maximierung der Funktion der Chakras. Es versucht, den physischen Körper zu harmonisieren, so dass er transzendiert werden kann. Hatha Yoga gibt einem auch die Kontrolle über seine inneren Zustände, so dass man ein besseres Bewusstsein und eine bessere Konzentration erlangt, um die meditativen Praktiken des

Yoga, Dharana und Dhyana genannt, zu entwickeln und zu verfeinern. Meditation ist ein wesentlicher Bestandteil aller spirituellen Praktiken, einschließlich Yoga.

Mudras und Bandhas werden ebenfalls zum Hatha Yoga gezählt. Mudras sind physische Gesten oder Körperhaltungen, die psychologische und mentale Veränderungen im eigenen Wesen hervorrufen. Bandhas sind physische Energieschlösser, die die gleiche Funktion wie Mudras erfüllen. Bandhas werden in erster Linie verwendet, um die Drei Granthis, die psychischen Knoten, die entlang der Sushumna Nadi liegen, zu durchdringen. Das ultimative Ziel des Hatha Yoga ist die Erweckung der Kundalini und das Erreichen von Samadhi. Es gibt viele Methoden und Techniken im Hatha Yoga, um dieses Ziel zu erreichen. Viele davon werden in diesem Werk vorgestellt.

Kundalini Yoga

Dieses Yogasystem konzentriert sich auf die Erweckung der chakrischen Zentren, um einen höheren Bewusstseinszustand herbeizuführen. Kundalini Yoga beinhaltet sich wiederholende Bewegungen des Körpers, die mit dem Atem synchronisiert werden, verbunden mit Gesang und Meditation. Durch die gleichzeitige Kombination mehrerer yogischer Praktiken soll der Geist beschäftigt werden. Das ultimative Ziel des Kundalini Yoga ist es, die Kundalini-Energie an der Basis der Wirbelsäule zu erwecken, die auf ihrem Weg nach oben die Hauptchakren aktiviert. Die Disziplin des Kundalini Yoga umfasst einfache Asanas, die es dem Übenden ermöglichen, sich auf seine Energie zu konzentrieren und sich seines Körpers und Geistes optimal bewusst zu sein. Kundalini Yoga umfasst spezifische Techniken aus Kriya Yoga, Hatha Yoga, Bhakti Yoga, Raja Yoga und Shakti Yoga.

Karma-Yoga

Das "Yoga des Handelns". Karma Yoga ist das System zur Erlangung des Selbstbewusstseins durch Aktivität. Seine Ideale sind altruistisch, da es den selbstlosen Dienst an anderen als Teil des eigenen größeren Selbst beinhaltet, frei von Anhaftung an Ergebnisse - der Einzelne zielt darauf ab, seine Willenskraft mit dem Willen Gottes in Einklang zu bringen. Als solche werden alle Handlungen aus einem höheren Bewusstsein heraus ausgeführt. Karma Yoga beinhaltet, dass man sich auf den gegenwärtigen Moment einlässt, was es einem ermöglicht, das Ego zu transzendieren. Es hilft dabei, den Geist ruhiger und friedlicher zu machen, indem es persönliche Emotionen überwindet. Da Karma Yoga eher eine Lebensweise ist, gab es in der Vergangenheit viele bemerkenswerte Persönlichkeiten, die Karma Yogis waren, auch wenn sie es nicht wussten. Jesus Christus, Krishna, Mahatma Gandhi, Mutter Teresa, Rumi, sind nur einige Beispiele.

Mantra-Yoga

Das "Yoga des Klangs". Klangschwingungen haben eine unglaubliche Wirkung auf den Geist, den Körper und die Seele, und sie können auch eine Veränderung in der materiellen Welt bewirken. Mantra-Yoga nutzt die Kraft des Klangs, um verschiedene Bewusstseinszustände durch den Prozess der Wiederholung bestimmter universeller

Klänge, die zu einem Mantra werden, hervorzurufen. Diese universellen Klänge müssen mit unseren Stimmbändern vibriert oder "gesungen" werden, um eine zusätzliche Wirkung zu erzielen. Mantras sind in jeder Tradition zu finden und enthalten oft die Namen und Kräfte von Göttern, Göttinnen, Geistern und anderen Gottheiten. Durch die Verwendung von Mantras wird Energie in die Aura beschworen, die sich auf das Bewusstsein auswirkt. Viele Mantras zielen darauf ab, geistige und emotionale Ruhe zu erzeugen und dadurch das Bewusstsein für die inneren Prozesse des Geistes zu schärfen. Der Name selbst, "Mantra", bedeutet "den arbeitenden Geist transzendieren". Es gibt drei Arten, Mantras zu rezitieren: Bhaikari (normale hörbare Intonation - stimmhaft), Upanshu (weiche hörbare Intonation - Flüstern) und Manasik (nicht hörbar - leise/mental). Mantra Yoga ist eine kraftvolle Methode der Selbstbeobachtung und der Ausrichtung des eigenen Bewusstseins auf die göttlichen Kräfte. Dadurch kann das ultimative Ziel des Yoga (Vereinigung mit der Gottheit) erreicht werden.

Jnana (Gyana) Yoga

Das Yoga oder Pfad der Selbsterforschung, auch bekannt als der Pfad des intuitiven Wissens. Obwohl viele Menschen denken, dass Jnana Yoga der Weg des Intellekts ist, erfolgt die Wahrnehmung vorwiegend durch die Vijnanamaya Kosha (den intuitiven Geist) und nicht durch die Manomaya Kosha (den rationalen Intellekt), die die direkte Erfahrung des Göttlichen ist und Gnosis entwickelt. Jnana Yoga zielt darauf ab, ein Bewusstsein für das eigene höhere Selbst zu entwickeln, um erhellendes Wissen über die Mysterien des Universums zu erlangen. Es wird versucht, zwischen Maya (Illusion) und der realen Welt des Geistes zu unterscheiden. Zu den Bestandteilen des Jnana Yoga gehören das Studium heiliger Texte, Introspektion, philosophische Diskussionen und Debatten. Zu den bedeutenden Jnana Yogis gehören Swami Vivekananda, Sri Yukteswar Giri (Yoganandas Guru) und Ramana Maharshi, um nur einige zu nennen. Einige der griechischen Philosophen, darunter Sokrates und Plato, waren ebenfalls Jnana Yogis.

Bhakti Yoga

Das Yoga der Hingabe. Bhakti Yoga fokussiert die Liebe zum Göttlichen durch hingebungsvolle Rituale. Beispiele für Praktiken, die zum Bhakti Yoga gehören, sind Gebet, Chanten, Tanzen, Singen, Zeremonien und Feiern. Den Emotionen wird ein Ventil gegeben, anstatt sie zu unterdrücken oder in verschiedene Richtungen zu zerstreuen. Indem die Bhakti ganz in ihrem Objekt der Hingabe aufgeht, transzendiert sie ihr Ego. Da die niederen Emotionen vermindert werden, verschwinden die mentalen Probleme. Dadurch nehmen die Konzentration und das Bewusstsein zu, was zur Selbstverwirklichung führt.

Raja Yoga

Das Yoga der Introspektion durch Meditation. Raja Yoga ist der königliche Weg, denn "raja" bedeutet König. Es umfasst die Essenz vieler anderer Yogawege, nämlich Karma, Bhakti und Jnana Yoga. Der Schwerpunkt des Raja Yoga liegt auf der inneren Analyse der

Funktionsweise des Geistes, um ihn zur Ruhe zu bringen und über ihn hinauszugehen. Es versucht, das Ego und die äußere Umgebung des physischen Körpers zu transzendieren und sich auf das innere Selbst der Seele und des Geistes einzustimmen. Es ist der Weg zur Erleuchtung.

Patanjali Yoga

Das Patanjali Yoga wird oft direkt mit dem Raja Yoga gleichgesetzt, weil es introspektiv ist. Das System von Patanjali besteht aus acht Gliedern (Sanskritbegriff "Ashtanga") oder Stufen des Yoga (Abbildung 84), die der Einzelne auf seinem Weg zur Selbstverwirklichung meistern muss. Stellen Sie sich die acht Glieder als Teile des großen Yogabaums vor, bei dem jedes Glied (jeder Zweig) mit dem Stamm verbunden ist. Jedes Glied hat Blätter, die sein Leben ausdrücken und die Techniken der Wissenschaft des Yoga darstellen.

Abbildung 84: Die Acht Glieder des Yoga

Die acht Glieder oder Schritte des Yoga sind in den *Yoga Sutras* beschrieben, die von dem Weisen Patanjali zusammengestellt wurden. Sie sind Yamas (Selbstbeschränkungen), Niyamas (Selbstbeobachtungen), Asana (Körperhaltungen), Pranayama (Atmung), Pratyahara (Zurückziehen der Sinne), Dharana (Konzentration), Dhyana (Meditation) und Samadhi (Selbstidentifikation mit dem kosmischen Bewusstsein).

Kriya Yoga

Das Sanskrit-Wort "Kriya" bedeutet "Handlung" oder "Bewegung". Kriya Yoga ist die Wissenschaft der Kontrolle des Prana im Körper. Eines seiner Ziele ist es, das menschliche Blut zu entkarbonisieren und es mit Sauerstoff aufzuladen, um das Gehirn und die Wirbelsäulenzentren zu verjüngen. Das uralte System des Kriya Yoga besteht aus vielen Stufen von Pranayama, Mantra und Mudra, die auf Techniken basieren, die die spirituelle Entwicklung beschleunigen und zur Verbindung mit dem höheren Selbst, dem Gott, führen sollen. Kriya Yoga wurde in der Welt durch Paramahamsa Yoganandas Buch *Autobiographie eines Yogi* bekannt.

Dhyana Yoga

Das Yoga der Meditation. Dhyana Yoga beinhaltet in erster Linie das siebte Glied des Yoga, das in den *Yoga Sutras von Patanjali* erwähnt wird. Es geht darum, den Geist zur Ruhe zu bringen und eine größere Fokussierung und Bewusstheit zu ermöglichen, was durch die Praxis von Asana, Pranayama, Mantra und Dharana (Konzentration) erreicht wird. Dhyana Yoga schult Sie darin, Ihren Geist von den unnötigen Dingen des Lebens fernzuhalten und sich auf das Wesentliche zu konzentrieren. Die Meditation durchbricht die Illusion und führt zur Wahrheit der Realität, die Selbsterkenntnis ermöglicht.

***

Zusammenfassend lässt sich sagen, dass viele andere Formen des Yoga an und für sich hervorragende Systeme sind, die jedoch in eine der genannten Hauptgruppen fallen. Dazu gehören Siddha Yoga, Shiva Yoga, Buddhi Yoga, Sannyasa Yoga, Maha Yoga, und andere. Da es viele verschiedene Yogastile oder -typen gibt, die sich alle leicht voneinander unterscheiden, hat der Durchschnittsmensch viele Möglichkeiten, aus denen er denjenigen auswählen kann, der am besten zu seiner psychologischen und physischen Konstitution passt. Die meisten Yoga-Arten enthalten jedoch die gleichen Elemente und Praktiken, die ich in diesem Abschnitt im Detail untersuchen werde.

DIE FÜNF KOSHAS

Laut Yoga und Ayurveda besteht das menschliche Energiesystem aus fünf subtilen Körpern oder "Hüllen", den Koshas (Abbildung 85), die unsere essentielle Natur - Atman, das universelle Selbst (Seele) - bedecken und verbergen. Die Koshas sind im Wesentlichen die Tore zur Seele. Sie sind für die verschiedenen Dimensionen und Schwingungszustände des Bewusstseins verantwortlich, an denen der Mensch teilhat. Die Koshas beziehen sich auf die fünf Elemente (Tattvas) und die sieben Hauptchakras, wobei die höchste Kosha (Anandamaya) die drei Geist-Chakras umfasst (Beachten Sie, dass Abbildung 85 ein abstraktes Schema der fünf Koshas ist, nicht ihre tatsächliche Darstellung in der Aura).

Die Koshas sind gleichbedeutend mit den subtilen Körpern der inneren kosmischen Ebenen der westlichen Mysterientradition. Anstelle von sieben gibt es im yogischen System jedoch fünf Schichten der Aura, die miteinander verbunden sind und ständig miteinander interagieren. Die Koshas strahlen nacheinander aus, beginnend mit der dichtesten, wobei jede nachfolgende Schicht subtiler ist und eine höhere Schwingung hat als die vorhergehende.

Annamaya Kosha

Die erste Schicht oder Hülle wird Annamaya Kosha genannt und bezieht sich auf den bewussten Geist und den physischen Körper. Sie ist die gröbste und dichteste Kosha und eine, mit der wir uns am meisten identifizieren. Aufgebaut durch die Nahrung, die wir zu uns nehmen, korrespondiert Annamaya Kosha mit dem ersten Chakra, Muladhara, und dem Erdelement (Prithivi Tattva). Regelmäßige Asana-Praxis und eine gesunde Ernährung können unseren physischen Körper in optimaler Verfassung halten, so dass wir ein Leben frei von Krankheiten erleben können.

Pranamaya Kosha

Die zweite Hülle ist die Pranamaya Kosha, der vitale Energiekörper, der aus Lebensenergie besteht. Die Pranamaya Kosha befasst sich, wie der Name schon sagt, mit dem Prana im Körper; daher kann sie als unser Pranakörper bezeichnet werden, der durch den Atem, die Nahrung und die universelle Lebenskraft, die uns umgibt und unsere Aura durchdringt, aufgenommen wird. Sie fließt durch das verschlungene System der Nadis im

Körper, von denen es zweiundsiebzigtausend geben soll. Pranamaya Kosha kann durch den Atem kontrolliert werden, obwohl sie eine subtilere Kraft ist als die Luft, die wir atmen. Sie bezieht sich auf das zweite Chakra, Swadhisthana, und das Wasserelement (Apas Tattva). Pranamaya Kosha verbindet Annamaya und Manomaya Koshas, da es sich sowohl auf den Körper als auch auf den Geist bezieht. Die Praxis von Pranayama hilft dabei, die Lebenskraft in Pranamaya Kosha frei fließen zu lassen und so den Körper und den Geist gesund zu halten.

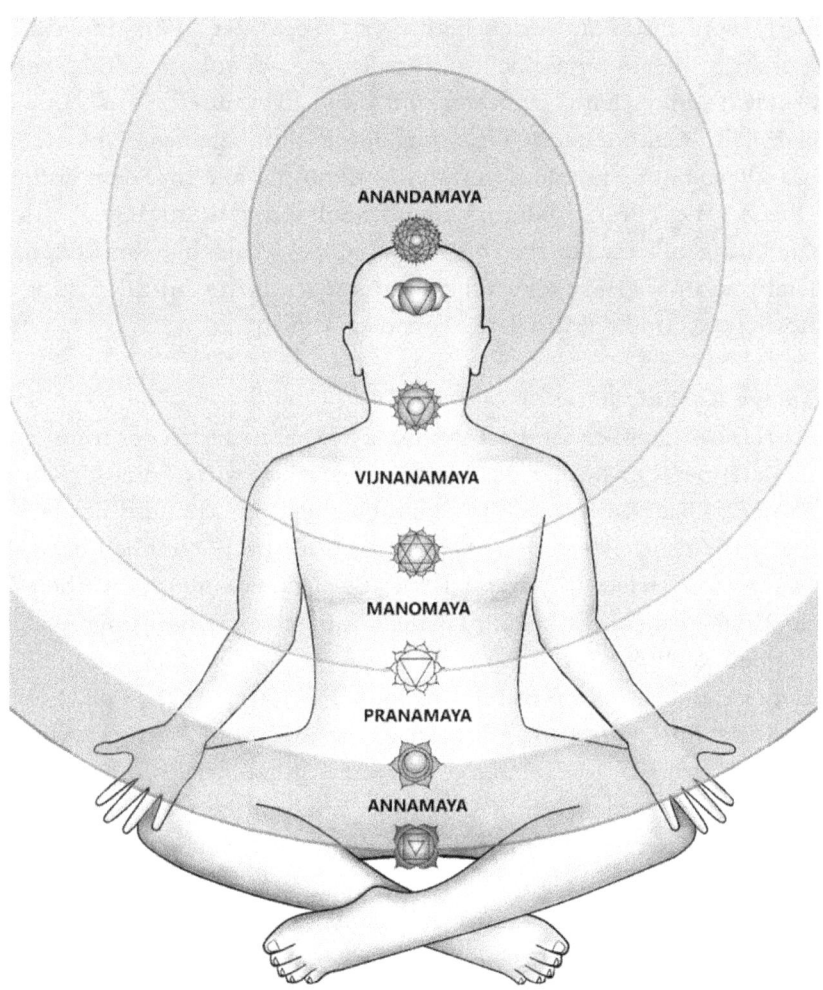

Abbildung 85: Die Fünf Koshas

Manomaya Kosha

Die dritte Hülle ist Manomaya Kosha, der mentale/emotionale Körper im yogischen System, der mit dem Unterbewusstsein verbunden ist. Manomaya Kosha beinhaltet Gedankenmuster und Gefühle und durchdringt die Vital- und Nahrungsmittelhüllen. Sie korrespondiert mit dem dritten Chakra, Manipura, und dem Feuerelement (Tejas Tattva). Sich unserer täglichen Gedanken und Emotionen bewusst zu werden und sie durch Sinnesentzug (Pratyahara) und Konzentration auf einen Punkt (Dharana) aufzulösen, kann dazu beitragen, dass unser Geist rein bleibt und nicht durch den Schmerz der Dualität belastet wird.

Vijnanamaya Kosha

Die vierte Hülle heißt Vijnanamaya Kosha und ist der psychische oder höhere Mentalkörper, der Intuition ermöglicht. Im Yoga ist Vijnanamaya Kosha der "Weisheitskörper", der persönliche Einsichten offenbart. Er verbindet das Unterbewusstsein mit dem Unbewussten und vermittelt uns inneres Wissen, einschließlich der Reaktionen des Bauchgefühls auf Lebensereignisse. Vijnanamaya Kosha steht in Verbindung mit dem vierten Chakra, Anahata, und dem Luftelement (Vayu Tattva). Durch die Praxis der Yamas (Selbstbeschränkungen) und Niyamas (Selbstbeobachtungen) und durch die Anwendung yogischer Praktiken können wir unseren Geist und unser Herz reinigen, um uns mit unserer Intuition zu verbinden, was uns ein glücklicheres und spirituelleres Leben ermöglicht.

Anandamaya Kosha

Die fünfte Hülle schließlich ist die Anandamaya Kosha, die als der transzendentale oder Glückseligkeitskörper, der Körper des Lichts, angesehen wird. Seine Erfahrung kann als ein Zustand der völligen Absorption in einen glückseligen Zustand beschrieben werden, der durch die Stille des Geistes erreicht wird. Die Süße und Schönheit des Lebens, die wir erfahren, wenn der Geist still ist, ist als Sat-Chit-Ananda (Wahrheit-Bewusstsein-Glückseligkeit in Sanskrit) bekannt, die subjektive Erfahrung der ultimativen, unveränderlichen Realität - Brahman.

Ananadamaya Kosha kann durch tägliche Meditation (Dhyana) oder durch eine vollständige Kundalini-Erweckung erfahren werden. Obwohl Anandamaya Kosha es uns ermöglicht, den überbewussten Zustand von Samadhi zu erfahren, existiert immer noch die Dualität zwischen Subjekt und Objekt. Um mit Brahman (dem All) eins zu werden, müssen wir daher die Schicht oberhalb von Ananadamaya Kosha erreichen, die namenlose göttliche Schicht.

In den Upanishaden ist Anandamaya Kosha als der Kausalkörper bekannt. Er bezieht sich auf den unbewussten Geist, ein Reservoir von Gefühlen, Gedanken, Erinnerungen und Trieben außerhalb unseres bewussten und unterbewussten Bewusstseins. Der unbewusste Geist steuert viele der automatischen Prozesse im Körper, die unser physisches Überleben sichern. Anandamaya Kosha entspricht dem Geist/Element (Akasha Tattva) und den drei höchsten Chakren Vishuddhi, Ajna und Sahasrara. Es ist der Bewusstseinszustand, in dem unser Heiliger Schutzengel, unser Höheres Selbst, residiert.

DIE SUBTILEN KÖRPER IN OST UND WEST

Die fünf Koshas des östlichen spirituellen Systems des Yoga entsprechen den subtilen Körpern der inneren kosmischen Ebenen des westlichen esoterischen Systems: dem physischen, astralen, mentalen und spirituellen Körper, wobei der astrale und mentale Körper die niederen und höheren Aspekte enthalten. Ein kleiner Unterschied zwischen den beiden Systemen erfordert jedoch unsere Aufmerksamkeit.

In der Yogawissenschaft und -philosophie richten sich die subtilen Körper nach der Abfolge der ersten fünf Hauptchakras, beginnend mit Muladhara und endend mit Vishuddhi. Wie bereits erwähnt, wird den drei Geist-Chakras eine aurische Schicht zugeordnet, so dass insgesamt fünf Koshas vorhanden sind. Im Gegensatz dazu folgt die westliche Mysterientradition, deren Grundlage der Qabalistische Lebensbaum ist, der Abfolge der Emanation des göttlichen Lichts von Ain Soph Aur (grenzenloses Licht) in Bezug auf die fünf Elemente. In der Qabalah manifestiert sich das göttliche Licht als Geist, Feuer, Luft, Wasser, Erde, wobei jedes der nachfolgenden Elemente eine geringere spirituelle Qualität aufweist als das vorhergehende.

Wie Sie sehen können, sind die beiden Systeme in diesem Punkt fast identisch, mit einer Ausnahme. Im Yoga werden die Elemente Feuer (Manomaya Kosha) und Luft (Vijnanamaya Kosha) vertauscht, da das Manipura Chakra im chakrischen System unter Anahata liegt. In der qabalistischen Philosophie ist das Feuer das erste Element, das sich aus dem Geist heraus manifestiert hat, und es hat eine höhere spirituelle Qualität als das Luftelement, unabhängig von seiner Position im chakrischen System. Die westlichen Mysterienschulen lehren, dass Willenskraft (Feuer) im Prozess der Manifestation höher ist als Gedanken (Luft).

Beide spirituellen Systeme liefern zwingende Argumente zu diesem Thema. Das westliche System argumentiert, dass unser Wort, das uns mit dem Schöpfer verbindet, durch Willenskraft bewegt wird. Sein Ausdrucksmedium ist der Verstand (Gedanken), aber sein Antrieb ist eine Kraft, die von der Seele tief im Inneren ausgeht. Die Seele ist ein Feuer, und ihr Ursprung ist unsere Sonne (Sol).

Die Theosophen, die der westlichen Mysterientradition angehören, bezeichnen die Seelenebene als die buddhische Ebene, die sie zwischen der mentalen und der spirituellen Ebene ansiedeln. Sie schreiben ihr das Element Feuer zu. Die Theosophen wurden stark von der Hermetik und ihrem Zweig der Alchemie beeinflusst, wobei letztere durch die Werke von Platon und Aristoteles beeinflusst wurde. Daher übernehmen die Theosophen das östliche chakrische System, modifizierten es jedoch entsprechend ihrer psychischen Erfahrungen auf den subtilen Ebenen. Ihrer Ansicht nach definiert die spirituelle Alchemie das Feuerelement eindeutig als höher in seiner spirituellen Qualität als das Luftelement.

Obwohl die Luft subtiler ist als das Feuer, da sie wie der Geist unsichtbar ist, glauben die Hermetiker, dass das Luftelement zwischen dem Feuer- und dem Wasserelement schwingt, da beide an ihm teilhaben und es für ihren Unterhalt benötigen. Entsprechend seiner Platzierung im chakrischen System geht das Luftelement vom Geist aus. Dennoch würde seine Positionierung im Ausdruck der subtilen Energie in unserer Aura zwischen der höheren Mentalebene (Feuer) und der höheren Astralebene (Wasser) liegen. Aus diesem Grund wird das Luftelement eher vom Ego benutzt, während die Seele das Feuerelement benutzt, um sich auszudrücken.

Das Ego benutzt auch das Feuerelement, aber es filtert durch den Verstand und nimmt an der Dualität teil. Das Feuerelement reicht jedoch in die Nicht-Dualität des Geistes hinein, da es alle Gegensätze in sich selbst versöhnt, so wie die Verbrennung, das Feuer in seinem physischen Zustand, alle Dinge verzehrt. Aus diesem Grund ist das Feuer das Element des Handelns, da es den Geist umgeht und sich ausschließlich mit der Anwendung von Willenskraft beschäftigt.

Willenskraft erfordert jedoch Vorstellungskraft, die in der Qabalah mit der Tiphareth-Sephira verbunden ist, die sich zwischen dem Herz- und dem Solarplexuszentrum befindet und dem Luftelement entspricht. Sie sehen also, dass nach der qabalistischen Philosophie sowohl die Emotionen (Wasser) als auch die Willenskraft (Feuer) Luft (Gedanken) benötigen, um sich zu manifestieren. Sie haben beide Anteil daran, weshalb im Modell der kosmischen Ebenen ihre energetische Hülle oder ihr feinstofflicher Körper zwischen den beiden liegt und nicht über ihnen.

Ein weiteres Argument für die qabalistische Philosophie ist, dass nach ihrem Vier-Welten-Modell (YHVH) das Feuerelement Atziluth ist, die höchste der Welten. Diese Welt bezieht sich auf die Archetypen als die höchste Ebene unterhalb des Geistes, während das Luftelement die dritte Welt (Yetzirah) ist, die sich auf die visuellen Bilder bezieht, die unser Verstand formt. Den Qabalisten zufolge ist Atziluth (Feuer) formlos, während Yetzirah (Luft) eine Form hat.

Das Feuerelement ist für das abstrakte Denken zuständig, während das Luftelement für das logische oder rationale Denken verantwortlich ist. Abstrakte Gedanken weisen eine höhere Intelligenz auf als logische Gedanken. Das Ego beispielsweise nutzt Logik und Vernunft, um mit der Welt um sich herum in Beziehung zu treten, wobei sein Hauptantrieb das Überleben und die Angst vor dem Tod ist. Die Seele hingegen bedient sich des abstrakten Denkens sowie dessen, was wir Intuition nennen, d. h. einer inneren Erkenntnis der Wahrheit in der Realität. Wir wissen nicht, wie oder warum wir wissen, was wir wissen, aber wir sind uns sicher, dass wir es wissen.

Abstraktes Denken und Intuition werden durch bedingungslose Liebe motiviert, die ein Ausdruck des Feuerelements ist, das auf das Wasserelement wirkt. Wenn wir also Liebe in unserem Herzen erfahren, wird sie von einer Wärme begleitet. Und den meisten Weltreligionen und Philosophien zufolge ist die höchste Vorstellung von Gott, dem Schöpfer, für die Menschheit bedingungslose Liebe. Daher ist das höchste der vier unteren Elemente, das Gott am nächsten steht, das Feuerelement und nicht das Luftelement.

Obwohl ich in erster Linie ein Qabalist und in zweiter Linie ein Yogi bin, sind meine Gedanken natürlich mit der westlichen Mysterientradition verbunden, ebenso wie meine Überzeugungen. Zeremonielle Magie, die spirituelle Praxis der westlichen Mysterien, hat mir viele Jahre lang direkte Erfahrungen mit den Elementarenergien ermöglicht, und ich habe die Genauigkeit des Qabalistischen Systems aus erster Hand erfahren. Ebenso haben mir meine Erfahrungen mit der henochischen Magie, insbesondere mit der Operation der Dreißig Aethyrs, die systematisch in die Auraschichten eindringt, gnostische Einsichten vermittelt, die die Behauptungen der westlichen Tradition über die Elemente im Hinblick auf den spirituellen Fortschritt bestätigen und unterstützen.

Unabhängig davon muss ich dem Yogi, der das östliche spirituelle System seit mehr als 20 Jahren praktiziert, Respekt zollen, denn er mag die gleiche Gewissheit bezüglich seiner Gültigkeit haben. Die Emanation der östlichen Tattvas folgt zum Beispiel der Abfolge Erde, Wasser, Feuer, Luft, Geist. Und in den Erklärungen zu den Tattvas und dazu, wie sie sich jeweils manifestiert haben, wird deutlich, dass das Luftelement ätherischer und daher weniger dicht ist als das Feuerelement. Es ist für die Sinne unsichtbar, während das Feuer als Verbrennung oder Flamme sichtbar ist. Auch kann man die Reihenfolge der Manifestation der Chakras, ihre Entsprechungen und ihre Position im Körper nicht negieren. Ich erkenne also an, dass es für westliche und östliche Systeme Argumente zu diesem Thema gibt.

Kommt der feinstoffliche Körper, der mit dem Feuerelement verbunden ist, vor dem feinstofflichen Körper, der mit dem Luftelement verbunden ist, oder danach? Wir können dieses Thema bis zum Überdruss debattieren und werden nicht weiterkommen, weil sowohl das östliche als auch das westliche System gültige Behauptungen aus ihren jeweiligen Blickwinkeln aufstellen. Aber da *Serpent Rising* mein geistiges Kind ist und ich nur über die Dinge sprechen kann, die ich erfahren habe, um genau zu sein, wird seine Philosophie bezüglich der Emanation und der Abfolge der kosmischen Ebenen mit dem qabalistischen System übereinstimmen, bis ich vom Gegenteil überzeugt bin.

ASANA

Nach den *Yoga Sutras von Patanjali wird* Asana als "die Stellung, die stabil und bequem ist" definiert. Im Sanskrit bedeutet das Wort "Asana" "sich hinsetzen", eine Sitzhaltung oder einen Meditationssitz. Seine wörtlichste Bedeutung ist "Haltung", sei es eine sitzende oder stehende Haltung. Aus diesem Grund werden Asanas im Englischen als "Yoga-Posen" oder "Yoga-Stellungen" bezeichnet.

Asana zielt darauf ab, die Fähigkeit zu entwickeln, über einen längeren Zeitraum hinweg bequem in einer Position zu sitzen oder zu stehen. Der Zweck von Asana ist es, alle Ebenen des eigenen Seins, einschließlich der physischen, mentalen, emotionalen und spirituellen, zu beeinflussen, zu integrieren und zu harmonisieren. Auch wenn es zunächst den Anschein haben mag, dass Asanas sich hauptsächlich auf den physischen Körper beziehen, haben sie tiefgreifende Auswirkungen auf alle Ebenen des Seins, wenn man sich während des Prozesses in Achtsamkeit übt.

Asana ist eines der acht Glieder des Yoga. Auf einer subtilen Ebene dienen Asanas dazu, Energiekanäle und psychische Zentren zu öffnen. Ihre Anwendung erleichtert den freien Fluss von Prana durch die Nadis der subtilen Körper, wodurch die Chakras und die Kundalini-Energie stimuliert werden. So tragen Asanas erheblich zur spirituellen Entwicklung eines Menschen bei. Eines der unmittelbarsten Ergebnisse ist die Verbesserung der Flexibilität und der Kraft sowie der Abbau von Stress und den damit verbundenen mentalen und emotionalen Zuständen.

Indem man Kontrolle über den Körper entwickelt, gewinnt man auch Kontrolle über den Geist - wie oben, so unten. So integriert und harmonisiert die Praxis der Asanas den physischen Körper und den Geist. Sie löst Spannungen oder Knoten in beiden. Geistige Spannungen werden gelöst, indem sie auf der physischen Ebene durch das Halten der Körperhaltungen bearbeitet werden. Auch körperliche Verspannungen, wie z. B. Muskelknoten, werden gelöst, wodurch die Gesundheit des Körpers wiederhergestellt wird. Nach nur einer Yoga-Asana-Sitzung hat der Übende mehr Vitalität, Kraft und Stärke, während der Geist freudiger, kreativer und inspirierter ist.

In der *Hatha Yoga Pradipika aus dem* 15. Jahrhundert, dem zentralen Text des Hatha Yoga, werden 84 Asanas aufgeführt, die sowohl spirituelle als auch körperliche Vorteile bieten. Wegen ihrer Kraft als Werkzeug zur Entwicklung eines höheren Bewusstseins wird die Asana-Praxis als erstes in die Hatha-Yoga-Praxis eingeführt, gefolgt von Pranayama und dann Mudras usw. Während der Asanapraxis sollte der Einzelne immer durch die

Nase atmen, es sei denn, er erhält spezielle Anweisungen, etwas anderes zu tun. Die Atmung sollte immer mit der Asana-Praxis koordiniert werden.

Es ist erwiesen, dass das Praktizieren von Yogastellungen (Asanas) die Wohlfühlchemikalien im Gehirn, wie Serotonin, Dopamin und Endorphine, erhöht. Der Abbau des Stresshormons Cortisol führt zu geistiger Entspannung und steigert die Aufmerksamkeit und Konzentration. Durch die Kombination von körperlicher Bewegung und Meditation wird der Stoffwechsel des Körpers ins Gleichgewicht gebracht. Die Praxis der Asanas stärkt und strafft die Muskeln, was dazu führt, dass man sich nicht nur innerlich gut fühlt, sondern auch äußerlich gut aussieht.

DIE DREI MEDITATIONS-ASANAS

Der Zweck der Meditations-Asanas ist es, dem Einzelnen zu ermöglichen, über einen längeren Zeitraum ohne Bewegung des Körpers oder Unbehagen zu sitzen. Sobald der physische Körper durch die Anwendung einer Meditations-Asana und die Konzentration des Geistes auf einen Punkt umgangen wird, kann man einen tieferen Bewusstseinszustand erfahren.

Wenn Sie eine Meditations-Asana einnehmen, sollte Ihre Wirbelsäule gerade sein, damit das Prana optimal durch die Nadis und Chakras zirkulieren kann. Da man in tiefer Meditation leicht die Kontrolle über die Muskeln verlieren kann, ist es am besten, wenn die Beine auf irgendeine Weise ruhig gestellt werden, während der Oberkörper den Boden berührt.

Sukhasana, Siddhasana und Padmasana (Abbildung 86) werden am häufigsten praktiziert, wenn man in eine tiefe Meditation eintreten möchte. Diese Haltungen sind die sitzenden, im Schneidersitz ausgeführten Asanas, in denen die alten Götter des Ostens üblicherweise dargestellt werden. Im Folgenden wird die Funktionsweise jeder dieser Meditations-Asanas beschrieben.

Die von den Yogis als Shavasana (Abbildung 94) bezeichnete Leichenstellung wird für die Meditation nicht empfohlen, da man dazu neigt, in den Schlaf abzudriften. Sukhasana, Siddhasana und Padmasana erfüllen alle Anforderungen der Meditation und machen den Menschen wach und konzentriert auf die bevorstehende Aufgabe. Diese drei Meditations-Asanas ermöglichen auch den Kontakt der unteren Wirbelsäule mit dem Boden, wodurch eine gute Erdung der inneren Energien erreicht wird. Auf diese Weise kann das Geplapper des Geistes überwunden werden.

Wenn der Praktizierende volle drei Stunden in einer Meditations-Asana sitzen kann, ohne dass der Körper ruckelt oder zittert, hat er die Meisterschaft darüber erlangt. Erst dann können sie die höheren Stufen von Pranayama und Dhyana praktizieren. Wenn man in der Meditationspraxis vorankommen will, ist es unerlässlich, eine gleichmäßige Meditations-Asana zu erlangen. Das Geschwätz des Egos muss überwunden und der Geist beruhigt werden, wenn der Einzelne seine innere Glückseligkeit finden will.

Die Beherrschung einer Meditations-Asana ist nur ein Teil des Prozesses, um in tiefe Meditation zu gelangen. Der andere Teil des Prozesses besteht darin, die Augen geschlossen zu halten und sich auf den Raum zwischen den Augenbrauen zu konzentrieren, wodurch das Geistige Auge aktiviert wird. Das Geistige Auge ist das Tor oder der Eingangspunkt zu Sahasrara, das den höheren Bewusstseinszustand darstellt. Sahasrara ist in der Tat unser Kontaktpunkt mit dem kosmischen Bewußtsein.

Bevor man mit einer Meditations-Asana beginnt, ist es hilfreich, einige grundlegende Dehnübungen zu machen. Auf diese Weise können Muskelkrämpfe und Gelenkschmerzen vermieden werden, die von der bevorstehenden Aufgabe ablenken können. Außerdem ist es hilfreich, nicht mit vollem Magen zu meditieren, da die inneren Energien bei der Synthese der Nahrung zu stark in Bewegung geraten können.

Abbildung 86: Die Drei Meditations-Asanas

Sukhasana

Dies ist die Standardstellung im Schneidersitz. Sie wird "Easy Pose" genannt, weil jeder sie mühelos ausführen kann. Der Rücken soll gerade und die Schultern entspannt sein. Die Hände werden auf die Knie gelegt, wobei sich Zeigefinger und Daumen entweder in Jnana oder Chin Mudra berühren (Wie man Jnana und Chin Mudras ausführt, steht im Kapitel "Mudra: Hasta (Hand-Mudras)"). Während der Meditation sollten die Augen geschlossen sein, und man sollte sich auf den Punkt zwischen den Augenbrauen konzentrieren, wo sich das Auge des Geistes befindet.

Obwohl diese Haltung als die einfachste der Meditations-Asanas gilt, kann sie, wenn sie nicht korrekt ausgeführt wird, zu Rückenschmerzen führen. Es ist unbedingt erforderlich, dass die Knie nahe am oder auf dem Boden gehalten werden und die Wirbelsäule gerade ist. Es ist üblich, dass die Praktizierenden ein Kissen zur Unterstützung unter ihr Gesäß legen.

Beachten Sie, dass es gut ist, Ihre Meditationen mit Sukhasana zu beginnen, es aber nicht zu Ihrem Endziel zu machen. Stattdessen wäre es am besten, wenn Sie in der Lage wären, Siddhasana und sogar Padmasana zu erreichen, da diese mehr Unterstützung für Ihren Körper bieten und optimal für Langzeitmeditationen sind.

Siddhasana

Siddhasana ist die fortgeschrittenere Sitzhaltung im Schneidersitz und wird auch "Vollendete Haltung" genannt. In Siddhasana ziehen Sie Ihre Füße in die Oberschenkel (zwischen Oberschenkel und Waden), so dass sich Ihre Genitalien zwischen Ihren beiden Fersen befinden. Die Füße stehen nebeneinander, so dass die Knie weit auseinander sind. Der Rücken ist gerade, und die Hände liegen auf den Knien, entweder in Jnana oder Chin Mudra. Diese Pose wird "Vollendet" genannt, weil sie fortgeschrittener ist als Sukhasana und vom Übenden mehr Flexibilität verlangt, damit die Hüften offen sind.

Siddhasana leitet die Energie aus den unteren Chakras durch die Wirbelsäule nach oben, wodurch das Gehirn stimuliert und das gesamte Nervensystem beruhigt wird. Wenn der untere Fuß gegen das Perineum gedrückt wird, wird das Muladhara Chakra aktiviert, was Mula Bandha ermöglicht. Außerdem wird durch den Druck auf das Schambein der Auslösepunkt für Swadhisthana gedrückt, was automatisch Vajroli Mudra auslöst. Diese beiden psycho-muskulären Schlösser leiten die sexuellen Nervenimpulse die Wirbelsäule hinauf und ins Gehirn. Sie geben dem Praktizierenden die Kontrolle über seine Fortpflanzungshormone, was ihm erlaubt, sexuelle Kontinenz oder Enthaltsamkeit zu praktizieren (Für eine Beschreibung von Mula Bandha und Vajroli Mudra siehe "Mudra: Bandha (Lock Mudras)" und "Mudra: Adhara (Perineale Mudras)").

Padmasana

Die am weitesten fortgeschrittene Meditationshaltung im Schneidersitz, Padmasana, wird gemeinhin als "Lotussitz" bezeichnet. Obwohl Sie den Begriff "Lotus-Pose" in Meditationskreisen häufig gehört haben, ist Padmasana die einzige korrekte Lotus-Pose, während die beiden anderen weniger fortgeschrittene Variationen davon sind. In

Padmasana sitzen Sie mit den Füßen auf den Oberschenkeln, dicht an den Hüften angezogen. Es ist die Haltung mit geschlossenen Knien, die nur dann erfolgreich ausgeführt werden kann, wenn die Hüften offener sind als bei den anderen beiden Meditationsasanas oder -haltungen. Man sollte Padmasana erst versuchen, wenn die Knie ausreichend flexibel sind.

Padmasana ermöglicht es, den Körper über einen längeren Zeitraum hinweg völlig ruhig zu halten. Sobald der Körper stabilisiert ist, kann der Geist ruhig werden. Padmasana lenkt den Fluss des Prana von Muladhara zu den Sahasrara Chakras und steigert so die Erfahrung der Meditation. Die Ausübung von Druck auf die untere Wirbelsäule in dieser Haltung hat auch eine entspannende Wirkung auf das Nervensystem. Der Blutdruck wird gesenkt, die Muskelspannung nimmt ab, und der Atem wird langsam und gleichmäßig.

HATHA YOGA VS. VINYASA YOGA

Hatha-Yoga ist ein Oberbegriff für viele der im Westen am häufigsten gelehrten Formen der Asana-Praxis. Hatha-Yoga legt den Schwerpunkt auf eine kontrollierte Atmung und Körperhaltung, die die Kernkraft stärkt und gleichzeitig die psychologischen Vorteile bietet, die mit der Praxis der Asanas verbunden sind. Im Hatha-Yoga bewegen Sie Ihren Körper langsam und bewusst von einer Haltung zur nächsten, während Sie sich auf Achtsamkeit und Entspannung konzentrieren.

Vinyasa ist eine Yogarichtung, bei der Sie fließend von einer Pose in die nächste übergehen. In einer Vinyasa-Yoga-Sitzung gibt es einen Fluss, bei dem die Übergänge mit der Atmung koordiniert sind, so dass Sie das Gefühl haben, dass sich Ihr Atem mit Ihrem Körper bewegt. Schnelle Vinyasa-Sitzungen sind eine körperliche Herausforderung. Sie bieten ein Cardio-Workout, das Sie mehr ins Schwitzen bringt und körperlich anspruchsvoller ist als Hatha-Yoga-Sitzungen.

Hatha und Vinyasa sind zwei verschiedene Stile oder Ansätze für die Asana-Praxis, die dieselben Posen beinhalten und auf ihre eigene Weise vorteilhaft sind. Während Hatha ein eher statischer Ansatz ist, ist Vinyasa dynamisch. Da sich Vinyasa in einem schnelleren Tempo von einer Haltung zur nächsten bewegt, erfordert es eine stärkere Atemkontrolle als Hatha Yoga. Umgekehrt bietet Hatha Yoga mehr Raum für Dehnung und Meditation, da die Haltungen länger gehalten werden.

Während Hatha-Yoga besser zum Stressabbau geeignet ist, bietet Vinyasa ein besseres Kraft- und Kardio-Training. Sie können beide Ansätze auf Ihre Asana-Praxis anwenden, um unterschiedliche Ergebnisse zu erzielen. Um optimale Ergebnisse zu erzielen, ist es jedoch am besten, Ihre spezifische geistige und körperliche Konstitution (Dosha) zu bestimmen, um zu wissen, welcher Stil für Sie am besten geeignet ist. Richtlinien für yogische Praktiken, einschließlich Asanas, und zur Bestimmung, welches der drei Doshas in Ihrem Leben vorherrscht, finden Sie im Kapitel über Ayurveda im letzten Teil dieses Abschnitts.

VORBEREITUNG AUF DIE ASANA-PRAXIS

Bevor Sie mit Ihrer Asana-Praxis beginnen, sollten Sie eine bestimmte Tageszeit für die Ausführung vorsehen. Morgengrauen und Abenddämmerung sind zum Beispiel traditionell die besten Tageszeiten, um Yoga zu praktizieren, weil unser Körper und Geist dann auf natürliche Weise mit der Energie der Sonne verbunden sind. Wenn es Ihnen jedoch nicht möglich ist, zu dieser Zeit zu üben, dann suchen Sie sich eine andere Tageszeit und halten Sie sich bei der Planung Ihrer Yogasitzungen während der Woche daran.

Wenn Sie sich entscheiden, morgens Yoga zu praktizieren, um Ihren Körper und Geist auf den Tag vorzubereiten, sollten Sie bedenken, dass Ihre Muskeln und Knochen steifer sind als später am Tag. Seien Sie daher vorsichtig, wenn Sie die Haltungen einnehmen, und überanstrengen Sie sich nicht. Umgekehrt können Sie sich bei einer abendlichen Übung entspannen, nachdem Sie Ihre täglichen Verpflichtungen erfüllt haben. Außerdem ist Ihr Körper abends flexibler und Sie können mit weniger Widerstand tiefer in die Haltungen gehen.

Suchen Sie sich einen Ort, an dem Sie für die Dauer Ihrer Asana-Praxis ungestört sind. Dies sollte ein Bereich mit einer ebenen, flachen Oberfläche sein. Achten Sie darauf, dass Sie genügend Bewegungsfreiheit haben, da viele Haltungen erfordern, dass Sie Ihre Arme und Beine frei ausstrecken. Es ist am besten, Asanas in einer offenen Umgebung zu üben, um die Ablenkung durch Gegenstände in der Nähe zu vermeiden.

Wenn Sie, wie die meisten Menschen, in Innenräumen üben, achten Sie darauf, dass der Raum gut belüftet ist und eine angenehme Raumtemperatur hat. Denken Sie daran, dass sich Ihr Körper im Allgemeinen aufheizt. Achten Sie also darauf, dass es nicht zieht oder der Raum zu kalt ist, denn kalte Luft wirkt sich auf Ihre Muskeln und Gelenke aus und macht sie steif. Aus diesem Grund werden Yogakurse in der Regel in warmen Räumen abgehalten, aber niemals in kalten Räumen.

Frische Luft ist ein zusätzlicher Vorteil für die Atmung bei der Ausführung der Asanas. Schließlich ist die Atmung einer der Schlüssel zu einer erfolgreichen Yogapraxis. Wenn Sie Räucherstäbchen verbrennen oder ätherische Öle zerstäuben, um den Geist zu erheben und einen meditativen Zustand zu erreichen, achten Sie darauf, dass Sie es nicht so übertreiben, dass es die Luftqualität und Ihre Atmung beeinträchtigt. Obwohl ätherische Öle und Räucherstäbchen seit Jahren fester Bestandteil vieler Yogastunden sind, meiden manche Praktizierende sie, da der Duft ablenken kann.

Das Gleiche gilt für das Abspielen von Musik während Ihrer Yogastunden. Entspannende, beruhigende Musik im Hintergrund kann Ihnen helfen, in die richtige Stimmung zu kommen, aber sie kann auch ablenken. Wenn Sie sich dafür entscheiden, Musik zu spielen, achten Sie darauf, dass sie nicht zu laut ist, denn Sie sollten sich während der Praxis auf Ihr Inneres konzentrieren.

Wie bei allen energieaufrufenden oder -manipulierenden Praktiken, einschließlich der spirituellen Heilmethoden in diesem Buch, sollten Sie Yoga nicht auf vollen Magen praktizieren. Mit anderen Worten: Lassen Sie sich mindestens eine Stunde nach einem Snack oder zwei bis drei Stunden nach einer schweren Mahlzeit Zeit, bevor Sie mit Ihrer Yogapraxis beginnen. Nach der Praxis ist es ratsam, einen Eiweißshake zu trinken oder eine vollständige, ausgewogene Mahlzeit zu sich zu nehmen, damit die Muskeln mit der Regeneration beginnen können. Sie können auch einen Mahlzeitenersatz-Smoothie trinken, um Ihren Körper mit nahrhaften Elementen zu versorgen.

Stellen Sie sicher, dass Sie eine Wasserflasche zur Hand haben, um eine Dehydrierung zu vermeiden. Es ist ratsam, während der Asanapraxis kein Wasser zu trinken, um die Konzentration nicht zu verlieren, aber wenn Sie Durst verspüren, können Sie das tun. Schließlich kann Dehydrierung die Konzentration stärker beeinträchtigen als ein paar Schlucke Wasser. Am besten ist es jedoch, vor und nach der Yogastunde Wasser zu trinken.

Sie sollten lockere, bequeme und leichte Kleidung aus Naturfasern wie Baumwolle tragen. Ihre Kleidung sollte Ihre Bewegungen nicht einschränken. Legen Sie Schmuck und Ornamente ab und ziehen Sie Schuhe und Socken aus, da Yoga mit bloßen Füßen praktiziert wird. Bitte schalten Sie auch Ihr Telefon aus und legen Sie es weg, um Ablenkungen zu vermeiden.

Besorgen Sie sich eine Yogamatte, die gepolstert ist und eine rutschfeste Oberfläche hat. Ihre Yogamatte wird zu einem einzigartigen rituellen Gegenstand, der Ihre Energie birgt, also achten Sie darauf, dass Sie sie nicht mit anderen teilen. Besorgen Sie sich ein Kissen und halten Sie es bereit, falls Sie es während der Meditations-Asanas als zusätzliche Stütze benötigen. Meditations-Asanas sind die Voraussetzung für die meisten anderen yogischen Praktiken wie Pranayama, Mudra, Mantra und Meditation.

Obwohl die obigen Vorbereitungsrichtlinien für die Asana-Praxis gelten, sind sie auch auf andere Yogapraktiken anwendbar. Für eine vollständige Sitzung, die die optimalsten spirituellen Ergebnisse liefert, sollten Sie Ihre Yogapraxis so strukturieren, dass sie eine Kombination aus Asanas, Pranayamas, Mudras, Mantras und Meditation umfasst.

TIPPS FÜR IHRE ASANA-PRAXIS

Bevor Sie mit Ihrer Asana-Praxis beginnen, sollten Sie ein grundlegendes Aufwärmtraining durchführen, um den Körper auf die körperliche Aktivität vorzubereiten und das Verletzungsrisiko zu vermeiden. Beginnen Sie damit, Ihre Gelenke einige Minuten lang kreisförmig zu rollen, im und gegen den Uhrzeigersinn, um Ihren Körper aufzuwecken und natürliche Geschmeidigkeit für eine bessere Beweglichkeit zu erreichen. Sie können Kopf-, Handgelenk-, Knöchel- und Schulterrollen auf dem Boden ausführen, während Sie auf Ihrer Matte sitzen. Stehen Sie dann auf Ihrer Matte auf und gehen Sie zu den Arm-, Bein- und unteren Rückenrollen über.

Als Nächstes sollten Sie noch ein paar Minuten lang einige grundlegende Dehnübungen machen, um sicherzustellen, dass Sie sich beim Üben keinen Muskel ziehen. Beginnen

Sie damit, Ihren Rücken im Stehen zu dehnen. Wenn Sie sich dann wieder hinsetzen, gehen Sie zu den Dehnübungen für Schultern, Arme, Beine und Kopf über. Die gesamte Aufwärmphase sollte fünf bis sieben Minuten dauern.

Beginnen und beenden Sie jede Asana-Praxis, indem Sie in Shavasana, der Leichenstellung, liegen. Sie können zum Beispiel mit einem kürzeren Shavasana beginnen und ein längeres machen, wenn Sie Ihre Asana-Sequenz beenden. Wenn Sie mit den Asanas beginnen, achten Sie darauf, dass Sie ruhig und bewusst von einer Haltung zur nächsten übergehen. Koordinieren Sie dabei Ihren Atem so, dass Sie einatmen, wenn Sie eine Asana einnehmen, und ausatmen, wenn Sie sie wieder verlassen.

Es gibt zwar unterschiedliche Meinungen zu diesem Punkt, aber es gibt keine bestimmte Zeitspanne, in der eine Asana ausgeführt werden sollte. Man sollte sie so lange halten, wie sie angenehm ist und keine Schmerzen oder Unbehagen verursacht. Dehnen Sie sich gut und arbeiten Sie mit dem Teil des Körpers, auf den die Asana abzielt. Als Anfänger sollten Sie sich nicht überanstrengen, sondern die Dauer mit der Zeit allmählich steigern. Sie können zum Beispiel mit 20-60 Sekunden langen Intervallen beginnen und dabei tief atmen. Die durchschnittliche Dauer für optimale Ergebnisse beträgt etwa eine bis drei Minuten pro Asana.

Um Rückenverletzungen vorzubeugen, üben Sie ebenso viele Asanas, die den Rücken nach vorne beugen, wie solche, die ihn nach hinten beugen. Wenn der Rücken verspannt ist oder Schmerzen im Rücken, insbesondere im unteren Rücken, auftreten, können Sie Balasana (Kinderstellung) einnehmen, um Linderung zu bekommen. Wenn Sie sich während Ihrer Asana-Praxis müde oder schwach fühlen, legen Sie sich für kurze Zeit in Shavasana oder Balasana, um sich auszuruhen. Danach können Sie Ihre Praxis wieder aufnehmen.

Denken Sie daran, alle Asanas langsam und kontrolliert auszuführen. Sie werden in Ihrer Yogapraxis viel schneller vorankommen, wenn Sie es langsam angehen lassen und sich auf die Atmung und Achtsamkeit konzentrieren. Lernen Sie auch, jegliche Anspannung, Stress oder negative Gedanken loszulassen. Der Schlüssel zur Entfaltung der Kraft des Yoga in Ihrem Leben liegt darin, konsequent und entschlossen zu praktizieren und Geduld zu zeigen, indem Sie keine sofortigen Ergebnisse erwarten. Hören Sie auf Ihren Körper und lassen Sie sich von ihm leiten, indem Sie niemals etwas erzwingen. Und schließlich: Haben Sie Spaß und genießen Sie den Prozess. Yoga wird mehr Glück in Ihr Leben bringen, wenn Sie es zulassen.

ASANAS FÜR ANFÄNGER

Abbildung 87: Asanas für Anfänger (Teil I)

Abbildung 88: Asanas für Anfänger (Teil II)

Abbildung 89: Asanas für Anfänger (Teil III)

EINSTIEG IN FORTGESCHRITTENE ASANAS

Abbildung 90: Einstieg in Fortgeschrittene Asanas (Teil I)

Abbildung 91: Einstieg in Fortgeschrittene Asanas (Teil II)

FORTGESCHRITTENE ASANAS

Abbildung 92: Fortgeschrittene Asanas (Teil I)

Abbildung 93: Fortgeschrittene Asanas (Teil II)

PRANAYAMA

Pranayama ist ein Begriff, der für verschiedene Atemtechniken verwendet wird, die mit der Prana-Energie im Körper arbeiten. Es besteht aus zwei Wörtern: "Prana" und "Ayama". Prana ist die Lebensenergie oder Lebenskraft, die in ständiger Bewegung ist und die in jedem belebten und unbelebten Ding im Universum existiert. Obwohl es eng mit der Luft verwandt ist, die wir atmen, ist Prana subtiler als bloßer Sauerstoff, obwohl wir als Menschen es durch Atemtechniken manipulieren können.

"Ayama" bedeutet "Erweiterung" oder "Ausdehnung". Das Wort "Pranayama" kann also die "Ausdehnung oder Expansion von Prana" bezeichnen. Die Essenz oder der Zweck von Pranayama ist es, Atemmethoden zu nutzen, um den Fluss von Prana durch die verschiedenen Nadis im Lichtkörper zu beeinflussen. Wenn die Bewegung von Prana im Lichtkörper erhöht wird, wird die Funktion der Chakras optimiert.

Sowohl Yoga als auch Tantra besagen, dass die Grundlage der Existenz von den Kräften von Shiva (Bewusstsein) und Shakti (Energie) abhängt. Letztlich gibt es statt zwei nur eine Kraft, denn Shakti ist die schöpferische Kraft oder Energie von Shiva. Shakti ist auch eine direkte Anspielung auf die Kundalini-Energie, die sublimiertes Prana ist. Das ultimative Ziel des Hatha Yoga ist die Verwirklichung von Shiva oder des kosmischen Bewusstseins durch die Manipulation der eigenen Shakti. Die Erhöhung der Kundalini-Energie zum Kronenchakra ist das Ziel aller Menschen, was gleichbedeutend damit ist, dass Shakti und Shiva in einer göttlichen Vermählung an der Krone eins werden.

Pranayama wird als eines der acht Glieder des Yoga betrachtet. Im Hatha-Yoga beginnt Pranayama, sobald der Mensch seinen Körper durch die Praxis von Asana und eine moderate Ernährung reguliert hat. Essen ist ein direktes Mittel, um Prana in den Körper zu bekommen. Alle Nahrungsmittel enthalten unterschiedliche Prana-Schwingungen, und die Qualität der Nahrung, die wir zu uns nehmen, hat eine unmittelbare Wirkung auf unseren Körper und Geist.

Die Praxis von Pranayama arbeitet in erster Linie mit dem vitalen Energiekörper, auch bekannt als Pranamaya Kosha, entlang der Astralebene. Es wirkt direkt auf die fünf Prana Vayus, die wiederum die Nadis und die Chakras beeinflussen. Der Geist folgt dem Atem, während der Körper dem Geist folgt. Indem wir den Energiekörper durch den Atem kontrollieren, gewinnen wir Kontrolle über unseren Geist und unseren physischen Körper - wie oben, so unten.

Pranayama hilft, die Gehirnströme zu regulieren und den Geist und die Emotionen zu beruhigen. Durch Pranayama können wir unseren Geist beruhigen und einen meditativen Bewusstseinszustand schaffen, der uns geistige Klarheit verleiht und die Konzentration und den Fokus verbessert. Aus diesem Grund sind Atemtechniken eine Grundvoraussetzung für die meisten Rituale.

Prana-Energie versorgt alle Systeme, die unser Bewusstsein unterstützen, mit Vitalität. Indem wir den Prana-Speicher im Körper durch Atemmethoden vergrößern, wird unser Geist angehoben, und wir können höhere Schwingungszustände des Bewusstseins erreichen. Die eher physischen Ziele sind die Unterstützung bei der Genesung von Krankheiten und die Erhaltung unserer Gesundheit und unseres Wohlbefindens.

PRANAYAMA-ÜBUNGEN

Natürliche Atmung

Die natürliche Atmung ist im Wesentlichen die Wahrnehmung des Atems. Es ist die grundlegendste Pranayama-Übung, die den Übenden in seine Atemmuster und sein Atmungssystem einführt. Sich des Atemprozesses bewusst zu sein, reicht aus, um die Atemfrequenz zu verlangsamen und einen ruhigeren Rhythmus einzuleiten. Sie wirkt entspannend auf den Geist und versetzt den Übenden in einen meditativen Zustand. Natürliches Atmen kann jederzeit praktiziert werden, unabhängig davon, wo man sich befindet und was man gerade tut.

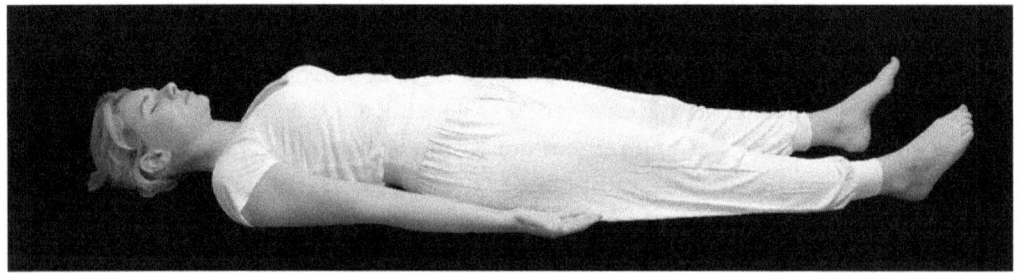

Abbildung 94: Shavasana

Um die Übung zu beginnen, setzen Sie sich in eine bequeme Meditations-Asana oder legen Sie sich in Shavasana (Abbildung 94). Schließen Sie die Augen und erlauben Sie Ihrem Körper, sich zu entspannen. Gehen Sie in Ihren Geist und werden Sie sich Ihrer natürlichen Atmung bewusst. Spüren Sie, wie der Atem durch die Nase ein- und ausströmt, während Sie den Mund die ganze Zeit geschlossen halten. Nehmen Sie wahr, ob der Atem flach oder tief ist, und prüfen Sie, ob Sie aus der Brust oder aus dem Bauch atmen. Achten Sie auf Geräusche beim Atmen und nehmen Sie die Temperatur des Atems wahr, während er ein- und ausgeht. Der Atem sollte beim Einatmen kühler und beim Ausatmen heißer sein.

Machen Sie sich bewusst, dass sich die Lunge beim Atmen ausdehnt und zusammenzieht. Nehmen Sie wahr, wie sich Ihr Atemmuster auf Ihren Körper auswirkt und ob es eine Belastung darstellt. Beobachten Sie seinen Rhythmus mit völliger Gelassenheit. Der Schlüssel zu dieser Übung ist Bewusstheit und Aufmerksamkeit. Versuchen Sie nicht, Ihren Atem in irgendeiner Weise zu kontrollieren, sondern entwickeln Sie ein vollständiges und absolutes Bewusstsein für ihn, indem Sie nach innen gehen. Führen Sie diese Übung so lange durch, wie Sie wollen. Beenden Sie sie, indem Sie Ihre Aufmerksamkeit wieder auf Ihren gesamten Körper richten und die Augen öffnen.

Bauchatmung/Zwerchfellatmung

Die Bauchatmung ist die natürlichste und effizienteste Art zu atmen. Wenn Sie sie anwenden und zu einem natürlichen Teil Ihres täglichen Lebens machen, wird sich Ihr körperliches und geistiges Wohlbefinden verbessern. Das Ziel der Bauch- oder Zwerchfellatmung ist es, das Zwerchfell stärker und den Brustkorb weniger stark zu beanspruchen.

Das Zwerchfell ist ein dünner Skelettmuskel, der sich an der Basis des Brustkorbs befindet und den Bauchraum vom Brustkorb trennt. Beim Einatmen bewegt sich das Zwerchfell nach unten, wodurch Luft in den Bauchraum gepresst wird und sich dieser dadurch ausdehnt. Bei der Ausatmung bewegt sich das Zwerchfell nach oben, wenn die Luft aus dem Bauchraum entweicht, und zieht sich dabei zusammen. Auch die Lunge bläst sich beim Ein- und Ausatmen auf natürliche Weise auf und entleert sich wieder.

Setzen Sie sich zu Beginn in eine bequeme Meditations-Asana oder legen Sie sich in Shavasana, um den Körper zu entspannen. Schließen Sie die Augen und versetzen Sie sich in einen ruhigen, meditativen Zustand. Legen Sie die rechte Hand auf den Bauch direkt über dem Nabel, während Sie die linke Hand auf die Mitte der Brust legen. Beobachten Sie Ihre natürliche Atmung, ohne zu versuchen, sie in irgendeiner Weise zu kontrollieren. Achten Sie darauf, ob Sie aus der Brust oder aus dem Bauch heraus atmen.

Übernehmen Sie nun die Kontrolle über den Atemvorgang, indem Sie tief durch die Nase einatmen und den Atem in den Bauch schicken, so dass er sich nach außen ausdehnt. Wenn Sie durch die Nase ausatmen, bewegt sich Ihr Bauch nach unten, bis die Luft aus ihm entweicht (Abbildung 95). Fühlen Sie sich, als ob Sie versuchen würden, allein durch den Nabel zu atmen.

Die gesamte Bewegung sollte in der rechten Hand stattfinden, die sich beim Einatmen nach oben und beim Ausatmen nach unten bewegt. Die linke Hand sollte unbewegt bleiben, da Sie versuchen, die Rippen nicht in den Atemvorgang einzubeziehen. Wiederholen Sie die Ein- und Ausatmung, während Sie langsam und tief atmen. Wenn Sie den Bauch ausdehnen, tun Sie dies auf bequeme Weise, ohne den Körper zu belasten.

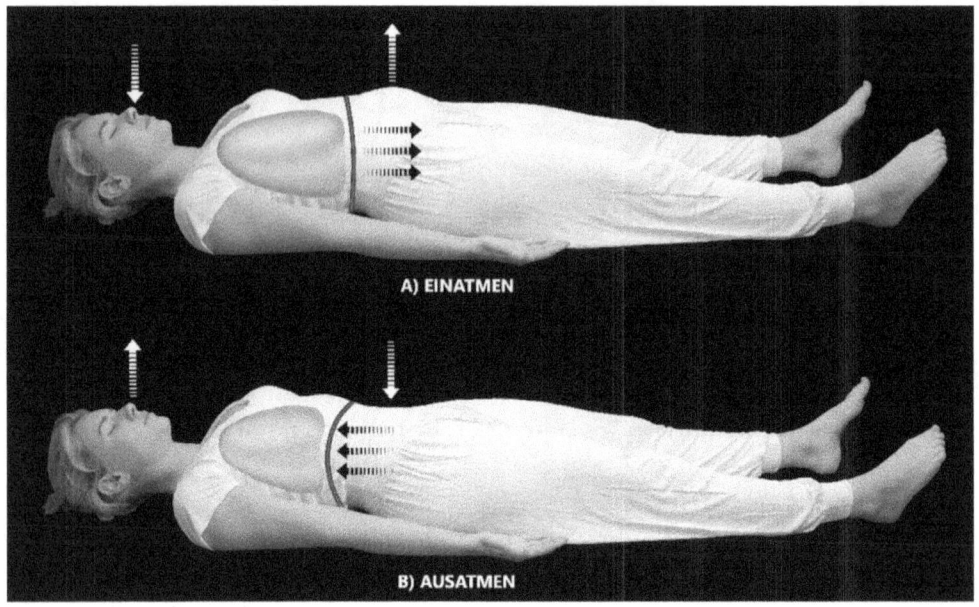

Abbildung 95: Bauch-/Zwerchfellatmung

Führen Sie diese Übung so lange durch, wie Sie wollen, mindestens aber einige Minuten. Sobald Sie bereit sind, die Übung zu beenden, bringen Sie Ihr Bewusstsein zurück zu Ihrem physischen Körper und öffnen Sie die Augen.

Beachten Sie, dass die Zwerchfellatmung die Nutzung der unteren Lungenflügel steigert, was deren Effizienz verbessert und sich positiv auf Herz, Magen, Leber und Darm auswirkt. Menschen, die durch das Zwerchfell atmen, sind weniger anfällig für Stress und Angstzustände und haben insgesamt eine bessere geistige Gesundheit. Bemühen Sie sich also, diese Art der Atmung zu einem regelmäßigen Bestandteil Ihres Lebens zu machen.

Brustkorbatmung

Bei der Brustkorbatmung werden die mittleren Lungenflügel durch Ausdehnen und Zusammenziehen des Brustkorbs beansprucht. Diese Art der Atmung verbraucht mehr Energie als die Bauchatmung, bringt aber schneller Sauerstoff in den Körper. Daher ist sie die bevorzugte Atemmethode bei körperlicher Anstrengung oder in Stresssituationen.

Viele Menschen, die zu Angstzuständen neigen, haben die Brustkorbatmung zu einem festen Bestandteil ihres Lebens gemacht. Diese Art zu atmen führt jedoch in angespannten Situationen zu noch mehr Stress, da sich die negative Energie nicht im Bauchraum neutralisiert oder "erdet". Wie bereits erwähnt, ist die Bauch- oder Zwerchfellatmung die optimalste Methode der natürlichen Atmung. Wer mit der Brustatmung beginnt, muss sich bewusst bemühen, bald darauf zur Bauchatmung zurückzukehren, um seine Lebensenergie zu bewahren und seinen Geist im Gleichgewicht zu halten.

Um die Übung zu beginnen, setzen Sie sich in eine bequeme Meditations-Asana oder legen Sie sich in Shavasana. Schließen Sie die Augen und versetzen Sie sich in einen ruhigen, entspannten Zustand. Legen Sie die rechte Hand auf den Bauch direkt über dem Nabel und die linke Hand auf die Mitte der Brust. Werden Sie sich Ihres natürlichen Atemmusters bewusst, ohne zu versuchen, es zu kontrollieren. Achten Sie darauf, welche Hand sich beim Atmen auf und ab bewegt.

Hören Sie jetzt auf, das Zwerchfell zu benutzen, und beginnen Sie mit dem Einatmen, indem Sie den Brustkorb langsam ausdehnen. Ziehen Sie die Luft in die Lunge und spüren Sie, wie sie sich aufbläht und weitet. Weiten Sie den Brustkorb so weit wie möglich und bequem. Atmen Sie nun langsam aus und ziehen Sie die Luft aus der Lunge, ohne Ihren Körper zu belasten. Ihre linke Hand sollte sich bei dieser Bewegung auf und ab bewegen, während Ihre rechte Hand unbewegt bleibt.

Wiederholen Sie die Einatmung, indem Sie den Brustkorb ausdehnen und dabei darauf achten, dass Sie das Zwerchfell in keiner Weise beanspruchen. Kontrollieren Sie den Atemvorgang, indem Sie darauf achten, dass sich nur Ihre linke Hand bewegt. Setzen Sie die Brustkorbatmung so lange fort, wie Sie wollen, mindestens aber einige Minuten. Achten Sie darauf, wie Sie sich bei dieser Atmung fühlen und welche Gedanken Ihnen durch den Kopf gehen. Sobald Sie bereit sind, die Übung zu beenden, bringen Sie Ihr Bewusstsein zurück zu Ihrem physischen Körper und öffnen Sie die Augen.

Klavikularatmung
Die Klavikularatmung folgt auf die Thoraxatmung und kann in Zeiten von erheblichem Stress oder starker körperlicher Anstrengung mit ihr kombiniert werden. Wenn jemand unter obstruktiven Atemwegen leidet, wie z. B. bei einem Asthmaanfall, neigt er dazu, auf diese Weise zu atmen. Die Schlüsselbeinatmung ermöglicht eine maximale Ausdehnung des Brustkorbs beim Einatmen, wodurch die meiste Luft in die Lunge gelangt.

Bei der Klavikularatmung werden die oberen Rippen und das Schlüsselbein mit Hilfe des Brustbeins und der Hals- und Rachenmuskeln nach oben gezogen, wodurch die oberen Lungenflügel angesprochen werden. Wir können diese Atemtechnik mit der Brust- und Bauchatmung zur Yogischen Atmung kombinieren.

Legen Sie sich in Shavasana oder sitze in einer bequemen Meditations-Asana, um die Übung zu beginnen. Der Körper sollte, wie bei allen Pranayama-Übungen, entspannt sein. Schließen Sie die Augen und versetzen Sie sich in einen meditativen Zustand, indem Sie sich Ihres natürlichen Atemmusters bewusst werden. Führen Sie als nächstes einige Minuten lang die Brustkorbatmung durch. Atmen Sie erneut in den Brustkorb ein; atmen Sie diesmal nur etwas mehr ein, bis Sie eine Ausdehnung im oberen Teil der Lunge spüren. Nehmen Sie wahr, wie sich die Schultern und das Schlüsselbein leicht nach oben bewegen. Atmen Sie langsam aus, indem Sie zuerst den Hals und den oberen Brustkorb entspannen und dann den Brustkorb in seinen ursprünglichen Zustand zurückbringen, während die Luft vollständig aus den Lungen entweicht.

Wiederholen Sie diese Übung so oft Sie wollen, mindestens aber ein paar Minuten lang. Beobachten Sie die Auswirkungen dieser Art von Atemtechnik auf Ihren Körper. Wenn Sie bereit sind, die Übung zu beenden, bringen Sie Ihr Bewusstsein zurück zu Ihrem physischen Körper und öffnen Sie Ihre Augen.

Yogisches Atmen

Die yogische Atmung kombiniert die drei vorangegangenen Atemtechniken, um die Sauerstoffaufnahme zu maximieren und die Elemente im Inneren auszugleichen. Sie ist allgemein als "dreiteilige Atmung" bekannt, weil sie den Bauch, die Brust und die Schlüsselbeinregion für eine maximale Ein- und Ausatmung einbezieht (Abbildung 96). Die Yogische Atmung kommt den lebenswichtigen Organen und Chakras zugute, die durch körperliche und emotionale Anspannung aufgrund von Stress und Angst eingeengt werden oder stagnieren können. Darüber hinaus revitalisiert diese Übung Körper, Geist und Energiesystem durch die Prana-Energie, die wir aus der uns umgebenden Luft erhalten.

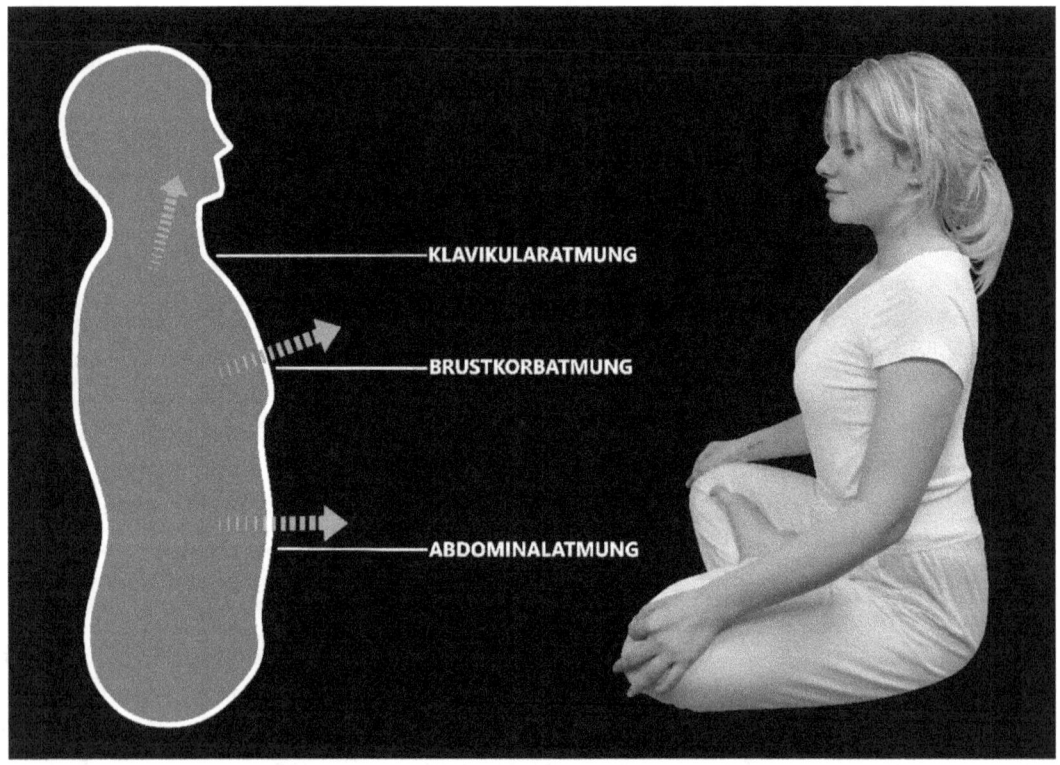

Abbildung 96: Yogische Atmung (Dreiteilige Atmung)

Yogisches Atmen löst Ängste, erfrischt die Psyche und aktiviert den Parasympathikus, um einen ruhigeren, ausgeglicheneren Bewusstseinszustand zu erreichen. Daher sollte diese Übung häufig, mindestens zehn Minuten lang, praktiziert werden, am besten auf nüchternen Magen. Die Yogische Atmung wird vor und während fortgeschrittener Pranayama-Techniken und zur Korrektur schlechter Atemgewohnheiten empfohlen.

Um die Übung zu beginnen, setzen Sie sich in eine bequeme Meditations-Asana oder legen Sie sich in Shavasana. Atmen Sie langsam und tief ein, so dass sich der Bauch vollständig ausdehnen kann. Wenn der Bauch keine Luft mehr aufnehmen kann, dehnen Sie als nächstes den Brustkorb nach außen und oben. Nachdem der untere und mittlere Teil der Lunge ihre Luftaufnahme maximiert haben, atmen Sie noch ein wenig weiter ein, so dass sich die Schlüsselbeine und Schultern leicht nach oben bewegen und die oberen Lungenflügel füllen. Die Nackenmuskeln werden etwas angespannt sein, während der Rest des Körpers entspannt bleiben sollte.

Beim Ausatmen wird die Abfolge umgekehrt: Schlüsselbeine und Schultern bewegen sich zuerst nach unten und lassen die Luft aus dem oberen Brustkorb entweichen, gefolgt von den Rippen, die sich in der Mitte des Rumpfes zusammenziehen. Schließlich wird der Atem aus dem Unterbauch freigesetzt, indem sich der Bauch zusammenzieht und nach innen zur Wirbelsäule zieht. Eine Runde der Yogischen Atmung umfasst eine vollständige Ein- und Ausatmung.

Das Ein- und Ausatmen sollte eine fließende, kontinuierliche Bewegung ohne Übergangspunkte sein, es sei denn, Sie praktizieren eine rhythmische Atmung, wie z.B. den Vierfachen Atem, bei dem Sie beim Ein- und Ausatmen eine Pause machen. Die Übung des Yogischen Atmens darf zu keinem Zeitpunkt eine Belastung für den Körper darstellen.

Nach wiederholten Zyklen der Yogischen Atmung werden Sie feststellen, dass die Bauchatmung etwa 70% der Atemluft einnimmt. Je mehr Sie die Yogische Atmung praktizieren, desto mehr werden Sie Ihre natürliche Atmung so anpassen, dass Sie Ihren Bauch am konstruktivsten nutzen und Stress abbauen. Üben Sie die Yogische Atmung so lange, wie Sie möchten. Wenn Sie bereit sind, die Übung zu beenden, bringen Sie Ihr Bewusstsein zurück zu Ihrem physischen Körper und öffnen Sie die Augen.

Beachten Sie, dass die wichtigste Voraussetzung für alle Pranayama-Übungen ist, dass die Atmung angenehm und entspannt ist. Jede Anspannung des Körpers führt zu Unruhe im Geist. Sobald das Bewusstsein und die Kontrolle über den Atmungsprozess in der Methode der Yogischen Atmung etabliert sind, wird die Klavikulartechnik aufgegeben und der Schwerpunkt auf die Bauch- und Brustkorbatmung gelegt. Durch diese Änderung wird die Yogische Atmung natürlicher und füllt den Bauch und die Lungen mit Luft, ohne den Körper zu belasten.

Sama Vritti (Vierfacher Atem)

Sama Vritti (Sanskrit für "gleichmäßiges Atmen") ist eine kraftvolle Entspannungsübung, die es dem Einzelnen ermöglicht, seinen Geist zu klären, den Körper zu entspannen und die Konzentration zu verbessern. Sie nutzt die Atmung im gleichen Verhältnis, bei der die Einatmung (Puraka), die innere Verweildauer (Antara Khumbaka), die Ausatmung (Rechaka) und die äußere Verweildauer (Bahya Khumbaka) alle gleich lang sind. Sama Vritti fördert das geistige Gleichgewicht, indem es das parasympathische Nervensystem aktiviert, Stress abbaut und das Bewusstsein erhöht.

Sama Vritti, auch bekannt als der Vierfache Atem, ist die grundlegende Atemtechnik in *The Magus*, eine Voraussetzung für die Meditation und die rituelle Arbeit der

Zeremonialen Magie. Sie beruhigt den Menschen innerhalb von Minuten und versetzt sein Bewusstsein in den Alpha-Zustand, wodurch die höheren Gehirnzentren aktiviert werden. Sie ist seit über sechzehn Jahren meine primäre Atemtechnik und eine, die ich allen Kundalini-Erweckten lehre.

Die Vierfache Atmung sollte mit der Yogischen Atmung beim Ein- und Ausatmen durchgeführt werden, um eine maximale Luftzufuhr zu erreichen. Wenn Sie während der Yogischen Atmung eine zu starke Belastung der Schlüsselbeinregion spüren, konzentrieren Sie sich auf die Zwerchfell- und Brustkorbatmung. Diese Übung kann jederzeit und überall durchgeführt werden. Sie brauchen Ihre Augen während der Übung nicht zu schließen, obwohl es hilfreich ist, wenn Sie meditieren oder sich mitten in einer Heilsitzung befinden.

Um die Übung zu beginnen, setzen Sie sich in eine bequeme Meditations-Asana oder legen Sie sich in Shavasana. Atmen Sie durch die Nase ein und zählen Sie dabei langsam bis vier. Füllen Sie zuerst Ihren Bauch mit Luft, dann Ihre Lungen. Beide sollten ihre maximale Luftzufuhr erreichen, wenn Sie den Vierer-Zähler erreicht haben. Halten Sie nun den Atem an und zählen Sie wieder langsam bis vier. Beginnen Sie dann bei vier auszuatmen und lassen Sie Brust und Bauch wieder in ihren natürlichen Zustand zurückkehren. Das Ausatmen sollte ungezwungen und gleichmäßig sein. Halten Sie nun wieder bis vier und schließen Sie damit den ersten Atemzyklus ab.

Führen Sie die Übung so lange durch, wie Sie es wünschen, mindestens aber ein paar Minuten. Die Atemzyklen sollten kontinuierlich und gleichmäßig sein, ohne Pausen oder Unterbrechungen. Wiederholen Sie die Übung im Laufe des Tages so oft wie nötig. Es ist hilfreich, den Vierfachen Atem vor jeder potenziell herausfordernden Situation durchzuführen, da er Ihren mentalen und emotionalen Zustand optimiert, so dass Sie Ihre höchste Leistungsfähigkeit erreichen können.

Anulom Vilom (Wechselndes Nasenlochatmen)

Anulom Vilom, allgemein bekannt als Wechselatmung, beinhaltet das Einatmen durch ein Nasenloch und das Ausatmen durch das andere Nasenloch. Das linke Nasenloch entspricht der lunaren Ida Nadi, während das rechte Nasenloch mit der solaren Pingala Nadi in Verbindung steht. Anulom Vilom reinigt die Ida und Pingala Nadis und schafft ein Gefühl des Wohlbefindens und der Harmonie in Geist, Körper und Seele.

Die Wechselatmung regt die Chakras und die wichtigsten Gehirnzentren an, ihre optimale Leistung zu erbringen, indem sie die männlichen und weiblichen Energien ausgleicht. Diese Pranayama-Technik verleiht dem Körper Vitalität, während sie Prana-Blockaden beseitigt und die beiden Gehirnhälften ausgleicht. Ihre regelmäßige Anwendung stimuliert die Sushumna Nadi und kann sogar ein Kundalini-Erwachen bewirken.

Anulom Vilom wird häufig bei stressbedingten Problemen, wie Kopfschmerzen oder Migräne, empfohlen. Es nährt den Körper durch die zusätzliche Zufuhr von Sauerstoff, was dem Gehirn und dem Atmungssystem zugute kommt. Außerdem reinigt es das Blut von Giftstoffen, was das Herz-Kreislauf-System unterstützt.

Abbildung 97: Wechselndes Nasenlochatmen

Um die Übung zu beginnen, wählen Sie eine der drei Meditations-Asanas. Halten Sie Ihre Wirbelsäule und Ihren Nacken gerade und schließen Sie die Augen. Machen Sie dann mit der rechten Hand das Pranava Mudra, auch Vishnu Mudra genannt, bei dem Sie Zeige- und Mittelfinger zur Handfläche hin beugen (Abbildung 97). Legen Sie dabei die andere Hand auf Ihr Knie und halten Sie entweder Jnana oder Chin Mudra.

Mit Pranava Mudra können Sie ein Nasenloch mit dem Daumen oder Ringfinger verschließen, während Sie durch das andere Nasenloch einatmen, und dann beim Ausatmen abwechseln (Beim Verschließen mit dem Ringfinger dient der kleine Finger als Stütze). Mit dieser Methode können Sie hin und her gehen, während Sie ein Nasenloch für die Einatmung und das andere für die Ausatmung ansteuern.

Anulom Vilom sollte in Kombination mit der Yogischen Atmung bei den Ein- und Ausatmungen verwendet werden. Beginnen Sie damit, langsam bis zum Zählen von vier durch das linke Nasenloch einzuatmen, während Sie das rechte Nasenloch geschlossen halten. Wechseln Sie nun und schließen Sie das linke Nasenloch, während Sie durch das rechte Nasenloch auf vier Zählzeiten ausatmen.

Kehren Sie nun den Vorgang um und atmen Sie bis vier durch das rechte Nasenloch ein, während Sie das linke Nasenloch geschlossen halten. Wechseln Sie dann und schließen Sie das rechte Nasenloch, während Sie durch das linke Nasenloch auf vier ausatmen. Die erste Runde oder der erste Zyklus ist nun abgeschlossen.

Denken Sie daran, Anulom Vilom immer mit dem linken Nasenloch einzuatmen, was das innere Selbst beruhigt und Sie in einen meditativen Zustand versetzt. Halten Sie Ihre Ein- und Ausatmungen gleichmäßig und im Rhythmus. Sie sollten keine körperliche Anstrengung spüren und zu keinem Zeitpunkt außer Atem sein.

Beginnen Sie mit der Vierer-Zählung beim Ein- und Ausatmen und gehen Sie weiter zu fünf und sechs, bis hin zu zehn. Je höher Sie auf der Zählung gehen können, während Sie das Ein- und Ausatmen gleich halten, desto mehr Kontrolle erhalten Sie über Ihren Atem. Wenn Sie Schwierigkeiten haben, bis vier zu zählen, zählen Sie stattdessen bis drei oder sogar zwei. Ich habe festgestellt, dass die besten Ergebnisse mit der Vierer-Zählung erzielt werden, daher führe ich sie immer als Grundeinstellung ein.

Achten Sie beim Ein- und Ausatmen auf das entsprechende Nasenloch und nehmen Sie die inneren emotionalen Veränderungen wahr, während sie geschehen. Wenn Sie während dieser Pranayama-Technik achtsam sind, können Sie die meiste Kraft aus ihr schöpfen.

Eine kraftvolle und wirksame Variante von Anulom Vilom ist Nadi Shodhana, die das innere Anhalten des Atems (Khumbaka) beinhaltet. Sie können das innere Khumbaka einbauen, bei dem Sie den Atem während der gleichen Zählung wie beim Ein- und Ausatmen anhalten. Sie können auch die inneren und äußeren Khumbakas einbeziehen, bei denen Sie den Atem nach dem Ein- und Ausatmen anhalten. Betrachten Sie diese zweite Methode als Samma Vritti mit dem Zusatz der Technik der Wechselatmung durch die Nasenlöcher. Auch hier schlage ich vor, mit dem Zählen von vier zu beginnen und von dort aus bis zu zehn zu gehen.

Eine weitere Variante des Anulom Vilom ist die Atmung durch jeweils ein Nasenloch, die als Mondatem und Sonnenatem bezeichnet wird. Beim Mondatem wird das rechte Nasenloch geschlossen gehalten und durch das linke Nasenloch ausgeatmet. Da er mit der Ida Nadi und dem passiven Wasserelement in Verbindung gebracht wird, kann er zur Abkühlung des Körpers, zur Senkung des Stoffwechsels und zur Beruhigung des Geistes eingesetzt werden. Der Mondatem ruft einen introvertierten Geisteszustand hervor, so dass seine Ausübung vor innerer Einkehr, tiefer Meditation und Schlaf von Vorteil ist.

Bei der Sonnenatmung wird das linke Nasenloch geschlossen gehalten, während durch das rechte Nasenloch ausgeatmet wird. Da der Sonnenatem mit der Pingala Nadi und dem aktiven Feuerelement verbunden ist, erwärmt er den Körper, erhöht den Stoffwechsel und beschleunigt die körperlichen Aktivitäten. Da er die Willenskraft stärkt, ist der Solare Atem nützlich, wenn es darum geht, Konzentration, Entschlossenheit und Tapferkeit zu erlangen. Seine Anwendung macht den Menschen extrovertiert, was bei der Arbeit und bei körperlichen Aktivitäten hilfreich ist.

Bhastrika Pranayama (Blasebalg-Atem)

Bhastrika bedeutet auf Sanskrit "Blasebalg", was sich auf ein sackartiges Gerät mit Griffen bezieht, das Schmiede benutzen, um Luft auf ein Feuer zu blasen, damit die

Flamme brennt. In ähnlicher Weise erhöht Bhastrika Pranayama den Luftstrom im Körper, wodurch das innere Feuer angefacht und Wärme auf der physischen und subtilen Ebene erzeugt wird. Diese Pranayama-Technik ist dafür bekannt, dass sie die drei Doshas des Ayurveda ausgleicht.

Bhastrika Pranayama pumpt eine größere Menge Sauerstoff in den Körper, was den Herzschlag erhöht und die Energie steigert. Bei regelmäßiger Ausführung werden Verstopfungen in Nase und Brustkorb beseitigt, einschließlich Giftstoffe und Verunreinigungen. Bhastrika hilft bei Nebenhöhlenentzündungen, Bronchitis und anderen Atemwegserkrankungen. Da es das Magenfeuer anregt, verbessert es auch den Appetit und die Verdauung. Sie können Bhastrika Pranayama mit innerer Atemverhaltung (Khumbaka) praktizieren, um den Körper bei kaltem und regnerischem Wetter warm zu halten.

Um die Bhastrika Pranayama Übung zu beginnen, setzen Sie sich in eine der drei Meditations-Asanas. Schließen Sie die Augen und entspannen den Körper, während Sie den Kopf und die Wirbelsäule gerade halten. Legen Sie als nächstes die Hände auf die Knie, entweder im Jnana oder Chin Mudra.

Atmen Sie tief ein und atmen Sie kräftig und ohne Anstrengung durch die Nasenlöcher aus. Atmen Sie dann mit der gleichen Kraft wieder ein. Beim Einatmen sollten Sie den Bauch vollständig nach außen ausdehnen, während sich das Zwerchfell absenkt. Beim Ausatmen schiebt sich der Bauch nach innen, während sich das Zwerchfell nach oben bewegt. Führen Sie die Bewegungen übertrieben und kraftvoll aus, so dass ein kräftiger nasaler Klang entsteht.

Eine Runde Bhastrika Pranayama entspricht zehn Zyklen. Üben Sie zu Beginn bis zu fünf Runden, indem Sie tief ein- und langsam ausatmen. Führen Sie die Übung in Ihrem eigenen Tempo durch und achten Sie darauf, dass die Kraft der Ein- und Ausatmung immer gleich ist. Wenn Sie sich schwindelig fühlen, verlangsamen Sie das Tempo auf ein angenehmeres Maß. Wenn Sie die Übung einigermaßen beherrschen, können Sie das Tempo allmählich erhöhen und dabei den Atemrhythmus beibehalten.

Bhastrika Pranayama reduziert den Kohlendioxidgehalt des Blutes, was das Nervensystem ausgleicht und stärkt und zu geistiger Ruhe und energetischer Gelassenheit führt. Es ist eine ausgezeichnete Übung, um sich auf die Meditation vorzubereiten.

Eine Variante dieser Übung ist Kapalbhati Pranayama, eine yogische Atemtechnik, die als Kriya oder innere Reinigungspraxis (Shatkarma) gilt. Kapalbhati kommt von den Sanskrit-Wurzelwörtern "kapal", was "Schädel" bedeutet, und "bhati", was "leuchtend" bedeutet. Daher wird sie im Englischen als "Skull Shining Breath" bezeichnet. Diese Pranayama-Technik soll alle Teile des Schädels und des Kopfes durch kräftige Luftausatmung reinigen, die Klarheit des Geistes und die Konzentration verbessern und den Intellekt schärfen.

Im Gegensatz zu Bhastrika wird bei Kapalbhati nur beim Ausatmen Kraft eingesetzt, während das Einatmen ein natürlicher, passiver Prozess bleibt. Während Bhastrika den Brustkorb und die Lungen beansprucht, werden bei Kapalbhati nur die Bauchmuskeln beansprucht. Kapalbhati Pranayama kehrt den normalen Atmungsprozess um, der eine aktive Einatmung und eine passive Ausatmung beinhaltet. Diese Pranayama-Technik ist dafür bekannt, dass sie tiefgreifende Auswirkungen auf das Nervensystem hat. Viele Yogis praktizieren sie auch, um die Nadis zu reinigen.

Da Bhastrika die fortgeschrittenere der beiden Pranayama-Techniken ist, ist es ratsam, mit Kapalbhati zu beginnen und dann zu Bhastrika überzugehen. Beide haben ähnliche Auswirkungen auf den Körper und den Geist. Sie können auch mit beiden Übungen das innere und äußere Verweilen (Khumbaka) üben, um zusätzliche Vorteile zu erzielen.

Ujjayi Pranayama (Ozean-Atem)

Ujjayi Pranayama ist ein weicher, flüsternder Atem, der oft als Ozeanatem bezeichnet wird, da er dem Geräusch der Wellen ähnelt, die ans Ufer kommen. Sein anderer Name ist der Atem des Siegers, denn Ujjayi bedeutet im Sanskrit "jemand, der siegreich ist". Die Ujjayi-Technik ermöglicht es uns, im Pranayama siegreich zu werden, indem sie den Atem verengt, damit er sich leichter in den Zielbereichen verteilen kann. Sie baut eine wohltuende innere Wärme auf und beruhigt gleichzeitig den Geist und das Nervensystem. Diese Pranayama-Technik hat eine zutiefst entspannende Wirkung auf psychischer Ebene, da sie die Tiefschlafatmung nachahmt.

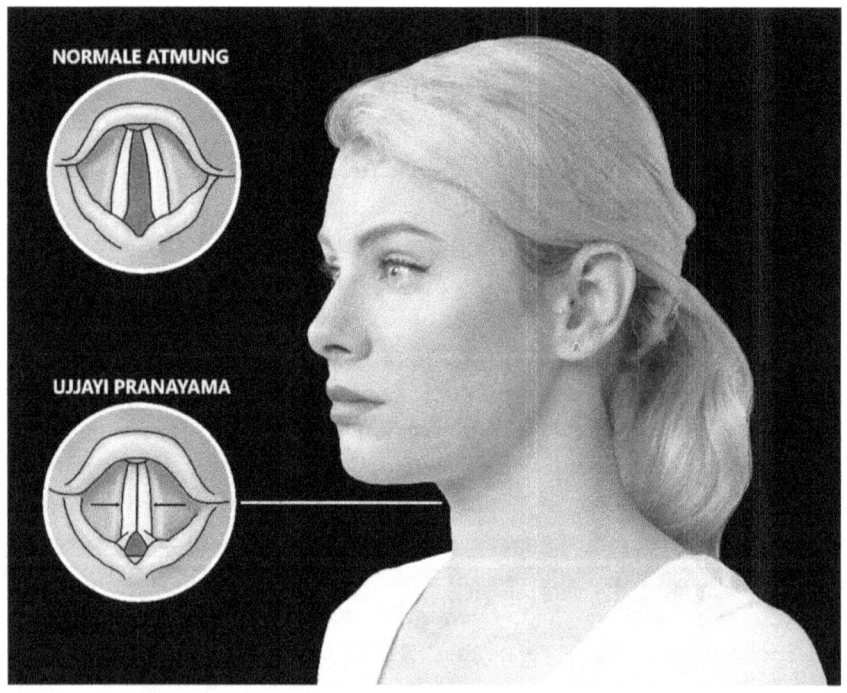

Abbildung 98: Ujjayi Pranayama (Glottis-Position)

Bei Ujjayi Pranayama atmen Sie mit geschlossenen Lippen durch die Nase ein und aus, während Sie die Stimmritze im Rachen zusammenziehen, um ein leises Schnarchgeräusch zu erzeugen. Die Stimmritze ist der mittlere Teil des Kehlkopfes, in dem sich die Stimmbänder befinden. Sie dehnt sich bei forcierter Atmung aus und schließt sich beim Sprechen. Die Stimmritze sollte sich zusammenziehen, aber nicht ganz schließen, so dass es sich anfühlt, als würden Sie durch einen Trinkhalm im Hals atmen (Abbildung 98). Beim Ein- und Ausatmen spüren Sie, wie der Atem über den hinteren Teil Ihrer Kehle streicht.

Die Atmung von Ujjayi Pranayama sollte langsam, ruhig und tief sein. Sie sollten die Yogische Atmung beim Ein- und Ausatmen anwenden, um ein Maximum an Luft aufzunehmen (Das Zwerchfell sollte die Länge und Geschwindigkeit des Atems kontrollieren.) Die Ein- und Ausatmung sollte gleich lang sein, ohne den Körper zu belasten. Konzentrieren Sie sich beim Üben von Ujjayi auf das Geräusch, das der Atem in der Kehle erzeugt und das nur für Sie hörbar sein sollte.

Beginnen Sie die Übung mit zehn bis fünfzehn Atemzügen und steigern Sie sich langsam auf fünf Minuten, um eine optimale Wirkung zu erzielen. Wenn Sie etwas Erfahrung mit Ujjayi Pranayama gesammelt haben, können Sie Khechari Mudra für zusätzlichen Nutzen integrieren (Für die Khechari Mudra Technik, siehe das Kapitel "Lalana Chakra und Amrita Nektar" in diesem Abschnitt). Khechari Mudra kann unabhängig oder als Teil von Asanas und fortgeschrittenen Pranayama-Techniken praktiziert werden.

Bhramari Pranayama (Summende Bienenatmung)

Bhramari Pranayama hat seinen Namen von der indischen schwarzen Biene namens Bhramari, da die Ausatmung bei diesem Pranayama dem typischen Summton ähnelt. Die summenden Klangschwingungen haben eine natürliche beruhigende Wirkung auf die Nerven und die Psyche, so dass sich diese Pranayama-Technik hervorragend zum Abbau von geistiger Anspannung, Stress, Angst und Ärger eignet. Ihre Ausführung stärkt den Hals und den Kehlkopf und wirkt sich positiv auf die Schilddrüse und die Überwindung aller damit verbundenen körperlichen Probleme aus.

Bhramari Pranayama stimuliert das parasympathische Nervensystem, führt zu einer Entspannung der Muskeln und senkt den Blutdruck. Aufgrund seiner gesundheitlichen Vorteile ist es von Vorteil, es vor dem Schlafengehen durchzuführen, da es bei Schlaflosigkeit hilft.

Beginnen Sie die Übung, indem Sie sich in eine der drei Meditations-Asanas setzen. Halten Sie die Wirbelsäule gerade und schließen Sie die Augen. Legen Sie beide Hände auf die Knie, entweder in Jnana oder Chin Mudra, und lassen Sie Körper und Geist entspannen. Bringen Sie Ihre Aufmerksamkeit in die Mitte der Stirn, wo sich das Ajna Chakra befindet. Achten Sie bei der Durchführung der Übung darauf, Ihre Aufmerksamkeit in diesem Bereich zu halten. Sie werden feststellen, dass das Bhramari Pranayama bei wiederholter Anwendung die psychische Sensibilität und das Bewusstsein für subtile Schwingungen erhöht, was für die tiefe Meditation hilfreich ist.

Heben Sie dann die Arme, beugen Sie die Ellbogen und führen Sie die Hände zu den Ohren. Verstopfen Sie mit dem Zeigefinger jeder Hand die Ohrlöcher oder drücken Sie gegen die Ohrenklappen, ohne die Finger einzuführen (Abbildung 99). Sie sollten alle Außengeräusche ausblenden, so dass Sie sich ganz auf Ihr Inneres konzentrieren können.

Nehmen Sie sich jetzt einen Moment Zeit, um dem Klang der Stille in Ihrem Inneren zu lauschen, während Sie Ihre Atmung gleichmäßig halten. Bevor Sie mit der Methode der kontrollierten Atmung beginnen, schließen Sie Ihre Lippen und halten Sie die Zähne leicht auseinander, damit die Klangschwingung in Ihrem Inneren besser zu hören und zu spüren ist.

Atmen Sie langsam und tief durch die Nase ein. Beim Ausatmen machen Sie einen tiefen "mmmm"-Laut, der dem Brummen einer Biene ähnelt. Die Ausatmung sollte länger sein als die Einatmung und eine kontinuierliche, sanfte und gleichmäßige Klangvibration aufweisen. Sie sollten die Vibration stark in Ihrem Mund und Kehlkopf spüren, was eine beruhigende Wirkung auf das Gehirn hat. Die erste Runde ist nun abgeschlossen.

Setzen Sie die Übung so lange fort, wie Sie wollen, mindestens aber einige Minuten, und praktizieren Sie dabei die Yogische Atmung, damit Sie möglichst viel Luft einatmen. Beobachten Sie die Auswirkungen der Übung auf den Körper und den Geist. Wenn Sie bereit sind, Bhramari Pranayama zu beenden, bringen Sie Ihr Bewusstsein zurück zu Ihrem physischen Körper und öffnen Sie Ihre Augen.

Abbildung 99: Summender Bienenatem

Sheetali Pranayama (Kühlende Atmung)

Im Sanskrit bedeutet das Wort "Sheetali" grob übersetzt "das, was eine beruhigende oder kühlende Wirkung hat". Sheetali Pranayama oder Cooling Breath ist eine Pranayama-Technik, die den Geist und den Körper durch einen starken Kühlmechanismus beim Einatmen beruhigt.

Sheetali Pranayama ist besonders im Sommer nützlich, wenn wir ein Übermaß an Pitta-Haupteigenschaften spüren. Heißes Wetter führt zu Hitzewallungen, Fieber, Hautkrankheiten, Entzündungen, sauren Verdauungsstörungen, hohem Blutdruck, allgemeiner Erregung aufgrund der Hitze und allgemeiner körperlicher Anstrengung, die den Geist-Körper aus dem Gleichgewicht bringt. Sheetali Pranayama hilft bei den negativen Auswirkungen von heißem Wetter, indem es die Körperwärme freisetzt, die Pitta-Qualitäten harmonisiert und Körper und Geist ruhig, kühl und entspannt werden lässt.

Um die Pranayama-Übung zu beginnen, setzen Sie sich in eine der drei Meditations-Asanas. Schließen Sie die Augen und entspannen Sie den ganzen Körper, während Sie die Wirbelsäule gerade halten. Legen Sie die Hände auf die Knie, entweder in Jnana oder Chin Mudra.

Abbildung 100: Sheetali Pranayama

Öffnen Sie den Mund und strecken Sie die Zunge so weit wie möglich heraus, indem Sie die Seiten der Zunge zur Mitte hin einrollen, so dass ein Rohr entsteht. Ziehen Sie die Lippen zusammen, um die Zunge in dieser Position zu halten (Abbildung 100). Üben Sie eine lange, gleichmäßige, kontrollierte Einatmung durch die gerollte Zunge. Ziehen Sie nach der Einatmung die Zunge ein, während Sie den Mund schließen, und atmen Sie durch die Nase aus. Die erste Runde ist nun abgeschlossen.

Setzen Sie die Übung so lange fort, wie Sie wollen, mindestens aber einige Minuten. Beobachten Sie die Auswirkungen auf Körper und Geist und achten Sie dabei besonders auf die Zunge, den Klang und das kühlende Gefühl des eingeatmeten Atems. Denken Sie daran, während der gesamten Übung die Yogische Atmung zu praktizieren. Wenn Sie bereit sind, Sheetali Pranayama zu beenden, bringen Sie Ihr Bewusstsein zurück zu Ihrem physischen Körper und öffnen Sie die Augen.

Die Einatmung sollte ein saugendes Geräusch erzeugen und ein kühlendes Gefühl auf der Zunge und dem Gaumen hervorrufen. Obwohl Sie mit einem gleichen Verhältnis von Ein- und Ausatmung beginnen sollten, sollte die Dauer der Einatmung mit zunehmender Erfahrung im Sheetali Pranayama allmählich länger werden, um den Kühleffekt zu erhöhen.

Der Kühlende Atem stellt den Temperaturausgleich nach der Ausübung von Asanas oder anderen yogischen Praktiken, die den Körper erhitzen, wirksam wieder her. Daher sollten Sie ihn zu einem Teil Ihrer täglichen Praxis machen, besonders in den Sommermonaten.

Sheetkari Pranayama (Zischatem)

Im Sanskrit bedeutet das Wort "Sheetkari" eine Form der Atmung, die ein "shee" (zischendes) Geräusch erzeugt; daher wird sie oft auch als Zischatem bezeichnet. Genau wie Sheetali Pranayama dient diese Übung der Abkühlung von Körper und Geist. Der einzige Unterschied besteht darin, dass man bei Sheetali mit gefalteter Zunge einatmet, während man bei Sheetkari mit geschlossenen Zähnen einatmet. Wie Sheetali Pranayama ist auch Sheetkari bei heißem Wetter und zur Wiederherstellung des Temperaturgleichgewichts nach der Erwärmung des Körpers durch körperliche Betätigung sehr nützlich.

Um Sheetkari Pranayama zu beginnen, setze Sie sich in eine der drei Meditations-Asanas und schließen die Augen. Halten Sie die Wirbelsäule gerade und den Körper entspannt, während Sie die Hände auf die Knie legen und entweder Jnana oder Chin Mudra einnehmen. Halten Sie die Zähne leicht zusammen, ohne Ihren Kiefer anzuspannen. Die Lippen sollten gespreizt sein, so dass die Zähne frei liegen (Abbildung 101). Halten Sie Ihre Zunge flach gegen den weichen Gaumen in Ihrem Mund, oder führen Sie sogar Khechari Mudra aus.

Abbildung 101: Sheetkari Pranayama

Atmen Sie langsam und tief durch die Zähne ein. Am Ende der Einatmung schließen Sie den Mund und atmen Sie kontrolliert durch die Nase aus. Die erste Runde ist nun beendet. Denken Sie daran, während der gesamten Übung die Yogische Atmung zu praktizieren. Die Ein- und Ausatmung sollte langsam und entspannt sein. Achten Sie auf das kühlende Gefühl an den Zähnen und im Mund sowie auf das zischende Geräusch, das dabei entsteht. Führen Sie die Übung so lange durch, wie Sie möchten, mindestens aber ein paar Minuten. Wenn Sie bereit sind, Sheetkari Pranayama zu beenden, bringen Sie Ihr Bewusstsein zurück zu Ihrem physischen Körper und öffnen Sie die Augen.

Diese und die vorhergehende Pranayama-Technik können zur Kontrolle von Hunger oder Durst eingesetzt werden, da die Zufuhr kühler Luft den Körper sättigt. Beide Übungen lassen das Prana freier durch den Körper fließen und entspannen die Muskeln und damit auch die Emotionen. Beide kühlenden Übungen gleichen das endokrine System aus und reinigen das Blut von Giftstoffen. Schließlich sind beide Übungen hilfreich vor dem Einschlafen oder bei Schlaflosigkeit.

Vermeiden Sie Sheetali und Sheetkari Pranayamas, wenn Sie unter niedrigem Blutdruck, Asthma, Atemwegserkrankungen oder übermäßiger Verschleimung, wie bei einer Erkältung oder Grippe, leiden. Aufgrund der kühlenden Wirkung auf den Körper sollten Sie beide Übungen in kalten Klimazonen oder bei allgemeiner Kälteempfindlichkeit vermeiden. Vermeiden Sie Sheetkari Pranayama, wenn Sie Probleme mit Ihren Zähnen oder Ihrem Zahnfleisch haben.

Moorcha Pranayama (Ohnmachtsatem)

Das Wort Moorcha bedeutet im Sanskrit "Ohnmacht" oder "Verlust des Gefühls". Der andere Name von Moorcha Pranayama ist "Ohnmachtsatem", was sich auf das Schwindelgefühl bezieht, das man bei der Durchführung dieser Übung erlebt. Moorcha Pranayama ist eine fortgeschrittene Technik, die nur von Personen praktiziert werden sollte, die die vorherigen Pranayama-Übungen beherrschen. Wenn sie korrekt ausgeführt wird, kann der Einzelne intensive und längere Phasen innerer Glückseligkeit erleben, die mit einem Halbbewusstsein einhergehen.

Es gibt zwei Methoden, Moorcha Pranayama zu praktizieren: Bei der ersten lehnt man den Kopf leicht zurück, bei der zweiten legt man das Kinn auf den Halsansatz (Jalandhara Bandha). Bei beiden Methoden sollten Sie die innere Atemverhaltung (Khumbaka) praktizieren, während Sie auf die Mitte zwischen den Augenbrauen schauen, wo sich der Tunnel des Geistigen Auges befindet (Shambhavi Mudra). Auf diese Weise wird der Zustand der Leere des Geistes herbeigeführt, während die Verbindung mit dem Ajna-Chakra tiefe, kontemplative Gedanken ermöglicht.

Einer der Gründe für die Benommenheit bei der Durchführung von Moorcha Pranayama ist die Verringerung der Sauerstoffversorgung des Gehirns bei längerer Atemanhaltung. Ein weiterer Grund ist der Druck, den sie auf die Blutgefäße im Nacken ausüben, was zu Druckschwankungen im Schädel führt. Schließlich wird die Halsschlagader ständig zusammengedrückt, was ein weiteres Ohnmachtsgefühl hervorruft.

Moorcha Pranayama kann, wie alle Pranayama-Übungen, zu jeder beliebigen Tageszeit durchgeführt werden. Am wirksamsten ist es jedoch am frühen Morgen und am Abend, wenn das Ego am wenigsten aktiv ist. Die Überwindung der Kontrolle des Egos über das Bewusstsein ist entscheidend, um die gewünschte Wirkung dieser Übung zu erzielen. Das Gefühl der Beinahe-Ohnmacht kann so stark sein, dass Sie sich völlig außerhalb Ihres Körpers fühlen, als würden Sie im Raum schweben.

Die Überwindung der Grenzen des physischen Körpers ermöglicht es uns, uns im Bewusstsein vom Ego zu trennen und die Verzückung des spirituellen Bewusstseins zu spüren. Moorcha Pranayama hilft, Stress, Angst, Wut und Neurosen abzubauen und gleichzeitig das Prana-Niveau im Körper zu erhöhen. Diese Übung ist sehr empfehlenswert für Menschen, die ihre Kundalini-Energie erwecken wollen. Sie ermöglicht es ihnen, die Einheit zu verstehen, die außerkörperliche Erfahrungen bringen können, und verbindet sie mit dem Sahasrara Chakra.

Um die Übung zu beginnen, setzen Sie sich in eine der drei Meditations-Asanas und halten Sie Kopf und Wirbelsäule gerade. Legen Sie die Hände auf die Knie, entweder im Jnana oder Chin Mudra, und entspannen Sie den Körper. Manche Menschen halten lieber die Knie, anstatt Jnana oder Chin Mudras einzunehmen. Auf diese Weise können sie sich auf die Knie stützen und gleichzeitig die Ellbogen festhalten, wenn sie den Kopf nach hinten oder vorne lehnen, was ihnen während dieses wichtigen Teils der Übung besseren Halt gibt. Sie können beide Möglichkeiten ausprobieren und sehen, was für Sie am besten funktioniert.

Methode#1

Konzentrieren Sie sich mit offenen Augen auf den Raum zwischen Ihren Augenbrauen. Atmen Sie einige Male tief und langsam ein, um den Geist zu beruhigen. Führen Sie Khechari Mudra aus und atmen Sie dann langsam durch beide Nasenlöcher mit Ujjayi Pranayama ein, während Sie den Kopf sanft zurückbeugen (Abbildung 102). Halten Sie nun den Atem so lange wie möglich an, ohne sich anzustrengen, und halten Sie dabei die ganze Zeit den Blick auf das Augenbrauenzentrum gerichtet. Sie sollten ein leichtes Schwindelgefühl verspüren, während Sie den Atem anhalten. Atmen Sie nun langsam aus und bringen Sie den Kopf wieder in die aufrechte Position. Schließen Sie die Augen und entspannen Sie sich ein paar Sekunden lang. Erlauben Sie sich, die Leichtigkeit und Ruhe in Geist und Körper zu spüren. Die erste Runde ist nun beendet.

Abbildung 102: Moorcha Pranayama (Methode Nr. 1)

Methode#2

Richten Sie Ihre Augen auf den Raum zwischen den Augenbrauen und atmen Sie einige Male tief ein, um Ihr Inneres zu beruhigen. Führen Sie Khechari Mudra aus und atmen

Sie dann langsam durch beide Nasenlöcher mit Ujjayi Pranayama ein, während Sie Ihren Kopf allmählich nach vorne beugen, bis Ihr Kinn Ihren Halsraum berührt (Abbildung 103). Halten Sie Ihre Atmung so lange an, wie Sie es ohne Anspannung können, und erlauben Sie sich, sich mit dem Auge des Geistes zu vereinen. Halten Sie diese Position, bis Sie beginnen, einen Bewusstseinsverlust zu spüren. Atmen Sie nun langsam aus und bringen Sie Ihren Kopf wieder in die aufrechte Position. Schließen Sie die Augen und entspannen Sie sich einige Sekunden lang, während Sie das intensive Gefühl der Nichtexistenz, das durch die Beinahe-Ohnmacht hervorgerufen wird, erleben können. Damit ist die erste Runde beendet.

Wiederholen Sie das Atemmuster bei beiden Methoden so oft, wie es Ihnen angenehm ist. Es ist hilfreich, mit 5-10 Atemzügen zu beginnen und zu 15-20 überzugehen, wenn Sie mit der Übung vertrauter werden. Denken Sie immer daran, die Übung abzubrechen, sobald das Gefühl der Ohnmacht auftritt. Das Ziel ist es, eine Ohnmacht herbeizuführen, nicht aber, das Bewusstsein vollständig zu verlieren.

Abbildung 103: Moorcha Pranayama (Methode Nr. 2)

Schließlich können Sie Methode Nr. 1 und Methode Nr. 2 in ein und derselben Übung kombinieren, indem Sie beim ersten Atemzug die eine Methode und beim zweiten Atemzug die andere ausführen. Bevor Sie dies tun, sollten Sie jedoch einige Zeit damit verbringen, sich mit beiden Techniken vertraut zu machen und sich mit ihnen vertraut zu machen.

DIE DREI GRANTHIS

Granthi ist ein Sanskritbegriff, der "Zweifel" oder "Knoten" bedeutet, genauer gesagt "ein schwer zu lösender Knoten". Dieser Begriff wird in der yogischen Literatur häufig verwendet und bezieht sich auf psychische Knoten, die den Fluss der pranischen Energie in der Sushumna Nadi blockieren. Im Kundalini Yoga gibt es drei Granthis, die Hindernisse auf dem Weg der erweckten Kundalini sind. Diese Granthis werden Brahma, Vishnu und Rudra genannt (Abbildung 104).

Die drei Granthis stellen Bewusstseinsebenen dar, in denen die Macht der Maya oder der Illusion (in Bezug auf unsere Unwissenheit über die spirituelle Realität und unsere Anhaftung an die materielle Welt) besonders stark ist. Um alle Chakras zu erwecken und die Kundalini zur Krone zu erheben, müssen Sie diese Barrieren überwinden. Unsere einschränkenden Überzeugungen, Persönlichkeitsmerkmale, Wünsche und Ängste resultieren daraus, dass wir von den Granthis verstrickt sind.

Die Drei Granthis sind Hindernisse auf unserem Weg zu höherem Wissen und spiritueller Evolution. Sie verdunkeln die Wahrheit unserer wesentlichen Natur. Wenn wir jedoch Wissen und spirituelle Praktiken anwenden, können wir die Knoten lösen und ihre Beschränkungen überwinden.

Im Yoga gibt es verschiedene Möglichkeiten, die Granthis zu lösen. Bandhas (energetische Schlösser) des Hatha Yoga unterstützen den Fluss von Prana und können auch zur Überwindung der Drei Granthis eingesetzt werden (Auf Bandhas gehe ich im folgenden Kapitel über Mudras ein). Bandhas blockieren den Energiefluss zu einem bestimmten Körperbereich, so dass die Energie stärker fließt, wenn das Bandha gelöst wird. Bandhas sind mächtige Werkzeuge, mit denen wir die Kundalini-Energie zum Sahasrara Chakra anheben können, indem wir auf dem Weg dorthin die Drei Granthis überwinden.

Brahma Granthi

Der Brahma Granthi, der gemeinhin als Perinealknoten bezeichnet wird, wirkt in der Region zwischen Muladhara und Swadhisthana Chakra, entlang der Sushumna Nadi. Dieser erste Knoten wird durch Überlebensangst, den Drang zur Fortpflanzung, instinktive Tendenzen, fehlende Erdung oder Stabilität und die Angst vor dem Tod verursacht. Brahma Granthi erzeugt eine Anhaftung an körperliche Vergnügungen, materielle Objekte sowie Ego-Egoismus. Es bindet uns an die fesselnde Macht von Tamas - Trägheit, Untätigkeit, Lethargie und Unwissenheit.

Tamas, was "Dunkelheit" bedeutet, ist eine der drei Gunas, die im Zentrum der hinduistischen Philosophie und Psychologie stehen. Yogische Texte betrachten die drei Gunas - Tamas, Rajas und Sattva - als die wesentlichen Eigenschaften der Natur. Sie sind in jedem Menschen vorhanden, aber in unterschiedlichem Maße. Brahma Granthi kann durch das Mula Bandha, das "Wurzelschloss", transzendiert werden. Wenn Brahma Granthi von der Kundalini auf ihrem Weg nach oben durchstoßen wird, werden die instinktiven Muster der Persönlichkeit überwunden, was zur Befreiung der Seele von den beschriebenen Anhaftungen führt.

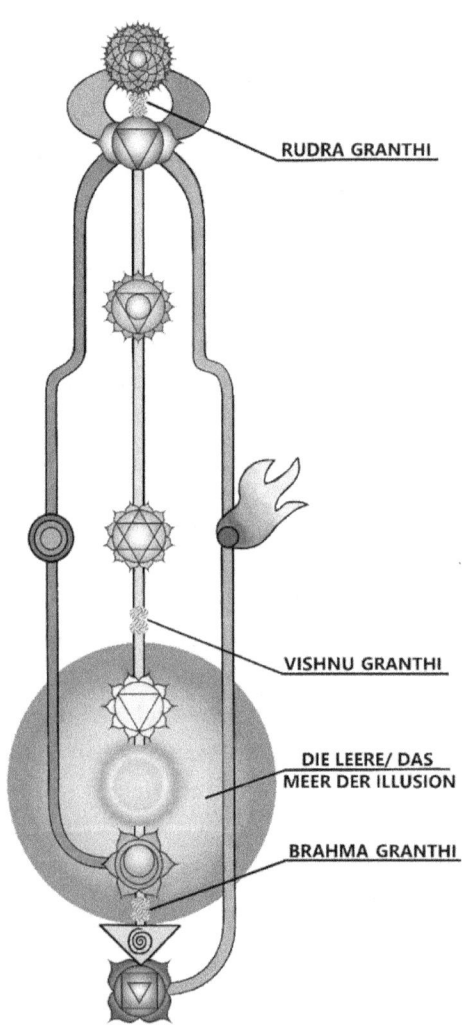

Abbildung 104: Die Drei Granthis

Vishnu Granthi und die Leere

Obwohl er höher als die Nabelregion liegt, wird der Vishnu Granthi als Nabelknoten bezeichnet. Er wirkt im Bereich zwischen Manipura und Anahata Chakra, entlang der Sushumna Nadi. Dieses Granthi wird durch die Anhaftung an das Ego und das Streben nach persönlicher Macht verursacht. Stolz sowie eine emotionale Bindung an Menschen und Ergebnisse verursachen ebenfalls diesen Knoten. Vishnu Granthi ist mit Rajas verbunden - der Neigung zu Leidenschaft, Durchsetzungsvermögen und Ehrgeiz. Dies sind alles negative Ausdrücke des Manipura Chakras, die mit dem unsachgemäßen Einsatz von Willenskraft zusammenhängen. Die Willenskraft muss dem Höheren Selbst statt dem Ego dienen, damit Vishnu Granthi gelöst werden kann.

Eine Leere umgibt das zweite und dritte Chakra, das "Meer der Illusion" genannt wird. In dieser Leere befinden sich unsere negativen Verhaltensmuster, die aus äußeren Einflüssen resultieren, einschließlich der karmischen Auswirkungen der planetarischen und zodiakalen Kräfte. Hara, das Nabelchakra, erschafft die Leere und den Ball der Lebensenergie, den es erzeugt und der unser Tor zur Astralebene ist. Karmische Kräfte wirken über die Astralebene auf uns ein, die unser Ego an die unteren Chakren bindet, die das Hara-Zentrum umgeben. Auf diese Weise verstrickt sich unser Ego im Meer der Illusion und blockiert die Sicht auf unsere wahre spirituelle Natur.

Die Überwindung des Vishnu Granthi führt unser Bewusstsein aus der Leere heraus und in unser Herz hinein, in dem das wahre Selbst, der Ewige Geist, liegt. Es erlaubt uns, bedingungslose Liebe im Anahata Chakra und den höheren Spirit Chakras von Vishuddhi und Ajna zu erfahren. Das Lösen des Vishnu Granthi macht den Menschen zu einem Meister des Selbst, und alle angeborenen Naturgesetze werden in ihm erweckt. Eine solche Person wird in allen ihren Äußerungen ehrlich und wahrhaftig. Ihr Charisma nimmt auf natürliche Weise zu, was sie zu großen Führern der Menschheit macht.

Um das Vishnu Granthi zu transzendieren, muss man sich der Energie der bedingungslosen Liebe hingeben. Wahres Unterscheidungsvermögen, Wissen und der Glaube an die Einheit aller Dinge im Kosmos erlauben es einem, sein Bewusstsein in die höheren Sphären zu erheben und die Begrenzungen des Egos sowie sein Machtstreben zu transzendieren. Die Ausführung von Uddiyana Bandha, dem "Bauchschloss", hilft dabei, das Vishnu Granthi zu lösen.

Rudra Granthi

Der als Shiva Granthi ("Knoten von Shiva") oder "Stirnknoten" bezeichnete Rudra Granthi wirkt in der Region zwischen Ajna und Sahasrara Chakra. Dieser Knoten wird durch Anhaftung an Siddhis (übersinnliche Kräfte), die Trennung des Selbst vom Rest der Welt und dualistisches Denken verursacht. Rudra Granthi ist mit Sattva verbunden - der Neigung zu Reinheit, Ganzheitlichkeit und Tugend. Man muss sein Ego aufgeben und die Dualität transzendieren, um diesen Knoten zu lösen. Um dies zu tun, muss man tugendhaft und rein in Geist, Körper und Seele werden und sich ganz Gott, dem Schöpfer, hingeben.

Wir müssen erkennen, dass Siddhis nur ein Ausdruck unserer Verbindung mit dem Universellen Geist sind und nicht etwas, das man für den persönlichen Gebrauch erlangt. Wenn wir uns an Siddhis binden, bringen wir sie auf die Ebene der materiellen Welt herunter. Stattdessen sollten wir losgelöst sein und den Siddhis lediglich erlauben, sich durch uns auszudrücken, ohne zu versuchen, den Prozess zu kontrollieren. Wenn wir das Rudra Granthi durchdringen, wird das Ego-Bewusstsein zurückgelassen, und die Wahrheit des Einsseins wird enthüllt. Jalandhara Bandha, das "Kehlschloss", kann angewandt werden, um diesen Knoten zu lösen, so dass wir auf eine höhere Bewusstseinsebene übergehen können.

***

Sobald die Kundalini im Muladhara Chakra erweckt wurde, müssen alle Drei Granthis geöffnet werden, damit sie ihre Reise vollenden und Sahasrara durchdringen kann. Wenn es eine Blockade entlang der Sushumna Nadi gibt, befindet sie sich normalerweise im Bereich einer der drei Granthis. Indem man sie durch den Einsatz von Willenskraft und reinen Gedanken oder durch den Gebrauch von energetischen Schlössern (Bandhas) löst, kann die Kundalini zum Sahasrara aufsteigen. Dadurch vereinigt sich das individuelle Bewusstsein mit dem kosmischen Bewusstsein und die beiden werden eins. Diese Transformation ist dauerhaft, und das Individuum wird für die Dauer seines Lebens hier auf der Erde nicht mehr von den Granthis gebunden sein.

MUDRA

Wir sehen oft visuelle Darstellungen von alten Göttern und Göttinnen aus dem östlichen Teil der Welt, die in Meditation sitzen und ihre Hände in bestimmten Positionen halten. Diese Handgesten werden Mudras genannt. Sie sind esoterische Handgesten, die durch die Manipulation von Energie eine bestimmte Kraft in uns aktivieren. Wenn wir eine Mudra ausführen, kommunizieren wir auch direkt mit den Gottheiten und bringen uns mit ihren Energien oder Kräften in Einklang.

Es gibt über 500 verschiedene Mudras. Mudras werden kulturübergreifend in vielen spirituellen Systemen verwendet, besonders aber im Hinduismus, Jainismus und Buddhismus. Im Sanskrit bedeutet Mudra "Siegel", "Zeichen" oder "Geste". Mudras sind im Wesentlichen psychische, emotionale, hingebungsvolle und ästhetische Gesten, die die individuelle Prana-Kraft mit der universellen kosmischen Kraft verbinden. Die Ausführung einer Mudra verändert die eigene Stimmung, Haltung und Wahrnehmung und vertieft das Bewusstsein und die Konzentration.

Obwohl es sich bei den meisten Mudras um einfache Handpositionen oder Gesten handelt, kann ein bestimmtes Mudra den ganzen Körper einbeziehen. Hatha-Yoga-Mudras zum Beispiel verwenden eine Kombination aus yogischen Techniken wie Asana (Körperpositionen), Pranayama (Atemtechniken), Bandha und Visualisierungsmeditationen. Sie beinhalten die Ausführung innerer Handlungen, die den Beckenboden, die Kehle, die Augen, die Zunge, das Zwerchfell, den Anus, die Genitalien, den Unterleib oder andere Teile des Körpers ansprechen.

Hatha Yoga Mudras sind auf bestimmte yogische Ziele ausgerichtet, wie z.B. die Beeinflussung des Pranaflusses zur Erweckung der Kundalini, die Erleichterung der Durchdringung der Drei Granthis durch die Kundalini, die direkte Aktivierung der Bindu, die Nutzung des Amrita- oder Ambrosia-Nektars, der aus der Bindu tropft, oder das Erreichen von Transzendenz oder Erleuchtung. Beispiele für Hatha Yoga Mudras sind Khechari Mudra, Shambhavi Mudra, Nasikagra Drishti, Vajroli Mudra, Maha Mudra und Viparita Karani.

Die Hatha Yoga Pradipika und andere Yogatexte betrachten Mudras als einen eigenständigen Zweig des Yoga, der erst eingeführt wird, nachdem eine gewisse Beherrschung von Asana, Pranayama und Bandha erreicht wurde. Sie sind höhere Praktiken, die zur Optimierung der Chakras, Nadis und sogar zur Erweckung der

Kundalini Shakti führen können. Wenn sie mit Hingabe praktiziert werden, können Mudras dem Praktizierenden psychische Kräfte (Siddhis) verleihen.

Die Mudra-Praxis soll eine direkte Verbindung zwischen Annamaya Kosha (physischer Körper), Pranamaya Kosha (Astralkörper) und Manomaya Kosha (Mentalkörper) herstellen. Sie soll die ersten drei Chakras Muladhara, Swadhisthana und Manipura assimilieren und ausgleichen und eine Öffnung des vierten Chakras, Anahata, und darüber hinaus ermöglichen.

Ich habe die verschiedenen Arten von Mudras in Hand-, Kopf-, Haltungs-, Bandhas (Energieschlösser) und Damm-Mudras unterteilt. Hasta (Hand-Mudras) sind meditative Mudras, die das von den Händen ausgestrahlte Prana zurück in den Körper leiten und einen Energiekreislauf erzeugen, der sich vom Gehirn zu den Händen und zurück bewegt. Ihre Ausführung ermöglicht es uns, uns mit den archetypischen Kräften unseres Unterbewusstseins zu verbinden.

Mana (Kopf-Mudras) sind kraftvolle Gesten, bei denen Augen, Ohren, Nase, Zunge und Lippen eingesetzt werden. Sie sind in der Meditation von großer Bedeutung, da sie die wichtigsten Gehirnzentren und ihre entsprechenden Chakras erwecken und Zugang zu höheren Bewusstseinszuständen verschaffen.

Kaya (Postural Mudras) sind spezifische Körperhaltungen, die mit kontrollierter Atmung und Konzentration ausgeführt werden. Ihre Anwendung ermöglicht es uns, Prana in bestimmte Bereiche des Körpers zu leiten und die Chakras zu stimulieren.

Bandha (Lock Mudras) kombinieren Mudra und Bandha, um das System mit Prana aufzuladen und es auf eine Kundalini-Erweckung vorzubereiten. Sie ermöglichen es uns auch, sicherzustellen, dass die Kundalini die Drei Granthis durchdringt, wenn sie erweckt ist. Bandhas stehen in engem Zusammenhang mit Nervengeflechten und endokrinen Drüsen, die mit den Chakras in Verbindung stehen. Adhara (perineale Mudras) schließlich leiten das Prana von den unteren Körperzentren zum Gehirn um. Sie ermöglichen es uns auch, unsere sexuelle Energie, die sich in der Leistengegend und im Unterbauch befindet, zu sublimieren und sie für das spirituelle Erwachen zu nutzen.

HASTA (HAND-MUDRAS)

Mit Hasta (Hand-Mudras) können wir die Prana-Energie in bestimmte Kanäle in der Aura lenken und versiegeln. Da die meisten der großen Nadis entweder in den Händen oder Füßen beginnen oder enden, sind Hasta (Hand-Mudras) besonders wirksam bei der Reinigung dieser subtilen Kanäle von Verunreinigungen und der Beseitigung von Hindernissen, um einen freien Energiefluss zu ermöglichen. Ihre regelmäßige Anwendung fördert die körperliche, geistige und emotionale Heilung und unterstützt unsere spirituelle Entwicklungsreise.

Da jeder Finger einem Chakra zugeordnet ist, beeinflussen Sie die entsprechenden Chakras, indem Sie die Finger in einer bestimmten Weise positionieren. Das Handflächen-

Chakra dient auch als Schnittstelle zwischen dem Herz-Chakra und den Chakren darüber und darunter. So beeinflussen Hand-Mudras nicht nur den Prana-Fluss in der Aura, sondern ermöglichen es uns auch, die Heilenergie von Anahata anzuzapfen und sie auf die Chakras zu verteilen, die gereinigt werden müssen.

Da es fünf Finger und fünf Elemente gibt, gibt es eine Entsprechung zwischen ihnen (Abbildung 105). Der Daumen steht zum Beispiel für Feuer (Agni), der Zeigefinger für Luft (Vayu), der Mittelfinger für Geist oder Raum (Akasha), der Ringfinger für Erde (Prithivi) und der kleine Finger für Wasser (Jal). Die beiden passiven Elemente Wasser und Erde und die beiden aktiven Elemente Feuer und Luft werden durch das zentrale Element Geist versöhnt.

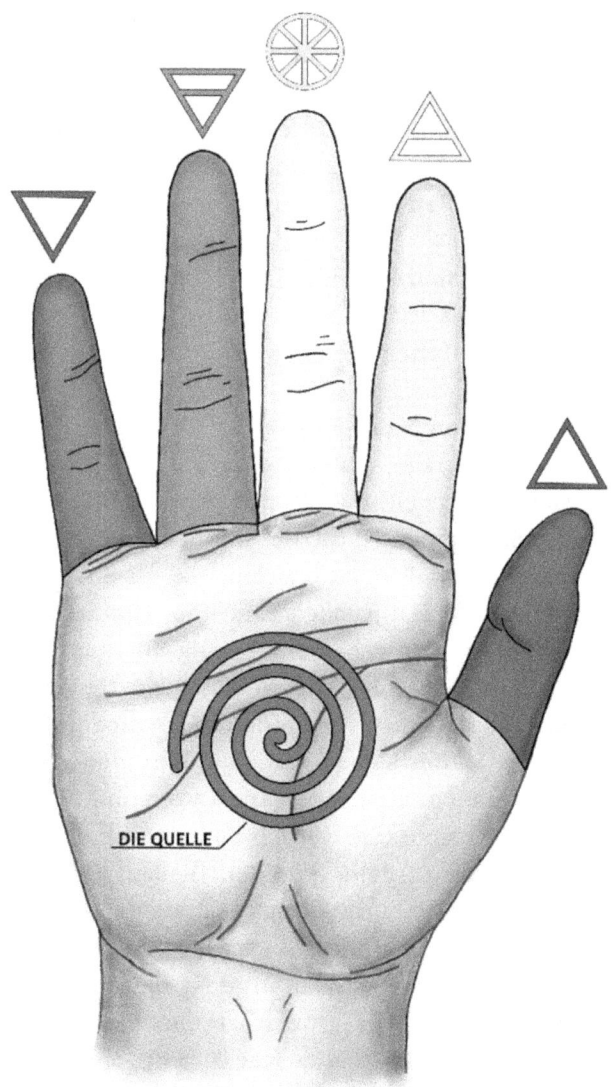

Abbildung 105: Die Finger und die Fünf Elemente

Sie werden feststellen, dass der Daumen am häufigsten in Hand-Mudras verwendet wird, da er von mehr Prana-Strömen durchflossen wird als die anderen Finger. Da der Daumen mit dem Manipura Chakra und dem Feuerelement verbunden ist, befeuert und aktiviert er alle anderen Elemente und Chakras. Im Ayurveda, woher diese Entsprechungen stammen, heißt es, dass der Daumen das Pitta-Dosha anregt, die für die Transformation verantwortliche Energie. Manipura ist auch der Sitz der Seele, und wenn der Daumen in ein Hand-Mudra involviert ist, ist die Seele die leitende Kraft, die den Wandel herbeiführt.

Es gibt fünf primäre Finger- und Handpositionen, die bei der Ausführung eines Hand-Mudras zu beachten sind. Bei der ersten Position wird der Daumen mit einer Fingerspitze verbunden, was die Stabilität des zugehörigen Elements stimuliert. Bei der zweiten Position berührt man den Fingerrücken auf dem Nagel oder Knöchel, was den Einfluss des entsprechenden Elements verringert. In der dritten Position bringen Sie den Daumen an die Basis des Fingers, was ebenfalls das entsprechende Element stimuliert. Je nachdem, welches Mudra Sie aktivieren, öffnen Sie sich für den Empfang von Energie, wenn Ihre Handfläche nach außen zeigt. Wenn Ihre Handfläche nach unten zeigt, erden Sie sich hingegen.

Da sie einfach auszuführen sind, können Hand Mudras jederzeit praktiziert werden, ob zu Hause oder unterwegs. Yogis führen Hand Mudras oft als Teil der Meditationspraxis aus, vor oder nach anderen Techniken wie Asanas, Pranayamas oder Bandhas.

Schritte zur Ausführung von Hand-Mudras

Wenn Sie Hand-Mudras machen, achten Sie darauf, dass Ihre Hände sauber sind. Da es sich um göttliche Gesten handelt, die Sie mit höheren Mächten verbinden sollen, ist Sauberkeit sehr wichtig. Sie können Hand Mudras im Stehen, Knien, Liegen oder Sitzen praktizieren. Um optimale Ergebnisse zu erzielen, sollten Sie jedoch in einer bequemen Meditations-Asana sitzen und Ihren Rücken und Kopf gerade halten. Außerdem sollten die Hände und Arme während der gesamten Übung entspannt bleiben. Hand-Mudras werden im Allgemeinen auf der Höhe des Nabels, des Herzens oder auf den Knien ausgeführt, während man sich in einer Meditations-Asana befindet.

Reiben Sie zunächst Ihre Hände sieben bis zehn Sekunden lang sanft aneinander, um sie mit Prana-Energie aufzuladen. Legen Sie dann Ihre rechte Hand auf Ihr Hara-Chakra und Ihre linke Hand auf die rechte. Sie werden spüren, wie ein warmer Energiefluss im Hara, dem Pranazentrum Ihres Körpers, entsteht. Bleiben Sie etwa eine Minute lang in dieser Position, um die notwendige Verbindung herzustellen.

Führen Sie immer ein Mudra nach dem anderen aus und nehmen Sie sich für jedes Mudra die erforderliche Zeit. Denken Sie daran, dass die Wirkung kumulativ ist, d.h. je länger Sie ein Mudra machen, desto größer ist die Wirkung auf Ihre Energie. Um chronische Probleme zu bewältigen, halten Sie täglich ein Mudra für fünfundvierzig Minuten oder drei fünfzehnminütige Perioden.

Wenn Sie ein Mudra ausführen, üben Sie keinen Druck aus, sondern verbinden Sie lediglich die Hände und Finger in der gewünschten Weise, um den gewünschten

Energiefluss zu beeinflussen. Führen Sie jedes Mudra mit beiden Händen aus, denn das fördert die Harmonie und das Gleichgewicht und maximiert die gewünschte Wirkung. Schließlich ist es ideal, Hand-Mudras auf nüchternen Magen zu praktizieren, wie dies bei allen Techniken der Energiebeschwörung/-manipulation der Fall ist.

Jnana Mudra

Jnana Mudra ist eine der am häufigsten verwendeten Hand-Mudras, insbesondere während der Meditationspraxis. Ihr Name leitet sich vom Sanskritwort "jnana" ab, was "Weisheit" oder "Wissen" bedeutet. Das Wissen, auf das sie sich bezieht, ist die erleuchtete Weisheit, die der Yogi auf dem yogischen Pfad zu erlangen sucht.

Um diese Mudra auszuführen, berührt man die Spitze des Zeigefingers und des Daumens und bildet so einen Kreis, während die übrigen drei Finger ausgestreckt und gerade gehalten werden (Abbildung 106). Eine Variante von Jnana Mudra besteht darin, den Zeigefinger unter die Daumenspitze zu schieben. Die Vorderseite der Hand sollte auf den Oberschenkeln oder Knien ruhen, wobei die Handfläche nach unten zeigt.

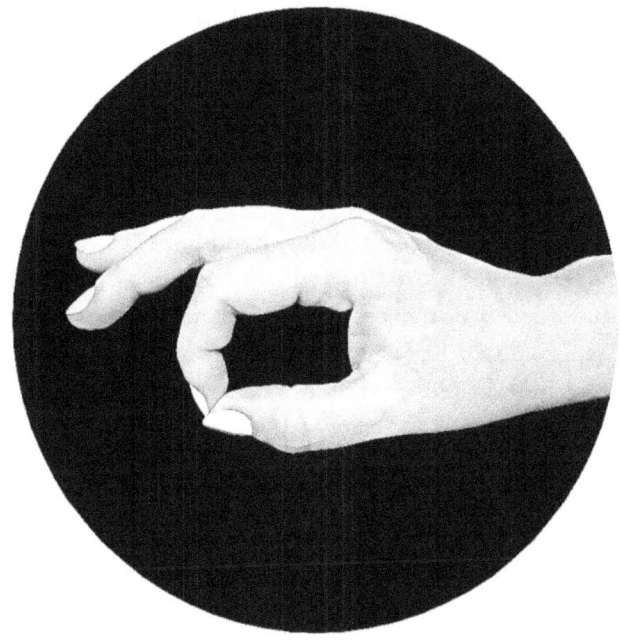

Abbildung 106: Jnana Mudra

Laut Ayurveda gleicht Jnana Mudra die Elemente Feuer (Agni-Daumen) und Luft (Vayu-Zeigefinger) im Körper aus. Daher stabilisiert das Praktizieren dieser Mudra während der Meditation den Geist, fördert die Konzentration und ermöglicht höhere Bewusstseinszustände.

Die Praxis von Jnana Mudra hat in verschiedenen spirituellen Traditionen wie dem Hinduismus, dem Buddhismus und dem Yoga eine weitere Symbolik. Es wird angenommen, dass der Daumen die Höchste Seele oder das universelle Bewusstsein (Brahman) symbolisiert, während der Zeigefinger die individuelle Seele, den Jivatma, darstellt. Indem wir Daumen und Zeigefinger verbinden, vereinen wir diese beiden Realitäten. Die übrigen drei Finger stehen für die drei Qualitäten (Gunas) der Natur - Rajas (Mittelfinger), Sattva (Ringfinger) und Tamas (kleiner Finger). Damit das Bewusstsein von der Unwissenheit zum Wissen fortschreiten kann, müssen wir diese Zustände transzendieren.

Indem wir den Zeigefinger mit dem Daumen verbinden, erzeugen wir einen Kreislauf, der die Prana-Energie durch den Körper umleitet und sie zum Gehirn schickt, anstatt sie in die Umwelt abzugeben. Da Jnana Mudra auf die Erde zeigt, hat es eine erdende Wirkung auf die eigene Energie, beruhigt den Geist und besänftigt die Gefühle. Diese Mudra ist auch dafür bekannt, dass sie das Gedächtnis verbessert.

Chin Mudra

Chin bedeutet in Sanskrit "Bewusstsein", und diese Mudra wird oft als "psychische Mudra des Bewusstseins" bezeichnet. Chin Mudra ist auch als Gyan Mudra bekannt ("Gyan" ist Sanskrit für "Wissen" oder "Weisheit"). Chin Mudra wird auf die gleiche Weise wie Jnana Mudra ausgeführt, mit dem einzigen Unterschied, dass die Handfläche nach oben statt nach unten zeigt (Abbildung 107), so dass der Handrücken auf den Oberschenkeln oder Knien ruhen kann.

Da sie fast identisch sind, sind die symbolischen Elemente von Chin Mudra die gleichen wie bei Jnana Mudra. Da Chin Mudra auf den Himmel über uns zeigt, öffnet die nach oben gerichtete Handhaltung den Brustkorb und macht den Übenden empfänglich für Energien aus den höheren Ebenen. So fördert Chin Mudra die Intuition und Kreativität, baut Stress und Spannungen ab und verbessert die Konzentration. Es ist auch hilfreich bei der Überwindung von Schlaflosigkeit.

Sowohl Jnana als auch Chin Mudras erleichtern es, nach innen zu gehen - eine Voraussetzung für tiefe Meditation und das Erreichen höherer Bewusstseinszustände. Zusätzlich zu ihrer Verwendung in der Meditation können Jnana und Chin Mudras verwendet werden, um die Wirkung des Mantra-Singens und anderer yogischer Praktiken wie Asanas, Pranayamas und Bandhas zu verstärken.

Schließlich ist es für Yoga-Praktizierende nicht unüblich, mit der einen Hand Jnana Mudra und mit der anderen Chin Mudra auszuführen. Auf diese Weise kann man Energie aus einer höheren Quelle empfangen und gleichzeitig die Erfahrung erden.

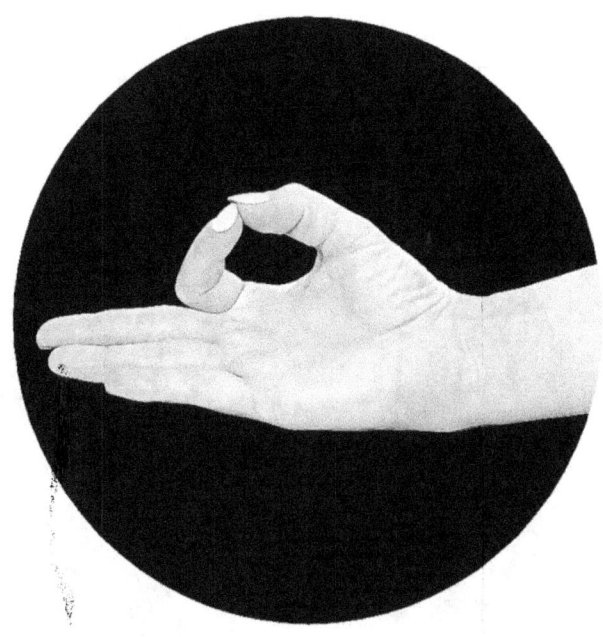

Abbildung 107: Chin Mudra

Hridaya Mudra

Hridaya bedeutet "Herz" in Sanskrit, da dieses Mudra die Vitalität des Herzens verbessert, indem es den Fluss des Prana erhöht. Hridaya Mudra ist dafür bekannt, dass es eine Person vor einem Herzinfarkt retten kann, indem es Brustschmerzen sofort lindert und Blockaden in den Arterien beseitigt. Es ist auch als "Mrit Sanjeevani" bekannt, ein Begriff aus dem Sanskrit, der besagt, dass diese Mudra die Kraft hat, uns aus den Klauen des Todes zu befreien.

Hridaya Mudra wird auch Apana Vayu Mudra genannt, weil es zwei Mudras kombiniert - Apana und Vayu. Um die Mudra auszuführen, falte den Zeigefinger und drücke mit dem Daumen auf den Knöchel (Vayu Mudra), was den Einfluss des Luftelements reduziert und Körper und Geist entspannt. Dann verbinden Sie die Daumenspitze mit dem Mittel- und Ringfinger (Apana Mudra) und aktivieren so die Elemente Geist, Erde und Feuer (Abbildung 108).

Während Vayu Mudra Herzunregelmäßigkeiten, einschließlich Herzrasen und Schwitzen, heilt, reduziert Apana Mudra überschüssige Blähungen des Magens und fördert die Blutzirkulation zum Herzen. Auch Übersäuerung und Sodbrennen werden durch die Ausführung von Hridaya Mudra gelindert.

Da das Herz das Zentrum der Emotionen ist, hilft Hridaya Mudra auch, aufgestaute Gefühle loszulassen, die Stress und Ängste verursachen. Daher ist es von Vorteil, diese Mudra während emotionaler Konflikte und Krisen zu üben. Ein weiterer häufiger Nutzen von Hridaya Mudra ist die Überwindung von Schlafproblemen, wie z.B. Schlaflosigkeit.

Hridaya Mudra kann zehn bis fünfzehn Minuten am Stück oder länger praktiziert werden und so oft wie nötig wiederholt werden.

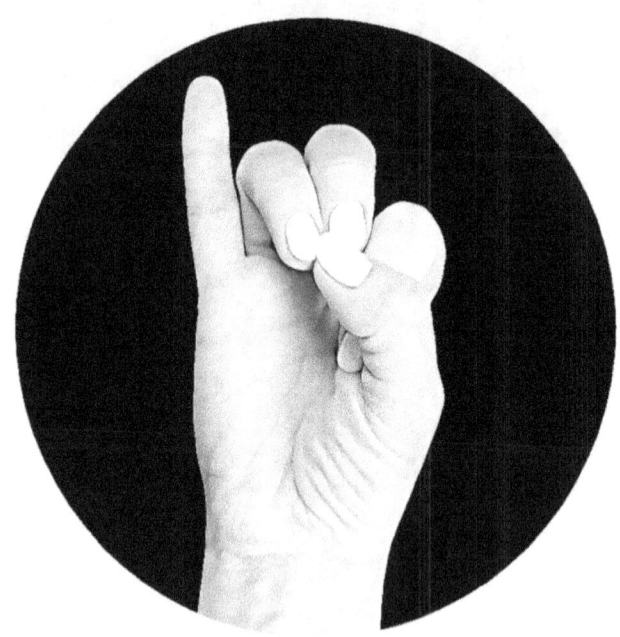

Abbildung 108: Hridaya Mudra

Shunya Mudra

Shunya bedeutet in Sanskrit "Leere", "Geräumigkeit" oder "Offenheit"; daher auch der andere Name, "Himmels-Mudra". Diese Mudra dient dazu, das Geist-Element (Raum-Element) im Körper zu verringern (Mittelfinger), während die Energie des Feuer-Elements (Daumen) erhöht wird.

Um Shunya Mudra einzunehmen, falte den Mittelfinger und drücke mit dem Daumen auf den Knöchel. Die übrigen drei Finger sollten gestreckt bleiben (Abbildung 109). Die regelmäßige Anwendung von Shunya Mudra während der Meditation erweckt die Intuition, erhöht die Willenskraft und beruhigt den Geist. Darüber hinaus berichten Langzeitpraktizierende, dass sie die Fähigkeit erlangen, den unangeschlagenen Klang der Stille von Anahata zu hören, der ihnen das Gefühl gibt, auf einem anderen Planeten, in einer anderen Dimension von Raum und Zeit zu sein. So ebnet das regelmäßige Üben dieser Mudra den Weg zu ewiger Glückseligkeit und Transzendenz.

Auf körperlicher Ebene ist Shunya Mudra dafür bekannt, eine Reihe von Hör- und Gleichgewichtsproblemen zu lindern, einschließlich Reisekrankheit, Schwindel, Taubheit und Ohrstörungen. Es ist auch bekannt dafür, dass es Herz- und Halskrankheiten heilt. Üben Sie diese Mudra jeweils zehn bis fünfzehn Minuten lang, bei Bedarf auch länger. Wiederholen Sie es so oft wie Sie möchten.

In der ayurvedischen Medizin ist Shunya Mudra vorteilhaft für Menschen, bei denen Vata Dosha vorherrscht, d. h. die Energie, die mit Bewegung verbunden ist, einschließlich Blutkreislauf, Atmung und Nervensystem.

Abbildung 109: Shunya Mudra

Anjali Mudra

Anjali bedeutet auf Sanskrit "Gruß" oder "darbringen". Anjali Mudra wird in der Regel von dem Wort "Namaste" begleitet, einer Grußformel, die von spirituellen Menschen in der westlichen Welt häufig verwendet wird. Diese Geste hat jedoch ihren Ursprung in Indien und ist seit Tausenden von Jahren Teil der dortigen Kultur. Sie besteht darin, beide Handflächen aufrecht vor die Brust zu halten (Abbildung 110), oft begleitet von einer leichten Verbeugung.

Im Sanskrit bedeutet "Nama" "Verbeugung", während "as" für "ich" und "te" für "du" steht. Namaste bedeutet also "Ich verbeuge mich vor dir". Namaste steht für den Glauben an einen göttlichen Funken des Bewusstseins in jedem von uns, der sich im Herz-Chakra, Anahata, befindet. Indem wir es ausführen, erkennen wir uns gegenseitig als göttliche Seelen an, die aus derselben Quelle stammen - Gott, dem Schöpfer.

Anjali Mudra kann auch als heiliger Gruß dargeboten werden, wenn man versucht, Kontakt mit einer höheren Macht aufzunehmen. Diese kraftvolle Handgeste wird in der westlichen Welt seit über zweitausend Jahren als Gebetshaltung verwendet. Ihre Ausführung ermöglicht es uns, mit unserem heiligen Schutzengel in Verbindung zu treten. Indem Sie die Hände im Zentrum des Herzchakras zusammenführen, vereinen Sie symbolisch und energetisch alle Gegensätze in Ihrem Inneren und ermöglichen Ihrem Bewusstsein, sich auf eine höhere Ebene zu erheben.

Anjali Mudra bringt unsere männlichen und weiblichen Energien in Einklang und vereinigt die linke und rechte Gehirnhälfte. Das Ergebnis ist Kohärenz in Geist und Körper auf allen Ebenen. Zu seinen weiteren gesundheitlichen Vorteilen gehören: Verbesserung der Konzentration, Beruhigung des Geistes, Förderung der Achtsamkeit und Abbau von Stress.

Abbildung 110: Anjali Mudra

Yoni Mudra

Yoni bedeutet in Sanskrit "Schoß", "Quelle" oder "Gefäß" und ist eine abstrakte Darstellung von Shakti, der dynamischen weiblichen Kraft der Natur. Yoni bezieht sich auch auf das weibliche Fortpflanzungssystem im Allgemeinen. Yoni Mudra bringt die gegensätzlichen, aber sich ergänzenden Energien in Ihrem Körper ins Gleichgewicht, insbesondere die beiden Gehirnhälften.

Um Yoni Mudra einzunehmen, legen Sie die Handflächen auf der Höhe des Nabels zusammen. Die Finger und Daumen sollten gerade sein und vom Körper weg zeigen. Drehen Sie zunächst den Mittel-, Ring- und kleinen Finger nach innen, so dass sich die Fingerrücken berühren. Als Nächstes verschränken Sie Mittel-, Ring- und kleinen Finger, während Sie die Spitzen von Zeigefinger und Daumen zusammenhalten. Bringen Sie schließlich die Daumen zum Körper, während Sie die Zeigefinger auf den Boden richten, und formen Sie so mit den Daumen und Zeigefingern die Form der Gebärmutter (Abbildung 111).

In der Endposition neigen die Ellbogen natürlich zur Seite und öffnen den Brustkorb. Sie können Yoni Mudra zehn bis fünfzehn Minuten am Stück machen, um die gewünschte Wirkung zu erzielen. Wiederholen Sie diese Übung über den Tag verteilt so oft wie Sie möchten.

Die nach unten zeigenden Zeigefinger stimulieren den Fluss von Apana, der subtilen Energie, die Körper, Geist und Emotionen reinigt. Yoni Mudra hat eine beruhigende Wirkung auf das Nervensystem, da es Stress abbaut und Frieden und Harmonie im Inneren schafft. Darüber hinaus stimmt Yoni Mudra uns auf den weiblichen, intuitiven Aspekt unseres Wesens ein. Wie ein Fötus im Mutterleib erfährt der Übende Glückseligkeit, indem er geistig und emotional passiv wird.

Abbildung 111: Yoni Mudra

Bhairava Mudra

Bhairava bedeutet in Sanskrit "furchterregend" und bezieht sich auf die grausame Manifestation von Shiva, dem Zerstörer. Bhairava Mudra ist eine symbolische, rituelle Geste der Hände, die den Energiefluss des Körpers während der Meditation oder anderer yogischer Praktiken harmonisiert. Diese gängige yogische Praxis verleiht ein sofortiges Gefühl der Ruhe und ermöglicht es den höheren Qualitäten, sich zu entfalten.

Um Bhairava Mudra auszuführen, legt man die rechte Hand auf die linke, wobei die Handflächen nach oben zeigen (Abbildung 112). In einer Meditations-Asana sollten die Hände auf dem Schoß liegen, während die Wirbelsäule und der Kopf gerade gehalten werden. Wenn die linke Hand auf die rechte gelegt wird, nennt man diese Übung Bhairavi Mudra, das weibliche (Shakti) Gegenstück zu Bhairava.

Die beiden Hände repräsentieren die Nadis Ida (linke Hand) und Pingala (rechte Hand), die weiblichen und männlichen Energiekanäle, die sich vereinigen, wenn eine Hand über die andere gelegt wird. Je nachdem, welche Hand oben liegt, wird dieses Geschlechterprinzip jedoch zur Ausdrucksqualität. Wenn zum Beispiel die linke Hand oben liegt, dominiert das Wasserelement und aktiviert das Prinzip des Bewusstseins und der Manifestation. Liegt dagegen die rechte Hand oben, dominiert das Feuerelement, das Kraft und Macht hervorruft und den Egoismus zerstört, während das göttliche Licht in die Aura eindringt. Daher wird dieser Mudra auch nachgesagt, dass sie alle körperlichen Krankheiten heilt.

Machen Sie Bhairava Mudra zehn bis fünfzehn Minuten am Stück oder länger und wiederholen Sie es so oft Sie wollen. In den tantrischen und yogischen Texten wird Bhairava Mudra als die ultimative Hand-Mudra angesehen, weil ihre Ausführung die individuelle Seele mit dem universellen Bewusstsein vereint - das innere und äußere Selbst werden eins.

Abbildung 112: Bhairava Mudra

Lotus Mudra

Lotus Mudra wurde entwickelt, um das Herz-Chakra, Anahata, zu öffnen. Es ist ein Symbol für Reinheit und Positivität und steht für das Licht, das aus der Dunkelheit aufsteigt. Als solches hat Lotus Mudra starke heilende Wirkungen auf mentaler, emotionaler und physischer Ebene. Seine Ausführung entspannt und stabilisiert den Geist und schafft eine liebevollere Haltung gegenüber anderen Menschen. Auf körperlicher Ebene ist Lotus Mudra dafür bekannt, Geschwüre und Fieber zu behandeln.

Um Lotus Mudra auszuführen, führe zunächst die Hände vor dem Herzzentrum in Anjali Mudra zusammen. Dann spreizen Sie Zeige-, Mittel- und Ringfinger wie eine sich öffnende Lotusblume, während Sie Daumen und kleinen Finger zusammenhalten (Abbildung 113). Bleiben Sie nun in dieser Position und spüren Sie die Wirkung dieses Mudras auf Ihr Herzchakra. Lotus Mudra kann so oft wie gewünscht durchgeführt werden, mindestens aber zehn Minuten am Stück, um die Wirkung zu spüren.

So wie die Wurzeln einer Lotusblume fest im schlammigen Boden eines Teiches verankert sind, ist ihr Blütenkopf der Sonne zugewandt und empfängt ihre heilenden Strahlen. Auf die gleiche Weise lehrt uns Lotus Mudra, mit unseren Wurzeln verbunden zu bleiben, während wir unsere Herzen für das göttliche Licht öffnen. Es lehrt uns, unsere Gedanken rein zu halten und andere zu akzeptieren, auch wenn unsere Gefühle ihnen gegenüber negativ sind. Auf diese Weise verbinden wir uns mit der Anmut und Schönheit, die in uns vorhanden ist, wenn unser Herzchakra geöffnet ist.

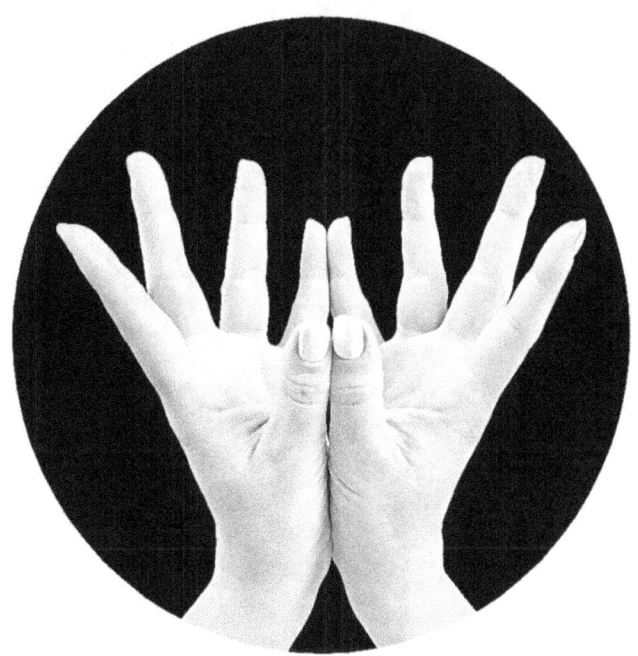

Abbildung 113: Lotus Mudra

Shiva Linga Mudra

Shiva Linga Mudra ist eine kraftvolle Handgeste, die den Gott Shiva und die Göttin Parvati, seine Gefährtin, darstellt. Der Lingam ist das Sinnbild der männlichen schöpferischen Energie, des Phallus, der in Hindu-Tempeln verehrt wird. In der Shiva Linga Mudra wird er symbolisch durch den aufrechten Daumen der rechten Hand dargestellt, während die Handfläche, auf der er ruht, die weibliche Energie, das Gefäß, repräsentiert. Somit steht diese Mudra für die Integration von Shiva und Shakti (Shivas weibliche Energie). Ihr englischer Name ist "Upright Mudra".

Um Shiva Linga Mudra einzunehmen, legen Sie Ihre linke Hand auf Höhe des Bauches in Form einer Schale und halten Sie die Finger zusammen. Legen Sie dann die rechte Faust auf die linke Handfläche. Zum Schluss strecken Sie den Daumen der rechten Hand nach oben (Abbildung 114). Spüren Sie die erdende Wirkung dieser Mudra in Ihrer Aura.

Der Fokus der Shiva Linga Mudra liegt auf dem Muladhara Chakra, dem Sitz des Lingams. Diese Mudra lindert Angst und Stress, indem sie den Geist beruhigt und den Körper mit der dichten Erdenergie auflädt. Sie wirkt nicht nur körperlicher und geistiger Ermüdung entgegen, indem sie den Körper energetisiert, sondern stärkt auch das Selbstvertrauen und verbessert die Intuition. Wegen ihrer starken Wirkung bei der Erdung der eigenen Energie sollte Shiva Linga Mudra nicht öfter als zwei- bis dreimal am Tag für jeweils zehn Minuten ausgeführt werden.

Abbildung 114: Shiva Linga Mudra

Kundalini Mudra

Kundalini Mudra erweckt die sexuelle Kraft, stimuliert Kreativität und Regeneration. Diese Mudra ist dafür bekannt, schlummernde sexuelle Wünsche zu aktivieren und alle Probleme mit den Fortpflanzungsorganen zu heilen. Auf einer subtilen Ebene vereinigt Kundalini Mudra die männlichen und weiblichen Prinzipien in unserem Selbst, was das Erwachen der Kundalini an der Basis der Wirbelsäule erleichtert.

Um Kundalini Mudra auszuführen, mache mit beiden Händen eine lockere Faust auf Höhe des Bauchnabels. Dann strecken Sie den Zeigefinger der linken Hand aus, während Sie die vier Finger der rechten Hand darum wickeln. Die Spitze des Zeigefingers der linken Hand sollte sich mit dem Daumen der rechten Hand verbinden (Abbildung 115).

Der linke Zeigefinger steht für die individuelle Seele und den Geist, während die vier Finger der rechten Hand die Außenwelt symbolisieren. Der rechte Daumen schließlich steht für die heilige Kraft der Kundalini. Das Kundalini Mudra als Ganzes steht für die Vereinigung des individuellen Selbst mit dem Universum. Wegen seiner starken Wirkung auf die sexuelle Energie sollte das Kundalini-Mudra nicht mehr als zwei- bis dreimal täglich für jeweils zehn Minuten praktiziert werden.

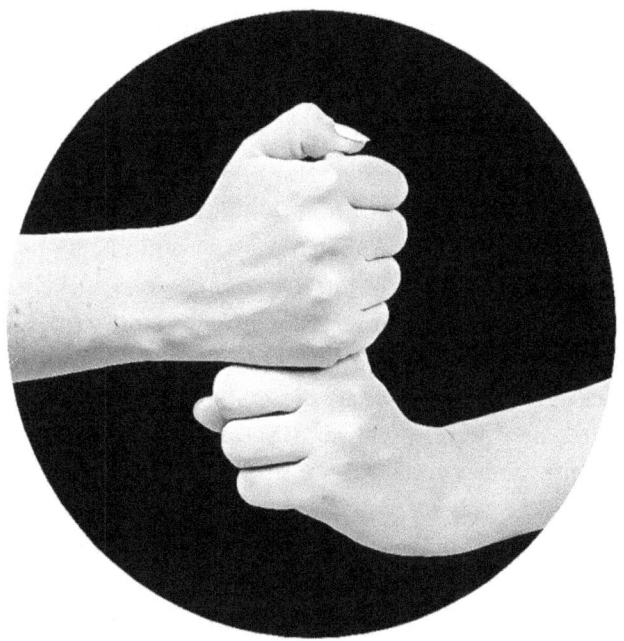

Abbildung 115: Kundalini Mudra

MANA (KOPF-MUDRAS)

Shambhavi Mudra (Blick auf die Augenbrauenmitte)

Shambhavi Mudra ist eine im Yoga und Tantra hoch angesehene Praxis, weil sie den Geist zur Ruhe bringt und höhere Bewusstseinszustände ermöglicht. Shambhavi Mudra ist eine kraftvolle Technik, um das Ajna Chakra zu erwecken, da sie den Blick auf das Augenbrauenzentrum richtet, wo sich der Tunnel des Geistigen Auges befindet. Shambhavi Mudra macht alle positiven und negativen Gedanken zunichte, wenn es richtig angewendet wird, und führt zu einem Zustand der Leere (Shoonya) oder Gedankenlosigkeit/Leere. Sein anderer Name ist Bhrumadya Drishti, wobei "bhru" auf Sanskrit "Augenbrauenzentrum" und "drishti" "Schauen" bedeutet.

Das Wort "Shambhavi" stammt aus dem Sanskrit "Shambhu", was ein Verweis auf Lord Shiva als jemanden ist, der "aus Glück oder Glückseligkeit geboren" ist. Shambhavi ist der weibliche Aspekt von Lord Shiva - die Kundalini Shakti. Shambhavi Mudra aktiviert nicht nur das Ajna Chakra, sondern die Konzentration auf das Augenbrauenzentrum regt Ida und Pingala Nadis an, an diesem Punkt zusammenzulaufen, was sich direkt auf die Kundalini an der Basis der Wirbelsäule auswirkt und ein Aufsteigen erleichtern kann.

Shambhavi Mudra ist hilfreich, um ängstliche, negative Gedanken zu überwinden, die dem Unterbewusstsein entspringen. Die Konzentration auf das Augenbrauenzentrum bewirkt, dass die Aufmerksamkeit auf die Vorderseite des Kopfes gerichtet wird, von wo aus der bewusste Verstand arbeitet. In der Hermetik steht die Vorderseite des Kopfes für den solaren, männlichen Aspekt, während die Rückseite des Kopfes für den lunaren, weiblichen Aspekt steht. Im Qabalistischen Lebensbaum repräsentiert der Pfad von Qoph (die Mond-Tarotkarte), der wörtlich "der Hinterkopf" bedeutet, das Unterbewusstsein. Umgekehrt bedeutet der Pfad von Resh (die Sonnen-Tarotkarte) "Kopf" und bezieht sich auf die Vorderseite des Kopfes und den bewussten Verstand.

Um die Übung Shambhavi Mudra zu beginnen, setzen Sie sich in eine der drei Meditations-Asanas, während Sie den Körper entspannen und die Wirbelsäule gerade halten. Legen Sie die Hände auf die Knie, entweder im Jnana oder im Chin Mudra. Schließen Sie die Augen und entspannen Sie alle Muskeln im Gesicht, auf der Stirn, in den Augen und hinter den Augen, während Sie ein paar langsame und tiefe Atemzüge machen. Öffnen Sie nun langsam die Augen und schauen Sie auf einen festen Punkt vor sich. Die besten Ergebnisse erzielen Sie, wenn Sie Khechari Mudra als Teil der Übung ausführen, obwohl es empfehlenswert ist, ohne sie zu beginnen, bis Sie mit der Übung vertrauter geworden sind.

Schauen Sie nun nach oben und nach innen, während Sie Ihre Augen auf die Augenbrauenmitte richten und dabei den Kopf und den ganzen Körper ruhig halten (Abbildung 116). Bei korrekter Ausführung wird die Kurve der Augenbrauen ein V-förmiges Bild bilden, dessen Scheitelpunkt in der Augenbrauenmitte liegt. Wenn Sie die V-Form nicht sehen, ist Ihr Blick nicht richtig nach oben und nach innen gerichtet.

Konzentrieren Sie sich einige Sekunden lang auf den Punkt zwischen den Augenbrauen, ohne zu blinzeln. Entspannen Sie dann Ihre Augen, indem Sie sie in ihre ursprüngliche Position bringen, bevor Sie die Übung wiederholen. Es ist wichtig, den Blick anfangs nur einige Sekunden lang zu halten und die Dauer allmählich zu erhöhen, wenn Sie sich mit dieser Übung wohler fühlen. Die Augen sollten nie zu stark beansprucht werden. Wenn Sie ein Unbehagen in den Augen verspüren, können Sie Ihre Hände aufwärmen, indem Sie sie aneinander reiben und die Augen bedecken, um heilende Energie zuzuführen und Spannungen zu lösen.

Abbildung 116: Shambhavi Mudra

Mit zunehmender Erfahrung mit dieser Übung wird die Fixierung des Blicks auf das Augenbrauenzentrum zur Selbstverständlichkeit, da die Muskeln, die die Augen kontrollieren, stärker werden. Wenn Sie die Shambhavi Mudra-Übung ausführen, üben Sie sich darin, achtsam zu sein und die Yogische Atmung beim Ein- und Ausatmen anzuwenden, um eine optimale Wirkung zu erzielen.

Shambhavi Mudra kann als Teil der Asana-Praxis und der Pranayama-Übungen wie Sama Vritti und Moorcha Pranayama eingesetzt werden. Wenn Sie Shambhavi Mudra allein praktizieren, beginnen Sie mit fünf Runden und steigern Sie sich über einen Zeitraum von fünf Monaten allmählich auf zehn. Beachten Sie, dass Sie diese Übung nicht durchführen sollten, wenn Sie gesundheitliche Probleme mit Ihren Augen haben.

Sie können Shambhavi Mudra auch mit geschlossenen Augen üben, sobald Sie etwas Erfahrung damit gesammelt haben. Die Variante dieser Übung mit geschlossenen Augen ist die sehr wichtige Mind's Eye Meditation aus *The Magus*. Ich bespreche die Mechanik dieser inneren Shambhavi Mudra als Teil der Kundalini-Meditationen im Kapitel "Fehlersuche im System" in diesem Buch.

Nasikagra Drishti (Blick auf die Nasenspitze)

Nasikagra Drishti ist ähnlich wie Shambhavi Mudra, mit dem Unterschied, dass sich die Augen auf die Nasenspitze statt auf die Augenbrauenmitte richten. Der Begriff kommt von den Sanskrit-Wörtern "nasagra", was "Nasenspitze" bedeutet, und "drishti", was mit "Blick" übersetzt werden kann. Nasikagra Drishti ist hervorragend geeignet, um die Augenmuskeln zu stärken, die Konzentration zu fördern und den Übenden während der Meditation in höhere Bewusstseinszustände zu führen. Diese Übung ist dafür bekannt, dass sie das Muladhara Chakra aktiviert, das mit dem Frontallappen des Gehirns verbunden ist.

Um den Blick auf die Nasenspitze zu üben, halten Sie Ihren Zeigefinger auf Armeslänge in Höhe Ihrer Nase aufrecht. Richten Sie Ihren Blick darauf und beginnen Sie, ihn langsam in Richtung Nasenspitze zu bewegen, während Sie Ihren Kopf ruhig halten. Wenn der Finger die Nasenspitze erreicht hat (die Augen sollten immer noch darauf gerichtet sein), lassen Sie den Finger fallen und richten Sie den Blick auf die Nasenspitze. Nach einigen Sekunden, in denen Sie Ihren Blick dort halten, schließen Sie die Augen und entspannen sie, bevor Sie die Übung wiederholen. Verbringen Sie in den ersten zwei Wochen nicht mehr als drei bis fünf Minuten pro Tag mit dieser Übung. Sobald es Ihnen leicht fällt, Ihren Blick nach Belieben auf Ihre Nasenspitze zu richten, sind Sie bereit für Nasikagra Drishti.

Um Nasikagra Drishti zu beginnen, setzen Sie sich in eine der drei Meditations-Asanas, während Sie den Körper entspannen und Ihre Wirbelsäule und Ihren Kopf gerade halten. Legen Sie die Hände auf die Knie, entweder in Jnana oder Chin Mudra. Schließen Sie die Augen und entspannen Sie alle Muskeln im Gesicht, während Sie einige tiefe, langsame Atemzüge nehmen. Öffnen Sie nun allmählich die Augen und richten Sie sie auf die Nasenspitze (Abbildung 117). Wenn die Übung korrekt ausgeführt wird, sollte die Lichtbrechung, die ein V bildet, direkt über der Nasenspitze zu sehen sein. Halten Sie Ihren Blick dort einige Sekunden lang, bevor Sie die Augen schließen und die Übung wiederholen. Verbringen Sie nicht mehr als fünf bis zehn Minuten pro Tag mit dieser Übung und steigern Sie die Dauer nach ein paar Monaten.

Sie können Khechari Mudra als Teil von Nasikagra Drishti ausführen, obwohl es empfohlen wird, für die erste Zeit ohne sie zu beginnen. Achten Sie immer darauf, Ihre Augen nicht zu sehr zu belasten; wenn Sie Unbehagen in den Augen verspüren, können Sie Ihre Hände erwärmen, indem Sie sie aneinander reiben und die Augen bedecken, um heilende Energie zuzuführen. Üben Sie Nasikagra Drishti mit Yogischer Atmung beim Ein- und Ausatmen, um eine optimale Wirkung zu erzielen. Personen, die gesundheitliche Probleme mit ihren Augen haben oder an Depressionen leiden, sollten diese Übung nicht durchführen.

Sie können Nasikagra Drishti auch mit geschlossenen Augen praktizieren. Ich entdeckte die Nasenspitzen-Meditation mit geschlossenen Augen auf meiner spirituellen Reise und ihre Kraft, den Kundalini-Kreislauf zu optimieren, sobald er zusammenbricht. Später, als ich mich mit Yoga beschäftigte, erfuhr ich von Nasikagra Drishti und seiner ähnlichen Mechanik. Ich habe herausgefunden, dass man sich durch die Konzentration auf die Nasenspitze mit dem psychischen Zentrum des Unterbewussten Auges verbindet, das zwischen den beiden physischen Augen liegt, einen Zentimeter außerhalb des Kopfes.

Abbildung 117: Nasikagra Drishti

Ein Energiekanal verläuft entlang der Vorderseite der Nase vom Unterbewussten Auge zur Nasenspitze. Die Nasenspitze dient als Ablasspunkt für das Unterbewusste Auge. Wenn dieses psychische Zentrum blockiert ist, kommt es zu einem Anstieg von negativer Energie und Angst im Geist, was in der Regel auf einen kollabierten Ida-Kanal zurückzuführen ist. Die Konzentration auf die Nasenspitze ermöglicht es Ihnen, diesen Kanal zu öffnen oder wieder zu öffnen, wenn er blockiert ist, und so störende, auf Angst basierende Gedanken und Gefühle zu lindern. Weitere Informationen zu dieser Übung finden Sie in den Kundalini-Meditationen (Meditation der Augenmitte/Nasenbrücke).

Shanmukhi Mudra (Schließen der sieben Tore)

Shanmukhi Mudra setzt sich aus zwei Sanskritwurzeln zusammen: "Shan" bedeutet "sechs" und "mukhi" bedeutet "Gesicht" oder "Tor". So bezieht sich Shanmukhi Mudra auf die sechs Tore der Wahrnehmung, durch die wir die Außenwelt wahrnehmen - die beiden Augen, die beiden Ohren, die Nase und den Mund. Bei dieser Übung werden die sechs Wahrnehmungsöffnungen geschlossen, um die fünf Sinne des Körpers - Sehen, Hören, Riechen und Tasten - zu blockieren.

Nach den *Yoga Sutras von Patanjali* gilt Shanmukhi Mudra als eine Praxis des Pratyahara (Sinnesentzug) - die Vorstufe von Dharana (Konzentration) und Dhyana (Meditation). Shanmukhi Mudra eignet sich hervorragend für Konzentration und Introspektion, denn indem wir uns von der Außenwelt abkapseln, gewinnen wir einen tieferen Einblick in unser inneres Selbst. Es beruhigt auch den Geist und das Nervensystem und entspannt und verjüngt die Augen und Gesichtsmuskeln durch die Energie und Wärme der Hände und Finger.

Um die Übung Shanmukhi Mudra zu beginnen, setzen Sie sich in eine der drei Meditations-Asanas und halten Sie dabei die Wirbelsäule gerade. Legen Sie die Hände auf die Knie, entweder im Jnana oder im Chin Mudra. Schließen Sie die Augen und atmen Sie ein paar Mal tief durch, um Ihren Körper zu entspannen. Erlauben Sie sich, Ihre Umgebung zu spüren, bevor Sie sich von ihr lösen.

Um den größtmöglichen Nutzen zu erzielen und möglicherweise die Kundalini an der Basis der Wirbelsäule zu erwecken, sollte diese Übung von der Anwendung von Mula Bandha begleitet werden. Legen Sie dazu ein kleines Kissen unter Ihr Perineum, um Druck auf diesen Bereich auszuüben und so das Muladhara Chakra zu aktivieren.

Heben Sie die Arme und Ellbogen auf Schulterhöhe, die Handflächen zeigen zu Ihnen. Beginnen Sie nacheinander, Ihre Sinnesorgane mit den Fingern zu schließen. Schließen Sie die Ohren mit den Daumen, die Augen mit den Zeigefingern, die Nasenlöcher mit den Mittelfingern und den Mund mit dem Ringfinger und dem kleinen Finger (Abbildung 118). Lassen Sie den Druck der Mittelfinger (teilweise) nach, damit Sie durch die Nasenlöcher atmen können. Auf die übrigen Sinnesorgane üben Sie leichten Druck aus, damit sie während der Übung geschlossen bleiben.

Atmen Sie langsam und tief durch die teilweise verstopften Nasenlöcher ein, indem Sie die Technik der Yogischen Atmung anwenden. Am Ende der Einatmung verschließen Sie die Nasenlöcher mit den Mittelfingern und halten Sie den Atem an. Je länger Sie den Atem bequem anhalten können, desto stärker wird die Wirkung dieser Übung sein. Lösen Sie nun den Druck der Mittelfinger und atmen Sie langsam durch die Nasenlöcher aus. Damit ist die erste Runde beendet.

Beginnen Sie mit fünf Minuten Übung und steigern Sie diese über drei Monate auf dreißig Minuten. Wenn Sie bereit sind, die Übung zu beenden, lassen Sie die Hände auf die Knie sinken, während Sie die Augen geschlossen halten. Verbringen Sie einige Augenblicke damit, sich Ihrer Umgebung bewusst zu werden, bevor Sie die Augen öffnen und die Übung abschließen.

Um eine optimale Wirkung von Shanmukhi Mudra zu erzielen, konzentrieren Sie sich mit geschlossenen Augen auf den Raum zwischen Ihren Augenbrauen, um sich mit dem Ajna Chakra zu verbinden. Achten Sie auf Ihre Atmung, während Sie sich von der äußeren Welt lösen. Mit jedem Atemzug sollten Sie tiefer in Ihr inneres Selbst gehen. Achten Sie darauf, wie Sie sich dabei fühlen und wie sich Ihr Herzchakra verändert. Es ist nicht ungewöhnlich, dass Sie verschiedene Klänge aus Ihrem Inneren hören, wie z.B. subtile Vibrationen, die vom Bindu Chakra ausgehen.

Sie können Shanmukhi Mudra zu jeder Tageszeit praktizieren, optimal ist es jedoch gleich morgens oder vor dem Schlafengehen. Wie bei allen yogischen Übungen, die einen introvertierten Geisteszustand hervorrufen, sollten Menschen, die unter Depressionen leiden, Shanmukhi Mudra nicht praktizieren.

Abbildung 118: Shanmukhi Mudra

KAYA (HALTUNGS-MUDRAS)

Viparita Karani - Umgekehrte psychische Einstellung
Viparita Karani kommt von den Sanskrit-Wörtern "viparita", was "umgedreht" oder "umgekehrt" bedeutet, und "karani", was "eine besondere Art der Übung" bedeutet. Der Zweck dieser posturalen Mudra ist es, den Abfluss und Verlust des Amrita (des lebensspendenden Ambrosia-Nektars, der aus dem Bindu abgesondert wird) durch den Einsatz der Schwerkraft umzukehren (Sie können mehr über die Verwendung und den Zweck des Amrita im Kapitel "Lalana Chakra und der Amrita Nektar" in diesem Abschnitt erfahren). Sein anderes Ziel ist es, eine Sublimation der Energie von unten nach oben im Körper zu schaffen und den Prana-Energiefluss auszugleichen. Da die Aufmerksamkeit

beim Ein- und Ausatmen auf Manipura und Vishuddhi gerichtet sein sollte, dient Viparita Karani auch der Optimierung dieser beiden Chakras.

Abbildung 119: Viparita Karani

Um in die Viparita Karani-Pose zu kommen, bringen Sie die Beine über den Kopf, während Sie die Hüften mit den Händen abstützen. Halten Sie Ihren Oberkörper so nah wie möglich an einem 45-Grad-Winkel, während die Beine gerade nach oben zeigen (Abbildung 119). Ihr Blick sollte nach oben zu Ihren Füßen gerichtet sein, während Ihre Zehen zum Himmel zeigen. Halten Sie die Ellbogen nahe beieinander und achten Sie darauf, dass Ihr Kinn nicht gegen die Brust drückt. In der Endposition ruht das Körpergewicht auf den Schultern, dem Nacken und den Ellbogen. Wenn Sie

Schwierigkeiten haben, in diese Stellung zu kommen, können Sie eine Wand und Kissen benutzen, um Ihre Beine und Ihren Oberkörper zu stützen. Schließen Sie nun die Augen und entspannen Sie Ihren ganzen Körper.

Halten Sie Jiva Bandha (Zunge auf dem Gaumen) oder Khechari Mudra während der gesamten Übung. Dann atmen Sie langsam und tief mit Ujjayi Pranayama ein, während Sie Ihre Aufmerksamkeit auf das Manipura Chakra richten. Beim Ausatmen richten Sie Ihre Aufmerksamkeit auf das Vishuddhi Chakra. Damit ist die erste Runde abgeschlossen.

Üben Sie zunächst bis zu sieben Runden, indem Sie Ihre Aufmerksamkeit von Manipura beim Einatmen auf Vishuddhi beim Ausatmen und umgekehrt lenken. Wenn Sie spüren, dass sich Druck im Kopf aufbaut oder andere Beschwerden auftreten, beenden Sie die Übung sofort.

Steigern Sie die Anzahl der Runden allmählich von sieben auf einundzwanzig über drei Monate. Ihre Ein- und Ausatmung sollte bei dieser Übung gleich lang sein. Wenn Sie sich damit wohler fühlen, arbeiten Sie daran, die Dauer zu erhöhen, während Sie das gleiche Verhältnis beibehalten.

Zum Abschluss der Übung senken Sie die Wirbelsäule langsam Wirbel für Wirbel ab, während Sie den Kopf auf dem Boden lassen. Nachdem das Gesäß gesenkt ist, senken Sie die Beine und halten sie dabei gerade. Verweilen Sie nun einige Augenblicke in Shavasana, damit Ihr Bewusstsein sich erden kann. Es ist auch ratsam, anschließend eine Asana-Gegenstellung auszuführen, um Ihre Energien auszugleichen.

Viparita Karani wird am besten am Morgen praktiziert. Führen Sie diese Übung am Ende Ihrer täglichen Asanapraxis und/oder vor der Meditation durch. Beachten Sie, dass Menschen, die an Bluthochdruck, Herzkrankheiten, Nacken- oder Rückenschmerzen oder übermäßigen Toxinen im Körper leiden, Viparita Karani nicht ausführen sollten. Da die Ausführung dieser Übung über einen längeren Zeitraum den Stoffwechsel anregt, sollten Sie sie mindestens drei Stunden nach einer Mahlzeit vermeiden.

Pashinee Mudra - Gefaltete psychische Haltung

Pashinee Mudra leitet sich von dem Sanskrit-Begriff "pash" ab, was "Schlinge" bedeutet. Das Wort "Pashinee" bezieht sich auf "in einer Schlinge gefangen sein", dem diese Stellung ähnelt. Das Üben dieser Mudra bringt Ruhe und Ausgeglichenheit in das Nervensystem und bewirkt Pratyahara. Sie dehnt den Nacken sowie die Wirbelsäule und die Rückenmuskulatur.

Um mit der Übung Pashinee Mudra zu beginnen, nehmen Sie Halasana (Pflugstellung) ein, aber stellen die Beine etwa anderthalb Meter auseinander. Beugen Sie die Knie und bringen Sie die Oberschenkel zur Brust, bis die Knie den Boden berühren. In der Endposition sollten die Knie so nah wie möglich an den Schultern und Ohren sein (Abbildung 120).

Entspannen Sie den Körper und schließen Sie die Augen. Atmen Sie langsam und tief ein. Bleiben Sie so lange in dieser Position, wie es bequem möglich ist. Lassen Sie nun die Arme sanft los und kehren Sie in Halasana zurück. Senken Sie die Beine und entspannen sich einige Augenblicke in Shavasana, damit Ihr Bewusstsein sich erden kann.

Wie bei Viparita Karani ist es ratsam, eine Gegenstellung einzunehmen, um die Energien auszugleichen, z.B. eine rückwärts gerichtete Asana. Beachten Sie, dass Menschen, die an einer Wirbelsäulenerkrankung oder Nackenverletzung leiden, diese Mudra vermeiden sollten. Auch menstruierende oder schwangere Frauen sollten diese Übung auslassen.

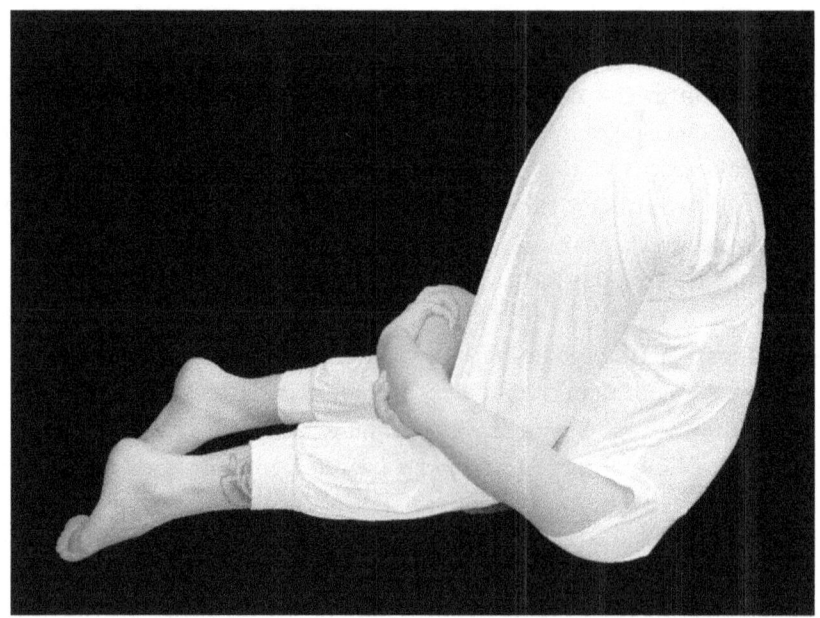

Abbildung 120: Pashinee Mudra

Tadagi Mudra

Tadagi leitet sich vom Sanskrit-Begriff "tadaga" ab, was so viel wie "Wasserkörper" oder "wassertopfähnliche Struktur, ähnlich wie ein See oder Teich" bedeutet. Bei dieser Mudra-Technik wird der Unterleib durch tiefe Bauchatmung in die Form eines Fasses gebracht, daher der Name. Tadagi Mudra stimuliert die Chakras Manipura und Hara und erhöht das Prana-Niveau im Körper. Darüber hinaus fördert es die Durchblutung der Bauchorgane und löst Verspannungen des Beckenbodens.

Setzen Sie sich mit gestreckten Beinen und leicht gespreizten Füßen auf den Boden oder eine Yogamatte (Die Beine sollten während der gesamten Übung gerade bleiben). Um Tadagi Mudra einzunehmen, legen Sie zunächst die Hände auf die Knie und halten Kopf und Wirbelsäule gerade. Schließen Sie dann die Augen und entspannen Sie den gesamten Körper bei normaler Atmung. Beugen Sie sich nun nach vorne und legen Sie die Daumen, Zeige- und Mittelfinger über die großen Zehen (Abbildung 121).

Atmen Sie langsam ein und füllen Sie Ihren Bauch mit Sauerstoff, damit er sich vollständig ausdehnen kann. Halten Sie den Atem über einen längeren Zeitraum bequem an. Ihr Körper sollte während dieser Übung zu keiner Zeit angespannt sein. Sie können die Zehen zwischen den Atemzügen loslassen, um sich anzupassen und es sich bequemer zu machen.

Atmen Sie langsam und tief aus und lassen Sie den Bauch entspannen, während Sie sich auf den Zehen halten. Eine Runde ist nun beendet. Wiederholen Sie die Runden fünf- bis zehnmal. Wenn Sie bereit sind, die Übung zu beenden, lassen Sie die Zehen los und kehren in die Ausgangsposition zurück. Beachten Sie, dass schwangere Frauen und Personen, die an einem Leistenbruch oder Prolaps leiden, diese Übung vermeiden sollten.

Abbildung 121: Tadagi Mudra

Manduki Mudra - Geste des Frosches

Manduki bedeutet auf Sanskrit "Frosch" und ahmt die Haltung eines Frosches in Ruhe nach. Ihr anderer Name ist die "Geste des Frosches" oder "Froschhaltung". Diese Mudra stimuliert das Muladhara Chakra und gleicht den Prana-Energiefluss im Körper aus. Sie beruhigt den Geist, gleicht Ida- und Pingala-Nadis aus und steigert die Einsicht. Da es sich um eine kraftvolle Yoga-Asana handelt, stärkt sie die Kraft der Hüften, Knie und Knöchel und macht sie flexibler.

Beginnen Sie in einer einfachen knienden Position, in der beide Knie den Boden berühren. Um Manduki Mudra auszuführen, stellen Sie die Beine so auf, dass die Zehen nach außen zeigen und das Gesäß auf dem Boden ruht (Abbildung 122). Wenn diese Position für Sie unbequem ist, setzen Sie sich stattdessen auf ein Kissen und bringen Sie Ihre Beine und Füße in die gleiche Position.

Sie sollten spüren, dass Druck auf den Damm ausgeübt wird, wodurch das Muladhara Chakra aktiviert wird. Legen Sie als Nächstes die Hände auf die Knie, entweder im Jnana oder im Chin Mudra. Während dieser Übung sollten Sie Ihre Wirbelsäule und Ihren Kopf gerade halten. Wenn Sie sich aus dieser Position heraus natürlich nach vorne lehnen, halten Sie die Knie und strecken Sie die Arme zur Unterstützung aus. Schließen Sie nun die Augen und entspannen Sie Ihren ganzen Körper.

Abbildung 122: Manduki Mudra

Öffnen Sie Ihre Augen und führen Nasikagra Drishti aus. Beginnen Sie, indem Sie Ihre Zunge für ein oder zwei Minuten auf Ihren Gaumen legen (Jiva Bandha) und gehen dann in Khechari Mudra über. Ihr Atem sollte langsam und rhythmisch sein. Wenn Sie ein Unbehagen in Ihren Augen spüren, schließen Sie sie für ein paar Sekunden und setzen dann die Übung fort. Üben Sie Manduki Mudra mit der Yogischen Atmung beim Ein- und Ausatmen, um eine optimale Wirkung zu erzielen.

Beginnen Sie damit, diese Übung einmal täglich zwei Minuten lang zu machen, vorzugsweise morgens. Wenn Sie damit vertrauter werden, steigern Sie sich allmählich auf bis zu fünf Minuten, um eine optimale Wirkung zu erzielen. Bei korrekter Ausführung sollten die Sinne nach innen gezogen werden.

Manduki Mudra ist eine erweiterte Version von Nasikagra Drishti. Als solche sollte sie bei mildem Licht geübt werden, damit die Nasenspitze deutlich zu sehen ist. Beachten Sie die Vorsichtsmaßnahmen für die Ausübung von Nasikagra Drishti. Menschen mit Problemen in den Knöcheln, Knien oder Hüften sollten bei der Ausführung von Manduki Mudra Vorsicht walten lassen, da diese Körperteile flexibel sein müssen.

BANDHA (VERRIEGLUNGS MUDRAS)

Mula Bandha (Perineum-Kontraktion)

Mula Bandha ist das erste der drei großen Energieschlösser, die in den yogischen Praktiken verwendet werden, um den Fluss des Prana im Körper zu kontrollieren, zusammen mit Uddiyana und Jalandhara Bandhas. Jedes der drei Bandhas (Schleusen) versiegelt einen bestimmten Teil des Körpers und schickt das Prana durch Sushumna Nadi nach innen und oben. Wenn alle drei Bandhas zusammen angewendet werden, wird die Praxis Maha Bandha genannt, was soviel wie "Großes Schloss" bedeutet (Abbildung 132). Jedes Bandha kann auch dazu verwendet werden, einen der drei Granthis (psychische Knoten) zu lösen, die die Kundalini-Energie auf ihrem Weg nach oben behindern.

Mula Bandha bedeutet auf Sanskrit "Wurzelschloss" und bezieht sich auf den Prozess, die Energie im Muladhara, dem Wurzelchakra, zu bündeln und sie durch Sushumna nach oben zu schicken. Mula Bandha ist die anfängliche Energieschleuse, die dazu dient, die Kundalini an der Basis der Wirbelsäule in Aktivität zu versetzen.

Die Ausführung von Mula Bandha beinhaltet die Kontraktion bestimmter Muskeln zwischen dem Anus und den Genitalien in der Dammregion, wo sich der Blütenkopf von Muladhara befindet. Der genaue Kontraktionspunkt befindet sich bei Männern zwischen dem Anus und den Hoden, bei Frauen hinter dem Gebärmutterhals, wo die Gebärmutter in die Vagina hineinragt (Abbildung 123).

Da der Dammbereich der Knotenpunkt der Nerven ist, ist er der Ausgangspunkt unseres Nervensystems. Das Zusammenziehen des Dammes mit Mula Bandha hat eine beruhigende Wirkung auf das Nervensystem, fördert den Seelenfrieden und erhöht die Konzentration.

Auf der Prana-Ebene lenkt Mula Bandha die Energie von Apana, dem Aspekt von Prana im Körper, der vom Nabel abwärts fließt, um. Die Umkehrung der Richtung des Apana-Flusses in Verbindung mit der Stimulierung der drei Nadis, die in der Muladhara-Region beginnen, kann eine kraftvolle Wirkung auf die Erweckung der Kundalini aus ihrem Schlummer in der Steißbeinregion haben.

Während einer Kundalini-Erweckung kann Mula Bandha verwendet werden, um Brahma Granthi zu transzendieren, das zwischen Muladhara und Swadhisthana Chakra existiert. Auf diese Weise wird die Seele von bestimmten Anhaftungen befreit, die sie an die Welt der Materie binden. Die Überwindung von Brahma Granthi ist eine wesentliche Voraussetzung, um die Kundalini in die Chakras oberhalb von Muladhara zu erheben.

Auf körperlicher Ebene stärkt Mula Bandha die Muskeln des Beckenbodens. Bei Männern verhindert es eine vorzeitige Ejakulation, während es bei Frauen die Schmerzen der Menstruation lindert. In psychologischer Hinsicht hilft Mula Bandha bei der Regulierung der Hormone und fördert ein gesundes geistiges und emotionales Wachstum und eine gesunde Entwicklung. Diese zeitlose Technik gleicht die männlichen und weiblichen Sexualhormone - Testosteron und Östrogen - aus. Sie reguliert Thyroxin, das den Stoffwechsel unterstützt, sowie Serotonin, das stimmungsaufhellende Hormon. Mula Bandha ist sehr wirksam bei der Behandlung psychischer Probleme wie Manie, Hysterie, Phobien, Neurosen und allgemeinen Depressionen.

Um mit der Übung Mula Bandha zu beginnen, wählen Sie eine der drei Meditations-Asanas, vorzugsweise Siddhasana, bei der Sie mit der Ferse auf Ihr Perineum drücken. Halten Sie die Wirbelsäule und den Nacken gerade, während Sie die Augen schließen und den ganzen Körper entspannen. Für einen zusätzlichen Effekt können Sie die Hände auf die Knie legen, entweder im Jnana oder im Chin Mudra.

Werden Sie sich des natürlichen Atems bewusst, während Sie Ihre Aufmerksamkeit auf die Dammregion richten. Beim nächsten Einatmen ziehen Sie diesen Bereich zusammen, indem Sie die Beckenbodenmuskeln anspannen und zur Wirbelsäule hin anheben. Beim Ausatmen lassen Sie die Beckenbodenmuskeln los und entspannen sie. Atmen Sie langsam und tief. Fahren Sie mit dem kontrollierten, rhythmischen An- und Entspannen des Damm-/Vaginalbereichs fort und stimmen Sie es mit dem Ein- und Ausatmen ab. Machen Sie diese Übung einige Minuten lang als Vorbereitung für den nächsten Schritt.

Lassen Sie die nächste Kontraktion nicht los, sondern halten Sie sie einige Minuten lang fest, während Sie den Rest des Körpers entspannen. Konzentrieren Sie sich auf den Beckenboden und vergewissern Sie sich, dass Sie nur die Dammmuskeln im Muladhara-Bereich angespannt haben und nicht den Anus oder die Schließmuskeln der Harnwege. Halten Sie die Spannung für einige Sekunden. Lösen Sie nun die Kontraktion und lassen Sie die Beckenbodenmuskeln entspannen. Wiederholen Sie die Übung so lange, wie Sie wollen, mit maximaler Kontraktion und anschließender völliger Entspannung der Beckenmuskeln.

In der letzten Phase von Mula Bandha wird der Atem angehalten (Khumbaka). Atmen Sie tief ein, während Sie die Dammmuskeln anspannen. Halten Sie den Atem nun so lange an, wie Sie es bequem können, während Sie die Kontraktion aufrechterhalten. Beim Ausatmen lassen Sie die Kontraktion los und entspannen den gesamten Beckenbereich. Atmen Sie ein paar Mal normal durch, bevor Sie mit der nächsten Kontraktion beginnen, während Sie den Atem anhalten. Wiederholen Sie die Übung so lange, wie Sie möchten. Wenn Sie bereit sind, die Übung zu beenden, öffnen Sie die Augen.

Mula Bandha kann mit verschiedenen Asanas, Pranayamas, Mudras und Bandhas ausgeführt werden, um eine optimale Wirkung zu erzielen. Wenn es allein praktiziert wird, sollte es als Vorstufe zur Meditation durchgeführt werden.

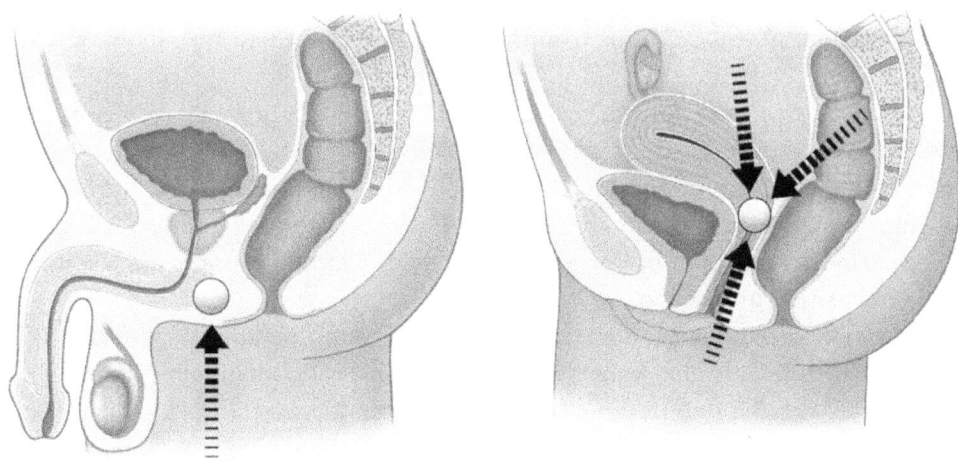

Abbildung 123: Mula-Bandha-Kontraktionspunkt

Uddiyana Bandha (Unterleibskontraktion)

Uddiyana bedeutet im Sanskrit "Aufwärtsfliegen" und bezieht sich auf die Technik, die Prana-Energie in der Bauchregion zu blockieren und sie durch die Sushumna Nadi nach oben zu leiten. Bei diesem "Abdominal Lock" wird die Bauchdecke gleichzeitig nach innen (zur Wirbelsäule hin) und nach oben (zum Brustkorb hin) angespannt und angehoben. Bei korrekter Ausführung hebt sich das Zwerchfell in Richtung Brustkorb. Beachten Sie, dass diese Übung nur mit äußerer Atemanhaltung durchgeführt wird.

Am besten übt man Uddiyana Bandha morgens auf nüchternen Magen und mit leerem Darm. Diese Übung bereitet den Magen auf eine bessere Verdauung im Laufe des Tages vor, da sie das Verdauungsfeuer entfacht und den Körper von Giftstoffen befreit. Sie massiert und reinigt die Bauchorgane und strafft gleichzeitig die tiefen inneren Muskeln in diesem Bereich. Uddiyana Bandha ermöglicht eine optimale Blutzirkulation zu den Bauchorganen, indem es ein Vakuum in der Brust erzeugt. Außerdem bringt es die Nebennieren ins Gleichgewicht, wodurch Spannungen abgebaut und Ängste gelindert werden. Viele Yogis haben festgestellt, dass die Durchführung von Uddiyana Bandha den Alterungsprozess aufhält und ältere Menschen sich wieder jung fühlen lässt.

Auf energetischer Ebene lädt Uddiyana Bandha das Hara Chakra mit Prana-Energie auf und stimuliert gleichzeitig das Manipura Chakra, das die Verteilung der Energie im Körper stark beeinflusst. Der durch Uddiyana Bandha erzeugte Saugdruck kehrt den Energiefluss von Apana und Prana um und vereinigt sie mit Samana. Kombiniert mit Mula Bandha und Jalandhara Bandha als Teil von Maha Bandha (Großes Schloss), kann diese Übung nicht nur ein Kundalini-Erwachen auslösen, sondern auch helfen, die Kundalini zur Krone zu erheben (Mehr dazu in einem späteren Kapitel).

Während einer Kundalini-Erweckung kann Uddiyana Bandha verwendet werden, um Vishnu Granthi zu überwinden, das zwischen Manipura und Anahata Chakra existiert. Die Überwindung von Vishnu Granthi ermöglicht es uns, im Anahata Chakra die bedingungslose Liebe zu erfahren, die die höheren Spirit Chakras speisen. Das Erreichen des Herz-Chakras ist für den Kundalini-Erweckungsprozess von entscheidender Bedeutung, da wir den Guru in uns - unser höheres Selbst - erwecken.

Sie können Uddiyana Bandha im Stehen oder im Sitzen üben. Im Stehen ist es einfacher, sich zu konzentrieren und die Bauchmuskeln zu kontrollieren, wenn Sie Anfänger sind. Wenn Sie mit der Mechanik dieser Übung vertraut sind, können Sie zur sitzenden Position übergehen.

Um Uddiyana Bandha im Stehen zu beginnen, halten Sie Ihre Wirbelsäule gerade und beugen Sie Ihre Knie leicht, wobei Sie einen Abstand von eineinhalb Fuß zwischen ihnen einhalten. Lehnen Sie sich nun nach vorne und legen Sie die Hände auf die Oberschenkel, etwas oberhalb der Kniescheiben. Die Wirbelsäule sollte waagerecht sein, während die Arme gerade sind und die Finger nach innen oder nach unten zeigen, je nachdem, was angenehmer ist. Die Knie sollten leicht gebeugt sein, da sie das Gewicht des Oberkörpers tragen (Abbildung 124).

Entspannen Sie sich nun und atmen Sie einige Male langsam und tief ein und durch die Nasenlöcher wieder aus. In dieser Position sollte eine automatische Kontraktion der Bauchregion stattfinden. Beugen Sie den Kopf nach vorne, aber drücken Sie das Kinn nicht gegen die Brust, da dies Jalandhara Bandha auslöst.

Atmen Sie nun tief ein und strecken Sie beim Ausatmen die Knie durch, wodurch sich der Bauch automatisch nach oben und innen zur Wirbelsäule hin zusammenzieht und Uddiyana Bandha aktiviert wird. Wenn Sie bereit sind, atmen Sie tief ein und lösen den Bauchverschluss, während Sie Bauch und Brustkorb entspannen. Heben Sie nun den Kopf und den Oberkörper in die aufrechte Position. Bleiben Sie in der stehenden Position, bis sich Ihr Atem wieder normalisiert hat. Die erste Runde ist nun beendet.

Um Uddiyana Bandha im Sitzen zu beginnen, nimm Padmasana oder Siddhasana ein, wobei die Knie den Boden berühren. Entspanne den Körper und halte die Wirbelsäule gerade. Legen Sie die Handflächen flach auf die Knie. Atmen Sie einige Male tief ein und halten Sie dabei die Entspannung des Körpers aufrecht.

Atmen Sie nun tief durch die Nasenlöcher ein. Beim Ausatmen lehnen Sie sich leicht nach vorne und drücken Sie mit den Händen auf die Knie, während Sie die Ellbogen strecken und die Schultern anheben, um die Wirbelsäule weiter zu dehnen. Beugen Sie als Nächstes den Kopf nach vorn und drücken Sie das Kinn gegen die Brust, wodurch Jalandhara Bandha ausgelöst wird. Ziehen Sie während der gleichen Bewegung die Bauchmuskeln nach innen und oben zur Wirbelsäule hin zusammen, wodurch Uddiyana Bandha aktiviert wird. Halten Sie den Atem so lange an, wie Sie es bequem und ohne Anstrengung schaffen.

Abbildung 124: Stehendes Uddiyana Bandha

Wenn Sie bereit sind, atmen Sie tief ein und lösen den Bauchverschluss, während Sie die Ellbogen beugen und die Schultern senken. Heben Sie nun beim Ausatmen den Kopf, lösen Sie Jalandhara Bandha und bleiben Sie in dieser Position, bis sich Ihre Atmung wieder normalisiert hat. Damit ist die erste Runde beendet.

Beachten Sie, dass Sie vollständig ausatmen müssen, um in Uddiyana Bandha zu gelangen, da die Bauchkontraktion von einem leeren Magen abhängt. Während Sie den Atem anhalten, achten Sie darauf, nicht einzuatmen, da dies die Wirkung von Uddiyana Bandha minimieren kann.

Beginnen Sie die Praxis mit drei bis fünf Runden und steigern Sie sie im Laufe einiger Monate allmählich auf zehn Runden. Uddiyana Bandha wird idealerweise in Kombination mit verschiedenen Asanas, Pranayamas, Mudras und Bandhas ausgeführt. Wenn es allein praktiziert wird, sollte es als Vorstufe zur Meditation durchgeführt werden. Beachten Sie, dass Sie Uddiyana Bandha in Verbindung mit Jalandhara Bandha (Abbildung 125), aber auch ohne dieses üben können. Arbeiten Sie mit beiden Methoden, um sich mit den Wirkungen der jeweiligen Methode vertraut zu machen.

Menschen, die an Bluthochdruck, Leistenbruch, Magen- oder Darmgeschwüren, Herzkrankheiten oder anderen Unterleibsproblemen leiden, sollten Uddiyana Bandha nicht praktizieren. Auch Frauen sollten Maha Mudra nicht während der Menstruation oder Schwangerschaft praktizieren.

Abbildung 125: Uddiyana Bandha im Sitzen (mit Jalandhara Bandha)

Jalandhara Bandha (Kehlkopfverschluss)

Im Sanskrit bedeutet "Jal" "Kehle", während Jalan "Netz" und "dharan" "Strom" oder "Fluss" bedeutet. Jalandhara Bandha kontrolliert und fängt die Energie in der Kehle über die Nerven und Gefäße im Halsbereich ein. Sie ist recht einfach auszuführen, da der Übende lediglich das Kinn nach unten bringen und auf die Brust legen muss, wodurch der Atem nach unten geleitet wird. Diese kraftvolle Übung dehnt das Rückenmark im Halsbereich und hat gleichzeitig starke, subtile Wirkungen auf der inneren Ebene.

Jalandhara Bandha zielt auf das Kehlchakra, Visshudhi, das unterste der drei geistigen Chakras. Die Behinderung des Pranaflusses zum Kopf durch das Verschließen der Kehle lädt die unteren vier Elementarchakren auf. Es stimuliert die Organe des oberen Körpers, während die beiden anderen Bandhas, Uddiyana und Mula, auf den unteren Körper abzielen.

Um mit Jalandhara Bandha zu beginnen, nehmen Sie eine meditative Haltung ein, bei der die Knie den Boden berühren. Sie können diese Übung auch im Stehen praktizieren, z.B. in der Berghaltung. Im Sitzen können Sie die Hände auf die Knie legen, entweder im Jnana oder Chin Mudra, während Sie die Augen schließen und den ganzen Körper entspannen. Atmen Sie tief ein und halten Sie den Atem an. Beugen Sie nun den Kopf nach vorne und drücken Sie das Kinn fest gegen die Brust. Strecken Sie die Arme aus und verriegeln Sie sie in der Position, wodurch die Schultern leicht nach oben und vorne gehoben werden. Bringen Sie Ihre Aufmerksamkeit zu Ihrem Hals und halten Sie sie dort.

Bleiben Sie so lange wie möglich in dieser Haltung und halten Sie den Atem an (inneres Khumbaka), um die Wirkung dieser Übung zu spüren. Wenn Sie bereit sind, den Energieschluss zu lösen, beugen Sie die Arme, lassen Sie die Schultern entspannen und heben Sie dann langsam den Kopf und atmen Sie aus, alles in einer Bewegung. Damit ist eine Runde beendet. Atmen Sie nun ein paar Mal durch, damit sich Ihre Atmung wieder normalisiert, bevor Sie die nächste Runde beginnen.

Denken Sie daran, dass Sie diese Übung auch durchführen können, indem Sie nach einer Ausatmung den Atem anhalten (äußeres Khumbaka). Der Ablauf ist derselbe, nur dass Sie den Kopf nach unten beugen und den Atem nach der Ausatmung anhalten, anstatt nach der Einatmung. Achten Sie darauf, niemals ein- oder auszuatmen, bevor der Kinnverschluss nicht gelöst und der Kopf aufgerichtet ist. Beginnen Sie die Übung mit drei bis fünf Runden und steigern Sie sich im Laufe einiger Monate auf zehn Runden.

Beachten Sie, dass Jalanadhara Bandha am besten am Morgen praktiziert wird und zu verschiedenen Pranayama-Übungen und Bandhas hinzugefügt werden kann. Denken Sie daran, Ihre Wirbelsäule gerade zu halten, da Sie sonst den Fluss der Energien durch den zentralen Kanal der Wirbelsäule stören. Menschen, die unter hohem Blutdruck, Herzproblemen oder Hals- und Nackenbeschwerden leiden, sollten Jalandhara Bandha nicht praktizieren.

Jiva Bandha

Jiva (oder Jivha) Bandha ist das vierte Bandha und eines der nützlichsten Werkzeuge im Yoga, besonders für Kundalini-Erweckte. Es kann allein oder als Alternative zu Khechari Mudra während bestimmter Asanas, Mudras oder Pranayamas verwendet werden. Jiva bedeutet im Sanskrit "Wesen mit einer Lebenskraft oder Seele", und so erlaubt dieses Bandha dem Einzelnen, seine Prana-Energie zu kontrollieren. Prana ist unzerstörbar, und sein Ursprung ist die Sonne, wie auch der Ursprung der Seele. Prana lässt sich am besten als eine Erweiterung der Lebensenergie der Seele beschreiben. Jiva Bandha ist wichtig, um den Kundalini-Energiekreislauf im Lichtkörper zu schließen, so dass sublimiertes Prana zirkulieren und die sieben Chakras nähren kann.

Bei Jiva Bandha legen Sie Ihre Zunge auf den oberen Gaumen und verbinden ihre Spitze mit der Unterseite der Vorderzähne (Abbildung 126). Sie sollten dabei keinen Druck ausüben, sondern die Zunge lediglich in dieser Position halten.

Alle vollständig Kundalini erweckten Personen sollten Jiva Bandha als neutrale Position ihrer Zunge einnehmen, da dies der Kundalini-Energie erlaubt, nach oben zum

Geistigen Auge zu kanalisieren, wo sich Ida und Pingala vereinen und das Tor zum Siebten Auge öffnen. Wie bereits beschrieben, ist das Bindu der Eingangspunkt des Kundalini-Kreislaufs, während das Siebte Auge der Ausgangspunkt ist. Beide müssen offen sein, damit der Kundalini-Erwachte das schwärmerische Reich der Nicht-Dualität, das spirituelle Reich, erfahren kann. Jiva Bandha erleichtert diese Erfahrung und kann auch verwendet werden, um den Kundalini-Kreislauf in erweckten Individuen wiederherzustellen.

Jiva Bandha kann mit geschlossenem Mund ausgeführt werden, wie ich gerade beschrieben habe, oder mit offenem Mund. Yogis glauben, dass Prana nur durch die Nebenhöhlen aufgenommen werden kann; daher ist ein offener Mund für die Atmung und das Bewusstsein nicht entscheidend. Da aber der offene Mund beim Üben von Jiva Bandha den Kiefer entspannt, wird er auch als Praxis empfohlen.

Für Kundalini-Erweckte wäre es unpraktisch, Jiva Bandha regelmäßig mit offenem Mund zu praktizieren. Daher sollte Jiva Bandha mit offenem Mund praktiziert werden, wenn die Person allein und in einem sicheren Raum ist. In beiden Fällen sollten Sie die Yogische Atmung mit Schwerpunkt auf Zwerchfell- und Brustkorbatmung anwenden. Für zusätzlichen Nutzen sollten Sie Ujjayi Pranayama praktizieren.

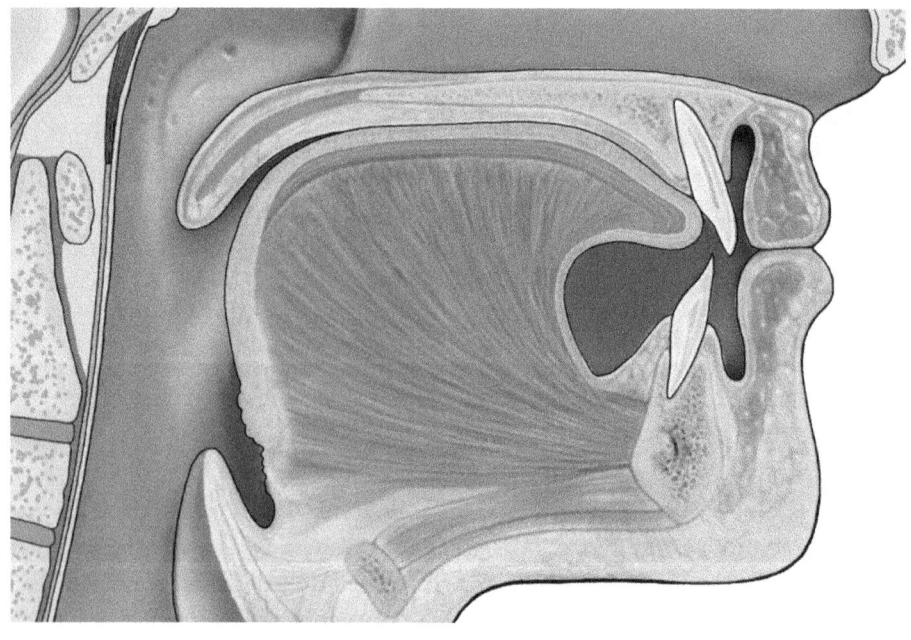

Abbildung 126: Jiva Bandha

Maha Mudra - Die große Geste

Maha bedeutet in Sanskrit "groß", weshalb der englische Name dieser Mudra "Großes Siegel", "Große Geste" oder "Große psychische Haltung" lautet. Maha Mudra wird so genannt, weil es verschiedene individuelle Yogatechniken beinhaltet, die das sexuelle Energiepotenzial anheben und eine alchemistische Transformation ermöglichen.

Maha Mudra ist das erste von zehn Mudras, die in der *Hatha Yoga Pradipika* erwähnt werden und von denen angenommen wird, dass sie die Kraft haben, Alter und Tod zu vernichten. Abgesehen von ihren Vorteilen als Mudra gilt sie als eine Meister-Asana, weil sie alle fünf Bewegungsrichtungen der Wirbelsäule vereint: Vorwärtsbeuge, Rückwärtsbeuge, Drehung, Seitwärtsbeuge und axiale Streckung.

Im Gegensatz zu anderen Yoga Mudras ist Maha Mudra eine Art Bandha Mudra (Verschlussgeste), da es eines oder mehrere der drei Bandhas beinhaltet. Wenn alle drei Bandhas angewendet werden, werden der obere und der untere Teil des Rumpfes versiegelt, so dass kein Prana aus dem Körper austreten kann, was das Potenzial erhöht, die Kundalini-Energie an der Basis der Wirbelsäule zu erwecken.

Maha Mudra wird am besten morgens auf nüchternen Magen ausgeführt. Es gibt zwei bemerkenswerte Variationen von Maha Mudra. Bei der ersten Variante übt man mit der Ferse Druck auf den Damm aus (Mula Bandha), während man Shambhavi Mudra ausführt und die innere Atemverhaltung (Khumbaka) praktiziert. Dadurch werden die Energien der Chakras Muladhara, Vishuddhi und Ajna nutzbar gemacht. Das gesamte Energiesystem wird mit Prana aufgeladen, was das Bewusstsein intensiviert und die Meditation erleichtert.

Eine zweite Variante ist eine fortgeschrittene Form namens Maha Bheda Mudra ("Bheda" bedeutet in Sanskrit "Durchstechen"). Die zweite Variante enthält dieselben Elemente wie die erste mit dem Zusatz von Uddiyana und Janadhara Bandhas, was die Kundalini aktiviert, um durch Sushumna aufzusteigen und auf dem Weg die Sieben Chakras zu durchstechen.

Um Maha Mudra zu beginnen, setzen Sie sich mit ausgestreckten Beinen und gerader Wirbelsäule auf den Boden oder Ihre Yogamatte. Atmen Sie langsam und tief. Die Hände sollten seitlich auf den Boden gelegt werden. Winkeln Sie nun das linke Bein an und üben Sie mit der linken Ferse Druck auf den Damm aus. Ihr linkes Knie sollte den Boden berühren. Das rechte Bein bleibt während der gesamten Übung gestreckt. Legen Sie nun beide Hände auf das rechte Knie, während Sie Ihren ganzen Körper entspannen und Khechari Mudra ausführen.

Beugen Sie sich nun nach vorne und halten Sie die große Zehe des rechten Fußes mit beiden Händen. Der Kopf sollte nach vorne gerichtet sein und die Wirbelsäule so gerade wie möglich gehalten werden (Abbildung 127). Atmen Sie nun langsam ein und aktivieren Sie dabei Mula Bandha. Neigen Sie den Kopf leicht nach hinten und halten Sie ihn. Führen Sie nun Shambhavi Mudra aus und halten Sie dabei den Atem acht bis zehn Sekunden lang an.

Halten Sie den Atem an und lassen Sie Ihr Bewusstsein vom Augenbrauenzentrum zur Kehle, hinunter zum Damm und wieder zurück wandern. Wiederholen Sie gedanklich "Ajna, Vishuddhi, Muladhara", während Sie die Konzentration auf jedes Chakra ein bis zwei Sekunden lang aufrechterhalten. Lösen Sie beim Ausatmen Shambhavi Mudra und Mula Bandha, während Sie den Kopf wieder in die aufrechte Position bringen. Wiederholen

Sie den gesamten Vorgang, aber mit dem rechten Bein, das gefaltet ist. Damit ist eine Runde abgeschlossen, was zwei vollständigen Atemzügen entspricht.

Abbildung 127: Maha Mudra

Bei der zweiten Variante wird nach der Aktivierung von Mula Bandha die Bauchregion angespannt, wodurch Uddiyana Bandha beginnt. Als Nächstes beugt man den Kopf nicht zurück, sondern bewegt ihn nach vorne, wodurch Jalandhara Bandha eingeleitet wird. Schließlich wird Shambhavi Mudra ausgeführt, während Sie den Atem acht bis zehn Sekunden lang anhalten. Wiederholen Sie im Geiste "Vishuddhi, Manipura, Muladhara", während Sie sich nacheinander ein bis zwei Sekunden lang auf den Hals, den Bauch und das Perineum konzentrieren.

Wenn Sie ausatmen, lösen Sie Shambhavi Mudra, gefolgt vom Lösen der Bandhas in umgekehrter Reihenfolge. Wiederholen Sie den gleichen Vorgang mit dem gefalteten rechten Fuß und vollenden so eine ganze Runde. Bei Maha Bheda Mudra ist eine Kombination aus Asana, Pranayama, Bandha und Mudra für optimale spirituelle Ergebnisse erforderlich.

Beginnen Sie damit, einige Wochen lang drei Runden mit der ersten Variante zu üben, bis Sie einige Erfahrung mit dieser Übung haben. Dann können Sie die zweite, fortgeschrittenere Variante mit den Drei Bandhas üben. Nach einigen Monaten können Sie die Anzahl der Runden auf fünf erhöhen. Maha Bheda Mudra ergänzt das Maha Mudra, um das gesamte Körper-Geist-System zu stärken.

Sie sollten Maha Mudra nur nach einer Asana- und Pranayama-Sitzung und vor einer Meditationssitzung praktizieren. Vervollständigen Sie den Maha Mudra-Prozess immer, indem Sie ihn sowohl auf der linken als auch auf der rechten Seite üben.

Während dieser Übung gelten die Vorsichtsmaßnahmen für Shambhavi Mudra. Personen, die unter hohem Blutdruck, Herzproblemen oder grünem Star leiden, sollten Maha Mudra nicht ausführen. Da sie eine große Hitze im Körper erzeugt, sollte diese Übung an heißen Sommertagen vermieden werden. Frauen sollten Maha Mudra auch nicht während der Menstruation oder Schwangerschaft praktizieren. Für Maha Bheda Mudra sind auch Vorsichtsmaßnahmen für Uddiyana und Jalandhara Bandhas enthalten.

ADHARA (PERINEALE MUDRAS)

Vajroli Mudra (männlich) und Sahajoli Mudra (weiblich)

Vajroli Mudra ist eine fortgeschrittene Hatha-Yoga-Praxis, die darauf abzielt, den Samen bei Männern zu bewahren, damit die sexuelle Energie sublimiert und für spirituelle Zwecke genutzt werden kann. Sahajoli Mudra ist das weibliche Gegenstück zu dieser Praxis, die ähnliche Vorteile bringt.

Vajroli leitet sich vom Sanskrit-Wurzelwort "Vajra" ab, dass eine unzerstörbare Waffe des Hindu-Gottes Indra mit den Eigenschaften des Blitzes ist, nämlich der Donnerkeil. Wenn der Praktizierende also die Kontrolle über seine sexuelle Kraft im Genitalbereich erlangt hat, lässt er sie mit der Kraft des Blitzes nach oben in die Chakras wandern. Aus diesem Grund wird Vajroli Mudra oft als "Donnerblitz-Geste" bezeichnet.

Vajra ist auch eine Nadi, die an den Genitalien beginnt und die sexuelle Energie einbezieht. Die Aktivierung der Vajra Nadi mit diesem Mudra ermöglicht es der sexuellen Energie, nach oben ins Gehirn aufzusteigen, was nicht nur die Vitalität steigert, sondern auch meditative Zustände erleichtert. Sahajoli hingegen kommt von der Wortwurzel "sahaj", was "spontan" bedeutet und sich auf die Erregung und Kontrolle der sexuellen Kraft bei Frauen bezieht.

Bei Vajroli Mudra werden die Muskeln an der Peniswurzel angespannt und mit der Zeit gestärkt. Diese Übung ermöglicht die Kontrolle über das urogenitale System, einschließlich der Aufrechterhaltung des Orgasmus durch Sperma-Retention. Daher ist Vajroli Mudra eine kraftvolle Übung, die auch im hohen Alter noch zu sexueller Potenz führt. Darüber hinaus beugt die tägliche Praxis der vorzeitigen Ejakulation vor, einem häufigen Problem bei Männern.

Sahajoli ist eine Praxis, bei der die Harnwege zusammengezogen werden, um die sexuelle Energie bei Frauen umzulenken und sie nach oben in die Chakras und das Gehirn zu leiten. Diese Praxis bietet Kontrolle über den Menstruationsfluss und hilft, den Eisprung zu kontrollieren.

Auf einer subtilen Ebene stimulieren sowohl Vajroli als auch Sahajoli Mudras das Swadhisthana Chakra, das am Kundalini-Erweckungsprozess beteiligt ist. Beide Übungen tonisieren den Urogenitalbereich und helfen bei Harnwegsbeschwerden. Darüber hinaus sind beide Übungen therapeutisch bei sexuellen Funktionsstörungen.

Um mit Vajroli oder Sahajoli Mudras zu beginnen, setzen Sie sich in eine bequeme Meditations-Asana und halten Sie Kopf und Wirbelsäule gerade. Legen Sie dann die Hände in Jnana oder China Mudras auf die Knie, schließen Sie die Augen und entspannen Sie den ganzen Körper. Ihre Atmung sollte normal sein. Richten Sie Ihre Aufmerksamkeit nun auf die Harnröhre (Abbildung 128). Männer sollten ihre Aufmerksamkeit auf die Wurzel ihres Penis richten, nicht auf die Spitze.

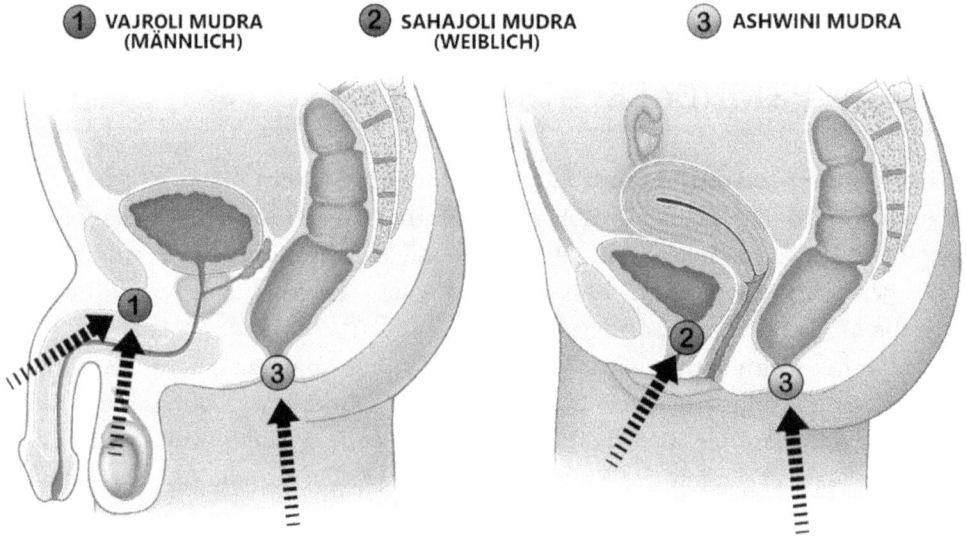

Abbildung 128: Vajroli, Sahajoli und Ashwini Mudras – Kontraktionspunkte

Atmen Sie tief ein und halten Sie den Atem an, während Sie die Harnröhre nach oben ziehen. Dieser Vorgang ist vergleichbar mit einem starken Harndrang, den Sie zurückhalten. Während Sie diese Kontraktion ausführen, sollten sich die Hoden bei Männern und die Schamlippen bei Frauen leicht in Richtung Nabel bewegen. Achten Sie darauf, dass sich die Kontraktion nur auf die Harnröhre beschränkt. Halten Sie die Kontraktion so lange an, wie es angenehm ist, und lassen Sie sie dann beim Ausatmen los. Damit ist eine Runde beendet. Führen Sie in den ersten Wochen fünf bis zehn Runden Vajroli oder Sahajoli Mudras aus. Wenn sich Ihre Haltefähigkeit verbessert, können Sie sich innerhalb weniger Monate allmählich auf zwanzig Runden steigern.

Für eine fortgeschrittenere Version dieser beiden Übungen nehmen Sie statt einer Meditations-Asana die Navasana, die Bootspose, ein. Denken Sie daran, dass Sie für diese Variante einen starken Kern benötigen. Beginnen Sie in Shavasana, während Sie normal atmen und sich entspannen. Bringen Sie dann Ihre Beine in einen bestimmten Winkel zum Boden und halten Sie sie gerade. Heben Sie nun den Brustkorb an, so dass Ihr Körper eine V-Form bildet, und stützen Sie Ihr gesamtes Gewicht auf Ihr Gesäß. Sie sollten während der Boot Pose einen starken Druck auf die Bauchmuskeln spüren. Heben Sie nun die Hände gerade vor sich, um das Gleichgewicht zu halten.

Befolgen Sie in Navasana die gleichen Anweisungen: Ziehen Sie die Harnröhre zusammen und halten Sie den Atem nach dem Einatmen an, und lösen Sie die Kontraktion beim Ausatmen. Wenn Sie Schwierigkeiten mit dem Anhalten des Atems haben, können Sie bei dieser Übungsvariante stattdessen normal atmen. Wenn Sie mit der Übung fertig sind, gehen Sie für einige Minuten in Shavasana zurück, um sich zu entspannen, bevor Sie die Übung beenden. Beachten Sie, dass Menschen, die an Erkrankungen der Harnwege leiden, einen Arzt konsultieren sollten, bevor sie mit Vajroli oder Sahajoli Mudras beginnen.

Ashwini Mudra (Pferdegebärde)

Ashwini Mudra ist eine tantrische Praxis, die dazu dient, Prana-Energie zu erzeugen und durch den Sushumna-Kanal nach oben zu transportieren. Bei dieser Praxis wird der Schließmuskel des Anus rhythmisch zusammengezogen, wodurch Prana-Energie im Beckenboden erzeugt wird, bevor sie nach oben gepumpt wird. Es ist eine einfache Übung, die die Kundalini-Energie stimuliert, die zwischen Damm und Steißbein im Muladhara Chakra liegt.

Der Wortstamm von Ashwini "Ashwa" ist die Sanskrit-Transkription für "Pferd". Diese Übung wird als Pferdegeste bezeichnet, weil sie die besondere Art und Weise nachahmt, in der Pferde ihre Analmuskeln nach dem Stuhlgang zusammenziehen und dadurch die Energie nach oben ziehen, anstatt sie nach unten fließen zu lassen.

Durch das Anspannen der Analmuskeln mit Ashwini Mudra wird die Energie, die normalerweise nach unten und aus dem Körper fließt (Apana Vayu), umgekehrt und fließt nach oben zu den inneren Organen und stärkt sie dabei. Wenn Apana Vayu die unteren Organe bis zur vollen Kapazität füllt, entsteht ein Druck am unteren Ende der Wirbelsäule, der die Prana-Energie durch Sushumna Nadi fließen lässt.

Obwohl Ashwini Mudra dem Mula Bandha ähnlich ist, sind die daran beteiligten Muskeln unterschiedlich. Bei Ashwini Mudra wird ein größerer Bereich der Beckenmuskulatur beansprucht, was es zu einer geeigneten vorbereitenden Übung für Mula Bandha macht. Während sich Ashwini Mudra darauf konzentriert, die Analmuskeln anzuspannen und wieder loszulassen, um den natürlichen Energiefluss umzuleiten und ihn nach oben zu lenken, liegt der Schwerpunkt von Mula Bandha darauf, die Muskeln zu halten, um die Energie im Beckenbereich zu halten.

Um die Ashwini Mudra-Übung zu beginnen, setzen Sie sich in eine bequeme Meditations-Asana. Schließen Sie Ihre Augen und entspannen Sie den ganzen Körper, während Sie sich Ihrer natürlichen Atmung bewusst werden. Richten Sie Ihre Aufmerksamkeit jetzt auf Ihren Anus (Abbildung 128) und spannen Sie die Schließmuskeln des Anus für einige Sekunden an und entspannen Sie sie dann. Atmen Sie dabei normal.

Um eine maximale Kontraktion zu erreichen, üben Sie etwas mehr Druck auf den Anus aus, um den Schließmuskel nach oben zu ziehen. Es sollte sich so anfühlen, als würden Sie den Stuhlgang zurückhalten und dann loslassen. Führen Sie die Kontraktion zehn bis zwanzig Mal gleichmäßig und rhythmisch durch. Wenn Sie die Übung beendet haben, lösen Sie die sitzende Haltung auf und kommen langsam aus der Position heraus.

Für eine fortgeschrittenere Variante von Ashwini Mudra können Sie während der Kontraktionsphase die innere Atemhaltung (Khumbaka) üben. Atmen Sie langsam und tief ein und spannen Sie dann den Schließmuskel des Anus fünf Sekunden lang an, während Sie den Atem anhalten. Beim Ausatmen lösen Sie die Kontraktion. Führen Sie diese Variante von Ashwini Mudra in den ersten Wochen fünf bis zehn Mal durch, innerhalb weniger Monate bis zu zwanzig Mal.

Beachten Sie, dass Praktizierende auch Pranayama, Bandhas und andere Mudras mit Ashwini Mudra verbinden können. Zum Beispiel können Sie Jalandhara Bandha und Khechari Mudra zusammen mit Zwerchfell- und Brustkorbatmung einbeziehen, um eine maximale Wirkung zu erzielen. Dies hat einen größeren Einfluss auf die Kundalini an der Basis der Wirbelsäule und kann ein Aufsteigen erleichtern.

Die regelmäßige Anwendung von Ashwini Mudra reinigt die Energiekanäle im Körper (Nadis), was zu einem ausgeglicheneren mentalen und emotionalen Zustand führt. Auf körperlicher Ebene werden durch die tägliche Anwendung viele Beschwerden im Zusammenhang mit dem Unterleib und dem Dickdarm beseitigt. Darüber hinaus gibt sie dem Praktizierenden bewusste Kontrolle über seine unbewusste Körperaktivität, was zu einer größeren Kontrolle über das autonome Nervensystem führt. Bei Männern hilft die Ausführung von Ashwini Mudra bei Erektionsstörungen, während sie die Prostata reguliert und alle damit verbundenen Probleme beseitigt.

Schwangere Frauen und Menschen mit hohem Blutdruck oder Herzerkrankungen sollten Ashwini Mudra nicht mit innerer Atemanhaltung ausführen. Abschließend noch ein Hinweis: Achten Sie darauf, dass Sie die Analmuskeln nicht anspannen, wenn Ihr Darm mit Stuhl oder Blähungen gefüllt ist.

DIE FÜNF PRANA-VAYUS

Prana ist Lichtenergie, eine Lebenskraft, die jedes Atom unseres Körpers und das Sonnensystem, in dem wir uns befinden, durchdringt. Die Prana-Energie stammt von der Sonne und ist direkt für unsere Vitalität und unser Wohlbefinden verantwortlich. Wie bereits erwähnt, erhalten wir Prana durch die Nahrung, die wir essen, das Wasser, das wir trinken, und die Luft, die wir atmen - es ist die Lebensenergie, die unseren Geist, unseren Körper und unsere Seele aufrechterhält.

Schon der Akt des Atmens bringt Prana in den Körper. Jeder Atemzug füllt den Blutkreislauf mit Sauerstoff auf und kultiviert das Feuer des Zellstoffwechsels, während der Körper von Abfallstoffen befreit wird. Die Versorgung unseres Körpers mit Nahrung und Sauerstoff bildet die Grundlage für jede Aktivität, die wir ausüben.

Im menschlichen Körper wirkt sich die Prana-Energie direkt auf die Astralebene aus, insbesondere auf die Pranamaya Kosha oder den höheren Astralkörper des Wasserelements. Prana teilt sich in fünf Unterenergien auf, die Fünf Vayus genannt werden. Im Sanskrit bedeutet Vayu "Wind" oder "Luft" und bezieht sich auf den Akt des Atmens. Vayu ist auch das Luftelement Tattva und eines der klassischen Elemente im Hinduismus. Atemkontrolle und Atemübungen sind in allen yogischen und meditativen Praktiken unerlässlich - die Beeinflussung von Prana im Körper kann viele Auswirkungen haben, eine davon ist die Erweckung der Kundalini-Energie an der Basis der Wirbelsäule.

Die fünf Prana Vayus wirken sich über das Luftelement direkt auf das Wasserelement im Körper aus, da Wasser Luft benötigt, um es zu beleben und ihm Leben zu verleihen. Diese Entsprechung findet sich auch in der Natur, da das H2O-Molekül (Wasser) in sich selbst Sauerstoff (Luft) enthält. Auf die gleiche Weise reguliert der Akt des Atmens das Bewusstsein von einem Moment zum nächsten.

Die fünf Vayus sind Prana, Apana, Samana, Udana und Vyana (Abbildung 129). Jedes Prana Vayu wird von einem oder mehreren Chakras reguliert, und jedes Vayu ist für verschiedene, aber entscheidende Funktionen im Körper verantwortlich. Wenn wir die Rolle jedes Prana Vayu verstehen, können wir nachvollziehen, wie Prana unserem Körper dient. Die fünf Vayus sind die verschiedenen Manifestationen und Prozesse von Prana, so wie die verschiedenen Gliedmaßen den menschlichen Körper ausmachen.

Um es klar zu sagen: Prana wirkt sowohl durch den physischen Körper als auch durch den Lichtkörper. Nahrung und Sauerstoff werden durch den physischen Körper zugeführt, der dann aufgespalten wird, um die Chakren zu versorgen und den Lichtkörper und seine entsprechenden feinstofflichen Körper (die mit den inneren kosmischen Ebenen verbunden sind) zu nähren. Der Lichtkörper benötigt diese verschiedenen Mechanismen, die die Prana-Energie verarbeiten und nutzbar machen. Die Fünf Vayus können mit großen Ozeanen verglichen werden, wobei jeder Ozean Tausende von kleineren Strömungen in sich birgt.

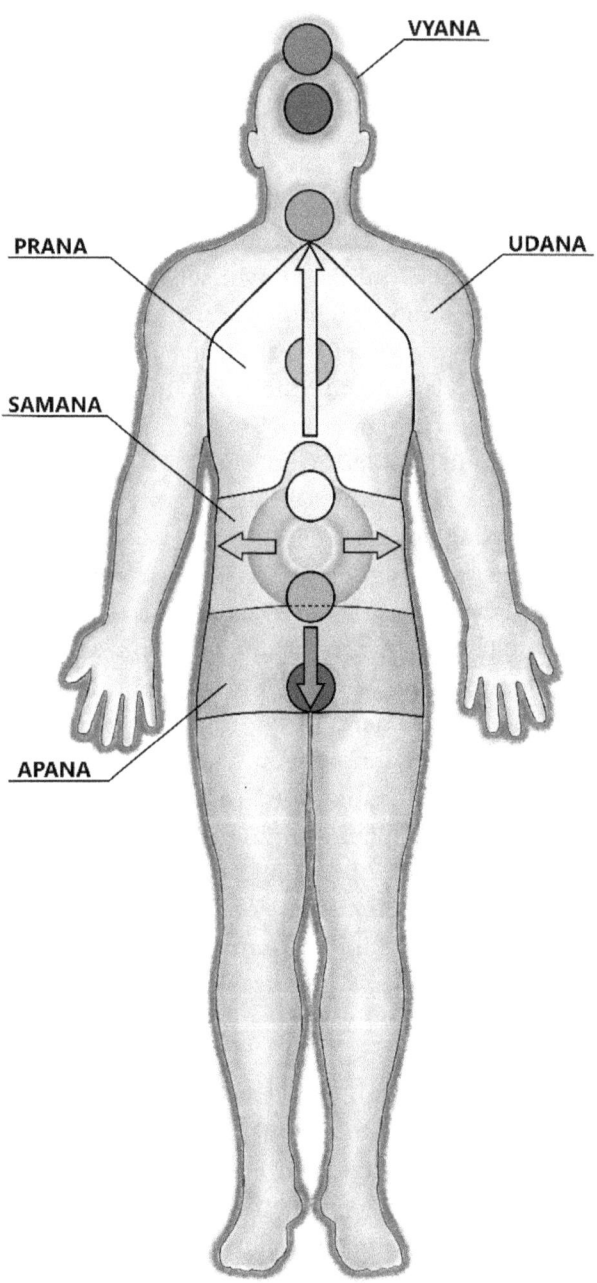

Abbildung 129: Die Fünf Prana Vayus

Prana Vayu

Prana Vayu wirkt vom Kopf/Brustbereich aus als aufwärts fließende Energie und bedeutet übersetzt "sich vorwärts bewegende Luft". Es ist verantwortlich für alles, was in unseren Körper gelangt, wie Sauerstoff, Nahrung und sensorische Informationen. Als solches bezieht sich Prana Vayu auf alle Arten der Energieaufnahme, von denen das Einatmen die wichtigste ist, da wir ohne Sauerstoff nicht länger als einige Minuten leben können.

Prana Vayu ist mit dem Anahata Chakra und dem Luftelement verbunden. Es reguliert unsere Gedanken. Es ist das wichtigste der fünf Vayus, daher wird der allgemeine Begriff "Prana" verwendet, um alle fünf Vayus zu umfassen. Prana Vayu ist die grundlegende Energie im Körper, die die vier anderen Vayus lenkt.

Prana Vayu reguliert Atmung, Immunität, Vitalität und das Herz. Es bezieht sich auf die Intelligenz und die Kraft der sensorischen und motorischen Funktionen. Die Organe, die es regiert, sind das Herz und die Lunge. Obwohl einige Denkschulen besagen, dass sich Prana hauptsächlich im Brust-/Herzbereich befindet, sagen andere, dass es sich auch auf den Kopf ausdehnt. Jedes Mal, wenn wir unsere Aufmerksamkeit auf etwas richten, manipulieren wir das Prana im Körper und beteiligen das Ajna Chakra an diesem Prozess.

Apana Vayu

Apana Vayu wirkt von der Basis des Rumpfes aus und bedeutet übersetzt "die Luft, die sich wegbewegt". Es ist mit dem Muladhara Chakra und dem Erdelement verbunden. Erde ist das letzte Element im Manifestationsprozess, und Apana ist das Prana Vayu, das für die Ausscheidung all dessen steht, was unser Körper nicht mehr braucht, wie negative Energie und körperliche Abfälle, wie Fäkalien und Urin, Sperma und Menstruationsflüssigkeit. Apana steht dann für die nach unten und nach außen fließende Energie und das Ausatmen des Atems.

So wie der Kopf Öffnungen enthält, die für den nach innen gerichteten Fluss von Prana geeignet sind, hat die Basis des Rumpfes Öffnungen, die für die Arbeit von Apana erforderlich sind. Apana regiert die Nieren, die Blase, den Darm und das Ausscheidungs- und Fortpflanzungssystem. Apana bezieht auch das Swadhisthana Chakra und das Wasserelement mit ein, wenn es um die Ausscheidung sexueller Flüssigkeiten aus dem Körper geht (Sperma bei Männern und Vaginalflüssigkeiten bei Frauen) und um die Freisetzung negativer Energie, die im Unterbewusstsein als schädliche Emotionen gespeichert ist.

Samana Vayu

Ausgehend von der Nabelregion, zwischen Prana und Apana Vayus, bedeutet Samana Vayu übersetzt "die ausgleichende Luft". Da Prana Vayu die Einatmung und Apana die Ausatmung ist, ist Samana die Zeit zwischen der Einatmung und der Ausatmung. Samana Vayu beschäftigt sich mit Verdauung, Absorption, Assimilation und Manifestation. Es ist mit Hara, dem Nabelchakra, verbunden, das von Manipura und Swadhisthana Chakra (den Elementen Feuer und Wasser) gespeist wird. Samana ist jedoch in erster Linie mit dem Feuerelement verbunden, da es in Verbindung mit Agni (dem Verdauungsfeuer) wirkt und im Magen und Dünndarm angesiedelt ist.

Samana ermöglicht die geistige Unterscheidung zwischen nützlichen und nicht nützlichen Gedanken. Es regiert die Leber, den Magen, den Zwölffingerdarm, die Milz und den Dünn- und Dickdarm. Samana liefert (zusammen mit Agni) die innere Hitze, um die Nahrung, die wir essen, in Prana-Energie umzuwandeln. Diese Energie wird dann durch die anderen Prana Vayus verteilt.

Während Prana und Apana die aufwärts und abwärts fließenden Energien sind, ist Samana die horizontal fließende Energie. Von allen dreien wird jedoch gesagt, dass sie aus dem Hara Chakra stammen, das im Wesentlichen das Lagerhaus des Prana im Körper ist.

Udana Vayu

Udana Vayu, das von der Kehle, dem Kopf, den Armen und Beinen ausgeht, ist eine nach oben fließende Energie, die übersetzt "das, was nach oben trägt" bedeutet. Sie ist mit den Vishuddhi- und Ajna-Chakras und dem Geistelement verbunden. Während Udana beim Einatmen aufsteigt, zirkuliert es beim Ausatmen und nährt den Hals, den Kopf, das Nerven- und das endokrine System.

Ein gesunder Fluss von Udana bedeutet, dass eine Person aus einer höheren Quelle heraus handelt. Diese Energie führt uns dazu, unsere Willenskraft zu revitalisieren und zu transformieren und uns durch das spirituelle Element zu verwirklichen. Udana reguliert Wachstum, Intuition, Gedächtnis und Sprache. Sie regiert alle Sinnes- und Handlungsorgane, einschließlich der Hände und Füße.

In den *Upanishaden wird* Prana Vayu als der "Einatem", Apana als der "Ausatem", Samana als der "mittlere Atem" und Udana als der "obere Atem" bezeichnet. Udana ist im Wesentlichen eine Erweiterung von Samana. Udana treibt die Einatmung an, was bedeutet, dass es in Verbindung mit Prana Vayus wirkt. Beide sind nach oben fließende Energien, und beide sind von ähnlicher Qualität, da das Luftelement (Prana) Geist (Udana) auf einer niedrigeren, manifesteren Ebene ist. Zum Zeitpunkt des eigenen Todes ist Udana die Energie, die das individuelle Bewusstsein aus dem physischen Körper herauszieht.

Vyana Vayu

Vyana Vayu wirkt im ganzen Körper als koordinierende Energie aller Prana Vayus und bedeutet übersetzt "sich nach außen bewegende Luft". Vyana ist die Kraft, die das Prana verteilt und es zum Fließen bringt. Sie regelt das Kreislaufsystem und die Bewegung der Gelenke und Muskeln. Im Gegensatz zu Samana, das die Energie zum Nabel zieht, bewegt Vyana die Energie nach außen an die Körpergrenzen und dehnt sich beim Ausatmen aus.

Die meisten yogischen Denkschulen sagen, dass Vyana Vayu mit dem Sahasrara Chakra und dem Geistelement assoziiert ist, weil es alle Prana Vayus umfasst und reguliert, so wie Sahasrara die Quelle des Lichts für alle darunter liegenden Chakras ist. Es gibt jedoch auch andere Denkschulen, die sagen, dass Vyana Vayu dem Swadhisthana Chakra und dem Wasserelement entspricht, weil es den Kreislauf im Körper regelt.

Unabhängig von seinem Ursprung und Zentrum umfasst Vyana Vayu jedoch alle Prana Vayus und verleiht dem individuellen Bewusstsein ein Gefühl von Zusammenhalt, Integration und Weite.

***

Eine der einfachsten und zugleich effizientesten Möglichkeiten, die fünf Prana-Vayus ins Gleichgewicht zu bringen, ist das Üben von Hand-Mudras für jedes Vayu (Abbildung 130). Zusätzlich zur Erhöhung oder Verringerung der Elemente, die mit jedem Vayu korrespondieren, hat jedes Hand Mudra zusätzliche Vorteile für den Geist-Körper-Komplex. Siehe "Schritte zur Ausführung von Hand-Mudras" auf Seite 390 für Anweisungen zu ihrer Anwendung.

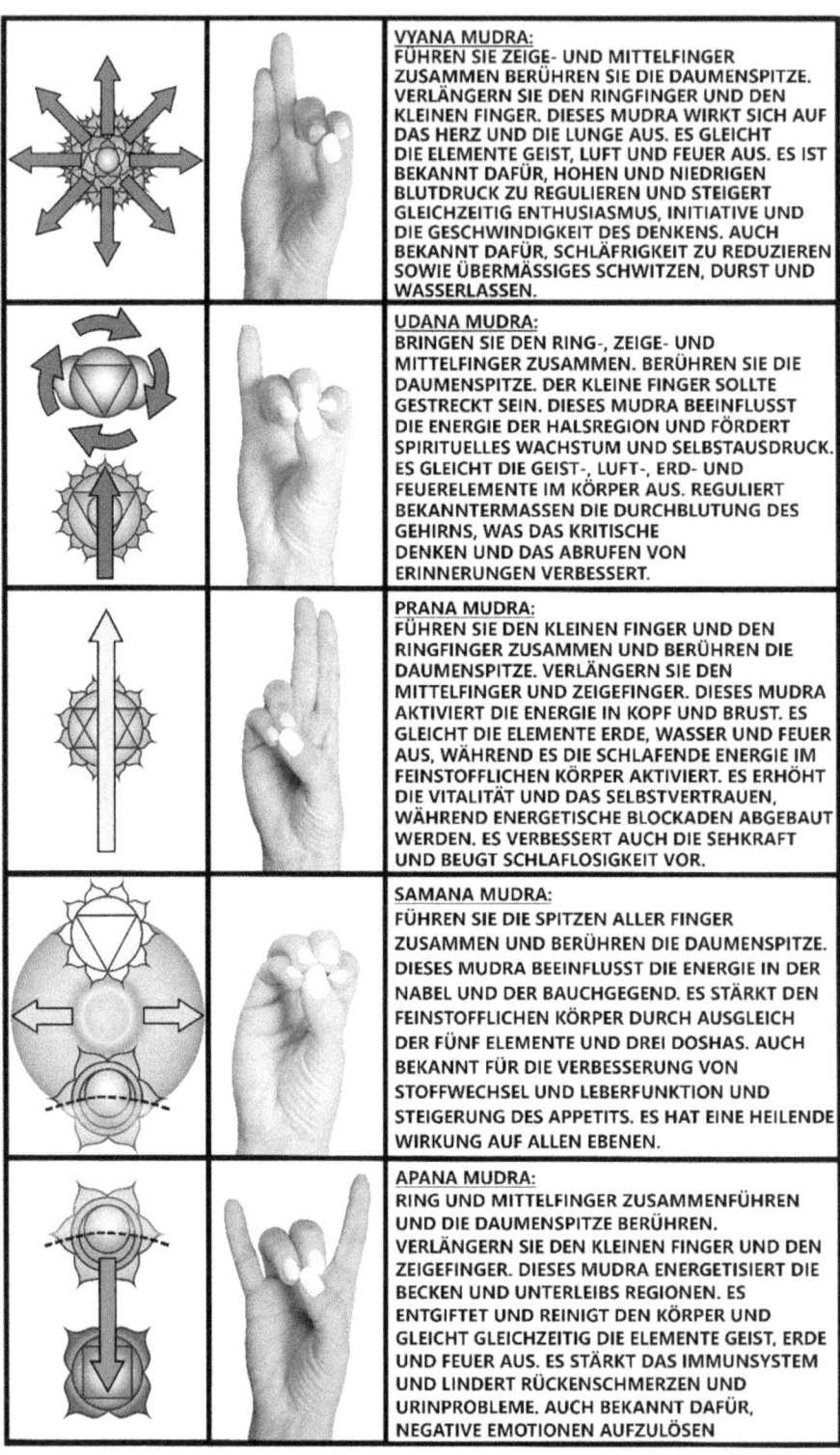

Abbildung 130: Hand-Mudras für die Fünf Prana-Vayus

PRANA UND APANA

Die beiden Energien, die am Kundalini-Erweckungsmechanismus beteiligt sind, sind Prana und Apana. Diese beiden Energien bewegen sich über die Nadis durch unseren Körper. Wie bereits erwähnt, wird Prana durch das Einatmen repräsentiert, während Apana durch das Ausatmen repräsentiert wird. Prana und Apana treffen sich nie, da sie sich beide auf ihrem Weg durch die verschiedenen Energiekanäle bewegen.

Indem wir spezifische Kundalini Yoga Techniken praktizieren, schaffen wir das Potential, dass sich Prana und Apana treffen. Der Punkt, an dem dieses magische Zusammentreffen von Prana und Apana stattfindet, ist das Hara (Nabel) Chakra in der Nabelregion. Das Hara ist ein bedeutender Treffpunkt vieler Energiekanäle im Körper, denn es ist unsere energetische Grundlage, unser Kern.

Was die Anhebung der Kundalini betrifft, so ist Prana die "vitale Luft" oberhalb des Hara, während Apana die "vitale Luft" unterhalb des Hara ist. Die zweiundsiebzigtausend Nadis gehen von den Hauptchakras aus und enden in den Händen und Füßen. Die meisten dieser Nadis sind um die Regionen des Herz-Chakras und des Hara-Chakras zentriert. Prana wird über die Nadis in alle Teile des Körpers transportiert. Ida, Pingala und Sushumna sind die wichtigsten dieser energetischen Kanäle, da sie das meiste Prana übertragen.

Der Ida-Kanal beginnt an der Basis der Wirbelsäule und endet im linken Nasenloch. Umgekehrt beginnt Pingala am unteren Ende der Wirbelsäule und endet im rechten Nasenloch. Wie bereits erwähnt, enden Ida und Pingala während des Kundalini-Erweckungsprozesses jedoch in der Zirbeldrüse und der Hypophyse. Ida repräsentiert das Prana Vayu, während Apana das Pingala repräsentiert. Der Aufstieg der Kundalini korrespondiert mit Udana. Samana repräsentiert Sushumna. Die Richtungskraft von Samana muss sich transformieren, damit die Kundalini an der Basis der Wirbelsäule erwachen kann. Ihre Entwicklung oder Transformation findet statt, wenn sich Prana und Apana im Hara Chakra treffen.

Durch Einatmen und Zurückhalten kann Prana nach unten zum Hara Chakra geleitet werden, während durch Ausatmen und Zurückhalten Apana vom Wurzelchakra nach oben zum Hara gezogen wird. Wenn sich diese beiden Energien im Hara treffen, beginnt Samana seine Bewegung zu verändern. Es bewegt sich nicht mehr horizontal vom Hara weg, sondern nach innen, was eine aufgewühlte Bewegung erzeugt, wie in Abbildung 131 dargestellt.

Während der Transformation von Samana beginnt sich im Nabel Hitze zu entwickeln, die Tapas genannt wird. Diese Hitze bringt ein ekstatisches Gefühl hervor, das mit euphorischer sexueller oder sinnlicher Erregung verglichen werden kann; die "Schmetterlinge im Bauch", die man bekommt, wenn man sich verliebt, die in diesem Fall eher wie Adler sind. Ein anderes vergleichbares Beispiel ist das Gefühl, das man bekommt, wenn man den Geist in sich erkennt, und die immense Glückseligkeit, die damit einhergeht. Aus diesem Grund wird die Art von Hitze, die in Samana entsteht, als weiße

Hitze und nicht als heiße Hitze beschrieben, was bedeutet, dass es sich um eine Art spirituelle Verzückung handelt.

Diese intensive Hitze erzeugt Druck, der auf die Sushumna Nadi wirkt und sie dadurch aktiviert. Der Aktivierungsprozess energetisiert den Sushumna-Kanal in der Wirbelsäule, so dass er wie eine Glühbirne leuchtet, sobald er die notwendige elektrische Energie erhält. Diese integrierten Energien verlassen dann das Nabelchakra und steigen zum Wurzelchakra hinab, wodurch die Kundalini an der Basis der Wirbelsäule zur Aktivität angeregt wird. Auf diese Weise beginnt die Kundalini ihre Reise nach oben durch die hohle Röhre des Rückenmarks und durchdringt auf ihrem Weg nach oben jedes der Chakras, bis sie die Krone erreicht.

Gleichzeitig steigen die Kanäle Ida und Pingala auf gegenüberliegenden Seiten der Sushumna auf. Sie kreuzen sich an jedem der chakrischen Punkte, bis sie im Thalamus verschmelzen, wo auch die Sushumna endet. Während dieses Prozesses werden auch die Zirbeldrüse und die Hypophyse aktiviert. Das nächste Ziel für alle drei Kanäle ist es, als ein Energiestrom zum Scheitelpunkt des Kopfes am Kronenchakra aufzusteigen und den Tausendblättrigen Lotus zu öffnen.

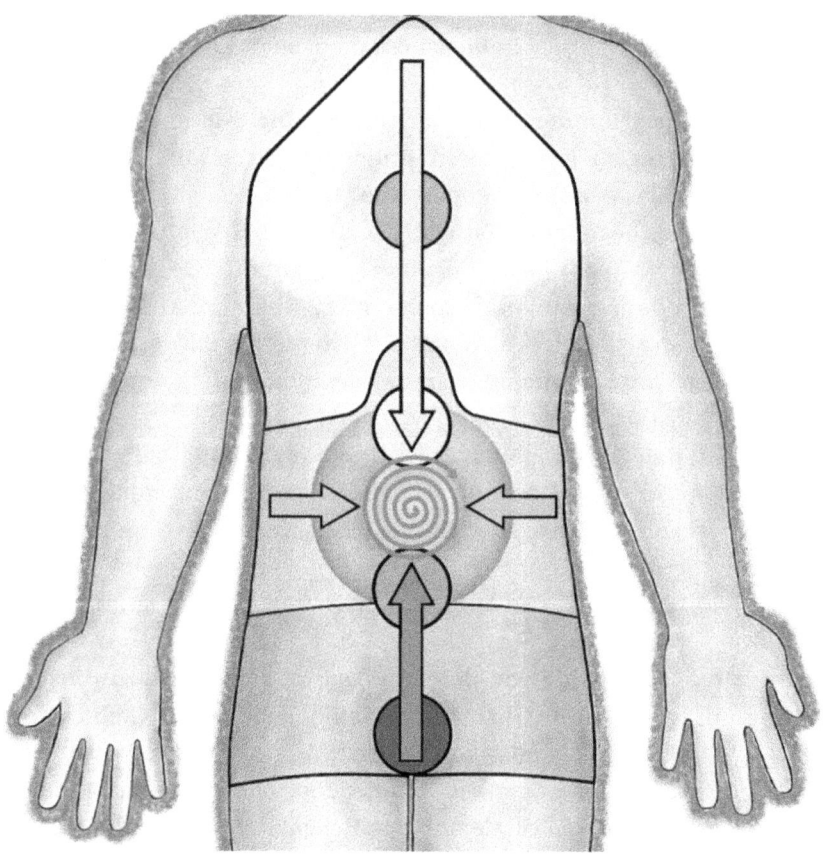

Abbildung 131: Umlenkung des Flusses von Prana, Apana und Samana

ERWECKUNG DER KUNDALINI

Es ist notwendig, die richtige Atemkontrolle und geistige Ausrichtung zu üben, um die Kundalini in Aktivität zu versetzen und sie dazu zu bringen, sich zu erheben und die höheren Zentren des Bewusstseins zu aktivieren. Der Einsatz von Willenskraft ist der Schlüssel zu diesem Prozess, aber auch Wissen, denn man braucht eine bewährte Technik, die funktioniert.

Bevor man versucht, die Kundalini zu erwecken, ist es wichtig, die Energiekanäle zu reinigen und alle negativen Energien und Verunreinigungen in den Nerven zu entfernen. Wenn die Kanäle blockiert sind, kann das Prana nicht durch sie fließen und die Kundalini bleibt inaktiv. Die im Yoga und Tantra angewandten Techniken dienen dazu, diese Aufgabe zu erfüllen und die Kundalini zu erwecken.

Yogische und tantrische Lehren besagen, dass die Kombination von körperlichen Übungen (Kriya/Asana), Atemtechniken (Pranayama), energetischen Schlössern (Bandha) und Mantra-Singen dazu verwendet werden kann, Prana und Apana am Hara Chakra zusammenkommen zu lassen und die Kundalini in Aktivität zu versetzen. Um die Kundalini-Energie durch Sushumna, Prana (Pingala) und Apana (Ida) entlang der Wirbelsäule anzuheben, kann man hydraulische Schlösser (Bandhas) anwenden, die die bewusste Anwendung von Druck an verschiedenen Stellen des Körpers erfordern.

Durch Druck auf das Muladhara Chakra (Mula Bandha) werden die Energien Kundalini, Prana und Apana nach oben zum Swadhisthana Chakra geschickt. Als Nächstes muss man ein Bandha im Zwerchfell (Uddiyana Bandha) anwenden, das die drei Energien nach oben zum Kehlchakra schickt. Von dort aus bringt das Nackenschloss (Jalandhara Bandha) die Energien ins Gehirn. Die gleichzeitige Anwendung aller drei Schlösser wird als Maha Bandha bezeichnet (Abbildung 132).

Die Zirbeldrüse ist mit der Ida Nadi verbunden, während die Hirnanhangsdrüse mit Pingala verbunden ist. Wenn sich die Kundalini erhebt, beginnt die Zirbeldrüse einen Strahl auszusenden und ihn auf die Hypophyse zu projizieren. Die Hypophyse wird dadurch erregt und projiziert Impulse oder Lichtblitze in Richtung der Zirbeldrüse. Sobald die Kundalini durch Sushumna in das Gehirn eintritt, kreuzen sich Ida und Pingala ein letztes Mal am Thalamus, wo sie als Gegensätze verschmelzen. Dieser Prozess erweckt das Ajna Chakra und aktiviert es vollständig, was zu einer mystischen Hochzeit zwischen der Zirbeldrüse und der Hypophyse führt.

Wenn sich Ida, Pingala und Sushumna als ein Energiestrom im Thalamus-Zentrum vereinigen, wird das Tor zu Sahasrara geöffnet. Die Kundalini kann dann zum Scheitel des Kopfes aufsteigen und ihre Reise vollenden. Die Seele, die ihren Sitz in der Zirbeldrüse hatte, verlässt den physischen Körper, und es kommt zu einer permanenten Bewusstseinserweiterung.

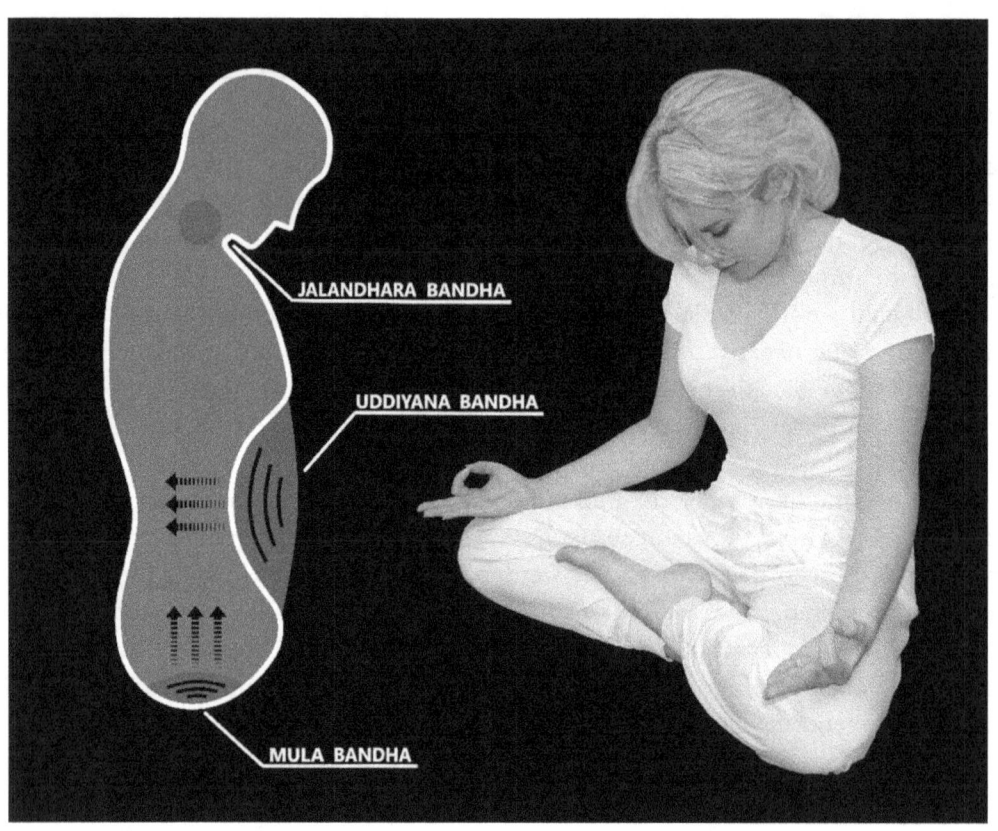

Abbildung 132: Maha Bandha: Die Anwendung der Drei Bandhas

SUSHUMNA UND BRAHMARANDHRA

Sushumna ist die zentrale Nadi, die durch das hohle Rohr in der Wirbelsäule verläuft. Ihr Fluss beginnt an der Basis, im Muladhara Chakra, und endet im Sahasrara Chakra am Scheitel. Sobald sie in den Kopf eintritt, teilt sich die Sushumna Nadi in zwei Ströme (am Thalamus). Ein Strom bewegt sich in Richtung der Vorderseite des Kopfes, vorbei am Ajna Chakra, während er es aktiviert. Er bewegt sich weiter entlang der Vorderseite des Kopfes, gerade innerhalb des Schädels, bevor er Brahmanrandhra erreicht, den Sitz des höchsten Bewusstseins, der sich in der oberen Mitte des Kopfes befindet.

Der zweite Strom bewegt sich in Richtung des Hinterkopfes, neben, aber gerade innerhalb des Schädels, bevor er Brahmarandhra erreicht. Beide Energieströme treffen sich am Brahmarandhra, durchdringen es und führen dazu, dass sich das Kosmische Ei öffnet, das der Gipfel direkt darüber ist.

Im Sanskrit bedeutet Brahmarandhra das "Loch oder die Öffnung des Brahman". Laut den yogischen Texten ist Brahmarandhra die Öffnung der Sushumna Nadi am Scheitel des Kopfes. Brahman bezieht sich auf den kosmischen Geist in Sanskrit. Es bezeichnet das höchste universelle Prinzip, die letzte Realität des Universums.

Wenn jemand die Kundalini-Energie zu Brahmarandhra erhebt, erlebt er ein spirituelles Erwachen höchsten Grades. Brahmanrandhra und das Kosmische Ei beziehen sich beide auf die kosmische Energie, und der Akt des Durchbrechens dieses Zentrums ist das Erwachen des spirituellen, göttlichen Selbst.

Obwohl beide laut heiligen Texten dazu dienen, die Seele vom Körper zu befreien, ist unklar, ob Brahmarandhra und das Kosmische Ei ein und dasselbe sind. Aus meinen umfangreichen Forschungen zu diesem Thema, gepaart mit meiner Erfahrung des Kundalini-Erwachens, bin ich jedoch zu dem Schluss gekommen, dass das Durchstechen von Brahmarandhra mit genügend Kraft den Prozess des Aufbrechens des Kosmischen Eies einleitet. Mit anderen Worten, es ist ein zweistufiger Prozess.

Weitere Hinweise gibt uns das Shiva-Linga, das einen eiförmigen Zylinder enthält, der das Brahmanda darstellen soll, was in Sanskrit "das kosmische Ei" bedeutet. Brahma bezieht sich auf den Kosmos, während "anda" "Ei" bedeutet. Brahmanda ist ein universelles Symbol für die Quelle des gesamten Kosmos. Das kosmische Ei ist eines der bekanntesten Symbole in der Weltmythologie, das wir in vielen antiken Traditionen finden können. In fast allen Fällen wohnt im kosmischen Ei ein göttliches Wesen, das sich selbst aus dem Nichts erschafft und dann das materielle Universum erschafft.

Auf ihrem Aufstieg nach oben, wenn die Kundalini den Scheitel erreicht und Brahmarandhra durchstößt, zerbricht das kosmische Ei, und der "Dotter", der sublimierte Prana-Energie ist, ergießt sich über den Körper, was zur vollständigen Aktivierung des Lichtkörpers und der zweiundsiebzigtausend Nadis führt. Diese Erfahrung ist vergleichbar mit der Vererbung spiritueller "Flügel", die es einem ermöglichen, durch die optimierte Merkaba in den inneren kosmischen Ebenen zu reisen. Das Zerbrechen des kosmischen Eies führt also dazu, dass man selbst zu einem engelhaften Wesen wird.

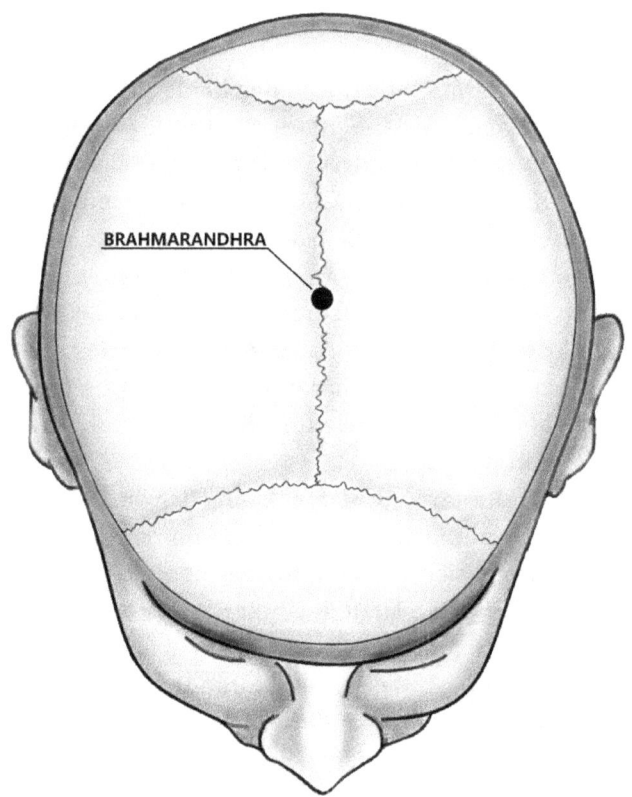

Abbildung 133: Der Brahmarandhra

Brahmarandhra befindet sich zwischen den beiden Scheitel- und Hinterhauptsknochen, genauer gesagt im Bereich der vorderen Fontanelle (Abbildung 133). Bei einem Säugling ist dieser Teil des Kopfes noch sehr weich. Wenn das Kind heranwächst, verschließt sich die Brahmarandhra mit dem Wachstum der Schädelknochen. Alle erwachsenen Menschen haben die Aufgabe, die Kundalini-Energie in den Kopf zu erheben und Brahmarandhra zu durchdringen, wenn wir die Befreiung vom Tod erlangen wollen. Indem wir Brahmarandhra durch eine Kundalini-Aktivierung durchdringen, werden wir eins mit dem Geist als ewige Wesen des Lichts.

Den Upanishaden zufolge erlangt der Yogi Unsterblichkeit, sobald Sushumna den Kopf durchdringt und durch den Brahmarandhra geht. Der Mikrokosmos und der Makrokosmos werden eins, und der Yogi erlangt Erleuchtung. Bevor dies jedoch geschieht, wird der Lichtkörper vollständig aktiviert, indem die zweiundsiebzigtausend Nadis mit Prana-Energie durchdrungen werden. Dieser Prozess ist sehr intensiv, denn der Lichtkörper erfährt eine Aufladung durch etwas, das sich wie eine externe Energiequelle anfühlt. Ich beschreibe den Prozess als ein Gefühl, als würde man von einer Hochspannungsleitung einen Stromschlag bekommen, natürlich ohne den körperlichen Schmerz.

Nach meiner persönlichen Erfahrung sah ich, als ich während des Kundalini-Aktivierungsprozesses meine physischen Augen öffnete, meine Hände und andere Teile meines Körpers als reines goldenes Licht, als ob ich eine biologische Transformation durchlaufen hätte. Außerdem erschien der Raum, in dem ich mich befand, holografisch, da die Gegenstände um mich herum halbtransparent wurden und scheinbar in der Luft schwebten. Und dies war keine vorübergehende Vision, sondern eine, die ich mehr als fünf Sekunden lang bei voll funktionsfähigen kognitiven Funktionen hatte, bevor mich die durchdrungene Energie, die sich nun meines Körpers bemächtigte, zurück auf das Bett warf.

Sobald sich Shakti mit Shiva, dem höchsten Bewusstsein, vereinigt, wird der Schleier von Maya durchbrochen, und Sie können den unendlichen, lebendigen Geist Gottes wahrnehmen. Es ist wahr, die Natur unserer Realität ist das Nebenprodukt der Vereinigung von Energie und Bewusstsein.

Während die Energie weiter nach oben stieg, sogar über Brahmarandhra und das Kosmische Ei hinaus, begann mein Bewusstsein meinen physischen Körper vollständig zu verlassen. Es fühlte sich an, als würde ich aus meinem Körper herausgesaugt werden und aufhören zu existieren. Auf dem Höhepunkt dieser Erfahrung befand ich mich am Beginn der Vereinigung mit dem Weißen Licht. Da Brahmarandhra das Zentrum der Energie und des Bewusstseins ist, glauben manche Menschen, dass man nicht mehr in den physischen Körper zurückkehren kann, wenn man es überschreitet. Diese Vorstellung ist rein theoretisch, aber eine Möglichkeit besteht trotzdem. Mit anderen Worten: Hätte ich mir erlaubt, mich während meiner sehr intensiven Kundalini-Aufstiegserfahrung mit dem Weißen Licht zu vereinen, wäre ich vielleicht nicht in der Lage gewesen, in den physischen Körper zurückzukehren. Die Erfahrung war einfach auf jeder Ebene zu intensiv, und es gab viele unbekannte Variablen, vor allem, weil ich zu diesem Zeitpunkt in meinem Leben noch kein Wissen über die Kundalini hatte.

Sushumna Nadi hat drei Schichten oder kleinere Nadis, aus denen es besteht. Sobald das kosmische Ei zerbrochen ist, steigt die Kundalini-Energie von Sushumna Nadi weiter nach oben, bis die Tausend Blütenblätter des Sahasrara Chakra vollständig geöffnet sind. Sie müssen sich selbst erlauben, loszulassen und nicht versuchen, die Energie zu kontrollieren, während sie weiter nach oben steigt. Jede der drei Sushumna Nadis oder

Schichten muss ihren Teil dazu beitragen, dass dies geschieht. Wenn der Prozess abgeschlossen ist, öffnet sich der Kopf wie eine Blume. Die symbolische Blume besteht aus drei Schichten, wie sie in Abbildung 134 dargestellt sind. Diese drei Schichten repräsentieren das vollständig erweckte Sahasrara Chakra. Als solches wird der Mensch zu einer Antenne für die Schwingungen von außen.

Die Sushumna Nadi hat eine äußere Schicht, die traditionell als leuchtend rot gilt und das Kundalini-Feuer symbolisiert, das durch sie fließt. Da sich die Sushumna Nadi im Kopf in zwei Ströme teilt, vorne und hinten, regiert sie den gesamten mittleren Teil des Kopfes.

Die erste Schicht von Sushumna wird Vajrini oder Vajra Nadi genannt. Diese Nadi beginnt am Ajna Chakra und endet in den Keimdrüsen (Hoden bei Männern und Eierstöcke bei Frauen). Ihre Farbe ist Gold, da sie die Natur von Rajas oder Aktivität zeigt. Diese Schicht ist die Sun (Surya) Nadi, die die männliche Energie enthält, die außerhalb der Sushumna als Pingala Nadi und innerhalb als Vajrini wirkt. Es wird angenommen, dass Vajrini giftig oder toxisch sein kann.

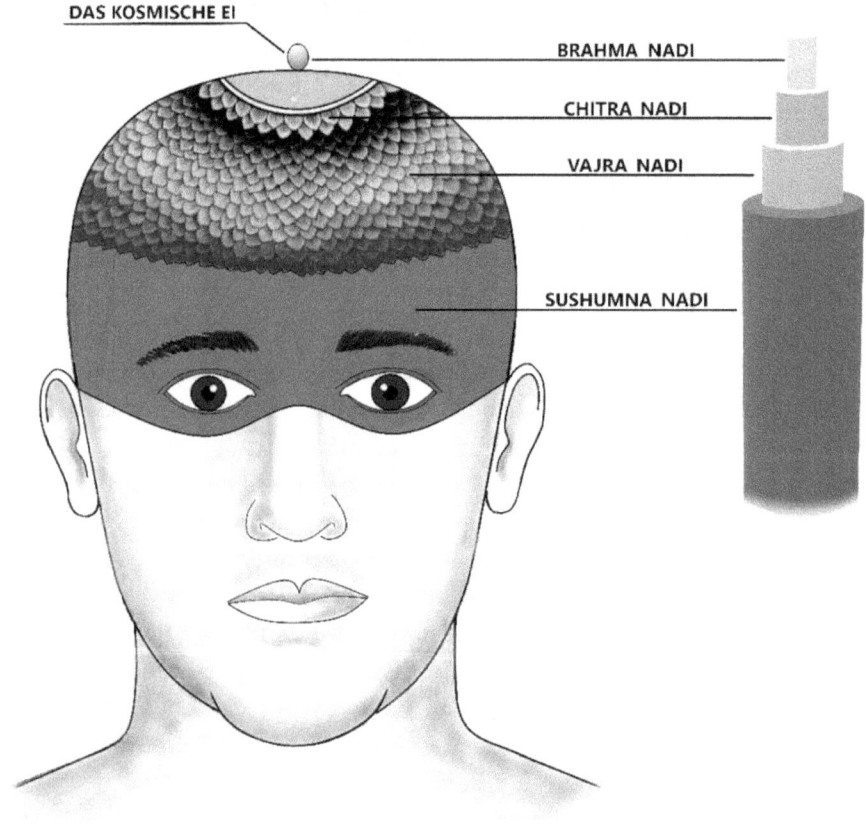

Abbildung 134: Sushumna Nadi-Schichten und das Kosmische Ei

Die zweite Schicht wird Chitrini oder Chitra Nadi genannt. Diese Nadi hat eine silberweiße Farbe und spiegelt die Natur des Mondes (Chandra) wider. Sie verbindet uns mit Träumen und Visionen und ist von größter Bedeutung für erwachte Maler oder Dichter. Chitrini weist den Charakter von Sattva auf, der mit Transzendenz zu tun hat. Sie beginnt im Bindu Chakra und endet im Svayambhu Lingam im Muladhara. Der Chitra Nadi verbindet sich mit den chakrischen Stämmen im Rückenmark. Dieser weibliche Nadi wirkt außerhalb der Sushumna als Ida Nadi und innerhalb der Sushumna als Chitrini. Von der Chitrini wird gesagt, dass sie in Brahmnadvara endet, dem Tor oder Eingang zu Brahma, dem Schöpfer. Durch die Chitra Nadi reist die Kundalini zu ihrem endgültigen Ruheplatz im Siebten Auge, auch Soma Chakra genannt.

Die innerste Schicht ist die Brahma Nadi, die direkt mit Brahmarandhra verbunden ist. Brahma Nadi ist der Strom der Reinheit und die tiefe Essenz der Kundalini-Energie. Wenn sie erweckt ist, energetisiert sie die Chakras und durchdringt sie mit dem Kundalini-Licht. Für eine vollständige Erweckung müssen Sie jedoch die Kundalini durch Brahma Nadi anheben und Brahmarandhra durchdringen. Alles, was darunter liegt, ist kein vollständiges Erwachen, sondern ein teilweises Erwachen.

LALANA CHAKRA UND AMRITA NEKTAR

In der Tantra-Yoga-Tradition heißt es, dass das Bindu Chakra der Punkt ist, der den gesamten physischen Körper beherbergt und auch der Punkt, an dem er sich auflöst. Es heißt, dass das Bindu unsere Lebenskraft in sich birgt und den Amrita Nektar produziert. Der Amrita-Nektar wird durch eine Synthese der Lichtenergie, die man aus der Nahrung erhält, hergestellt. Bei Menschen, die nicht von der Kundalini erweckt wurden, tropft der Amrita vom Bindu hinunter zum dritten Chakra, Manipura, wo er für verschiedene Aktivitäten des Körpers verwendet wird. Es gibt dem Körper Vitalität. Mit der Zeit beginnt die Lebenskraft der Bindu zu schwinden, wodurch der physische Körper altert. Die Haut wird rauer und trockener, die Haare beginnen auszufallen, Knochengewebe und Knorpel nutzen sich ab, und die allgemeine Vitalität nimmt ab.

Yogis sagen, wenn man verhindern kann, dass das Amrita vom Solarplexus-Chakra verbrannt wird, kann man seinen vitalisierenden und nährenden Nektar genießen und den Prozess des Alterns und der Degeneration des physischen Körpers aufhalten und sogar umkehren. Um dies zu erreichen, müssen Yogis ein geheimes kleines Chakra namens Lalana stimulieren. In den *Upanishaden* heißt es, dass Lalana 12 hellrote Blütenblätter hat. In anderen heiligen Texten heißt es jedoch, es habe 64 silbrig-weiße Blütenblätter.

Lalana ist ein geheimnisvolles Chakra, aber ein entscheidendes, besonders bei Kundalini-Erweckten. Wenn man die Kraft von Lalana und Vishuddhi nutzt, kann man das Amrita in eine feinere, spirituelle Substanz umwandeln, die dazu verwendet wird, den Kundalini-Kreislauf zu energetisieren und zu nähren. Die synthetisierte Lichtenergie, die man aus der Nahrung erhält, die, wie ich sagte, den Kundalini-Kreislauf "nährt" und die Erfahrung der Transzendenz ermöglicht, ist der Amrita-Nektar, von dem in den yogischen Traditionen gesprochen wird. Amrita wird optimiert, wenn es nutzbar gemacht und in etwas umgewandelt wird, das sich, wie ich beschreibe, wie eine flüssige spirituelle Energie anfühlt. Diese kühlende Substanz beruhigt den Geist und das Herz und wäscht alle unausgewogenen Gedanken und Emotionen weg.

Lalana ist eine rote kreisförmige Mondregion, die als Reservoir für den Amrita-Nektar dient. Wenn das Amrita aus dem Bindu fällt, wird es im Lalana Chakra gespeichert, bereit, von Vishuddhi gereinigt zu werden. Wenn Vishuddhi inaktiv ist, wie es bei den meisten nicht-Kundalini erweckten Menschen der Fall ist, fällt Amrita nach Manipura. Aber wenn Lalana irgendwie stimuliert wird, wird auch Vishuddhi aktiv. Der Nektar wird so gereinigt und transformiert und wird zum "Nektar der Unsterblichkeit". Wie bereits erwähnt, wird dieser Nektar in den alten Überlieferungen als "Lebenselixier" und "Speise der Götter" bezeichnet. Im Christentum ist es das "Blut Christi", das ewiges Leben schenkt. Sobald die notwendigen Energiezentren geöffnet sind, wird der umgewandelte Amrita-Nektar im gesamten Lichtkörper verteilt und ermöglicht es dem Einzelnen, wahre Transzendenz zu erfahren.

Das Lalana Chakra befindet sich auf der Rückseite des Gaumens, genauer gesagt in dem Bereich, in dem das obere Ende des Rückenmarks auf den Hirnstamm trifft. Im Querschnitt des menschlichen Gehirns und Schädels (Abbildung 135) befindet es sich zwischen der Medulla Oblongata und der Schädelbasis, entlang des zentralen Kanals des Rückenmarks. In diesem Bereich treffen der Vagusnerv und andere Hirnnerven auf den ersten Halswirbel (Atlas).

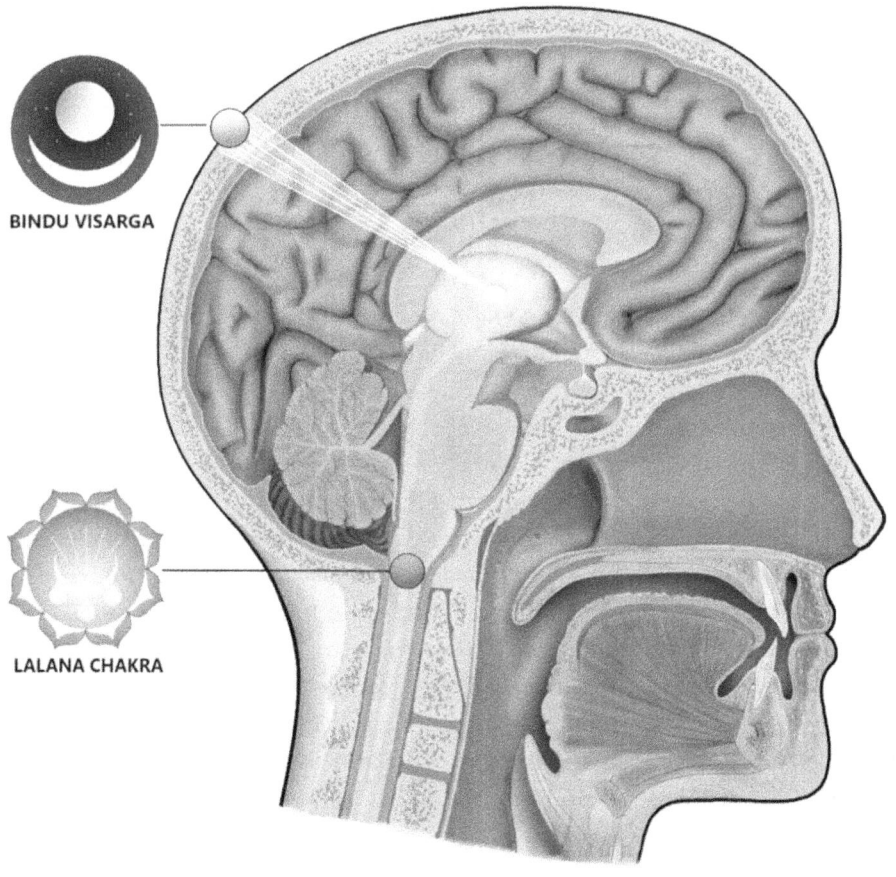

Abbildung 135: Lalana (Talu) Chakra und die Bindu Visarga

Lalana Chakra befindet sich etwa fünf Zentimeter über Vishuddhi und ist eng mit ihm verbunden. Lalana, was sowohl "weibliche Energie" als auch "Zunge" bedeutet, wird auch Talu Chakra genannt und befindet sich direkt hinter dem Rachenraum, an der Rückseite des Mundes. Die Kundalini-Energie aktiviert das Lalana Chakra, wenn sie in den Hirnstamm eintritt. Sobald es aktiviert ist, bewegt sich die Kundalini zum Thalamus, wo sie als Nächstes Ajna öffnet, gefolgt von Sahasrara.

Lalana ist auch mit dem Bindu am oberen Hinterkopf verbunden. Zusammen mit Vishuddhi sind diese drei Chakras dafür verantwortlich, was mit dem Amrita geschieht und ob es nach unten zu Manipura fällt, was zu körperlichem Verfall führt, oder ob es nutzbar gemacht und für spirituelle Zwecke verwendet wird. Die Kräfte des Lalana Chakra werden am besten genutzt, wenn die Kundalini dieses Chakra-Zentrum geöffnet hat, aber es gibt eine andere Methode, die Yogis entwickelt haben, die Khechari Mudra genannt wird.

KHECHARI MUDRA UND SEINE VARIATIONEN

Yogis haben entdeckt, dass sie den Fluss von Amrita aus ihrer Bindu mit Hilfe der Zunge beeinflussen können. Khechari Mudra, das unter die Rubrik "Mana: Kopf-Mudras" fällt, ist eine kraftvolle Technik, die die Zunge benutzt, um Energie im Gehirn zu kanalisieren. Dabei wird die Zungenspitze nach hinten gedreht und versucht, das Zäpfchen oder die "kleine Zunge" zu berühren, die den Energiefluss zum Lalana Chakra lenkt.

Die Zunge ist sehr mächtig, wenn es darum geht, Energie ins Gehirn zu leiten. Im Qi Gong ist es wichtig, die Zungenspitze auf den empfindlichen Bereich des Gaumens zu legen, um zwei sehr wichtige Energiemeridiane zu verbinden. Das Ende der Zunge ist ein Energieleiter, der alles stimuliert, was er berührt. Im Fall von Khechari Mudra versuchst du, den Energiefluss rückwärts ins Lalana Chakra zu leiten, um es zu aktivieren.

Um die grundlegende Khechari Mudra-Methode auszuführen, können Sie in jeder bequemen meditativen Position sitzen. Richten Sie Ihre Augen mit geschlossenen Augen auf das Zentrum des Geistigen Auges zwischen den Augenbrauen. Rollen Sie dann bei geschlossenem Mund die Zunge nach oben und nach hinten, so dass ihre Unterseite den oberen Gaumen berührt (Abbildung 136). Strecken Sie die Zungenspitze so weit wie möglich, während Sie versuchen, das Zäpfchen zu berühren. Dabei sollte die Zunge nicht zu stark belastet werden. Behalten Sie die Zunge in dieser Position, solange es angenehm ist. Wenn Sie sich unwohl fühlen, entspannen Sie die Zunge, indem Sie sie für ein paar Sekunden in die neutrale Position zurückbringen, und wiederholen Sie die Übung dann.

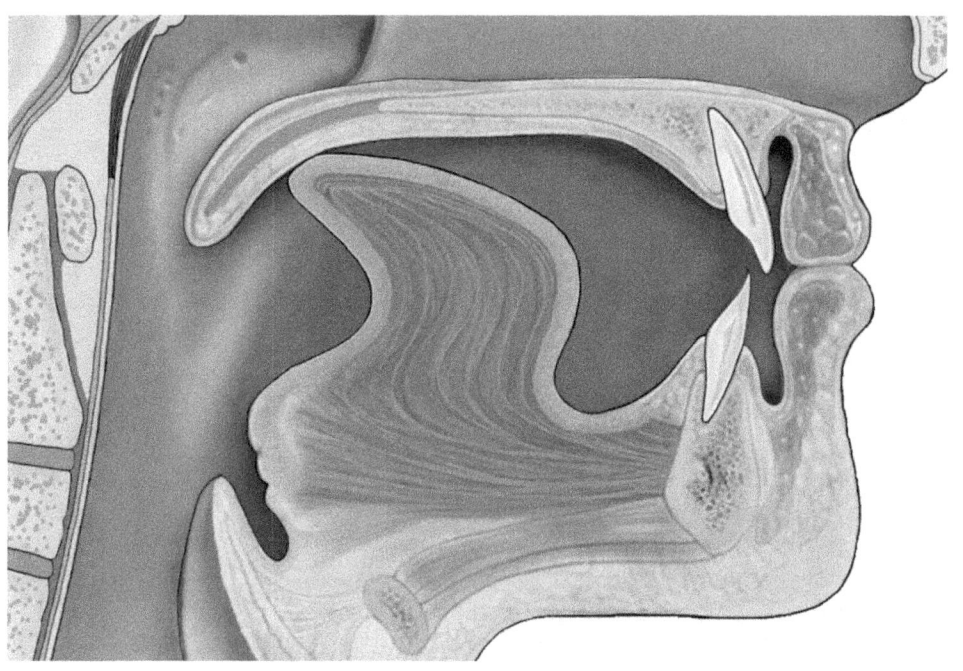

Abbildung 136: Grundlegendes Khechari Mudra

Khechari Mudra wird als Teil verschiedener Asanas, Pranayamas, Mudras und Bandhas ausgeführt, um eine optimale Wirkung dieser Übungen zu erzielen. In Verbindung mit der umgekehrten Haltung Viparita Karani ermöglicht es dem Übenden, das Amrita leichter zu halten.

Bei der fortgeschrittenen Khechari Mudra wird der untere Teil des Gewebes, das die Unterseite der Zunge mit dem Mundboden verbindet, abgeschnitten. Danach kann die Zunge vollständig gedehnt und in die Nasenhöhle hinter das Gaumenzäpfchen gelegt werden (Abbildung 137). Dadurch wird Druck auf den Rachen ausgeübt, was Lalana stimuliert und verhindert, dass das Amrita in den Solarplexus fällt. Sobald Amrita mit Khechari Mudra eingefangen ist, beginnt sich seine heilende Wirkung zu entfalten. Die fortgeschrittene Khechari Mudra-Methode wird am besten mit der Hilfe eines qualifizierten Gurus praktiziert.

Wenn eine Person ein vollständiges und dauerhaftes Kundalini-Erwachen erfährt, fließt die Kundalini-Energie frei in den Thalamus. Von hier aus fließt die Kundalini zu Ajna, Sahasrara und dem Bindu. Wenn das Bindu Chakra in den Prozess der spirituellen Transformation involviert ist, sondert es Amrita bis hinunter zum Lalana Chakra ab, das dann durch Vishuddhi gereinigt und in seine höchst verfeinerte Form umgewandelt wird. Dieser Nektar wird dann im gesamten Körper des Lichts verteilt, nährt die zweiundsiebzigtausend Nadis und erweitert das Bewusstsein. Das Ergebnis ist, dass die erwachte Person eine überdurchschnittliche Vitalität erlangt und ihr Alterungsprozess sich drastisch verlangsamt. Er kann lange Zeit ohne Nahrung und Wasser auskommen, da er sich durch die Bewegung dieser neuen Energien von innen heraus genährt fühlt.

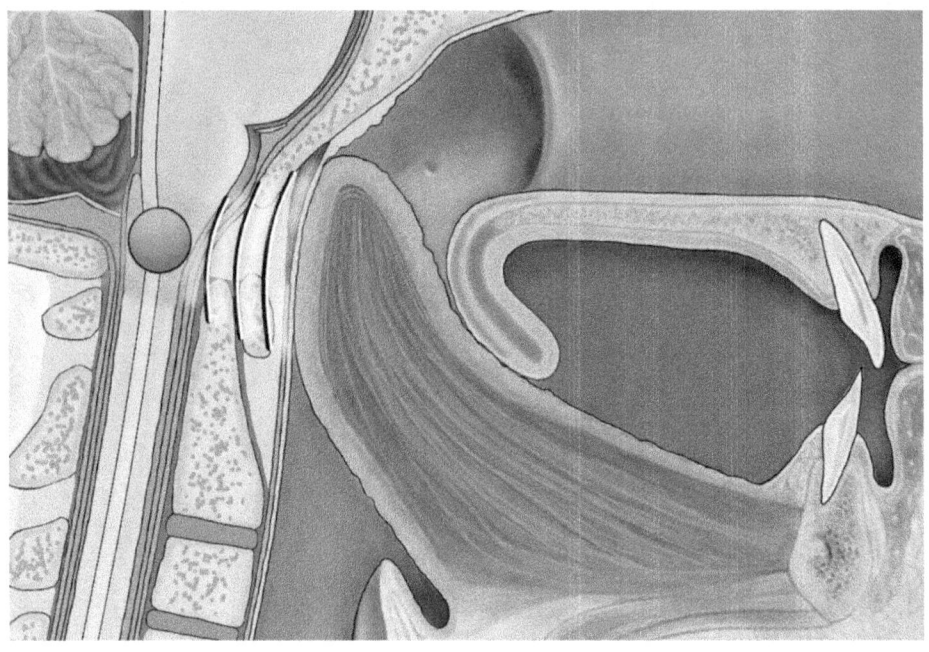

Abbildung 137: Fortgeschrittenes Khechari Mudra

Der Amrita-Nektar ist direkt in den Prozess der Erleuchtung involviert. Obwohl wir ihn durch die oben erwähnten yogischen Praktiken nutzen können, besteht sein eigentlicher Zweck darin, eine Rolle bei der Aufrechterhaltung des Kundalini-Kreislaufs zu spielen. Der umgewandelte Amrita-Nektar nährt den Kundalini-Kreislauf, und er ist auf die Lichtenergie angewiesen, die er aus der Nahrung erhält. Er sorgt für die emotionale Ruhe, die notwendig ist, um den Alterungsprozess aufzuhalten und die Gesundheit des physischen Körpers zu erhalten. Diese emotionale Ruhe lässt sich am besten als ein Zustand des *Nirwana* beschreiben, der eines der angestrebten Ziele der Yogis ist. Stress ist einer der Schlüsselfaktoren des Alterns. Indem man den Geist neutralisiert und den Amrita-Nektar nutzt, um den Körper des Lichts zu nähren, kann man Langlebigkeit erlangen.

Im Laufe der Jahre habe ich eine weitere Variante des Khechari Mudra entdeckt, die zu einer der wichtigsten Praktiken in meinem Leben geworden ist. Ich habe herausgefunden, dass das Krümmen der Zunge nach unten und das Zurückschieben der Zunge auch Druck auf das Lalana Chakra ausübt, was dazu beiträgt, meinen Kundalini-Kreislauf mit dem transformierten Amrita zu nähren. Um es richtig zu machen, muss die Zungenspitze das Frenulum berühren, eine Schleimhautfalte, die sich unter dem mittleren

Teil der Zunge befindet und dazu beiträgt, sie im Mund zu verankern und ihre Bewegungen zu stabilisieren.

Ich bin zufällig auf diese Technik gestoßen, oder um genauer zu sein, es ist mein Höheres Selbst, das mich dazu gebracht hat, diese Technik zu finden und sie anzuwenden. Ich bin bei meinen Nachforschungen in verschiedenen spirituellen Traditionen nie auf diese Praxis gestoßen, um ihre Anwendung zu überprüfen, daher ist das, was ich mit Ihnen teile, eine einzigartige Information, die Sie nirgendwo anders finden werden.

Ich habe vor Jahren angefangen, diese Technik zu praktizieren, scheinbar aus dem Nichts heraus, und ich ertappe mich oft dabei, wie ich sie vor anderen Leuten ausführe, was manchmal eine seltsame Reaktion von ihnen hervorruft, da ich natürlich meine Lippen schürze, wenn ich es tue. Auf dem Titelblatt von *The Magus* bin ich als Hermes zu sehen, mit geschürzten Lippen, während ich diese Technik ausführe. Meine Frau fand es passend, mich so abzubilden, da sie mich oft dabei sieht.

Die Technik, die ich entdeckt habe, ermöglicht es mir, die Lichtenergie, die ich aus der Nahrung bekomme, nutzbar zu machen, die sich in meinem Gehirn in eine flüssige spirituelle Substanz (Amrita) verwandelt und dann entlang der vielen Nadis in meinem Lichtkörper verteilt wird. Es wird immer von einem Gefühl der Wärme begleitet, als ob ich ein beständiges Feuer in meiner Brust entfachen würde, wie es der Fall ist, wenn das Lalana Chakra stimuliert wird. Beachten Sie, dass die Zunge bei dieser Variante nach unten gerichtet ist, was mich oft daran zweifeln lässt, inwieweit sie mir spirituell von Nutzen ist. Zum Ausgleich führe ich gerne die Basis-Khechari-Mudra aus, indem ich die Zungenspitze nach hinten drehe und den oberen Gaumen berühre. Auf diese Weise bekomme ich die notwendigen Energien, die nach oben ins Großhirn strömen, während das Lalana Chakra stimuliert bleibt.

MANTRA

Mantra ist ein Sanskrit-Wort, das "ein Werkzeug des Geistes" oder "ein Instrument der Gedanken" bedeutet. Es ist ein heiliger Ausspruch, ein göttlicher Klang, eine Silbe, ein Wort oder eine Wortgruppe in einer heiligen Sprache mit magischer Kraft in der unsichtbaren Welt. Mantras sind "Machtworte", die in vielen verschiedenen spirituellen Traditionen, alten und modernen, zu finden sind und als Werkzeuge dienen, um Energie in die Aura zu rufen oder zu evozieren. Da "manas" in Sanskrit "Geist" bedeutet, ist der Zweck eines Mantras, den Geist zu transzendieren. Sie beinhalten, sind aber nicht beschränkt auf die Namen von Gott, Engeln, Geistern und verschiedenen Gottheiten aus dem Pantheon, zu dem das gewählte Mantra gehört.

Ich habe Sie bereits in meinem vorherigen Buch in die Wissenschaft der Mantras eingeführt, von denen die meisten in hebräischer Sprache verfasst sind und als Teil der rituellen Übungen der Zeremonialen Magie verwendet werden. Die Mantras in der henochischen Sprache sind eigenständige Mantras, die die phonetische Rezitation von Passagen in henochischer Sprache darstellen. Aufgrund der Heiligkeit und Kraft der hebräischen und henochischen Sprachen sind diese Mantras sehr wirksam bei der Veränderung des Bewusstseins durch die Anrufung/Beschwörung von Energie.

Es gibt 84 Meridianpunkte auf dem Gaumen, die die Zunge durch das Singen eines Mantras stimuliert. Diese Meridianpunkte wiederum stimulieren den Hypothalamus, der auf die Zirbeldrüse einwirkt und sie zum Pulsieren und Strahlen bringt. Die Zirbeldrüse gibt dann Impulse an das gesamte endokrine System und ermöglicht die Ausschüttung von Hormonen, die unser Immunsystem und unser neurologisches System stärken und den Körper in einen Zustand der Kohärenz versetzen. Zwei der freigesetzten Hormone sind Serotonin und Dopamin, die ein emotionales Glücksgefühl erzeugen, das das Bewusstsein auf eine höhere Ebene hebt.

Die Mantras, die ich in diesem Buch vorstelle, sind in der Sprache Sanskrit, einer der ältesten Sprachen der Welt (5000 Jahre alt). Sanskrit ist die alte Sprache des Hinduismus, die der Legende nach ein Mittel der Kommunikation und des Dialogs zwischen den himmlischen Göttern des Hinduismus war. Die alten Hindus bezeichneten Sanskrit als "Dev Bhasha" oder "Devavani", was "Sprache der Götter" bedeutet.

Die Größe der Sanskrit-Sprache liegt in der Bildung und Einzigartigkeit ihres Wortschatzes, ihrer Phonologie, Grammatik und Syntax, die bis heute in ihrer Reinheit erhalten geblieben ist. Die fünfzig Buchstaben setzen sich aus sechzehn Vokalen und vierunddreißig Konsonanten zusammen. Die Buchstaben des Sanskrit wurden im Laufe der Zeit nie verändert oder optimiert, was sie zu einer perfekten Sprache für die Wortbildung und Aussprache macht.

Sanskrit-Mantras verwenden Keimklänge, die die Schwingungsenergie der Worte erzeugen, die sie übersetzen. Wenn Sie ein Sanskrit-Mantra aussprechen, wirkt sich seine Schwingung auf Ihr Bewusstsein aus, was nachhaltige Auswirkungen auf Ihren Geist und Körper hat. Daher ist das Verstehen der Bedeutung eines Sanskrit-Mantras von entscheidender Bedeutung, um zu wissen, welche Art von energetischer Veränderung es hervorrufen wird.

Die in diesem Abschnitt vorgestellten Mantras sollen mit den Stimmbändern in einem projektiven, energetisierenden Ton vibriert werden. Sie sollten in monotonem, natürlichem C vorgetragen werden, wobei die Aussprache gedehnt wird. Wenn Sie jemals tibetische Mönche chanten gehört haben, soll es ähnlich klingen. Vibration und "Chanten" sind austauschbare Wörter, wenn es um die Ausführung eines Mantras geht.

DIE HEILIGE ZAHL 108

In vielen östlichen spirituellen Traditionen wird ein Mantra standardmäßig 108 Mal wiederholt. Diese Zahl ist die Grundlage der gesamten Schöpfung und steht für das Universum und unsere Existenz. Hindus, Yogis und Buddhisten glauben, dass wir uns mit dem Willen des Schöpfers und seiner schöpferischen Energie in Einklang bringen, wenn wir ein Mantra 108 Mal schwingen/gesungen haben. Sie glauben, dass wir durch die Harmonisierung unserer persönlichen Schwingung mit der universellen Schwingung unser Geburtsrecht als Mitschöpfer annehmen, was uns befähigt, jede gewünschte Realität zu manifestieren.

Es gibt viele Gründe, warum die Zahl 108 als heilig gilt, einige davon finden sich in der Wissenschaft und Mathematik. Die Sonne hat zum Beispiel den 108-fachen Durchmesser der Erde, und die Entfernung von der Erde zur Sonne beträgt das 108-fache des Sonnendurchmessers. Auch die Entfernung von der Erde zum Mond beträgt das 108-fache des Monddurchmessers.

In der Astrologie gibt es in unserem Sonnensystem zwölf Tierkreiszeichen und neun Planeten (sieben alte Planeten plus Uranus und Neptun). Zwölf multipliziert mit neun ergibt also 108. Außerdem gibt es siebenundzwanzig Mondhäuser, die in vier Viertel unterteilt sind. Wenn Sie siebenundzwanzig mit vier multiplizieren, ergibt das wiederum 108.

In der hinduistischen Religion gibt es 108 Upanishaden, die heiligen Weisheitstexte, die von den alten Rishis weitergegeben wurden. Jede Gottheit im Hinduismus hat ebenfalls 108 Namen, deren Eigenschaften oder Kräfte wir durch ihre jeweiligen Mantras anrufen können.

Da es im Sanskrit-Alphabet 54 Buchstaben gibt und jeder Buchstabe eine männliche (Shiva) und eine weibliche (Shakti) Qualität hat, entspricht die Gesamtzahl der Variationen 108. Auch im yogischen System der Chakren wird angenommen, dass es 108 Energielinien (Nadis) gibt, die im Herz-Chakra zusammenlaufen, dem Zentrum der Liebe und der Transformation in unserem Lichtkörper.

In der ayurvedischen Medizin heißt es, dass es 108 Vitalenergiepunkte im Körper gibt, die Marmas genannt werden. Die Arbeit mit den Marmas trägt dazu bei, unseren psychologischen und physiologischen Zustand zu verbessern. Indem wir ein Mantra 108 Mal singen, senden wir göttliche Energie zu jedem Marma-Punkt und aktivieren seine heilenden Eigenschaften.

Auch die heiligen Schriften der tibetischen Buddhisten sind in 108 heilige Bücher unterteilt. Darüber hinaus glauben die Buddhisten, dass der Weg zum Nirvana mit genau 108 Versuchungen gepflastert ist. Sie glauben, dass 108 Verunreinigungen oder Sünden uns daran hindern, in einem perfekten, friedlichen Zustand zu leben.

Dies sind nur einige der Gründe, warum die Zahl 108 heilig ist. Es gibt noch viele weitere, nicht nur in östlichen Religionen und spirituellen Traditionen, sondern auch in westlichen. Zum Beispiel wird die Zahl 108 im Islam verwendet, um sich auf Gott zu beziehen. Und so weiter.

JAPA-MEDITATION

Traditionell wird eine Mala-Perlenkette in den Traditionen von Yoga, Buddhismus, Hinduismus, Jainismus und Sikhismus als Teil der Mantra-Praxis verwendet, die sie als Japa-Meditation bezeichnen. Eine Mala hat 108 Perlen und eine "Guru"-Perle, die als Markierung für den Beginn und das Ende eines Zyklus dient. Egal, ob Sie laut singen oder im Stillen rezitieren - wenn Sie die Perlen der Mala mit Ihren Fingern nachziehen, können Sie Ihr Mantra besser verfolgen. Ähnliche Utensilien werden seit Generationen kulturübergreifend und in vielen Religionen und spirituellen Traditionen verwendet, einschließlich der Rosenkranzperlen, die von Christen zum Gebet benutzt werden.

Um eine Japa-Meditation durchzuführen, müssen Sie sich eine Mala-Perlenkette besorgen, die Sie mit den unten aufgeführten Mantras verwenden können. Mit einer Mala können Sie nicht nur 108 Wiederholungen mit Leichtigkeit durchführen, sondern sie wird zu einem kraftvollen spirituellen Gegenstand in Ihrem Leben, der Sie in den richtigen Geisteszustand versetzt, sobald Sie sie in der Hand halten.

Man kann jedoch auch ohne Mala mit Meditationsmantras arbeiten. Wenn Sie also aus irgendeinem Grund keine Mala bekommen können, lassen Sie sich nicht davon abhalten, Mantras ohne Mala zu praktizieren. Wie bereits erwähnt, hat das Schwingen/Singen von Mantras einen kumulativen Effekt in Bezug auf die heraufbeschworene Energie, so dass es relativ unbedeutend ist, ob Sie beispielsweise 108 oder 100 Mantras aussprechen. Technisch gesehen kann man sich sogar darauf konzentrieren, ein Mantra eine bestimmte

Zeit lang auszuführen, z.B. fünf bis fünfzehn Minuten, und sich entsprechend Zeit lassen, so dass man ungefähr 100 Aussprüche macht. Abgesehen davon glaube ich an die Kraft traditioneller Praktiken, insbesondere an solche mit einer jahrtausendealten Tradition.

Idealerweise machen Sie Ihr Meditationsmantra früh am Morgen, vor dem Essen. Wenn Sie Ihr Mantra wiederholen möchten, tun Sie dies nachts und lassen Sie etwas Zeit zwischen den Sitzungen, damit die beschworene/evozierte Energie auf Sie wirken kann.

Um Ihre Japa-Praxis zu beginnen, wähle Sie Ihr Meditations-Mantra aus den unten angegebenen Optionen. Jedes Meditationsmantra wirkt sich anders auf unsere Energie aus, also lesen Sie die Beschreibung sorgfältig durch, damit Sie jedes Mantra bei Bedarf anwenden können. Als nächstes suchen Sie sich einen Platz, an dem Sie bequem mit gerader Wirbelsäule und geschlossenen Augen sitzen. Eine der bisher vorgestellten Meditations-Asanas ist ideal. Atmen Sie jetzt ein paar Mal tief durch, um sich auf Ihre Absicht auszurichten.

Halten Sie Ihre Mala in der rechten Hand (in Indien gilt die linke Hand als unrein), die Sie über den Mittelfinger legen, während Ihr Zeigefinger bequem ausgestreckt ist (Abbildung 138). Beginnen Sie bei der Guru-Perle und zählen mit Ihrem Daumen jede kleinere Perle, während Sie die Mala bei jedem Mantra-Spruch zu sich ziehen. Atmen Sie vor jedem Aussprechen ruhig und rhythmisch ein.

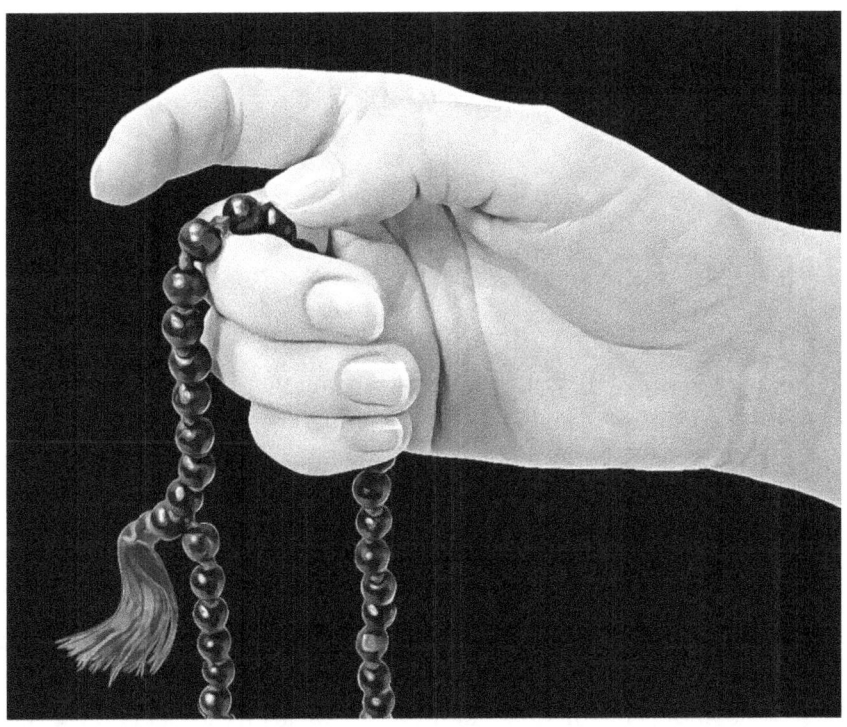

Abbildung 138: Zählen der Mala-Perlen

Wiederholen Sie Ihr Mantra 108 Mal, während Sie die Mala-Perlen durchlaufen, und enden Sie an der Guru-Perle, an der Sie begonnen haben. Wenn Sie Ihre Mantra-Meditation fortsetzen möchten, kehren Sie die Richtung um und beginnen Sie den Prozess erneut, anstatt über die Guru-Perle zu gehen. Denken Sie daran, alle 108 Zyklen durchzuführen.

Die Wiederholung von Sanskrit-Mantras wirkt sich positiv auf das Nervensystem aus und lässt Sie ruhig und entspannt werden, was einer der ersten Nebeneffekte ist. Darüber hinaus bringen diese Mantras die inneren Energien ins Gleichgewicht, was die Konzentration und die Selbstwahrnehmung verbessert. Die regelmäßige Wiederholung von Sanskrit-Mantras wirkt jedoch auf einer tiefen, unterbewussten Ebene und erzeugt dauerhafte Heilwirkungen auf Geist, Körper und Seele. Wenn Sie mit dieser Praxis beginnen, sollten Sie geduldig sein und sie täglich wiederholen, um mit der Zeit die gewünschten Ergebnisse zu erzielen.

MEDITATION MANTRAS

Om

Aussprache: *Aaa-Uuu-Mmm*

"Om" ist das universellste Mantra in Sanskrit. Es wird angenommen, dass es der erste Klang ist, der bei der Erschaffung des Kosmos zu hören war und aus dem alle Dinge hervorgegangen sind. "Om" steht für die Essenz der ultimativen Realität, die das kosmische Bewusstsein ist. Daher beginnen oder enden die meisten Sanskrit-Mantras mit "Om".

"Om" (ausgesprochen AUM) steht für den Kreislauf von Leben, Tod und Wiedergeburt. Es bezieht sich auch auf die hinduistische Trinität (Trimurti) von Brahma, Vishnu und Shiva. "Aaa" steht für die Schöpfung, "Ooo" für die Pflege oder Bewahrung und "Mmm" für die Zerstörung, in Verbindung mit der Überwindung des Egos, um Selbstverwirklichung zu erreichen. Schließlich steht AUM für die drei Gunas der Natur und die vier Stufen des Bewusstseins; die vierte Stufe steht für die Stille des Geistes, die erreicht wird, wenn der Praktizierende Samadhi erreicht.

Das Singen von Aaa-Uuu-Mmm (AUM) hilft Ihnen, sich von Ihrem Ego zu lösen und Sie wieder mit dem Geist in sich zu verbinden, der allschöpferisch und allumfassend ist. Wenn Sie jede Silbe vollständig aussprechen, spüren Sie, wie sich die Energie vom Beckenboden bis zum Herzen und schließlich bis zum Scheitel des Kopfes hebt. Dies ist der Weg der Kundalini, deren Ziel es ist, die Seele in diesem Leben vom Körper zu befreien.

Der Klang "Om" schwingt auf der Schwingungsfrequenz von 432 Hz, die überall in der Natur zu finden ist. Als solcher heilt dieser Klang Geist und Körper auf zellulärer Ebene und bringt uns in Einklang mit unserer Umgebung. Er beseitigt alle Spannungen und Ängste, indem er den Geist beruhigt und unsere inneren Energien harmonisiert. Er hilft auch, die Konzentration zu verbessern, während er die Kreativität und die gesamte positive Energie steigert.

Auf körperlicher Ebene verbessert "Om" die Lungenfunktion und das Verdauungssystem und entgiftet den Körper. Bei der Aussprache von Aaa-Ooo-Mmm sollten die drei einzigartigen Frequenzen auf natürliche Weise als ein Klang fließen.

ॐ नमः शिवाय

Om Namah Shivaya
Aussprache: *Aummm Nah-Mahhh Shee-Vah-Yahhh*

"Om Namah Shivaya" bedeutet übersetzt: "Ich grüße den Verheißungsvollen" oder einfach: "Ich verneige mich vor Lord Shiva. Dieses weit verbreitete Mantra lenkt den Geist auf die unendliche, alles durchdringende Gegenwart Lord Shivas - das kosmische Bewusstseinsprinzip des Universums. Es wird auch "Shiva Panchakshara" genannt, was das "Fünfsilbige Mantra" bedeutet, das wesentliche Mantra im Shaivismus, das den Geist zur Ruhe bringt.

Die fünf Silben "Namah Shivaya" stehen für die fünf Elemente, aus denen die gesamte Schöpfung besteht: Der Klang "Na" steht für Erde, "Ma" für Wasser, "Shi" für Feuer, "Va" für Luft und "Ya" für Geist. Das "Om" ist ausgeschlossen, da es der erste Klang des Universums ist, der für Frieden und Liebe steht, die energetische Grundlage des kosmischen Bewusstseins.

Da Shiva der höchste Gott der Transformation ist, der unser höheres Selbst repräsentiert, erhebt dieses Mantra unser Bewusstsein, indem es die Fünf Elemente im Selbst harmonisiert. So bringt es nicht nur Freude und Glückseligkeit in unser Leben, sondern es verbindet uns auch mit der gesamten Natur, nämlich der physischen Darstellung der Fünf Elemente, die Shiva symbolisiert - dem Land, dem Meer, der Luft und der Sonne.

Da es uns mit unserem heiligen Schutzengel, unserem Gott-Selbst, verbindet, wird gesagt, dass das Om Namah Shivaya Mantra die Auswirkungen des Makrokosmos - die Fixsterne und die Planeten, die uns umkreisen - überwindet, die uns auf einer subtilen energetischen Ebene beeinflussen. Es baut transzendentale Energie in unserem System auf, die unser Bewusstsein anhebt und uns ermöglicht, die höheren kosmischen Ebenen zu erfahren. Als solches verbindet uns dieses Mantra mit dem höchsten Chakra, Sahasrara - der Quelle der gesamten Schöpfung.

ॐ मणि पद्मे हूँ

Om Mani Padme Hum
Aussprache: *Aummm Mah-neee Pahd-mayyy Hummm*

Dieses Sanskrit-Mantra ist mit Avalokiteshvara (Sanskrit), dem Bodhisattva des Mitgefühls, verbunden. Bodhisattvas sind erleuchtete, mitfühlende Wesen, die die spirituellen Ziele anderer unterstützen. Tibetische Buddhisten bezeichnen dieses Wesen als Chenrezig, während die Chinesen es Quan Yin nennen. Die regelmäßige Praxis dieses Mantras vermittelt uns ein Gefühl der Liebe und Güte uns selbst und anderen gegenüber, das uns vom emotionalen Leiden unserer weltlichen Existenz befreit.

Die Übersetzung dieses Mantras wäre "Lobpreisung des Juwels im Lotus". Das Juwel selbst bezieht sich auf das Mitgefühl, das die Seele reinigt und sie mit der Glückseligkeit des göttlichen Lichts beschenkt. So wie der Lotus nicht durch den Schlamm, in dem er wächst, beschmutzt wird, kann der Mensch Mitgefühl nutzen, um sich über die Unterdrückung durch das niedere Selbst, das Ego, zu erheben und Erleuchtung zu erlangen.

"Om Mani Padme Hum" lässt sich in sechs Silben zerlegen, die einen allmählichen und progressiven Weg vom Weltlichen zum Spirituellen darstellen: "Om" ist der Urklang des Universums, der uns in Einklang mit dem Kosmos bringt, "Ma" ist unsere altruistische Absicht, Ethik und Moral zu entwickeln, die eifersüchtige Tendenzen läutert, "Ni" baut Toleranz und Geduld auf, befreit uns von unseren niederen Begierden und lässt uns friedlich und zufrieden werden, "Pad" befreit uns von Vorurteilen und Unwissenheit, die uns den Weg zu Liebe und Akzeptanz versperren, und "Me" befreit uns von Anhaftung und Besitzdenken und erlaubt uns, unsere Konzentrationsfähigkeit zu kultivieren. Das "Heh" schließlich befreit uns von Aggression und Hass, da es die Einheit aller Dinge repräsentiert, die das Tor zu Weisheit und Verständnis öffnet.

Der Dalai Lama, von dem die Buddhisten glauben, dass er die gegenwärtige Inkarnation von Chenrezig ist, sagt, dass jede der Lehren Buddhas in diesem kraftvollen Mantra enthalten ist. Um es zu entschlüsseln, muss man es jedoch nicht nur rezitieren, sondern seine Absicht auf die Bedeutung hinter jeder der sechs Silben konzentrieren.

हरे कृष्ण हरे कृष्ण । कृष्ण हरे हरे । हरे राम हरे राम । राम हरे हरे

Hare Krishna, Hare Krishna, Krishna Krishna, Hare Hare
Hare Rama, Hare Rama, Rama Rama, Hare Hare
Aussprache: *Huh-ray Krish-Naaa, Huh-ray Krish-Naaa, Krish-Naaa Krish-Naaa, Huh-ray Huh-rayyy, Huh-ray Ramaaa, Huh-ray Ramaaa, Rama Ramaaa, Huh-ray Huh-rayyy*

Das Hare-Krishna-Mantra, auch als "Maha" oder "Großes" Mantra bekannt, ist ein heiliger Sanskrit-Vers, dessen Zweck es ist, die Gottverwirklichung in sich selbst, das so genannte Krishna-Bewusstsein, wiederzubeleben. Es hat seine Wurzeln in der Vaishnava-Tradition des Hinduismus und ist ein zentraler Bestandteil des Bhakti-Yoga. Es hat nur vier Zeilen, die aus den Namen hinduistischer Gottheiten bestehen: Hare, Krishna und Rama. Hare vereint die Energie von Hari (Lord Vishnu) und Hara (Krishnas Gefährtin, Shakti), während Krishna und Rama die Namen der beiden Avatare oder göttlichen Inkarnationen von Lord Vishnu sind.

Lord Krishna weist viele Parallelen zu Jesus Christus auf, da beide als Söhne Gottes angesehen werden, die vollständig menschlich und göttlich sind. Beide Lehren betonten Liebe und Frieden, da ihre Mission darin bestand, das Gute in einer moralisch verkommenen Welt wiederherzustellen. Wenn wir versuchen, das Krishna-Bewusstsein in uns selbst zu erreichen, beziehen wir uns auf das Christus-Bewusstsein - einen Bewusstseinszustand, in dem der Einzelne in völliger Harmonie mit dem Göttlichen handelt. Dieser Bewusstseinszustand ist ein Vorläufer oder eine Vorbereitung (in gewissem Sinne) auf das Erreichen des kosmischen Bewusstseins.

Die Praxis des Maha-Mantras aktiviert die spirituelle Energie in Ihnen im Herz-Chakra, deren Ziel es ist, Ihr Bewusstsein zu transformieren, damit Sie Ihr Ego transzendieren können. Der subtile Bewusstseinszustand, der dadurch erreicht wird, befreit das Selbst von der Illusion des Getrenntseins und ermöglicht es der Liebesenergie, die Oberhand zu gewinnen und den Geist, den Körper und die Seele zu harmonisieren. Auf diese Weise wird das Krishna-Bewusstsein erreicht, das den Weg für Freude und Glückseligkeit ebnet, um dauerhaft in Ihr Leben zu treten.

Om Shanti Shanti Shanti
Aussprache: *Aummm Shanteee Shanteee Shanteee*

Das Mantra "Om Shanti" wird häufig in hinduistischen und buddhistischen Gebeten, Zeremonien und in der Literatur verwendet; seine Bedeutung lautet übersetzt "Om Frieden". "Shanti" kommt vom Sanskrit-Wurzelwort "sham" und bedeutet Ruhe, Gelassenheit, Wohlstand und Glück. Es ist die Wurzel des hebräischen Wortes "Shalom" und des arabischen Wortes "Salam", die beide auch "Frieden" bedeuten. Wenn Sie dieses Mantra singen, finden Sie nicht nur eine tiefe Ebene des Friedens in sich selbst, sondern Sie senden auch Friedensangebote an die ganze Welt aus.

Traditionell wird das Wort "Shanti" dreimal gesungen, da es Frieden und Schutz auf drei Ebenen des Selbst anruft: dem bewussten, dem unterbewussten und dem überbewussten (Gott-Selbst). Das bewusste Selbst gehört zur Erde, während das unterbewusste Selbst bis in die Unterwelt (Hölle) hinabreicht und das überbewusste Selbst sich auf den Himmel (Sterne) darüber bezieht. Diese drei können wiederum in Körper, Geist und Seele oder die physische, astrale und spirituelle Ebene unterteilt werden.

"Om Shanti" kann auch als eine Form der Begrüßung im Yoga verwendet werden. Wenn man es laut zu einem Mitübenden sagt, ist es ein Wunsch, dass die andere Person den universellen Frieden erfährt. Die englische Übersetzung wäre "Friede sei mit dir" oder "Namaste" - auch wenn die Worte anders klingen, ist die Bedeutung dieselbe. Achten Sie bei der Aussprache von "Shanti" darauf, die Zunge gegen die Zähne zu drücken, statt auf den oberen Gaumen - der erzeugte Laut "t" sollte anders klingen als die englische Version von "t".

ॐ नमो गुरु देव् नमो

Ong Namo Guru Dev Namo
Aussprache: *Onggg Nah-Moh Guh-Ruh Devvv Nah-Moh*

Dieses Sanskrit-Mantra bedeutet übersetzt: "Ich verbeuge mich vor der schöpferischen Weisheit, ich verbeuge mich vor dem göttlichen Lehrer im Inneren". Eine andere Übersetzung ist "Ich verbeuge mich vor dem Alles-was-ist", als Mantra der Einheit. Sein anderer Name ist das "Adi Mantra", das im Kundalini Yoga oft zu Beginn der Praxis verwendet wird, besonders in einer Kursumgebung. Für Yogi Bhajan, den spirituellen Lehrer aus dem Hinduismus, der Kundalini Yoga in den Westen brachte, war es von wesentlicher Bedeutung. Viele Praktizierende glauben, dass das Adi Mantra es ermöglicht, sich auf die besondere Schwingungsfrequenz des Kundalini Yoga einzustimmen und dessen tiefstes Verständnis und Ziel zu erschließen.

Das Singen dieses Mantras ermöglicht es uns, uns zu demütigen und uns mit unserem Höheren Selbst zu verbinden - dem inneren Lehrer, der uns universelle Weisheit und Wissen vermittelt, wenn unser Geist empfänglich ist. Es hebt die Schwingung unseres Bewusstseins an und erlaubt uns, unserer inneren Führung zu vertrauen und auf sie zu hören. Sie vermittelt uns auch, dass wir unsere eigenen größten Lehrer im Leben sind und dass wir keine anderen Lehrer brauchen.

Das Mantra "Ong Namo Guru Dev Namo" ermöglicht es uns, unser höchstes Potenzial als spirituelle Menschen zu erschließen. Die Übersetzung jedes Wortes offenbart seine Kraft, unser Bewusstsein zu transformieren. Zunächst bedeutet "Ong" unendliche kreative Energie oder subtile göttliche Weisheit. Seine Aussprache ähnelt dem "Om", mit dem zusätzlichen Vorteil, dass sich der Klang im Mund von der Vorderseite zur Rückseite des Rachens bewegt, was verschiedene Gehirnteile stimuliert, insbesondere die Hypophyse und die Zirbeldrüse.

"Namo" ist gleichbedeutend mit "Namaha" und bedeutet "mein respektvoller Gruß", während ein Guru ein spiritueller Lehrer ist, der seine Schüler auf ihrem Weg zur Erleuchtung führt. "Dev" ist eine kürzere Version des Begriffs "Deva", ein Sanskrit-Wort für Gott oder eine Gottheit. Da Deva im Mantra auf Guru folgt, impliziert es, dass der spirituelle Lehrer göttlich und heilig ist. Und schließlich bekräftigt das "Namo" am Ende Demut und Ehrfurcht.

Dieses Mantra verfeinert die Energie um und in uns und macht uns zu einem Gefäß für höheres Bewusstsein. Indem man es chantet, hat man die Weisheit und Unterstützung von Generationen von Kundalini Yogis und stärkt gleichzeitig die Verbindung zu seinem Höheren Selbst, dem Gott.

ॐ गं गणपतये नमः

Om Gam Ganapataye Namaha
Aussprache: *Aummm Gummm Guh-Nuh-Puh-Tuh-Yahhh Nah-Mah-Haaa*

"Om Gam Ganapataye Namaha" ist ein kraftvolles Gebet und Mantra, das den geliebten hinduistischen, von Elefanten beheizten Gott Lord Ganesha preist. Seine englische Übersetzung lautet "My Salutations to Lord Ganesha". Im Hinduismus gilt Lord Ganesha als der Beseitiger von Hindernissen und als Meister des Wissens. Er ist dafür bekannt, dass er Glück, Wohlstand und Erfolg schenkt, vor allem wenn man ein neues Projekt in Angriff nimmt.

Lord Ganesha ist mit dem Muladhara Chakra und dem Erdelement verbunden. Er wird oft angerufen, um den Weg frei zu machen, wenn man sich geistig festgefahren fühlt und einen Perspektivenwechsel braucht. Seine Energie erdet uns und hilft uns, Herausforderungen und kreative Blockaden zu überwinden. Lord Ganesha stärkt uns, indem er unseren Fokus, unsere Konzentration und unser Wissen verbessert und so den inneren Frieden fördert.

Der Klang "Gam" ist ein Bija Mantra für Ganesha, während "Ganapataye" ein Verweis auf seinen anderen Namen Ganapati ist. Es wird gesagt, dass, wenn man das Lord Ganesha Mantra 108 Mal täglich rezitiert, alle Angst und Negativität aus dem Herzen entfernt wird. Das liegt daran, dass Angst ein Nebenprodukt der verdorbenen Wasser- und Luftelemente ist, die durch das Erdelement geerdet werden, wenn es eingebracht wird.

ॐ श्री सरस्वत्यै नमः

Om Shri Saraswataya Namaha
Aussprache: *Aummm Shree Sah-Rah-Swah-Tah-Yahhh Nah-Mah-Haaa*

Das Mantra "Om Shri Saraswataya Namaha" beschwört die Kraft der Hindu-Göttin Saraswati (Abbildung 139), die mit Weisheit, Lernen und den kreativen Künsten in Verbindung gebracht wird. Die englische Übersetzung lautet: "Salutations to the Goddess Saraswati". Das Singen dieses Mantras regt die Kreativität an und beflügelt den Intellekt. Außerdem regt es uns an, uns durch Kunst, Musik und Literatur auszudrücken. Wenn man dieses Mantra singt, bevor man ein neues kreatives Projekt beginnt, wird man viel Glück haben.

Saraswati gilt als die Mutter *der Veden*, der alten hinduistischen und yogischen Schriften. Viele gebildete Menschen glauben, dass sie durch das regelmäßige Singen des Saraswati-Mantras tiefes Wissen und Weisheit über die Geheimnisse der Schöpfung erlangen können, die sie aus dem Kreislauf von Tod und Wiedergeburt (Samsara) befreien. Sie bezeichnen diesen Emanzipationsprozess als "Moksha".

Abbildung 139: Die Göttin Saraswati

Im Mantra "Om Shri Saraswataya Namaha" ist Shri ein Ehrentitel, der oft vor dem Namen einer geehrten Person oder Gottheit verwendet wird. Saraswati ist die Gefährtin des Hindu-Gottes Brahma, der an der Spitze der Trimurti steht. Da Brahma den Schöpfungsprozess repräsentiert, ist er mit dem Luftelement und den Gedanken verbunden, die den Intellekt antreiben und formen. Saraswati ist die Shakti oder schöpferische weibliche Energie von Brahma. Sie repräsentiert den passiven Aspekt der gleichen Energie, die in die physische Ebene kanalisiert wird. Als solche symbolisiert Saraswati die Inspiration, die unsere kreativen Ausdrucksformen antreibt.

BIJA MANTRAS UND MUDRAS DER SIEBEN CHAKRAS

Jedem der sieben Chakren ist ein heiliges Wort oder ein heiliger Klang zugeordnet, das sogenannte Bija oder "Seed"-Mantra. Wir können diese Mantras in der Klangheilung verwenden, um die chakrischen Energien zu stimmen und auszugleichen und sie in ihre optimale Schwingung zurückzuführen. Indem wir die energetische Frequenz der Chakren korrigieren, wird ihr schlummerndes Potenzial freigesetzt.

Wenn wir die Bija-Mantras der sieben Chakras erklingen lassen, verbinden wir uns mit den entsprechenden fünf Elementen. Diese Verbindung wird durch die Position der Zunge im Mund hergestellt, wenn wir die Bija-Mantras vibrieren. Die Fünf Elemente sind den ersten fünf Chakras zugeordnet. Gleichzeitig repräsentiert Ajna die Dualität der männlichen (Pingala) und weiblichen (Ida) Kräfte in der Natur, das Yin und Yang, und Sahasrara steht für die Gesamtheit und das Einssein aller Chakras. Die Bija-Mantras der sieben Chakras werden im Folgenden vorgestellt.

- **LAM** - Muladhara, das Wurzelchakra - Erdelement - Erstes Bija Mantra
- **VAM** - Swadhisthana, das Sakralchakra - Wasserelement - Zweites Bija Mantra
- **RAM** - Manipura, das Solarplexus-Chakra - Feuer-Element - Drittes Bija-Mantra
- **YAM** - Anahata, das Herz-Chakra - Luftelement - Viertes Bija Mantra
- **HAM** - Vishuddhi, das Kehlchakra - Geistiges Element - Fünftes Bija Mantra
- **SHAM** - Ajna, das Augenchakra des Geistes - Dualität - Sechstes Bija Mantra
- **OM** - Sahasrara, das Kronenchakra - Einssein - siebtes Bija Mantra

Diese sieben sind jedoch nicht die einzigen Bija Mantras, die es gibt. Jeder der 50 Buchstaben des Sanskrit-Alphabets hat sein eigenes Bija Mantra. Folglich sind die 50 Sanskrit-Buchstaben mit den ersten sechs Chakras verwandt, deren Blütenblätter insgesamt 50 sind, die auch im Tausendblättrigen Lotus von Sahasrara zu finden sind. Nach den yogischen Schriften öffnet ein Sanskrit-Buchstabe, wenn er in einem Mantra ausgesprochen wird, das entsprechende Blütenblatt des Chakras, dem er zugeordnet ist. Die Blütenblatt-Mantras der Chakras sind in Abbildung 140 dargestellt.

Abbildung 140: Bija-Mantras der Chakrischen Blütenblätter

Bija-Mantras werden seit Tausenden von Jahren in yogischen Praktiken und in der Meditation verwendet, da sie eine spirituelle Wirkung auf unseren emotionalen und mentalen Seinszustand haben. Sie können erklingen (leise vibriert oder laut gesungen) oder allein meditiert werden oder an den Anfang längerer Mantras angehängt werden, um deren energetische Kraft zu verstärken. Diese ursprünglichen Mantras haben keine direkte Übersetzung wie andere Teile eines Mantras. Ihre intensiven Schwingungsqualitäten machen sie jedoch zu einem wirkungsvollen Instrument, um Zugang zu höheren Bewusstseinsebenen zu erhalten.

Wenn sie als Teil eines längeren Mantras gesungen werden, drücken Bija Mantras im Allgemeinen die grundlegende Energie oder Essenz dieses Mantras aus. Zum Beispiel ist OM die Quelle oder der Samen, aus dem alle anderen Klänge in einem Mantra hervorgehen. Daher ist es das höchste Bija Mantra als Klang des Para-Brahman (des Höchsten Brahman); die Buchstaben des Sanskrit-Alphabets sind nur Emanationen von OM, das ihr Wurzellaut ist.

OM steht für das Sahasrara Chakra, die Energiequelle der anderen sechs Chakras darunter. Sahasrara ist das weiße Licht, von dem die sieben Farben des Regenbogens nacheinander ausgehen, die den Farben der sieben Chakras entsprechen. Man beachte, dass Sahasrara traditionell weiß oder violett ist, da Violett die am höchsten schwingende Farbe am Scheitelpunkt des Regenbogens ist.

Die sieben Hand-Mudras aus Abbildung 141 werden traditionell verwendet, um die sieben Hauptchakras zu öffnen. Wenn wir diese Hand-Mudras mit den Bija-Mantras der sieben Chakras kombinieren, haben wir eine kraftvolle Technik, um den Energiefluss der Chakras zu optimieren und die Kundalini an der Basis der Wirbelsäule zu erwecken.

Sieben Chakren Mudra/Mantra Heilungspraxis

Beginnen Sie die Chakra Mudra/Mantra Praxis mit dem Waschen Ihrer Hände. Danach suchen Sie sich eine bequeme Sitzposition, entweder in einer Meditations-Asana oder auf einem Stuhl. Erlauben Sie sich als nächstes, Ihr Inneres zu beruhigen, indem Sie den Vierfachen Atem üben und den Geist zum Schweigen bringen. Da diese Übung eine Visualisierungskomponente hat, ist es hilfreich, die Augen während der Ausführung geschlossen zu halten.

Es gibt zwei Methoden, diese Praxis auszuführen, die beide häufig angewendet und ausgetauscht werden sollten. Bei der ersten Methode beginnt man mit Muladhara Mudra und arbeitet sich durch die Chakras nach oben. Diese spezielle Sequenz spiegelt den Aufstieg der Kundalini sowie das Erklimmen des Lebensbaums wider, wobei Sie Ihre Reise in der untersten Sphäre oder dem untersten Chakra beginnen und sich im Bewusstsein nach oben bewegen, bis Sie das höchste erreichen.

Während Sie die Hand-Mudra jedes Chakras ausführen, vibrieren/zaubern Sie das zugehörige Bija Mantra in einem energetisierenden und projizierenden Ton. Sie können zwischen einer und fünf Minuten für jedes Mudra aufwenden, bevor Sie fortfahren. Achten Sie darauf, wie lange Sie für jedes Mudra brauchen. Wenn Sie sich zum Beispiel entscheiden, zwei Minuten auf Muladhara Mudra zu verwenden, dann wiederholen Sie diese Zeitspanne auch für die folgenden Hand Mudras. Der Schlüssel zu jeder erfolgreichen spirituellen Praxis ist Beständigkeit und Ausgeglichenheit.

Während Sie eine Hand Mudra ausführen und das dazugehörige Bija Mantra vibrieren, konzentriere Sie sich auf den Bereich des Chakras. Verbinden Sie sich mit dem Chakra und stellen Sie sich vor, wie seine Komplementärfarbe heller und heller wird, während die Lichtenergie es mit jeder Schwingung durchdringt. Die visuelle Komponente dieser Übung ist hilfreich, um die Energien zu fokussieren, die durch die Mantras angerufen werden.

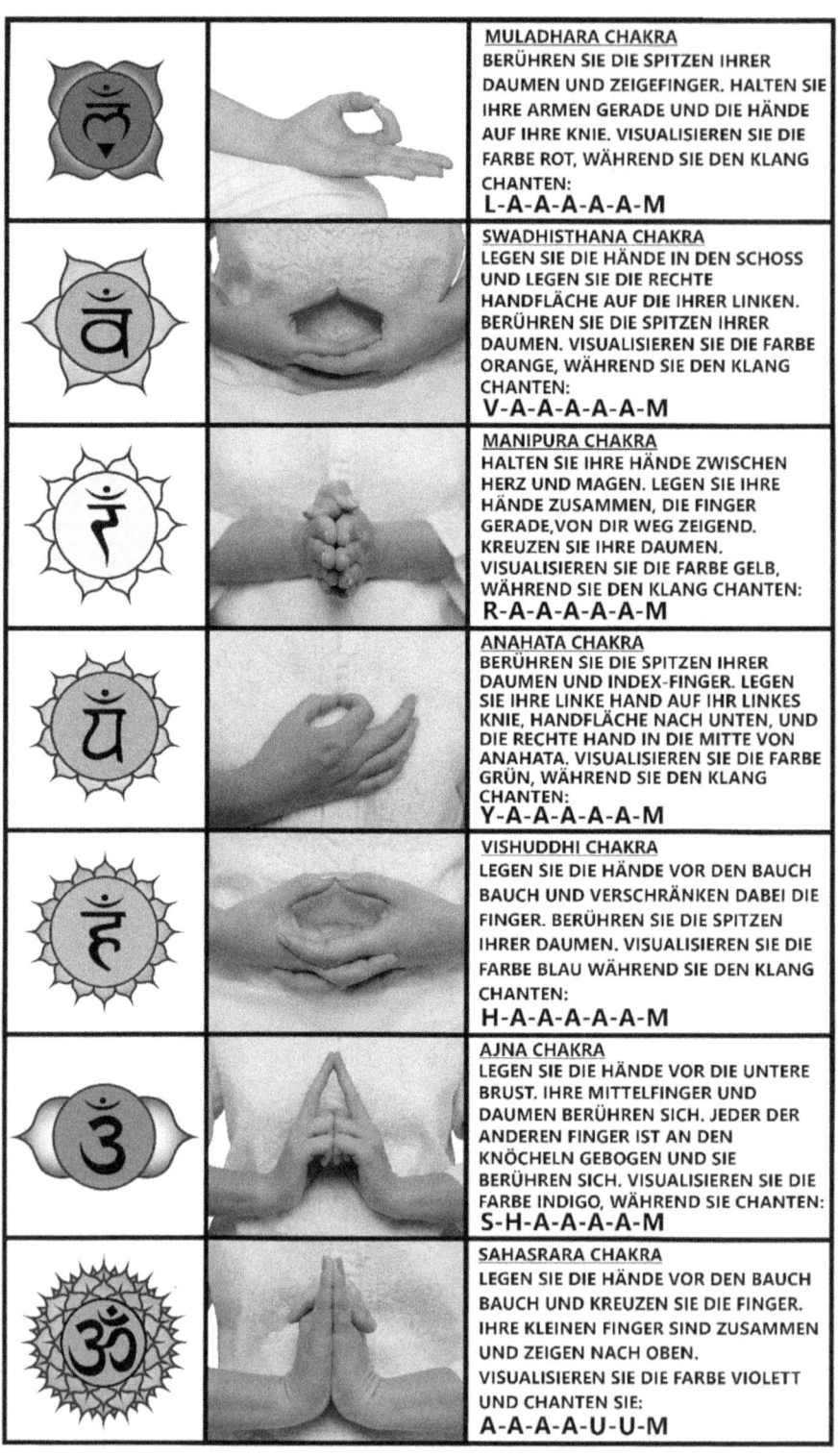

Abbildung 141: Die Sieben Chakras Mudras/Mantras

Bei der zweiten Chakra-Mudra/Mantra-Praxis-Methode beginnen Sie mit dem höchsten, Sahasrara, und arbeiten sich der Reihe nach durch die Chakras nach unten. Bei dieser Methode stellen Sie sich Sahasrara als reines weißes Licht anstelle der Farbe Violett vor. Nachdem Sie die Mudra/Mantra-Kombination von Sahasrara beendet haben, stellen Sie sich einen Lichtstrahl vor, der aus ihm herauskommt und sich mit dem Ajna Chakra darunter verbindet.

Sobald Sie mit Ajna fertig sind, projizieren Sie denselben Lichtstrahl nach unten zu Visshudhi und so weiter. Sie sollten sich einen Lichtstrahl vorstellen, der von einem Chakra zum nächsten strahlt, bis Sie Muladhara erreichen. Am Ende dieser Übung werden alle sieben Hauptchakras erleuchtet sein, verbunden durch einen Lichtstrahl.

Unabhängig davon, ob Sie die erste oder die zweite Chakra-Mudra/Mantra-Praxis-Methode durchgeführt haben, beenden Sie die Übung, indem Sie einige Minuten damit verbringen, Ihre Chakras in ihren jeweiligen Farben in Ihrer Aura zu visualisieren. Sehen Sie sie heller als je zuvor. Wenn Sie die zweite Übungsmethode durchgeführt haben, wird jedes Chakra durch einen Lichtstrahl verbunden sein. Die Chakra Mudra/Mantra-Praxis ist nun abgeschlossen. Sie können Ihre Augen öffnen und Ihr volles Wachbewusstsein wiedererlangen.

MEDITATION (DHYANA)

Der schnelllebige, multitaskingfähige Lebensstil der Menschen in der westlichen Welt hat zu psychischen Erkrankungen wie Angstzuständen, Depressionen und chronischem Stress geführt. Aus diesem Grund sind ganzheitliche Geist-Körper-Praktiken wie Yoga und Achtsamkeitsmeditation im Westen als Techniken zum Stressabbau beliebt geworden, die das Nervensystem beruhigen und den Dopamin- und Serotoninspiegel im Gehirn erhöhen. Das Ergebnis ist mehr Glück und ein gesunder Geist und Körper.

Nach der Definition des Wörterbuchs bedeutet "Meditation", sich mit Kontemplation oder Reflexion zu beschäftigen. Es geht darum, achtsam und präsent im Hier und Jetzt zu sein, was das Bewusstsein erhöht, indem es das Reich des reinen Bewusstseins anzapft. Es ist ein Prozess, der von uns verlangt, unseren Geist nach innen zu wenden und uns mit einer höheren Realität zu vereinen, einer Realität, die substanziell und heilsam ist.

Meditation ist eine Reise zur Vereinigung des Selbst mit dem inneren Geist. Sie ist eine Suche nach einer höheren Wahrheit, die nur die Intuition erfassen kann. Sie verlangt von uns, unsere begrenzte Intelligenz und unsere persönlichen Emotionen zu überwinden und eine dauerhafte Verbindung mit unserer wahren Essenz herzustellen.

Wenn wir durch meditative Praxis nach innen gehen, werden unterbewusste Konditionierungen abgebaut, die uns daran hindern, die beste Version von uns selbst zu sein. Meditation setzt den Geist zurück, was bei der Überwindung schlechter Gewohnheiten und schädlicher Abhängigkeiten hilfreich ist. Wenn wir nach innen gehen, verbinden wir uns auch wieder mit unserer Seele, was unseren moralischen Kompass neu ausrichtet, wenn wir in die Irre gegangen sind.

Meditation bringt geistige Klarheit und beruhigt unsere Emotionen, was eine heilende Wirkung auf alle Aspekte unseres Lebens hat, auch auf persönliche Beziehungen. Sie löst innere Spannungen und Ängste und lädt uns mit neuem Glauben an das Universum und Liebe für uns selbst und andere auf. Auf körperlicher Ebene senkt die Meditation die Herzfrequenz, stärkt das Immunsystem und bringt das sympathische und das parasympathische Nervensystem ins Gleichgewicht, wodurch der Körper kohärent wird.

Meditation hilft den Menschen, geistigen Frieden und Ausgeglichenheit zu erlangen, was notwendig ist, um in der Gesellschaft bestmöglich zu funktionieren. Diese Praxis hat nichts damit zu tun, dass man sich in eine innere Welt flüchtet und seine Verantwortung im materiellen Bereich aufgibt, sondern dass wir unseren Kern finden und echtes und dauerhaftes Glück erreichen. Auf diese Weise entwickeln wir eine richtige Grundlage im Leben, die uns alles, was wir von diesem Zeitpunkt an tun, leichter macht.

Meditation ist oft das Ergebnis von Menschen, die bei ihrer Suche nach Glück durch die Befriedigung der Wünsche ihres Egos in eine Sackgasse geraten sind. Da wir in unseren Teenagerjahren darauf konditioniert werden, mit dem Ego zu assoziieren, bleibt dieser Glaube bis in unsere frühen Erwachsenenjahre vorherrschend, bis wir zu dem Schluss kommen, dass das Erreichen des ultimativen Glücks erfordert, dass wir über das Ego hinausgehen, um den Geist im Inneren zu finden. Das ist es, was es bedeutet, spirituell zu werden und zwischen Illusion und Realität zu unterscheiden, und Meditation ist die optimale Methode, um dieses Ziel zu erreichen.

YOGISCHE PRAXIS UND MEDITATION

Meditation ist das siebte Glied oder die siebte Stufe des Yoga, Dhyana, wie es in Patanjalis *Yoga Sutras* beschrieben wird. Der Versuch, die Sinne zurückzuziehen (Pratyahara) und den Geist zu konzentrieren (Dharana) sind der fünfte und sechste Schritt des Yoga, der zur Meditation führt. Der dritte und vierte Schritt (Asanas und Pranayama) tragen dazu bei, unsere männlichen und weiblichen Energien auszugleichen und den Geist zu beruhigen, was dazu führt, nach innen zu gehen, eine Voraussetzung für die Meditation.

Wenn wir einmal gelernt haben zu meditieren, haben wir eine Technik, um mit unserem inneren Selbst, dem Geist, in Kontakt zu treten, die es uns ermöglicht, den achten und letzten Schritt des Yoga zu erreichen - Samadhi, die Selbstidentifikation mit dem kosmischen Bewusstsein. Samadhi bedeutet Befreiung oder Erleuchtung, wo Subjekt und Objekt eins geworden sind.

Da Meditation geistige Konzentration erfordert, ist die Kontrolle über unsere Prana-Energie entscheidend. Dies können wir durch stabilisierte meditative Körperhaltungen (Asanas) und Atemregulierung (Pranayama) erreichen. Menschen mit geistigen oder emotionalen Störungen wie Schizophrenie, Psychosen, bipolaren Störungen, PTBS usw. sollten sich zunächst auf Asanas und Pranayama konzentrieren, um ihre Energien auszugleichen, da es hilfreich ist, die negativen Tendenzen des Geistes zu überwinden, bevor sie sich an eine tiefe Meditation wagen.

Neue Türen der Psyche zu öffnen, wenn der Geist nicht gesund und stark ist, kann für viele Menschen beängstigend sein. Schließlich besteht ein großer Teil der Meditation darin, sich von den Aktivitäten des Geistes zu lösen und uns von unseren Gedanken zu trennen. Es ist wichtig, Mut und Vertrauen zu entwickeln, um sich dem Unbekannten zu stellen, was die Angst in positive Energie umwandelt, die unsere spirituelle Entwicklung vorantreibt. Aus diesem Grund werden yogische Praktiken wie Asanas, Pranayama, Mudras und Mantras oft parallel zur Meditation eingesetzt, da sie Geist und Körper auf das Erreichen höherer Bewusstseinszustände vorbereiten.

Zum Beispiel helfen Mudras dabei, unsere inneren Energien zu manipulieren und das körperliche, geistige und emotionale Wohlbefinden zu fördern, während Mantras transzendentale Energie in die Aura beschwören und das Bewusstsein über die Ebene des Körpers und des Egos erheben. Daher sind Mantras in der Meditationspraxis von größter Bedeutung, vor allem dann, wenn eine Person Unterstützung benötigt, um den Geist zu beruhigen und sich mit einer höheren Macht zu verbinden.

Aufgrund ihrer Wirksamkeit habe ich den größten Teil dieses Abschnitts den yogischen Techniken Asana, Pranayama, Mudra und Mantra gewidmet. Ihre Beherrschung soll den Körper, den Geist und die Seele auf die Meditation vorbereiten, die zur Einheit mit dem Geist - der Ursprungsenergie des Schöpfers - führt.

Die Regulierung des Lebensstils, einschließlich einer gesunden Ernährung, ist ein wesentlicher Bestandteil der Vorbereitung des Geistes auf die Meditation. Der erste und zweite Schritt des Yoga, Yamas (Selbstbeschränkungen) und Niyamas (Selbstbeobachtung), verlangen von uns, dass wir uns unserer Gedanken, Gefühle und Handlungen bewusst sind und sie kontrollieren. Wie der altgriechische Aphorismus sagt: "Erkenne dich selbst". Erst wenn wir die Tendenzen unseres Egos, unserer automatischen inneren Natur, kennen, können wir versuchen, sie zu verändern und zu steuern, um uns für die spirituelle Energie zu öffnen.

Letztlich führt die Meditation dazu, die Verkörperung der göttlichen Liebe zu werden. Die göttliche Liebe ist die Essenz des Geistes, die wir als Emotion in unserem Herzen spüren. Aus diesem Grund ist die Öffnung des Herzzentrums, des Herzchakras, eines der Ziele der Meditation. Wenn das Anahata Chakra durch yogische Praktiken in Verbindung mit der Entwicklung von Moral und Ethik vorbereitet wird, strömt ein Zustrom spiritueller Energie vom darüber liegenden Sahasrara Chakra ein, was zu einer dauerhaften Transformation des Bewusstseins führt. Wenn dies geschieht, hat der Aspirant das höchste Ziel des Yoga erreicht - die Vereinigung mit der Gottheit.

DREI MEDITATIONSMETHODEN

So wie es verschiedene spirituelle Disziplinen gibt, um zur Erleuchtung zu gelangen, gibt es auch viele Möglichkeiten zu meditieren. In diesem Kapitel werde ich drei primäre Meditationsmethoden erwähnen, die ich als besonders nützlich empfunden habe, obwohl es noch viele weitere gibt, von denen ich einige in anderen Abschnitten dieses Buches bespreche. Außerdem muss Meditation nicht stationär sein, denn auch Gehen kann eine meditative Übung sein, wenn Sie sich in Achtsamkeit üben. Jede Aktivität, die Sie im Hier und Jetzt präsent macht und Sie auf die spirituelle Energie einstimmt, ist eine Form der Meditation.

Die erste Art der Meditation, die ich als sehr kraftvoll empfunden habe, erfordert, dass man sich auf ein bestimmtes Objekt außerhalb von sich selbst konzentriert und es mit offenen Augen betrachtet. Die Auswahl an Objekten, über die man meditieren kann, ist grenzenlos. Es ist hilfreich, mit einem einfachen Objekt wie einer Kerzenflamme (wie in diesem Kapitel beschrieben) zu beginnen und zu einem komplizierteren Objekt wie einer Götterstatue überzugehen.

Diese Art der Meditation zielt darauf ab, Ihren Geist ohne Unterbrechung zu fokussieren und mit dem Objekt eins zu werden, was sehr positive spirituelle Auswirkungen hat. Wenn Sie sich auf das Objekt konzentrieren und fokussieren, wird Ihre Aufmerksamkeit von Ihrem Unterbewusstsein abgelenkt und nach außen projiziert, wodurch Sie Ihre Umgebung besser wahrnehmen.

Diese Mediation soll nicht nur Ihr geistiges Auge stimulieren, sondern es vollständig und dauerhaft erwecken. Aus diesem Grund werden Sie, wenn Sie sich auf ein komplizierteres Objekt konzentrieren, wie z.B. eine Statue einer Gottheit, feststellen, dass, je länger Sie diese Übung machen, Ihr Astralsinn erwacht, so dass Sie die Statue mit Ihrem Geist fühlen, berühren, riechen und sogar schmecken können.

Bei der zweiten Art der Meditation werden Klänge (Mantras) verwendet, um den Geist zu fokussieren. Mantras sind bestimmte Worte, Sätze oder Affirmationen, deren Wiederholung während der Meditation das Bewusstsein in höhere Zustände hebt. Im Yoga wird die Wiederholung eines Mantras mit Hilfe von Mala-Perlen als Japa bezeichnet, abgeleitet vom Sanskrit-Wort "jap", das "mit leiser Stimme aussprechen, innerlich wiederholen" bedeutet.

Das hörbare Rezitieren eines Gebets während der Meditation stellt ebenfalls ein Mantra dar, das Sie mit Absicht und tiefem Gefühl vortragen sollten, um eine optimale Wirkung zu erzielen. Absicht und geistige Konzentration sind beim Wiederholen jedes Mantras entscheidend, ebenso wie die Tonalität der Stimme. Beim Chanten zum Beispiel sind Rhythmus und Tonhöhe wichtig, was Geist und Körper in einen tranceähnlichen Zustand versetzt, wenn es richtig ausgeführt wird. Religiöse Gesänge und Hymnen sind Mantras, die uns inspirieren und uns in einen erweiterten Bewusstseinszustand versetzen, der ein spirituelles Erwachen ermöglicht. Ich werde Mantras im nächsten Kapitel dieses Abschnitts ausführlicher besprechen.

Die dritte Art der Meditationsmethode ist die Visualisierung. Visualisierungsmeditationen sind sehr beliebt und effektiv und gleichzeitig einfach zu praktizieren. Um diese Art der Meditation anzuwenden, müssen Sie nur ein Objekt auswählen, über das Sie meditieren möchten, und es mit geschlossenen Augen visualisieren. Die Visualisierungsmeditation stimuliert das geistige Auge, da sie das Astrallicht einbezieht, das die Grundlage aller visuellen Bilder ist.

Eine kraftvolle Abwandlung dieser Übung ist die Visualisierung einer Gottheit, z. B. eines Gottes oder einer Göttin, aus einem Pantheon Ihrer Wahl (Abbildung 142). Sie erhalten nicht nur die erwarteten Wirkungen einer Visualisierungsmeditation, sondern Sie können auch die energetischen Eigenschaften der Gottheit, die Sie sich vorgestellt haben, in Ihre Aura einfließen lassen.

Abbildung 142: Visualisierung Meditation

Um eine optimale Wirkung zu erzielen, ist es am besten, das eigentliche Objekt zur Hand zu haben, wie zum Beispiel die Statue der gewählten Gottheit. Sie können das Objekt in der Hand halten, um seine Energie zu spüren, oder es auf Augenhöhe vor sich hinstellen, während Sie all seine komplizierten Details untersuchen und sie geistig notieren. Dann schließen Sie die Augen und stellen sich vor, was Sie gerade gesehen haben, während Sie sich darauf konzentrieren, dieses Bild ohne Unterbrechung vor Ihrem geistigen Auge zu halten.

Zu Beginn der Visualisierungsmeditation können Sie sich auf einen Punkt, eine Linie, ein Quadrat oder einen Kreis konzentrieren und dann das Bild vor Ihrem geistigen Auge durch Vorstellungskraft reproduzieren. Die Fokussierung der Aufmerksamkeit auf ein dreidimensionales Objekt hat jedoch spezifische Effekte, die man mit einer zweidimensionalen Ebene nicht erreichen kann, wie z.B. die vollständige Erweckung der astralen Sinne.

Um mit der Meditation über ein dreidimensionales Objekt zu beginnen, fangen Sie mit etwas Einfachem an, wie einem Stück Obst, und gehen Sie dann zu einer komplizierteren Form über, wie einer Götterstatue. Achten Sie auch darauf, dass alle Farben unterschiedliche Schwingungen haben, und wenn Sie eine Farbe visualisieren, rufen Sie die entsprechende Energie auf einer subtilen Ebene in Ihre Aura. Achten Sie daher darauf, wie Sie sich bei einer Visualisierungsmeditation fühlen, wenn Farben im Spiel sind.

SCHRITTE DER MEDITATION

Wenn Sie eine Meditation planen, achten Sie darauf, dass Sie sie an einem ruhigen und angenehmen Ort durchführen, an dem Sie wissen, dass Sie ungestört sind. Viele Menschen verwenden gerne Weihrauch, um ihren Raum von negativer Energie zu befreien und ihn so heilig zu machen. Weihrauch enthält auch bestimmte Eigenschaften, die den Geist erheben und ihn auf die Meditation vorbereiten. Achten Sie darauf, dass Sie Weihrauch vor der Vorbereitung des Raums und nicht während der Meditation verbrennen, da er die Atmung stören und ablenken kann.

Salbei, Weihrauch und Sandelholz sind wegen ihrer heilenden und beruhigenden Wirkung die beliebtesten Räuchermittel. Sie sind auch dafür bekannt, dass sie das Ajna-Chakra aktivieren, was eine Voraussetzung für die Meditation ist. Mein persönlicher Favorit ist jedoch das indische Räucherwerk Nag Champa, das ein angenehmes Aroma und eine hochschwingende Qualität hat.

Morgens ist normalerweise die beste Zeit für die Meditation, besonders auf nüchternen Magen. Sobald man Nahrung zu sich nimmt, sollte man mindestens vier bis sechs Stunden warten, bevor man meditiert, da der Körper hart daran arbeitet, die Nahrung zu verdauen, die sich in Prana-Energie umwandelt, die das System mit Energie versorgt. Es ist auch ratsam, nachts zu meditieren, da wir von Natur aus entspannter sind. Eine Meditation vor dem Schlafengehen fördert einen ruhigen und ausgeglichenen Geisteszustand und damit einen gesunden Schlaf.

Wenn Sie die Meditation zu einem Teil Ihrer Yogapraxis machen, werden Sie vielleicht feststellen, dass fünf bis zehn Minuten dafür ausreichen, die ganz am Ende durchgeführt werden sollten. Wenn Sie jedoch unabhängig von Ihrer Yogapraxis meditieren, ist ein Zeitrahmen von fünfzehn bis zwanzig Minuten optimal und wird die besten Ergebnisse liefern. Denken Sie daran, dass die Ergebnisse umso besser sind, je mehr Zeit Sie dafür aufwenden.

Meditationen werden in der Regel im Sitzen durchgeführt, obwohl man auch im Stehen, Gehen oder Liegen meditieren kann. Anfänger sollten es jedoch vermeiden, sich während der Meditation hinzulegen, da unerfahrene Menschen häufig in den Schlaf abdriften.

Sukhasana, Siddhasana und Padmasana sind die empfohlenen meditativen Haltungen, die je nach Ihrer Flexibilität variieren. Wenn Sie diese meditativen Asanas üben, sollten Sie Ihre Hände entweder in Jnana oder Chin Mudras auf die Knie legen.

Das Sitzen auf einem Stuhl funktioniert genauso gut und ist nicht weniger effektiv, wenn man versucht zu meditieren. Für Anfänger ist es vielleicht die beste Option, da der Stuhl den Rücken und die Wirbelsäule stützt, so dass man sich besser auf den

Meditationsprozess konzentrieren kann. Sie können sich auch auf den Boden knien, mit oder ohne Kissen für die Knie, je nachdem, was Sie am bequemsten finden.

Unabhängig von der gewählten Haltung ist es wichtig, dass der Rücken und die Wirbelsäule während der Meditation gerade gehalten werden, während die Hände an den Seiten bleiben, damit die pranischen und chakrischen Energien optimal kanalisiert werden können. Außerdem ist der Körper in aufrechter Haltung am entspanntesten und stabilsten, was die Konzentrationsfähigkeit und die Fähigkeit, nach innen zu gehen, erhöht.

Nach der Wahl der Meditationshaltung und des Konzentrationspunktes ist der nächste Schritt, sich auf die Atmung zu konzentrieren. Optimal ist die yogische Pranayama-Atemtechnik, bei der die Aufmerksamkeit auf die Zwerchfell- und Brustkorbatmung gelegt wird, da die Ausdehnung des Bauches die Sauerstoffaufnahme maximiert und gleichzeitig die inneren Energien erdet. Diese Art der Atmung aktiviert das gesamte chakrische System, einschließlich der beiden untersten Chakras, Muladhara und Swadhisthana. Menschen, die von Natur aus nur durch den Brustkorb atmen, beziehen die höheren und mittleren Chakren mit ein, während sie die wichtigen Erd- und Wasserchakren weitgehend ungenutzt lassen, was zu einem unausgeglichenen Geisteszustand führt, der Stress und Angst hervorruft.

Die Atmung ermöglicht es Ihnen, den Prozess der Meditation zu kontrollieren; achten Sie daher die ganze Zeit auf Ihr Ein- und Ausatmen. Ihr Atem sollte langsam, tief und rhythmisch sein. Achten Sie darauf, eine entspannte und ruhige Haltung zu bewahren. Wenn Sie die Kontrolle über Ihren Atem verlieren, geraten Sie nicht in Panik, sondern bringen Sie ihn wieder unter Kontrolle und nehmen Sie Ihren Rhythmus wieder auf.

Während Sie meditieren, werden Sie feststellen, dass Ihre Gedanken häufig abschweifen. Seien Sie nicht beunruhigt; das ist ein natürlicher Teil des Prozesses. Je stärker Sie sich auf das von Ihnen gewählte Objekt konzentrieren, insbesondere bei geschlossenen Augen, desto mehr wird Ihr Ego alles in seiner Macht Stehende tun, um Ihre Versuche zu sabotieren. Beim Meditieren geht es nicht darum, die Gedanken des Egos zum Schweigen zu bringen, sondern zu lernen, nicht auf sie zu hören, indem man sich auf die anstehende Aufgabe konzentriert.

Mantra-Meditationen sind für Anfänger hilfreich, da sie es Ihnen ermöglichen, Ihre Gedanken umzulenken, anstatt Ihren Geist zu leeren, indem Sie sie zum Schweigen bringen. Wenn Sie sich von Ihren Gedanken ablenken lassen, kehren Sie zu Ihrem gewählten Fokuspunkt zurück oder lenken Sie Ihren Geist ab, indem Sie Ihre Aufmerksamkeit wieder auf Ihr Mantra richten. Sie können auch Ihren Atem nutzen, um die Kontrolle über Ihren Geist zurückzugewinnen, indem Sie Ihre Aufmerksamkeit auf ihn lenken, wenn Ihre Gedanken abschweifen.

Am Anfang werden Sie sich beim Meditieren vielleicht unwohl fühlen. Ihr Körper wird zucken, sich verkrampfen, Ihre Beine werden einschlafen, oder Sie werden ungeduldig und sogar unruhig werden. Seien Sie nicht beunruhigt, wenn dies geschieht, denn es ist ein Zeichen dafür, dass Ihre Meditation funktioniert. Ich habe die Erfahrung gemacht, dass Sie beim Erlernen der Meditation als erstes lernen müssen, Ihren Körper zu entspannen, da das Ego den Körper benutzt, um Sie abzulenken und Sie von Ihrem Ziel abzubringen. Sie werden feststellen, dass es umso leichter wird, je öfter Sie den Meditationsprozess wiederholen.

Wenn Ihre Meditation zu wirken beginnt, verliert das Ego vorübergehend die Kontrolle über den Geist, was zu einem erhöhten Bewusstseinszustand führt. Der Effekt ist ein stiller und ruhiger Geist mit reinen Gedanken im Hintergrund, die keine persönliche Bedeutung haben. Wenn Sie diesen kritischen Punkt erreicht haben, halten Sie ihn so lange wie möglich aufrecht. Je öfter Sie sich während der Meditation in diesen Zustand versetzen können, desto leichter wird es Ihnen fallen, Ihr Ego abzuschalten und die Schwingung Ihres Bewusstseins zu erhöhen. Nach einiger Zeit werden Sie vielleicht die natürliche Fähigkeit entwickeln, dies auch ohne Meditation zu tun, was Sie in die Lage versetzen wird, Ihr Höheres Selbst sofort zu kontaktieren, um seine Führung und Weisheit zu erhalten.

Schließlich sollten Sie daran arbeiten, Ihren Geist im täglichen Leben zu reinigen. Je mehr Sie einen starken Charakter und eine moralische und ethische Natur entwickeln, desto leichter wird der Meditationsprozess zugänglich. Seien Sie hartnäckig und entschlossen, Ihre Meditationen durchzuziehen, auch wenn es scheint, dass Sie nicht weiterkommen. Wenn Sie zu früh aufgeben, verlieren Sie die unglaublichen Vorteile der Meditation, die endlos sind. So wie der Tag auf die Nacht folgt, sollten Sie wissen, dass Sie das Ziel Ihrer Meditationen erreichen werden, wenn Sie regelmäßig dranbleiben und die vorgeschriebenen Schritte befolgen.

KERZENFLAMMEN-MEDITATION (TRATAKA)

Trataka bedeutet im Sanskrit "schauen" oder "blicken", denn bei dieser Praxis wird ein kleines Objekt wie ein schwarzer Punkt, eine Kerzenflamme, die Statue einer Gottheit oder eine geometrische Zeichnung wie ein Mandala oder Yantra beständig angestarrt. Die gleichmäßige Flamme einer Kerze (Abbildung 143) ist ein natürlicher Magnet für die Augen und den Geist und gilt als die praktischste und sicherste Methode. Als solche wird sie am häufigsten von Yogis verwendet.

Trataka ist eine Hatha-Yoga-Technik, die zur Kategorie der Shatkarma (Sanskrit für "sechs Handlungen") gehört, bei denen es sich um sechs Gruppen von Reinigungspraktiken für den Körper mit yogischen Mitteln handelt. Das Ziel der Shatkarmas ist es, eine Harmonie zwischen den Nadis Ida und Pingala herzustellen und dadurch ein Gleichgewicht zwischen dem mentalen, emotionalen und physischen Zustand zu schaffen. Trataka ist die Shatkarma-Wissenschaft der Vision.

Die Augen sind die "Fenster der Seele", das Medium, durch das unser Geist mit der äußeren Umgebung kommuniziert. Sie lassen Licht herein und erhellen das innere Selbst. Trataka ist eine Technik, die uns durch die Augen in unseren Geist und unsere Seele blicken lässt. Da unser Geist ständig mit dem beschäftigt ist, was unsere Augen sehen, erlaubt uns das auf einen Punkt konzentrierte Gewahrsein von Trataka, den vom Ego angetriebenen unterbewussten Geist zu beruhigen. Wenn das Ego in die Neutralität geht, verlangsamen sich seine ständigen Gedankenmuster, was es dem Bewusstsein ermöglicht, sich zu erheben und in höhere Geisteszustände einzutreten.

Die Beruhigung des Geistes und seiner Gedankenmuster ist eine Voraussetzung für die Meditation (Dhyana). Wenn Sie Ihren Blick auf eine Kerzenflamme richten, aktivieren Sie das Ajna Chakra, das nicht nur eine beruhigende Wirkung auf den Geist hat, sondern auch das Tor zu höheren Bewusstseinszuständen ist. Bei regelmäßiger Trataka-Praxis verbessern sich die übersinnlichen Fähigkeiten und die Intuition, so dass man die Geheimnisse der Schöpfung auf einer höheren Ebene verstehen kann.

Abbildung 143: Meditation mit der Kerzenflamme (Trataka)

Mit Trataka wird der Geist gereinigt und gestärkt, was die Konzentration (Dharana) verbessert und alle Probleme im Zusammenhang mit den Augen und der Sehkraft beseitigt. Darüber hinaus verlangsamen sich die Herz- und Atemfrequenz sowie die Aktivität anderer Organe, was die Verjüngung durch die Prana-Energie fördert.

Trataka bringt das sympathische und das parasympathische Nervensystem ins Gleichgewicht, wodurch nervöse Spannungen abgebaut werden. Außerdem werden bei regelmäßiger Trataka-Praxis schlafende Bereiche des Gehirns stimuliert, während aktivitätsdominierte Bereiche die Möglichkeit erhalten, sich aufzuladen, was ein gesundes Gehirn fördert. Schließlich verbessert eine regelmäßige Trataka-Praxis die Schlafqualität, indem sie den Geist beruhigt und Depressionen sowie andere mentale und emotionale Probleme behandelt.

Trataka sollte am Ende Ihrer Yogasequenz praktiziert werden, nach Asanas, Pranayamas, Mudras und Bandhas. Wenn es allein praktiziert wird, wird es am besten morgens ausgeführt, wenn der Geist ruhig ist und die Augen aktiver sind. Sie kann auch nachts vor dem Schlafengehen durchgeführt werden. Vermeiden Sie Trataka auf vollen Magen, wie bei allen yogischen Praktiken.

Um die Trataka-Meditation zu beginnen, setzen Sie sich in einen dunklen Raum, in dem Sie für die Dauer der Übung ungestört sein werden. Zünden Sie dann eine Kerze an und stellen Sie sie auf einem kleinen Tisch etwa einen bis zwei Meter vor Ihnen auf Augenhöhe auf (Abbildung 144). Achten Sie darauf, dass es in der Nähe keinen Luftzug gibt, der die Bewegung der Kerzenflamme beeinträchtigen könnte.

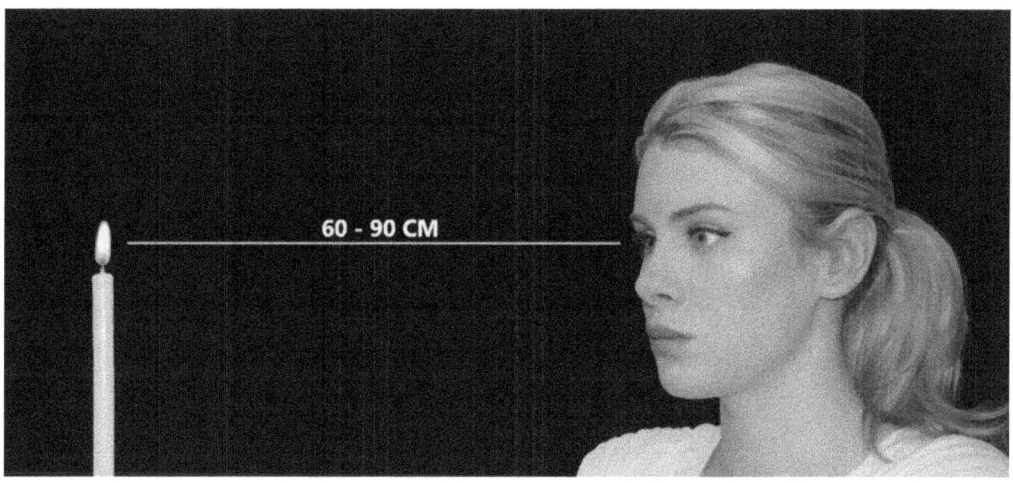

Abbildung 144: Platzierung der Kerzenflamme

Setzen Sie sich in eine bequeme Meditations-Asana mit den Händen auf den Knien, entweder in Jnana oder Chin Mudras. Ihre Wirbelsäule und Ihr Kopf sollten gerade gehalten werden. Schließen Sie nun die Augen und entspannen Sie Ihren Körper, insbesondere die Augen. Achten Sie darauf, dass der Körper während der gesamten Übung ruhig gehalten wird.

Öffnen Sie nun Ihre Augen und beginnen Sie, die Kerzenflamme zu betrachten. Ihr idealer Blickpunkt ist die rote Spitze des Dochtes. Halten Sie den Blick so lange wie möglich aufrecht und vermeiden Sie es, zu blinzeln oder die Augäpfel in irgendeiner Weise zu bewegen. Überanstrengen Sie die Augen nicht, denn die Anspannung kann zu einem Flimmern führen. Hören Sie auf, wenn die Augen zu tränen beginnen.

Indem Sie mit der Flamme eins werden, sollten Sie das Bewusstsein für alle körperlichen Empfindungen verlieren. Ihr Sein wird sich nach außen verlagern und sich von allem ablenkenden Geschwätz der Gedanken ablenken. Wenn der Geist zu wandern beginnt und Ihre Konzentration nachlässt, richten Sie den Fokus wieder auf die Kerzenflamme.

Schließen Sie nach ein bis zwei Minuten die Augen und schauen Sie auf das Nachbild der Flamme im Raum vor Ihnen. Wenn das Nachbild anfängt, sich von einer Seite zur anderen oder auf und ab zu bewegen, können Sie es stabilisieren, indem Sie sich stärker darauf konzentrieren. Wenn das Bild zu verblassen beginnt, holen Sie es durch die Erinnerung zurück. Wenn es ganz verschwunden ist, öffnen Sie Ihre Augen und beginnen wieder, die Kerzenflamme zu betrachten.

Wiederholen Sie diesen Vorgang drei- bis viermal, wenn Sie Anfänger sind, wobei Sie insgesamt nicht länger als zwei Minuten brauchen. Wenn Sie bereit sind, die Übung zu beenden, reiben Sie Ihre Hände fünf Sekunden lang aneinander, um Prana-Energie zu erzeugen, und legen Sie sie dann zehn Sekunden lang auf Ihre Augen, um sie zu absorbieren. Beenden Sie die Trataka-Meditation immer auf diese Weise, um Ihre Augen mit heilender Energie zu versorgen.

Wenn Sie mehr Erfahrung mit der Trataka-Meditation haben, können Sie die Dauer auf bis zu zehn Minuten erhöhen. Menschen, die unter Schlaflosigkeit, Depressionen oder anderen mentalen und emotionalen Problemen leiden, sollten dieser Übung bis zu zwanzig Minuten widmen.

Beachten Sie, dass Menschen, die an Glaukom, Epilepsie oder schweren Augenkrankheiten leiden, Trataka nicht praktizieren sollten. Stattdessen können sie ihren Fokuspunkt durch einen schwarzen Punkt ersetzen, der in einem gut beleuchteten Raum ausgeführt wird. Obwohl die Meditation auf einen schwarzen Punkt ähnliche Vorteile wie Trataka bringt, ist sie weniger wirksam, da der Fokus auf das Nachbild wegfällt, das bei regelmäßiger Anwendung das Geistige Auge effektiv öffnet.

YOGA UND DIE FÜNF ELEMENTE

Yoga hilft uns, die fünf Elemente Erde, Wasser, Luft, Feuer und Geist (Raum) zu reinigen und auszugleichen. Dadurch werden diese Elemente im Körper wieder in ihre optimale Gesundheit gebracht und unsere inneren Kräfte und Fähigkeiten entfaltet, die mit jedem Element korrespondieren. Da jedoch jedes der fünf Elemente für unterschiedliche Strukturen im Körper verantwortlich ist, können Krankheiten und psychische Leiden auftreten, wenn ein Element unrein wird oder aus dem Gleichgewicht mit einem anderen Element gerät.

Da das Erdelement ("Bhumi" in Sanskrit) sich auf alle Festkörper bezieht, entspricht es dem physischen Körper, nämlich dem Skelett- und Muskelsystem. Das Erdelement umfasst alle Gewebe des Körpers, einschließlich Haut, Zähne, Nägel und Haare. Der physische Körper ist der Träger unseres Bewusstseins und unsere Grundlage, die uns mit dem Planeten Erde verbindet.

Das Wasserelement ("Jala" in Sanskrit) bezieht sich auf alle Flüssigkeiten; unser physischer Körper besteht zu 60 % aus Wasser, das sich über unser Kreislaufsystem durch uns bewegt. Wir finden Wasser auch in unserem Gehirn, Herz, Lunge, Muskeln, Nieren und sogar in den Knochen. Darüber hinaus enthalten auch Blut, Schweiß, Speichel, Urin, Sperma, Vaginal- und Gebärmutterflüssigkeit Wasser. Unsere körperliche und geistige Gesundheit hängt vom Wasserfluss in unserem Körper ab, da das Wasserelement das Bewusstsein reguliert.

Das Feuerelement hat mit der Verdauung und dem Stoffwechsel zu tun und hat mit Hunger, Durst und unserem Schlafbedürfnis zu tun. Feuer wird in Sanskrit "Agni" genannt, der Gott des Feuers im Hinduismus. In der Asanapraxis bezieht sich Agni auf die innere Wärme und Hitze, die in bestimmten Haltungen erzeugt wird. Das Element Feuer bezieht sich auf unsere Seele, unsere Lichtquelle, die die Macht hat, zu erschaffen und zu zerstören.

Das Luftelement ("Pavan" in Sanskrit) hat mit unserem Atmungssystem zu tun und befasst sich mit dem Ausdehnen und Zusammenziehen der Prana-Energie im Körper. Prana ist Lichtenergie, die Lebenskraft, die alle lebenden Organismen zum Überleben benötigen. Die Luft, die uns umgibt, trägt Prana-Energie in sich; allein durch den Akt des Atmens gelangt Prana in unseren Körper. Prana-Energie wird auch benötigt, um den Geist anzutreiben. Aus diesem Grund ist die Atemkontrolle (Pranayama) in allen yogischen

Praktiken von wesentlicher Bedeutung, da eines der Ziele des Yoga darin besteht, den Geist zu fokussieren und sich seiner selbst bewusst zu werden.

Das Element Geist/Raum ("Akasha" in Sanskrit) versorgt unsere inneren kognitiven Funktionen. Es ist unsere Quelle der Liebe, Wahrheit, Weisheit, Inspiration und des Glaubens. Die spirituelle Energie kann jedoch durch das Fehlen von Vernunft und unlogischem Denken korrumpiert werden, was Angst erzeugt. Unsere größte Angst bezieht sich auf das Überleben auf der physischen Ebene, als unsere Urangst vor dem Tod. Wir fürchten den Tod, weil wir nicht mit Sicherheit wissen können, was passiert, wenn wir sterben, da wir keine Erinnerungen jenseits dieses Lebens haben. Da Spirit ewig und zeitlos ist, gibt er uns den Glauben an das Leben nach dem Tod - die Fortsetzung unserer Existenz über den Tod hinaus. Der beste Weg, die spirituelle Energie zu erfahren, besteht darin, den Verstand zum Schweigen zu bringen und tief nach innen zu gehen. Meditation ist der beste Weg, sich auf den Spirit in uns einzustimmen, um Seelenfrieden und Glückseligkeit zu erlangen und gleichzeitig Inspiration in unser tägliches Leben zu bringen.

AKTIVIERUNG UND AUSGLEICH DER ELEMENTE

Es gibt eine natürliche Ordnung der Elemente im Körper. Während wir uns in Asana, Pranayama, Mudra, Mantra und Meditation üben, erlaubt uns die bewusste Wahrnehmung der Elemente im Körper, die Prana-Energie in die entsprechenden chakrischen Zentren zu leiten. Indem wir unsere elementaren Kräfte aktivieren, können wir das Gleichgewicht von Geist, Körper und Seele erreichen.

Die Elemente Erde und Wasser befinden sich unterhalb des Nabels. Wann immer wir unsere Aufmerksamkeit auf unsere Beckenregion richten, sei es durch Bewegung, Meditation oder Atemtechniken, regen wir diese beiden Elemente zum Handeln an.

Stationäre Asanas fördern die Stabilität, indem sie unsere Verbindung mit der Erde vertiefen. Wenn unser physischer Körper geerdet wird, bauen wir unser physisches Fundament auf und verbinden uns so mit dem Element Erde. Unsere Muskeln werden geschmeidig, während die Gelenke stabiler werden. Der Körper selbst wird stark und fest. Asanas verbinden uns mit unseren Füßen und machen uns unsere Körpersprache und Bewegungen bewusst. Der Geist wird geerdet und fokussiert. Da stehende Asanas das Stoffwechselfeuer verlangsamen, kühlen sie den Körper ab und stabilisieren den Geist.

Der Übergang von einer Asana zur nächsten ist fließend, da wir versuchen, uns flüssig durch unsere Bewegungen zu bewegen. Unsere Fähigkeit, eine Asana zu halten und dann loszulassen, ermöglicht es unserem Geist, sich von einem Moment zum nächsten anzupassen. Die Anmut und Elastizität, die die Asana-Praxis begleiten, ermöglichen es uns, uns mit dem Wasserelement zu verbinden. Unser Bewusstsein wird offener und nimmt die Umgebung bewusster wahr, was uns aus unseren Gedanken herausführt und uns auf den gegenwärtigen Moment einstimmt.

Das Feuerelement befindet sich in der Mitte des Rumpfes, im Bereich des Solarplexus. Im Allgemeinen wird das Feuerelement durch dynamische Asanas aktiviert, die Bewegung und Fluss beinhalten. Bei stationären Asanas gibt es jedoch eine Sollbruchstelle, wenn der Körper anfängt, Hitze zu erzeugen, zu zittern und zu schwitzen. Das ist der Punkt, an dem das Ego und der Geist die Asana nicht mehr halten wollen. Wenn man die nötige Energie und Willenskraft aufbringt, um die Asana fortzusetzen, wird die Energie des Feuerelements im Körper noch stärker ansteigen, was dazu führt, dass die Giftstoffe der anderen Elemente ausgebrannt werden. Yogis zufolge steigern einige Asanas das Verdauungsfeuer in einem solchen Maße, dass sie Krankheiten im Körper vollständig beseitigen können.

Das Luftelement befindet sich in der Mitte des Brustkorbs und ist unser primäres Zentrum der Prana-Energie. Unsere Muskeln, Gelenke und andere unterstützende Gewebe dehnen sich aus, wenn wir atmen. Infolgedessen öffnet sich unser Geist durch verschiedene Pranayama-Techniken, während der Körper leicht wie eine Feder wird.

Der bloße Akt des Atmens stimuliert das Luftelement in Aktion, obwohl wir mit kontrollierter Atmung die Prana-Energie in jeden Bereich unseres Körpers fokussieren können, um die Heilung zu erleichtern. Die Atemkontrolle ermöglicht es dem Einzelnen, seine Prana-Energie während der Asana-Praxis zu konzentrieren. Prana ist sehr wirksam bei der Reinigung des Körpers von Giftstoffen, da es das reinigende Feuerelement aktiviert. Das Wasserelement wird stimuliert, wenn wir die Prana-Energie in den Bauchraum lenken, zum Beispiel durch Zwerchfellatmung.

Das Element des Geistes oder des Raums befindet sich im Kopf und ist am besten durch Meditationstechniken zugänglich, insbesondere durch solche, die das geistige Auge nutzen. Wenn wir Asanas und Pranayama-Techniken mit Anmut, Fokus und bewusster Wahrnehmung unserer Bewegungen, Gedanken und Emotionen ausführen, bringen wir Liebe, Sorgfalt und Hingabe in unsere Praxis ein, was das Element des Geistes aktiviert.

Die Anwendung einer ausgewogenen Abfolge von Asanas, die Bewegung und Stille beinhalten, hat enorme Vorteile für das Gleichgewicht der Elemente. Sie ermöglicht es uns, das Feuerelement zu regulieren und die Elemente Erde und Luft zu harmonisieren, die natürliche Feinde sind - während der Körper sich mit der Erdung beschäftigt, beschäftigt sich der Geist mit den Gedanken. Während das eine fest ist (Erde), ist das andere ätherisch (Luft). Das Gleichgewicht von Körper und Geist ermöglicht es, sich mit der Seele zu verbinden, die nach Einheit mit dem Geist strebt.

Asanas machen den Körper und den Geist fest und geerdet, während sie die Gliedmaßen flexibel machen. Flexible Gliedmaßen ermöglichen eine stärkere Bewegung der Prana-Energie durch die Nadis, die durch sie verlaufen. Wenn das Luftelement im Körper optimiert ist, können wir dem Wasser- und dem Feuerelement den nötigen Treibstoff zuführen. Ein flexibler Körper hat große Vorteile für das chakrische System, was ein Grund dafür ist, warum Asanas für die allgemeine Bevölkerung so attraktiv sind.

***

Ein effizienter und einfacher Weg, die fünf Elemente auszugleichen, sind Hand-Mudras (Abbildung 145). Zusätzlich zur Erhöhung oder Verringerung der Elemente hat jedes Hand-Mudra zusätzliche Vorteile für den Geist und den Körper, wie in den Beschreibungen erwähnt. Um die Hand-Mudras für die fünf Elemente auszuführen, folgen Sie den Anweisungen auf Seite 390.

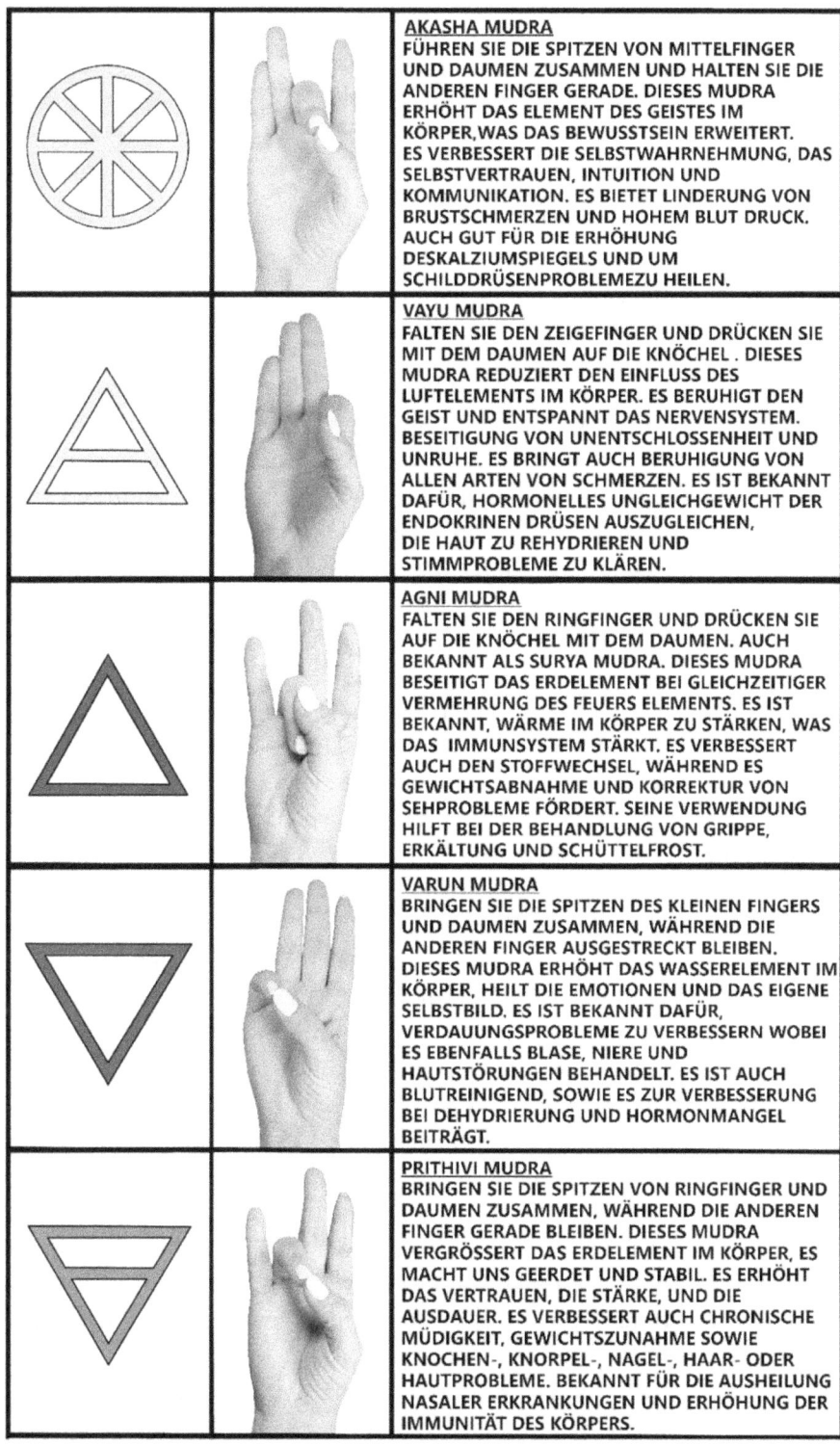

Abbildung 145: Hand-Mudras für die Fünf Elemente

AYURVEDA

Die ganzheitliche Medizin des Ayurveda geht auf die vedische Ära zurück, etwa zur gleichen Zeit, als Yoga entwickelt wurde. Obwohl sie scheinbar nichts miteinander zu tun haben, teilen Yoga und Ayurveda dieselbe Kultur, Philosophie, Sprache und Methodik und werden von den Hindus als Schwesterwissenschaften betrachtet. Während sich die Yoga-Praktiken mit der Harmonisierung von Geist, Körper und Seele befassen, vermittelt Ayurveda ein Verständnis für unsere körperliche und geistige Verfassung und dafür, wie sich Ernährung und Lebensstil auf Körper und Geist auswirken.

Die Grundlage des Ayurveda ist die Theorie der "Tridosha" (Sanskrit für die "Drei Doshas"), der drei Kräfte oder "Säfte" im Körper - Vata (Wind), Pitta (Galle) und Kapha (Schleim). Vata regelt die Bewegung im Körper, Pitta regelt die Verdauung und die Ernährung, und Kapha ist die Energie, die die Struktur, die Masse und die Flüssigkeiten des Körpers bildet. Während die drei Doshas in erster Linie unseren physischen Körper beeinflussen, haben sie auch subtile Entsprechungen, die den Geist und die fünf Koshas beeinflussen: Prana, Tejas und Ojas. Die Aktivitäten unseres Körpers und unseres Geistes hängen vom richtigen Funktionieren der drei Doshas ab. Wenn sie aus dem Gleichgewicht geraten, tragen sie zu Krankheitsprozessen bei.

Die Tridosha sind auch für die individuellen Vorlieben bei Lebensmitteln, einschließlich Geschmack und Temperatur, verantwortlich. Sie regeln die Bildung, Erhaltung und Zerstörung von Körpergewebe und die Ausscheidung von Abfallprodukten aus dem Körper. Sie sind auch für psychologische Prozesse verantwortlich, von negativen angstbasierten Emotionen bis hin zu liebevollen Emotionen.

Ayurveda beinhaltet auch die Wissenschaft der 108 Marmas oder Energiepunkte im Körper. Marma-Punkte sind lebenswichtige Punkte im Körper, die von der Prana-Energie durchdrungen sind und vom Bewusstsein beeinflusst werden. Die Arbeit mit den Marma-Punkten bringt viele Vorteile mit sich, unter anderem das Lösen psychologischer und emotionaler Blockaden, die Verbesserung der Durchblutung und des Energieflusses, die Linderung von Muskelschmerzen und Gelenksteifheit sowie das Lösen von Spannungen und Ängsten.

Die Essenzen der drei Doshas ergeben sich aus den fünf großen Elementen, die im Ayurveda (Sanskrit) "Panchamahabhuta" genannt werden. Jedes der drei Doshas ist eine Kombination aus zwei der fünf Elemente: Vata ist Luft (Vayu) und Geist (Akasha), Pitta ist Feuer (Agni) und Wasser (Jela), und Kapha ist Erde (Prithivi) und Wasser (Jela), wie in

Abbildung 146 dargestellt. Die drei Doshas sind für das Gleichgewicht und die Gesundheit von Geist und Körper voneinander abhängig. So entfacht zum Beispiel das Luftprinzip das körperliche Feuer, während das Wasser es kontrolliert und verhindert, dass das Körpergewebe verbrennt. Luft bewegt auch das Wasser; ohne Vata Dosha sind Pitta und Kapha unbeweglich.

Menschen können auch bi-doshisch oder sogar tri-doshisch sein, was bedeutet, dass sie Eigenschaften mit zwei oder drei Dosha-Typen teilen. So gibt es im Ayurveda insgesamt sieben Arten von Konstitutionen: Vata, Pitta, Kapha, Vata-Pitta, Pitta-Kapha, Vata-Kapha, und Vata-Pitta-Kapha. Das Verständnis der Doshas ermöglicht es uns, unsere inneren Energien auszugleichen und unsere Koshas in Einklang zu bringen, um unsere psychologische, mentale und emotionale Gesundheit zu verbessern.

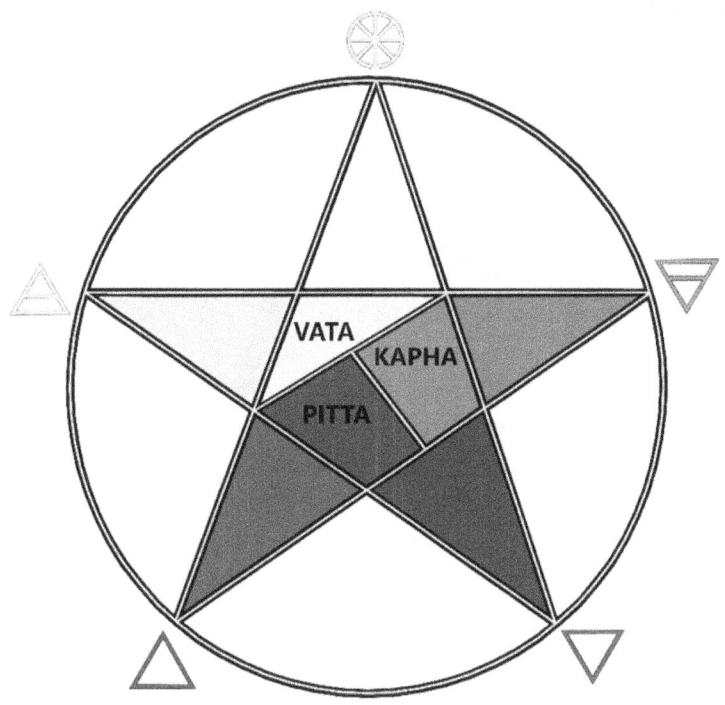

Abbildung 146: Die Fünf Elemente und die Drei Doshas

Aber auch wenn wir dazu bestimmt sind, in diesem Leben unter der spezifischen Herrschaft bestimmter Elemente zu leben, können wir dennoch in den Doshas schwanken, wenn bedeutende Veränderungen in unserer Psyche, unserer Umgebung, unserer Ernährung, unserem Klima usw. auftreten. So wird unter bestimmten Umständen und Bedingungen ein Dosha überwiegen, während in anderen Situationen ein anderes überwiegt.

Das wichtigste Prinzip, das man bei der Arbeit mit den Doshas beachten sollte, ist, dass Gleiches durch Gleiches verstärkt wird, während Gegensätzliches sich gegenseitig ausgleicht. Daher werden Nahrungsmittel, Wetter und Situationen, die ähnliche Eigenschaften wie die Doshas haben, ihre Energien erhöhen, während diejenigen mit entgegengesetzten Eigenschaften sie verringern werden. Das gleiche Konzept gilt für yogische Praktiken wie Asanas, Pranayamas und Hand-Mudras, die ein Dosha entweder ausgleichen oder verschlimmern können, je nach Art und Mechanik der ausgeführten Übung.

DIE DREI DOSHAS

Vata-Dosha

Als Energie der Bewegung in Geist und Körper wird Vata Dosha mit dem Element Luft in Verbindung gebracht. Vata ist trocken, kalt, leicht, beweglich, aktiv, hart, fein, rau, sprunghaft, wechselhaft und klar. Auf einer subtilen Ebene bezieht sich Vata auf die Prana-Energie, die für alle psycho-physischen Funktionen im Körper verantwortlich ist. Prana wird im Körper von den fünf Prana Vayus getragen, die jeweils eine bestimmte Rolle bei der Harmonisierung von Geist und Körper spielen. Vata gilt als das stärkste der drei Doshas, da es sowohl Pitta als auch Kapha trägt.

Vata reguliert alle Bewegungsabläufe im Körper auf mikrozellulärer und makroskopischer Ebene. Die Atmung, das Blinzeln der Augenlider, die Bewegungen der Muskeln und des Gewebes sowie der Herzschlag werden vom Vata-Dosha gesteuert. Darüber hinaus steuert Vata den Katabolismus, also den Prozess, bei dem große Moleküle in kleinere zerlegt werden, um sie als Energie zu nutzen. Mit dem Luftelement zusammenhängende innere Prozesse, wie Vorstellungskraft und Kreativität, werden von Vata beeinflusst, einschließlich Emotionen wie Inspiration und Ängstlichkeit.

Vata-Typen werden von der zweiten Hülle des materiellen Selbst, dem Vitalkörper - Pranamaya Kosha - beherrscht. Der Wirkungsbereich von Vata ist der untere Teil des Rumpfes, der den Dickdarm und die Beckenhöhle umfasst (Abbildung 147). Es wirkt auch über die Knochen, die Haut, die Ohren und die Oberschenkel. Wenn der Körper einen Überschuss an Vata-Energie entwickelt, sammelt sich diese in diesen Bereichen an.

Der Herbst ist wegen seines kühlen und frischen Wetters als Vata-Saison bekannt. Menschen mit Vata-Dosha sind normalerweise körperlich unterentwickelt. Sie sind dünn und mager, haben ausgeprägte Gelenke und sichtbare Venen und Muskelsehnen. Vata-Typen neigen dazu, eine angeborene Unschuld zu haben und ein spirituelles Leben zu suchen. Sie lernen gerne neue Menschen kennen, gehen kreativen Tätigkeiten nach und lernen neue Umgebungen kennen.

Vatas sind geistig sehr aktiv, schlagfertig, humorvoll, klug und innovativ. Sie werden stark von den Planeten- und Mondzyklen, dem Wetter, den Menschen, mit denen sie sich umgeben, und den Nahrungsmitteln, die sie essen, beeinflusst. Da sie dazu neigen, eine kältere Körpertemperatur als der Durchschnitt zu haben, genießen Vatas heißes, feuchtes Wetter.

Vatas sind gut im Multitasking, obwohl sie Probleme mit Verpflichtungen und dem Abschluss von Projekten haben. Sie sind im Allgemeinen nicht geerdet, was sie vergesslich, launisch und gestresst macht und ihnen Schlafprobleme bereitet. Sie essen oft schweres Essen, um ihren aktiven Geist zu erden und zu beruhigen, und nehmen Aufputschmittel wie Kaffee und Zucker zu sich, um nicht auszubrennen, da sie eine geringe körperliche Ausdauer haben. Vatas neigen zu Verdauungsproblemen und schlechter Durchblutung und haben von Natur aus eine unterdurchschnittliche Immunität.

Laut Ayurveda sollte eine Vata-dominante Person Meditation, yogische Praktiken und andere beruhigende und ausgleichende Aktivitäten in ihren Tagesablauf integrieren. Sie müssen ihren Körper warm halten, indem sie kaltes Wetter meiden und Sport treiben, einschließlich Herz-Kreislauf-Aktivitäten. Vatas sollten regelmäßig Zeit in der Natur verbringen, um sich zu erden, und vor 22 Uhr zu Bett gehen, um einen guten Schlaf zu haben. Wie alle Dosha-Typen müssen auch Vata-Dominante auf eine gesunde Ernährung achten und Lebensmittel meiden, die ihren Zustand verschlimmern (Siehe Tabelle 5). Schließlich profitieren Vata-Typen davon, häufig warme Getränke zu trinken und Stimulanzien wie Kaffee, Alkohol, Schokolade und andere Zuckerarten zu meiden.

Pitta-Dosha

Pitta ist die Energie der Transformation und wird daher dem Element Feuer zugeordnet. Pitta ist heiß, ölig, leicht, beweglich, flüssig, scharf und säuerlich riechend. Es steuert die Verdauung, Absorption und Nahrungsaufnahme und reguliert gleichzeitig die Körperwärme, die Hautfarbe und die visuelle Wahrnehmung. Die subtile Form von Pitta ist Tejas oder Agni, das Feuer des Geistes, das für Willenskraft, Selbstvertrauen, Intelligenz, Verständnis, Argumentation, Konzentration und Selbstdisziplin verantwortlich ist.

Pitta bezieht sich auf das Prinzip des Stoffwechsels, bei dem es um die Umwandlung von Nahrung in nutzbare Energie geht, die die Zellfunktionen am Laufen hält. Der Stoffwechsel wird in zwei Prozesse unterteilt - Katabolismus und Anabolismus -, die von den Doshas Vata und Kapha gesteuert werden.

Pitta-Typen werden vom Geist-Körper beherrscht, der dritten Hülle des materiellen Selbst-Manomaya Kosha. Der Wirkungsbereich von Pitta ist der zentrale Bereich des Rumpfes, der den Magen, die Leber, die Milz, die Gallenblase, den Zwölffingerdarm und die Bauchspeicheldrüse enthält (Abbildung 147). Die meisten ayurvedischen Schulen ordnen auch den Dünndarm Pitta statt Vata zu, da er in Verbindung mit dem Verdauungsfeuer arbeitet. Darüber hinaus wirkt Pitta durch die Schweißdrüsen, das Blut, das Fett, die Augen und die Haut. Wenn irgendwo in der Nähe des Solarplexus in einem der oben beschriebenen Organe Schmerzen auftreten, kann die Pitta-Energie unausgewogen sein.

Der Sommer ist wegen des heißen Wetters und der sonnigen Tage als die Jahreszeit des Pitta bekannt. Pitta-Typen sind in der Regel von durchschnittlicher Größe und

Gewicht, mit einem straffen Körper und einer moderaten Statur. Sie haben einen guten Blutkreislauf und gesunde Haut und Haare. Da Pittas vom Feuerelement dominiert werden, sind sie von Natur aus selbstbestimmt, motiviert, wettbewerbsfähig, zielorientiert, hartnäckig, intensiv und reizbar. Pittas sind athletisch und haben es leicht, Muskeln aufzubauen. Als geborene Anführer, die zu Aggression und Konflikten neigen, werden sie oft von negativen Emotionen wie Zweifel, Ärger, Hass und Eifersucht herausgefordert.

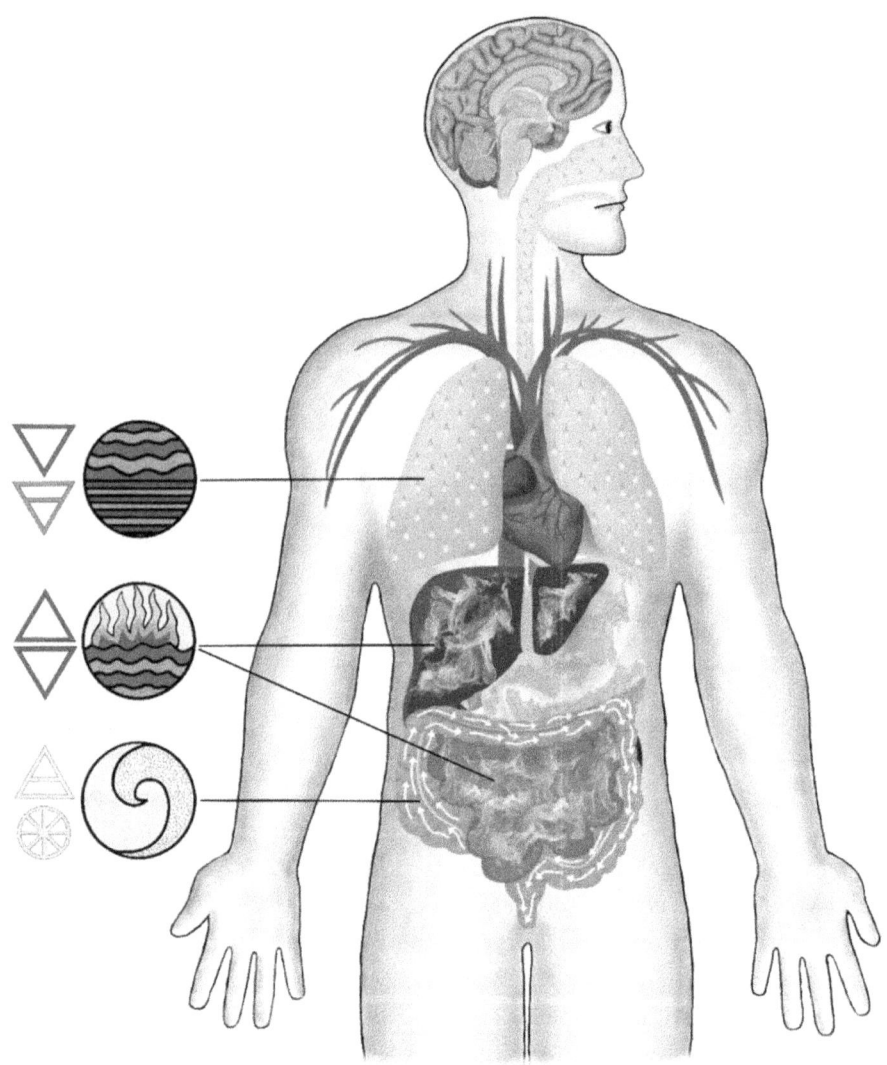

Abbildung 147: Die Drei Doshas und Körperzonen

Pittas sind im Allgemeinen immer hungrig, haben einen schnellen Stoffwechsel und neigen zu Stimmungsschwankungen, wenn sie nicht essen. Sie nehmen oft große Mengen an Nahrung und Flüssigkeit zu sich und genießen kalte Getränke. Pittas sind empfindlich gegenüber heißen Temperaturen und neigen zu Hautentzündungen, Akne, Dermatitis und

Ekzemen. Ihre Körpertemperatur ist überdurchschnittlich hoch, und ihre Hände und ihre Füße sind meist heiß. Pittas neigen dazu, zu viel zu arbeiten, da sie klug sind und einen starken Wunsch nach Erfolg haben.

Die ayurvedische Medizin legt nahe, dass Pitta-dominierte Menschen in allen Dingen Mäßigung kultivieren und das Leben nicht zu ernst nehmen sollten. Sie müssen sich Zeit für unterhaltsame Aktivitäten nehmen, um einen Ausgleich zu ihrem oft dominierenden Arbeitsleben zu schaffen. Pittas sollten extreme Hitze vermeiden und auf eine gesunde Ernährung achten (Tabelle 5). Tägliche Meditation, yogische Praktiken und andere beruhigende und ausgleichende spirituelle Aktivitäten werden für Pittas empfohlen, um ihr reizbares Temperament zu beruhigen.

Kapha-Dosha

Als archetypische Energie der Mutter Erde liefert Kapha Dosha das Material für die physische Existenz und verleiht den subtilen Elementen im Körper Festigkeit. Kapha ist kalt, nass, ölig, schwer, langsam, stumpf, statisch, weich, dicht und trüb. Es bezieht sich auf das Körperwasser, das unserem Körper Widerstand gegen die äußeren Elemente verleiht, um die Langlebigkeit auf zellulärer Ebene aufrechtzuerhalten. Kapha sorgt für die Feuchtigkeit der Haut, die Schmierung der Gelenke, den Schutz des Gehirns und des Nervensystems, die Immunität gegen Krankheiten und die Wundheilung.

Die subtile Form von Kapha wird Ojas genannt, was auf Sanskrit "Kraft" bedeutet. Ojas verbindet Bewusstsein und Materie; es ist die vitale, flüssigkeitsähnliche Energie des Wasserelements, die die Funktionen des Geistes unterstützt. Ojas ist für die Gedächtnisleistung verantwortlich. Es versorgt uns mit geistiger Stärke, Ausdauer und Konzentrationsfähigkeit.

Kapha-Typen werden vom Nahrungskörper beherrscht, der ersten Schicht des materiellen Selbst-Annamaya Kosha. Sein Wirkungsbereich ist in erster Linie die Lunge, obwohl Kapha auch in den Nasenlöchern, im Rachen, in den Nebenhöhlen und in den Bronchien zu finden ist (Abbildung 147). Mit dem Wasserelement verbundene Emotionen wie Liebe, Gelassenheit und Vergebung werden mit Kapha Dosha und negativen Gefühlen wie Gier und Neid in Verbindung gebracht. Kapha hat einen direkten Einfluss auf die Ego-Anhaftungen.

Die Jahreszeit von Kapha ist der Frühling, wenn die Dinge am fruchtbarsten sind und das Pflanzenleben wieder zu wachsen beginnt. Kaphas haben in der Regel einen gut entwickelten Körper mit dicken Knochen und einem starken Körperbau. Sie haben einen geringen, aber regelmäßigen Appetit und einen langsamen Stoffwechsel und Verdauungsapparat. Sie neigen zur Gewichtszunahme, weshalb sie sich regelmäßig bewegen müssen. Der Einfluss der passiven Elemente Wasser und Erde macht sie emotional und geistig stabil, loyal und mitfühlend. Sie regen sich selten auf und denken nach, bevor sie handeln. Als solche gehen sie langsam und bedächtig durchs Leben.

Kapha-Typen gehen systematisch an das Leben heran; sie planen die Dinge im Allgemeinen gerne, anstatt launisch zu sein wie Vatas. Sie haben starke empathische Fähigkeiten und eine starke sexuelle Energie. Kaphas sind geduldig, vertrauensvoll, ruhig, weise, romantisch und haben ein gesundes Immunsystem. Allerdings neigen sie zu Atemproblemen wie Allergien und Asthma und haben ein höheres Risiko für Herzerkrankungen und Schleimbildung als andere Doshas. Da das Wasserelement vorherrscht, können Kaphas außerdem Informationen gut behalten und sind in Wort und Tat aufmerksam. Sie haben eine emotionale Beziehung zur Welt, was sie anfällig für Depressionen und Motivationsmangel macht.

Im Ayurveda wird einer Kapha-dominanten Person geraten, sich auf regelmäßige, tägliche Bewegung, eine gesunde Ernährung (Tabelle 5) und die Aufrechterhaltung einer warmen Körpertemperatur zu konzentrieren. Darüber hinaus sollten sie ihre Zeit mit Aktivitäten füllen, die sie inspirieren und motivieren, und eine regelmäßige Schlafroutine einrichten, da Kapha-Typen dafür bekannt sind, zu viel zu schlafen.

TABELLE 4: Ayurvedische Konstitutionstabelle (Drei Doshas)

Aspekt der Verfassung	Vata-Typ (Luft und Geist)	Pitta-Typ (Feuer und Wasser)	Kapha-Typ (Wasser und Erde)
Größe und Gewicht	Groß oder sehr klein, geringes Gewicht	Konstantes Gewicht, mittlere Größe	Klein, aber manchmal groß, schwer, nimmt leicht an Gewicht zu
physische Erscheinung	Dünn, schlank	Mittel, athletisch	Groß, stämmig, gut gebaut
Haut	Rauh, stumpf, dunkel, leicht rissig, trocken, kühl	Weich, hell, rosig, fettig, warm, Sommersprossen und Leberflecken	Glatt, blass, leicht, feucht, ölig, kühl, dick
Augen	Eingesunken, klein, trocken, braun, hebt die Augenbrauen	Scharf, stechend, grün, grau, hellbraun	Groß, attraktiv, blau, dichte Wimpern, sanfter Blick
Lippen	Kleine, dünne Lippen, Rissbildung	Dick, Mittel, Weich, Rot	Groß, glatt, rosig
Haare	Trocken, dünn, dunkel, kraus	Fein, gerade, fettig, glatt, blond oder rot	Dick, lockig, gewellt, dunkel oder hell
Zähne	Sehr klein oder groß, unregelmäßig, vorstehend, Lücken	Mittelgroßes, weiches, blutendes Zahnfleisch	Voll, kräftig, weiß, wohlgeformt
Nägel	Trocken, rau, spröde	Dünn, glatt, rötlich	Groß, Weich, Weiß, Glänzend
Körpertemperatur	Niedriger als normal; Handflächen und Füße kalt	Höher als normal; Handflächen, Füße und Gesicht heiß	Normal; Handflächen und Füße leicht kalt
Gelenke	Sichtbar, steif, unruhig, knackende Geräusche	Locker, mäßig versteckt	Fest, stark, groß, gut versteckt
Schweiß	Normal	Schwitzt schnell, starker Geruch	Langsam beginnend, aber ergiebig
Stuhlgang	Hart, Trocken, Zweimal am Tag	Weich, locker, 1-2 Mal/Tag	Gut geformt, einmal am Tag
Urin	Spärlich	Üppig, Gelb	Mäßig, klar
Immunsystem	Niedrig, variabel	Mäßig, hitzeempfindlich	Gut, Hoch
Ausdauer	Schlecht, leicht erschöpft	Mäßig, aber zielgerichtet	Stetig, Hoch
Appetit und Durst	Unterschiedlich, schnelle Aufnahme von Essen und Trinken	Hoch, exzessiv, muss alle 3-4 Stunden essen	Mäßig, konstant, kann Hunger und Durst ertragen
Geschmackspräferenz	Süß, sauer, salzig	Süß, bitter, adstringierend	Scharf, bitter, adstringierend
Körperliche Aktivität	Sehr aktiv, wird schnell müde	Mäßig, wird leicht müde	Lethargisch, bewegt sich langsam, wird nicht leicht müde
Temperament/ Emotionen	Ängstlich, veränderlich, anpassungsfähig, unsicher	Mutig, motiviert, zuversichtlich, reizbar	Ruhig, liebevoll, gierig, anhänglich, selbstbewusst
Empfindlichkeiten	Kälte, Trockenheit, Wind	Hitze, Sonnenlicht, Feuer	Kälte, Feuchte
Sprache	Schnell, häufig, unkonzentriert, verfehlt leicht den Punkt	Fokussiert, direkt, gut in Argumenten, zielorientiert	Langsame, ruhige, weiche, feste Sprache, kein großer Redner
Geistiger Zustand	Hyperaktiv, unruhig	Aggressiv, intelligent	Friedlich, langsam, beständig
Persönlichkeit	Kreativ, phantasievoll	Intelligent, willensstark, effizient	Fürsorglich, geduldig, rücksichtsvoll
Soziales	Macht Freundschaften und ändert sie oft	Freunde sind arbeitsbezogen	Langanhaltende Freundschaften
Gedächtnis	Schlecht, vergisst Dinge leicht	Mäßiges, durchschnittliches Gedächtnis	Sehr gut, erinnert sich gut
Zeitplanung	Unregelmäßiger Zeitplan	Langer Arbeitstag	Gut im Einhalten von Routine
Träume	Himmel, Winde, Fliegen, Springen, Laufen	Feuer, Blitz, Gewalt, Krieg, bunte Ansichten	Wasser, Fluss, Meer, See Schwimmen, bunte Ansichten
Schlaf	Spärlich, unterbrochen, gestört, weniger als 6 Std.	Variabel, Ton, 6-8 Stunden	Überschüssig, schwer, langwierig, 8 Stunden oder mehr
Finanzen	Extravagant, gibt Geld leichtfertig aus	Durchschnittliche Ausgaben, Fokus auf Luxusgüter	Sparsam, spart Geld, gibt nur aus, wenn es nötig ist
Insgesamt	=	=	=

WIE SIE IHR DOSHA-VERHÄLTNIS BESTIMMEN

Jeder Mensch hat ein einzigartiges Verhältnis der drei Doshas, je nachdem, welches der drei Elemente Luft, Wasser und Feuer in uns vorherrscht. Im Sanskrit wird die persönliche Blaupause der Energien, die uns im Leben beherrschen, "Prakriti" genannt, was "die ursprüngliche oder natürliche Form oder Beschaffenheit von etwas - seine primäre Substanz" bedeutet. Der aktuelle Zustand der drei Doshas nach dem Moment der Empfängnis ist "Vikruti", was "nach der Schöpfung" bedeutet. Er bezieht sich auf unsere Konstitution, nachdem wir der Umwelt ausgesetzt waren und von ihr verändert wurden. Die Vikruti definiert unser doshisches Ungleichgewicht.

Es gibt drei Möglichkeiten, Ihr Dosha-Verhältnis zu bestimmen. Zwei davon können Sie selbst durchführen, indem Sie dieses Buch und das Internet benutzen. Die andere Methode besteht darin, einen Ayurveda-Praktiker aufzusuchen, der Puls und Zunge als Diagnoseinstrumente verwendet. Wenn Sie eine möglichst genaue Diagnose wünschen, empfehle ich alle drei Methoden.

Die erste Methode besteht darin, das Diagramm in Tabelle 4 zu verwenden und sich selbst zu diagnostizieren. Beginnen Sie oben in der Tabelle mit "Größe und Gewicht" und wählen Sie aus, welche der drei Doshas Sie am besten beschreibt. Wenn Sie diese ausgewählt haben, setzen Sie ein Häkchen unter eine der Spalten Vata, Pitta oder Kapha in der letzten Zeile, wo "Gesamt" steht. Fahren Sie dann mit dem zweiten Aspekt, "Rahmen", fort und machen Sie dasselbe. Und so weiter, bis Sie das gesamte Diagramm durchgearbeitet haben. Zum Schluss addieren Sie die Summen für jedes der drei Doshas und tragen eine Zahl nach dem Gleichheitszeichen in die letzte Zeile ein.

Das Dosha mit der höchsten Zahl gibt im Allgemeinen Ihre primäre Konstitution an, während das Dosha mit der zweithöchsten Zahl Ihr zweitdominantes Dosha angibt. Wenn Sie zwei Doshas haben, die relativ gleich sind, sind Sie bi-doshisch oder sogar tri-doshisch, wenn Sie ein ähnliches Verhältnis zwischen allen drei Doshas haben. Wenn eines der Doshas eine deutlich höhere Zahl hat als die anderen beiden, was häufig der Fall ist, dann ist das Ihr dominantes Dosha.

Die zweite "Do-it-yourself"-Methode verwendet die vedische Astrologie, um Ihr Dosha Verhältnis zu bestimmen, das Sie mit Ihren Ergebnissen aus dem Diagramm in Tabelle 4 vergleichen können. Da die Wissenschaft des Ayurveda mit der vedischen Astrologie übereinstimmt, müssen Sie sich ein Geburtshoroskop der vedischen Astrologie besorgen, das Sie online finden können. Denken Sie daran, dass Sie mit einem Geburtshoroskop der vedischen Astrologie ein völlig anderes Ergebnis erhalten als mit einem Horoskop der westlichen Astrologie. Lassen Sie sich davon jedoch nicht verwirren oder beunruhigen, denn Sie werden sich in erster Linie auf den Aszendenten und die Häuser konzentrieren.

Die vedische Astrologie ist genauer in der Beurteilung der makrokosmischen Energieeinflüsse, die mit Ihrem Geburtszeitpunkt verbunden sind, da sie sich an den tatsächlichen Positionen der Sternenkonstellationen orientiert. Um dies richtig zu verstehen, brauchen Sie also Ihre genaue Geburtszeit. In der westlichen Astrologie ist Ihre

Geburtszeit zweitrangig gegenüber Ihrem Geburtstag, da die westliche Astrologie dem Sonnenzeichen den Vorrang gibt. Die vedische Astrologie zur Bestimmung Ihres Dosha Verhältnis ist eine uralte, bewährte Methode, die von Hindus und anderen Ayurveda-Praktizierenden seit ihren Anfängen verwendet wird.

Bevor wir Ihnen erklären, wie Sie Ihr Geburtshoroskop in der vedischen Astrologie einschätzen können, müssen Sie die Doshas der Planeten und Tierkreiszeichen kennen. Vata Dosha wird durch Zwillinge, Steinbock, Wassermann und Jungfrau repräsentiert, da diese vier Zeichen von Merkur (Zwillinge und Jungfrau) und Saturn (Steinbock und Wassermann) regiert werden. Merkur und Saturn sind Vata-Planeten, da sie mit dem Element Luft korrespondieren.

Pitta wird durch Widder, Löwe und Skorpion repräsentiert, da diese drei Zeichen von Mars (Widder und Skorpion) und der Sonne (Löwe) regiert werden. Mars und Sonne sind Pitta-Planeten, da sie dem Element Feuer entsprechen. Und schließlich wird Kapha durch Stier, Krebs, Waage, Schütze und Fische repräsentiert, da diese fünf Zeichen von Venus (Stier und Waage), Jupiter (Schütze und Fische) und dem Mond (Krebs) regiert werden. Diese drei sind Kapha-Planeten, da sie dem Wasserelement entsprechen.

Was die letzten beiden Navagrahas betrifft, so ist der Energieeinfluss von Rahu ähnlich wie der von Saturn, nur subtiler. Daher bezieht er sich auf das Vata-Dosha. Andererseits ähnelt der Energieeinfluss von Ketu dem von Mars, wenn auch subtiler, wodurch er dem Pitta-Dosha entspricht.

Ich werde Ihnen anhand meines vedischen astrologischen Geburtshoroskops (Abbildung 148) zeigen, wie Sie Ihr Dosha bestimmen können. Ich verwende ein südindisches Geburtshoroskop, dessen Darstellung etwas anders ist als die eines nordindischen, obwohl die Ergebnisse die gleichen sind. Denken Sie daran, dass ich Ihnen eine grundlegende Methode zeige, wie Sie dies mit einem Geburtshoroskop der vedischen Astrologie (Rishi-Horoskop) tun können, das allgemeine Informationen über die Position der Planeten liefert. Ich lasse jedoch das Navamsa-Chart weg, das die aktive Qualität und Stärke der Planeten zeigt.

Ein vollständiges Geburtshoroskop der vedischen Astrologie umfasst im Allgemeinen beide Horoskope und die Nakshatra (Mondhäuser). Es handelt sich dabei um eine ziemlich komplexe, aber gründliche Wissenschaft, die ein ernsthaftes Studium erfordert, um ein vollständiges Geburtshoroskop interpretieren zu können. Aus diesem Grund empfehle ich Ihnen, einen geschulten und erfahrenen vedischen Astrologen aufzusuchen, der Ihnen hilft, Ihr komplettes Geburtshoroskop zu lesen, damit Sie die bestmöglichen Ergebnisse erzielen können.

Wenn Sie Ihr Geburtshoroskop erhalten haben, werfen Sie zunächst einen Blick auf Ihren Aszendenten und bestimmen Sie seinen Herrn oder herrschenden Planeten. Nach der vedischen Astrologie hat Ihr Aszendent den größten Einfluss auf Sie, denn er ist Ihr Körper. Im Sanskrit wird der Aszendent "Tanur Bhava" genannt, was "das Haus des Körpers" bedeutet. Das Tierkreiszeichen, in das Ihr Aszendent fällt, steht normalerweise für Ihr dominantes Dosha.

FISCHE X	WIDDER XI	STIER XII	ZWILLINGE I ASZ RA
JUPITER	MARS	VENUS	MERKUR
WASSERMANN IX VE MA SATURN	\multicolumn{2}{c}{NEVEN PAAR 02/02/1983 (2:05PM) SARAJEVO, B&H (43°N51,18°O21) SIDERISCHER TIERKREIS}	KREBS II MOND
STEINBOCK VIII SO SATURN			LÖWE III SONNE
SCHÜTZE VII KE ME JUPITER	SKORPION VI JU MARS	WAAGE V SA VENUS	JUNGFRAU IV MO MERKUR

ASZENDENT	16° 25°	ZWILLINGE
SONNE	19° 29°	STEINBOCK
MOND	22° 12°	JUNGFRAU
MERKUR	24° 54°	SCHÜTZE
VENUS	11° 8°	WASSERMANN
MARS	18° 55°	WASSERMANN
JUPITER	13° 10°	SKORPION
SATURN	10° 44°	WAAGE
RAHU	8° 31°	ZWILLINGE
KETU	8° 31°	SCHÜTZE

Abbildung 148: Das Vedisch-Astrologische Geburtshoroskop des Autors

Schauen Sie sich als Nächstes den Planeten an, der Ihren Aszendenten beherrscht, und in welches Tierkreiszeichen er fällt. Mein Aszendent ist zum Beispiel Zwillinge, ein Vata-Zeichen, dessen Herr Merkur ist. Mein Merkur steht jedoch in Schütze, einem Kapha-Zeichen, das von Jupiter regiert wird. Bis jetzt deutet meine Chartanalyse auf eine Vata-Konstitution mit Kapha-Einfluss hin.

Als Nächstes schauen Sie sich Ihr erstes Haus an, um zu sehen, welcher Planet oder welche Planeten sich dort befinden, und bestimmen Sie deren Dosha(s). Ich habe zum Beispiel Rahu im ersten Haus, einen Vata-Planeten. Jetzt haben wir also einen weiteren starken Indikator dafür, dass ich eine Vata-Persönlichkeit bin, mit einem gewissen Einfluss von Kapha. Unsere Analyse ist damit aber noch nicht zu Ende.

Werfen Sie nun einen Blick auf Ihr Mondzeichen, das Ihre psychologische Natur, einschließlich Ihrer Gedanken und Gefühle, darstellt. Denken Sie daran, dass der Mond auf Frauen einen stärkeren Einfluss hat als auf Männer, weil die weibliche Natur mit dem Mond verbunden ist. Wie Sie sehen können, steht mein Mond in Jungfrau, einem Vata-Zeichen, dessen regierender Planet Merkur ist.

Werfen Sie als nächstes einen Blick auf Ihr Sonnenzeichen, das für Ihre essentielle Vitalität und Ihren Charakterausdruck kennzeichnend ist. Männer neigen dazu, ihr Sonnenzeichen stärker zum Ausdruck zu bringen als Frauen, weil sie ihre männliche Natur mit der Sonne verbinden. Mein Sonnenzeichen steht im Steinbock, der von Saturn, einem weiteren Vata-Planeten, regiert wird.

Nun müssen Sie Ihr Geburtshoroskop als Ganzes betrachten, um festzustellen, welche Planeten insgesamt dominant sind. Während der Aszendent, der Mond und das Sonnenzeichen das größte Gewicht bei der Bestimmung Ihres doshischen Verhältnisses haben, werden Rahu und Ketu als am wenigsten wichtig angesehen. Die anderen Planeten sind alle gleich wichtig. Wenn ein bestimmter Planet im Vordergrund steht, wirkt er sich auf alle Aspekte des Lebens aus, auch auf die Konstitution des Menschen. Außerdem müssen Sie den Planeten, die in ihrem eigenen Zeichen stehen, besondere Aufmerksamkeit schenken.

In meinem Geburtshoroskop habe ich von den neun planetarischen Zuordnungen plus dem Aszendenten ein Gleichgewicht von Merkur und Saturn (jeweils drei), mit zwei Jupiter, einer Venus und einem Mars. Daher hat mein Geburtshoroskop, wie vorhergesagt, eine Fülle von Vata-Planeten (sechs), mit drei Kapha- und einem Pitta-Planeten. Außerdem, und das ist das Wichtigste, stehen mein Aszendent, mein Mond und meine Sonne in Vata-Zeichen. Das bedeutet, dass ich eine Vata-Persönlichkeit mit einem Einfluss von Kapha und einem Hauch von Pitta bin.

Werfen Sie schließlich noch einen Blick auf den oder die Planeten in Ihrem Sechsten Haus (Gesundheit und Wohlbefinden) und Achten Haus (Tod und Langlebigkeit), um einen Einblick in doshische Ungleichgewichte und Krankheitspotenziale zu erhalten. Das Sechste Haus regiert alle Aspekte einer gesunden Lebensweise, wie z.B. Diät, Ernährung, Bewegung und das Streben nach Selbstermächtigung. In meinem Geburtshoroskop habe ich zum Beispiel Jupiter (Kapha) in meinem Sechsten Haus, was auf eine Neigung zu übermäßigem Genuss, Leberproblemen und Kreislaufproblemen hinweist. Und meine Sonne (Pitta) im achten Haus deutet auf Gewichtszunahme und Blutdruckprobleme hin. Das deutet darauf hin, dass mein doshisches Ungleichgewicht von Kapha- und Pitta-Einflüssen herrührt.

Wie lassen sich diese Informationen nun mit meinem Geburtshoroskop der westlichen Astrologie vergleichen? Nun, da mein Sonnenzeichen Wassermann, mein Mondzeichen Waage und mein Aszendent Krebs ist und die westliche Astrologie dem Sonnenzeichen den Vorrang einräumt, gehöre ich dem Luftelement an, mit einem Einfluss des Wassers. Beachten Sie, dass ich die traditionellen Tierkreiskorrespondenzen mit den vier Elementen verwende. Meine Ergebnisse stimmen also mit denen der vedischen Astrologie überein. Das bedeutet jedoch nicht, dass es für jeden zutreffen wird. Und denken Sie daran, der Hauptgrund, warum ich in diesem Fall der vedischen Astrologie den Vorzug gebe, obwohl ich mein ganzes Leben lang westliche Astrologie studiert habe, ist, dass sie die

Schwesterwissenschaft des Ayurveda ist. Wir folgen also der traditionellen Methode zur Bestimmung Ihres Dosha.

Was das ayurvedische Konstitutionsdiagramm in Tabelle 4 betrifft, so entfiel die Hälfte meiner Häkchen auf das Vata-Dosha, während die andere Hälfte auf Pitta entfiel. Obwohl mein Geburtshoroskop keine Pitta-Konstitution widerspiegelt, fühlt sich mein physischer Körper aufgrund der ständigen Kundalini-Aktivität in meinem Lichtkörper die meiste Zeit an, als stünde er in Flammen, was sich auf zellulärer Ebene auswirkt. Jetzt sehen Sie, warum es so wichtig ist, Ihr Geburtshoroskop und das ayurvedische Konstitutionshoroskop zu analysieren - Sie werden vielleicht nicht die gleichen Ergebnisse erhalten.

Erinnern Sie sich daran, was ich vorhin gesagt habe: Die Doshas sind nicht festgelegt. Selbst wenn Sie für ein oder mehrere Doshas prädisponiert sind, können Sie je nach den Veränderungen in Ihrer Psyche, Ihrer Umgebung, Ihrem Klima usw. schwanken. Die ayurvedische Wissenschaft ist nicht dauerhaft und unveränderlich, sondern sie entwickelt sich mit Ihnen weiter. Deshalb rate ich Ihnen, sich mit Ihrem Höheren Selbst zu verbinden und es Ihr Lehrer und Führer sein zu lassen, um sich der inneren Veränderungen bewusst zu werden und sich entsprechend anzupassen.

AYURVEDISCHE ERNÄHRUNG

Die drei Hauptquellen der Prana-Energie sind die Sonne (Feuerelement), der Wind (Luftelement) und die Erde unter unseren Füßen (Wasser- und Erdelement). Die Sonne ist unsere Hauptquelle von Prana, die uns durch ihre Lichtstrahlen mit Energie versorgt. Auch die Luft um uns herum enthält Prana, das wir über die Lungen und die Chakren aufnehmen. Über unsere Fußsohlen nehmen wir auch Prana-Energie aus der Erde auf. Die Erde nährt uns auch durch die von ihr produzierten Nahrungsmittel, die Prana-Energie in unterschiedlichen Schwingungsgraden enthalten. Was wir essen, wirkt sich also auf allen Bewusstseinsebenen direkt auf uns aus.

Die Qualität unseres Geistes, unseres Körpers und unserer Seele hängt in hohem Maße von der Essenz der Nahrung ab, die wir in unseren Körper aufnehmen. Sobald die Nahrung durch das Verdauungssystem in nutzbare Prana-Energie umgewandelt wurde, wird sie von den Tausenden von Nadis des Lichtkörpers in jede Körperzelle getragen. Hierin liegt die Essenz des bekannten Sprichworts: "Du bist, was du isst". Daher kann die richtige Ernährung den Unterschied zwischen einem gesunden Geist, Körper und einer gesunden Seele oder einer kranken Seele ausmachen. Obwohl sich Krankheiten körperlich manifestieren können, können sie auch mentaler, emotionaler und spiritueller Natur sein.

Im Ayurveda sind unsere physischen und psychischen Prozesse vom richtigen Funktionieren der drei Doshas abhängig. Wenn sie aus dem Gleichgewicht geraten, können sich Krankheitsprozesse auf körperlicher und feinstofflicher Ebene manifestieren. Daher befasst sich Ayurveda in erster Linie mit den Energien der verschiedenen

Nahrungsmittel, um die Doshas auszugleichen. Dabei geht es nicht um den Nährstoffbedarf, sondern darum, dass die Nahrung in Harmonie mit unserer Natur ist. Zum Beispiel kann Nahrung entweder mentale Prozesse und geistigen Frieden fördern oder stören.

Auch die Flüssigkeitszufuhr ist im Ayurveda von entscheidender Bedeutung, denn was wir trinken, nährt unsere Lebenskraft. Zum Beispiel kann abgestandenes oder verunreinigtes Wasser unser Prana stören und unsere Emotionen und Gedanken verunsichern. Das Gleiche gilt für Alkohol, Kaffee und andere Stimulanzien. Im Grunde genommen wirkt sich alles, was wir in unseren Körper aufnehmen, auf allen Ebenen des Bewusstseins aus.

Der erste Schritt zur Anpassung Ihrer Ernährung, um Ihr Energiesystem und Ihren physischen Körper zu optimieren, besteht darin, Ihr Dosha-Verhältnis anhand Ihres vedisch-astrologischen Geburtshoroskops und Tabelle 4 zu ermitteln. Neben dem Verzehr von Lebensmitteln, die mit Ihrem Dosha-Verhältnis oder Ihren vorherrschenden Doshas übereinstimmen, gibt es noch andere Faktoren bei der Nahrungsaufnahme zu berücksichtigen. Dazu gehören die richtige Zubereitung der Nahrungsmittel und die richtige Kombination, die richtige Menge und Häufigkeit der Mahlzeiten sowie die richtige Tageszeit für die Einnahme der Mahlzeiten. Ein weiterer Faktor ist die richtige Einstellung der Person, die die Mahlzeit zubereitet. Wenn die Mahlzeit zum Beispiel mit Liebe zubereitet wird, wird sie mit dieser Frequenz in Resonanz gehen, was eine heilende Wirkung haben wird, wenn sie eingenommen wird. Umgekehrt enthalten Speisen, die mit einer negativen Einstellung zubereitet werden, toxische Energie, die dem System schaden kann. Und Sie haben sich schon immer gefragt, warum Sie sich so gut fühlen, wenn Sie die Gerichte Ihrer Mutter oder Großmutter essen.

Ein weiterer wichtiger Punkt ist, dass Sie sich beim Verzehr der Nahrung in einem ruhigen Geisteszustand befinden, da eine in negativer Stimmung eingenommene Nahrung nachteilige Auswirkungen haben kann. Stellen Sie sich die Nahrung als Treibstoff vor, während Ihr Verdauungs- und Energiesystem der Motor ist und Ihr physischer Körper die tragende Struktur, die Karosserie des Fahrzeugs. Wenn Sie also negative Energie in sich tragen, während Sie dem System Treibstoff zuführen, kann dies den Treibstoff vergiften, Ihre Negativität verschlimmern und verstärken und sie sogar in die Körperzellen und das Gewebe eindringen lassen. So kann es im Laufe der Zeit zu zellulärer Degeneration und Verschlechterung kommen, was zu Krankheitsprozessen, einschließlich Krebs, beiträgt.

Es wäre hilfreich, wenn Sie auch auf die Jahreszeiten und das Klima achten würden, damit Sie Ihre Ernährung entsprechend anpassen können. Eine Anti-Kapha-Diät sollte beispielsweise im Winter und zu Beginn des Frühjahrs durchgeführt werden, während eine Anti-Pitta-Diät eher für den Sommer und das späte Frühjahr geeignet ist. Schließlich sollten Sie im Herbst einer Anti-Vata-Diät den Vorzug geben.

Die bi-doshischen Typen, die ein gleiches Verhältnis von zwei Doshas haben, sollten ihre Ernährung je nach Jahreszeit anpassen. Zum Beispiel sollten Pitta-Kapha-Typen im Sommer und Herbst eine Anti-Pitta-Diät und im Winter und Frühling eine Anti-Kapha-Diät einhalten. Umgekehrt sollten Vata-Kapha-Typen im Sommer und Herbst eine Anti-

Vata-Diät und im Winter und Frühjahr eine Anti-Kapha-Diät einhalten. Außerdem sollten Vata-Pitta-Typen im Herbst und Winter eine Anti-Vata-Diät und im Frühjahr und Sommer eine Anti-Pitta-Diät einhalten. Die Tri-Dosha-Typen schließlich, die relativ gleiche Qualitäten in allen drei Doshas haben, sollten im Winter und frühen Frühjahr eine Anti-Kapha-Diät, im Sommer und späten Frühjahr eine Anti-Pitta-Diät und im Herbst eine Anti-Vata-Diät einhalten.

Je nachdem, in welchem Klima Sie leben, sind bestimmte Diäten für Sie besser geeignet, während Sie andere vermeiden sollten. So sollten feuchte, kalte Regionen eine Anti-Kapha-Diät bevorzugen, während heiße Klimazonen eine Anti-Pitta-Diät einführen sollten. Umgekehrt ist eine Anti-Vata-Diät am besten für kalte, trockene und windige Klimazonen geeignet.

Tabelle 5 zeigt die Lebensmittel, die Sie in Ihrer Ernährung hervorheben sollten, und diejenigen, die Sie meiden sollten. Lebensmittel, die nicht aufgeführt sind, können durch den Vergleich mit verwandten Lebensmitteln in jeder Kategorie beurteilt werden. Als Faustregel gilt, dass bevorzugte Lebensmittel den Einfluss eines Dosha verringern, während Lebensmittel, die Sie meiden sollten, diesen verstärken. Indem Sie Ihre vorgeschriebene Diät befolgen, versuchen Sie, Ihr(e) Dosha(s) ins Gleichgewicht zu bringen, was sich positiv auf den Geist, den Körper und die Seele auswirkt und das Auftreten von Krankheitsprozessen verhindert. Wenden Sie daher diese Diäten zusammen mit den anderen gerade erwähnten Überlegungen an.

TABELLE 5: Ernährungsrichtlinien für die Drei Doshas

Lebensmittel Art	Vata-Dosha		Pitta-Dosha		Kapha-Dosha	
	Bevorzugen Sie	Vermeiden Sie	Bevorzugen Sie	Vermeiden Sie	Bevorzugen Sie	Vermeiden Sie
Früchte	*Süßeste Frucht *Die feuchteste süße Frucht Aprikosen Avocado Bananen Beeren Kirschen Datteln (frisch) Feigen (frisch) Grapefruit Weintrauben Kiwi Zitronen Limetten Mango Melonen (süß) Orangen Papaya Pfirsiche Ananas Pflaumen Rosinen (eingeweicht) Pflaumen (eingeweicht)	*Meist getrocknete Früchte Äpfel Preiselbeeren Datteln (trocken) Feigen (trocken) Kakis Granatäpfel Rosinen (trocken) Pflaumen (trocken) Wassermelone	*Süßeste Frucht Äpfel Avocado Beeren (süß) Datteln Feigen Weintrauben (rot und violett) Limetten Mango Melonen Orangen (süß) Birnen Ananas (süß) Pflaumen (süß) Granatäpfel Pflaumen Rosinen Himbeeren	*Sauerste Frucht Aprikosen Bananen Beeren (sauer) Kirschen (sauer) Preiselbeeren Grapefruit Weintrauben (grün) Kiwi Zitronen Orangen (sauer) Pfirsiche Papaya Kakipflaume Ananas (sauer) Pflaumen (sauer) Erdbeeren	*Adstringierendste Frucht Äpfel Aprikosen Beeren Kirschen Preiselbeeren Feigen (trocken) Mango Pfirsiche Birnen Kakis Granatäpfel Pflaumen Rosinen	*Most Sweet & Sour Fruit Avocado Bananen Daten Feigen (frisch) Grapefruit Weintrauben Zitronen Kiwi Mangos Melonen Orangen Papaya Ananas Pflaumen Wassermelone
Gemüse	*Gemüse sollte gekocht werden Spargel Rote Bete Kohl (gekocht) Karotten Blumenkohl Chilis Koriander Mais (frisch) Knoblauch Grüne Bohnen Senfkörner Okra Oliven, schwarz Zwiebeln (gekocht) Erbsen (gekocht) Kartoffeln (Süßkartoffeln) Kürbis Rettich (gekocht) Seegras Kürbis Spinat (gekocht) Sprossen Kürbis Rüben Brunnenkresse Süßkartoffeln Zucchini	*Gefrorenes, rohes oder getrocknetes Gemüse Alfalfa-Sprossen Artischocke Grüne Rüben Brokkoli Rosenkohl Kraut Blumenkohl Sellerie Aubergine Grünes Blattgemüse Kopfsalat Grünkohl Pilze Oliven (grün) Zwiebeln (roh) Petersilie Erbsen (roh) Paprika (süß und scharf) Kartoffeln (weiß) Rettich (roh) Spinat (roh) Tomaten	*Süßes und bitteres Gemüse Artischocke Spargel Rote Bete (gekocht) Brokkoli Rosenkohl Kraut Blumenkohl Sellerie Koriander Mais (frisch) Gurke Grüne Bohnen Jerusalem Grünkohl Grünes Blattgemüse Kopfsalat Pilze Okra Oliven (schwarz) Zwiebeln (gekocht) Petersilie Erbsen (frisch) Paprika (grün) Kürbis Kartoffeln (weiß) Sprossen Kürbis Zucchini	*Scharfes Gemüse Rote Bete (roh) Karotten Aubergine Chilis Knoblauch Meerrettich Senfkörner Oliven (grün) Zwiebeln (roh) Kartoffeln (Süßkartoffeln) Radieschen Seegras Spinat Tomaten Rüben Brunnenkresse Süßkartoffeln	*Schärfste und bitterste Gemüsesorten Artischocke Spargel Rote Bete Bittermelone Brokkoli Rosenkohl Kraut Karotten Blumenkohl Sellerie Koriander Chilis Aubergine Knoblauch Grüne Bohnen Grünkohl Grünes Blattgemüse Kopfsalat Pilze Senfkörner Zwiebeln Petersilie Erbsen Paprika Radieschen Spinat Sprossen Rüben Brunnenkresse	*Süßes & saftiges Gemüse Mais (frisch) Gurke Oliven Okra Pastinaken Kartoffeln (Süßkartoffeln) Kürbis Meeresalgen Kürbis Tomaten Süßkartoffeln Zucchini

*Fortsetzung auf der nächsten Seite

Lebensmittel Art	Vata-Dosha		Pitta-Dosha		Kapha-Dosha	
	Bevorzugen Sie	Vermeiden Sie	Bevorzugen Sie	Vermeiden Sie	Bevorzugen Sie	Vermeiden Sie
Körner	Basmati-Reis Brauner Reis Couscous Durham-Mehl Hafer (gekocht) Quinoa Weizen	Gerste Buchweizen Mais Cräcker Körner Hirse Müsli Hafer (trocken) Nudeln Polenta Roggen Dinkel Weizenkleie	Gerste Basmati-Reis Blauer Mais Brauner Reis (Langkorn) Couscous Cräcker Müsli Hafer (gekocht) Pfannkuchen Nudeln Quinoa Dinkel Weizen Weizenkleie	Brot (mit Hefe) Brauner Reis (Kurzkorn) Buchweizen Mais Hirse Müsli Hafer (trocken) Polenta Roggen	Gerste Buchweizen Mais Cräcker Körner Hirse Müsli Hafer (trocken) Polenta Quinoa Roggen Dinkel Weizenkleie	Basmati-Reis Brauner Reis Brot (mit Hefe) Couscous Hafer (gekocht) Nudeln Weizen Weißer Reis
Tierische Lebensmittel	Rindfleisch Huhn (weiß) Ente Eier (gebraten oder als Rührei) Meeresfrüchte Truthahn (weiß)	Lamm Schweinefleisch Kaninchen Wildbret	Huhn (weiß) Eier (weiß) Kaninchen Truthahn (weiß) Garnele (kleine Menge) Wildbret	Rindfleisch Ente Eier (Eigelb) Lamm Schweinefleisch Meeresfrüchte	Huhn (weiß) Eier (Rührei) Kaninchen Krabben Truthahn (weiß) Wildbret	Rindfleisch Huhn (dunkel) Ente Lamm Schweinefleisch Meeresfrüchte Truthahn (dunkel)
Milchprodukte	Butter Buttermilch Käse Hüttenkäse Creme Kuhmilch Ghee Ziegenkäse Ziegenmilch Kefir Milch Saure Sahne Reismilch Joghurt	Milch (in Pulverform) Ziegenmilch (pulverisiert) Eiscreme	Butter (ungesalzen) Käse (ungesalzen) Hüttenkäse Creme Milch Ghee Ziegenmilch Ziegenkäse (ungesalzen) Reismilch	Butter (gesalzen) Buttermilchkäse (gesalzen) Eiscreme Kefir Saure Sahne Joghurt	Buttermilch Hüttenkäse Ghee Ziegenkäse (ungesalzen) Ziegenmilch Sojamilch	Butter Käse Milch Creme Eiscreme Kefir Reismilch Saure Sahne Joghurt
Hülsenfrüchte	Mungobohnen Tofu Linsen Urad Dal	Adukibohnen Schwarzäugige Erbsen Kichererbsen Fava-Bohnen Kidneybohnen Limabohnen Erdnüsse Pintobohnen Sojabohnen Spalterbsen Tempeh	Adukibohnen Kichererbsen Kidneybohnen Limabohnen Mungobohnen Pintobohnen Sojabohnen Spalterbsen Tempeh Tofu	Linsen Erdnüsse Tur Dal Urad Dal	Adukibohnen Schwarzäugige Erbsen Kidneybohnen Limabohnen Erdnüsse Mungobohnen Pintobohnen Spalterbsen Sojabohnen Tempeh Tofu Tur Dal	Kichererbsen Urad Dal
Nüsse	Mandeln Paranüsse Cashews Kokosnüsse Filberts Haselnüsse Macadamia Pekannüsse Pinienkerne Pistazien Walnüsse	Keine	Kokosnüsse	Mandeln Paranüsse Cashews Filberts Haselnüsse Macadamia Pekannüsse Pinienkerne Pistazien Walnüsse	Keine	Mandeln Paranüsse Cashews Kokosnüsse Filberts Haselnüsse Macadamia Pekannüsse Pinienkern Pistazien Walnüsse

*Fortsetzung auf der nächsten Seite

Lebensmittel Art	Vata-Dosha		Pitta-Dosha		Kapha-Dosha	
	Begünstigung	Vermeiden Sie	Begünstigung	Vermeiden Sie	Begünstigung	Vermeiden Sie
Saatgut	Chia Flachs Halva Kürbis Sesam Sonnenblume Tahini	Popcorn	Chia Sonnenblume Tahini	Flachs Halva Popcorn Kürbis Sesam	Chia Flachs Popcorn Kürbis Sonnenblume	Halva Sesam Tahini
Gewürze / Würzmittel	Basilikum Lorbeerblätter Schwarzer Pfeffer Kardamom Cayennepfeffer Gewürznelken Chutney Chili-Paprika Koriander Kreuzkümmel Zimt Dill Dulse Fenchel Knoblauch Ingwer Ketchup Oregano Mayonnaise Minze Senf Muskatnuss Paprika Rosmarin Safran Salbei Meersalz Sojasoße Tamarinde Kurkuma Essig	Meerrettich	Kardamom Koriander Chutney (süß) Gewürznelken Koriander Kreuzkümmel Dill Dulse Fenchel Kombu Minze Rosmarin Safran Tamarinde Kurkuma	Basilikum Lorbeerblätter Schwarzer Pfeffer Cayennepfeffer Chili-Pfeffer Zimt Chutney (pikant) Knoblauch Ingwer Meerrettich Kelp Ketchup Senf Mayonnaise Muskatnuss Oregano Paprika Essiggurken Salbei Meersalz (im Überschuss) Sojasoße Tamarinde Essig	Basilikum Lorbeerblätter Schwarzer Pfeffer Kardamom Cayennepfeffer Koriander Zimt Gewürznelken Chili-Paprika Chutney (pikant) Koriander Kreuzkümmel Dill Fenchel Knoblauch Ingwer Meerrettich Minze Senf Muskatnuss Oregano Paprika Petersilie Rosmarin Safran Salbei Sojasoße Kurkuma	Chutney (süß) Kelp Ketchup Mayonnaise Meersalz Tamarinde Essig
Süßstoffe	Fruchtzucker Honig Rohrzucker Ahornsirup Melasse Rohzucker	Weißer Zucker	Fruchtzucker Rohrzucker Ahornzucker Rohzucker Weißer Zucker	Honig Melasse	Honig (roh)	Brauner Zucker Fruchtzucker Rohrzucker Melasse Ahornsirup Weißer Zucker
Öle	Mandel Avocado Raps Kokosnuss Mais Leinsamen Olive Färberdistel Sesam	Keine	Kokosnuss Olive Sonnenblume Mandel Raps	Mais Leinsamen Färberdistel Sesam	Mandel Mais Sonnenblume	Avocado Raps Leinsamen Olive Färberdistel Sesam

YOGISCHE PRAKTIKEN ZUM AUSGLEICH DER DOSHAS

Sobald Sie Ihre Konstitution (Prakriti) mit Hilfe Ihres vedisch-astrologischen Geburtshoroskops und der Tabelle 4 bestimmt haben, können Sie dieses Wissen nutzen, um Ihre yogische Praxis so anzupassen, dass sie Ihren Bedürfnissen am besten entspricht. Wie bereits erwähnt, sind die meisten Menschen einem Doshi-Typ zuzuordnen, obwohl es nicht ungewöhnlich ist, Züge von mehreren zu haben. Unabhängig davon können Sie, sobald Sie Ihr Vata-Pitta-Kapha-Verhältnis oder einfach Ihr dominantes Dosha herausgefunden haben, diese Information nutzen, um zu bestimmen, welche yogischen Praktiken für Sie am besten geeignet sind, um Ihren Geist und Körper auszugleichen.

Asanas können Ihr Dosha entweder erhöhen oder verringern. Einige haben eine erdende und beruhigende Wirkung, während andere energetisierend wirken. Einige Asanas regen das Verdauungssystem an und erwärmen den Körper, während andere ihn abkühlen. Das Gleiche gilt für Pranayamas und Hand-Mudras. Einige der grundlegenderen Pranayama-Übungen, einschließlich der Vierfachen Atmung (Sama Vritti), können jedoch von allen doshischen Typen angewendet werden.

Verwenden Sie die folgenden Informationen als allgemeine Richtlinien für die Arbeit mit den Asanas, Pranayamas und Hand-Mudras aus diesem Buch, um optimale Ergebnisse zu erzielen (Verschiedene Asanas für Anfänger, Fortgeschrittene und Profis finden Sie auf den Seiten 312-318). Denken Sie auch daran, dass die folgenden Richtlinien nicht starr sind und je nach Wetter- und Klimaveränderungen, Ernährungsgewohnheiten und der eigenen Psyche angepasst werden sollten.

Außerdem ist nicht jede yogische Übung in den Richtlinien enthalten, was im Allgemeinen bedeutet, dass alle Dosha-Typen sie anwenden können. Bevor Sie jedoch mit einer yogischen Übung beginnen, sollten Sie deren Beschreibung und Vorsichtsmaßnahmen gründlich lesen. Erlauben Sie Ihrem Höheren Selbst, Sie in diesem Prozess zu führen, während Sie den Anweisungen folgen, wie sie gegeben werden.

Kopf-Mudras, Haltungs-Mudras, Lock-Mudras und Damm-Mudras sind im Allgemeinen mit bestimmten spirituellen Zielen verbunden. Dazu gehören die Erweckung der Chakras, die Aktivierung der Bindu, die Nutzung des von der Bindu herabtropfenden Ambrosia-Nektars (Amrita), die Stimulierung der Kundalini zur Aktivität und die Sicherstellung, dass die Kundalini auf ihrem Aufstieg die Drei Granthis durchstößt (wie im Falle der Bandhas). Daher sollten alle doshischen Typen sie anwenden, um ihre speziellen Ziele zu erreichen. Darüber hinaus haben auch Mantras und Meditationstechniken spezifische Ziele, die für Sie von Vorteil sind, unabhängig von Ihrem Dosha.

Yogische Praktiken für Vata Dosha

Vata-Typen profitieren erheblich von einer erdenden, ruhigen und kontemplativen Asana-Praxis, die ihrer Tendenz entgegenwirkt, sich unkonzentriert und unruhig zu fühlen. Vrksasana (Baumstellung) und Tadasana (Bergstellung) zum Beispiel verankern die Füße im Boden, was Angst und Nervosität, zu denen Vata-Typen neigen, reduziert. Virabhadrasana I und Virabhadrasana II (Krieger I und II) bewirken das Gleiche und bauen gleichzeitig Kraft auf. Utkatasana (Stuhlhaltung) ist gut, um Vata zu erden und gleichzeitig Wärme im Körper aufzubauen.

Schnelle, fließende Sequenzen (Vinyasas) bauen Hitze im Körper auf und verschlimmern Vata-Typen, die von Natur aus anfällig für Müdigkeit und Burn-out sind. Stattdessen sollten Vata-Typen sich langsam und bewusst bewegen und den Hatha-Yoga-Ansatz verwenden, der die Dauer der gehaltenen Posen verlängert. Außerdem sollten Vatas die Übergänge zwischen den Haltungen bewusst angehen, anstatt sich zu beeilen, um sicherzustellen, dass der Geist ausgeglichen und ruhig bleibt. Virabhadrasana III (Krieger III) zum Beispiel ist eine kraftvolle, ausgleichende Pose, die den Vata dazu zwingt, sich auf einen Punkt zu konzentrieren, anstatt mit den Gedanken ganz woanders zu sein.

Haltungen, die auf den Dickdarm, die Eingeweide, den unteren Rücken und das Becken einwirken, gleichen Vata-Typen aus, da sie die Energie zurück in die Rumpfbasis bringen, den Wirkungsbereich von Vata. Da Vata-Typen zu Verstopfung neigen, haben Drehungen und Vorwärtsbeugen eine heilende Wirkung, da sie das Becken zusammendrücken. Auch Hüftöffner und Rückbeugen mit dem Gesicht nach unten sind für sie von Vorteil. Dazu gehören Balasana (Kinderstellung), Bhujangasana (Kobrastellung), Paschimottanasana (sitzende Vorwärtsbeuge), Baddha Konasana (Schusterstellung) und Malasana (Hocke/Garlandenstellung). Dhanurasana (Bogenstellung) dehnt ebenfalls den unteren Rücken und übt Druck auf das Becken aus.

Da Vatas von Natur aus schwächere Knochen, lockerere Bänder und weniger Fettpolster haben und anfällig für Schmerzen sind, sollten sie einige der fortgeschritteneren Asanas wie Salamba Sarvangasana (Schulterstand), Halasana (Pflugstellung), Sirsasana (Kopfstand), Vasistha-sana (Seitenstütze), Pincha Mayurasana (Unterarmstand) und Urdhva Danurasana (Radstellung) vermeiden.

Wegen ihrer unberechenbaren Natur sollten Vatas die Asana-Praxis zu einer Routine machen und sie zu bestimmten Zeiten an bestimmten Wochentagen ausführen. Außerdem sollten sie zu Beginn und am Ende der Praxis länger als üblich Shavasana (Leichenstellung) einnehmen, da diese eine erdende Wirkung hat.

Pranayamas, die den Körper abkühlen, wie Sheetali (kühlender Atem), Sheetkari (zischender Atem) und der Mondatem sollten vermieden werden. Stattdessen können Vatas Pranayamas anwenden, die die Hitze im Körper erhöhen, wie der Sonnenatem, Kapalbhati (Schädelglanzatem) und Bhastrika (Blasebalgatem) Pranayama. Mit den beiden letztgenannten müssen sie jedoch vorsichtig sein, da sie die Energie im Körper erhöhen, was den Geist überstimulieren kann. Darüber hinaus leiden Vatas im Allgemeinen unter übermäßigem Denken, Angst und Stress, weshalb sie spezielle Pranayamas anwenden sollten, um den Geist zu beruhigen und zu besänftigen. Dazu gehören die Pranayama-Techniken Anulom Vilom (Methode der abwechselnden Nasenlochatmung#1), Nadi Shodhana (Methode der abwechselnden Nasenlochatmung#2), Bhramari (Summender Bienenatem) und Ujjayi (Ozeanatem).

Hand-Mudras, die Vata Dosha erhöhen, sind Jnana Mudra, Chin Mudra und Akasha Mudra. Diese sollten praktiziert werden, wenn man einen Mangel an Vata Dosha hat. Hand-Mudras, die Vata verringern, sind dagegen Vayu Mudra und Shunya Mudra.

Yogische Praktiken für das Pitta-Dosha

Da Pitta-Typen zu Überhitzung neigen, sollten sie Yoga-Positionen vermeiden, die übermäßiges Schwitzen verursachen. Außerdem müssen sie eine ruhige und entspannte Haltung gegenüber ihrer Yogapraxis kultivieren, anstatt sie als Wettkampf zu betrachten, da Pittas sich zu körperlich anspruchsvollen Haltungen hingezogen fühlen.

Pitta-Typen profitieren von einer kühlenden, herzöffnenden Yogapraxis, die nicht wettkampforientiert durchgeführt wird. Der Hatha-Yoga-Ansatz ist für Pittas besser geeignet als Vinyasa und konzentriert sich auf eine längere Dauer der Posen und langsame, bewusste Übergänge. Anfängerhaltungen wie Bitisasana (Kuhstellung) und Bidalasana (Katzenstellung) sind gut geeignet, um Pitta auszugleichen, und sollten im Einklang geübt werden. Stehende Vorwärtsbeugen und herzöffnende Stellungen wie Ustrasana (Kamelstellung), Sarvangasana (Brückenstellung) und Urdhva Mukha Svanasana (Aufwärtsgerichteter Hund) helfen, Pitta zu reduzieren. Auch Trikonasana (Dreieckspose) und Bhujangasana (Kobra-Pose).

Der Sitz von Pitta ist der Magen und der Dünndarm, weshalb sie anfällig für erhöhte Hitze im Verdauungstrakt sind. Vorwärtsbeugen, Drehungen und Rückbeugen wie Balasana (Kinderstellung), Dhanurasana (Bogenstellung) und Urdhva Dhanurasana (Radstellung) helfen, Pitta zu regulieren und überschüssige Galle abzuführen. Umgekehrt helfen Seitenbeugen wie Ardha Matsyendrasana (Sitzende Wirbelsäulendrehung) und Parsvottanasana (Intensive Seitenstreckung) dabei, überschüssige Hitze aus den inneren Organen abzuführen.

Pittas sollten Hot Yoga (Bikram und Vinyasa) vermeiden und in einer abgekühlten, klimatisierten Umgebung üben. Außerdem sollten sie lange Umkehrhaltungen vermeiden, die eine große Hitze im Kopf erzeugen. Die für Pitta am besten geeigneten Stehhaltungen öffnen die Hüften, darunter Vrksasana (Baumhaltung), Virabhadrasana I und Virabhadrasana II (Krieger I und II) und Ardha Chandrasana (Halbmond). Weitere wohltuende Posen, die die Hüften öffnen, sind Baddha Konasana (Schusterhaltung), Uthan Pristhasana (Drachen-/Eidechsenhaltung) und Parivrtta Uthan Prissthasana (umgekehrte Drachen-/Eidechsenhaltung).

Pittas sollten sich ruhig auf den Atem konzentrieren, wenn sie Shavasana (Leichenstellung) einnehmen, was den Geist beruhigt und sie in Körper und Herz zentriert. Ebenso sollten sie Sirsasana (Kopfstand) vermeiden, da er den Kopf zu sehr aufheizt. Für umgekehrte Haltungen sollten sie stattdessen Salamba Sarvangasana (Schulterstand) praktizieren.

Da Pittas von Natur aus heiß sind, sollten sie sich mit Pranayamas beschäftigen, die sie abkühlen können, einschließlich Sheetali (Kühlender Atem), Sheetkari (Zischender Atem) und der Mondatem. Auf der anderen Seite sollten Pittas Pranayamas vermeiden, die mehr Hitze im Körper erzeugen, wie der Sonnenatem, Kapalbhati (Schädelglanzatem) und

Bhastrika (Blasebalgatem). Es werden ausgleichende und beruhigende Pranayamas empfohlen, wie sie für Vata-Typen empfohlen werden.

Hand-Mudras für einen Pitta-Dosha-Überschuss sind schließlich Prana Mudra, Varun Mudra und Prithivi Mudra. Wenn Sie einen Mangel an Pitta haben, führen Sie Agni Mudra durch, um es zu erhöhen.

Yogische Praxis für Kapha Dosha

Für Kapha-Dosha-Typen ist eine wärmende und energetisierende Yogapraxis wie Vinyasa ideal, da sie ihrer natürlichen Tendenz, sich kalt, schwer, langsam und betäubt zu fühlen, entgegenwirken müssen, indem sie Wärme und Bewegung im Körper erzeugen. Allerdings müssen sie ihre Kapazität allmählich aufbauen, anstatt sich in fortgeschrittene Haltungen zu drängen. Obwohl Kaphas von allen Doshas die meiste Kraft haben, können sie unter Lethargie und Übergewicht leiden, wenn sie aus dem Gleichgewicht geraten sind.

Da der Wirkungsbereich von Kapha die Brust (Lungenregion) ist, verhindern Asanas, die die Brusthöhle (Brustkorbbereich) öffnen, die Ansammlung von Schleim. Die meisten Stehhaltungen sind jedoch für Kaphas belebend, vor allem wenn sie über einen längeren Zeitraum gehalten werden. Rückbeugen wie Ustrasana (Kamelstellung), Dhanurasana (Bogenstellung) und Urdhva Dhanurasana (Radstellung) erwärmen den Körper und öffnen den Brustkorb, so dass Prana besser zirkulieren kann. Auch Setu Bandha Sarvangasana (Brückenstellung) und Ardha Purvottanasana (Umgekehrter Kopfstand) sind vorteilhaft. Im Gegensatz zu Pitta können Kapha-Typen ihre Rückbeugen länger halten.

Kaphas sollten darauf achten, sich schnell durch die Flow-Sequenzen zu bewegen, damit sie nicht auskühlen, während sie bewusstes Gewahrsein üben. Drehungen und Dehnungen sind gut, denn sie entgiften und stärken den Körper und kurbeln den Stoffwechsel an. Dazu gehören Trikonasana (Dreieck), Parivrtta Trikonasana (gedrehtes Dreieck), Ardha Matsyendrasana (sitzende Wirbelsäulendrehung) und Pravottanasana (intensive Seitendehnung). Haltungen wie Salamba Sarvangasana (Schulterstand), Adho Mukha Vrksasana (Handstand) und Sirsasana (Kopfstand) sind aufgrund ihrer enormen Kraft, den Körper zu erwärmen, die primären Reduzierer von Kapha. Navasana (Bootsstellung) eignet sich hervorragend, um die Körpermitte zu entzünden und aufzuwärmen und wird für Kapha-Typen empfohlen.

Kaphas sollten versuchen, ihre Yogapraxis früh am Morgen zu machen, um ihren Stoffwechsel in Gang zu bringen und den ganzen Tag über Energie und Motivation zu haben. Die Dauer von Shavasana (Leichenstellung) sollte für Kapha-Typen etwas kürzer gehalten werden. Anstatt Tadasana (Bergstellung) zur Erdung zu üben, sollten Kaphas stattdessen Utkatasana (Stuhlstellung), Vrksasana (Baumstellung) oder Virabhadrasana I und Virabhadrasana II (Krieger I und II) ausführen, da sie körperlich anspruchsvoller sind.

Es sollten Pranayama-Übungen durchgeführt werden, die den Körper erwärmen und den Geist beruhigen. Dazu gehören die Pranayamas Sonnenatem, Kapalbhati (Schädelglanzatem), Bhastrika (Balgatem) und Ujjayi (Ozeanatem). Darüber hinaus ist es von Vorteil, die Lungen durch kräftiges Atmen zu öffnen. Kaphas sollten alle Pranayamas vermeiden, die den Körper abkühlen, wie Sheetali (Kühlende Atmung), Sheetkari (Zischende Atmung) und den Mondatem. Stattdessen können sie die für die Vata-Typen vorgeschlagenen geistig beruhigenden Pranayamas anwenden, wenn sie sich geistig unausgeglichen fühlen.

Zusammenfassend lässt sich sagen, dass Hand Mudras für Kapha Dosha Überschuss Agni Mudra und Varun Mudra sind. Prithivi Mudra kann verwendet werden, um Kapha zu erhöhen, wenn man einen Mangel hat.

Yogische Praktiken für biodoshische und triodoshische Typen

Wenn die Person zwei oder drei dominante Doshas hat, muss sie eine Praxis einführen, die eine Mischung aus beiden ist. Verwenden Sie die oben genannten Richtlinien für jedes der Doshas, die Sie in sich vereinen. Eine Person kann im Allgemeinen erkennen, welches dominante Doshas aus dem Gleichgewicht zu geraten scheint. Wenn jemand zum Beispiel ein Vata-Pitta ist, wenn er reizbar und wütend ist und seine Nahrung zu schnell verdaut, weiß er, dass er die Pitta-Richtlinien befolgen muss, um dieses Dosha ins Gleichgewicht zu bringen. Wenn sie dagegen zu viel geistige Aktivität und allgemeine Unruhe zeigen, sollten sie eine Vata-beruhigende Yogapraxis einführen. Achten Sie auch auf die Jahreszeiten und das Wetter. Ein Vata-Pitta-Typ muss in den kälteren Herbst- und Wintermonaten Vata ausgleichen, während er im Frühling und Sommer, wenn das Wetter heißer ist, Pitta ausgleichen muss.

SIDDHIS - PSYCHISCHE KRÄFTE

Das Thema der Siddhis, der übernatürlichen Kräfte und Fähigkeiten, wird in spirituellen Kreisen weitgehend missverstanden und bedarf der Klärung. Im Sanskrit bedeutet Siddhi "Erfüllung" oder "Vollendung" und bezieht sich auf die Gaben, die man erhält, nachdem man die verschiedenen Stufen oder Grade des Fortschritts durch spirituelle Praktiken wie Meditation und Yoga abgeschlossen hat. Da das Ziel aller spirituellen Praktiken die spirituelle Entwicklung ist, sind Siddhis psychische Kräfte, die enthüllt werden, wenn der Einzelne die spirituelle Energie integriert und die Schwingung seines Bewusstseins anhebt.

In den *Yoga Sutras* schreibt Patanjali, dass Siddhis erreicht werden, wenn der Yogi die Meisterschaft über seinen Geist, Körper und seine Seele erlangt hat und Konzentration, Meditation und Samadhi nach Belieben aufrechterhalten kann. Die Meisterschaft über das Selbst ist ein wesentlicher Bestandteil der Reise zur Erleuchtung, einschließlich der Herrschaft über die Elemente. Indem wir die Kontrolle über unsere innere Realität erlangen, können wir eine geistige Kraft ausüben, die sich auf die äußere Realität auswirkt - As Above, So Below.

Obwohl Siddhis durch yogische Praktiken und einen asketischen Lebensstil erreicht werden können, ist ein beschleunigter Weg zu ihrer Erlangung ein vollständiges Kundalini-Erwachen. Ich habe bereits über die verschiedenen spirituellen Gaben gesprochen, die sich dem Kundalini-Eingeweihten während seines Transformationsprozesses offenbaren. Einige dieser Gaben werden zu Beginn erlangt, während andere erst in den folgenden Jahren freigeschaltet werden. Ungeachtet des Stadiums, in dem sie erlangt werden, sind alle Siddhis ein Nebenprodukt der spirituellen Transformation.

Wenn der Einzelne sich auf das kosmische Bewusstsein ausrichtet und die hoch schwingende Energie des Geistes integriert, beginnt er das Einssein mit der gesamten Existenz zu erfahren. Da der Geist uns alle verbindet, gibt es keine Trennung zwischen uns und den Objekten und Menschen um uns herum - sind wir alle Eins. So wird die integrierte spirituelle Energie zum Medium, durch das wir außersinnliche Wahrnehmung erfahren können.

Indem wir unsere spirituellen Chakren (Sahasrara, Ajna und Vishuddhi) optimieren, können wir uns auf die Essenz der spirituellen Energie einstimmen, deren Weite sich unendlich in alle Richtungen ausdehnt. Als solche werden sich uns übersinnliche Fähigkeiten offenbaren, einschließlich Hellsichtigkeit, Hellhörigkeit, Hellfühligkeit, Einfühlungsvermögen, Telepathie und andere Gaben, die aus einer erhöhten Wahrnehmung der Realität resultieren.

Der Prozess der Bewusstseinserweiterung beinhaltet die Optimierung der Chakren durch das Weiße Licht des Geistes. Wir empfangen den Geist durch Sahasrara, während Ajna Chakra (Auge des Geistes) als unser psychisches Zentrum und Vishuddhi als unsere Verbindung zu den vier Elementarchakren darunter dient. Es ist das Zusammenspiel von Sahasrara und Ajna Chakra, das die meisten, wenn nicht alle Siddhis hervorbringt, da Sahasrara unsere Verbindung zum kosmischen Bewusstsein ist. Wie Sie in der Beschreibung der Siddhis sehen werden, resultieren viele psychische Gaben oder Kräfte, die man erlangt, aus der Erweiterung des eigenen Bewusstseins und der Übernahme der Eigenschaften des kosmischen Bewusstseins.

Obwohl Siddhis Geschenke des Göttlichen sind, können sie uns auf unserer spirituellen Reise auch behindern, wenn wir uns zu sehr auf ihre Erlangung konzentrieren. Siddhis sollten erfahren, untersucht und losgelassen werden, damit sich das Bewusstsein weiter zu noch größeren Höhen ausdehnen kann. Wenn sich das Ego einmischt und versucht, den Prozess zu kontrollieren oder gar von der Entwicklung von Siddhis zu profitieren, wird die Schwingung des eigenen Bewusstseins gesenkt und der Weg zu weiterem Fortschritt blockiert. In diesem Sinne sind Siddhis ein "zweischneidiges Schwert", dem man sich mit dem richtigen Verständnis nähern und das Ego in Schach halten muss.

Als Teil der heiligen Texte wird das Thema der Siddhis und ihre Beschreibung in einer kryptischen Art und Weise präsentiert, die absichtlich geschieht, um die Massen zu verwirren und zu spalten. Auf der einen Seite haben wir die Profanen, die diese übernatürlichen Gaben nur suchen, um das Verlangen ihres Egos nach Macht zu befriedigen. Diese Menschen legen die heiligen Texte wörtlich aus und klopfen vergeblich an die Tür der kosmischen Mysterien. Demgegenüber besitzen die aufrichtigen Wahrheitssucher, die reinen Herzens und dieser göttlichen Geheimnisse würdig sind, den Hauptschlüssel, um die verborgenen Bedeutungen in diesen heiligen Texten zu entschlüsseln.

Die Menschen des Altertums verbargen universelle Geheimnisse und Wahrheiten in Metaphern und Allegorien, einschließlich Symbolen und Zahlen, die archetypischen Wert hatten. Die traditionelle Methode, heiliges Wissen weiterzugeben, war abstrakt und subtil, um das Ego zu umgehen und direkt mit dem höheren Selbst zu kommunizieren. Auch die Siddhis werden auf diese Art und Weise präsentiert. Oberflächlich betrachtet erscheinen sie wie unglaubliche übernatürliche Leistungen, die sich den Gesetzen der Physik widersetzen. Wenn man jedoch den Hauptschlüssel anwendet, versteht man, dass ihre Beschreibung metaphorisch für innere Kräfte ist, die durch die Evolution des Bewusstseins enthüllt werden.

DIE ACHT GROẞEN SIDDHIS

Im Tantra-, Hatha- und Raja-Yoga gibt es acht primäre "klassische" Siddhis, die der Yogi auf seinem Weg zur Erleuchtung erlangt. Sie werden Maha Siddhis (Sanskrit für "große Vollkommenheit" oder "große Vollendung") oder Ashta Siddhis genannt, was "acht Siddhis" bedeutet. Die Ashta Siddhis sind auch als Brahma Pradana Siddhis (göttliche Errungenschaften) bekannt. Wie Sie in den folgenden Beschreibungen der acht wichtigsten Siddhis sehen werden, resultieren sie direkt aus der vollständigen Erweckung der Kundalini und der spirituellen Transformation, die in den kommenden Jahren folgt.

Abbildung 149: Lord Ganesha und die Ashta Siddhis

Ganesha, auch bekannt als Ganapati oder Ganesh, ist der Sohn von Lord Shiva und der Göttin Parvati. Er ist bekannt als der Beseitiger von Hindernissen, weshalb er mit einem Elefantenkopf abgebildet wird. Nach der hinduistischen Tradition bringt Ganesha jedem, der ihn anruft, Segen, Wohlstand und Erfolg.

Ganesha ist der Vertreter des Muladhara Chakra, dem Sitz der Kundalini. Aus diesem Grund wird er oft mit der Schlange Vasuki dargestellt, die um seinen Hals oder Bauch gewickelt ist. Eine untypische Darstellung ist jedoch, wenn er auf der fünf- oder siebenköpfigen Schlange Sheshnaag sitzt, steht oder tanzt. Sowohl Vasuki als auch Sheshnaag repräsentieren die Kundalini-Energie - den ultimativen Beseitiger von Hindernissen, dessen Zweck es ist, das eigene Potenzial als spirituelles menschliches Wesen zu maximieren.

Ganesha ist auch als Siddhi Data - der Herr der Siddhis - bekannt (Abbildung 149). Er ist derjenige, der den in Frage kommenden Personen die Ashta Siddhis durch den Kundalini-Erweckungsprozess schenkt. In der Tantra-Tradition werden die Ashta Siddhis als acht Göttinnen betrachtet, die Gefährtinnen von Ganesha und Verkörperungen seiner kreativen Energie (Shakti) sind.

Anima und Mahima Siddhis

Die ersten beiden klassischen Siddhis sind polare Gegensätze, die ich zum besseren Verständnis zusammen erörtern werde. Anima Siddhi (Sanskrit für "Fähigkeit, unendlich klein wie ein Atom zu werden") ist die Macht, sofort unglaublich klein zu werden, sogar bis auf die Größe eines Atoms. Andererseits ist Mahima Siddhi (Sanskrit für "Fähigkeit, groß zu werden") die Fähigkeit, in einem Augenblick unendlich groß zu werden, sogar bis zur Größe einer Galaxie oder des Universums selbst.

Diese beiden Siddhis entstehen dadurch, dass sich das individuelle Bewusstsein nach einem vollständigen Kundalini-Erwachen auf die kosmische Ebene ausdehnt und es ihm ermöglicht, sein Wesen willentlich auszudehnen oder zusammenzuziehen, so dass es unendlich klein oder unendlich groß werden kann. Beide Siddhis werden auch durch die erhöhten imaginativen Fähigkeiten beeinflusst, die sich während der Kundalini-Transformation entwickeln. Es ist die Verbindung von Imagination und erweitertem Bewusstsein, die die Anima- und Mahima-Siddhis in uns aktiviert.

Anima Siddhi erfordert, dass sich der Einzelne etwas in seinem Kopf vorstellt, z.B. ein Atom. Indem man seine Vision festhält, wird der Astralsinn aktiviert, der es dem Einzelnen ermöglicht, die Essenz des Atoms zu fühlen und dadurch seinen Zweck und seine Funktion im Universum zu erkennen.

Umgekehrt kann das Individuum, wenn es sich etwas Großes vorstellt, wie unser Sonnensystem oder sogar die Milchstraßengalaxie, sein Wesen auf dessen Größe ausdehnen, um dessen Essenz (Mahima Siddhi) zu spüren. Diese Fähigkeiten sind möglich, weil die Grundsubstanz des kosmischen Bewusstseins, der Geist, elastisch und formbar ist und es denjenigen, die seine Ebene erreicht haben, erlaubt, seine Form anzunehmen und seine Größe in jedem gewünschten Maß durch Vorstellungskraft und Willenskraft zu verändern.

Die zweite Interpretation von Anima Siddhi befasst sich mit dem legendären "Mantel der Unsichtbarkeit", der in vielen alten Traditionen erwähnt wird - die Fähigkeit, nach Belieben für andere Menschen (einschließlich Tiere) energetisch unerkennbar zu werden. Da das gesamte Spektrum der inneren kosmischen Ebenen nach einem vollständigen Kundalini-Erwachen aktiviert wird, kann das Individuum sein Bewusstsein willentlich auf eine höhere Ebene (spirituell oder göttlich) anheben. Dadurch kann er seine Schwingung neutralisieren (beruhigen), so dass er in den niedrigeren Ebenen (Mental und Astral), auf denen der Durchschnittsmensch schwingt, unsichtbar wird und "klein wie ein Atom" ist.

Wenn wir der gleichen Logik folgen, erlaubt Mahima Siddhi dem Individuum, seine Schwingung willentlich zu erhöhen, um anderen Menschen großartig, ja sogar gottgleich zu erscheinen. Erinnern wir uns daran, dass sowohl Anima- als auch Mahima-Siddhis aus der Spirituellen Evolution resultieren, deren Zweck es ist, uns dem Geist Gottes immer näher zu bringen und seine Schwingung anzunehmen. In beiden Interpretationen der Anima- und Mahima-Siddhis ist die Voraussetzung für ihre Entwicklung, dass das Individuum die Elemente, insbesondere das Feuerelement, beherrscht.

Anima- und Mahima-Siddhis werden allgemeiner als Metaphern für die spirituelle Kraft verstanden, die der Einzelne erlangt, wenn er sein Bewusstsein auf die kosmische Ebene erweitert und das Einssein erreicht hat. Mit Anima Siddhi kann man in alles eintreten, was man sich wünscht, z.B. in ein Objekt oder eine Person, wenn man "die Größe eines Atoms" erreicht. Im Gegensatz dazu kann der Einzelne, wenn er unendlich groß wird (Mahima Siddhi), die Essenz des gesamten Universums spüren, da er sein Bewusstsein unendlich ausdehnt. Wir sehen in beiden Fällen die innere Kraft, die erwacht, wenn ein Individuum das spirituelle Bewusstsein integriert hat und nach Belieben aus seinem physischen Körper heraustreten kann.

Garima und Laghima Siddhis

Die dritte und vierte klassische Siddhis sind ebenso polar entgegengesetzt wie die ersten beiden. Garima Siddhi (Sanskrit für "Fähigkeit, sehr schwer zu werden") ist die Macht, durch den Einsatz Ihrer Willenskraft in einem Augenblick unendlich schwer zu werden. Umgekehrt ist Laghima Siddhi (Sanskrit für "Fähigkeit, sehr leicht zu werden") die Kraft, unendlich leicht zu werden, also fast schwerelos. So wie Anima und Mahima Siddhis sich mit der Größe befassen, befassen sich Garima und Laghima mit dem Gewicht, also der Schwerkraft, die auf die Masse eines Objekts wirkt.

Indem man durch Garima Siddhi so schwer wird, wie man es sich wünscht, kann man von nichts und niemandem bewegt werden - die Schwingungen anderer Menschen prallen an der Aura ab, während man fest in seiner Haltung bleibt. Garima nutzt die Kraft der Tugenden, der Moral und eines "eisernen Willens". Menschen, die sich von ihrem inneren Licht leiten lassen, entscheiden sich bewusst für die spirituelle Entwicklung, anstatt die Wünsche ihres Egos zu befriedigen und unnötiges Karma in ihr Leben zu bringen. Moralische Werte geben den Menschen eine zielgerichtete Existenz und unerschütterliche Willenskraft. Sie ermöglichen es den Menschen, in einer höheren Frequenz zu schwingen, indem sie sie mit den höheren kosmischen Ebenen in Einklang bringen. Diese rechtschaffenen Menschen vermeiden die energetischen Auswirkungen der niederen Ebenen und bleiben emotional und geistig ungerührt, besonders wenn die Schwingungen anderer Menschen sie mit ihren niederen Schwingungen bombardieren.

Um das Potenzial von Garima Siddhi voll auszuschöpfen, muss der Einzelne seine spirituellen Chakren optimieren und seine Willenskraft mit seinem Wahren Willen abstimmen, den nur sein Höheres Selbst ihm verleihen kann. Die Schwingung des Wahren Willens ist so hoch, dass man, wenn man dafür empfänglich wird und ihm erlaubt, sein Bewusstsein zu leiten, seine eigenen niedrigeren Schwingungen und alle Schwingungen, die von der Umwelt auf einen gerichtet sind, neutralisiert. Indem Sie Ihre Willenskraft maximieren, werden Sie zu einem Meisterschöpfer, einem sich selbst erhaltenden, alles ausdrückenden, bewussten Schöpfer Ihrer inneren Realität, der für alle Menschen, die nicht die gleiche Kraft entwickelt haben, wie ein Gottmensch ist.

Laghima Siddhi hingegen macht einen fast schwerelos und ermöglicht es, zu schweben und sogar zu fliegen. Oberflächlich betrachtet, widersetzt sich Laghima Siddhi dem Gesetz der Schwerkraft und den Gesetzen der Physik. Es übt eine große Anziehungskraft auf Uneingeweihte aus, die diese Siddhis zu ihrem persönlichen, finanziellen Vorteil suchen. Durch das Erreichen von Levitation im physischen Bereich möchten viele Menschen finanziell profitieren, indem sie dieses Phänomen den Massen vorführen.

Wie viele Menschen in meiner Position bin ich von der Levitation fasziniert, seit ich vor siebzehn Jahren das Kundalini-Erwachen hatte. Ich wünschte mir diese Gabe nicht, weil ich finanziell davon profitieren wollte, sondern weil ich sie als greifbaren Beweis für die Kundalini-Transformation sah, den ich anderen zeigen konnte, um sie zu inspirieren, dasselbe zu erreichen.

Nach jahrelanger intensiver Recherche bin ich jedoch zu dem Schluss gekommen, dass Legenden über das Schweben nichts weiter als fantasievolle Geschichten sind, für die es keine nachprüfbaren wissenschaftlichen Beweise gibt. Mit anderen Worten: Ein Mensch kann sich nicht vom Boden abheben und die Gesetze der Physik mit Hilfe psychischer Kräfte außer Kraft setzen. Die angeblichen Levitationen, die Menschen mit eigenen Augen gesehen haben, sind lediglich Illusionen, für die es unzählige Methoden und Techniken gibt.

Stattdessen ist das Konzept der Levitation ein Schleier, um die Profanen zu verwirren. Er offenbart den würdigen Eingeweihten die Kräfte, die in einem selbst erwachen, wenn der Lichtkörper aktiviert wird. Der Lichtkörper, unser zweiter Körper, ist elastisch und formbar und hält sich nicht an die Gesetze der Schwerkraft und der Physik, da er schwerelos und transparent ist. Mit unserem Lichtkörper können wir in den inneren kosmischen Ebenen reisen und viele Wunder vollbringen, wie z.B. fliegen, über Wasser und durch Wände gehen, usw.

Unser Lichtkörper wird während der luziden Träume (die unwillkürlich geschehen) und der Astralprojektion (die bewusst herbeigeführt wird) genutzt. Beide Phänomene sind eine Art von außerkörperlichen, seelischen Reiseerfahrungen, die ich später ausführlicher besprechen werde, wenn ich mich ganz dem Thema widme.

Eine andere Art des außerkörperlichen Reisens ist das sogenannte Remote Viewing, die Fähigkeit, sich mit der Kraft des Geistes in ein entferntes Gebiet auf unserem Planeten zu begeben. Remote Viewing ist eine Astralprojektion auf der physischen Ebene, die den Lichtkörper benutzt, um irgendwohin auf der Erde zu reisen und zu sehen, was unsere beiden physischen Augen nicht sehen können, indem wir das Dritte Auge benutzen. In der frühen okkulten und spirituellen Literatur wurde Remote Viewing als "Telästhesie" bezeichnet, d. h. als die Wahrnehmung entfernter Ereignisse, Objekte und Menschen durch außersinnliche Mittel. Geheime Regierungsprogramme setzten Berichten zufolge begabte Personen ein, um durch Remote Viewing Eindrücke über entfernte oder unsichtbare Ziele zu erhalten.

Prapti Siddhi

Das fünfte klassische Siddhi, Prapti (ein Sanskrit-Wort, das "Ausdehnung des Körpers" oder "Kraft des Erreichens" bedeutet), erlaubt es dem Individuum, mit der Anwendung seiner Willenskraft augenblicklich überall hin zu reisen. Prapti Siddhi folgt perfekt auf Laghima Siddhi als die Fähigkeit des Lichtkörpers, über das Bewusstsein zu reisen, indem er die Merkaba benutzt.

Wie in einem früheren Kapitel beschrieben, erlaubt uns der Lichtkörper, interdimensional in den verschiedenen inneren kosmischen Ebenen zu reisen, was ein Ausdruck von Prapti Siddhi ist. Wenn wir jedoch zu entlegenen Orten auf dem Planeten Erde reisen wollen, können wir dies über die physische Ebene tun. Oberflächlich betrachtet klingt diese Manifestation von Prapti sehr nach Astralprojektion, aber das ist sie nicht. Obwohl beide miteinander verwandt sind, da sie beide den Lichtkörper für die Ausführung benutzen, ist die Astralprojektion eine Technik, die Vorbereitung erfordert und daher nicht sofort wie Prapti erfolgt.

Ich habe bereits die Optimierung der Vorstellungskraft und der Willenskraft durch die Kundalini-Erweckung erörtert, aber ich habe die sich entwickelnde Fähigkeit, Gedanken in "Echtzeit" zu erleben, nur gestreift. Ein vollständiges Kundalini-Erwachen lokalisiert das Innere Licht im Inneren des Gehirns und überbrückt den bewussten und den unterbewussten Verstand. Wenn die beiden Teile des Geistes eins werden, werden die linke und die rechte Gehirnhälfte vereint, was einen reinen, ununterbrochenen Strom des Bewusstseins ermöglicht. Diese Erfahrung hat eine besondere Wirkung auf die eigenen Gedanken, die für den Erfahrenden so real werden wie Sie und ich.

Es dauert lange, das Bewusstsein zu zähmen und die Kontrolle über die eigene Visualisierungskraft zu erlangen, was eine Optimierung der Willenskraft voraussetzt. Sobald man dies jedoch erreicht hat, ist man in der Lage, bewusst zu reisen (bilokalisieren), wohin man will, und es in dem Moment als real zu erleben, in dem man es denkt. Wenn Sie z. B. nach Ägypten reisen und die Große Pyramide sehen wollen, brauchen Sie sie nur zu visualisieren, und Ihre Seele wird über die Merkaba sofort dorthin projiziert. Oder wenn Sie eine Pause von Ihrem Alltag brauchen und ein paar Minuten an einem Strand in Mexiko verbringen wollen, können Sie sich vorstellen, an einem Strand zu sein und es als real erleben.

Um den größtmöglichen Nutzen aus dieser Erfahrung zu ziehen, ist es hilfreich, ein Foto oder ein Bild von dem Ort zu haben, an den Sie gehen wollen, um eine möglichst genaue Vorstellung von diesem Ort zu bekommen. Sie sollten dann das Bild in Ihrem Geist festhalten, das Sie durch Ihre Astralsinne als real erleben werden.

Ich möchte darauf hinweisen, dass Prapti Siddhi nur dann erreicht werden kann, wenn das Individuum den Kundalini-Erweckungsprozess abgeschlossen hat, wodurch das Innere Licht im Gehirn lokalisiert wird. Andere Komponenten, die für die Ausführung dieses Siddhi notwendig sind, sind die Optimierung des Ajna Chakras, die Aktivierung des Lichtkörpers und die Maximierung des Spins der Merkaba durch die Freisetzung des vollen Potentials des toroidalen Energiefeldes (Beachten Sie, dass der Lichtkörper und die Merkaba für jede Art von außerkörperlichen Reisen verwendet werden.) Ich werde die Wissenschaft dieses Phänomens später ausführlicher beschreiben, wenn ich mehr von den außergewöhnlichen Fähigkeiten enthülle, die sich den Kundalini-Erweckten offenbaren.

Prakamya Siddhi

Das sechste klassische Siddhi, Pramakya (Sanskritwort für "Willenskraft" oder "Willensfreiheit"), gibt einem die Macht, alles zu erreichen und zu erleben, was man sich wünscht. Dieses Siddhi erlaubt es dem Einzelnen, alles, was er will, scheinbar aus dem Nichts zu materialisieren und jeden Traum zu verwirklichen. Wenn sie sich wünschen, irgendwo zu sein oder sogar mit jemandem sexuell zusammen zu sein, wird ihr Wunsch in dem Moment erfüllt, in dem sie diesen Gedanken haben. Prakamya Siddhi zeichnet sich durch die augenblickliche Erfüllung der tiefsten Wünsche durch die Anwendung von Willenskraft aus.

Dieses Siddhi mag auf den ersten Blick wie etwas aus einem Superheldenfilm erscheinen. Die Fähigkeit, alles, was wir uns wünschen, augenblicklich zu manifestieren, transzendiert die Grenzen der Gesetze des Universums und der Physik. Wenn wir jedoch dieses Siddhi auf die Welt des luziden Traums anwenden, dann beginnen wir das wahre Potenzial unserer Erfahrungen durch den Lichtkörper zu verstehen. Die Welt des luziden Traums ist für unser Bewusstsein genauso real wie die physische Welt, soweit es die Erfahrung betrifft.

In den siebzehn Jahren, in denen ich mit erweckter Kundalini lebe, habe ich diese Art von Geschenken und noch viel, viel mehr erlebt. Die Welt der luziden Träume erfüllte alle meine Seelenwünsche, die ich drei bis vier Monate nach meinem ersten Erwachen im Jahr 2004 schnell zu erleben begann. Ich habe herausgefunden, dass Prakamya Siddhi nicht nur dazu dient, die Wünsche der Seele zu erfüllen, sondern sie mit der Zeit auszulöschen.

Meine Lebenserfahrungen haben mich gelehrt, dass einer der effizientesten Wege, ein Verlangen in sich selbst zu überwinden, darin besteht, sich so lange damit zu beschäftigen, bis seine Energie aus einem herausgezogen ist. Natürlich beziehe ich mich auf zeitliche Ego-Wünsche, die in den Bereich der Normalität fallen, und nicht auf unnatürliche Wünsche wie die, andere Lebewesen körperlich zu verletzen. Eine der Funktionen der Welt der luziden Träume ist es, die Wünsche der Kundalini-Eingeweihten auszulöschen, deren ultimatives Ziel die spirituelle Evolution und die Vereinigung mit der Gottheit ist.

Ich verließ oft meinen Körper und ging dorthin, wohin meine Seele in der Welt der luziden Träume gehen wollte. Ich besuchte ferne Sterne und Galaxien und interdimensionale Orte auf unserem Planeten mit seltsamen Wesen, die ich zum ersten Mal sah. Oft "lud" ich von diesen Wesen Informationen über die Geheimnisse der Schöpfung und die Zukunft der menschlichen Rasse herunter, so wie Neo in dem Film "Die Matrix" neue Fähigkeiten und Fertigkeiten als Computerprogramm herunterlädt. In einer Stunde Traum konnte ich das Äquivalent von zwanzig Büchern mit Informationen von intelligenten Wesen in unserem Universum herunterladen.

Eine Handvoll Mal wurde mir bewusst, dass ich Informationen außerhalb von mir herunterlud, und ich konnte mich an ein oder zwei Sätze dessen erinnern, was ich empfing. Meistens handelte es sich um kryptische Informationen, die mir in Form von Zahlen, Symbolen, Metaphern und Archetypen entweder in englischer Sprache oder in anderen irdischen Sprachen übermittelt wurden.

Wenn ich mich in der Gegenwart von Wesen befand, die wie Außerirdische aussahen, sprachen sie telepathisch in ihrer Sprache zu mir, die ich irgendwie verstand. Normalerweise konnte ich Außerirdische von anderen Wesen wie Aufgestiegenen Meistern, Engeln oder anderen Gottheiten unterscheiden, weil ihr Aussehen humanoid war, aber eindeutig nicht menschlich, da einige Merkmale anders waren.

Ich fühlte mich gesegnet und privilegiert, durch das Bewusstsein Kontakt mit anderen intelligenten Wesen des Universums aufgenommen zu haben. Schließlich hatte ich keine andere Möglichkeit, das einzigartige Wissen, das sie mir vermittelten, als durch direkte Erfahrung zu erlangen, und mein Wissensdurst nach der Erweckung der Kundalini wuchs täglich.

Im Laufe der Zeit habe ich natürlich eine Technik entwickelt, bei der ich mein geistiges Auge in einem luziden Traum unscharf stelle, um in eine Realität einzutreten, die ich als "Hyperbewusstsein" bezeichne, einen Zustand jenseits des menschlichen Bewusstseins. Infolgedessen befand ich mich oft an einem Ort, an dem ich bereits in der realen Welt war, nur in einer futuristischen Version desselben Ortes mit nie zuvor gesehenen Objekten und technischen Geräten. Die Szenerie ähnelt einem LSD- oder Peyote-Trip, wenn auch anders, da sie eine futuristische Komponente hat.

Wenn ich mich in diese futuristische Welt projizierte, hörte ich eine Zeit lang Technomusik in meinem Kopf, die zu dem passte, was ich sah, als wäre ich in einem Film. Meine Kiefer klappten zusammen, während ein ekstatischer Rausch mein Herz erfüllte und ich versuchte, mein Bild zu integrieren. Diese Hyperrealität lehrte mich etwas über Paralleluniversen, die unser Bewusstsein durch den Lichtkörper und die Welt der luziden Träume erleben kann.

Ich erinnere mich, dass ich einen Monat lang Skifahren wollte und aus Zeitgründen nicht in der Lage war, dies im wirklichen Leben zu tun. Noch in derselben Nacht befand ich mich in einem erstklassigen Skigebiet, das aussah wie die Alpen. Die Landschaft entsprach genau meinen Vorstellungen und noch mehr. Es kam mir vor, als hätte ich einen ganzen Monat dort verbracht, was die Anzahl der Erlebnisse anging, und das alles innerhalb der acht Stunden Schlaf, die ich hatte. Als ich aufwachte, hatte ich nicht mehr das Bedürfnis, Skifahren zu gehen, da dieser Wunsch in meinem luziden Traum befriedigt worden war.

Auf die gleiche Weise bin ich auch an andere Orte der Welt gereist. Wenn ich im wirklichen Leben irgendwie eingeschränkt war, besuchte ich diesen Ort oft nachts. Der Hauptunterschied war, dass die Zeit in der Welt des luziden Traums transzendiert wurde. Man konnte Monate und sogar Jahre an einem Ort in der Welt des luziden Traums verbringen, was acht Stunden Schlaf im wirklichen Leben entsprach.

Nachdem ich in meinen Träumen viele Länder und Städte besucht habe, habe ich festgestellt, dass es in der Welt der luziden Träume Resorts und Hotspots gibt, zu denen andere Menschen reisen, wenn sie einen "Power"-Urlaub brauchen. Außerdem schienen mir viele Personen, die ich auf meinen Reisen im luziden Traum traf, zu einzigartig, um eine Projektion meines Bewusstseins zu sein. Oft tauschten wir persönliche Informationen darüber aus, wer wir im wirklichen Leben sind, obwohl ich nie jemanden in der realen Welt verifizieren konnte.

Im Laufe der Jahre wurden New York und Los Angeles zu meiner "Kommandozentrale" oder Operationsbasis, obwohl es sich um unterschiedliche Versionen derselben Städte handelte. Da ich beide Städte im wirklichen Leben besuchte, stellte ich fest, dass das Gefühl in der Welt des luziden Traums dasselbe war, aber sie sahen radikal anders aus, mit anderer Architektur und Landschaft.

Wenn ich eine der beiden Städte in einem luziden Traum besuchte, schien sie fast identisch mit der Stadt, in der ich das letzte Mal in einem früheren Traum war. Ich hatte sogar eine Wohnung in New York, die mir gehörte und in die ich zurückkehrte, und sie war genauso wie beim letzten Mal, als ich dort war, mit Gegenständen, die ich dort gelassen hatte. Interessanterweise kam ein Strom von Erinnerungen an das letzte Mal, als ich dort im Traum war, zurück, was bedeutete, dass mein Bewusstsein in der Lage war, verschiedene Lebenserfahrungen an verschiedenen Orten gleichzeitig mit der realen Welt zu machen.

Jedes Mal, wenn ich in die Welt der luziden Träume eintrat, war ich mir meines Potenzials bewusst. Ich war leicht wie eine Feder und konnte fliegen, Gegenstände schweben lassen und mein Bewusstsein in Sekundenbruchteilen von einem Ort zum anderen projizieren. Ich konnte auch jeden beliebigen Sexualpartner manifestieren, erleben, wie es ist, ultra-reich und berühmt zu sein, ein Flugzeug zu fliegen oder einen Ferrari zu fahren, und vieles mehr. Wenn ich mir etwas vorstellte, das ich mir wünschte, erschien es normalerweise direkt vor mir. Der Himmel ist die Grenze für das, was Ihre Seele in der Welt der luziden Träume erleben kann, und die Erfüllung Ihrer Wünsche ist ganz persönlich für Sie und nur für Sie.

Vergessen Sie nicht, dass es in einem luziden Traum kein Konzept der Entfernung gibt. Wenn Sie an eine Erfahrung denken, die Sie machen wollen, sind Sie sofort dabei, diese Erfahrung zu machen, an einem Ort, den Ihre Seele für Sie auswählt. Der Lichtkörper enthält die fünf Sinne des Sehens, Hörens, Fühlens, Riechens und Schmeckens und ermöglicht so eine völlig realistische Erfahrung. Wir können die reale Welt auch über den Lichtkörper erleben, nur eben über die Schnittstelle des physischen Körpers. Die wenigen Male, die ich die virtuelle Realität ausprobiert habe, habe ich ähnliche Empfindungen wie in der Welt der luziden Träume gehabt.

Einer der Hauptunterschiede zwischen der Erfüllung Ihrer Wünsche in der Welt des luziden Traums und der Welt der Materie besteht darin, dass es in der Welt des luziden Traums keine Gedankenschwankungen oder Schuldgefühle gibt, da es sich um die Erfüllung eines reinen Wunsches handelt. Das Geschwätz des Verstandes kommt vom Ego, das direkt mit dem physischen Körper und der materiellen Welt verbunden ist. Da der luzide Traum die physische Welt transzendiert, ist er frei von Ego; daher ist der Verstand leer, was eine optimale Seelenerfahrung ermöglicht.

Vashitva und Ishitva Siddhis

Die siebte und achte klassische Siddhis, Vashitva und Ishitva Siddhis, gehen ineinander über, und deshalb werde ich sie zusammen als Ausdruck derselben Kraft behandeln. Vashitva Siddhi (ein Sanskrit-Wort, das "Macht der Kontrolle" bedeutet) ermöglicht es dem Einzelnen, seinen eigenen Geisteszustand und den anderer Menschen durch Willenskraft zu kontrollieren. Mit Vashitva Siddhi kann der Einzelne die Handlungen eines jeden Menschen auf der Erde vollständig beeinflussen.

Im Gegensatz dazu ist Ishitva Siddhi (Sanskrit für "Überlegenheit" und "Größe") die Fähigkeit, die Natur, biologische Organismen, Menschen usw. zu kontrollieren. Diese besondere Siddhi verleiht dem Individuum die absolute Herrschaft über die gesamte Schöpfung und macht es in den Augen anderer Menschen zu einem Gottmenschen. Ishitva Siddhi macht einen zu einem Meister der fünf Elemente - einem lebenden Magus.

Nach dem Kybalion-Schwingungsprinzip schwingen alle Dinge mit einer bestimmten Frequenz. Die Quantenphysik bestätigt diese Behauptung und fügt hinzu, dass wir jedes Mal, wenn wir etwas in der äußeren Welt betrachten, seinen Schwingungszustand beeinflussen. Die alten Hermetiker wissen schon seit Tausenden von Jahren um die Macht des Geistes. Schließlich lautet das grundlegende Prinzip des Kybalion: "Alles ist Geist, das Universum ist geistig".

Wenn das Universum eine mentale Projektion ist, die von unserem Verstand geformt wird, dann sind auch unsere Gedanken und Gefühle ein mentales Konstrukt, das wir verändern können. Die Hermetiker haben ihre Eingeweihten gelehrt, dass die Willenskraft als Stimmgabel benutzt werden kann, um unsere mentalen Zustände und die anderer Lebewesen umzuwandeln und sogar die Zustände der Materie zu verändern. Sie glaubten, dass wir, wenn wir die Macht des Geistes maximieren können, Herrschaft über andere Menschen, die Umwelt und die Realität im Allgemeinen erlangen können.

Vashitva und Ishitva Siddhis sind Ausdruck von Geisteskräften, die realisiert werden können, wenn das Individuum die Schwingung seiner Willenskraft und damit sein Bewusstsein anhebt. Obwohl wir Vashitva Siddhi durch die Anwendung geistiger Gesetze erreichen können, ist der einzige Weg, Ishitva Siddhi wirklich zu verwirklichen, die spirituelle Evolution. Wenn wir erleuchtet werden, maximieren wir nicht nur das Potenzial der Willenskraft und optimieren dadurch Vashitva Siddhi, sondern wir können auch unseren Willen vollständig der Gottheit übergeben und uns auf ihre hohe Schwingungsfrequenz einstellen. Auf diese Weise werden wir zu Stimmgabeln mit Selbst-Energie, die alles um uns herum mit unseren hohen Schwingungen anstecken, die mentalen und emotionalen Zustände aller Lebewesen verändern und sogar den Schwingungszustand der immateriellen Objekte in unserer unmittelbaren Umgebung verändern.

Da wir ständig telepathisch kommunizieren, verleiht uns die Maximierung unserer Willenskraft die Macht des Geistes über den Geist, was uns erlaubt, andere Menschen vollständig zu beherrschen. Nach dem Kybalion-Prinzip des mentalen Geschlechts: "Das Geschlecht ist in allem; alles hat seine männlichen und weiblichen Prinzipien; das Geschlecht manifestiert sich auf allen Ebenen. Dieses Prinzip besagt, dass jeder von uns eine männliche und eine weibliche Komponente des Selbst hat - das "Ich" und "Mich" (englisch: me).

Das "Ich" ist die männliche, objektive, bewusste, freiwillige Kraft, die projiziert - die Willenskraft. Das "Mir/Mich" ist der weibliche, subjektive, unbewusste, unfreiwillige und passive Teil des Selbst, der empfängt - die Imagination. Der Wille, der das Feuerelement der Seele ist, projiziert sich in die Vorstellungskraft und schafft so ein visuelles Bild, einen Ausdruck des Wasserelements. Das Luftelement ist der Gedanke, das Ausdrucksmittel der Willenskraft und der Phantasie.

Das "Mir/Mich" ist wie eine geistige Gebärmutter, die vom "Ich" befruchtet wird, um einen geistigen Sprössling zu schaffen - das visuelle Bild". Das "Ich" projiziert immer, während das "Mir/Mich" empfängt. Diese dualen kognitiven Komponenten sind ein heiliges Geschenk, das uns von unserem Schöpfer gegeben wurde, um bewusste Mitschöpfer unserer Realität zu sein. Die einzige Möglichkeit, unsere eigene gewünschte Realität zu manifestieren, besteht jedoch darin, unsere Willenskraft einzusetzen, um mentale Bilder zu erzeugen, die unser Leben leiten. Wenn wir geistig faul werden und unsere Willenskraft dadurch inaktiv wird, wird unsere Existenz von der Willenskraft anderer Menschen gelenkt, entweder direkt oder durch Umweltreize. Das ist das Gesetz. Die "Mir/Mich"-Komponente muss immer von einem "Ich" gespeist werden, sei es unser eigenes oder das eines anderen.

Menschen, die sich dieser mentalen Gesetze bewusst sind, können die Schwingung ihrer Willenskraft erhöhen, um ihre Realität zu kontrollieren und die "Mir/Mich"-Komponente anderer Menschen zu beeinflussen und sie so dazu zu bringen, das zu denken, was sie wünschen. Indem wir die Gedanken eines Menschen beeinflussen, beeinflussen wir unweigerlich, wie er sich fühlt und welche Handlungen er ausführt. Da diese geistigen Gesetze auf einer unterbewussten Ebene wirken, merkt die Person, die beeinflusst wird, kaum, dass sie geistig beeinflusst wird. Stattdessen glaubt sie, dass die induzierten Gedanken ihre eigenen sind, während sie in Wirklichkeit von jemand anderem gesät wurden. Die psychischen Phänomene der Gedankenübertragung, der Suggestion und der Hypnose sind Beispiele für die Anwendung des Geschlechterprinzips zur Beeinflussung des Bewusstseins anderer Menschen.

Wie ich in *The Magus* ausführlich erörtert habe, wird jede Realität, die von mehreren Menschen geteilt wird, von dem Individuum kontrolliert, das seine Willenskraft auf der höchsten Frequenz schwingen lässt. Die Menschen, die an der Realität dieses Individuums teilhaben, sehen natürlich zu ihm auf und betrachten ihn als ihren Anführer und Führer. Diese entwickelten Menschen sind charismatisch, sympathisch und sexuell anziehend, was weniger mit der physischen Erscheinung als vielmehr mit dem persönlichen Magnetismus zu tun hat. Sie kommunizieren in der Regel direkt mit der Seele und umgehen damit die Persönlichkeit und das Ego. Diese besonderen Menschen engagieren und inspirieren andere auf eine Weise, die denjenigen, die die Wissenschaft hinter den angewandten universellen Gesetzen nicht verstehen, magisch erscheint.

Der effizienteste Weg, Ishitva Siddhi zu erreichen und die Herrschaft über die Schöpfung zu erlangen, ist die Erweckung der Kundalini und ihre Anhebung auf die Krone. Wenn ein hoch spirituell entwickeltes Individuum die Schwingung seines Bewusstseins auf die spirituelle Ebene angehoben hat, beherrscht es ganz natürlich die darunter liegenden Ebenen, auf denen die meisten Menschen schwingen. Sie beherrschen auch das Tier- und Pflanzenreich, die Unterabteilungen der physischen Ebene sind.

Es ist nicht ungewöhnlich, dass ein erleuchteter Mensch zwischen Tigern, Löwen, Bären, Krokodilen, Giftschlangen und anderen potenziell tödlichen Tieren umhergeht. Wir haben alle schon einmal von diesem Phänomen gehört, aber die meisten Menschen wissen nicht, wie es funktioniert. Indem sie die hochschwingende spirituelle Energie, die aus Licht und Liebe besteht, kanalisieren, haben diese spirituell entwickelten Menschen ihre eigene Angst überwunden, die gefährliche Tiere auslöst und sie dazu bringt, Menschen anzugreifen. So umgeht das erwachte Individuum den Überlebensmechanismus der Tiere und verbindet sich mit ihrer Liebesenergie, was dazu führt, dass es umarmt statt angegriffen wird.

Ein Mensch, dessen Willenskraft auf der Frequenz des Geistes schwingt, beherrscht alle, die nicht den gleichen Bewusstseinszustand erreicht haben. Diese spirituell entwickelten Individuen erscheinen dem einfachen Volk als Gottmenschen, die sie umschwärmen, um in ihrem berauschenden Licht zu baden.

Abschließend sei gesagt, dass es möglich ist, den Zustand der Materie durch die Anwendung von Willenskraft zu verändern und sogar Materie erscheinen und wieder erscheinen zu lassen. *Das Kybalion* stellt klar, dass wir, wenn wir die Schwingung der Materie erhöhen, ihre Frequenz und damit ihre Dichte und ihren Zustand verändern. Da es jedoch sehr viel Energie erfordert, dieses Kunststück allein mit dem Geist zu vollbringen, haben dies in der Geschichte nur sehr wenige Adepten geschafft, von denen einige zu zentralen Figuren der Religionen wurden. Wir alle haben von den Wundern Jesu Christi gehört, der Wasser in Wein verwandelte und fünf Brote und zwei Fische benutzte, um diese zu vermehren und 5000 Menschen zu speisen.

Ein häufigeres und nachweisbares Beispiel für die Veränderung von Materie mit der Kraft des Geistes ist die Verwandlung von Eis in Wasser, von Wasser in Dampf und umgekehrt, indem man den Körper erwärmt und abkühlt. Ein anderes Beispiel ist das Schwebenlassen eines leichten Gegenstandes wie eines Blattes Papier oder die Steuerung der Bewegung einer Kerzenflamme. Um eine dieser geistigen Leistungen zu vollbringen, muss die Person mit dem Gegenstand in Kontakt treten oder ihm nahe sein, um ihn mit ihrer Prana-Energie zu durchdringen, deren Fluss und Zustand sie mit ihrem Geist kontrollieren kann.

Vielleicht werden wir in der Zukunft, wenn sich die Menschheit kollektiv spirituell weiterentwickelt hat, mehr bemerkenswerte Beispiele für die Beeinflussung der Materie durch unseren Geist haben, da die universellen Gesetze auf allen kosmischen Ebenen wirken und die höheren Ebenen immer die niederen Ebenen beherrschen. Interessanterweise haben die Alten nie allzu viel Zeit damit verbracht, die Materie mit ihrem Verstand zu beeinflussen. Sie wussten, dass die wahre Gabe dieser mentalen Gesetze darin bestand, sie auf ihren eigenen mentalen und emotionalen Zustand anzuwenden, um ihre spirituelle Entwicklung zu unterstützen. Den Geist der Gottheit zu erreichen, war ihr einziges wahres Ziel, denn dadurch wird man ein Teil der Universellen Gesetze und optimiert so die Ashta Siddhis.

TEIL VII: POST-KUNDALINI ERWECKUNG

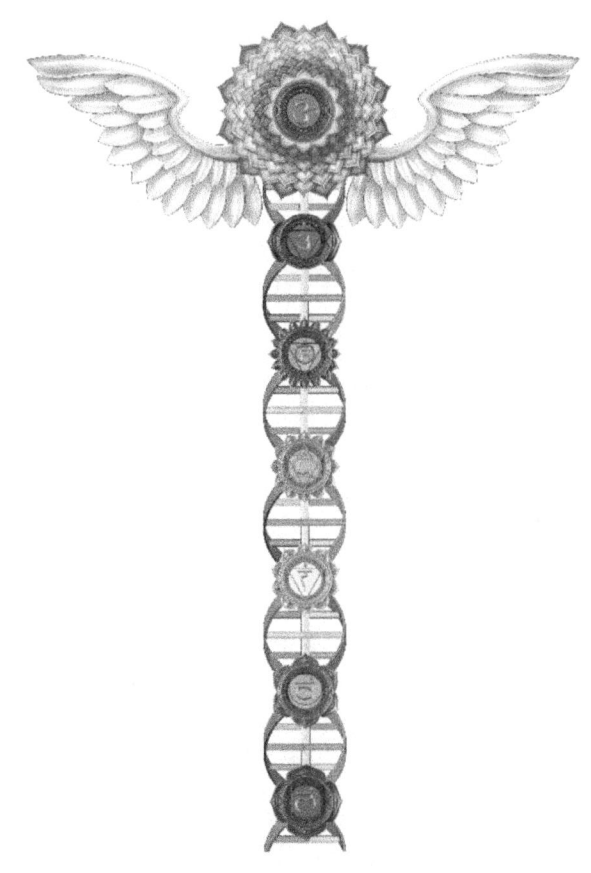

SYMPTOME UND PHÄNOMENE NACH ERWECKUNG DER KUNDALINI

Die meisten Kundalini-Erweckten sind besorgt darüber, wie sich die Transformation im Laufe der Zeit entfalten wird und wann sie bestimmte Gaben (Siddhis) freisetzen werden. Dies ist eine ihrer wichtigsten Fragen und Interessen. Nachdem ich mit Dutzenden von erwachten Menschen gesprochen habe, die den Prozess durch die Erhöhung der Kundalini zur Krone abgeschlossen haben, habe ich festgestellt, dass die Manifestationen bei allen fast gleich sind und normalerweise systematisch ablaufen. Eine Erfahrung führt zur nächsten, und auf diese Weise transformiert die Kundalini-Energie im Laufe der Zeit den Geist, den Körper und die Seele, wobei sie auf dem Weg viele psychische Gaben freisetzt.

Wie ich im Einführungskapitel über die Kundalini beschrieben habe, hat ein dauerhaftes Erwachen stattgefunden, sobald die Aktivierung des Lichtkörpers stattgefunden hat und die Energie im Gehirn lokalisiert wird. Einige Symptome und Phänomene manifestieren sich innerhalb der ersten Woche, während andere etwas länger brauchen. In diesem Abschnitt werde ich diese Erfahrungen der Reihe nach aufschlüsseln, und zwar größtenteils von den ersten Stadien bis hin zu den folgenden Monaten und Jahren. Beachten Sie jedoch, dass ich nur über vollständige Erwachungen berichte, nicht über Teilerwachungen. Bei teilweisen Erweckungen sind die Manifestationen und Geschenke spezifisch für das/die Chakra(s), die die Kundalini aktiviert hat, und variieren von einem Chakra zum nächsten.

Bei vollständig erweckten Menschen sind die ersten beiden Erscheinungen das Licht im Kopf und das konstante, schwingende Geräusch im Inneren, das einem leisen Summen gleicht. Wenn die Person keine Vorkenntnisse über die Kundalini hat, könnte sie das letztgenannte Phänomen mit dem Beginn eines Tinnitus verwechseln, einem körperlichen Leiden, bei dem man ein ständiges Klingeln in den Ohren hört. Sie werden jedoch feststellen, dass sich das Geräusch stark verstärkt, wenn sie sich darauf konzentrieren, und dass es sie manchmal nachts wach hält, wie es bei mir der Fall war.

Das Licht im Kopf ist heikel, denn es kommt zunächst in Wellen und kann sogar einen Druck im Kopf verursachen, der zu Kopfschmerzen oder Migräne führt. Am Anfang könnte man also denken, dass mehrere Faktoren dieses Phänomen verursachen könnten. Nach einigen Wochen werden Sie jedoch feststellen, dass, sobald Sie die Augen schließen, Energie in Ihrem Kopf vorhanden ist, die häufig in Form von Lichtblitzen auftritt. Sie pulsiert oft wie ein lebendiger, atmender Organismus, besonders wenn Sie sich in einem inspirierten Zustand befinden. Es kann sogar sein, dass Sie Lichtblitze in anderen Farben erleben, vor allem in Violett, obwohl ich festgestellt habe, dass die Präsenz des weißen Lichts relativ konstant ist. Natürlich ist es nicht so hell wie beim Blick in die Sonne, sondern schwach, aber mit geschlossenen Augen sehr spürbar.

Sie können auch Lichtkugeln in Ihrem peripheren Blickfeld sehen, die erscheinen können, wenn Sie eine Erleuchtung über etwas haben oder in einem inspirierten Zustand sind. Sie sind in der Regel elektrisch blau und klein, aber recht auffällig. Normalerweise handelt es sich um eine einzelne Lichtkugel, aber es können auch mehrere sein. Manche Menschen haben vorgeschlagen, dass diese Kugeln Schutzengel sein könnten.

Wenn Sie anfangen, Nahrung in Ihren Körper zu bringen, wird Ihr Verdauungssystem sie in Lichtenergie umwandeln und das neu erwachte Energiesystem nähren. Da die Kundalini durch die Prana-Energie aus der Nahrung und der sexuellen Energie verstärkt wird, wird sie Sie allmählich auf allen Ebenen verändern, körperlich, mental, emotional und spirituell. Einige der unmittelbaren Auswirkungen sind Körperzuckungen und ein Gefühl von Ameisen, die auf der Haut krabbeln. Es ist wichtig, nicht in Panik zu geraten, wenn dies auftritt, da es ein normaler Teil des Prozesses ist. Es bedeutet, dass sich die Energie sublimiert und die Nervenzentren erreicht, sie buchstäblich mit Licht durchtränkt und sie mit Energie versorgt.

Sie können auch Muskelzuckungen oder gelegentliche Krämpfe spüren, die scheinbar aus dem Nichts kommen, normalerweise, wenn Ihr Körper ruhig und entspannt ist. Während sich Ihr Nervensystem auf diese neue Energie in Ihnen einstellt, kann Ihre Temperatur schwanken, so dass Sie sich in einem Moment heiß und im nächsten kalt fühlen. Ich empfehle, zusätzliche Kleidung zu tragen, um sich nicht anfällig für eine Erkältung oder Grippe zu machen, wenn Sie sich abkühlen.

Die Geschwindigkeit und Stärke Ihres Herzschlags wird ebenfalls beeinflusst, wenn sich Ihr Körper auf die Veränderungen in Ihrem Energiesystem einstellt. Das Herz kann manchmal so schnell schlagen, dass es sich anfühlt, als stünde man kurz vor einem Herzinfarkt, besonders wenn man sich dieses häufigen Kundalini-Symptoms nicht bewusst ist. Da der Verstand Emotionen aus dem Unterbewusstsein verarbeitet, ist der beschleunigte Herzschlag in der Regel das Ergebnis einer gegenwärtigen ängstlichen Emotion, die aus dem Nichts auftauchen und in der nächsten Sekunde wieder verschwunden sein kann. Infolgedessen überspringt das Herz oft einen Schlag; dann beschleunigt es sich wieder, bis Sie sich wieder beruhigt haben.

Das Herz reagiert auch, wenn intensive Emotionen vorhanden sind, insbesondere solche, die rohe Feuerenergie kanalisieren. Die Kraft des Herzschlags kann manchmal so stark sein, dass es sich anfühlt, als würde er versuchen, aus der Brust herauszukommen.

Ihre Atemfrequenz wird direkt von Veränderungen Ihrer Herzfrequenz beeinflusst, was oft zu einer leichten Hyperventilation führt, wenn Ihre Herzfrequenz ansteigt. Da in diesem Fall Ihr sympathisches Nervensystem aktiviert wird, empfehle ich Ihnen, eine beruhigende Atemtechnik anzuwenden, um die Kontrolle über Ihren Körper wiederzuerlangen. Denken Sie daran, dass dieses Herzklopfen, so alarmierend es auch erscheinen mag, kein Grund zur Angst ist. Der Verstand verschlimmert die Situation, indem er Panik erzeugt, also versuchen Sie, ruhig zu bleiben, dann geht es vorbei.

Da die Kundalini nun permanent in Ihnen aktiv ist, spüren Sie vielleicht auch ein Pulsieren in Ihrem Kreuzbein, da es den Kundalini-Strom durch Ihren Lichtkörper pumpt. Wenn es Energieblockaden gibt, kann es zu einem unangenehmen Druck im Kreuzbein kommen, der leichte Schmerzen verursachen kann. Ich habe jedoch herausgefunden, dass das Kundalini-System Energieblockaden ausgleicht, indem es die Stärke des Lichts, das es kanalisiert, reduziert.

Ein weiteres bemerkenswertes Phänomen, wenn auch selten, ist die psychokinetische Interferenz mit elektrischen Geräten. Am Tag nach meinem Kundalini-Erwachen zum Beispiel war meine Bioelektrizität so hoch, dass ich, als ich meinen Geist auf einen Fernseher in der Nähe richtete, auf Kommando eine Störung im Programmablauf verursachte. Ich hatte auch schon von Fällen gehört, in denen Menschen die Nadel ihres Plattenspielers zum Platzen brachten, wenn sie ihn berührten, oder CDs zum Überspringen brachten. Das Phänomen geht immer damit einher, dass man entweder mit einem elektrischen Gerät in Kontakt kommt oder die Kraft des Geistes nutzt, um dessen Funktion auf irgendeine Weise zu verändern, während man eine höhere Bioelektrizität als normal aufweist.

Manchmal treten Schmerzen in verschiedenen Organen auf, oder es besteht ein allgemeines Gefühl des Unbehagens in Bereichen, in denen Organe vorhanden sind. Der Schmerz ist in der Regel leicht, obwohl der Verstand diese Auswirkungen übertreiben kann, wie er es tut, wenn er Angst vor dem Unbekannten hat. Der leichte Schmerz oder das Unbehagen ist normal und bedeutet, dass die Energie in verschiedene geistige Gegenstücke der Organe und Körperteile eindringt und diese reinigt. Das Wichtigste ist, bei all diesen Vorgängen ruhig zu bleiben, denn sie dauern in der Regel nicht lange an. Wenn man sich jedoch auf sie fixiert und sie überbewertet, werden sie länger anhalten.

Lassen Sie mich noch einmal wiederholen, was ich in einem früheren Kapitel gesagt habe - die Kundalini-Energie wirkt auf einer subtilen, nicht-physischen Ebene, auch wenn es sich oft so anfühlt, als wären die Auswirkungen physisch. Denkt daran, dass ein anderer Teil von euch zu eurem Bewusstsein erwacht, der Lichtkörper. Der Lichtkörper hat subtile Entsprechungen zu den physischen Organen, die auf einer höheren Ebene einem spirituellen Zweck dienen.

Ich hoffe, dass diese Erklärung alle Missverständnisse zu diesem Thema ausräumt, denn ich höre oft, dass Kundalini-Erweckte sagen, dass die Energie im physischen Körper arbeitet und die Organe formt und "hämmert", was einfach nicht wahr ist. Es fühlt sich so an, ja, aber das ist nur so, weil jetzt ein anderer Teil des Selbst erwacht ist, eine nichtphysische Komponente - der Lichtkörper, der die verschiedenen subtilen Körper enthält, die den fünf Elementen entsprechen.

Ein weiteres Symptom, das zu Beginn auftritt, sind massive Schwankungen der Vitalität. Sie können zum Beispiel hyperaktiv sein und das Bedürfnis verspüren, sich zu bewegen oder Sport zu treiben, gefolgt von völliger Energieentleerung und Lethargie. Diese Energieschwankungen resultieren aus den Auswirkungen der Kundalini auf den Geist. Wenn die Kundalini die Kontrolle übernimmt, verschafft sie Ihnen Zugang zu einer Fülle von Energie, gefolgt von einem Absturz, sobald das Ego wieder die Kontrolle über den Geist übernimmt. Wenn Sie jedoch lernen, die Wirkung des Egos auf den Geist zu überwinden, werden Sie die Quelle der Kundalini-Energie anzapfen und rund um die Uhr unglaubliche Vitalität haben.

Wenn sich Ihr Bewusstsein im Laufe der Zeit reinigt, erhöht sich seine Schwingung und ermöglicht es ihm, sich im Geistigen Körper, dem höchsten Aspekt des Lichtkörpers, anzusiedeln. Es ist fast so, als ob in Ihrem Inneren ein Transplantationsprozess stattfindet, was zuweilen beunruhigend sein kann. Daher kann es einige Zeit dauern, sich an das zu gewöhnen, was sich wie eine fremde Entität in Ihrem Inneren anfühlt.

Der Körper des Lichts ist das Fahrzeug der Seele. Der physische Körper hingegen ist das Vehikel des Egos. Die Seele benutzt Vorstellungskraft und Intuition, die durch das Herz empfangen werden. Das Ego bedient sich der Logik und der Vernunft, und es arbeitet mit dem Verstand. Das Geschwister der Vorstellungskraft ist die Inspiration, die das Höhere Selbst, die Seele, antreibt. Die Kundalini-Energie inspiriert, weil es ihr Ziel ist, Sie in den Geist zu bringen. Das Kundalini-Feuer verändert mit der Zeit seinen Zustand, um eine mystische, transzendentale Wahrnehmung der neuen Realität, in der Sie sich befinden, herbeizuführen - die vierte Dimension der Energie oder Schwingung.

HEILIGER SCHUTZENGEL (DAS HÖHERE SELBST)

Jeder Mensch hat einen Höheren Genius, auch bekannt als der Heilige Schutzengel oder das Höhere Selbst. Dies ist der spirituelle Teil von Ihnen, der von Gott, dem Schöpfer, ist. Obwohl es sich jenseits der Dualität befindet, stimmt Ihr Höheres Selbst mit der Polarität Ihrer Seele überein. Als solches können Sie es als er oder sie bezeichnen, unabhängig vom Geschlecht Ihrer Seele. Der Hauptzweck der Kundalini-Erweckung besteht darin, eine Verbindung zwischen Ihrem Bewusstsein und Ihrem Heiligen Schutzengel herzustellen. Dann werden Sie für die Dauer Ihres Lebens hier auf der Erde zu einem Kanal für ihre Weisheit. Und sehr wahrscheinlich darüber hinaus.

Ihr heiliger Schutzengel residiert im Sahasrara Chakra (Abbildung 150). Wann immer Sie Ihr Bewusstsein auf seine Ebene heben, ist Ihr Höheres Selbst präsent. Wenn Sie sich mit ihm verbinden, fühlt sich Ihr Bewusstsein an, als wären ihm Flügel gewachsen, und Sie verwandeln sich in eine engelhafte Präsenz, während diese Verbindung aufrechterhalten wird. Sie sind immer noch sie selbst, aber ein höherer Teil von sich, der mit der Schwingung des göttlichen Lichts des Schöpfers in Resonanz ist.

Abbildung 150: Heiliger Schutzengel (Das Höhere Selbst)

Die meisten Menschen haben im Laufe des Tages Momente, in denen sie sich mit ihrem Heiligen Schutzengel verbinden, meist in einem inspirierten oder kreativen Zustand. Dann gibt es diese Momente, in denen der Heilige Schutzengel uns kurz mit seiner Energie berührt und uns göttliche Einsicht in ein Thema in Form einer Epiphanie gibt. Diese Momente sind jedoch meist nur von kurzer Dauer, da das Ego immer wieder beginnt, die Erfahrung in Frage zu stellen und die Verbindung mit dem Höheren Selbst abbricht. Infolgedessen fällt das Individuum von Sahasrara in ein niedrigeres Chakra eines der vier Elemente hinab.

Um eine dauerhafte Verbindung mit Ihrem heiligen Schutzengel herzustellen, muss zunächst eine Bewusstseinserhöhung stattfinden. Dann, wenn die Seele die vollständige Herrschaft über das Ego übernommen hat, kann das Geistelement herabsteigen und Sie vollständig verwandeln. Nachdem dieser Umwandlungsprozess abgeschlossen ist, werden Sie dauerhaft Kontakt mit dem Heiligen Schutzengel aufnehmen. Sie können immer noch von jedem Chakra aus agieren, wenn Sie dessen Ausdruckskraft benötigen, obwohl Ihr Bewusstsein hauptsächlich von den drei Geist-Chakren Vishuddhi, Ajna und Sahasrara aus arbeiten wird.

Vieles von dem, was in diesem Buch über Kundalini steht, habe ich nicht aus anderen Büchern gelernt oder von jemand anderem gehört, deshalb werden Sie feststellen, dass viele dieser Informationen original sind. Einiges Wissen wurde in den ersten Jahren nach der Erweckung der Kundalini aus Büchern zusammengetragen. Sobald das Fundament gelegt war und ich mich mit dem Höheren Genius in Einklang gebracht hatte, übernahm er die Rolle meines inneren Lehrers und Führers. Danach wurde mir das meiste Wissen direkt von meinem Heiligen Schutzengel durch Gnosis vermittelt. Um jedoch den Höhepunkt meiner spirituellen Entwicklung zu erreichen, an welchem ich ein Kanal für etwas Größeres als mein Ich werden kann, musste ich viele Jahre damit verbringen, mich zu einem Leuchtfeuer und Kanal des Lichts zu entwickeln.

Jeder Mensch kann zu einem Kanal für sein Höheres Selbst werden, wenn er sich seiner spirituellen Reise widmet und einem Fahrplan zur Erleuchtung folgt. Wir alle müssen im spirituellen Element wiederauferstehen und unsere eigenen Retter werden. Die Arbeit in *The Magus* ist darauf ausgerichtet, dieses Ziel zu erreichen. Wenn Sie einmal dauerhaften Kontakt zu Ihrem Heiligen Schutzengel gewonnen haben, wird er für den Rest Ihres Lebens Ihr Lehrer und Führer sein. Sie werden keine weiteren Lehrer oder Führer in physischer Form brauchen, da Sie Lehrer und Schüler in einem sein werden.

Ihr heiliger Schutzengel wird beginnen, jedes Mal mit Ihnen zu kommunizieren, wenn es eine Fortsetzung im Bewusstsein gibt und Ihr Ego schweigt. Er wird Sie regelmäßig über die Geheimnisse des Universums und der Schöpfung belehren, während Sie Ihrem täglichen Leben nachgehen. Es wird Ihnen weitere Einblicke in alles geben, was Sie in der Vergangenheit gelernt haben und was Sie jetzt zu wissen glauben. Alles, was Sie von der Außenwelt aufnehmen, wird nun durch die Weisheit Ihres Heiligen Schutzengels gefiltert.

Sie können weiterhin aus Büchern lernen, obwohl Sie feststellen werden, dass Sie von Ihrem Heiligen Schutzengel mehr über das Leben erfahren als aus irgendwelchen geschriebenen Texten. Bücher sind gut, um Ihr Wissen über bestimmte Themen zu erweitern, aber Ihre Lebensphilosophie werden Sie direkt von Ihrem Heiligen Schutzengel lernen.

Da Sie diesen ständigen Kommunikations- und Lernprozess nicht kontrollieren können, werden Sie anfangen, sich wie zwei Menschen in einem zu fühlen. Ich ertappe mich oft dabei, dass ich mit meinem Höheren Selbst spreche, als ob zwei Wesen in mir leben würden. Das kühle, ruhige, gefasste und allwissende Wesen ist das Höhere Selbst, während das Ego dasjenige ist, das Fehler macht und Führung braucht. Und so wie ich das sehe, bin ich weder das eine noch das andere zur gleichen Zeit.

Mein Ego hatte früher das Gefühl, dass das Bewusstsein, das es einst beherrschte, von etwas anderem gekapert wurde, obwohl es heute diese duale Realität des Selbst akzeptiert hat. Es hat immer noch seine Reaktionen wie jedes Ego, aber der höhere Genius steht zur

Seite, beobachtet, wie ich mich ausdrücke, und kontrolliert mich, wenn ich aus der Reihe tanze. Er ist der stille Zeuge des immerwährenden gegenwärtigen Augenblicks, der in der Ewigkeit lebt. Er ist da, um mich zu beruhigen, wenn ich es brauche, und mir den richtigen Rat zu geben, was ich tun oder wie ich mich verhalten soll, wenn ich in einem Dilemma stecke. Sein Hauptzweck ist es, mich zu lehren, wie ich meinen Charakter und meine Persönlichkeit verbessern kann, um spiritueller zu werden. Ich überlasse mich also seinen Händen und versuche, ihm größtenteils die Führung zu überlassen.

Ihr heiliger Schutzengel dient im Wesentlichen sich selbst; er lehrt Sie ständig, wie Sie ein besserer Kanal für sein Licht werden können, selbst wenn Ihr Ego darunter leiden muss. Wenn Sie jedoch lernen, Ihrem Höheren Geist zu dienen, lernen Sie immer auch, Gott, dem Schöpfer, zu dienen, was bedeutet, dass Sie sich spirituell weiterentwickeln. Da Ihr Höherer Genius Ihr Gott-Selbst ist, kommt sein Handlungsimpuls direkt von der Quelle der gesamten Schöpfung.

Das Faszinierende an der Kundalini-Wissenschaft und -Philosophie ist, dass es sich um ein neues und wachsendes Gebiet handelt, dessen Grundlagen und Rahmen noch nicht geschaffen wurden. Daher liegt es an allen Kundalini-Erweckten, ihr Wissen und ihre Erfahrungen einzubringen, damit die Generationen vor uns darauf weiter aufbauen können. Wenn ich Ihnen helfen kann, Kontakt mit Ihrem Heiligen Schutzengel aufzunehmen, dann habe ich meine Aufgabe erfüllt. Den Rest überlasse ich ihren Händen. In diesem Sinne fordere ich Sie alle auf, das, was Sie von mir gelernt haben, zu übernehmen und meine Theorien und Praktiken weiter zu entwickeln.

Kein Buch und kein Wissensfundus über die Kundalini hat die endgültigen Antworten. Es gibt immer Lücken, die gefüllt werden müssen. Daher lade ich alle Kundalini-Erweckten ein, mutig zu sein und aus ihrer Komfortzone herauszutreten, um dabei zu helfen, diese Kundalini-Wissenschaft weiter zu entwickeln. Wir sind alle Wissenschaftler und Laboratorien in einem Paket, lernen, erfahren und teilen unsere Erkenntnisse mit der Welt.

ZUSTAND DES SEINS NACH DEM ERWACHEN

Nach einem vollständigen Kundalini-Erwachen kann es, sobald der Lichtkörper aktiviert wurde, einige Zeit dauern, bis er sich durch Nahrungsaufnahme ausreichend entwickelt. Der nächste Schritt besteht darin, der spirituellen Energie zu erlauben, das Bewusstsein zu durchdringen, so dass Sie sich vollständig auf den spirituellen Körper, einen Aspekt des Lichtkörpers, ausrichten können. Um dies zu erreichen, müssen Sie jedoch zunächst die karmische Energie in den untersten vier Chakren überwinden und die obersten drei Chakren, die dem spirituellen Element angehören, ausreichend entwickeln.

Der Geistige Körper formt sich, während der Körper des Lichts integriert wird. Wie lange dieser Prozess dauert, hängt von vielen Faktoren ab, die für jeden persönlich sind. Es ist ein ziemlich langwieriger Prozess, und wenn ich eine durchschnittliche Schätzung abgeben müsste, würde ich sagen, sieben bis zehn Jahre. Wenn Sie eine Methode haben, um an den Chakren zu arbeiten, wie zum Beispiel die spirituellen Praktiken in diesem Buch oder die rituellen Übungen der Zeremonialen Magie, wie sie in *The Magus* vorgestellt werden, dann wird es wesentlich weniger Zeit in Anspruch nehmen. Wenn Sie andererseits der Kundalini erlauben, die Chakren im Laufe der Zeit auf natürliche Weise zu reinigen, wird es viel länger dauern.

Die Überwindung der Angst ist der Schlüssel zur spirituellen Auferstehung, zu der auch die Reinigung der Chakren gehört. Es hat viele Jahre gedauert, bis sich negative Energie in den Chakren entwickelt hat; es wird immer viele Jahre dauern, sie zu reinigen. Wie lange genau? Das hängt ganz davon ab, wie viel Angst Sie in Ihrem System haben.

Ich kenne Menschen, die nach einem Dutzend Jahren des Lebens mit erweckter Kundalini immer noch ihrer Angst und Furcht ausgeliefert sind, was für mich seit fast einem Jahrzehnt ein fremdes Konzept ist. Ich habe oft ängstliche Gedanken, wie wir alle, aber für mich ist es eine momentane Erfahrung, die im Reich der Nicht-Dualität des Bindu Chakras innerhalb von Sekunden weggespült wird. Kein ängstlicher Gedanke und keine ängstliche Emotion kann mich schwächen oder mein Bewusstsein lange genug beherrschen, um mich übermäßig zu beunruhigen.

Einige Wochen bis Monate nach dem anfänglichen Kundalini-Erwachen spüren Sie, wie sich die Energie im Körper und im Kopf bewegt, und Sie haben vielleicht das Gefühl, dass Ihr Gehirn "kaputt" ist. Dieser Geisteszustand führt zu zerstreuten Gedanken und der völligen Unfähigkeit, sich für längere Zeit auf etwas zu konzentrieren. Die meisten Menschen berichten auch, dass sie sich völlig apathisch gegenüber allem fühlen, was ihnen früher wichtig war.

Die Gefühle der Liebe für andere werden von einer emotionalen Taubheit überholt, die lange anhält und scheinbar permanent ist. Es wird keine Kontinuität in den Gedanken geben, und ein allgemeines Gefühl der Verwirrung wird vorhanden sein. Sie können sich nicht mehr an das Ego wenden, um Antworten zu erhalten, da es nur noch minimale Kontrolle über Sie hat. Das Ego merkt, dass es langsam stirbt, während dieses innere Feuer durch die Kundalini freigesetzt wird. Sie müssen sich diesem Prozess sofort hingeben, anstatt zu versuchen, ihn zu bekämpfen oder ihn zu sehr zu rationalisieren.

Unbegründete Ängste und Befürchtungen werden zu verschiedenen Zeiten auftauchen, ohne dass es dafür einen anderen Grund gäbe als den, aus dem System entlassen zu werden. Das mag anfangs beängstigend sein, aber wenn Sie erst einmal verstanden haben, dass dies alles Teil des Prozesses ist, wird es viel leichter sein, sich zu entspannen und zuzulassen, dass er sich entfaltet.

Sobald die Kundalini den Kopf erreicht, entsteht eine Verbindung zu verschiedenen Teilen des Unterbewusstseins, und es wird eine Brücke zwischen dem bewussten und dem unterbewussten Verstand geschlagen. Erinnerungen an die Vergangenheit können in den Vordergrund des Bewusstseins rücken. Das ist ein normaler Prozess, der nicht zu sehr untersucht werden muss. Am besten ist es, wenn Sie diese Erinnerungen loslassen, wenn sie auftauchen. Das Festhalten an einer schmerzhaften oder ängstlichen Erinnerung wird sie im Geist nur verstärken. Nutze stattdessen die Kraft der Liebe im Herz-Chakra, um die Erinnerung zu reinigen und zu erheben, wenn nötig auch durch Tränen.

Da dies alles eine so neue Erfahrung ist, wird es anfangs etwas unangenehm sein, und das Ego wird auf jede Weise versuchen, herauszufinden, was passiert. Bücher wie dieses hier sind wichtig, um zu wissen, wohin die Dinge führen, damit Sie sich entspannen können. Seltsame Manifestationen wie Energieströme, Muskelzuckungen und das Gefühl, dass sich Energien in schlangenähnlichen Mustern in Ihnen bewegen, sind nur einige der möglichen Erfahrungen, die Sie machen werden.

In verschiedenen Bereichen des Körpers, vor allem im Kopf und im Herzen, wird Druck spürbar sein. Mit der Zeit werden Sie auch Energieöffnungen in den Füßen und Handflächen spüren, die das Gefühl eines kühlen, ruhigen Windes hervorrufen, der in sie hineinströmt. Dies ist die spirituelle Energie, die in Sie eindringt und das Gefühl der allgemeinen Schwerelosigkeit hervorruft, das sich kurz darauf manifestieren kann.

Erinnern Sie sich daran, dass, obwohl die spirituelle Energie Ihren Körper scheinbar schon früh in Ihrem Transformationsprozess durchdringen wird, die tatsächliche Integration Ihres Bewusstseins mit dem spirituellen Körper erst stattfinden kann, wenn Sie Ihre Chakren gereinigt haben. Und dieser Prozess hängt ganz davon ab, wie viel karmische Energie Sie in jedem Chakra gespeichert haben. Wenn Sie also jemand sind, der sehr wenig karmische Energie hat, weil Sie sie in vielen Leben abgearbeitet haben, dann sind Sie vielleicht dazu bestimmt, eine leichte und schnelle Transformation zu haben.

Ein weiterer kritischer Punkt ist, dass, sobald das Bewusstsein und das Unterbewusstsein überbrückt sind, Ihre Gedanken einen Grad an Realismus annehmen, wie nie zuvor. Ihre Gedanken werden Ihnen real erscheinen, so als ob das, woran Sie denken, direkt vor Ihnen steht, was das allgemeine Gefühl von Angst und Furcht noch verstärkt. Wenn Sie keine vollständige Kontrolle über Ihre Gedanken haben, was die meisten von uns nach der anfänglichen Kundalini-Erweckung nicht haben, sind Furcht und Angst der Abwehrmechanismus gegen alles, was aus dem Unterbewusstsein auftaucht.

Diese "Realitätsnähe der Gedanken" entsteht, weil das Innen und das Außen jetzt eins sind. Es gibt keine Unterbrechung des Bewusstseins, es sei denn, Sie entscheiden sich willentlich, den Gedanken des Egos zuzuhören. Da alle Chakren geöffnet sind, strömen ihre Kräfte auf einmal in Ihr Bewusstsein. Ihr Sakralchakra, Swadsthihana, versorgt das Unterbewusstsein, während das Herzchakra, Anahata, den bewussten Verstand antreibt. Die Sonne repräsentiert den bewussten Verstand, während der Mond das Unterbewusstsein darstellt. Aus diesem Grund sieht man in vielen spirituellen Pantheons und Traditionen, vor allem in der hermetischen Alchemie, visuelle Darstellungen von Sonne und Mond in Verbindung.

CHAKREN, FEINSTOFFLICHE KÖRPER UND TRÄUME

Innerhalb weniger Wochen nach der ersten Kundalini-Erweckung beginnen die Träume eine andere Qualität anzunehmen, da sich die inneren Energien weiter sublimieren/transformieren. Diese spürbare Veränderung zeigt sich in der Traumwelt, da sich das Astrallicht allmählich in Ihnen aufbaut. Zu Beginn werden Ihre Träume verschiedene Bedeutungen annehmen, die Ihnen eine Lektion erteilen oder Sie über etwas Archetypisches in Ihrem Unterbewusstsein informieren sollen. Wenn Sie jedoch durch die Chakren fortschreiten, werden Ihre Träume von der Art ihrer Energie beeinflusst. Ihre Erfahrungen beginnen in den beiden untersten Chakren, Muladhara und Swatsthihana, da diese beiden der Astralwelt entsprechen. Alle inneren Erfahrungen beginnen in der Astralwelt, durch den Astralkörper, auch Emotionalkörper genannt.

Sobald sich eine Szene in Ihrem Traum abspielt, müssen Sie herausfinden, was sie bedeutet und was diese Szene Ihnen mitzuteilen versucht. Verschiedene okkulte Symbole, Krafttiere und Zahlen können Teil von metaphorischen Ereignissen sein, die Ihrem Bewusstsein eine Lebenslektion vermitteln, die Sie lernen müssen, um auf Ihrer Reise der spirituellen Evolution voranzukommen. Diese Lektionen dienen auch dazu, Ihrer Seele zu helfen, sich weiterzuentwickeln und Ihren Geist auf die Veränderungen in Ihrer Aura einzustimmen, während sie geschehen. Während Sie sich durch die unteren drei Chakren bewegen, sollen die Arten von Ereignissen in Ihren Träumen eine emotionale oder logische Reaktion in Ihnen auslösen, die Sie anschließend untersuchen müssen. In Ihren Träumen werden Sie verschiedene äußere Präsenzen spüren und sehen, darunter Engel, Dämonen und Gottheiten, die oft in Alltagskleidung gekleidet sind und sich als Menschen präsentieren.

Sobald Sie in das Herzchakra eingetreten sind, können Sie durch Sahasrara, das Kronenchakra, aus Ihrem Körper herausprojizieren und die Welt der luziden Träume erleben. Es ist jedoch schwierig, genau zu bestimmen, auf welcher feinstofflichen Ebene ein Traum stattfindet und von welchem Chakra er projiziert wird. Sofern Sie sich nicht in einem luziden Traum befinden, finden diese Träume im Unterbewusstsein statt, wo Ihr Bewusstsein so sehr in die Erfahrung vertieft ist, dass es nicht merkt, dass es träumt. Daher ist die einzige wirkliche Möglichkeit zu bestimmen, in welcher kosmischen Ebene Sie sich befinden, den Inhalt des Traumes zu untersuchen.

Denken Sie daran, dass Sie in einer bestimmten Nacht mehrere Träume in verschiedenen feinstofflichen Ebenen erleben können, da Ihr Bewusstsein in der Schwingungsrate oder -frequenz schwankt. Sie können manchmal hören, wie sich die Schwingungsfrequenz in Ihrem Kopf ändert, wenn Sie verschiedene Bereiche der Inneren Welt betreten, so wie sich die Radiofrequenz ändert, wenn Sie von einem Radiokanal zum anderen wechseln.

Emotional aufgeladene Träume ereignen sich in den Erd- und Wasserelementen, Muladhara und Swadsthihana Chakra. Vor allem Swadshihana, da es dem höheren Astral- oder Emotionalkörper entspricht, obwohl, wie bereits erwähnt, das Muladhara

Chakra auch die Astralebene berührt. Wenn der Inhalt eher logisch ist, wenn Sie in Ihren Träumen wie ein Detektiv etwas herausfinden müssen, dann wird er höchstwahrscheinlich durch das Feuerelement, Manipura Chakra, projiziert. In diesem Fall muss Ihr Bewusstsein im Traum Ihre Willenskraft und Ihren Intellekt einsetzen, um die Dinge herauszufinden.

Die Kundalini-Energie versucht, den Grundstein zu legen, damit Sie mit dem luziden Träumen, auch Astralreisen genannt, beginnen können. Luzides Träumen findet nur im Schlaf statt, während Astralprojektion eine Technik des Astralreisens ist, die man im Wachzustand auslösen kann. Die Idee ist im Grunde dieselbe: Sie benutzen Ihren Lichtkörper in Bezug auf die feinstoffliche Ebene, die Sie betreten wollen, um diese kosmische Ebene bewusst oder unbewusst zu erleben.

Die feinstofflichen Körper können die gleichen Empfindungen wie der physische Körper empfinden. Der unterste Feinstoffliche Körper, der Astralkörper, ist am dichtesten, was die Realitätsnähe des Erlebens dieser Ebene angeht, da er hauptsächlich mit euren niederen Emotionen zu tun hat. Wenn ihr jedoch in die Mentalebene eintretet, beginnen die Dinge sich realer anzufühlen. In der spirituellen Ebene wird die Realitätsnähe der Erfahrung stark erhöht, da die Schwingung des spirituellen Körpers wesentlich höher ist als die der subtilen Körper der unteren Ebenen. Das Erleben der göttlichen Ebenen ist von intensiver Ekstase geprägt, was der Natur dieser Ebenen entspricht.

LUZIDES TRÄUMEN

Etwa drei bis vier Monate nach dem Kundalini-Transformationsprozess beginnen Sie, luzide zu träumen. In Anbetracht der Ehrfurcht und des Wunders der Welt der luziden Träume ist dies eine der ersten spirituellen Gaben, die sich für den Kundalini-Erweckten manifestieren, und ein großer Schritt in seinem spirituellen Evolutionsprozess. Luzides Träumen resultiert daraus, dass die Kundalini-Energie in das Herz-Chakra, Anahata, eintritt, da dieses Chakra der Kontaktpunkt mit den darüber liegenden Geist-Element-Chakren ist.

In luziden Träumen ist das Bewusstsein vollständig vom physischen Körper befreit und sich bewusst, dass es einen Traum erlebt. Reines Bewusstsein ist das Gesetz, das luzide Träume leitet. Dieses Bewusstsein ermöglicht es dem individuellen Bewusstsein, wie ein "Kind in einem Süßwarenladen" zu sein und alle Abenteuer zu erleben, die die Seele begehrt. Es ist berauschend zu erkennen, dass man sich in einem Traum befindet und alles tun kann, was man sich wünscht, indem man es einfach in die Existenz denkt. Interessanterweise scheint das Erste, was die Menschen in der Welt der luziden Träume erleben wollen, das Fliegen durch die Luft mit der Kraft ihrer Gedanken zu sein. Da Ihr Lichtkörper schwerelos ist, spielt die Schwerkraft keine Rolle mehr, was dieses Phänomen möglich macht.

Luzides Träumen ist eine vollständige außerkörperliche Erfahrung, die zum ersten Mal einen ziemlichen Nervenkitzel darstellt. Es geschieht, nachdem genügend Licht-/Prana-Energie durch Nahrungsaufnahme aufgebaut wurde, so dass man während des Schlafes durch Sahasrara, das Kronenchakra, aus dem physischen Körper springen kann. Außerdem hat diese Erfahrung eine befreiende Wirkung auf das Bewusstsein. Durch den Eintritt in diese höheren Realitätsebenen werden Sie nicht mehr von Angst oder Schmerz geplagt, was Ihnen erlaubt, sich zu entspannen und dieses Geschenk zu genießen.

Die Welt des luziden Traums ist voll von wunderschönen Umgebungen und Szenen, die alle aus Ihrer verstärkten Vorstellungskraft in Verbindung mit dem unendlichen Potenzial des kosmischen Bewusstseins stammen. Indem Sie durch das Sahasrara Chakra aus Ihrem Körper projizieren, betreten Sie das Feld des kosmischen Bewusstseins, das grenzenlos ist. Alle luziden Träume fühlen sich so an, als wären Sie an dem magischen Ort, an den Sie sich projiziert haben, völlig präsent, da Ihre Seele jede Empfindung so empfindet, als würde sie im physischen Körper stattfinden. Alles, was geschieht, ist jedoch das Ergebnis der Vorstellungskraft von Anahata, die von Sahasrara angetrieben wird, dessen Energiequelle das kosmische Bewusstsein ist.

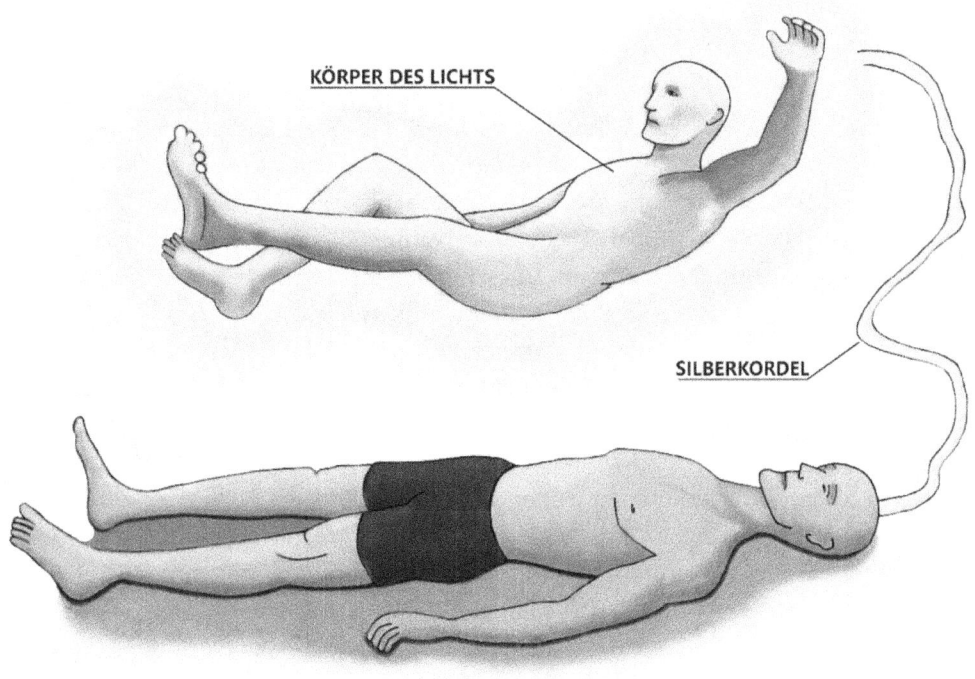

Abbildung 151: Projektion des Luziden Traums

Die Seele benutzt den Lichtkörper als Vehikel für die Reise in die inneren kosmischen Ebenen und ermöglicht es dem Bewusstsein, diese als real zu erfahren. Der Lichtkörper ist mit dem physischen Körper durch das Silberne Band (Abbildung 151) verbunden, das im Sanskrit auch als "Sutratman" bekannt ist, zusammengesetzt aus den beiden Wörtern "Sutra" (Faden) und "Atman" (Selbst). Der Sutratman ist im Wesentlichen der Lebensfaden der Seele. Diese metaphysische Schnur sorgt dafür, dass unser Lichtkörper nach einer Astralreise in den Körper zurückkehren kann. Beim Tod, wenn die Seele den physischen Körper für immer verlässt, wird die Silberne Schnur durchtrennt.

ASTRALES LICHT, DAS SICH AUFBAUT UND AUSBREITET

Wenn Sie anfangen, regelmäßig luzide zu träumen, kann es sein, dass Sie gelegentlich eine Traumparalyse erleben, bei der Ihr Bewusstsein so sehr von Ihrem Traum verschlungen wird, dass Sie bis zu einem Dutzend Stunden oder länger nicht aufwachen können. Dieses Phänomen tritt auf, weil sich das Astrallicht mit der Zeit immer mehr in Ihrem System ansammelt. Auf dem Höhepunkt kann die Lichtenergie so stark sein, dass sie Ihre Sinne so einbeziehen, dass der Verstand alles so real erlebt, dass er sich nicht vom Traum trennen kann.

Wenn ich das Wort "Astral" sage, beziehe ich mich nicht auf die Astralebene der Erd- und Wasserchakren, sondern darauf, wie dieser Begriff in spirituellen Kreisen üblicherweise verwendet wird. "Astral" steht für die inneren kosmischen Ebenen, Reiche und Welten, die jenseits der physischen Ebene liegen, aber untrennbar mit ihr verbunden sind. Wenn Sie also versuchen, anderen Menschen diese unsichtbare Wissenschaft zu beschreiben, können Sie den Begriff "Astral" verwenden, um alle nicht-physischen Ebenen des Bewusstseins zusammenzufassen. Und "Astrallicht" bezieht sich auf das innere Licht, das diese kosmischen Ebenen in die Existenz manifestiert.

Es ist wichtig zu verstehen, dass viele der verschiedenen Phänomene und Manifestationen nach der anfänglichen Kundalini-Erweckung darauf zurückzuführen sind, dass das Astral/Innere Licht mit der Zeit im Energiesystem wächst und sich ausdehnt. Während es sich ausdehnt, durchdringt es die Chakren mit Lichtenergie und wirkt systematisch durch die verschiedenen subtilen Körper. Sobald es die Chakren der vier Elemente durchdrungen hat, beginnt es, auf die spirituellen Chakren und den entsprechenden spirituellen Körper einzuwirken, indem es sie mit Lichtenergie durchdringt. Danach verwandelt sich das Astrallicht der Kundalini in flüssige spirituelle Energie (Amrita), die dann die Ida- und Pingala-Nadis oder -Kanäle mit Energie versorgt. Auf diese Weise wird der Kundalini-Kreislauf vervollständigt und erhält sich weiterhin durch Nahrungsaufnahme. Die Bindu wird aktiviert und dient als Ventil, das das gesamte Kundalini-System reguliert, was zu einem metaphysischen und mystischen Bewusstseinszustand führt.

Ungefähr fünf Monate nach meinem Kundalini-Erwachen, als sich das Astrallicht weiter in mir aufbaute, veränderte es meine Wahrnehmung der physischen Welt. Es veränderte meinen physischen Sehsinn, als das Astrallicht begann, alle Objekte um mich herum zu durchdringen, was zu einem schimmernden, silbrigen Glanz führte, der sich auf alles übertrug, was ich betrachtete. Wie bereits erwähnt, war dies die wundersamste Manifestation, an der ich mich bis heute erfreue. Diese Gabe gibt mir die Illusion, dass sich die Außenwelt vollständig in meinem Kopf, in meinem Geist befindet. Wenn ich meinen Blick nach außen richte, habe ich das seltsame Gefühl, als würde ich auf das Innere meiner Stirn schauen.

Während des Kundalini-Transformationsprozesses beginnt das sich aufbauende Astrallicht, auch die verschiedenen Gehirnzentren zu erwecken. Es beginnt, dieses Licht zu kanalisieren und in verschiedenen Teilen des Kopfbereichs zirkulieren zu lassen, während es dies tut. Als mein physisches Sehvermögen transformiert war und die Gehirnzentren sich öffneten, begann für mich ein neues Leben - die vollständige Erfahrung der vierten Dimension, der Dimension der Schwingung. Jedes Mal, wenn ich die Welt vor mir betrachtete, wurde ich an die Illusion der materiellen Welt der Materie erinnert, da ich nun die Welt der Energie unter ihr sehen konnte.

Mit der Veränderung meines Sehvermögens gewann ich auch die Fähigkeit, alles vor mir aus einer höheren Perspektive zu sehen, als ob ich in den Wolken stünde. Nur dass jetzt auch das, was ich sah, eine digitale Umgestaltung erfuhr und das Licht hinter den Gegenständen hervortrat und das, was ich sah, völlig umgestaltete. Manchmal war ich so vertieft in das, was ich sah, dass es sich direkt vor meinen Augen entmaterialisierte und ich es als reine Energie sehen konnte. Und wenn ich meine Meditation fortsetzte und mich noch mehr in das, was ich sah, vertiefte, konnte ich alles vor mir sehen, als ob es auf einen 2D-Hintergrund projiziert würde, wie eine Filmleinwand. Der einzige Unterschied ist, dass die Filmleinwand aus reiner Lichtenergie besteht, die von der Sonne projiziert wird. Diese Vision bestätigt die Theorie, dass wir in einem holografischen Universum leben.

DAS HOLOGRAFISCHE UNIVERSUM

Im ersten Jahr nach der Erweckung der Kundalini im Jahr 2004 hatte ich eine zweite Erfahrung mit dem Holographischen Universum, die mein Verständnis für die Natur der Realität vertiefte. Diese Erfahrung war wie die erste, die sich während meines Kundalini-Erwachens ereignete, allerdings selbst herbeigeführt. Es begann wie ein Traum, in dem ich allein auf einem Feld stand, umgeben von einem Holzzaun. Wohin ich mich auch drehte, ich sah diesen Zaun. Auf der anderen Seite des Zauns befanden sich meine Vorfahren, die sich alle gleichzeitig in meiner Muttersprache, dem Serbokroatischen, auf chaotische Weise unterhielten. Dann, wie aus dem Nichts, durchdrang eine völlige Stille die Atmosphäre.

Eine Stimme erschien und sagte: "Willst du die Wahrheit der Dinge wissen?" Ich bejahte dies, nicht verbal, sondern mit Neugierde im Herzen. In dem Moment, in dem ich dieses Angebot annahm, begann sich die Schwingung in meinem Kopf zu verändern. Ich merkte, wie ich in die Schwingung hineinrutschte und in meinem Traum das Bewusstsein verlor, so als würde ich in eine andere Dimension von Raum und Zeit transportiert werden.

Alle meine astralen Sinne wurden außer Kraft gesetzt, als ich immer weiter in mich ging. Es fühlte sich an, als würde ich durch ein Wurmloch in meinem Bewusstsein gehen. Anstatt mich vor dieser Erfahrung zu fürchten, hatte ich jedoch Vertrauen. Schließlich tauchte ich auf der anderen Seite auf und öffnete meine Augen. Als ich mich umschaute, sah ich die holografische Welt. Die Wände und der Boden vor mir waren durchsichtig, und die Gegenstände schienen im Raum zu schweben. Die Wände und Gegenstände leuchteten mit einem fast samtartigen Aussehen. Ich schaute während dieser Zeit nicht auf meinen Körper, so fasziniert war ich von dieser konkret-losen Realität. Überall herrschte absolute Stille. Ich fühlte mich wie reines, grenzenloses Bewusstsein, das in der Dunkelheit des Raumes schwamm. Was jedoch einzigartig war und das erste und einzige Mal in meinem Leben geschah, war, dass die übliche Vibration in meinem Kopf nun wie ein Mustang-Motor klang, ein leises Brummen.

Obwohl ich mir nicht sicher war, ob ich mich auf der Erde oder auf einem anderen Planeten befand, kamen mir die Gegenstände bekannt vor, als ich mich weiter umsah. Schließlich kehrten meine Erinnerungen zurück, und ich erkannte, dass ich mich nicht an einem neuen Ort befand, sondern auf meinem Bett saß, in meinem Zimmer, in dem ich eine Minute zuvor noch geschlafen hatte. Diese ganze Vision dauerte etwa zehn Sekunden, allerdings in Zeitlupe. Als die Erinnerungen zurückkamen und ich begann, diese außergewöhnliche Erfahrung zu hinterfragen, begann sich die Schwingung in meinem Kopf zu verändern, bis sie wieder ihre normale Frequenz erreicht hatte. Während dies geschah, sah ich, wie sich das holographische Universum vor meinen Augen in konkrete Materie verwandelte.

Diese Erfahrung sollte sich in meinem Leben nie mehr wiederholen. Aber das musste sie auch nicht. Ich bekam die Antwort, die ich suchte, und blickte nie wieder zurück. Ich lernte, dass wir nicht nur in einem holografischen Universum leben, sondern dass die Schwingung unseres Bewusstseins der Schlüssel zu interdimensionalen und möglicherweise sogar interplanetarischen Reisen sein kann. Diese Theorie wird durch einen uralten Text mit dem Titel *Die Smaragdtafeln von Thoth dem Atlanter* unterstützt, der vom atlantischen Priesterkönig Thoth geschrieben wurde, von dem der ägyptische Gott Thoth ein Nachkomme ist. Er erwähnte, dass Menschen durch das Universum reisen können, indem sie die Schwingung ihres Bewusstseins zu einem bestimmten Zeitpunkt ändern, was meine Behauptung bestätigt.

Nach meiner zweiten direkten Erfahrung mit der holografischen Realität hatte ich neue Fragen, die es zu beantworten galt. Zum Beispiel, von wo aus wird das Hologramm in unserem Universum projiziert? Eine Theorie besagt, dass jedes Sonnensystem sein eigenes Hologramm hat, das von seiner Sonne projiziert wird. Einige Astrophysiker vertreten jedoch eine andere Hypothese, wonach das Hologramm vom nächstgelegenen Schwarzen Loch projiziert wird.

Ein schwarzes Loch hat mehr Masse als alle Sonnensysteme in der Nähe zusammen, was bedeutet, dass es riesige Datenmengen in einem kompakten Raum transportiert.

Diese Daten werden nach außen gesendet, um verschiedene Teile des Universums zu bilden, und alles, was in diesem dreidimensionalen Raum enthalten ist, wird in der zweidimensionalen Ebene des schwarzen Lochs wie ein Spiegel reflektiert. Wenn man nun durch das Schwarze Loch hindurchgehen würde, käme man theoretisch in eine höhere Dimension, die in dem Film "Interstellar" als die fünfte Dimension der Liebe dargestellt wird, die Raum und Zeit übersteigt. Natürlich sind diese Theorien nur Spekulation und werden es auch bleiben, aber ich habe mich immer privilegiert gefühlt, einer der wenigen Menschen auf diesem Planeten zu sein, die nicht nur eine, sondern zwei direkte Erfahrungen mit der holographischen Realität gemacht haben.

DIE ENTHÜLLUNG WEITERER FÄHIGKEITEN

Da mir die innere, astrale Welt jederzeit offen stand, wurde sie auf das übertragen, was ich mit meinen physischen Augen sah. Infolgedessen begann ich Dinge zu sehen, die nicht von dieser Welt waren, da sich diese Lichtenergie in mir aufbaute. Ich sah schattenhafte Wesen in den Wäldern, engelhafte Erscheinungen und sogar dämonische Wesen, von denen die häufigsten knurrten und rote Augen hatten. Viele von ihnen sah ich in meinen Träumen, während andere in meiner Umgebung anwesend waren, und ich konnte sie für den Bruchteil einer Sekunde ansehen, bevor sie aus meinem Blickfeld verschwanden.

Meine Verbindung zu allem um mich herum wuchs täglich. Durch das geistige Auge entwickelte ich einen weiteren Sinn, nämlich die Fähigkeit, Objekte, die ich betrachtete, intuitiv zu fühlen. Ich konnte ihre Energie mit meinen Gedanken abwägen und ihre Astralform, ihre spirituelle Blaupause, mit dieser Fähigkeit fühlen. Diese Phänomene waren möglich, weil die Kundalini meine astralen Sinne vollständig erweckte, und ich konnte in den inneren kosmischen Ebenen sehen, berühren, schmecken, riechen und hören.

Da sich mein geistiges Auge exponentiell erweitert hatte, begann ich, regelmäßig zu meditieren, um herauszufinden, wie weit ich in den Kaninchenbau vordringen konnte und ob ich weitere Geschenke in mir freisetzen konnte. So begann ich überall zu meditieren, wo ich hinging, ob in der U-Bahn oder im Bus, im Unterricht oder bei der Arbeit. Ich meditierte gern, indem ich mich auf Menschen konzentrierte und mich von ihrer Energie einnehmen ließ. Wenn ich mich lange genug auf eine Person konzentrierte, glitt ich aus mir heraus und begann, ihre Energie zu sehen, die von ihrem physischen Körper ausging. Sie schien direkt hinter ihnen zu sein, obwohl sie ein Teil ihres Bewusstseins war. Die Erfahrung begann in der Regel damit, dass ich ihr ätherisches Doppel sah, das wie ein Abdruck ihres Energiefeldes aussah, das ein paar Zentimeter von ihrem physischen Körper entfernt war. Wenn ich jedoch tiefer hineinging und meine Augen bei der Betrachtung ihres Energiekörpers nicht mehr fokussierte, begann ich, das volle Spektrum ihrer aurischen Farben zu sehen.

Wenn ich jedoch länger als zehn Minuten meditierte, begann ich meinen Bewusstseinszustand zu verändern und konnte die Person aus der Perspektive einer Ameise oder manchmal sogar eines noch größeren Wesens sehen. Als Faustregel galt: Je länger ich mich auf die Person konzentrierte und ihr meine ungeteilte Aufmerksamkeit schenkte, desto mehr konnte ich in das, was ich sah, hineinspähen und Energiefelder sehen, die normalerweise mit dem physischen Auge nicht wahrnehmbar sind.

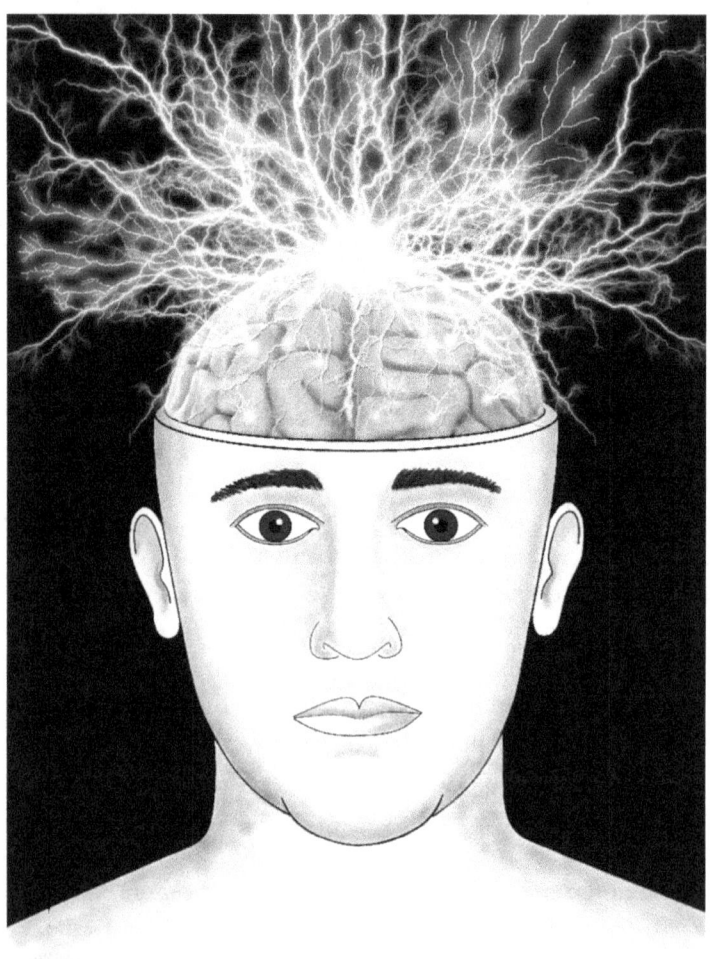

Abbildung 152: Die Antenne des Menschlichen Gehirns

Wenn jemand in meiner Nähe war und ich mich auf sein Gesicht statt auf seinen ganzen Körper konzentrierte, konnte ich sehen, wie sich seine Gesichtszüge direkt vor meinen Augen veränderten. Manchmal verwandelten sie sich in Tiergesichter oder wurden sehr alt oder jung, während ich mich auf sie konzentrierte. Ein anderes Mal verwandelten sich ihre Gesichter in etwas, das wie außerirdische Wesen aussah, weil sie einfach nicht von dieser Welt waren. Diese Erfahrungen bestätigten mir, dass wir alle Lichtwesen mit reinem Bewusstsein sind, die auf vielen verschiedenen Planeten in anderen Sonnensystemen und Galaxien in einer ununterbrochenen Kette von Leben gelebt haben, die niemals endet.

Zu diesem Zeitpunkt, als ich die Welt um mich herum spüren konnte, begann ich, eine Antenne zu werden (Abbildung 152), die Schwingungen von außerhalb meiner selbst empfängt. Die Kundalini begann nun, vom spirituellen Körper aus zu wirken. Auch wenn dies in meinem Leben relativ schnell geschah, bedeutete es nicht, dass der Kundalini-Transformationsprozess abgeschlossen war. Sie mag beginnen, durch den spirituellen Körper zu wirken, aber solange latente Energien in den Chakren bearbeitet werden müssen, wird die Kundalini-Energie stagnieren, und es wird eine klare Trennung von Geist, Körper und Seele geben. Diese Zersplitterung der Kundalini-Energie wird für lange Zeit zu einem verwirrten und verlorenen Geisteszustand führen. Verwirrung und die Unfähigkeit, sich zu konzentrieren oder Entscheidungen zu treffen, sind nur einige der negativen Begleiterscheinungen dieses Zustands.

Ich bin noch nie jemandem begegnet, der die Negativitäten der unteren Chakren in einem kurzen Zeitraum nach einem vollständigen Kundalini-Erwachen gereinigt hat. In Wirklichkeit ist es möglich, aber das bedeutet, dass die Seele die Chakren gereinigt und geklärt hat, lange bevor das Kundalini-Erwachen stattfand. Um sich in einem kleinen Zeitrahmen vollständig in diese neue Bewusstseinsebene zu integrieren, müsste man eine ziemlich heilige Persönlichkeit sein, die ihr Karma aus diesem Leben und aus früheren Leben aufgearbeitet hat. Andernfalls wird es in eurem weltlichen Leben noch viele Manifestationen geben, in denen die Kundalini an euren unteren Chakren arbeitet. Es müssen jedoch viele Lektionen in diesen Bereichen gelernt werden, bevor sich die Kundalini vollständig im spirituellen Körper lokalisieren und ohne Blockaden oder Stagnationen in der Energie arbeiten kann.

KRIYAS UND SYNCHRONISTISCHE EREIGNISSE

Einige erwachte Menschen berichten, dass sie spontan Kriyas, Kundalini Yoga und Hatha Yoga Bewegungen ausführen. Dieses Phänomen entsteht dadurch, dass das Kundalini-Licht den physischen Körper dazu animiert, diese Bewegungen auszuführen, während das bewusste Selbst auf Autopilot ist. Interessanterweise taucht das Wissen über die Kriyas irgendwo tief aus dem Unterbewusstsein auf, da sie der Person, die sie ausführt, normalerweise nicht bewusst sind. Der Körper führt diese Kriyas eine Zeit lang aus, während die Kundalini auf den Körper einwirkt und ihn energetisiert. Der Schlüssel zu diesem Phänomen ist, dass sich der Mensch in einem Zustand der Inspiration befindet, der das Ego neutralisiert. In dem Moment, in dem sich das Kundalini-Licht auflöst, übernimmt das Ego wieder die Kontrolle über das Bewusstsein, und die Kriyas hören auf.

Eine weitere Erscheinung in diesem von der Kundalini inspirierten Zustand ist das automatische Schreiben. Die Person kann sich gezwungen fühlen zu schreiben, wiederum scheinbar auf Autopilot, während die Kundalini-Energie durch sie hindurchfließt. Der produzierte Inhalt ist für das Ego oft nicht erkennbar, wenn er im Nachhinein betrachtet wird, was die Frage aufwirft, woher er kam. Das Individuum kann sich sogar in anderen Sprachen ausdrücken, von denen einige nicht von dieser Erde stammen. Ich habe zum Beispiel einen Kundalini-Erweckten, der in diesem inspirierten Zustand kryptische Buchstaben und Symbole channelt, die einer toten Sprache der Antike oder sogar einer außerirdischen Sprache ähneln. Was auch immer er channelt, er fühlt sich gezwungen, es zu tun und hat keine bewusste Kontrolle über den Prozess.

Viele weitere Manifestationen werden auftreten, da das Bewusstsein lernt, in dieser neuen Welt der reinen Energie zu leben, und das Ego seinen Einfluss auf Sie lockert. Sie werden beginnen, viele Synchronizitäten zu haben und Muster in Ihrem täglichen Leben zu bemerken. Zum Beispiel sind Zahlenmuster üblich, die oft auftreten, wenn Sie einen inneren Drang verspüren, auf die Zeit zu schauen oder ein technisches Gerät zu betrachten, das Zahlen anzeigt. Bei mir selbst tauchte die Zahl 1111 sehr oft auf. Andere Kundalini-Erweckte berichten von Synchronizitäten mit der gleichen Zahl.

Der Zweck von 1111 ist es, Sie wissen zu lassen, dass Sie jetzt auf einer anderen spirituellen Ebene funktionieren und dass das Erwachen stattgefunden hat. Die 1111 Engel oder göttlichen Energien wollen Sie wissen lassen, dass Sie von höheren Kräften geführt und beschützt werden. Sie können auch andere Zahlenreihen sehen, wie 222 oder 333. Dieses Phänomen tritt auf, wenn die äußere, materielle Realität mit der inneren Astralwelt verbunden wird - die beiden werden eins.

Ihre Vorstellungskraft verschmilzt mit dem Kosmischen Bewusstsein und dessen Vorstellungskraft, die riesig und grenzenlos ist. Sie sind nicht länger eine separate Entität, sondern agieren jetzt innerhalb des Rahmens des Kosmischen Geistes. Ihr Verstand wird allmählich vom Kosmischen Bewusstsein absorbiert.

Während sich Ihr Bewusstsein langsam weiterentwickelt, lernt es, nach dem Rahmen der Universellen Prinzipien zu handeln. Diese Prinzipien sind die Prinzipien der Schöpfung - die sieben Prinzipien (grundlegende Wahrheiten), die die universellen Gesetze umreißen, die die gesamte Schöpfung regieren. Diese Gesetze bilden die Grundlage des *Kybalion* - *des* okkulten hermetischen Buches, das zu Beginn des 20. Jahrhunderts geschrieben wurde und das mich persönlich zutiefst beeinflusst hat und ein Vorläufer meines Kundalini-Erwachens war, wie in der Einleitung zu diesem Werk erwähnt. Sie lernen, ein Teil der Schöpfungsprinzipien zu werden und in ihrem Kontext bewusst zu handeln, da Sie ein Teil der universellen Gesetze sind.

DIE NOTWENDIGKEIT DER SPIRITUELLEN ALCHEMIE

Es wird immense Veränderungen auf der mentalen und emotionalen Ebene geben, nachdem man eine vollständige und anhaltende Kundalini-Erweckung erlebt hat. Bei vielen Menschen kann es zu einer Flut von Negativität kommen, die in das Bewusstsein strömt, weil die Kundalini alle Chakren aufsprengt, wenn sie von ihrem Sitz im Kreuzbein durch das hohle Rohr der Wirbelsäule aufsteigt.

Da Furcht und Angst Ihr System durchdringen, müssen diese dunklen Energien bewältigt werden, bevor Sie die positiveren Aspekte des Erwachens erfahren können. Die negativen Emotionen werden im Wasser-Chakra, Swadhisthana, empfunden, das mit dem Unterbewusstsein verbunden ist. Negative Gedanken hingegen sind das Ergebnis eines verdorbenen Luft-Chakras, Anahata. Solange Sie Ihre negativen Gedanken und Emotionen nicht geklärt haben, können Sie nicht allein durch Intuition funktionieren, was eines der Ziele des Kundalini-Erweckungsprozesses ist. Stattdessen werden Sie sich von diesen dunklen Energien belastet fühlen, da sie scheinbar Ihr Leben bestimmen.

Die negativen Gedanken und Gefühle mögen zunächst fremd erscheinen. Bei näherer Betrachtung werden Sie jedoch erkennen, dass sie Ihre eigenen sind. Sie werden auch von den negativen Energien anderer Menschen angezogen werden, denn Gleiches zieht Gleiches an. Oft werden Sie nicht zwischen den beiden unterscheiden können, da Sie so offen für die Energien anderer Menschen sind, dass sie sich anfühlen, als wären es Ihre eigenen. Und bis zu einem gewissen Grad sind sie das auch, denn wenn wir mit anderen zusammen sind, nehmen wir ihre Energie auf.

Im Allgemeinen ist die Kommunikation für alle Menschen zu 93% telepathisch, was wir unbewusst ausdrücken, hauptsächlich durch unsere Körpersprache und den Tonfall unserer Stimme. Nach der Erweckung der Kundalini werden Sie jedoch diese höhere Form der Kommunikation bewusst erleben, da Sie die Kontrolle über Ihre Schwingungen haben werden. Und da wir uns alle ständig gegenseitig durch die Schwingung unserer Gedanken und Emotionen beeinflussen, können Sie, wenn Sie die Kontrolle über Ihren inneren Zustand erlangen, auch den Geisteszustand anderer Menschen kontrollieren. Aber um das zu erreichen, müssen Sie Ihre Gedanken und Emotionen reinigen, damit Ihre Willenskraft Ihr Bewusstsein beherrschen kann.

Zu Beginn Ihrer Transformationsreise werden Sie feststellen, dass es schwierig geworden ist, mit einigen Menschen in Ihrem Leben zusammen zu sein. Diese Menschen sind oft Freunde oder sogar Familienmitglieder, mit denen Sie früher viel Zeit verbracht haben. Nach dem Erwachen werden Sie jedoch feststellen, dass der Umgang mit denselben Menschen Sie ängstlich und gestresst macht. Dieses Phänomen tritt aufgrund der Negativität in Ihnen auf, da sich Ihre eigenen Dämonen von der Angstenergie ernähren, die von den Dämonen anderer Menschen projiziert wird.

Sehr negativ eingestellte Menschen, die leicht zu verärgern sind oder das Leben übermäßig pessimistisch sehen, werden Sie stark auslaugen. Da Sie Ihre Dämonen mit der Angstenergie anderer Menschen füttern, werden sie Ihnen unweigerlich Ihr Prana, Ihre Lebenskraft, rauben. Deshalb rate ich Ihnen, Ihr Leben zu reformieren und den Kontakt mit Menschen, die Sie negativ beeinflussen, zu begrenzen. Sie können vielleicht wieder Zeit mit diesen Menschen verbringen, wenn Sie sich spirituell über diesen negativen Zustand hinaus entwickeln. Doch während Sie Ihre Probleme überwinden, ist es am besten, wenn Sie Ihre Zeit nur mit positiv gesinnten Menschen verbringen.

Sie sind kein durchschnittlicher Mensch mehr, und Sie müssen sich damit abfinden. Je schneller Sie akzeptieren, dass Sie sich selbst helfen müssen, desto schneller werden Sie sich weiterentwickeln. Wenn Sie sich nicht mit dieser Art von Problemen auseinandersetzen, werden Sie leiden. Es ist von entscheidender Bedeutung, von Beginn Ihrer Transformation an eine zuversichtliche Haltung einzunehmen, denn die Bewältigung dieser von der Kundalini-Energie auferlegten Herausforderungen wird den Unterschied zwischen Sieg und Niederlage im Kampf in Ihrem Inneren ausmachen. Sie können sich entweder von Ihrer neuen Reise inspirieren lassen oder so niedergeschlagen sein, dass Sie sich selbst und Ihr Leben hassen und Gott dafür verfluchen, dass er Ihnen diese Kundalini-Last" auferlegt hat. Es ist normal, dass man sich am Anfang oft so fühlt, besonders wenn man ein ungeplantes, spontanes Erwachen hatte.

Es wäre am besten, wenn Sie von Anfang an die Einstellung eines spirituellen Kriegers entwickeln würden. Sie müssen Mut und Stärke aufbringen, damit Sie sich Ihren Dämonen stellen können, und wenn sie versuchen, Ihnen Angst zu machen, was sie tun werden, werden Sie in Ihrer Haltung unerschüttert bleiben. Angstbasierte Überzeugungen, negatives Denken und traumatische Erinnerungen müssen in diesem Prozess losgelassen und überwunden werden.

Ihr Ego stirbt langsam, und das weiß es. Sie müssen sich der Kundalini-Energie hingeben und Glauben und Liebe über die Angst stellen. Das Konzept der Angst und ihre Auswirkungen auf Ihr Energiesystem werden Sie viele Jahre lang herausfordern, aber am Ende werden Sie siegen, wenn Sie positiv und stark bleiben. Erinnern Sie sich daran, dass dieser Transformationsprozess universell ist. Wenn Sie erkennen, dass Sie mit diesen Herausforderungen nicht allein sind, können Sie sich von denen inspirieren lassen, die vor Ihnen da waren und diese Prüfungen und Schwierigkeiten überwunden haben.

HERAUSFORDERUNGEN IN IHREM PERSÖNLICHEN LEBEN

Da Sie in Geist, Körper und Seele umgestaltet werden und viele Bewusstseinsverbesserungen erhalten haben, bedeutet das, dass Sie jetzt auf einer anderen Ebene funktionieren als andere Menschen. Je schneller Sie das akzeptieren können und erkennen, dass Sie in Bezug auf Ihre Familie und Freunde jetzt einzigartig und anders sind, desto schneller können Sie lernen, sich an Ihre neue Realität anzupassen. Diese Anpassung geht mit einem gewissen Gefühl der Einsamkeit einher, denn niemand, den Sie kennen, wird verstehen, was Sie gerade durchmachen. Lassen Sie mich diesen entscheidenden Punkt noch einmal wiederholen. Sie sind jetzt anders, und wenn niemand das durchgemacht hat, was Sie gerade durchmachen, wird er es nicht verstehen, ganz einfach.

Ich brauchte viele Jahre und viele Versuche, von meiner Familie und meinen Freunden Verständnis zu bekommen, um zu erkennen, dass ich damit allein dastehe und von den Menschen, die ich kenne, nicht die nötige Unterstützung bekommen werde. Und je schneller Sie erkennen, dass Sie anderen Menschen nicht die Schuld dafür geben sollten, dass sie Sie nicht verstehen, desto besser werden Sie sich wieder in die Gesellschaft integrieren können. Denn wenn Sie sich entschieden haben, in der Gesellschaft zu bleiben und weiterhin ein Teil von ihr zu sein, spielt es keine Rolle, was Ihre Wahrheit ist, wenn andere Sie nicht verstehen. Sie werden lernen müssen, sich anzupassen, "so zu tun als ob", bis Sie es schaffen.

Es ist in Ordnung, in diesem Zusammenhang manchmal zu lügen, wenn die Wahrheit für andere kompliziert zu verstehen ist, und Sie wissen, dass es keinen Unterschied machen wird, wenn Sie versuchen, Ihre neue Realität zu erklären. Es ist jedoch wichtig, nicht zu verzweifeln. Wir sind darauf programmiert, in einer schwierigen Situation den Rat anderer Menschen zu suchen, aber in Wirklichkeit haben wir alle Antworten in uns selbst, wenn wir wissen, wo wir suchen müssen. Sie können alle Hindernisse und Herausforderungen überwinden, wenn Sie Vertrauen in sich selbst, das Universum und den Kundalini-Transformationsprozess haben. Denken Sie daran, dass die Kundalini-Wissenschaft in der Öffentlichkeit noch relativ unbekannt ist und die meisten Menschen Sie nicht verstehen werden. Wenn und sobald das Wissen über die Kundalini Teil des Mainstreams wird, werden Sie mehr Unterstützung von der Außenwelt bekommen können.

In den ersten Jahren nach einer vollständigen und anhaltenden Kundalini-Erweckung werden Sie viele schlaflose Nächte haben. Daher wird das, was Sie für den Morgen geplant haben, oft warten oder verschoben werden müssen. Wenn es nicht aufgeschoben werden kann, müssen Sie lernen, gute Ausreden dafür zu finden, dass Sie nach einer schlaflosen Nacht nicht zu 100% fit sind. Die Kundalini ist nachts oft am aktivsten, vor allem, wenn Sie sich im REM-Schlaf befinden. Hier ist Ihr Bewusstsein auf Autopilot und erlaubt der Kundalini zu tun, was sie will.

Aufgrund seiner Intensität werden Sie nicht oft in der Lage sein, in den Schlaf zu finden, zumal dieser ganze Prozess für Sie relativ fremd ist. Meistens verhindert die Angst vor dem, was als Nächstes passieren wird, dass Sie sich entspannen und einschlafen können. Je schneller Sie diese Herausforderungen als einen neuen Teil Ihres Lebens akzeptieren, desto besser wird es Ihnen auf lange Sicht gehen. Ich wünschte, ich könnte Ihnen sagen, dass diese Herausforderungen nicht auf Sie zukommen werden, aber das wäre eine Lüge.

Bei einer spontanen Erweckung ist es fast sicher, dass Sie sich bis zu einem gewissen Grad vor dem Prozess fürchten werden, was sich auf Ihren Schlaf auswirken wird. In meinem Fall wurde ein Jahr nach der Kundalini-Erweckung Schlaflosigkeit diagnostiziert. Manchmal hilft es, eine professionelle Diagnose zu bekommen, um eine gute Entschuldigung für das Versäumen von Verpflichtungen am Morgen zu haben, wie z.B. Unterricht in der Schule oder Arbeit. Natürlich war mein Zustand nur vorübergehend, und das wusste ich auch, aber ich fühlte mich einigermaßen beruhigt, eine gültige Entschuldigung für meine Symptome zu haben.

Im Laufe der Zeit habe ich Wege gefunden, wie ich mich optimal ausruhen kann, ohne Schlaf zu induzieren, was mir sehr geholfen hat, als ich mit diesem Problem der Schlaflosigkeit zu kämpfen hatte. Ich habe entdeckt, dass man, wenn man sich auf den Rücken legt und die Prozesse der Kundalini-Energie, die sich durch den Körper bewegt, bewusst beobachtet, seinen physischen Körper so weit ausruhen kann, dass er am nächsten Tag weniger träge ist. Diese Methode hat mir geholfen, meinen Körper zur Ruhe zu bringen, aber ich konnte keine Lösung finden, um meinen Geist zur Ruhe zu bringen.

Es wird fast unmöglich sein, geistige und emotionale Erschöpfung zu vermeiden, indem man keinen Schlaf induziert, also müssen Sie lernen, zu funktionieren, während Sie sich in diesem luziden Geisteszustand befinden. Traurigerweise haben Sie in dieser Angelegenheit keine Wahl. Ich möchte jedoch sagen, wo es einen Willen gibt, gibt es einen Weg. Wenn Sie sich entscheiden, inspiriert zu bleiben, selbst im Angesicht von Widrigkeiten, werden Sie siegen. Wenn Sie sich dagegen entscheiden, werden Sie scheitern, ganz gleich, wie anstrengend Ihre Herausforderung ist. Nehmen Sie also von Anfang an die Haltung eines Gewinners ein, und Sie werden auf dieser Reise viel gewinnen.

Mein erstes Buch enthält die spirituelle Praxis der zeremoniellen Magie und die verschiedenen Übungen, die ich auf meiner Reise verwendet habe, um mir zu helfen, mit dem anfänglichen negativen Geisteszustand umzugehen, der durch die erwachte Kundalini-Energie hervorgerufen wurde. Diese rituellen Übungen werden als Teil der Programme der Spirituellen Alchemie vorgestellt, die ich vor vielen Jahren durchlaufen habe, als ich mit denselben Herausforderungen konfrontiert war. Sie sind dazu gedacht, die karmische Energie der unteren Chakren loszuwerden, damit Sie alle Ängste und Befürchtungen in Ihrem System auslöschen und im Bewusstsein höher aufsteigen können. Ich habe festgestellt, dass die rituellen Techniken nicht nur die Chakren reinigen, sondern mir auch zu einem besseren Schlaf verhelfen und meine Schlaflosigkeit überwinden.

Gleich zu Beginn meiner Reise durch die Zeremoniale Magie fühlte ich mich ruhiger und ausgeglichener und erlangte ein gewisses Maß an Kontrolle über meine mentalen

Zustände. Und dieser Effekt war kumulativ, wie ich feststellte; je länger ich täglich mit dieser spirituellen Praxis arbeitete, desto zentrierter und geerdeter wurde ich, was sich positiv auf meinen Schlaf auswirkte. Die rituellen Bannungsübungen, die man gleich zu Beginn seiner Reise durch die Zeremoniale Magie erhält, helfen dabei, die Aura von unausgeglichener Energie zu befreien, was zu mehr geistigem Frieden führt. Und wenn der Geist in Frieden ist, kann man leichter einschlafen.

Diese Ritualtechniken halfen mir nicht nur beim Einschlafen, sondern gaben mir auch ein Werkzeug, um die vielen mentalen und emotionalen Herausforderungen zu bekämpfen, denen ich ausgesetzt war. Sie reinigten meine Chakren mit der Zeit und erlaubten mir, inspiriert zu bleiben, während sich der Kundalini-Transformationsprozess entfaltete. Bevor ich Zeremonielle Magie fand, fühlte ich mich sehr hilflos. Als ich jedoch die Zeremonialmagie entdeckte, gab es kein Zurück mehr. Endlich hatte ich das Werkzeug, das ich suchte, um mich zu einem spirituellen Krieger zu entwickeln und auf dieser Reise erfolgreich zu sein.

Ich habe diese heilige Kunst der Energiebeschwörung fünf Jahre lang jeden Tag praktiziert. Diese magischen Übungen haben mich geerdet, meine Vorstellungskraft und Intuition erweitert und, was am wichtigsten ist, Angst und Furcht aus meiner Aura entfernt. Sie steigerten meine Willenskraft und mein Mitgefühl, stärkten meinen Intellekt und reinigten meine Emotionen. Ich war erstaunt, wie gut diese rituellen Techniken funktionierten und wie sie das ergänzten, was die Kundalini-Energie zu erreichen versuchte. Aus diesem Grund habe ich mich entschlossen, diese Ritualtechniken und mehr in meinem ersten Buch zu teilen, um anderen Menschen, die sich in der gleichen Situation wie ich befanden, die Werkzeuge an die Hand zu geben, die sie brauchen, um sich selbst zu helfen und auf ihrer spirituellen Reise weiterzukommen.

AUSRICHTEN AUF DEN LICHTKÖRPER

Wenn Sie Ihre unteren vier Chakren gereinigt und gestimmt und die Elemente Erde, Wasser, Feuer und Luft gemeistert haben, kann sich Ihr Bewusstsein erheben und in den höheren drei Chakren des Spirituellen Elements ansiedeln, von wo aus es weiter wirken wird. Diese Bewusstseinsverschiebung deutet auf eine neue Erfahrung des Lebens in der Welt hin, die nicht durch Furcht und Angst behindert wird.

Ihr neues Bewusstseinsfahrzeug, der Geistige Körper, ist Ihr Geschenk und Ihre Belohnung für all die spirituelle Alchemiearbeit, die Sie bis zu diesem Punkt geleistet haben. In den meisten Fällen müssen viele Jahre vergehen, bis die karmische Energie in den unteren Chakren überwunden ist, besonders wenn Sie ein spontanes Kundalini-Erwachen hatten. Bei mir waren es genau sieben Jahre nach meinem Erwachen, bis ich mein Bewusstsein vollständig auf den spirituellen Körper ausgerichtet hatte. Sobald dies geschehen war, folgten weitere spirituelle Transformationen.

Da alle Blütenblätter des Tausendblättrigen Lotus von Sahasrara endlich für mich geöffnet waren, wurde auch die Gesamtheit meiner primären Gehirnzentren erweckt. Meine Zirbeldrüse und die Hypophyse, der Thalamus und der Hypothalamus wurden optimiert, um meinen Körper mit dem erweiterten Bewusstsein zu synchronisieren, das nun auf Hochtouren lief. Ich stellte schließlich den korrekten Fluss der spirituellen Energie nach oben und wieder nach unten durch die Krone her.

Der nächste Schritt im Transformationsprozess war die vollständige Ausrichtung des Bewusstseins auf den Geistigen Körper. Sobald dies abgeschlossen war, kam es zu weiteren Entwicklungen in meinem geistigen Auge, wodurch die Fähigkeit erwachte, meinen Körper zu verlassen und mich in der dritten Person zu sehen.

In der Vergangenheit hatte ich zufällige Momente, in denen ich aus meinem Körper heraustreten konnte, aber diese Erfahrungen waren im Allgemeinen von kurzer Dauer. Ich konnte diese außerkörperliche Erfahrung nicht aufrechterhalten, da mein Ego zu aktiv war und mein Bewusstsein auf meinen physischen Körper beschränkt hielt. Jetzt konnte ich mich auf ein beliebiges äußeres Objekt konzentrieren, und wenn ich mich länger als eine Minute oder so darauf konzentrierte, verließ mein Bewusstsein meinen Körper, da ich eins mit ihm wurde. Das Sahasrara Chakra war an diesem Phänomen beteiligt, aber auch mein Hand- und Fußchakra. Es fühlte sich an, als ob die geistige Energie durch meinen Kopf und meine Gliedmaßen aus meinem Körper gesaugt wurde.

Diese neue Entwicklung in meinem geistigen Auge stärkte meine Verbindung zur Außenwelt auf eine neue Art und Weise. Verschiedene Klänge begannen in meinem Kopf als animierte Bilder Gestalt anzunehmen. Jeder Klang hatte eine damit verbundene visuelle Komponente, die in Wellen kam und ging, angetrieben von einer höheren Vorstellungskraft.

Eine tiefe Stille durchdrang meinen Geist, als würde ich auf Wolken gehen, während ich mit den Füßen auf dem Boden stand. Einige dieser Manifestationen begannen sich schon Jahre zuvor zu entwickeln, aber ich konnte mich nicht vollständig auf diese höheren Kräfte einstimmen, weil ich immer noch meiner Angst und Furcht ausgeliefert war. Ich musste alle Ängste und Befürchtungen beseitigen, um der Kundalini-Energie einen klaren Weg zu bahnen, damit diese höheren Fähigkeiten erwachen konnten.

Ich glaube, dass dieser Prozess der Freisetzung von besonderen Fähigkeiten für jeden Menschen universell ist. Es gibt eine systematische Art und Weise, in der sich die Kundalini-Transformation mit der Zeit entfaltet. Da Gott, der Schöpfer, allen Menschen ein Fünf-Sterne-Körpermuster mit den gleichen Gesichtszügen gegeben hat, glaube ich, dass uns auch die gleichen Energiekomponenten und das gleiche Potential gegeben wurden. Jesus Christus bezog sich darauf, als er sagte, wir sind alle gleich und wir sind alle Eins. Es mag einige Zeit dauern, bis Kundalini-Erweckte dieselben Fähigkeiten freisetzen wie ich, aber schließlich werden sie alle dort ankommen. Jeder befindet sich in Bezug auf seinen spirituellen Evolutionsprozess auf einer anderen Zeitlinie, aber das Endspiel ist dasselbe.

Sobald Sie Ihr Bewusstsein auf den Geistigen Körper ausrichten, umgehen Sie Ihren Verstand und erlauben Ihrem Wesen, am Geistigen Reich teilzuhaben, dem Reich der

Nicht-Dualität. Dieses Reich ist höchst mystisch und transzendental, wie Sie erfahren werden. Zum Beispiel wird der bloße Akt des Musikhörens in Ihrem Herzen eine Verzückung hervorrufen, wie Sie sie noch nie zuvor erlebt haben. Es wird sich anfühlen, als ob das Lied nur für Sie gespielt wird und Sie der Star eines epischen Hollywood-Films sind, der Ihr Leben ist. Selbst wenn Ihr Leben zu diesem Zeitpunkt gewöhnlich ist, werden Sie das Gefühl haben, dass Sie alles werden können, da Sie sich in diesem Zustand der ständigen Inspiration befinden.

Der physische Körper beginnt, auch für Empfindungen teilweise taub zu werden. Dieses Phänomen resultiert daraus, dass sich die Kundalini in feine spirituelle Energie verwandelt, die das System ausdehnt, während sie in Ihnen zirkuliert. Infolgedessen werden die primären Energiekanäle von Ida, Pingala und Sushumna vollständig geöffnet und arbeiten synchron zueinander.

Der spirituelle Körper hat sich als primärer Träger und Regulator des Bewusstseins etabliert, auch wenn ihr vielleicht noch mehr Arbeit an den niederen Subtilen Körpern leisten müsst. Letztendlich muss sich das Bewusstsein vollständig über die unteren feinstofflichen Körper erheben, was eine vollständige Reinigung der in diesen Bereichen vorhandenen karmischen Energie erfordert. Sobald dies vollbracht ist, wird sich das Individuum insgesamt über sein Karmarad erheben.

Während Sie durch die verschiedenen Transformationen in Geist, Körper und Seele gehen, rate ich Ihnen, dem Prozess zu vertrauen, anstatt ihn zu fürchten. Obwohl es viele Jahre braucht, um diesen Transformationsprozess, der in Ihnen stattfindet, zu beobachten, bevor Sie endlich loslassen und darauf vertrauen können, dass Sie in guten Händen sind, ist das Wissen, dass Sie sicher sind, schon die halbe Miete. In jedem Fall haben Sie keine andere Wahl, als sich diesem Prozess hinzugeben, und je schneller Sie das tun können, desto besser für Sie.

Angst zu haben bedeutet zu versagen, denn Angst ist der Treibstoff des Egos, den es benutzt, um Sie an sich zu binden und Sie daran zu hindern, auf Ihrer Reise voranzukommen. Das Ego will, dass Sie sich vor dem Prozess fürchten, denn es weiß, dass es diese Angst gegen Sie verwenden kann, um noch ein wenig länger an seiner Identität festzuhalten. Es weiß, dass es ausgelöscht werden muss, damit Sie sich vollständig in ein spirituelles Wesen des Lichts verwandeln können, was es um jeden Preis zu vermeiden versucht. Wie bereits erwähnt, können Sie das Ego niemals zerstören, solange Sie im physischen Körper leben, aber Sie können es auf ein kleines Bewusstseinsfragment reduzieren, das unter der vollständigen Kontrolle des Höheren Selbst steht.

Anstatt Zeit damit zu verbringen, sich Sorgen zu machen und den Kundalini-Transformationsprozess zu überanalysieren, sollten Sie stattdessen Zeit damit verbringen, sich zu erden und zu lernen, sich zu entspannen. Die Kundalini-Energie will Ihnen helfen, sich spirituell weiterzuentwickeln, und nicht, Sie in irgendeiner Weise zu verletzen. Der innere Schmerz, den Sie erleben, wird vom Ego erzeugt; um ihn zu überwinden, müssen Sie lernen, seine Gedanken zu negieren. Sie müssen sich entspannen und darauf vertrauen, dass es Ihnen gut gehen wird, während die Kundalini durch Sie wirkt.

Einige der Manifestationen, von denen ich hier spreche, treten in den späteren Stadien des Kundalini-Transformationsprozesses auf. Es ist wichtig zu erkennen, dass sich der Kundalini-Prozess nach dem anfänglichen Erwachen für den Rest Ihres Lebens weiter entfaltet. Obwohl die ersten paar Jahre herausfordernd sein können, während die Reinigung stattfindet, können und werden sich, sobald sie abgeschlossen ist, weiterhin andere Begabungen und Phänomene manifestieren, da die Reise weitergeht.

KÖRPERLICHE VERÄNDERUNGEN UND ERNÄHRUNG

Sobald Sie die Kundalini vollständig erweckt und zur Krone aufgestiegen sind, wird sie nun dauerhaft in Ihrem Gehirn verbleiben, was in der Tat eine aufregende Zeit ist. Für den Rest Ihres Lebens werden die Nahrung und das Wasser, die Sie Ihrem Körper zuführen, die Hauptfaktoren sein, die das neu erweiterte Energiesystem aufrechterhalten und sicherstellen, dass alles reibungslos läuft.

Nahrung transformiert/sublimiert in Prana-/Lichtenergie, während Wasser das Bewusstsein unterstützt und moderiert. Diese Lichtenergie wird in Ihnen zunehmen und den Kundalini-Kreislauf antreiben, der aus dem Bindu Chakra austritt. Auch wenn Sie im Moment vielleicht noch nicht verstehen, wie diese Komponenten zusammenkommen, werden Sie es zu gegebener Zeit verstehen, wenn sich Ihnen dieser Teil des Prozesses offenbart.

Auch während des Kundalini-Transformationsprozesses werden Sie Schwankungen in Ihrem Appetit erleben. Sie könnten zum Beispiel das Bedürfnis verspüren, eine Zeit lang mehr zu essen, gefolgt von einem Bedürfnis, weniger zu essen. In vielen Phasen meiner Reise hatte ich das Bedürfnis, viel zu essen, so dass ich mehrmals am Tag große Mahlzeiten zu mir nahm. Sobald ich dieses natürliche Verlangen verspürte, mehr zu essen, signalisierte mir das, dass mein System auf Hochtouren lief, um die Nahrung in leichte Energie zu sublimieren. Im Allgemeinen begrüßte ich diese Veränderung, auch wenn die Menschen in meinem Leben sich wunderten, warum ich so schnell zunahm und nicht darauf achtete, wie viel ich aß.

Meine Freunde und meine Familie fanden es immer seltsam, dass mein Gewicht schwankte, denn ich nahm oft bis zu zehn Pfund pro Woche zu oder ab. Normalerweise log ich in dieser Situation, denn wenn ich die Wahrheit sagte, dachten viele, ich würde mir Ausreden einfallen lassen, weil ich mich nicht um mein Aussehen kümmerte, während andere mich einfach für verrückt hielten. Dass die Leute mich mein Leben lang für verrückt hielten, war eine Herausforderung, die ich überwinden und umgehen musste.

Achten Sie auch auf neue Wünsche, Dinge zu essen, die Sie noch nie gegessen haben. Es kann zum Beispiel sein, dass Sie Ihr ganzes Leben lang Vegetarier oder Veganer waren und plötzlich ein Interesse daran entwickeln, Fleisch zu essen. Oder umgekehrt: Wenn Sie Ihr ganzes Leben lang Fleisch gegessen haben, entwickeln Sie vielleicht den Wunsch, Vegetarier oder Veganer zu werden. Hören Sie auf das, was Ihr Körper Ihnen in dieser Hinsicht mitteilt, denn vielleicht weiß er etwas, das Sie nicht bewusst wahrnehmen.

Das Fleisch liefert dem Körper das nötige Eiweiß, das der Körper braucht, um Muskeln zu reparieren und Hormone und Enzyme zu bilden. Eiweiß ist eine wichtige Energiequelle für den Körper, die entscheidend ist, um die Kundalini-Transformation voranzutreiben. Wenn das Tier jedoch auf grausame Weise getötet wurde, wie es in vielen Schlachthöfen der Fall ist, kann es vorkommen, dass die Angstenergie des sterbenden Tieres in das Fleisch eindringt, was Ihr ohnehin schon anfälliges System noch weiter verschlimmert. Auch hier gilt: Respektieren Sie die Wünsche Ihres Körpers, denn Ihre Seele kommuniziert durch den Körper auf einer tieferen Ebene mit Ihnen.

Denken Sie daran, dass dieses Verlangen, neue Dinge auszuprobieren, oft nicht lange anhält, da der eigentliche Zweck darin besteht, Ihren Geist auf andere Möglichkeiten im Leben zu erweitern. Ich empfehle dringend, so häufig wie möglich biologische Lebensmittel zu essen, da sie besser durch Ihren Körper filtern, da sie mehr Prana-/Lichtenergie enthalten, die Ihr Körper braucht, um Ihre Transformation fortzusetzen. Ich glaube, dass gentechnisch veränderte Lebensmittel die DNA schädigen, was Krebs und andere körperliche Krankheiten verursacht, die einen Großteil der modernen Welt plagen. Und wenn Sie Fleisch einkaufen, versuchen Sie, koscheres oder Halal-Fleisch zu essen, bei dem das Tier respektvoll getötet wurde und das Fleisch frei von negativer Energie sein sollte.

Wenn es um Wasser geht, ist es an der Zeit, kein Leitungswasser mehr zu trinken, es sei denn, es stammt aus einer sauberen Wasserquelle wie einem Bach. Das meiste Leitungswasser, vor allem in Großstädten, enthält viele Verunreinigungen, die schädlich für Geist, Körper und Seele sind. Fangen Sie entweder an, qualitativ hochwertiges Wasser aus Flaschen zu trinken, oder, noch besser, investieren Sie in ein Wasserfiltersystem, das schädliche Metalle wie Fluorid herausfiltert, von dem bekannt ist, dass es Ihre Zirbeldrüse verkalkt.

Denken Sie daran, dass Ihre Nieren in der Zeit, in der die Kundalini durch Sie arbeitet, vor allem in den frühen Stadien, Überstunden machen und dadurch heißer werden als sonst. Die Nieren arbeiten mit den Nebennieren zusammen, die ebenfalls auf Hochtouren laufen, da ihre Funktion darin besteht, Hormone als Reaktion auf Stress zu produzieren und freizusetzen. Daher sind die Nebennieren in der Anfangsphase oft die ersten, die sich erschöpft fühlen. Wenn Sie Ihrem Körper gefiltertes Wasser ohne Verunreinigungen zuführen, beruhigt das Ihre Nieren und Nebennieren und hilft Ihnen, die Erschöpfungsphase der Kundalini-Transformation zu überwinden.

ENTWICKLUNG VON ALLERGIEN

Während Sie diesen Umstellungsprozess durchlaufen und sich Ihr Appetit fast täglich ändert, können Sie auch neue Nahrungsmittelüberempfindlichkeiten und Allergien entwickeln, worauf Sie achten sollten. Ich hatte zum Beispiel nie eine Allergie in meinem Leben. Aber dann, neun Jahre nach dem Erwachen, entwickelte ich eine Allergie gegen Mandeln, Bananen und Rapini, und das alles innerhalb von zwei Jahren. Und ich spreche hier nicht von leichten Überempfindlichkeiten. Ich spreche von regelrechten allergischen Reaktionen, die mich jedes Mal ins Krankenhaus brachten.

Ich habe mein ganzes Leben lang Bananen gegessen und geliebt. Sie war meine Lieblingsfrucht, die ich fast täglich aß. Tatsächlich war sie eine der einzigen Früchte, die ich aß. Dann, eines Tages, hatte ich aus heiterem Himmel eine allergische Reaktion darauf, die mich ins Krankenhaus brachte. Seitdem reagiere ich sofort, wenn ich auch nur eine Spur von Banane in irgendetwas finde. Das hat sich also eindeutig im Laufe der Zeit entwickelt, und ich glaube, dass es mit dem Kundalini-Transformationsprozess zusammenhängt.

Aus irgendeinem Grund stößt der Körper bestimmte Energien aus bestimmten Nahrungsmitteln ab, was zu einer allergischen Reaktion führt. Infolgedessen schwoll mein Gesicht mit Quaddeln und Striemen an, und meine Augen tränten, als mein Körper zu kollabieren begann. Irgendwann konnte ich nicht mehr atmen und musste einen Krankenwagen rufen, der mir eine hohe Dosis eines Antihistaminikums über eine Infusion verabreichte. Normale rezeptfreie Antihistaminika wirken in solchen Fällen nicht, ich habe es versucht. Zumindest brauchen Sie einen Epipen oder einen Notfallbesuch im Krankenhaus.

Vielleicht ist die allergische Reaktion auf diesen Zusammenhang zwischen Kundalini-Erweckung und Histaminausschüttung im Körper zurückzuführen. Dieses höhere Niveau von Histamin wird freigesetzt, sobald der Lichtkörper integriert und vollständig erwacht ist, was einem das Gefühl gibt, dass man einen Schuss Novocain im Körper hat. Der gesamte physische Körper fühlt sich teilweise taub an, was danach zu einem festen Bestandteil des Alltags wird. Ich weiß nicht genau, warum allergische Reaktionen auftreten. Ich kann mir jedoch vorstellen, dass die Kundalini-Energie nicht in der Lage ist, die von der aufgenommenen Nahrung freigesetzte Energie zu integrieren, die auf den physischen Körper einwirkt und ihn in Unordnung bringt. Was auch immer es ist, ich erwähne es hier, damit Sie, wenn es Ihnen passiert, wissen, warum und was es ist, und dass Sie sofort Hilfe holen müssen.

DIE WESENTLICHEN NÄHRSTOFFE FÜR DIE TRANSFORMATION

Als ich den Transformationsprozess durchlief, stellte ich fest, dass Süßigkeiten eine besondere Wirkung auf die Kundalini-Energie haben. Jedes Mal, wenn ich etwas Zuckerhaltiges esse, wird mein Ego verstärkt, und meine Gedanken beschleunigen sich und werden unkontrollierbar, was sich negativ auf meine Gelassenheit auswirkt. Wenn ich also geistig und emotional eine schwierige Zeit durchmache, wird der Verzehr von Süßigkeiten zu einem Hindernis, so dass ich versuche, mich so weit wie möglich davon fernzuhalten.

Eiweiß ist wichtig, da Sie sich von innen heraus umwandeln, essen Sie daher Fleisch und viel Fisch. Ihr Körper benötigt während dieses Prozesses Zink, und Fisch enthält viel Zink. Die Kundalini funktioniert wie eine Batterie. Sie hat einen positiven und einen negativen Strom, der durch die Kanäle Pingala und Ida, die männlichen und weiblichen Energien, ausgedrückt wird. Sie führen bioelektrischen Strom, der durch Ihre sexuelle Energie reguliert wird. Diese Kanäle brauchen ein Medium, durch das sie arbeiten können, sonst brennen sie das System aus. Dieses Etwas ist die Flüssigkeit des Kundalini-Systems, die durch Zink reguliert wird.

Der Körper braucht Zink auch für die Bildung von Proteinen und DNA, insbesondere wenn er eine genetische Umwandlung durchmacht, wie in den Anfangsphasen der Kundalini-Transformation. Zink wird auch für die Speicherung von Histamin benötigt. Der Körper produziert hohe Mengen an Histamin, wenn Ihr Bewusstsein im spirituellen Körper lokalisiert wird.

Zink steht in direktem Zusammenhang mit Ihrer sexuellen Energie, auf die ich später noch eingehen werde. Daher ist es von größter Bedeutung, dem Körper Zink zuzuführen. Da Ihr Körper kein überschüssiges Zink speichert, müssen Sie es über Ihre Ernährung aufnehmen. Ich empfehle, auf rezeptfreie Nahrungsergänzungsmittel zu verzichten, da diese im Körper kein Zink synthetisieren, wie es die Nahrung tut. Fisch, aber auch Kürbiskerne enthalten viel Zink. Wenn Sie zu Nahrungsergänzungsmitteln greifen, erzeugen Sie auf unnatürliche Weise zu viel von dieser flüssigen Energie, was Ihre Konzentrationsfähigkeit beeinträchtigt und Ihren Geist aus dem Gleichgewicht bringt.

Ihre Willenskraftkomponente, die von Pingala Nadi reguliert wird, wird in dieser flüssigen Energie, die Zink enthält, ertränkt. Verglichen mit einer Batterie wird die Batteriesäure, die durch Zink reguliert wird, die entgegengesetzten Ladungen des elektrischen Stroms ertränken, und die Batterie wird nicht richtig funktionieren. Wenn Sie Ihr Zink mit der Nahrung aufnehmen, wird es optimal synthetisiert, was Sie spüren können. Zink arbeitet mit dem Wasser im System zusammen, um Ihr Bewusstsein zu regulieren. Denken Sie daran, dass die Ida Nadi Ihrem System das Wasserelement hinzufügt, das Ihre Emotionen steuert.

KÖRPERLICHE BETÄTIGUNG UND KRANKHEIT

Während der Kundalini-Transformation ist es ratsam, regelmäßige körperliche Übungen wie Yoga (Asanas), Joggen, Gewichtheben, Leistungssport, Schwimmen, Radfahren, Tanzen usw. in Ihr Leben zu integrieren. Da sich die Herzfrequenz während der Bewegung erhöht, fließt mehr Blut ins Gehirn, das mit Sauerstoff und notwendigen Nährstoffen versorgt wird. Bewegung hilft auch, nützliche Proteine im Gehirn freizusetzen, die die Neuronen gesund halten und das Wachstum neuer Neuronen fördern. Denken Sie daran: Während die erweckte Kundalini-Energie Ihr Nervensystem umgestaltet, macht Ihr Gehirn Überstunden, um neue Nervenbahnen zu bilden, die diese inneren Veränderungen aufnehmen. Daher beschleunigt regelmäßige Bewegung diesen Prozess.

Auf der energetischen Ebene ist körperliche Bewegung unerlässlich, denn sie hilft Ihnen, die inneren Veränderungen zu synthetisieren und sie auf der physischen Ebene zu erden, so dass Ihr Geist und Ihr Körper als eine Einheit funktionieren können. Wenn Sie dagegen nur an der Heilung Ihrer inneren Energien arbeiten und Ihren Körper vernachlässigen, werden Sie körperlich träge sein, was sich negativ auf Ihren geistigen Zustand auswirkt.

Körperliche Betätigung von mindestens einer Stunde pro Tag senkt und reduziert nachweislich das Stresshormon Cortisol und setzt gleichzeitig Dopamin, Serotonin und Endorphine im Gehirn frei. Auf diese Weise wird das Gehirn von unerwünschten chemischen Stoffen gereinigt, während gleichzeitig die Stimmung und die Motivation angehoben werden, was in den ersten Phasen nach der Erweckung der Kundalini von großem Nutzen sein kann. Und durch den Anstieg des Serotoninspiegels, der nachts in Melatonin umgewandelt wird, fällt es Ihnen leichter einzuschlafen. Darüber hinaus ist Leistungssport ein hervorragendes Ventil, um Dampf abzulassen und die Wirkung der Feuer-Energie auf den Geist zu regulieren, insbesondere bei Männern, bei denen das Feuer-Element dominanter ist.

Eine erweckte Kundalini stärkt Ihr Immunsystem und ermöglicht es Ihnen, Krankheiten schneller zu überwinden als der Durchschnittsmensch. Wenn Sie jedoch an einer Erkältung, Grippe oder anderen häufigen Beschwerden leiden, sollten Sie es mit der Einnahme von rezeptfreien Medikamenten nicht übertreiben. Da Ihre psychische Sensibilität nach einem Erwachen überdurchschnittlich hoch ist, können selbst die kleinsten Veränderungen in der Körperchemie eine starke geistige und emotionale Wirkung haben.

Und schließlich, wenn Sie unter Kopfschmerzen leiden, was in der Anfangsphase der Anpassung an die neue Energie in Ihnen häufig vorkommt, nehmen Sie Advil oder Ibuprofen. Ich finde, dass Advil die Ida Nadi stimuliert, das Bewusstsein beruhigt und die Kopfschmerzen viel besser lindert als zum Beispiel Tylenol. Bis heute bin ich nicht abgeneigt, bei Bedarf gelegentlich Advil zu nehmen, während ich versuche, mich von allen anderen rezeptfreien Medikamenten fernzuhalten.

DAS ERFORDERNIS DER DISKRETION

Wie Sie vielleicht schon herausgefunden haben, ist ein Kundalini-Erwachen ein mysteriöses, schwer fassbares Phänomen, das nicht Teil des Mainstreams ist. Viele Menschen kennen das Wort "Kundalini" aus dem Kundalini Yoga und denken, dass es sich um eine Art von Yoga handelt, nicht mehr. Und diejenigen, die um die Macht der Kundalini wissen, einen Menschen spirituell zu transformieren, tappen oft im Dunkeln über einige ihrer fantastischeren Manifestationen, die seltene Individuen wie ich erleben durften. Und während Sie über diese spirituellen Gaben lesen, die sich in den späteren Phasen entfalten, wird mir klar, wie schwierig es sein muss, diese relativ abstrakten Konzepte zu begreifen, denn Sie müssen diese Erfahrungen selbst machen, um mich wirklich zu verstehen.

Obwohl der Prozess der Kundalini-Erweckung universell ist, sind die Berichte der Menschen unterschiedlich, wie Sie inzwischen wissen. In der heutigen Zeit hatten die meisten Menschen partielle Erweckungen, die sie in Bezug auf Nebenwirkungen und spirituelle Gaben einschränkten. Die Menschen, die ein vollständiges Erwachen hatten, werden jedoch im Allgemeinen von denselben Problemen herausgefordert. Aber im Meer der Berichte von Menschen sind vollständige Erweckungen rar. Wenn jemand ein vollständiges Erwachen hat, schreibt er in der Regel ein Buch oder eine Reihe von Büchern, in denen er seine Erfahrungen beschreibt, so dass fortgeschrittene Menschen wie ich feststellen können, wo wir in diesem begrenzten, aber wachsenden Feld der Kundalini-Wissenschaft stehen.

Auf einer kollektiven Ebene ist die Gesellschaft nicht auf der Höhe der Kundalini-Erfahrung, da nicht genügend Menschen diese Erfahrung gemacht haben, um sie als Teil des allgemeinen Wissens zu betrachten. Leider bedeutet dies, dass medizinisches Personal, das dafür ausgebildet ist, uns bei der geistigen, emotionalen oder körperlichen Heilung zu helfen, uns bei einer Kundalini-Transformation nicht helfen kann. Während Sie Ihre Reise fortsetzen, werden Sie daher als Faustregel lernen, dass niemand, der nicht selbst das Erwachen erlebt hat, und zwar auf der gleichen Ebene wie Sie, verstehen wird, was Sie durchmachen. Je schneller Sie also diese Tatsache akzeptieren können, desto reibungsloser wird Ihre Reise verlaufen.

Deshalb rate ich Ihnen, zu lernen, die Wahrheit über das, was Sie durchmachen, für sich zu behalten. Ich weiß, dass das nicht einfach ist, denn abgesehen davon, dass Sie manchmal Ratschläge von anderen Menschen brauchen, auf die Sie sich normalerweise verlassen, möchten Sie auch, dass die Welt versteht, was Sie gerade durchmachen. Mein Rat scheint also in gewisser Weise kontraintuitiv zu sein, da wir alle dazu da sind, uns gegenseitig zu helfen, aber Sie werden erkennen, dass Sie keine andere Wahl haben. Die meisten Menschen, die sich in Ihrer Situation befinden, mich eingeschlossen, mussten dies irgendwann lernen, oder sie müssen ein Leben lang damit leben, geächtet zu werden, als verrückt bezeichnet zu werden, erfolglose Liebesbeziehungen zu haben, Freunde zu verlieren und sich sogar von Familienmitgliedern zu distanzieren.

Es handelt sich größtenteils um eine einsame Reise, und da es sich um eine so seltene Erfahrung handelt, werden Sie in der Stadt, in der Sie sich aufhalten, vielleicht ein paar Menschen treffen, die Sie verstehen werden. Sie werden viele Menschen in den sozialen Medien finden, wenn Sie wissen, wo Sie suchen müssen, aber nicht in Person.

Sie müssen lernen, die Wahrheit über das, was Sie durchmachen, vor Ihrer Familie, Ihren Freunden und sogar Fremden zu verbergen, wenn Sie sich anpassen und weiterhin ein normaler Teil der Gesellschaft sein wollen. Ich bin niemand, der jemals Lügen propagieren würde, da ich ein Wassermann bin, der immer die Wahrheit sagen will, aber in diesem speziellen Fall werden Sie lernen, dass Sie in dieser Angelegenheit keine große Wahl haben. Wenn Sie meinen Rat nicht befolgen und anderen Menschen von Ihren Erfahrungen erzählen, werden Sie bald all das erleben, wovor ich Sie warne, was dazu führen kann, dass Sie sich generell von anderen entfremdet fühlen, was zu weiterer Einsamkeit und Depression führt. Die Menschen haben Angst vor dem, was sie nicht verstehen, und meiden es aus ihrem Leben, wenn sie die Wahl haben. Und in dieser Hinsicht haben sie eine Wahl, und selbst die besten Menschen, die mitfühlendsten, werden Sie schließlich verurteilen, weil sie Sie ganz einfach nicht verstehen. Bitte geben Sie ihnen nicht die Schuld, sondern akzeptieren Sie diese Tatsache.

Außerdem, und das ist das Wichtigste: Sie müssen sich nicht vor anderen rechtfertigen. Es ist nicht Ihre Pflicht, dies zu tun. Es gibt nichts Schändliches an Ihrer Realität, und Sie müssen sich selbst und andere vor dem schützen, was mit Ihnen geschieht. Menschen, die nicht das durchgemacht haben, was Sie jetzt durchmachen, können Ihnen nicht helfen. Wenn Sie Ihr Leben in ihre Hände legen, wird das katastrophale Folgen für Ihre spirituelle Reise haben, denn diese Menschen werden Sie jedes Mal unwissentlich in die Irre führen. Ein großer Teil des Kundalini-Erweckungsprozesses besteht auch darin, Ihr Lehrer und Führer zu werden. Ich habe das schon einmal gesagt, und ich habe es auch so gemeint: Alle Antworten auf Ihre Probleme sind in Ihnen selbst, wenn Sie die richtigen Fragen stellen und Vertrauen in sich selbst haben. Anstatt sich für Lösungen an jemand anderen zu wenden, auch an jemanden wie mich mit viel Wissen und Erfahrung, müssen Sie lernen, mit Ihrem Höheren Selbst in Kontakt zu treten und sich stattdessen an dieses zu wenden. Niemand kann Ihr Höheres Selbst ersetzen; es ist die einzige Intelligenz, die Ihnen jedes Mal den richtigen Rat geben kann.

Ich entschied mich dafür, mich unter die anderen zu mischen und weiterhin zu versuchen, ein normales Leben zu führen, während ich den Kundalini-Transformationsprozess durchlief. So musste ich lernen, Lügen zu erzählen, wenn andere sich nach den Problemen erkundigten, die ich durchmachte. Es tut niemandem weh, wenn man die Wahrheit in dieser Angelegenheit nicht kennt, vor allem, wenn man im Voraus weiß, dass diese Menschen einem nicht helfen können. Wenn Sie ihnen die Wahrheit sagen und sie an Ihrer Vernunft zweifeln lassen, schadet das nur Ihnen, denn jetzt müssen Sie sich nicht nur um sich selbst kümmern, sondern auch darum, ihnen die Wahrheit zu sagen.

Viele seltsame Symptome werden in Ihrem Leben auftauchen, während Sie den Kundalini-Transformationsprozess durchlaufen. In fast allen Fällen werden diese Symptome vorübergehend sein, auch wenn sie über viele Jahre anhalten können. Schlaflose Nächte, emotionale Höhen und Tiefen, sprunghaftes Verhalten, Unfähigkeit, sich zu konzentrieren, Gewichtsschwankungen und übermäßiger und unkontrollierbarer Sexualtrieb sind nur einige Beispiele, die auf Ihrer Reise auftreten können. Wenn Sie nicht von anderen Menschen verurteilt werden wollen, müssen Sie diese Probleme verbergen. Wenn Sie anderen erzählen, dass Ihre Symptome von einer Kundalini-Erweckung herrühren, werden sie zweifellos denken, dass Sie den Bezug zur Realität verlieren, und sie werden das Vertrauen in Sie als Person verlieren. Sie glauben oft, dass Sie versuchen, eine Ausrede zu erfinden, die sie nicht verstehen können, um sie zu verwirren - typisch für jemanden, der am Anfang einer psychischen Krankheit steht.

Der beste Weg, die Umstände zu umgehen, ist, in dieser Angelegenheit zu lügen. Erlauben Sie sich das, denn niemand wird Ihre Ausreden akzeptieren, wenn Sie Erwartungen nicht erfüllen, z.B. pünktlich zur Arbeit oder zur Schule zu kommen, geistig oder emotional für jemanden da zu sein oder Ihre täglichen Aufgaben zu erfüllen. Ihre Situation fällt aus der gesellschaftlichen Norm heraus; deshalb ist es wichtig, eine Lüge zu erzählen, um sich selbst zu schützen. Auch wenn Ihnen der Gedanke unangenehm ist, werden Sie feststellen, dass eine Lüge diesen Prozess für Sie leichter macht und Sie vielleicht eine zweite Chance erhalten, sich anderen gegenüber zu beweisen. Wenn Sie das nicht tun, werden Sie bei Menschen und Situationen in Ihrem Leben immer wieder auf eine Mauer stoßen.

Die Idee der Lüge besteht darin, etwas, das zu fantastisch ist, um es zu glauben, durch etwas zu ersetzen, das ein durchschnittlicher Mensch verstehen würde. Bei schlaflosen Nächten können Sie sagen, dass Sie an Schlaflosigkeit leiden und deshalb morgens nicht 100% fit sind. Für emotionale Höhen und Tiefen können Sie die Schuld auf etwas in Ihrem Leben schieben. Seien Sie kreativ, aber machen Sie aus Ihrer Ausrede etwas, das ein durchschnittlicher Mensch versteht und mit dem er mitfühlen kann.

Denken Sie daran, dass Sie Ihr eigener Therapeut und Arzt sein und Lösungen für Ihre Probleme finden müssen. Wenn Sie sich mit Menschen austauschen wollen, die Sie verstehen, ihre Sichtweise erfahren und um Rat fragen wollen, suchen Sie sie stattdessen in den sozialen Medien. Hunderte von Gruppen und Seiten haben Kundalini-Erweckte versammelt, die das durchgemacht haben, was Sie gerade durchmachen, und Ihnen helfen können. Viele von ihnen sind aus diesem Grund dort, und sie freuen sich darauf, Ihnen auf jede erdenkliche Weise zu helfen. Ich habe auf diese Weise einige fantastische Menschen in Social Media-Gruppen kennengelernt.

Ich rate Ihnen jedoch, kritisch zu sein, wenn Sie mit Fremden in den sozialen Medien sprechen. Manche behaupten, sie hätten ein Kundalini-Erwachen gehabt, aber in Wirklichkeit haben sie es vielleicht gar nicht, selbst wenn sie wirklich an ihre Behauptungen glauben. Heutzutage werden viele spirituelle Phänomene als Kundalini-Erweckungen eingestuft. Und dann gibt es Hunderte von Menschen, die ein teilweises Erwachen hatten und glauben, sie hätten alle Antworten. Diese Menschen sind am schwierigsten zu erkennen und können am meisten Schaden anrichten. Es ist also hilfreich, in dieser Angelegenheit ein gewisses Maß an Unterscheidungsvermögen zu haben und sich nach den Erfahrungen anderer Menschen zu erkundigen, bevor man ihren Rat annimmt, denn es gibt keinen schnelleren Weg, in die Irre geführt zu werden, als sein Vertrauen in die falsche Person zu setzen.

Ich sehe alle möglichen guten und falschen Ratschläge in Social-Media-Gruppen, und ich könnte einen ganzen Tag damit verbringen, jeden Beitrag anzusprechen und zu klären. Und das habe ich vor vielen Jahren getan und mehr als zwei Dutzend Menschen geholfen, indem ich ihnen zur richtigen Zeit den richtigen Rat gegeben und sie auf ihrem Weg des Erwachens unterstützt habe. Einige kontaktieren mich noch heute, um mir dafür zu danken, dass ich für sie da war, als sie mich brauchten. Durch die Gruppen in den sozialen Medien wurde mir klar, dass mein Wissen und meine Erfahrung auf diesem Gebiet eine große Hilfe sein könnten, und so kristallisierte sich mein Zeitziel heraus. So begann ich, Artikel und Videos über die Kundalini zu schreiben und wandte mich schließlich mit Büchern wie dem, das Sie gerade lesen, an eine breitere Öffentlichkeit.

DER WAHNSINN DER VERSCHREIBUNGSPFLICHTIGEN MEDIKAMENTE

Wenn Sie den Kundalini-Transformationsprozess durchlaufen und Ihr Geist in Aufruhr ist, werden Sie oft ein seltsames Verhalten an den Tag legen, auf das andere Menschen um Sie herum reagieren. Die Menschen, die ich meine, sind natürlich diejenigen, die Ihnen am nächsten stehen, einschließlich Familie, Freunde und Kollegen. Nachdem sie Zeuge Ihres unberechenbaren Verhaltens geworden sind, werden sie Sie vielleicht als verrückt oder wahnsinnig bezeichnen, was Sie noch mehr verwirren wird, was Ihren Zustand angeht. Schließlich werden Sie enormen emotionalen und geistigen Schmerz erleiden, den Sie nicht verstehen und den Sie scheinbar nicht kontrollieren können.

In Ihren schwächsten Momenten schlagen Ihre Familie oder Freunde vielleicht vor, dass Sie einen Psychiater oder Therapeuten aufsuchen und mit ihm über Ihre Probleme sprechen. Schließlich sind diese Fachleute dafür ausgebildet, Menschen zu helfen, die ähnliche Symptome haben.

Das Problem ist jedoch, dass diese Therapeuten in der Regel noch nie etwas von der Kundalini gehört haben, geschweige denn selbst ein Erwachen erlebt haben. Und wie kann ein Arzt eine Diagnose über etwas stellen, das die Medizin nicht einmal anerkennt? Sie sind nicht verrückt, und Sie haben keinen wirklichen Grund, depressiv zu sein. Wenn alle Ihre emotionalen und mentalen Probleme nach der Erweckung der Kundalini begannen, ist es dann nicht klar, dass die Kundalini die Ursache für die Wirkung ist und nicht etwas Äußeres?

Trotzdem gehen viele erwachte Menschen diesen Weg und suchen einen Psychiater oder Therapeuten auf. Schließlich sind wir darauf konditioniert, einander zuzuhören und Ratschläge zu Lebensfragen anzunehmen, insbesondere wenn wir verzweifelt nach Antworten auf unsere Probleme suchen. Und wie Sie inzwischen verstehen, wird die Kundalini-Transformation nach einem vollständigen und anhaltenden Erwachen einige der größten Herausforderungen mit sich bringen.

Nach Gesprächen mit vielen Menschen, die sich vor vielen Jahren in der gleichen Lage wie ich befanden, hat der Besuch bei einem Psychiater immer zu den gleichen Ergebnissen geführt. Der Psychiater hört sich Ihre Probleme an, aber da er nicht weiß, wovon Sie sprechen, wenn Sie die Kundalini erwähnen, tut er in der Regel das Erste, was er tut, wenn er auf eine Person mit mentalen oder emotionalen Problemen trifft - er verschreibt Medikamente.

Bei den Symptomen, die ein Kundalini-Erwachen hervorruft, handelt es sich bei diesen Medikamenten entweder um Antipsychotika oder Antidepressiva. Antipsychotika blockieren die neuronalen Impulse, die Informationen aus dem Unterbewusstsein an das Bewusstsein weiterleiten. Sie schalten die inneren Vorgänge ab, so dass es den Anschein hat, dass es Ihnen äußerlich besser geht, weil Sie keine negativen Gedanken mehr hören. Andererseits erhöhen Antidepressiva in der Regel den Serotonin- und Dopaminspiegel, so dass ein Gefühl von Glück und Freude vorgetäuscht wird. Leider ist es der falsche Weg, sich von einem Arzt Medikamente verschreiben zu lassen, um eine Kundalini-Erweckung zu bewältigen.

Auch wenn Sie Symptome zeigen, die einer chronischen Depression, einer bipolaren Störung oder einer Schizophrenie ähneln, sind diese Zustände vorübergehend und müssen von der Seele aufgearbeitet werden. Sie resultieren aus dem Einströmen des Lichts, das durch die Kundalini hervorgerufen wird, deren Zweck es ist, jegliche negative Energie in Ihren Chakren auszulöschen. Daher ist die Überwindung dieser emotionalen und mentalen Herausforderungen der notwendige Schritt, um spirituell voranzukommen.

Nachdem Sie den gesamten Lebensbaum erweckt haben, werden Sie Zugang zu Teilen Ihres Selbst haben, die Ihnen bis zu Ihrem Erwachen verborgen waren. Das Kundalini-Licht schlägt eine Brücke zwischen Ihrem bewussten und Ihrem unterbewussten Verstand, wodurch viele Ihrer Traumata und Neurosen zum Vorschein kommen können.

Wenn Sie unterbewusste Aktivitäten aus dem Bewusstsein verdrängen, bleiben diese emotionalen und mentalen Probleme unverarbeitet in Schach. Mit der Zeit sammeln sich diese schädlichen unbewussten Inhalte an und verursachen noch mehr psychologische Probleme, die so lange bestehen, bis die Person die Medikamente abgesetzt hat. Wenn sich der Betroffene dafür entscheidet, die Medikamente weiter einzunehmen, kann er eine lebenslange Abhängigkeit von der Droge entwickeln, da es schwieriger sein kann, sie abzusetzen. Traurigerweise haben sie in dem Moment, in dem sie mit der Einnahme von verschreibungspflichtigen Medikamenten begonnen haben, versehentlich ihre spirituelle Entwicklung auf Pause gesetzt, und das wird so bleiben, bis sie die Einnahme beenden.

Während der Einnahme von Medikamenten kann die Kundalini-Energie nicht das tun, was sie beabsichtigt, nämlich den Prozess der inneren Transformation fortzusetzen. "Aus den Augen, aus dem Sinn" mag Probleme vorübergehend zerstreuen, aber es wird sie nicht lösen. Im Gegenteil, es wird sogar noch mehr zukünftige Probleme schaffen. Verschreibungspflichtige Medikamente sind in erster Linie darauf ausgerichtet, eine Abhängigkeit von der Droge selbst zu entwickeln, da der Einzelne nie lernt, mit seinen Problemen auf natürliche Weise umzugehen. Sie schaffen keine Nervenbahnen, die es ihnen ermöglichen, Lösungen für Probleme zu finden und ihre negativen Zustände zu heilen; stattdessen verlassen sie sich auf die Droge als Krücke, die das für sie erledigt.

Die Kundalini-Energie ist biologisch, und sie braucht die menschlichen Fähigkeiten, um sich durchzusetzen. Wenn eine äußere Droge die Kanäle der Informationsübertragung schließt, dann wird der Kundalini-Prozess der Reinigung angehalten. Sobald das Individuum von der Droge loskommt, wird die Kundalini-Energie wieder in Aktivität versetzt. Der gleiche Prozess wird stattfinden, diesmal sogar noch stärker und unkontrollierbarer.

Sie müssen verstehen, dass der Kundalini-Prozess Ihnen nicht mehr Herausforderungen geben wird, als Ihre Seele bewältigen kann. Ihre Seele ist diejenige, die sich dafür entschieden hat, diese Erfahrung zu machen, und diejenige, die sie in Gang gesetzt hat. Das Ego erfährt Schmerz, Angst und Furcht, da es das Ego ist, das in diesem Prozess transformiert werden muss. Anstatt zu verschreibungspflichtigen Medikamenten zu greifen, die der Ausweg des Egos sind, um seine Identität zu schützen, werden Sie Ihrer Seele einen Dienst erweisen, wenn Sie einen anderen Weg finden, mit Ihren mentalen und emotionalen Problemen umzugehen. Ihre spirituelle Entwicklung ist das Einzige, was in diesem Leben zählt. Kein noch so schrecklicher Gedanke und kein noch so beängstigendes Gefühl wird Sie körperlich verletzen.

Der Prozess der Kundalini-Erweckung muss mit Geistesstärke, Kraft und Mut angegangen werden. Furcht und Angst sind vorübergehend, und wenn Sie den Prozess durchhalten, werden Sie auf der anderen Seite unweigerlich als ein veränderter Mensch auftauchen. Es kann viele Jahre dauern, aber die Morgendämmerung folgt immer auf die Nacht. Alles, was man tun muss, ist, die Nacht zu überstehen.

KREATIVITÄT UND GEISTIGE GESUNDHEIT

Die spirituelle Realität ist eine unsichtbare Wissenschaft, die durch Intuition, Emotionen und Intellekt gemessen und quantifiziert wird. Aber das meiste, was die spirituelle Realität ausmacht, kann niemals bewiesen werden, weshalb wir in unserer Gesellschaft eine Spaltung in Gläubige und Ungläubige haben. Die Nicht-Gläubigen sind in erster Linie Menschen, die sich nur auf die Wissenschaft verlassen, die auf Beweise angewiesen ist. Aber wenn man den Glauben an etwas, das größer ist als man selbst, wegnimmt und sich allein auf die Wissenschaft verlässt, beraubt man sich selbst des Saftes, des Nektars, der das spirituelle Leben schmecken lässt. Sehen heißt glauben, aber umgekehrt heißt glauben auch sehen. Wenn Sie an etwas glauben können, an das andere Menschen glauben, dann wird es sich zu gegebener Zeit in Ihrem Leben manifestieren. Das ist das Gesetz.

Wir wissen viel über die Wissenschaft der greifbaren Realität, die Welt der Materie, aber wir verstehen sehr wenig über die unsichtbaren Realitäten. Anstatt also über die uralte Frage nachzudenken, wer oder was Gott ist, sollten wir uns auf die Menschheit und die geistigen Gaben konzentrieren, die einigen von uns gegeben sind und die uns in den Augen anderer Menschen gottähnlich erscheinen lassen. Und die wertvollste Gabe, die unser Schöpfer uns gegeben hat, ist die Fähigkeit, etwas zu schaffen. Aber woher kommt die Kreativität, und warum verfügen manche Menschen über mehr davon als andere?

Gopi Krishna und andere Erwachte haben gesagt, dass alle menschliche Kreativität ein Nebenprodukt der Kundalini-Aktivität im Körper ist, was bedeutet, dass die Kundalini bei jedem Menschen bis zu einem gewissen Grad aktiv ist. Dies mag für manche Menschen wie eine radikale Aussage klingen, aber ich glaube, dass dies ebenfalls wahr ist. Ich glaube auch, dass die Kundalini nicht erweckte Menschen unterschwellig beeinflusst. Diese Menschen sind sich ihres kreativen Prozesses nicht bewusst und können die Quelle ihrer Kreativität nicht anzapfen, wie es die Erwachten können.

Eines der Ziele der vollständigen Kundalini-Erweckung ist es, das Bewusstsein auf ein höheres Niveau zu heben und zu entwickeln, so dass Sie sich bewusst auf die Funktionsweise Ihres Energiesystems, einschließlich des kreativen Prozesses, einstellen können, anstatt dass es etwas ist, das im Hintergrund geschieht und nur Ihr Unterbewusstsein beeinflusst.

Auch dieser Teil ist wesentlich; bei den meisten unerweckten Menschen hat die Kundalini die Drei Granthis nicht durchdrungen, was bedeutet, dass ihre schöpferische Energie begrenzt ist, ebenso wie die Chakras, durch die diese Energie zum Ausdruck kommen kann. Der durchschnittliche Mensch hat eine aktive Kundalini, aber da er das Brahma Granthi nicht überwunden hat, kann er seine kreative Energie nur durch das Muladhara Chakra ausdrücken. Als solcher ist er an sein Ego gebunden und sieht in erster Linie physische Freuden, was ungesunde Anhaftungen und Ängste verursacht. Eine Person in dieser Position wird niemals ihr optimales kreatives Potenzial erreichen und auch keinen bedeutenden Einfluss auf die Gesellschaft ausüben. Traurigerweise befinden sich die meisten Menschen in der heutigen Zeit, in der die Menschheit auf einem niedrigen Entwicklungsstand ist, in diesem Zustand.

Die willensstärkeren und ehrgeizigeren Typen haben im Allgemeinen dieses erste Granthi überwunden und den Ausdruck ihrer schöpferischen Energie durch Swadhisthana und Manipura Chakra ermöglicht. Dennoch sind sie durch das Vishnu-Granthi gebunden, das direkt darüber liegt und die Kundalini daran hindert, das Herz-Chakra, Anahata, zu erreichen, das die Energie der bedingungslosen Liebe in ihnen erwecken würde. Daher können sie ihre schöpferische Energie nutzen, um ihre Ambitionen zu befriedigen, aber es fehlt ihnen vielleicht eine höhere Vision, die sie wirklich vom Rest der Menschen abhebt.

Und dann haben wir die Gelehrten unserer Gesellschaft, die Wunderkinder und Visionäre, die Vishnu Granthi durchdrungen haben, was ihnen erlaubt, noch mehr von ihrem kreativen Potenzial zu nutzen. Ihre Kundalini mag von den höheren Chakren aus wirken, was sie zu unglaublichen Leistungen befähigt und ihnen Zugang zu Informationen und Fähigkeiten verschafft, über die andere Menschen nicht verfügen. Aber auch sie sind durch dualistisches Denken eingeschränkt, das aus einem ungebundenen Rudra Granthi zwischen Ajna und Sahasrara Chakra resultiert. Daher können wir ihr kreatives Potenzial nicht mit dem eines Menschen vergleichen, der alle drei Granthis durchdrungen und seine Kundalini vollständig erweckt hat, was ein unbegrenztes kreatives Potenzial freisetzt.

Die Genialität von Wissenschaftlern wie Newton, Tesla und Einstein und Philosophen wie Pythagoras, Aristoteles und Plato kann durchaus auf das Wirken der Kundalini in ihren Lichtkörpern zurückgeführt werden. Ebenso könnte das Talent von Musikern wie Mozart, Beethoven, Michael Jackson und Künstlern wie Michelangelo, da Vinci und Van Gogh das Wirken der Kundalini-Energie auf einer unterbewussten Ebene sein. Und vergessen wir nicht die athletischen Fähigkeiten, das Können und den Siegeswillen von Sportlern wie Muhammad Ali und Michael Jordan. Diese Menschen waren so legendär, dass wir sie immer noch als gottähnliche Figuren verehren, und ihre Geschichten von Größe werden für immer weiterleben.

Einige dieser großen Männer und Frauen beschreiben, dass sie über Mittel und Methoden verfügten, um die Quelle ihrer Kreativität anzuzapfen, und sie waren sich sehr wohl bewusst, dass sie eine höhere Form von Intelligenz kanalisierten, wenn sie sich in diesen inspirierten Zuständen befanden. Sie waren sich jedoch weder der Existenz der Kundalini bewusst, noch berichteten sie, dass so etwas wie die Kundalini durch sie wirkte. Wir können also nur spekulieren, basierend auf dem, was wir bei diesen Menschen gesehen haben, und auf den Werken, die sie hinterließen.

Diese einflussreichen Persönlichkeiten hatten etwas Besonderes: eine Verbindung mit dem Göttlichen, die ihnen besondere Einsichten, Kräfte und Fähigkeiten verlieh, die die Menschen um sie herum nicht hatten. Viele von ihnen waren ihrer Zeit so weit voraus, dass sie den Lauf der Menschheitsgeschichte veränderten. Aber wir werden nie erfahren, ob es die Kundalini war, die direkt für ihre Größe verantwortlich war, oder ob es etwas anderes war.

KUNDALINI UND PSYCHISCHE GESUNDHEIT

Wenn die Kundalini in jedem Menschen mehr oder weniger aktiv ist und die Psyche erheblich beeinflusst, ist es kein Wunder, dass in der psychischen Gesundheit keine großen Fortschritte gemacht wurden. Die Kundalini wird nicht einmal im medizinischen Bereich als etwas Reales anerkannt. Abgesehen von der Entwicklung von Medikamenten, die bestimmte Teile des Gehirns, die Impulse von unsichtbaren Kräften im Energiesystem empfangen, ein- und ausschalten können, ist das derzeitige wissenschaftliche Verständnis der geistigen Gesundheit bestenfalls rudimentär. Um wirklich zu verstehen, wie der Geist funktioniert, muss der Bereich der psychischen Gesundheit eine angemessene Grundlage in der unsichtbaren Wissenschaft des menschlichen Energiesystems haben, um Heilmittel zu entwickeln, die mehr als nur Symptome behandeln.

Ich war immer fasziniert, als ich die inneren Vorgänge in meinem Geist beobachtete, während ich den Kundalini-Erweckungsprozess durchlief. An manchen Tagen hatte ich ein emotionales Hoch, auf das oft ein tiefes Tief folgte, und das alles innerhalb von Minuten. Diese emotionalen Hochs und Tiefs hatte ich vor dem Erwachen nicht erlebt. Meine Emotionen wurden durch die Kundalini-Energie so stark aufgeladen, dass, wenn mein Geist in eine positive Richtung arbeitete und glückliche Gedanken dachte, diese Emotionen verstärkt wurden, und ich war zufriedener als je zuvor. Wenn mein Geist jedoch in eine negative Richtung ging und ich traurige oder unglückliche Gedanken dachte, dann wurden meine Gefühle so niedrig, dass ich mich regelrecht deprimiert fühlte. Und es machte keinen Sinn, warum meine Depression so stark war, wo ich doch eine Minute zuvor noch unglaublich glücklich war und es keine offensichtliche Veränderung in meinem Zustand gab, außer dem, woran ich dachte.

Diesen unglaublichen Wechsel zwischen glücklichen und traurigen Zuständen führte ich auf die Funktionsweise meines Geistes und die Qualität meiner Gedanken zurück. Aus diesem Grund hatte ich zu Beginn meines Kundalini-Erweckungsprozesses, als ich sehr wenig Kontrolle über meinen Geist und meine Gedanken hatte, diese emotionalen Episoden. Diese Episoden können mit denen von Menschen verglichen werden, bei denen eine bipolare Geisteskrankheit diagnostiziert wurde, obwohl ich feststellte, dass sie ein geringeres Ausmaß hatten als die Episoden, von denen ich hörte, dass einige bipolare Menschen sie haben.

Der Unterschied zwischen den beiden Fällen besteht darin, dass ich immer den Unterschied zwischen richtig und falsch kannte und nicht nach meinen emotionalen Impulsen gehandelt hätte. Manche Menschen lassen jedoch zu, dass diese inneren psychologischen Vorgänge ihr Leben bestimmen und ihren Geist, ihren Körper und ihre Seele übernehmen. Der Schlüssel liegt darin, die Situation als das zu erkennen, was sie ist, und sie nicht überzubewerten. Man muss Emotionen als etwas Greifbares begreifen, etwas, das mit dem Einsatz des Verstandes geformt und verändert werden kann. Wenn man diesen Unterschied kennt, muss man daran arbeiten, seine Gedanken zu kontrollieren, denn es ist das "Huhn, das vor dem Ei kam"-Szenario und nicht andersherum. Sie müssen Ursache und nicht Wirkung sein und Ihre geistige Realität mit Willenskraft formen und gestalten.

Was ist eine Krankheit in dieser Hinsicht anderes als ein Unwohlsein - etwas, das Ihnen Unbehagen und Unwohlsein bereitet? Körperliche Krankheiten sind in der Regel das Ergebnis eines Fremdkörpers, der in Ihren Körper eindringt und eine Veränderung oder Verschlechterung auf zellulärer Ebene verursacht. Gilt diese Vorstellung von einem Fremdkörper, der in Sie eindringt, auch für die geistige Gesundheit, oder ist es etwas in Ihnen, das geistige und emotionale Probleme verursacht? Um diese Frage richtig zu beantworten, müssen wir uns ansehen, was Gedanken sind und ob sie nur in uns sind oder ob sie etwas außerhalb von uns sein können, das seinen Weg in unsere Aura findet, um sie zu erfahren.

Das Kybalion, das die Sieben Prinzipien der Schöpfung erläutert, besagt, dass wir alle telepathisch kommunizieren und dass unser inneres "Mir/Mich", die schöpferische Komponente, die Bilder erzeugt, die von unserer "Ich"-Komponente eingeprägt werden, immer arbeitet und nicht ausgeschaltet werden kann. Die Herausforderung besteht also darin, Ihre Willenskraft, Ihr "Ich", zu nutzen, um Ihrer "Mir/Mich"-Komponente ständig Eindrücke zu vermitteln. Wenn Sie geistig faul werden und Ihre Willenskraft nicht so einsetzen, wie Gott, der Schöpfer, es für Sie vorgesehen hat, dann werden die "Ichs" anderer Leute Ihrer "Mir/Mich"-Komponente ihre Eindrücke vermitteln. Allerdings, und das ist die Falle: Sie werden glauben, dass es Ihre Gedanken sind und werden auch so reagieren.

Diese Gedankensender sind überall um uns herum, und einige von ihnen sind die Gedanken anderer Menschen, und einige sind spirituelle Wesenheiten außerhalb der physischen Welt, die an unserer inneren Welt teilnehmen und unsere Gedanken beeinflussen können. Diese engelhaften und dämonischen Wesenheiten beeinflussen unsere Gedanken, vor allem wenn wir unsere Willenskraft nicht voll einsetzen. Im Falle der dämonischen Wesen kann ihr Einfluss zu Ganzkörperbesessenheit führen, wenn man auf sie hört und ihre Befehle ausführt.

Diese vollständigen Übernahmen Ihres Geistes durch feindliche fremde Kräfte sind in der Tat sehr real. Umgekehrt kann der Empfang von Mitteilungen von Engelswesen zu völliger spiritueller Verzückung und Glückseligkeit führen. Empathen oder Telepathen sind offener für den Einfluss geistiger Wesenheiten als der Durchschnittsmensch, da sie ständig Schwingungsimpulse aus der Außenwelt empfangen. Jemand mit einer erweckten Kundalini fällt in diese Kategorie; es ist sehr schwierig, zwischen den eigenen Gedanken und den Gedanken von jemandem oder etwas außerhalb von Ihnen zu unterscheiden.

Der Schlüssel liegt auf jeden Fall darin, die innere Welt der mentalen Ebene der Gedanken als etwas zu verstehen, das nicht nur Sie betrifft, und dass im Laufe des Tages viele Gedankenschwingungen aus der Außenwelt in Ihre Aura eindringen. Wir alle sind ein Teil dieses Zentrums, dieser "Gedankenwelt", und wir induzieren die unsichtbare Welt ständig mit unseren Gedanken und beeinflussen andere Menschen unbewusst. Gedanken haben Energie, sie haben Masse und sind quantifizierbar. Liebevolle, positive Gedanken sind auf der Schwingungsskala höher als negative, ängstliche Gedanken. Liebevolle, positive Gedanken halten das Universum in Bewegung, während negative, ängstliche Gedanken dazu beitragen, die Menschheit auf einer niedrigen Stufe der spirituellen Evolution zu halten.

Ein Krieg zwischen den Engeln und den Dämonen wird schon so lange geführt, wie die Menschheit existiert. Es ist ein unsichtbarer Krieg auf der Astralebene und der Mentalebene, wo die Menschen als Vermittler dieser unsichtbaren Kräfte dienen. Angesichts unseres niedrigen spirituellen Entwicklungsstandes kann man mit Sicherheit sagen, dass die dämonischen Wesen den Krieg gewinnen. Religiösen Schriften aus der ganzen Welt zufolge ist es jedoch das Schicksal der Menschheit, schließlich in das Goldene Zeitalter einzutreten, was bedeutet, dass die Engelwesen diesen Krieg endgültig gewinnen werden.

Schizophrene Patienten sind Menschen, die eine überdurchschnittliche Empfänglichkeit für die unsichtbare Welt haben. Was sie jedoch von Hellsehern (die entweder Telepathen, Empathen oder beides sind) unterscheidet, ist, dass Menschen mit Schizophrenie nicht zwischen ihren Gedanken und den Gedanken außerhalb von ihnen unterscheiden können. In vielen Fällen stehen sie unter der Kontrolle von dämonischen Wesenheiten, die in ihrer Aura Fuß gefasst haben, indem sie sich von ihrer Angstenergie ernähren.

Die dämonischen Wesenheiten, die intelligente Wesenheiten sind, deren Ursprung unbekannt ist, suchen sich willensschwache Menschen, von denen sie sich ernähren können. Sobald sie eine Person gefunden haben, die für ihren Einfluss empfänglich ist, übernehmen sie deren Geist und Körper, was mit der Zeit das Licht aus ihren Seelen auslöscht, so dass sie zu Vehikeln für diese dämonischen Kräfte werden, mehr nicht. Sie werden zu Schalen oder Hüllen ihres früheren Selbst. Obwohl die Seele niemals wirklich ausgelöscht werden kann, wird sie, sobald die Trennung im Geist stattgefunden hat, dem Menschen, der die Verbindung zu ihr verloren hat, fast fremd. Sie ist immer noch da und kann wieder angezapft werden, aber es erfordert eine Menge geistiger Anstrengung und spiritueller Arbeit, um diese Verbindung wiederherzustellen.

STÄRKUNG DER WILLENSKRAFT

In den ersten Jahren nach der Erweckung der Kundalini wurde meine Willenskraft oft auf die Probe gestellt, was meinen Entscheidungsprozess betraf. Wann immer ich von einer Idee überzeugt war, konnte ich innerhalb von Sekunden vom Gegenteil überzeugt werden. Lange Zeit war es eine Herausforderung, Entscheidungen zu treffen, weil ich mir bewusst war, dass ich die Gültigkeit des Gegenstücks negierte, wenn ich irgendeine Handlung vornahm. Ich wusste und verstand, dass jede Idee eine gute Idee sein kann, wenn genügend Beweise für diese Idee vorliegen. Aber für die meisten Ideen gibt es auch genügend Beweise dafür, dass ihre Gegenseite ebenfalls richtig ist.

Dieser Prozess zog sich über viele Jahre hin, bis ich eine stärkere Verbindung zu meiner Willenskraft erlangt hatte. Das zu erreichen, erforderte allerdings eine immense geistige Arbeit und Anstrengung meinerseits. Indem ich eine korrekte Verbindung zu meiner Willenskraft erlangte, richtete ich mich auch auf eine noch nie dagewesene Weise auf meine Seele aus. Die Arbeit mit dem Feuerelement und dem Manipura Chakra durch rituelle Übungen der Zeremonialen Magie hat mir dabei geholfen, dies zu erreichen.

Wenn Sie keine feste Verbindung zu Ihrer Willenskraft haben, die der Ausdruck Ihrer Seele ist, dann werden Sie der Dualität des Verstandes und den Impulsen des Egos zum Opfer fallen. Ich habe dies immer wieder bei Kundalini-Erweckten gesehen, und es ist eine der größten Herausforderungen, denen sie gegenüberstehen.

Durch das Erwachen werden alle Chakren aktiviert, so dass sie alle gleichzeitig in Funktion sind. Da der bewusste und der unterbewusste Verstand miteinander verbunden werden, entsteht ein hohes Maß an emotionaler Auflading, da die Aktivität auf der Mentalebene verstärkt wird. Aus diesem Grund sind viele Kundalini-Erweckte emotional sehr empfindlich und wechselhaft in ihren Entscheidungen. Da ihre Empfänglichkeit für äußere Schwingungen zunimmt, müssen sie lernen, zwischen ihren Gedanken und denen, die aus der Umgebung in ihre Aura eindringen, zu unterscheiden. Eine der Möglichkeiten, dieses Phänomen abzuschwächen, besteht darin, sich mit der Seele zu verbinden und die Willenskraft zu stärken, was Unterscheidungsvermögen und Diskretion ermöglicht.

Sobald Sie gelernt haben, eine Entscheidung zu treffen, besteht die andere Herausforderung darin, sich dazu zu bekennen und sie durchzuziehen. Wenn Sie das tun, werden Sie zu einer Person, deren Wort man vertrauen kann, und nicht zu jemandem, der sich von seinen wechselhaften Gefühlen leiten lässt. Wenn Sie Ihre Seele durch die Entwicklung von Tugenden und die Überwindung von Lastern aufbauen, werden Sie zu einer ehrenhaften Person, die von anderen respektiert wird.

Obwohl es verschiedene Praktiken der spirituellen Alchemie gibt, mit denen man seine inneren Funktionen optimieren kann, von denen viele in diesem Buch enthalten sind, war die zeremonielle Magie für mich die Antwort. Die rituellen Übungen ermöglichten es mir, meine Intuition, Willenskraft, mein Gedächtnis, meine Vorstellungskraft, meine Emotionen, meine Logik und meinen Verstand usw. zu stärken. Indem ich die Elemente mit magischen Mitteln anrief, konnte ich meine inneren Funktionen optimieren, indem ich die Chakren in Einklang brachte. Diese inneren Komponenten des Selbst sind in erster Linie aufgrund der in den Chakren gespeicherten karmischen Energie, die zu jeder Funktion gehört, schwach. Wenn zum Beispiel Ihre Intuition schwach ist, müssen Sie vielleicht am Ajna Chakra arbeiten. Umgekehrt, wenn Ihre Willenskraft schwach ist, ist es auch das Manipura Chakra, da das Feuerelement für ihren Ausdruck verantwortlich ist. Und so weiter.

KUNDALINI UND KREATIVITÄT

Es besteht ein eindeutiger Zusammenhang zwischen Freude und Inspiration und hohen kreativen Fähigkeiten. Wenn man positive Emotionen erlebt, wird der innere Antrieb, etwas zu schaffen, verstärkt. Er äußert sich in einer inneren Sehnsucht, einer Leidenschaft oder dem Wunsch, etwas Schönes zu schaffen. Diese Beziehung zwischen Kreativität und Inspiration ist eine Symbiose. Man kann nicht kreativ sein, ohne inspiriert zu sein, und um inspiriert zu werden, muss man kreativ sein und eine neue und aufregende Sichtweise auf das Leben finden.

Wenn Sie in Ihrer alten Denkweise feststecken und sich auf das Ego statt auf die Seele und den Geist beziehen, werden sowohl Ihre Inspiration als auch Ihre Kreativität darunter leiden. Es bedarf einer ständigen Erneuerung Ihrer mentalen und emotionalen Realität, die erreicht werden kann, wenn Sie im gegenwärtigen Moment, dem Jetzt, leben. Wenn Sie Energie aus diesem unendlichen Feld der Potenzialität schöpfen, wird Ihr Seinszustand inspiriert sein und Ihre kreativen Fähigkeiten werden sich öffnen.

Meine Kreativität wurde im siebten Jahr nach der Erweckung der Kundalini im Jahr 2004 unendlich erweitert. Ich erlebte eine vollständige Öffnung der Lotusblüten des Sahasrara Chakras, die es mir ermöglichte, in das Jetzt einzutreten und durch Intuition zu funktionieren. Ich bemerkte eine starke Korrelation zwischen der Überwindung der Dualität meines Geistes, der Stärkung meiner Willenskraft und der Verbesserung meiner kreativen Fähigkeiten. Sobald ich eine permanente Verbindung zu meiner Seele hergestellt hatte, wurde ich ununterbrochen inspiriert, überwand meine Angst und Furcht und zapfte meine kreative Quelle an. In diesem unglaublich hohen Zustand der Inspiration verspürte ich das Bedürfnis, die Sehnsucht, diese neu entdeckte Kreativität irgendwie auszudrücken. Und so begann meine Reise des kreativen Ausdrucks durch verschiedene Medien.

Mein erster Ausdruck war die bildende Kunst, denn darin war ich mein ganzes Leben lang gut. Ich stellte fest, dass dieser hochinspirierte Zustand beim Malen einfach durch meine Hände floss, und ich entwickelte Techniken, die ich scheinbar von den Aethyrn ableitete. Ich begann im abstrakten Stil zu malen und kanalisierte Farben, Formen und Bilder, die vor meinem geistigen Auge vibrierten und tanzten, während sich dieser Prozess entfaltete. Ich erkannte, dass die wahre Quelle der Kreativität von der Seele kommt, aber sie wird durch das Ajna Chakra über Sahasrara kanalisiert.

Als ich meine Kreativität auf diese verstärkte Weise zum Ausdruck brachte, waren alle meine höheren Komponenten eingeschaltet und funktionierten gleichzeitig. Ich empfing bereitwillig Impulse von meinem Höheren Selbst und dem Kronenchakra, die sich mit den Feuern meiner Seele verbanden, um durch das geistige Auge zu kanalisieren. Der kreative Prozess schien meinen Geist und Körper zu übernehmen, als wäre ich besessen. Ich stellte fest, dass in diesem Zustand die Zeit wie im Flug verging und viele Stunden wie im Flug vergingen.

Mir ist aufgefallen, dass meine innere Kreativität in der Lage war, Schönheit zu erkennen und zu reproduzieren. Hier liegt der Schlüssel, glaube ich, denn wenn ich mich in einem inspirierten Zustand befinde, der für mich jetzt ein ständiger Zustand des Seins ist, sehe ich überall um mich herum Schönheit und erkenne sie in allem. Die Energie der bedingungslosen Liebe, die die Grundlage von Inspiration, Kreativität und Schönheit ist, überträgt alles, was ich mit meinen Augen sehe. Wenn ich mich also auf eine kreative Handlung einlasse, kann ich etwas Schönes kanalisieren, indem ich meinen Körper als Vehikel benutze.

Schönheit hat eine Form, die meiner Meinung nach quantifiziert werden kann. Sie ist ausgewogen und harmonisch. Sie ist bunt, wenn sie als Freude erlebt werden will. Sie ist strukturiert und oft eine Mischung aus Archetypen, die der Seele wichtige Ideen vermitteln. Wir können Emotionen durch schöne Werke ausdrücken, und natürlich sind alle kreativen Ausdrucksformen dazu gedacht, uns in irgendeiner Weise emotional zu berühren.

Wenn die Schönheit als traurig empfunden werden soll, kann es an Farben mangeln und es werden ruhigere Formen verwendet, um dies auszudrücken. Wenn sie als melancholisch wahrgenommen werden soll, werden Farben verwendet, die diesem Gefühl entsprechen, wie z. B. Blautöne. Dieser Prozess des Kanalisierens von Schönheit ist nicht nur auf die bildende Kunst beschränkt, sondern kann überall beobachtet werden. Zum Beispiel können wir Trauer durch Gesang und Melodie ausdrücken. Diese Korrelation impliziert, dass Farben ebenso wie Musiknoten Bewusstseinszustände ausdrücken. Sie erklärt das Gefühl, das hinter der Musik, der bildenden Kunst und der Bildhauerei steht.

Alle Farben, die wir in der Natur finden, stammen aus dem sichtbaren Spektrum des Lichts. Das sichtbare Spektrum ist der Teil des elektromagnetischen Feldes, der für das menschliche Auge sichtbar ist. Elektromagnetische Strahlung in diesem Wellenlängenbereich wird als sichtbares Licht oder einfach als Licht bezeichnet. Diese Tatsache impliziert, dass alle Musiknoten auf der Musikskala auch mit Lichtenergie zu tun haben. Jetzt können Sie sehen, warum Ihr kreatives Potenzial unendlich erweitert wird, sobald Sie die Kundalini erwecken und einen Zustrom von Licht in Ihre Aura erhalten.

Ich habe viele Jahre lang mit kreativen Ausdrucksformen experimentiert und festgestellt, dass ich neue mit Leichtigkeit kanalisieren kann. Ich erforschte Gesang und Musik und drückte meine Kreativität durch das geschriebene Wort in Form von Gedichten und inspiriertem Schreiben aus. Ich habe jedoch gelernt, wie wichtig es ist, Kreativität mit Logik und Vernunft in Einklang zu bringen. Man kann nicht einfach wahllos etwas erschaffen, sondern es muss irgendwie eine Struktur, eine intellektuelle Grundlage haben. Ich habe gelernt, dass Schönheit eine Form und eine Funktion hat, und es ist diese Verbindung zwischen den beiden, die beim Schaffen beachtet werden muss, sonst verfehlen die kreativen Ausdrucksformen ihr Ziel.

SAHASRARA UND DIE DUALITÄT DES GEISTES

Für eine maximale Ausrichtung auf die Willenskraft und das Feuerelement der Seele nach einer vollständigen Kundalini-Erweckung muss der Tausendblättrige Lotus von Sahasrara vollständig geöffnet sein. Im Falle einer teilweisen Öffnung von Sahasrara kann es jedoch zu Energieblockaden im Kopf kommen, da der Kundalini nicht erlaubt wurde, ihre Mission beim ersten Aufstieg zu erfüllen. In diesem Fall werden Ida und Pingala Nadis weiterhin von karmischer Energie in den Chakren unterhalb von Vishuddhi, dem Kehlchakra, beeinflusst, anstatt befreit zu werden und frei im Lichtkörper zu fließen, wie es der Fall ist, wenn sich der Lotus vollständig entfaltet.

Wenn Rudra Granthi durchstochen wird, muss die Kundalini mit voller Kraft zu Sahasrara aufsteigen und es dem oberen Teil des Sushumna-Kanals, der die Mitte des Gehirns mit der Krone verbindet, ermöglichen, sich zu weiten und genug Energie zu übertragen, um die Blütenblätter von Sahasrara zu öffnen. Der Blütenkopf des Sahasrara ist bei unerweckten Menschen geschlossen; wenn die Kundalini sich erhebt, beginnt er sich zu öffnen, so wie man einen Zeitraffer einer blühenden Blume betrachtet. Jedes Blütenblatt öffnet sich, um das Licht zu empfangen, das aus dem Seelenstern und dem Stellar Gateway Chakra darüber hereinkommt (Abbildung 153). Wenn einige der Blütenblätter von Sahasrara geschlossen bleiben, wird die Krone nicht vollständig aktiviert, was dazu führt, dass sich im Laufe der Zeit Blockaden im Kopfbereich ansammeln.

Sobald die Kundalini aus dem Muladhara aufsteigt, versucht sie, den Körper durch die Krone zu verlassen, was dazu führt, dass sich die Blütenblätter des Sahasrara wie eine Blume entfalten, bereit, das Licht zu empfangen. Sahasrara wird der "Tausendblättrige Lotus" genannt, weil es theoretisch tausend Blütenblätter gibt, von denen jedes mit unzähligen kleineren Nadis oder Energiekanälen verbunden ist, die Prana-Energie aus verschiedenen Bereichen des Lichtkörpers transportieren und im Kopfbereich enden. Es gibt Hunderte, möglicherweise sogar Tausende dieser Nervenenden im Gehirn. Jeder von ihnen ist wie der Ast eines Baumes, der die Prana-Energie in, durch und um das Gehirn herumführt. Wenn Sie die Krone vollständig öffnen, können viele dieser Nadis bis zur

Oberfläche des oberen Teils des Kopfes vordringen. Es fühlt sich oft so an, als würden Käfer auf der Kopfhaut krabbeln oder als würde die Energie zucken, wenn diese Nadis des Gehirns mit Licht durchflutet werden.

Wie bereits erwähnt, werden nach dem Erwecken der sechs primären Chakren unterhalb der Krone verschiedene Teile des Gehirns freigeschaltet, ebenso wie die kleineren Chakren im Kopf, die mit den primären Chakren korrespondieren. Das gesamte psychische Energiesystem dient dazu, Lichtenergie durch Ihren Lichtkörper zu kanalisieren, was Ihrem Bewusstsein erlaubt, Transzendenz zu erfahren, während Sie den physischen Körper verkörpern. Sobald sich der Kronenlotus vollständig geöffnet hat, verlässt die Seele den Körper und ermöglicht es dem Bewusstsein, das Transpersonale Selbst in den Chakren oberhalb der Krone zu erreichen.

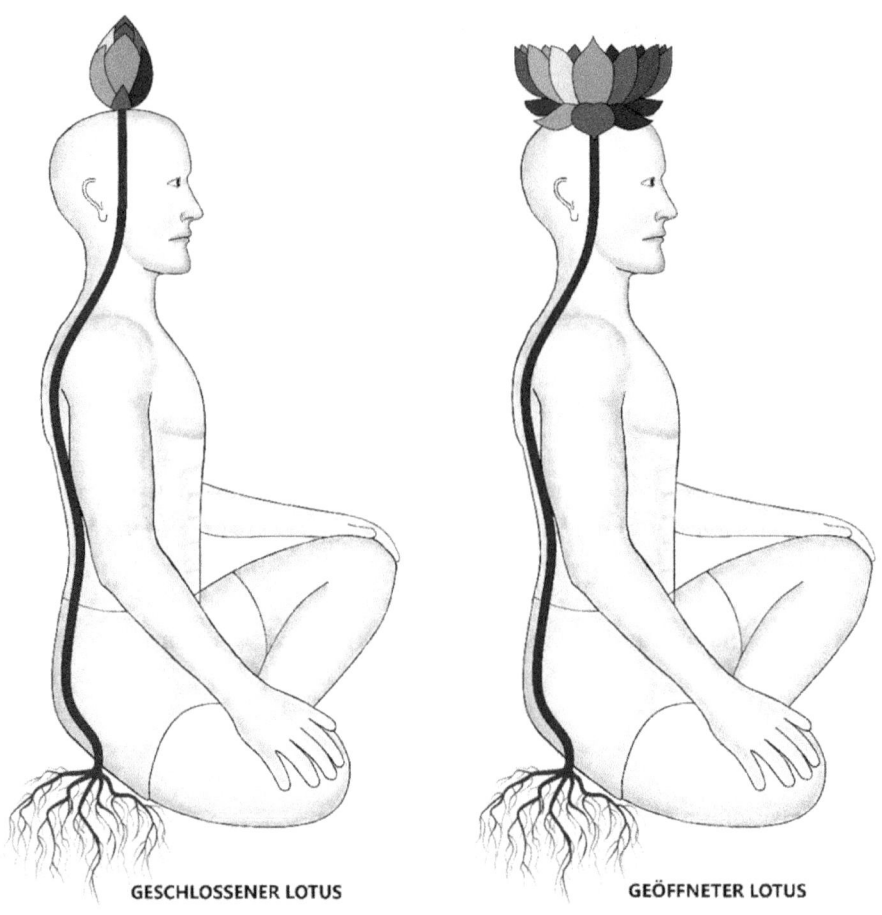

Abbildung 153: Der Lotus des Sahasrara Chakra

Die kleineren Nadis dienen als psychische Rezeptoren, die durch das Licht im Körper gespeist werden, das durch die Nahrungsaufnahme aufgebaut wird. Dieses Licht im Körper arbeitet mit dem Licht, das vom Sahasrara Chakra hereinkommt. Wie bereits erwähnt, ist der Lichtkörper wie ein Baum, dessen Wurzeln in der Erde liegen, während der Rumpf als Stamm des Baumes dient. Der Stamm trägt die primären Chakren, während die Gliedmaßen des Körpers als Hauptäste des Baumes dienen. Diese Zweige tragen die Lichtenergie durch ihre zweiundsiebzigtausend Nadis, die sich bis zur Hautoberfläche erstrecken, wenn auch auf einer subtilen Ebene. Der Tausendblättrige Lotus befreit das individuelle Bewusstsein vom Körper und verbindet es mit dem kosmischen Bewusstsein in Sahasrara.

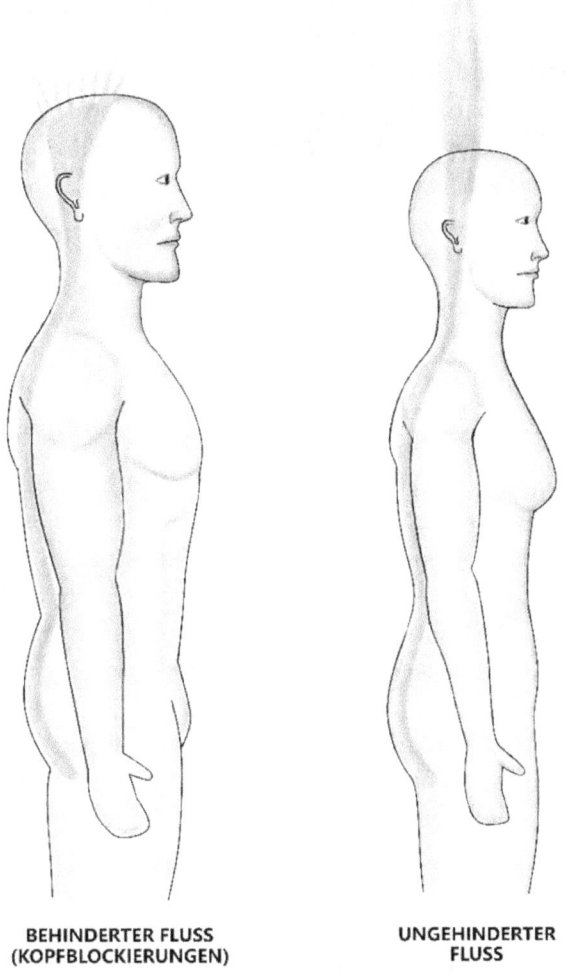

BEHINDERTER FLUSS (KOPFBLOCKIERUNGEN)   **UNGEHINDERTER FLUSS**

Abbildung 154: Kundalini-Fluss durch Sushumna

Sahasrara befindet sich oben in der Mitte des Kopfes und dient als Portal, durch das weißes Licht in das Energiesystem gebracht wird. Dieses Licht wird durch die darunter liegenden Chakren gefiltert. Wenn jedoch einige der Lotusblütenblätter aufgrund von Blockaden in den primären Chakras und Nadis ungeöffnet bleiben, wird der Fluss der

Kundalini behindert, was zu mentalen und emotionalen Problemen führt (Abbildung 154). Daher braucht die Kundalini einen ungehinderten Fluss vom Muladhara durch das Sahasrara und darüber hinaus zu den darüber liegenden transpersonalen Chakras.

Sie können psychologische Probleme mit Hilfe spiritueller Praktiken wie der Zeremonialmagie lindern, die die Chakren und Nadis reinigen und Blockaden beseitigen. Der Grund, warum die Zeremonialmagie die wirksamste spirituelle Praxis ist, die mir begegnet ist, liegt darin, dass sie es Ihnen am effektivsten ermöglicht, die Energien jedes der fünf Elemente anzurufen, um die entsprechenden Chakren zu stimmen. Im Gegenzug werden die Nadis, die mit den Chakras verbunden sind, gereinigt, einschließlich Ida, Pingala und Sushumna, deren Fluss optimiert wird. Wenn irgendwelche Blockaden beim anfänglichen Kundalini-Aufstieg die Energie daran gehindert haben, den Sahasrara-Lotus zu erreichen und vollständig zu öffnen, werden auch diese Blockaden beseitigt. Sobald die Kundalini das System verlassen hat, wird sie sich auf natürliche Weise wieder erheben, um die Arbeit durch die Vereinigung von Shiva und Shakti im Kronenchakra Sahasrara zu beenden.

INTROVERTIERT VS. EXTROVERTIERT

Wenn einige der Lotusblütenblätter geschlossen sind, ist das ein Zeichen dafür, dass die Energie im Kopf stagniert und sich nicht richtig bewegt. Dieses Problem kann Druck im Kopf und sogar Kopfschmerzen verursachen. Zu viel Licht im Kopf führt dazu, dass die Person sich auf ihre inneren Gedanken konzentriert, besonders im Hinterkopf, von wo aus das Unterbewusstsein arbeitet. Denken Sie daran, dass Ihr Geisteszustand davon abhängt, worauf Sie Ihre Aufmerksamkeit in den vielen Ebenen oder Schichten des Bewusstseins richten.

Introvertierte nutzen Logik und Vernunft über die untere Mentalebene, wenn sie zerebral sind, oder die Astralebene, wenn sie Emotionen erleben. Introvertierte werden vom Licht des Mondes beeinflusst, das viele Illusionen erzeugt. Dieses Mondlicht ist die Quelle der Dualität, da es nur eine Reflexion des Sonnenlichts ist, das eine Singularität ist.

Extrovertierte nutzen das Licht der Sonne und sind handlungsorientiert, im Gegensatz zu Introvertierten, die eher für ihr Denken und Fühlen bekannt sind. Extrovertierte verbringen nicht viel Zeit in ihrem Kopf; stattdessen handeln sie aus ihrem Herzen heraus, was eher instinktiv ist. Sie drücken sich durch verbale Kommunikation aus und lassen ihren Handlungen den Vortritt. Die meisten Extrovertierten beziehen ihre Energie aus ihrer Umgebung und den Menschen um sie herum. Daher mögen sie große Menschenmengen und stehen gerne im Mittelpunkt der Aufmerksamkeit.

Umgekehrt sind Introvertierte gerne allein oder mit wenigen Freunden, denen sie vertrauen. Sie ziehen ihre Energie aus sich selbst, deshalb sind ihre Gedanken und

Gefühle für sie so wichtig. Sie gehen methodisch an das Leben heran und benutzen nicht wie Extrovertierte Worte als Anker, sondern drücken sich durch ihre Körpersprache aus.

Oberflächlich betrachtet scheinen extrovertierte Menschen selbstbewusster zu sein, aber das ist nicht immer der Fall. Da Introvertierte mehr ihren Verstand benutzen, sind sie bei ihren Entscheidungen sorgfältiger und ziehen logischere Schlüsse, die zu fruchtbaren Ergebnissen führen. Extrovertierte Menschen schalten in der Regel ihren Verstand aus und treffen Entscheidungen aus dem Bauch heraus. Wenn sie sich von ihrer Intuition leiten lassen, können ihre Entscheidungen vorteilhaft sein, während sie, wenn sie sich von ihren Instinkten leiten lassen, oft darunter leiden. Wenn die Willenskraft dominiert, agieren Extrovertierte von der höheren Mentalebene aus, während sie, wenn sie ihre Intuition kanalisieren, von der spirituellen Ebene beeinflusst werden. Extrovertierte lassen sich im Allgemeinen von ihrer Seele leiten, während Introvertierte eher dazu neigen, sich von ihrem Ego leiten zu lassen.

Die Kundalini-Erweckung soll Sie eher zu einem extrovertierten Menschen machen, obwohl Sie während Ihrer spirituellen Reise immer zwischen beiden Zuständen hin und her schwanken werden. Zum Beispiel werden Sie in den Anfangsstadien, wenn das Ego aktiver ist, mehr Zeit damit verbringen, introvertiert zu sein, während Sie in den späteren Stadien, wenn Sie sich vollständig auf Ihre Seele und Ihr Höheres Selbst einstimmen, ein Extrovertierter werden. Das liegt daran, dass der spirituelle Weg immer im Verstand beginnt, aber im Herzen endet.

Ihr Wechsel zwischen introvertierten und extrovertierten Zuständen während Ihres Kundalini-Erweckungsprozesses hängt davon ab, mit welchen Elementen Sie auf natürliche Weise über das Kundalini-Feuer oder durch rituelle Anrufungstechniken arbeiten. Das Wasserelement bezieht sich auf Ihre Emotionen, die freiwillig oder unfreiwillig sein können, wie z.B. instinktive Emotionen - die Arbeit mit diesem Element macht Sie also introvertiert. Das Feuerelement bezieht sich auf Ihre Willenskraft, die Ihren Körper zum Handeln bewegt und Sie somit zu einem extrovertierten Menschen macht. Das Feuerelement ist Ausdruck von Archetypen und Wahrheit, da es durch das Licht der Sonne temperiert wird. Umgekehrt zeigt das Wasserelement die Dualität des Geistes, auf den das Mondlicht einwirkt.

Das Luftelement (Gedanken) schwingt zwischen ihnen, befeuert sie und verleiht ihnen ihre Dynamik. Die Gedanken können bewusst sein und die Willenskraft anregen, oder unbewusst und auf die Gefühle einwirken. Und schließlich macht das Erdelement, das mit körperlicher Aktivität und dem Verweilen in der Gegenwart verbunden ist, den Menschen extrovertiert. Die Dichte des Erdelements verhindert zu viel Denken oder Fühlen, so dass uns nur das Handeln bleibt. Das Erdelement steht in direktem Zusammenhang mit der Seele und damit, dass man sich von seinen inneren Impulsen, sei es Intuition oder Instinkt, leiten lässt.

EMOTIONEN VS. VERNUNFT

Eine mächtige Dichotomie, die sich im vollständig Kundalini-Erweckten zeigt, ist der ständige Kampf zwischen den Emotionen und dem Intellekt, der sich durch Logik und Vernunft ausdrückt. Emotionen (Gefühle) sind ein Ergebnis unserer vergangenen Konditionierung sowie unserer inneren Wünsche. Einige Gefühle sind instinktiv und unwillkürlich, während wir über andere Kontrolle haben.

Die Logik ist die systematische Untersuchung von Argumenten, während die Vernunft die Logik anwendet, um etwas zu verstehen oder zu beurteilen. Diese beiden inneren Komponenten sind zwei Seiten der gleichen Medaille. Sie stellen den Teil von uns dar, der die Wahrheit der Sache erkennen und unsere Entscheidungen beurteilen kann. Die Vernunft kann Ergebnisse vorhersagen; sie funktioniert wie ein Supercomputer, der die Realität um uns herum liest. Sie gibt uns dann fundierte Berechnungen an die Hand, die es uns ermöglichen, die bestmögliche Handlung auszuführen, die zu den besten Ergebnissen führen wird.

Emotionen sind Impulse, die uns dazu bringen, in diesem Moment zu handeln. Sie werden entweder von Selbstliebe oder von bedingungsloser Liebe für die ganze Menschheit beeinflusst. Wenn sie von Selbstliebe gesteuert werden, geht es bei den Emotionen nicht um Ergebnisse, sondern darum, sich gut zu fühlen und das zu bekommen, was das Ego will, wenn es das will. Emotionen sind also mit persönlichen Wünschen verbunden. Wenn sie von bedingungsloser Liebe beeinflusst werden, wird die Seele erhöht, und der Schwerpunkt liegt auf dem Aufbau von Tugenden und der Freude, die man hat, wenn man ein guter Mensch ist.

Niedrigere Emotionen werden durch das Wasserelement auf der Astralebene der Realität ausgedrückt. Die höheren Emotionen steigen jedoch bis zur spirituellen Ebene auf. Logik und Vernunft werden immer durch das Feuerelement beeinflusst, das auf der Mentalebene auf das Luftelement einwirkt. Es kann nicht höher als die Mentalebene projizieren.

Das Ego und die Seele können sowohl die Emotionen als auch den Verstand übernehmen. Die Seele operiert jedoch immer über die Energie der bedingungslosen Liebe, die von den Elementen Geist und Feuer beeinflusst wird. Die Seele versteht, dass wir ewig sind und unser Funke über den physischen Tod hinaus weiterleuchten wird, daher sucht sie nach Einheit und Anerkennung der Einheit mit anderen Menschen. Sie handelt nicht aus Selbstliebe; das tut nur das Ego, denn das Ego lebt aus dem Verstand heraus, wo es die Dualität von Selbst und anderen Selbsten erkennt. Es bewacht und schützt den Körper aus Angst vor seinem Tod. Diese Angst-Energie ist es, die einen Großteil der Emotionen antreibt, die das Ego beeinflusst.

Manchmal können uns unsere Emotionen etwas sagen, das völlig im Widerspruch zu dem steht, was unser Verstand uns sagt, und andersherum. Dieser Prozess wird sich bei Kundalini-Erweckten über viele Jahre hinziehen. An den höheren Punkten der Kundalini-Erweckung werden Sie jedoch persönliche, niedere Emotionen überwinden, und Ihre

Vernunft und Logik werden sich mit der Seele und dem Höheren Selbst, dem Geist, in Einklang bringen. Es ist unmöglich, im Leben erfolgreich zu sein, wenn man nur seinen Gefühlen folgt, denn sie können so unbeständig sein, und wenn man nach ihnen handelt, führt das oft zu sehr negativen Ergebnissen. Emotionen, die Ausdruck eines inneren Wunsches sind, haben meist keine logische Grundlage. Wenn wir nach ihnen handeln, bringen wir uns oft in Schwierigkeiten.

Aber auch wenn wir gerne das tun, was sich gut anfühlt, wie es unser natürlicher Impuls ist, lernen Sie durch den Kundalini-Erweckungsprozess, die niederen Emotionen zu zügeln, da Ihr Ego dabei ist, zu sterben. Infolgedessen können Sie nach vorne blicken und Handlungen ausführen, die mit höheren Emotionen übereinstimmen, die durch die Linse der bedingungslosen Liebe projiziert werden. Oft werden Sie feststellen, dass diese höheren Emotionen auch mit dem logischen Teil von Ihnen übereinstimmen, und dieses Gleichgewicht zwischen den beiden wird die günstigsten Ergebnisse in Ihrem Leben hervorbringen.

Das Gleichgewicht zwischen höheren Emotionen und Vernunft ist in der Tat die richtige Grundlage für ein glückliches, erfolgreiches Leben. Mit der Zeit werden Sie Ihren Charakter und ein Maß an Stärke aufbauen, das zu Beginn Ihrer Kundalini-Erweckungsreise unergründlich war. Sie werden lernen, mit einer Betonung auf korrektem Verhalten und Handeln zu leben, das von einem Ort der Moral und Ethik kommt. Diese Art zu leben ist der natürliche Ausdruck des Kundalini-Feuers und des Gefühls der Herrlichkeit Gottes, das Ihr Herz-Chakra, Anahata, durchdringt.

KUNDALINI UND NAHRUNGSUMWANDLUNG

Gopi Krishna wurde in den späten 1960er Jahren als eine der führenden Autoritäten für das Phänomen des Kundalini-Erwachens in der westlichen Welt bekannt. Obwohl Arthur Avalons *The Serpent Power*, das 1919 veröffentlicht wurde, das erste Buch war, das dem Westen das Konzept der Kundalini vorstellte, schrieb Gopi eine Reihe von Büchern, die sich ganz auf die Kundalini konzentrierten und die für die westliche Welt ins Englische übersetzt wurden. Dies geschah etwa zur gleichen Zeit, als Yogi Bhajan seine Art von Kundalini Yoga in den Vereinigten Staaten einführte. Durch die Arbeit dieser beiden Männer wurde die ganze Welt mit dem Wort "Kundalini" vertraut gemacht.

In den folgenden zwanzig Jahren schrieb Gopi viele Bücher über die Kundalini. Während seine Arbeit eher philosophisch war, lehrte Yogi Bhajan die praktischen Methoden des Yoga, um diese schwer fassbare und geheimnisvolle Energie in seinen Schülern zu aktivieren. Die Kundalini-Wissenschaft hat sich jedoch über die Arbeit dieser beiden Männer hinaus nicht sehr weiterentwickelt. Eine bemerkenswerte Persönlichkeit, die einen bedeutenden Beitrag auf diesem Gebiet leistete, ist Swami Satyananda Saraswati, der viele Bücher über Tantra und Yoga schrieb und die Praktiken erläuterte, um ihren Pfaden zu folgen, während er die Mittel und Methoden bereitstellte, wie man seine Kundalini erwecken kann. Die Arbeit von Swami Satyananda hat meinen Beitrag zu Tantra und Yoga in diesem Buch maßgeblich beeinflusst. Und ich wäre nachlässig, wenn ich David Frawleys umfangreiche Arbeit über Yoga und Ayurveda nicht erwähnen würde, die der westlichen Welt und mir persönlich einen enormen Dienst erwiesen hat.

Ich habe bereits über Gopis anfängliches Kundalini-Erwachen und dessen Risiken nach einem unvollständigen Aufstieg gesprochen. Diese Situation quälte ihn, bis er eine Lösung fand. Seine Verzweiflung resultierte daraus, dass der Ida-Kanal schlafend blieb, während Sushumna und Pingala aktiviert wurden, als seine Kundalini erwachte. Sie manifestierte sich als lähmende Angst, die Gopi das Leben unmöglich scheinen liess, und an manchen Tagen wünschte er sich, er wäre tot. Diese Situation bedarf jedoch einer näheren Untersuchung, da es sich um ein häufig auftretendes Ereignis handelt, das jedem passieren kann. Ich zum Beispiel hatte mit demselben Problem zu tun, wenn auch in einem anderen Zusammenhang, und ich habe Lösungen gefunden, um es zu lösen. Wenn Sie ein klareres Bild von dem haben, was Gopi passiert ist, können Sie meine Lösungen nutzen, um mit dieser Art Problem umzugehen, falls es auch Ihnen passiert.

Nach Gopis Kundalini-Erwachen war Idas kühlende, passive Wasserenergie nicht vorhanden, und die heiße, aktive Feuerenergie von Pingala machte Überstunden. Diese Situation machte die Sache für ihn jedoch nur noch schlimmer. Der Ida-Kanal aktiviert das parasympathische Nervensystem, das den Körper und den Geist beruhigt. Im Gegensatz dazu setzt der Pingala-Kanal das sympathische Nervensystem in Gang, das Körper und Geist in den "Kampf-oder-Flucht"-Modus versetzt. Stellen Sie sich vor, das SNS-System ist ständig eingeschaltet und Sie können es nicht abschalten. Ich war also schon einmal in genau dieser Situation, ich weiß also, wie das ist und wie man es beheben kann. Der einzige Unterschied besteht darin, dass ich zu dem Zeitpunkt, als mir das passierte, bereits über die Mittel zur Überwindung der Situation verfügte, die Gopi nicht hatte.

Wenn Ihnen das passiert, und das kann auch in späteren Stadien der Kundalini-Transformation passieren, wird jeder Moment Ihres Lebens zu einem Zustand der Krise. Das Schlimmste, so habe ich herausgefunden, ist das Einbringen von Nahrung in den Körper, was das quälendste Feuer erzeugt, das sich anfühlt, als würde es einen von innen heraus verbrennen. Ich habe in der ersten Woche zehn Pfund abgenommen, als ich mich mit dieser Situation befasste, und auch Gopi sprach von einem schnellen Gewichtsverlust. Sehen Sie, der heiße, intensive Pingala-Kanal muss durch die kühlende Energie von Ida ausgeglichen werden, sonst gerät das System durcheinander, was sich negativ auf den Geist auswirkt. Jeder Bissen, den Sie zu sich nehmen, manifestiert sich als lähmender Stress und Angst, der Ihre Nebennieren belastet und erschöpft. Dieser Gemütszustand kann sich auf Ihr Leben auswirken, da Sie das Gefühl haben, dass es um Leben und Tod geht und Ihnen niemand in Ihrer Umgebung helfen kann. Stellen Sie sich die Verzweiflung vor, die Sie durchmachen, und den Ausnahmezustand, in dem Sie der Einzige sind, der sich selbst helfen kann. Das habe ich schon erlebt.

In dem Moment, in dem man Nahrung zu sich nimmt, beginnt sie sich in Prana-Energie umzuwandeln, was den Pingala-Kanal antreibt und ihn auf Hochtouren laufen lässt, da die große Menge an Prana nicht gleichmäßig durch die beiden primären Nadis verteilt wird. Gopi wusste aus den tantrischen und yogischen Lehren, dass er Ida höchstwahrscheinlich nicht erweckt hatte, also wusste er, worauf er sich konzentrieren musste, um sich zu helfen. Er wusste, dass nur Ida die kühlende Kraft enthielt, die er brauchte, um sein Energiesystem auszugleichen. Und ich, nun ja, meine Hilfe war Gopi, der dasselbe durchmachte und darüber in seinen Büchern schrieb, die ich bis dahin gelesen hatte.

Gopi gab sich alle Mühe, Ida durch Meditation zu aktivieren. Die Meditation, die er benutzte, war die Visualisierung einer Lotusblume vor seinem geistigen Auge. Indem er dieses Bild über längere Zeit hielt, aktivierte sich der Ida-Kanal schließlich an der Basis seiner Wirbelsäule und stieg nach oben in sein Gehirn. Er spürte ihre kühlende, beruhigende Energie, die sein Energiesystem ausbalancierte. Sein Geist wurde nun gut reguliert. Er fand Trost in der Nahrungsaufnahme und begann sogar, im Übermaß zu essen, wobei er sich hauptsächlich auf Orangen konzentrierte, wahrscheinlich um seine erschöpften Nebennieren wieder aufzufüllen.

Visuelle Gedanken, die Bilder im Geist sind, sind die Wirkung des Ida-Kanals, nicht von Pingala. Es ist also kein Zufall, dass Gopi Krishna Ida aktivierte, indem er sich zwang, ein visuelles Bild vor seinem geistigen Auge zu formen und dieses Bild mit einer starken Konzentration zu halten.

Es ist wichtig zu verstehen, dass alle drei Kanäle von Ida, Pingala und Sushumna gleichzeitig ins Gehirn aufsteigen müssen, wenn eine Kundalini-Aktivierung und -Aufstieg erfolgreich sein soll. Um ein ausgeglichenes psychisches System zu schaffen und den Kundalini-Kreislauf im neu entwickelten Lichtkörper zu vervollständigen, müssen Ida und Pingala in die Mitte des Kopfes am Thalamus aufsteigen und das Ajna Chakra aufsprengen. Dann bewegen sie sich weiter zu dem Punkt zwischen den Augenbrauen, dem Zentrum des Geistigen Auges. Wenn Sie Ida- und Pingala-Kanäle erweckt haben, sie aber blockiert sind, oder einer oder beide irgendwann einen Kurzschluss haben, können Sie den Fluss dieser Nadis wieder korrigieren, indem Sie sich auf das Dritte Auge konzentrieren.

Wenn Ida und Pingala unter das siebte Augenchakra oder den Bindu-Punkt am Hinterkopf fallen, hört der Kundalini-Kreislauf auf zu funktionieren. Um ihn wieder in Gang zu bringen, muss man auf das geistige Auge meditieren und ein Bild mit Hilfe der Vorstellungskraft und der Willenskraft festhalten. Diese Praxis wird Ida und Pingala wieder stimulieren und das siebte Auge und das Bindu Chakra wieder öffnen. Auf diese Weise werden die Nadis den gesamten Kundalini-Kreislauf im Lichtkörper neu ausrichten und wieder verbinden. Eine andere Meditation, die bei Blockaden im Bindu funktionieren kann, besteht darin, die Aufmerksamkeit einen Zentimeter vom Bindu-Punkt entfernt zu halten, bis die Energie neu ausgerichtet ist und richtig fließt. In ähnlicher Weise kann man diesen Punkt ausrichten, indem man seine Aufmerksamkeit einen Zentimeter vom siebten Augenchakra entfernt hält.

Ich werde auf diese Übungen und Meditationen im Kapitel "Kundalini Troubleshooting" am Ende des Buches näher eingehen. Diese Meditationen sind für die Stabilisierung Ihres Kundalini-Systems von größter Bedeutung. Ich habe alle diese Meditationen in den letzten siebzehn Jahren selbst entdeckt, und als solche werden Sie sie in diesem Buch zum ersten Mal sehen. Wenn es ein massenhaftes Kundalini-Erwachen gäbe und die ganze Welt schnell eine Anleitung bräuchte, wären meine Meditationen die Antwort auf viele energiebezogene Probleme, die die Menschen erleben könnten. Wie kam ich also auf diese Idee?

Als ich Probleme mit dem Kundalini-Kreislauf hatte, lag ich stunden-, tage- oder sogar wochenlang auf meinem Bett und suchte nach verschiedenen energetischen "Triggerpunkten" im Kopfbereich, auf die ich meditieren konnte, um Energieblockaden zu beseitigen und die Nadis neu auszurichten. Manchmal braucht man sogar eine Reaktivierung des Ajna- oder Sahasrara-Chakras, obwohl es für diese Zentren unmöglich ist, sich zu schließen, sobald die Kundalini-Energie sie vollständig erweckt hat. Während dieses Entdeckungsprozesses war ich entschlossen, um jeden Preis Lösungen zu finden, die es mir ermöglichten, mich durchzusetzen. "Wenn es einen Willen gibt, gibt es auch einen Weg", habe ich immer gesagt, und "für jedes Problem gibt es eine Lösung", auch wenn es sich um ein Problem energetischer Natur handelt. Ich habe in dieser Hinsicht nie ein Scheitern akzeptiert, damit ich durch meinen Entdeckungsprozess Lösungen finde, die ich eines Tages mit der Welt teilen kann, so wie ich es jetzt tue.

Meine Entdeckungen wurden in meinem Leben schon viele Male ausprobiert und getestet, wenn ich mit dem Kundalini-System konfrontiert war. Und sie haben alle funktioniert. Verinnerlichen Sie, dass die Kundalini sehr empfindlich, aber auch sehr flüchtig ist. Viele Dinge, die wir als Menschen tun und die in der Gesellschaft ohne weiteres als Norm akzeptiert werden, können und werden das Kundalini-System kurzschließen. Zum Beispiel die Art und Weise, wie wir als Menschen miteinander umgehen, traumatische Erlebnisse und sogar der Gebrauch von Drogen und Alkohol können sich sehr nachteilig auf das Kundalini-System auswirken. Wenn Sie dieses Buch beendet haben, werden Sie die Schlüssel zur Überwindung aller Probleme mit dem Kundalini-System haben und ihm nicht mehr ausgeliefert sein, wenn es nicht funktioniert.

SUBLIMATION/TRANSFORMATION VON LEBENSMITTELN

Der Prozess der Nahrungssublimation/-transformation führt im Laufe der Zeit zu vielen verschiedenen Erfahrungen. Nach der Aktivierung des Lichtkörpers bei der anfänglichen Kundalini-Erweckung werden Sie zum Beispiel für einige Zeit ein Gefühl der Trägheit und Lethargie verspüren, da der Körper die gesamte Prana-Energie, die er aus der Nahrung erhält, zum Aufbau des Kundalini-Kreislaufs verwendet. Infolgedessen können Sie sich uninspiriert und unmotiviert fühlen, Ihre täglichen Aufgaben zu erledigen. Vielleicht möchten Sie sich auch von anderen Menschen abkapseln und allein sein. Denken Sie daran, dass diese eher unangenehmen Erscheinungen nicht von Dauer sind. Während Sie sich weiterentwickeln, werden sie vorübergehen.

Nach dem anfänglichen Erwachen werden Sie sich höchstwahrscheinlich in einer negativen geistigen und emotionalen Haltung befinden, da Sie Ihren Lichtkörper durch die Nahrungsaufnahme nähren. Ihr Dopamin- und Serotoninspiegel wird sinken, da der Körper auf Hochtouren arbeitet, um die Nahrung in Prana-Lichtenergie umzuwandeln. Es dauert ein paar Monate, bis sich die Energie stabilisiert und Sie wieder ein Gefühl für den Sinn des Lebens bekommen. Während dieses Transformationsprozesses werden Ihre Motivation und Ihr Antrieb sowie Ihre Willenskraft in den Winterschlaf versetzt. Sie werden sich selbst eine Pause gönnen und eine Auszeit von allem nehmen müssen, was Sie in dieser Zeit bearbeiten und erreichen wollen. Ich kann Ihnen jedoch garantieren, dass Sie aus dieser Erfahrung gestärkt und belebt wie nie zuvor hervorgehen werden.

In der Anfangsphase des Aufbauprozesses wird das Kundalini-Feuer in Geist- oder Lichtenergie sublimiert. Zunächst befindet es sich in einem Zustand des Potenzials als latente Wärme. Wenn Sie jedoch Nahrung in das System einbringen, nährt sie das Feuer und lässt es wachsen. Während es wächst, intensiviert es sich, und man hat das Gefühl, von innen zu verbrennen. Schließlich, auf dem Höhepunkt der Intensität der Hitze, wenn das Herz rast und die Angst so groß ist wie nie zuvor, beginnt das Feuer zu sublimieren und wird zu spiritueller Energie.

Das Wichtigste an diesem Prozess ist, dass sich das Kundalini-Feuer in einem ständigen Zustand der Transformation und Transmutation befindet. Es verändert seine Form, während man ständig Wasser isst und trinkt, um seine Auswirkungen zu regulieren und abzukühlen. Ich rannte oft in die Küche, um ein Glas Wasser zu holen, um mich abzukühlen. Meine Eltern sahen mir ungläubig zu und versuchten herauszufinden, ob ihr Sohn drogenabhängig geworden war, denn mein Verhalten war alarmierend. Zu anderen Zeiten brauchte ich ein Glas Milch, wenn die Hitze zu groß war und meinem Körper Nährstoffe fehlten. Ich schlage also vor, dass Sie immer ein Glas Wasser oder Milch zur Hand haben, wenn Sie es brauchen, und dass Sie eine gute Entschuldigung für Ihr seltsames Verhalten haben, wenn Sie nicht allein leben.

Dieser Prozess ist für ein paar Wochen bis höchstens ein paar Monate sehr intensiv. Danach stabilisiert er sich und wird sanfter. Die Anfangsphase des Erwachens ist wirklich die schwierigste, denn das Feuer in Ihnen fühlt sich an, als würde es Sie bei lebendigem Leibe verbrennen, und aufgrund seiner Intensität gehen Ihr Stress und Ihre Ängste durch die Decke. Ein Teil der Angst, die Sie erleben, besteht darin, dass das Ego versucht, herauszufinden, was passiert, es aber nicht kann, da es normalerweise funktioniert, indem es Dinge auf der Grundlage dessen vorhersagt, was es bereits gesehen hat, und so etwas hat es noch nie gesehen.

Dieses sublimierte Kundalini-Feuer, das ich nur als einen kühlenden, quecksilbrigen Geist beschreiben kann, soll den Kundalini-Kreislauf anheizen. Obwohl die Kundalini als rasendes Feuer beginnt, sollte man sich daran erinnern, dass dieser Zustand nur eine ihrer vorübergehenden Formen ist. Dies im Voraus zu wissen, kann Ihnen eine Menge Herzschmerz ersparen, also vergessen Sie nicht, was ich gesagt habe. Mit der Zeit und mit der Nahrungsaufnahme verwandelt sich das Kundalini-Feuer in eine friedliche, ätherische, flüssige spirituelle Energie, die Sie beruhigt und die Negativität, der das System zuvor ausgesetzt war, wegspült.

Geduldig zu sein, während dieser Prozess in Ihnen stattfindet, ist die halbe Miete. Denken Sie daran, dass nichts statisch bleibt, während die Kundalini Sie transformiert; Metamorphose ist ein Prozess ständiger Veränderung. Deshalb müssen Sie lernen, die inneren Veränderungen willkommen zu heißen, anstatt sie zu bekämpfen. Aus diesem Grund plädieren viele Erwachte dafür, sich der Kundalini-Energie um jeden Preis hinzugeben. Jetzt können Sie sehen, warum das leichter gesagt als getan ist. Sie werden jedoch sehen, dass Sie am Ende keine Wahl haben.

Obwohl das tobende Feuer auf seinem Höhepunkt sehr unangenehm sein kann, wird es unweigerlich zu einer kühlenden spirituellen Energie werden. Es liegt ganz bei Ihnen, ob Sie aktiv oder passiv an diesem Prozess teilnehmen wollen. Ich kann Ihnen nicht sagen, wie lange die Transformation dauern wird, da der Zeitpunkt von Person zu Person unterschiedlich ist, aber ich empfehle Ihnen, nahrhaftes Essen zu sich zu nehmen und so viel wie möglich ruhig, geduldig und entspannt zu sein.

Das Hervorrufen von negativen Gedanken und Zweifeln wird nur die Angst im System stimulieren, was sich negativ auswirken wird. Ruhig zu sein, während das wütende Feuer der Kundalini wirkt, setzt Serotonin und Oxytocin frei und ermöglicht die Sublimation in feine spirituelle Energie. Dopamin und Adrenalin behindern diesen Prozess; der Körper muss das parasympathische Nervensystem anstelle des sympathischen aktivieren.

Es ist hilfreich, die Zunge auf den Gaumen zu legen, während dieser Vorgang stattfindet. Diese Handlung verbindet die Ida und Pingala Nadis und erleichtert es, den Geist ruhig zu halten und die Energie zu sublimieren. Wenn sich das wütende Feuer in Geist verwandelt, öffnen sich neue Energietaschen im mittleren Bauchbereich und auf der rechten Seite. Hier scheint diese neue spirituelle Energie ihren Aufstieg nach oben entlang der Ida- und Pingala-Kanäle an der Vorderseite des Körpers zu beginnen. Diese Energietaschen, die sich vor den Nieren befinden, erzeugen das Gefühl des Einsseins, der Ewigkeit und des vollständigen Aufgehens im Geist.

GEDANKEN IN "REAL-TIME"

Nach einer vollständigen und anhaltenden Kundalini-Erweckung wird die Lichtenergie im Gehirn ständig präsent sein. Da das Licht dazu dient, eine Brücke zwischen dem bewussten und dem unterbewussten Geist zu schlagen, hat es eine besondere Wirkung auf Ihre Gedanken. Während Sie sich in diesem ungewöhnlichen Zustand befinden, werden Ihnen Ihre Gedanken sehr real erscheinen. Als ob das, woran Sie denken, im wirklichen Leben bei Ihnen wäre. Dieses Phänomen ist zum Teil eine Folge davon, dass die Kundalini auf ihrem Weg nach oben Anahata, das Herz-Chakra, durchdringt und den Aspekt des stillen Beobachters des Selbst erweckt.

Dieser Teil des Selbst wird Ihnen in Verbindung mit dem schwachen Licht in Ihrem Kopf das Gefühl geben, dass alle Gedanken in Ihrem Geist real sind und nicht nur Ideen. Während Sie denken, beobachtet der Teil des Selbst, der als stiller Beobachter fungiert, diesen Prozess im Herzchakra wie ein unschuldiger Zuschauer. Aber sobald dieser Teil des Selbst erwacht ist, ist auch sein Gegenteil - der wahre Wille - erwacht. Er ist der Erzeuger aller Realität, das Höhere oder Gott-Selbst.

Die Erfahrung, dass Ihre Gedanken real sind, ist in der Tat der Katalysator hinter der Furcht und Angst, die sich direkt nach einem vollständigen und dauerhaften Kundalini-Erwachen zeigt. Wenn sich tiefe, unterbewusste Gedanken mit bewussten Gedanken vereinen, erscheint alles im Inneren realer denn je. Das kann anfangs eine erschreckende und verwirrende Erfahrung sein, so wie es für mich und viele andere, die dasselbe durchmachen, war. Es wird schwierig, zwischen den bewussten Gedanken und den projizierten Ängsten des Unterbewusstseins zu unterscheiden.

Diese neue "Realitätsnähe" der Gedanken ist die Quelle der beschwingten Glücksgefühle, die sich aus inspiriertem Denken ergeben, sowie der intensiven Depressionen, die aus negativen, angstbasierten Gedanken oder Ideen resultieren. Sowohl engelsgleiche als auch dämonische Kräfte können nun Ihren Geist durchdringen, und die Herausforderung besteht darin, die beiden zu unterscheiden. Die Absender negativer Gedanken können entweder Ihre verborgenen Leichen im Keller sein, Gedanken, die von den Köpfen anderer Menschen projiziert werden, oder sogar äußere Wesenheiten, die in der Astral- und Mentalebene leben.

Nach der Erweckung der Kundalini besteht Ihr nächster Schritt im Prozess der spirituellen Evolution darin, diese beiden Ebenen zu meistern, insbesondere die Mentalebene, denn das, woran Sie denken, bestimmt die Qualität Ihrer Realität. In der Philosophie des Neuen Denkens wird dies durch das Gesetz der Anziehung erläutert, das besagt, dass Sie positive oder negative Erfahrungen in Ihr Leben bringen, indem Sie sich auf positive oder negative Gedanken konzentrieren. *Das Kybalion unterstützt* diese Theorie, da das Gesetz der Anziehung auf dem hermetischen Kernprinzip der Schöpfung basiert, "Alles ist Geist, das Universum ist mental". Dies impliziert, dass Ihre Gedanken direkt für Ihre Lebenserfahrung verantwortlich sind, da der Unterschied zwischen der Welt der Materie und Ihrer eigenen mentalen Realität nur eine Frage des Grades ist. Daher ist die Materie nicht so real und konkret, wie wir sie wahrnehmen, sondern sie ist der Gedanke Gottes, der mit unseren Gedanken zusammenarbeitet, um unsere Realität zu manifestieren. Daher sind wir Mitschöpfer mit unserem Schöpfer durch den Geist, durch Gedanken.

Das hermetische Korrespondenzprinzip "Wie oben, so unten" besagt, dass die höheren Ebenen die niederen beeinflussen, was erklärt, warum die mentale Ebene die physische Ebene beeinflusst. Dieses Axiom wird auch als Grundlage für die Ausübung der Magie betrachtet. Aleister Crowley definierte Magick als "die Wissenschaft und Kunst, Veränderungen in Übereinstimmung mit dem Willen herbeizuführen". Auch wenn unsere Gedanken die Realität bestimmen, müssen wir mit der Willenskraft, die unsere Gedanken antreibt, in Kontakt treten und uns auf sie einstimmen. Der Prozess der Manifestation in der physischen Realität hat als Quelle den Impuls des wahren Willens aus der spirituellen Ebene, der zu einem Gedanken in der mentalen Ebene wird, eine emotionale Reaktion in der astralen oder emotionalen Ebene auslöst und sich schließlich in der physischen Ebene der Materie manifestiert.

Aus diesem Grund ist die Arbeit mit den Elementen und die Reinigung jedes Chakras von größter Bedeutung auf der spirituellen Reise. Das Unterbewusstsein ist nicht länger etwas, das tief im Inneren des Selbst verborgen ist; es wird zu etwas, das jeden wachen Moment des Tages direkt vor Ihnen ist und dessen Funktion Sie beobachten können. Der Grund dafür ist, dass das Ajna Chakra jetzt erwacht ist und mit optimaler Kapazität arbeitet, nachdem es einen Zustrom von Lichtenergie durch die erweckte Kundalini erhalten hat. Das geistige Auge ist das "Werkzeug", das wir für die Introspektion und den Einblick in die Funktionsweise des Unterbewusstseins verwenden.

Denken Sie daran, dass karmische Energie (im Sinne von negativer Energie, die in den Chakren gespeichert ist) aus einer gegensätzlichen Sichtweise, einem Glauben oder einer Erinnerung resultiert, die sich im Falle einzelner Chakren auf einen bestimmten Teil des Selbst bezieht. Das alte Selbst, das Ego, ist das, was wir reinigen und weihen müssen, damit das neue höhere Selbst seinen Platz einnehmen kann. Das Selbst nutzt verschiedene Kräfte, die durch die Energien in den Chakren aktiviert werden, da sie die Quelle dieser Kräfte sind. Am Anfang des Erwachens wird das Selbst mehr Bezug zum Ego haben als je zuvor, aber während wir unser Konzept des Selbst reinigen, legen wir das Ego ab.

Es ist notwendig, das Unterbewusstsein zu reinigen, denn, wie bereits erwähnt, müssen Sie zuerst Ihre Dämonen, die negativen Aspekte Ihrer Psyche, beherrschen, bevor Sie in den höheren Chakren wohnen und mit dem Geistelement eins werden können. Indem Sie Ihr Bewusstsein auf die drei höheren Chakren Vishuddhi, Ajna und Sahasrara ausrichten, richten Sie sich auf den Wahren Willen und das Höhere Selbst aus.

Da Sie diesen Prozess nicht abschalten können, da er durch die erweckte Kundalini ausgelöst wurde, wird es für Sie zu diesem Zeitpunkt in Ihrem Leben wichtiger als alles andere sein, über die Werkzeuge zur Reinigung der Chakren und zur Beherrschung der Elemente zu verfügen. Andernfalls sind Sie den psychischen Kräften innerhalb der kosmischen Ebenen ausgeliefert. Deshalb müssen Sie sich zu diesem Zeitpunkt zu einem spirituellen Krieger entwickeln, da Ihr Geist, Ihr Körper und Ihre Seele täglich von der neu erwachten Kundalini-Energie umgestaltet werden.

EINFÜHLUNGSVERMÖGEN UND TELEPATHIE

Sobald der Kundalini-Kreislauf geöffnet ist und die spirituelle Energie im Lichtkörper zirkuliert, erhält Ihr Bewusstsein die Fähigkeit, den physischen Körper nach Belieben zu verlassen. Wenn Sie durch das Kronenchakra aus ihrem physischen Körper austreten, erleben Sie, dass Ihre spirituelle Energie alles durchdringt, was Sie mit Ihrem physischen Augen in der materiellen Welt wahrnehmen. Diese Erfahrung ergänzt die Echtzeit-Wahrnehmung der Realität; nur jetzt können Sie die Energie jedes Objekts in Ihrer Umgebung fühlen und verkörpern. Durch Ihr Herz-Chakra fangen Sie an, die Essenz von allem zu fühlen, auf das Sie Ihre Aufmerksamkeit richten, da sich Ihre spirituelle Energie auf das überträgt, was Sie ansehen oder hören.

Wenn Sie sich zum Beispiel einen Gewaltfilm ansehen, können Sie die Energie einer Gewalttat spüren und erleben, indem Sie Ihren Körper in den Körper der Person versetzen, die Sie beobachten. Dieser Vorgang geschieht automatisch und augenblicklich, ohne bewusste Anstrengung. Um dieses Phänomen in Gang zu setzen, müssen Sie dem Film nur Ihre ungeteilte Aufmerksamkeit schenken. Am Anfang ist es eine ziemlich magische Erfahrung und eines der größten Geschenke der Kundalini. Es beginnt sich zu entwickeln, wenn genügend spirituelle Energie durch das Kundalini-Feuer und die Nahrungsaufnahme sublimiert worden ist. Das kann bis zum Ende des ersten Jahres des Erwachens geschehen, vielleicht sogar früher.

Diese Transformation und Manifestation ermöglicht es Ihnen, sich auf die Gefühle anderer Menschen einzustellen, wenn Sie Ihre Aufmerksamkeit auf sie richten. Durch diesen Prozess wächst Ihr Einfühlungsvermögen. Sie treten buchstäblich mit Ihrem Geist in ihren Körper und können fühlen, was sie fühlen. Wenn Sie ihnen keine Aufmerksamkeit schenken, indem Sie sie ansehen, müssen Sie ihnen nur zuhören, während sie sprechen, und Sie stimmen sich durch den Klang auf ihre Energie ein. Diese Manifestation geschieht durch Ihre Verbindung mit dem Klang. Es ist eine Form der Telepathie - das Lesen der Gedanken der Menschen und die Qualität ihrer Gedanken.

Empathie bedeutet, die Gefühle der Menschen und die emotionale Energie ihrer Herzen zu lesen. Ausreichend spirituelle Energie muss durch Nahrungsumwandlung

/Sublimation in Ihren neu entstehenden Lichtkörper fließen, um beide Manifestationen zu schaffen. Es ist wie eine Welle, die geschaffen wird, und Ihre Aufmerksamkeit ist das Surfbrett. Mit Ihrer Aufmerksamkeit können Sie nun auf der Welle surfen, indem Sie sich auf Dinge außerhalb von Ihnen konzentrieren.

Es wäre hilfreich, wenn Sie lernen würden, sich von den Emotionen oder Gedanken, die Sie erleben, zu trennen, indem Sie verstehen, dass sie nicht von innen, sondern von außen projiziert werden. Das Ego kann verwirrt werden und denken, dass es das Ego ist, von dem diese Emotionen oder Gedanken projiziert werden, was Furcht und Angst verursachen kann. Wenn Sie über Ihr Ego hinausgegangen sind und sich von dem, was Sie erleben, trennen können, können Sie dies ohne jegliche Negativität tun. Dies kann jedoch erst in den späteren Stadien der Kundalini-Transformation geschehen, wenn das Ego geläutert ist und Furcht und Angst ihre energetische Ladung verloren haben oder das System ganz verlassen haben.

Wenn Sie dieses Phänomen zum ersten Mal erleben, mag es unklar sein, wer Sie sind und wer andere Menschen sind. Dies ist eine der größten Herausforderungen in den ersten Jahren des Erwachens, da so viele Emotionen und Gedanken durch Ihren Verstand und Ihr Herz fließen, dass Sie wie ein Boot in stürmischen Gewässern hin- und hergeschaukelt werden. Der Schlüssel liegt darin, Ihr Inneres zu stabilisieren und zu lernen, durch die turbulenten Gewässer zu navigieren. Auf diese Weise lernen Sie, die Kontrolle über Ihr Leben zu erlangen, vielleicht zum ersten Mal. Der griechische Aphorismus "Erkenne dich selbst" ist in dieser Phase Ihres Lebens von entscheidender Bedeutung. Sie müssen Ihre Gedanken und Gefühle in den Griff bekommen, indem Sie Ihre Energieprojektionen und die anderer Menschen verstehen.

Ein wichtiger Hinweis sowohl zur Telepathie als auch zur Empathie: Sobald Sie eine stärkere Verbindung zu Ihrem Geistigen Körper entwickeln, werden diese übersinnlichen Gaben dauerhaft, das heißt, Sie können sie nicht mehr abstellen. Sie können nicht beschließen, dass es einfach zu viel ist und Sie nicht mehr daran teilhaben wollen. Manchmal kann es ziemlich überwältigend sein, da Sie sich gleichzeitig mit Ihren Ängsten und Befürchtungen auseinandersetzen und auch die der anderen übernehmen müssen.

Es wäre hilfreich, wenn Sie in dieser Zeit in sich gehen würden. Sie sollten sich etwas Zeit für sich selbst nehmen, wenn Sie das nicht gewohnt sind, denn Sie werden es brauchen. Wenn Sie Ihr ganzes Leben lang ein sozialer Schmetterling waren, können Sie nicht mehr ständig mit anderen Menschen zusammen sein. Es ist an der Zeit, diese Gewohnheiten zu ändern und sich auch Zeit für sich selbst zu nehmen. Zeit für sich selbst ist die einzige Möglichkeit für eine angemessene Selbstbeobachtung, denn einige der Gedanken und Gefühle anderer Menschen werden Sie noch Tage oder sogar Wochen lang begleiten. Sie müssen lernen, sie loszulassen und sie nicht zu einem Teil Ihres Wesens zu machen.

Mit der Zeit, wenn Sie zwischen den beiden unterscheiden können und Ihr Ego gereinigt und geläutert haben, werden Sie in der Lage sein, mehr Zeit mit anderen und weniger Zeit allein zu verbringen. Darüber hinaus werden Sie in der Lage sein, sich auf die Liebesenergie anderer Menschen einzustimmen, die nun Ihre Energie nährt. Nicht so, dass

Sie ein psychischer Vampir sind, der die Energie anderer Menschen stiehlt, sondern so, dass Sie Liebe annehmen und sie zurückgeben, so dass Sie einen selbstlosen Austausch von Liebesenergie mit den Menschen aufrechterhalten können, mit denen Sie zu tun haben. Liebesenergie ist Nahrung für die Seele von uns allen, und deshalb brauchen wir einander. Um zu lernen, reine Liebe ohne Anhaftung zu kanalisieren, müssen Sie zunächst Ihre Negativität überwinden.

ETHIK UND MORAL

Sobald die Kundalini aktiv ist, kommt es zu einer bedeutenden Bewusstseinsveränderung, und Sie bemerken, dass sich Ihr Konzept von Ethik und Moral durch richtiges Verhalten und Benehmen entwickelt. Mit anderen Worten: Sie beginnen, in allen Lebenssituationen auf natürliche Weise nach moralischen Grundsätzen zu handeln. Die Einheit zwischen dem Selbst und dem Rest der Welt wächst, so dass Sie sich vom moralischen Standpunkt aus mit allen Dingen verbunden fühlen. Während dieses Kundalini-Erweckungsprozesses entsteht absoluter Respekt gegenüber der Menschheit.

Mit der Zeit beginnt die Kundalini, persönliche Erinnerungen an die Vergangenheit zu löschen, wodurch das Höhere Selbst über das Ego erhoben wird. Dieser Prozess ermöglicht es Ihnen, optimal im Jetzt, im gegenwärtigen Moment, zu leben. Dieser Zustand kann zunächst sehr verwirrend sein, da das Ego, wie bereits erklärt, durch den Bezug auf Erinnerungen an sich selbst funktioniert. Da die Erinnerung jedoch flüchtig ist, beginnt das Ego durch den Kundalini-Reinigungsprozess abzufallen, da es sich nicht mehr mit vergangenen Ereignissen verbinden kann. So werden der Geist und die Seele erhöht. Natürlich werden Sie beginnen, einen hohen ethischen Standpunkt zu entwickeln, da Sie im gegenwärtigen Moment erkennen, dass die richtige Art und Weise, sich zu verhalten, darin besteht, allen Lebewesen mit Respekt und Ehre zu begegnen.

Diese moralische Aufwertung ist eine natürliche Entwicklung für jeden Menschen, der das Kundalini-Erwachen erlebt. Sie ist ein Geschenk. Alle Menschen mit erweckter Kundalini sind Menschenfreunde und geben auf die eine oder andere Weise selbstlos. Sie sind in den meisten Fällen scheinbar auf Autopilot, sobald sie sich der Kundalini-Energie hingegeben haben. Um diesen Zustand zu erreichen, muss eine vollständige Hingabe stattfinden, und diese Hingabe ist für jeden, der den Transformationsprozess durchläuft, unvermeidlich.

Ganz gleich, wie sehr das Ego an sich hält, es weiß, dass es letztlich hinter der Seele und dem Geist zurücktreten wird. Letztendlich wird sein Einfluss schwächer. Eine solide ethische und moralische Grundlage ist das Geburtsrecht aller Kundalini-Erweckten. Unsere allgemeine Bestimmung als menschliche Wesen ist es, einander zu lieben und zu respektieren, anstatt uns gegenseitig auszunutzen. Wenn Sie sich ethisch entwickelt haben, werden Sie erkennen, dass wir alle Brüder und Schwestern sind, denn Sie werden dem Geist des Schöpfers näher sein als je zuvor.

Ethik und Moral sind mit der Energie der bedingungslosen Liebe verbunden, die sich im Herzchakra aufbaut. Sie beginnen, die ganze Welt in Ihrem Herzen als eine Essenz zu fühlen (Abbildung 155), verbunden mit dem Wunsch, diese neu entdeckte Liebesenergie auf andere zu übertragen. Und während Sie die Liebesenergie auf andere Menschen projizieren, beginnt Ihr Charakter Tugenden zu entwickeln, deren Grundlage Ethik und Moral sind.

Abbildung 155: Das Herzchakra und das Einssein

Sie beginnen, ein Gefühl der Ehre zu empfinden, da wir alle Brüder und Schwestern sind, die von demselben Schöpfer geboren wurden. Wenn Sie im gegenwärtigen Moment, im Jetzt sind, können Sie sich auf den Teil von Ihnen einstimmen, der ewig ist - den Heiligen Schutzengel. Ihr höherer Genius beginnt Sie zu lehren und Sie auf Ihrer spirituellen Reise zu führen. Er lehrt Sie, wie Sie jeden Tag Ihres Lebens ein besserer Mensch sein können. Der Heilige Schutzengel lehrt Sie über das Universum und vermittelt

Ihnen täglich Wissen und Weisheit. Er ist allwissend und allgütig und hat den höchsten moralischen Kompass, weil er Teil von Gott, dem Schöpfer, ist.

Wenn man freundlich zu anderen ist, fällt es einem leicht, die guten Menschen von den schlechten oder den Menschen ohne moralischen Kompass zu unterscheiden. Ich finde allerdings, dass die meisten Menschen gut sind, und wenn man sie mit Liebe behandelt, erwidern sie das. Indem Sie sie ehren und respektieren, lenken Sie Liebe auf sie, die sich wie ein Lichtstrahl anfühlt, der aus Ihrer Brust schießt. Sobald dieser Lichtstrahl in die Aura eines anderen Menschen eindringt, nimmt er ihn auf und sendet ihn durch sein Herzchakra zu Ihnen zurück. Dieser immerwährende Energiekreislauf der Liebe wird nur dann unterbrochen, wenn einer von Ihnen beginnt, mit seinem Ego zu denken und zu fragen, was für ihn dabei herausspringt. Wenn die Menschen auf der Welt keine massiven Egos hätten, würden wir auf diese Weise ganz natürlich Liebe austauschen und das Böse auf globaler Ebene ausrotten.

Ich habe auch festgestellt, dass ich mich selbst mehr lieben und respektieren kann, wenn ich lerne, nach ethischen Gesichtspunkten zu handeln. Wenn man das Gute in sich erkennt und sich entscheidet, es mit anderen zu teilen, lernt man unweigerlich, sich selbst zu lieben. Schließlich sind andere Menschen nur Reflexionen, Spiegel von uns selbst. Wir sind alle der Schöpfer, und der Schöpfer ist Eins. Es ist von entscheidender Bedeutung, sich selbst lieben zu lernen, weil man dadurch seine Unsicherheiten überwindet. Eine Methode, um zu lernen, sich selbst zu lieben, besteht darin, sich im Jetzt wohl zu fühlen, wodurch man seine Unsicherheiten überwindet.

In den meisten Fällen werden sie durch einen äußeren Faktor ausgelöst, der dazu führt, dass man sich in sein Inneres zurückzieht. Wenn man introvertiert und in sich gekehrt ist, verliert man den Kontakt mit dem Jetzt und dem Bereich der reinen Potenzialität, in dem alles möglich ist. Wenn Sie jedoch im Jetzt bleiben, werden Sie stattdessen extrovertiert, und solange Sie präsent bleiben, werden Sie nicht in sich gehen, wo Sie Zugang zu Ihren Unsicherheiten haben.

Die Kundalini-Erweckung soll Sie zu einem Wesen des Lichts machen, und als solches ermöglicht Ihnen dieses Upgrade, das Leben in vollen Zügen zu leben, vielleicht zum ersten Mal. Um das Beste aus dem Leben herauszuholen, müssen Sie in einem Zustand sein, in dem Sie in allem, was Sie erleben, die Gelegenheit erkennen können, etwas Neues zu erfahren und spirituell zu wachsen. Moral und Ethik gehen Hand in Hand mit dem Sein im Jetzt. Umgekehrt bezieht sich das Sein im Jetzt auf das Konzept, über das Jesus Christus gesprochen hat - die Herrlichkeit Gottes.

Die Herrlichkeit Gottes bezieht sich auf die Einstimmung Ihres Bewusstseins auf den Bereich der Ewigkeit - das Himmelreich. Sie können dieses Reich durch das Jetzt erreichen, aber Sie müssen sich durch den Glauben völlig hingeben, um es zu betreten. Nur Ihre Intuition kann mit dem Ewigen Reich in Kontakt treten, denn es erfordert, dass Ihr Ego zum Schweigen gebracht wird, um es zu erfahren. Die Herrlichkeit Gottes ist eine emotionale Verzückung, die aus der Erfahrung des Einsseins mit allen Dingen entsteht. Es ist das Reich des reinen Potentials und der Nicht-Dualität. Es mag weit hergeholt erscheinen zu glauben, dass man mit diesem Konzept in Resonanz gehen kann, aber glauben Sie mir, es ist erreichbar. Einer der Zwecke der Kundalini-Transformation ist es, Sie schließlich in das Himmelreich zu bringen. Beachten Sie, dass, obwohl die Erfahrung der Herrlichkeit Gottes für den Durchschnittsmenschen in der Regel vorübergehend ist, hochentwickelte Kundalini-Erweckte unbegrenzt in diesem Zustand bleiben können.

Es ist wichtig zu verstehen, dass diese oben genannten Konzepte und Ideen miteinander verbunden sind. Das eine bringt das andere hervor, das dann etwas anderes erweckt. Dies sind natürliche Ausdrucksformen des Werdens zu einem Wesen des Lichts durch das Kundalini-Erwachen. Es ist wirklich ein Upgrade und eine neue Art, auf diesem Planeten zu leben. Andere werden vielleicht nie erfahren, was Sie erleben, aber sie werden die Veränderungen, die Sie durchmachen, durch Ihre Handlungen sehen.

Das Wichtigste ist, dass Sie während dieses Transformationsprozesses inspiriert bleiben. Sie müssen vermeiden, dass die gelegentliche Negativität in Ihrem Kopf Sie niederdrückt und Sie die Hoffnung verlieren lässt. Sehen Sie sie stattdessen als etwas Vorübergehendes an, das Sie mit der Zeit überwinden werden. Der gesamte Kundalini-Transformationsprozess entfaltet sich im Laufe der Jahre. Eine Erfahrung führt zur nächsten, denn alles an Ihnen verändert sich ständig und entwickelt sich weiter. Es dauert viele Jahre, bevor Sie die Vorteile der Transformation in ein Wesen des Lichts wirklich ernten können, aber wenn Sie es tun, wird alles einen Sinn ergeben.

TEIL VIII: KUNDALINI UND LUZIDE TRÄUME

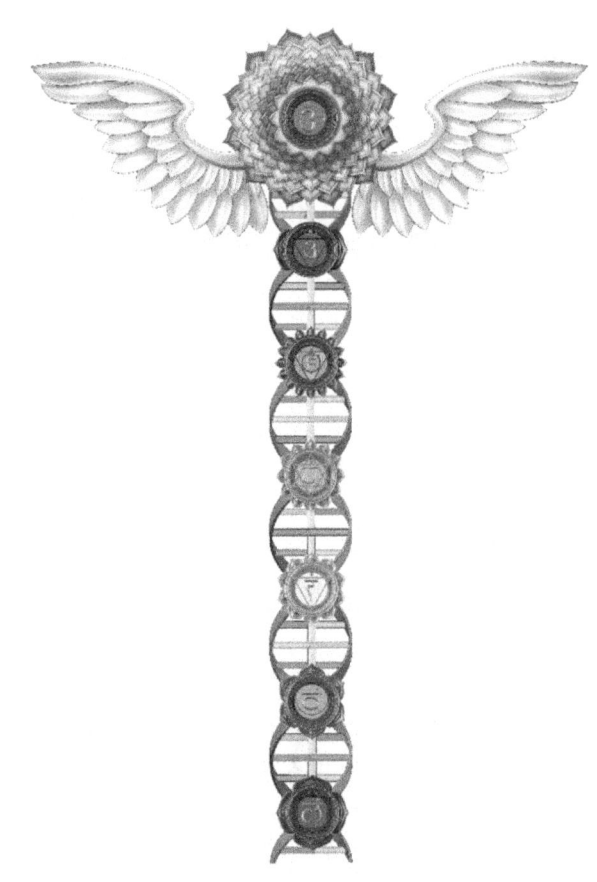

DIE WELT DER LUZIDEN TRÄUME

Luzides Träumen in den Inneren Welten ist ein wichtiges Gesprächsthema in Kundalini-Kreisen. Kundalini-Erweckungen garantieren die Erfahrung des luziden Träumens, das sich auf den inneren, kosmischen Ebenen abspielt. Luzides Träumen ist eine Form der außerkörperlichen Erfahrung (OBE), die während des Schlafes auftritt, wenn sich das Bewusstsein im Alpha-Zustand befindet. Der Alphazustand ist ein Traumzustand, in dem der Körper ruht, das Bewusstsein aber noch wach ist. Es ist ein Zustand zwischen dem normalen Wachbewusstsein und dem Schlaf.

Dieser Zustand wird am häufigsten ausgelöst, wenn Sie am frühen Morgen gegen sechs oder sieben Uhr kurz aufwachen und dann wieder einschlafen, nachdem Sie bereits mindestens fünf Stunden geschlafen haben, damit Ihr physischer Körper ausgeruht ist. Aber wenn Sie einen intensiven Aufbau von Astrallicht erleben, wie zum Beispiel direkt nach dem anfänglichen Kundalini-Erwachen, wenn Sie Ihren Lichtkörper vollständig aktiviert haben, werden Sie fast jede Nacht luzide Träume haben. Diese Erfahrung tritt auf, weil ein Überschuss an Lichtenergie vorhanden ist, der Ihr Bewusstsein aus dem Sahasrara Chakra durch die Bindu leitet, um diese Erfahrung zu machen.

Astralreisen können auch im Wachzustand durchgeführt werden, sind aber schwieriger zu erreichen, da man den physischen Körper irgendwie transzendieren muss. Aus diesem Grund ist es in der Regel am besten, luzides Träumen im Schlaf zu erforschen, wenn man sich in einem Alpha-Zustand befindet und der physische Körper bereits ausgeruht ist.

Ein Kundalini-Erweckter wird nach einem dauerhaften Erwachen fast jede Nacht eine Vielzahl von luziden Träumen erleben. Dieses Phänomen kann sich über viele Jahre hinziehen. Während eines luziden Traums ist der Kundalini-Kreislauf aktiv, und der Körper wird durch Nahrungs-Sublimation/Transformation mit Astrallicht/Geist-Energie versorgt. Die Begriffe Astrallicht, Geist, Prana und Kundalini-Energie sind alle austauschbar. Der Unterschied liegt in ihrem Zustand, der von der Ebene der spirituellen Evolution abhängt, auf der Sie sich befinden, obwohl sie alle aus der gleichen Substanz stammen. Im Wesentlichen ist die Kundalini-Energie Lichtenergie, die sich während des Kundalini-Transformationsprozesses in verschiedene Zustände verwandelt.

Sobald Sie eine ausreichende Menge an Lichtenergie aufgebaut haben und sich in einem Alpha-Zustand befinden, springt Ihr Bewusstsein durch das Kronenchakra aus dem physischen Körper und Sie treten in eine der kosmischen Ebenen ein. Wie bereits erwähnt, existieren diese Ebenen in einer anderen Dimension als die dritte Dimension von Raum und Zeit. Nehmen wir nun an, es handelt sich um eine außerkörperliche Erfahrung, und Sie sind aus dem Kronenchakra herausgesprungen. In diesem Fall betreten Sie höchstwahrscheinlich eines der Geist-Chakren oder transpersonalen Chakren oberhalb der Krone und "surfen" auf der entsprechenden Ebene. Da diese Ebenen jenseits von Raum und Zeit liegen, kann Ihr Bewusstsein in einer Stunde ein ganzes Leben an Ereignissen erleben. Manchmal wachen Sie auf, als hätten Sie diese Erlebnisse physisch durchlebt und sind geistig ausgelaugt.

Wie bereits erwähnt, hat jeder von uns einen Doppelkörper aus Licht, eine elastische Substanz, die Lichtkörper genannt wird. Luzides Träumen ist eine Form der "Astralprojektion", ein Begriff, der von Theosophen im 19. Jahrhundert geprägt wurde. Obwohl luzide Träume fast unwillkürlich geschehen, ist die Astralprojektion eine völlig bewusst herbeigeführte Erfahrung - eine Seelenprojektion in eine der Astral-/Inneren Ebenen. Im Fall des luziden Träumens tritt diese Projektion spontan auf, wenn der Lichtkörper während des Alpha-Schlafs aus dem physischen Körper herausspringt. Er verlässt lediglich den physischen Körper und lässt Sie an einem anderen Ort aufwachen, in einem fremden und normalerweise nie zuvor gesehenen Land.

In einem luziden Traum gibt es keine Unterbrechung des Bewusstseins. Ihr Unterbewusstsein und Ihr Bewusstsein arbeiten jetzt im Einklang, so dass sich der Inhalt Ihrer Träume ändert und Dinge enthält, an die Sie oft bewusst denken. Ihre Vorstellungskraft ist in einem luziden Traum ständig aktiv, denn Sie sind der Erlebende und das Erlebnis in einem. Sehr oft werden Sie an einen Ort projiziert, an dem Sie noch nie gewesen sind, mit Inhalten, an die Sie bewusst nie gedacht haben. Es ist jedoch üblich, dass Sie in einem luziden Traum Elemente sehen, die Ihrem Bewusstsein vertraut sind, so dass es für Ihr Selbst kein allzu großer Schock ist, wenn Sie diese Erfahrung machen.

Aus diesem Grund sind beim luziden Träumen Ihre imaginativen Fähigkeiten gefragt, auch wenn sie unendlich erweitert sind. In einem luziden Traum ist Ihr Höheres Selbst, Ihre Seele, der Dirigent der Erfahrung. Es wählt immer aus, wohin Sie gehen und was Sie erleben wollen. Sie können Ihre Erfahrung jedoch nicht bewusst wählen wie bei einer Astralprojektion. Da wir im Wachzustand sowohl mit unserem Ego als auch mit unserer Seele verbunden sind, wird die Erfahrung des luziden Traums dem Bewusstsein weitgehend fremd erscheinen. Das Ego ist in einem luziden Traum völlig inaktiv, da es zum physischen Körper gehört, der transzendiert wird.

AUFWACHEN IN EINEM TRAUM

Das Fantastische an luziden Träumen ist, dass das Bewusstsein eine Realität außerhalb der physischen erlebt, die sich jedoch authentisch anfühlt. Der erste Schritt eines jeden luziden Traums ist, dass sich das Bewusstsein bewusst wird, dass es träumt. Dies geschieht sofort, wenn das Bewusstsein erkennt, dass die Umgebung "anders" ist als die physische Welt, aber die Erfahrung ist die gleiche.

Eine beliebte Methode, um zu erkennen, dass man träumt, besteht darin, dass man sich antrainiert, auf seine Hände zu schauen, sobald man sich in einem Traum befindet. In Träumen gibt es keine festen Formen, und alles erscheint fließend und elastisch, als ob es sich ganz sanft bewegen würde. Die Finger an Ihren Händen haben also alle möglichen Formen und Größen, und wenn Sie sie ansehen, können Sie sehen, wie sie sich ganz leicht auf und ab bewegen. Dieses Erkennen signalisiert dem Gehirn, dass Sie sich in einem Traum befinden, wodurch Ihr Bewusstsein vollständig geweckt wird.

Wenn dies geschieht, entsteht in der Regel ein Gefühl der Erregung, da ein Teil von Ihnen erkennt, dass Sie jetzt ein bewusster Schöpfer Ihrer Realität sind und mit Hilfe Ihrer Vorstellungskraft alles erleben können, was Sie wünschen. Da Ihr Ego transzendiert ist, übernimmt die Seele die Erfahrung, und Sie befinden sich in einem Zustand, in dem Sie Ihre Realität erschaffen und gleichzeitig erleben. Sie haben vollen Zugang zu Ihrer Willenskraft und können den Inhalt Ihres Traums kontrollieren. Den Schauplatz können Sie nicht kontrollieren, aber Ihre Seele kann wählen, wohin sie gehen will, und sie kann Ihren Lichtkörper als Fahrzeug benutzen, um dorthin zu gelangen.

Ihre Erfahrung wird ähnlich sein wie die, die Sie in der physischen Realität, der Welt der Materie, machen. Der Hauptunterschied besteht jedoch darin, dass Sie in der physischen Welt durch Zeit und Raum begrenzt sind. Sie können zum Beispiel nicht in Paris sein, wenn Sie nur daran denken, aber Sie haben die Wahl, in ein Flugzeug zu steigen und dorthin zu fliegen. Die gesamte Erfahrung wird jedoch einige Zeit in Anspruch nehmen, bis Sie in Paris ankommen können. In einem luziden Traum können Sie an einen Ort denken, an dem Sie sein wollen, und Sie sind sofort dort. Es gibt keine Bewusstseinsunterbrechung zwischen dem Moment, in dem Sie an den Ort denken, an dem Sie sein wollen, und dem Moment, in dem Sie dorthin projiziert werden - es ist alles eine fließende Erfahrung.

Die Seele kennt alle Orte, an die sie sich in unserem riesigen Universum wagen kann, die so unendlich sind wie Gott, der Schöpfer. In einem luziden Traum projiziert Ihre Seele also automatisch an einen Ort, an dem Sie ihre Umgebung erleben können. Wenn Sie jedoch am nächsten Morgen aufwachen, wird Ihr Ego nicht in der Lage sein, herauszufinden, wie und warum Sie dorthin gegangen sind oder was es war. Schließlich ist das Ego auf das beschränkt, was es gesehen hat, und es hat nur Dinge auf der Erde erlebt. Alles, was das Ego weiß, ist, dass die Erfahrung unglaublich war, und Sie werden dankbar dafür sein.

DIE ENTWICKLUNG VON FÄHIGKEITEN IN IHREN TRÄUMEN

Wenn Sie einmal in einen luziden Traum projiziert wurden, haben Sie vollständige Kontrolle über Ihren Lichtkörper, wo auch immer er sich befinden mag. Weder Raum noch Zeit noch Schwerkraft können dieses zweite Vehikel des Bewusstseins einschränken. Da Sie jedoch nicht an die Schwerkraft gebunden sind, ist eine der ersten Gaben, die Sie entwickeln, wie Superman durch die Luft zu fliegen (Abbildung 156). Diese Fähigkeit macht am meisten Spaß und manifestiert sich in der Regel bei jedem als erstes. Das Fliegen in einem luziden Traum ist die einzige Möglichkeit, das Fliegen ohne den Einsatz von Maschinen wirklich zu erleben, was, gelinde gesagt, sehr aufregend ist.

Das Bewusstsein wird bald in der Lage sein, andere Leistungen zu vollbringen, die in der physischen Realität unmöglich wären. Da der Lichtkörper zum Beispiel schwerelos ist und nicht an Materie und Schwerkraft gebunden ist, und da alles in der Astralebene holografisch ist und keine feste Form hat, werden Sie die Fähigkeit entwickeln, durch Objekte zu gehen oder zu fliegen. Eine weitere Fähigkeit, die sich entwickelt, ist die astrale Telekinese - die Fähigkeit, Objekte in der inneren, astralen Ebene schweben zu lassen und sie mit der Kraft des Geistes zu bewegen.

Abbildung 156: Fliegen wie Superman in einem Luziden Traum

Um Telekinese zu betreiben und Objekte in der physischen Welt mit dem Verstand zu bewegen, muss man zuerst lernen, diese Fähigkeit in der Astralwelt zu nutzen, da die beiden auf den gleichen Prinzipien beruhen. Ich habe dokumentiertes Videomaterial von Menschen gesehen, die behaupten, übersinnliche Kräfte zu besitzen und leichte Gegenstände im Vakuum zu bewegen, wenn auch nur minimal. Um jedoch schwerere Dinge als, sagen wir, ein kleines Stück Papier zu bewegen, wäre eine ungeheure Menge an mentaler Energie erforderlich, ein Kunststück, das scheinbar unmöglich ist und das wir nie dokumentiert haben. Ich glaube aber, dass es möglich ist, wenn man die gleichen mentalen Prinzipien und den Geist über die Materie stellt. Allerdings müsste die Person, die dies tut, eine spirituell so weit entwickelte Person sein, dass sie anderen gottähnlich erscheint und nicht nur übersinnlich ist. Jesus Christus, der in der *Heiligen Bibel* Wunder vollbringt, ist ein Beispiel dafür, wie hoch entwickelt man sein muss, um den Zustand der Materie mit seinem Geist zu beeinflussen.

Andere Gaben, die sich in der Welt des luziden Traums entwickeln, sind die Fähigkeit, die Gedanken anderer Menschen zu lesen, sich selbst so groß oder klein zu machen, wie man will, und generell jeden Wunsch zu erfüllen, den man im täglichen Wachleben hat, wie zum Beispiel mit einer Person seiner Wahl zu schlafen. Die Welt des luziden Traums ist ein Wunderland für die Seele und befriedigt auf allen Ebenen der Existenz. Außerdem hat es keine karmischen Konsequenzen, wenn Sie Ihre Seelenwünsche erfüllen, egal welche es sind.

Nachdem ich in meinem Leben viele Jahre lang diese Erfahrungen mit luziden Träumen gemacht habe, habe ich viele Zweifel an der Entwicklung von Siddhis, den in den Hindu-Schriften erwähnten übernatürlichen Fähigkeiten. Siddhis sind jedoch nicht nur in den heiligen Texten des Hinduismus zu finden, da übersinnliche Kräfte in allen religiösen Büchern erwähnt werden, unabhängig von ihrer Kultur oder Tradition, was uns vor folgendes Dilemma stellt: Vielleicht sprachen die Propheten, Heiligen, Yogis und andere heilige Gestalten aus diesen Büchern über die Welt der luziden Träume, als sie die Fähigkeit der Menschheit erwähnten, diese außergewöhnlichen Kräfte zu erlangen.

Vielleicht werden wir die Antwort darauf nie erfahren, aber meiner Erfahrung nach gibt es mehr Beweise dafür, dass das, was ich annehme, zutreffend ist, als dass diese Kräfte etwas sind, das wir physisch erlangen können. Zum Beispiel ist jede Behauptung über Levitation entlarvt worden, vom Osten bis zum Westen, und was wir für übersinnliche Kräfte halten, entpuppt sich immer als eine Art magische Illusion oder Trick.

Daher kann es kein Zufall sein, dass ich, als ich in meinen frühen Jahren nach einem Kundalini-Erwachen weiterhin luzide träumte, langsam jede dieser übersinnlichen Fähigkeiten entwickelte, von denen die Schriften sprechen. Doch egal, wie sehr ich mich bemühte, diese Kräfte in der physischen Realität zu zeigen, sie blieben meinen Träumen vorbehalten, obwohl meine Seele sie als real erlebte.

KARMISCHE ENERGIE IN TRAUMZUSTÄNDEN

Im Zustand des luziden Traums können Sie auch bewusst versuchen, Lösungen für Probleme zu finden, mit denen Sie in Ihrem Leben konfrontiert werden könnten. Diese Erfahrung kann nur gemacht werden, wenn Sie die spirituelle Ebene erreicht haben. Sie soll Ihnen helfen, diese Ebene zu meistern, indem Sie auf die karmische Energie zugreifen, die einem der drei entsprechenden geistigen Chakren zugeordnet ist. Die göttlichen Ebenen sind ohne Karma und als solche reine Freude. Denken Sie daran, dass es Ihre Seele ist, die hier trainiert wird, nicht Ihr Ego; daher wird es Ihnen automatisch erscheinen, dass Sie in das Chakra projizieren, das Arbeit benötigt.

Sie haben vielleicht nicht immer die Möglichkeit, in Ihrem Traum zu fliegen, aber Sie können den Inhalt weitgehend kontrollieren und sind sich bewusst, dass Sie träumen. Jede Erfahrung in einem luziden Traum ist grundlegend anders. Wenn Sie einmal begonnen haben, diese Erfahrungen zu machen, wird Ihr Bewusstsein darauf trainiert, im Traum zu erwachen.

Meistens hält die schwere karmische Energie in den unteren kosmischen Ebenen das Bewusstsein schlafend und unbewusst, dass es träumt. Deshalb braucht es ein paar Momente, in denen es geistig und emotional nicht verschlungen ist, um zu erkennen, dass es einen Traum erlebt, der die Seele veranlasst, dessen Inhalt zu übernehmen.

Obwohl vieles von dem, was Sie erleben werden, Ihrer übersteigerten Vorstellungskraft entspringt, sind einige der Orte, die Sie in der Welt des luziden Traums besuchen werden, real und nicht ein Nebenprodukt Ihrer gesteigerten Vorstellungskraft. Angenommen, Ihr Bewusstsein wacht während des Traums nicht auf, was der erste Schritt ist, damit der Traum zu einem luziden Traum wird. In diesem Fall läuft alles auf Autopilot weiter, und Sie werden weiterhin eine normale Traumerfahrung haben.

BINAH UND DIE ASTRALE BLAUPAUSE

Die Welt des luziden Traums unterscheidet sich sehr von der physischen Welt, ist aber in der Art und Weise, wie das Bewusstsein sie erlebt, ähnlich. Die Alten glaubten, dass jede Stadt oder jeder Ort auf der Erde ein Astral-Double hat, das man während des Schlafs beim luziden Träumen besuchen kann. Wohin Sie gehen, hängt davon ab, wohin Ihre Seele Sie führen will, und ist nicht etwas, das Sie bewusst durch die Linse des Egos kontrollieren können.

Diese astral-doppelte Realität geht Hand in Hand mit den qabalistischen Lehren, die besagen, dass Malkuth, die Erde, eine holographische Blaupause hat, die sich in einer anderen Dimension der Realität befindet. Diese Dimension nimmt denselben Raum und dieselbe Zeit ein, obwohl sie sich in einem anderen Schwingungszustand befindet. In der Qabalah wird diese Realität durch die Sephirah Binah repräsentiert. Binah wird mit dem

Heiligen Geist des Christentums in Verbindung gebracht, dem Geistelement, das durch die Kundalini erweckt wird. Es ist die Grundlage von allem, was ist.

Ein vollständiges Kundalini-Erwachen ist ein Erwecken des Lichtkörpers, so dass wir die Energie von Binah intuitiv lesen können, während wir eine physische Existenz führen. Dieses Konzept geht Hand in Hand mit dem, was wir bisher untersucht haben, und all den verschiedenen Komponenten, die die Gesamtheit der Kundalini-Erweckungserfahrung ausmachen.

Da das Kundalini-Erwachen die Seele aus dem physischen Körper befreit, transformiert es das Selbst auf allen Ebenen durch das Einströmen von Lichtenergie in die Aura. Lichtenergie filtert in jedes der sieben Chakren, da jedes Chakra eine der Farben des Regenbogens ist, als Teil des weißen Lichtspektrums.

Da jedes Chakra für eine kosmische Ebene steht, erlaubt das Erwachen der Kundalini dem Individuum, auf allen Ebenen der Existenz gleichzeitig zu existieren. Der Lebensbaum wird vollständig geöffnet, und jeder seiner jeweiligen Sephiroth (Bewusstseinszustand) wird vollständig zugänglich. Das individuelle Bewusstsein dehnt sich aus, was zur Vereinigung mit dem kosmischen Bewusstsein darüber führt.

Da Binah eine der himmlischen Sephiroth auf dem Baum des Lebens ist, gehört es zum Element des Geistes. Binah ist auch die Sphäre des Glaubens und das geistige Vermögen der Intuition. Wenn erwachte Individuen zu Wesen des Lichts werden, verbinden sie sich mit der Sonnenlichtenergie der Sonne, die die Wahrheit aller Dinge zum Ausdruck bringt. Das Sonnenlicht vermittelt Archetypen, gekoppelt mit dem Mondlicht des Mondes, das Gedanken reflektiert. Auf diese Weise kann die Intuition über die physischen Sinne hinaus durch den sechsten Sinn des Ajna Chakra wahrnehmen.

Die Seele verlässt den physischen Körper während des Schlafes und betritt eine der kosmischen Ebenen, die außerhalb des Selbst liegt, obwohl sie sich in der Aura widerspiegelt. Mit anderen Worten, die Idee der Entfernung bezieht sich nicht auf die Reise der Seele in den kosmischen Ebenen, da sie in einem Augenblick dorthin projiziert werden kann, wohin sie gehen möchte. Die Aura ist der Mikrokosmos des Makrokosmos, was bedeutet, dass alles im äußeren Universum auch innerhalb der Aura ist. Durch dieses Prinzip oder Gesetz kann die Seele während Traumzuständen, insbesondere in luziden Träumen, astral reisen.

Nach einer vollständigen Kundalini-Erweckung und -Transformation wird der Verstand umgangen und Illusionen verschwinden, sobald sich der Mensch auf das Wirken der höheren Chakren einstimmt. Das Individuum beginnt, vollständig nach Intuition zu funktionieren, da das Mondchakra, Ajna, die archetypische Energie aus dem Sonnenchakra, Sahasrara, liest, was es einem ermöglicht, in Wahrheit und Licht zu leben.

Wenn wir eine intime Beziehung zu Binah gewinnen, können wir die Unwirklichkeit der physischen Welt auf einer tiefen Ebene verstehen, was uns erlaubt, die Welt der Materie zu transzendieren und das Leben als etwas zu sehen, das man nicht allzu ernst nehmen sollte. Wir erkennen, dass unsere Seelen Funken des Bewusstseins von der Sonne sind, die über dieses Leben hinaus weiterleben werden. Dieses Verständnis bringt viel Freude,

Glück und Inspiration in unser Leben und ermöglicht es uns, unser volles Potenzial zu erreichen und unsere Träume und Ziele im Leben zu verwirklichen.

SCHLAFLÄHMUNG

Luzides Träumen kann eine so mächtige Erfahrung sein, dass die Kraft Ihrer Träume Sie verschlingt, so dass Sie eine "Schlaflähmung" erleiden, was bedeutet, dass das Bewusstsein so sehr in die Realität des luziden Traums verwickelt ist, dass es sich nicht daraus zurückziehen will. Die Schlaflähmung kann über ein Dutzend Stunden am Stück andauern. In der gleichen Zeit können Sie jedoch in der Welt des luziden Traums ein Leben voller Freude und Glück jenseits von Zeit und Raum erleben.

Schlaflähmung kann ein Problem sein, wenn Sie am nächsten Tag morgens etwas zu erledigen haben. Sie werden lernen müssen, damit umzugehen, denn wenn Sie sie erleben, wird es nicht einfach sein, sie zu überwinden, bis Sie auf natürliche Weise erwachen. Ich hatte dieses Problem, besonders in den ersten zwei bis drei Jahren nach dem Erwachen. In manchen Nächten schlief ich bis zu sechzehn Stunden und konnte nicht aufstehen, bis die Erfahrung beendet war. Schlaflähmungen treten in den ersten Jahren des Kundalini-Erwachens häufiger auf als in den späteren Jahren, wenn sich das Bewusstsein an die inneren Welten anpasst, die sich in einem öffnen und die man erforschen kann.

Wenn Sie versuchen, aus der Schlaflähmung aufzuwachen, während Sie sich in einem luziden Traum befinden, belasten Sie Ihr Gehirn in unglaublicher Weise, da die Zyklen Ihres Gehirns immer noch mit dieser inneren Realität in Resonanz sind. Außerdem ist die Aktivität des Gehirns während der Schlaflähmung erhöht, da das Gehirn den Eindruck hat, dass das, was es erlebt, real ist.

Während der Schlafparalyse haben Sie Ihren physischen Körper überwunden, denn ein luzider Traum ist eine außerkörperliche Erfahrung. Während dieser Zeit fühlt sich Ihr physischer Körper für Ihr Bewusstsein gefühllos an, und Ihr geistiges Auge ist extrem hyperaktiv. Der luzide Traum wird ausschließlich durch das geistige Auge erlebt, durch das Sie aus der Krone heraus in die höheren kosmischen Ebenen springen. Wenn sich Ihr Bewusstsein mit der Zeit an die Realität des luziden Traums gewöhnt, wird es lernen, zwischen der inneren und der äußeren Realität zu unterscheiden. So werden Sie in der Lage sein, auf Kommando zwischen diesen beiden Zuständen hin und her zu wechseln. Diese Fähigkeit ist erlernbar und entwickelt sich mit der Erfahrung.

Ich habe noch nie gehört, dass eine Schlaflähmung schädlich für Sie oder Ihre Gesundheit ist. Wie bereits erwähnt, besteht die größte Herausforderung darin, aus der Lähmung aufzuwachen, wenn es von Ihnen verlangt wird, dies zu tun. Wenn Sie fast jede Nacht luzide träumen, kann dieses Problem auftauchen, also seien Sie bereit, wenn es passiert. Es ist hilfreich, wenn Sie Ausreden parat haben, wenn Sie Ihre morgendlichen Pläne nicht einhalten können. Einfach zu sagen: "Ich kann nicht aufwachen", reicht in der modernen Welt nicht mehr aus.

Denken Sie auch daran, dass Sie während der Schlaflähmung für andere Menschen, die Sie in diesem Zustand sehen, wie besessen aussehen, also seien Sie vorsichtig, wer Zugang zu Ihrem Zimmer hat, während Sie schlafen. Ich empfehle Ihnen, Ihre Mitbewohner über dieses Problem zu informieren, damit sie Sie in Ruhe lassen, wenn sie Sie in diesem Zustand antreffen.

Ich erinnere mich, dass ich oft versucht habe, aus einer Schlaflähmung aufzuwachen, und in dem Moment, in dem ich mich dazu zwang, meine Augen zu öffnen und mich aufzusetzen, hat mich die innere Realität gepackt und zurück auf das Bett gedrückt. Es hilft auch nicht, dass sich der physische Körper beim luziden Träumen so schwer anfühlt, als wäre er aus Blei. Manchmal haben Sie das Gefühl, dass die äußere und die innere Realität um die Vorherrschaft über Ihr Bewusstsein kämpfen. Wenn Ihr Bewusstsein sich jedoch dieser verschiedenen inneren Welten bewusster wird und sie erlebt, wird es in der Lage sein, auf Kommando in andere Realitäten hinein- und wieder herauszugehen.

Es ist nicht gefährlich, in Schlafparalyse zu sein. Abgesehen davon, dass ich mich danach raumgreifend und müde fühle, habe ich noch nie irgendwelche anderen Nachwirkungen erlebt, noch habe ich von anderen Kundalini-Erweckten von solchen gehört. Die Müdigkeit kommt daher, dass alle inneren Funktionen in einem luziden Traum involviert sind, was den physischen Körper weiter belastet, anstatt ihn zu erholen.

Ich möchte noch hinzufügen, dass Sie in dieser Realität des luziden Traums vielleicht so viel Spaß haben, dass Sie nicht mehr daraus erwachen wollen, egal was Sie am nächsten Tag tun müssen. Achten Sie auch darauf, dass sich Ihr Körper während dieser Zeit stärker aufheizt als sonst, was zu starkem Schwitzen führen kann. Die Schlafparalyse ermöglicht es der Kundalini-Energie, Sie von innen her zu transformieren, so dass die Kundalini-Aktivität in diesem Zustand erhöht ist.

WIE MAN EINEN LUZIDEN TRAUM AUSLÖST

Während der ersten zwei Jahre des Erwachens träumte ich fast jede Nacht luzide. Im zweiten Jahr nach dem Kundalini-Erwachen ließ ich mich jedoch auf das Golden Dawn ein, wo ich den Prozess der spirituellen Fünf-Elemente-Alchemie durch zeremonielle Magie begann, was meine Art zu träumen veränderte. Während ich an jedem der unteren vier Chakren von unten nach oben arbeitete, versetzten mich die Elementarenergien oft in einen traumlosen Zustand.

Dieser Prozess legte das luzide Träumen während dieser Zeit auf Eis, da ich zuließ, dass Energien von außen in meine Aura eindrangen und sich meines Bewusstseins bemächtigten, was die Kraft meiner Kundalini verringerte. Wie ich in der Einleitung beschrieben habe, musste ich dies tun, damit ich lernen konnte, in meinem Wachleben besser zu funktionieren, da mein mentales und emotionales Selbst in völliger Unordnung war. Nachdem ich meine Chakren gestimmt und mich ausreichend spirituell entwickelt hatte, hörte ich auf, mit zeremonieller Magie zu arbeiten, die diese fremden Energien aus meiner Aura entfernte. Dadurch wurde meine Kundalini stärker als je zuvor, und das Astrallicht baute sich durch die Nahrungsaufnahme wieder auf, was mich in die Lage versetzte, wieder in ausgewogener Weise luzide zu träumen.

Im Laufe der Jahre habe ich die besten Methoden entdeckt, um während des Schlafs aus meinem Körper in einen luziden Traum zu schlüpfen. Ich habe zum Beispiel herausgefunden, dass ich, wenn ich auf dem Rücken liege und die Handflächen ausgestreckt habe, den luziden Traum erleben kann. Wenn ich auf der Seite liege, ruht der Körper, und das Bewusstsein kann ihn nicht verlassen, da es zu sehr in der Körperlichkeit verhaftet ist. Wenn ich jedoch bewusst einen luziden Traum herbeiführen wollte, würde ich den Wecker auf sechs bis sieben Uhr morgens stellen, was meinem physischen Körper genügend Zeit zum Ausruhen gäbe (mindestens fünf Stunden), wenn ich zwischen Mitternacht und ein Uhr morgens ins Bett ginge. Bevor ich dann wieder einschlief, sagte ich mir manchmal, dass ich im Traum aufwachen sollte, was auch funktionierte. In anderen Fällen brauchte ich meinen Verstand nicht auszutricksen, aber der Aufbau des Astrallichts war so intensiv, dass es mich in einen luziden Traum zog.

Es ist wichtig, dass Sie sich erlauben, den physischen Körper zu verlassen und in einen luziden Traum zu gelangen, ohne diese Erfahrung bewusst zu bekämpfen. Wenn Sie beim Versuch, dies zu erreichen, Furcht oder Angst auslösen, werden Sie höchstwahrscheinlich scheitern. Denken Sie auch daran, dass der physische Körper für diesen Vorgang völlig ausgeruht sein muss. Wenn der physische Körper noch müde ist, kann das Bewusstsein nicht aus ihm herauswachsen. Und wenn der Körper ausgeruht ist, aber das Gehirn nicht, kann es sein, dass Sie nicht in einen luziden Traum, sondern sogar in einen Tiefschlaf fallen. Das Gehirn muss ausgeruht sein, damit es mit den Alpha-Gehirnwellen in Resonanz gehen kann, die für diese Erfahrung notwendig sind.

Einige Jahre nach dem anfänglichen Kundalini-Erwachen war mein Körper so sehr mit Lichtenergie aufgeladen, dass ich direkt vor dem Schlafengehen in einen luziden Traum verfiel. Während ich auf dem Rücken lag und die Handflächen ausstreckte, spürte ich, wie ich meinen Körper verließ, während ich noch bei Bewusstsein war. Während meine Augen geschlossen waren, rollten sie ganz natürlich nach oben und versuchten, auf meinen Hinterkopf zu schauen. Auf diese Weise stimmte sich mein Bewusstsein mit meinem geistigen Auge ab und ermöglichte es mir, durch sein donutförmiges Portal zu springen. Das Bewusstsein muss durch das Portal des Geistigen Auges gehen, um aus Sahasrara, dem Kronenchakra, vollständig auszutreten. Das Bindu Chakra spielt bei dieser Erfahrung ebenfalls eine Rolle, und es muss frei und unblockiert sein, um dies zu erreichen.

AUßERWELTLICHE ERLEBNISSE IN LUZIDEN TRÄUMEN

Als ich die Chakren oberhalb der Krone erlebte, besuchte ich weite und majestätische Länder, die ich nie zuvor gesehen hatte, und erlebte eine emotionale Verzückung, die Stoff für Legenden ist. Mein grenzenloses Bewusstsein katapultierte mich durch Raum und Zeit bis in die entlegensten Winkel unserer Galaxie, wo ich mein Sein auf die Größe eines Sonnensystems und darüber hinaus ausdehnen und Zeuge kosmischer Ereignisse werden konnte, die Supernovas gleichen. Ein anderes Mal wurde ich zu verschiedenen Planeten innerhalb und außerhalb unseres Sonnensystems transportiert, um mit den dort lebenden Wesen zu kommunizieren (Abbildung 157) und ihre Umgebung zu erleben. Ich werde nie das transzendentale Gefühl vergessen, das diese außerweltlichen Erfahrungen auslösten. Es ist, als ob meine Seele die Unendlichkeit berührte und überall hingehen konnte, wo sie wollte. Und das Beste daran ist, dass ich bei vollem Bewusstsein war, während dies geschah.

Die Schönheit und Mystik der fremden Länder, die ich besucht habe, sind beispiellos und bestätigen, dass ich unseren Planeten durch das Bewusstsein verlassen habe. Allein die Möglichkeit, die Energie dieser anderen Welten zu erreichen und zu erfahren, war ein wahres Geschenk des Kundalini-Erwachens. Es bestätigte etwas, das ich schon immer gewusst hatte, auch ohne endgültige Beweise: Wir sind nicht allein im Universum.

Was ich an diesen Planetenbesuchen am interessantesten fand, war, dass sie alle Atmosphären hatten, die Leben beherbergen konnten, mit Pflanzen, Tieren und Humanoiden, die dort lebten. Ich sage humanoid, weil die meisten nicht-menschlichen intelligenten Wesen, die ich in den letzten siebzehn Jahren kontaktiert habe, größtenteils wie wir aussahen. Sie waren oft größer, hatten größere Augen oder eine hellere Haut. Einige hatten spitze Ohren oder anders geformte Köpfe, während andere längere Gliedmaßen und andere Variationen unserer Körperteile hatten. Ich bin sogar reinen Lichtwesen auf unserem Planeten begegnet, die sich mir als Götter vorstellten. In meinen vielen Erfahrungen sprachen einige Wesen in verschiedenen Sprachen zu mir, die ich irgendwie verstehen konnte, während andere direkt telepathisch mit mir kommunizierten.

In einem meiner jüngsten luziden Träume außerhalb der Welt besuchte ich einen Planeten, auf dem Pflanzen, Tiere und Humanoide in völliger Harmonie miteinander lebten und die Ressourcen des Planeten gemeinsam nutzten. Die Pflanzen waren Teil der Infrastruktur dieser Welt, und die Tiere streiften durch die Straßen und interagierten mit den Humanoiden. Die Erfahrung begann damit, dass mein Bewusstsein in ihre Atmosphäre projiziert wurde, ich flog und schaute von oben auf das Terrain hinunter. Obwohl ich mich im Kosmos allein mit Absicht fortbewegen kann, braucht mein Bewusstsein ein Fahrzeug, um sich während der luziden Träume fortzubewegen, und das ist der von der Kundalini aktivierte Lichtkörper.

Als ich hinunterstieg, konnte ich keine fünfzig Schritte gehen, ohne auf ein Gewässer zu stoßen, das mit der Vegetation und den Gebäuden ein Ganzes bildete. Die ganze Szene sah aus wie ein futuristischer Freizeitpark, in dem überall Tiere herumliefen. Die meisten dieser Tiere waren Vierbeiner, die in ihrer Größe mit den Humanoiden vergleichbar waren.

Wenn ich den Tieren keine Aufmerksamkeit schenkte, ignorierten sie mich in der Regel auch. Wenn ich jedoch durch die ungewöhnliche Erscheinung eines Tieres erschreckt wurde, führte meine Angst vor dem Tier dazu, dass es sich verteidigte und manchmal sogar versuchte, mich anzugreifen. Das Tier entsprach größtenteils meiner Energie, was erklärt, warum so viele Tiere auf unserem Planeten mit den Menschen verfeindet sind, da wir sie im Allgemeinen nicht mit Liebe und Respekt behandeln.

Ich habe festgestellt, dass jede Erfahrung in einer anderen Welt anders ist. Manchmal waren die Pflanzen und Tiere viel größer als auf der Erde, ein anderes Mal waren sie kleiner. Die Formen, Texturen und Farben der Pflanzen waren immer auffallend und ungewöhnlich anders. Auch die Tiere hatten seltsame Merkmale und Eigenschaften.

Abbildung 157: Unheimliche Begegnungen der Fünften Art

In Hollywood-Filmen wird hervorragend dargestellt, wie andere Welten aussehen würden, wenn wir uns physisch dorthin begeben könnten. Die meisten Menschen sind sich jedoch nicht bewusst, dass wir keine Raketen brauchen, um in den Weltraum zu reisen und außerirdisches Leben zu erleben; wir können dies durch unser Bewusstsein erreichen. Durch den Lichtkörper und die Welt der luziden Träume können wir in Sekundenbruchteilen riesige Entfernungen im Weltraum zurücklegen und mit lebensverändernden Erfahrungen zurückkehren, die unsere Sicht auf uns selbst und unseren Platz im Universum verändern.

Wie viel intelligentes Leben gibt es genau im Universum? Man braucht nur der Logik zu folgen. Wenn die Erde der einzige Planet in unserem Sonnensystem ist, der Leben beherbergen kann, und es allein in der Milchstraßengalaxie Milliarden anderer Sonnensysteme gibt, dann stellen Sie sich das Potenzial vor. Und vergessen Sie nicht, dass die Milchstraße nur eine von Milliarden von Galaxien im Universum ist. Die Zahl ist astronomisch, unbegrenzt und sogar unendlich. Und da wir alle unsere Existenz in diesem wunderschönen und riesigen Kosmos teilen, können sich unsere Wege häufig kreuzen, während wir diese anderen Dimensionen durchstreifen. Wenn wir uns berühren und einander Energie übertragen, ob absichtlich oder unabsichtlich, ist das immer eine sehr glückselige und schöne Erfahrung.

Abschließend möchte ich noch erwähnen, dass ich nie eine Feindseligkeit von anderen außerweltlichen Wesen verspürt habe, da sie ständig mit mir in reiner Liebe kommunizierten. Und ich habe sie immer erwidert und mit ihnen geteilt, wie ich es mit einem Familienmitglied tun würde. Manchmal fanden diese Kommunikationen in tiefen Traumzuständen als Teil eines kontinuierlichen Bewusstseinsstroms statt. Wenn ich mir jedoch der Erfahrung bewusst wurde und mein Ego sich einschaltete, endete der Kontakt oft abrupt. Deshalb versuchte ich, mein Ego in einem neutralen Zustand zu halten und mich nicht zu sehr aufzuregen, wenn diese Kontakte stattfanden, um die Erfahrung so lange wie möglich zu verlängern.

Diese Erfahrungen berührten nicht nur meine Seele und hinterließen einen bleibenden Eindruck für den Rest meines Lebens, sondern ich ging oft mit unglaublichem Wissen und Verständnis über die Natur des Kosmos, die Menschheit und den Sinn des Lebens im Allgemeinen davon. Außerdem wurde mir klar, dass alle Lebewesen im Universum, egal von welchem Planeten oder aus welcher Galaxie sie kommen, ein Hauptziel im Leben haben, das sie um jeden Preis verfolgen: Die spirituelle Evolution.

TEIL IX:
KUNDALINI-LIEBE, SEXUALITÄT UND WILLENSKRAFT

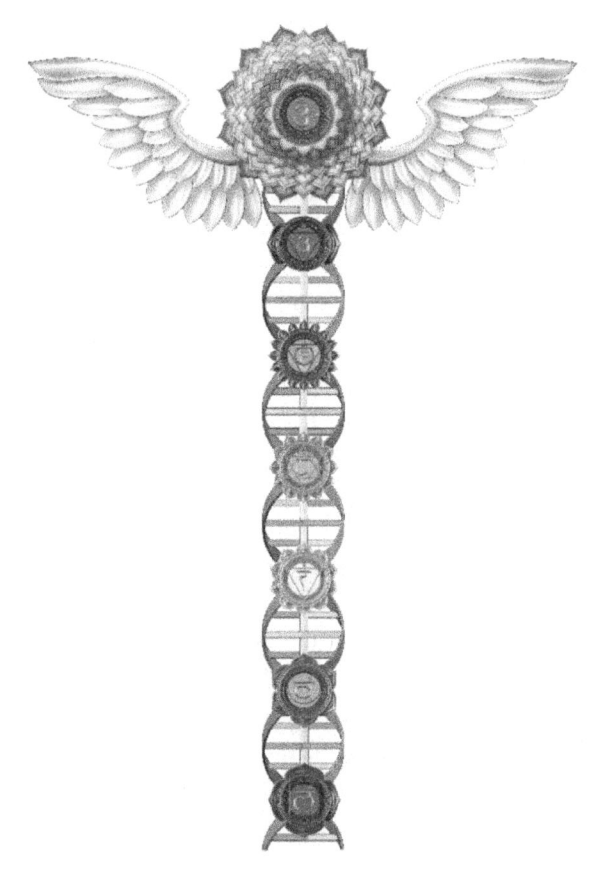

LIEBE UND BEZIEHUNGEN

Ein Kundalini-Erwachen ist der erste Schritt zu einer vollständigen Transformation Ihres Geistes, Körpers und Ihrer Seele. Da sich diese Erfahrung zu einer so radikalen Veränderung gegenüber dem entwickelt, was Sie bisher waren, wird eine Ihrer größten Herausforderungen darin bestehen, sich in die Gesellschaft zu integrieren und zu versuchen, sich mit anderen zu vermischen. Obwohl Sie jetzt ein anderer Mensch sein werden, werden Sie für Menschen, die Sie Ihr ganzes Leben lang gekannt haben, immer noch derselbe sein, egal was Sie mit ihnen teilen.

Interessanterweise ist es fast unmöglich, dass jemand, der Sie einmal kennengelernt hat, insbesondere ein Familienmitglied oder ein enger Freund, seine Meinung über Sie ändert. Der einzige Weg, wie sie beginnen können, Sie anders zu sehen, ist, wenn sie eine Veränderung in Ihrem Verhalten über einen längeren Zeitraum hinweg sehen. Eine der deutlichsten Arten, wie sich Ihr Verhalten ändern kann, ist Ihr Ausdruck von Liebe gegenüber anderen Menschen. Daher muss dieses Thema eingehend untersucht werden.

Erstens hat die Liebe viele Ausdrucksformen und ist die Grundlage für viele Dinge. Sie ist die Quelle von Inspiration, Kreativität, Glauben, Freude, Romantik und anderen positiven Dingen im Leben. Sie ist auch die Quelle der Einigkeit zwischen den Menschen und die Energie, die uns verbindet. Sie lässt uns gemeinsam lachen und weinen. Sie inspiriert uns auch dazu, einander zu umarmen und uns fortzupflanzen. Die Bindungen, die wir im Laufe der Zeit mit anderen eingegangen sind, haben wir entweder geerbt oder wir haben sie im Laufe der Zeit aufgebaut. Die ererbten Beziehungen sind die zu Familienmitgliedern, während die Freundschaften etwas sind, das wir uns im Laufe unseres Lebens erarbeitet haben. Wir haben auch Bindungen zu romantischen Partnern aufgebaut und vielleicht einen Partner gewählt, mit dem wir eine Familie gründen und den Rest unseres Lebens verbringen wollen.

Wenn wir die Quelle und den Treibstoff der Kundalini-Energie verstehen, können wir auch die Liebe besser verstehen. Im Wesentlichen ist die Kundalini-Energie zum Teil sublimierte Prana-Energie und zum Teil sublimierte sexuelle Energie. Diese Lebensenergie gibt uns Vitalität und beeinflusst unser inneres Wesen auf jeder Ebene. Kundalini-Erweckungen führen zu einer Ausdehnung des Herzens oder einer Zunahme der Liebesenergie im Kern Ihres Wesens. Eine Herzerweiterung ist die natürliche Ausdehnung

Ihres Herzchakras, wenn Sie die Energie der Liebe in Ihren Geist, Körper und Ihre Seele integrieren. Ihr Herz-Chakra wird erweitert, was sich wie eine vollständige Befreiung auf der Astral- (Emotional-) und Mentalebene anfühlt.

Wenn sich die Liebesenergie in Ihrem Herzchakra, Anahata, aufbaut, werden Sie sich nicht länger den negativen Gedanken ausgeliefert fühlen, da sie die Fähigkeit verlieren, Sie wie früher zu beeinflussen. Diese Befreiung wird auch in Ihren Emotionen zu spüren sein, da die Liebesenergie Ihr Herz durchdringt und Ihre negativen Emotionen reinigt und wegspült. Denken Sie immer daran, dass die Liebesenergie alle Gedanken und Emotionen reinigt und klärt. Sie ist der universelle Versöhner und Reiniger aller negativen Energie, ganz gleich, auf welcher kosmischen Ebene sie sich manifestieren mag.

Sobald Ihr Herzchakra mit Liebesenergie gefüllt ist, wird diese Energie in Ihr physisches Herz eindringen. Sie werden nun auf allen Ebenen des Seins Liebesenergie mit sich tragen. Bei so viel vorhandener Liebe wird Ihr Herz kraftvoller als je zuvor sein, was Ihnen einen spürbar stärkeren Herzschlag und oft eine erhöhte Herzfrequenz bescheren wird. Liebesenergie ist ein Synonym für Lichtenergie, denn Licht ist die Essenz der Liebe. Und Kundalini-Energie ist Astrallicht oder sublimierte sexuelle Energie, die Liebe ist. Denken Sie immer daran, dass Sie die Kundalini nicht ohne Liebe und Licht haben können und umgekehrt. Im Grunde genommen bedeuten alle drei Begriffe das Gleiche.

DIE VIER FORMEN DER LIEBE

Den alten Griechen zufolge gibt es vier verschiedene Formen der Liebe: Eros, Philia, Storge und Agape. Eros ist erotische, leidenschaftliche, romantische Liebe, die sexuelle Anziehung beinhaltet. Romantische Liebe wird im Allgemeinen zwischen Menschen des anderen Seelengeschlechts ausgedrückt, da jeder Mensch entweder ein Ausdruck von Shiva oder Shakti ist (Abbildung 158). Daher geht die romantische Liebe über den Ausdruck des Geschlechts auf der physischen Ebene hinaus. Der sexuelle Ausdruck bezieht den physischen Körper mit ein, da er mit Empfindungen und Vergnügen durch physische Handlungen wie Küssen und Geschlechtsverkehr verbunden ist.

Die zweite Form der Liebe, Philia, ist die Liebe zu Freunden und Gleichgestellten. Philia ist die Liebe zu kurz- und langfristigen Freunden, von denen einige bis in unsere Kindheit zurückreichen. Die Freunde werden frei gewählt und teilen im Allgemeinen gemeinsame Werte, Interessen und Aktivitäten. Freunde spiegeln wider, wer wir sind; wir sehen uns selbst in unseren Freunden und in den Menschen, denen wir unsere Zeit schenken. Philia ist Liebe, die durch den Verstand ausgedrückt wird. Da es darum geht, sich Freunden zu öffnen und unsere Überzeugungen und Unvollkommenheiten auszutauschen, kann Philia für unser Wachstum in vielen Bereichen des Lebens sehr nützlich sein.

Die dritte Form der Liebe, Storge, ist die Liebe der Eltern zu ihren Kindern und umgekehrt. Storge geht jedoch über die unmittelbare Familie hinaus und schließt alle Familienmitglieder in Ihrem Stammbaum ein, die dieselbe DNA haben. Storge sind im

Wesentlichen die Bindungen, die wir in diesem Leben durch Zufall geerbt haben. Der Unterschied zwischen Philia und Storge besteht darin, dass wir verpflichtet sind, der Familie unsere Liebe auszudrücken und Dankbarkeit zu zeigen, während wir uns bei Freunden alles aussuchen können. Der Katalysator hinter Storge sind unsere Erinnerungen, da Familienmitglieder seit unserer Geburt ein Teil von uns sind.

Die vierte Form der Liebe schließlich, Agape, ist die bedingungslose Liebe und das Mitgefühl für die gesamte Menschheit. Diese Liebe zu anderen Menschen, unabhängig von den Umständen, wird selbstlose Liebe genannt. Agape ist die größte der vier Arten von Liebe; sie ist die universelle Liebe, die wir freiwillig mit allen Menschen teilen. Die Quelle der Agape ist unsere Liebe zu Gott und die Erkenntnis, dass wir alle Brüder und Schwestern desselben Schöpfers sind.

Agape wird durch den Geist ausgedrückt. Wie bereits erwähnt, besteht der Zweck eines vollständigen Kundalini-Erwachens darin, eine vollständige spirituelle Transformation zu durchlaufen, um eine dauerhafte Verkörperung von Agape zu werden. Da ich bereits weitgehend über Agape gesprochen habe, möchte ich mich darauf konzentrieren, wie sich eine Kundalini-Transformation auf unsere anderen Liebesäußerungen auswirkt, nämlich auf die romantische Liebe, die Liebe zu Freunden und die familiäre Liebe.

ROMANTISCHE LIEBE

Nach der Erweckung der Kundalini wird sich die Liebesenergie auf natürliche Weise in Ihrem Leben manifestieren und in Ihre Beziehungen zu anderen Menschen einfließen. In Bezug auf die romantische Liebe werden Sie feststellen, dass alle Barrieren in Ihrer Fähigkeit, Liebhaber anzuziehen, wegfallen. Außerdem werden Sie feststellen, dass Ihr Charisma zunimmt, je weiter Sie mit Ihrer Kundalini-Transformation fortschreiten und immer mehr mit der Liebesenergie in Einklang kommen.

Sie werden für das andere Geschlecht nahezu unwiderstehlich. Das geschieht, weil wir, wenn wir uns auf unser Zentrum einstimmen, erkennen, dass nicht das, was wir tun, sondern wie wir es tun, uns für die Außenwelt attraktiv macht. Unsere Grundenergie zieht andere an, nicht die Worte, die wir sagen. Durch diesen Prozess werden Sie echt und wirken mit einer magnetischen Absicht, die die Menschen um Sie herum energetisch wahrnehmen können.

Die Persönlichkeit ist etwas, das das Ego benutzt, um mit der Außenwelt in Beziehung zu treten. Im Falle der romantischen Liebe steht sie der Kommunikation mit dem Herzen im Weg. Das andere Geschlecht kann spüren, ob Sie mit Ihrem Ego oder mit Ihrer Seele kommunizieren. Wenn man versucht, das Ego zu benutzen, um einen Partner anzuziehen, reagiert das Ego der anderen Person, was sie sofort in die Defensive bringt, und es wird keine Liebesenergie erzeugt oder kanalisiert.

Abbildung 158: Shiva und Shakti in einer Liebevollen Umarmung

Damit eine echte Verbindung entstehen kann, muss zwischen beiden Menschen ein gegenseitiger Energiekreislauf der Liebe entstehen. Dieser Kreislauf beginnt mit der Kommunikation aus dem Herz-Chakra, Anahata, die dann natürlich erwidert wird. Das Verständnis dieses Konzepts wird Aufschluss darüber geben, warum die Suche nach den richtigen Worten, um eine Frau anzuziehen, bei den meisten Männern nicht funktioniert. Dieser Effekt tritt auf, weil es nicht darum geht, was gesagt wird, sondern um die Energie, die dem Gesagten zugrunde liegt. Frauen sind emotionaler als Männer, und deshalb haben Männer nur dann Erfolg bei der Anziehung von Frauen, wenn sie ihre emotionale Ebene erreicht haben, damit ihre Absichten verstanden werden. Wenn die Absichten unrein sind, wird die Frau dies erkennen und in die Defensive gehen.

Die meisten Absichten des Egos haben negative karmische Konsequenzen, da das Ego immer darüber nachdenkt: "Was ist für mich drin?" Daher gibt es einen Kontroll- oder Manipulationsfaktor beim Ego, um zu bekommen, was es will, wie z.B. eine sexuelle Beziehung mit jemandem zu haben, nur weil er gut aussieht. Auf der anderen Seite sind die von der Seele projizierten Absichten im Allgemeinen rein. Zum Beispiel fühlt sich die Seele zu jemandem in einem romantischen Sinne hingezogen und möchte ihn kennenlernen, und dann wird es ganz natürlich zu einer sexuellen Beziehung kommen, ohne dass die Person als erstes daran denkt. Aus diesem Grund hört man sowohl von Männern als auch von Frauen, dass sie eine "Verbindung" haben, was bedeutet, dass ihre Seelen miteinander kommunizieren und nicht ihre Egos.

Zwei Seelen des anderen Geschlechts, die die Liebesenergie teilen, können einen energetischen "Funken" erzeugen, der die romantische Liebe zwischen ihnen aktiviert. Damit dieser Funke überspringt, müssen jedoch auch andere Faktoren wie die Chemie und die Kompatibilität gegeben sein. Diese energetische Reaktion führt zu einer chemischen Reaktion im Körper, die wohltuende Neurotransmitter (Dopamin und Noradrenalin) aktiviert, die romantische Liebesgefühle erzeugen.

Als Menschen ist es unser wichtigster Wunsch, zu lieben und geliebt zu werden. Menschen, die keinen Reichtum haben und keines der Ziele erreicht haben, die die Gesellschaft ihnen auferlegt, und die stattdessen ihr Leben damit verbracht haben, von Herzen zu lieben, werden die Liebe zurückgewinnen und in der Lage sein, wahres Glück zu finden. Dann gibt es Menschen, die ein hohes Maß an Reichtum und Erfolg erlangt haben, aber schrecklich darin sind, Liebhaber anzuziehen, weil sie eher aus dem Ego als aus der Liebe kommen. Diese Energie arbeitet gegen sie, wenn sie einen Partner anziehen wollen. Sie wundern sich, warum sie es nicht schaffen, während die arme, weniger wohlhabende Person zehnmal mehr Erfolg in diesem Bereich hat. Das Geheimnis liegt darin, die Liebesenergie zu kanalisieren, mehr nicht.

Wenn es um Romantik geht, werden Sie, wenn Sie auf die Liebe in Ihrem Herzen eingestimmt sind, eine Energie ausstrahlen, die andere zu Ihnen hinziehen wird. Diese Formel funktioniert sowohl für Männer als auch für Frauen. Dieses Gefühl, wenn es echt ist, erzeugt auf magische Weise reine Anziehungskraft. Ihre Ausstrahlung verzehnfacht sich, ebenso wie Ihre Fähigkeit, sich mit jedem Menschen zu verbinden, egal ob es sich um ein Kind oder einen älteren Menschen handelt. Wenn Sie sprechen, gelangen Sie direkt in die Seele eines anderen Menschen, und die Persönlichkeitsbarriere wird vollständig durchbrochen. Denken Sie daran, dass das Ego die Persönlichkeit als Bezugspunkt benutzt, während die Seele den Charakter benutzt. Deshalb müssen Sie das Ego umgehen, wenn Sie einen Partner anziehen wollen.

Wenn Sie aus der Seele sprechen, stellen Sie sofort eine Beziehung und eine Verbindung zu allen Menschen her, und bei potenziellen Partnern entsteht eine Anziehung, unabhängig davon, wie Sie körperlich aussehen. Bei der sexuellen Anziehung geht es nicht um das Aussehen, sondern um die energetische Verbindung zwischen zwei Menschen. Diese Verbindung ist das, was die Menschen mit "guten Schwingungen" meinen, die wir alle suchen, wenn wir neue Menschen treffen.

LIEBE ZU FREUNDEN

Was Freundschaften mit anderen Menschen betrifft, werden Sie feststellen, dass Sie sich leicht mit anderen verbinden können, wenn Sie die Liebesenergie in Ihrem Herzchakra aufbauen. Sie werden ein Vertrauter und bester Freund für viele Menschen in Ihrem Leben werden. Wenn Sie die Linse der Persönlichkeit durchschneiden, können Sie direkt mit den Seelen anderer Menschen kommunizieren, und sie spüren das in ihrem Inneren. Wenn ein Mensch Ihre Liebesenergie spürt, hat er das Gefühl, dass er Ihnen vertrauen kann, was eine stärkere Bindung zwischen Ihnen schafft. Aufgrund dieses Gefühls werden Freunde natürlich mit einer gleichen Menge an Liebesenergie oder mehr antworten wollen.

Durch Freundschaften entwickeln wir eine Bindung zueinander, die uns Gefühle von Ruhe, Sicherheit, sozialem Komfort und emotionaler Verbundenheit vermittelt. Bindung wird im Gehirn mit den Neuropeptiden Oxytocin und Vasopressin in Verbindung gebracht; während bei Männern der Vasopressinspiegel stärker ansteigt, steigt bei Frauen der Oxytocinspiegel. Diese chemischen Substanzen sind auch an der familiären Liebe und der romantischen Liebe zwischen längerfristigen Partnern beteiligt.

Ein Kundalini-Erwachen bringt Sie dazu, das Leben nicht mehr so ernst zu nehmen, da Sie erkennen, dass Ihre Essenz zur Ewigkeit gehört und Ihre Seele über den physischen Tod hinaus weiterleben wird. Wenn Sie die Unwirklichkeit der materiellen Welt erkennen, wird Ihr Herz mit mehr Liebesenergie gefüllt, was Ihre Fähigkeit zum Humor erhöht. Spirituelle Menschen sind sehr unbeschwert, und ihre Begabung für Scherze und Komik ist viel höher als die des Durchschnittsmenschen.

Humor bringt Spaß in ein Gespräch und ist ein fantastisches Ventil, um zu sagen, was einem durch den Kopf geht, ohne dass man von anderen verurteilt oder kritisch beäugt wird. Er schafft und erhält Bindungen zwischen Menschen, da er unwiderstehliche positive Gefühle hervorruft. Humor mildert den Ernst des Lebens, denn alles ist in seinem Kern vergänglich, mit Ausnahme der spirituellen Substanz, die allen Dingen zugrunde liegt. So bringt uns die Komödie in Kontakt mit dem Geist, indem sie die intellektuellen Konstruktionen des Verstandes durchbricht. Humor ist abstrakt; er ist jenseits der Logik. Wir lachen über etwas, weil es so unlogisch ist, dass wir es mit unserem Verstand nicht begreifen können, also lachen wir, um die Spannung zu brechen. Denken Sie daran, dass der Verstand linear ist, das Herz aber nicht. Aus diesem Grund ist Humor die Sprache der Seele.

Zeit mit Freunden zu verbringen, ist eine freudige Tätigkeit, bei der in den meisten Fällen viel gelacht wird. Schließlich wollen wir mit bestimmten Menschen Zeit verbringen, weil wir uns in ihrer Nähe wohl fühlen. Sie bringen uns zum Lächeln und zum Lachen und bringen Einsicht und Weisheit in unser Leben. In diesem Sinne sind Sie eine Bereicherung für Ihre Freunde und jemand, den sie immer in ihrer Nähe haben möchten.

Das Gesetz der Liebe besagt, dass man, wenn man Liebe gibt oder sendet, sie dreifach empfangen wird. Dieses Gesetz ist ein uraltes Geheimnis, dessen sich viele Adepten des Lichts bewusst sind. Die Liebe hält die Welt wirklich in Schwung. Sie hält die Dinge in

Bewegung, lässt sie voranschreiten und entwickelt sie weiter. Während Sie also lernen, anderen Menschen Liebesenergie zukommen zu lassen, erweitert sich Ihr Freundeskreis natürlich exponentiell.

Ich habe im Laufe meiner Reise viele, viele Freunde gewonnen und tue dies auch weiterhin. Und das alles ist für mich ganz natürlich, denn ich spreche direkt mit der Seele eines Menschen. Die Menschen erkennen meine guten Absichten in dem Moment, in dem ich den Mund aufmache, was ihre Abwehrmechanismen ausschaltet. Bis heute fragen sich alle um mich herum, wie ich mit einem Fremden sprechen kann, als würde ich ihn schon mein ganzes Leben lang kennen. Die Antwort ist ganz einfach: Ich bin ich selbst. Und indem ich ich selbst bin, mein wahres Selbst, ziehe ich die Menschen zu mir.

Jeder Mensch möchte sich mit anderen Menschen verbinden, das ist die tiefste Ebene unseres Seins. Heißen Sie daher neue Freunde in Ihrem Leben willkommen und investieren Sie Ihre Energie in sie. Ergreifen Sie die Chance, Sie selbst zu sein, wenn Sie jemandem neu begegnen, und haben Sie Vertrauen in den Prozess. Sie werden von dem Ergebnis überrascht sein. Wir erkennen uns in anderen Menschen wieder, weil wir in unserem tiefsten Inneren alle Gott sind. Und wenn Sie Fremden gegenüber immer wieder Sie selbst sind, werden Sie die Fähigkeit entwickeln, neue Freunde zu finden - eine Fähigkeit, die Sie für den Rest Ihres Lebens nutzen können.

Die Kundalini möchte natürlich, dass wir im Moment, im Jetzt sind, da sie uns erlaubt, Liebesenergie zu kanalisieren und extrovertiert zu sein. Wenn Sie vor der Kundalini-Erweckung eher introvertiert waren, werden Sie diese Veränderung im Laufe der Zeit erfahren. Wenn wir extrovertiert sind, suchen wir die Verbindung zu anderen Menschen und kanalisieren und teilen Liebesenergie. Wenn wir hingegen introvertiert sind, verweilen wir in unseren Gedanken.

Da der Verstand Ausdruck des Unterbewusstseins ist, ist dies ein Bereich, in dem sich Angst manifestiert. Daher haben introvertierte Menschen oft Angst vor der Vorstellung, mit anderen zu interagieren und neue Freunde zu finden. Das Konzept, sich mit anderen zu verbinden, erfordert, dass sie von sich selbst erzählen und extrovertiert sind, was eine Herausforderung sein kann, wenn man in sich selbst ist und Selbstliebe praktiziert. Wenn Sie nur sich selbst als Energiequelle für Ihre Liebe nutzen, schneiden Sie sich von anderen Menschen ab, die Ihnen helfen können, sich aufzuladen. Introvertiert zu sein, wird Ihnen nicht helfen, neue Freunde zu finden, obwohl es die Freundschaften, die Sie geschlossen haben, bevor Sie introvertiert wurden, nicht beeinträchtigt.

Kundalini ist eine kreative Liebesenergie, die immer danach strebt, sich irgendwie auszudrücken. Komik ist ein künstlerischer Ausdruck, denn sie erfordert abstraktes Denken, um Witze zu machen und mit anderen Menschen Spaß zu haben. Heißen Sie die Komik in Ihrem Leben willkommen und lassen Sie sie zu einem Teil von sich werden. Seien Sie ein Leuchtfeuer der Liebe für sich selbst und andere. Erlauben Sie der Erfahrung, Freunden Liebe zu kanalisieren, Ihnen dabei zu helfen, mehr über sich selbst und das Universum, dessen Teil Sie sind, zu lernen.

FAMILIÄRE LIEBE

Während sich die Kundalini durch die Aufnahme von Nahrung und Wasser mehr und mehr sublimiert, sammelt sich die Liebesenergie in Ihrem Herzen und im Kundalini-Kreislauf an. Während dieser Zeit werden die Familienbande erneuert, und Sie entwickeln eine stärkere Bindung zu allen Familienmitgliedern, insbesondere zu Ihren Eltern und Geschwistern. Ihre Familie ist etwas Besonderes, vor allem Ihre unmittelbare Familie, die Sie schon fast Ihr ganzes Leben lang begleitet hat. Das wird Ihnen auf dem Weg der Kundalini-Transformation bewusst, vor allem in den späteren Jahren, was zu einem ethischen Standpunkt gegenüber Ihrer Familie führt.

Für mich entwickelte sich nach zwölf Jahren des Lebens mit erweckter Kundalini der starke Wunsch, mich mit meinen Eltern zu verbinden und zu versuchen, sie aus einer anderen Perspektive zu verstehen. Nicht so, dass es immer nur um mich und meine Bedürfnisse geht und darum, wie nervig sie mit ihrer Nörgelei sind, wie es die meisten Eltern tun. Sondern so, dass ich über meine instinktive Abwehrreaktion auf sie hinausblicke und erkenne, welche Opfer sie für meine Schwester und mich bringen. Sie müssen uns so sehr lieben, dass sie uns immer an die erste Stelle setzen, selbst wenn wir uns schlecht benehmen.

Die Liebe, die Eltern für ihre Kinder empfinden, ist in der Tat etwas Besonderes. Und wenn man lernt, die Liebe seiner Eltern zu schätzen, entwickelt man ein Gefühl der Ehre ihnen gegenüber, eine Pflicht, es ihnen mit der gleichen Menge an Geduld und Liebe zurückzuzahlen, auch wenn man dafür sein ganzes Leben braucht. Und wenn Sie in der Vergangenheit Probleme mit Ihren Eltern hatten und das Gefühl haben, dass Sie nicht die Aufmerksamkeit bekommen haben, die Sie verdient hätten, ist jetzt die Zeit, diese Probleme zu lösen und wieder eine Verbindung zu ihnen aufzubauen.

Wenn Sie zu der Veränderung werden, die Sie in der Welt sehen wollen, werden sich die Menschen ganz natürlich an Ihr neues Ich anpassen. Aber Sie müssen sich anstrengen, um diese Veränderung herbeizuführen. Dazu gehört auch, dass Sie anderen nicht die Schuld dafür geben, dass die Dinge nicht so sind, wie Sie sie haben wollen. Es liegt an Ihnen, die Verantwortung für jede Beziehung in Ihrem Leben zu übernehmen und zu erkennen, dass Sie den Wandel schaffen können.

Es ist leicht, aus Freundschaften und romantischen Beziehungen auszusteigen, wenn Sie feststellen, dass sie nicht mehr funktionieren, aber die Beziehungen zu Ihren Familienmitgliedern sind für das ganze Leben. Sie sind gottgegeben und man kann ihnen in diesem Leben nicht entkommen, auch wenn man vor ihnen weglaufen möchte. Selbst in den schlimmsten Situationen und Szenarien müssen Sie Ihren Eltern vergeben, anstatt ihnen gegenüber Negativität zu hegen, selbst wenn Sie das Gefühl haben, dass sie verdient ist. Sie müssen verstehen, wie viel karmische Wirkung sie auf Ihr Leben haben, die erst dann neutralisiert wird, wenn Sie die Situation in die Hand nehmen und bedingungslose Liebe anwenden, indem Sie ihnen ihre Übertretungen vergeben. Vergebung wird in dieser Hinsicht einen langen Weg gehen; sie wird es Ihnen ermöglichen, die energetische

Verbindung zwischen Ihnen wieder zu entfachen, welche für Ihre kontinuierliche spirituelle Entwicklung notwendig ist.

Und wenn Sie Geschwister haben, ist es an der Zeit, sich mehr denn je mit ihnen zu verbinden. Wenn sie Ihnen Unrecht getan haben, dann vergeben Sie ihnen und nehmen ihre Liebe zurück in Ihr Leben. Ich hatte das große Glück, eine fantastische Beziehung zu meinen Eltern und meiner Schwester zu haben. Dafür bin ich sehr dankbar. Aber mir ist klar, dass nicht jeder auf diese Weise gesegnet ist und dass viele Menschen schwierige Beziehungen zu ihren Familienmitgliedern haben. In jedem Fall müssen Sie das Unrecht, das Ihnen angetan wurde, vergeben, egal wie schwer es auch sein mag. Ihr Ziel, Ihre Mission ist es, spirituell weiter zu wachsen.

Die Heilung Ihrer Beziehung zu Ihren Eltern ist sehr wichtig, denn unsere Eltern haben uns am meisten beeinflusst, manchmal ungewollt, durch unsere DNA und unsere Konditionierung. Zum Beispiel spiegelt der Ausdruck Ihrer männlichen Energie und die Art und Weise, wie Sie diese Energie kanalisieren, insbesondere auf männliche Freunde in Ihrem Leben, Ihre Beziehung zu Ihrem Vater wider. Umgekehrt spiegelt die Art und Weise, wie Sie Ihre weibliche Energie ausdrücken und wie Sie diese Energie auf die Frauen in Ihrem Leben lenken, Ihre Beziehung zu Ihrer Mutter wider.

Und was die romantische Liebe angeht, so werden Sie Menschen anziehen, die Ihnen helfen, die karmische Energie zwischen Ihnen und Ihren Eltern zu überwinden. Wenn Sie ein Mann sind, dann werden Sie sich zu Frauen hingezogen fühlen, die Sie an Ihre Mutter und das Karma erinnern, das zwischen Ihnen beiden überwunden werden muss. Wenn Sie eine Frau sind, dann ist es umgekehrt. Dieses universelle Prinzip manifestiert sich unbewusst, ob Sie es wollen oder nicht. Sein Zweck ist es, uns zu helfen, einander lieben zu lernen und unsere spirituelle Entwicklung voranzutreiben.

Lassen wir uns nicht von der Anwendung dieses universellen Prinzips in Bezug auf die unmoralischen und perversen Theorien von Sigmund Freud verwirren. Der so genannte Ödipuskomplex führte Freud durch fehlerhafte Forschung zu dem Schluss, dass alle Jungen und Mädchen inzestuöses Verlangen nach ihren andersgeschlechtlichen Eltern haben und gleichgeschlechtliche Eltern als Rivalen betrachten. Freuds Fehler lag darin, dass er seine schwierige Kindheit und die ungewöhnliche und seltsame Beziehung zu seinen Eltern, insbesondere zu seiner Mutter, auf seine psychologische Arbeit übertrug.

In der heutigen Zeit wird der Ödipuskomplex in der Psychologie nicht mehr als real anerkannt, da er keine Grundlage in der Realität hat. Dennoch muss Freud erkannt haben, dass wir Partner anziehen, die uns an unsere Eltern erinnern, aber er irrte sich in der Anwendung dieses universellen Prinzips. Seine Schlussfolgerungen wurden durch seine eigene Lebenserfahrung und ungelöste Probleme in seinem Unterbewusstsein beeinflusst, die ausgelöst worden sein müssen, als er erkannte, dass dieses universelle Prinzip existiert.

Die Anziehungskraft zwischen den Geschlechtern entsteht unbewusst und hängt mit einem Verhalten zusammen, das wir in einer anderen Person erkennen und das uns an unsere Eltern erinnert. Im Wesentlichen entwickelt sich diese Anziehung, damit wir geistig und emotional heilen können. Schließlich waren unsere Eltern die ersten archetypischen

Männer und Frauen, die wir in unserem Leben identifiziert haben. Wir wuchsen unter ihrer Obhut und den Richtlinien auf, die sie uns vorgaben. Infolgedessen entwickelten sich unsere Seele und unser Ego, die versuchten, unsere Eltern zu beschwichtigen, während sie gleichzeitig versuchten, sich von ihnen zu lösen und unabhängig zu werden.

Je nach Polarität unserer Seelen lernten wir, das Verhalten unseres Vaters oder unserer Mutter zu imitieren und es als unser eigenes zu integrieren. Und als wir ihre Liebe akzeptierten, lernten wir, auch andere zu lieben. Dieser Ausdruck der Liebe wird also am meisten von unserer Beziehung zu unseren Eltern beeinflusst. Verstehen Sie jedoch, dass dieses universelle Prinzip der Anziehung nur für die mentale und emotionale Ebene gilt. Physische Anziehung ist etwas ganz anderes.

Je nach der Qualität Ihrer Beziehung zu Ihren Eltern wird sich dies auf die Qualität Ihrer romantischen Beziehungen auswirken. Sie werden feststellen, dass, wenn sich Ihre Beziehung zu Ihren Eltern zum Besseren wandelt, weil Sie lernen, mit ihnen von Seele zu Seele zu kommunizieren, dies diese Teile Ihres Selbst heilt und es Ihnen ermöglicht, andere Menschen in Ihrem Leben für romantische Zwecke anzuziehen.

Im Falle missbrauchender Eltern ist es üblich, dass man sich zu missbrauchenden Partnern hingezogen fühlt, da man darauf programmiert ist, durch mentalen und emotionalen Missbrauch eine Beziehung zum anderen Geschlecht aufzubauen. Wenn Sie jedoch diesen Missbrauch durch Ihre Eltern überwinden und vergeben, werden Sie unweigerlich Menschen in Ihr Leben ziehen, die Sie gut behandeln, und Sie werden lernen, sich von missbrauchenden Menschen fernzuhalten. Dies ist der häufigste Ausdruck dieses universellen Prinzips in unserer Gesellschaft, denn wir alle kennen Menschen, die von ihren Eltern misshandelt wurden und im Gegenzug missbräuchliche Liebespartner anziehen.

KUNDALINI UND SEXUELLE ENERGIE

Es ist jetzt wichtig, über die Rolle der sexuellen Energie im Prozess der Kundalini-Erweckung zu sprechen. Die Kundalini-Energie wird durch sexuelle Energie angetrieben, die durch die Wirbelsäule nach innen und in das Gehirn geleitet wird. Ich sage "angetrieben", weil, sobald die Kundalini erweckt ist, der Aufbau der sexuellen Energie in Verbindung mit der Prana-Energie aus der Nahrungsaufnahme mit der Zeit eine Bewusstseinserweiterung bewirkt.

Sexuelle Energie kann auch ein Anstoß oder Katalysator für die Erweckung der Kundalini sein. Es ist die Sublimierung dieser sexuellen Energie durch tantrische Sexualpraktiken oder eine Form der Meditation, die sie veranlasst, nach innen zu gehen und die Kundalini an der Basis der Wirbelsäule zu aktivieren. Ohne diese Aktivierung schlummert die Kundalini als latentes Energiepotential im Wurzelchakra, Muladhara.

Was genau ist sexuelle Energie? Sexuelle Energie ist die kreative Energie des Selbst, die von den Chakren Muladhara und Swadhisthana gespeist wird. Sie treibt unseren Geist an und unterstützt ihn, während sie gleichzeitig eine wichtige Quelle der Inspiration ist. Während unsere fleischlichen Begierden aus Muladhara, dem Erd-Chakra, kommen, ist Swadhisthana, das Wasser-Chakra, für die greifbare Emotion des sexuellen Verlangens verantwortlich.

Wenn wir unsere sexuelle Energie auf eine Person richten, zu der wir uns hingezogen fühlen, erzeugen wir ein starkes Verlangen, mit dieser Person zusammen zu sein. Sexuelles Verlangen wird im Swadhisthana Chakra als euphorische Emotion empfunden, ähnlich wie Schmetterlinge oder Kribbeln im Unterleib. Diese Energie wird dann von unserem Unterleibsbereich über das Nervensystem in unser Gehirn projiziert.

Die sexuelle Energie hat mit Apana Vayu zu tun, da sie das Wirken der Chakren Muladhara und Swadhisthana und den Ausstoß sexueller Flüssigkeiten aus dem Körper (Sperma bei Männern und Vaginalflüssigkeit bei Frauen) beinhaltet. Im Gegensatz dazu wird die Prana-Energie von Samana Vayu (dem Verdauungsfeuer) und dem Hara Chakra, dem Prana-Speicher des Körpers, erzeugt.

Sexuelle Energie beflügelt auch unsere Vorstellungskraft, wenn wir sie in das Herz-Chakra, Anahata, kanalisieren und dadurch unseren Verstand und unsere Gedanken anregen. Sexuelle Energie wirkt auch auf unser Seelenzentrum, das Solarplexus-Chakra, Manipura. Sie entfacht das Feuer von Manipura und energetisiert unsere Willenskraft. Sie wird zu dynamischer Energie, die unseren Antrieb, unsere Motivation und unsere Entschlossenheit auf der Mentalebene antreibt.

Wenn die sexuelle Energie in das Wurzelchakra, Muladhara, projiziert wird, wird sie zu unserem Antrieb für Handlungen auf der physischen Ebene. Daher wird die sexuelle Energie von all unseren Chakren genutzt. Obwohl die Prana-Energie als blinde Kraft angesehen wird, ist die sexuelle Energie intelligent. Beide Energien sind jedoch notwendig, um unsere Chakras mit Energie zu versorgen und sie zum Leben zu erwecken.

Während Prana Lebens- oder Lichtenergie ist, ist die sexuelle Energie die Energie der Schöpfung. Es ist manchmal schwierig, zwischen sexueller Energie und Prana zu unterscheiden, und viele spirituelle Lehrer verwechseln die beiden und sagen sogar, dass sie ein und dasselbe sind. Bei der Untersuchung meines Energiesystems im Laufe der Jahre habe ich jedoch festgestellt, dass es sich um zwei verschiedene Energiearten handelt, die miteinander arbeiten und einander benötigen, um ihre Funktionen zu erfüllen.

Außerdem ist es wichtig, zwischen Kundalini-Energie und sexueller Energie zu unterscheiden. Zusammen mit Prana treibt die sexuelle Energie die Kundalini-Energie an, sobald sie erweckt ist. Die Kundalini-Energie hat jedoch ihre eigenen Komponenten, die mit der Erweiterung des Bewusstseins und dem Ausdruck des Selbst zu tun haben.

Sobald die Kundalini aktiviert ist, wird die sexuelle Energie unerlässlich, da sie die Kundalini belebt und es Ihnen ermöglicht, Ihre neuen Fähigkeiten zu nutzen. Sie können zum Beispiel die gesteigerte Kreativität und Vorstellungskraft nicht in vollem Umfang nutzen, wenn es Ihnen an sexueller Energie fehlt, um sie zu nutzen. Sexuelle Energie ist eine subtilere Kraft als bloßes Prana, da sie uns erlaubt, auf jeden Teil von uns selbst zuzugreifen, wenn wir unseren Geist fokussieren.

Es besteht ein direkter Zusammenhang zwischen sexueller Stimulation und der Aktivität der Kundalini, die im Erd-Chakra liegt. Wenn Sie sexuell erregt sind, erzeugen Sie eine statische elektrische Ladung, die die Kundalini-Energie in Bewegung setzen kann, so wie Sie einer Autobatterie Starthilfe geben würden. Wenn man also durch tantrische Praktiken sexuelle Erregung aufbaut und sie nach innen richtet, kann dies zu einem starken Kundalini-Erwachen führen.

Warum gibt es einen Zusammenhang zwischen sexueller Erregung und der Erweckung der Kundalini? Die Antwort könnte in unserer Lebensaufgabe hier auf der Erde liegen, die ein Testgelände für die Seelen ist. Zum Beispiel hat Gott, der Schöpfer, die Menschen erschaffen und uns den freien Willen gegeben, zu wählen, wie wir unsere sexuelle Energie ausdrücken wollen: Wir können versuchen, unser Ego zu befriedigen, indem wir Sex als eine Form des körperlichen Vergnügens begehren, oder wir können dieselbe Energie nutzen und sie durch tantrische Praktiken nach innen ziehen, um unsere latente Kundalini-Energie zu erwecken. Im Falle eines körperlichen Höhepunkts oder Orgasmus stoßen wir diese Energie aus uns heraus und entlassen sie zurück ins Universum. Wenn wir diese Energie durch das Gehirn über das Nervensystem nach innen ziehen, versuchen wir, uns spirituell zu transformieren. Jeder Moment des Tages ist ein Test unseres freien Willens und der Frage, ob wir unsere Seele oder unser Ego erheben wollen, die mit dieser göttlichen Energie radikal unterschiedliche Dinge tun wollen.

Die meisten Menschen sind sich gar nicht bewusst, dass es noch einen anderen Grund gibt, warum sie sexuelle Energie in sich tragen, da sie so sehr darauf konzentriert sind, sie nur zum Vergnügen zu nutzen. Die Weltbevölkerung wird mehr von sexuellen Impulsen und dem Wunsch nach Sex angetrieben als von allem anderen im Leben. Wenn die Menschen nur wüssten, dass sie diese Gabe auf andere Weise nutzen können, könnte sich die Art und Weise, wie wir die sexuelle Energie wahrnehmen, völlig verändern. Ich glaube, dass dies eine der wesentlichen Rollen ist, die Kundalini-Erweckte jetzt in der Welt spielen: nicht nur Abgesandte der Kundalini-Energie zu sein, sondern auch die Menschen über die Kraft und das Potenzial ihrer Sexualität aufzuklären.

SEXUELLE ERREGUNG UND "GEILHEIT"

Die männliche sexuelle Energie bezieht sich auf das Feuer des Erd-Elements. Sie wird stark von der physischen Ebene angetrieben, die auf die Astralebene des Wasser-Elements wirkt. Das Feuer der Erde verwandelt sich durch das Swadhisthana Chakra in die Emotion der sexuellen Erregung.

Während Männer in Bezug auf sexuelle Erregung eher von ihrem Erd-Chakra motiviert werden, werden Frauen eher vom Wasser-Chakra beeinflusst. Dies erklärt, warum die sexuelle Erregung bei Männern stark von der körperlichen Erscheinung einer Frau beeinflusst wird, während eine Frau mehr davon angetörnt ist, wie ein Mann sie fühlen lässt.

Die männliche sexuelle Energie ist wie ein Feuer, das schnell entfacht wird, hell brennt und schnell wieder erlischt. Umgekehrt ist die weibliche Sexualenergie wie Wasser: Sie erwärmt sich langsam, aber wenn sie einmal kocht, hält sie lange an. Die Feuerenergie des Mannes ist dafür verantwortlich, die Wasserenergie der Frau zu erwärmen. Deshalb verbringen Männer ihre Zeit und Energie damit, an ihren Alpha-Qualitäten zu arbeiten, um Frauen anzuziehen. Auf der anderen Seite verbringen Frauen viel Zeit und Energie damit, ihre körperliche Erscheinung zu verbessern, um für Männer attraktiver zu sein.

Während Männer im Allgemeinen eine stärkere Libido haben, ist die Bandbreite und Intensität der Erregung bei Frauen größer. Ein Mann kann scheinbar ohne Stimulation eine Erektion bekommen und sich sexuell erregt oder "geil" fühlen. Im Gegensatz dazu verspürt eine Frau nur selten das gleiche Gefühl, ohne zuvor stimuliert worden zu sein. Das liegt zum Teil daran, dass der männliche Körper von Testosteron gesteuert wird, das schneller wirkt als das weibliche Sexualhormon Östrogen.

Die okkulte Symbolik und Bedeutung des Wortes "geil" (engl. „horny") geben uns einen weiteren Einblick in die Funktionsweise und den Zweck der sexuellen Erregung. Horny deutet auf Tierhörner hin, die symbolisch für die animalische Natur des Menschen stehen. Schließlich teilen wir mit allen Tieren der Erde den Wunsch nach sexuellen Beziehungen und Fortpflanzung. Im Christentum und anderen religiösen und esoterischen Traditionen werden Hörner jedoch auch mit dem Teufel und seinen dämonischen Schergen in Verbindung gebracht. Das Wort „Hornie" ist sogar ein schottischer Begriff aus dem 18. Jahrhundert für den Teufel.

Abbildung 159: Sexuelle Erregung bei Männern

Wenn ein Mann sexuell erregt oder geil wird, beginnt ein Feuer in seinen Lenden zu brennen, das sein ganzes Wesen entflammt (Abbildung 159). Dieses Feuer wird von ihrem Erd-Chakra, Muladhara, projiziert, das mit der physischen Ebene und der Welt der Materie verbunden ist. Daher wird die Teufelskarte im Tarot auch als "Herr der Tore der

Materie" bezeichnet. Das liegt daran, dass der Teufel die physische Welt repräsentiert, den Gegensatz zur spirituellen Welt Gottes. Um die Symbolik weiter zu vervollständigen, wird der Steinbock, die Bergziege (ein gehörntes Tier), ein Feuer-Erd-Zeichen, im Tarot mit der Teufelskarte in Verbindung gebracht.

Im hermetischen Tarot zeigt die Tarotkarte Teufel eine riesige Bestie mit Hörnern, deren Kopf die Form eines umgekehrten Pentagramms hat, was auf die Verbindung zwischen dem niederen Selbst, dem Ego und dem Teufel hinweist. Der Teufel hat große Fledermausflügel und den Unterkörper eines Tieres, in dessen Lenden ein Feuer brennt (in einigen Darstellungen). In seiner linken Hand hält er eine Fackel, die nach unten, zur Erde, zeigt, und eine Hand zeigt nach oben, zum Himmel (wie oben, so unten). Er steht auf einem Altar, an den zwei nackte Menschen, ein Mann und eine Frau, mit Hörnern gekettet sind. Sie sind an den Teufel gebunden, weil sie sich gegenseitig begehren.

Lust ist definiert als das überwältigende Verlangen, mit jemandem eine sexuelle Beziehung zum Zweck der körperlichen Lust zu haben. Lust ist das Gegenteil von Liebe und wird wegen ihrer oft unausgewogenen Ausprägung als eine der sieben Todsünden betrachtet. Der Teufel und seine Schergen sind dafür verantwortlich, die Menschheit zu den sieben Todsünden zu verleiten. Es ist kein Wunder, dass das Wort "teuflisch" auf jemanden zutrifft, der sündig ist, auch wenn er viele sexuelle Handlungen mit mehreren Partnern vornimmt.

So wie das Sahasrara Chakra uns auf unseren heiligen Schutzengel, unser Gott-Selbst, einstimmt, verbindet uns das Erd-Chakra mit seinem Gegenteil, dem Teufel. Beide sind Personifikationen des Selbst, mit dem wir uns durch den Geist verbinden können. Der Teufel ist jedoch nicht gänzlich böse, sondern ein Ausdruck unserer animalischen Natur, die wir respektieren und im Zaum halten müssen. Folglich ist das Erd-Chakra unser Eingangstor zum Reich des Teufels, dem dämonischen Reich, das wir Hölle nennen. Es ist kein Zufall, dass die Hölle oder die Unterwelt als eine feurige Grube tief in der Erdkruste dargestellt wird.

Einer der Gründe, warum das Christentum und andere Religionen Sex verteufelt haben, ist seine transformative Kraft. Immer wieder hat sich gezeigt, dass Enthaltsamkeit den Geist vergiften und kranke und perverse Ausdrucksformen hervorbringen kann, die nicht im Einklang mit der Natur und Gott sind. Umgekehrt kann ein ausgewogener, respektvoller und liebevoller Umgang mit der Sexualität zu einem spirituellen Erwachen führen. Anstatt also Sex zu verteufeln und eine Abneigung gegen sexuelle Beziehungen als Mittel zur Annäherung an Gott zu entwickeln, müssen wir versuchen, ihn zu verstehen, damit wir uns seine enorme Kraft zunutze machen können.

SEXUELLE BEZIEHUNGEN

Wenn Sie ein vollständiges Kundalini-Erwachen erlebt haben, werden Sie den wahren Zweck des Geschlechtsverkehrs und seine symbolische Bedeutung als Vereinigung der männlichen und weiblichen Energien verstehen. Diese Vereinigung geschieht auf dem Level der Mentalen Ebene, die es uns ermöglicht, die Dualität des Geistes zu transzendieren, so dass wir die Spirituelle Ebene erreichen können.

Bei der Geburt wurden wir in diese Welt der Dualität hineingeboren und erhielten entweder einen männlichen oder einen weiblichen Körper. Als Menschen versuchen wir natürlich, unsere sexuellen Energien auszugleichen. Einer der Wege, wie wir das tun, ist der Geschlechtsverkehr. Wir wünschen uns, mit einer Person zusammen zu sein, die unsere Sexualität ergänzt, um auf spiritueller Ebene Einheit zu finden. Der Geschlechtsverkehr ist eine Art Ritual, das die Integration zweier physischer Körper beinhaltet. Wenn der Penis während dieses Vorgangs in die Vagina eindringt, werden die beiden Körper buchstäblich eins.

Zwischen zwei Menschen unterschiedlichen Geschlechts, die beide ein Kundalini-Erwachen erleben, können sexuelle Beziehungen eine wahrhaft magische Erfahrung sein. Die Kundalini-Energie zwischen ihnen bildet eine Art Batterie und erweitert dadurch ihre Kraft um das Doppelte. Diese Ausdehnung der Kundalini-Energie führt zu erhöhtem Bewusstsein und tieferen transzendentalen Erfahrungen. Sie ermöglicht es den Partnern auch, sich auf ihren jeweiligen spirituellen Körper einzustimmen, und zwar in einem Maße, das sie allein nicht erreichen können.

Die Energie des einen Partners nährt die Energie des anderen Partners. Da der Lebensbaum jedes Partners aktiviert ist, werden auch die Energien, die die Gesamtheit ihres Bewusstseins ausmachen, aktiviert. Wenn sich zwei Kundalini erweckte Partner sexuell verbinden, werden sie beide auf den tiefsten Ebenen ihres Seins von der Energie des anderen genährt und gleichzeitig geheilt. Die Energie des einen Partners verdrängt die Negativität des anderen allein durch seine Anwesenheit, da sich ihre Auren miteinander vermischen. Sie müssen sich nicht einmal berühren, damit dies geschieht. Sie müssen sich nur in der gleichen Umgebung aufhalten, um auf der gleichen Frequenz oder Wellenlänge zu sein.

Bei Kundalini-Erweckten wird der eigentliche Geschlechtsakt tantrisch. Infolgedessen sind beide Partner in der Lage, innere Orgasmen zu erleben, da die sexuelle Energie auf einer tieferen Ebene durch die Kundalini des jeweils anderen ausgelöst wird. Während meiner Kundalini-Reise hatte ich das Privileg, mit einigen Kundalini-Erweckten zusammen zu sein, und die sexuelle Verbindung, die wir hatten, war unglaublich. Sobald wir uns näher kamen, manifestierte sich dies als ein erhöhter Bewusstseinszustand, der unsere sexuelle Energie in einem solchen Ausmaß verstärkte, dass ich oft zitterte, wenn ich nur in ihrer Nähe war.

Geschlechtsverkehr ist ein Vereinigungsritual, eine Art Bindung oder Sublimierung der Geschlechter auf der physischen Ebene, die dieselben Wirkungen auf der astralen und mentalen Ebene hervorruft. Sein Zweck ist es, die niederen kosmischen Ebenen zu transzendieren, so dass sich die Bewusstseinsschwingung erhöhen und die spirituelle Ebene betreten kann. So findet Heilung auf allen Ebenen statt, auf Geist, Körper und Seele.

BEHALTEN SIE IHRE SEXUELLE ENERGIE

Eine weitere kritische Frage zur Sexualität, die mir oft gestellt wird, ist die, ob es klug ist, während des Kundalini-Prozesses zu ejakulieren. Zum Beispiel, wann es in Ordnung ist, zu ejakulieren und wann man seinen Samen aufbewahren sollte? Denken Sie daran, dass diese Frage normalerweise von Männern gestellt wird, obwohl das gleiche Prinzip auch für Frauen gilt.

Kundalini nutzt Ihre sexuelle Energie und das Prana aus der Nahrung, um den Kundalini-Energiekreislauf anzutreiben. Ich habe festgestellt, dass es auf dem Höhepunkt dieses Sublimierungs-/Transformationsprozesses unerlässlich ist, Ihren Samen zu retten, indem Sie Sex und Masturbation ganz vermeiden. Schon ein einziger Orgasmus kann Sie für bis zu 24 Stunden oder länger Ihrer Vitalität berauben. Dies behindert den Transformationsprozess erheblich und erlaubt es dem Ego, stärker im Bewusstsein Fuß zu fassen, was dazu führt, dass sich Angst und Furcht in Ihnen verstärken.

Die sexuelle Energie nimmt mit der Zeit an Kraft zu, und je länger Sie Ihren Samen aufbewahren, desto mehr transformieren Sie die Kundalini in Ihrem Inneren. Auf ihrem höchsten Gipfel, wenn Sie sich sexuell am meisten aufgestaut und erregt fühlen, arbeitet die sexuelle Energie mit Prana zusammen, um die Qualität und den Zustand der Kundalini-Energie in Ihnen zu verändern. Dieser Prozess ist die Transmutation, die Umwandlung des rohen Feuers der Kundalini in eine feinere, spirituelle Energie, die das System antreibt.

Damit will ich nicht sagen, dass Sie zölibatär leben sollen wie ein Mönch oder Priester und nie wieder masturbieren oder Sex haben sollen. Das wäre ungesund und kontraproduktiv für Ihr Wachstum, da Sie sich sowohl um Ihren physischen Körper und seine Bedürfnisse als auch um Ihre Spiritualität kümmern müssen. Stattdessen sage ich, dass Sie in der ersten Zeit nach dem anfänglichen Kundalini-Erwachen auf sexuelle Befreiung verzichten und dann Sex und Masturbation in ausgewogener Weise wieder in Ihr Leben integrieren sollten. Denken Sie daran, dass es in einem erfolgreichen Leben um Ausgewogenheit geht und nicht darum, eine Sache zugunsten einer anderen zu vernachlässigen.

Nach der Erweckung der Kundalini ist es jedoch ratsam, sich einige Monate lang mit der Ejakulation zurückzuhalten. Diese Regel gilt sowohl für Männer als auch für Frauen. Sexuelle Energie ist lebenswichtig; wenn Sie ejakulieren, fühlen Sie sich leblos und ausgelaugt und müssen Ihre sexuelle Energie irgendwie wieder auffüllen.

Ich habe entdeckt, dass der Körper Zink benötigt, um die sexuelle Energie nach einer Entlassung wieder aufzubauen. Deshalb schlage ich vor, dass Sie, anstatt darauf zu warten, dass Ihr Körper sie auf natürliche Weise wieder aufbaut, ein Zinkpräparat einnehmen oder Fisch oder Kürbiskerne essen, die große Mengen an Zink enthalten. Zink ist wichtig, weil es die Batteriesäure ist, während die Kundalini als elektrischer Wechselstrom fungiert. Ohne Zink läuft die Batterie nicht mit ihrer optimalen Kapazität und muss aufgeladen werden.

Wenn Sie die Kundalini erweckt haben, werden Sie, je nachdem, wo Sie sich in Ihrem Transformationsprozess befinden, die Fähigkeit entwickeln, andere Menschen zu verkörpern und ihre Energie zu spüren, einschließlich der Menschen, die Sie im Fernsehen und in Filmen sehen. Diese "Gabe" kann sich bald wie ein Fluch anfühlen, wenn Sie sie auf Pornografie anwenden, da sie Sie in die Lage versetzt, das, was Sie sich ansehen, so zu fühlen, als würde es Ihnen selbst passieren. Wenn Sie die Kundalini erweckt haben, brauchen Sie kein Virtual-Reality-Set mehr. Wie lustig und aufregend dies anfangs auch sein mag, erlauben Sie sich nicht, eine Pornosucht zu entwickeln und in Ihrem spirituellen Evolutionsprozess rückwärts zu gehen.

Sie müssen die Selbstbefriedigung regulieren und sollten sie nicht öfter als ein- oder zweimal pro Woche und nur vor dem Schlafengehen ausüben, damit Ihr Körper die sexuelle Energie bis zum Morgen wieder aufbauen kann. Da dieser Prozess für den Rest Ihres Lebens andauern wird, müssen Sie Ihre sexuelle Energie mit Respekt behandeln. Sie funktionieren nicht mehr wie ein unerweckter Mensch, der mehrmals am Tag masturbieren und ejakulieren kann, ohne dass dies Auswirkungen hat. Sie werden sich jedes Mal, wenn Sie ejakulieren, Ihrer Vitalität beraubt fühlen, also seien Sie sich dessen bewusst.

Ich habe die Erfahrung gemacht, dass Selbstbefriedigung eine große Hilfe sein kann, wenn man auf andere Weise keinen Schlaf finden kann, da sie es einem ermöglicht, sich auszuruhen und wie eine Glühbirne zu erlöschen, sobald man seine sexuelle Energie abgelassen hat. Aufgestaute sexuelle Energie kann den Verstand durcheinander bringen und sogar Wut und Aggression hervorrufen, besonders bei Männern, was einen nachts wach halten kann. Aber auch hier gilt: Versuchen Sie, nicht öfter als ein paar Mal pro Woche zu masturbieren und erst, wenn der anfängliche Kundalini-Sublimations-/Transformationsprozess abgeschlossen ist. Wie werden Sie wissen, dass er abgeschlossen ist? Sie werden eine neue Art von Energie in sich wirken spüren, die das rohe Kundalini-Feuer ersetzt. Diese Energie hat eine transzendentale Wirkung, da sie wächst und das Bewusstsein im Laufe der Zeit immer mehr ausdehnt.

Eine letzte Anmerkung zu diesem Thema: Da liebevolle sexuelle Beziehungen mit einem Partner für Ihr spirituelles Wachstum förderlich sein können, rate ich Ihnen nicht dazu, zu irgendeinem Zeitpunkt ganz auf Sex zu verzichten, ohne Ihren Partner vorher zu fragen. Wenn Sie unüberlegt auf Sex mit Ihrem Partner verzichten, ohne sich zu rechtfertigen, könnte er das Gefühl haben, dass mit ihm etwas nicht stimmt, was die Integrität Ihrer Beziehung gefährden würde. Das ist unklug, vor allem, wenn die Chemie zwischen Ihnen und dieser Person stimmt und Sie sich eine Zukunft mit ihr vorstellen können.

Sprechen Sie stattdessen mit Ihrem Partner über Ihre Bedürfnisse und gehen Sie vielleicht den Kompromiss ein, eine Zeit lang einmal pro Woche oder alle paar Wochen Sex zu haben, und erhöhen Sie dann die Häufigkeit, wenn Sie den Punkt überschritten haben, an dem Sie die Kundalini-Energie sublimiert haben. Sich mit einem geliebten Menschen zu vergnügen, kann für den Körper anstrengend sein, aber es kann für die spirituelle Alchemie von Vorteil sein, da ein Austausch von positiver, heilender Energie auf einer subtilen Ebene stattfindet.

Die Ejakulation durch Masturbation ist jedoch ein absoluter Abfluss Ihrer sexuellen Essenz in die Aethyr, ohne dass Sie etwas dafür bekommen. Menschen, die eine Pornosucht entwickeln, öffnen sich für dämonische Wesenheiten, die sich an ihre Aura heften, um sich von ihrer freigesetzten sexuellen Energie zu ernähren.

Ein Incubus ist ein Dämon in männlicher Form, der sich von der sexuellen Energie weiblicher Wesen ernährt. Umgekehrt ist ein Succubus ein Dämon in weiblicher Form, der sich von der sexuellen Energie von Männern ernährt. Inkubi und Succubi sind dafür bekannt, dass sie Menschen im Traum verführen und mit ihnen sexuelle Beziehungen eingehen, um ihnen ihre sexuelle Essenz zu rauben, indem sie sie zum Höhepunkt bringen. Sie werden auch von Schauspielern in Erwachsenenfilmen verkörpert, wenn sie Pornografie sehen.

Menschen, die diese Dämonen nähren, haben es oft schwer, sich von ihnen zu befreien und ihre Pornosucht zu beenden. Pornografie ist aus einem bestimmten Grund kostenlos; sie ist eine leere Leere, deren Zweck es ist, die sexuelle Essenz der Menschen zu stehlen und ihnen das Potenzial zur spirituellen Transformation zu nehmen. Dafür gibt es einen politischen Grund, der den Rahmen dieser Arbeit sprengen würde, aber ich erwähne ihn hier, damit Sie sich dessen bewusst sind und nicht in die Falle tappen.

SEXUELLES VERLANGEN

Da die Kundalini durch nach innen gerichtete sexuelle Energie erweckt werden kann, bedeutet dies, dass wir ihre Kapazität erweitern können, was sich unweigerlich auf unser sexuelles Verlangen auswirkt. Wenn zum Beispiel die Kundalini in der Anfangsphase nach der Erweckung auf dem Höhepunkt ihrer Transformation ist, können Sie sich wie ein läufiges Tier fühlen. Infolgedessen können Sie ein sexuelles Verlangen verspüren, wie Sie es noch nie erlebt haben. Sobald die anfängliche Phase der Sublimierung der sexuellen Energie abgeschlossen ist, werden Sie jedoch eine Befreiung von dieser intensiven sexuellen Erregung spüren, da Ihre Libido ausgeglichen wird.

Da der Prozess der Sublimierung der sexuellen Energie jedoch fortlaufend ist und Sie möglicherweise Kurzschlüsse erleben, bei denen Sie Ihre Energiekanäle wieder aufbauen müssen, kann Ihr sexuelles Verlangen für den Rest Ihres Lebens erheblich schwanken. Sie treten oft in Wellen auf, wobei Ihre sexuelle Energie für eine kurze Zeit sehr stark ist und ein intensives Verlangen nach einer Befreiung mit sich bringt, gefolgt von einer längeren Periode, in der Sie im Gleichgewicht sind.

Betrachtet man jedoch den Verlauf Ihres gesamten Lebens nach der Erweckung der Kundalini, wird Ihre sexuelle Energie relativ ausgeglichen sein. Diese Schwankungen, von denen ich spreche, treten während etwa 20-30% dieser Zeit auf. Vergessen Sie nie, dass die Kundalini eine intelligente Energie ist, die uns nie mehr gibt, als wir bewältigen können.

Als ich Ihnen empfahl, nicht öfter als ein paar Mal pro Woche zu masturbieren oder Sex zu haben, bezog ich mich auf dieses Bedürfnis, das sich nach einer sexuellen Befreiung entwickeln kann. Es hat keinen Sinn, sich selbst zu quälen, auch wenn es nützlich ist, um Ihren Samen zu retten. Das verursacht Chaos in Ihrem Geist und ist kontraproduktiv für Ihr Wachstum.

Wenn Sie also eine Befreiung brauchen, tun Sie das ein- oder zweimal pro Woche, aber nur nachts vor dem Schlafengehen, wenn Sie masturbieren. Gewöhnen Sie sich daran, nicht wahllos mit Ihren sexuellen Befreiungen zu sein. Sie müssen die inneren Veränderungen in Ihrem Körper, der Ihr Laboratorium ist, wissenschaftlich angehen. Übernehmen Sie die Kontrolle über diesen Prozess, anstatt sich vom Prozess kontrollieren zu lassen.

Wenn Ihre sexuelle Energie erzeugt wird, spüren Sie, wie sie sich in Ihrem Unterleib im Swadhisthana Chakra aufbaut. Manchmal kann sie so stark werden, dass Sie hyperventilieren. Natürlich müssen Sie sich in dieser Zeit erlauben, eine ausgewogene sexuelle Aktivität in Ihrem Leben zu haben. Doch so stark diese sexuellen Triebe auch sein mögen, Sie müssen besonnen sein und dürfen sie nicht als Zeichen dafür nehmen, dass Sie sich in eine Nymphomanin verwandeln und frivol mit Ihren sexuellen Aktivitäten umgehen.

Es wird ein unglaubliches Hindernis für Ihren spirituellen Weg sein, wenn Sie nicht vorsichtig sind, mit wem Sie sexuelle Aktivitäten unternehmen. Abgesehen davon, dass Sie sich sexuell übertragbaren Krankheiten aussetzen, bringen Sie sich in eine Lage, in der Sie die Energien der Menschen, gute und schlechte, aufnehmen, indem Sie sexuelle Beziehungen mit ihnen haben.

Stattdessen rate ich Ihnen, sich einen festen Partner zu suchen, mit dem die Chemie stimmt, auch wenn es anfangs nur körperlich ist. Seien Sie transparent, was Ihre Absichten angeht, und führen Sie die Leute nicht an der Nase herum. Wenn Sie sich in eine Lage bringen, in der Sie schlechtes Karma anhäufen können, weil Sie mit jemandem zusammen sind, obwohl Sie nur eine sexuelle Erleichterung brauchen, sollten Sie lieber masturbieren, um sich abzureagieren.

Ich empfehle Sex der Masturbation vorzuziehen, da beim Sex Lebensenergie ausgetauscht wird, bei der Masturbation hingegen nicht. Sie werden feststellen, dass es einen Unterschied gibt, wie Sie sich nach dem Orgasmus bei beiden Aktivitäten fühlen. Bei der Masturbation sind Sie nach dem Orgasmus sehr ausgelaugt, während Sie sich beim Geschlechtsverkehr mit dem richtigen Partner danach erfüllt fühlen können. In beiden Fällen werden Sie einige Zeit brauchen, um Ihre sexuelle Energie wieder aufzubauen. Bei der Selbstbefriedigung haben Sie das Gefühl, dass Sie danach wesentlich mehr Zeit brauchen, um sich wieder zu regenerieren.

Ich habe erwähnt, dass Sie Ihren Samen nach der Erweckung der Kundalini so weit wie möglich aufbewahren müssen, aber bedenken Sie, dass ich mich in erster Linie auf die Zeitspanne bezogen habe, in der Sie Ihre Energiekanäle durch sexuelle Energie und Prana aufbauen. Ich erkenne an, dass ein gesundes Sexualleben und sexuelle Befreiung durch Selbstbefriedigung so natürlich sind wie unsere organischen Körper. Schließlich kann die sexuelle Energie so stark werden, dass man sich wie besessen fühlt, wenn man nichts dagegen unternimmt. Wie bei allen Dingen im Leben ist es jedoch der Schlüssel zum Erfolg, bewusst zu handeln und seine Handlungen zu kontrollieren. Hören Sie auf das, was Ihr Körper Ihnen mitteilt, und lassen Sie bei Bedarf etwas Druck ab. Gleichgewicht in Geist, Körper und Seele ist der wahre Weg des Eingeweihten des Lichts.

Es kann auch eine Phase in Ihrem Leben geben, in der Sie einen deutlich geringeren Sexualtrieb haben, und Ihr Verlangen nach Sex scheint nicht vorhanden zu sein. Seien Sie nicht beunruhigt, wenn dies geschieht; es ist ein normaler Teil des Prozesses. Stellen Sie sich also auf diese Phase ein. Sie dauert in der Regel nicht sehr lange. Sie ist jedoch ein Zeichen dafür, dass Sie sich mit sich selbst auseinandersetzen und Energie durch Nahrungsaufnahme auftanken sollten. Fühlen Sie sich nicht schuldig, wenn Sie Ihren Partner nicht mehr so befriedigen können wie früher, sondern lassen Sie ihn wissen, was los ist, und tun Sie, was Sie können, um sein Verständnis zu wecken. Wenn er das nicht tut und Ihnen deshalb Schuldgefühle einredet, müssen Sie Ihre Beziehung zu ihm überdenken.

SEXUELLE ANZIEHUNG

Alle Menschen wollen von anderen als attraktiv wahrgenommen werden, um eine Fülle von Liebe und Beziehungen zu haben. Den meisten Menschen ist jedoch nicht bewusst, dass sie die vollständige Kontrolle über diesen Prozess haben. Es gibt Gesetze, die den Prozess der Anziehung, insbesondere der sexuellen Anziehung, regeln, und diejenigen, die diese Gesetze bewusst kennen, können mit dem Einsatz ihrer Willenskraft Anziehungskraft bei anderen auslösen.

Ein Kundalini-Erweckter zum Beispiel wird nach vielen Jahren der persönlichen Transformation sehr attraktiv für andere Menschen. Das liegt daran, dass ihre Veränderungen in Geist, Körper und Seele ihre Denkweise und ihr Verhalten verändern, was sie für jeden, dem sie begegnen, auf natürliche Weise attraktiv macht. Infolgedessen fällt es diesen Menschen leichter, einen romantischen oder sexuellen Partner zu finden und neue Freunde in ihrem Leben zu finden.

Viele erwachte Menschen übersehen diese persönlichen Veränderungen und schreiben diese neu entdeckte Anziehungskraft dem Schicksal oder dem Zufall zu. In Wirklichkeit steckt eine unsichtbare Wissenschaft dahinter. Die Gesetze, die die sexuelle Anziehung zwischen Menschen betreffen, entsprechen den universellen Gesetzen, die die gesamte Schöpfung regieren. Die Schöpfung ist in gewissem Sinne vollkommen, und die Energie der Anziehung ist einer der Wege, auf denen sie versucht, so zu bleiben.

Was also ist sexuelle Anziehung? Sexuelle Anziehung lässt sich am besten so erklären, dass sie die Art und Weise ist, mit der die Natur unseren Genpool verbessert. Mit anderen Worten, die sexuelle Anziehung ist die Art und Weise, wie die Natur sicherstellt, dass sich die am weitesten entwickelten Menschen fortpflanzen und die Existenz unserer Rasse fortsetzen.

Die Natur befindet sich in einem ständigen Evolutionsprozess, und die Menschen, die mit diesem Gesetz in Einklang stehen und ihre Realität beherrschen, haben ihr latentes DNA-Potenzial aktiviert, um die beste Version ihrer selbst zu werden. Infolgedessen sind diese Menschen für andere attraktiv geworden, was es ihnen leichter macht, eine Partnerin zu finden und sich fortzupflanzen.

Auch wenn sexuelle Anziehungskraft ein natürlicher Ausdruck ist, können Sie die Eigenschaften dieser hochentwickelten Menschen, die in ihrem Leben Dominanz ausüben, erlernen, bis Sie es schaffen. Mit anderen Worten: Sie müssen nicht von Anfang an ein sexuell attraktiver Mensch sein, aber Sie können die Verhaltensweisen dieser Menschen lernen und diese Eigenschaften in Ihrem eigenen Leben nutzen, um für andere attraktiv zu sein.

Machen Sie sich klar, dass Anziehungskraft sowohl für Männer als auch für Frauen gilt. Sie können einen romantischen oder sexuellen Partner anziehen, aber auch neue Freunde, denn alle Menschen fühlen sich von Natur aus zu attraktiven Menschen hingezogen. Wir erkennen in attraktiven Menschen etwas Besonderes und wollen in ihrer Nähe sein. In Wirklichkeit ist das, was wir in diesen Menschen wahrnehmen, eine bessere Version von uns selbst.

DIE ERSTEN ZWEI MINUTEN EINES TREFFENS

Attraktive Menschen sind charismatisch, frei und ungehemmt, so wie wir es uns alle wünschen. Sie sind Anführer und keine Mitläufer und fordern jederzeit Aufmerksamkeit, auch wenn sie schweigen. Sie haben keine Angst, ihre Meinung zu sagen, sind mutig und durchsetzungsfähig. Sie sind willensstark und ruhig, selbst im Angesicht von Widrigkeiten.

Attraktive Menschen sind oft lustig und unterhaltsam, aber auch entspannt, ruhig und gelassen. Sie haben bestimmte Überzeugungen über sich selbst, die sie jederzeit aufrechterhalten. Diese Menschen tun alles ernsthaft und mit ganzem Herzen. Sie sind leidenschaftlich und leben das Leben in vollen Zügen, ohne es zu bereuen. Sie nehmen sich, was sie wollen, und entschuldigen sich nicht für ihr Handeln.

Auch wenn Sie einige der oben genannten Eigenschaften noch nicht aufweisen, sollten Sie nicht verzweifeln. Die Natur erlaubt es uns, uns jeden Moment neu zu gestalten, und Sie können ihre Gesetze nutzen, um eine attraktive Person zu werden. Das Wichtigste ist, dass Sie Ihre Energie darauf konzentrieren, für neue Menschen, die Sie treffen, attraktiv zu werden, denn die ersten zwei Minuten, in denen Sie eine neue Person treffen, sind die wichtigsten. Das heißt, wenn Sie in diesen ersten zwei Minuten bestimmte Qualitäten zeigen, haben Sie die Anziehungskraft der anderen Person geweckt.

Anziehung funktioniert auf zwei Arten. Wenn eine neue Person, die Sie treffen, dem anderen Geschlecht angehört (abhängig von der Polarität ihrer Seele), wird sie sexuelle Anziehung zu Ihnen empfinden. Wenn sie gleichgeschlechtlich ist, wird sie Ihr Freund bzw. Ihre Freundin sein wollen. In beiden Fällen, wenn Sie die Anziehung entfachen, werden Sie die Macht haben, diese Person in irgendeiner Weise zu einem Teil Ihres Lebens zu machen.

Die meisten Menschen wissen nicht, dass wir nur für uns selbst und für die Menschen, die uns kennen, wirklich sind. Mit anderen Worten: Fremde haben keine Ahnung, wer wir sind. Der erste Eindruck ist also entscheidend. Anziehungskraft hat viel mit dem Bild zu tun, das man von sich selbst hat, und damit, wie man dieses Bild manipulieren kann, um sich jemandem zu präsentieren, den man neu kennenlernt. Wenn Sie in diesen ersten zwei

Minuten ein Bild von sich selbst geschaffen haben, wird sich die andere Person entweder zu Ihnen hingezogen fühlen oder nicht.

Der wesentliche Faktor, den wir verstehen müssen, ist, dass wir die Macht haben, unser Bild von uns selbst durch unsere Willenskraft zu formen. Denken Sie daran, dass wir alle einen freien Willen haben und dass die Art und Weise, wie Sie Ihren freien Willen ausüben, sich auf die Anziehungskraft auswirkt, die Sie auf andere Menschen ausüben.

DIE PSYCHOLOGIE DER ANZIEHUNG

Wenn Sie attraktiv wirken wollen, sollten Sie sich darüber im Klaren sein, dass es nicht darauf ankommt, was Sie zu einer Person sagen, sondern wie Sie es sagen. Es sind nicht die Worte, sondern die Körpersprache und der Tonfall, die zählen. Um noch tiefer zu gehen: Es ist die innere Energie, mit der Sie mit einer Person sprechen, die Anziehung ausübt oder nicht.

Ihr Auftreten muss stets kühl sein, und Ihre Stimme muss energisch und fesselnd klingen und Macht und Dominanz zum Ausdruck bringen. Dies sind die Verhaltensmerkmale einer Alpha-Persönlichkeit. Alpha-Persönlichkeiten sind Meister ihrer Realität. Sie sind die geborenen Führer, die sich nehmen, was sie wollen. Ein Alpha zu sein ist ein Geisteszustand, der Stärke und Stille in den Emotionen ausstrahlt. Alphas lassen sich nicht durch äußere Umstände beeinflussen, es sei denn, sie wollen es. Ihre Realität wird nie beeinträchtigt, weil sie es einfach nicht zulassen. Sie haben das Sagen, und andere folgen ihnen.

Alphas sprechen nur, um von anderen gehört zu werden. Sie suchen weder nach Anerkennung, noch sprechen sie, um den Klang ihrer Stimme zu hören. Wenn Sie also mit jemandem sprechen, für den Sie attraktiv sein wollen, achten Sie darauf, dass das, was Sie sagen, fesselnd ist. Der Tonfall Ihrer Stimme und Ihre Absicht müssen kraftvoll sein, sonst langweilen Sie Ihr Gegenüber. Wenn zum Beispiel jemand gähnt, während Sie sprechen, haben Sie versagt. Was auch immer Sie sagen, Sie müssen direkt zur Seele Ihres Gegenübers sprechen.

Sie müssen lernen, die Barriere der Persönlichkeit und des Egos anderer Menschen zu durchbrechen. Um dies zu erreichen, sollten Sie Ihrem Gegenüber die ganze Zeit in die Augen schauen, während Sie selbstbewusst sprechen. Ihre Zielstrebigkeit muss so stark sein, dass sie auf andere hypnotisierend und hypnotisierend wirkt. Das andere Geschlecht sollte sich in Ihrer Energie verlieren.

Hochentwickelte Kundalini-Erweckte kommen von einem höheren Ort, wenn sie zu anderen sprechen. Da ihr Bewusstsein von der spirituellen Ebene aus agiert, sind sie mit ihrem Wahren Willen im Einklang, was ihre persönliche Macht erhöht. Als solche sind sie kraftvolle Kommunikatoren, die mit Absicht und Absicht sprechen. Die Menschen fühlen sich zu ihnen hingezogen, da ihre Energie inspirierend und erhebend ist.

Um eine von Natur aus attraktive Person zu werden, müssen Sie sich zu einer Person mit soliden Werten, Ethik und Moral entwickeln. Man muss sich selbst lieben und das Leben im Allgemeinen lieben. Wenn Sie sich selbst lieben und mit Ihrem Leben zufrieden sind, wenn Sie mit einer Person des anderen Geschlechts zusammen sind, werden Sie nie aus einer Position der Bedürftigkeit, sondern aus einer Position der Begierde kommen. Denken Sie einen Moment darüber nach. Wenn Sie etwas brauchen, bedeutet das, dass Ihnen etwas in Ihnen selbst fehlt. Diese Vorstellung ist bereits unattraktiv und bringt die andere Person in die Defensive.

Eine wirksame Methode, um sexuelle Anziehungskraft zu erzeugen und aufrechtzuerhalten, ist frech und witzig zu sein. Übermut wird definiert als "freches oder dreistes Selbstvertrauen". Wenn Sie in der Gegenwart anderer übermütig sind, werden Sie sofort auf ein hohes Podest gestellt, da Sie als jemand von hohem Wert erscheinen. Überheblichkeit kann jedoch sehr arrogant wirken, was unattraktiv ist, daher hilft es, eine ordentliche Portion Humor hinzuzufügen. Humor ist fantastisch, weil Sie sagen können, was Ihnen durch den Kopf geht, ohne dass Sie dabei verurteilt und hinterfragt werden.

Interessanterweise scheitert der Versuch, mit Logik und Vernunft Anziehungskraft aufzubauen, in den meisten Fällen. Denken Sie daran, dass Anziehung in keiner Weise logisch ist. Logik ist in der Tat das Gegenteil von Anziehung. Spielerisch zu sein, in Metaphern zu sprechen und unter allen Umständen indirekt zu sein, ist ein viel wirkungsvollerer Weg, um Anziehung zu erzeugen. Das Gespräch muss Spaß machen, sonst erzeugen Sie keine Anziehung.

Wenn Sie die Anziehungskraft einmal geweckt haben, besteht der Schlüssel zur Aufrechterhaltung dieser Anziehungskraft darin, ständig zu zeigen, dass Sie cool, lustig und selbstbewusst sind. Die Zeit, die man mit Ihnen verbringt, ist ein Geschenk für die andere Person, weil Sie eine Person von hohem Wert sind. Sie nehmen sich, was sie wollen, weil Sie es können, und das lässt die andere Person unbewusst wissen, dass Sie eine einflussreiche Person sind, die ihre Realität manifestiert. Sie wollen also nicht nur mit Ihnen zusammen sein, sie wollen Sie sein.

DIE BEDEUTUNG DER INNEREN ÜBERZEUGUNGEN

Man muss eine hohe und feste innere Überzeugung von sich selbst haben, was bedeutet, dass innere Arbeit unerlässlich ist, um das andere Geschlecht anzuziehen. Natürlich hilft es, gut auszusehen, in guter Form zu sein, sauber, rasiert und gut gekleidet zu sein und angenehm zu riechen. Aber selbst diese Dinge kommen erst an zweiter Stelle, wenn man selbstbewusst ist und an sich selbst glaubt. In meinen frühen 20ern habe ich von Dating-Gurus gelernt, dass das Aussehen 30 % der Anziehungskraft ausmacht, und die innere Arbeit, von der ich hier spreche, die anderen 70 %.

Wir sind es, die sich selbst einen Wert geben müssen. Wenn wir uns selbst nicht lieben und uns für unzulänglich halten, werden wir unsere Unsicherheit auf andere Menschen projizieren, und sie werden uns als solche wahrnehmen. Wenn wir glauben, dass wir außergewöhnlich und einzigartig sind, dann werden andere Menschen unbewusst auch daran glauben und die ganze Zeit um uns herum versuchen herauszufinden, warum wir so großartig sind. Dieses Geheimnis wird für sie sehr attraktiv sein.

In Wirklichkeit geht es bei der Anziehung um persönliche Macht. Wenn Sie versuchen, einer Person den Hof zu machen und für sie aus dem Weg gehen, sich selbst anflehen, dann kommunizieren Sie, dass Sie keine Person von hohem Wert sind, dass Ihre Zeit nicht wichtig ist und dass Sie wenig persönliche Macht haben. Wenn Sie bereit sind, einem Fremden freiwillig Ihre persönliche Macht zu geben, nur weil er körperlich attraktiv ist, dann teilen Sie ihm mit, dass Sie eine Person von geringem Wert sind, so einfach ist das. Damit stellen Sie sich selbst von vornherein auf Misserfolg ein. Vielleicht haben Sie Glück und sie wollen sich mit Ihnen verabreden, aber sie werden nur mit Ihnen zusammen sein, um Sie in irgendeiner Weise auszunutzen, da Sie ihnen von Anfang an vermittelt haben, dass Sie sich selbst nicht respektieren.

Unterbewusst haben die Menschen keinen Respekt vor Menschen, die sich selbst nicht respektieren. Respekt ist etwas Verdientes, nicht etwas Gegebenes. Liebe wird immer und gleichermaßen gegeben, aber Respekt muss man sich verdienen. Deshalb müssen Sie lernen, sich selbst zu lieben und zu respektieren. Wenn Sie das Gefühl haben, dass Sie sich selbst nicht so sehr lieben, wie Sie sollten, dann untersuchen Sie, warum das so ist. Wenn Sie in der Vergangenheit Traumata erlebt haben, die geheilt werden müssen, dann konzentrieren Sie sich darauf, diese Traumata zu überwinden, anstatt einen Partner zu finden. Bevor Sie eine gesunde Liebesbeziehung mit jemandem eingehen können, müssen Sie sich in einer guten Verfassung befinden. Und das beginnt damit, sich selbst zu lieben.

Menschen, die sich selbst lieben, haben einen Sinn in ihrem Leben. Ihr Ziel ist oft das Wichtigste für sie. Wenn Sie im Moment keinen wirklichen Sinn in Ihrem Leben haben, schlage ich vor, mehr Zeit damit zu verbringen, ihn zu finden oder zu entdecken. Erforschen Sie neue kreative Aktivitäten und lernen Sie neue Dinge über sich selbst. Scheuen Sie sich nicht, Ihr Leben zu verändern und neue Wege zu beschreiten. Brechen Sie aus Ihrer Komfortzone aus und tun Sie die Dinge, die Sie schon immer tun wollten. Die Suche nach Ihrer Bestimmung kann Ihnen ewige Freude und Glück bringen. Sie werden sich selbst und Ihr Leben lieben, was für andere Menschen sehr attraktiv ist. Außerdem werden Sie sich selbst besser kennenlernen, um die Teile Ihres Selbst zu meistern, an denen Sie arbeiten müssen.

Sie sind in jeder Hinsicht einzigartig und ein seltener Fund. Wenn Sie dies noch nicht an sich entdeckt haben, dann ist es an der Zeit, dies zu tun. Die Zeit, die Sie mit sich verbringen, ist etwas Besonderes, und andere Menschen sollten sich glücklich schätzen, dass Sie sich entscheiden, ihnen Ihre Zeit zu schenken. Wenn Sie sich selbst lieben, wird es Ihnen gleichgültig sein, ob Sie jemand Neues kennen lernen. Einen romantischen Partner oder einen neuen Freund zu finden, wird ein Bonus in Ihrem Leben sein und nicht eine Notwendigkeit. Gleichgültigkeit gegenüber dem Ergebnis einer Begegnung mit jemandem wird eine Art energetische Leere schaffen, die die andere Person zu füllen versucht. Dies wird Ihre Anziehungskraft nur noch verstärken.

Wenn Sie ein langweiliges Leben führen und einen romantischen Partner finden wollen, werden Sie es schwer haben. Jemandes ganzes Leben zu sein, bringt eine Menge Druck mit sich, etwas zu leisten und diese Person immer glücklich zu machen. Irgendwann geben die meisten Menschen auf und lassen eine solche Beziehung hinter sich. Sie müssen sich zuerst darauf konzentrieren, mit sich selbst im Reinen zu sein und sich selbst zu lieben, denn wenn Sie sich selbst nicht lieben, werden Sie Schwierigkeiten haben, jemanden zu finden, der Sie liebt und diese Leere in Ihnen ausfüllt.

Um ein Alpha zu sein, müssen Sie in den tiefsten Winkeln Ihrer Seele an diese Prinzipien glauben, anstatt sie als Taktik oder eine Form der Manipulation zu betrachten. Wenn Sie das so sehen, dann wird das andere Geschlecht Ihr Verhalten unweigerlich als eine Form der Manipulation empfinden, was unattraktiv ist. Menschen hassen es nämlich, wenn jemand versucht, sie zu manipulieren. Stattdessen mögen sie Transparenz, selbst wenn es etwas so Direktes ist wie "Ich würde gerne mit dir schlafen".

Wenn Sie den Wunsch haben, an sich selbst zu arbeiten, Ihnen aber die Methode der Annäherung fehlt, dann kann mein erstes Buch Ihnen dabei helfen. *The Magus* soll Ihnen helfen, Ihr höchstes Potenzial als spiritueller Mensch zu erreichen, was Sie für andere Menschen sehr attraktiv macht. Sie müssen Ihren Wahren Willen im Leben lernen und sich mit Ihrem Höheren Selbst verbinden. Wenn Ihre Bewusstseinsschwingung hoch ist, werden Ihre Gedanken und Emotionen beeinflusst, was sich wiederum auf Ihr Verhalten gegenüber anderen auswirkt. Wenn Sie Herr über Ihre Realität werden, werden Sie in Ihrem Leben Fülle finden, einschließlich aller romantischen Beziehungen und Freundschaften, die Sie sich wünschen.

Kundalini-Erweckte, die ein hohes Bewusstseinsniveau erreicht haben, sind von dieser Welt der Materie befreit. Ihre Fähigkeit, Spaß zu haben, ist viel höher als bei Menschen, die das Leben zu ernst nehmen. Wir alle wollen Freude und Spaß in unserem Leben haben. Deshalb werden Sie umso mehr Erfolg haben, je mehr Sie das Treffen mit neuen Menschen als eine lustige Aktivität betrachten können.

Die Idee, sich mit dem anderen Geschlecht zu amüsieren und dieses Spiel zu spielen, um Anziehung zu erzeugen, ist eine Manifestation der Kanalisierung Ihrer Liebesenergie. Wenn Sie versuchen, jemanden anzuziehen, anstatt ihn zu manipulieren, werden Ihre Handlungen keine karmischen Konsequenzen haben, solange er keinen romantischen Partner hat. Stattdessen schaffen Sie gutes Karma für sich selbst, wenn Sie eine unterhaltsame Unterhaltung schaffen, an der sich jemand, den Sie treffen, gerne beteiligen möchte. Dies wird Ihr Leben bereichern, denn indem Sie Anziehungskraft erzeugen und aufrechterhalten, lassen Sie die Liebesenergie mit der anderen Person hin- und herprallen und bauen sie auf. Wenn Sie Ihr Leben mit mehr Liebesenergie füllen, bringt Sie das auf Ihrer spirituellen Reise weiter voran.

EIN SPIRITUELLER KÄMPFER WERDEN

Da die spirituelle Reise eine Menge Karma abwirft, müssen Sie sich zu einem spirituellen Krieger entwickeln. Sie müssen lernen, hart zu sein und Herausforderungen frontal anzunehmen, anstatt vor ihnen wegzulaufen. Wenn Sie das nicht tun, werden Sie von den fünf Elementen Ihres Wesens zerrissen. Die Teile von Ihnen, die Sie besiegen müssen, werden Sie stattdessen überwältigen.

Wie Sie bisher gelernt haben, ist spirituelle Evolution nicht nur Spaß und Spiel; es gibt Zeiten, in denen Sie sich in Ihrer eigenen Haut sehr unwohl fühlen werden. Das Konzept, sich zu einem spirituellen Krieger zu entwickeln, ist von so großer Bedeutung, besonders während eines Kundalini-Transformationsprozesses. Erinnern Sie sich daran, dass bei einer Metamorphose etwas Altes sterben muss, damit das Neue seinen Platz einnehmen kann. Die Art und Weise, wie Sie sich in schmerzhaften Phasen verhalten, wird den Unterschied in Ihrem Leben ausmachen.

Die dunkle Nacht der Seele ist nicht eine einzige Nacht geistiger und emotionaler Qualen, sondern kann mehrmals im Leben auftreten und Wochen oder sogar Monate andauern. Die Transformation erfordert, dass Sie angesichts der Widrigkeiten stark sind. Obwohl unsere Gesellschaft oft betont, dass die Erleuchtung eine angenehme Erfahrung ist, sprechen nicht sehr viele Menschen über die negativen Aspekte des Erreichens dieses Ziels und die Herausforderungen auf dem Weg dorthin.

Das Kundalini-Erwachen ist ein Erwachen zur Dimension der Schwingung. Das bedeutet, dass Sie sich nicht länger vor den Energien verstecken und nur an den positiven Energien teilhaben können, während Sie die negativen ausschließen, wie es die meisten Menschen tun. Stattdessen werden Sie ein Teil der positiven und negativen Energien, was ihre Auswirkungen auf Ihre Gedanken und Gefühle betrifft.

Die meisten unerweckten Menschen können wählen, sich nicht mit mentalen und emotionalen Problemen auseinanderzusetzen, wenn sie auftauchen. Sie können sich dafür entscheiden, Negativität zu ignorieren und sie im Unterbewusstsein zu verschließen, das wie ein Tresor mit all dem mentalen "Zeug" ist, mit dem man sich nicht auseinandersetzen will, wie z.B. traumatische Erinnerungen, die man zu ignorieren beschließt. Aber bei einem vollständigen Kundalini-Erwachen öffnet sich dieser Tresor dauerhaft wie die Büchse der

Pandora. Alles, was jemals ein Thema in Ihrem Leben war, einschließlich unterdrückter und verdrängter Emotionen und Gedanken, muss bearbeitet und überwunden werden.

Zum Beispiel haben traumatische Erinnerungen, die Ihr Funktionieren in der Welt verändert haben, die Form von persönlichen Dämonen angenommen, die nun als karmische Energie in Ihren Chakren eingebettet sind und neutralisiert werden müssen. Da jedes Chakra gleichbedeutend mit einem der fünf Elemente ist, habe ich dies gemeint, als ich sagte, dass Sie die Elemente überwinden müssen, anstatt zuzulassen, dass sie Sie überwältigen. Die Energie der Elemente muss gereinigt, geläutert und gemeistert werden, damit die Schwingung Ihres Bewusstseins ungehindert zu einer höheren Frequenz aufsteigen können, ohne von niederen Energien behindert zu werden.

UMGANG MIT POSITIVEN UND NEGATIVEN ENERGIEN

Als Menschen sind wir von Natur aus von positiver Energie beseelt. Wir können scheinbar nicht genug davon bekommen. Wir nehmen sie auf, erleben sie, genießen sie und wollen mehr davon. Und so haben wir unser Leben so strukturiert, dass wir positive Energie empfangen können, während wir negative Energie meiden.

Positive Energie gibt es in vielen Formen. Liebe, Freude und Glück sind nur einige davon, aber es gibt noch viele weitere wie Aufregung und inneren Frieden. Negative Energie hingegen tritt in Form von Konflikten auf. Dazu gehören fast immer Nervosität, Angst und andere Ausprägungen von Angstenergie.

Angst ist ein wesentlicher Baustein des Lebens, und Sie müssen lernen, sie zu nutzen und nicht von ihr benutzt zu werden. Wir sind darauf programmiert, vor ängstlichen Situationen so weit wie möglich davonzulaufen, da unser Körper in Alarmbereitschaft ist und uns signalisiert, dass wir in Gefahr sind. Wenn Sie jedoch vor der Angst weglaufen, berauben Sie sich selbst der Möglichkeit, zu wachsen. Wenn Sie sich hingegen auf die Angst einlassen, können Sie etwas Neues über sich selbst lernen, das Sie auf Ihrer spirituellen Entwicklungsreise weiterbringt.

Als Kundalini-Eingeweihter werden Sie bald lernen, dass Sie im Leben zwei Möglichkeiten haben. Entweder Sie bleiben Teil der Gesellschaft und lernen, mit der Negativität und den Herausforderungen zu leben, die das tägliche Leben mit sich bringen kann, oder Sie verlassen Ihre Gemeinschaft ganz. In letzterem Fall würden Sie Ihre materiellen Besitztümer und die Beziehungen zu den Menschen in Ihrem Leben aufgeben und irgendwo in einem Tempel oder Ashram leben und Ihr Leben ganz dem spirituellen Wachstum widmen.

In den meisten Fällen entscheiden sich die Menschen jedoch dafür, in der Gesellschaft zu bleiben und an den Spielen des Lebens teilzunehmen. Wenn Sie das tun, so wie ich und zahllose andere vor mir, müssen Sie sich zu einem spirituellen Krieger entwickeln, damit Sie mit der Furcht und Angst umgehen können, die negative Energie mit sich bringt. Sie müssen lernen, Ihre spirituelle Rüstung anzulegen und Ihr metaphorisches Schild und

Schwert (Abbildung 160) in die Hand zu nehmen, um sich zu verteidigen und gleichzeitig zu lernen, anzugreifen. Sie werden beides brauchen, um den Kampf zu gewinnen.

Abbildung 160: Ein Spiritueller Krieger werden

Ihr Schild ist die bedingungslose Liebe in Ihrem Herzen (Wasserelement), die es mit allem aufnehmen kann, während Ihr Schwert Ihre Willenskraft (Feuerelement) ist, die alle Illusionen durchschneidet, um zur Wahrheit zu gelangen. Ihre Willenskraft hat keine Angst vor Widrigkeiten; sie begrüßt sie, weil sie weiß, dass sie eine Gelegenheit zum Wachstum ist. Denken Sie daran, dass es zwar schwieriger ist, sich in die normale Gesellschaft einzugliedern, als vor ihr wegzulaufen und sich in der Isolation zu entwickeln, dass es aber viel lohnender ist.

In ihrem passiven Zustand wirkt die Kundalini durch das Element Wasser, ausgedrückt durch die weibliche Ida Nadi. Unser Bewusstsein empfängt Energien aus der

Außenwelt, die durch das geistige Auge wahrgenommen und als Emotionen erlebt werden. Als Kundalini-Erweckter bringt die bloße Anwesenheit bei anderen Menschen Negativität mit sich, da man als Empath intuitiv die Dunkelheit der Seelen der Menschen spürt. Aber wenn Sie daran arbeiten, sich zu einem spirituellen Krieger zu entwickeln, werden Sie die Herausforderung annehmen, sich in die moderne Gesellschaft einzufügen und dort zu funktionieren.

In den meisten Fällen ist das, was uns an anderen Menschen stört, das, was wir selbst in uns tragen. Wenn Sie sich also zu einem spirituellen Krieger entwickeln und diese Dinge überwinden, werden Sie feststellen, dass Sie diese Dinge nicht mehr in anderen sehen, zumindest nicht in einer Weise, dass Sie nicht mit ihnen zusammen sein können. Auf diese Weise kann die Negativität anderer Menschen eine Bereicherung für Sie und ein Katalysator für Ihr Wachstum sein.

AUFBAU VON WILLENSKRAFT

Sie müssen Ihre Willenskraft mit Hilfe des Feueraspekts der Kundalini-Energie aufbauen, die durch die Pingala Nadi kanalisiert wird. Natürlich hilft es, wenn Sie bereits jemand sind, der mit Menschen und schwierigen Situationen mit einer gewissen Leichtigkeit umgeht. Wenn Sie jedoch die Negativität der Menschen in Echtzeit spüren können, ist das eine viel schwierigere Situation, die ihre eigene Lernkurve hat, besonders am Anfang Ihrer Transformationsreise, wenn Ihre Emotionen Vorrang haben. Auf jeden Fall müssen alle Eingeweihten ihre Reise zum Spirituellen Krieger damit beginnen, dass sie lernen, die negative Energie zu neutralisieren, die die Ereignisse des Lebens und die Menschen um sie herum mit sich bringen können.

Willenskraft ist wie ein Muskel, und man muss sie auch so behandeln. Wenn Sie diesen Muskel täglich trainieren, wird er stärker und leistungsfähiger. Das Fundament Ihrer Willenskraft wächst mit der Zeit, und es wird schwieriger, sich durch negative Erfahrungen und äußere Einflüsse vom Kurs abbringen zu lassen. Feuer (Willenskraft) dominiert immer über Wasser (Emotionen), wenn es richtig eingesetzt wird. Es ist wichtig, dieses Konzept zu verstehen. Energie ist eine blinde Kraft, ebenso wie Emotionen. Energie ist passiv und wird innerhalb der Aura als Gefühl erlebt. Sie können dieses Gefühl mit der richtigen Anwendung von Willenskraft manipulieren.

Anfangs werden Sie sich von Ihren Emotionen treiben lassen wie ein Passagier auf einem Boot auf See. Aber mit täglicher Übung werden Sie Ihre Angst und Furcht überwinden und in der Lage sein, Ihre Dämonen konstruktiv zu nutzen, anstatt ihnen zu erlauben, Sie zu beherrschen. Es ist nicht leicht, dies im Selbst zu meistern, und es ist vielleicht die größte Herausforderung für jeden Kundalini-Eingeweihten. Aber es kann erreicht werden. Und das muss es auch, wenn Sie Ihr spirituelles Potenzial maximieren wollen.

Sie haben jetzt eine unglaubliche Kraft in sich, aber Sie müssen lernen, sie zu zähmen und sie produktiv in Ihrem Leben einzusetzen. Sie müssen Ihre Ängste und Dämonen überwinden, indem Sie Ihr Unteres Selbst, das Ego, besiegen. Nur dann können Sie spirituell auferstehen und Ihr Bewusstsein mit Ihrem Höheren Selbst in Einklang bringen.

ÄNDERN SIE IHRE STIMMUNG, ÄNDERN SIE IHREN ZUSTAND

Wie Sie Ihren Verstand einsetzen und welche Art und Qualität von Gedanken Sie wählen, um sich zuzuhören, wird über Ihren Erfolg bei diesem Unterfangen entscheiden. Ihre negativen Emotionen werden Sie entweder überwältigen oder Sie werden sie neutralisieren; das sind die beiden Möglichkeiten, die Sie haben. Wenn Sie also einen negativen Gefühlszustand erleben, ist es wichtig, ihn wie blinde Energie zu behandeln, die durch den Einsatz Ihrer Willenskraft gebändigt werden kann. Wenden Sie dazu das Kybalion-Prinzip des mentalen Geschlechts an und konzentrieren Sie sich auf den entgegengesetzten Pol der Emotion, die Sie in sich selbst zu verändern versuchen. Dadurch können Sie die Schwingung der Emotion verändern und sie von einem negativen in einen positiven Pol verwandeln.

Diese Methode wird "Mentale Transmutation" genannt und ist eine sehr mächtige Technik, um die Kontrolle über Ihre Realität zu übernehmen und nicht Sklave Ihrer Emotionen zu sein. Ich habe dieses Prinzip mein ganzes Leben lang angewandt, und es war einer der wichtigsten Schlüssel zu meinem Erfolg bei der mentalen Beherrschung. Die Funktionsweise ist einfach: Wenn Sie Angst empfinden, konzentrieren Sie sich auf Mut; wenn Sie voller Hass sind und Liebe hervorrufen wollen, konzentrieren Sie sich stattdessen auf die Liebe. Und so weiter mit verschiedenen Ausdrücken entgegengesetzter Emotionen.

Lernen Sie, positiv zu sich selbst zu sprechen, anstatt sich selbst zu entmutigen. Sagen Sie nicht, dass Sie etwas nicht können, sondern sagen Sie sich, dass Sie es können. Lassen Sie sich niemals unterkriegen und geben Sie sich nicht geschlagen. Konzentrieren Sie sich stattdessen auf die positiven Aspekte einer Situation, z. B. auf eine Lektion, die Ihnen hilft, als Mensch zu wachsen. Halten Sie sich nicht mit Ihren negativen Gefühlen oder Gedanken auf, sondern seien Sie proaktiv und konzentrieren Sie sich willentlich und bereitwillig darauf, das Gegenteil zu kultivieren. Es ist hilfreich, sich an ein Ereignis in Ihrem Leben zu erinnern, bei dem Sie die positive Emotion, die Sie in sich hervorrufen wollen, gespürt haben. Wenn Sie die Erinnerung daran im Gedächtnis behalten, wird sie sich auf das negative Gefühl auswirken und es in ein positives verwandeln. Um Ihre Stimmung zu ändern, müssen Sie Ihren Zustand ändern. Vergessen Sie das nie. Scheitern ist eine Wahl.

Eine weitere Methode zur Überwindung negativer Emotionen besteht darin, Ihren Geist in einen aktiven Zustand zu versetzen, indem Sie sich mit einer inspirierenden Tätigkeit beschäftigen. Denken Sie daran: Um inspiriert zu sein, müssen Sie im Geist sein. Ein inspirierender Akt bedeutet, mit der Energie des Geistes in Einklang zu sein, was sich positiv auf Ihr Bewusstsein auswirkt. Um inspiriert zu werden, können Sie sich auch körperlich betätigen, um die negative Emotion zu transformieren, indem Sie das Feuerelement im Körper erhöhen.

Eine andere Methode, im Geist zu sein, besteht darin, sich direkt auf den Geist einzustimmen, den Körper zu umgehen und sich mit einer kreativen Tätigkeit zu beschäftigen, die sowohl das Feuerelement als auch die Vorstellungskraft (Luftelement) mit einbezieht und die Energie langsam von negativ auf positiv umstellt. Kreatives Schaffen bedeutet, sich auf die Positivität in sich selbst einzustimmen, da man zum Schaffen Liebesenergie braucht. Einige körperliche Aktivitäten, die für den Aufbau von Willenskraft wichtig sind, sind Gehen, Laufen, Yoga (Asanas), Sport oder Tanzen. Zu den kreativen Aktivitäten gehören Malen, Singen und Schreiben.

Die Willenskraft aufzubauen ist keine leichte Aufgabe, und es dauert viele Jahre, um nach der Erweckung der Kundalini Angst und Furcht zu überwinden. Aber wenn Sie sich anstrengen und täglich kleine Schritte machen, um diese Aufgabe zu bewältigen, werden Sie sich zu einem wahren spirituellen Krieger entwickeln, der mit allen Lebenssituationen entspannt und ruhig umgehen kann. Indem Sie auf dieses Ziel hinarbeiten, wird sich die Liebesenergie, die SIe in Ihrem Herzen tragen, ausdehnen, bis sie Sie überwältigt und sich ganz übernehmen. Die Liebe ist der Schlüssel zu diesem Prozess; die Liebe zu sich selbst und die Liebe zu anderen Menschen.

DIE MACHT DER LIEBE

Liebe wandelt jede negativ geladene Emotion oder jeden Gedanken in eine positive um. Das Schaffen und die Nutzung Ihrer Vorstellungskraft ist ebenfalls ein Akt der Liebe. Die Liebesenergie treibt den kreativen Prozess an, der notwendig ist, um alternative Wahrnehmungsmöglichkeiten für den Inhalt des Verstandes zu finden. Positive Gedanken und Gefühle können nur durch Liebe hervorgerufen werden. Wenn Sie die Energie der Liebe auf ein negatives, auf Angst basierendes Gefühl oder einen Gedanken anwenden, verändern Sie dessen Form und Substanz. Die Liebe wirkt wie eine Kraft der Verschmelzung zwischen zwei gegensätzlichen Ideen und neutralisiert und beseitigt die Angst, die treibende Kraft hinter allen negativen Gedanken.

Im Kronenchakra ist dieser Prozess freiwillig und kontinuierlich. Daher wird das Kronenchakra als das ultimative Bewusstsein und Frei vom Ego betrachtet. Angst existiert nur auf der mentalen Ebene, wo Dualität auftritt. Sie ist vergleichbar mit dem Akronym aus dem englischen Wort FEAR (dt. Angst): "False Evidence Appearing Real" (dt. "falsche Indizien erscheinen real"). Mit anderen Worten: Angst resultiert aus einem Mangel an Verständnis oder einer falschen Interpretation von Ereignissen.

Der einzige Weg, ein Ereignis zu interpretieren, ist durch Liebe. Mangel an Liebe erzeugt Angst, die Karma erzeugt, da Karma als Schutz für die spirituelle Ebene existiert. Karma ist das Ergebnis von Erinnerungen an Ereignisse, die aufgrund mangelnden Verständnisses falsch interpretiert wurden, wodurch eine Spaltung zwischen dem Selbst und dem Rest der Welt entsteht. Diese Trennung erzeugt Angst. Nimmt man jedoch die Angst weg, bleibt die Einheit, die den Glauben hervorbringt. Durch den Glauben werdet ihr die Liebe finden, die das höchste menschliche Verständnis ist.

Indem Sie lernen, mit bedingungsloser Liebe zu arbeiten, vergeistigen Sie das Herz-Chakra, was Ihrem Bewusstsein erlaubt, sich in die spirituelle Ebene zu erheben, um die drei höheren Chakren Vishuddhi, Ajna und Sahasrara zu erfahren. Dieser Zustand erzeugt eine Verzückung im Herzen und manifestiert das Himmelreich, von dem Jesus Christus gesprochen hat. Wenn Sie diesen Zustand erreicht haben, sitzen Sie zur Rechten Gottes und sind metaphorisch gesprochen ein König oder eine Königin im Himmel.

Dies ist die esoterische Interpretation der Lehren von Jesus Christus. Es ist kein Zufall, dass er immer symbolisch mit einem brennenden Herzen und einem Heiligenschein um seinen Kopf dargestellt wurde. Jesus vollendete den Kundalini-Erweckungsprozess und kam, um anderen davon zu erzählen, obwohl er seine Lehren in kryptischen Gleichnissen vermittelte, so dass nur die Würdigen sie verstehen konnten. Jesus wusste, dass er niemals "Perlen vor die Säue" werfen würde, was in den alten Tagen die traditionelle Methode war, spirituelle und esoterische Lehren weiterzugeben. Wie *das Kybalion* sagt: "Die Lippen der Weisheit sind verschlossen, außer für die Ohren des Verstandes".

In diesem Universum entwickeln sich alle Dinge und kehren zu dem Ort zurück, an dem sie entstanden sind. Da unser Universum von der Liebe erschaffen wurde und alles ein Aspekt von ihr ist, ist die Liebe auch der vereinigende Faktor in allen Dingen und ihrem Endprodukt. Indem Sie eine liebevolle Haltung in Ihrem Herzen aufrechterhalten, bringen Sie andere Teile Ihres Verstandes zum Schweigen, die Chaos und Ungleichgewicht erzeugen. Die Liebe bringt das Ego zum Schweigen und zentriert Sie so, dass Sie mit Ihrer Seele und Ihrem Höheren Selbst in Kontakt kommen. Wegen ihrer Transformationskraft wird die Liebe symbolisch als Feuer dargestellt, denn das Feuerelement weiht und reinigt alle Dinge und bringt sie in ihren ursprünglichen, reinen Zustand zurück.

Ebenso beugen sich alle Dinge aufgrund ihrer universellen Kraft der Liebe. Das bedeutet, dass andere Menschen auf jede Handlung, die mit Liebe verbunden ist, in gleicher Weise reagieren werden. Die Liebe verlangt Respekt. Sie spricht die Wahrheit aus und zwingt andere, das Gleiche zu tun. Die Liebe ist das Gesetz des Universums, vor allem, wenn sie bewusst angewandt wird. Als solche muss die Liebe unter der Herrschaft des Willens stehen.

Wenn alle Menschen ihre Kundalini-Energie erwecken würden, bräuchte es keine Regierungen und keine Polizei. Es würde die höheren Tugenden der Menschen aktivieren, und da die Liebe die leitende Kraft hinter all ihren Handlungen wäre, würden Probleme zwischen den Menschen aufhören zu existieren. Kämpfe und Spaltungen würden aufhören, und die Welt würde sich selbst ausgleichen. Es ist kein Wunder, dass alle spirituellen Menschen sagen, dass die höchste Manifestation Gottes auf unserer Daseinsebene die Liebe ist.

Denken Sie an die vielen Fälle in der Vergangenheit, in denen einem berühmten Dichter, Musiker oder Künstler das Herz "gebrochen" wurde. In ihren verletzten Gefühlen wandten sie sich der kreativen Tätigkeit zu, die sie meisterhaft beherrschten. Auf diese Weise haben sie sich selbst geheilt. Die Liebe ist der ultimative Heiler von allem Schmerz und Leid. Und Feuer ist das absolut transformative Element, das dazu dient, die negative Energie von Furcht und Angst in reine Liebe zu verwandeln.

LIEBE UND DAS PRINZIP DER POLARITÄT

Um zu verstehen, wie Energie psychologisch funktioniert, muss man das Konzept eines dunklen Raumes verstehen und was passiert, wenn man Licht hineinlässt. Man kann eine Ewigkeit damit verbringen, sich auf die Dunkelheit zu konzentrieren und versuchen, sie aus dem Raum zu vertreiben, oder man kann einfach ein Fenster öffnen, um das Licht hereinzulassen.

Die Idee hinter dieser Metapher ist, sich auf das Gegenteil dessen zu konzentrieren, was man in sich selbst zu überwinden versucht. Dazu müssen Sie das hermetische Prinzip der Polarität anwenden, das in allen Dingen vorhanden ist. Es besagt, dass alles in der Natur dual ist und zwei Pole oder Extreme hat, die unterschiedlich stark ausgeprägt sind, aber aus der gleichen Substanz bestehen. Dieses Prinzip besagt, dass alle Wahrheiten Halbwahrheiten sind und dass alle Paradoxien miteinander in Einklang gebracht werden können.

Ihr werdet feststellen, dass die Liebesenergie in einer ihrer verschiedenen Formen das Gegenteil von jedem negativen Gedanken oder jeder negativen Idee ist, die euch im Leben begegnet. Wenn jemand zum Beispiel lügt, hat er sich dem Selbsthass zugewandt, und wenn er Liebe auf diese Gleichung anwendet, wird er die Wahrheit sagen. Die Wahrheit zu sagen bedeutet, sich selbst und andere zu lieben. Die Wahrheit ist ein Aspekt der Liebe. Wenn jemand wütend und gewalttätig ist, muss er einen Aspekt der Liebe anwenden und Mäßigung üben, was ihm Demut verleiht, und im Gegenzug wird er seinen Ärger überwinden. Wenn jemand gierig ist, muss er die Liebesenergie nutzen und sie anwenden, um wohltätig zu werden und anderen das zu geben, was er sich selbst gibt.

Die Vorstellung von den sieben Todsünden - Lust, Völlerei, Gier, Trägheit, Zorn, Neid und Stolz - liegt den meisten negativen Gedanken, Gefühlen und Überzeugungen zugrunde. Die Anwendung von Liebesenergie verwandelt diese negativen Zustände in positive, nämlich Keuschheit, Mäßigung, Nächstenliebe, Fleiß, Geduld, Freundlichkeit und Demut.

Angst ist das Gegenteil von Liebe, und die sieben Todsünden beruhen auf verschiedenen Aspekten oder Erscheinungsformen der Angst. In den meisten Fällen ist es die Angst-Energie, die durch den Überlebensinstinkt motiviert ist, wodurch sich die Person vom Rest der Welt abgrenzt und sich psychologisch individualisiert und isoliert. Das Konzept besteht darin, für sich selbst zu sorgen, aber im Falle der sieben Todsünden geschieht dies ohne Rücksicht auf andere Menschen.

Sich selbst über andere Menschen zu stellen und sie zu missachten, schafft einen Mangel an Gleichheit und Gleichgewicht. Dies ist ein Akt der Selbstliebe, statt der universellen Liebe, die uns befreit. Wenn Sie aus Selbstliebe handeln, handeln Sie aus dem Ego heraus. Wenn Sie aus dem Ego heraus handeln, isolieren Sie sich vom Rest der Welt und nehmen den Kanal der Liebe weg, der notwendig ist, um wirklich glücklich, freudig und zufrieden mit sich selbst und Ihrem Leben zu sein.

DAS EGO UND DAS HÖHERE SELBST

Es ist eine Herausforderung, zwischen dem Ego und dem Höheren Selbst zu unterscheiden, vor allem, wenn man sich in einem Konflikt mit jemandem befindet und es heiß hergeht. Ich stelle mir immer gerne die folgenden Fragen, bevor ich auf einen Streit eingehe: "Wie wirkt sich das, was ich gleich sagen oder tun werde, auf das große Ganze aus? Positiv oder negativ? Wird es der Situation helfen oder schaden?" Mit anderen Worten: "Wird die Situation gelöst oder wird sie noch komplizierter"? Wenn das, was ich sagen oder tun werde, nur mir selbst hilft, während es anderen schadet, was oft eine instinktive Reaktion ist, kommt es vom Ego. Wenn es sich hingegen positiv auf eine Situation auswirkt und sie möglicherweise löst, auch wenn es meinen Stolz verletzt, dann kommt es vom Höheren Selbst, und ich sollte damit fortfahren.

Das Universum macht die Formel sehr einfach. Wenn unsere Handlungen oder Äußerungen im Leben eine positive Veränderung im Leben anderer Menschen bewirken, wird das Prinzip der Liebe aktiviert, und wir werden die Einheit erlangen. Selbstlose Handlungen sind für unsere spirituelle Entwicklung am günstigsten, da sie positives Karma erzeugen und gleichzeitig Glückseligkeit bewirken. Selbstsüchtige Handlungen, die nur darauf ausgerichtet sind, sich um die eigenen Bedürfnisse und Wünsche zu kümmern, ohne Rücksicht auf andere Menschen, binden negative karmische Energie an die eigene Aura und das Ego weiter an das eigene Bewusstsein. Selbstsüchtig zu sein in Wort oder Tat bringt immer giftige Früchte hervor, die die Illusion des Ichs noch größer machen. Denken Sie daran, dass der größte Betrug, den das Ego begangen hat, darin besteht, Sie glauben zu lassen, es sei Sie selbst. Fallen Sie also nicht darauf herein.

Je mehr Sie anderen helfen und je weniger Sie sich auf sich selbst konzentrieren, desto mehr Liebe und Einheit werden Sie mit allen Dingen empfinden. Dies ist jedoch nicht nur verwirrend für das Ego, sondern auch kontraintuitiv. Daher wird das Ego immer versuchen, Sie in die entgegengesetzte Richtung zu lenken. Wenn Sie jedoch mit einer Handlung oder Äußerung fortfahren, die das Prinzip der Liebe auslöst, werden Sie sich mit Ihrem Höheren Selbst in Einklang bringen und Glückseligkeit erfahren, auch wenn das Ego dadurch beeinträchtigt wird. In vielen Fällen müssen Sie allerdings erst daran glauben, bevor Sie es sehen, denn das Ego ist von Natur aus ungläubig, weshalb es das große Ganze nicht sehen kann.

Um Ihrer spirituellen Entwicklung wirklich Priorität einzuräumen, müssen Sie anfangen, die volle Verantwortung für Ihre Handlungen zu übernehmen, einschließlich der Konflikte in Ihrem Leben. Hören Sie auf, anderen die Schuld zu geben, sondern verstehen Sie, dass "zwei zum Tango" gehören. Wenn Sie sich als Erster entschuldigen, macht Sie das nicht schwach, sondern zeigt, dass Sie die Verantwortung für Ihren Anteil an dem Konflikt übernehmen. Unterbewusst lässt dies die andere Person wissen, dass sie das Gleiche tun muss.

Wenn Sie sich dagegen weiterhin verteidigen, wird sich die andere Person revanchieren, und nichts wird gelöst werden. Der Konflikt wird weiter eskalieren, wodurch Ihre Liebesenergie mit dieser Person unterbrochen bleibt und sogar Ihre Beziehung gefährdet wird. Menschen neigen dazu, das Verhalten des anderen zu spiegeln, besonders in Konfliktsituationen. Seien Sie daher vorsichtig mit Ihren Handlungen und Äußerungen, denn was Sie hineinstecken, bekommen Sie auch zurück.

Indem Sie sich zu einem spirituellen Krieger, einem Abgesandten Gottes, des Schöpfers, entwickeln, arbeiten Sie daran, Ihre Fähigkeit zu bedingungsloser Liebe zu erweitern. Zuerst müssen Sie lernen, sich selbst, Ihr Höheres Selbst, zu lieben und zu respektieren, und dann das gleiche Maß an Liebe auf andere Menschen anwenden. Indem Sie anderen Menschen Liebe entgegenbringen, bringen Sie Ihrem Höheren Selbst Liebe entgegen, und umgekehrt. Sie müssen Ihren Charakter und Ihre Persönlichkeit umgestalten, indem Sie eine Ethik und Moral entwickeln, die Einheit statt Trennung anstrebt. Indem Sie dies tun, werden Sie sich von Ihrem Ego distanzieren und eine vollständige Umwandlung von Geist, Körper und Seele ermöglichen, die Ihrem Leben ewiges Glück bringen kann.

MITGESTALTER IHRER REALITÄT SEIN

Viele Menschen erleben nach einer Kundalini-Erweckung enorme Herausforderungen auf der mentalen und emotionalen Ebene. Nach dem Einströmen der Lichtenergie und der Einstimmung auf die Schwingungsdimension kann man sich nicht mehr von der Außenwelt abschotten, sondern sein Bewusstsein ist rund um die Uhr für sie geöffnet. Wenn dies geschieht, kann der Einzelne die Kundalini-Energie als etwas Fremdes wahrnehmen, das kein Teil von ihm ist, das aber sein Leben kontrolliert. Viele Erwachte sagen zum Beispiel, dass sie sich von dieser Energie besessen fühlen und dass eine vollständige Hingabe an sie die richtige Antwort ist. Die Kundalini-Energie ist jedoch passiv, da es sich um die weibliche Energie der Göttin Shakti handelt. Diese Lebensenergie verlangt von uns, dass wir aktiv am Schöpfungsprozess teilnehmen, denn alle passiven Energien brauchen einen Katalysator, der sie in Bewegung setzt.

Das Herz ist das motivierende Prinzip, der erste Impuls, der seinen Anstoß von der Willenskraft, dem Feuer der Seele, erhält. Wenn die Willenskraft kontinuierlich eingesetzt wird, versorgt sie das Herz mit Energie und bewegt den Geist, und der Körper folgt. Nach einer vollständigen Kundalini-Erweckung arbeitet das optimierte Energiesystem als blinde Kraft, bis die Willenskraft es kontrolliert. Da die Willenskraft männlich ist, wirkt sie auf die weibliche Energie der Kundalini ein, belebt sie und lässt sie sich in die gewünschte Richtung bewegen.

Die Kundalini ist in der Tat eine weibliche Energie, die für Kreativität, Vorstellungskraft und alle Teile des Selbst steht und den negativen, passiven Energiestrom repräsentiert. In diesem Zusammenhang muss man verstehen, dass negative und positive Energieströme nichts mit gut oder schlecht zu tun haben, sondern mit Projektion und Empfang - die männliche Energie projiziert, während die weibliche Energie empfängt. Da ein Kundalini-Erwachen ein vollständiger Transformationsprozess ist, bezieht es nicht nur den weiblichen Aspekt des Selbst ein, sondern auch den männlichen. Es fordert Sie heraus, Ihre neu entdeckte erweiterte männliche Energie zu nutzen, indem Sie Ihre Willenskraft einsetzen, die es Ihnen erlaubt, jederzeit die Kontrolle über Ihre Realität zu haben.

Es ist von entscheidender Bedeutung, dass Sie die Funktionsweise Ihres Geistes aktiv kontrollieren, der wiederum den Körper beeinflusst und kontrolliert. Der Vorläufer aller

Handlungen sind die Gedanken, während der Urheber der Gedanken die Willenskraft ist. Die Willenskraft ist der Kern aller Dinge. Ein Mitschöpfer mit dem Schöpfer zu sein, ist also die wesentliche Herausforderung der Kundalini-Transformation, eine Herausforderung, die Sie täglich bewältigen müssen.

Wir sind auf dem Planeten Erde, um die Realität zu manifestieren, die wir uns wünschen, und es ist ein Geschenk unseres Schöpfers, diese Fähigkeit zu haben. Wenn wir jedoch diese Fähigkeit nicht in vollem Umfang nutzen, werden wir emotional und geistig leiden. Mehr noch: Wenn wir unsere Willenskraft nicht nutzen, um unsere Realität zu kontrollieren, werden wir unweigerlich von anderen beeinflusst, die unser Denken für uns übernehmen. Deshalb gibt es keinen anderen Weg zu leben, als die volle Verantwortung für das eigene Leben zu übernehmen.

Wenn der Körper nicht vom Verstand bewegt wird, fallen Sie dem Wirken des Ego zum Opfer, einer Intelligenz, die von Seele und Geist getrennt ist und scheinbar automatisch abläuft. Das Ego ist mit dem Überleben des physischen Körpers verbunden und wirkt durch das passive Element Wasser. Wenn Ihre Willenskraft nicht aktiv ist, werden Sie ständig unter der Kontrolle des Körpers und des Egos stehen. Die Willenskraft ist ein Muskel, der trainiert werden muss, was eine große Herausforderung sein kann, sich aber ungemein lohnt. Die blinde Energie der Kundalini sollte den Körper nicht beleben, ohne dass die Willenskraft vorhanden und im Einsatz ist, denn das würde bedeuten, dass äußere Faktoren ihr Katalysator sind. Stattdessen sollte die Willenskraft die Kundalini-Energie kontrollieren, die dann auf den Geist einwirkt und den Körper in Bewegung setzt.

Geist über Materie ist eine falsche Aussage. Es ist das Herz über den Verstand, das die Materie beeinflusst. Das Herz steht an erster Stelle, da die Willenskraft durch es wirkt. Der Verstand ist lediglich ein blindes Medium zwischen dem Körper und dem Herzen. Wenn er keine Eindrücke von der Willenskraft empfängt, wird er Ideen vom Willen anderer aufnehmen, und es wird keine Kontrolle der Kundalini-Energie mehr geben. Stattdessen wird der Verstand die Kontrolle übernehmen. Die Menschen verstehen diesen Teil falsch. Sie tun manchmal so, als sei die Kundalini etwas außerhalb des Selbst, auf das man hören und dem man folgen muss, und vergessen dabei den allgemeinen Zweck des Kundalini-Erwachens.

Kundalini ist eine Erweckung des spirituellen Selbst, des Herzens und der Willenskraft des Wahren Selbst, die sich nun in den Körper ergießen und ihn durch den Geist kontrollieren kann. Bevor dies jedoch erreicht werden kann, muss viel Arbeit im Inneren geleistet werden. Man muss sich darin üben, die Negativität der Außenwelt zu bekämpfen und zu überwinden. Die Außenwelt, einschließlich der Menschen und der Umwelt, erzeugt ständig Negativität, die sich in Ihre Aura projiziert und Ihr Energiefeld beeinträchtigt.

Die größere Herausforderung nach der Erweckung der Kundalini besteht darin, täglich zu lernen, mit dieser Energie zu leben. Sie müssen die Besonderheiten des Lebens mit dieser Energie verstehen und sie kontrollieren, anstatt von ihr kontrolliert zu werden. Das Kybalion-Prinzip des mentalen Geschlechts kommt ins Spiel, wenn man eine Kundalini-Transformation durchläuft, das besagt, dass die weiblichen und männlichen Komponenten des Universums auch im Geist vorhanden sind. Wenn Sie Ihre Willenskraft nicht einsetzen, werden Ihre Energien von äußeren Faktoren wie der Willenskraft anderer Menschen angetrieben. Dieses Prinzip oder Gesetz des Universums kann nicht überwunden oder zerstört werden. Stattdessen muss es respektiert und angewendet werden. Der freie Wille ist ein Geschenk, das unsere größte Aufmerksamkeit erfordert. Denn "mit großer Macht kommt große Verantwortung". Und wenn Sie große Macht ausüben und ein Katalysator für Veränderungen sein wollen, ist harte innere Arbeit für den Erfolg erforderlich.

MANIFESTIEREN SIE IHR SCHICKSAL

Um das Leben zu manifestieren, das Sie sich immer erträumt haben, haben Sie keine andere Wahl, als sich auf Ihre Willenskraft einzustellen und zu lernen, sie zu nutzen. Andererseits führen Faulheit und das Versäumnis, Ihre Willenskraft einzusetzen, in jedem Fall zu Stagnation oder Rückschritt. Außerdem wird dies Ihr Leben in ein Chaos verwandeln, in dem Sie zum Mond der Sonnen anderer Menschen werden, anstatt Ihre eigene Sonne, das Zentrum Ihres Sonnensystems, zu sein. Mit anderen Worten, andere Menschen werden für Ihre Realität verantwortlich sein, da Ihre Aufmerksamkeit darauf gerichtet ist, ihnen zu gefallen, anstatt Ihnen selbst.

Sie müssen verstehen, dass Sie zuerst sich selbst lieben müssen, bevor Sie andere auf gesunde Weise lieben können. Und sich selbst Liebe zu erweisen bedeutet, dass Sie Ihre eigenen Entscheidungen im Leben treffen und Ihren Weg gehen müssen. Sie müssen Ihr ganzes Vertrauen und Ihren Glauben in sich selbst setzen und wissen, dass Sie ein Geschenk für diese Welt sind. Sie sind einzigartig, auch wenn Sie das blind glauben müssen, bevor Sie es sehen. Andere Menschen können Ihnen Ratschläge geben, die Sie mit kritischem Denken und Unterscheidungsvermögen abwägen sollten, aber jede Entscheidung, die Sie treffen, muss die Ihre sein.

Eines der großen Geheimnisse des Lebens ist, dass wir dazu bestimmt sind, Mitschöpfer unseres Schöpfers zu sein. Wir sind nicht dazu bestimmt, bloße Spiegelbilder der Realitäten anderer Menschen zu sein. Mit Gott im Herzen können wir unsere Träume leben, und damit helfen wir der kollektiven Evolution der Menschheit. Der Mensch ist von Natur aus gut, aber der Glaube an sich selbst ist von größter Bedeutung, wenn man sein Ego überwinden und sich mit seinem Höheren Selbst in Einklang bringen will. Die meisten Menschen sind nicht auf der Suche nach dem Sinn des Lebens, sondern sie wollen die pure Freude am Leben spüren. Wir alle wollen im Augenblick leben und die Früchte des Ewigen Geistes kosten, was unser Geburtsrecht ist.

Um Ihr Schicksal zu verwirklichen, müssen Sie alle einschränkenden Glaubenssätze loslassen, die Ihnen erlaubt haben, sich mit einem mittelmäßigen Leben zufrieden zu geben. Sie sind nicht Ihre vergangenen Konditionierungen, und in jedem wachen Moment haben Sie die Macht Ihres Willens, sich völlig neu zu gestalten. Sie haben einen freien Willen, aber Sie müssen lernen, ihn auszuüben und produktiv zu nutzen. Dann können

Sie der Held Ihrer eigenen Geschichte sein, wenn Sie es wollen. Es ist eine große Verantwortung, aber wie Voltaire schon sagte: "Mit großer Macht kommt große Verantwortung".

Wenn Sie lernen, Veränderungen nicht zu fürchten, können Sie die Wünsche Ihrer Seele erfüllen und glücklich sein. Doch zuerst müssen Sie Ihr gottgegebenes Recht, Mitschöpfer Ihres Lebens zu sein, wahrnehmen. Faule, unmotivierte Menschen sitzen untätig herum und lassen das Leben an sich vorbeiziehen, weil sie einen falschen Glauben an ihr Schicksal hegen. Sie haben ihre Willenskraft eingebüßt und tun so, als ob alles, was geschehen soll, auch geschehen wird. Aber in Wirklichkeit wird etwas nicht geschehen, wenn man es nicht geschehen lässt. So einfach ist das.

Wenn man ständig hofft und betet, im Lotto zu gewinnen, aber nicht einmal einen Lottoschein gekauft hat, wie kann man dann erwarten, zu gewinnen? Viele Menschen, denen ich begegnet bin, vertreten diesen Standpunkt. Sie wollen glauben, dass es nur eine Frage der Zeit ist, bis das Universum sie für ihre "Nöte" belohnt, aber sie tun absolut nichts, um der Katalysator für Veränderungen in ihrem Leben zu sein. Sie glauben, dass ihre Position und ihre Lebensumstände auf äußere Faktoren zurückzuführen sind und dass alles "vorbestimmt" ist. Diese Menschen übernehmen keinerlei Verantwortung für ihre Realität und verhalten sich bei allem, was das Leben ihnen vorsetzt, als Opfer. Sie haben in dieser Opferrolle Trost gefunden, und anstatt sich daraus zu befreien und die Kontrolle zu übernehmen, geben sie anderen und dem Universum selbst die Schuld daran, dass sie mit ihrem Leben nicht zufrieden sind.

Die obige Sichtweise ist in ihrem Kern fehlerhaft. Verstehen Sie, dass das Universum ein Gefäß aus blinder Energie ist, das den Einsatz unseres freien Willens erfordert, um Veränderungen zu bewirken. Wenn Sie Ihre Willenskraft nicht einsetzen, werden die Dinge so bleiben, wie sie sind, so dass das Ego die vollständige Kontrolle über Ihr Leben hat. Und das Ego will den Körper in jedem Augenblick erfreuen; es kümmert sich nicht um die Zukunft. Denken Sie immer daran, dass das Universum Ihnen geben will, was Sie wollen. Wenn Sie sich entscheiden, faul zu sein, wird das Universum Sie mit den Folgen dieser Handlung versorgen. Wenn Sie jedoch die Verantwortung für Ihr Leben übernehmen und Veränderungen vornehmen, wird das Universum Sie belohnen.

Erwarten Sie, dass das Universum alle Gedanken und Wünsche, die Sie in die Astralwelt projizieren, erfüllen wird, also seien Sie vorsichtig, woran Sie denken und was Sie sich wünschen. Dieses universelle Prinzip, das das Gesetz der Anziehung bildet, muss mit Präzision und großer Verantwortung angewendet werden. Sie werden leiden, wenn Sie es unüberlegt anwenden, denn nichts manifestiert sich zufällig. Alles, was sich in Ihrem Leben manifestiert hat, ist das Ergebnis davon, dass Sie die Astralwelt mit Ihren Gedanken magnetisiert haben. Sie haben darum gebetet, dort zu sein, wo Sie im Leben sind, ob bewusst oder unbewusst. Solange Sie das nicht erkennen, werden Sie nicht weiterkommen. Wenn Sie andere Menschen Ihr Denken für Sie übernehmen lassen, übernehmen sie die Kontrolle über Ihre Realität, während Sie nur ein Passagier auf Ihrer Reise sind, was Ihrem Schöpfer leid tut. Gott möchte, dass Sie ein Gewinner im Leben sind und kein Verlierer, dem die Dinge einfach passieren, ohne dass er sie bewusst kontrolliert.

Niemand, auch nicht Ihre Eltern und Angehörigen, kann Ihnen vorschreiben, wie Sie Ihr Leben zu leben haben. Das können nur Sie selbst entscheiden. Und es liegt in Ihrer Verantwortung, sich selbst zu erlauben, das herauszufinden. Sie können alle Ziele und Träume erreichen, wenn Sie die richtige Energie aufbringen, um sie zu manifestieren, und wenn Sie entschlossen, beharrlich und geradezu stur sind, sie zu verwirklichen. Wenn Sie sich von anderen sagen lassen, was Sie tun sollen, dann haben Sie sich selbst und Ihren Schöpfer enttäuscht.

Der Weg des Kundalini-Eingeweihten ist der Weg eines spirituellen Kriegers. Spiritueller Fortschritt erfordert die aktive Beteiligung des Selbst am Universum, was die Rolle eines Mitschöpfers in dieser Realität einschließt. Auf diesem spirituellen Weg geht es nicht darum, nur ein König oder eine Königin des Himmels zu werden. Er erfordert, dass Sie zuerst ein König oder eine Königin der Hölle werden. Mit anderen Worten, sie müssen lernen, mit Negativität umzugehen und sie zu meistern. Sie müssen alle Teile Ihres Selbst meistern, die Sie daran hindern, die beste Version Ihrer selbst zu sein. Sie müssen Mut aufbringen und sich Ihren Ängsten stellen und sie überwinden, während Sie lernen, auf die Stimme in Ihrem Kopf zu hören, die Sie inspiriert, in Licht und Wahrheit zu leben.

Vollständig erweckte Kundalini-Personen, die mit der Welt der Energie in Berührung sind, empfangen ständig positive und negative Energieeinflüsse von außen und innen. Sie sind völlig offen für die Kräfte des Lichts, aber auch der Dunkelheit. Das Leben mit einer erweckten Kundalini ist weitaus herausfordernder als ein Leben ohne Kundalini, denn es verlangt von Ihnen, diese neue Realität anzunehmen und Ihre neuen Kräfte zu nutzen. Es verlangt von Ihnen, Ihr Prinzip des freien Willens auf einer höheren Ebene als zuvor zu nutzen. Sie müssen sich selbst motivieren und im Inneren nach Antworten suchen, anstatt im Außen nach Antworten zu suchen. Sie müssen Ihr eigener Retter sein, anstatt darauf zu warten, dass eine Gottheit vom Himmel herabsteigt, um Sie zu retten.

Da eine Kundalini-Erweckung eine vollständige Aktivierung des Herz-Chakras ist, ist es wichtig zu wissen, dass das Herz die führende Kraft in Ihrem Leben wird. Das Herz ist das Gegenteil des Egos. Das Ego ist bestrebt, den physischen Körper zu befriedigen, während das Herz Ausdruck der Seele und des Geistes ist. Deshalb ist es eine der größten Herausforderungen überhaupt, zu lernen, aus dem Herzzentrum heraus zu leben und seine Willenskraft jederzeit einzusetzen.

ARBEIT UND SCHULLEBEN

Eine der bedeutendsten Herausforderungen des Kundalini-Erweckungs- und Transformationsprozesses ist die Leistung bei der Arbeit oder in der Schule. Ich ziele hier auf Arbeit und Schule ab, da ich über die Verpflichtungen spreche, die wir von neun bis fünf Uhr aufbringen, um einen gesunden Lebensstil aufrechtzuerhalten. Sie brauchen Geld, um in der modernen Gesellschaft zu überleben; daher nehme ich an, dass Sie eine tägliche Arbeit haben, die Sie finanziell unterstützt. Andererseits, wenn Sie jung sind und

Ihr Leben gerade erst beginnen, dann arbeiten Sie vielleicht noch nicht Vollzeit und gehen noch zur Schule, so wie ich, als ich mein erstes Kundalini-Erwachen hatte. Oder vielleicht jonglieren Sie mit Arbeit und Schule, und Sie wurden mit dem Kundalini-Erwachen beglückt, entweder spontan oder bewusst herbeigeführt.

Wie dem auch sei, wenn Sie sich entschieden haben, im Beruf durchzuhalten und (oder) in der Schule zu bleiben, wird das Leben Sie auf Ihrem Weg vor besondere Herausforderungen stellen. Ich habe bereits kurz darüber gesprochen, aber ich habe das Bedürfnis, dieses Thema noch ausführlicher zu behandeln. Erstens werden Sie nachts Erfahrungen machen, wenn die Kundalini-Energie sehr aktiv ist und Sie werden nicht ausreichend Schlaf finden, um am Morgen völlig ausgeruht zu sein. An diese Situation müssen Sie sich schon früh gewöhnen. Sie können es nicht ändern, sondern sich nur darauf einstellen.

Mein Rat ist, zu lernen, sich so weit wie möglich zu entspannen. Finden Sie eine Schlafposition, die für Sie am besten geeignet ist. Wenn Sie auf der Seite schlafen, ist die Wahrscheinlichkeit größer, dass Sie in einen tieferen Schlaf fallen, als wenn Sie auf dem Rücken liegen. Wenn Sie auf dem Rücken liegen, befindet sich Ihr Körper in einem meditativen Zustand, und das führt meistens zu einer außerkörperlichen Erfahrung und einem luziden Traum. Luzide Träume sind unterhaltsam und aufregend, aber sie verschaffen Ihnen nicht den Tiefschlaf, den Sie brauchen, wenn Sie am Morgen so ausgeruht wie möglich sein wollen, damit Sie Ihren Beruf ausüben können. Denken Sie daran, dass luzide Träume im Alphazustand auftreten, wenn das Bewusstsein weder ganz schläft noch ganz wach ist. Er wird oft von REM-Schlaf begleitet, was "Rapid Eye Movement" bedeutet. In der REM-Phase rollen Ihre Augen zum Hinterkopf, während Sie schlafen. Es ist nicht gefährlich, sich im REM-Modus zu befinden, aber es kann für den Körper anstrengend und belastend sein.

Wenn Sie bei der Arbeit oder in der Schule sind, fühlen Sie sich vielleicht an manchen Tagen emotional oder geistig nicht so ausgeglichen, was dazu führen kann, dass Sie vor Ihren Kollegen oder Mitschülern einen "Anfall" haben. Am besten versetzen Sie sich während der Arbeit oder in der Schule in eine andere Stimmung, wenn Sie für andere unauffällig bleiben wollen. Heben Sie sich Ihre Gefühle für den Moment auf, in dem Sie allein sind oder ein Familienmitglied oder einen besonderen Freund haben, dem Sie sich anvertrauen können.

Wenn Sie vor Menschen, denen Sie nicht vertrauen, einen emotionalen Ausbruch haben, gefährden Sie Ihren Arbeitsplatz. Ich erinnere mich an viele Fälle, in denen ich vor meinem Chef oder Professor in der Schule ruhig bleiben musste, um die Integrität meiner Arbeit oder der Schule zu wahren. Es ist schwierig, mit Autoritätspersonen umzugehen, während man eine Kundalini-Transformation durchläuft, da sie nicht verstehen, was Sie durchmachen, aber ihre Aufgabe ist es, Sie in Schach zu halten. Wie ich bereits erwähnt habe, ist es hilfreich, akzeptable Ausreden parat zu haben, und oft wird man keine andere Wahl haben, als über seine Situation zu lügen, damit man einen Freibrief erhält.

Wenn Sie sich aufgrund Ihres Zustands entfremdet fühlen, wird Ihr Leben viel komplizierter, als wenn Sie eine Lüge erzählen. Es ist hilfreich, bei der Arbeit oder in der

Schule Freunde zu finden, da Sie sie manchmal brauchen werden, um Sie zu decken. Geben Sie sich mit diesen Menschen immer besonders viel Mühe, denn sie werden Ihnen in bestimmten Situationen von großem Nutzen sein. Ich erinnere mich, dass ich in der Schule enge Freunde hatte, die mich für den Unterricht am Vormittag angemeldet haben, wenn ich nicht pünktlich erscheinen konnte, weil ich in der Nacht zuvor nicht schlafen konnte. Diese Situation ist mir sehr oft passiert. Es kam auch vor, dass meine Kollegen, wenn ich schlecht gelaunt war, für mich einsprangen und sich bei meinem Chef entschuldigten, dessen Aufgabe es ist, die Arbeitsleistung seiner Mitarbeiter zu beurteilen.

Denken Sie daran, dass die meisten Menschen nicht verstehen werden, was Sie durchmachen, aber Freunde und Familie können akzeptieren, dass Sie manchmal Hilfe brauchen, wenn Sie glauben, dass Ihnen etwas zustößt. Menschen, die Sie lieben, werden Verständnis zeigen und Ihnen Hilfe anbieten, auch wenn sie Ihre Situation vielleicht nicht ganz nachvollziehen können. Schreiben Sie daher die Menschen in Ihrem Leben nicht völlig ab, nur weil sie Ihre Situation nicht nachvollziehen können. Ein wahrer Freund urteilt nicht über Sie, sondern zeigt Ihnen Liebe, wenn Sie sie brauchen. Wenn Sie sich mit einer Kundalini-Transformation beschäftigen, werden Sie sehen, wer Ihre wahren Freunde sind.

INSPIRATION UND MUSIK

Die Menschen bitten mich oft, ihnen zu sagen, wie ein Kundalini-Erwachen ihr tägliches Leben verbessert. Obwohl es sich um einen evolutionären Mechanismus handelt, der uns in einen anderen Zustand der Realität versetzen kann, besteht der praktische Effekt der Veränderung darin, dass man inspiriert wird. Inspiriert zu sein bedeutet, dass Sie im Geist und nicht im Ego sind. Sie funktionieren in einem höheren Zustand der Realität, in dem sich alles möglich anfühlt. Indem Sie sich mit der unaussprechlichen, ewigen, unbegrenzten spirituellen Energie verbinden, können Sie das wahre Potenzial des Lebens erforschen.

Das spirituelle Reich ist ein Ort der reinen Kraft und der unendlichen Möglichkeiten. Sie können nur durch das Jetzt, den gegenwärtigen Moment, darauf zugreifen. Ein Kundalini-Erwachen löst diesen Zustand in Ihnen aus. Sobald der Kundalini-Kreislauf offen und optimiert ist und sich mit jedem Bissen Nahrung nährt, setzt er einen kontinuierlichen Prozess der Inspiration in Gang.

Sicherlich werden Sie zwischen Ego und Geist hin- und herpendeln, wenn Sie den Aufgaben in Ihrem Leben Priorität einräumen, da Sie sich immer noch mit den alltäglichen Aspekten beschäftigen müssen. Dies wird jedoch von dieser ständigen Bewegung der Kundalini-Energie in Ihnen begleitet, die die Quelle unbegrenzter Inspiration ist. Sie erzeugt ein Gefühl des Staunens und der Unschuld, so wie man es bei einem Kind sehen kann, das noch kein Ego entwickelt hat. Es ist jeden Moment eines jeden Tages wunderschön und atemberaubend, besonders wenn Sie den Punkt in der Evolution erreicht haben, an dem Sie das Licht in allen Dingen sehen können, wie ich es zuvor beschrieben habe.

Sie sehen, die Kundalini ist unser Weg zurück zur Quelle der gesamten Schöpfung. Wenn wir diesen Bewusstseinszustand erreichen, werden die Aktivitäten des Lebens mühelos. Die Schmerzen und Ängste des menschlichen Lebens, einschließlich des mentalen und emotionalen Leidens, werden durch Inspiration, Erfüllung, inneren Frieden und dauerhaftes Glück ersetzt. Die Freude, die man in seinem Herzen erfährt, und die Verzückung, die damit einhergeht, sind ungebunden. In der Tat müssen wir inspiriert sein, um als spirituelle Menschen voll und ganz zu leben und das Beste aus dem Leben zu machen. Und ein Kundalini-Erwachen gibt uns dies.

Viele Male in meinem Leben habe ich mich in solch ekstatischen Zuständen befunden, dass ich die Zähne zusammenbeißen musste, um das Gefühl zu erden, während die Kundalini-Energie durch mich strömte. Die intensivsten Inspirationszustände erlebte ich oft allein durch das Hören von Musik. Ihr Musikgeschmack bestimmt die Art der Emotionen, die Sie erleben werden, da alle Musik darauf abzielt, ein bestimmtes Gefühl in Ihnen zu erzeugen. Meine Lieblingsmusik, die meine Kundalini-Energie am stärksten verstärkt, ist epische Filmmusik. Dazu gehört Filmmusik von Komponisten wie Hans Zimmer, der den Soundtrack für die Dark Knight Trilogie, The Last Samurai, Gladiator, The Rock, Thin Red Line, King Arthur, Dune, Man of Steel, Inception, Interstellar und viele andere gemacht hat.

Inspirierende Filme, die den Geist und das Herz auf eine emotionale Reise mitnehmen, befassen sich im Allgemeinen mit Themen des höheren Bewusstseins. Themen wie Ehre, Loyalität, Respekt und mystische Wunder gehören zu meinen Lieblingsthemen, da sie die tieferen Teile meiner Seele ansprechen, die durch die Kundalini-Transformation erweckt wurden. Diese Themen und die epische Filmmusik inspirieren mich und halten mich den ganzen Tag über in einem sehr hohen Zustand, der es mir ermöglicht, zu schreiben, zu zeichnen und auf andere Weise meine erweiterte Kreativität zu nutzen.

Ich höre jeden Tag Musik, manchmal stundenlang. Das versetzt mich in einen inspirierenden Zustand, in dem ich das Gefühl habe, dass die Musik, die ich gerade höre, der Soundtrack zu der Aufgabe ist, die ich gerade erledige. Wenn ich zum Beispiel Auto fahre und epische Filmmusik höre, fühlt es sich so an, als ob das Lied, das ich gerade höre, Teil des Soundtracks zu meinem Leben ist. Ich habe festgestellt, dass Musik die wichtigste Inspirationsquelle auf meiner Kundalini-Reise ist, und ich bin so dankbar, dass ich Teil einer Gesellschaft bin, in der es so viele erstaunliche Musiker und Komponisten gibt.

TEIL X: KUNDALINI SCHADEN- KONTROLLE

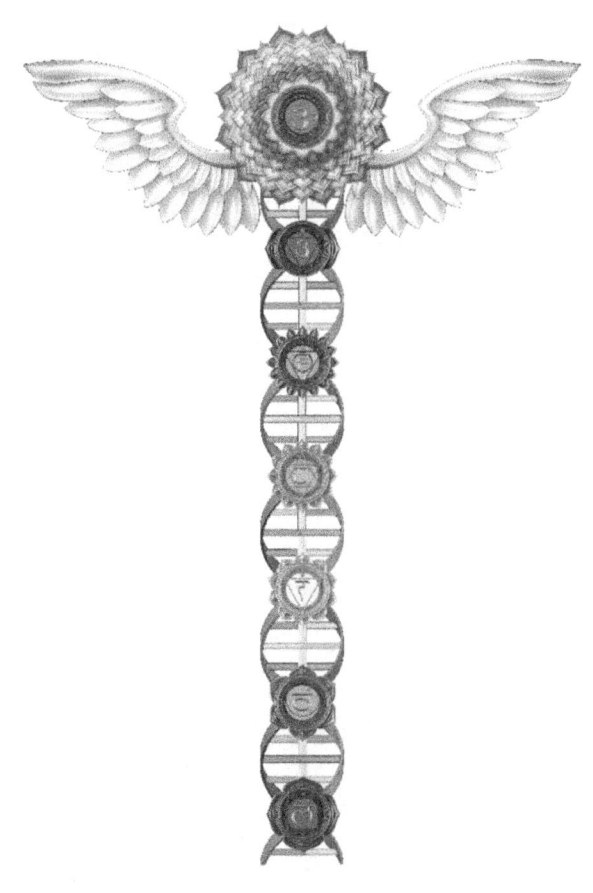

KUNDALINI UND KURZSCHLÜSSE

Während Sie den Prozess des Kundalini-Erwachens durchlaufen und die Energie in sich integrieren, werden Sie wahrscheinlich auf einige Fallstricke stoßen, die als Folge eines Kurzschlusses von Ida oder Pingala auftreten können. Im Gespräch mit vielen anderen Kundalini-Erweckten über soziale Medien und persönlich habe ich festgestellt, dass diese "Kurzschlüsse" ein häufiges Problem sind. Die meisten Menschen sind sich jedoch nicht bewusst, dass sie die Ida- und Pingala-Kanäle wieder verbinden können, um einen ordentlichen Energiefluss im Kopf wiederherzustellen. Ich nenne diesen Prozess "Kundalini Manual Restart". Sie können das System mit Hilfe von Meditationsübungen, die ich entdeckt habe, manuell neu starten, anstatt darauf zu warten, dass das Universum Ihnen hilft.

Sushumna kann niemals einen Kurzschluss verursachen, da ihr Energiefluss durch das hohle Rohr der Wirbelsäule verläuft und mit dem Zentrum des Gehirns verbunden ist, dem Bereich des dritten Ventrikels, der den Thalamus, den Hypothalamus sowie die Zirbeldrüse und die Hypophyse enthält. Wenn Sushumna das Zentrum des Gehirns erreicht, breitet sich ihre Energie wie Tentakel nach außen zu den äußeren Teilen des Gehirns und des Kopfes aus. Aber Ida und Pingala, die Nebenkanäle oder Nadis, regulieren den Geist, den Körper und die Seele und werden von Gedanken und Emotionen beeinflusst. Um genau zu sein, regiert Ida die Emotionen, während Pingala die Willenskraft kontrolliert. Ida ist Ausdruck des Wasserelements, während Pingala Ausdruck des Feuerelements ist. Es ist üblich, dass sie einen Kurzschluss erleiden, wenn die Qualität der Gedanken und Gefühle in ihrem Inneren stark verdorben ist.

Im Laufe der Jahre habe ich mich immer wieder in dieser Situation wiedergefunden. Überbordende Zukunftsangst, ein angstbesetzter Geist, die Unfähigkeit, klar zu denken, oder die Besessenheit von vergangenen Ereignissen sind typische Gedanken oder Emotionen, die das Kundalini-System erheblich behindern können. Sie richten sich gegen den Geist und bringen einen aus dem Jetzt, dem gegenwärtigen Moment, heraus und schalten die eigene Inspirationsquelle, die Krone, vollständig ab.

Kundalini-Kurzschlüsse treten normalerweise auf, wenn ein angstbasierter Gedanke oder eine angstbasierte Emotion den Geist über einen längeren Zeitraum hinweg beherrscht. Häufige Beispiele sind das Ende einer Liebesbeziehung, der Tod eines geliebten Menschen, starker Druck bei der Arbeit oder in der Schule usw. Zu den weniger häufigen Ereignissen gehören Vergewaltigung, Entführung, Mord oder andere traumatische Situationen, in denen das eigene Leben in Gefahr ist. Bei all diesen Beispielen für potenzielle Lebensereignisse, von denen einige weniger schlimm oder grausam sind als andere, ist der gemeinsame Nenner, dass sie Stress und Angst auslösen, die den Geist, den Körper und die Seele übermannen.

Wenn solche Ereignisse eintreten, befindet sich Ihr Körper im "Kampf-oder-Flucht"-Modus, und das sympathische Nervensystem läuft auf Hochtouren. Das Ego klammert sich mit aller Macht an negative Gedanken und versucht, sie innerlich zu verarbeiten. Dadurch wird Ihr Bewusstsein aus dem spirituellen Element und den höheren Chakren herausgezogen, so dass Sie die Verbindung mit dem Transzendenzfaktor verlieren. Je nach Dauer des Stresses und der Angst kann das Ego das Höhere Selbst in dieser Zeit schnell überholen und entweder Ida, Pingala oder beide Kanäle in Gefahr bringen. Wenn es Ihnen gelingt, sich rechtzeitig aus diesem Zustand zu befreien, können Sie einen Kurzschluss vermeiden, aber das hängt davon ab, worauf Sie Ihre Aufmerksamkeit in der nächsten Zeit richten.

Am häufigsten kommt es zu einem Kurzschluss in Ida, dem weiblichen Kanal, der dadurch entsteht, dass die Emotionen von der Angst-Energie überrollt werden. Ida ist passiv, ebenso wie die Gefühle. Erinnern Sie sich daran, dass, wenn alle drei Kanäle richtig funktionieren, die spirituelle Energie im Selbst freigesetzt wird, den Lichtkörper durchdringt und zu einer nirvanischen Verzückung führt. In diesem Zustand denkt man nicht in Begriffen der Vergangenheit oder Zukunft. Stattdessen existiert man im Jetzt, was zu der erwähnten mystischen Transzendenz führt.

Wenn Sie im gegenwärtigen Moment von einer emotionalen Herausforderung ergriffen werden, die ein hohes Maß an Angstenergie mit sich bringt, werden Sie sofort aus diesem transzendentalen Zustand gerissen. Wenn die negative Emotion stark genug ist, kann sie den Ida-Kanal zusammenbrechen lassen. Das würde bedeuten, dass Sie den Kontakt mit der Transzendenz in den Emotionen verlieren und Ihr natürlicher Zustand negativ aufgeladen wird. Dadurch wird Ihre Fähigkeit, Angst zu erleben, enorm gesteigert.

Erinnern Sie sich an das, was ich schon oft gesagt habe: Der höchste Zustand des Kundalini-Erweckten ist einer, in dem die Dualität transzendiert wird, einschließlich der Erfahrung von Angst. Ein vollständig Kundalini erwecktes Individuum soll die Angst vollständig überwinden. Wenn Sie jedoch nicht irgendwo in einem Tempel oder Ashram leben und sich von der Unberechenbarkeit und dem Chaos der modernen Gesellschaft fernhalten, werden Sie unweigerlich mit Lebensereignissen konfrontiert werden, die Sie wieder in Kontakt mit der Angst bringen. Wie Sie mit diesen Ereignissen umgehen, hängt davon ab, ob Sie die Integrität des Kundalini-Systems bewahren oder ob die Dinge aus dem Gleichgewicht geraten.

Da Pingala damit zusammenhängt, wie Sie Ihre Willenskraft zum Ausdruck bringen, kann es auch durch Inaktivität zusammenbrechen, wenn Sie Ihrem Wahren Willen nicht folgen. Wenn dies geschieht, erhalten Sie keinen Zustrom des Feuerelements mehr. Sie haben vielleicht Transzendenz in Ihren Gefühlen, aber es fehlt Ihnen die Inspiration. Der notwendige Schub an männlicher Energie, den Sie brauchen, um im Leben voranzukommen, wird vorerst ausbleiben. Sie werden auf Ihrem Lebensweg stagnieren und nicht viel erreichen.

Andererseits ist kein Ziel zu hoch und keine Aufgabe zu schwierig, wenn Pingala voll aktiv ist. Pingala ist weniger anfällig für einen Kurzschluss, solange Sie Ihrem spirituellen Weg folgen und konsequent mit Ihrer Willenskraft handeln. Wenn Ida und Pingala richtig funktionieren, sollen sie sich gegenseitig ausgleichen. Die Transzendenz der Emotionen, gepaart mit ständiger Inspiration, sollte Ihnen das Gefühl geben, ein Halbgott zu sein, der alles erreichen kann, was Sie sich vorgenommen haben. Jeder wache Moment ist eine Verzückung, und Sie sind Ursache und Wirkung, Frage und Antwort in einem - das Alpha und das Omega. Der Geist nährt ständig Ihre Seele, und Ihr Höheres Selbst kommuniziert direkt mit Ihnen.

Ein typisches Beispiel dafür, wie Pingala einen Kurzschluss verursachen kann, ist eine ungesunde oder toxische Situation, wie eine co-abhängige romantische oder elterliche Beziehung, in der andere Menschen Ihr Denken für Sie übernehmen. Alles, was Ihren freien Willen und Ihr gottgegebenes Recht, Ihre eigenen Entscheidungen im Leben zu treffen, beeinträchtigt, wirkt sich auf die Funktionsweise des Pingala-Kanals aus. Deshalb ist es von entscheidender Bedeutung, dass Sie durch den Einsatz Ihrer Willenskraft ständig Ihre eigene Realität schaffen. Abgesehen davon dauert es normalerweise eine Weile, bis Pingala in Gefahr gerät. Es hängt eher mit Ihren Überzeugungen im Leben zusammen, wie es die Natur des Feuerelements ist. Emotionen sind augenblicklich, daher ist Ida häufiger in Gefahr.

Die Sushumna kann niemals einen Kurzschluss haben, denn das würde bedeuten, dass die Kundalini-Energie vollständig abfällt und überhaupt nicht mehr funktioniert, und ich habe noch nie gehört, dass das passiert. Ich glaube, wenn sie einmal offen ist, ist sie für das ganze Leben offen, und die hohle Röhre der Wirbelsäule trägt diese Energie vom Steißbein zum Zentrum des Gehirns. Die einzige Möglichkeit, dass es jemals aufhört zu funktionieren, ist vielleicht eine schwere Rückenmarksverletzung. Allerdings habe ich noch nie davon gehört, dass das jemandem passiert ist, ich spekuliere also nur.

Da der Sushumna-Kanal Kundalini-Energie in das Gehirn freisetzt, die sich dann nach außen ausbreitet, ist der zentrale Verbindungsteil vom Zentrum des Gehirns bis zum Scheitel des Kopfes direkt darüber der primäre Kanal oder Strom der Sushumna. Er ist der dickste in Bezug auf die Kundalini-Stränge, die zusammenkommen, um diesen Kanal zu bilden. Kundalini-Stränge werden mit Spaghetti verglichen, obwohl sie noch dünner sind. Sie sind die Nadis, die sich von den energetischen Zentren, den Chakras, nach außen ausbreiten, und die drei primären Nadis, die im Kopf enden. Auf diese Weise erreichen diese Stränge der Kundalini-Energie die Oberfläche von Kopf, Rumpf und Gliedmaßen. Sie sehen aus wie Baumzweige, die die Kundalini-Energie durch den Lichtkörper im Inneren tragen.

Im Kopf befinden sich mehr Kundalini-Stränge als irgendwo sonst im Körper. Schließlich sind der Kopf und das Gehirn die "Kommandozentrale", das Hauptquartier, das alle Prozesse des Geistes regelt. Das Herz hingegen steuert die Vorgänge der Seele. Aber das Herz drückt sich durch den Verstand aus. Daher ist der Verstand das

Ausdrucksmittel für die Seele und den Geist. Wie bereits erwähnt, ist das Herz-Chakra, Anahata, ein weiteres kritisches Energiezentrum im Körper, in dem die meisten dieser Nadis zusammenlaufen und sich von dort aus verzweigen. Jetzt können Sie sehen, warum das hermetische Axiom "Alles ist Geist, das Universum ist geistig" das Rückgrat der gesamten hermetischen Philosophie ist. Unser Verstand ist das Bindeglied zwischen Geist und Materie. Und der Geist drückt sich durch das Gehirn aus, das zusammen mit der Wirbelsäule das zentrale Nervensystem des Körpers ist.

Der Sushumna-Kanal kann niemals einen Kurzschluss erleiden, aber die Verbindung vom Gehirn zum oberen Teil des Kopfes kann es. Es passiert nicht so oft wie ein Kurzschluss von Ida und Pingala, aber es kann und wird passieren. Normalerweise passiert es, wenn sowohl Ida als auch Pingala gleichzeitig kollabiert sind. Es kann auch passieren, wenn Sie Ihre Willenskraft zu sehr auf inneres Denken konzentrieren. Damit lenken Sie Ihre Aufmerksamkeit auf Ihr Unterbewusstsein und ziehen die Energie in Richtung Hinterkopf statt nach oben.

Wir sollen unsere Energien auf die Vorderseite des Kopfes konzentrieren, auf das Ajna Chakra, das unserem natürlichen Wachzustand entspricht. Und indem wir uns auf das Dritte Auge konzentrieren, stellen wir eine Verbindung mit Sahasrara darüber her. Daher können Besessenheit und zwanghafte Gedanken dem Energiefluss im Gehirn sehr abträglich sein und Blockaden verursachen. Eine korrekte Ausrichtung auf das obere Zentrum des Kopfes ist notwendig, um den Zustand der Transzendenz zu erreichen, da die Krone das Einssein repräsentiert. Jegliche unausgewogenen Gedanken oder ein unsachgemäßer Einsatz von Willenskraft beeinträchtigen das gesamte Kundalini-System, da dessen Zweck darin besteht, Sie in der Gegenwart, im Jetzt, in einem ständigen Gefühl der Inspiration zu halten.

KUNDALINI UND FREIZEITDROGEN

Drogenkonsum und -missbrauch ist ein wichtiges Thema in Kundalini-Kreisen, das aufgrund seines Tabufaktors oft übersehen wird. Nichtsdestotrotz muss dieses Thema ans Licht gebracht werden, weil viele Menschen irgendwann auf ihrer Reise zu Freizeitdrogen, einschließlich Alkohol, greifen, um mit den mentalen und emotionalen Problemen fertig zu werden, die sich nach einem spirituellen Erwachen ergeben. Ich war vor vielen Jahren einer dieser Menschen, daher liegt mir dieses Thema aufgrund meiner eigenen Erfahrungen und meines Wunsches, sie auf informative Weise mit anderen zu teilen, sehr am Herzen.

Nachdem ich für einen wilden, sozial aktiven Lebensstil prädisponiert war, erlebte ich den Kernpunkt meiner Kundalini-Transformation mit Mitte 20. Da ich immer daran geglaubt habe, das Leben in vollen Zügen und ohne Reue zu leben, habe ich schon vor der Erweckung der Kundalini mit Freizeitdrogen und Alkohol experimentiert. Ich war jedoch eher ein Enhancement-User, der Substanzen benutzte, um mich mit der spirituellen Realität zu verbinden, und nicht jemand, der es tat, um den emotionalen Schmerz unerwünschter Ereignisse im Leben zu betäuben.

Nach dem Erwachen begann ich jedoch, Cannabis zu konsumieren, um die enormen Ängste und Befürchtungen zu lindern, die dauerhaft ein Teil von mir wurden. Und so experimentierte ich in den nächsten zwölf Jahren meines Lebens mit verschiedenen Cannabis-Sorten. Durch die Erfahrung erlangte ich die Weisheit und das Wissen über die Wissenschaft der Freizeitdrogen und des Alkohols, so dass ich, als ich beiden später in meinem Leben den Rücken kehrte, genau wusste, warum ich es tat - ich wusste, was ich dabei verlor und was ich gewann.

Ich glaube an volle Transparenz bei diesem Thema, damit Sie die tatsächlichen Auswirkungen von Drogenkonsum und -missbrauch verstehen können. Schließlich leben Kundalini-Erweckte in einer nordamerikanischen Gesellschaft einen ganz anderen Lebensstil als Erweckte in Indien oder anderen Teilen der Welt. Wir alle wollen "dazugehören", "cool" sein und von unseren Mitmenschen akzeptiert werden. Und diejenigen, die das nicht tun, haben es viel schwerer als diejenigen, die es tun.

Aus Gesprächen mit vielen Kundalini-Erweckten in den sozialen Medien und im persönlichen Gespräch habe ich festgestellt, dass die meisten irgendwann in ihrem Leben mit Drogen und Alkohol experimentiert haben und dass dies ein gemeinsames Thema ist. Daher ist es unrealistisch, dieses Thema völlig außer Acht zu lassen, und man ist anfällig für Schäden. Wenn Sie stattdessen die Wissenschaft hinter Freizeitdrogen und Alkohol im Zusammenhang mit dem Kundalini-System verstehen, werden Sie in der Lage sein, eine bewusste Entscheidung über ihren Gebrauch auf Ihrer Erweckungsreise zu treffen. Sie werden auch wissen, was zu tun ist, wenn Sie mit ihrem Gebrauch zu weit gegangen sind und die Integrität des Kundalini-Systems in Gefahr gebracht haben.

CANNABIS UND SEINE EIGENSCHAFTEN

Cannabis ist die beliebteste Freizeitdroge der Welt und war es schon immer. Folglich neigen Kundalini-Erweckte dazu, mit Cannabis zu experimentieren und es sogar zu einem Teil ihrer spirituellen Reise zu machen. Die meisten von Ihnen wissen, was Cannabis macht und wie es wirkt, aber viele sind sich der umfangreichen Wissenschaft dahinter und seiner komplexen Eigenschaften nicht bewusst.

Cannabis, auch bekannt als Marihuana oder "Weed", ist eine psychoaktive Droge, die sowohl für den medizinischen als auch für den Freizeitgebrauch bestimmt ist. Sie wird wegen ihrer geistigen und körperlichen Wirkungen verwendet, die sich in einer veränderten Wahrnehmung, einer gesteigerten Stimmung und der Betäubung des Körpers äußern. Die Cannabispflanze wächst natürlich auf der Erde. Ihre Verwendung ist so weit verbreitet, dass viele Länder, darunter Kanada, ihren Konsum legalisiert haben.

Cannabis enthält alle fünf Elemente in sich und aktiviert alle sieben Chakren. Das Blatt der Cannabispflanze selbst ist symbolisch, denn es hat sieben Punkte oder Teile, aus denen es besteht. Sieben ist eine bedeutende Zahl in der Esoterik und in religiösen Traditionen. Erstens haben wir die sieben Farben des Regenbogens (in Verbindung mit den sieben Chakren) und die entsprechenden sieben alten Planeten (Abbildung 161). Dann gibt es die sieben Tage der Woche (die den sieben alten Planeten entsprechen), sieben Grundtöne in der Tonleiter, sieben Kontinente, sieben Meere, sieben Löcher, die in den menschlichen Körper führen, sieben Todsünden, sieben Haupttugenden, sieben hermetische Prinzipien der Schöpfung, sieben Siegel der Apokalypse in der *Heiligen Schrift*, sieben Erzengel, sieben Bewusstseinsebenen im Buddhismus, sieben Tore des Träumens im Schamanismus und die sieben Himmel im Islam, Judentum und Hinduismus. Diese Assoziationen deuten darauf hin, dass die Sieben eine sehr spirituelle Zahl ist, die mit Marihuana als einer sehr spirituellen Droge zusammenfällt.

Cannabis wird in der Medizin verwendet, um den Geist, den Körper und die Seele zu heilen. Es betäubt körperliche Schmerzen bei Krebspatienten und beeinflusst den emotionalen Zustand von Menschen, bei denen geistige und emotionale Probleme diagnostiziert wurden. So greifen beispielsweise Menschen, bei denen eine klinische

Depression diagnostiziert wurde, wegen der euphorisierenden Wirkung von Cannabis zu. In klinischen Studien wurde nachgewiesen, dass Cannabis die Zellen wieder wachsen lässt und sie erneuert. Richtig angewendet und in der richtigen Dosis kann Cannabis auf zellulärer Ebene von Vorteil sein.

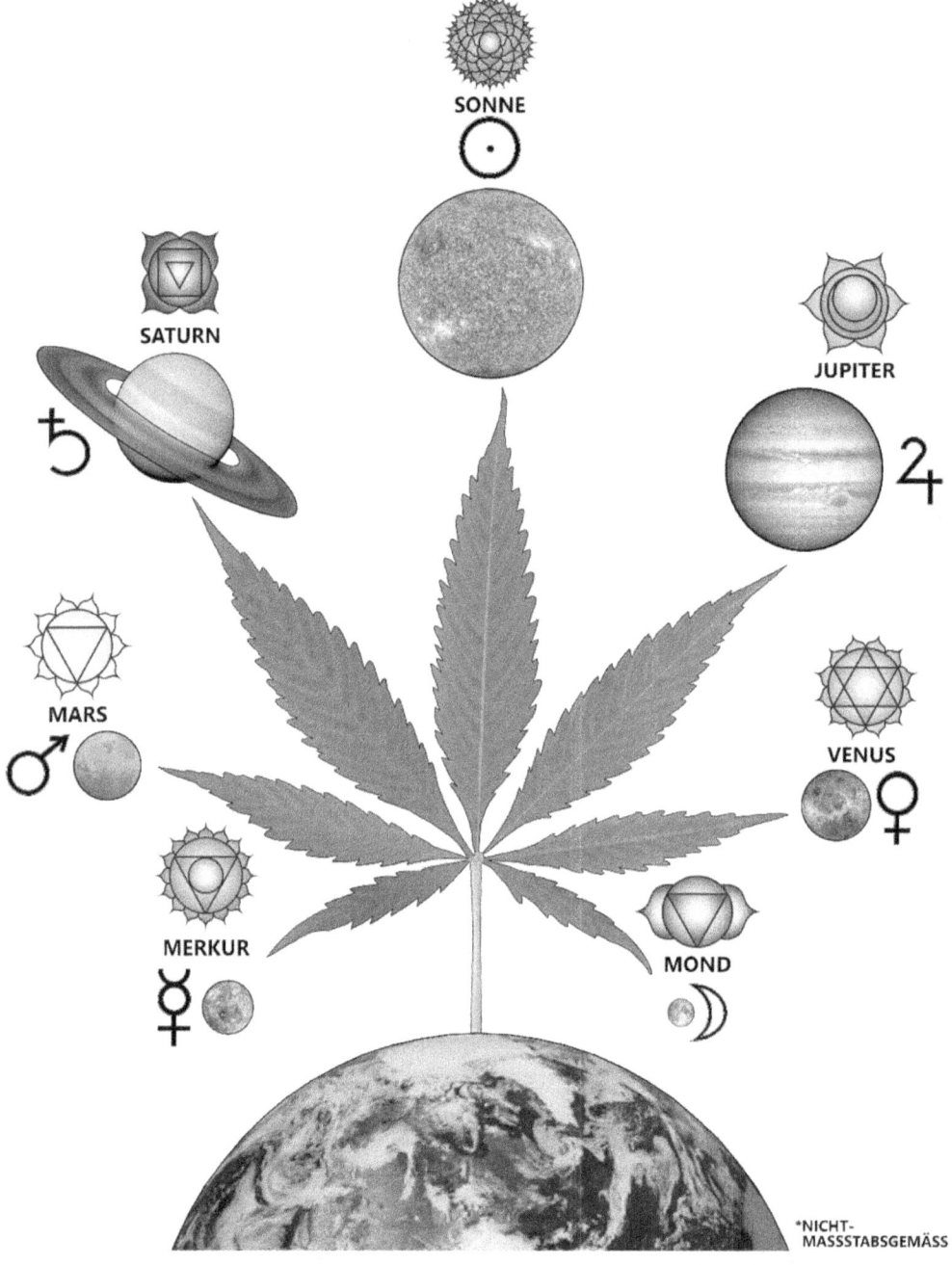

Abbildung 161: Cannabisblatt und seine Magischen Korrespondenzen

Einige Religionen, wie die Rastafari, verwenden sie sogar regelmäßig als Teil ihrer religiösen Praxis. Einige Sekten verwenden es auch als Teil bestimmter Meditationstechniken innerhalb ihrer Tradition oder Gruppen. Der größte Teil der Welt ist sich der Kraft von Cannabis bewusst, sich mit dem Geist zu verbinden und den Geist, den Körper und die Seele zu heilen. Anders als Alkohol greifen die Menschen im Allgemeinen zu Cannabis, um auf möglichst sichere Weise einen Blick auf die Transzendenz zu erhaschen.

Cannabis macht Sie glücklich und beschwingt. Es bringt Sie in Kontakt mit dem gegenwärtigen Moment, dem Jetzt, was Ihr Bewusstsein über die negativen Inhalte des Verstandes hinaushebt. Im Gegensatz zu Alkohol und den meisten anderen Freizeitdrogen auf diesem Planeten hat noch nie jemand eine Überdosis Cannabis genommen. Natürlich sollte man verantwortungsbewusst handeln und beispielsweise keine Kraftfahrzeuge führen, wenn man unter dem Einfluss von Cannabis steht.

KUNDALINI UND CANNABISKONSUM

Das Rauchen von Cannabis auf Ihrer Kundalini-Transformationsreise kann positive Auswirkungen haben. Sie müssen jedoch an die Anwendung wie ein Arzt herangehen und die Informationen aus diesem Abschnitt als Leitfaden für die Behandlung verwenden. Wie bereits erwähnt, wirken bestimmte Arten und Sorten von Cannabis gut, um einige der potenziellen negativen Auswirkungen auf Geist und Körper nach einer vollständigen Kundalini-Erweckung zu lindern. Dazu gehören Angst, Stress, Hirnnebel, Stimmungsschwankungen, Depressionen, Schlaflosigkeit, kreative Blockaden, die Unfähigkeit, sich zu konzentrieren, usw.

Cannabis kann Ihnen vorübergehend Erleichterung von diesen Symptomen verschaffen, was sehr willkommen sein kann, wenn Sie sich in einer verzweifelten Situation befinden, wie es bei vielen der Fall ist. Sie sollten jedoch von Anfang an wissen, dass das Rauchen von Cannabis ein Mittel zum Zweck ist und nicht das Ziel an sich. Wenn man jeden Rauchvorgang als Lernerfahrung betrachtet, kann man wie ein Wissenschaftler des Geistes lernen, die meisten Wirkungen im Laufe der Zeit auch ohne Cannabis zu reproduzieren.

Cannabis war in meinen 20ern meine bevorzugte Methode zur Stressbewältigung und die einzige Freizeitdroge, die ich auf meiner spirituellen Reise als nützlich empfand. Schließlich hörte ich ganz mit dem Rauchen auf, und ich werde die positiven Wirkungen beschreiben, da es viele davon gibt. Dennoch habe ich Cannabis verwendet, wenn ich mit Furcht und Angst zu tun hatte oder höhere mystische oder transzendentale Zustände erforschte. Aus diesem Grund werde ich mich in diesem Abschnitt mehr auf Cannabis als auf andere Freizeitdrogen konzentrieren und Ihnen die grundlegende Wissenschaft dahinter vermitteln, so wie ich sie im Laufe der Jahre gelernt habe. Mein Wissen und meine Erfahrung auf diesem Gebiet können vielen helfen, die Cannabis ausprobieren und konsumieren möchten, denen aber eine Anleitung fehlt.

Cannabis kann sehr nützlich sein, indem es hilft, Blockaden oder falsche Bewegungen der Kundalini-Energie im System zu beseitigen. Es bewegt die Kundalini innerhalb des Lichtkörpers und beschleunigt ihren Fluss durch die inneren Kanäle. Sobald sie beschleunigt ist, befindet man sich in einem außerkörperlichen Zustand mit einer ganzen Reihe von spirituellen Erfahrungen. Zu diesen Erfahrungen gehören erhöhte Inspiration und Kreativität, Gnosis und mystische Visionen.

Sobald Sie aus Ihrem Körper herausgesprungen sind, bleiben Sie dort, während das Cannabis auf die Kundalini wirkt. Dieser Prozess dauert mindestens eine halbe Stunde und kann bis zu drei oder sogar vier Stunden dauern. Da sich die Prana-Energie schneller durch das Kundalini-System bewegt, verdrängt sie vorerst alle negativen oder angstbasierten Gedanken und Gefühle. Aus diesem Grund wird Cannabis häufig Menschen mit chronischen Ängsten oder Depressionen verschrieben. Und da Kundalini-Erweckte anfällig für mentale und emotionale Probleme sind, die von Angst und Furcht herrühren, kann Cannabis für sie sehr nützlich sein, um diese Zustände zu überwinden.

Daher glaube ich, dass Cannabis eine positive Rolle auf Ihrer spirituellen Reise spielen kann. Es kann entweder als mächtiger Katalysator dienen, der ein vollständiges Kundalini-Erwachen auslösen kann, oder Ihnen im Transformationsprozess helfen, wenn Sie bereits erwacht sind. Da es leicht zu beschaffen und anzuwenden ist, ist es für Menschen von Vorteil, die sich auf ihrer spirituellen Reise festgefahren fühlen und keine emotionale oder mentale Unterstützung finden oder einen zusätzlichen Anstoß brauchen, um wieder auf den richtigen Weg zu kommen. Denn in diesen "High"-Zuständen wird das Ego still und ermöglicht es uns, unser Höheres Selbst zu kontaktieren und um Führung zu bitten.

Das Rauchen von Cannabis birgt jedoch einige Fallstricke, die besprochen und erforscht werden müssen. Zum Beispiel sollte man Cannabis nicht zu oft rauchen, denn dadurch wird die Kundalini in den Overdrive versetzt, was schädliche Auswirkungen haben kann. Mit anderen Worten, man sollte Cannabis nicht nur verwenden, um seinen negativen emotionalen Zustand zu überwinden, sondern eine kraftvolle spirituelle Praxis wie zeremonielle Magie, Yoga oder eine der spirituellen Modalitäten aus diesem Buch finden und dann Cannabis als Gewürz verwenden. Cannabis ist nur eine vorübergehende Lösung oder ein Mittel, um höhere Bewusstseinszustände zu erforschen. Davon abgesehen habe ich noch nie von jemandem gehört, der mit einer erweckten Kundalini lebt, ein paar Mal im Monat Cannabis geraucht und sich spirituell damit geschadet hat.

Da Cannabis das Kundalini-System beschleunigt, kann dies sowohl gut als auch schlecht sein. Es ist eine gute Sache, weil es die mentalen und emotionalen Energieblockaden ausstößt und sicherstellt, dass Ida und Pingala richtig funktionieren. Es kann jedoch auch schädlich sein, wenn nicht genügend Prana im Kundalini-System vorhanden ist, auf das Cannabis einwirken kann. Wenn es anfängt, sich zu schnell zu bewegen, kann es das gesamte Energiesystem schädigen. Aus diesem Grund habe ich gesagt, dass es entscheidend ist, nicht jeden Tag Cannabis zu rauchen. Geben Sie sich stattdessen zwischen den Tagen Zeit, um Ihr Energiesystem durch Nahrungsaufnahme wieder aufzubauen. Andernfalls kann es zu Blockaden oder einem vollständigen Kurzschluss kommen.

Cannabis ist eine Droge, die in erster Linie auf die Emotionen wirkt; daher ist der weibliche Kanal von Ida in Gefahr, wenn man Cannabis raucht oder es in essbarer Form zu sich nimmt. Pingala hat seltener einen Kurzschluss als Ida, und er ist oft das Ergebnis eines allmählichen Prozesses, bei dem Sie Ihr männliches Prinzip, Ihre Willenskraft, für einige Zeit nicht nutzen. Wenn Sie Cannabis unüberlegt konsumieren, laufen Sie sogar Gefahr, die Kundalini-Energie im Zentrum des Gehirns kurzzuschließen, wo sich alle drei Nadis treffen, bevor sie zu Sahasrara aufsteigen. Diese Situation kann nur eintreten, wenn man Cannabis übermäßig konsumiert und jeden Tag raucht, insbesondere wenn man Sorten raucht, die dem Kundalini-System nicht förderlich sind, wie viele Indicas.

Die Wiederherstellung des Kanals vom Gehirnzentrum bis zum Scheitel ist ein langwieriger Prozess, der oft mit einer Art von Meditation erreicht werden kann, die ich im Anschluss an dieses Kapitel vorstelle. Wenn diese Meditation jedoch nicht funktioniert, kann es sein, dass mehr Prana-Energie notwendig ist, um den Kanal wieder aufzubauen, der durch die Nahrungsaufnahme und die Erhaltung der sexuellen Energie erhalten wird. Auf diese Weise können die Kundalini-Stränge im Gehirn wiederhergestellt werden, und mit Hilfe der vorgestellten Meditation können Sie die Kundalini neu ausrichten und sie wieder nach Sahasrara bringen.

Die meisten Kundalini-Erweckten, die ich auf meiner Reise getroffen habe, haben Erfahrung mit Cannabis. Viele von ihnen verwenden es gelegentlich und finden es auf ihrer spirituellen Reise nützlich. Um es klar zu sagen: Ich propagiere nicht den Gebrauch von Cannabis, aber ich kann auch seine positiven Wirkungen nicht negieren. In diesem Sinne ist Cannabis nicht für jeden geeignet, also seien Sie vorsichtig, wenn Sie damit experimentieren wollen, da die Wirkung von Mensch zu Mensch unterschiedlich ist. Es gibt jedoch ein hohes Maß an Konsistenz bei bestimmten Arten und Sorten, die ich besprechen werde.

Cannabis ist unbeständig. Das liegt in seiner Natur. Wenn man das raucht, was einem in sozialen Kreisen angeboten wird, kann man sich in Schwierigkeiten bringen. Oft erwarten Menschen, eine positive Erfahrung beim Konumieren von Straßen-Weed, aber machen stattdessen eine negative Erfahrung. Statt den Geist zu entspannen, wie man es erwartet, kann es einen paranoid und unruhig machen.

Eine gute Wissensbasis über Cannabissorten wird es Ihnen ermöglichen, einen "kontrollierten" Rausch zu bekommen. Es erlaubt Ihnen, den Rauschprozess zu kontrollieren und zu wissen, was Sie erwartet. Verschiedene Sorten haben unterschiedliche mentale, emotionale und körperliche Wirkungen. Wenn Sie jedoch psychisch zu empfindlich für den Konsum sind, ist es egal, welche Sorte Sie rauchen; Sie könnten trotzdem jedes Mal Paranoia und Angstzustände bekommen, wenn Sie sie konsumieren. Meiner Erfahrung nach werden Frauen beim Konsum von Marihuana häufiger paranoid als Männer. Unabhängig davon hängt alles von Ihrer psychologischen Konstitution ab.

Seien Sie sich dessen bewusst, dass es unmöglich ist, die Kundalini-Energie auf natürliche Weise Ihr Energiesystem erweitern zu lassen, wenn Sie täglich Cannabis rauchen. Cannabis braucht das Prana aus der Nahrung, dass Sie essen, und es entzieht es jedes Mal, wenn Sie es konsumieren. Wenn Sie also täglich rauchen, wird nicht genügend Prana-Energie in Ihrem System sein, auf die Cannabis einwirken kann. Als Kundalini-Erweckter dürfen Sie keine Drogen missbrauchen. Nicht-erwachte Menschen können mit dem Missbrauch von Cannabis davonkommen, während eine erweckte Person das nicht kann.

Nehmen wir an, Sie sind schon viele Jahre in Ihrer Kundalini-Transformation und haben die anfängliche Angst und Beklemmung überwunden. In diesem Fall könnte es klug sein, den Gebrauch von Cannabis auf Ihrer spirituellen Reise gänzlich zu unterlassen. Indem Sie es in die Gleichung einfügen, werden Sie das Prana aus Ihrem Energiesystem abziehen, was sich negativ auf Ihr Ziel auswirkt, auf natürliche Weise transzendente Bewusstseinszustände zu erreichen. Außerdem bezahlen Sie für jede positive transzendentale Erfahrung, wenn Sie Cannabis konsumieren, da Sie das Pranasystem am nächsten Tag wieder aufbauen müssen. Und wenn Sie es übermäßig nutzen, was häufig vorkommt, und das Prana mehr belasten, als Sie hineingesteckt haben, werden Sie sich auf Ihrer spirituellen Reise erheblich zurückwerfen.

ARTEN UND SORTEN VON CANNABIS

Es ist von entscheidender Bedeutung, Maß zu halten und Cannabis mit Weisheit und Respekt zu verwenden, um eine Schädigung des Energiesystems zu vermeiden. Ich kann dies nicht oft genug betonen. Anstatt den Konsum gänzlich zu verbieten, was angesichts der Popularität und der spirituellen Kraft der Pflanze unrealistisch wäre, kann ich einen Einblick in die verschiedenen Arten und Sorten von Cannabis geben und vor dem Konsum anderer warnen.

In der Vergangenheit war Cannabis etwas, das als Pflanze draußen wuchs, die geschnitten, getrocknet und dann geraucht wurde, um einen "Rausch" zu erzeugen. Dieser Rausch war fast immer derselbe, da Cannabis im Freien bestimmte Eigenschaften beibehält, während es drinnen andere Eigenschaften verliert oder gewinnt. Diese Art von Cannabis wird Cess genannt. Sie ist natürlich, wird im Freien angebaut und ist auf den karibischen Inseln weit verbreitet, von wo aus sie nach Nordamerika importiert wird.

Die meisten Menschen im Alter von über vierzig Jahren kennen Cannabis, da sie damit aufgewachsen sind. In den letzten zehn Jahren hat sich das Gebiet der Cannabisforschung jedoch verzehnfacht, und verschiedene Arten von Cannabis haben den Markt überschwemmt. Der Hauptgrund, warum sich Cannabis als Pflanze weiterentwickelt hat, ist seine Verwendung im medizinischen Bereich. Als Cannabis als alternative Medizin akzeptiert wurde, wurden bestimmte Sorten entwickelt, die ich im Detail besprechen werde. Ich habe festgestellt, dass einige dieser Sorten für den Prozess der Kundalini-Erweckung sehr nützlich sind, während andere nutzlos und sogar schädlich sind.

Die beiden Hauptarten von Cannabis, die sich nach der Cess-Ära entwickelt haben, sind Sativas und Indicas. Sativas haben einen hohen Gehalt an Tetrahydrocannabinol (THC) und weniger Cannabidiol (CBD), während Indicas weniger THC und mehr CBD enthalten. CBD ist das, was dem Körper ein Gefühl der Betäubung verleiht. Es ist der Stoff, der den Körper "high" fühlen lässt. Je höher der CBD-Gehalt, desto stärker ist die sedierende Wirkung auf den Körper.

Indicas werden häufig Krebspatienten und Menschen verschrieben, die an Multipler Sklerose, Arthritis und Epilepsie leiden. Der Grund, warum Indicas für diese Menschen geeignet sind, liegt in ihren körperbetäubenden und schmerzlindernden Eigenschaften. Die meisten Patienten mit Krankheiten, die körperliche Schmerzen verursachen, bekommen Indicas verschrieben, da es ein körperbetäubendes Mittel ist. Viele dieser Patienten haben auch oft Probleme mit dem Essen, und Indicas sind dafür bekannt, dass sie den Appetit stärker anregen als Sativas. Die typische Wirkung vieler Indicas ist "Couch-Lock", was bedeutet, dass sie Körper und Geist so sehr beruhigen, dass man nicht mehr von der Couch aufstehen kann.

Auch Krebspatienten wird häufig CBD-Öl verschrieben, weil es einen hohen und konzentrierten CBD-Gehalt aufweist und in Form von flüssigen Tropfen verabreicht wird. Wenn Cannabis eingenommen wird, gelangt es schneller in den Körper und ist in der Regel viel wirksamer. Bei CBD-Öl hat man die volle Kontrolle darüber, wie viel CBD man dem Körper zuführen möchte, da die Wirkung kumulativ ist, je nachdem, wie viele Tropfen man einnimmt.

Sativas sind eher ein Kopf- oder Gemütsrausch, da THC psychoaktiv ist, was bedeutet, dass es die Psyche eines Menschen tiefgreifend beeinflusst. Sativas helfen, mentale und emotionale Probleme zu lindern, da diese Art von Cannabis die Kreativität steigert und gleichzeitig Euphorie auslöst und den Geist beruhigt. Sativas werden häufig Menschen verschrieben, die mentale und emotionale Probleme haben, einschließlich chronischer Angstzustände, Depressionen, Neurosen und anderer Probleme, bei denen der Geist von Negativität übermannt wird, während der physische Körper davon unberührt bleibt. Sativas wirken sehr entspannend, lassen einen aber relativ wach und funktionsfähig. Auf der anderen Seite scheinen die meisten Indicas meiner Erfahrung nach alle kognitiven Funktionen auszuschalten.

Hybride sind eine Mischung aus Indicas und Sativas. Ich habe festgestellt, dass der Konsum einiger Hybriden recht vorteilhaft ist, aber sie haben in der Regel viel weniger CBD und mehr THC, was in der Natur von Sativas liegt.

Im Hinblick auf die Kundalini-Transformationsreise kann Cannabis sehr nützlich sein, um Anfälle von Angst, Furcht und die allgemeine emotionale und mentale Negativität zu behandeln, die ein vollständiges Kundalini-Erwachen in den meisten Fällen mit sich bringt. Auch wenn Sie aufgrund von Ängsten Schwierigkeiten mit Ihrem Appetit haben, erzeugt das Rauchen von Cannabis im Allgemeinen den "Heißhunger", d.h. Sie werden nach dem Rauchen Lust auf Essen haben und es begrüßen. Cannabis eignet sich auch für Schlaflosigkeit, mit der ich einige Jahre nach dem Erwachen zu kämpfen hatte. Obwohl Indicas von Ärzten oft gegen Schlaflosigkeit verschrieben werden, schlief ich nach dem Rauchen von Sativas immer wie ein Baby.

Was meine persönlichen Erfahrungen mit Cannabis angeht, so habe ich nur Sativas verwendet und schon früh gelernt, mich von Indicas fernzuhalten. Sativas haben meinen Geist immer entspannt und mich auf einen angenehmen mentalen "Trip" mitgenommen. Sie beseitigten alle Ängste und Befürchtungen, indem sie mein Ego neutralisierten. Wenn ich unter dem Einfluss von Sativas stand, war ich in der Lage, alles positiv zu sehen, weil ich ein gesteigertes Gefühl von geistigem Hochgefühl erlebte. Ich war auch mehr in Kontakt mit dem Moment, dem Jetzt, und sehr inspiriert. Ich hatte immer das Gefühl, dass mein Höheres Selbst die meiste Zeit das Kommando hatte, wenn ich unter dem Einfluss von Sativas stand. Andere Kundalini-Erweckte berichteten alle von denselben Wirkungen. Wir alle benutzten im Allgemeinen Sativas und fanden keinen großen Nutzen in Indicas. Das liegt daran, dass die Kundalini eine subtile Energie ist, die nicht den physischen Körper, sondern die Psyche beeinflusst.

Auf dem Markt gibt es viele verschiedene Sorten mit unterschiedlichen Wirkungen auf Geist, Körper und Seele. Einige Sativas sind besser für Inspiration und erhebend, während andere geerdet, aber klar sind. Wieder andere sind sehr phantasievoll und gedankenaktiv. Wenn der Geist ruhig ist, wie es der Natur von Cannabis entspricht, versetzt er sich ganz natürlich in einen höheren Zustand und zapft den kosmischen Geist an.

Zu den Sativa-Sorten, die ich genossen habe, gehören Jean Guy (eine meiner Lieblingssorten), Diesel, Sour Diesel, Ultra Sour, Cheese, Nukim, Jack Harer, Grapefruit, Strawberry, Champagne, Great White Shark, Candy Jack, G-13, Green Crack, Blue Dream, Maui Wowie, Chocolope, Romulan, Pina Colada, White Castle, Zeus, G-13 Haze, New Balance, und Moby Dick. Beachten Sie, dass diese Liste bis 2016 aktuell ist, als ich aufgehört habe, Cannabis zu konsumieren. Seitdem sind sicher neue Sativa-Sorten entwickelt worden, die nützlich sind, aber nicht auf dieser Liste stehen.

Ich habe festgestellt, dass ich nie wirklich negative Erfahrungen mit einer Sativa gemacht habe, da sie mich produktiv und kreativ statt lethargisch gemacht haben. Indicas hingegen würden mich völlig betäuben und meinen Geist ausschalten. Dieser Geisteszustand mag für einige von Ihnen verlockend klingen, aber Sie sollten sich darüber im Klaren sein, dass mit dem Ausschalten des Geistes auch die Inspiration ausgeschaltet wird. Der beste Weg, Sativas und Indicas zu verstehen, ist also, zu sagen, dass Sativas inspirieren, während Indicas betäuben.

Einige Indicas sind jedoch angenehm, und das sind diejenigen, die einen ein wenig betäuben, aber dennoch relativ inspiriert halten. Diese Indicas sind im Allgemeinen von der Sorte Kush und Pink, wie Purple Kush, Pink Kush, Kandy Cush, Cali Cush, Lemon Kush, Bubba Pink, Chemo und OG Kush. Trainwreck ist auch eine weitere großartige Indica, die ich sehr inspirierend fand. Alle diese Indica-Sorten haben einen hohen CBD-Gehalt, aber auch einen angemessenen THC-Gehalt. Sie beruhigten mich, während sie alle Ängste und Befürchtungen aus meinem System entfernten.

Meine Lieblings-Cannabissorte ist ein Hybrid namens Blueberry, eine erdende und doch bewusstseinserweiternde und inspirierende Sorte. Andere Hybriden, die sich bei mir bewährt haben, sind Rockstar, White Widow, Pineapple Express, Girl Guide Cookies, Blueberry Durban, Hiroshima, Grape Ape, Chemdawg, AK-47, Tangerine Dream, Alien Cookies, White Russian, Lemon Haze, Jack Haze und Purple Haze.

METHODEN DER VERWENDUNG VON CANNABIS

Es gibt vier Möglichkeiten, Cannabis zu rauchen. Man kann entweder einen Joint drehen, eine Pfeife benutzen, eine Bong verwenden oder das Cannabis verdampfen. Ich habe immer Joints geraucht. Der Grund dafür ist, dass dies der effizienteste Weg war, um die gewünschte Wirkung der Sativas zu erzielen. Pfeifen und Bongs würden die Cannabissorte zu sehr konzentrieren, wodurch die subtilen Effekte, die ich anstrebte, verloren gehen würden. Die Verwendung einer Pfeife oder einer Bong würde mir mehr Druck auf den Kopf und den von mir angestrebten "Körperrausch" verleihen. Beide Methoden würden meine kognitiven Fähigkeiten bis zu einem gewissen Grad aussetzen, anstatt sie zu erweitern, wie es beim Rauchen von Sativas in Joints der Fall wäre.

Außerdem habe ich bei der Verwendung einer Pfeife oder einer Bong oft neue Verstopfungen erzeugt, anstatt sie zu beseitigen. Positive Effekte hatte ich nur, wenn ich eine Eisbong benutzte, die die gewünschte Euphorie erzeugt, indem sie den Rauch durch Eiswürfel filtert.

Beim Verdampfen von Cannabis wird es erhitzt, ohne es tatsächlich zu verbrennen. Das Verdampfergerät nutzt die Hitze, um die Wirkstoffe in Form eines Dampfes freizusetzen, den Sie einatmen. Bei dieser Methode entsteht kein Rauch, da es keine Verbrennung gibt. Vaping ist sicherer und weniger gesundheitsschädlich als das Rauchen von Cannabis. Es enthält keine schädlichen Rauchgifte wie Teer, Ammoniak und krebserregende Stoffe, die im Cannabisrauch vorkommen.

Ich fand das Dampfen interessant, weil es die sauberste Art war, high zu werden, aber es stimulierte meine Kundalini-Energie nicht besonders. Ich wurde zwar high, aber das hielt normalerweise nicht lange an, und ich war danach sehr müde. Außerdem musste ich beim Dampfen mehr Nahrung zu mir nehmen, da es mehr Prana aus meinem System zog als das Rauchen von Sativas. Daher war ich insgesamt kein großer Fan des Dampfens.

CANNABISKONZENTRATE UND ESSWAREN

Um Ihnen einen möglichst umfassenden Überblick über Cannabis zu geben, muss ich auf Konzentrate und Esswaren eingehen. Konzentrate sind aus Cannabis gewonnene Extrakte, die konzentrierte Mengen der psychoaktiven Verbindung Tetrahydrocannabinol

(THC) und eine Reihe anderer Cannabinoide und Terpene enthalten. Ich werde nur auf die beiden beliebtesten Konzentrate eingehen - Haschisch und Shatter.

Haschisch ist die älteste Form von Konzentrat, die dem Menschen bekannt ist, und obwohl sein Gebrauch in Nordamerika nicht so weit verbreitet ist, produzieren Länder wie der Libanon und Indien immer noch Haschisch für den Schwarzmarkt. Shatter ist eine Art von Konzentrat, das als die reinste und stärkste Art von Cannabisprodukten gilt. Es enthält zwischen 60 und 80 % THC, im Gegensatz zum Rauchen von Cannabis, das im Durchschnitt 10 bis 25 % THC enthält. Sowohl Haschisch als auch Shatter sind zum Rauchen und nicht zum Einnehmen bestimmt.

Der Hauptgrund, warum Menschen Cannabiskonzentrate anstelle des Rauchens verwenden, ist, dass sie den gewünschten Rausch effizienter erzeugen, da sie eine höhere Potenz haben. Außerdem sorgen sie für eine schnellere Linderung von mentalen, emotionalen und körperlichen Problemen.

Was meine eigenen Erfahrungen mit Konzentraten betrifft, so habe ich festgestellt, dass Haschisch eine ähnliche Wirkung hat wie das Rauchen von Indica-Cannabis-Sorten. Ich sage "ähnlich", aber nicht "gleich". Der körperliche Rausch oder das körperliche High ist die gemeinsame Wirkung, obwohl Haschisch stärker ist als Indica-Sorten und mehr halluzinogene Eigenschaften hat. Ich habe festgestellt, dass mir unter dem Einfluss von Haschisch die geistige Funktionalität fehlte. In den meisten Fällen wurden meine kognitiven Fähigkeiten vollständig ausgeschaltet, während ich mit Indicas noch einigermaßen funktionieren konnte. Was die Kundalini-Aktivität betrifft, so fand ich Haschisch nicht so hilfreich, um Blockaden im System zu lösen, wie ich es beim Rauchen von Sativas tat.

Shatter hingegen ist eine ganz andere Sache. Das Rauchen von Shatter, im Volksmund auch "Dabs" genannt, ist ein mühsames Verfahren. Man braucht ein spezielles Gerät zum Rauchen, das "Oil Rig" genannt wird, und ein Feuerzeug. Das Oil Rig ist ähnlich wie eine Bong, nur speziell für das Rauchen von Shatter. Ich fand es ziemlich unbequem, Shatter zu rauchen, weil man dafür spezielle Werkzeuge braucht. Joints und sogar Pfeifen kann man so gut wie überall rauchen, während Bongs und Shatter hauptsächlich in geschlossenen Räumen geraucht werden. Verdampfen kann man draußen in kompakten Verdampfergeräten oder drinnen in aufwendigeren Geräten.

Ich habe festgestellt, dass Shatter mir den stärksten Rausch verschafft, den ich je von cannabisartigen Produkten hatte. Ich fand seine Wirkung ähnlich wie die von Sativas, nur viel stärker. Ich wurde sehr schnell sehr high. Es war anregend, ja, aber wegen der hohen THC-Konzentration machte es mich sehr schnell müde. Zuerst regte es meine Kundalini zur Aktivität an, aber dann, als ich über einen längeren Zeitraum high war, schaltete es sie völlig ab. Sobald dies geschah, spielte es keine Rolle mehr, wo ich war; ich musste meine Augen schließen und mich ausruhen. Ich war sehr schnell ausgebrannt vom Shatter-Konsum, und deshalb konnte ich nicht mehr als ein paar Mal im Monat kiffen.

Das bringt mich zu einem wichtigen Punkt: die Notwendigkeit von Schlaf nach dem Rauchen von Cannabis oder Konzentraten. Ich habe festgestellt, dass ich - außer bei Sativas - immer erschöpft war, wenn der Rausch nachließ, und in den meisten Fällen sofort schlafen musste. Vaping und Shatter machten mich am müdesten und ausgebranntesten. In den meisten Fällen war ich danach nicht mehr funktionsfähig. Deshalb habe ich hauptsächlich Sativas nur in Joints geraucht.

Ein weiteres beliebtes Cannabisprodukt sind Esswaren. Das sind mit Cannabis angereicherte Lebensmittel und Getränke. Beim Verzehr von aktivierten Cannabinoiden wird das verstoffwechselte THC noch psychoaktiver als je zuvor, da es über das Verdauungssystem und nicht über den Blutkreislauf aufgenommen wird. Infolgedessen hat der erzeugte Rausch ein völlig anderes Gefühl als der des Cannabisrauchens.

Die beliebtesten und am häufigsten verwendeten Esswaren sind Cannabis-Brownies und -Kekse. Alle Esswaren werden durch die Zugabe von Cannabisölen und -butter hergestellt, was bedeutet, dass so gut wie jedes Lebensmittelrezept Cannabis enthalten kann. Die größte Herausforderung bei Esswaren ist die richtige Dosierung. Da es einige Zeit dauert, bis die Wirkung einsetzt, manchmal bis zu zwei Stunden, ist es leicht, den Prozess für selbstverständlich zu halten und mehr zu sich zu nehmen, als man braucht, was zu einer unangenehmen Erfahrung führen kann und wird. Ich habe persönlich miterlebt, wie Menschen aufgrund einer Überdosis von Esswaren massive psychotische Ausbrüche erlitten. Da die Menschen dazu neigen, zu viele Edibles zu konsumieren, weil es eine Weile dauert, bis die Wirkung einsetzt, bin ich verblüfft, dass ihr Konsum legal ist. Es ist in höchstem Maße unverantwortlich, dass die Regierungen Esswaren als Teil der legalen Cannabisprodukte anbieten, ohne die Menschen über die richtige Dosierung und die möglichen Nebenwirkungen bei Nichtbeachtung zu informieren.

Esswaren regen die Kundalini-Energie zur Aktivität an, und eine kleinere Dosis kann mentale oder emotionale Blockaden beseitigen. Nimmt man hingegen zu viel, kann die gesamte Erfahrung so intensiv sein, dass man sich wie auf LSD, Pilzen oder einer anderen stark psychoaktiven Droge fühlt.

KONTROLLIERTE SUBSTANZEN UND KURZSCHLÜSSE

Wenn es um Alkohol geht, habe ich nicht das Bedürfnis zu beschreiben, was er tut und wie er wirkt, da ich denke, dass dies allgemein bekannt ist. Stattdessen werde ich die direkte Wirkung des Alkohols auf das Kundalini-System für diejenigen von euch erwähnen, die ihn zu einem Teil ihres Lebens gemacht haben. Alkohol kann und wird Energieblockaden erzeugen, wenn er im Übermaß konsumiert wird. Er kann Ida und Pingala kurzschließen, aber das ist seltener als bei Freizeitdrogen. Allerdings können große Mengen Alkohol, die sich auf den Gemütszustand auswirken und ihn in hohem Maße verändern, dem Kundalini-System schaden.

Als Faustregel gilt, dass jede Freizeitdroge oder Substanz, die den Zustand des Geistes beeinflusst und verändert, dem Kundalini-Erweckten schaden kann. Auch Kaffee in großen Mengen kann schädlich sein. Ich habe noch nie einen Kurzschluss aufgrund von Kaffeetrinken erlebt, aber ich habe auch noch nie mehr als drei Tassen Kaffee am Tag getrunken. Ich glaube, dass die allgemeine Faustregel gilt, dass jede Substanz, die die Gedanken und Emotionen beeinflusst, bei übermäßigem Konsum einen Kurzschluss verursachen kann und wird.

Harte, illegale Drogen wie Kokain, Ecstasy, MDMA, Pilze, LSD und andere können entweder Ida oder Pingala oder beide kurzschließen. Kokain verstärkt in erster Linie die Willenskraft, was wiederum Pingala in Gefahr bringt. Ein übermäßiger Kokainkonsum kann mit Sicherheit einen Kurzschluss verursachen. Andererseits wirken Ecstasy und MDMA auf Emotionen und Gefühle, was Ida in Gefahr bringt.

Während Kokain den Dopaminspiegel erhöht, steigern Ecstasy und MDMA den Serotoninspiegel. Auf den unglaublichen Rausch folgt ein potenziell verheerendes emotionales Tief, wenn entweder der Dopamin- oder der Serotoninspiegel erschöpft ist. Aus diesem Grund haben Kokainabhängige im Allgemeinen Wutprobleme, während regelmäßige Ecstasy- oder MDMA-Konsumenten unter Depressionen leiden - ihr Nervensystem ist völlig aus dem Gleichgewicht geraten.

Pilze und LSD sind starke psychoaktive Drogen mit stark halluzinogenen Eigenschaften, die Ida und Pingala beeinflussen. Denn Halluzinationen wirken sich gleichzeitig auf die Willenskraft und die Emotionen aus. Das Gleiche gilt für Alkoholmissbrauch, der Ida und Pingala gefährdet. Da sie wie Cannabis in der Erde wachsen, sind Pilze der sicherste Weg, um veränderte Bewusstseinszustände zu erleben. Allerdings muss man auf diese Erfahrung geistig und emotional vorbereitet sein, da sie viele Stunden dauert.

Cannabis bringt, wie bereits erwähnt, Ida in Gefahr. Heutzutage, mit den vielfältigen und starken Cannabissorten, die sowohl die Willenskraft als auch die Emotionen beeinflussen, kann es jedoch sowohl Ida als auch Pingala beeinträchtigen. Ich kann mir zum Beispiel vorstellen, dass das Rauchen einer zu starken Indica-Sorte der Integrität der eigenen Willenskraft abträglich sein kann, da diese Art von Marihuana den Einfluss des Feuerelements fast vollständig ausschaltet. Umgekehrt kann das Rauchen von Sativa-Hanfsorten, die den emotionalen Zustand, das Wasserelement, beeinflussen, den Ida-Kanal gefährden, wenn man es übertreibt.

Ich stimme nicht mit der Behauptung überein, dass Cannabis eine Einstiegsdroge für harte, illegale Drogen wie die von mir genannten und injizierbare Drogen wie Heroin ist. Wenn überhaupt, dann ist Cannabis eine Einstiegsdroge für den Verstand. Wenn man dazu neigt, Drogen auszuprobieren und mit ihnen zu experimentieren, wird man dies tun, ohne unbedingt zuerst Cannabis zu probieren. Abschließend möchte ich betonen, dass der Konsum dieser Freizeitdrogen keinerlei therapeutischen Wert hat, mit Ausnahme von Cannabis, das auch als Medikament verwendet wird.

***

Ich hoffe, dass meine Erfahrungen mit Cannabis und cannabisähnlichen Produkten aufschlussreich waren, wie beabsichtigt. Sie sollten jedoch wissen, dass Cannabis nicht für jeden geeignet ist. Bilden Sie sich daher Ihr eigenes Urteil und gehen Sie nach eigenem

Ermessen vor, basierend auf den Informationen, die Sie erhalten haben. Ungeachtet dessen muss das Tabu in der Gesellschaft in Bezug auf den Cannabiskonsum beseitigt werden, vor allem um der Kundalini-Erweckten willen, denn die meisten Erweckten, denen ich begegnet bin, haben positive Erfahrungen mit dem Konsum von Cannabis gemacht.

Denken Sie auch daran, dass die heutigen Sorten viel stärker sind als die der Vergangenheit und mit Vorsicht genossen werden sollten. Es ist am besten, immer mit einer kleinen Dosis zu beginnen und diese entsprechend zu erhöhen, damit Sie sich mit der Wirkung einer bestimmten Sorte vertraut machen können. Hören Sie auf Ihren Körper und Ihren Geist und gehen Sie wie ein Wissenschaftler an Cannabis heran, damit Sie herausfinden können, welche Sorten gut für Sie sind.

Cannabis in einem meditativen und rituellen Rahmen zu konsumieren, hat eine ganz andere Wirkung als es in der Freizeit mit Freunden oder auf Partys zu rauchen. Ich rate immer dazu, Cannabis mit der richtigen Absicht und spiritueller Arbeit im Hinterkopf zu verwenden. Als ein Kundalini-Erweckter waren Sativas ein Segen in meinem Leben, als ich in einer Zeit der Not war. Wenn es sie nicht gäbe, hätte ich die anderen Cannabissorten wahrscheinlich gar nicht geraucht.

Es ist jedoch leicht, eine Abhängigkeit von Cannabis zu entwickeln, wenn man regelmäßig raucht. Alles kann als etwas Positives beginnen und sich dann negativ entwickeln, wenn man es übertreibt. Ich befand mich etwa eineinhalb Jahre lang in dieser Situation, bevor ich mich 2016 entschloss, ganz aufzuhören.

Nachdem ich mit meiner damaligen Sucht aufgehört hatte, erlebte ich enorme positive Veränderungen in Geist, Körper und Seele, die erwähnenswert sind. Erstens haben sich mein Antrieb und mein Ehrgeiz verzehnfacht. Ungeachtet dessen, dass manche Leute etwas anderes behaupten, wirkt sich das Rauchen von Cannabis auf die Produktivität in Ihrem Leben aus. Und zwar sehr. Man sieht es vielleicht nicht, wenn man so wie ich in der Schublade festsitzt, aber es wirkt sich aus. Es wirkt sich auch auf den Wunsch aus, sich von der Masse abzuheben und Großes zu erreichen.

Cannabis macht Sie zufrieden mit dem Leben, und wenn Sie sich zu sehr wohl fühlen, hören Sie auf, Veränderungen anzustreben und zu versuchen, sich und Ihr Leben zu verbessern. Wenn man high ist, erhebt man sich über seine Gefühle, aber weil man sie nicht auf natürliche Weise verarbeitet, beraubt man sich selbst der Möglichkeit, aus ihnen zu lernen und sich in verschiedenen Bereichen seines Lebens weiterzuentwickeln. Schließlich ist einer der Gründe, warum wir so starke Gefühle haben, dass wir aus ihnen lernen und psychologisch wachsen sollen.

Cannabis neutralisiert die Angst, was gut ist, wenn man verzweifelt ist, aber denken Sie daran, dass die Angst existiert, um uns stark zu machen. Wenn wir von irgendeiner Substanz abhängig werden, die uns hilft, mit der Angst-Energie umzugehen, hindern wir uns selbst daran, uns auf natürliche Weise weiterzuentwickeln. Ja, das Leben ist schwieriger ohne Drogen und Alkohol, die uns helfen, die Schärfe zu nehmen. Aber je schwieriger etwas ist, desto süßer ist die Belohnung.

Wenn man Drogen und Alkohol ins Spiel bringt, verhindert man, dass man die notwendigen mentalen Anker entwickelt, die bei der Bewältigung schwieriger Zeiten helfen.

Als Menschen brauchen wir die Widerstände des Lebens, um stark zu werden und zu lernen, mit schwierigen Situationen im Leben umzugehen. Wir brauchen die Angst als Baustein, damit wir Mut entwickeln können.

Denken Sie daran, dass ich damit Menschen anspreche, die eine Abhängigkeit von Cannabis entwickelt haben. Wenn Sie es ein paar Mal im Monat rauchen, kann ich nicht erkennen, dass es wirklich schädliche Nebenwirkungen haben kann. Seien Sie sich nur bewusst, dass Sie es mit etwas zu tun haben, das süchtig machen kann, wenn Sie nicht maßvoll damit umgehen.

TEIL XI: KUNDALINI MEDITATIONEN

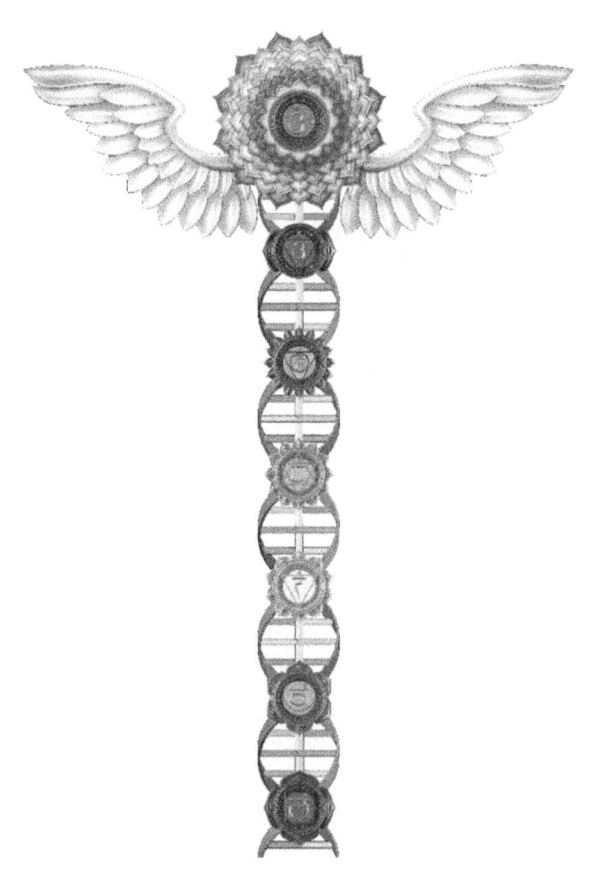

FEHLERSUCHE IM SYSTEM

Nachdem ich während meines Kundalini-Erwachens viele herausfordernde Situationen durchlebt hatte, war ich gezwungen, meine Probleme zu lösen und Wege zu finden, mir selbst zu helfen. Die meisten Menschen machen widrige Erfahrungen, die das Kundalini-System erschüttern, und müssen dann mit den Folgen fertig werden, ohne sich selbst helfen zu können. Die meisten erweckten Menschen, die einen Kundalini-Kurzschluss erleben, arbeiten daran, die Energie durch Nahrungsaufnahme wieder aufzubauen, was mindestens einige Monate oder länger dauern kann. Ich habe jedoch Wege gefunden, die Kanäle durch verschiedene Meditationen in höchstens einer halben Stunde, manchmal sogar nur ein paar Minuten, wieder zu verbinden. Ich werde diese Meditationen im Folgenden besprechen und Ihnen eine Anleitung geben, wie Sie sie in verschiedenen Situationen anwenden können.

1. Zunge auf dem Dach des Mundes (Jiva Bandha)
Legen Sie die Zungenspitze auf den fleischigen Höcker direkt hinter den oberen Zähnen. Die Mitte der Zunge sollte mit der Einbuchtung im Gaumen abschließen. Diese kraftvolle Übung, die in den yogischen Lehren Jiva Bandha genannt wird, ist für Kundalini-Erweckte unerlässlich, da sie den Kundalini-Kreislauf schließt, indem sie der Energie erlaubt, sich nach oben zu bewegen. Sie tritt zuerst in den vorderen Teil des Tunnels des geistigen Auges ein, etwas zwischen den Augenbrauen, und durchläuft dann nach und nach das vierte, fünfte, sechste und schließlich das siebte Auge, das einer der Ausgangspunkte der Kundalini ist, die ihren Kreislauf vollendet.

Die Durchführung dieser Übung lenkt den Fokus auf die beiden höchsten Geist-Chakren, Ajna und Sahasrara, anstatt auf die niederen Chakren. Sie ermöglicht es Ihrem Höheren Selbst, das Bewusstsein durch die vom Ajna Chakra empfangene Intuition zu übernehmen und den Anstoß des Niederen Selbst, des Egos, zu überwinden. Machen Sie diese Übung zu einem regelmäßigen Bestandteil Ihres Tages. Versuchen Sie, Ihre Zunge so oft wie möglich auf dem Gaumen zu haben, damit die Energie nach oben in den frontalen Kortex Ihres Gehirns fließen kann. In diesem Bereich treffen sich Ida und Pingala im Zentrum des Geistigen Auges, genau über der Mitte der Augenbrauen, direkt im Kopf.

Diese spezielle Übung wird auch verwendet, um das Kundalini-System wieder aufzubauen, wenn Sie einen Kurzschluss erlebt haben. Denken Sie daran, dass der

Kundalini-Kreislauf offen bleibt, wenn Ida und Pingala nicht im Ajna Chakra zusammenkommen, was zu mentalen und/oder emotionalen Problemen führen wird. Wenn Sie die Zunge mit Kontinuität und Sorgfalt auf den Gaumen legen, können sich Ida und Pingala im Ajna Chakra wieder vereinigen und sich auf natürliche Weise als ein Energiestrom nach oben in das Siebte Augenzentrum bewegen. Auf diese Weise schließt sich der Kundalini-Kreislauf, was es Ihnen ermöglicht, das ekstatische Reich der Nicht-Dualität, das spirituelle Reich, durch das Bindu Chakra oben am Hinterkopf zu erfahren.

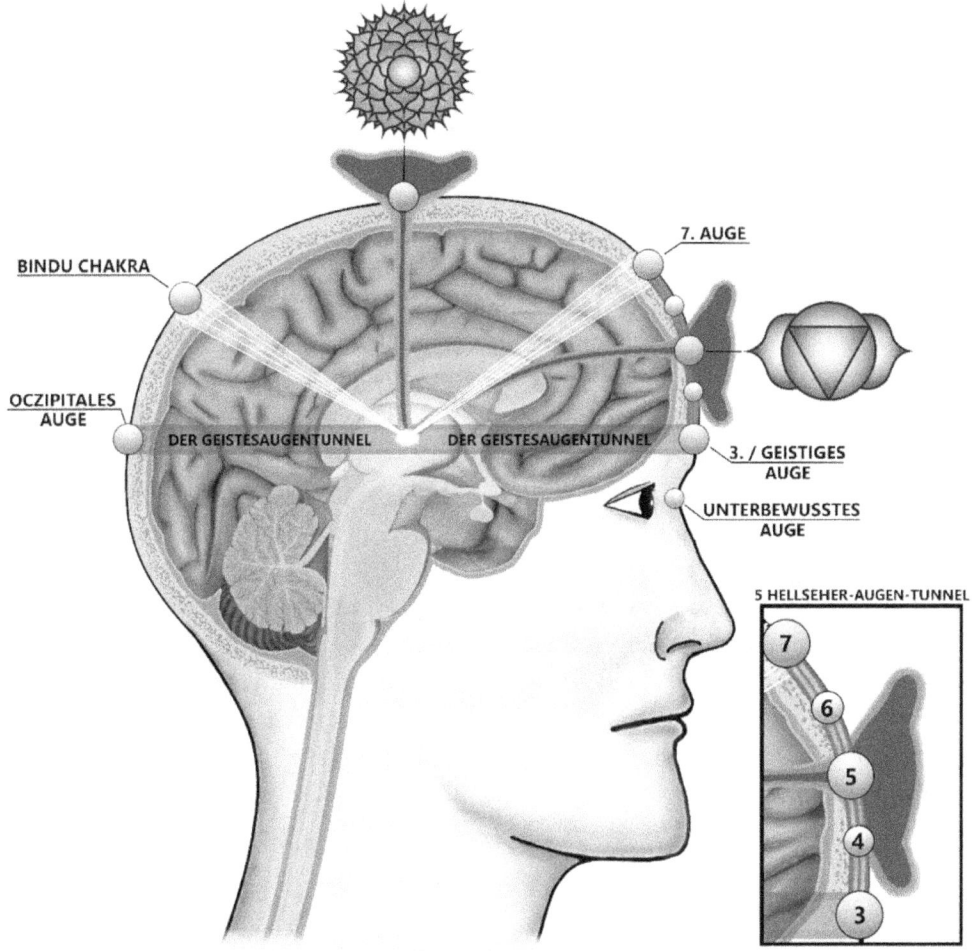

Abbildung 162: Die Wichtigsten Energiezentren des Kopfes

2. Mind's Eye Meditation

Die erste und wichtigste Meditation betrifft das Geistige Auge, das Energieportal des Ajna Chakra, ein Bewusstseinszentrum, das ein Fenster zu den kosmischen Reichen ist. Der vordere Eingang dieses Portals befindet sich zwischen den Augenbrauen, knapp über der Augenhöhe, auf der Stirn. Der Meditationspunkt befindet sich jedoch einen Zentimeter von der Hautoberfläche entfernt, im Inneren des Kopfes (Verwenden Sie Abbildung 162 als Referenz, um die Hauptenergiezentren des Kopfes zu lokalisieren, während Abbildung 163 sich auf die tatsächlichen Meditationspunkte bezieht, die mit diesen Zentren verbunden sind).

Sie können an diesem Punkt mit geschlossenen Augen nach oben schauen, indem Sie Ihre Augen leicht nach oben projizieren. Ida und Pingala konvergieren an diesem Punkt, was notwendig ist, um den Kundalini-Kreislauf zu vervollständigen. Wenn Sie diese Konvergenz von Ida und Pingala nicht erreichen, wird der Kreislauf innerhalb des Lichtkörpers nicht vollständig aktiv sein.

Wenn Sie Ihre Aufmerksamkeit während der Meditation auf diesen Punkt richten, wird die Zirbeldrüse stimuliert, die eine enge Verbindung zur Seele hat. Wenn Sie sich richtig auf das Geistige Auge konzentrieren, werden Sie eine magnetische Anziehungskraft spüren. Die Aufmerksamkeit sollte immer auf das Geistige Auge gerichtet sein, das, wenn es richtig angewendet wird, die Bindu am Hinterkopf stimuliert und den Energiefluss im Kundalini-Kreislauf beeinflusst, so dass er sich von der Bindu aus nach außen ergießt.

Um diese Meditation korrekt durchzuführen, legen Sie sich mit ausgestreckten Händen auf den Rücken und richten Sie Ihre Aufmerksamkeit sanft auf das Geistige Auge. Sie können Ihre Atmung mit dem Vierfachen Atem kontrollieren, was ebenfalls dazu beiträgt, dass Sie einen meditativen Zustand erreichen. Die Aufmerksamkeit muss auf dem Geistigen Auge gehalten werden, auch wenn Ihnen Gedanken oder Bilder durch den Kopf gehen. Wenn Sie Ihre Aufmerksamkeit erfolgreich für etwa zwei bis drei Minuten, manchmal auch weniger, auf diesem Punkt halten, wird die Rückkonvergenz eintreten und das Energiesystem wird reaktiviert.

Jetzt werden Sie tagsüber einen klaren Verstand und klare Gedanken haben und auch Ihre Emotionen im Gleichgewicht halten. Vielleicht haben Sie zunächst nicht das Gefühl, dass Sie einen großen Unterschied gemacht haben, aber sobald Sie etwas Nahrung zu sich nehmen und gut schlafen, werden Sie ein Gefühl der Erneuerung verspüren und beginnen, wieder Inspiration zu entwickeln. Ohne diese Konvergenz von Ida und Pingala ist es unmöglich, einen Impuls zu erzeugen und über einen längeren Zeitraum inspiriert zu bleiben.

3. Meditation über das siebte Auge

Das siebte Auge befindet sich dort, wo der Haaransatz auf die Stirn trifft, in der Mitte. Dieser Punkt befindet sich etwa einen Zentimeter außerhalb des Kopfes, genau über diesem Punkt. Die Kundalini-Energie muss von diesem Punkt ausgehen, da das Siebte Auge das Gegenstück zum Bindu-Punkt am oberen Hinterkopf ist. Sie arbeiten zusammen, um die Kundalini-Energie durch den ganzen Körper zirkulieren zu lassen.

Wenn der Kundalini-Kreislauf stagniert oder inaktiv ist, ist dies eine der Meditationen, die man machen kann, um ihn wieder in Gang zu bringen. Wenn es an diesem Punkt eine Blockade gibt oder der Kundalini-Kreislauf nicht mehr funktioniert, ist es notwendig, diesen Kanal wieder zu öffnen und ihn dazu zu bringen, die Energie richtig zu leiten. Wenn dieser Punkt nicht aktiv ist, werden Sie feststellen, dass Sie keine visuelle Komponente in

Verbindung mit Ihren Gedankenprozessen haben und dass Ihre Inspiration gering ist. Ihre Vorstellungskraft wird beeinträchtigt, und Sie verlieren die Verbindung zum Jetzt, zum gegenwärtigen Moment, wodurch Sie introvertiert werden und dem Ego zum Opfer fallen.

Das Zentrum des Dritten Auges ist der Zugangspunkt für die Energie, die sich zum Siebten Auge und zum Bindu am Hinterkopf bewegt. Deshalb empfehle ich, zuerst die Meditation des geistigen Auges zu machen, um die Energie nach oben in die höheren Zentren des Kopfes zu bringen. Die Konzentration auf das Siebte Auge ist dann der letzte Schritt, um die Energie aus dem Kopf zu bewegen und den Kreislauf zu schließen.

Legen Sie sich für diese Meditation mit ausgestreckten Handflächen auf den Rücken und konzentrieren Sie die Energie auf das Siebte Auge. Führen Sie den Vierfachen Atem durch, um Ihren Geist zu beruhigen. Wenn Sie Ihre Aufmerksamkeit zwei bis drei Minuten lang ununterbrochen auf das Siebte Auge richten, wird die Kundalini-Energie aufsteigen und diesen Punkt durchqueren. Dadurch wird das Bindu reaktiviert, so dass der Kundalini-Kreislauf im Lichtkörper richtig fließen kann.

Für den Rest des Tages empfehle ich, Zeit in Einsamkeit zu verbringen. Meiner Erfahrung nach ist meine Energie nach der Meditation des siebten Auges für den Tag ziemlich beeinträchtigt, was mich aus der Bahn wirft, wenn ich mit anderen interagiere. Diese Übung entzieht dem System Prana, wodurch man leblos, unausgeglichen und emotional niedergeschlagen wirkt, wenn man mit anderen Menschen spricht. Nach einer erholsamen Nachtruhe sollte sich der Kreislauf jedoch mit Prana-Energie regenerieren und optimiert werden, so dass Sie wieder 100 % erreichen.

Auch die Nahrungsaufnahme ist wichtig, um das System nach dieser Meditation wieder zu stärken. Es kann sein, dass Sie ein oder zwei Tage keine Nahrung zu sich nehmen müssen, um Ihre inneren Energien vollständig zu regenerieren, da die Arbeit mit dem Siebten Auge und Bindu den Kundalini-Kreislauf stärker belastet als die Arbeit mit dem Geistigen Auge. Diese beiden Punkte sind die Ausgangspunkte der Kundalini-Energie; daher kann die Arbeit mit ihnen Ihren psychologischen Zustand stark beeinflussen.

4. Hinterkopf Augen-Meditation

Diese Meditation ist für fortgeschrittene Eingeweihte, denn Sie müssen die spirituelle Energie in Ihrem System aufgebaut haben (was nur geschieht, wenn der Kundalini-Kreislauf für einige Zeit aktiv ist), so dass sie sich von der Feuerenergie in eine kühlende Flüssigkeit, die spirituelle Energie, zu verwandeln beginnt. Diese Geist-Energie gibt Ihnen das Gefühl, als wären Sie aus flüssigem Quecksilber, was ein kühlendes Gefühl in Ihrem Lichtkörper und vollständige Transzendenz im Bewusstsein bewirkt.

Dieser flüssige Geist ergießt sich ganz natürlich in den Hinterkopf. Einige Leute haben sogar von einem Gefühl berichtet, dass er in den hinteren Teil ihrer Kehle tropft. Meiner Meinung nach sind diese Behauptungen Missverständnisse, die mit der Wahrnehmung zu tun haben. Wie ich in einem früheren Kapitel erörtert habe, ist es leicht, etwas, das im Lichtkörper geschieht, mit dem physischen Körper nach einer Kundalini-Erweckung zu verwechseln. Schließlich wird beides vom Bewusstsein als real erlebt, und da der Lichtkörper etwas Neues ist, braucht das Bewusstsein einige Zeit, um zu lernen, zwischen den beiden zu unterscheiden. Das ist zumindest meine Meinung, aber eine, die ich bereit bin, mit jedem zu diskutieren, da ich dieses Phänomen seit über siebzehn Jahren beobachte.

Das Hinterkopfauge befindet sich direkt gegenüber dem Auge des Geistes. Daher sollten Sie sich auf einen Meditationspunkt einen Zentimeter an der Innenseite des Kopfes konzentrieren, um die Energie zum Hinterkopf zu ziehen. Wenn Sie jedoch feststellen, dass dies bei Ihnen nicht funktioniert, können Sie sich auch einen Zentimeter außerhalb des Kopfes auf denselben Bereich konzentrieren. Da Sie versuchen, die Energie in Ihrem Kopf zurückzuziehen, müssen Sie vielleicht mit beiden Meditationspunkten arbeiten, da die Energie dort gefangen sein kann und Sie etwas Kreativität brauchen, um sie durchzudrücken und einen richtigen Fluss zu erzeugen.

Um diese Meditation zu unterstützen, stelle ich mir gerne vor, dass mein Astralselbst einen Fuß vor mir steht und direkt auf meinen Hinterkopf schaut. Wenn ich diese Vision beibehalte oder meine Aufmerksamkeit auf einen der beiden Meditationspunkte für das Hinterkopfauge richte, kommt es zu einer Ausrichtung, bei der die flüssige spirituelle Energie in Richtung Hinterkopf gezogen wird, was jegliche Stagnationen oder Energieblockaden verdrängt und den Fluss des Kundalini-Kreislaufs optimiert.

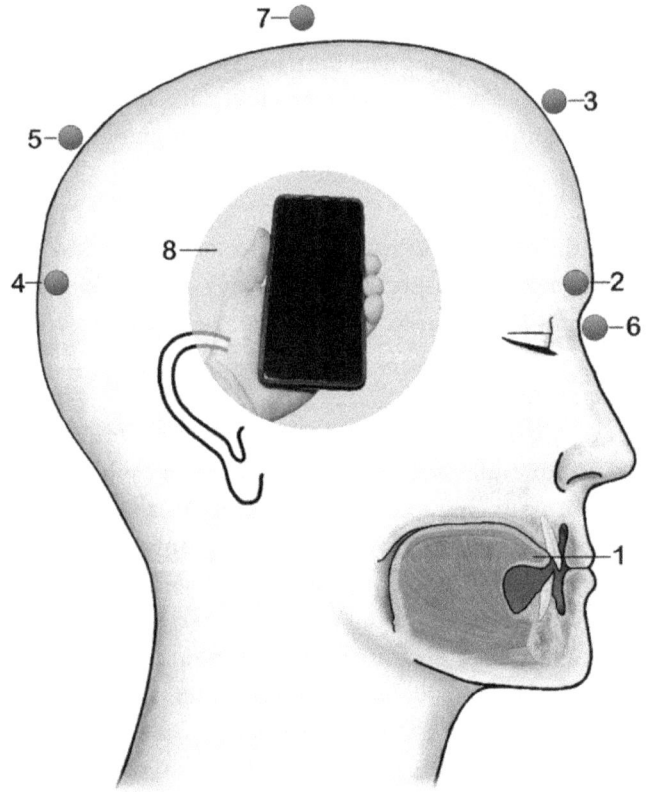

Abbildung 163: Die Kundalini-Meditationen

5. Bindu Chakra Meditation

Das Bindu Chakra ist wesentlich, denn es ist der Austrittspunkt, der den Kundalini-Kreislauf schließt. Wenn der Kundalini erlaubt wird, aus diesem Punkt auszutreten, erfährt das Bewusstsein das Einssein mit allen Dingen, einen Zustand der fortwährenden Meditation und reinen Transzendenz. Das liegt daran, dass das Bindu das Tor zum Kausalchakra ist, wo die Dualität auf die Nicht-Dualität trifft. Daher ist die Meditation auf diesen Punkt entscheidend für die Aufrechterhaltung der Integrität des Kundalini-Kreislaufs. Es muss ein ständiges subtiles Ziehen der Energie nach außen zum oberen Hinterkopf geben.

Ein angemessener Energiefluss an diesem Punkt bewirkt, dass Sie sich selbst in der dritten Person sehen. Es entsteht das Gefühl, dass sich Ihr Bewusstsein über Ihren physischen Körper erhebt und Sie Ihr Gesicht aus der Perspektive der dritten Person sehen können. Auf diese Weise nehmen Sie Ihr physisches Selbst, Ihre Mimik und die Energie, die Sie in das Universum aussenden, zusammen mit Ihren inneren Gedanken gleichzeitig wahr. Dieser Zustand des Seins weist auf einen hohen Stand der spirituellen Evolution mit der Kundalini-Energie hin.

Der Bindu-Punkt befindet sich oben am Hinterkopf, direkt gegenüber dem siebten Auge. Sein Meditationspunkt liegt einen Zentimeter außerhalb des Kopfes, genau wie das siebte Auge. Diese Meditation ist verbreiteter als das Siebte Auge und wird mehr Probleme auf geistiger und emotionaler Ebene lindern. Wenn es zu viel stagnierende Energie im Kopf gibt, wird das Ego diese Situation für seine Zwecke nutzen, indem es negative Gedanken einführt, die Angst erzeugen, um das Bewusstsein zu kapern. Dies führt dazu, dass die Kundalini vom Bindu Chakra herabfällt. Es muss kein Kurzschluss in irgendeinem Kanal vorliegen, damit dies geschieht; es kann auch durch erhöhten Stress oder das Beherbergen negativer Gedanken über einen längeren Zeitraum geschehen.

Um diese Meditation durchzuführen, legen Sie sich mit ausgestreckten Händen auf den Rücken und konzentrieren sich auf den Meditationspunkt des Bindu Chakra, der sich einen Zentimeter außerhalb des oberen Hinterkopfes befindet. Führen Sie die Vierfache Atmung durch, um den Geist zu beruhigen und in einen meditativen Zustand zu gelangen. Die Konzentration auf diesen Punkt beeinflusst das Bindu und das Kausalchakra, das eng mit dem Bindu verbunden ist.

Der Schlüssel zu diesen Kopfmeditationen liegt darin, seine Aufmerksamkeit zwei bis drei Minuten lang mit voller Konzentration auf einen bestimmten Punkt innerhalb oder außerhalb des Kopfes zu richten. Ich stelle mir gerne vor, dass ich den Meditationspunkt kontinuierlich mit meinem Zeigefinger berühre. Denken Sie daran, dass ich mir vorstelle, dass mein Astralfinger dies mit der Kraft meines Geistes tut. Auf diese Weise verbinde ich Vorstellungskraft und Willenskraft und nutze sowohl den Ida- als auch den Pingala-Kanal. Auf diese Weise wird die Energie stimuliert und nach außen gedrückt, wodurch sich der Kreislauf schließt. Diese Meditation kann auch im Sitzen durchgeführt werden, während die anderen bisher genannten Meditationen meiner Erfahrung nach am besten im Liegen funktionieren.

6. Unterbewusste Augen-Meditation

Das Unterbewusste Auge ermöglicht es allen vollständig Kundalini-Erweckten, die Inhalte ihres Unterbewusstseins zu sehen und so die Herrschaft über ihre Gedanken und ihre Realität zu erlangen. Dieses psychische Zentrum liegt an der Stelle, wo die Mitte der Augen auf den Nasenrücken trifft. Nehmen wir jedoch an, dass die negative Energie und die ängstlichen Gedanken in unserem Geist zunehmen. In diesem Fall wird dieser Freisetzungspunkt blockiert, und die Person kann die unterbewussten Inhalte nicht sehen.

Ida kann gleichzeitig zusammenbrechen, oder es ist der Zusammenbruch von Ida, der oft dazu führt, dass sich dieses psychische Zentrum schließt. Denken Sie daran, dass Stress, Angst und negative, ängstliche Gedanken Ida in Gefahr bringen, wenn Sie sich zu lange darauf konzentrieren. Wenn Ida zusammenbricht, oder wenn es von selbst geschieht, muss dieser Punkt wieder geöffnet werden, bevor er wieder gut funktionieren kann. Die Stelle, auf die Sie sich konzentrieren müssen, liegt direkt über dem Nasenrücken, einen Zentimeter außerhalb des Kopfes.

Wenn Sie atmen, atmet dieses psychische Zentrum mit Ihnen. Prana-Energie wird in das unterbewusste Auge eingespeist, das es Ihnen ermöglicht, gesunde Gedanken und Gefühle zu haben. Wenn diese psychischen Zentren richtig arbeiten, sollte jeder wache Atemzug Ihren Geist erneuern. Wenn die Energie an diesem Punkt stagniert, haben Sie einen ungesunden, von Angst geprägten Geist. Es wird Ihnen schwer fallen, in die Zukunft zu blicken, und Sie werden sich an die Vergangenheit klammern und ständig zwanghaft an sie denken.

Zwanghafte Gedanken oder Emotionen führen oft dazu, dass dieses psychische Zentrum blockiert wird, denn wenn man zwanghaft über etwas nachdenkt, richtet man seine Aufmerksamkeit zu sehr auf den Hinterkopf, was Energie von den Fünf Psychischen Augen und dem Unterbewussten Auge abziehen kann, wodurch einige von ihnen blockiert werden. Erinnern Sie sich daran, dass sich der eigentliche Sitz des Unterbewusstseins am Hinterkopf befindet, während das Unterbewusste Auge ein Fenster oder ein Portal ist, durch das wir seinen Inhalt sehen können.

Diese Meditation soll im Liegen mit ausgestreckten Handflächen durchgeführt werden. Es wäre hilfreich, wenn Sie den Vierfachen Atem anwenden, um sich in der richtigen Geisteshaltung zu halten, während Sie diese Meditation durchführen. Die Aufmerksamkeit muss mindestens zwei bis drei Minuten lang ohne Unterbrechung auf dem beschriebenen Punkt verweilen. Wenn Sie Erfolg haben, werden Sie ein kühlendes Gefühl auf dem Nasenrücken verspüren und den Druck spüren, der dort entsteht, wenn die Energie aus dem Nasenrücken in die Atmosphäre vor Ihnen austritt. Sie werden eine sofortige Befreiung von vergangenen Gedanken spüren und die Fähigkeit, an die Zukunft zu denken und sich auf die Zukunft zu freuen.

7. Sahasrara Chakra Meditation

Sahasrara Chakra ist das kritischste Chakra im Zusammenhang mit einer Kundalini-Erweckung, da es unsere Verbindung mit der spirituellen Quelle, dem Weißen Licht, darstellt. Sahasrara ist das höchste Chakra des Körpers, oben in der Mitte des Kopfes, und seine Funktion reguliert den gesamten Kundalini-Kreislauf, wenn es geöffnet und aktiv ist. Daher muss es immer mit Energie versorgt werden, sonst funktioniert der Kundalini-Kreislauf nicht mehr. In dem seltenen Fall, dass die Kundalini-Energie von Sahasrara herabfällt, kann diese einfache Meditation sie wieder anheben, so dass der zentrale Energiefluss durch Sushumna wieder richtig funktioniert. Denken Sie daran, dass Ida, Pingala und Sushumna sich am Ajna zu einem Energiestrom vereinen, der zum Sahasrara aufsteigt. Wenn dieser Energiestrom also unter Sahasrara fällt, ist dies die Meditation, die Sie anwenden müssen, um ihn wieder nach oben zu bringen.

Um diese Meditation durchzuführen, legen Sie sich mit ausgestreckten Handflächen auf den Rücken. Nutzen Sie zunächst den Vierfachen Atem, um sich in einen meditativen Zustand zu versetzen. Als Nächstes schließen Sie Ihre physischen Augen und rollen sie nach hinten, wobei Sie versuchen, zum Scheitel Ihres Kopfes hinaufzuschauen, etwa zwei Zentimeter über der Mitte Ihres Schädels. Obwohl sich Sahasrara oben in der Mitte des Kopfes befindet, habe ich die Erfahrung gemacht, dass es dem Kundalini-Energiekanal einen notwendigen Schub gibt, wenn man sich zwei Zentimeter über ihm konzentriert, anstatt nur einen, oder direkt auf ihn.

Halten Sie Ihre Aufmerksamkeit zwei bis drei Minuten lang ununterbrochen auf diesen Punkt gerichtet. Wenn Sie Erfolg haben, werden Sie spüren, wie sich ein Energiefluss durch Ihr Gehirn bewegt und Sahasrara erreicht. Wenn dies nicht funktioniert und Sie einen deutlichen Abfall von Sahasrara spüren, dann müssen Sie die Kundalini-Stränge in Ihrem Kopf durch Nahrungsaufnahme wieder aufbauen, indem Sie Nahrung in Lichtenergie oder Prana umwandeln. Das kann ein paar Wochen bis zu einem Monat dauern. Sie können diese Meditation alle paar Tage durchführen, während Sie Ihren Körper aus Lichtkraftstoff wieder aufbauen, um sich um diese Situation zu kümmern.

8. Ein Bild im Geist halten Meditation

Eine weitere grundlegende Meditation, die helfen kann, mentale und emotionale Probleme zu lindern, besteht darin, sich einen einfachen Gegenstand vorzustellen und sein visuelles Bild mit voller Konzentration zu halten. Es ist hilfreich, wenn der Gegenstand, den Sie sich vorstellen, etwas ist, dass Sie oft in der Hand halten, wie z.B. Ihr Handy, damit Sie sich vorstellen können, wie es in Ihrer Hand aussieht und sich anfühlt, indem Sie Ihre astralen Sinne und die Kraft Ihres Geistes nutzen.

Diese Meditation ist hilfreich, wenn eine Blockade am Bindu Chakra vorliegt und wenn andere Kopfpunkt-Meditationen nicht funktionieren. Es ist eine kraftvolle Meditation, weil sie sowohl den Ida- als auch den Pingala-Kanal während ihrer Durchführung mit einbezieht. Wenn Sie eine geistige Aktivität ausführen, die Ihre Willenskraft erfordert, benutzen Sie Ihren Pingala-Kanal. Umgekehrt benutzen Sie Ihren Ida-Kanal, wenn Sie Ihre Vorstellungskraft einsetzen und sich ein Bild in Ihrem Geist vorstellen. Indem Sie ein Bild über einen längeren Zeitraum in Ihrem Geist halten, öffnen Sie Ida und Pingala wieder und richten sie neu aus und erlauben ihnen, aus dem Bindu Chakra zu fließen, wie es bei vollständig Kundalini-Erweckten natürlich ist.

Sie werden feststellen, dass sich die visuelle Komponente des Bildes, das Sie in Ihrem Geist halten, verstärkt und deutlicher wird, wenn Sie diese Meditation durchführen. Vielleicht spüren Sie sogar Energiebewegungen in Ihrem Körper, entlang der Vorderseite Ihres Oberkörpers, auf beiden Seiten, wo sich Ida- und Pingala-Kanäle befinden. Sie können auch spüren, wie sich Energieströme durch die Vorderseite Ihres Gesichts bewegen.

Zum Beispiel kann eine Ausrichtung in einem Energiekanal stattfinden, der sich zentral über Ihr Kinn zu Ihrer Unterlippe bewegt. Sie können auch spüren, wie sich die Energie in Ihrem Gehirn bewegt, da die Kundalini-Stränge mit flüssigem Geist durchströmt werden. Wenn Sie eine dieser Bewegungen spüren, ist das ein gutes Zeichen dafür, dass Ihre Meditation funktioniert und Ida und Pingala sich ausrichten. Wenn Ihre Meditation erfolgreich war, sollten Sie schließlich einen Druck am oberen Hinterkopf spüren, da Ihr Bindu Chakra durchflutet wird, was signalisiert, dass der Kundalini-Kreislauf vollständig reaktiviert ist.

9. Einswerden mit einem Objekt Meditation

Eine weitere kraftvolle Meditation zur Optimierung der Ida- und Pingala-Kanäle und zur Neuausrichtung des Kundalini-Kreislaufs besteht darin, sich über einen längeren Zeitraum auf ein Objekt vor sich zu konzentrieren. Diese Meditation zielt darauf ab, aus sich selbst herauszutreten und mit dem Objekt eins zu werden, seine Essenz zu spüren. Sie werden dabei externalisiert und erlauben den Nadis, sich neu auszurichten und ihren natürlichen Fluss anzunehmen. Im Allgemeinen sind es die Inhalte unseres Geistes und der Missbrauch unserer Willenskraft, die den Fluss der Nadis blockieren oder stagnieren lassen.

Der Schlüssel dazu ist, einen leeren Geist zu haben und sich intensiv auf das Objekt zu konzentrieren, über das Sie meditieren. Fühlen Sie seine Beschaffenheit und benutzen Sie Ihre astralen Sinne. Machen Sie Ihren Geist frei und hören Sie nicht auf die Gedanken Ihres Egos, das Sie von der Aufgabe abhalten will, die vor Ihnen liegt.

Sie können auch auf einen festen Punkt Ihrer Wahl oder ein Bild meditieren. Ich finde jedoch, dass es besser funktioniert, auf ein dreidimensionales Objekt zu meditieren, da Sie alle Ihre Astralsinne darauf anwenden können, was Ihrem Geist ermöglicht, sich zu beschäftigen, was wiederum Stille erzeugt. Die Verwendung der Astralsinne in der Meditation ist eine gute Ablenkung für den Geist, da er sich nicht gleichzeitig darauf konzentrieren und denken kann.

Versenken Sie sich ganz in das Objekt, den Fixpunkt oder das Bild, ohne die Konzentration zu verlieren. Sie können blinzeln, obwohl Ihre Augen leicht tränen sollten, wenn Sie es richtig machen, was ein Zeichen für eine starke Konzentration ist. Achten Sie während dieser Meditation auf den Bindu-Punkt am oberen Hinterkopf. Nach etwa fünf bis zehn Minuten dieser Übung sollten Sie spüren, wie sich Ihre Nadis neu ausrichten und Ihr Bindu-Punkt mit Energie durchflutet wird. Dies ist ein Zeichen dafür, dass der Kundalini-Kreislauf optimiert wurde.

10. Meditieren auf das Erdstern-Chakra

Da das Erdstern-Chakra die weiblichen und männlichen Ströme für Ida und Pingala Nadis liefert, kann es sein, dass Sie bei einem Mangel an Energie, die durch eines der beiden Chakras fließt, auf ihre Quelle meditieren müssen, um sie wieder zu stärken. Das können Sie tun, indem Sie Ihre Aufmerksamkeit auf Ihre Fußsohlen legen und sie dort ununterbrochen halten, während Sie sich auf den Erdstern fünf Zentimeter unter Ihren Füßen konzentrierst.

Denken Sie daran, dass der Pingala-Kanal durch das rechte Bein und die Ferse verläuft, während der Ida-Kanal durch das linke Bein verläuft. Beide sind mit dem Erdstern-Chakra verbunden. Wenn Sie also Ihre Meditation richtig durchgeführt haben, würden Sie eine Energieausrichtung im unteren Teil der Ferse spüren, die mit dem Muladhara Chakra korrespondiert und signalisiert, dass Ida oder Pingala reaktiviert wurden. Gleichzeitig bietet die Meditation auf den Erdstern die optimale Erdung, die notwendig ist, um die anderen Chakren und feinstofflichen Körper im Gleichgewicht zu halten. Praktizieren Sie diese Meditation also häufig, auch wenn Sie keine Probleme mit dem Ida- oder Pingala-Kanal haben.

***

Eine letzte Anmerkung zu Kundalini-Kurzschlüssen und den in diesem Kapitel vorgestellten Meditationen. Verstehen Sie zunächst, dass Kurzschlüsse im Allgemeinen nicht im physischen, sondern im psychischen Sinne gefährlich sind. Daher kann die Durchführung dieser Meditationen Ihnen nicht schaden, sondern kann Ihnen spirituell erheblich nützen und Ihnen erlauben, Ihre Realitätserfahrung zu kontrollieren, anstatt der Kundalini-Energie ausgeliefert zu sein.

Auch wenn diese Meditationen bei mir in fast allen Fällen funktioniert haben, kann ich nicht garantieren, dass sie auch bei Ihnen immer funktionieren. Nachdem ich sie entwickelt habe, habe ich eine intuitive Verbindung zu jeder Meditation erlangt, bei der ich nach der Diagnose des Problems die richtige Meditation mit einer Genauigkeit von 90% anwenden kann. Das kann ich Ihnen nicht vermitteln, aber ich hoffe, dass Sie mit Übung und Erfahrung lernen können, dasselbe zu tun.

Ich glaube, dass das Handbuch für unsere Kundalini-Systeme dasselbe ist und dass der Schöpfer mein Kundalini-System nicht anders gestalten würde als Ihres, weil wir alle aus denselben physischen, emotionalen, mentalen und spirituellen Komponenten bestehen. Daher glaube ich, dass Kundalini-Themen universell sind, was bedeutet, dass diese Meditationen auch für Sie funktionieren sollten.

Abschließend hoffe ich, dass Sie bei der Anwendung dieser Meditationen nach Wegen suchen werden, sie weiterzuentwickeln und eigene Entdeckungen zu machen. Wir müssen gemeinsam dafür sorgen, dass sich die Kundalini-Wissenschaft ständig weiterentwickelt und neue Höhen erreicht, damit diejenigen, die nach uns kommen, auf unseren Fehlern und Erkenntnissen aufbauen können. Indem wir dies tun, entwickeln wir nicht nur uns selbst, sondern auch die Kundalini-Wissenschaft als Studiengebiet weiter.

TEIL XII: KUNDALINI BERATUNG

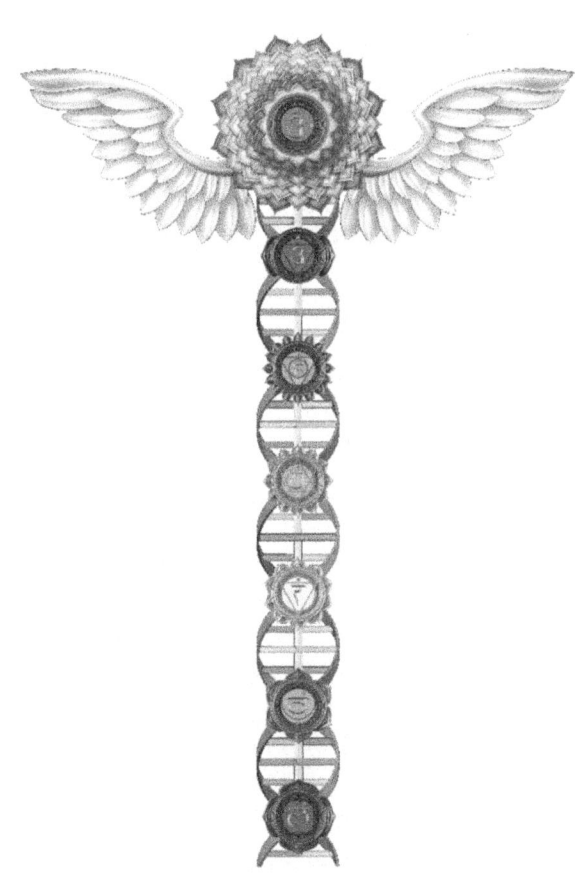

ALLGEMEINE TIPPS

In den letzten siebzehn Jahren haben mich viele Kundalini-Erweckte über die sozialen Medien kontaktiert und mich um Rat gefragt, was sie erwarten können und wie sie mit möglichen Problemen umgehen, die in ihrem Transformationsprozess auftreten. Ich stellte fest, dass viele ihrer Fragen und Bedenken gleich waren und ihre Anfragen sich wie ein roter Faden durchzogen, da der Transformationsprozess universell ist. In diesem Kapitel werde ich diese Gemeinsamkeiten erörtern und einige allgemeine Tipps für diejenigen unter Ihnen geben, die sich inmitten einer Kundalini-Transformation befinden.

Die Kundalini ist keine physische Manifestation, auch wenn sie sich oft so anfühlt. Während sich der Lichtkörper mit der Zeit vervollkommnet, pendelt das Bewusstsein zwischen dem physischen Körper und dem Lichtkörper hin und her und versucht, den Dingen einen Sinn zu geben. Vor dem Erwachen hat das Bewusstsein nur vom physischen Körper aus operiert. Daher mögen sich die verschiedenen Manifestationen der Kundalini zunächst physisch anfühlen, aber sie sind es nicht.

Oft erzählen mir Menschen, dass sie an verschiedenen Stellen ihres Körpers Druck verspüren, meist im Kopf oder in der Herzgegend, und fragen, warum das so ist. Sie wollen wissen, wann es aufhören wird und ob sich diese Probleme zu körperlichen Krankheiten entwickeln werden. Verstehen Sie, dass die Kundalini durch einen Bereich mit psychischen Zentren arbeitet, den sie erwecken muss, um die Energie dort zu lokalisieren. Manchmal erfordert dies, dass man gegen energetische Blockaden stößt, die sich im Laufe der Zeit durch negative Gedanken und Überzeugungen über sich selbst und das Leben im Allgemeinen gebildet haben. Obwohl es sich wie körperlicher Druck anfühlt, manifestiert er sich auf der Astralebene. Da der Verstand jedoch das Bindeglied ist, interpretiert er diese Informationen falsch. Schließlich hat der Verstand so etwas noch nie erlebt und ist in dieser Situation leicht verwirrt. Daher ist es nicht ungewöhnlich, dass die Person, die diese Empfindungen erlebt, Angst und Furcht empfindet, weil sie denkt, dass etwas Schädliches mit ihrem physischen Körper geschieht.

Die Chakren und die sie umgebenden Nerven, die die Organe versorgen, müssen vollständig mit dem Licht der Kundalini durchdrungen sein, damit es ungehindert im Lichtkörper zirkulieren kann. Aufgrund der karmischen Energie, die sich im Laufe des Lebens in den Chakras ansammelt, können diese Bereiche blockiert werden. Die Kundalini muss in diesem Bereich durch milde und gleichmäßige Wärme Druck ausüben, um diese Blockaden zu beseitigen.

Die Kundalini ist rohe Feuerenergie, die sich durch die Sublimierung von Prana über die Nahrungsaufnahme in Verbindung mit der Transmutation der eigenen sexuellen Energie in flüssigen Geist verwandelt. Diese spirituelle Energie kann alle Blockaden durchdringen, aber sie muss erst durch das Kundalini-Feuer in ihre subtile Form umgewandelt werden. Bei der Beobachtung dieses Prozesses in meinem eigenen Lichtkörper habe ich festgestellt, dass diese Umwandlung in dem Bereich stattfindet, in dem die Kundalini Blockaden löst.

Die häufigsten Bereiche, in denen Blockaden gelöst werden müssen, sind der Kopf und das Herz. Die Menschen werden monatelang, vielleicht sogar jahrelang, einen Druck im Kopf spüren, während sich die Kundalini in diesen feineren, flüssigen Geist verwandelt und die Gehirnzentren öffnet. Und wie Sie bisher gelernt haben, gibt es viele kritische Gehirnzentren, die geöffnet werden müssen, wie der Thalamus, der Hypothalamus, die Hypophyse und die Zirbeldrüse. Das Gehirn ist der Knotenpunkt, der diese wichtigen Energiezentren enthält. Die Chakras und die Nadis sind über das Nervensystem mit dem Gehirn verbunden. Das Gehirn ist die Hauptplatine; die richtige Verdrahtung muss im Lichtkörper geschaffen werden, damit er am effizientesten arbeiten kann. Andernfalls wird der Kundalini-Kreislauf nicht richtig funktionieren.

Anahata, das Herz-Chakra, ist ein weiterer kritischer Bereich, in dem sich das Kundalini-Feuer durch energetische Hindernisse hindurcharbeiten muss, um die notwendige Verdrahtung herzustellen. Nach dem Hara Chakra ist Anahata die zweitgrößte Konvergenz der Nadis im Körper. Auf der linken Seite befindet sich der Ida-Kanal, der sich korrekt öffnen muss, um seinen Energiefluss zu optimieren. Auf der rechten Seite befindet sich der Pingala-Kanal. Beide benötigen einen ausreichenden Fluss dieser spirituellen Energie, die durch sie hindurch wirkt, um keinen seltsamen Druck zu spüren, der ängstliche und beunruhigende Gedanken erzeugt.

Nach dem Erwachen der Kundalini-Energie kommt es häufig zu Herzklopfen, da hohe Mengen an Adrenalin, Dopamin und Serotonin im Körper freigesetzt werden, was zu einer beschleunigten Herzfrequenz führt. Gelegentlich kommt es auch zu Herzrhythmusstörungen, die meiner Erfahrung nach durch angstbasierte Erinnerungen verursacht werden, die aus dem Unterbewusstsein auftauchen und erneut durchlebt werden müssen, um ihre emotionale Ladung zu entfernen.

Diese Situationen sind kein Grund zur Beunruhigung, denn sie sind universell in ihrer Ausprägung und werden sich noch über Jahre hinweg manifestieren, vor allem in den frühen Stadien. Wenn verschiedene Hormone in das Herz gepumpt werden, treten unglaubliche Gefühle gesteigerten Hochgefühls auf. Der Energiestoß im Herzen ist ekstatisch und für jemanden, der es nicht erlebt hat, unmöglich zu beschreiben. Die Nebennieren können während dieses Prozesses erschöpft werden, was Sie mit Vitamin C wieder auffüllen können.

Die Kundalini-Energie kann auch auf Blockaden in anderen Körperbereichen stoßen, normalerweise im Rumpf. Die Energie kann durch verschiedene Organe wirken, und es kann sich anfühlen, als ob ein Organ in Gefahr wäre. Ich habe jedoch nie festgestellt, dass dies der Fall ist, und ich habe auch noch nie von jemandem gehört, der in dieser Situation ein echtes Organversagen hatte. Also noch einmal: Es mag sich für Sie körperlich anfühlen, aber es wird sich nicht negativ auf das Organ auswirken. Es ist jedoch zu beachten, dass es zu psychosomatischen Auswirkungen kommen kann, wenn Sie sich zu sehr darauf konzentrieren, dass der Druck körperlich ist. Mit anderen Worten: Sie können körperliche Schmerzen entwickeln, aber nur, weil Sie sich so sehr auf die Vorstellung konzentrieren, dass sie sich manifestieren. Dennoch manifestiert er sich nicht in einer Weise, die Ihnen schaden kann.

Im Großen und Ganzen ist mein Rat immer derselbe, und dieser Rat gilt für alle Dinge, die mit dem Erwachen zu tun haben, egal in welchem Stadium - wenn Sie Angst verspüren, gehen Sie durch sie hindurch. Bitte konzentrieren Sie sich nicht auf die Angst, denn es ist die Angst, die Sie negativ beeinflusst und nicht die Kundalini selbst. Furcht erzeugt Angst, die gegen die Kundalini arbeitet. Sie bekämpft den Kundalini-Prozess, der sich in Ihnen abspielt. Der physische, emotionale und mentale Subtilkörper muss entspannt und in Frieden sein, damit die Kundalini ihre Arbeit tun kann. Wenn in irgendeinem Bereich Ängste vorhanden sind, werden sie den Fluss der Kundalini in einem ihrer vielen verschiedenen Zustände verhindern. Diese Blockaden werden nur scheinbar stärker und verschlimmern sich, wenn Sie Angst hervorrufen. Stattdessen müssen Sie sich darin üben, in Geist, Körper und Seele entspannt zu sein, auch wenn die Erfahrung intensiv erscheinen mag.

Wenn die Kundalini vollständig erweckt ist und durch Sie wirkt, ist es am besten, wenn Sie für eine Weile mit der Meditation aufhören. Zu diesem Zeitpunkt führt das nur dazu, die Energie im Kopf zu fokussieren, was nicht mehr notwendig ist. Wenn Sie die Kundalini erweckt haben, haben Sie das Ziel aller Meditation ohnehin schon erreicht. Deshalb wird es Ihnen gut tun, so viel Zeit wie möglich fern von Ihren Gedanken zu verbringen und mehr Zeit in der Natur oder mit Menschen zu verbringen. Wenn ich Menschen sage, dann meine ich positiv gesinnte Menschen, keine negativen. Entspannen Sie sich in allen Teilen des Selbst und konzentrieren Sie sich darauf, nährstoffreiche Nahrung zu sich zu nehmen, das ist alles, was von Ihnen verlangt wird.

Verzweifeln Sie nicht, wenn Sie Schwierigkeiten mit dem Schlaf haben, wie es in den ersten Jahren nach dem Erwachen oft der Fall ist. Es hat keinen Sinn, um jeden Preis zu versuchen, den Schlaf herbeizuführen, nur um dann frustriert zu sein, wenn er nicht eintritt. Tun Sie stattdessen etwas Produktives, um die Energie abzubauen, die Sie am Schlafen hindert. Kreative Tätigkeiten helfen, die Energie umzuwandeln und bringen Sie in Kontakt mit Ihrer Vorstellungskraft und Willenskraft, die Sie inspirieren und Ihnen helfen, einen ruhigen Zustand zu erreichen, der den Schlaf auf natürliche Weise einleitet. Denken Sie immer daran, dass Kreativität auch Liebesenergie nutzt, so dass jede kreative Tätigkeit produktiv ist, da sie Liebe nutzt. Diese Regel gilt für alle Phasen des Erwachens, egal in welchem Stadium des Lebens. Wir versuchen immer, uns so weit wie möglich auf die Liebe auszurichten, während wir dies durchlaufen.

Nach meinem Erwachen litt ich jahrelang unter Schlaflosigkeit und schwankte zwischen intensiven luziden Träumen und völligem Schlafmangel und der Unfähigkeit, überhaupt Träume hervorzurufen. Mit der Zeit habe ich gelernt, mir keine Sorgen zu machen oder Stress zu machen, wenn das passiert, obwohl das schwierig sein kann, wenn man am nächsten Tag etwas Wichtiges vorhat, für das man gut ausgeruht sein muss. Man muss lernen, sich damit abzufinden und nicht dagegen anzukämpfen. Sie haben keine andere Wahl. Sobald Sie dies akzeptieren, wird es Ihnen besser gehen. Ein normaler Lebensstil mit Arbeitsalltag von neun bis fünf kann eine Herausforderung sein, die Sie aber akzeptieren und bewältigen müssen. Je mehr Sie dagegen ankämpfen, desto mehr behindern Sie den Kundalini-Transformationsprozess.

Wenn Sie in der Nacht nicht einschlafen können, signalisiert Ihnen Ihr Körper, dass er keine Ruhe braucht. Der Geist vielleicht schon, und den können Sie beruhigen, indem Sie sich einfach auf den Rücken legen, während Sie wach sind. Manchmal hilft es, direkt vor dem Schlafengehen eine Melatoninpille einzunehmen, die Sie in Ihrer Drogerie finden können. Wenn Sie jedoch keinen Schlaf herbeiführen können, bedeutet das lediglich, dass im Lichtkörper zu viel Aktivität herrscht, und das müssen Sie akzeptieren. Sie werden am nächsten Tag ein wenig klarer sein, aber Sie sollten in der Lage sein, alles zu erledigen, was Sie müssen. Nicht schlafen zu können bedeutet, dass die Kundalini auf Hochtouren läuft und Ihren Geist, Körper und Ihre Seele auf einer tiefen Ebene transformiert. Versetzen Sie sich so oft wie möglich in den Autopilot-Modus und lassen Sie sie tun, was sie tun muss.

Ein Aspekt der Kundalini-Transformation ist, dass die Menge an Schlaf, die benötigt wird, um am nächsten Tag zu 100% zu funktionieren, wesentlich geringer ist als bei einer Person ohne aktive Kundalini. Sechs Stunden Schlaf sollten an den meisten Tagen ausreichen, habe ich festgestellt. Volle acht Stunden Schlaf sind optimal, während alles, was über acht Stunden hinausgeht, übertrieben und nicht notwendig ist. In der Anfangsphase kann es jedoch sein, dass Sie mehr als acht Stunden Schlaf brauchen, vor allem, wenn Ihre Kundalini in der Nacht sehr aktiv ist.

Im Laufe der Jahre habe ich festgestellt, dass ich bei mehr als acht Stunden Schlaf am nächsten Tag weniger konzentriert und träge bin. Es hat sich gezeigt, dass sechs bis acht Stunden Schlaf für mich am besten sind. Ich hatte auch viele schlaflose Nächte, wenn die Kundalini sehr aktiv war. Aber ich überwand dies, indem ich meinen Geist während der Nacht entspannte, was es mir ermöglichte, am nächsten Tag immer noch zu 95 % mit meiner üblichen laserartigen Schärfe und Konzentration zu arbeiten. Das war jedoch erst nach mindestens fünf Jahren Kundalini-Transformationsprozess und nachdem ich mein Bewusstsein auf das Höhere Selbst abgestimmt hatte. Wenn Sie sich mehr auf Ihr Ego ausrichten, werden Sie mehr Schlaf brauchen.

ALLGEMEINE FRAGEN

Nachdem ich über viele Jahre die Rolle des Kundalini-Lehrers und -Führers übernommen habe, habe ich unzählige Fragen von vielen verschiedenen Kundalini-Eingeweihten über ihren Erweckungs- und Transformationsprozess beantwortet. Die häufigsten Anfragen habe ich in einer Reihe von Fragen und Antworten aus unserer Korrespondenz zusammengestellt.

Ich hatte vor fast einem Jahr ein spontanes Kundalini-Erwachen. Jetzt sind die emotionale Aufruhr und die Angst, mit denen ich konfrontiert bin, unerträglich. Ich habe meinen Job verloren, meine Beziehungen sind in die Brüche gegangen, und ich bin bereit, aufzugeben. Ich habe keine Energie mehr, um weiterzumachen. Welche weisen Worte haben Sie für mich?

Verzweifeln Sie nicht, mein Freund. Viele Menschen waren schon in Ihrer Lage, und viele weitere werden es in Zukunft sein. So schlimm die Dinge jetzt auch erscheinen mögen, denken Sie immer daran, dass auf die Nacht immer die Morgendämmerung folgt. Der Erfolg hängt nicht davon ab, wie schnell man fällt, sondern davon, wie schnell man aufsteht und es erneut versucht. Sie müssen Widerstandskraft gegen die Herausforderungen entwickeln, mit denen Sie konfrontiert werden, und Sie werden die Lösungen finden, die Sie suchen. Lassen Sie sich nicht von der Angst lähmen, sondern stellen Sie sich Ihren Ängsten, und Sie werden Mut gewinnen. Alle erfolgreichen Menschen glänzen dann, wenn sie nichts mehr haben, wenn ihre ganze Energie aufgebraucht und ihr Tank leer ist. Sie nutzen diese Momente, um zu beweisen, wer sie sind, indem sie die Energie aus sich selbst schöpfen, um ihre Ängste zu überwinden und Erfolg zu haben.

Erinnern Sie sich daran, dass Furcht ein falsches Indiz ist, das als real erscheint; sie lebt im Bereich der Dualität. Das Wahre Selbst jedoch befindet sich im Bereich der Nicht-Dualität. Es ist ein Feuer, das niemand außer Ihnen selbst löschen kann. Und die Zeit tickt für jeden von uns. Deshalb müssen wir alle die Herausforderungen des Lebens als Tests unserer Willenskraft betrachten. Wir müssen Vertrauen in uns selbst und in das Universum haben und uns diesen Herausforderungen mit Entschlossenheit und Ausdauer stellen, um erfolgreich zu sein.

Finden Sie Trost in der Gesellschaft von Gleichgesinnten, die den gleichen Kundalini-Erweckungsprozess durchlaufen, und machen Sie sie zu Brüdern und Schwestern. Sie sind dabei nicht allein. Wir sind alle dazu bestimmt, uns in Wesen des Lichts zu verwandeln. Es ist jedoch kein einfacher Prozess. Je härter die Reise, desto süßer die Belohnung. Viele Wege führen zu demselben Ziel. Wenn einer nicht funktioniert, versuchen Sie einen anderen. Geben Sie niemals auf und seien Sie nicht niedergeschlagen, denn wenn Sie bereit sind aufzugeben, hat das Göttliche keinen Platz für Sie im Himmelreich.

Immer, wenn meine Kundalini-Energie sehr aktiv wird, werde ich unglaublich paranoid, ängstlich und verängstigt. Ich frage mich, ob ich einen Therapeuten aufsuchen sollte, obwohl ich mir nicht sicher bin, ob er verstehen wird, was ich durchmache. Aber bevor ich das tue, was kann ich sonst noch tun, um diese schwierigen Gefühle zu überwinden?

Die Paranoia und die Ängste, die Sie erleben, sind typisch für das, was Sie durchmachen. Ihr Zustand kann jedoch nicht als klinisch bezeichnet werden. Am besten behalten Sie Ihre Erfahrungen für sich, um sich die Enttäuschung zu ersparen, vom medizinischen Personal nicht verstanden zu werden. Noch wichtiger ist, dass Sie sich davor schützen, dass Ihnen Medikamente verschrieben werden, die Ihren Transformationsprozess erheblich behindern. Verbringen Sie Zeit im Freien, verbinden Sie sich mit der Natur und tun Sie Dinge, die Ihnen fremd sind, anstatt über das nachzudenken, was Sie gerade durchmachen. Dem Ego gefällt es nicht, dass es einen Sterbeprozess durchläuft, deshalb will es Ihnen Angst machen und Ihnen ein negatives Gefühl vermitteln.

Am wichtigsten ist, dass Sie die ganze Erfahrung positiv sehen. Sie gehören zur Elite der Welt, und Sie wurden aus irgendeinem Grund auserwählt. Ehrlich gesagt sind die Jahre, in denen Sie in einem schlechten mentalen Zustand gelebt haben, wie es bei vielen neu erweckten Kundalini-Initianten der Fall ist, die kostbaren Juwelen, die Sie in der Zukunft erwarten, durchaus wert. Außerdem ist Ihre Mentalität nur eine Facette von dem, was Sie wirklich sind. Erinnern Sie sich daran und seien Sie mutig. Wenn Sie sich auf die Angst konzentrieren, werden Sie nicht mit Mut leben können. Seien Sie stattdessen mutig, und die Angst wird verschwinden.

Es gibt Zeiten, in denen ich das Gefühl habe, dass mein Ego endlich aus dem Weg geräumt ist, aber dann kehrt es mit aller Macht zurück und bringt große Angst und emotionale Schmerzen mit sich. Oft fühlt es sich an, als würde ich einen langsamen und schmerzhaften Tod sterben. Warum kann das nicht vorbei sein? Was geschieht mit mir?

Schmerz und Vergnügen sind beides Aspekte ein und derselben Sache. Sie hängen damit zusammen, wie man die Realität um sich herum durch den Verstand liest. Durch die Überbrückung des Bewussten mit dem Unterbewussten wird die Geschwindigkeit des Pendels, das zwischen Vergnügen und Schmerz schwingt, exponentiell erhöht, was zu vielen mentalen Problemen führt. Der Unterschied besteht darin, dass dieser Prozess bei einer durch die Kundalini aktivierten Person nur vorübergehend ist und dazu dient, negative Erinnerungen auszulöschen, die wie eine Mauer zwischen der Welt des reinen Potenzials und den Grenzen wirken, die der Verstand in seinem Streben nach Überleben geschaffen hat.

Das Selbst, das bis jetzt überlebt hat, ist das Ego. Das Ego liegt im Sterben! Es will nicht sterben, genau wie jede andere intelligente Kraft in diesem Universum. Der ewige Zeuge des Jetzt, Ihr wahres Selbst, steht also zur Seite, während das Ego den Schmerz spürt und weiß, dass in seinem Tod das wahre Leben liegt. Denken Sie daran, dass es viele Jahre gedauert hat, bis sich das Ego entwickelt hat. Da jede Aktion eine gleichwertige und entgegengesetzte Reaktion hat, wissen Sie, dass es viele Jahre dauern wird, bis es ebenfalls stirbt. Das ist ein normaler Teil des Transformationsprozesses, ebenso wie der Schmerz, der ihn begleitet.

Sobald die Leiden des Egos geklärt sind, ist das Bewusstsein frei, die reine Emotion der Leere zu erfahren, die eine nirvanische Verzückung ist. Nehmen Sie sich also Zeit, haben Sie es nicht eilig, und nach einiger Zeit wird sich der Geist beruhigen, und Sie werden zu dem werden, was Sie sein sollen - ein Wesen des Lichts!

Seit einigen Monaten werde ich von lähmenden Kopfschmerzen geplagt, die manchmal die ganze Nacht und sogar bis zum nächsten Tag anhalten. Außerdem habe ich rätselhafte Schmerzen, die in verschiedenen Bereichen meines Körpers, vor allem im Rumpf, kommen und gehen. Was kann man dagegen tun? Ist dies ein normaler Teil des Kundalini-Prozesses?

Wenn Sie Kopfschmerzen als Folge einer erweckten Kundalini haben, werden Sie feststellen, dass, wenn Sie einen Schritt zurücktreten, Ihre Kopfschmerzen nicht durch die Kundalini verursacht werden, sondern dadurch, wie der Verstand das Geschehen interpretiert. Das liegt daran, dass die Kundalini in der Astralebene wirkt, aber wir können sie spüren, als ob sie in unserem physischen Körper wäre. Sie wirkt in einer anderen Dimension als der materiellen, zu der der physische Körper gehört.

Bleiben Sie stets entspannt, trinken Sie viel Wasser, und die Kopfschmerzen werden verschwinden. Vermeiden Sie Stresssituationen, und wenn Kopfschmerzen auftreten, versuchen Sie, die Ursache herauszufinden, und vermeiden Sie es dann, beim nächsten Mal die gleiche Ursache zu schaffen oder in deren Nähe zu sein.

Körperliche Schmerzen werden auf negative Energie und karmische Erinnerungen zurückgeführt, die im physischen Körper und in den Organen gespeichert sind. Wenn also die Kundalini auf der Astralebene (weil sie nur auf der Astralebene wirkt) die Bereiche durchdrungen hat, die die spirituellen Gegenstücke zu den physischen Komponenten des Körpers enthalten, werden Gefühle von physischem Schmerz empfunden, während sie die Negativität in diesen spirituellen Gegenstücken reinigt.

Dieser Prozess ist normal und wird mit der Zeit abklingen. Versuchen Sie eine andere Ernährung, Yoga oder Erdungstechniken, um den Schmerz zu lindern. Denken Sie daran: Wenn Sie Ihre Aufmerksamkeit auf den Schmerz richten, machen Sie ihn stärker. Richten Sie also Ihre Aufmerksamkeit woanders hin, und die Kundalini wird sich dorthin bewegen, wo Ihr Bewusstsein ist. Ein furchtloser Geist hat keine Hindernisse für den Kundalini-Prozess!

Ich habe verschiedene Visionen, die mit Katzen zu tun haben. Manchmal sind sie groß, und manchmal sind sie klein. Sie waren silbern, schwarz, gelb und rötlich-orange. Die auffälligste Vision war jedoch eine Katze mit einem gebrochenen Schwanz. Ich kämpfe damit, mir einen Reim darauf zu machen. Ist etwas in mir zerbrochen?

Interpretieren Sie solche Visionen aus dem Blickwinkel des Geistes. Wenn der Verstand entspannt ist und diese Bilder genießt, sind es flüchtige Erfahrungen, die keine Rolle spielen. Wenn sich der Verstand jedoch in diesen Symbolen verheddert und versucht, alles, was geschieht, zu interpretieren, erschafft man sich selbst ein Labyrinth, aus dem man nur schwer wieder herauskommt, ohne Angst mit dem Ergebnis zu verbinden.

Visionen im Traum sind in der Regel ein Ergebnis dessen, womit sich der Geist im Wachzustand beschäftigt. Da Sie gerade das Erwachen hatten und täglich eine Menge Kundalini-Aktivität erleben, versuchen diese Visionen in Ihren Träumen, Sie etwas darüber wissen zu lassen.

Katzen, unabhängig von ihrer Farbe, sind Symbole der Kundalini. In den alten Traditionen repräsentierten Katzen den großen weiblichen Aspekt der Göttlichkeit. Diese Träume lassen Sie wissen, dass Sie eine Kundalini-Aktivität durchleben. Der gebrochene Schwanz könnte eine Energieblockade bedeuten, vielleicht aber auch nicht. Es könnte bedeuten, dass der Verstand ein Knistern von Energie in Ihnen interpretiert hat.

Verstricken Sie sich nicht in all diese Traumdeutungen. Das Endergebnis eines Kundalini-Erwachens ist eine völlige Loslösung von den Verstrickungen des Verstandes. Sie müssen den Verstand umgehen, um im Jetzt, im gegenwärtigen Moment, zu sein und Energie aus dem Feld der reinen Potenzialität zu schöpfen. Eines Tages werden diese Dinge aus der Sicht des großen Ganzen absolut nichts mehr für Sie bedeuten.

Nach meinem ersten Kundalini-Erwachen hatte ich viele mystische Visionen mit allen möglichen Symbolen. Jetzt sind sie verschwunden, aber auch die meisten visuellen, unwillkürlichen Gedanken insgesamt. Ich nehme die Dinge intuitiv wahr, da sich mein Bewusstsein über die Angst erhoben hat. Denkt daran, wenn es um das Erwachen geht: "Alle Dinge lösen sich auf und gehen in alle anderen Dinge über". An das, was Sie jetzt sehen, werden Sie sich in einigen Jahren nicht einmal mehr erinnern.

Ich fühle mich zerbrechlich, verletzlich und mein emotionaler Zustand ist ein ständiges Auf und Ab. Ich habe Angst und Paranoia, und ich brauche Hilfe. Ich bin mir nicht sicher, ob Ärzte mir mit irgendetwas helfen können, das mit Kundalini zu tun hat, aber ich weiß nicht, an wen ich mich sonst wenden soll. Was soll ich tun?

Keine Fachleute für psychische Gesundheit können Ihnen bei den mentalen und emotionalen Problemen helfen, mit denen Sie aufgrund einer erweckten Kundalini konfrontiert sind. Sie werden darauf erpicht sein, Sie medizinisch zu behandeln, was Sie nicht wollen. Ich habe eine Psychiaterin aufgesucht, die anscheinend zu einem bestimmten Zeitpunkt über die Kundalini "Bescheid wusste". Während des Besuchs erfuhr ich, dass sie gar nichts wusste, da man nur dann wirklich etwas über die Kundalini wissen kann, wenn man eine persönliche Erfahrung hat. Es war eine Verschwendung meiner Zeit und meines Geldes, und vor allem führte es zu einer Enttäuschung. Falsche Hoffnungen können sich in diesem Prozess sehr negativ auswirken, da sie dazu führen können, dass man noch schneller aufgibt, als man normalerweise geneigt wäre, es zu tun.

Wenn Sie sich in einem fragilen Zustand befinden, seien Sie Ihr eigener Arzt und Ihr persönlicher Retter. Wenn es um die Kundalini geht, legen Sie Ihr Vertrauen nicht in die Hände anderer Menschen, es sei denn, diese Menschen haben das Erwachen selbst erlebt. Wenn Sie Trost brauchen, hören Sie sich einige Selbsthilfevorträge an. Ein Kundalini-Erwachen wird auch den inneren Guru, das Höhere Selbst, erwecken. Jetzt ist es an der Zeit, zu lernen, sich selbst zu vertrauen und Ihr eigener Führer und Lehrer zu sein.

Psychische Probleme, Ängste und Paranoia sind für Menschen in Ihrer Situation keine Seltenheit. Wir haben das alle schon durchgemacht. Finden Sie etwas, das Sie beruhigt und glücklich macht und Ihnen eine Flucht aus dem mentalen Tumult ermöglicht. Suchen Sie sich ein Hobby, das Ihren Körper, Ihren Geist und Ihre Seele beschäftigt. Schreiben Sie, malen Sie, gehen Sie spazieren, tun Sie etwas Inspirierendes. Wenn Sie sich auf Negativität konzentrieren, werden Sie im Gegenzug Negativität bekommen. Es hilft, wenn Sie sich nicht auf die mentalen Probleme konzentrieren, denn sie sind vorübergehend.

Wenn Sie einen Arzt aufsuchen, fühlen Sie sich hinterher vielleicht noch schlechter, weil er mit Begriffen wie chronische Angstzustände, bipolare Störungen und Schizophrenie um sich werfen wird. Die Symptome, die eine aktive Kundalini zeigt, mögen ähnlich sein, aber das bedeutet nicht, dass Sie die Krankheit selbst haben. Im Gegensatz zu nicht erweckten Menschen, bei denen diese Krankheiten diagnostiziert werden, gehen wir durch diese Herausforderungen hindurch und kommen auf der anderen Seite gestärkt und verfeinert wieder heraus. Es ist nur eine Frage der Zeit und der Geduld.

Eine Sache, die ich immer gelernt habe, ist, meinem eigenen Trommelschlag zu folgen. Hören Sie auf die innere Stimme und lassen Sie sich nicht von anderen vorschreiben, was zu tun ist. Sie steuern Ihre Erzählung. Ignorieren Sie, was andere über das sagen, was Sie gerade durchmachen. Sie kennen die Wahrheit tief in Ihrem Inneren, also fangen Sie an zuzuhören. Ihnen geht es gut! Es ist nur das Ego, das Ihnen Angst macht, weil es weiß, dass es seine Macht über Ihr Bewusstsein verliert. Ihr Wahres Selbst lebt in der Stille, an einem Ort, an dem es keine Gedanken gibt!

Ich spüre einen immensen Druck von der Stirn bis zum Scheitel, und meine Gedanken sind unkontrollierbar. Ich habe das Gefühl, verrückt zu werden, als ob mein Gehirn kaputt wäre. Was kann ich tun, um das Gleichgewicht zu finden?

Wenn Sie einen Energiestau im Sahasarara- und Ajna-Chakra haben, müssen Sie sich erden. Wenn Sie zu viel nachdenken und mit Angst und Furcht in Berührung kommen, wird Ihnen die Erdung Ihrer Energien helfen. Die Erdung bringt Ihren Geist zum Schweigen und lässt die Angst verschwinden. Aus eigener Erfahrung weiß ich, dass Sie, wenn Sie viel Energie im Kopf haben, introvertiert werden und zu viel nachdenken. Versuchen Sie also, sich auf den emotionalen Aspekt des Selbst zu konzentrieren, indem Sie mit Ihren Gefühlen in Kontakt kommen, und die Energie wird sich selbst ausgleichen.

Es ist hilfreich, sich auf die Fußchakren und insbesondere auf den Bauch zu konzentrieren. Indem Sie sich auf Ihren Bauch konzentrieren, neutralisieren Sie das Luftelement (Gedanken) und verbinden sich mit dem Wasserelement (Gefühle). Dadurch kommen Sie in Kontakt mit Ihren Gefühlen und bringen die Energie aus Ihrem Kopf nach unten. Wenn Sie die Energie in den Bauch schicken, erzeugen Sie durch Atmung und Meditation ein angenehmes und gleichmäßiges Feuer in diesem Bereich. Üben Sie sich in stiller Meditation, und Sie sollten in der Lage sein, die Energie auch an anderen Stellen als in Ihrem Kopf zu spüren. Meditation ist notwendig, um die Energie nach unten in den Bauch zu bringen und den Kundalini-Kreislauf wieder zu verbinden.

Ich habe versucht, meinen Prozess zu rationalisieren und zu intellektualisieren, was mich nicht weitergebracht hat. Ich verstehe, dass es an der Zeit ist, über den Verstand und meine Gedanken hinauszugehen, aber ich weiß nicht, wie oder wo ich anfangen soll. Können Sie mir einen Einblick geben?

Anstatt sich auf Ihre Gedanken zu konzentrieren, bringen Sie Ihren Geist zum Schweigen und treten Sie durch Meditation und kontrollierte Atmung aus sich heraus. Nehmen Sie sich selbst in der dritten Person wahr, indem Sie Ihren Körper und Ihre Mimik beobachten, und werden Sie zum Stillen Zeugen im Jetzt, im gegenwärtigen Moment. Indem Sie aus sich selbst heraustreten, umgehen Sie das Ego und verbinden sich mit dem Wahren Selbst, dem Heiligen Schutzengel, durch den Sie die Herrlichkeit Gottes und unzählige andere spirituelle Reichtümer erfahren können.

Um das zu erreichen, meditieren Sie auf Ihr geistiges Auge, indem Sie sich auf Ihr Augenbrauenzentrum konzentrieren. Dann sehen Sie mit offenen Augen die Welt draußen und drinnen gleichzeitig. An diesem Punkt werden Sie sich selbst so sehen, wie andere Menschen Sie sehen. Sie können diese Erfahrung durch Übung erlangen. Sie wird Ihre Wahrnehmung langsam von der Verstrickung in die Illusion des Egos und der Angst hin zu einer äußeren und objektiven Wahrnehmung verschieben, die an Gottes Reich des Lichts teilhat, das uns Liebe, Wahrheit und Weisheit schenkt.

Das ist gemeint, wenn Adepten und Weise davon sprechen, dass sie die Einheit aller Dinge erlangt haben. Denken Sie daran, dass Sie nur ein Gedankenbild im Geist Gottes sind. Diese Welt der Materie, an der unsere Sinne teilhaben, ist nur der ewige Traum Gottes, und unsere Macht zu denken und zu träumen erlaubt uns, Mitschöpfer unseres Schöpfers zu sein. Lasst diejenigen, die Ohren haben, diese große universelle Wahrheit hören.

Seitdem meine Kundalini erwacht ist, ist es das Einzige, worüber ich mit anderen sprechen möchte. Ich möchte, dass andere wissen und erleben, was ich erlebt habe. Aber wann immer ich jemandem von meinen Erfahrungen erzählt habe, haben sie mich entweder nicht verstanden oder mir das Gefühl gegeben, dass ich verrückt bin. Sollte ich diese Erfahrung von nun an einfach für mich behalten?

In Bezug auf die Frage, wem Sie von Ihrem Kundalini-Erwachen erzählen, würde ich sagen, dass Sie es mit 10% der Menschen in Ihrem Leben teilen sollten und nicht mit den anderen 90%. Das Teilen an sich hat die Erwartung, verstanden zu werden. Tatsache ist, dass nicht einmal 10% es verstehen werden, aber sie werden Ihnen zumindest aus Mitgefühl und dem Glauben, dass Sie ihnen die Wahrheit sagen, glauben. Wenn Sie sich also eine Menge Enttäuschungen ersparen wollen, empfehle ich Ihnen, diese Erfahrung in den meisten Fällen für sich zu behalten.

Wenn jemand Kundalini erwähnt und darüber Bescheid weiß, teilen Sie ihm Ihre Erfahrung mit. Selbst dann, wenn die Person kein Erwachen hatte, wird sie unterschiedliche Meinungen zu dem Thema haben und nicht in der Lage sein, alles zu verstehen, was Sie sagen.

Wir stehen in Beziehung zueinander durch frühere Erfahrungen und Gemeinsamkeiten als menschliche Wesen. Aber leider können die meisten Menschen beim Thema Kundalini keine Verbindung herstellen. Und wenn Sie Negativität und Ignoranz von anderen vermeiden wollen, dann sein Sie mit sich selbst und Ihrer eigenen Erfahrung zufrieden und gehen Sie mit gutem Beispiel voran, anstatt ihnen zu sagen, dass Sie in der Ausbildung sind, um das Beispiel zu sein.

Wenn die Kundalini ihre Arbeit mit Ihnen beendet hat, egal wie viele Jahre es dauert, werden Sie nichts mehr sagen müssen; andere werden wissen, dass Sie einzigartig und besonders sind. Sie werden vielleicht nicht alles verstehen, was Sie ihnen erzählen, denn oft muss man etwas sehen, um es zu glauben, aber wenn Sie zur Lichtquelle werden und den Weg anführen, werden die Menschen von Ihnen fasziniert und inspiriert sein. Dann werden sie Ihnen folgen. Schließlich fühlen sich die Menschen zu denen hingezogen, die ihr inneres Licht leuchten lassen, weil sie ihnen unbewusst die Erlaubnis geben, sie selbst zu sein und das Gleiche zu tun.

Meine Erfahrungen mit der Kundalini waren manchmal wie ein Aufenthalt im Himmel und manchmal wie in der Hölle. Durch meine religiöse Erziehung wurde mir jedoch beigebracht, die Hölle zu fürchten und mich nach dem Himmel im Jenseits zu sehnen. Aber jetzt, nachdem ich diese Erfahrungen in meinem täglichen Leben gemacht habe, habe ich das Gefühl, dass das alles bedeutungslos ist. Obwohl ich unglaublich schöne Erfahrungen gemacht habe, hält mich mein Nihilismus davon ab, sie mit anderen teilen zu wollen. Ich bin verloren und verwirrt. Hat jemand eine Idee?

Der Mensch ist ein duales Wesen, das sowohl am Himmel als auch an der Hölle teilhat. Da wir einen freien Willen haben, richtet die Art und Weise, wie wir ihn ausüben, unser Bewusstsein auf einen der beiden Bereiche aus. Die Kundalini ist eine Energie, die Himmel und Hölle miteinander verbindet, so dass die Menschheit in unserem schwachen Zustand an beiden teilhaben kann. Wenn wir uns auf den Aspekt der Hölle konzentrieren, werden wir zu Teilnehmern an ihr. Umgekehrt, wenn wir uns auf den Himmel konzentrieren, löst sich die Hölle in Nichts auf, da unser Bewusstsein erhöht wird.

Die Hölle wird durch das Mondlicht erzeugt, das das Licht der Sonne reflektiert; daher ist sie illusorisch. Der Himmel hingegen ist das Licht der Sonne selbst. Er ist unsterblich, unaussprechlich und unendlich. Er spricht die Wahrheit und lebt in Rechtschaffenheit. Andererseits existiert die Hölle nur als ein Fragment der Vorstellung. Sie ist nicht die Vorstellung in ihrer Gesamtheit, denn die gehört zum Himmel, sondern nur ein Abglanz davon. Die Angst ist nur ein Abglanz des Lichts der Sonne, aber sie ist nicht das Licht an und für sich. Nur wenn die Menschen wählen, in der Hölle zu sein, nehmen sie an ihr teil, je nachdem, wie viel Angst-Energie sie an sie bindet.

Indem wir Theorien, Erfahrungen und Erklärungen mit anderen teilen, sind wir auf der Suche nach Wissen. Wissen ist Macht, oder, noch wichtiger, die Macht der Wahrheit, die ein Gegenpol zu Angst und Hölle ist. Wahrheit ist Licht und Liebe. Sie ist der Himmel. Wesen, die entsprechend ihrer Entwicklungsstufe die Wahrheit sagen, sind Wesen des Lichts. Das Teilen durch liebende Güte macht sie zu Teilhabern des Himmels, der ihr Geburtsrecht ist.

Nihilismus entsteht durch unbegründete Theorien, dass das Leben sinnlos ist, weil man sich durch Pessimismus und Egoismus vom Licht entfernt hat. Sobald einem Menschen die Früchte des Himmels entgehen, verzweifeln viele, weil sie versuchen, den Sinn der Dinge zu verstehen, während sie sich dafür entscheiden, die Wahrheit zu ignorieren und die Verantwortung für ihre Gedanken und Handlungen zu übernehmen.

Nihilismus erfordert, dass man sich selbst mit offenem Herzen und Verstand betrachtet und seinen Stolz lange genug zügelt, um zu erkennen, dass eine Veränderung notwendig ist, um wieder auf den richtigen Weg zu kommen. Es verlangt von uns, die Verantwortung für unsere Realität zu übernehmen, damit wir weiter wachsen und uns spirituell entwickeln können. Nihilismus ist oft ein Schritt auf dem Weg, wenn die Dunkelheit stärker wird als das Licht. Er sollte jedoch niemals das endgültige Ziel sein.

Wir sind alle hier, um von einander zu lernen. Die Dualität von Himmel und Hölle ist allgegenwärtig, da beide als relative Konzepte existieren. Jedoch ist nur eines von ihnen ewig und unendlich, und das ist die höhere Wahrheit zwischen den beiden. Wenn man sich auf die Hölle konzentriert, bleibt man in der Hülle des Mentalkörpers, wo diese Dualität offensichtlich ist.

Das Erlernen der Prinzipien des Lichts und der Liebe, einschließlich der Selbstliebe, wird Sie in die Lage versetzen, die Wahrheit der Einheit aller Dinge zu erkennen und die Stille des Geistes herbeizuführen. Durch die Stille können Sie sich aus den Fängen des Mentalkörpers befreien, so dass Ihr Bewusstsein in den Geistigen Körper eintreten kann. Da der Geistige Körper an den Archetypen teilhat, werden Sie in der Lage sein, die Wahrheit ohne Dualität zu erkennen, nämlich dass wir alle Funken der einen Lichtquelle, der Sonne, sind. Die Liebe ist das, was uns verbindet; die Wahrheit hält uns aufrecht, und die Gerechtigkeit bringt uns ewige Herrlichkeit. Weisheit nährt die Seele, und jeder intellektuelle Hokuspokus wird wie Blätter im Wind.

Ich habe immer wieder Träume von riesigen Drachen. Manchmal erscheinen sie in ihren Bewegungen wie Schlangen, zischen und greifen mich an. Sie sind so mächtig, dass ich mich nicht einmal wehren kann. Hat das irgendeine Bedeutung?

In der chinesischen Tradition sind Drachen das Symbol für die Kundalini. Wenn die Kundalini in Bewegung ist, während Sie schlafen, machen sich zwei Dinge bemerkbar, die sich auf Ihre Vorstellungskraft auswirken: Das erste ist das Geräusch der in Ihnen fließenden Energie in Form eines leichten Summens oder Zischens, das in Ihrem Körper zu hören ist. Das zweite ist das Symbol dieser Energie aus dem kollektiven Unbewussten, wie eine Schlange oder ein Drache, die in Ihre Vorstellung projiziert werden.

Der Drache, der Sie angreift, ist eine gute Sache, denn er bedeutet, dass die Kundalini auf Hochtouren läuft und Ihren Lichtkörper mit oft intensiven Energieschüben durchflutet. Es bedeutet auch, dass an Ihrem Ego gearbeitet wird, was ein Zeichen für Transformation ist. Mit der Vision in Ihrem Traum mitzugehen und nicht dagegen anzukämpfen bedeutet, dass Ihr Ego den Kundalini-Transformationsprozess akzeptiert. Bleiben Sie neutral, während dies geschieht, und akzeptieren Sie die Bilder, unabhängig davon, wie beängstigend sie im Nachhinein erscheinen mögen. Bringen Sie den Mut auf, sich diesem Prozess weiterhin hinzugeben, und Sie werden auf der anderen Seite als ein verfeinertes spirituelles Wesen auftauchen.

Es ist auch nicht ungewöhnlich, dass Sie verschiedene symbolische Elemente in Ihren Träumen sehen, wenn die Kundalini durch Ihre Chakren arbeitet. Wenn Sie zum Beispiel an der Optimierung Ihres Wasser-Chakras, Swadhisthana, arbeiten, sehen Sie vielleicht verschiedene Wasserkörper, wie Ozeane, Meere und Seen. Umgekehrt wird bei der Optimierung von Manipura das Feuerelement einfließen und Ihre Träume mit Szenen von Feuer und Flammen färben. Sie sehen also, dass das, wovon Sie träumen, symbolisch für die Energieveränderungen in Ihrer Aura und deren Auswirkungen auf Ihre Vorstellungskraft ist.

Was kann ich tun, um meine Kundalini zu erwecken? Gibt es eine Methode, die ich anwenden kann, um diese Erfahrung zu erleichtern?

Obwohl es keine todsichere Methode zur Erweckung der Kundalini gibt, kann die Ausübung yogischer Praktiken, wie sie in diesem Buch vorgestellt werden, den Geist, den Körper und die Seele auf die Erweckung der Kundalini vorbereiten. Das Gleiche gilt für die Praxis der zeremoniellen Magie und das Befolgen eines Programms wie das in *The Magus* vorgestellte Programm der spirituellen Alchemie. Auch die Verwendung spiritueller Heilmethoden wie Kristalle, Stimmgabeln, Aromatherapie und Tattvas wirken auf die Reinigung und Abstimmung der Chakren, was ein Kundalini-Erwachen verursachen kann. Sie sehen also, dass Sie Ihrer spirituellen Entwicklung Priorität einräumen und proaktiv sein müssen, indem Sie eine regelmäßige spirituelle Praxis in Ihr Leben einführen - das ist das Einzige, was Sie tun können, um sich diesem Ziel näher zu bringen.

Ein Kundalini-Erwachen geschieht in der Regel unerwartet, man kann also nicht wissen, wann es geschieht, aber man kann kontrollieren, was man tut, damit es geschieht. Da es sich um eine solch monumentale Erfahrung handelt, muss die Seele dafür bereit sein, was im Allgemeinen eine Vorbereitung über viele Lebenszeiten hinweg erfordert. Es wäre für mich unmöglich, genau festzustellen, wo Sie sich in Ihrer Seelenentwicklung befinden; das weiß nur Ihr Höheres Selbst. Aber wenn Sie sich darauf konzentrieren, ein guter Mensch mit starken Moralvorstellungen und Werten zu sein, ist sichergestellt, dass Sie sich auf dem richtigen Weg befinden. Üben Sie liebevolle Güte mit sich selbst und anderen und seien Sie immer ehrlich. Sobald Sie im Licht gehen, erlauben Sie dem Licht, in Ihr Bewusstsein einzudringen und die Kundalini zu erwecken. Die Erweckung der Kundalini ist nur der nächste Schritt, den Ihre Seele tun muss, um sich weiterzuentwickeln, und der wichtigste, da er sie vom Körper befreit und ihre Mission hier auf der Erde vollendet.

EPILOG

Am Anfang war das Weiße Licht. Allumfassend. Unendlich. Ohne Anfang und Ende. Der Geist des Alls. Reines spirituelles Bewusstsein. Dann schuf dieser erste Geist, der Energie und Kraft ist, den zweiten Geist, um Formen zu erzeugen. Das All, das Eins ist, teilte sich in zwei, da jede Schöpfung die Trennung oder Teilung seiner ursprünglichen Substanz erfordert. Das All konnte seine Macht und sein Potenzial nicht erfahren, bevor es nicht ein polares Gegenstück geschaffen hatte. So schuf das Weiße Licht die Dunkelheit des Raums.

Das Weiße Licht schuf auch Sterne, deren Gruppierungen Konstellationen und Galaxien bildeten, aus denen das gesamte Universum besteht. Jetzt kann das All verschiedene Welten und Lebewesen manifestieren - Seelen, die die Eigenschaften des Alls enthalten. Die Seelen enthalten das Licht, da sie aus dem Licht sind. Sie enthalten jedoch auch die Dunkelheit, da sie am Universum - der Welt der Materie, die in der Dunkelheit des Raums schwebt - teilhaben.

Alle Formen und Lebewesen im Dasein sind aus dem Gedankengut des Alls gemacht. Sie sind nicht untrennbar vom All, sondern sind ein Teil davon, nur sind sie im Akt der Erfahrung des Alls, eingebettet in Zeit und Raum. Die Erfahrung und der Erfahrende sind Eins; ihre Trennung ist jedoch nur eine Illusion. Während die Materie am einen Ende des Spektrums steht, als die dichteste Manifestation des Alls, ist die Wirkung, die Ursache das Weiße Licht, das so hoch schwingt, dass es für die Sinne unsichtbar ist, und doch durchdringt es die gesamte Existenz.

Die Hauptfunktion der Sterne ist es, Licht in die Dunkelheit des Raumes zu bringen. Die Iris der Sonne ist ein Portal zur anderen Seite der Realität, dem Weißen Licht des Ersten Geistes. Die Sterne haben alle Lebewesen im Universum hervorgebracht, denn jedes organische Wesen hat eine Seele und ein Bewusstsein. Und die Seele ist nichts anderes als ein Funke des Lichts der jeweiligen Sonne. Die Alten nannten die Sonne "Sol", was der Ursprung des Wortes Seele als Essenz eines Lebewesens ist.

Die Sonnen des Universums zogen nahe gelegene Planeten an, um Sonnensysteme zu schaffen. Es gibt Milliarden von Sonnensystemen mit Billionen von Planeten im Universum. Die Sonnen schufen auf bestimmten Planeten, die sie umkreisen, lebenswerte Umgebungen, damit sie Seelen kultivieren konnten. Allerdings wurden nur einige Planeten für diese Aufgabe ausgewählt.

In unserem Sonnensystem ist der einzige Planet, der Leben beherbergen kann, die Erde. Unsere Sonne hat also durch ihr Licht alles Leben auf der Erde geschaffen. Sie nährt es mit ihrer Wärme und Prana-Energie. Ihr seht also, der eigentliche Zweck aller Sterne im Universum ist es, Seelen zu beherbergen. Eine Seele wurde nie geboren und sie wird auch nie sterben. Sobald die Seele die Lektionen des Sonnensystems gelernt hat, in dem sie inkarniert ist, überträgt sie ihren Funken zum Zeitpunkt des physischen Todes von einer Sonne auf eine andere und setzt ihre evolutionäre Reise durch das Universum fort.

Wenn die menschliche Seele bei der Geburt in den physischen Körper eingepflanzt wird, wird sie an diesen gebunden. Die Seele reinkarniert immer wieder auf dem Planeten Erde, bis ihre Entwicklung eine kritische Masse erreicht, was dazu führt, dass sie in einem bestimmten Leben aus dem Körper entlassen wird. Die Lektionen dieses Sonnensystems beziehen sich auf die vollständige Aktivierung der Sieben Chakren, die nur durch die Erweckung der Kundalini und ihre Anhebung zur Krone erreicht werden kann. Wenn das menschliche Energiesystem optimiert ist, wird die Seele nicht mehr auf dem Planeten Erde reinkarnieren müssen, sondern ihr nächstes Leben wird auf einem neuen Planeten in einem anderen Sonnensystem irgendwo im Universum stattfinden.

Unser höchstes Ziel auf dem Planeten Erde ist es, die Kundalini vollständig zu erwecken und die Seele vom Körper zu befreien. Indem wir dies tun, werden wir zur Sonne unseres Sonnensystems und aktivieren die höheren Kräfte des Lichts in uns vollständig. Diese höheren Kräfte werden durch die Planeten ausgedrückt, die die Sonne umkreisen und die den sieben Chakren in ihrem voll aktivierten Zustand entsprechen. Wie Sie also sehen, ermöglicht uns ein vollständiges Kundalini-Erwachen, die Gesamtheit unseres Energiepotenzials hier auf der Erde in der gegenwärtigen Inkarnation zu erfahren.

Sobald wir die Kundalini zur Krone erheben, vereinen wir unser Bewusstsein mit dem kosmischen Bewusstsein des Weißen Lichts und des Ersten Geistes. Wir beginnen dann, an der Unendlichkeit teilzuhaben, die sich bis in die entferntesten Bereiche des Universums ausdehnt und übersinnliche Gaben freisetzt, die uns befähigen, Zeit und Raum zu transzendieren. Wir können Dinge aus der Ferne sehen, fühlen, hören, berühren, riechen und schmecken, da die dreidimensionale Welt unser Bewusstsein nicht mehr begrenzt. Stattdessen werden wir in die vierte Dimension, die Dimension der Schwingung oder der Energie, erhoben.

Eine der wesentlichen Gaben einer vollständigen Kundalini-Erweckung ist die Aktivierung des Lichtkörpers und die Optimierung des eigenen torusförmigen Energiefeldes - der Merkaba. Diese geometrische Struktur wird zum Bewusstseinsträger der Seele, der interdimensionale und interplanetarische Reisen ermöglicht. Die Seele kann den Körper nach Belieben durch den Lichtkörper und die Merkaba verlassen. Sie kann nun über unsere Sonne zu anderen Sonnen im Universum reisen, weil das Individuum nun Eins mit dem Ersten Geist ist. Dies ist der Ursprung der Astralprojektion, die die bewusste Projektion der Seele in verschiedene Bereiche und Ebenen des Bewusstseins ist. Wenn diese Erfahrung jedoch unbewusst während des Schlafes stattfindet, wird sie als Luzides Träumen bezeichnet.

Obwohl das vollständige Kundalini-Erwachen und die Aktivierung des Lichtkörpers ein einmaliges Ereignis ist, kann der darauf folgende spirituelle Transformationsprozess einige Dutzend Jahre oder mehr dauern. Wir müssen das individuelle Karma überwinden, bevor wir die letzte Grenze des menschlichen Bewusstseins erreichen, die fünfte Dimension der Liebe und des Lichts. Vergessen Sie nie: Um reine und würdige Gefäße für das Licht zu werden, müssen die Chakren optimiert und auf Vollkommenheit gestimmt werden.

In diesem Sinne hoffe ich, dass ich Ihnen in diesem Buch die Schlüssel zum Erreichen dieser Aufgabe gegeben habe. Ganz gleich, ob SIe die Kundalini bereits erweckt haben oder sich noch im Prozess des Lernens und der Vorbereitung auf diese Erfahrung befindest, Sie kennen jetzt jedes Element und jede Facette des Kundalini-Erweckungsprozesses und der darauf folgenden spirituellen Transformation. Benutzen Sie daher *Serpent Rising* als Handbuch für die verschiedenen spirituellen Praktiken, die hier vorgestellt werden, und fahren Sie fort, an Ihren Chakren zu arbeiten und Ihre Seele auf den Aufstieg vorzubereiten.

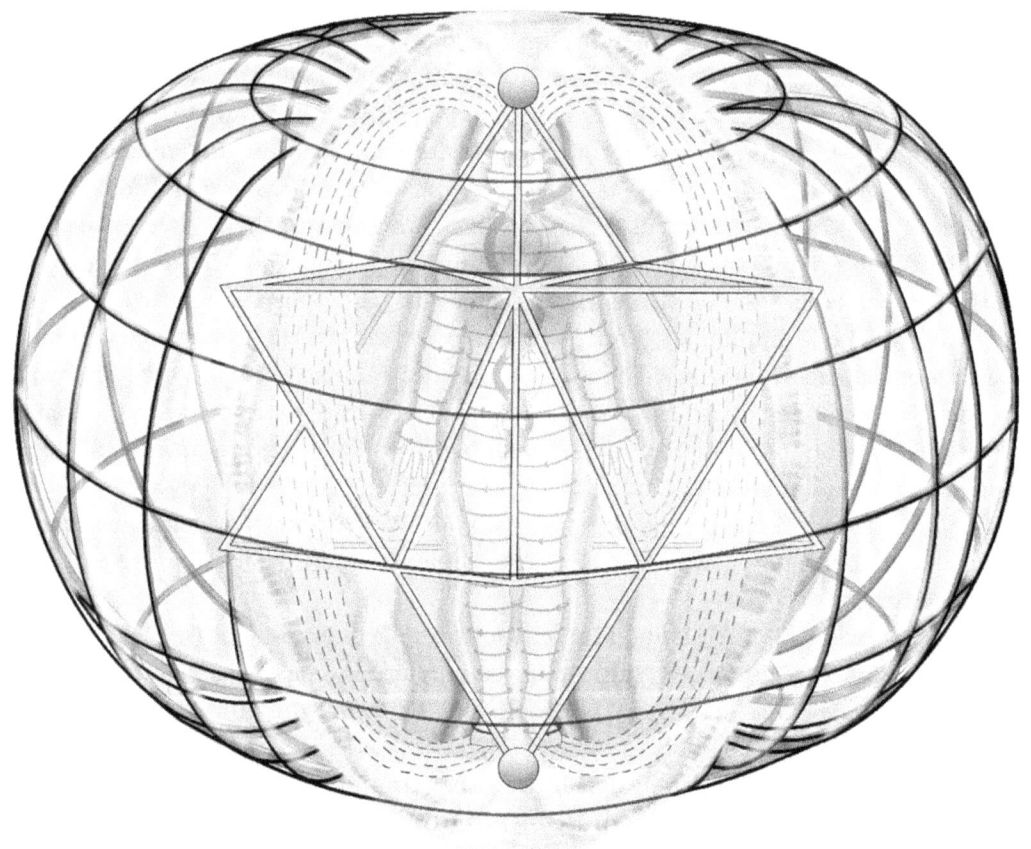

Abbildung 164: Optimierung des Menschlichen Energiepotenzials

Abschließend möchte ich sagen, dass es mir ein Vergnügen war, alles zu teilen, was ich auf meiner siebzehnjährigen Reise durch ein Leben mit erweckter Kundalini gelernt habe. *Serpent Rising: The Kundalini Compendium* war auch für mich eine unglaubliche Entdeckungsreise, auf der ich die Punkte miteinander verband und auf den Rahmen der sich entwickelnden Kundalini-Wissenschaft aufbaute. Mein abschließender Rat an Sie ist, sich alles zu Herzen zu nehmen, was Sie in diesem Buch lesen, und sich auf Ihre Zukunft zu freuen. Die Kundalini ist Ihr Geschenk des Schöpfers; vergeuden Sie sie nicht, indem Sie Ihre Zeit mit Ablenkungen verschwenden, die Ihnen nicht mehr dienen. Konzentrieren Sie Ihre Energie stattdessen auf die Erfüllung Ihrer ultimativen Mission auf diesem Planeten, und wir sehen uns auf der anderen Seite.

APPENDIX

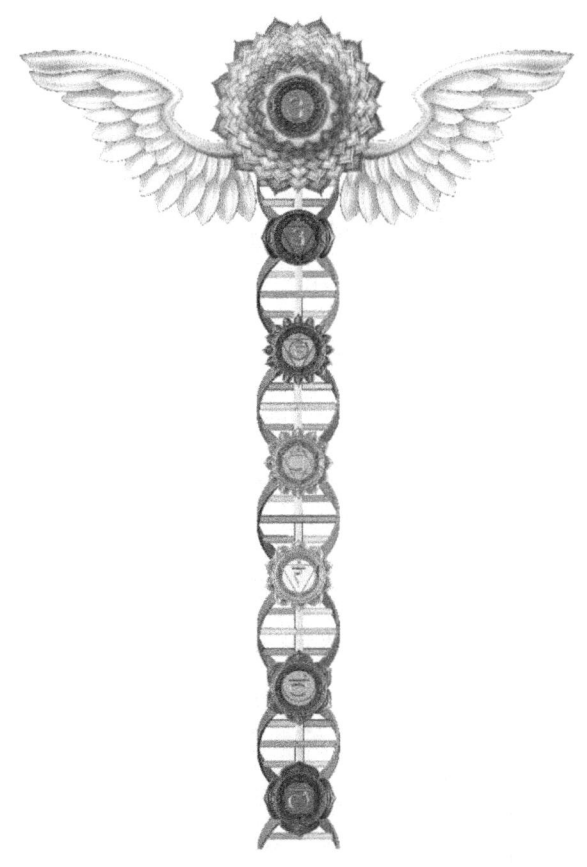

ERGÄNZENDE TABELLEN

TABELLE 6: Die Sieben Antiken Planeten und ihre Korrespondenzen

Planeten	Elementare Affinität	Ausdrücke/ Fähigkeiten	Edelsteine	Stimmgabel Hz	Ätherische Öle (Erweiterte Liste)
Saturn	Erde; fühlt sich an wie Erde aus Luft	Karma, Wahrheit, Weisheit, Struktur, Disziplin, Intuition	Jet Black Onyx, Diamanten, Rauchquarz	295.7	Myrrhe, Patchouli, Cassia, Zypresse, Spikenard, Mimose
Jupiter	Wasser; fühlt sich an wie Wasser aus Feuer	Barmherzigkeit, Fülle, bedingungslose Liebe, Moral, Ethik	Saphir, Lapislazuli, Türkis, Aquamarin	367.16	Anis, Gewürznelke, Ysop, Muskatnuss, Muskatellersalbei, Löwenzahn, Zedernholz, Sarsaparilla, Kümmel, Opoponax
Mars	Feuer; fühlt sich an wie Erde aus Feuer	Ehrgeiz, Antrieb, Erneuerung, Aktion, Überleben, Wettbewerb, Leidenschaft, Willenskraft	Rubin, Granat, roter Achat, Blutstein, rote Koralle	289.44	Ingwer, Basilikum, Schwarzer Pfeffer, Pfefferminz, Tabak, Drachenblut, Wermut, Kiefer
Sonne (Sol)	Luft; fühlt sich an wie die Luft des Feuers	Selbst-Identität, Heilung, Vitalität, Mut, Kreativität, Inspiration, Vorstellungskraft	Bernstein, Tigerauge, Goldtopas, Goldstein, Karneol, Zirkon, Sonnenstein	252.44	Kamille, Wacholder, Weihrauch, Ringelblume, Rosmarin, Zimt, Safran, Zedernholz, Orange, Limette
Venus	Feuer; fühlt sich an wie Wasser der Erde	Sehnsucht, Kreative Ausdrucksformen, Romantische Liebe, Freundschaft, Sinnlichkeit	Smaragd, Jade, Aventurin, Malachit, Rosenquarz, Grüner Achat, Peridot	442.46	Rose, Rotes Sandelholz, Ylang-Ylang, Kardamom, Geranie, Flieder, Vetiver, Krauseminze, Veilchen, Vanilleschote, Plumeria, Baldrian
Merkur	Wasser; fühlt sich an wie Wasser aus Luft	Logik, Vernunft, Kommunikation, Intellekt, Lernen	Orangefarbener Saphir, Orangefarbener Spinell, Turmalin, Imperialtopas, Citrin, Feueropal, Amazonit	282.54	Lavendel, Zitronengras, Zitronenverbene, Gelbes Sandelholz, Orange, Muskatblüte, Pfefferminze, Orange Bergamotte
Mond (Luna)	Luft; fühlt sich an wie Erde oder Wasser	Gefühle, Emotionen, Illusionen, Launenhaftigkeit, Fruchtbarkeit, Hellseherei	Mondstein, Perle, Beryll	420.88	Jasmin, Kampfer, Eukalyptus, weißes Sandelholz, Weide, Zitrone, Myrrhe, Lilie
Erde	Erde	Stabilität, Erdung, Zweckmäßigkeit	Schwarzer Turmalin, Obsidian, Hämatit	272.2	Zypresse, Beifuß, Oleander, Patchouli, Eisenkraut, Vetiver

TABELLE 7: Die Zwölf Tierkreiszeichen und ihre Korrespondenzen

Tierkreiszeichen	Herrschender Planet, Unter-Element	Ausdrücke/Befugnisse	Edelsteine	Stimmgabel Hz	Ätherische Öle (Grundliste)
Widder	Mars (Feuer), Feuer des Feuers	Kreative Energie, Tatkraft, Initiative, Enthusiasmus, Wettbewerb, Mut, Dynamik, Zuversicht	Blutstein, Karneol, Diamant, Granat, Roter Jaspis, Rubin	144.72	Schwarzer Pfeffer, Rosmarin, Ingwer, Basilikum, Pfefferminz, Mandarine, Orange
Stier	Venus (Erde), Luft der Erde	Geduld, Sinnlichkeit, Ausdauer, Entschlossenheit, Sensibilität, Sachlichkeit, Konventionalität	Bernstein, Rosenquarz, Blutkoralle, Goldtopas, Smaragd, Saphir, Türkis	221.23	Ylang Ylang, Rose, Vetiver, Geranie, Sandelholz, Melisse, Majoran
Zwillinge	Merkur (Luft), Wasser der Luft	Intellekt, Lernen, Kommunikation, Humor, Analysieren, Anpassungsfähigkeit, Vielseitigkeit, Nonkonformismus	Aquamarin, Achat, Chrysopras, Perle, Mondstein, Citrin, Weißer Saphir	141.27	Bergamotte, Fenchel, Lavendel, Kamille, Pfefferminz
Krebs	Mond (Wasser), Feuer des Wassers	Beharrlichkeit, Sensibilität, Emotionalität, Intuition, Sympathie, Beschützerinstinkt, Empathie	Mondstein, Rubin, Smaragd, Perle	210.42	Fenchel, Wacholder, Lavendel, Jasmin, Muskatellersalbei, Eukalyptus
Löwe	Sonne (Feuer), Luft des Feuers	Charisma, Ehrgeiz, Kreativität, Autorität, Vitalität, Großzügigkeit, Zuneigung	Bernstein, Turmalin, Karneol, Rubin, Sardonyx, Onyx, Goldtopas	126.22	Rosmarin, Weihrauch, Myrrhe, Zitrone, Limette, Zimt
Jungfrau	Merkur (Erde), Wasser der Erde	Unterscheidungsvermögen, Analysieren, Zuverlässigkeit, Fleiß, Praxisnähe, Anpassungsfähigkeit, Selbstständigkeit, Unterrichten	Blauer Saphir, Rosa Jaspis, Karneol, Jade, Moosachat, Türkis, Zirkon	141.27	Melisse, Myrte, Patchouli, Sandelholz, Lavendel
Waage	Venus (Luft), Feuer der Luft	Harmonie, Gerechtigkeit, Selbstdarstellung, Diplomatie, Romantik, Sinnlichkeit, Geselligkeit, Verschlagenheit	Lapislazuli, Opal, Diamant, Smaragd, Rosenquarz, Peridot	221.23	Geranie, Fenchel, Teebaum, Rose, Kardamom, Melisse
Skorpion	Mars (Wasser), Luft des Wassers	Regeneration, Sexualität, Transformation, Gerechtigkeit, Leidenschaft, Loyalität, Unabhängigkeit, Magnetismus	Aquamarin, Schwarzer Obsidian, Granat, Achat, Topas, Beryll, Apachentränen, Koralle	140,25 (Pluto)	Patchouli, Rose, Geranie, Ingwer, Jasmin, Muskatellersalbei
Schütze	Jupiter (Feuer), Wasser des Feuers	Optimismus, Freiheitsliebe, Heiterkeit, Ehrlichkeit, Philosophie, Wohltätigkeit, Inspiration, Erkundung	Türkis, Topas, Saphir, Amethyst, Rubin	183.58	Muskatellersalbei, Gewürznelke, Ysop, Bergamotte, Zedernholz, Eukalyptus, Kardamom
Steinbock	Saturn (Erde), Feuer der Erde	Organisation, Gewissenhaftigkeit, Pragmatismus, Ehrgeiz, Konservatismus, Disziplin	Rubin, Schwarzer Onyx, Rauchquarz, Granat, Achat	147.85	Myrrhe, Vetiver, Eukalyptus, Geranie, Sandelholz
Wassermann	Saturn (Luft), Luft der Luft	Intuition, Kreativität, Spiritualität, Unabhängigkeit, Innovation, Originalität, Meditation, humanitär	Granat, Sugilith, Amethyst, Blauer Saphir, Moosachat, Opal	207.36 (Uranus)	Neroli, Myrrhe, Sandelholz, Veilchenblatt, Lavendel, Zitrone
Fische	Jupiter (Wasser), Wasser des Wassers	Tiefe Emotionen, Intuition, Vorstellungskraft, Mitgefühl, Empathie, Ethik, Sympathie, Humor	Amethyst, Jade, Aquamarin, Bergkristall, Blutstein, Diamant, Saphir	211,44 (Neptun)	Bergamotte, Gewürznelke, Geranie, Myrrhe, Zypresse, Teebaum, Muskatellersalbei

GLOSSAR AUSGEWÄHLTER BEGRIFFE

Hinweis: Im Folgenden finden Sie eine Auswahl von Begriffen, die entweder im Originaltext nicht definiert sind oder einer weiteren Definition bedürfen. Nutzen Sie diesen Abschnitt, um Ihr Wissen über die angegebenen Themen zu vertiefen. Da sich dieses Buch im Allgemeinen mit östlicher Spiritualität beschäftigt, stammen die meisten der hier vorgestellten Begriffe aus den westlichen Mysterien.

Adam Kadmon: Ein abstraktes Konzept, das sich auf die Yechidah bezieht, die Kether-Sephira, die in die Chiah (Chokmah) und die Lesser Neschamah (Binah) einfließt, um die Greater Neschamah zu bilden, das Wahre Selbst und der Teil von uns, der zu den Supernals gehört. Im *Zohar* ist Adam Kadmon der "himmlische Mensch", der große organische, spirituelle Körper, in dem jeder Mensch als eine einzige Zelle betrachtet wird, vielleicht sogar weniger. In Bezug auf die vier Welten der Qabalah repräsentiert Adam Kadmon die erste Welt der Archetypen, Atziluth, die Welt des Urfeuers. Somit bezieht sich Adam Kadmon im Wesentlichen auf das göttliche Licht, das Freudsche Über-Ich oder das Höhere Selbst des Überirdischen.

Ain Soph Aur: Die drei Schleier der negativen Existenz. Dieser Begriff wird in der Qabalah verwendet, um die Quelle der Schöpfung zu beschreiben. Im wörtlichen Sinne bedeutet Ain "Nichts", während Ain Soph "Unendlichkeit" bedeutet. Und schließlich ist Ain Soph Aur "grenzenloses oder ewiges Licht". In der Qabalah wird der Begriff Ain Soph Aur daher oft in Bezug auf das unendliche weiße Licht verwendet.

Aleister Crowley: Britischer Okkultist, Dichter, Romancier und Zeremonienmeister, der zu den Gründungsmitgliedern des Hermetic Order of the Golden Dawn gehörte. Nach seinem Austritt aus dem Orden gründete Crowley Anfang des 20. Jahrhunderts die Religion Thelema[th] und bezeichnete sich selbst als Prophet des Äons des Horus, das mit dieser Zeit zusammenfiel. Crowley bezeichnete sich selbst öffentlich als die "Große Bestie 666", da er versuchte, die Tabus in der christlich geprägten, restriktiven elisabethanischen Gesellschaft, in der er lebte, herauszufordern, weshalb er im Laufe der Jahre einen schlechten Ruf bekam. Sein Beitrag zur okkulten Welt ist jedoch unverzichtbar, und er öffnete viele Türen für zukünftige Suchende überall.

Alpha-Zustand: Auch "hypnagogischer Zustand" oder "Trancezustand" genannt. Der Alpha-Zustand der Gehirnaktivität liegt zwischen dem Wachzustand mit geistiger Aktivität (Beta-Zustand) und dem Schlaf (Theta-Zustand). Dieser Zustand wird erreicht, wenn sich die Gehirnströme auf 8 bis 12 Hz verlangsamen, wie es beim Tagträumen oder Träumen (nachts) der Fall ist. Wir können den Alpha-Zustand durch Meditation, Hypnose oder spirituelle Heilmethoden bewusst herbeiführen. Wenn Sie sich in diesem Zustand befinden, werden Ihr Erinnerungsvermögen und Ihre Intuition gestärkt und Ängste abgebaut. Menschen, die während des normalen Wachbewusstseins im Alpha-Zustand agieren können, können ihre Realität kontrollieren, da ihre Verbindung zu ihrem Höheren Selbst stärker ist. Daher können sie die universellen Gesetze bewusst und mit Absicht anwenden.

Engel: Positive Gedankenübermittler, die innerhalb und außerhalb des eigenen Energiefeldes, der Aura, existieren. Engel sind objektive Wesenheiten oder Intelligenzen, die außerhalb des Selbst existieren und sich mit der Aura verbinden, wenn wir uns aus freiem Willen dafür entscheiden, auf sie zu hören und ihre Wünsche zu erfüllen. Engel ernähren sich von Liebesenergie, so wie ihre Gegenstücke, die Dämonen, sich von Angstenergie ernähren. Engel sind Gott, dem Schöpfer, untergeordnet. Die Engelsenergie ist die Quelle der menschlichen Tugenden, während die dämonische Energie die Quelle der menschlichen Laster ist.

Archetypen: Ursprüngliche Strukturelemente der menschlichen Psyche. Archetypen sind ursprüngliche Modelle, nach denen andere ähnliche Dinge gemustert werden. Sie sind universell, was bedeutet, dass alle Menschen an ihnen teilhaben. Archetypen geben uns das geistige Fundament, auf dem wir unsere Realitäten aufbauen können. Man findet sie in der höchsten Welt, Atziluth, der Welt des Urfeuers in der Qabalah.

Binah: Die dritte Sephira auf dem Baum des Lebens, oben auf der Säule der Schwere. Binah ist die Große Mutter und das Meer des Bewusstseins, das alle Formen der Existenz enthält. Sie repräsentiert den weiblichen Aspekt des Selbst, den höchsten Ausdruck des Wasserelements. Durch Binah imprägniert die spirituelle Energie die Ideen in unserem Geist. So repräsentiert sie den Bewusstseinszustand, der innere Fähigkeiten wie Intuition und Hellsichtigkeit steuert. Binah korrespondiert mit dem Ajna Chakra, unserem psychischen Zentrum, das Einfühlungsvermögen und Telepathie ermöglicht. Binah ist der rezeptive, passive Aspekt des Selbst, das Verstehen (Binahs Titel), das die Weisheit von Chokmah begreifen kann. Seine Farbe ist schwarz, entsprechend dem Planeten Saturn auf dem Lebensbaum, dem Planeten des Glaubens, des Karmas und der Zeit, alles Aspekte von Binah.

Zeremonielle Magie: Synonym für die westliche rituelle Magie. Eine Reihe von Riten, die die Beschwörung (Vibration) von göttlichen Namen der Macht beinhalten, gewöhnlich kombiniert mit symbolischen Zeichnungen von geometrischen Symbolen, wie dem Pentagramm oder Hexagramm, innerhalb des magischen Kreises des Praktizierenden. Der Zweck der zeremoniellen Magie ist, wie bei anderen spirituellen Heilpraktiken, die Einstimmung der Chakren für die spirituelle Entwicklung. Die Zeremonialmagie wurde durch den Hermetic Order of the Golden Dawn populär gemacht und bildet einen Zweig der Hermetik. Das Ziel der Zeremonialmagie ist das Erreichen der Erleuchtung.

Chesed: Die vierte Sephira auf dem Lebensbaum, die sich unterhalb von Chesed auf der Säule der Barmherzigkeit befindet. Sie repräsentiert einen Bewusstseinszustand, der die inneren Fähigkeiten oder Ausdrücke wie bedingungslose Liebe, Mitgefühl und Gedächtnis regiert. Aus diesem Grund lautet der Titel von Chesed "Barmherzigkeit". Chesed ermöglicht es uns, Moral und Ethik aufzubauen, da es Weisheit kultiviert. Chesed hat eine Affinität zum Element Wasser und korrespondiert mit dem Planeten Jupiter. Chesed ist das spirituelle Sakralchakra, Swadhisthana, wegen seiner Verbindung zu den Überirdischen durch den Tarot-Pfad des Hierophanten auf dem Baum des Lebens.

Chokmah: Die zweite Sephira auf dem Lebensbaum, oben auf der Säule der Barmherzigkeit. Als aktive spirituelle Energie repräsentiert Chokmah den Zustand des Bewusstseins, in dem wir unseren Wahren Willen entdecken können. Es ist die Energie des Großen Vaters und der männliche Aspekt des Selbst, der höchste Ausdruck des Feuerelements. Es ist also die Sephira, durch die unser Höheres Selbst oder unser Heiliger Schutzengel durch Weisheit (Chokmahs Titel) mit uns kommuniziert. Die Farbe von Chokmah ist grau. Der Tierkreis ist die physische Manifestation von Chokmah, da die Sterne dazu dienen, das unmanifestierte Weiße Licht von Kether zu kanalisieren. Chokmah funktioniert durch das Chakra des Geistigen Auges, zusammen mit Binah.

Dunkle Nacht der Seele, die: Eine Periode der Trostlosigkeit, die ein Individuum durchläuft, wenn es sich spirituell schnell weiterentwickelt. Während dieser Zeit wird jegliches Gefühl des Trostes beseitigt, was zu einer Art existenzieller Krise führt. Bevor man sich spirituell transformiert, muss man sich der dunklen Seite voll und ganz stellen und den mentalen und emotionalen Aufruhr annehmen. Es ist nicht ungewöhnlich, dass sich der Einzelne während dieser Zeit von anderen Menschen isoliert und viele Tränen vergießt, während er alte Emotionen loswird. Wenn diese stürmische Zeit jedoch vorüber ist, werden die Umklammerungen des niederen Selbst nachlassen und das Bewusstsein mehr auf die Schwingung des höheren Selbst ausgerichtet sein. Die dunkle Nacht der Seele ist eine notwendige Phase des Leidens auf dem Weg zur Erleuchtung, die nicht einmalig ist, sondern im Allgemeinen mehrmals auf der Reise der spirituellen Evolution auftritt.

Daath: Als verborgene, elfte Sephira auf dem Baum des Lebens ist Daath die "Große Kluft" oder der "Abgrund", der das Überirdische von der gesamten manifestierten Schöpfung trennt. Passenderweise entspricht er dem Kehlchakra, Vishuddhi, das den Geist von den unteren vier Elementen trennt. Durch Daath betreten wir die Hölle oder die Unterwelt, den Gegenpol im Geist, aus dem das Ego, der negative Teil des Selbst, hervorgegangen ist. Als solches repräsentiert Daath den "Tod" des Egos, der notwendig ist, damit unser Bewusstsein zu den Überirdischen aufsteigen kann. Daath ist als "Sphäre des Wissens" bekannt, da Wissen uns erlaubt, unseren Körper zu transzendieren und unser Bewusstsein auf die Höheren Reiche einzustimmen.

Gottheit: Ein übernatürliches Wesen göttlichen Ursprungs. Dieses Wort wird in polytheistischen Religionen häufig anstelle von Gott oder Göttin verwendet. In den antiken

Traditionen ist eine Gottheit ein Wesen, das über größere Kräfte verfügt als die gewöhnlichen Menschen, das aber mit ihnen interagiert, meist um sie irgendwie zu erleuchten und ihre Entwicklung zu fördern. Monotheistische Religionen haben nur eine Gottheit, die sie als Gott - den Schöpfer - akzeptieren, während polytheistische Religionen mehrere Gottheiten akzeptieren.

Henochische Magie: Das krönende Juwel des Magiesystems des Hermetic Order of the Golden Dawn. Diese innere Ordenspraxis sollte nur durchgeführt werden, wenn die spirituelle Alchemie mit den Elementen abgeschlossen ist. In *The Magus* bezieht sich die henochische Magie auf das "Spirituelle Alchemieprogramm III", das den Gebrauch der neunzehn henochischen Schlüssel oder Rufe, die sich auf die fünf Elemente beziehen, implementiert. Henochische Magie ist ein komplettes System der Magie, das sich von anderen rituellen Übungen der Zeremoniellen Magie in *The Magus* unterscheidet, aber auch Teil des Ganzen ist.

Freimaurerei: Bei der Freimaurerei handelt es sich um die älteste brüderliche Organisation der Welt. Entgegen der landläufigen Meinung, die von Verschwörungstheorien inspiriert ist, besteht der wahre Zweck der Freimaurerei darin, die moralische Natur zu verbessern und den Charakter durch einen Kurs der Selbstentfaltung zu stärken. Die drei Grade der Freimaurerei in der Blauen Loge sind "Entered Apprentice" (Lehrling), "Fellowcraft" (Geselle) und "Master Mason" (Meister), in die der Eingeweihte feierlich aufgenommen wird. Danach wird der Eingeweihte in die Bedeutung der Symbole seines Grades eingeweiht, was die traditionelle Methode der Weitergabe heiliger Lehren ist.

Geburah: Die fünfte Sephira auf dem Lebensbaum, die sich unter Binah auf der Säule der Strenge befindet. Mit dem Titel "Strenge" oder "Gerechtigkeit" korrespondiert Geburah mit dem Element Feuer und der individuellen Willenskraft, die uns Motivation, Entschlossenheit und Antrieb verleiht. Als Quelle unserer Wettbewerbsfähigkeit kann Geburah uns auch aggressiv und wütend machen, wenn sie durch ihr Gegenteil, Chesed, aus dem Gleichgewicht gebracht wird. Geburah ist das spirituelle Solarplexus-Chakra, Manipura, wegen seiner Verbindung zu den Überirdischen durch den Tarot-Pfad des Chariot auf dem Baum des Lebens.

Golden Dawn, die: Schule der alten westlichen Mysterien, die ihre Schüler in Qabalah, Hermetik, Tarot, Astrologie, Geomantie, ägyptischen und christlichen Mysterien und zeremonieller Magie (einschließlich henochischer Magie) unterrichtet. Es gibt weltweit viele Golden-Dawn-Orden, von denen die meisten das gleiche Kursmaterial lehren. Das Kursmaterial des Golden Dawn wurde von Israel Regardie in "The Golden Dawn" veröffentlicht, das erstmals 1937 erschien. Der ursprüngliche Golden Dawn-Orden hieß Hermetic Order of the Golden Dawn und wurde 1888 von einer Gruppe von Freimaurern gegründet, deren bekanntester Vertreter Samuel Liddell MacGregor Mathers war. Heute tragen die meisten Ableger des Hermetic Order of the Golden Dawn Abwandlungen desselben Namens.

Hod: Die achte Sephira auf dem Baum des Lebens, am Fuße der Säule der Schwere, deren Titel "Glanz" lautet. Der Bewusstseinszustand von Hod bezieht sich auf die inneren Fähigkeiten der Intelligenz, insbesondere Logik und Vernunft. Diese Sphäre hat eine

Affinität zum Wasserelement, , obwohl das Feuerelement ebenso wie das Luftelement an seiner Funktion beteiligt ist. Als solches drückt sich Hod durch die drei Chakras von Swadhisthana, Manipura und Anahata aus. Es korrespondiert mit dem Planeten Merkur und ist die Farbe Orange. Hod stellt eine geringere Form der Energie von Chesed dar, die durch Tiphareth vermittelt wird. Das Ego benutzt Hod oft, um aus der Realität zu schließen und zukünftige Entscheidungen zu treffen. Im System des Golden Dawn entspricht Hod dem Practicus-Grad.

Hebräische Buchstaben, die: Zweiundzwanzig Buchstaben, die Teil der qabalistischen Philosophie sind, aber als eigenes spirituelles System für sich stehen. Jeder Buchstabe ist ein Symbol und eine Zahl mit vielen Ideen, die mit ihm verbunden sind. Diese Ideen bringen bestimmte Archetypen hervor, die in Resonanz mit der Energie der Großen Arkana des Tarot stehen. Die drei Mutterbuchstaben (primär) entsprechen den drei Elementen Luft, Wasser und Feuer, während die sieben Doppelbuchstaben (sekundär) mit den sieben alten Planeten korrespondieren. Die zwölf Einfachen Buchstaben (tertiär) schließlich entsprechen den Zwölf Tierkreiszeichen.

Hermes Trismegistus: Eine historische Figur, die während der ältesten Dynastien Ägyptens lebte. Bekannt als der "Schreiber der Götter" oder der "Meister der Meister", war Hermes der Begründer der Hermetik und gilt als Vater der okkulten Weisheit. Alle grundlegenden Lehren in allen esoterischen und religiösen Sekten lassen sich auf Hermes zurückführen. Seine Weisheit und sein Wissen über die Geheimnisse des Universums und des Lebens waren so groß, dass die Ägypter ihn als einen ihrer Götter verehrten und ihn Thoth, den Gott der Weisheit, nannten. Auch die Griechen verehrten ihn und machten ihn zu einem ihrer zwölf olympischen Götter und nannten ihn ebenfalls Hermes. Als die Römer ihre Religion mit der griechischen Religion synkretisierten, nannten sie Hermes Merkur. Hermes galt als der größte Weltlehrer, und einige Adepten, die nach ihm kamen, darunter Jesus Christus, werden von vielen Gelehrten als seine Reinkarnation angesehen. Es wird angenommen, dass der Geist des Hermes etwa alle 2000 Jahre als Weltlehrer inkarniert, um die Welt auf spirituellem, religiösem, philosophischem und psychologischem Gebiet zu erleuchten, indem er eine moderne Sprache einführt, um über den Geist und Gott zu lehren und alle abweichenden Standpunkte zu versöhnen.

Hermetismus: Eine philosophische, religiöse und esoterische Tradition, die in erster Linie auf den Lehren des Hermes Trismegistos beruht und die Astrologie, Alchemie und die Prinzipien der Schöpfung, wie sie im *Kybalion* beschrieben sind, umfasst. Die philosophischen Aspekte der Hermetik sind in den "Hermetica" enthalten, die aus dem *Corpus Hermeticum* (auch bekannt als *der göttliche Pymander*) und *der Smaragdtafel des Hermes*, dem Schlüssel der Alchemie, bestehen. Die Hermetik ist eine unsichtbare Wissenschaft, die die den Menschen betreffenden Energien unseres Sonnensystems umfasst. Die hermetischen Schriften haben die westliche esoterische Tradition, insbesondere den Orden des Golden Dawn, stark beeinflusst.

Kether: Die erste und höchste Sephira auf dem Lebensbaum, oben auf der mittleren Säule. Bezieht sich auf das Prinzip des Weißen Lichts (Ain Soph Aur), da es als Kanal für dieses in die unteren Chakren wirkt. Seine Farbe ist weiß und repräsentiert das Licht, das die sieben Farben des Regenbogens enthält - die Hauptchakren. Kether entspricht dem Sahasrara Chakra und trägt den gleichen Titel - die Krone. Es repräsentiert den transzendentalen Bewusstseinszustand, der jenseits der Dualität des Verstandes liegt. Kether ist auch unser Tor zu den Transpersonalen Chakren oberhalb der Krone. Als der göttliche Geist ist Kether der höchste Ausdruck des Luftelements. Er repräsentiert die Monade, die Singularität, und die höchste Vorstellung der Gottheit.

Himmelreich, das: Synonym für das Reich Gottes. Das Himmelreich ist eines der wesentlichen Elemente in den Lehren Jesu Christi, das sich auf die Erfüllung des Willens Gottes auf Erden bezieht. Es ist ein Geisteszustand, der mit dem Christus-Bewusstsein verwandt ist, in dem der Geist in die Materie herabgestiegen ist und beide nun eins sind. In der christlichen Lehre muss man, metaphorisch gesprochen, auferstehen, um in das Himmelreich zu gelangen. Dieser erhabene Zustand des höheren Bewusstseins ist die Bestimmung eines jeden Menschen und kann erreicht werden, wenn die Kundalini-Energie zur Krone aufsteigt, den Lichtkörper vollständig aktiviert und das toroidale Energiefeld (Merkaba) des Menschen optimiert. Nach der spirituellen Transformation wird das Individuum seinen Kopf im Himmel und seine Füße auf der Erde haben, als Gott-Mensch.

Die **Großen Arkana**, die: Zweiundzwanzig Trümpfe der Tarotkarten. Entspricht den zweiundzwanzig Pfaden auf dem Baum des Lebens und den zweiundzwanzig hebräischen Buchstaben. Die Großen Arkana stellen die archetypischen Energien dar, die sich zwischen den zehn Sephiroth des Lebensbaums bewegen. Sie korrespondieren mit den drei Hauptelementen Luft, Feuer und Wasser, den zwölf Tierkreiszeichen und den sieben alten Planeten, die unser gesamtes Sonnensystem bilden.

Malkuth: Die zehnte und unterste Sephira auf dem Baum des Lebens, deren Titel "das Königreich" ist. Als solches bezieht sich Malkuth auf Gaia, den Planeten Erde, und die physische Welt der Materie. Es entspricht dem Muladhara Chakra und hat eine Affinität zum Element Erde. Die Farben von Malkuth sind Citrin, Olive, Rotbraun und Schwarz und repräsentieren die drei Elemente Luft, Wasser und Feuer in einer dichteren Form. Im System des Golden Dawn entspricht Malkuth dem Zelator-Grad.

Quecksilber (Alchemistisches Prinzip): Innerhalb des alchemistischen Prozesses ist Quecksilber die transformierende Substanz. Seine Aufgabe ist es, Gleichgewicht und Harmonie zwischen den beiden anderen alchemistischen Prinzipien - Schwefel und Salz - herzustellen. Quecksilber ist die Lebenskraft, die spirituelle Energie. In der ersten Stufe, wenn es dem Schwefel gegenübersteht, nimmt es das fließende, weibliche Prinzip des Bewusstseins als die Große Mutter - das Wasserelement - an. In der zweiten Stufe, wenn der Schwefel extrahiert wurde und wieder zurückkehrt, wird es als Philosophisches Quecksilber oder das Geheime Feuer - das Geistelement - bekannt. Philosophisches Quecksilber ist die Substanz, aus der der Stein der Weisen entsteht, das Ziel des Alchemisten.

Mittlere Säule, die: Auch Säule des Gleichgewichts oder Säule der Milde am Baum des Lebens genannt. Sie ist selbst ausgleichend und bringt die anderen beiden Säulen - die Säule der Barmherzigkeit und die Säule der Strenge - ins Gleichgewicht. Die mittlere Säule bringt Einheit in die vielen dualistischen, konkurrierenden Kräfte des Lebens. Sie umfasst die Sephiroth Kether, Daath, Tiphareth, Yesod und Malkuth. Dieser Begriff bezieht sich auch auf die rituelle Übung der Mittleren Säule (aus *The Magus*), die eine Anrufung des Lichts ist, um die Psyche ins Gleichgewicht zu bringen und die spirituelle Entwicklung zu unterstützen. Die Mittlere Säule repräsentiert das Luftelement und ist grau gefärbt. Sie entspricht der Sushumna Nadi im Kundalini-System.

Netzach: Siebte Sephira am Baum des Lebens entlang der Säule der Barmherzigkeit. Mit dem Titel "Sieg" repräsentiert Netzach einen Bewusstseinszustand, der mit Emotionen zu tun hat, insbesondere mit Verlangen und romantischer Liebe. Netzach hat eine Affinität zum Feuerelement, obwohl auch das Wasserelement und das Luftelement an seinem Ausdruck beteiligt sind. Es drückt sich durch die drei Chakren Swadhisthana, Manipura und Anahata aus, die mit Hod identisch sind. Netzach, Hod und Yesod, das Astraldreieck, sind die drei Sphären, zu denen der Durchschnittsmensch am häufigsten Zugang hat. Netzach entspricht dem Planeten Venus, und seine Farbe ist grün. Im System des Golden Dawn entspricht Netzach dem Philosophus-Grad.

Nirwana: Ein östlicher Begriff, der häufig mit Jainismus und Buddhismus in Verbindung gebracht wird. Stellt einen transzendentalen Zustand des Seins dar, in dem es weder Leiden noch Wünsche gibt, da das Selbst die Einheit mit dem Rest der Welt erfährt. In den indischen Religionen ist Nirvana gleichbedeutend mit Moksha oder Mukti, der Befreiung vom Kreislauf der Wiedergeburt, wie er sich aus dem Gesetz des Karma ergibt. Nirvana bedeutet die Angleichung des individuellen Bewusstseins an das kosmische Bewusstsein als das Endziel aller spirituellen Traditionen, Religionen und Praktiken. Eine Vorstufe zum Erreichen von Nirvana ist die Erweckung der Kundalini zur Krone und das Erreichen der vollen Lichtkörperaktivierung. Nirvana bedeutet, dass man die Erleuchtung erreicht hat. Es ist vergleichbar mit den beiden anderen östlichen Begriffen, Satori und Samadhi.

Stein der Weisen, der: Eine legendäre alchemistische Substanz, die unedle Metalle (wie Quecksilber) in Gold oder Silber verwandeln kann. Für den Profanen, der nur auf finanziellen Gewinn aus ist, hat dieser Begriff eine verborgene Bedeutung, die mit dem begehrtesten Ziel der Alchemie zu tun hat - der spirituellen Transformation. Wenn Sie also hören, dass jemand den Stein der Weisen gefunden hat, bedeutet das, dass er das große Werk (spirituelle Alchemie) vollendet hat und erleuchtet wurde.

Säule der Barmherzigkeit, die: Die rechte Säule auf dem Lebensbaum, die die Sephiroth Chokmah, Chesed und Netzach umfasst. Die Säule der Barmherzigkeit ist die männliche, aktive und positive Säule, die auch als Säule der Kraft bezeichnet wird. Sie repräsentiert das Wasserelement und ist von weißer Farbe. Im Kundalini-System entspricht die Säule der Barmherzigkeit dem Pingala Nadi.

Säule der Schwere, die: Die linke Säule auf dem Lebensbaum, die die Sephiroth Binah, Geburah und Hod umfasst. Sie ist die weibliche, passive und negative Säule, auch Säule der Form genannt. Sie repräsentiert das Feuerelement und ist von schwarzer Farbe. Im Kundalini-System repräsentiert die Säule der Schwere die Ida Nadi.

Prima Materia: Auch als "Erste Materie" bezeichnet, ist sie die Ursubstanz, die als ursprüngliches Material des bekannten Universums angesehen wird. Sie ist gleichbedeutend mit dem Geist als der ersten Substanz und der Quelle alles Existierenden. In der Alchemie ist die Prima Materia das Ausgangsmaterial, das zur Herstellung des Steins der Weisen benötigt wird. Sie ist die "Anima Mundi" - die Weltseele, die einzige Lebenskraft im Universum.

Salz: Der physische Körper, der die beiden anderen alchemistischen Prinzipien, Quecksilber und Schwefel, erdet und fixiert. Es repräsentiert die Kristallisation und Härtung aller drei Prinzipien zusammen. Salz ist das Vehikel der physischen Manifestation und der dritten Dimension von Zeit und Raum, die durch das Erdelement ausgedrückt wird. Salz, Quecksilber und Schwefel bilden die Dreifaltigkeit in der Alchemie.

Sexualmagie: Jede Art von sexueller Aktivität, die in einem zeremoniellen oder rituellen Rahmen mit klarer Absicht eingesetzt wird. Die Idee hinter der Sexualmagie ist, dass sexuelle Energie eine mächtige Kraft ist, die genutzt werden kann, um das Astralreich zu magnetisieren und anzuziehen, was man sich wünscht, oder um Gottheiten aus verschiedenen Pantheons herbeizurufen. Eine Form von Sexmagick-Ritualen besteht darin, sexuelle Erregung oder einen Orgasmus zu nutzen, um etwas zu visualisieren, das man erreichen oder erhalten möchte. So gesehen ist Sexualmagie wie eine Batterie für Ihre Willenskraft, wenn sie mit offenem Herzen und Verstand durchgeführt wird. Wenn Sexualmagie jedoch mit einem unreinen Geist praktiziert wird, zieht sie nur niedere Wesenheiten an, die sich von der angerufenen sexuellen Energie ernähren. Diese niederen Wesenheiten können sich dann an Sie heften und sich weiterhin von Ihrer sexuellen Energie ernähren, bis sie gelöscht sind.

Spirituelle Alchemie: So wie es in der Alchemie darum geht, unedle Metalle in Gold zu verwandeln, geht es in der spirituellen Alchemie darum, die Energie des Praktizierenden zu transformieren und ihn zu erleuchten (ihn mit Licht zu durchdringen). Dies kann durch spirituelle Heilmethoden und Praktiken erreicht werden, einschließlich Yoga und zeremonieller Magie. Spirituelle Alchemie erfordert die Arbeit mit den fünf Elementen, die mit den sieben Chakren korrespondieren. Das Ziel der spirituellen Evolution ist die Erleuchtung, da das individuelle Bewusstsein erhöht und mit dem kosmischen Bewusstsein vereint wird. Durch diesen Prozess stellt der Einzelne eine Verbindung mit dem Höheren Selbst oder dem Heiligen Schutzengel, seinem Gott-Selbst, her. Das geistige Element muss in die Aura integriert werden, was die Vollendung des Großen Werkes und die Wiederherstellung des Gartens Eden bedeutet.

Schwefel: Er ist die Seele, die in allen lebenden Dingen im Universum vorhanden ist. Er kommt von der Sonne als das Licht Gottes und ist das männliche Prinzip, der Große Vater - das Feuerelement. Der gesamte Prozess der alchemistischen Transmutation hängt vom Prinzip des Schwefels und seiner richtigen Anwendung ab. Schwefel ist das vibrierende, saure, aktive, dynamische Prinzip. Es dient dazu, das Quecksilber zu stabilisieren, aus dem es extrahiert wird und in das es zurückkehrt.

Tarot, das: Eine heilige Kunst, die hauptsächlich in der Wahrsagerei verwendet wird. Das Tarot besteht aus achtundsiebzig Spielkarten, die in vier Farben zu je vierzehn Karten unterteilt sind, sowie zweiundzwanzig Trümpfen (Große Arkana). Tarot-Karten zeichnen sich durch eine unglaubliche Bildsprache aus, die zeitlose, esoterische Weisheit enthält. Sie sind untrennbar mit der Qabalah und dem Baum des Lebens verbunden und dienen als Schlüssel zu den okkulten Wissenschaften und als Wegweiser zu den verschiedenen Komponenten der menschlichen Psyche. Das Tarot ist also ein vollständiges und komplexes System, das zur Beschreibung der unsichtbaren Kräfte dient, die das Universum beeinflussen.

Dreißig Aethyre: Konzentrische Kreise, die sich gegenseitig durchdringen und überlappen und so die Auraschichten bilden. Die Aethyrn sind die spirituellen Komponenten der kosmischen Ebenen im henochischen System. Jeder der dreißig Aethyre trägt einen männlichen und/oder weiblichen sexuellen Strom, der mit dem neunzehnten henochischen Schlüssel angerufen werden kann. Die Dreißig Aethyre arbeiten direkt mit den Nadis Ida und Pingala im Kundalini-System.

Tiphareth: Die sechste Sephira auf dem Lebensbaum entlang der mittleren Säule, deren Titel "Harmonie" und "Schönheit" lautet. Sie repräsentiert einen Bewusstseinszustand der inneren Fähigkeiten, die sich mit der Vorstellungskraft und der Verarbeitung von Gedanken und Gefühlen befassen. Als zentrale Sephira des Lebensbaums befasst sich Tiphareth mit der Verarbeitung der Energien aller Sephiroth mit Ausnahme von Malkuth. Im okkulten Wissen ist Tiphareth als die Sphäre der spirituellen Wiedergeburt und des Christus- oder Krishna-Bewusstseins bekannt, in der Geist und Materie zu einer Einheit verschmelzen. Tiphareth hat eine Affinität zum Element Luft, obwohl es, da es mit der Sonne korrespondiert, auch Aspekte des Feuers aufweist. Daher liegt Tiphareth irgendwo zwischen dem Anahata- und dem Manipura-Chakra, durch die es sich ausdrückt. Die Farbe von Tiphareth ist goldgelb. Im System des Golden Dawn entspricht Tiphareth dem Adeptus Minor, dem ersten Grad des Zweiten Ordens.

Jeschod: Die neunte Sephira auf dem Lebensbaum entlang der mittleren Säule, deren Titel "Fundament" lautet und die astrale Blaupause aller existierenden Dinge betrifft. Yesod repräsentiert die Astralebene, den Kontaktpunkt für die inneren kosmischen Ebenen. Er repräsentiert einen Bewusstseinszustand der inneren Fähigkeiten, der sich mit dem Ego und seinen Gedanken und Impulsen beschäftigt. Auch Sexualität und die Ängste des Unterbewusstseins werden durch Yesod ausgedrückt. Seine Platzierung befindet sich zwischen Swadhisthana und Manipura Chakra, durch die er wirkt. Yesod hat eine Affinität zum Luft-Element, mit Aspekten des Wasser-Elements. Seine Farbe ist violett-lila, und er entspricht dem Mondplaneten. Im System des Golden Dawn repräsentiert Yesod den Theoricus-Grad.

BIBLIOGRAPHIE

Hinweis: Nachfolgend finden Sie eine Liste von Büchern aus meiner persönlichen Bibliothek, die als Quellen und Inspiration für das vorliegende Werk dienten. Es wurden alle Anstrengungen unternommen, um alle Urheberrechtsinhaber der in dieser Ausgabe enthaltenen Materialien ausfindig zu machen, seien es Unternehmen oder Einzelpersonen. Jegliche Auslassung ist unbeabsichtigt, und ich bin gerne bereit, etwaige Fehler in zukünftigen Versionen dieses Buches zu korrigieren.

KUNDALINI

Arundale, G.S. (1997). *Kundalini: Eine okkulte Erfahrung.* Adyar, Madras, Indien: Theosophical Publishing House

Bynum, Bruce Edward (2012). *Dark Light Consciousness.* Rochester, Vermont: Inner Traditions

Dixon, Jana (2008). *Biologie der Kundalini: Die Erforschung des Feuers des Lebens.* Lulu Online Publishing

Goswami, Shyam Sundar (1999). *Layayoga: Der endgültige Leitfaden zu den Chakras und der Kundalini.* Rochester, Vermont: Innere Traditionen

Khalsa, Gurmukh Kaur, mit Ken Wilber, Swami Radha, Gopi Krishna, und John White (2009). *Kundalini Rising: Die Energie des Erwachens erforschen.* Boulder, Colorado: Sounds True, Inc.

Krishna, Gopi (1993). *Leben mit Kundalini: Die Autobiographie von Gopi Krishna.* Boston, Massachusetts: Shambhala Publications Inc.

Krishna, Gopi (1988). *Kundalini for the New Age: Selected Writings of Gopi Krishna.* Herausgegeben von Gene Kiefer. New York, New York: Bantam Books

Krishna, Gopi (1997). *Kundalini: Die evolutionäre Energie im Menschen.* Boston, Massachusetts: Shambhala Publications Inc.

Krishna, Gopi (1975). *Die Erweckung der Kundalini.* New York, New York: E. P. Dutton

Krishna, Gopi (1972). *Die biologische Grundlage von Religion und Genie.* New York, New York: Harper & Row Publishers

Mahajan, Yogi (1997). *Der Aufstieg.* Delhi, Indien: Motilal Banarsidass Publishers

Melchizedek, Drunvalo (2008). *Die Schlange des Lichts: Jenseits von 2012.* San Francisco, Kalifornien: Weiser Books

Mumford, Jonn (2014). *A Chakra & Kundalini Workbook*. Woodbury, Minnesota: Llewellyn Publications

Paulson, Genevieve Lewis (2003). *Kundalini und die Chakren*. St. Paul, Minnesota: Llewellyn Publications

Perring, Michael "Omdevaji" (2015). *Was um alles in der Welt ist Kundalini?-Buch III*. Varanasi, Indien: Pilgrims Publishing

Semple, J. J. (2007). *Die Entschlüsselung der Goldenen Blume: Ein Geheimnis nach dem anderen*. Bayside, Kalifornien: Life Force Books

Swami, Om (2016). *Kundalini: An Untold Story*. Mumbai, India: Jaico Publication House

Weor, Samael Aun (2020). *Christ's Will: Kundalini, Tarot, und die Verchristlichung der menschlichen Seele*. www.gnosticteachings.org: Glorian Publishing

Weor, Samael Aun (2018). *The Yellow Book: Die göttliche Mutter, Kundalini und spirituelle Kräfte*. www.gnosticteachings.org: Glorian Publishing

Weiß, John (1990). *Kundalini: Evolution und Erleuchtung*. St. Paul, Minnesota: Paragon House

ENERGIEHEILUNG UND CHAKREN

Bernoth, Bettina (2012). *Auric Lights: Licht ist die Medizin unserer Zukunft*. CreateSpace Independent Publishing Platform

Bettina, Bernoth (1995). *Magische Auren*. CreateSpace Independent Publishing Platform

Burger, Bruce (1998). *Esoterische Anatomie: Der Körper als Bewußtsein*. Berkeley, Kalifornien: North Atlantic Books

Butler, W.E. (1987). *Wie man die Aura liest, Psychometrie, Telepathie und Hellseherei praktiziert*. Rochester, Vermont: Destiny Books

Chia, Mantak (2008). *Das heilende Licht des Tao: Grundlegende Praktiken zur Erweckung der Chi-Energie*. Rochester, Vermont: Destiny Books

Chia, Mantak (2009). *Die Alchemie der sexuellen Energie: Die Verbindung mit dem Universum von innen*. Rochester, Vermont: Destiny Books

Dale, Cyndi (2018). *The Complete Book of Chakras: Your Definitive Source of Energy Center Knowledge for Health, Happiness, and Spiritual Evolution*. Woodbury, Minnesota: Llewellyn Publications

Dale, Cyndi (2009). *Der feinstoffliche Körper: Eine Enzyklopädie der energetischen Anatomie*. Boulder, Colorado: Sounds True, Inc.

Dale, Cyndi (2013). *The Subtle Body Practice Manual: A Comprehensive Guide to Energy Healing*. Boulder, Colorado: Sounds True, Inc.

Gerber, Richard, M.D. (2001). *Schwingungsmedizin: The 1# Handbook of Subtle-Energy Therapies*. Rochester, Vermont: Bear & Company

Grey, Alex (2012). *Netz des Seins*. With Alyson Grey. Rochester, Vermont: Inner Traditions International

Grey, Alex (1990). *Sacred Mirrors: Die visionäre Kunst von Alex Grey*. Rochester, Vermont: Inner Traditions International

Judith, Anodea (2006). *Räder des Lebens: Ein Benutzerhandbuch zum Chakra-System*. Woodbury, Minnesota: Llewellyn Veröffentlichungen

Leadbeater, C.W. (1987). *Die Chakren*. Wheaton, Illinois: The Theosophical Publishing House

Lockhart, Maureen (2010). *Der feinstoffliche Energiekörper: Der vollständige Leitfaden*. Rochester, Vermont: Innere Traditionen

Ostrom, Joseph (2000). *Auren: Was sie sind und wie man sie liest*. Hammersmith, London: Thorsons

Zink, Robert (2014). *Magische Energieheilung: The Ruach Healing Method*. Rachel Haas co-author. Portland, Oregon: Law of Attraction Solutions, LLC.

ANATOMIE VON GEHIRN UND KÖRPER

Carter, Rita (2019). *The Human Brain Book*. New York, New York: DK Publishing

Childre, Doc und Martin, Howard (2000). *Die Heartmath-Lösung*. New York, New York: HarperCollins Publishers

McCraty, Rollin (2015). *Science of the Heart: Exploring the Role of the Heart in Human Performance (Band 2)*. Boulder Creek, Kalifornien: HeartMath Institute

Power, Katrina (2020) *Wie man den Vagusnerv hackt*. Unabhängig veröffentlicht

Splittgerber, Ryan (2019). *Snell's Clinical Neuroanatomy: Eight Edition*. Philadelphia, Pennsylvania: Wolters Kluwer

Wineski, Lawrenece E. (2019). *Snell's Clinical Anatomy by Regions: Tenth Edition*. Philadelphia, Pennsylvania: Wolters Kluwer

YOGA UND TANTRA

Ashley-Farrand, Thomas (1999). *Heilende Mantras: Mit Klang-Affirmationen zu persönlicher Kraft, Kreativität und Heilung*. New York, New York: Ballantine Wellspring

Aun Weor, Samael (2012). *Kundalini Yoga: Entdecke die göttliche spirituelle Kraft in dir*. Glorian Publishing

Avalon, Arthur (1974). *Die Macht der Schlange*. New York, New York: Dover Publications, Inc.

Bhajan, Yogi (2013). *Kriya: Yoga Sets, Meditationen & Klassische Kriyas*. Santa Cruz, Kalifornien: Kundalini Research Instititute

Buddhananda, Swami (2012). *Moola Bandha: The Master Key*. Munger, Bihar, Indien: Yoga Publications Trust

Feuerstein, Georg (1998). *Tantra: Der Pfad der Ekstase*. Boulder, Colorado: Shambhala Publications, Inc.

Frawley, Dr. David (2010). *Mantra Yoga und Urklang: Die Geheimnisse der Samenmantras (Bija)*. Twin Lakes, Wisconsin: Lotus Press

Frawley, David (2004). *Yoga and the Sacred Fire: Self-Realization and Planetary Transformation*. Twin Lakes, Wisconsin: Lotus Press

Hulse, David Allen (2004). *Die Östlichen Mysterien: The Key of it All, Buch I*. St. Paul, Minnesota: Llewellyn Veröffentlichungen

Japananda Das, Srila (2019). *Yantra: Macht und Magie.* Im Eigenverlag erschienen.

Kaminoff, Leslie und Matthews, Amy (2012). *Yoga Anatomie.* Champaign, Illinois: Human Kinetics

Maehle, Gregor (2012). *Pranayama: Der Atem des Yoga.* Innaloo City, Australien: Kaivalya Publications

Prasad, Rama (2015). *Nature's Finer Forces and Their Influence Upon Human Life and Destiny.* CreateSpace Independent Publishing Platform

Saraswati, Swami Satyananda (2013). *Asana Pranayama Mudra Bandha.* Munger, Bihar, Indien: Yogi Publications Trust

Saraswati, Swami Satyananda (2013). *Ein systematischer Kurs in den alten tantrischen Techniken des Yoga und Kriya.* Munger, Bihar, Indien: Yoga Publications Trust

Saraswati, Swami Satyananda (2012). *Hatha Yoga Pradipika.* Munger, Bihar, Indien: Yogi Publications Trust

Saraswati, Swami Satyananda (2007). *Kundalini Tantra.* Munger, Bihar, Indien: Yoga Publications Trust

Saraswati, Swami Satyananda (2012). *Meditationen aus den Tantras.* Munger, Bihar, Indien: Yoga Publications Trust

Saraswati, Swami Satyadharma (2019). *Yoga Kundali Upanishad: Theorie und Praktiken zur Erweckung der Kundalini.* Im Selbstverlag, Vereinigte Staaten

Satyasangananda, Swami (2013). *Tattwa Shuddhi.* Munger, Bihar, Indien: Yogi Publications Trust

Swami, Om (2017). *Die uralte Wissenschaft der Mantras: Weisheit der Weisen.* Amazon.de: Black Lotus Publishing

Vivekananda, Swami (2019). *Raja Yoga: Die Eroberung der inneren Natur.* Kolkata, Indien: Advaita Ashrama

Weor, Samael Aun (2018). *Sacred Rites for Rejuvenation: Eine einfache, kraftvolle Technik für Heilung und spirituelle Stärke.* www.gnosticteachings.org: Glorian Publishing

Woodroffe, Sir John (2018). *Einführung in das Tantra Sastra.* T. Nagar, Madras, Indien: Ganesh & Company

Yogananda, Paramahamsa (2019). *Autobiography of a Yogi.* Los Angeles, Kalifornien: Self Realization Fellowship

Yogananda, Paramahamsa (2019). *The Second Coming of Christ: Die Auferstehung des Christus in dir.* Volumes I-II. Los Angeles, Kalifornien: Self Realization Fellowship

AYURVEDA

Lad, Vasant (2019). *Ayurveda: The Science of Self-Healing.* Twin Lakes, Wisconsin: Lotus Press.

Frawley, Dr. David, (2003). *Ayurveda und Marma-Therapie: Energiepunkte in der yogischen Heilung.* Co-Autoren Dr. Subhash Ranade und Dr. Avinash Lele. Twin Lakes, Wisconsin: Lotus Press

Frawley, Dr. David, und Lad, Vasant (2008). *Das Yoga der Kräuter.* Twin Lakes, Wisconsin: Lotus Press

Das Ayurvedische Institut. *Ernährungsrichtlinien für konstitutionelle Grundtypen* (PDF)

Frawley, Dr. David (1999). *Yoga und Ayurveda: Selbstheilung und Selbstverwirklichung.* Twin Lakes, Wisconsin: Lotus Press

Frawley, Dr. David und Summerfield Kozak, Sandra (2012). *Yoga für Ihren Typ: An Ayurvedic Approach to Your Asana Practice.* Twin Lakes, Wisconsin: Lotus Press

Frawley, Dr. David (2013). *Ayurvedic Healing: A Comprehensive Guide.* Twin Lakes, Wisconsin: Lotus Press

Frawley, Dr. David, und Ranada, Dr. Sabhash (2012). *Ayurveda: Nature's Medicine.* Twin Lakes, Wisconsin: Lotus Press

VEDISCHE ASTROLOGIE

Frawley, Dr. David (2005). *Ayurvedische Astrologie: Selbstheilung durch die Sterne.* Twin Lakes, Wisconsin: Lotus Press

Frawley, Dr. David (2000). *Astrologie der Seher. Ein Leitfaden zur vedischen/hinduistischen Astrologie.* Twin Lakes, Wisconsin: Lotus Press

Sutton, Komilla (2014). *Die Nakshatras: The Stars Beyond the Zodiac.* Bournemouth, England: The Wessex Astrologer Ltd.

Kurczak, Ryan, und Fish, Richard (2012). *Die Kunst und Wissenschaft der vedischen Astrologie.* CreateSpace Independent Publishing Platform

HAND MUDRAS

Menen, Rajendar (2013). *Die heilende Kraft der Mudras: The Yoga in Your Hands.* New Delhi, India: V&S Publishers

Saradananda, Swami (2015). *Mudras für das moderne Leben: Boost Your Health, Re-Energize Your Life, Enhance Your Yoga and Deepen Your Meditation.* London, Great Britain: Watkins

Hirschi, Gertrud (2016). *Mudras: Yoga in Your Hands.* Newburyport, Massachusetts: Weiser Books

Le Page, Joseph und Lilian (2014). *Mudras für Heilung und Transformation.* Ft. Lauderdale, Florida: Integrative Yoga Therapy

Carroll, Kain und Revital (2013). *Mudras of India: A Comprehensive Guide to the Handures of Yoga and Indian Dance.* Philadelphia, Pennsylvania: Singing Dragon

Advait (2015). *Mudras: 25 ultimative Techniken zur Selbstheilung.* CreateSpace Independent Publishing Platform

EDELSTEINE UND STIMMGABELN

McGeough, Marion (2013). *Kristallheilung und das menschliche Energiefeld.* CreateSpace Independent Publishing Platform

Lembo, Margaret Ann (2017). *The Essential Guide to Crystals, Minerals and Stones.* Woodbury, Minnesota: Llewellyn Publications

Permutt, Philip (2016). *Der Kristallheiler: Crystal Prescriptions That Will Change Your Life Forever.* London, England: Cico Books

McKusick, Eileen Day (2014). *Tuning the Human Biofield: Healing with Vibrational Sound Therapy*. Rochester, Vermont: Healing Arts Press

Hall, Judy (2003). *Die Kristall-Bibel: Ein definitiver Leitfaden für Kristalle*. Iola, Wisconsin: Krause Veröffentlichungen.

Hall, Judy (2009). *Die Kristallbibel 2*. Iola, Wisconsin: Krause Publications.

Beaulieu, John (2010). *Human Tuning: Klangheilung mit Stimmgabeln*. High Falls, New York: BioSonic Enterprises

AROMATHERAPIE

Lembo, Margaret Ann (2016). *The Essential Guide to Aromatherapy and Vibrational Healing*. Woodbury, Minnesota: Llewellyn Worldwide

Cunningham, Scott (2020). *Encyclopedia of Magical Herbs*. Woodbury, Minnesota: Llewellyn Worldwide

Kennedy, Anne (2018) *Aromatherapy for Beginners: The Complete Guide to Getting Started With Essential Oils*. Berkeley, California: Althea Press

Wermut, Valerie Ann (2016). *The Complete Book of Essential Oils and Aromatherapy*. Novato, California: New World Library

Davis, Patricia (2000). *Subtle Aromatherapy*. Essex, Vereinigtes Königreich: Saffron Walden

Covington, Candice (2017). *Ätherische Öle in der spirituellen Praxis: Working With the Chakras, Divine Archetypes, and the Five Great Elements*. Rochester, Vermont: Healing Arts Press

HEILIGE GEOMETRIE

Melchizedek, Drunvalo (1990). *Das uralte Geheimnis der Blume des Lebens: Band 1*. Flagstaff, Arizona: Light Technology Publishing

Melchizedek, Drunvalo (2000). *Das uralte Geheimnis der Blume des Lebens: Band 2*. Flagstaff, Arizona: Light Technology Publishing

WESTLICHE GEHEIMNISSE

Agrippa, Henry Cornelius (1992). *Drei Bücher der okkulten Philosophie*. St. Paul, Minnesota: Llewellyn Publications

Anonym (2005) *Die Smaragdtafel des Hermes*. Mit mehreren Übersetzungen. Whitefish, Montana: Kessinger Verlag

Copenhaver, Brian P. (2000) *Hermetica: Das griechische Corpus Hermeticum und der lateinische Asklepios in einer neuen englischen Übersetzung, mit Anmerkungen und Einleitung*. New York, New York: Cambridge University Press

Doreal, M. (Unbekannt). *Die Smaragdtafeln von Thoth dem Antlanteaner*. Nashville, Tennessee: Source Books

Everard, John (2019). *The Divine Pymander*. Whithorn, Schottland: Anodos Books

Mumford, John Dr. (1997). *Magische Tattwas: Ein vollständiges System zur Selbstentwicklung*. St. Paul, Minnesota: Llewellyn Publications

Paar, Neven (2019). *The Magus: Kundalini and the Golden Dawn*. Toronto, Ontario: Winged Shoes Publishing

Regardie, Israel (1971). *Die Goldene Morgenröte*. St. Paul, Minnesota: Llewellyn Publications

Drei Eingeweihte (1940). *Das Kybalion: Hermetische Philosophie*. Chicago, Illinois: Yogi Publication Society

Unbekannt (2003). *Esoteric Order of the Golden Dawn: Theoricus 2=9 Grade Manual*. Ergänzt von G.H. Frater P.D.R. Los Angeles, Kalifornien: H.O.M.S.I.

Woolfolk, Joanna Martine (2006). *Das einzige Astrologiebuch, das Sie jemals brauchen werden*. Lanham, Maryland: Taylor Trade Publishing

RELIGIÖSE TEXTE

Ashlag, Rav Yehuda (2007). *Der Zohar*. Kommentiert von Rav Michael Laitman PhD. Toronto, Ontario: Laitman Kabbalah Publishers

EasWaran Aknath (2007). *Das Dhammapada*. Tomales, Kalifornien: Nilgiri Press

EasWaran Aknath (2007). *Die Upanishaden*. Tomales, Kalifornien: Nilgiri Press

Griffith, Ralph T.H. und Keith, Arthur Berriedale (2017). *Die Veden: Die Samhitas des Rig, Yajur (Weißer und Schwarzer), Sama und Atharva Vedas*. CreateSpace Independent Publishing Platform

Mose (1967). *Die Thora: Die fünf Bücher Mose* (auch bekannt als das Alte Testament). Philadelphia, Pennsylvania: The Jewish Publication Society of America

Muhammad (2006). *Der Koran*. Übersetzt mit Anmerkungen von N.J. Dawood. London, England: Penguin Books

Saraswati, Swami Satyananda (1997). *Bhagavad Gita*. Napa, Kalifornien: Devi Mandir Publications und Motilal Banarsidass Publishers Private Limited

Stiles, Mukunda (2002). *Yoga Sutras von Patanjali*. San Francisco, Kalifornien : Weiser Books

Verschiedene (2002). *Die Heilige Bibel: King James Version* (enthält das Alte und das Neue Testament). Grand Rapids, Michigan: Zondervan

ONLINE-RESSOURCEN

3 Sanskrit-Mantras zur Unterstützung Ihrer Meditationspraxis - Referenzseite für Mantras
(www.yogiapproved.com/om/3-sanskrit-mantras-boost-meditation-practice/)

7 Mantras, um das Leben zu schaffen, das Sie sich wünschen - Referenzseite für Mantras
(www.chopra.com/articles/7-mantras-for-creating-the-life-you-want)

7Pranayama - Atem des Lebens - Referenzseite für yogische Philosophie und Praktiken
(www.7pranayama.com)

71 Yoga Mudras: Erstaunliche Vorteile in 29 Tagen, wissenschaftlich untermauert - Referenz

Seite für Yoga Mudras (www.fitsri.com/yoga-mudras)

9 kraftvolle Mantras in Sanskrit und Gurmukhi - Referenzseite für Mantras (www.chopra.com/articles/9-powerful-mantras-in-sanskrit-and-gurmukhi)

Anatomie der Aura - Referenzseite für die Aura und ihre Teile (www.auraology.net/anatomy-of-the-aura)

An Intro to the Vagus Nerve & the Connection to Kundalini - Referenzseite für die Verbindung zwischen dem Vagusnerv und Kundalini (www.basmati.com/2017/05/02/intro-vagus-nerve-connection-kundalini)

Astrologische Aromatherapie-Mischungen für Ihr Sternzeichen - Referenzseite für Aromatherapie (www.baseformula.com/blog/astrological-aromatherapy)

Astrologie und Ayurveda - Referenzseite für Astrologie und Ayurveda (www.astrobix.com/astrosight/208-astrology-and-ayurveda.html)

Astrologie und die Chakren: Zwei Seiten einer Medaille - Referenzseite für Astrologie und die Chakren (www.innerself.com/content/personal/intuition-awareness/astrology/4410-astrology-a-the-chakras.html)

Aura Colour Guide - Referenzseite für den Aura und seine Teile (www.auraaura.co/aura-colors)

AuraFit: Mobile Biofeedback System - Offizielle Seite für die von Bettina Bernoth Ph.D. erfundene Aura-Lesetechnologie (www.aurafitsystem.org/)

Aura-Formen - Referenzseite für Energieprobleme in der Aura (www.the-auras-expert.com/aura-shapes.html)

Ayurveda und Asana: Yogastellungen für Ihre Gesundheit - Referenzseite für Yoga für die Doshas (www.yogajournal.com/lifestyle/health/ayurveda-and-asana/)

Bester Ayurveda: Körperkonstitutions-Typentabelle - Referenzseite für Ayurveda (www.bestayurveda.ca/pages/body-constitution-type-chart)

Bija Mantra - Referenzseite für Bija Mantras (www.hinduscriptures.com/vedic-culture/bija-mantra/24330/)

Reize des Lichts: Energie, Heilung und Liebe - Referenzseite für Kristalle (www.charmsoflight.com/gemstone-crystal-healing-properties)

Descartes und die Zirbeldrüse - Referenzseite für die Zirbeldrüse und ihre historische Erforschung (https://plato.stanford.edu/entries/pineal-gland/)

Gestalten einer Yoga-Routine für Ihr Dosha - Referenzseite für Yoga und die Doshas (www.chopra.com/articles/designing-a-yoga-routine-for-your-dosha)

Encyclopedia Britannica - Referenzseite für alle Wissensgebiete (www.britannica.com)

Esoterische Anderswelten: Tattva Vision - Referenzseite für die Arbeit mit Tattvas (www.esotericotherworlds.blogspot.com/2013/06/tattva-vision.html)

Ethan Lazzerini-Crystal Healing Blog, Guides & Tips - Referenzseite für Kristalle (www.ethanlazzerini.com/crystal-shapes-meanings/)

Freedom Vidya-Meditation über die Chakra Petal Bijas - Referenzseite für Chakra Petal Bijas (www.shrifreedom.org/yoga/chakra-petal-sounds/)

Greek Medicine.Net - Referenzseite für das Gehirn und das Nervensystem (www.greekmedicine.net/physiology/Brain_and_Nervous_System.html)

Hatha oder Vinyasa Yoga: Welches ist das Richtige für Sie? - Referenzseite für Hatha- und Vinyasa-Yoga (www.healthline.com/health/exercise-fitness/hatha-vs-vinyasa)

Wie Sie Ihre Lebensenergie und Chakren mit ätherischen Ölen ins Gleichgewicht bringen - Referenzseite für Chakren und ätherische Öle (www.motherhoodcommunity.com/chakra-essential-oils/)

Wie wirkt sich körperliche Betätigung auf das Gehirn aus? - Referenzseite zu den Auswirkungen von Sport auf das Gehirn (www.dana.org/article/how-does-exercise-affect-the-brain/)

Institut für Bewusstseinsforschung - Referenzseite für Kundalini-Forschung und menschliches Energiepotential (www.icrcanada.org)

Einführung in Ayurveda: Die drei Doshas verstehen - Referenzseite für Ayurveda (www.yogajournal.com/lifestyle/health/ayurveda/intro-ayurveda/)

Männliche und weibliche Chakren - Referenzseite für das Geschlecht in Chakren (www.rootshunt.com/maleandfemalechakras.htm)

Natürliche Chakra-Heilung - Samen-Mantras für jedes Chakra - Referenzseite für Bija-Mantras (www.naturalchakrahealing.com/chakra-seed-mantras.html)

Neural Correlates of Personalized Spiritual Experiences - Referenzseite für die Verbindung zwischen Gehirnanatomie und spirituellen Erfahrungen (www.academic.oup.com/cercor/article/29/6/2331/5017785)

Beziehung zwischen Chakren im menschlichen Körper, Planeten und medizinischer Astrologie - Referenzseite für die Verbindung zwischen Chakren, Planeten und endokrinen Drüsen (www.anilsripathi.wordpress.com/relationship-between-human-body-chakras-planetsmedical-astrology/)

Rocks with Sass - Referenzseite für Kristalle und ihre Formen (www.rockswithsass.com/blog/2020/4/13/crystal-shapes-their-meaning-and-uses)

Science of the Heart - Referenzseite für das HeartMath Institute und seine Forschung (www.heartmath.org/research/science-of-the-heart/energetic-communication)

Hellsehen in der geistigen Vision. Teil I: Tattva Vision - Referenzseite für die Arbeit mit Tattvas (www.fraterooe.livejournal.com/4366.html)

Sechs typische Energieprobleme und wie man sie heilt - Referenzseite für Energieprobleme in der Aura (www.nataliemarquis.com/six-typical-energy-problems-and-how-to-heal-them/)

SlimYogi: Eine illustrierte Schritt-für-Schritt-Anleitung für 90 schlankmachende Yogastellungen - Referenz-PDF zum Üben von Yoga (www.mymission.lamission.edu/userdata/ruyssc/docs/Stretch-An-Ullustrated-Step-By-Step-Guide-To-Yoga-Postures.pdf)

Spirituelles Ayurveda: Unsere fünf feinstofflichen Körper und drei feinstoffliche Essenzen - Referenzseite für Ayurveda (www.maharishi.co.uk/blog/spiritual-ayurveda-our-five-subtle-bodies-and-three-subtle-essences/)

Tattwas und Antahkarana Anweisungen - Referenzseite für die Tattvas (www.manas-vidya.blogspot.com/2011/09/practice-antahkarana.html)

Die Chakren und das Geschlecht - Männliche und weibliche Energien - Referenzseite für das Geschlecht in den Chakren (www.naturalchakrahealing.com/chakras-and-gender-masculine-feminine-energy.html)

Das Kristall-Kompendium EBook - Referenzseite für Kristalle (www.crystalgemstones.net/crystalcompendium.php)

Die Entkopplung des Retikulären Aktivierenden Systems (RAS) - Referenzseite für die Rolle des Retikulären Aktivierenden Systems beim Spirituellen Erwachen (www.spiritrisingyoga.org/kundalini-info/the-disengagement-of-the-reticular-activating-system)

The Kundalini Consortium (www.kundaliniconsortium.org) - Referenzseite für Kundalini-Forschung und menschliches Energiepotential

Vedische Astrologie & die Chakren - Referenzseite für den Zusammenhang zwischen Chakren und Planeten (www.alchemicalbody.wordpress.com/2013/06/01/vedic-astrology-the-chakras/)

Vibrational Energy Medicine - Referenzseite für die Chakren (www.energyandvibration.com/chakras.htm)

Was sind Bija Mantras - Referenzseite für Bija Mantras (www.satyaloka.net/what-are-bija-mantras/)

Was sind die Ayurveda-Doshas? Vata, Kapha, und Pitta erklärt - Referenzseite für Ayurveda (www.healthline.com/nutrition/vata-dosha-pitta-dosha-kapha-dosha)

Was sind die Vorteile von Yoga und Meditation - Referenzseite für Yoga und Meditation (www.poweryoga.com/blog/benefits-and-differences-yoga-meditation/)

Was ist Aromatherapie? - Referenzseite für Aromatherapie (www.webmd.com/balance/stress-management/aromatherapy-overview)

Was ist Yoga Meditation? - Referenzseite für Meditation (www.sivanandayogafarm.org/what-is-yoga-meditation/)

Was Sie über den Frontallappen Ihres Gehirns wissen sollten - Referenzseite für die Anatomie des Gehirns (www.healthline.com/health/frontal-lobe)

Yoga für das Gleichgewicht der Doshas - Referenzseite für Yoga für die Doshas (www.ekhartyoga.com/articles/wellbeing/yoga-for-balancing-the-doshas)

Yoga Journal: A Beginner's Guide to Meditation - Referenzseite für Meditation (www.yogajournal.com/meditation/how-to-meditate/let-s-meditate/)

Yogapedia - Referenzseite für yogische Philosophie und Praktiken (www.yogapedia.com)

Yogapoint-India - Referenzseite für yogische Philosophie und Praktiken (www.yogapoint.com/index.htm)

Wikipedia - Die freie Enzyklopädie - Referenzseite für alle Wissensgebiete (www.wikipedia.org)

BILD RESSOURCEN

Abbildung 2: Die drei Nadis nach dem Erwecken der Kundalini - *Der Aufstieg* von Yogi Mahajan. (Seite 6.)

Abbildung 5: Der vollständige Kundalini-Kreislauf - Swami Satyananda Saraswatis *Kundalini-Tantra*. (Seite 288.)

Abbildung 6: Das mit Licht gefüllte Gehirn - Christopher & Dana Reeve Foundation's *How the Spinal Cord Works* (Online Seite.)

Abbildung 10: Das Pentagramm - Henry Cornelius Agrippas *Drei Bücher der okkulten Philosophie*. (Seite 180.)

Abbildung 15: Ida und Pingala Nadis und Ajna Chakra - Genevieve Lewis Paulson's *Kundalini and the Chakras*. (Seite 184.)

Abbildung 16: Das elektromagnetische Feld der Erde - Peter Reid's *The Earth's Magnetic Field* (Online Bild.)

Abbildung 20: Anatomie der Aura - Bettina Bernoths *AuraFit Trainingsmanuskript* (Seite 11.)

Abbildung 22: Das Kundalini-Toroidalfeld - Bruce Burgers *Esoterische Anatomie: Der Körper als Bewusstsein*. (Seite 54.)

Abbildung 23: Die sieben Chakren und Nervengeflechte - Anodea Judiths *Räder des Lebens: Ein Benutzerhandbuch zum Chakra-System*. (Seite 12.)

Abbildung 24: Gehirnexpansion und chakrische Korrespondenzen - Swami Satyananda Saraswatis *Kundalini Tantra*. (Seite 35.)

Abbildung 26: Die kleineren Kopfchakren (Krone) - *Kundalini und die Chakren* von Genevieve Lewis Paulson. (Seite 150.)

Abbildung 31: Lage der psychischen Augen - Genevieve Lewis Paulsons *Kundalini und die Chakren*. (Seite 140.)

Abbildung 37: Ausrichtung der Tetraeder bei Männchen und Weibchen - Drunvalo Melchizedeks *Das alte Geheimnis der Blume des Lebens: Band 1*. (Seite 49.)

Abbildung 42: Das limbische System - Paul Wissmanns *grundlegende Ganglien und das limbische System* (Online-Bild).

Abbildung 51: Conus Medullaris und Filum Terminale - Cyndi Dale's *The Complete Book of Chakras: Ihre endgültige Quelle des Wissens über Energiezentren für Gesundheit, Glück und spirituelle Entwicklung*. (Seite 78.)

Abbildung 57: Das elektromagnetische Feld des Herzens - Doc Childre und Howard Martin's *The Heartmath Solution*. (Seite 34.)

Abbildung 59: Das Herz-Chakra-Zentrum - Anodea Judiths *Wheels of Life: Ein Benutzerhandbuch zum Chakra-System*. (Seite 197.)

Abbildung 123: Mula Bandha Kontraktionspunkt - Swami Satyananda Saraswati's *Asana Pranayama Mudra Bandha*. (Seite 476.)

Abbildung 128: Vajroli, Sahajoli, und Ashwini Mudras Kontraktionspunkte - Swami Buddhanandas *Moola Bandha: Der Meisterschlüssel*. (Seite 81.)

Abbildung 134: Sushumna Nadi Schichten und das kosmische Ei - Cyndi Dale's *The Subtle Body: Eine Enzyklopädie der energetischen Anatomie*. (Seite 276.)

Abbildung 147: Die drei Doshas und Körperzonen - Vasant Lad's *Ayurveda: Die Wissenschaft der Selbstheilung*. (Seite 27.)

Abbildung 151: Luzide Traumprojektion - Veenu Sandal's Online Artikel *Spirit 'Walk-Ins' and Matters of the Soul* (Online Artikel.)

Abbildung 153: Sahasrara Chakra Lotus - Swami Satyananda Saraswati's *Kundalini Tantra*. (Seite 307.)

Abbildung 154: Kundalini-Fluss durch Sushumna - Genevieve Lewis Paulsons *Kundalini und die Chakren*. (Seite 16.)

www.ingramcontent.com/pod-product-compliance
Lightning Source LLC
Chambersburg PA
CBHW080931300426
44115CB00017B/2778